Statistiques pour l'économie et la gestion

OUVERTURES ◀▶ ÉCONOMIQUES

Statistiques pour l'économie et la gestion

Anderson – Sweeney – Williams

Traduction de la 6e édition américaine par
Claire Borsenberger

4e édition

ÉCONOMIQUES

OUVERTURES

de boeck

Ouvrage original :
Essentials of Statistics for Business and Economics, 6th edition revised, by David R. Anderson, Dennis J. Sweeney, Thomas A. Williams

Pour toute information sur notre fonds et les nouveautés dans votre domaine de spécialisation, consultez notre site web : **www.deboeck.com**

4e édition

Imprimé en Belgique

Dépôt légal :
Bibliothèque nationale, Paris : mars 2013
Bibliothèque royale de Belgique, Bruxelles : 2013/0074/005

ISSN 2030-501X
ISBN 978-2-8041-7109-4

SOMMAIRE

AVANT-PROPOS

Cet ouvrage est la 6e édition révisée de la version américaine de *Statistiques pour l'économie et la gestion*. Cette édition révisée met à jour les outils informatiques utilisés dans l'ouvrage, Microsoft Excel 2010 et Minitab 16. Les utilisateurs de la 6e édition trouveront des changements dans les annexes en fin de chapitre, qui décrivent désormais les procédures à suivre avec Excel 2010 et Minitab 16. En plus d'une mise à jour des annexes en fin de chapitres, nous avons ajouté à l'ouvrage une annexe intitulée « Microsoft Excel 2010 et les outils d'analyse statistique ». Cette annexe fournit une introduction à Excel 2010 et à ses outils d'analyse statistique. Plusieurs fonctions statistiques d'Excel ont été mises à jour et améliorées.

Le reste de cette préface décrit les objectifs poursuivis par les auteurs avec cet ouvrage et les principales améliorations par rapport à la 6e édition. L'objectif de *Statistiques pour l'économie et la gestion* est de donner aux étudiants, notamment ceux des filières économiques, commerciales et de gestion, une introduction conceptuelle aux statistiques et à leurs applications. Cet ouvrage est tourné vers la pratique et ne requiert aucun outil mathématique autre que la connaissance de l'algèbre.

Les applications en matière d'analyse des données et la méthodologie statistique font partie intégrante de l'organisation et de la présentation de l'ouvrage. Chaque technique est présentée dans un contexte empirique, les résultats statistiques fournissant des indications pour prendre des décisions et résoudre des problèmes.

Bien que l'ouvrage soit orienté vers la pratique, nous avons pris soin de fournir des développements méthodologiques solides et d'utiliser les notations usuelles. Par conséquent, cet ouvrage constitue une bonne base préparatoire à l'étude de sujets statistiques plus avancés. Une bibliographie révisée et mise à jour est fournie en annexe, dans le but de permettre aux étudiants d'approfondir leurs connaissances dans certains domaines.

L'ouvrage familiarise l'étudiant à l'utilisation des logiciels statistiques Minitab® 16 et Microsoft® Office Excel® 2010 et met en avant le rôle des logiciels informatiques dans l'application de l'analyse statistique. Minitab est l'un des logiciels statistiques leader à la fois à des fins pédagogiques et professionnelles. Excel n'est pas un logiciel statistique mais sa grande disponibilité et son usage répandu rendent nécessaire la connaissance par les étudiants des possibilités statistiques de ce logiciel. Avec cette édition, nous mettons à disposition des lecteurs un complément commercial d'Excel, StatTools, qui étend l'éventail des options statistiques pour les utilisateurs d'Excel. Les procédures Minitab, Excel et StatTools sont détaillées en annexe ; le professeur peut ainsi mettre, s'il le souhaite, l'accent dans son cours sur l'utilisation des logiciels informatiques.

LES MODIFICATIONS DE LA SIXIÈME ÉDITION AMÉRICAINE

Nous apprécions l'accueil favorable qu'ont reçu les précédentes éditions de l'ouvrage. En conséquence, nous avons conservé le style de présentation et la lisibilité des précédentes éditions, lors des changements apportés à l'ouvrage. Les principaux changements de la nouvelle édition sont résumés ici.

Révisions du contenu

- **Le complément StatTools pour Excel.** Excel 2010 ne contient pas toutes les fonctions statistiques ou les outils d'analyse statistique nécessaires pour effectuer l'ensemble des procédures décrites dans cet ouvrage. StatTools est un complément commercial d'Excel 2010, développé par la société Palisade, qui fournit des options statistiques additionnelles aux utilisateurs d'Excel. Dans une annexe du chapitre 1, nous montrons comment télécharger et installer StatTools, et la plupart des chapitres contiennent une annexe qui décrit les étapes nécessaires à la mise en œuvre d'une procédure statistique en utilisant StatTools.

  Nous avons pris soin de rendre l'utilisation de StatTools totalement optionnelle de sorte que les professeurs qui souhaitent enseigner en utilisant les outils standards disponibles avec Excel 2010, peuvent continuer ainsi. Mais les utilisateurs qui souhaitent disposer de capacités additionnelles non disponibles avec Excel 2010 ont désormais accès à un complément statistique que les étudiants pourront continuer à utiliser dans leur carrière professionnelle.
- **Changement dans la terminologie pour les données.** Dans les éditions précédentes, les données nominales et ordinales étaient qualifiées de données qualitatives ; les données par intervalle et par ratio étaient qualifiées de données quantitatives. Dans cette édition, les données nominales et cardinales sont qualifiées de données catégorielles (qualitatives). Les données nominales et ordinales utilisent des labels ou des noms pour identifier des catégories. Ainsi, nous pensons que le terme *catégoriel* est plus adapté à ce type de données.
- **Introduction au traitement des données.** Une nouvelle section dans le chapitre 1 évoque une discipline relativement récente : le traitement des données. Nous fournissons une brève vue d'ensemble du traitement des données et du concept de centre de données. Nous décrivons également comment les disciplines des statistiques et de l'informatique se sont rejointes pour rendre le traitement des données opérationnel et utile.
- **Les questions éthiques en statistiques.** Une autre nouvelle section dans le chapitre 1 discute des questions éthiques qui peuvent se poser dans la présentation et l'interprétation de l'information statistique.

- **Une annexe mise à jour pour l'utilisation d'Excel pour obtenir des statistiques descriptives sous forme de tableaux et de graphiques.** L'annexe en fin de chapitre 2 montre comment utiliser les fonctions Chart Tools, PivotTable Report et PivotChart Report pour améliorer la présentation des statistiques descriptives sous forme de tableaux et de graphiques.
- **Analyse comparée avec les boîtes-à-pattes.** Le paragraphe sur les boîtes-à-pattes dans le chapitre 3 a été étendu pour inclure les comparaisons relativement faciles et rapides de plusieurs ensembles de données. Les salaires de départ des diplômés en comptabilité, finance, management et marketing ont été utilisés pour illustrer l'utilisation des boîtes-à-pattes pour comparer des données de plusieurs groupes.
- **Révision des techniques d'échantillonnage.** L'introduction au chapitre 7 a été revue et inclut désormais les concepts de population échantillonnée et de cadre d'analyse. La distinction entre l'échantillonnage à partir d'une population finie et d'une population infinie a été clarifiée, en utilisant l'échantillonnage à partir d'un processus pour illustrer la sélection d'un échantillon aléatoire à partir d'une population infinie. Des conseils pratiques mettent l'accent sur l'importance d'obtenir un maximum de correspondance entre la population échantillonnée et la population cible.
- **Une introduction révisée aux tests d'hypothèses.** La section 9.1, développer les hypothèses nulles et alternatives, a été revue. Des lignes directrices plus claires ont été développées pour identifier les hypothèses nulle et alternative. Le contexte et l'objectif de l'étude sont des éléments clés dans la détermination de ces hypothèses. Dans les cas où l'objectif est de trouver des preuves pour soutenir une hypothèse de recherche, cette hypothèse de recherche constitue l'hypothèse alternative. Dans les cas où l'objectif est de challenger une hypothèse, l'hypothèse en question constitue l'hypothèse nulle.
- **Des nouveaux problèmes.** Nous avons ajouté cinq nouveaux problèmes à cette édition, portant à 31 leur nombre. Un nouveau problème sur les statistiques descriptives apparaît dans le chapitre 3 et un nouveau problème sur les tests d'hypothèses apparaît dans le chapitre 9. Deux nouveaux problèmes relatifs à des régressions ont été ajoutés dans les chapitres 12 et 13. Ces problèmes fournissent aux étudiants l'opportunité d'analyser des ensembles de données plus grands et de préparer des rapports basés sur les résultats de leur analyse.
- **Un nouvel article « Statistiques appliquées ».** Chaque chapitre commence avec un article intitulé « Statistiques appliquées » qui décrit une application de la méthodologie statistique qui sera couverte dans le chapitre. Le chapitre 4 de cette édition débute par un nouvel article consacré à Oceanwide Seafood.
- **De nouveaux exemples et exercices basés sur des données réelles.** Nous poursuivons nos efforts pour mettre à jour nos exemples et exercices avec des données réelles actualisées issues de sources d'information statistique de référence. Dans cette édition, nous avons ajouté environ 140 nouveaux exemples et exercices basés sur des données réelles et des sources de référence. En utilisant des données issues de sources également utilisées par le *Wall Street Journal*, *USA Today*, *Barron's* et d'autres, nous basons nos explications et nous créons des exercices à partir d'études réelles, démontrant ainsi l'importance des statistiques en économie. Nous pensons que l'utilisation de données

réelles génère un plus vif intérêt de la part des étudiants vis-à-vis des statistiques et leur permet de faire le lien entre la méthodologie et son application. La sixième édition contient plus de 300 exercices et exemples basés sur des données réelles.

CARACTÉRISTIQUES ET PÉDAGOGIE

Nous avons conservé la plupart des caractéristiques des précédentes éditions. Les plus importantes sont mentionnées ci-dessous.

Exercices de méthode et exercices appliqués

Les exercices à la fin de chaque section sont de deux types : les exercices de « Méthode » et les « Applications ». Les exercices de méthode permettent aux étudiants d'utiliser les formules et de faire les calculs qui s'imposent. Les exercices d'application permettent aux étudiants d'adapter les outils présentés dans le chapitre à des situations réelles. Ainsi, les étudiants se concentrent sur les principes fondamentaux puis se familiarisent avec les subtilités des applications statistiques et de leur interprétation.

Exercices d'auto-évaluation

Certains exercices, dits d'auto-évaluation, sont signalés par le logo ci-contre. Les solutions détaillées de ces exercices sont fournies en annexe D à la fin du livre. Les étudiants peuvent effectuer les exercices d'auto-évaluation et vérifier immédiatement la solution, de manière à évaluer leur compréhension des concepts présentés dans le chapitre.

Annotations en cours de texte et remarques

Les annotations qui soulignent des points clés et fournissent des explications complémentaires aux étudiants, sont une caractéristique propre à l'ouvrage. Ces annotations ont pour but de mettre en exergue et de faciliter la compréhension des termes et concepts présentés dans le corps du texte.

À la fin de nombreuses sections, nous faisons des remarques destinées à fournir des informations supplémentaires aux étudiants concernant la méthodologie statistique et ses applications. Les remarques signalent également les limites de la méthodologie, fournissent des recommandations pour l'application des concepts, décrivent des techniques complémentaires, etc.

Fichiers de données accompagnant l'ouvrage

Environ 250 fichiers de données sont disponibles sur le site de l'éditeur De Boeck (superieur.deboeck.com). Ils sont disponibles à la fois sous format Minitab et sous format Excel. Des logos dans le texte permettent d'identifier les fichiers disponibles. Il s'agit des fichiers de données associés aux problèmes, ainsi qu'aux exercices les plus importants.

REMERCIEMENTS

Nous remercions le travail de nos relecteurs pour leurs commentaires et leurs suggestions qui continuent d'améliorer notre ouvrage. Merci à :

Ahmad Saranjam
Bridgewater State College

Ahmad Syamil
Arkansas State University

Alan Olinsky
Bryant University

Amanda Felkey
Lake Forest College

Amy Schmidt
Saint Anselm College

Anirudh Ruhil
Ohio University

Asatar Bair
City College of San Francisco

Atul Gupta
Lynchburg College

Bedassa Tadesse
University of Minnesota, Duluth

Bill Swank
George Mason University

Billy L. Carson II
Itawamba Community College

Brad McDonald
Northern Illinois University

Bruce Gouldey
Shenandoah University

Carl Poch
Northern Illinois University

Carlton Scott
University of California, Irvine

Carol Jensen
Upper Iowa University

Carolyn Rochelle
East Tennessee State University

Ceyhun Ozgur
Valparaiso University

Charles Nicholas Gomersall
Luther College

Charles Vawter,
Jr. Glendale Community College

Christopher Ball
Quinnipiac University

Chuck Parker
Wayne State College

Constance Lightner
Fayetteville State University

Dale Bails
Christian Brothers University

Dale DeBoer
University of Colorado, Colorado Springs

David Keswick
University of Michigan–Flint

Denise Robson
University of Wisconsin, Oshkosh

Doug Dotterweich
East Tennessee State University

Doug Morris
University of New Hampshire

Dwight Goehring
California State University–Monterey Bay

Edwin Shapiro
University of San Francisco

Elaine Zanutto
University of Pennsylvania

Emmanuelle Vaast
Long Island University

Eric B. Howington
Valdosta State University

Eric Huggins
Fort Lewis College

Gauri Shankar Guha
Arkansas State University

Geetha Vaidyanathan
University of North Carolina–Greensboro

George H. Jones
University of Wisconsin-Rock County

Gordon Stringer
University of Colorado, Colorado Springs

Greg Miller
U.S. Naval Academy

Harvey Singer
George Mason University

Helen Moshkovich
University of Montevallo Stephens' College of Business

Herbert Moskowitz
Purdue University

James Jozefowicz
Indiana University of Pennsylvania

James Perry
Owens State Community College

James Schmidt
University of Nebraska, Lincoln

James Thorson
Southern Connecticut State University

James Wright
Green Mountain College

Jan Stallaert
University of Connecticut

Janet Pol
University of Nebraska, Omaha

Jean Meyer
Xavier University of Louisiana

Jeffrey Bauer
University of Cincinnati, Clermont

Jeffrey Jarrett
University of Rhode Island

Jena Shafai
Bellevue University

Jennifer Kohn
Montclair State University

Jeremy Pittman
Coahoma Community College

Jerzy Kamburowski
The University of Toledo

Jigish Zaveri
Morgan State University

Jim Knudsen
Creighton University

Jim Kuchta
D'Youville College

Jim Zimmer
Chattanooga State Technical Community College

Jodey Lingg
City University

Joe Williams
Itawamba Community College

John Christiansen
Southwestern Oregon Community College

John Davis
University of the Incarnate Word

John Vangor
Fairfield University

Joseph Cavanaugh
Wright State University, Lake Campus

Joseph Williams
Itawamba Community College

Josh Kim
Quinnipiac University

Julie Szendrey
Malone College

Kazim Ruhi
University of Maryland

Ken Mayer
University of Nebraska at Omaha

Kevin Murphy
Oakland University

Kevin Nguyen
Montgomery College

Khosrow Moshirvaziri
California State University, Long Beach

Kiran R. Bhutani
The Catholic University of America

Kyle Vann Scott
Snead State Community College

Larry Corman
Fort Lewis College

Linda Sturges
SUNY Maritime College

Lyle Rupert
Hendrix College

Maggie Williams Flint
Northeast State Community College

Mark Gius
Quinnipiac University

Marvin Gonzalez
College of Charleston

Mary Lynn Engel
Saint Joseph's College of Maine

Maryanne Clifford
Eastern Connecticut State University

Melissa Miller
Meridian Community College

Michael Broida
Miami University of Ohio

Michael Gordinier
Washington University in St. Louis

Michael McKittrick
Santa Fe Community College

Michael Polomsky
Cleveland State University

Michael Sklar
Rutgers University
Mike Racer
University of Memphis
Minghe Sun
University of Texas–San Antonio
Molly Zimmer
University of Evansville
Nancy Brooks
University of Vermont
Omer Benli
California State University, Long Beach
Phuoc Huu Tran
Bellevue University
Phyllis Schumacher
Bryant University
Ranga Ramasesh
Texas Christian University
Robert Cochran
University of Wyoming
Robert Taylor
Mayland Community College
Robert Vokurka
Texas A&M University—Corpus Christi
Ronald Kizior
Loyola University Chicago
Ronnie Watson
Southern Arkansas University
Rosa Lemel
Kean University
Saiid Ganjalizadeh
The Catholic University of America
Scott Callan
Bentley College
Shauna L. Van Dewark
Humphreys College
Sheng-Kai Chang
Wayne State University
Shin-Ping Tucker
University of Wisconsin, Superior
Stephen Grubagh
Bentley University
Steven Eriksen
Babson College
Sue Umashankar
University of Arizona
Sunil Sapra
California State University, Los Angeles
Susan Emens
Kent State University, Trumbull Campus
Susan Sandblom
Scottsdale Community College
Tenpao Lee
Niagara University
Thomas R. Sexton
Stony Brook University
Toni Somers
Wayne State University
Vivek Shah
Texas State University
Wayne Bedford
University of West Alabama
William Pan
University of New Haven
Yongjing Zhang
Midwestern State University
Yuri Yatsenko
Houston Baptist University

Nous avons une dette envers de nombreux collègues et amis pour leurs commentaires et suggestions utiles au développement de cette édition et des précédentes. Parmi eux, citons :

Alan Smith
Robert Morris College
Ali Arshad
College of Santa Fe
Bennie Waller
Francis Marion University
Carlton Scott
University of California–Irvine
Charles Reichert
University of Wisconsin–Superior
Charles Zimmerman
Robert Morris College
Dale DeBoer
University of Colorado–Colorado Springs
Elaine Parks
Laramie County Community College
Gary Nelson
Central Community College–Columbus Campus
Gipsie Ranney
Belmont University

Habtu Braha
Coppin State College

Karen Gutermuth
Virginia Military Institute

Larry Scheuermann
University of Louisiana, Lafayette

Md. Mahbubul Kabir
Lyon College

Nader Ebrahimi
University of New Mexico

Raj Devasagayam
St. Norbert College

Robert Cochran
University of Wyoming

H. Robert Gadd
Southern Adventist University

Stephen Smith
Gordon College

Timothy Bergquist
Northwest Christian College

Wibawa Sutanto
Prairie View A&M University

Yan Yu
University of Cincinnati

Zhiwei Zhu
University of Louisiana at Lafayette

Nous remercions tout spécialement nos associés des secteurs de l'industrie et des services qui ont participé à la rédaction des « Statistiques appliquées » et dont les noms figurent à la fin de chaque article. Enfin, nous sommes infiniment reconnaissants envers Charles McCormick Jr. et Maggie Kubale, nos éditeurs, Jacquelyn K. Featherly, notre responsable de projet éditorial, Lynn Lustberg, notre responsable projet chez MPS Content Services ; Adam Marsh, notre responsable marketing, Chris Valentine, notre éditeur média et les personnes de Cengage South-Western pour leur soutien et leurs conseils au cours de la rédaction de cet ouvrage.

David R. Anderson
Dennis J. Sweeney
Thomas A. Williams

À PROPOS DES AUTEURS

David R. Anderson. David R. Anderson est professeur d'analyse quantitative au College of Business Administration de l'université de Cincinnati. Né à Grand Forks, dans le Dakota du Nord, il a obtenu ses diplômes universitaires de 1er et 2e cycle, ainsi que son doctorat à l'université de Purdue. Le professeur Anderson fut directeur du département d'Analyse Quantitative et de Management et vice-doyen du College of Business Administration. De plus, il fut le coordinateur du premier programme superviseur du College.

À l'université de Cincinnati, le professeur Anderson a donné des cours d'introduction aux statistiques aux étudiants en commerce, ainsi que des cours plus avancés d'analyse de la régression, d'analyse multivariée, et de management. Il a également donné des cours de statistiques au ministère du travail de Washington. Il a reçu des distinctions pour l'excellence de son enseignement et pour son engagement envers les organisations étudiantes.

Le professeur Anderson a co-écrit dix ouvrages dans le domaine des statistiques, du management, de la programmation linéaire et de la gestion de production. Il est un consultant actif dans le domaine des méthodes statistiques et d'échantillonnage.

Dennis J. Sweeney. Dennis J. Sweeney est professeur d'analyse quantitative et fondateur du centre pour l'amélioration de la productivité de l'université de Cincinnati. Né à Des Moines, dans l'Iowa, il a obtenu un diplôme de 1er cycle en gestion à l'université de Drake, un diplôme de 2e cycle et un doctorat à l'université de l'Indiana où il reçut une bourse. En 1978-79, le professeur Sweeney travailla dans le groupe de management de Procter & Gamble ; en 1981-1982, il fut intervenant extérieur à l'université de Duke. Le professeur Sweeney dirigea le département d'Analyse Quantitative et fut vice-doyen du College of Business Administration de l'université de Cincinnati.

Le professeur Sweeney a publié plus de 30 articles et monographies dans le domaine du management et des statistiques. La National Science Foundation, IBM, Procter & Gamble, Federated Department Stores, Kroger et Cincinnati Gas & Electric ont financé ses recherches, publiées dans *Management Science*, *Operations Research*, *Mathematical Programming*, *Decision Sciences* et dans d'autres revues.

Le professeur Sweeney a co-écrit dix ouvrages dans le domaine des statistiques, du management, de la programmation linéaire et de la gestion de production.

Thomas A. Williams. Thomas A. Williams est professeur de management au College of Business de l'Institut de Technologie de Rochester. Né à Elmira, dans l'État de New York, il reçut son diplôme de 1er cycle à l'université Clarkson. Il fit ses années de thèse à l'Institut Polytechnique de Rensselaer, où il reçut son diplôme de 2e cycle et son doctorat.

Avant de rejoindre le College of Business de l'Institut de Technologie de Rochester, le professeur Williams fut membre durant sept ans du College of Business Administration de l'université de Cincinnati, où il conçut le programme « Systèmes d'information ». À l'Institut de Technologie de Rochester, il fut le premier directeur du département des sciences de la décision. Il enseigna le management et les statistiques, et donna des cours d'analyse de la régression aux étudiants en licence.

Le professeur Williams a co-écrit onze ouvrages dans les domaines du management, des statistiques, de la gestion de production et des mathématiques. Il fut consultant pour de nombreuses entreprises faisant parties des 500 entreprises classées par *Fortune* et a travaillé sur des projets allant de l'utilisation de l'analyse des données au développement de modèles de régression à grande échelle.

1

DONNÉES ET STATISTIQUES

STATISTIQUES APPLIQUÉES
*BUSINESS WEEK**
New York, État de New York

Avec un tirage mondial de plus d'un million d'exemplaires, *Business Week* est le magazine d'information économique et commerciale le plus lu au monde. Plus de 200 journalistes et rédacteurs en chef, répartis dans 26 bureaux à travers le monde, écrivent un grand nombre d'articles, suscitant l'intérêt des économistes et hommes d'affaires. En plus d'articles de fond traitant de sujets d'actualité, le magazine comprend des rubriques hebdomadaires intitulées Commerce international, Analyse économique, Traitement de l'information et Sciences et technologie. Les informations contenues dans les articles de fond et les rubriques hebdomadaires aident les lecteurs à se tenir informés des développements récents dans les domaines considérés et à évaluer l'impact de ces derniers sur les conditions économiques.

La plupart des numéros de *Business Week* contiennent un dossier détaillé sur un sujet d'actualité. Souvent, les dossiers détaillés contiennent des éléments statistiques et des explications qui aident le lecteur à comprendre l'information économique. Par exemple, le numéro du 17 mars 2009 contenait une discussion à propos de la date de retournement du marché des actions ; le numéro du 4 mai 2009 contenait un rapport spécial sur la façon de rendre des réductions de salaire moins douloureuses ; et le numéro du 18 janvier 2010 contenait un article sur la main d'œuvre intérimaire. De plus, la rubrique hebdomadaire *Business Week Investor* fournit des statistiques sur l'état de l'économie, incluant des indices de production, le prix des actions, la valeur des fonds communs de placement et les taux d'intérêt.

Business Week utilise également des données et des informations statistiques pour gérer sa propre activité commerciale. Par exemple, une enquête annuelle auprès de ses abonnés l'aide à connaître leur profil, leurs habitudes de lecture, leurs achats, leur style de vie, etc. Les dirigeants de *Business Week* utilisent les résultats statistiques de l'enquête pour améliorer les services offerts à leurs abonnés et aux annonceurs publicitaires. Par exemple, une enquête récente réalisée auprès des abonnés Nord-Américains a révélé que 90 % des abonnés à *Business Week* utilisent un ordinateur à la maison et que 64 % des abonnés envisagent l'achat d'un ordinateur sur un plan professionnel. De telles statistiques avertissent les dirigeants de *Business Week* de l'intérêt que peuvent porter les abonnés à des articles relatifs aux nouveaux développements informatiques. De plus, les conclusions de ces enquêtes sont mises à la disposition d'annonceurs potentiels. Le pourcentage élevé d'abonnés utilisant un ordinateur à la maison et envisageant l'achat d'un ordinateur pour usage professionnel peut inciter certains fabricants à faire de la publicité pour leurs produits dans le magazine.

Dans ce chapitre, nous discuterons des types de données disponibles pour l'analyse statistique et décrirons les moyens de les obtenir. Nous introduirons ensuite les statistiques descriptives et l'inférence statistique en tant que moyens de convertir des données en information statistique utile et facilement interprétable.

* Les auteurs remercient Charlene Trentham, directrice de recherche à *Business Week*, de leur avoir fourni ce Statistiques appliquées.

Fréquemment, on lit ce genre de phrases dans les journaux et les magazines :

- L'association nationale des agents immobiliers a déclaré que le prix médian payé par les primo-accédants est de 165 000 dollars (*The Wall Street Journal*, 11 février 2009).

- L'association nationale d'athlétisme des lycéens (NCAA) a déclaré que le taux de diplômés parmi les lycéens athlètes atteint des records. Les derniers chiffres montrent que 79 % des lycéens athlètes sont diplômés (Associated Press, 15 octobre 2008).
- La durée moyenne d'un trajet domicile-travail est de 25,3 minutes (Bureau américain du recensement, mars 2009).
- Un sondage a montré que 73 % des individus interrogés pensaient que l'indice Dow Jones des valeurs industrielles augmenterait d'au moins 10 % au cours de l'année suivante (*Money Investor's Guide*, février 2010).
- Le prix moyen au niveau national d'un gallon[1] d'essence sans plomb a atteint 4 dollars pour la première fois dans l'histoire (site Internet de Cable News Network, 8 juin 2008).
- L'équipe new-yorkaise des Yankees perçoit les salaires et traitements les plus élevés de la ligue principale de baseball. La rémunération globale s'élève à 201 449 289 dollars, avec un salaire médian de 5 000 000 dollars (*USA Today*, Base de données sur les salaires, septembre 2009).
- L'indice Dow Jones des valeurs industrielles a clôturé à 10 664 points (*The Wall Street Journal*, 12 janvier 2010).

Les chiffres présents dans les phrases ci-dessus (165 000 dollars ; 79 % ; 25,3 ; 73 % ; 4 dollars ; 201 449 289 dollars ; 5 000 000 dollars et 10 664) sont appelés statistiques. Ainsi, dans le langage courant, le terme « *statistique* » recouvre des données chiffrées telles que les moyennes, les médianes, les pourcentages et les indices qui nous aident à comprendre l'environnement économique. Cependant, comme nous le verrons, le champ ou le contenu des statistiques inclut beaucoup plus que des chiffres. De façon plus générale, la **statistique** est l'art et la science de collecter, analyser, présenter et interpréter des données. Plus particulièrement en économie et dans le monde des affaires, l'information fournie par la collecte, l'analyse, la présentation et l'interprétation des données, offre aux dirigeants une meilleure compréhension de l'environnement économique et commercial et leur permet ainsi de prendre de bonnes décisions en toute connaissance de cause. Dans cet ouvrage, nous insistons sur l'utilisation des statistiques dans la prise de décision en matière économique et commerciale.

Le chapitre 1 débute par quelques exemples d'applications statistiques en économie, finance et marketing. Dans la section 1.2, nous définissons le terme « *données* » et introduisons le concept d'un ensemble de données. Cette section introduit également des termes clés comme « *variables* » et « *observations* », discute des différences entre données quantitatives et qualitatives et illustre l'utilisation des données en coupe transversale et en série temporelle. La section 1.3 traite de la collecte des données à partir de sources existantes ou à partir d'enquêtes ou d'études expérimentales conçues pour obtenir de nouvelles données. Le rôle clé que joue désormais Internet dans la collecte de données est également souligné. L'utilisation des données au travers des statistiques descriptives et de l'inférence statistique est décrite dans les sections 1.4 et 1.5. Les trois dernières sections du chapitre 1 décrivent le rôle de l'informatique dans l'analyse statistique, fournit une introduction au

[1] NdT : Un gallon équivaut à environ 3,8 litres.

traitement des données et une discussion des bonnes pratiques statistiques. Une annexe à la fin du chapitre propose une introduction à l'outil statistique StatTools qui peut être utilisé pour élargir les possibilités d'analyse statistique offertes par Microsoft Excel.

1.1 APPLICATIONS EN ÉCONOMIE ET GESTION

Dans l'environnement économique et commercial actuel, tout le monde a accès à de nombreuses informations statistiques. Les dirigeants et les managers qui ont le plus de succès, sont ceux qui comprennent l'information et savent l'utiliser à bon escient. Dans cette section, nous présentons des exemples qui illustrent quelques utilisations de statistiques dans le domaine économique et commercial.

1.1.1 Comptabilité

Les experts comptables utilisent des procédures d'échantillonnage statistique pour effectuer des opérations d'audit pour le compte de leurs clients. Par exemple, supposons qu'une entreprise comptable veuille déterminer si le montant du compte « fournisseurs » qui apparaît dans le bilan, correspond bien au montant réel. Généralement, le nombre de fournisseurs est tellement grand que réexaminer et valider chaque compte individuellement serait trop long et trop coûteux. Dans de telles situations, il est courant que l'expert-comptable sélectionne un sous-ensemble de comptes, appelé échantillon. Après avoir réexaminé les comptes de l'échantillon, l'expert-comptable conclut si le montant du compte « fournisseurs » inscrit dans le bilan est acceptable ou non.

1.1.2 Finance

Les analystes financiers utilisent des informations statistiques diverses pour orienter leurs recommandations en matière d'investissement. Dans le cas de titres boursiers, les analystes examinent un certain nombre de données financières, telles que le coefficient de capitalisation des résultats et le rendement des dividendes. En comparant l'information pour un titre seul et l'information pour la moyenne des titres du marché, un analyste financier peut se rendre compte si le titre individuel est sur ou sous-évalué. Par exemple, *Barron's* (18 février 2008) rapportait que le coefficient moyen de capitalisation des 30 titres formant l'indice Dow Jones industriel était de 2,45 %. Le coefficient de capitalisation du groupe Altria s'élevait à 3,05 %. Ces différentes informations statistiques sur le coefficient de capitalisation nous indiquent que le rendement du titre Altria était supérieur à la moyenne de l'indice Dow Jones. Un analyste financier aurait alors pu conclure que le titre Altria était surévalué. Cette information, ajoutée à d'autres, pourrait aider l'analyste financier à recommander l'achat, la vente ou la conservation des actions du groupe Altria.

1.1.3 Marketing

Les scanners électroniques des caisses enregistreuses dans les commerces collectent des données, utilisées dans de nombreuses applications de recherche en marketing. Par exemple, des sociétés telles que ACNielsen et Information Resources achètent les données recueillies par les scanners des caisses enregistreuses, les exploitent et vendent ensuite les conclusions statistiques aux producteurs. Les producteurs dépensent des centaines de milliers de dollars par catégorie de produit pour obtenir ce type de données scannées. Ils achètent également les données et les conclusions statistiques relatives aux activités promotionnelles, telles que les offres spéciales en tête de gondole dans les magasins. Les fabricants de produits de marque peuvent examiner les conclusions des études statistiques menées à partir des données scannées afin de mieux comprendre la relation entre vente et promotion. De telles analyses se révèlent souvent utiles pour établir les futures stratégies commerciales des produits concernés.

1.1.4 Production

L'importance accordée de nos jours à la qualité fait de son contrôle une application primordiale de la statistique, dans la gestion de la production. De nombreux graphiques de contrôle de la qualité sont utilisés pour vérifier les caractéristiques du produit fini dans un processus de production. En particulier, un diagramme en barres peut être utilisé pour contrôler la production moyenne. Supposons, par exemple, qu'une machine remplisse des canettes de 33 cl d'une boisson non-alcoolisée. Périodiquement, un agent de production sélectionne un échantillon de canettes et calcule la quantité moyenne contenue dans les canettes de l'échantillon. Cette moyenne, ou valeur $\overline{x}$, est représentée sur un graphique de la moyenne. Un point situé au-dessus de la limite supérieure du graphique indique un sur-remplissage alors qu'un point situé en-dessous de la limite inférieure indique un sous-remplissage. Le processus de production est dit « sous contrôle » et peut se poursuivre tant que les points représentés sur le graphique de la moyenne sont compris entre les limites inférieure et supérieure. L'interprétation correcte d'un diagramme en barres permet de déterminer si des ajustements sont nécessaires, afin de corriger le processus de production.

1.1.5 Économie

Les économistes fournissent fréquemment des prévisions à propos de certains faits économiques futurs. Ils utilisent de nombreuses informations statistiques pour effectuer ces prévisions. Par exemple, pour prévoir le taux d'inflation, les économistes utilisent des indicateurs tels que l'indice des prix à la production, le taux de chômage et le taux d'utilisation des capacités de production. Souvent, ces indicateurs statistiques sont intégrés à des modèles de prévision qui prévoient le taux d'inflation.

Les applications statistiques telles que celles décrites dans cette section font partie intégrante de cet ouvrage. De tels exemples fournissent un aperçu de l'étendue des applications statistiques. Pour compléter ces exemples, nous avons demandé à des personnes utilisant des statistiques dans les domaines commercial et économique, de rédiger des articles dans la section intitulée « Statistiques appliquées », afin d'introduire les outils présentés dans chaque chapitre. Les applications décrites dans Statistiques appliquées illustrent concrètement l'importance des statistiques.

1.2 DONNÉES

Les *données* sont les faits et les chiffres qui sont collectés, analysés et résumés pour pouvoir ensuite être interprétés. Toutes les données collectées dans une étude particulière forment **l'ensemble de données** de l'étude. Le tableau 1.1 présente un ensemble de données contenant des informations relatives à 25 fonds mutuels faisant partie du Morningstar Funds 500 en 2008. Morningstar est une société qui suit plus de 7 000 fonds mutuels et effectue des analyses approfondies de 2 000 d'entre eux. Les recommandations de cette société sont étroitement suivies par les investisseurs individuels et les analystes financiers.

Tableau 1.1 ***Ensemble de données de 25 fonds mutuels***

Fonds	Type de fonds	Valeur nette de l'actif ($)	Rendement moyen sur 5 ans (%)	Ratio de dépenses (%)	Classement Morningstar
American Century International Disc	I	14,37	30,53	1,41	3 étoiles
American Century Tax-Free Bond	F	10,73	3,34	0,49	4 étoiles
American Century Ultra	D	24,94	10,88	0,99	3 étoiles
Artisan Small Cap	D	16,92	15,67	1,18	3 étoiles
Brown Cap Small	D	35,73	15,85	1,20	4 étoiles
DFA U.S. Micro Cap	D	13,47	17,23	0,53	3 étoiles
Fidelity Contrafund	D	73,11	17,99	0,89	5 étoiles
Fidelity Overseas	I	48,39	23,46	0,90	4 étoiles
Fidelity Sel Electronics	D	45,60	13,50	0,89	3 étoiles
Fidelity Sh-Term Bond	F	8,60	2,76	0,45	3 étoiles
Gabelli Asset AAA	D	49,81	16,70	1,36	4 étoiles
Kalmar Gr Val Sm Cp	D	15,30	15,31	1,32	3 étoiles
Marsico 21st Century	D	17,44	15,16	1,31	5 étoiles
Mathews Paific Tiger	I	27,86	32,70	1,16	3 étoiles
Oakmark I	D	40,37	9,51	1,05	2 étoiles
PIMCO Emerg Mkts Bd D	F	10,68	13,57	1,25	3 étoiles
RS Value A	D	26,27	23,68	1,36	4 étoiles
T. Rowe Price Latin America	I	53,89	51,10	1,24	4 étoiles
T. Rowe Price Mid Val	D	22,46	16,91	0,80	4 étoiles
Thornburg Value A	D	37,53	15,46	1,27	4 étoiles
USAA Income	F	12,10	4,31	0,62	3 étoiles
Vanguard Equity-Inc	D	24,42	13,41	0,29	4 étoiles
Vanguard Sht-Tm TE	F	15,68	2,37	0,16	3 étoiles
Vanguard Sm Cp Idx	D	32,58	17,01	0,23	3 étoiles
Wasatch Sm Cp Growth	D	35,41	13,98	1,19	4 étoiles

Source : Morningstar Funds 500 (2008).

1.2.1 Éléments, variables et observations

Les **éléments** sont les entités auprès desquelles les données sont collectées. Pour l'ensemble de données du tableau 1.1, chaque fonds mutuel individuel est un élément ; les noms des éléments apparaissent dans la première colonne. Puisqu'il y a 25 fonds mutuels, l'ensemble de données contient 25 éléments.

Une **variable** est une caractéristique des éléments à laquelle on s'intéresse. L'ensemble de données du tableau 1.1 contient les cinq variables suivantes :

- Type de fonds : domestique (D), international (I) ou à revenus fixes (F).
- La valeur nette de l'actif ($) : prix de clôture par action au 31 décembre 2007.
- Rendement moyen sur 5 ans (%) : le rendement annuel moyen du fonds au cours des cinq années précédentes.
- Ratio de dépenses : les dépenses exprimées en pourcentage de l'actif, par année fiscale.
- Classement Morningstar : le classement (en nombre d'étoiles – de 1 à 5) en fonction du risque pour chaque fond.

Les données sont obtenues en collectant des informations sur chaque variable pour tous les éléments de l'étude. L'ensemble des informations obtenues pour un élément particulier correspond à une **observation**. En se référant au tableau 1.1, l'ensemble des informations associées à la première observation (American Century International Disc) est I, 14,37, 30,52, 1,41 et 3 étoiles. L'ensemble des mesures associées à la seconde observation (American Century Tax-Free Bond) est F, 10,73, 3,34, 0,49 et 4 étoiles, et ainsi de suite. Un ensemble de données de 25 éléments contient 25 observations.

1.2.2 Échelles de mesure

Différentes échelles de mesure d'une variable existent : nominale, ordinale, par intervalle (ou cardinale) ou de rapport (de mesure). L'échelle de mesure détermine la quantité d'information contenue dans les données et indique la méthode d'analyse des données la plus appropriée.

Lorsque les données d'une variable consistent en des labels ou des noms utilisés pour identifier une caractéristique de l'élément, l'échelle de mesure est **nominale**. Par exemple, en se référant au tableau 1.1, nous voyons que l'échelle de mesure de la variable « Type de fonds » est nominale, dans la mesure où D, I et F sont les noms utilisés pour identifier la catégorie ou le type du fonds. Dans les cas où l'échelle de mesure est nominale, un code numérique ou alpha-numérique peut être utilisé. Par exemple, pour faciliter la collecte de données et préparer les données en vue de leur incorporation dans une base de données informatisée, nous pourrions utiliser un code numérique, en attribuant le chiffre 1 au type domestique, le chiffre 2 au type international et le chiffre 3 au fonds à revenus fixes. Dans ce cas, les valeurs numériques 1, 2 et 3 correspondent aux codes utilisés pour identifier le type du fonds considéré. L'échelle de mesure est nominale même si les données apparaissent sous la forme de valeurs numériques.

L'échelle de mesure d'une variable est **ordinale** si les données exhibent les propriétés nominales et qu'il est possible de les ordonner. Par exemple, Eastside Automotive envoie à ses clients un questionnaire dans le but de recueillir des données sur la qualité du service de réparation. Chaque client attribue une note au service de réparation, allant de « excellent » à « mauvais », en passant par « bon ». Puisque les données obtenues sont des labels – excellent, bon, mauvais – les données ont des propriétés nominales. De plus, elles peuvent être ordonnées en fonction de la qualité du service. La mention « excellent » est attribuée au meilleur service, suivie par ordre décroissant de qualité des mentions « bon » puis « mauvais ». Ainsi, l'échelle de mesure est ordinale. Autre exemple : le classement de Morningstar dans le tableau 1.1 est une donnée ordinale. Elle fournit un classement des fonds sur la base d'une évaluation de Morningstar en fonction du risque du fonds. Notez que les données ordinales peuvent également être enregistrées en utilisant un code numérique. Par exemple, le nombre d'étoiles du classement Morningstar.

L'échelle de mesure d'une variable devient **cardinale** (ou **par intervalle**) si les données possèdent les propriétés ordinales et si l'intervalle entre les valeurs peut être mesuré par une unité de mesure fixe. Les données cardinales (ou par intervalle) sont toujours numériques. Les résultats d'un test d'aptitude intellectuelle sont un exemple de données cardinales. Par exemple, les résultats de trois étudiants à un test (620, 550 et 470) peuvent être ordonnés de la meilleure à la moins bonne performance. De plus, les écarts entre les résultats ont un sens. Par exemple, l'étudiant 1 a obtenu 620-550 = 70 points de plus que l'étudiant 2, alors que l'étudiant 2 a obtenu 550-470 = 80 points de plus que l'étudiant 3.

L'échelle de mesure d'une variable est dite **de rapport** si les données ont toutes les propriétés des données cardinales et que le rapport entre deux valeurs a un sens. Des variables telles que la distance, la hauteur, le poids et la durée, utilisent une échelle de rapport. Cette échelle nécessite l'inclusion d'une valeur nulle pour indiquer que rien n'existe pour la variable au point zéro. Par exemple, considérons le coût d'une automobile. Une valeur nulle indique que l'automobile a un coût nul et est gratuite. De plus, si nous comparons une automobile dont le coût est de 30 000 dollars à une autre automobile dont le coût est de 15 000 dollars, le rapport indique que le coût de la première automobile est deux fois plus élevé que celui de la seconde.

1.2.3 Données catégorielles et données quantitatives

Par ailleurs, les données peuvent être classées en fonction de leur nature qualitative ou quantitative. Les **données qualitatives ou catégorielles** incluent des labels ou des noms utilisés pour identifier une caractéristique de chaque élément. L'échelle de mesure des données catégorielles peut être ordinale ou nominale et les données peuvent être numériques ou non. Les **données quantitatives** ont des valeurs numériques et présentent un caractère dénombrable. Les données quantitatives ont une échelle de mesure cardinale ou de rapport.

> Les données qualitatives sont souvent qualifiées de données « catégorielles ».

Une **variable qualitative ou catégorielle** est une variable dont les données sont qualitatives, et une **variable quantitative** est une variable dont les données sont quantitatives. L'analyse statistique appropriée à une variable particulière dépend de sa nature qualitative ou quantitative. Si la variable est qualitative, l'analyse statistique est plutôt limitée. Nous pouvons résumer des données catégorielles en dénombrant le nombre d'observations ou en calculant la proportion d'observations dans chaque catégorie qualitative. Cependant, même lorsque des données catégorielles utilisent un code numérique, des opérations arithmétiques telles que l'addition, la soustraction, la multiplication et la division, ne permettent pas d'obtenir des résultats ayant un sens. La section 2.1 traite des méthodes d'analyse des données catégorielles.

> La méthode statistique appropriée pour résumer des données dépend de la nature quantitative ou qualitative des données.

Par contre, les opérations arithmétiques fournissent souvent des résultats ayant un sens lorsque les variables sont quantitatives. Par exemple, pour une variable quantitative, les données peuvent être additionnées et divisées par le nombre d'observations de façon à calculer la valeur moyenne. Cette moyenne a un sens mathématique et est facilement interprétable. En général, les outils d'analyse statistique sont plus nombreux pour des données quantitatives. La section 2.2 et le chapitre 3 présentent les méthodes d'analyse statistique des données quantitatives.

1.2.4 Données en coupe transversale et séries temporelles

Pour les besoins de l'analyse statistique, la distinction entre les données en coupe transversale et les données de série temporelle est fondamentale. Les **données en coupe transversale** sont collectées au même moment (ou approximativement au même moment). Les données du tableau 1.1 sont en coupe transversale puisqu'elles décrivent les cinq variables pour les 25 fonds mutuels à un même moment dans le temps. Les **séries temporelles** sont des données collectées sur plusieurs périodes de temps différentes. Par exemple, la figure 1.1 représente le prix moyen d'un gallon d'essence sans plomb aux États-Unis entre 2006 et 2009. Notez que les prix les plus élevés ont tendance à apparaître au cours des mois d'été, le record historique ayant été atteint en juillet 2008 avec 4,05 dollars le gallon. En janvier 2009, le prix de l'essence sans plomb a entamé un fort déclin pour atteindre 1,65 dollar, le plus bas niveau enregistré au cours des trois dernières années.

On trouve fréquemment dans les publications économiques une représentation graphique des séries temporelles. De tels graphiques aident les analystes à comprendre ce qui s'est passé, à identifier les tendances au cours du temps et à prévoir les niveaux futurs des séries temporelles. On trouve diverses formes de graphiques de séries temporelles, comme illustré par la figure 1.2. Avec quelques connaissances, ces graphiques sont généralement faciles à comprendre et interpréter.

Par exemple, le graphique A sur la figure 1.2 représente l'indice Dow Jones Industriel de 1997 à 2010. En avril 1997, l'indice était proche de 7 000 points. Au cours des 10 années suivantes, l'indice a augmenté jusqu'à plus de 14 000 points en juillet 2007.

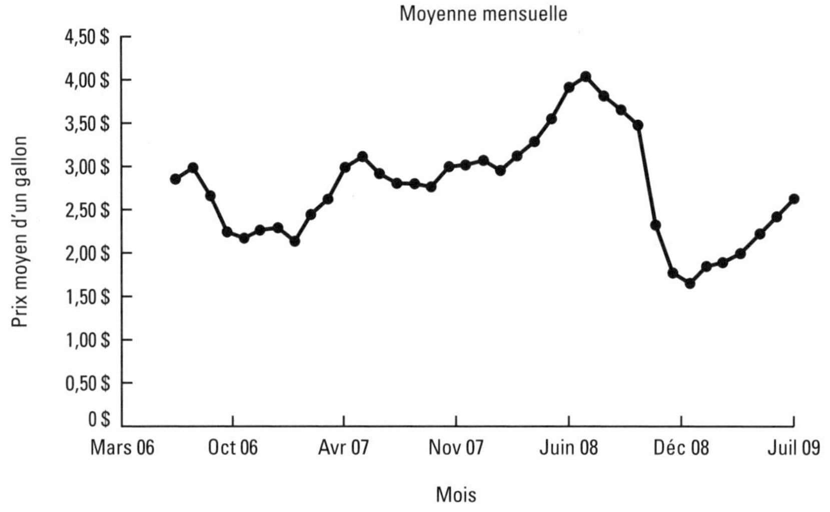

Figure 1.1 ***Prix moyen d'un gallon d'essence sans plomb aux États-Unis***

Source : Administration américaine de l'information sur l'énergie, juillet 2009.

Cependant, notez la chute brutale de l'indice après le record de 2007. En mars 2009, l'indice était revenu à son niveau de 1997, à 7 000 points en raison du contexte économique morose. Ce fut une période effrayante et décourageante pour les investisseurs. En janvier 2010, l'indice était remonté à 10 600 points.

Le graphique B représente le revenu net de la société McDonald's entre 2003 et 2009. La crise économique de 2008 et 2009 fut plutôt bénéfique à MacDonald's, son revenu net atteignant un record historique. La croissance du revenu net de la société illustre le fait que la société a prospéré durant la crise : les ménages ont réduit leurs dépenses en fréquentant moins les restaurants plus chers et en se rabattant sur les alternatives moins onéreuses offertes par McDonald's.

Le graphique C illustre une série temporelle des taux d'occupation des hôtels dans le Sud de la Floride au cours d'une année. Les taux d'occupation les plus élevés entre 95 % et 98 % sont observés durant les mois de février et mars lorsque le climat du Sud de la Floride est le plus attractif pour les touristes. En réalité, la saison haute pour les hôteliers du Sud de la Floride s'étend généralement du mois de janvier au mois d'avril. D'un autre côté, observez les taux d'occupation d'août à octobre : le taux d'occupation le plus faible (50 %) est observé en septembre. Les températures élevées et la saison des ouragans expliquent cette baisse de la fréquentation des hôtels en cette période.

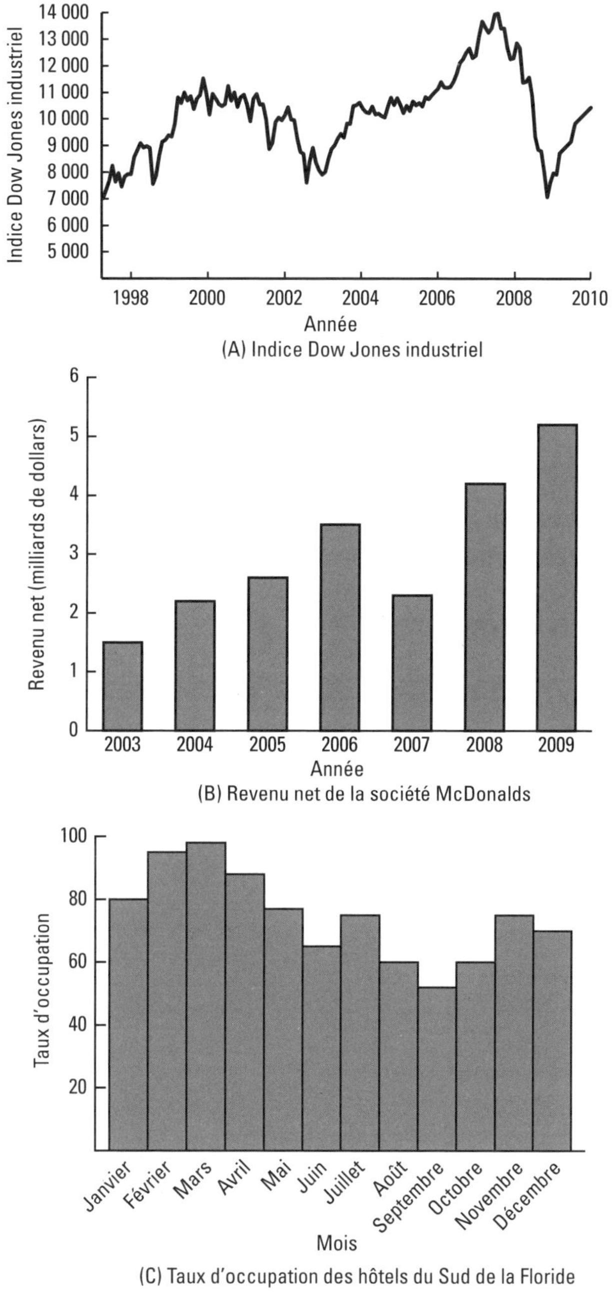

Figure 1.2 ***Quelques représentations graphiques de séries temporelles***

REMARQUES

1. Une observation est un ensemble de mesures obtenues pour chaque élément d'un ensemble de données. Ainsi, le nombre d'observations et le nombre d'éléments sont identiques. Le nombre de mesures obtenues sur chaque élément est égal au nombre de variables. Par conséquent, le nombre total de valeurs dans un ensemble de données peut être obtenu en multipliant le nombre d'observations par le nombre de variables.
2. Les données quantitatives peuvent être discrètes ou continues. Celles qui mesurent une variable dénombrable (par exemple, le nombre d'appels reçus en 15 minutes) sont discrètes. Celles qui mesurent des variables indénombrables (par exemple, le poids ou le temps) sont continues, aucune séparation n'étant possible entre les valeurs potentielles des données.

1.3 SOURCES DE DONNÉES

Les données peuvent être obtenues à partir de sources existantes ou grâce à des enquêtes ou des études menées spécifiquement dans le but de collecter de nouvelles données.

1.3.1 Sources existantes

Dans certains cas, les données nécessaires à une application particulière existent déjà. De nombreuses entreprises constituent des bases de données sur leurs employés, leurs clients et leurs opérations commerciales. Des données sur le salaire, l'âge et les années de service des employés peuvent généralement être obtenues auprès du service du personnel. D'autres services internes à l'entreprise collectent des données sur les ventes, les dépenses publicitaires, les coûts de distribution, l'inventaire et les quantités produites. La plupart des entreprises entretiennent également des bases de données sur leurs clients. Le tableau 1.2 fournit quelques exemples de données fréquemment disponibles dans les services internes des entreprises.

Tableau 1.2 *Exemples de données disponibles dans les registres internes de l'entreprise*

Source	Types de données disponibles
Registre des employés	Nom, adresse, numéro de sécurité sociale, salaire, nombre de jours de congé, nombre de jours d'arrêt maladie et prime.
Registre de la production	Référence de la pièce ou du produit, quantité produite, coût direct du travail et coût des matériaux.
Inventaire	Référence de la pièce ou du produit, nombre d'unités disponibles, prévision de production, quantité commandée et grille tarifaire.
Registre des ventes	Référence du produit, volume des ventes, volume des ventes par région et par type de client.
Registre des crédits	Nom du client, adresse, numéro de téléphone, crédit maximal et solde des créances.
Profil des clients	Âge, sexe, niveau de revenu, taille du ménage, adresse et préférences.

Des organismes spécialisés dans la collecte et le traitement des données fournissent des quantités substantielles de données économiques et commerciales. Les entreprises ont accès à ces sources de données externes par des arrangements de crédit-bail ou par achat. Dun & Bradstreet, Bloomberg et Dow Jones & Company sont trois entreprises qui fournissent de vastes services en matière de collecte de données. Les sociétés ACNielsen et Information Resources prospèrent grâce à la collecte et au traitement des données, qu'elles vendent ensuite à des annonceurs et à des producteurs.

De nombreuses associations industrielles et organisations spécialisées fournissent également des données. L'association américaine de l'industrie du tourisme conserve des informations relatives au tourisme, comme le nombre de touristes et le montant des dépenses touristiques par État. De telles informations peuvent intéresser l'industrie du tourisme. Le conseil d'admission des écoles supérieures de commerce conserve des données sur les résultats des tests, les caractéristiques des étudiants et le programme des cours. La plupart des données issues de ces sources sont accessibles à un coût modeste.

Internet est une source croissante de données et d'informations statistiques. La plupart des sociétés possèdent leur site Web, sur lequel apparaissent des informations générales sur la société, ainsi que des données sur les ventes, le nombre d'employés, la gamme de produits, leurs prix et leurs spécificités. De plus, certaines entreprises se sont désormais spécialisées dans la divulgation d'informations sur Internet. En conséquence, tout le monde peut obtenir les cotations boursières, les prix d'un repas au restaurant, des données sur les salaires et une quantité d'informations quasi infinie.

Les agences gouvernementales sont une autre source importante de données existantes. Par exemple, le département américain du travail conserve des données sur le taux d'embauche, les salaires, la taille de la population active et le degré de syndicalisation. Le tableau 1.3 établit la liste d'autres agences gouvernementales ainsi que le type de données dont elles disposent. La plupart des agences gouvernementales qui collectent et traitent des données, rendent publics leurs résultats, via un site Internet. La figure 1.3 présente la page d'accueil du bureau des recensements.

Tableau 1.3 ***Exemples de données disponibles auprès de quelques agences gouvernementales***

Agence gouvernementale	Données disponibles
Bureau des recensements	Données sur la population, le nombre de ménages et leurs revenus.
Banque centrale américaine	Données sur l'offre de monnaie, le crédit, le taux de change et le taux d'escompte.
Ministère des finances	Données sur le revenu, les dépenses et la dette du gouvernement fédéral.
Département du commerce	Données sur l'activité commerciale – ventes par industrie, niveau de profit par industrie et données sur les industries en expansion et en déclin.
Bureau des Statistiques du Travail	Dépenses des ménages, salaires horaires, taux de chômage, sécurité au travail, statistiques internationales.

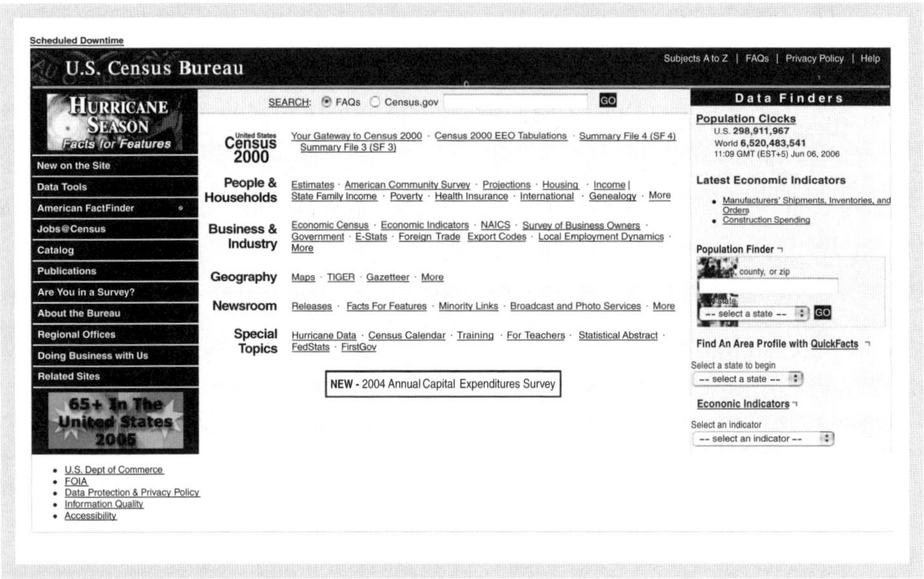

Figure 1.3 ***La page d'accueil du bureau américain des recensements***

1.3.2 Études statistiques

Parfois les données nécessaires à une étude particulière ne sont pas disponibles auprès de sources existantes. Dans ces cas, les données peuvent être obtenues en effectuant une étude statistique. On distingue deux types d'études statistiques : les **études expérimentales** et les **études empiriques**.

> La plus importante étude statistique expérimentale jamais réalisée est, semble-t-il, l'expérience réalisée par le Service public de la santé en 1954 relative à la campagne de vaccination contre la polio. Près de deux millions d'enfants scolarisés dans le primaire ont été sélectionnés à travers les États-Unis.

Dans une étude expérimentale, on identifie en premier lieu la variable qui nous intéresse. Ensuite, une ou plusieurs autres variables sont identifiées et contrôlées de sorte à obtenir des informations sur leur influence sur la variable d'intérêt. Prenons l'exemple d'une entreprise pharmaceutique intéressée par une étude permettant de connaître l'effet d'un nouveau médicament sur la pression artérielle. La pression artérielle est la variable d'intérêt de l'étude. Le dosage du nouveau médicament est une autre variable, supposée avoir un effet sur la pression artérielle. Pour obtenir des données concernant l'effet de ce nouveau médicament, les chercheurs sélectionnent un échantillon d'individus. Le dosage du nouveau médicament est contrôlé : chaque groupe d'individus reçoit un dosage différent. Les données sur la pression artérielle, avant et après traitement, sont collectées pour chaque groupe. L'analyse statistique des données expérimentales permettra de déterminer l'influence du nouveau médicament sur la pression artérielle.

Les études sur les fumeurs et les non-fumeurs sont des études empiriques puisque les chercheurs ne déterminent ou ne contrôlent pas qui fume et qui ne fume pas.

Les études statistiques non-expérimentales, ou empiriques, ne tentent pas de contrôler les variables d'intérêt. Un sondage est le type le plus courant d'études empiriques : on identifie d'abord les questions, ensuite un questionnaire est établi et distribué à un échantillon d'individus. Certains restaurants utilisent des études empiriques pour connaître l'opinion de leurs clients sur la qualité de la nourriture, du service, de l'ambiance, etc. La figure 1.4 présente le questionnaire utilisé par le restaurant Chops City Grill de Naples, en Floride. Les clients interrogés doivent évaluer 12 variables : la qualité globale, l'accueil par le maître d'hôtel, le suivi du déroulement du repas par le serveur,

Chop's
CITY GRILL

Date : ____________ Nom du serveur : ________________

Nos clients sont notre première priorité. Veuillez s'il vous plaît prendre quelques instants pour renseigner ce questionnaire, afin de nous permettre de mieux répondre à vos souhaits. Vous pouvez remettre cette carte à notre hôtesse en sortant ou la renvoyer par courrier électronique. Merci !

Service concerné	Excellent	Bon	Satisfaisant	Insatisfaisant
Qualité globale	❑	❑	❑	❑
Accueil par le maître d'hôtel	❑	❑	❑	❑
Déroulement du service	❑	❑	❑	❑
Service global	❑	❑	❑	❑
Professionnalisme	❑	❑	❑	❑
Connaissance du menu	❑	❑	❑	❑
Gentillesse	❑	❑	❑	❑
Sélection de vins	❑	❑	❑	❑
Sélection des menus	❑	❑	❑	❑
Qualité des plats	❑	❑	❑	❑
Présentation des plats	❑	❑	❑	❑
Valeur par dollar dépensé	❑	❑	❑	❑

Quels commentaires pouvez-vous faire pour nous aider à améliorer notre service ?

____

Merci, nous apprécions vos commentaires. L'équipe du Chops City Grill.

Figure 1.4 ***Sondage d'opinion auprès des clients du restaurant Chops City Grill de Naples, dans l'État de Floride***

le service, etc. Les catégories de réponse – excellent, bon, moyen, satisfaisant et insatisfaisant – permettent aux propriétaires du Chops City Grill de maintenir un haut niveau de qualité des plats proposés et du service.

Les dirigeants qui désirent utiliser les données et les analyses statistiques comme outil d'aide à la décision, doivent tenir compte du coût et du temps que nécessite l'obtention des données. L'utilisation de sources existantes est souhaitable lorsque les données doivent être obtenues rapidement. Si les données importantes ne sont pas disponibles auprès d'une source existante, le temps et les coûts d'acquisition des données doivent être évalués. Dans tous les cas, il est important de considérer la contribution de l'analyse statistique dans le processus de prise de décision. Le coût d'acquisition des données et de l'analyse qui en découle, ne doit pas excéder les gains générés par l'utilisation de l'information pour prendre une meilleure décision.

1.3.3 Erreurs dans la collecte des données

Il convient de toujours avoir à l'esprit la possibilité que des erreurs de mesure soient commises dans les études statistiques. Utiliser des données erronées peut s'avérer pire que de ne pas en utiliser. Une erreur dans l'acquisition des données intervient lorsque la valeur inscrite ne correspond pas à la vraie valeur, c'est-à-dire celle qui aurait été obtenue avec une procédure d'acquisition correcte. De telles erreurs peuvent survenir de différentes manières. Par exemple, un enquêteur peut faire une erreur d'enregistrement, noter qu'un individu a 42 ans au lieu de 24 ans, ou bien la personne interrogée peut mal interpréter la question et donner une réponse incorrecte.

Les analystes expérimentés prennent grand soin de ne pas faire d'erreurs dans la collecte et l'enregistrement des données. Des procédures de détection des incohérences existent. Par exemple, l'attention de l'analyste est attirée lorsque le traitement d'un questionnaire révèle qu'un individu âgé de 22 ans a 20 années d'expérience professionnelle. Les analystes réexaminent également les données pour lesquelles on constate des valeurs inhabituellement élevées ou faibles, pouvant être dues à des erreurs de mesure. Dans le chapitre 3, nous présenterons quelques méthodes utilisées par les statisticiens, pour identifier ces valeurs « aberrantes ».

Les erreurs surviennent souvent au cours de la phase de collecte des données. Utiliser toutes les données disponibles à l'aveuglette ou utiliser des données qui n'ont pas fait l'objet de toutes les attentions peut apporter une information trompeuse et conduire à prendre de mauvaises décisions. Ainsi, en prenant soin de collecter des données précises, on améliore le processus décisionnel.

1.4 STATISTIQUES DESCRIPTIVES

La plupart des informations statistiques contenues dans les journaux, les magazines, les rapports d'activité de sociétés et autres publications sont des données résumées et présentées sous une forme facilement compréhensible par le lecteur. On appelle de tels

Tableau 1.4 ***Fréquences et fréquences en pourcentage de la variable Type de fonds***

Fonds mutuel	Fréquence	Fréquence en pourcentage
Fonds domestique	16	64
Fonds international	4	16
Fonds à revenu fixe	5	20
TOTAL	25	100

résumés sous forme de tableaux, de graphiques, ou sous forme numérique, des **statistiques descriptives**.

On se réfère une fois encore à l'ensemble de données relatif aux 25 fonds mutuels, présenté dans le tableau 1.1. Des statistiques descriptives peuvent être utilisées pour résumer l'information contenue dans cet ensemble de données. Par exemple, le tableau 1.4 présente un résumé sous forme de tableau des données de la variable qualitative Type de fonds. La figure 1.5 est un résumé graphique de ces mêmes données, sous forme d'un diagramme en barres. Ces types de représentations graphiques et sous forme de tableaux facilitent généralement l'interprétation des données. En se référant au tableau 1.4 et à la figure 1.5, on s'aperçoit que la majorité des fonds mutuels sont des fonds domestiques. En pourcentage, 64 % des fonds sont domestiques, 16 % sont internationaux et 20 % fournissent des revenus fixes.

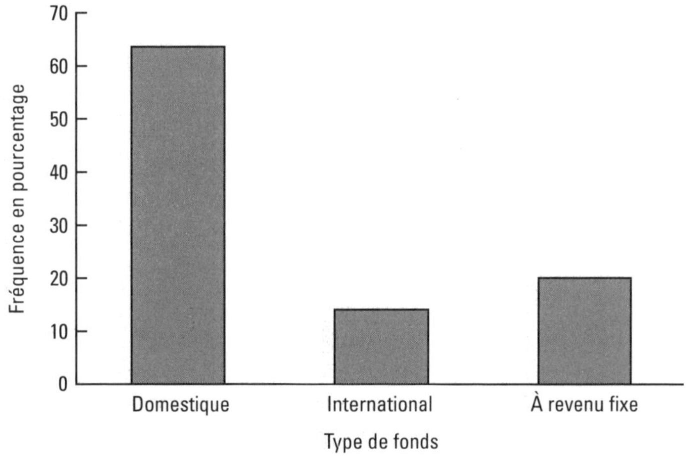

Figure 1.5 ***Diagramme en barres pour la variable Type de fonds***

La variable quantitative représentant la valeur nette des actifs, sous forme d'histogramme, est représentée graphiquement à la figure 1.6. À partir de l'histogramme, il est facile de voir que les valeurs nettes des actifs sont comprises entre 0 et 75 dollars, les plus fortes concentrations se situant entre 15 et 30 dollars. Seule une des valeurs excède 60 dollars.

En plus des présentations sous forme de tableaux et de graphiques, on peut utiliser des statistiques descriptives numériques pour résumer les données. La plus courante est la moyenne. En utilisant les données sur le rendement moyen sur cinq ans des fonds mutuels figurant dans le tableau 1.1, on peut calculer la moyenne en additionnant les rendements des 25 fonds mutuels et en divisant la somme par 25. Ainsi, le rendement moyen sur 5 ans s'élève à 16,50 %. Cette moyenne est interprétée comme une mesure de la valeur centrale des données de cette variable.

Dans de nombreux domaines, l'intérêt pour les méthodes statistiques qui peuvent être utilisées pour développer et présenter des statistiques descriptives, continue de croître. Les chapitres 2 et 3 sont consacrés aux méthodes de statistiques descriptives sous forme de tableaux, de graphiques et sous forme numérique.

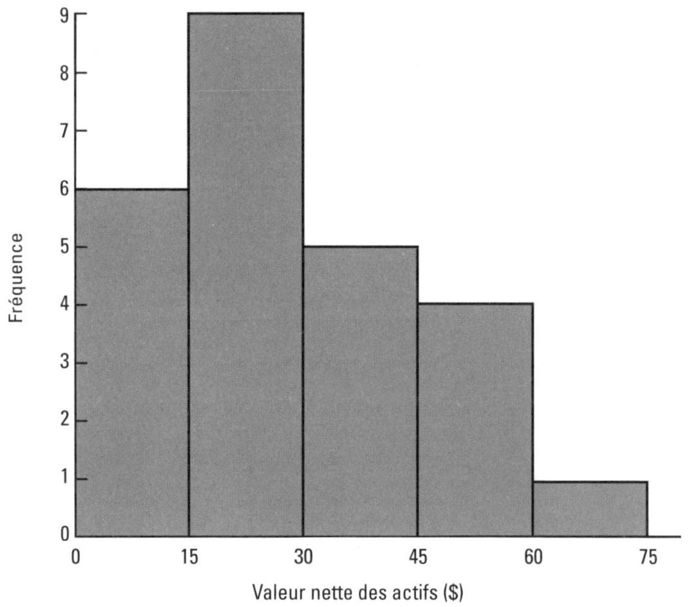

Figure 1.6 ***Histogramme de la valeur nette des actifs de 25 fonds mutuels***

1.5 INFÉRENCE STATISTIQUE

De nombreuses situations requièrent des données relatives à un vaste ensemble d'éléments (individus, sociétés, électeurs, ménages, produits, clients, etc.). À cause de considérations telles que les coûts ou le temps, les données ne peuvent être collectées qu'auprès d'une petite partie du groupe concerné. Le groupe considéré dans son ensemble est désigné par le terme *population* et la petite partie du groupe, par le terme *échantillon*. Formellement, on utilise les définitions suivantes.

- **Population**
  Une *population* est l'ensemble des éléments considérés dans une étude particulière.
- **Échantillon**
  Un *échantillon* est un sous-ensemble de la population.

Le gouvernement américain effectue un recensement tous les dix ans. Les sociétés d'études de marché réalisent des enquêtes auprès d'échantillons de la population tous les jours.

Le processus de conduite d'une enquête pour collecter des données relatives à la population entière est appelé un **recensement**. Le processus de conduite d'une enquête pour collecter des données relatives à un échantillon est appelé une **enquête d'échantillonnage**. L'apport majeur des statistiques réside dans la possibilité de faire des estimations et des tests d'hypothèses sur les caractéristiques d'une population à partir d'un échantillon, au travers d'un processus dit d'**inférence statistique**.

Comme exemple d'inférence statistique, considérons l'étude faite par Norris Electronics. La société Norris fabrique des ampoules à forte intensité, utilisées dans de nombreux produits électriques. Dans le but d'accroître la durée de vie des ampoules, le groupe de recherche a mis au point un nouveau filament. Dans ce cas, la population correspond à l'ensemble des ampoules produites avec le nouveau filament. Pour évaluer les avantages de ce nouveau filament, un échantillon de 200 nouvelles ampoules a été sélectionné. Les données collectées correspondent au nombre d'heures d'éclairage obtenues avant que le filament ne grille. Les données de l'échantillon sont reportées dans le tableau 1.5.

Supposons que Norris veuille utiliser l'échantillon de données pour estimer le nombre moyen d'heures d'éclairage des ampoules fabriquées avec le nouveau filament, pour la population entière. En additionnant les 200 valeurs du tableau 1.5 et en divisant le total par 200, on obtient la durée de vie moyenne des ampoules de l'échantillon : 76 heures. On peut utiliser ce résultat pour estimer la durée de vie moyenne des ampoules de la population à 76 heures. La figure 1.7 résume le processus d'inférence statistique utilisé par Norris Electronics.

1. La population correspond à toutes les ampoules fabriquées avec le nouveau filament. La durée de vie moyenne est inconnue.

Tableau 1.5 ***Nombre d'heures avant que l'ampoule ne grille pour un échantillon de 200 ampoules de Norris Electronics***

107	73	68	97	76	79	94	59	98	57
54	65	71	70	84	88	62	61	79	98
66	62	79	86	68	74	61	82	65	98
62	116	65	88	64	79	78	79	77	86
74	85	73	80	68	78	89	72	58	69
92	78	88	77	103	88	63	68	88	81
75	90	62	89	71	71	74	70	74	70
65	81	75	62	94	71	85	84	83	63
81	62	79	83	93	61	65	62	92	65
83	70	70	81	77	72	84	67	59	58
78	66	66	94	77	63	66	75	68	76
90	78	71	101	78	43	59	67	61	71
96	75	64	76	72	77	74	65	82	86
66	86	96	89	81	71	85	99	59	92
68	72	77	60	87	84	75	77	51	45
85	67	87	80	84	93	69	76	89	75
83	68	72	67	92	89	82	96	77	102
74	91	76	83	66	68	61	73	72	76
73	77	79	94	63	59	62	71	81	65
73	63	63	89	82	64	85	92	64	73

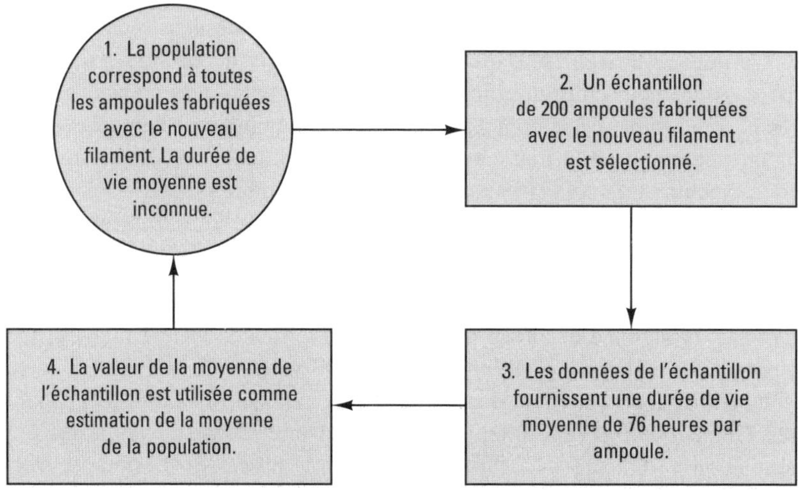

Figure 1.7 ***Le processus d'inférence statistique pour l'exemple de Norris Electronics***

Quand les statisticiens utilisent un échantillon pour estimer une caractéristique de la population, ils définissent également la qualité ou précision de l'estimation. Pour l'exemple de Norris, le statisticien doit préciser que l'estimation de la durée de vie moyenne des ampoules de la population est de 76 heures avec une marge d'erreur de plus ou moins 4 heures. Ainsi, l'intervalle d'estimation de la durée de vie moyenne de toutes les ampoules est compris entre 72 et 80 heures. Le statisticien peut également donner un indice de confiance pour la vraie durée de vie moyenne, c'est-à-dire la probabilité que l'intervalle [72 ; 80] contienne effectivement la vraie valeur de la moyenne de la population.

1.6 INFORMATIQUE ET ANALYSE STATISTIQUE

Dans la mesure où l'analyse statistique implique souvent de larges ensembles de données, les analystes utilisent fréquemment des logiciels informatiques pour ce travail. Par exemple, calculer la durée de vie moyenne des 200 ampoules dans l'exemple de Norris Electronics (cf. tableau 1.5) pourrait s'avérer pénible sans un ordinateur. Pour faciliter l'usage de l'informatique, les grands ensembles de données présents dans cet ouvrage sont disponibles en ligne. Un logo situé dans la marge gauche du texte identifie chacun de ces ensembles de données. Les fichiers de données sont disponibles à la fois au format Minitab et au format Excel. Les instructions pour exécuter les procédures statistiques en utilisant Minitab et Excel (y compris l'outil StatTools d'Excel) sont fournies en annexe des chapitres.

1.7 TRAITEMENT DES DONNÉES

Grâce aux lecteurs de cartes magnétiques, aux scanners des codes-barres et aux terminaux de vente, la plupart des sociétés obtiennent de nombreuses informations quotidiennes. Même pour un petit restaurant local qui utilise des tablettes tactiles pour enregistrer les commandes et délivrer l'addition, la quantité de données collectées peut être importante. Pour les grands commerces de détail, le volume de données collectées est tel qu'il est difficile d'exploiter de façon efficace ces données pour améliorer la rentabilité de l'entreprise. Par exemple, les grandes surfaces comme Walmart collectent des données relatives à 20 ou 30 millions de transactions chaque jour, les sociétés de télécommunications comme France Télécom et AT&T acheminent plus de 300 millions d'appels par jour et Visa gère 6 800 transactions de paiement par seconde, soit approximativement 600 millions de transactions par jour. Stocker et exploiter ces données est une tâche titanesque.

Le terme « stockage de données » est utilisé pour faire référence au processus de collecte, stockage et gestion des données. La puissance des ordinateurs et les outils de collecte des données ont atteint un tel niveau de développement qu'il est maintenant envisageable de stocker et de traiter des quantités très importantes de données en quelques secondes. L'analyse de données contenues dans une banque de données peut conduire à des changements de stratégie et à une augmentation des profits.

Les études relatives au traitement des données visent à développer des méthodes permettant de tirer des informations utiles à la prise décision de ces grandes bases de données. En associant des procédures statistiques, mathématiques et informatiques, les analystes exploitent les banques de données pour les convertir en informations utiles. Kurt Thearling, un pionnier dans ce domaine, définit le traitement des données comme « l'extraction automatisée d'informations prédictives à partir de grandes bases de données ». Les deux mots clés dans la définition de M. Thearling sont « automatisée » et « prédictives ». Les systèmes de traitement des données qui sont les plus efficaces utilisent des procédures automatisées pour extraire de l'information des données en utilisant seulement les requêtes, générales voire vagues, formulées par l'utilisateur. Et les logiciels de traitement des données automatisent le processus de découverte de l'information prédictive cachée, ce qui, par le passé, nécessitait des heures d'analyse.

Les applications majeures du traitement des données ont été développées par des sociétés commerciales (orientées vers les clients), telles que les commerces de détail, les organisations financières et les opérateurs de communication. Le traitement des données a été utilisé avec succès pour aider des vendeurs tels qu'Amazon et Barnes & Noble à prédire quels produits connexes les consommateurs sont susceptibles d'acheter en fonction de leurs achats passés. Grâce à cela, lorsqu'un client se connecte au site Internet d'une société et achète un produit, des fenêtres pop-up alertent le client de l'existence de produits complémentaires susceptibles de l'intéresser. Autre exemple d'application, le traitement des données peut être utilisé pour identifier les clients qui sont susceptibles de dépenser plus de 20 dollars lors d'un passage en magasin. Ces clients pourront ensuite recevoir des e-mails particuliers ou des offres de réduction par courrier pour les inciter à renouveler leurs achats.

Le traitement des données est une technologie qui repose sur des méthodes statistiques telles que les régressions multiples, les régressions logistiques et la corrélation. Il combine de façon originale toutes ces méthodes et les technologies informatiques pour rendre le traitement des données effectif. Un investissement significatif en temps et en argent est nécessaire pour créer des logiciels de traitement des données similaires à ceux développés par des entreprises telles que Oracle, Teradata et SAS. Les concepts statistiques introduits dans cet ouvrage seront utiles pour comprendre la méthodologie statistique utilisée par les logiciels de traitement des données et vous permettront de mieux comprendre l'information statistique qui est développée.

> Les méthodes statistiques jouent un rôle important dans le traitement des données, à la fois en termes de découverte des relations entre les données et de prédiction des résultats futurs. Cependant, une étude approfondie des techniques et méthodes de traitement des données est hors du champ de cet ouvrage.

Dans la mesure où les modèles statistiques jouent un rôle important dans le développement des modèles prédictifs, les statisticiens doivent prendre un certain nombre de précautions pour correctement formuler ces modèles statistiques. Par exemple, la question de la fiabilité du modèle est une question primordiale. Trouver un modèle statistique qui fonctionne bien pour un échantillon particulier de données ne signifie pas nécessairement qu'il pourra être appliqué de façon fiable à d'autres données. Une des approches statistiques courantes pour évaluer la fiabilité d'un modèle est de diviser l'ensemble des données d'échantillon en deux parties : un ensemble de données d'entraînement et un ensemble de données de test. Si le modèle développé en utilisant les données d'entraînement est capable de prédire avec précision les données de test, on dit que le modèle est fiable. Un avantage qu'a le traitement des données par rapport aux statistiques classiques réside dans la quantité astronomique de données disponibles. Cela permet au logiciel de traitement des données de séparer l'ensemble des données de façon à tester la fiabilité d'un modèle développé pour un ensemble de données d'entraînement sur d'autres données. En ce sens, la séparation de l'ensemble des données en plusieurs sous-ensembles permet de développer des modèles, d'établir des relations entre les variables et ensuite d'observer rapidement si ces modèles et relations sont reproductibles et valables avec des données différentes. Le risque réside dans la détermination d'association et de relation de cause à effet qui n'existent pas réellement. Une interprétation prudente des résultats obtenus via les procédures de traitement des données et de tests supplémentaires aideront à éviter cet écueil.

1.8 GUIDE DES BONNES PRATIQUES STATISTIQUES

On doit s'efforcer d'avoir un comportement éthique exemplaire dans tout ce que l'on fait. Des questions éthiques surgissent en statistiques à cause du rôle important des statistiques dans la collecte, l'analyse, la présentation et l'interprétation des données. Dans une étude statistique, des comportements non-éthiques peuvent prendre différentes formes : échantillonnage inapproprié, analyse biaisée des données, développement de graphiques trompeurs, utilisation de statistiques descriptives inappropriées et/ou interprétation biaisée des résultats statistiques.

Nous vous encourageons, dans votre propre travail statistique, à être équitable, minutieux, objectif et neutre, à la fois lorsque vous collectez des données, effectuez des analyses, faîtes des présentations orales et rédigez des rapports. En tant que consommateur de statistiques, vous devez également être conscient de la possibilité que certains statisticiens n'aient pas un comportement éthique. Lorsque vous êtes confrontés à des statistiques dans les journaux, à la télévision, sur Internet, etc., il est judicieux d'avoir un certain recul sur ces informations, de toujours tenir compte des sources, du but et de l'objectivité des statistiques fournies.

L'association américaine de statistiques, la principale organisation statistique professionnelle des États-Unis, a rédigé un rapport intitulé *Ethical Guidelines for Statistical Practice*[2]. Ce guide a vocation à aider les statisticiens à travailler de façon éthique et responsable. Le rapport contient 67 recommandations organisées en huit items : professionnalisme ; responsabilités vis-à-vis des commanditaires, clients et employeurs ; responsabilités lors des publications et témoignages ; responsabilités vis-à-vis des sujets de recherche ; responsabilités vis-à-vis de l'équipe de recherche ; responsabilité vis-à-vis des

[2] Association américaine de statistiques, *Ethical Guidelines for Statistical Practice*, 1999.

autres statisticiens ; responsabilités relatives aux allégations de mauvaises conduites ; et responsabilités des organisations, des individus, des avocats qui emploient des statisticiens.

L'une des recommandations éthiques dans le domaine du professionnalisme soulève la question de la conduite de tests multiples jusqu'à ce que le résultat désiré soit obtenu. Considérons un exemple. Dans la section 1.5, nous avons évoqué un test statistique effectué par Norris Electronics impliquant un échantillon de 200 ampoules à haute intensité fabriquées avec un nouveau filament. La durée de vie moyenne de l'échantillon, 76 heures, fournit une estimation de la durée de vie moyenne de toutes les ampoules fabriquées avec le nouveau filament. Cependant, puisque Norris a sélectionné un échantillon d'ampoules, il est raisonnable de supposer qu'un autre échantillon aurait fourni une durée de vie moyenne différente.

Supposez que la direction de Norris ait espéré que les résultats de l'échantillon lui permettraient de déclarer que la durée de vie moyenne des nouvelles ampoules est d'au moins 80 heures. Supposez par ailleurs que la direction de Norris décide de poursuivre l'étude en fabriquant et en testant des échantillons différents de 200 ampoules fabriquées avec le nouveau filament jusqu'à ce qu'une moyenne d'échantillon d'au moins 80 heures soit obtenue. Si l'étude est répétée un nombre suffisant de fois, un échantillon peut éventuellement – uniquement par chance – fournir le résultat désiré et permettre à Norris de faire une telle déclaration. Dans ce cas, les clients pourraient être amenés à croire (de façon erronée) que le nouveau produit est meilleur que le produit actuel. Clairement, ce type de comportement est non-éthique et représente une mauvaise utilisation des statistiques en pratique.

Plusieurs recommandations éthiques dans le domaine des responsabilités et des publications traitent de questions relatives au traitement des données. Par exemple, un statisticien doit tenir compte de toutes les données considérées dans une étude et décrire le (ou les) échantillon(s) réellement utilisé(s). Dans l'étude de Norris Electronics, la durée de vie moyenne pour les 200 ampoules dans l'échantillon originel est de 76 heures ; c'est considérablement moins que les 80 heures ou plus que la direction espérait atteindre. Supposez maintenant qu'après avoir revu les résultats établissant une durée de vie moyenne de 76 heures, Norris écarte toutes les observations inférieures ou égales à 70 heures (avant que l'ampoule ne grille), en décrétant que ces ampoules contiennent des imperfections dues au problème de démarrage du processus de fabrication. Après avoir écarté ces ampoules, la durée de vie moyenne des ampoules restantes dans l'échantillon s'élève à 82 heures. Douteriez-vous d'une déclaration de Norris affirmant que la durée de vie moyenne de ses ampoules est de 82 heures ?

Si les ampoules de Norris dont la durée de vie est inférieure ou égale à 70 heures sont écartées dans le but de fournir une durée de vie moyenne de 82 heures, cette mise à l'écart de certaines observations est incontestablement contraire à l'éthique. Mais, même si les ampoules écartées contiennent des imperfections générées par des problèmes de démarrage du processus de fabrication – et, par conséquent, ne devraient pas être incluses dans l'analyse – le statisticien qui effectue l'étude doit tenir compte de toutes les données observées et expliquer comment l'échantillon utilisé a été obtenu. Avoir une autre démarche est potentiellement dangereux et peut constituer un comportement non-éthique de la part à la fois de la société et du statisticien.

Une des recommandations du rapport de l'association américaine de statistiques stipule que les statisticiens doivent éviter toute tendance à orienter le travail statistique vers des résultats prédéterminés. Ce type de pratique non éthique est souvent observé lorsque des échantillons non représentatifs sont utilisés pour établir des affirmations. Par exemple, dans de nombreux États américains, fumer dans les restaurants est interdit. Supposez qu'un lobbyiste de l'industrie du tabac interroge des personnes dans les restaurants où fumer est autorisé, dans le but d'estimer le pourcentage de personnes en faveur du tabac dans les restaurants. Les résultats de l'échantillon montrent que 90 % des personnes interrogées sont favorables au tabac dans les restaurants. En se basant sur les résultats de cet échantillon, le lobbyiste affirme que 90 % des personnes qui fréquentent des restaurants sont favorables au tabac dans les restaurants. Dans ce cas, on peut rétorquer que n'échantillonner que les personnes fréquentant des restaurants où fumer est autorisé, biaise les résultats. Si seuls les résultats d'une telle étude sont rapportés, les lecteurs qui ne connaissent pas les détails de l'étude (c'est-à-dire que l'échantillon n'a été collecté que dans les restaurants autorisant de fumer) peuvent être abusés.

Le contenu du rapport de l'association américaine de statistiques est large et inclut des recommandations éthiques qui sont appropriées non seulement pour un statisticien mais aussi pour les consommateurs de statistiques. Nous vous encourageons à lire ce rapport pour mieux appréhender les questions d'éthique.

RÉSUMÉ

Les statistiques sont l'art et la science de collecter, analyser, présenter et interpréter des données. Pratiquement tous les étudiants en économie ou en commerce suivent des cours de statistique. Nous avons débuté ce chapitre par une présentation des applications statistiques usuelles en économie et dans le domaine commercial.

Les données sont les faits et les chiffres qui sont collectés et analysés. Il existe quatre échelles de mesure utilisées pour obtenir des données sur une variable particulière : nominale, ordinale, cardinale (par intervalle) ou de rapport. L'échelle de mesure d'une variable est nominale lorsque des labels ou des noms permettent d'identifier une caractéristique d'un élément. L'échelle est ordinale si les données ont les propriétés nominales et si l'ordre ou le rang des données fait sens. L'échelle est dite cardinale (par intervalle) si les données possèdent les propriétés ordinales et si l'intervalle entre les valeurs est mesuré selon une unité fixe. Finalement, l'échelle de mesure est dite de rapport si les données possèdent les propriétés de données cardinales et si le rapport entre deux valeurs est porteur de sens.

Dans une perspective d'analyse, les données peuvent être classées selon leur nature quantitative ou qualitative. Les données catégorielles utilisent des étiquettes ou des noms, pour identifier une caractéristique de chaque élément. Les données catégorielles ont une échelle de mesure nominale ou ordinale et peuvent être numériques ou non numériques. Les données quantitatives sont des valeurs numériques qui indiquent des quantités. Les données quantitatives sont évaluées grâce à une échelle de mesure cardinale (par intervalle) ou de rapport. Les opérations arithmétiques ordinaires ne sont pertinentes qu'avec des variables quantitatives. Ainsi, les opérations statistiques utilisées pour des données quantitatives ne sont pas toujours appropriées pour des données catégorielles.

Dans les sections 1.4 et 1.5, nous avons abordé les sujets de statistique descriptive et d'inférence statistique. Les statistiques descriptives sont constituées de tableaux, de graphiques ou de chiffres résumant les données. L'inférence statistique est le processus qui consiste à utiliser les données d'un échantillon pour effectuer des estimations ou des tests d'hypothèses concernant les caractéristiques d'une population. Les trois dernières sections de ce chapitre fournissent des informations sur le rôle des ordinateurs dans l'analyse statistique, une introduction à la discipline relativement récente de traitement des données et un résumé des recommandations éthiques pour la pratique des statistiques.

GLOSSAIRE

STATISTIQUES. L'art et la science de collecter, analyser, présenter et interpréter des données.

DONNÉES. Faits et chiffres qui sont collectés, analysés et résumés pour être présentés et interprétés.

ENSEMBLE DE DONNÉES. Toutes les données collectées pour une étude particulière.

ÉLÉMENTS. Entités auprès desquelles sont collectées les données.

VARIABLE. Caractéristique des éléments qui nous intéresse.

OBSERVATION. Ensemble des mesures obtenues pour un élément unique.

ÉCHELLE NOMINALE. Échelle de mesure d'une variable dont les données sont des labels ou noms identifiant une caractéristique d'un élément. Les données nominales peuvent être numériques ou non.

ÉCHELLE ORDINALE. Échelle de mesure d'une variable dont les données possèdent les propriétés nominales et dont l'ordre fait sens. Les données ordinales peuvent être numériques ou non.

ÉCHELLE CARDINALE OU D'INTERVALLE. Échelle de mesure d'une variable dont les données possèdent les propriétés ordinales et dont l'écart peut être exprimé selon une unité de mesure fixe. Les données cardinales sont toujours numériques.

ÉCHELLE DE RAPPORT. Échelle de mesure d'une variable dont les données possèdent les propriétés cardinales et dont le rapport fait sens. Les données mesurées selon une échelle de rapport sont toujours numériques.

DONNÉES CATÉGORIELLES. Labels ou noms utilisés pour identifier une caractéristique de chaque élément de l'ensemble de données. Les données catégorielles utilisent une échelle de mesure nominale ou ordinale et peuvent être numériques ou non numériques.

Données quantitatives. Valeurs numériques qui indiquent la quantité de quelque chose. Les données quantitatives sont mesurées selon une échelle cardinale ou de rapport.

Variable qualitative. Variable dont les données sont qualitatives.

Variable quantitative. Variable dont les données sont quantitatives.

Données en coupe transversale. Données collectées à un même moment (ou à des moments très proches) dans le temps.

Données de série temporelle. Données collectées à des moments différents dans le temps.

Statistiques descriptives. Tableaux, graphiques et approches numériques utilisés pour résumer les données.

Population. Ensemble de tous les éléments d'intérêt dans une étude particulière.

Échantillon. Sous-ensemble de la population.

Recensement. Enquête visant à collecter des données relatives à la population entière.

Enquête d'échantillonnage. Enquête visant à collecter des données relatives à un échantillon.

Inférence statistique. Processus d'utilisation des données d'un échantillon pour estimer ou tester des hypothèses sur les caractéristiques d'une population.

Traitement des données. Processus d'utilisation de procédures issues des statistiques et de l'informatique pour extraire des informations utiles de bases de données très importantes.

EXERCICES

1. Discuter des différences entre les statistiques en tant que faits numériques et les statistiques en tant que discipline ou objet d'étude.

2. Le département américain à l'énergie fournit des informations sur le secteur pétrolier et le prix des carburants pour différents types de moteurs. Un échantillon de 10 automobiles est fourni dans le tableau 1.6 (site Internet de Fuel Economy, 22 février 2008). Les données indiquent la taille du véhicule (compacte, moyenne ou grande), la puissance du moteur (nombre de chevaux), la consommation en ville (nombre de miles par gallon), la consommation sur autoroute (nombre de miles par gallon) et le type de carburant recommandé (diesel, sans plomb ou ordinaire).

a) Combien d'éléments y a-t-il dans l'ensemble de données ?

b) Combien de variables y a-t-il dans l'ensemble de données ?

c) Quelles sont les variables qualitatives ? Quelles sont les variables quantitatives ?

d) Quel type d'échelle de mesure est utilisé pour chacune des variables ?

Tableau 1.6 ***Information sur la consommation de carburant de 10 véhicules***

Marque	Taille	Chevaux	Consommation urbaine	Consommation sur autoroute	Carburant
Audi A8	Grande	12	13	19	Sans plomb
BMW 328Xi	Compacte	6	17	25	Sans plomb
Cadillac CTS	Moyenne	6	16	25	Ordinaire
Chrysler 300	Grande	8	13	18	Sans plomb
Ford Focus	Compacte	4	24	33	Ordinaire
Hyundai Elantra	Moyenne	4	25	33	Ordinaire
Jeep Grand Cherokee	Moyenne	6	17	26	Diesel
Pontiac G6	Compacte	6	15	22	Ordinaire
Toyota Camry	Moyenne	4	21	31	Ordinaire
Volkswagen Jetta	Compacte	5	21	29	Ordinaire

3. Reprendre les données du tableau 1.6.

a) Quelle est la consommation moyenne en ville ?

b) En moyenne, quel est l'écart de consommation en zone urbaine et sur autoroute ?

c) Quel est le pourcentage de voitures ayant des moteurs de 4 chevaux ?

d) Quel est le pourcentage de voitures utilisant du carburant ordinaire ?

4. Le tableau 1.7 fournit des données sur 7 grandes écoles et universités. Le budget (en milliards de dollars) et le pourcentage de candidats admis sont indiqués (*USA Today*, 3 février 2008). L'État dans lequel l'école est située, l'implantation du campus et la division NCAA de l'équipe de la faculté sont des données issues du site Internet du Centre national des statistiques de l'éducation le 22 février 2008.

Tableau 1.7 ***Données sur 7 grandes écoles et universités***

École	État	Implantation du campus	Budget (milliards de dollars)	% de candidats admis	Division NCAA
Collège Amherst	Massachusetts	Périphérie de la ville	1,7	18	III
Duke	Caroline du Nord	Ville de taille moyenne	5,9	21	I-A
Université d'Harvard	Massachusetts	Ville de taille moyenne	34,6	9	I-AA
Collège Swarthmore	Pennsylvanie	Grande périphérie	1,4	18	III
Université de Pennsylvanie	Pennsylvanie	Ville de grande taille	6,6	18	I-AA
Collège Williams	Massachusetts	Périphérie de la ville	1,9	18	III
Université de Yale	Connecticut	Ville de taille moyenne	22,5	9	I-AA

a) Combien d'éléments y a-t-il dans cet ensemble de données ?
b) Combien de variables y a-t-il dans cet ensemble de données ?
c) Quelles sont les variables qualitatives ? Quelles sont les variables quantitatives ?

5. Reprendre l'ensemble de données du tableau 1.7.

a) Calculer le budget moyen pour l'échantillon.
b) Calculer le pourcentage moyen de candidats admis.
c) Quel est le pourcentage d'écoles qui ont une équipe en division III ?
d) Quel est le pourcentage d'écoles qui ont un campus situé dans une ville de taille moyenne ?

6. Le magazine *Foreign Affairs* a mené une enquête pour déterminer le profil de ses abonnés (site internet de *Foreign Affairs*, 23 février 2008). Les questions suivantes étaient posées :

a) Combien de nuits avez-vous passées à l'hôtel au cours des 12 derniers mois ?
b) Où achetez-vous vos livres ? Trois propositions : dans des librairies, sur Internet et dans un club de lecture.
c) Possédez-vous ou louez-vous une voiture de luxe (oui ou non) ?
d) Quel est votre âge ?
e) Quelle était la destination de vos voyages d'affaires au cours de ces trois dernières années ? Sept destinations internationales étaient listées.

Dire si chaque question fournit des données quantitatives ou qualitatives.

7. L'hôtel Ritz-Carlton de Naples en Floride a effectué en février 2006 un sondage auprès de ses clients pour obtenir des données sur la qualité perçue de ses services. Les clients devaient évaluer six facteurs : l'accueil, le service, la nourriture, l'attractivité des menus, l'ambiance et l'appréciation globale. Les réponses possibles pour chaque facteur étaient enregistrées en attribuant le chiffre 1 aux réponses « Correct », 2 pour « Moyen », 3 pour « Bien » et 4 pour « Excellent »

a) Les réponses des clients ont fourni des données sur six variables. Les variables sont-elles qualitatives ou quantitatives ?
b) Quel type d'échelle de mesure est utilisé ?

8. L'enquête *Financial Times*/Harris est une enquête mensuelle en ligne réalisée auprès d'adultes de six pays européens et aux États-Unis. L'enquête menée en janvier 2008 s'est faite auprès de 1 015 adultes vivant aux États-Unis. Une des questions posées était : « Comment évalueriez-vous la Banque Fédérale dans sa gestion des problèmes de crédit sur les marchés financiers ? » Les réponses possibles étaient : excellente, bonne, correcte, mauvaise, terrible (site Internet de Harris Interactive, janvier 2008).

a) Quelle était la taille d'échantillon de cette enquête ?
b) Les données sont-elles qualitatives ou quantitatives ?
c) Est-il plus pertinent d'utiliser des moyennes ou des pourcentages pour résumer les réponses à la question posée ?
d) Parmi les personnes ayant répondu, 10 % ont déclaré que la Banque Fédérale faisait du bon travail. Combien d'individus ont fourni cette réponse ?

9. Le département au commerce a rapporté que, parmi les prétendants au prix national de la qualité Malcolm Baldrige, 23 étaient de grandes entreprises manufacturières, 18 de grandes entreprises prestataires de service et 30 étaient de petites entreprises.

a) Le type d'entreprises est-il une variable qualitative ou quantitative ?

b) Quel est le pourcentage de candidatures émanant de petites entreprises ?

10. L'enquête auprès des abonnés au *Wall Street Journal* (13 octobre 2003) comportait 46 questions relatives aux caractéristiques des abonnés et à leurs centres d'intérêt. Dire si chacune des questions suivantes fournit des données quantitatives ou qualitatives et indiquer l'échelle de mesure appropriée pour chacune.

a) Quel est votre âge ?

b) Êtes-vous un homme ou une femme ?

c) Quand avez-vous commencé à lire le *Wall Street Journal* ? Au lycée, à l'université, au début de votre carrière professionnelle, plus tard dans votre carrière, ou à la retraite ?

d) Depuis combien de temps occupez-vous le poste actuel ?

e) Quel type de véhicule envisagez-vous d'acheter prochainement ? Neuf catégories de réponse étaient proposées, dont berline, voiture de sport, monospace, mini-van, etc.

11. La société J.D. Power et associés mène des enquêtes de qualité sur les véhicules afin de fournir aux fabricants automobiles des informations sur la satisfaction des clients quant à leurs produits (*Enquête sur la qualité des véhicules*, janvier 2010). En utilisant un échantillon de propriétaires de véhicules collecté à partir des registres d'achats récents, l'enquête posait une série de questions aux propriétaires, relatives à leur nouveau véhicule telles que celles qui suivent. Pour chaque question, dire si les données collectées sont qualitatives ou quantitatives et indiquer l'échelle de mesure utilisée.

a) Quel prix avez-vous payé pour acheter votre véhicule ?

b) Comment avez-vous payé votre véhicule ? (en espèce, en location ou à crédit)

c) Recommanderiez-vous ce véhicule à un ami ? (absolument pas, probablement pas, probablement, absolument)

d) Quel est le kilométrage actuel de votre véhicule ?

e) Comment noteriez-vous globalement votre nouveau véhicule ? Une échelle de 10 points (de 1, inacceptable à 10, exceptionnelle) était utilisée.

12. L'office du tourisme de Hawaii a collecté des données sur les touristes de l'île. Les questions suivantes sont extraites d'un questionnaire comportant 16 questions, distribué aux passagers d'un vol à destination de Hawaii en juin 2003.

- Ce voyage à Hawaii est mon : 1er, 2e, 3e, 4e, etc.
- La raison principale de ce voyage est : (10 catégories dont vacances, convention, lune de miel)
- Où est-ce que j'envisage de séjourner (11 catégories dont hôtel, appartement, dépendances, camping)
- Nombre de jours à passer à Hawaii

a) Quelle est la population étudiée ?

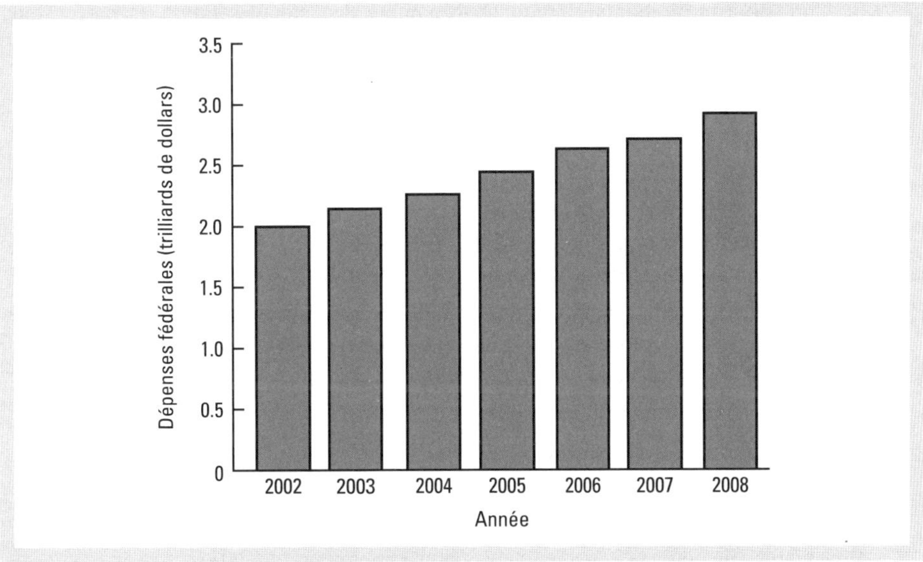

Figure 1.8 ***Dépenses fédérales***

b) Est-ce que le questionnaire est un bon moyen d'atteindre la population des passagers d'un vol à destination d'Hawaii ?

c) Dire si chacune des quatre questions précédentes fournit des données catégorielles ou quantitatives?

13. Le graphique 1.8 est un diagramme en barres résumant les dépenses fédérales des années 2002 à 2008 (*USA Today*, 5 février 2008).

a) Quelle est la variable à laquelle on s'intéresse ?

b) Les données sont-elles qualitatives ou quantitatives ?

c) Les données sont-elles des données en coupe transversale ou des données de série temporelle ?

d) Commenter la tendance dans le temps.

14. CSM Worlwide prévoit la production globale des fabricants automobile. Les données suivantes correspondent aux prévisions de la production globale de General Motors, Ford, DaimlerChrysler et Toyota pour les années 2004 à 2007 (*USA Today*, 21 décembre 2007). Les données sont exprimées en millions de véhicules.

Fabricant	2004	2005	2006	2007
General Motors	8,9	9,0	8,9	8,8
Ford	7,8	7,7	7,8	7,9
DaimlerChrysler	4,1	4,2	4,3	4,6
Toyota	7,8	8,3	9,1	9,6

a) Construire un graphique indiquant le nombre de véhicules fabriqués par chaque société entre 2004 et 2007. Représenter ces séries temporelles pour les quatre fabricants sur un même graphique.

b) General Motors fut le leader incontesté de la production de voitures depuis 1931. Qu'indique le graphique quant à l'identité de la société automobile la plus importante ? Discutez.

c) Construire un diagramme en barres représentant les véhicules produits par chaque fabricant en utilisant les données 2007. Ce graphique est-il construit à partir de données en coupe transversale ou d'une série temporelle ?

15. L'administration de contrôle des aliments et des médicaments a rapporté le nombre de nouveaux médicaments approuvés sur une période de huit ans (*The Wall Street Journal*, 12 janvier 2004). Le graphique 1.9 représente un diagramme en barres qui résume le nombre de nouveaux médicaments approuvés chaque année.

a) Les données sont-elles qualitatives ou quantitatives ?

b) Les données sont-elles des données en coupe transversale ou des données de série temporelle ?

c) Combien de nouveaux médicaments ont été approuvés en 2003 ?

d) En quelle année le moins de nouveaux médicaments ont-ils été approuvés ? Combien ?

e) Commenter la tendance observée concernant le nombre d'approbation sur la période de 1996 à 2003.

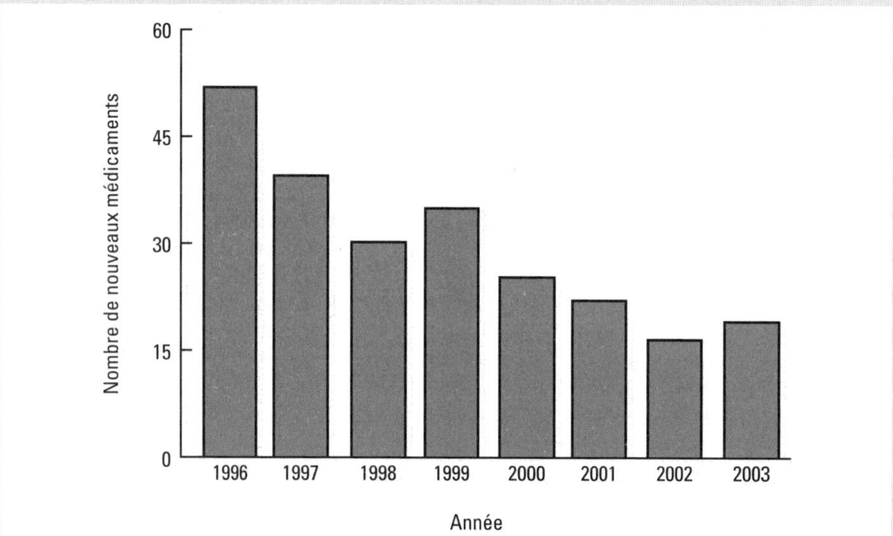

Figure 1.9 ***Nombre de nouveaux médicaments approuvés par l'administration de contrôle des aliments et des médicaments***

16. Le service d'information sur l'énergie du Département américain de l'énergie fournissait des données en séries temporelles pour le prix moyen par gallon de l'essence ordinaire entre juillet 2006 et juin 2009 (site Internet du service d'information sur l'énergie, juin 2009). Utilisez Internet pour obtenir le prix moyen par gallon de l'essence ordinaire depuis juin 2009.

a) Continuez le graphique présenté à la figure 1.1.

b) Quelles interprétations pouvez-vous faire du prix moyen par gallon de l'essence ordinaire depuis juin 2009 ?

c) Les données continuent-elles de montrer une augmentation durant les mois d'été du prix moyen par gallon ? Expliquez.

17. Le manager d'une grande entreprise a conseillé d'augmenter le salaire d'un employé précieux de 10 000 dollars pour le dissuader de quitter l'entreprise. Quelles sources de données internes et externes devraient être utilisées pour décider si une telle augmentation de salaire est appropriée ?

18. Selon une enquête réalisée auprès de 430 voyageurs d'affaires, 155 ont eu recours à une agence de voyage pour préparer leur voyage (*USA Today*, 20 novembre 2003).

a) Développer une statistique descriptive qui permet d'estimer le pourcentage de voyageurs d'affaires qui ont recours aux services d'une agence de voyage.

b) L'enquête rapporte que le moyen le plus fréquemment utilisé par les voyageurs d'affaires pour préparer leur voyage est un site de voyage en ligne. Si 44 % des voyageurs interrogés préparent leur voyage de cette façon sur les 430 personnes interrogées, combien ont eu recours à un site de voyage en ligne ?

c) Les données sur la façon dont les voyages sont organisés sont-elles qualitatives ou quantitatives ?

19. L'enquête réalisée auprès des abonnés Nord-Américains de *Business Week* a permis de collecter des données sur un échantillon de 2 861 abonnés. 59 % des personnes ayant répondu à l'enquête ont indiqué que leur salaire annuel était supérieur à 75 000 $ et plus de 50 % ont déclaré posséder une carte de crédit American Express.

a) Quelle est la population concernée dans cette étude ?

b) Est-ce que le revenu annuel est une variable qualitative ou quantitative ?

c) Est-ce que la possession d'une carte de crédit American Express est une variable qualitative ou quantitative ?

d) Est-ce que cette étude implique des données en coupe transversale ou des données de séries temporelles ?

e) Décrire quelques inférences statistiques que *Business Week* peut faire sur la base de cette étude.

20. Une enquête réalisée auprès de 131 investisseurs révélait que :

- 43 % des investisseurs considéraient la tendance sur le marché boursier comme étant haussière ou très haussière.
- Le rendement moyen attendu des actions sur les douze mois suivants était de 11,2 %.
- 21 % des investisseurs considéraient le secteur médical comme celui qui tirerait le marché au cours des douze mois suivants.

- Lorsque l'on demandait aux investisseurs combien de temps les titres des secteurs technologiques et des télécommunications mettraient pour retrouver une croissance soutenable, leur réponse moyenne était deux ans et demi.

a) Citer deux statistiques descriptives.

b) Inférer le rendement moyen des actions attendu par la population de tous les investisseurs au cours des douze mois suivants.

c) Inférer la durée moyenne qu'il faudra aux titres technologiques et de télécommunications pour retrouver une croissance soutenable.

21. Une étude médicale de sept ans a conclu que les femmes dont les mères consommaient de la drogue DES au cours de leur grossesse étaient deux fois plus à même de développer des anormalités au niveau des tissus pouvant conduire à un cancer, que les femmes dont les mères ne prenaient pas cette drogue.

a) Cette étude implique la comparaison de deux populations. Quelles sont ces populations ?

b) Pensez-vous que les données ont été obtenues par une étude ou une expérimentation ?

c) Parmi la population des femmes dont les mères prenaient la drogue DES au cours de leur grossesse, sur un échantillon de 3 980 femmes, 63 avaient développé des anormalités au niveau des tissus qui pouvaient conduire à un cancer. Fournir une statistique descriptive qui peut servir à estimer le nombre de femmes sur 1 000 dans cette population qui ont des anormalités au niveau des tissus.

d) Pour la population des femmes dont les mères ne prenaient pas la drogue DES au cours de leur grossesse, quelle est l'estimation du nombre de femmes sur 1 000 qui pourraient avoir développé des anormalités au niveau des tissus ?

e) Les études médicales utilisent souvent un échantillon relativement grand (dans ce cas, 3 980). Pourquoi ?

22. La société Nielsen a réalisé une étude auprès de consommateurs sur 47 marchés en Europe, en Asie-Pacifique, aux Amériques et au Moyen-Orient pour déterminer quels facteurs sont les plus importants dans leur choix de lieu d'achat des produits alimentaires. En utilisant une échelle de 1 (faible) à 5 (élevé), le facteur le plus valorisé était *un bon rapport qualité prix*, avec un score moyen de 4,32. Le second facteur le plus valorisé était *une meilleure sélection des marques et des produits de qualité*, avec un score moyen de 3,78 et le facteur le moins valorisé était *l'utilisation de sacs et d'emballages recyclables*, avec un score moyen de 2,71 (Site Internet de Nielsen, 24 février 2008). Supposez que vous soyez employé par une grande chaîne de magasins alimentaires pour mener une étude similaire dans le but de déterminer quels sont les facteurs mis en avant par les clients des magasins de Charlotte, en Caroline du Nord pour justifier leur choix de magasins.

a) Quelle est la population dans cette étude ?

b) Comment collecteriez-vous les données pour effectuer cette étude ?

23. Nielsen Media Research entreprend chaque semaine des enquêtes sur l'audimat télévisuel à travers les États-Unis et publie à la fois les taux d'audience et les parts de marché. Le taux d'audience de Nielsen correspond au pourcentage de ménages possédant une télévision qui regardent un programme défini, alors que la part de marché correspond au pourcentage de ménages regardant un programme parmi l'ensemble des ménages regardant la télévision. Par exemple, lors du match de baseball entre les New York Yankees et les Florida Marlins en 2003, le taux d'audience fut de 12,8 % et la part de marché de 22 % (*Associated Press*, 27 octobre 2003). Ainsi, 12,8 % des ménages possédant une télévision ont regardé le match et 22 % des ménages regardant la télévision regardaient précisément le match. En se basant sur les taux d'audience et les parts de marché des principaux programmes de télévision, Nielsen publie chaque semaine un classement des programmes ainsi qu'un classement des quatre plus grandes chaînes : ABC, CBS, NBC et Fox.

a) Qu'est-ce que la société Nielsen essaie de mesurer ?

b) Quelle est la population ?

Tableau 1.8 ***Données pour un ensemble de 25 titres secondaires***

Marché secondaire

Société	Place boursière	Symbole	Capitalisation boursière (millions de dollars)	Coefficient de capitalisation des résultats	Marge brute (%)
DeWolfe Companies	AMEX	DWL	36,4	8,4	36,7
North Coast Energy	OTC	NCEB	52,5	6,2	59,3
Hansen Natural Corp.	OTC	HANS	41,1	14,6	44,8
MarineMax, Inc.	NYSE	HZO	111,5	7,2	23,8
Nanometrics Incorporated	OTC	NANO	228,6	38,0	53,3
TeamStaff, Inc.	OTC	TSTF	92,1	33,5	4,1
Environmental Tectonics	AMEX	ETC	51,1	35,8	35,9
Measurement Specialties	AMEX	MSS	101,8	26,8	37,6
SEMCO Energy, Inc.	NYSE	SEN	193,4	18,7	23,6
Party City Corporation	OTC	PCTY	97,2	15,9	36,4
Embrex, Inc.	OTC	EMBX	136,5	18,9	59,5
Tech/Ops Sevcon, Inc.	AMEX	TO	23,2	20,7	35,7
ARCADIS NV	OTC	ARCAF	173,4	8,8	9,6
Qiao Xing Universal Tele.	OTC	XING	64,3	22,1	30,8
Energy West Incorporated	OTC	EWST	29,1	9,7	16,3
Barnwell Industries, Inc.	AMEX	BRN	27,3	7,4	73,4
Innodata Corporation	OTC	INOD	66,1	11,0	29,6
Medical Action Industries	OTC	MDCI	137,1	26,9	30,6
Instrumentarium Corp.	OTC	INMRY	240,9	3,6	52,1
Petroleum Development	OTC	PETD	95,9	6,1	19,4
Drexler Technology Corp.	OTC	DRXR	233,6	45,6	53,6
Gerber Childrenswear Inc.	NYSE	GCW	126,9	7,9	25,8
Gaiam, Inc.	OTC	GAIA	295,5	68,2	60,7
Artesian Resources Corp.	OTC	ARTNA	62,8	20,5	45,5
York Water Company	OTC	YORW	92,2	22,9	74,2

c) Pourquoi est-il nécessaire d'utiliser un échantillon dans cette étude ?

d) Quelles sortes de décisions ou d'actions sont basées sur les études Nielsen ?

24. Un échantillon des notes obtenues lors de l'examen du milieu de trimestre de cinq étudiants fournit les données suivantes : 72, 65, 82, 90, 76. Parmi les affirmations suivantes, lesquelles sont correctes et lesquelles peuvent être qualifiées de trop générale ?

a) La moyenne des notes obtenues par l'échantillon des cinq étudiants est de 77.

b) La moyenne des notes de tous les étudiants qui ont passé leur examen est de 77.

c) Une estimation de la moyenne des notes de tous les étudiants qui ont passé leur examen est de 77.

d) Plus de la moitié des étudiants qui ont passé leur examen ont des notes comprises entre 70 et 85.

e) Si cinq autres étudiants étaient inclus dans l'échantillon, leurs notes seraient comprises entre 65 et 90.

25. Le tableau 1.8 contient un ensemble de données contenant des informations sur 25 titres du marché secondaire listés par l'Association américaine des investisseurs individuels. Les titres du marché secondaire sont souvent des titres de sociétés plus petites qui ne sont pas suivies de façon détaillée par les analystes de Wall Street. Les données sont disponibles en ligne dans le fichier Marché secondaire.

a) Combien de variables y a-t-il dans l'ensemble de données ?

b) Lesquelles sont qualitatives ? Lesquelles sont quantitatives ?

c) Pour la variable Place boursière, calculer la fréquence et la fréquence en pourcentage pour le marché AMEX, la bourse de New York et le marché OTC. Construire un graphique en barres similaire à celui présenté à la figure 1.5 pour la variable Place boursière.

d) Déterminer la distribution de fréquence pour la marge brute en utilisant cinq intervalles : 0-14,9 ; 15-29,9 ; 30-44,9 ; 45-59,9 ; 60-74,9. Construire un histogramme similaire à la figure 1.6.

e) Quel est le coefficient de capitalisation boursière moyen ?

ANNEXE 1.1 UNE INTRODUCTION À STATTOOLS

StatTools est un module professionnel qui étend les capacités statistiques de Microsoft Excel.

Excel ne contient pas toutes les fonctions statistiques ou tous les outils d'analyse des données qui permettent d'effectuer l'ensemble des procédures statistiques décrites dans cet ouvrage. StatTools est un complément statistique à Microsoft Excel qui étend l'éventail des possibilités statistiques et graphiques d'Excel. La plupart des chapitres comprennent une annexe qui indique la démarche à suivre pour appliquer une procédure statistique en utilisant StatTools. Pour les étudiants qui souhaitent utiliser de façon plus intense le logiciel, StatTools offre un excellent système d'aide. Ce système d'aide inclut des explications détaillées des options d'analyse statistique et de données disponibles, ainsi que des descriptions et des définitions des types de résultats fournis.

A1.1.1 Débuter avec StatTools

Après avoir installé le logiciel, effectuez les étapes suivantes pour utiliser StatTools comme un module d'Excel.

Étape 1. Cliquez sur le bouton **Start** de la barre des tâches et cliquez sur **All Programs**.
Étape 2. Cliquez sur le fichier intitulé **Palisade Decision Tools**.
Étape 3. Cliquez sur **StatTools for Excel**.

Ces étapes entraîneront l'ouverture d'Excel et ajouteront StatTools dans le bandeau Excel. Si vous travaillez déjà avec Excel, ces étapes rendront StatTools disponible.

A1.1.2 Utiliser StatTools

Avant de commencer toute analyse statistique, vous devez créer un ensemble de données StatTools en utilisant le gestionnaire d'ensembles de données de StatTools. Utilisez la feuille Excel sur laquelle apparaissent les données sur les fonds mutuels (tableau 1.1) pour illustrer ce que ça donne. Les étapes suivantes montrent comment créer un ensemble de données StatTools pour les données sur les fonds mutuels.

Étape 1. Ouvrir le fichier Excel appelé Morningstar.
Étape 2. Sélectionner une cellule dans l'ensemble de données (par exemple, la cellule A1).
Étape 3. Cliquez sur le bouton **StatTools** dans la barre des tâches.
Étape 4. Dans le groupe **Data**, cliquez sur **Data Set Manager**.
Étape 5. Lorsque StatTools demande si vous voulez ajouter le champ \$A\$1:\$F\$26 à un nouvel ensemble de données StatTools, cliquez sur **Yes**.

Étape 6. Lorsque la boîte de dialogue StatTools-Data Set Manager apparaît, cliquez sur **OK**.

La figure 1.10 montre la boîte de dialogue StatTools-Data Set Manager qui apparaît à l'étape 6. Par défaut, le nom du nouvel ensemble de données StatTools est Data Set #1. Vous pouvez remplacer le nom Data Set #1 dans l'étape 6 par un nom plus approprié.

A1.1.3 Applications recommandées

StatTools permet à l'utilisateur de spécifier l'endroit où les résultats seront affichés, ou comment les calculs seront effectués. Les étapes suivantes montrent comment accéder à la boîte de dialogue StatTools-Application Settings.

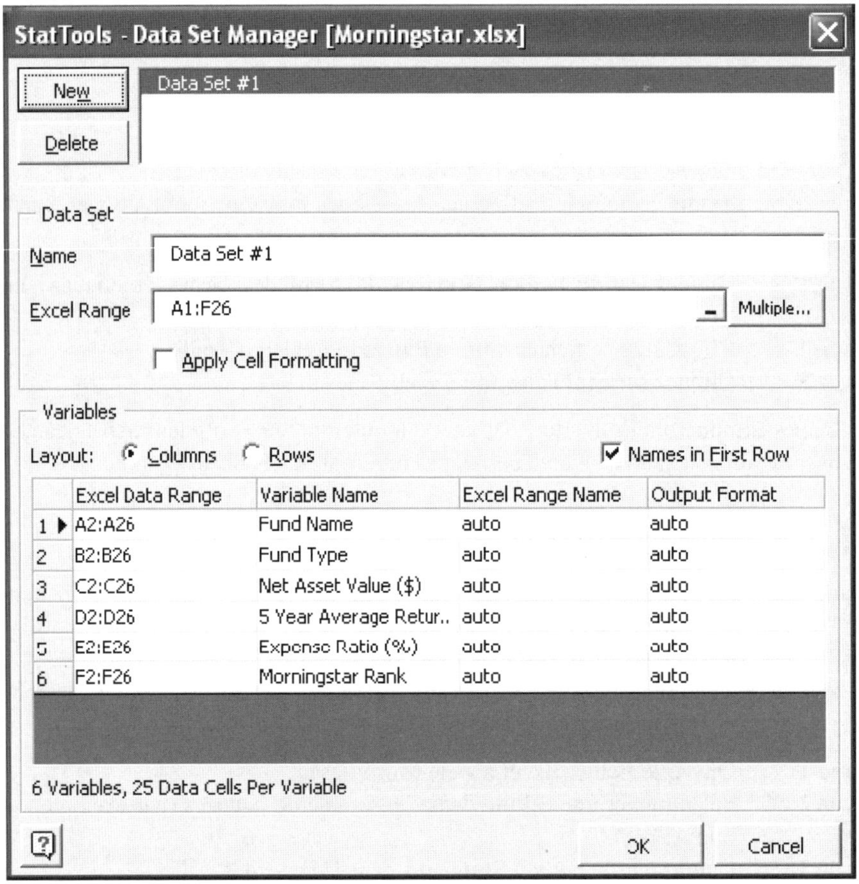

Figure 1.10 *La boîte de dialogue StatTools-Data Set Manager*

Étape 1. Cliquez sur le bouton **StatTools** dans la barre des tâches
Étape 2. Dans **Tools Group**, cliquez sur **Utilities**
Étape 3. Choisissez **Application Settings** dans la liste d'options

La figure 1.11 montre que la boîte de dialogue StatTools-Application Settings a cinq parties : General Settings ; Reports ; Utilities ; Data Set Defaults et Analyses. Ci-dessous, nous montrons comment faire des changements dans la partie Reports de la boîte de dialogue.

La figure 1.11 montre que l'option Placement actuellement sélectionnée est **New Workbook**. En utilisant cette option, le résultat de StatTools sera placé dans un nouveau livre de travail. Mais supposez que vous vouliez placer le résultat dans le livre de travail actuellement actif. Si vous cliquez sur les mots **New Workbook**, une flèche pointée vers le bas apparaîtra à droite. En cliquant sur cette flèche, une liste de tous les emplacements possibles apparaîtra, dont **Active Workbook** ; nous recommandons d'utiliser cette option. La figure 1.11 montre aussi que l'option **Updating Preferences** dans la partie Reports est

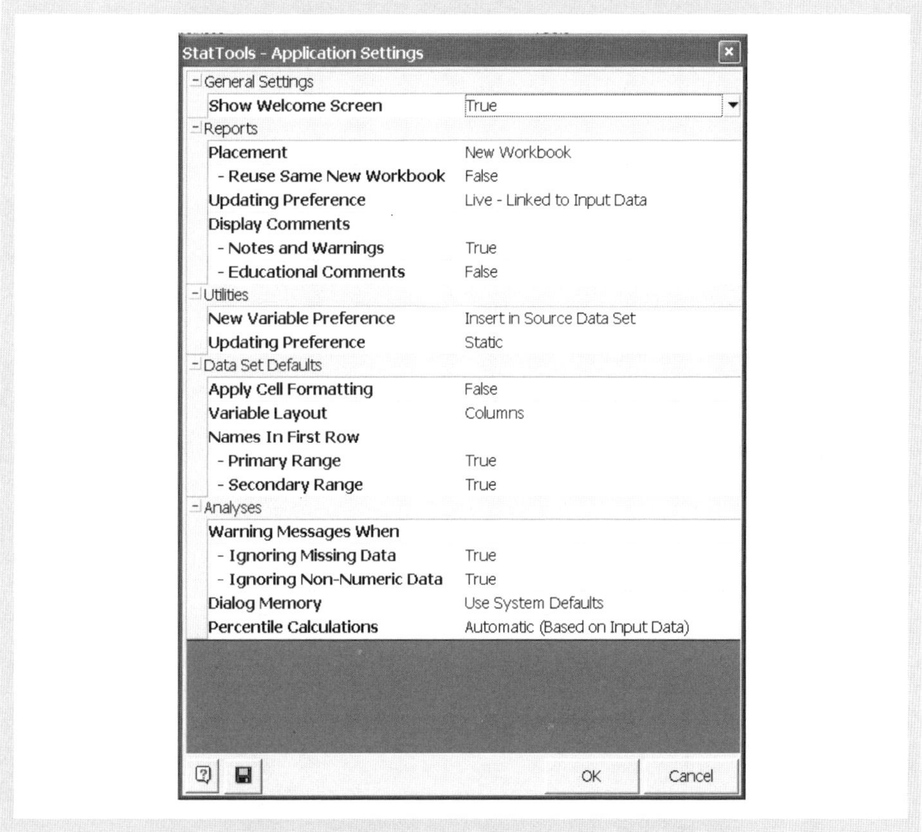

Figure 1.11 ***La boîte de dialogue StatTools-Application Settings***

actuellement **Live-Linked to Input Data**. Avec une mise à jour permanente, à chaque fois qu'une valeur est modifiée, StatTools changera automatiquement le résultat précédemment produit ; nous recommandons également d'utiliser cette option. Notez qu'il y a deux options disponibles sous **Display Comments** : **Notes and Warnings** et **Educational Comments**. Puisque ces options fournissent des informations utiles concernant le résultat, nous recommandons d'utiliser ces deux options. Ainsi, pour inclure des commentaires éducatifs dans l'output de StatTools, vous devez changer la valeur **False** en **True**.

La boîte de dialogue StatTools-Application Settings contient de nombreuses autres options qui vous permettent de personnaliser la façon dont vous souhaitez que StatTools opère. Vous pouvez en apprendre plus en sélectionnant l'option Aide située dans les outils ou en cliquant sur l'icône Aide de la boîte de dialogue. Lorsque vous avez fini de modifier les applications, cliquez sur OK en bas de la boîte de dialogue et ensuite cliquez sur Yes lorsque StatTools vous demande si vous souhaitez sauvegarder ces changements.

2

STATISTIQUES DESCRIPTIVES : PRÉSENTATIONS SOUS FORME DE TABLEAUX ET DE GRAPHIQUES

STATISTIQUES APPLIQUÉES

*La société Colgate-Palmolive**
New York, État de New York

La société Colgate-Palmolive est née d'un petit magasin de savons et de bougies, construit à New York en 1806. Aujourd'hui, Colgate-Palmolive emploie plus de 40 000 personnes travaillant dans plus de 200 pays à travers le monde. Bien que très connue pour ses produits de marque Colgate, Palmolive, Ajax et Fab, la société vend également les produits Mennen et les produits diététiques Hill.

La société Colgate-Palmolive utilise les instruments statistiques pour contrôler la qualité de ses produits lessive. Un des objectifs de ces programmes est de satisfaire les clients en contrôlant la quantité de lessive contenue dans un baril. Dans une catégorie de taille donnée, tous les barils sont remplis avec le même poids de poudre. Toutefois, le volume de poudre varie selon la densité de celle-ci. Par exemple, si la poudre est dense, un plus petit volume de détergent sera nécessaire pour obtenir le poids désiré. Par conséquent, un consommateur peut penser, en ouvrant le baril, que celui-ci n'est pas assez rempli.

Pour résoudre ce problème des poudres à forte densité, des densités limites ont été instaurées. Périodiquement, des échantillons de barils de lessive sont sélectionnés aléatoirement et la densité de la poudre de chaque échantillon est mesurée. Au vu des résultats, les responsables de la fabrication prennent les mesures qui s'imposent, afin de maintenir la densité dans les limites fixées.

Une distribution de fréquence de la densité de 150 échantillons sélectionnés au cours d'une semaine et l'histogramme correspondant sont présentés ci-dessous. Les densités supérieures à 0,4 sont jugées trop élevées. La distribution de fréquence et l'histogramme indiquent que les directives en matière de qualité sont respectées, toutes les densités étant inférieures ou égales à 0,4. Les managers, au regard de ces statistiques, peuvent être satisfaits de la qualité du processus de production.

Dans ce chapitre, nous étudierons les méthodes graphiques et les tableaux de statistiques descriptives, telles que les distributions de fréquence, les diagrammes en barres, les histogrammes, les diagrammes « stem-and-leaf », les tabulations croisées, etc. L'objectif de ces méthodes est de résumer les données de façon à pouvoir les comprendre et les interpréter plus facilement.

Distribution de fréquence des données sur la densité

Densité	Fréquence
0,29-0,30	30
0,31-0,32	75
0,33-0,34	32
0,35-0,36	9
0,37-0,38	3
0,39-0,40	1
Total	150

Histogramme des données sur la densité

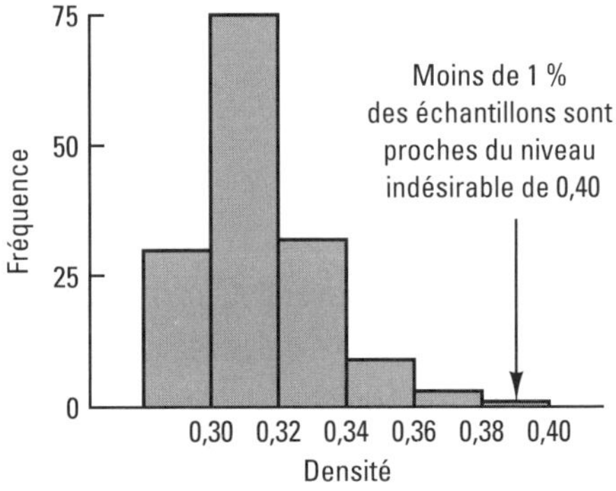

* Les auteurs remercient William R. Fowle, manager du département contrôle de la qualité chez Colgate-Palmolive, de leur avoir fourni ce Statistiques appliquées.

Comme nous l'avons vu au chapitre 1, les données peuvent être qualitatives ou quantitatives. Les données qualitatives utilisent des labels ou des noms pour identifier différentes catégories d'une même variable. Les données quantitatives sont des valeurs numériques indiquant la quantité ou le nombre d'observations.

Ce chapitre introduit les procédures graphiques et sous forme de tableaux habituellement utilisées pour décrire et résumer à la fois des données qualitatives et quantitatives. On trouve de telles descriptions dans des rapports annuels, des articles de journaux et des études. Tout le monde y est confronté. Par conséquent, il est important de comprendre comment elles sont élaborées et de savoir les interpréter correctement. Nous commençons par les méthodes graphiques et sous forme de tableaux utilisées pour décrire des données concernant une seule variable. La dernière section introduit les méthodes utilisées pour décrire des données établissant une relation entre deux variables.

Les logiciels statistiques modernes étendent les capacités de description et de représentation graphique des données. Minitab et Excel sont deux logiciels assez répandus. Dans les annexes de ce chapitre, nous détaillerons certaines des possibilités offertes par ces logiciels.

2.1 RÉSUMER DES DONNÉES QUALITATIVES

2.1.1 Distribution de fréquence

Nous commençons notre discussion à propos de l'utilisation de graphiques et de tableaux dans le but de résumer des données qualitatives, en définissant une distribution de fréquence.

► **Distribution de fréquence**
Une distribution de fréquence est un résumé des données sous forme de tableau décrivant le nombre (la fréquence) des observations dans différentes classes juxtaposées.

Pour illustrer la construction et l'interprétation d'une distribution de fréquence pour des données qualitatives, considérons l'exemple suivant. Coca-Cola, Coca Light, Dr Pepper, Pepsi-Cola et Sprite sont cinq boissons non-alcoolisées largement répandues, consommées à travers le monde. Supposons que les données présentées dans le tableau 2.1 constituent un échantillon de 50 achats de boisson non-alcoolisée (fichier en ligne Boissons non alcoolisées).

Pour développer une distribution de fréquence à partir de ces données, le nombre de fois où chaque marque de boisson apparaît dans le tableau 2.1, est comptabilisé. Coca-Cola apparaît 19 fois, Coca Light 8 fois, Dr Pepper 5 fois, Pepsi 13 fois et Sprite 5 fois. Ces chiffres forment la distribution de fréquence présentée dans le tableau 2.2.

Cette distribution de fréquence résume la répartition des 50 achats de boisson entre les cinq marques. Ce résumé offre un aperçu plus pertinent des données que l'ensemble

Tableau 2.1 Données issues d'un échantillon de 50 achats de boisson non-alcoolisée

Coca-Cola	Coca Light	Pepsi
Coca Light	Coca-Cola	Dr. Pepper
Pepsi	Coca Light	Coca Light
Coca Light	Coca-Cola	Coca Light
Coca-Cola	Sprite	Pepsi
Coca-Cola	Pepsi	Pepsi
Dr. Pepper	Coca-Cola	Pepsi
Coca Light	Coca-Cola	Pepsi
Pepsi	Coca-Cola	Coca-Cola
Pepsi	Pepsi	Dr. Pepper
Coca-Cola	Coca-Cola	Pepsi
Dr. Pepper	Sprite	Sprite
Sprite	Dr. Pepper	
Coca-Cola	Pepsi	
Coca Light	Coca Light	
Coca-Cola	Pepsi	
Coca-Cola	Coca-Cola	
Sprite	Coca-Cola	
Coca-Cola	Coca-Cola	

de données original, reproduit dans le tableau 2.1. D'après cette distribution de fréquence, Coca-Cola est le leader des ventes de boisson non-alcoolisée, Pepsi arrive en deuxième position, Coca Light en troisième position, Sprite et Dr Pepper occupent la quatrième place à égalité. La distribution de fréquence résume les informations sur la popularité des cinq marques de boisson non-alcoolisée les plus vendues.

2.1.2 Distributions de fréquence relative et en pourcentage

Une distribution de fréquence indique le nombre (la fréquence) d'observations dans chaque classe. Cependant, on s'intéresse souvent à la proportion ou au pourcentage d'observations dans chaque classe. La *fréquence relative* d'une classe correspond à la proportion des observations appartenant à cette classe. Pour un ensemble de données constitué de n observations, la fréquence relative de chaque classe est donnée par la relation suivante :

► **Fréquence relative**

$$\text{Fréquence relative d'une classe} = \frac{\text{Fréquence d'une classe}}{n} \qquad (2.1)$$

La *fréquence en pourcentage* d'une classe correspond à la fréquence relative multipliée par 100.

Tableau 2.2 *Distribution de fréquence des achats de boisson non-alcoolisée*

Boisson non-alcoolisée	Fréquence
Coca-Cola	19
Coca Light	8
Dr Pepper	5
Pepsi	13
Sprite	5
Total	50

Une **distribution de fréquence relative** résume les données sous forme de tableau, en décrivant la fréquence relative de chaque classe. Une **distribution de fréquence en pourcentage** décrit la fréquence en pourcentage des données appartenant à chacune des classes. Le tableau 2.3 présente les distributions de fréquence relative et en pourcentage des données relatives aux achats de boisson non-alcoolisée. Dans le tableau 2.3, nous voyons que la fréquence relative pour Coca-Cola est de 19/50, soit 0,38 ; la fréquence relative pour Coca Light est égale à 8/50, soit 0,16 ; etc. Sur la base de la distribution de fréquence en pourcentage, on constate que 38 % des achats portent sur la marque Coca-Cola, 16 % sur la marque Coca Light, etc. On peut également remarquer que les trois premières marques représentent 80 % (38+26+16) des parts de marché.

2.1.3 Diagrammes en barres et diagrammes circulaires

Un graphique ou **diagramme en barres** est un moyen graphique de décrire des données qualitatives résumées par une distribution de fréquence absolue, relative ou en pourcentage. Sur l'un des axes du graphique (généralement l'axe horizontal), on note les labels ou noms utilisés pour identifier les classes (les catégories). Sur l'autre axe du graphique (généralement l'axe vertical), on note la fréquence absolue, relative ou en pourcentage. Chaque classe est représentée par une barre de largeur égale dont la hauteur correspond

Tableau 2.3 *Distributions de fréquence relative et en pourcentage des achats de boisson non-alcoolisée*

Boisson non-alcoolisée	Fréquence relative	Fréquence en pourcentage
Coca-Cola	0,38	38
Coca Light	0,16	16
Dr Pepper	0,10	10
Pepsi	0,26	26
Sprite	0,10	10
Total	1,00	100

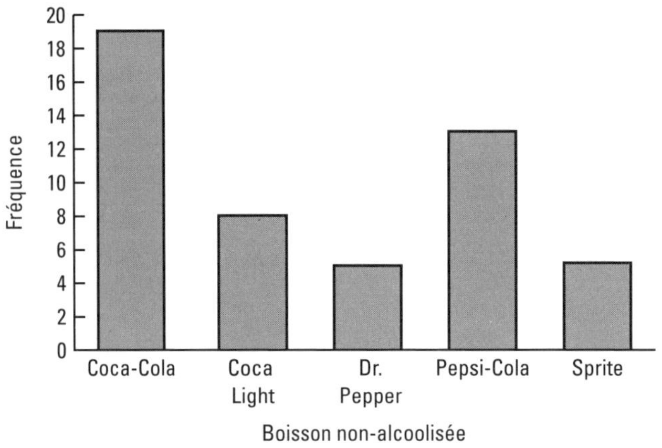

Figure 2.1 ***Diagramme en barres des achats de boisson non-alcoolisée***

à la fréquence absolue, relative ou en pourcentage de la classe. Pour des données qualitatives, les barres doivent être séparées, reflétant le fait que chaque classe est une catégorie à part. La figure 2.1 représente le diagramme en barres de la distribution de fréquence des 50 achats de boisson non-alcoolisée. Le graphique révèle également que Coca-Cola, Pepsi et Coca Light sont les marques les plus achetées.

> Dans les applications de contrôle de la qualité, les diagrammes en barres sont utilisés pour identifier les principales causes d'un problème. Lorsque les barres sont disposées en ordre décroissant, de gauche à droite, en fonction de leur hauteur, la cause la plus fréquente apparaît alors en premier. Ce type de diagramme en barres est appelé diagramme de Pareto, du nom de son inventeur, Vilfredo Pareto, un économiste italien.

Le **diagramme circulaire** est un autre moyen graphique permettant de représenter les distributions de fréquence relative et en pourcentage de données qualitatives. Pour dessiner un diagramme circulaire, il faut tout d'abord tracer un cercle représentant l'ensemble des données. Ensuite, on se sert des fréquences relatives pour diviser le cercle en secteurs, ou parts, qui correspondent à la fréquence relative de chaque classe. Par exemple, puisqu'un cercle fait 360 degrés et que la marque Coca-Cola a une fréquence relative de 0,38, le secteur du diagramme circulaire correspondant à la marque Coca-Cola fait 136,8 degrés ($0,38 \times 360 = 136,8$). Le secteur du diagramme circulaire correspondant à la marque Coca Light fait 57,6 degrés ($0,16 \times 360 = 57,6$). Des calculs similaires pour les autres classes permettent de construire le diagramme circulaire de la figure 2.2. Les valeurs numériques utilisées pour déterminer l'angle de chaque secteur peuvent être indifféremment les fréquences absolues, relatives ou en pourcentage.

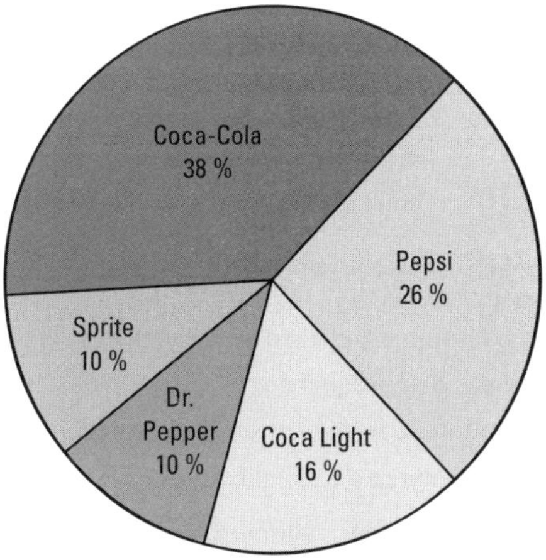

Figure 2.2 ***Diagramme circulaire des achats de boisson non-alcoolisée***

REMARQUES

1. Souvent, le nombre de classes d'une distribution de fréquence correspond au nombre de catégories définies parmi les données, comme c'est le cas pour les données concernant les achats de boisson non-alcoolisée dans cette section. Les données concernent cinq marques de boisson et la distribution de fréquence comprend cinq classes, représentant ces cinq marques existantes. Des données qui incluraient toutes les marques de boisson non-alcoolisée, comporteraient de nombreuses catégories, beaucoup n'ayant qu'un nombre total d'achats très faible. La plupart des statisticiens recommandent de regrouper ces classes, caractérisées par de faibles fréquences, en une seule classe agrégée, désignée par le terme « autre ». Les classes dont les fréquences sont inférieures ou égales à 5 %, seront généralement regroupées.
2. La somme des fréquences dans une distribution de fréquence est toujours égale au nombre d'observations. La somme des fréquences relatives dans une distribution de fréquence relative est toujours égale à 1 et la somme des pourcentages dans une distribution de fréquence en pourcentage est toujours égale à 100.

EXERCICES

Méthode

1. Trois réponses à une question sont possibles : A, B et C. Un échantillon de 120 réponses fournit 60 A, 24 B et 36 C. Donner les distributions de fréquence absolue et relative.

2. Une partie d'une distribution de fréquence relative est donnée ci-dessous.

Classe	Fréquence relative
A	0,22
B	0,18
C	0,40
D	

a) Quelle est la fréquence relative de la classe D ?

b) La taille de l'échantillon est égale à 200. Quelle est la fréquence de la classe D ?

c) Donner la distribution de fréquence.

d) Donner la distribution de fréquence en pourcentage.

3. Les réponses à un questionnaire sont les suivantes : 58 oui, 42 non et 20 sans opinion.

a) Dans un diagramme circulaire, combien de degrés aurait la section représentant les réponses positives ?

b) Combien de degrés aurait la section du diagramme représentant les réponses négatives ?

c) Construire un diagramme circulaire.

d) Construire un diagramme en barres.

Applications

Séries TV

4. Les quatre émissions télévisées, diffusées en première partie de soirée, les plus regardées étaient *Law & Order*, *CSI*, *Without a Trace* et *Desperate Housewives* (*Nielsen Media Research*, 1er janvier 2007). Ci-dessous, les données indiquant les séries préférées d'un échantillon de 50 téléspectateurs (fichier en ligne Séries TV).

Desperate Housewives	CSI	Law & Order
Without a Trace	CSI	Without a Trace
CSI	Desperate Housewives	Law & Order
Law & Order	Desperate Housewives	Without a Trace
CSI	Law & Order	CSI
Desperate Housewives	Without a Trace	Without a Trace
Desperate Housewives	Law & Order	Law & Order
Law & Order	Desperate Housewives	CSI
Law & Order	CSI	Desperate Housewives
CSI	CSI	Desperate Housewives
CSI	Without a Trace	CSI
CSI	CSI	Desperate Housewives
Desperate Housewives	Without a Trace	CSI
Law & Order	CSI	Desperate Housewives
Desperate Housewives	Without a Trace	Desperate Housewives
Without a Trace	CSI	Law & Order
CSI	CSI	

a) Ces données sont-elles qualitatives ou quantitatives ?

b) Donner les distributions de fréquence absolue et en pourcentage de ces données.

c) Construire un diagramme en barres et un diagramme circulaire.

d) En se basant sur les données de l'échantillon, quelle série a le plus grand taux d'audience ? Quelle est la seconde ?

5. Par ordre alphabétique, les six noms de famille les plus courants aux États-Unis sont Brown, Davis, Johnson, Jones, Smith et Williams (*Time Almanac 2006*). Supposez qu'un échantillon de 50 individus dont le nom de famille correspond à l'un de ces six noms, fournisse les données suivantes (fichier en ligne Nom de famille) :

Noms de famille

Brown	Williams	Williams	Williams	Brown
Smith	Jones	Smith	Johnson	Smith
Davis	Smith	Brown	Williams	Johnson
Johnson	Smith	Smith	Johnson	Brown
Williams	Davis	Johnson	Williams	Johnson
Williams	Johnson	Jones	Smith	Brown
Johnson	Smith	Smith	Brown	Jones
Jones	Jones	Smith	Smith	Davis
Davis	Jones	Williams	Davis	Smith
Jones	Johnson	Brown	Johnson	Davis

Résumer les données en construisant :

a) Les distributions de fréquence relative et en pourcentage

b) Un digramme en barres

c) Un diagramme circulaire

d) En vous basant sur ces données, quels sont les trois noms de famille les plus courants ?

6. Le taux d'audience de l'institut Nielsen Media Research mesure le pourcentage de foyers détenteurs d'une télévision qui regardent un programme télévisé particulier. Le taux d'audience télévisuelle le plus élevé dans l'histoire de la télévision fut atteint le 28 février 1983 lors de la diffusion du dernier épisode de MASH. Un taux égal à 60,2 % indique que 60,2 % des détenteurs d'une télévision regarde un programme donné. L'institut Nielsen Media Research a fourni la liste des 50 programmes inédits les plus regardés dans l'histoire de la télévision (*The New York Times Almanac*, 2006). Les données suivantes indiquent la chaîne de télévision qui a produit chacun de ces programmes (fichier en ligne Chaîne).

Chaîne

ABC	ABC	ABC	NBC	CBS
ABC	CBS	ABC	ABC	NBC
NBC	NBC	CBS	ABC	NBC
CBS	ABC	CBS	NBC	ABC
CBS	NBC	NBC	CBS	NBC
CBS	CBS	CBS	NBC	NBC
FOX	CBS	CBS	ABC	NBC
ABC	ABC	CBS	NBC	NBC
NBC	CBS	NBC	CBS	CBS
ABC	CBS	ABC	NBC	ABC

a) Construire une distribution de fréquence, de fréquence en pourcentage et un diagramme en barres pour ces données.

b) Quelle(s) chaîne(s) a (ont) présenté le plus de programmes de qualité ? Comparez les performances de ABC, CBS et NBC.

7. L'enquête de satisfaction des clients des aéroports du centre de recherche Canmark utilise un questionnaire en ligne pour donner aux compagnies aériennes et aux aéroports des informations sur le taux de satisfaction des clients relatif à divers éléments de leur vol (site Internet Airport Survey, janvier 2010). Après avoir effectué un vol, les clients reçoivent un e-mail leur demandant d'aller sur le site Internet et de noter divers facteurs dont le processus de réservation, le processus d'enregistrement, la politique concernant les bagages, la propreté de l'aire d'embarquement, le service délivré par les hôtesses, le choix de nourriture et de boisson, la ponctualité, etc. Une échelle de notation comprenant 5 niveaux (Excellent (E), Très bon (T), Bon (B), Convenable (C) et Mauvais (M)) est utilisée pour enregistrer les notes octroyées par les clients à chaque question. Supposez que les passagers d'un vol Delta Airlines en partance de Myrtle Beach, en Caroline du Sud et à destination d'Atlanta en Géorgie, aient fourni les évaluations suivantes à la question : « S'il vous plaît, noter la compagnie en fonction de votre expérience globale lors de ce vol » (fichier en ligne Enquête aérienne) :

Enquête aérienne

E	E	B	T	T	E	T	T	T	E
E	B	T	E	E	T	E	E	E	T
T	T	T	C	T	E	T	E	B	E
B	E	T	E	T	E	T	T	T	T
E	E	T	T	E	M	E	T	M	T

a) Utilisez une distribution de fréquence en pourcentage et un diagramme en barres pour résumer ces données. Qu'indiquent ces résumés à propos de la satisfaction globale des clients de ce vol Delta Airlines ?

b) Le questionnaire en ligne permet aux personnes interrogées d'expliquer les aspects négatifs du vol qui n'ont pas répondu à leurs attentes. Est-ce que cela est une information utile pour un responsable qui cherche à améliorer la satisfaction générale des clients des vols Delta Airline ? Expliquez.

8. Les positions d'un échantillon de 55 membres du club de baseball Hall of Fame de Cooperstown, dans l'État de New York, sont présentées ci-dessous. Chaque observation indique la position principale occupée par les Hall of Famers : lanceur (L), receveur (R), 1ère base (1), 2e base (2), 3e base (3), bloqueur (B), champ gauche (G), champ droit (D) et milieu de terrain (M).

G	R	M	L	2	R	1	B	B	1	G	R
R	R	R	D	M	G	D	R	M	M	R	R
2	3	R	L	G	1	M	R	R	R	B	1
D	1	2	L	B	L	2	G	R	D	D	G
R	R	D									

a) Utiliser les distributions de fréquence absolue et relative pour résumer les données.

b) Quelle est la position la plus occupée par les Hall of Famers ?

c) Quelle est la position la moins occupée par les Hall of Famers ?

d) Quelle est la position hors jeu (G, M ou D) la plus occupée par les Hall of Farmers ?

e) Comparer les joueurs dans le champ (1, 2, 3 et B) et les joueurs hors champ (G, M, D).

9. L'étude du centre de recherche Pew sur les tendances démographiques et sociales a conclu que 46 % des adultes américains aimeraient vivre dans un endroit différent de celui quand lequel ils vivent actuellement (Centre de recherche Pew, 29 janvier 2009). L'enquête nationale réalisée auprès de 2 260 adultes posait la question suivante « Où vivez-vous ? » et « Quel est l'endroit idéal selon vous ? ». Les réponses possibles étaient Ville (V), Banlieue (B), Petite ville (P) et Zone rurale (R). Les réponses fournies par un échantillon représentatif de 100 personnes sont présentées ci-dessous (fichier en ligne Zone d'habitation).

Zone d'habitation

Où vivez-vous aujourd'hui ?

B	P	R	V	R	R	P	V	B	P
V	B	V	B	P	B	B	V	B	B
P	P	V	V	B	P	V	B	P	V
P	R	B	B	P	V	B	V	P	V
P	V	P	V	R	V	V	R	P	V
B	B	P	B	V	V	V	R	B	V
B	B	V	V	B	V	R	P	P	P
V	R	P	V	R	V	P	R	R	V
P	V	V	R	P	P	R	B	R	P
P	B	B	B	B	B	V	V	R	P

Quel est l'endroit idéal selon vous ?

B	V	R	R	R	B	P	B	B	P
P	B	V	B	P	V	V	R	P	R
C	P	P	B	B	V	V	P	P	B
B	R	V	B	V	V	B	V	R	V
P	B	R	R	R	V	P	B	P	P
P	R	R	B	V	V	R	R	B	B
B	P	V	P	P	V	R	P	P	P
V	P	P	R	R	V	B	R	P	V
P	V	V	P	P	P	R	V	R	P
P	V	B	B	V	B	P	B	B	R

a) Fournir une distribution de fréquence en pourcentage pour chaque question.

b) Construire un diagramme en barres pour chaque question.

c) Où vivent actuellement la plupart des adultes ?

d) Quel serait l'endroit idéal pour la plupart des adultes ?

e) Quels changements dans les zones d'habitation vous attendriez-vous à voir si les gens quittaient leur lieu d'habitation actuel pour aller vivre dans leur lieu préféré ?

10. Le sondage *Financial Times*/Harris est un sondage mensuel en ligne réalisé auprès d'adultes de six pays d'Europe et des États-Unis. Le sondage de janvier 2008 a été réalisé

Banque Fédérale

auprès de 1 015 adultes. L'une des questions posées étaient : « Comment noteriez-vous la Banque Fédérale dans sa gestion des problèmes de crédit sur les marchés financiers ? » Les réponses possibles étaient : Excellente, Bonne, Convenable, Mauvaise et Terrible (site Internet de Harris Interactive, janvier 2008). Les 1 015 réponses à cette question sont répertoriées dans le fichier en ligne nommé Banque Fédérale.

a) Construire une distribution de fréquence.
b) Construire une distribution de fréquence en pourcentage.
c) Construire un diagramme en barres pour la distribution de fréquence en pourcentage.
d) Quel est l'avis des adultes américains concernant la gestion des problèmes de crédit sur les marchés financiers par la Banque Fédérale ?
e) En Espagne, la question suivante a été posée à 1 114 adultes : « Comment noteriez-vous la Banque Centrale européenne dans sa gestion des problèmes de crédit sur les marchés financiers ? ». La distribution de fréquence en pourcentage obtenue est la suivante :

Note	Fréquence en pourcentage
Excellente	0
Bonne	4
Convenable	46
Mauvaise	40
Terrible	10

Comparez les résultats obtenus en Espagne avec ceux obtenus aux États-Unis.

2.2 RÉSUMER DES DONNÉES QUANTITATIVES

2.2.1 Distribution de fréquence

Comme nous l'avons déjà dit dans la section 2.1, une distribution de fréquence est un résumé sous forme de tableau, décrivant le nombre (la fréquence) d'observations de chaque classe. Cette définition reste valable pour des données quantitatives. Cependant, il convient d'être plus attentif à la définition des classes utilisées pour construire la distribution de fréquence, lorsqu'il s'agit de données quantitatives.

Considérons par exemple les données quantitatives figurant dans le tableau 2.4. Ces données indiquent le temps nécessaire (en jours) pour effectuer l'audit de fin d'année de 20 clients de Sanderson et Clifford, un petit cabinet d'experts-comptables. Les trois étapes nécessaires à la définition des classes d'une distribution de fréquence pour des données quantitatives sont :

1. Déterminer le nombre de classes juxtaposées
2. Déterminer la largeur de la classe
3. Déterminer les limites de la classe

Illustrons ces étapes en développant une distribution de fréquence pour les données du tableau 2.4.

Tableau 2.4 ***Durée (en jours) des audits de fin d'année***

12	14	19	18
15	15	18	17
20	27	22	23
22	21	33	28
14	18	16	13

Audit

Nombre de classes – Les classes regroupent les observations en fonction de leurs caractéristiques. En général, on recommande d'utiliser entre 5 et 20 classes. Lorsque le nombre d'observations est relativement faible, cinq ou six classes suffisent généralement pour répartir les données. Pour un nombre plus important d'observations, un nombre plus important de classes est généralement nécessaire. L'objectif est d'utiliser suffisamment de classes pour souligner les divergences, ou différences, qui existent entre les données, sans toutefois obtenir un nombre excessif de classes qui se traduirait par le fait que certaines classes ne seraient constituées que de quelques observations. Puisque l'ensemble de données du tableau 2.4 est relativement petit ($n = 20$), nous avons choisi de développer une distribution de fréquence en 5 classes.

Largeur des classes – La seconde étape dans la construction d'une distribution de fréquence pour des données quantitatives consiste à choisir la largeur des classes. Nous recommandons de choisir la même largeur pour toutes les classes. Ainsi, les choix du nombre de classes et de leur largeur ne sont pas indépendants. Plus le nombre de classes est important, moins la classe sera large et vice versa. Pour déterminer la largeur de classe appropriée, on identifie la plus petite et la plus grande valeur de l'ensemble de données. Ensuite, une fois le nombre de classes spécifié, on peut utiliser l'expression suivante pour déterminer la largeur approximative de la classe.

$$\text{Largeur approximative de la classe} = \frac{\text{Valeur la plus élevée} - \text{Valeur la plus faible}}{\text{Nombre de classes}} \qquad (2.2)$$

> Utiliser la même largeur pour chaque classe réduit la probabilité que l'utilisateur interprète mal la distribution de fréquence.

La largeur approximative de la classe donnée par l'équation (2.2) peut être arrondie à une valeur plus appropriée, en fonction des préférences de la personne qui crée la distribution de fréquence. Par exemple, une largeur approximative de classe de 9,28 peut être arrondie à 10, simplement parce que 10 est une largeur de classe plus adéquate pour construire une distribution de fréquence.

Dans l'ensemble de données sur la durée des audits de fin d'année, la valeur la plus élevée est 33 et la plus petite est 12. Puisque nous avons décidé de répartir les données en 5 classes, la largeur approximative d'une classe est égale à 4,2 $(33-12) \div 5 = 4{,}2$, selon l'équation (2.2). Par conséquent, nous décidons d'arrondir ce chiffre et d'utiliser une largeur de classe de 5 jours dans la distribution de fréquence.

En pratique, le nombre de classes et la largeur approximative des classes sont déterminés par un processus d'essai-erreur. Lorsqu'un nombre de classes est choisi, l'équation (2.2) est utilisée pour trouver la largeur approximative de la classe. Le processus peut être répété pour un nombre de classes différent. Finalement, l'analyste fait appel à son bon sens pour déterminer la combinaison nombre de classes – largeur de classe qui fournit la meilleure distribution de fréquence afin de résumer les données.

> Aucune distribution de fréquence n'est meilleure qu'une autre pour un même ensemble de données. Des individus différents peuvent construire des distributions de fréquence différentes mais toutes acceptables. L'objectif est de révéler le regroupement naturel et les différences pouvant exister entre les données.

Après avoir décidé d'utiliser 5 classes, chacune d'une largeur de 5 jours pour construire la distribution de fréquence des données sur la durée des audits du tableau 2.4, l'étape suivante consiste à spécifier les limites de classe pour chacune de ces classes.

Limites de classe – Les limites de classe doivent être choisies de sorte à ce que chaque observation appartienne à une et une seule classe. La *limite inférieure de classe* identifie la plus petite valeur possible assignée à la classe. La *limite supérieure de classe* identifie la plus grande valeur possible assignée à la classe. Pour développer des distributions de fréquence pour des données qualitatives, nous n'avons pas besoin de spécifier les limites de classes car chaque observation appartient à une classe séparée. Mais avec des données quantitatives, comme la durée des audits du tableau 2.4, les limites de classe sont nécessaires pour déterminer à quelle classe appartient chaque observation.

Pour les données sur la durée des audits du tableau 2.4, nous sélectionnons 10 jours comme étant la limite inférieure et 14 comme étant la limite supérieure de la première classe. Cette classe est notée 10-14 dans le tableau 2.5. La plus petite observation, 12, est incluse dans la classe 10-14. Nous sélectionnons ensuite 15 jours comme la limite inférieure et 19 la limite supérieure de la deuxième classe. Nous continuons ainsi et obtenons les cinq classes suivantes : 10-14, 15-19, 20-24, 25-29 et 30-34. La plus grande observation, 33, est incluse dans la classe 30-34. La différence entre les limites inférieures de deux classes adjacentes correspond à la largeur de la classe. En utilisant les deux premières limites inférieures de classe, 10 et 15, on constate que la largeur d'une classe est égale à 5 ($15-10=5$).

Tableau 2.5 ***Distribution de fréquence pour les données sur la durée des audits***

Durée de l'audit (en jours)	Fréquence
10-14	4
15-19	8
20-24	5
25-29	2
30-34	1
Total	20

Une fois le nombre de classes fixé, leur largeur et leurs limites déterminées, une distribution de fréquence peut être obtenue en comptabilisant le nombre d'observations appartenant à chaque classe. Par exemple, quatre observations des données du tableau 2.4 (12, 14, 14 et 13) appartiennent à la classe 10-14. Ainsi, la fréquence de la classe 10-14 est 4. En poursuivant ce processus de comptabilisation pour les classes 15-19, 20-24, 25-29 et 30-34, on obtient la distribution de fréquence présentée dans le tableau 2.5. En utilisant cette distribution de fréquence, on observe que :

- Les durées d'audit les plus fréquemment observées appartiennent à la classe 15-19 jours. Huit audits sur vingt appartiennent à cette classe.
- Seul un audit a nécessité plus de 30 jours.

D'autres conclusions sont possibles, selon les centres d'intérêt de la personne qui examine la distribution de fréquence. L'intérêt d'une distribution de fréquence est de fournir des informations sur les données que l'on ne peut pas obtenir facilement à partir de l'ensemble de données original.

Centre d'une classe – Dans certaines applications, il est nécessaire de connaître le centre des classes d'une distribution de fréquence pour données quantitatives. Le **centre d'une classe** est la valeur médiane entre les limites inférieure et supérieure de classe. Pour les données sur la durée des audits, le centre des cinq classes est respectivement 12, 17, 22, 17 et 32.

2.2.2 Distributions de fréquence relative et en pourcentage

Nous définissons les distributions de fréquence relative et en pourcentage pour des données quantitatives de la même manière que pour des données qualitatives. Premièrement, rappelons que la fréquence relative est simplement la proportion des observations appartenant à une classe. Avec n observations,

$$\text{Fréquence relative d'une classe} = \frac{\text{Fréquence de cette classe}}{n}$$

La fréquence en pourcentage d'une classe est la fréquence relative multipliée par 100.

Basé sur la fréquence des classes du tableau 2.5, et avec $n = 20$, le tableau 2.6 présente les distributions de fréquence relative et en pourcentage des données relatives aux audits. Notez que 0,40, soit 40 % des audits nécessitent entre 15 et 19 jours. Seulement 0,05, soit 5 % des audits nécessitent au moins 30 jours. De nouveau, d'autres interprétations et informations peuvent être déduites du tableau 2.6.

2.2.3 Diagramme de points

L'un des résumés graphiques de données les plus simples est le diagramme de points. L'étendue des données est représentée sur un axe horizontal. Chaque observation est représentée par un point placé au-dessus de l'axe. La figure 2.3 correspond au diagramme de points des données sur la durée des audits du tableau 2.4. Les trois points placés au-dessus de la valeur 18 sur l'axe horizontal indiquent qu'à trois reprises, l'audit a duré

Tableau 2.6 ***Distributions de fréquence relative et en pourcentage pour les données sur la durée des audits***

Durée de l'audit (en jours)	Fréquence relative	Fréquence en pourcentage
10-14	0,20	20
15-19	0,40	40
20-24	0,25	25
25-29	0,10	10
30-34	0,05	5
Total	1,00	100

18 jours. Les diagrammes de points détaillent les données et sont utiles pour comparer la distribution de plusieurs variables.

2.2.4 Histogramme

Une autre représentation graphique courante des données quantitatives est l'histogramme. Ce graphique peut être réalisé à partir de données préalablement résumées par une distribution de fréquence absolue, relative ou en pourcentage. Un histogramme est construit en plaçant la variable considérée sur l'axe horizontal et la fréquence absolue, relative ou en pourcentage sur l'axe vertical. La fréquence absolue, relative ou en pourcentage de chaque classe est représentée par un rectangle dont la base est déterminée par les limites de classes et dont la hauteur correspond à la fréquence absolue, relative ou en pourcentage.

La figure 2.4 représente un histogramme pour les données sur la durée des audits. Notez que la classe ayant la plus grande fréquence correspond à la classe 15-19 jours. La hauteur du rectangle au-dessus de cette classe révèle que la fréquence de cette classe est égale à 8. Un histogramme pour la distribution relative ou en pourcentage de ces données aurait la même forme, mis à part le fait que l'axe vertical représenterait les fréquences relatives ou en pourcentage.

Comme le montre la figure 2.4, les rectangles adjacents d'un histogramme se touchent. Contrairement à un diagramme en barres, un histogramme ne contient pas de séparation naturelle entre les rectangles des classes adjacentes. Cette présentation est la

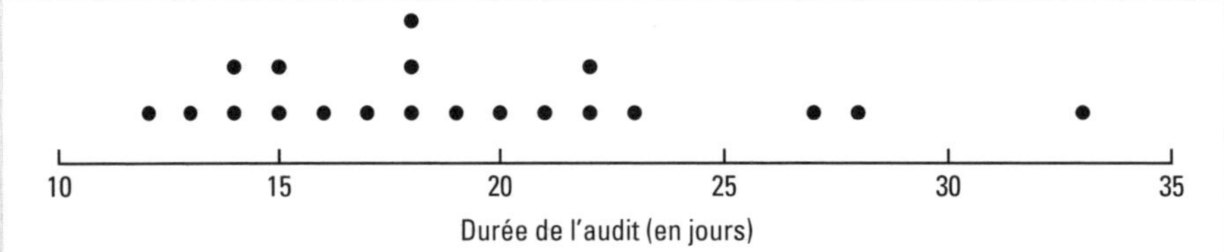

Figure 2.3 ***Diagramme de points pour les données sur la durée des audits***

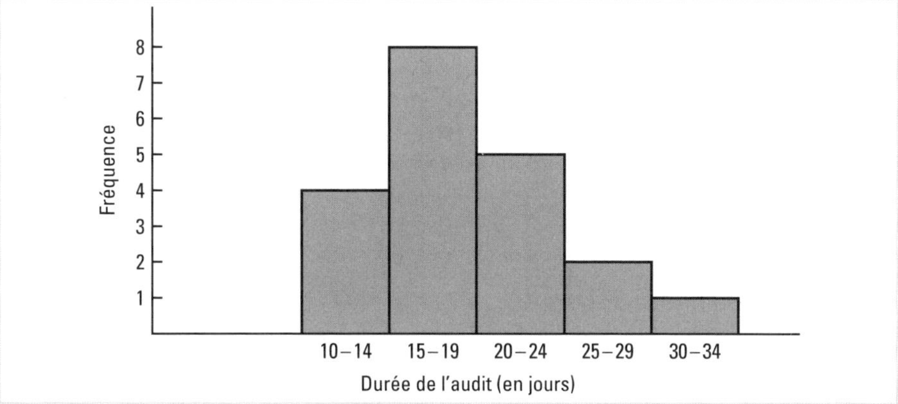

Figure 2.4 ***Histogramme pour les données sur la durée des audits***

convention habituelle pour les histogrammes. Puisque les classes pour les données sur la durée des audits sont définies par les intervalles suivants 10-14, 15-19, 20-24, 25-29 et 30-34, un espace d'une unité (de 14 à 15, de 19 à 20, de 24 à 25, de 29 à 30) semble être nécessaire entre les classes. Ces espaces sont éliminés en construisant l'histogramme. L'élimination des espaces entre les classes d'un histogramme pour les données relatives à la durée des audits souligne le fait que toutes les valeurs comprises entre la limite inférieure de la première classe et la limite supérieure de la dernière classe sont possibles.

L'un des principaux attraits d'un histogramme est de fournir des informations concernant la forme d'une distribution. La figure 2.5 présente quatre histogrammes construits à partir de distributions de fréquence relative. Le cas A représente l'histogramme d'un ensemble de données modérément asymétrique ou biaisé à gauche. Un histogramme est dit asymétrique ou biaisé à gauche si sa queue de distribution s'étend vers la gauche. Ce type d'histogramme est caractéristique des résultats d'examens, aucune note n'étant supérieure à 100 % de bonnes réponses, la plupart des notes étant supérieures à 70 %. Le cas B illustre l'histogramme d'un ensemble de données modérément asymétrique à droite. Un histogramme est dit asymétrique à droite si sa queue de distribution s'étend davantage à droite. Des données relatives aux prix des logements fournissent un exemple de ce type d'histogramme : quelques logements très chers créent une asymétrie dans la queue droite de la distribution.

Le cas C représente un histogramme symétrique. Dans un histogramme symétrique, les queues de distribution droite et gauche ont la même forme. Les histogrammes des données que l'on trouve dans les applications ne sont jamais parfaitement symétriques, mais peuvent l'être à peu près. Des données relatives à la taille ou au poids d'individus fournissent des histogrammes relativement symétriques. Le cas D illustre un histogramme fortement asymétrique à droite. Cet histogramme a été construit à partir de données relatives aux montants des achats des clientes d'un magasin d'habillement pour femmes au cours d'une journée. Les données issues d'applications en économie conduisent souvent à des histogrammes asymétriques à droite. Par exemple, les données concernant les prix des

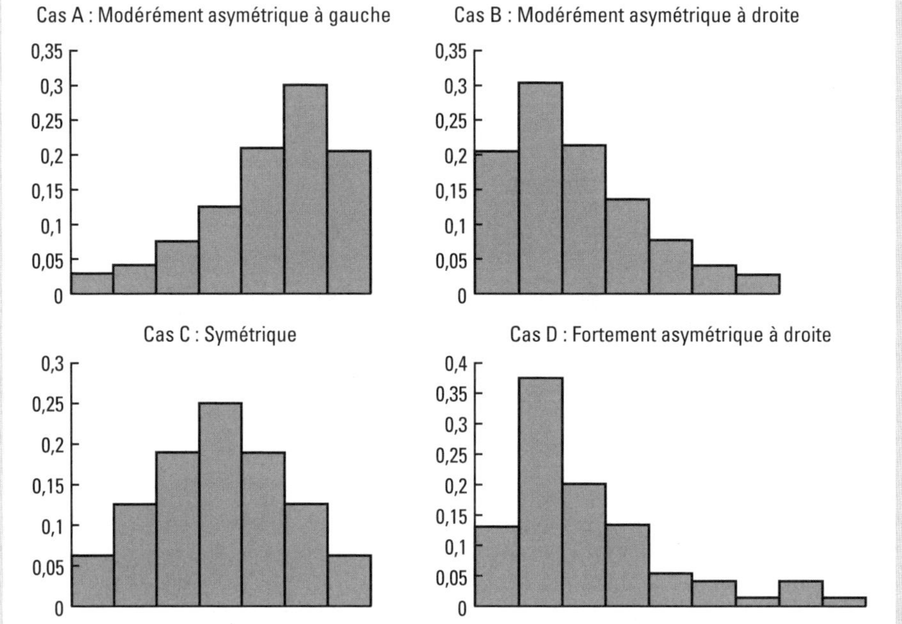

Figure 2.5 ***Histogrammes illustrant différents degrés d'asymétrie***

logements, les salaires, les quantités achetées, etc. sont représentées par des histogrammes asymétriques à droite.

2.2.5 Distributions cumulées

Une variante de la distribution de fréquence qui fournit un autre résumé des données quantitatives, sous forme de tableau, est la **distribution de fréquence cumulée**. La distribution de fréquence cumulée utilise le nombre, la largeur et les limites des classes développées pour la distribution de fréquence. Cependant, plutôt que de représenter la fréquence de chaque classe, la distribution de fréquence cumulée représente le nombre d'observations dont les valeurs sont *inférieures ou égales à la limite supérieure de chaque classe*. Les deux premières colonnes du tableau 2.7 fournissent la distribution de fréquence cumulée des données sur la durée des audits.

Pour comprendre comment les fréquences cumulées sont calculées, considérons la classe intitulée « inférieure ou égale à 24 ». La fréquence cumulée de cette classe est simplement la somme des fréquences de toutes les classes dont les observations sont inférieures ou égales à 24. À partir de la distribution de fréquence du tableau 2.5, la somme des fréquences des classes 10-14, 15-19 et 20-24 indique qu'il y a 17 observations ($4+8+5=17$) dont la valeur est inférieure ou égale à 24. Par conséquent, la fréquence cumulée pour cette classe est égale à 17. De plus, la distribution de fréquence cumulée

Tableau 2.7 *Distributions de fréquence cumulée absolue, relative et en pourcentage pour les données sur la durée des audits*

Durée des audits (en jours)	Fréquence cumulée	Fréquence cumulée relative	Fréquence cumulée en pourcentage
Inférieure ou égale à 14	4	0,20	20
Inférieure ou égale à 19	12	0,60	60
Inférieure ou égale à 24	17	0,85	85
Inférieure ou égale à 29	19	0,95	95
Inférieure ou égale à 34	20	1,00	100

présentée dans le tableau 2.7 révèle que 4 audits ont été réalisés en 14 jours au maximum et 19 audits ont été réalisés en 29 jours au maximum.

Pour finir, notez qu'une **distribution de fréquence cumulée relative**, respectivement **en pourcentage**, fournit la proportion, respectivement le pourcentage, des observations dont la valeur est inférieure ou égale à la limite supérieure de chaque classe. La distribution de fréquence cumulée relative peut être calculée soit en sommant les fréquences relatives de la distribution de fréquence relative, soit en divisant les fréquences cumulées par le nombre total d'observations. Les fréquences cumulées relatives présentées dans la colonne 3 du tableau 2.7 ont été obtenues en divisant les fréquences cumulées de la colonne 2 par le nombre total d'observations ($n = 20$). Les fréquences cumulées en pourcentage ont été calculées en multipliant les fréquences cumulées relatives par 100. Les distributions de fréquence cumulée relative et en pourcentage montrent que 0,85, soit 85 % des audits ont été réalisés en moins de 25 jours, 0,95, soit 95 % des audits ont été réalisés en moins de 30 jours, etc.

2.2.6 Ogive

Le graphique d'une distribution cumulée, appelé une **ogive**, représente, sur l'axe horizontal, la valeur des observations et sur l'axe vertical, les fréquences cumulées absolues, relatives ou en pourcentage. La figure 2.6 représente l'ogive des fréquences cumulées des données relatives à la durée des audits du tableau 2.7.

L'ogive est construite en indiquant par un point la fréquence cumulée de chaque classe. Puisque les limites de classe pour les données sur la durée des audits sont 10-14, 15-19, 20-24, etc., un espace entre les classes apparaît de 14 à 15, de 19 à 20, etc. Ces espaces sont supprimés en dessinant les points au centre de ces espaces. Ainsi, le point d'abscisse 14,5 représente la classe 10-14, le point d'abscisse 19,5 représente la classe 15-19, etc. La classe « inférieure ou égale à 14 », d'une fréquence cumulée égale à 4, est représentée sur l'ogive (figure 2.6) par le point de coordonnées (14,5 ; 4), 14,5 sur l'axe horizontal et 4 sur l'axe vertical. La classe « inférieure ou égale à 19 », d'une fréquence cumulée égale à 12, est représentée par le point de coordonnées (19,5 ; 12). Notez qu'un point supplémentaire est dessiné à gauche de l'ogive. Ce point commence l'ogive et indique qu'il n'y a pas de données au-dessous de la classe 10-14. Ses coordonnées sont (9,5 ; 0). Les points sont reliés par des segments de droite pour former l'ogive.

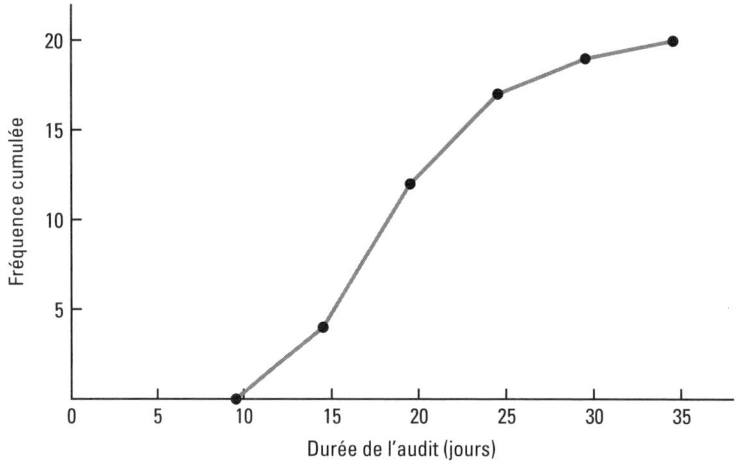

Figure 2.6 ***Ogive pour les données sur la durée des audits***

REMARQUES

1. Un diagramme en barres et un histogramme sont fondamentalement deux choses identiques. Tous deux sont une représentation graphique des données exprimées sous forme d'une distribution de fréquence. Un histogramme est simplement un diagramme en barres sans séparation entre les rectangles. Pour certaines données quantitatives discrètes, une séparation entre les rectangles est toutefois appropriée. Considérez, par exemple, le nombre de cours qu'un étudiant suit. Les données ne peuvent être que des nombres entiers. Des valeurs intermédiaires telles que 1,5 ou 2,73 ne sont pas possibles. Par contre, avec des données quantitatives continues, telles que les données sur la durée des audits du tableau 2.4, une séparation entre les rectangles n'est pas appropriée.

2. Les valeurs adéquates des limites de classe pour des données quantitatives dépendent du niveau de précision des données. Par exemple, pour les données sur la durée des audits du tableau 2.4, les valeurs des limites de classe étaient des nombres entiers puisque les données avaient été arrondies au jour le plus proche. Si les données avaient été arrondies au dixième de jour le plus proche (par exemple, 12,3, 14,4, etc.), alors les limites auraient été établies en dixième de jour. Par exemple, les limites de la première classe auraient été 10,0-14,9. Si les données avaient été arrondies au centième de jour le plus proche (par exemple, 12,34, 14,45, etc.), alors les limites auraient été établies en centième de jour. Par exemple, les limites de la première classe auraient été 10,00-14,99.

3. Une *classe ouverte* est une classe qui a seulement une limite inférieure ou supérieure. Par exemple, supposez que dans l'exemple sur la durée des audits du tableau 2.4,

deux des audits aient nécessité 58 et 65 jours. Plutôt que de continuer la liste des intervalles de 5 jours avec les classes 35-39, 40-44, 45-49, etc., on peut simplifier la distribution de fréquence en considérant une classe ouverte « 35 et plus ». Cette classe aurait une fréquence égale à 2. Le plus souvent, les classes ouvertes apparaissent à la fin de la distribution. Parfois, une classe ouverte apparaît au début de la distribution et occasionnellement, de telles classes apparaissent aux deux extrémités de la distribution.

4. La dernière valeur d'une distribution de fréquence cumulée est toujours égale au nombre total d'observations. La dernière valeur d'une distribution de fréquence cumulée relative est toujours égale à 1 et celle d'une distribution de fréquence cumulée en pourcentage à 100.

EXERCICES

Méthode

11. Considérer les données suivantes (fichier en ligne Fréquence) :

14	21	23	21	16
19	22	25	16	16
24	24	25	19	16
19	18	19	21	12
16	17	18	23	25
20	23	16	20	19
24	26	15	22	24
20	22	24	22	20

Fréquence

a) Développer une distribution de fréquence en utilisant les classes 12-14, 15-17, 18-20, 21-23 et 24-26.

b) Développer une distribution de fréquence relative et une distribution de fréquence en pourcentage en utilisant les mêmes classes.

12. Considérer la distribution de fréquence suivante.

Classe	Fréquence
10-19	10
20-29	14
30-39	17
40-49	7
50-59	2

Construire des distributions de fréquence cumulée absolue et relative.

13. Construire un histogramme et une ogive à partir des données de l'exercice 12.

14. Considérer les données suivantes :

8,9	10,2	11,5	7,8	10,0	12,2	13,5	14,1	10,0	12,2
6,8	9,5	11,5	11,2	14,9	7,5	10,0	6,0	15,8	11,5

a) Construire un diagramme de points.

b) Construire une distribution de fréquence.

c) Construire une distribution de fréquence en pourcentage.

Application

15. Le personnel d'un cabinet médical a étudié les temps d'attente des patients qui arrivent au cabinet pour une urgence. Les données suivantes ont été collectées au cours d'un mois (les temps d'attente sont en minutes).

2	5	10	12	4	4	5	17	11	8	9	8	12	21	6	8	7	13	18	3

Utiliser les classes 0-4, 5-9, etc.

a) Construire la distribution de fréquence.

b) Construire la distribution de fréquence relative.

c) Construire la distribution de fréquence cumulée.

d) Construire la distribution de fréquence cumulée relative.

e) Quelle est la proportion de patients qui viennent en urgence et qui ont un temps d'attente inférieur ou égal à 9 minutes ?

16. Une pénurie de candidats a obligé les écoles à offrir des salaires plus élevés et des bonus pour attirer et retenir les directeurs d'écoles. Les données suivantes indiquent le salaire annuel de base (en milliers de dollars) des directeurs dans 20 districts de Rochester dans l'État de New York (*The Rochester Democrat and Chronicle*, 10 février 2008).

187	184	174	185
175	172	202	197
165	208	215	164
162	172	182	156
172	175	170	183

Utilisez les classes 150-159, 160-169, etc. pour répondre aux questions suivantes :

a) Construire la distribution de fréquence.

b) Construire la distribution de fréquence en pourcentage.

c) Construire la distribution de fréquence en pourcentage cumulée.

d) Construire un histogramme pour le salaire annuel de base.

e) Les données semblent-elles biaisées ? Expliquer.

f) Quel pourcentage de directeurs reçoivent plus de 200 000 dollars ?

17. La liste des sociétés constituant l'indice Dow Jones Industriel a été modifiée et l'indice remis à jour lorsque General Motors et Citigroup ont été remplacés par Cisco Systems et Travelers (*The Wall Street Journal*, 8 juin 2009). À ce moment-là, les prix des actions des 30 sociétés composant l'indice étaient les suivants (fichier en ligne Prix des actions) :

Prix des actions

Société	Prix ($) par action	Société	Prix ($) par action
3M	61	IBM	107
Alcoa	11	Intel	16
American Express	25	JP Morgan Chase	35
AT&T	24	Johnson & Johnson	56
Bank of America	12	Kraft Foods	27
Boeing	52	McDonald's	59
Caterpillar	38	Merck	26
Chevron	69	Microsoft	22
Cisco Systems	20	Pfizer	14
Coca-Cola	49	Procter & Gamble	53
DuPont	27	Travelers	43
ExxonMobil	72	United Technologies	56
General Electric	14	Verizon	29
Hewlett-Packard	37	Walmart Stores	51
Home Depot	24	Walt Disney	25

a) Quel est le prix par action le plus élevé ? Quel est le prix le plus faible ?

b) Utiliser une largeur de classe de 10 pour construire une distribution de fréquence de ces données.

c) Construire un histogramme. Interpréter l'histogramme en discutant de sa forme, de l'intervalle des prix moyens et de l'intervalle des prix les plus fréquents.

d) Utiliser le *Wall Street Journal* ou un autre journal pour trouver le prix actuel des actions de ces sociétés. Construire un histogramme avec ces données et discuter des changements intervenus depuis juin 2009. Quelle société a enregistré la plus importante augmentation du prix de son action ? Quelle société a enregistré la plus forte baisse du prix de son action ?

18. L'institut de recherche NRF/BIG a effectué une enquête sur les dépenses de vacances des ménages américains (*USA Today*, 20 décembre 2005). Les données suivantes correspondent au montant en dollars dépensé durant leurs vacances par un échantillon de 25 ménages (fichier en ligne Vacances).

Vacances

1200	850	740	590	340
450	890	260	610	350
1780	180	850	2050	770
800	1090	510	520	220
1450	280	1120	200	350

a) Quel le montant de dépenses le plus faible ? Le plus élevé ?

b) Utiliser une largeur de classe de 250 dollars pour construire des distributions de fréquence absolue et en pourcentage de ces données.

c) Construire un histogramme. Commenter la forme de la distribution.

d) Quelles observations pouvez-vous faire concernant les dépenses en vacances ?

19. *Fortune* établit une liste des plus importantes sociétés américaines en termes de chiffre d'affaires annuel. Le tableau suivant (fichier en ligne Grandes sociétés) indique le chiffre d'affaires annuel des 50 plus importantes sociétés, exprimé en milliards de dollars (site internet de Money CNN, 15 janvier 2010).

Grandes sociétés

Société	Chiffre d'affaires	Société	Chiffre d'affaires
Amerisource Bergen	71	Lowe's	48
Archer Daniels Midland	70	Marathon Oil	74
AT&T	124	McKesson	102
Bank of America	113	Medco Health	51
Berkshire Hathaway	108	MetLife	55
Boeing	61	Microsoft	60
Cardinal Health	91	Morgan Stanley	62
Caterpillar	51	Pepsico	43
Chevron	263	Pfizer	48
Citigroup	112	Procter & Gamble	84
ConocoPhilips	231	Safeway	44
Costco Wholesale	72	Sears Holdings	47
CVS Caremark	87	State Farm Insurance	61
Dell	61	Sunoco	52
Dow Chemical	58	Target	65
Exxon Mobil	443	Time Warner	47
Ford Motors	146	United Parcel Service	51
General Electric	149	United Technologies	59
Goldman Sachs	54	United Health Group	118
Hewlett-Packard	118	Valero Energy	118
Home Depot	71	Verizon	97
IBM	104	Walgreen	59
JP Morgan Chase	101	Walmart	406
Johnson & Johnson	64	WellPoint	61
Kroger	76	Wells Fargo	52

a) Construire une distribution de fréquence (classes 0-49, 50-99, 100-149, etc.).

b) Construire une distribution de fréquence relative.

c) Construire une distribution de fréquence cumulée.

d) Construire une distribution de fréquence cumulée relative.

e) Que vous apprennent ces distributions de fréquence sur le chiffre d'affaires annuel des plus grandes sociétés américaines.

f) Construire un histogramme. Commenter la forme de la distribution.

g) Quelle est la plus importante société américaine et quel est son chiffre d'affaires annuel ?

20. Le magazine *Golf Digest 50* établit la liste des 50 golfeurs professionnels ayant les revenus totaux annuels les plus élevés. Le revenu total est la somme des gains gagnés lors de compétitions et des gains hors compétitions. Tiger Woods était classé premier avec un revenu total annuel de 122 millions de dollars. Sur cette somme, environ 100 millions de dollars provenaient d'activités hors compétitions telles que des apparitions en public ou des publicités pour des produits. Le tableau suivant reprend les 10 golfeurs professionnels les mieux rémunérés en dehors des compétitions (site internet de Golf Digest, février 2008).

Nom	Revenus hors compétitions (milliers de dollars)
Tiger Woods	99 800
Phil Mickelson	40 200
Arnold Palmer	29 500
Vijay Singh	25 250
Ernie Els	24 500
Greg Norman	24 000
Jack Nicklaus	20 750
Sergio Garcia	14 500
Michelle Wie	12 500
Jim Furyk	11 000

Le revenu hors compétitions des 50 golfeurs professionnels classés dans le *Golf Digest 50* peut être trouvé dans le fichier en ligne intitulé Hors compétition. Les données sont exprimées en milliers de dollars. Utiliser des classes de 0 à 4 999, de 5 000 à 9 999, de 10 000 à 14 999, etc. jusqu'à la classe 50 000 et plus, pour répondre aux questions suivantes.

Hors compétition

a) Construire une distribution de fréquence absolue et en pourcentage des revenus annuels hors compétitions des 50 golfeurs professionnels.

b) Construire un histogramme pour ces données.

c) Commenter la forme de la distribution des revenus hors compétitions.

d) Quelle est la classe de revenus hors compétitions la plus fréquente pour les 50 golfeurs professionnels ? En utilisant vos résumés graphiques et sous forme de tableaux, quelles observations supplémentaires pouvez-vous faire sur le revenu hors compétitions de ces 50 golfeurs professionnels ?

21. Le rapport Nielsen sur la technologie à la maison fournit des informations sur la technologie domestique et son usage. Les données suivantes correspondent aux heures d'utilisation d'un ordinateur au cours d'une semaine par un échantillon de 50 personnes (fichier en ligne Ordinateur).

Ordinateur

4,1	1,5	10,4	5,9	3,4	5,7	1,6	6,1	3,0	3,7
3,1	4,8	2,0	14,8	5,4	4,2	3,9	4,1	11,1	3,5
4,1	4,1	8,8	5,6	4,3	3,3	7,1	10,3	6,2	7,6
10,8	2,8	9,5	12,9	12,1	0,7	4,0	9,2	4,4	5,7
7,2	6,1	5,7	5,9	4,7	3,9	3,7	3,1	6,1	3,1

Résumer les données en construisant :

a) Une distribution de fréquence (en utilisant une largeur de classe de 3 heures).

b) Une distribution de fréquence relative.

c) Un histogramme.

d) Une ogive.

e) Commenter les résultats quant à l'usage d'un ordinateur à la maison.

2.3 ANALYSE EXPLORATOIRE DE DONNÉES : LE DIAGRAMME « STEM-AND-LEAF »

Les techniques d'analyse exploratoire de données reposent sur des calculs simples et des graphiques faciles à dessiner, dans le but de résumer rapidement les données. Une technique, appelée le diagramme « stem-and-leaf » (le diagramme branche et feuille), révèle simultanément l'ordre et la forme d'un ensemble de données.

Pour illustrer l'utilisation d'un diagramme « stem-and-leaf », considérons l'ensemble de données du tableau 2.8. Ces données sont les résultats d'un test d'aptitude comprenant 150 questions, effectué par 50 individus ayant récemment passé un entretien pour un poste chez Haskens Manufacturing. Les données indiquent le nombre de réponses correctes (fichier en ligne Test d'aptitude).

Pour construire un diagramme « stem-and-leaf », on ordonne les premiers chiffres de chaque observation à gauche d'une ligne verticale. À droite de cette ligne verticale, on rapporte le dernier chiffre de chaque observation. En utilisant la première ligne de données du tableau 2.8 (112, 72, 69, 97 et 107), les premiers pas dans la construction du diagramme « stem-and-leaf » sont les suivants :

6	9
7	2
8	
9	7
10	7
11	2
12	
13	
14	

Par exemple, l'observation 112 est décomposée en un premier chiffre 11 placé à gauche de la ligne et en un chiffre 2 placé à droite. De manière similaire, l'observation 72 est décomposée en 7, placé à gauche de la ligne et 2, placé à droite. En continuant à placer le dernier chiffre de chaque observation sur la ligne correspondant à ses premiers chiffres, on obtient :

Tableau 2.8 ***Nombre de réponses correctes au test d'aptitude***

112	72	69	97	107
73	92	76	86	73
126	128	118	127	124
82	104	132	134	83
92	108	96	100	92
115	76	91	102	81
95	141	81	80	106
84	119	113	98	75
68	98	115	106	95
100	85	94	106	119

6	9	8									
7	2	3	6	3	6	5					
8	6	2	3	1	1	0	4	5			
9	7	2	2	6	2	1	5	8	8	5	4
10	7	4	8	0	2	6	6	0	6		
11	2	8	5	9	3	5	9				
12	6	8	7	4							
13	2	4									
14	1										

Avec cette organisation des données, ordonner les chiffres de chaque ligne est simple. On obtient ainsi le diagramme « stem-and-leaf » présenté ci-dessous.

6	8	9									
7	2	3	3	5	6	6					
8	0	1	1	2	3	4	5	6			
9	1	2	2	2	4	5	5	6	7	8	8
10	0	0	2	4	6	6	6	7	8		
11	2	3	5	5	8	9	9				
12	4	6	7	8							
13	2	4									
14	1										

Les nombres à gauche de la ligne verticale (6, 7, 8, 9, 10, 11, 12, 13 et 14) forment la « branche » et chaque chiffre à droite de la ligne verticale correspond à une « feuille ». Par exemple, considérons la première ligne ayant pour branche le chiffre 6 et pour feuilles les chiffres 8 et 9.

6 | 8 9

La signification de cette ligne est que deux observations ont pour premier chiffre le 6 : 68 et 69. De même, la seconde ligne

7 | 2 3 3 5 6 6

indique que six observations ont pour premier chiffre le 7 : 72, 73, 73, 75, 76 et 76.

Pour se concentrer sur la forme du diagramme, traçons un rectangle contenant les feuilles de chaque branche. Nous obtenons la représentation suivante.

6	8	9									
7	2	3	3	5	6	6					
8	0	1	1	2	3	4	5	6			
9	1	2	2	2	4	5	5	6	7	8	8
10	0	0	2	4	6	6	6	7	8		
11	2	3	5	5	8	9	9				
12	4	6	7	8							
13	2	4									
14	1										

En effectuant une rotation à 90° dans le sens inverse des aiguilles d'une montre, on obtient une représentation des données similaire à un histogramme avec les classes 60-69, 70-79, 80-89, etc.

Bien que le diagramme « stem-and-leaf » semble fournir la même information qu'un histogramme, il présente deux avantages supplémentaires.

1. Le diagramme « stem-and-leaf » est plus facile à construire à main levée.
2. À l'intérieur d'une classe, le diagramme « stem-and-leaf » fournit plus d'informations que l'histogramme, puisqu'il donne la valeur des observations.

De la même manière qu'une distribution de fréquence ou un histogramme n'ont pas un nombre absolu de classes, le diagramme « stem-and-leaf » n'a pas un nombre absolu de lignes ou de branches. Si on pense que le diagramme original condense trop les données, on peut facilement étendre le diagramme en utilisant deux ou plusieurs branches pour chaque premier(s) chiffre(s). Par exemple, pour utiliser deux lignes pour chaque premier(s) chiffre(s), on place toutes les observations se terminant par le chiffre 0, 1, 2, 3 ou 4 sur une ligne et toutes les observations se terminant par le chiffre 5, 6, 7, 8 ou 9 sur une seconde ligne. Le diagramme « stem-and-leaf » élargi ci-dessous illustre ces propos.

Dans un diagramme « stem-and-leaf » élargi, quand une valeur de branche est notée deux fois, à la première valeur de la branche sont associées les valeurs des feuilles comprises entre 0 et 4 et à la seconde les valeurs des feuilles comprises entre 5 et 9.

6	8	9				
7	2	3	3			
7	5	6	6			
8	0	1	1	2	3	4
8	5	6				
9	1	2	2	2	4	
9	5	5	6	7	8	8
10	0	0	2	4		
10	6	6	6	7	8	
11	2	3				
11	5	8	9	9		
12						
12	6	7	8			
13	2	4				
13						
14	1					

Notez que les observations 72, 73 et 73, dont la feuille a une valeur comprise entre 0 et 4, sont regroupées sur la première branche de valeur 7. Les observations 75, 76 et 76, dont la feuille a une valeur comprise entre 5 et 9, sont regroupées sur la deuxième branche de valeur 7. Ce diagramme « stem-and-leaf » élargi est similaire à une distribution de fréquence dont les intervalles seraient 65-69, 70-74, 75-79, etc.

L'exemple précédent illustre le cas d'un diagramme « stem-and-leaf » pour des données ayant au plus trois chiffres. Les diagrammes « stem-and-leaf » pour des données ayant plus de trois chiffres sont possibles. Par exemple, considérons les données suivantes sur le nombre de hamburgers vendus dans un fast-food par semaine pendant 15 semaines.

1 565	1 852	1 644	1 766	1 888	1 912	2 044	1 812
1 790	1 679	2 008	1 852	1 967	1 954	1 733	

Le diagramme « stem-and-leaf » pour ces données est représenté ci-dessous.

Unité de la feuille = 10

15	6			
16	4	7		
17	3	6	9	
18	1	5	5	8
19	1	5	6	
20	0	4		

> Un seul chiffre est utilisé pour définir chaque feuille dans un diagramme « stem-and-leaf ». L'unité de la feuille indique de combien multiplier les nombres du diagramme pour approcher les données initiales. L'unité de la feuille peut être 100, 10, 1 ou 0,1.

Notez qu'un seul chiffre est utilisé pour constituer chaque feuille et que les trois premiers chiffres de chaque observation ont été utilisés pour constituer la branche. En haut du diagramme, nous avons spécifié l'unité de la feuille, égale à 10. Pour illustrer l'interprétation des valeurs du diagramme, considérons la première branche, 15, et la feuille qui lui est associée, 6. En les combinant, on obtient le nombre 156. Pour approximer les observations originales, on doit multiplier ce nombre par 10, l'unité de la feuille. Ainsi, $156 \times 10 = 1560$ est une approximation de l'observation originale, utilisée pour construire le diagramme « stem-and-leaf ». Bien qu'il ne soit pas possible de reconstruire les données exactes à partir du diagramme « stem-and-leaf », la convention qui consiste à utiliser un seul chiffre pour chaque feuille permet de construire des diagrammes « stem-and-leaf » pour des données comportant un grand nombre de chiffres. Lorsque l'unité de la feuille n'est pas précisée, elle est supposée égale à 1.

EXERCICES

Méthode

22. Construire un diagramme « stem-and-leaf » pour les données suivantes.

70	72	75	64	58	83	80	82
76	75	68	65	57	78	85	72

23. Construire un diagramme « stem-and-leaf » pour les données suivantes.

11,3	9,6	10,4	7,5	8,3	10,5	10,0
9,3	8,1	7,7	7,5	8,4	6,3	8,8

24. Construire un diagramme « stem-and-leaf » pour les données suivantes. Utiliser une unité de feuille de 10.

1161	1206	1478	1300	1604	1725	1361	1422
1221	1378	1623	1426	1557	1730	1706	1689

Applications

25. Un psychologue a développé un nouveau test d'intelligence pour adulte. Les résultats du test effectué par 20 individus sont présentés ci-dessous.

114	99	131	124	117	102	106	127	119	115
98	104	144	151	132	106	125	122	118	118

Construire un diagramme « stem-and-leaf » pour les données.

26. Le magazine *Money* a listé les emplois qui sont plaisants, bien payés et pérennes dans les 10 années à venir (*Money*, novembre 2009). Le tableau suivant recense les 20 premiers emplois, ainsi que le salaire médian et le salaire le plus élevé pour les salariés ayant entre deux et sept années d'expérience. Les données sont exprimées en milliers de dollars (fichier en ligne Emploi).

Emploi	Salaire médian	Salaire le plus élevé
Chef comptable	81	157
Expert-comptable	74	138
Consultant en protection informatique	100	138
Directeur de la communication	78	135
Analyste financier	80	109
Directeur financier	121	214
Analyste en recherche financière	66	155
Responsable général dans l'hôtellerie	77	146
Responsable des ressources humaines	72	111
Banquier d'affaires	106	221
Analyste des systèmes d'information	83	119
Responsable projet des systèmes d'information	99	140
Responsable marketing	77	126
Responsable qualité	80	122
Représentant	67	125
Auditeur interne sénior	76	106
Développeur de logiciels	79	116
Responsable informatique	110	152
Ingénieur systèmes	87	130
Technicien	97	100

Développer un diagramme « stem-and-lef » à la fois pour le salaire médian et pour le salaire le plus élevé. Quelles informations obtenez-vous sur les salaires de ces métiers ?

27. Les principales stations de ski proposent des forfaits familiaux qui incluent une formation au ski et au snowboard pour les enfants. Les cours incluent généralement quatre à six heures de sortie avec un professeur diplômé. Les tarifs journaliers pour une leçon, en groupe, dans 15 stations de ski sont les suivants (*The Wall Street Journal*, 20 janvier 2006).

Station	État	Taux journalier ($)	Station	État	Taux journalier ($)
Beaver Creek	Colorado	137	Okemo	Vermont	86
Deer Valley	Utah	115	Park City	Utah	145
Diamond Peek	Californie	95	Butternut	Massachusetts	75
Heavenly	Californie	145	Steamboat	Colorado	98
Hunter	New York	79	Stowe	Vermont	104
Mammoth	Californie	111	Sugar Bowl	Californie	100
Mount Sunapee	New Hampshire	96	Whistler-Blackcomb	Colombie britannique	104
Mount Bachelor	Oregon	83			

a) Construire un diagramme « steam-and-leaf » à partir de ces données.

b) Que vous apprend le diagramme « stem-and-leaf » concernant le tarif journalier des cours de ski et de snowboard.

28. Le semi-marathon de Naples en Floride a rassemblé 1 228 participants en 2004 (*The Naples Daily News*, 17 janvier 2004). Six groupes d'âge étaient en compétition. Les données suivantes correspondent à l'âge d'un échantillon de 40 participants au semi-marathon (fichier en ligne Marathon).

Marathon

49	33	40	37	56
44	46	57	55	32
50	52	43	64	40
46	24	30	37	43
31	43	50	36	61
27	44	35	31	43
52	43	66	31	50
72	26	59	21	47

a) Construire un diagramme « stem-and-leaf » étendu.

b) Quel est le groupe d'âge rassemblant le plus grand nombre de coureurs ?

c) Quel est l'âge le plus fréquent ?

d) L'article paru dans le *Naples Daily News* soulignait le nombre de coureurs âgés de 20 à 29 ans. Quel est le pourcentage de coureurs appartenant à cette tranche d'âge ? Selon vous, quel était le sujet de l'article ?

2.4 TABULATIONS CROISÉES ET NUAGE DE POINTS

Les tabulations croisées et les nuages de points permettent de résumer des données en faisant apparaître la relation pouvant exister entre deux variables.

Jusqu'ici dans ce chapitre, nous nous sommes concentrés sur les méthodes graphiques et sous forme de tableaux utilisées pour résumer les données d'une variable à un moment précis. Souvent, un dirigeant s'intéresse aux méthodes graphiques et sous forme de tableaux qui peuvent aider à la compréhension de la relation pouvant exister entre deux variables. Les tabulations croisées et les nuages de points sont de tels outils.

2.4.1 Tabulations croisées

La **tabulation croisée** est un résumé sous forme de tableau des données relatives à deux variables. Illustrons l'utilisation d'une tabulation croisée en considérant l'application suivante, fondée sur des données issues de l'enquête sur les restaurants menée par Zagat. Des données sur la qualité et le prix des repas ont été collectées auprès d'un échantillon de 300 restaurants situés dans la région de Los Angeles. Le tableau 2.9 présente les données pour les dix premiers restaurants de l'échantillon, relatives à la qualité et au prix des repas. Le niveau de qualité est une variable qualitative qui peut prendre les valeurs bon, très bon ou excellent. Le prix des repas est une variable quantitative qui varie entre 10 et 49 dollars.

Une tabulation croisée de ces données est présentée dans le tableau 2.10. Dans les marges du tableau sont spécifiées les classes des deux variables. À gauche du tableau, apparaissent en ligne les trois classes de la variable qualité (bon, très bon, excellent). En haut du tableau, apparaissent en colonne les quatre classes de la variable prix (10-19 \$, 20-29 \$, 30-39 \$ et 40-49 \$). Pour chaque restaurant de l'échantillon, on a un niveau de qualité et le prix du repas. Ainsi, chaque restaurant de l'échantillon est associé à une cellule de la tabulation croisée, à l'intersection de l'une des lignes et de l'une des colonnes. Par exemple, le restaurant numéro 5 est réputé de très bonne qualité et pratique un prix égal à 33 dollars. Ce restaurant est donc comptabilisé dans la cellule située à l'intersection de la colonne 3 et de la ligne 2 du tableau 2.10. Pour construire un tableau de tabulation croisée, on comptabilise simplement le nombre de restaurants qui appartiennent à chacune des cellules.

Tableau 2.9 ***Niveau de qualité et prix des repas de 300 restaurants de Los Angeles***

Restaurant	Niveau de qualité	Prix du repas ($)
1	Bon	18
2	Très bon	22
3	Bon	28
4	Excellent	38
5	Très bon	33
6	Bon	28
7	Très bon	19
8	Très bon	11
9	Très bon	23
10	Bon	13
...	...	...

Restaurant

Tableau 2.10 ***Tabulation croisée de la qualité et du prix d'un repas dans 300 restaurants de Los Angeles***

	Prix du repas				
Niveau de qualité	**10-19 $**	**20-29 $**	**30-39 $**	**40-49 $**	**Total**
Bon	42	40	2	0	84
Très bon	34	64	46	6	150
Excellent	2	14	28	22	66
Total	78	118	76	28	300

En examinant le tableau 2.10, on s'aperçoit que le plus grand nombre de restaurants de l'échantillon (64) ont un très bon niveau de qualité et le prix de leurs repas est compris entre 20 et 29 dollars. Seuls deux restaurants sont d'excellente qualité et pratiquent un tarif compris entre 10 et 19 dollars. On peut interpréter de la même façon les autres fréquences. De plus, notez que la dernière ligne et la dernière colonne du tableau de tabulation croisée fournissent les distributions de fréquence pour le niveau de qualité et le prix des repas séparément. D'après la distribution de fréquence de droite, 84 restaurants sont réputés de bonne qualité, 150 restaurants sont réputés de très bonne qualité et 66 ont une excellente réputation. De la même façon, la dernière ligne en bas du tableau dévoile la distribution de fréquence du prix des repas.

En divisant le total de chaque ligne de la colonne de droite du tableau de tabulation croisée par le total de cette colonne, on obtient les distributions de fréquence relative et en pourcentage pour la variable « qualité ».

Niveau de qualité	Fréquence relative	Fréquence en pourcentage
Bon	0,28	28
Très bon	0,50	50
Excellent	0,22	22
Total	1,00	100

Selon la distribution de fréquence en pourcentage, 28 % des restaurants de l'échantillon sont de bonne qualité, 50 % de très bonne qualité et 22 % d'excellente qualité.

En divisant le total de chaque colonne de la dernière ligne du tableau de tabulation croisée par le total de cette ligne, on obtient les distributions de fréquence relative et en pourcentage pour la variable « prix ».

Prix du repas	Fréquence relative	Fréquence en pourcentage
10-19 $	0,26	26
20-29 $	0,39	39
30-39 $	0,25	25
40-49 $	0,09	9
Total	1,00	100

Notez que la somme des fréquences relatives et en pourcentage ne correspond pas exactement au total (respectivement 1 et 100) du fait des arrondis. Selon la distribution de fréquence en pourcentage, 26 % des repas ont un prix compris entre 10 et 19 dollars, 39 % entre 20 et 29 dollars, etc.

Les distributions de fréquence absolue et relative construites à partir des marges du tableau de tabulation croisée nous fournissent des informations sur chacune des variables individuellement, mais n'apportent aucune information relative à leurs relations. L'intérêt principal d'une tabulation croisée réside dans l'information qu'elle fournit à propos de la relation entre les variables. D'après les résultats du tableau 2.10, il semble que plus les prix sont élevés, meilleure est la qualité du restaurant, et plus les prix sont bas, moins la qualité est bonne.

En convertissant les entrées du tableau en pourcentage, on peut obtenir des informations supplémentaires sur la relation entre les variables. Par exemple, le tableau 2.11 correspond aux fréquences du tableau 2.10 divisées par le total de la ligne considérée et exprimées en pourcentage. Chaque ligne du tableau 2.11 correspond à une distribution de fréquence en pourcentage du prix du repas pour l'un des niveaux de qualité. Pour les restaurants ayant le niveau de qualité le plus faible (bon), on voit que les pourcentages les plus importants sont associés aux restaurants les moins chers (50 % ont des prix variant entre 10 et 19 dollars et 47,6% ont des prix variant entre 20 et 29 dollars). Pour les restaurants ayant le niveau de qualité le plus élevé (excellent), on voit que les plus importants pourcentages sont associés aux restaurants les plus chers (42,4 % ont des prix variant entre 30 et 39 dollars et 33,4 % ont des prix variant entre 40 et 49 dollars). Ainsi, la même relation entre le prix et la qualité du repas apparaît encore : les repas les plus chers sont associés aux restaurants ayant les niveaux de qualité les plus élevés.

La tabulation croisée est fréquemment utilisée pour examiner la relation entre deux variables. En pratique, les rapports de beaucoup d'études statistiques contiennent un grand nombre de tableaux de tabulation croisée. Dans l'enquête sur les restaurants de Los Angeles, la tabulation croisée est basée sur une variable qualitative (le niveau de qualité) et une variable quantitative (le prix du repas). Des tabulations croisées peuvent également être effectuées lorsque les deux variables sont qualitatives ou quantitatives. Toutefois, lorsque des variables quantitatives sont utilisées, il est nécessaire de regrouper les valeurs que peut prendre la variable dans des classes. Par exemple, dans le cas des restaurants, nous avons regroupé les prix des repas en quatre classes (10-19$, 20-29$, 30-39$, 40-49$).

Tableau 2.11 ***Pourcentages en ligne pour chaque niveau de qualité***

	Prix du repas				
Niveau de qualité	**10-19 $**	**20-29 $**	**30-39 $**	**40-49 $**	**Total**
Bon	50,0	47,6	2,4	0,0	100
Très bon	22,7	42,7	30,6	4,0	100
Excellent	3,0	21,2	42,4	33,4	100

2.4.2 Le paradoxe de Simpson

Les données de deux ou plusieurs tabulations croisées sont souvent combinées ou agrégées pour produire un résumé montrant comment deux variables sont liées. Dans de tels cas, il convient d'être prudent dans l'interprétation des relations entre deux variables que l'on pourrait faire à partir de la tabulation croisée agrégée. Dans certains cas, les conclusions basées sur la tabulation croisée agrégée peuvent fournir des résultats en contradiction avec les conclusions tirées des données non agrégées. C'est ce que l'on appelle le paradoxe de Simpson. Pour illustrer ce paradoxe, prenons l'exemple de verdicts rendus par deux juges de deux juridictions différentes.

Les juges Ron Luckett et Denis Kendall ont officié à la Cour des plaids communs et au Tribunal municipal au cours des trois dernières années. Certains de leurs jugements étaient renvoyés en appel. Dans la plupart des cas, la Cour d'Appel confirmait les jugements initiaux, mais parfois, leurs jugements étaient annulés. Pour chaque juge, une tabulation croisée fut développée à partir de deux variables : le jugement en Cour d'Appel (maintenu ou annulé) et le type de juridiction (Cour des plaids communs ou Tribunal municipal). Supposons que les deux tabulations croisées soient ensuite combinées en agrégeant les données concernant le type de juridiction. La tabulation croisée agrégée contient donc deux variables : le jugement en Cour d'Appel (maintenu ou annulé) et le juge (Luckett ou Kendall). Cette tabulation croisée fournit le nombre de jugements en appel pour lesquels le jugement a été maintenu et le nombre de jugements en appel pour lesquels le verdict a été annulé pour les deux juges. La tabulation croisée fournit les résultats suivants, les pourcentages des colonnes apparaissant entre parenthèses à côté de chaque valeur.

	Juge		
Jugement	**Luckett**	**Kendall**	**Total**
Maintenu	129 (86 %)	110 (88 %)	239
Annulé	21 (14 %)	15 (12 %)	36
Total (%)	150 (100 %)	125 (100 %)	275

D'après les pourcentages en colonne, 86 % des jugements prononcés par le juge Luckett ont été confirmés, alors que 88 % des jugements prononcés par le juge Kendall l'ont été. Ainsi, on pourrait conclure que le juge Kendall est plus efficace, un pourcentage plus important de ses jugements étant maintenus en appel.

Les tabulations croisées suivantes présentent séparément les cas jugés par Luckett et Kendall dans les deux juridictions ; les pourcentages des colonnes sont également indiqués entre parenthèses après chaque valeur.

	Juge Luckett		
Jugement	**Tribunal municipal**	**Cour des plaids communs**	**Total**
Maintenu	29 (91 %)	100 (85 %)	139
Annulé	8 (9 %)	18 (15 %)	21
Total (%)	32 (100 %)	118 (100 %)	150

	Juge Kendall		
Jugement	**Tribunal municipal**	**Cour des plaids communs**	**Total**
Maintenu	90 (90 %)	20 (80 %)	110
Annulé	10 (10 %)	5 (20 %)	15
Total (%)	100 (100 %)	25 (100 %)	125

Selon le tableau de tabulation croisée du juge Luckett, ses jugements sont maintenus en appel dans 91 % des cas jugés au Tribunal municipal et dans 85 % des cas jugés à la Cour des plaids communs. Selon le tableau de tabulation croisée du juge Kendall, ses jugements sont maintenus en appel dans 90 % des cas jugés au Tribunal municipal et dans 80 % des cas jugés à la Cour des plaids communs. En comparant les pourcentages des colonnes des tableaux de tabulation croisée, nous constatons que le juge Luckett obtient un meilleur score que le juge Kendall dans les deux juridictions. Ce résultat contredit la conclusion à laquelle nous étions parvenus en agrégeant les données des deux juridictions. Cet exemple illustre le paradoxe de Simpson.

La tabulation croisée initiale était obtenue en agrégeant les données des deux juridictions. Notez que pour les deux juges, le pourcentage d'annulation en appel est plus important pour les cas jugés à la Cour des plaids communs qu'au Tribunal municipal. Puisque le juge Luckett a jugé un nombre plus important de cas à la Cour des plaids communs, l'agrégation des données est favorable au juge Kendall. Lorsque l'on regarde les tabulations croisées pour les deux juridictions séparément, le juge Luckett apparaît cependant plus performant. Ainsi, dans la tabulation croisée initiale, le *type de juridiction* est une variable cachée qui ne peut être ignorée lorsque l'on cherche à évaluer l'efficacité des deux juges.

À cause du paradoxe de Simpson, il convient d'être extrêmement vigilant lorsque l'on tire des conclusions à partir de données agrégées. Avant de conclure, vous devez chercher à savoir si la forme agrégée ou désagrégée de la tabulation croisée a un impact sur les conclusions de l'étude. Notamment lorsque la tabulation croisée est réalisée à partir de données agrégées, vous devez vous assurer que des variables cachées n'affectent pas les résultats, conduisant à des conclusions différentes lorsque des tabulations croisées agrégées et désagrégées sont effectuées.

2.4.3 Le nuage de points et la tendance

Un **nuage de points** est une présentation graphique de la relation entre deux variables quantitatives et la **tendance** est une droite qui fournit une approximation de la relation. À titre d'illustration, considérons la relation entre les campagnes publicitaires et les ventes d'un magasin d'équipement hi-fi à San Francisco. À dix reprises au cours des trois derniers mois, le magasin a mené une campagne publicitaire télévisée en fin de semaine pour promouvoir ses ventes. Les dirigeants veulent découvrir s'il existe une relation entre le nombre de spots publicitaires diffusés en fin de semaine et les ventes réalisées au cours de la semaine suivante. Le tableau 2.12 contient les données sur les ventes du magasin en milliers de dollars pendant 10 semaines.

La figure 2.7 reproduit le nuage de points et la tendance[1] pour les données du tableau 2.12. Le nombre de spots publicitaires (x) est représenté sur l'axe horizontal, les

[1] L'équation de la droite de tendance est $y = 36{,}15 + 4{,}95x$. La pente de la droite de tendance est égale à 4,95 et l'ordonnée à l'origine (le point où la droite coupe l'axe des ordonnées) à 36,15. Nous discuterons en détail de l'interprétation de la pente et de l'ordonnée à l'origine pour une droite de tendance linéaire au chapitre 14, lorsque nous étudierons la régression linéaire simple.

Tableau 2.12 ***Données d'échantillon pour le magasin d'équipement hi-fi***

Semaine	Nombre de spots publicitaires x	Volume des ventes (centaines de dollars) y
1	2	50
2	5	57
3	1	41
4	3	54
5	4	54
6	1	38
7	5	63
8	3	48
9	4	59
10	2	46

ventes (y) sur l'axe vertical. Pour la semaine 1, $x = 2$ et $y = 50$. Un point ayant ces coordonnées est dessiné sur le diagramme. Des points similaires sont dessinés pour les neuf autres semaines. Notez que durant deux semaines, un seul spot publicitaire fut diffusé, durant deux autres semaines, deux spots ont été diffusés, etc.

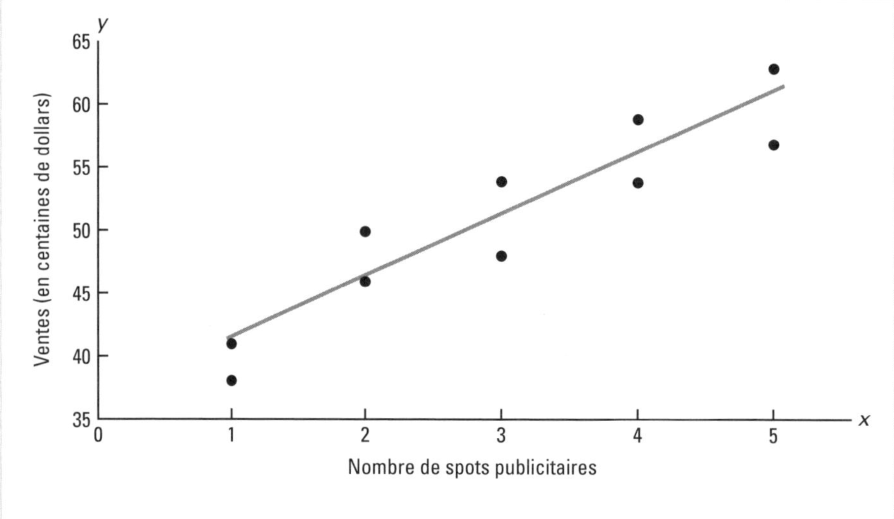

Figure 2.7 ***Nuage de points et droite de tendance pour le magasin de hi-fi***

Le nuage de points de la figure 2.7 révèle une relation positive entre le nombre de spots publicitaires diffusés et les ventes réalisées. Un volume de vente plus important est associé à un nombre plus important de spots publicitaires. La relation n'est pas parfaite dans la mesure où tous les points ne sont pas situés sur une même ligne droite. Cependant, la forme générale des points et la tendance suggèrent une relation globalement positive.

La figure 2.8 représente les principales formes des nuages de points et le type de relation qu'elles suggèrent. Le graphique en haut à gauche décrit une relation positive comme celle que nous venons de voir. Le graphique en haut à droite ne révèle aucune relation apparente entre les variables. Le graphique du bas décrit une relation négative, y ayant tendance à décroître quand x augmente.

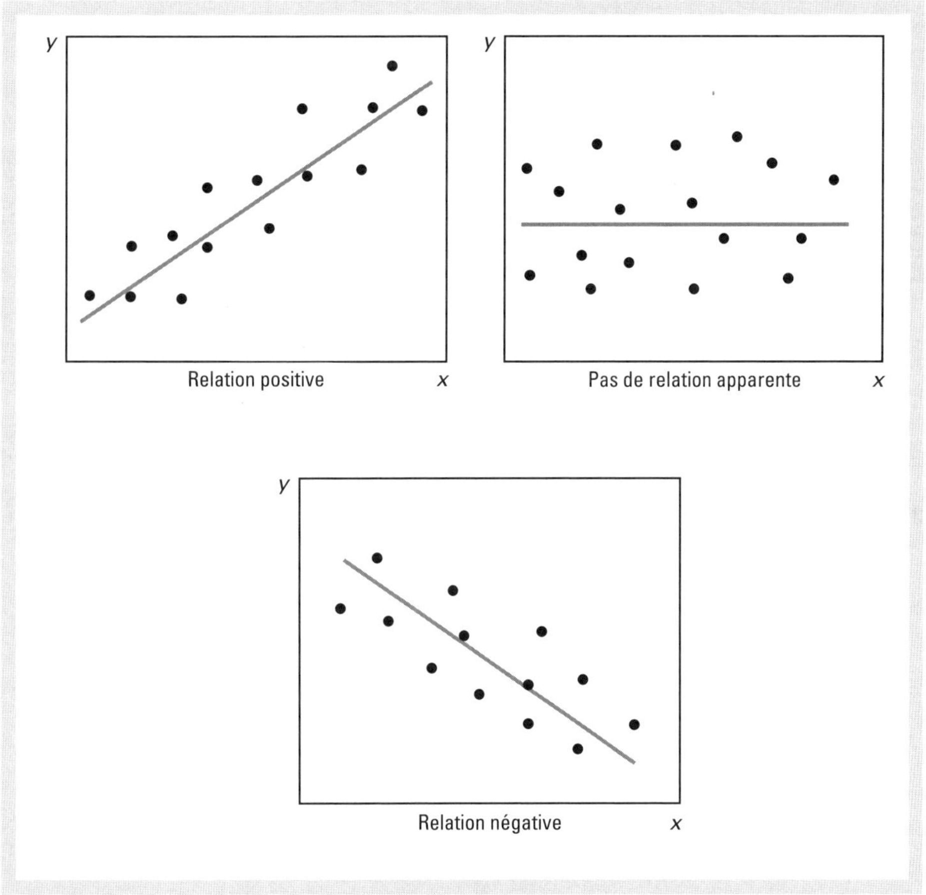

Figure 2.8 ***Types de relations décrites par des nuages de points***

EXERCICES

Méthode

29. Les données relatives à 30 observations de deux variables qualitatives x et y sont présentées ci-dessous. Les catégories pour x sont A, B et C ; les catégories pour y sont 1 et 2 (fichier en ligne Tabulation croisée).

Tabulation croisée

Observation	*x*	*y*	Observation	*x*	*y*
1	A	1	16	B	2
2	B	1	17	C	1
3	B	1	18	B	1
4	C	2	19	C	1
5	B	1	20	B	1
6	C	2	21	C	2
7	B	1	22	B	1
8	C	2	23	C	2
9	A	1	24	A	1
10	B	1	25	B	1
11	A	1	26	C	2
12	B	1	27	C	2
13	C	2	28	A	1
14	C	2	29	B	1
15	C	2	30	B	2

a) Effectuer une tabulation croisée pour les données en utilisant x en ligne et y en colonne.

b) Calculer les pourcentages en ligne.

c) Calculer les pourcentages en colonne.

d) Quelle est la relation, si elle existe, entre x et y ?

30. Le tableau ci-dessous présente 20 observations de deux variables quantitatives, x et y (fichier en ligne Nuage de points).

Nuage de points

Observation	*x*	*y*	Observation	*x*	*y*
1	–22	22	11	–37	48
2	–33	49	12	34	–29
3	2	8	13	9	–18
4	29	–16	14	–33	31
5	–13	10	15	20	–16
6	21	–28	16	–3	14
7	–13	27	17	–15	18
8	–23	35	18	12	17
9	14	–5	19	–20	–11
10	3	–3	20	–7	–22

a) Représenter le nuage de points de la relation entre x et y.

b) Quelle est la relation apparente, s'il y en a une, entre x et y ?

Applications

31. La tabulation croisée suivante présente les revenus des ménages en fonction du niveau d'études du chef de famille (*Statistical Abstract of the United States, 2008*).

	Revenu des ménages (en milliers de $)					
Niveau d'études	**Moins de 25**	**Entre 25 et 49,9**	**Entre 50 et 74,9**	**Entre 75 et 99,9**	**100 et plus**	**Total**
Secondaire sans diplôme	4 207	3 459	1 389	539	367	9 961
Secondaire avec diplôme	4 917	6 850	5 027	2 637	2 668	22 099
Universitaire sans diplôme	2 807	5 258	4 678	3 250	4 074	20 067
Diplôme de fin de 1er cycle universitaire	885	2 094	2 848	2 581	5 379	13 787
Diplôme de 2e cycle et au-delà	290	829	1 274	1 241	4 188	7 822
Total	13 106	18 490	15 216	10 248	16 676	73 736

a) Calculer les pourcentages en ligne et identifier la distribution de fréquence en pourcentage du revenu des ménages dont le chef de famille a un diplôme du secondaire et celle des ménages dont le chef a un diplôme universitaire de 1er cycle.

b) Quel est le pourcentage de ménages ayant à leur tête un diplômé du secondaire gagnant 75 000 dollars ou plus ? Quel est le pourcentage de ménages ayant à leur tête un diplômé de 1er cycle universitaire gagnant 75 000 dollars ou plus ?

c) Construire l'histogramme de la fréquence en pourcentage des revenus pour les ménages ayant à leur tête un diplômé du secondaire et pour les ménages ayant à leur tête un diplômé du 1er cycle universitaire. Y a-t-il une relation évidente entre le revenu des ménages et le niveau d'études du chef de famille ?

32. Se référer de nouveau à la tabulation croisée des revenus des ménages par niveau d'études de l'exercice 31.

a) Calculer les pourcentages en colonne et identifier les distributions de fréquence en pourcentage. Quel est le pourcentage de chefs de famille n'ayant pas de diplôme du secondaire ?

b) Quel est le pourcentage de ménages gagnant 100 000 dollars ou plus dirigés par une personne ayant un diplôme universitaire de 2e cycle ou au-delà ? Quel est le pourcentage de ménages dirigés par une personne ayant un diplôme universitaire de 2e cycle ou au-delà, gagnant plus de 100 000 dollars ? Pourquoi ces deux pourcentages sont-ils différents ?

c) Comparer les distributions de fréquence en pourcentage pour les ménages gagnant « moins de 25 », « 100 ou plus » et celle pour le total. Commenter la relation entre le revenu des ménages et le niveau d'études de leur chef.

33. Récemment, la direction du golf Oak Tree a reçu quelques plaintes concernant les conditions du parcours de golf. Plusieurs joueurs se plaignaient de la trop grande rapidité du parcours. Plutôt que de réagir sur la seule base de ces réclamations, la direction du golf a mené une enquête auprès de 100 joueurs et 100 joueuses. Les résultats de l'enquête sont résumés ci-dessous.

Hommes

	Conditions du parcours	
Handicap	Trop rapides	Parfaites
Moins de 15	10	40
15 ou plus	25	25

Femmes

	Conditions du parcours	
Handicap	Trop rapides	Parfaites
Moins de 15	1	9
15 ou plus	39	51

a) Combiner ces deux tabulations croisées en une seule avec, en ligne, le sexe des joueurs (homme ou femme) et en colonne, les conditions de parcours (trop rapides, parfaites). Dans quel groupe, le pourcentage de joueurs trouvant le parcours trop rapide est-il le plus élevé ?

b) Référez-vous aux tabulations croisées initiales. Pour les joueurs avec un faible handicap (les meilleurs), quel groupe (homme ou femme) considère le parcours comme trop rapide ?

c) Référez-vous aux tabulations croisées initiales. Pour les joueurs avec un fort handicap, quel groupe (homme ou femme) considère le parcours comme trop rapide ?

d) Quelles conclusions pouvez-vous tirer des préférences des hommes et des femmes concernant la vitesse du parcours ? Les conclusions tirées en (a) sont-elles cohérentes avec celles tirées des questions (b) et (c) ? Expliquer les incohérences apparentes.

34. Le tableau 2.13 fournit des informations relatives à 45 fonds mutuels qui font partie du *Morningstar Funds 500*, en 2008 (fichier en ligne Fonds mutuels). L'ensemble de données inclut les cinq variables suivantes :

- Le type de fonds : domestique (D), international (I) ou à revenu fixe (F)
- La valeur nette de l'actif (en dollars) : le prix de clôture de l'action
- Le rendement moyen sur cinq ans (%) : le rendement annuel moyen du fonds au cours des cinq dernières années
- Le ratio de dépenses (%) : le pourcentage des actifs déduit chaque année fiscale pour couvrir les frais de gestion du fonds
- Le classement Morningstar : le classement (en nombre d'étoiles) ajusté du risque de chaque fonds ; l'échelle Morningstar va de 1 étoile à 5 étoiles.

a) Préparer une tabulation croisée des données sur le type de fonds (en ligne) et le rendement annuel moyen au cours des cinq dernières années (en colonne). Utiliser les classes 0-9,99, 10-19,99, 20-29,99, 30-39,99, 40-49,99 et 50-59,99 pour le rendement moyen sur cinq ans.

b) Construire la distribution de fréquence pour les données sur le type de fonds.

c) Construire la distribution de fréquence pour les données sur le rendement moyen à cinq ans.

d) Dans quelle mesure le tableau de tabulation croisée vous a aidé à construire les distributions de fréquence des questions (b) et (c) ?

Tableau 2.13 ***Données financières d'un échantillon de 45 fonds mutuels***

Fonds mutuels

Fonds	Type de fonds	Valeur nette de l'actif ($)	Rendement moyen sur 5 ans (%)	Ratio de dépenses (%)	Classement Morningstar
Amer Cent Inc & Growth Inv	D	28,88	12,39	0,67	2 étoiles
American Century International Disc	I	14,37	30,53	1,41	3 étoiles
American Century Tax-Free Bond	F	10,73	3,34	0,49	4 étoiles
American Century Ultra	D	24,94	10,88	0,99	3 étoiles
Ariel	D	46,39	11,32	1,03	2 étoiles
Artisan Inlt Val	I	25,52	24,95	1,23	3 étoiles
Artisan Small Cap	D	16,92	15,67	1,18	3 étoiles
Baron Asset	D	50,67	16,77	1,31	5 étoiles
Brandywine	D	36,58	18,14	1,08	4 étoiles
Brown Cap Small	D	35,73	15,85	1,20	4 étoiles
Buffalo Mid Cap	D	15,29	17,25	1,02	3 étoiles
Delafield	D	24,32	17,77	1,32	4 étoiles
DFA U.S. Micro Cap	D	13,47	17,23	0,53	3 étoiles
Dodge & Cox Income	F	12,51	4,31	0,44	4 étoiles
Fairholme	D	31,86	18,23	1,00	5 étoiles
Fidelity Contrafund	D	73,11	17,99	0,89	5 étoiles
Fidelity Municipal Income	F	12,58	4,41	0,45	5 étoiles
Fidelity Overseas	I	48,39	23,46	0,90	4 étoiles
Fidelity Sel Electronics	D	45,60	13,50	0,89	3 étoiles
Fidelity Sh-Term Bond	F	8,60	2,76	0,45	3 étoiles
Fidelity	D	39,85	14,40	0,56	4 étoiles
FPA New Income	F	10,95	4,63	0,62	3 étoiles
Gabelli Asset AAA	D	49,81	16,70	1,36	4 étoiles
Greenspring	D	23,59	12,46	1,07	3 étoiles
Janus	D	32,26	12,81	0,90	3 étoiles
Janus Worlwide	I	54,83	12,31	0,86	2 étoiles
Kalmar Gr Val Sm Cp	D	15,30	15,31	1,32	3 étoiles
Managers Freemont Bond	F	10,56	5,14	0,60	5 étoiles
Marsico 21st Century	D	17,44	15,16	1,31	5 étoiles
Mathews Pacific Tiger	I	27,86	32,70	1,16	3 étoiles
Meridan Value	D	31,92	15,33	1,08	4 étoiles
Oakmark I	D	40,37	9,51	1,05	2 étoiles
PIMCO Emerg Mkts Bd D	F	10,68	13,57	1,25	3 étoiles
RS Value A	D	26,27	23,68	1,36	4 étoiles
T. Rowe Price Latin America	I	53,89	51,10	1,24	4 étoiles
T. Rowe Price Mid Val	D	22,46	16,91	0,80	4 étoiles
Templeton Growth A	I	24,07	15,91	1,01	3 étoiles
Thornburg Value A	D	37,53	15,46	1,27	4 étoiles

USAA Income	F	12,10	4,31	0,62	3 étoiles
Vanguard Equity-Inc	D	24,42	13,41	0,29	4 étoiles
Vanguard Global Equity	I	23,71	21,77	0,64	5 étoiles
Vanguard GNMA	F	10,37	4,25	0,21	5 étoiles
Vanguard Sht-Tm TE	F	15,68	2,37	0,16	3 étoiles
Vanguard Sm Cp Idx	D	32,58	17,01	0,23	3 étoiles
Wasatch Sm Cp Growth	D	35,41	13,98	1,19	4 étoiles

e) Quelles conclusions pouvez-vous tirer à propos du type de fonds et du rendement moyen au cours des 5 dernières années ?

35. En vous référant aux données du tableau 2.13,

a) Préparer une tabulation croisée des données sur le type de fonds (en ligne) et le ratio de dépenses (en colonne). Utiliser les classes 0,25-0,49, 0,50-0,74, 0,75-0,99, 1,00-1,24 et 1,25-1,49 pour le ratio des dépenses.

b) Construire la distribution de fréquence des données relatives au ratio des dépenses.

c) Quelles conclusions pouvez-vous tirer à propos du type de fonds et du ratio de dépenses ?

36. En vous référant aux données du tableau 2.13,

a) Construire un nuage de points des données sur le rendement annuel à cinq ans (%) sur l'axe horizontal et la valeur nette de l'action ($) sur l'axe vertical.

b) Commenter la relation, si elle existe, entre ces deux variables.

37. Le guide relatif aux économies de carburant du département américain à l'énergie fournit des données sur la consommation des voitures et camions (site internet « Fuel Economy », 22 février 2008). Une partie des données relatives à 311 voitures de différentes tailles (compactes, moyennes et grandes) est reprise dans le tableau 2.14. L'ensemble de données contient les variables suivantes :

- Taille : Compacte, Moyenne ou Grande
- Motorisation : Taille en litres
- Cylindrée : Nombre de cylindres dans le moteur
- Roues motrices : Avant (AV), Arrière (AR) ou 4 roues motrices (4)
- Type de carburant : Sans plomb (SP) ou Ordinaire (O)
- Consommation en ville : Consommation urbaine en nombre de miles par gallon
- Consommation sur autoroute : Consommation sur autoroute en miles par gallon

L'ensemble de données complet est contenu dans le fichier en ligne nommé Données Carburant 2008.

a) Préparer une tabulation croisée des données relatives à la taille (en ligne) et à la consommation sur autoroute (en colonne). Utiliser les classes 15-19, 20-24, 25-29, 30-34 et 35-39 pour la consommation sur autoroute.

b) Commenter la relation entre la taille et la consommation sur autoroute.

c) Préparer une tabulation croisée des données relatives au nombre de roues motrices (en ligne) et à la consommation en ville (en colonne). Utiliser les classes 5-9, 10-14, 15-19, 20-24, 25-29, 30-34 et 35-39 pour la consommation en ville.

Tableau 2.14 ***Données sur la consommation de carburant pour 311 voitures***

Voiture	Taille	Motorisation	Cylindrée	Roues motrices	Type de carburant	Consommation urbaine	Consommation sur autoroute
1	Compacte	3,1	6	4	SP	15	25
2	Compacte	3,1	6	4	SP	17	25
3	Compacte	3,0	6	4	SP	17	25
.	.	.	.	.	.	.	.
.	.	.	.	.	.	.	.
.	.	.	.	.	.	.	.
161	Moyenne	2,4	4	AV	0	22	30
162	Moyenne	2,0	4	AV	SP	19	29
.	.	.	.	.	.	.	.
.	.	.	.	.	.	.	.
.	.	.	.	.	.	.	.
310	Grande	3,0	6	AV	0	17	25
311	Grande	3,0	6	AV	0	18	25

Données carburant 2008

d) Commenter la relation entre le nombre de roues motrices et la consommation en ville.

e) Préparer une tabulation croisée des données relatives au type de carburant (en ligne) et à la consommation en ville (en colonne). Utiliser les classes 5-9, 10-14, 15-19, 20-24, 25-29, 30-34 et 35-39 pour la consommation en ville.

f) Commenter la relation entre le type de carburant et la consommation en ville.

38. Référez-vous à l'exercice 37 et aux données du fichier Données carburant 2008.

a) Préparer une tabulation croisée des données sur la motorisation (en ligne) et la consommation sur autoroute (en colonne). Utiliser les classes 1,0-2,9, 3,0-4,9 et 5,0-6,9 pour la motorisation. Utiliser les classes 15-19, 20-24, 25-29, 30-34 et 35-39 pour la consommation sur autoroute.

b) Commenter la relation, si elle existe, entre la motorisation et la consommation sur autoroute.

c) Construire un nuage de points des données relatives à la motorisation et à la consommation sur autoroute. Utiliser l'axe vertical pour représenter la consommation sur autoroute.

d) Qu'indique le nuage de points à propos de la relation, si elle existe, entre la motorisation et la consommation sur autoroute ?

e) Pour étudier la relation entre la motorisation et la consommation sur autoroute, vous avez développé un résumé sous forme de tableau des données (tabulation croisée) et un résumé graphique (nuage de points). Quelle approche préférez-vous ? Expliquer.

RÉSUMÉ

Un ensemble de données, aussi modeste soit sa taille, est souvent difficile à interpréter directement sous sa forme originelle. Des procédures graphiques et sous forme de tableaux permettent d'organiser et de résumer les données, de manière à révéler leur tendance et à les interpréter plus facilement. Les distributions de fréquence absolue, relative ou en pourcentage, les diagrammes en barres et les diagrammes circulaires sont des procédures graphiques et sous forme de tableaux permettant de résumer des données qualitatives. Quand il s'agit de données quantitatives, on peut utiliser les distributions de fréquence absolue, relative ou en pourcentage, les diagrammes de points, les histogrammes, les distributions de fréquence cumulées absolue, relative, en pourcentage et les ogives, ainsi qu'une technique d'analyse exploratoire des données, le diagramme « stem-and-leaf ». Pour résumer des données concernant deux variables, on peut effectuer une tabulation croisée. Le nuage de points est une méthode graphique illustrant la relation entre deux variables quantitatives. La figure 2.9 résume l'ensemble des méthodes graphiques et sous forme de tableaux présentées dans ce chapitre.

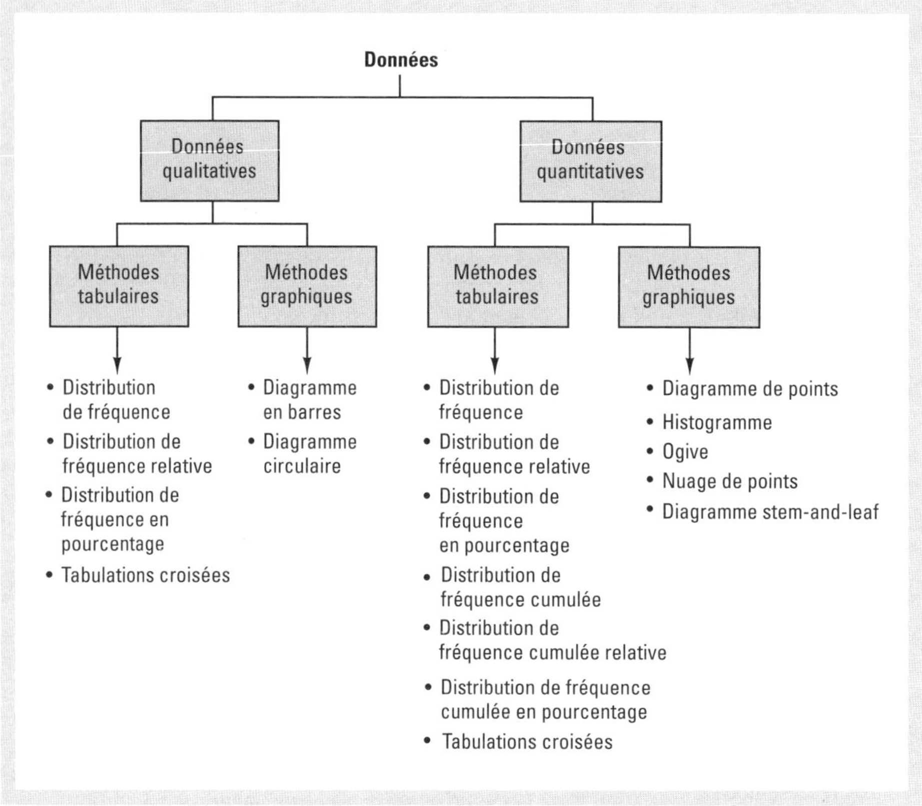

Figure 2.9 ***Méthodes graphiques et sous forme de tableaux pour résumer des données***

Avec de grands échantillons, les logiciels informatiques sont essentiels pour construire ces résumés graphiques et sous forme de tableaux. Dans les annexes de ce chapitre, nous montrons comment Minitab, Excel et StatTools peuvent être utilisés à cette fin.

GLOSSAIRE

Données qualitatives. Labels ou noms utilisés pour identifier les caractéristiques des observations.

Données quantitatives. Valeurs numériques qui indiquent des quantités.

Distribution de fréquence (absolue). Résumé des données sous forme d'un tableau, indiquant le nombre (la fréquence) des observations dans chacune des classes.

Distribution de fréquence relative. Résumé des données sous forme d'un tableau, indiquant la proportion des observations dans chacune des classes.

Distribution de fréquence en pourcentage. Résumé des données sous forme d'un tableau, indiquant le pourcentage des observations dans chacune des classes.

Diagramme en barres. Méthode graphique décrivant des données qualitatives résumées sous forme d'une distribution de fréquence absolue, relative ou en pourcentage.

Diagramme circulaire. Méthode graphique résumant des données, basée sur la subdivision d'un cercle en secteurs qui correspondent à la fréquence relative pour chaque classe.

Centre de classe. Point dans chaque classe qui est à égale distance des limites inférieure et supérieure de la classe.

Diagramme de points. Graphique qui résume des données par le nombre de points placés au-dessus de chaque valeur de l'ensemble des données représentée sur l'axe horizontal.

Histogramme. Présentation graphique d'une distribution de fréquence absolue, relative ou en pourcentage de données quantitatives, construite en plaçant les classes sur l'axe horizontal et les fréquences absolues, relatives ou en pourcentage sur l'axe vertical.

Distribution de fréquence cumulée (absolue). Résumé sous forme d'un tableau, de données quantitatives indiquant le nombre d'observations dont la valeur est inférieure ou égale à la limite supérieure de chaque classe.

Distribution de fréquence cumulée relative. Résumé sous forme d'un tableau, de données quantitatives indiquant la proportion des observations dont la valeur est inférieure ou égale à la limite supérieure de chaque classe.

Distribution de fréquence cumulée en pourcentage. Résumé sous forme d'un tableau, de données quantitatives indiquant le pourcentage d'observations dont la valeur est inférieure ou égale à la limite supérieure de chaque classe.

Ogive. Graphique d'une distribution cumulée.

Analyse exploratoire de données. Méthode qui utilise des calculs simples et des graphiques faciles à dessiner pour résumer des données rapidement.

Diagramme « stem-and-leaf ». Technique d'analyse exploratoire des données qui, simultanément, ordonne les données quantitatives et fournit des informations sur la forme de la distribution.

Tabulation croisée. Résumé sous forme d'un tableau pour deux variables. Les classes de l'une des variables sont notées en ligne ; les classes de l'autre variable sont notées en colonne.

PARADOXE DE SIMPSON. Conclusions tirées de deux ou plusieurs tabulations croisées séparément qui se révèlent en contradiction avec celles tirées lorsque les données sont agrégées en une seule tabulation croisée.

NUAGE DE POINTS. Illustration graphique de la relation entre deux variables quantitatives. Une variable est représentée sur l'axe horizontal, l'autre sur l'axe vertical.

TENDANCE. Droite qui fournit une approximation de la relation entre deux variables.

FORMULES CLÉ

Fréquence relative

$$\frac{\text{Fréquence d'une classe}}{n} \tag{2.1}$$

Largeur approximative d'une classe

$$\frac{\text{Valeur la plus élevée -Valeur la plus faible}}{\text{Nombre de classes}} \tag{2.2}$$

EXERCICES SUPPLÉMENTAIRES

39. L'institut de recherche des hautes études de l'Université de Los Angeles fournit des statistiques sur les matières principales les plus populaires parmi les nouveaux étudiants. Les cinq matières principales les plus populaires sont Arts et Lettres, Commerce, Ingénierie, Management et Sciences sociales (*The New York Times Almanac*, 2006). Un grand nombre d'autres matières (Autres), telles que la biologie, la physique, l'informatique, sont regroupées ensemble. Les matières principales sélectionnées par un échantillon de 64 nouveaux étudiants sont fournies ci-dessous (fichier en ligne Matière principale).

Matière principale

Sciences sociales	Management	Autre	Arts & Lettres	Commerce	Sciences sociales	Arts & Lettres	Autre
Management	Autre	Ingénierie	Autre	Arts & Lettres	Sciences sociales	Ingénierie	Ingénierie
Management	Autre	Ingénierie	Ingénierie	Sciences sociales	Autre	Commerce	Autre
Autre	Commerce	Commerce	Autre	Autre	Autre	Ingénierie	Commerce
Commerce	Autre	Sciences sociales	Ingénierie	Ingénierie	Ingénierie	Arts & Lettres	Commerce
Ingénierie	Autre	Autre	Autre	Arts & Lettres	Commerce	Arts & Lettres	Autre
Autre	Autre	Commerce	Commerce	Commerce	Autre	Management	Management
Ingénierie	Arts & Lettres	Autre	Management	Autre	Commerce	Autre	Commerce

a) Construire une distribution de fréquence et une distribution de fréquence en pourcentage.

b) Construire un diagramme en barres.

c) Quel est le pourcentage de nouveaux étudiants qui ont choisi l'une des cinq matières les plus populaires ?

d) Quelle est la matière la plus populaire parmi les nouveaux étudiants ? Quel pourcentage de nouveaux étudiants ont choisi cette matière ?

40. En 2008, General Motors détenait une part de marché de 23 % dans l'industrie automobile. Les ventes de General Motors proviennent de huit marques : Buick, Cadillac, Chevrolet, GMC, Hummer, Pontiac, Saab et Saturn (*Forbes*, 22 décembre 2008). L'ensemble de données relatif aux ventes de General Motors fournit les ventes d'un échantillon de 200 véhicules General Motors. La marque du véhicule est indiquée pour chaque vente (fichier en ligne Ventes GM).

a) Construire les distributions de fréquence absolue et en pourcentage des ventes par marque.

Ventes GM

b) Représenter la distribution de fréquence en pourcentage par un diagramme en barres.

c) Quelle était la marque leader en termes de vente chez General Motors ? Quel pourcentage dans les ventes cette marque représentait-elle ?

d) À cause de la récession de 2008, des prix élevés du pétrole et du déclin des ventes automobiles, General Motors fut au bord de la faillite en 2009. Les prédictions étaient que General Motors ne pourrait pas continuer à fabriquer huit marques. En vous basant sur les pourcentages de ventes, laquelle des huit marques semble le meilleur candidat pour une cession d'activité ? Laquelle des huit marques est le candidat le moins probable à une cession d'activité ?

41. Le rendement des dividendes correspond au dividende versé chaque année par une société, exprimé en pourcentage du prix de l'action (dividende divisé par prix de l'action multiplié par 100). Le rendement des dividendes des sociétés composant l'indice Dow Jones Industriel est fourni dans le tableau 2.15 (*The Wall Street Journal*, 8 juin 2009) et en ligne dans le fichier Rendement des dividendes.

a) Construire des distributions de fréquence absolue et en pourcentage.

b) Construire un histogramme.

c) Discuter de la forme de la distribution.

d) Que vous apprennent les résumés graphiques et sous forme de tableaux sur le rendement des dividendes des sociétés composant l'indice Dow Jones Industriel ?

e) Quelle société présente le rendement le plus élevé ? Si l'action de cette société est actuellement vendue à 20 dollars et que vous achetez 500 actions, quel dividende cet investissement génèrera-t-il en un an ?

42. Environ 1,5 million de lycéens passent le test d'aptitude scolaire chaque année et près de 80 % des grandes écoles et des universités dans lesquelles l'admission se fait sur dossier, utilisent les résultats à ce test pour décider d'admettre ou non les étudiants (Conseil d'admission, mars 2009). La version actuelle du test d'aptitude comprend trois parties :

Tableau 2.15 ***Rendement des dividendes des sociétés composant l'indice Dow Jones Industriel***

Rendement des dividendes

Société	Rendement des dividendes (%)	Société	Rendement des dividendes (%)
3M	3,6	IBM	2,1
Alcoa	1,3	Intel	3,4
American Express	2,9	Johnson & Johnson	3,6
AT&T	6,6	JPMorgan Chase	0,5
Bank of America	0,4	Kraft Foods	4,4
Boeing	3,8	McDonald's	3,4
Caterpillar	4,7	Merck	5,5
Chevron	3,9	Microsoft	2,5
Cisco Systems	0,0	Pfizer	4,2
Coca-Cola	3,3	Procter & Gamble	3,4
DuPont	5,8	Travelers	3,0
ExxonMobil	2,4	United Technologies	2,9
General Electric	9,2	Verizon	6,3
Hewlett-Packard	0,9	Wal-Mart	2,2
Home Depot	3,9	Walt Disney	1,5

lecture critique, mathématiques et rédaction. Un score parfait pour les trois parties correspond à 2 400 points. Un échantillon des résultats obtenus au test d'aptitude est présenté ci-dessous (fichier en ligne Résultats test d'aptitude).

Résultats test d'aptitude

1 665	1 525	1 355	1 645	1 780
1 275	2 135	1 280	1 060	1 585
1 650	1 560	1 150	1 485	1 990
1 590	1 880	1 420	1 755	1 375
1 490	1 560	940	1 390	1 175

a) Construire une distribution de fréquence et un histogramme pour ces données. Commencer la première classe avec un résultat de 800 et utiliser une largeur de classe de 200.

b) Discuter de la forme de la distribution.

c) Quelles autres observations peuvent être faites sur les résultats des tests à partir des résumés graphiques et sous forme de tableaux des données.

43. Les Steelers de Pittsburgh ont battu les Cardinals de l'État d'Arizona 27 à 23 lors du 43e Super Bowl. Avec cette victoire, sa sixième en championnat, l'équipe des Steelers de Pittsburg est devenue l'équipe la plus victorieuse dans l'histoire de ce championnat (*Tampa Tribune*, 2 février 2009). Le Super Bowl fut organisé dans huit États différents : Arizona (AZ), Californie (CA), Floride (FL), Géorgie (GA), Louisiane (LA),

Michigan (MI), Minnesota (MN) et Texas (TX). Les données présentées dans le tableau suivant indiquent l'État dans lequel les Super Bowl se sont déroulés et le différentiel de points entre l'équipe victorieuse et le perdant (fichier en ligne Super Bowl).

Super Bowl	État	Écart de points	Super Bowl	État	Écart de points	Super Bowl	État	Écart de points
1	CA	25	16	MI	5	31	LA	14
2	FL	19	17	CA	10	32	CA	7
3	FL	9	18	FL	19	33	FL	15
4	LA	16	19	CA	22	34	GA	7
5	FL	3	20	LA	36	35	FL	27
6	FL	21	21	CA	19	36	LA	3
7	CA	7	22	CA	32	37	CA	27
8	TX	17	23	FL	4	38	TX	3
9	LA	10	24	LA	45	39	FL	3
10	FL	4	25	FL	1	40	MI	11
11	CA	18	26	MN	13	41	FL	12
12	LA	17	27	CA	35	42	AZ	3
13	FL	4	28	GA	17	43	FL	4
14	CA	12	29	FL	23			
15	LA	17	30	AZ	10			

a) Construire une distribution de fréquence et un diagramme en barres pour les données sur l'État dans lequel le Super Bowl s'est déroulé.

b) Quelles conclusions pouvez-vous tirer de votre résumé à la question (a) ? Quel est le pourcentage de Super Bowls qui se sont déroulés en Floride ou en Californie ? Quel est le pourcentage de Super Bowls qui se sont déroulés dans les États du Nord ou les États plus froids ?

c) Construire un diagramme « stem-and-leaf » étendu pour l'écart de points entre l'équipe victorieuse et le perdant. Construire un historgramme.

d) Quelles conclusions pouvez-vous tirer de votre résumé à la question (c) ? Quel est le pourcentage de Super Bowls qui ont été remportés d'une courte victoire, avec un écart de points inférieur à 5 ? Quel est le pourcentage de Super Bowls remportés avec un écart de points supérieur ou égal à 20 ?

e) La victoire la plus courte fut remportée par les Giants de New York contre les Buffalo Bills. Où ce jeu s'est-il déroulé et quel fut l'écart de points ? L'écart de points le plus important dans l'histoire de ce championnat a été observé lorsque les 49e de San Francisco ont battu les Broncos de Denver. Où ce jeu s'est-il déroulé et quel fut l'écart de points ?

44. Des données issues du Bureau américain du recensement fournissent la population par État en millions de personnes (*The World Almanac*, 2006, fichier en ligne Population).

Population

État	Population	État	Population
Alabama	4,5	Montana	0,9
Alaska	0,7	Nebraska	1,7
Arizona	5,7	Nevada	2,3
Arkansas	2,8	New Hampshire	1,3
Californie	35,9	New Jersey	8,7
Colorado	4,6	Nouveau Mexique	1,9
Connecticut	3,5	New York	19,2
Delaware	0,8	Caroline du Nord	8,5
Floride	17,4	Dakota du Nord	0,6
Géorgie	8,8	Ohio	11,5
Hawaii	1,3	Oklahoma	3,5
Idaho	1,4	Oregon	3,6
Illinois	12,7	Pennsylvanie	12,4
Indiana	6,2	Rhode Island	1,1
Iowa	3,0	Caroline du Sud	4,2
Kansas	2,7	Dakota du Sud	0,8
Kentucky	4,1	Tennessee	5,9
Louisiane	4,5	Texas	22,5
Maine	1,3	Utah	2,4
Maryland	5,6	Vermont	0,6
Massachusetts	6,4	Virginie	7,5
Michigan	10,1	Washington	6,2
Minnesota	5,1	Virginie Occidentale	1,8
Mississippi	2,9	Wisconsin	5,5
Missouri	5,8	Wyoming	0,5

a) Construire des distributions de fréquence absolue et en pourcentage et un histogramme. Utiliser une largeur de classe de 2,5 millions.

b) Discuter de l'asymétrie de la distribution.

c) Quelles observations pouvez-vous faire sur la population des 50 États ?

45. *Drug Stores News* (septembre 2002) a fourni des données relatives aux ventes annuelles des principaux distributeurs en produits pharmaceutiques aux États-Unis. Les données suivantes correspondent aux ventes annuelles en millions de dollars.

Distributeurs	Ventes (millions $)	Distributeurs	Ventes (millions $)
Ahold USA	1 700	Medicine Shoppe	1 757
CVS	12 700	Rite-Aid	8 637
Eckerd	7 739	Safeway	2 150
Kmart	1 863	Walgreens	11 660
Kroger	3 400	Wal-Mart	7 250

a) Construire un diagramme stem-and-leaf.

b) Identifier le niveau des ventes annuelles pour le plus petit distributeur, le distributeur moyen et le plus grand.

c) Quels sont les deux plus grands distributeurs de médicaments ?

46. Les températures journalières minimales et maximales de 20 villes sont présentées ci-dessous (*USA Today*, 3 mars 2006 ; fichier en ligne Température).

Température

Ville	Maximale	Minimale	Ville	Maximale	Minimale
Albuquerque	66	39	Los Angeles	60	46
Atlanta	61	35	Miami	84	65
Baltimore	42	26	Minneapolis	30	11
Charlotte	60	29	Nouvelle Orléans	68	50
Cincinnati	41	21	Oklahoma City	62	40
Dallas	62	47	Phoenix	77	50
Denver	60	31	Portland	54	38
Houston	70	54	St. Louis	45	27
Indianapolis	42	22	San Francisco	55	43
Las Vegas	65	43	Seattle	52	36

a) Construire un diagramme stem-and-leaf pour les maximales.

b) Construire un diagramme stem-and-leaf pour les minimales.

c) Comparer les diagrammes stem-and-leaf des questions (a) et (b) et commenter les différences entre les minimales et les maximales journalières.

d) Construire les distributions de fréquence à la fois pour les minimales et les maximales.

47. Reprendre les données sur les températures minimales et maximales des 20 villes de l'exercice 46.

a) Dessiner un nuage de points pour illustrer la relation entre les deux variables, les minimales et les maximales.

b) Commenter cette relation.

48. Une des questions posées lors d'une enquête *Financial Times*/Harris était : « Êtes-vous favorable ou opposé à une taxe plus importante sur les voitures émettrices de CO2 ? » Les réponses possibles étaient Très favorable, Plutôt favorable, Plutôt opposé et Très opposé. La tabulation croisée suivante reprend les réponses de 5 372 adultes interrogés dans quatre pays d'Europe et aux États-Unis (site Internet de Harris Interactive, 27 février 2008).

	Pays					
Degré de soutien	**Grande Bretagne**	**Italie**	**Espagne**	**Allemagne**	**États-Unis**	**Total**
Très favorable	337	334	510	222	214	1 617
Plutôt favorable	370	408	355	411	327	1871
Plutôt opposé	250	188	155	267	275	1 135
Très opposé	130	115	89	211	204	749
Total	1 087	1 045	1 109	1 111	1 020	5 372

a) Construire une distribution de fréquence en pourcentage pour la variable représentant le degré de soutien. Pensez-vous que les résultats témoignent d'un soutien à la mise en place d'une taxe plus forte sur les voitures émettrices de CO2 ?

b) Construire une distribution de fréquence en pourcentage pour la variable représentant les pays.

c) Le degré de soutien parmi Européens apparaît-il différent du degré de soutien parmi les Américains ? Expliquer.

49. L'Université Western n'a plus qu'une place à attribuer dans l'équipe de softball féminine cette année. Les deux finalistes en lice sont Allison Fealey et Emily Janson. L'entraîneur a conclu que les qualités défensives et en termes de vitesse des deux joueuses étaient quasiment identiques et que la décision finale serait prise sur la base du meilleur score moyen de frappes. Les tabulations croisées des performances en termes de frappes de chaque joueuse durant leurs années de lycée, en tant que junior puis sénior, sont reprises ci-dessous.

	Allison Fealey	
Résultat	**Junior**	**Sénior**
Frappe	15	75
Pas de frappe	25	175
Total (tentatives de frappe)	40	250

	Emily Janson	
Résultat	**Junior**	**Sénior**
Frappe	70	35
Pas de frappe	130	85
Total (tentatives de frappe)	200	120

La moyenne de frappes d'un joueur est calculée en divisant le nombre de frappes d'un joueur par le nombre total de tentatives de frappes. Les moyennes sont exprimées par un nombre décimal arrondi à trois chiffres après la virgule.

a) Calculer la moyenne de frappes de chaque joueuse lors de ses années junior. Calculer ensuite la moyenne de frappes de chaque joueuse dans ses années sénior. Sur la base de cette analyse, quelle joueuse devrait être retenue ? Expliquer.

b) Combiner ou agréger les données des années en tant que junior et sénior dans une seule tabulation croisée.

	Joueuse	
Résultat	**Fealey**	**Janson**
Frappe		
Pas de frappe		
Total (tentatives de frappe)		

Calculer la moyenne de frappes de chaque joueuse pour les deux années combinées. Sur la base de cette analyse, quelle joueuse devrait être retenue ? Expliquer.

c) Les recommandations que vous avez faites en (a) et en (b) sont-elles cohérentes ? Expliquer les incohérences.

50. Une étude sur les immeubles de bureaux alimentés par la compagnie de gaz et d'électricité de Cincinnati cherchait à déterminer quel était le principal mode de chauffage utilisé et l'année de construction de l'immeuble. Une tabulation croisée partielle des résultats est présentée ci-dessous.

	Type de combustible				
Année de construction	**Électricité**	**Gaz naturel**	**Pétrole**	**Propane**	**Autre**
1973 ou avant	40	183	12	5	7
1974-1979	24	26	2	2	0
1980-1986	37	38	1	0	6
1987-1991	48	70	2	0	1

a) Compléter la tabulation croisée en indiquant le total des lignes et des colonnes.

b) Construire les distributions de fréquence pour l'année de construction et le type de combustible.

c) Calculer les pourcentages en colonne de la tabulation croisée.

d) Calculer les pourcentages en ligne de la tabulation croisée.

e) Commenter la relation entre l'année de construction et le type de combustible.

51. Le tableau 2.16 contient une partie du fichier de données en ligne intitulé Fortune. Il fournit la valeur des capitaux propres détenus par les actionnaires, la valeur de marché et les profits d'un échantillon de 50 sociétés appartenant au classement *Fortune* 500.

a) Préparer une tabulation croisée pour les variables Capitaux propres et Profit. Utiliser les classes de 0-200, 200-400, …, 1000-1200 pour les profits et les classes 0-1200, 1200-2400, …, 4800-6000 pour les capitaux propres.

b) Calculer les pourcentages en ligne de la tabulation croisée.

c) Quelle relation, si elle existe, notez-vous entre les profits et les capitaux propres ?

Tableau 2.16 ***Données pour un échantillon de 50 sociétés appartenant au classement Fortune 500***

Société	Capitaux propres (milliers de dollars)	Valeur de marché (milliers de dollars)	Profit (milliers de dollars)
AGCO	982,1	372,1	60,6
AMP	2698,0	12017,6	2,0
Apple Computer	1642,0	4605,0	309,0
Baxter International	2839,0	21743,0	315,0
Bergen Brunswick	629,1	2787,5	3,1
Best Buy	557,7	10376,5	94,5
Charles Schwab	1429,0	35340,6	348,5
…	…	…	…
Walgreen	2849,0	30324,7	511,0
Westvaco	2246,4	2225,6	132,0
Whirlpool	2001,0	3729,4	325,0
Xerox	5544,0	35603,7	395,0

52. En vous référant à l'ensemble de données du tableau 2.16,

a) Préparer une tabulation croisée pour les variables Valeur de marché et Profits.

b) Calculer les pourcentages en ligne de la tabulation croisée.

c) Commenter la relation, si elle existe, entre ces variables.

53. En vous référant à l'ensemble de données du tableau 2.16,

a) Représenter le nuage de points pour illustrer la relation entre les variables Profits et Capitaux propres.

b) Commenter la relation, si elle existe, entre ces variables.

54. En vous référant à l'ensemble de données du tableau 2.16,

a) Représenter le nuage de points pour illustrer la relation entre les variables Valeur de marché et Capitaux propres.

b) Commenter la relation, si elle existe, entre ces variables.

PROBLÈME 1 *Les magasins Pelican*

Les magasins Pelican, une marque de National Clothing, sont une chaîne de magasins de vêtements pour femmes implantée à travers les États-Unis. Le magasin a récemment lancé une campagne de promotion en envoyant des bons de réduction aux clients des autres magasins National Clothing. Le fichier en ligne intitulé Magasins Pelican contient les données d'un échantillon de 100 transactions par carte de crédit enregistrées au cours d'une journée dans les magasins Pelican alors que la campagne promotionnelle était en cours. Le tableau 2.17 reprend une partie du fichier. La méthode de paiement par carte de fidélité fait référence à des dépenses réglées en utilisant une carte National Clothing. Les clients qui font un achat en utilisant un bon de réduction sont référencés comme des clients occasionnels et les clients qui ont fait un achat mais n'ont pas utilisé un bon de réduction sont référencés comme des clients réguliers. Dans la mesure où les bons de réduction n'ont pas été envoyés aux clients réguliers des magasins Pelican, les responsables considèrent que les achats faits par les clients occasionnels n'auraient pas été réalisés en l'absence de bons de réduction. Bien sûr, les magasins Pelican espèrent que les clients occasionnels continueront à faire leurs achats dans leurs magasins. La plupart des variables présentées dans le tableau 2.17 sont explicites, mais deux variables nécessitent davantage d'explication.

Nombre d'articles : Nombre total d'articles achetés
Montant d'achat : Le montant total (en dollars) dépensés par carte de crédit

Les responsables des magasins Pelican souhaitent utiliser les données de cet échantillon pour mieux connaître leur base de clients et évaluer les politiques promotionnelles par bons de réduction.

Rapport

Utiliser les méthodes graphiques et sous forme de tableaux de statistiques descriptives pour définir le profil type des clients et évaluer l'impact de la campagne de promotion. Au minimum, votre rapport doit contenir :

Tableau 2.17 ***Données d'un échantillon de 100 achats réglés par carte de crédit dans les magasins Pelican***

Client	Type de client	Nombre d'articles	Montant d'achat	Moyen de paiement	Sexe	Statut marital	Âge
1	Régulier	1	39,50	Discover	Homme	Marié	32
2	Occasionnel	1	102,40	Carte de fidélité	Femme	Marié	36
3	Régulier	1	22,50	Carte de fidélité	Femme	Marié	32
4	Occasionnel	5	100,40	Carte de fidélité	Femme	Marié	28
5	Régulier	2	54,00	MasterCard	Femme	Marié	34
...	...	...	...	...	...	...	...
96	Régulier	1	39,50	MasterCard	Femme	Marié	44
97	Occasionnel	9	253,00	Carte de fidélité	Femme	Marié	30
98	Occasionnel	10	287,59	Carte de fidélité	Femme	Marié	52
99	Occasionnel	2	47,60	Carte de fidélité	Femme	Marié	30
100	Occasionnel	1	28,44	Carte de fidélité	Femme	Marié	44

Magasins Pelican

1. Les distributions de fréquence en pourcentage des variables clés.
2. Un diagramme en barres ou un diagramme circulaire illustrant le pourcentage des achats attribuables à chaque moyen de paiement.
3. Une tabulation croisée du type de client (régulier ou occasionnel) et des achats. Commenter toutes similitudes ou différences observées.
4. Un nuage de points pour illustrer la relation entre les achats et l'âge des clients.

PROBLÈME 2 *L'industrie cinématographique*

L'industrie cinématographique est un secteur concurrentiel. Plus de 50 studios produisent globalement 300 à 400 films par an, et le succès financier de chaque film varie considérablement. Les recettes (en millions de dollars) lors du premier week-end après la sortie du film en salle, les recettes globales (en millions de dollars), le nombre de cinémas projetant le film et le nombre de semaines au cours desquelles le film est classé dans le top 60 des ventes sont les variables généralement utilisées pour évaluer le succès d'un film. Les données collectées pour un échantillon de 100 films produits en 2005 sont regroupées dans le fichier en ligne intitulé Films. Le tableau 2.18 reprend les données pour les 10 premiers films de ce fichier.

Rapport

Utiliser les méthodes graphiques et sous forme de tableaux de statistiques descriptives pour déterminer comment ces variables contribuent au succès d'un film. Inclure les éléments suivants dans votre rapport.

1. Des résumés graphiques et sous forme de tableaux de chacune des quatre variables, accompagnés d'une discussion sur ce que nous apprend chaque résumé sur l'industrie cinématographique.

Tableau 2.18 ***Données de performance pour 10 films***

Film	Recettes première semaine	Recettes totales	Nombre de cinémas projetant le film	Nombre de semaines dans le top 60
Coach Carter	29,17	67,25	2 574	16
Ladies in Lavender	0,15	6,65	119	22
Batman Begins	48,75	205,28	3 858	18
Unleashed	10,90	24,47	1 962	8
Pretty Persuasion	0,06	0,23	24	4
Fever Pitch	12,40	42,01	3 275	14
Harry Potter and the Goblet of Fire	102,69	287,18	3 858	13
Monster-in-Law	23,11	82,89	3 424	16
White Noise	24,11	55,85	2 279	7
Mr. and Mrs. Smith	50,34	186,22	3 451	21

2. Un nuage de points pour explorer la relation entre les recettes globales et les recettes réalisées lors du premier week-end de sortie en salle. Discuter.
3. Un nuage de points pour explorer la relation entre les recettes globales et le nombre de cinémas diffusant le film. Discuter.
4. Un nuage de points pour explorer la relation entre les recettes globales et le nombre de semaines dans le top 60. Discuter.

ANNEXE 2.1 UTILISER MINITAB POUR CONSTRUIRE DES PRÉSENTATIONS GRAPHIQUES ET SOUS FORME DE TABLEAUX

Minitab offre de nombreuses possibilités pour résumer des données sous forme de graphiques et de tableaux. Dans cette annexe, nous décrirons les étapes nécessaires à l'utilisation de Minitab pour créer un diagramme de points, un histogramme, un diagramme « stem-and-leaf » et un nuage de points.

A2.1.1 Diagramme de points

Nous utilisons les données sur la durée des audits, regroupées dans le tableau 2.4 (fichier en ligne Audit). Les données sur la durée des audits sont enregistrées dans la colonne C1 d'une feuille de calcul Minitab. Les étapes suivantes permettent de créer un diagramme de points.

Étape 1. Sélectionner le menu **Graph** et sélectionner **Dotplot**
Étape 2. Sélectionner **One Y, Simple** et cliquer sur **OK**
Étape 3. Quand la boîte de dialogue Dotplot-One Y, Simple apparaît :
Entrer C1 dans la boîte **Graph Variables**
Sélectionner **OK**

A2.1.2 Histogramme

Nous montrons les étapes de construction d'un histogramme, représentant les fréquences sur l'axe vertical, en utilisant les données sur la durée des audits du tableau 2.4 (fichier en ligne Audit). Les données figurent dans la colonne C1 d'une feuille de calcul Minitab. Pour obtenir un histogramme des données sur la durée des audits, les étapes suivantes sont nécessaires.

Étape 1. Sélectionner le menu **Graph**
Étape 2. Sélectionner **Histogram**
Étape 3. Quand la boîte de dialogue Histogram apparaît :
Sélectionner **Simple**
Étape 4. Quand la boîte de dialogue Histogram-Simple apparaît :
Entrer C1 dans la boîte **Graph variables**
Cliquer sur **OK**
Étape 5. Quand la boîte de dialogue Histogram apparaît :
Positionner la souris sur l'une des barres
Double-cliquer
Étape 6. Quand la boîte de dialogue Edit Bars apparaît :
Cliquer sur **Binning**
Sélectionner **Midpoint** sous **Interval Type**
Sélectionner **Midpoint/cutpoint positions** sous **Interval Definition**
Entrer 10:35/5 dans la boîte[2]
Cliquer sur **OK**

Notez que Minitab permet également de dimensionner l'axe des abscisses de façon à faire apparaître les valeurs numériques au centre des rectangles de l'histogramme. Si vous souhaitez obtenir cette fonction, modifiez l'étape 6 en y incluant la commande suivante : Sélectionner **Midpoint** pour le type d'intervalle et entrer 12:32/5 dans la boîte **Midpoint/ Cutpoint positions**. Ces étapes fournissent le même histogramme avec les centres des rectangles de l'histogramme nommés 12, 17, 22, 27 et 32.

A2.1.3 Diagramme « stem-and-leaf »

Nous utilisons les données relatives au test d'aptitude du tableau 2.8 pour illustrer la construction d'un diagramme « stem-and-leaf » (fichier en ligne Test d'aptitude). Les

[2] Les étapes 5 et 6 sont optionnelles mais sont mentionnées ici pour montrer à l'utilisateur les possibilités offertes par Minitab pour construire l'histogramme. L'entrée 10:35/5 dans l'étape 6 indique que 10 est la valeur de départ pour la construction de l'histogramme, 35 est la valeur finale de l'histogramme et 5 correspond à la largeur de la classe.

données figurent dans la colonne C1 d'une feuille de calcul Minitab. Les étapes suivantes génèrent le diagramme représenté dans la section 2.3.

Étape 1. Sélectionner le menu **Graph**
Étape 2. Sélectionner **Stem-and-leaf**
Étape 3. Quand la boîte de dialogue Stem-and-leaf apparaît :
    Entrer C1 dans la boîte **Graph Variables**
    Cliquer sur **OK**

A2.1.4 Nuage de points

Nous utilisons les données relatives au magasin d'équipement hi-fi du tableau 2.12 pour illustrer la construction d'un nuage de points (fichier en ligne Hi-fi). Les semaines sont numérotées de 1 à 10 dans la colonne C1, le nombre de spots publicitaires figure dans la colonne C2, et les données sur les ventes dans la colonne C3 d'une feuille de calcul Minitab. Les étapes suivantes génèrent le nuage de points de la figure 2.7.

Étape 1. Sélectionner le menu **Graph**
Étape 2. Sélectionner **Scatterplot**
Étape 3. Sélectionner **Simple** et cliquer sur **OK**
Étape 4. Lorsque la boîte de dialogue Scatterplot-Simple apparaît :
    Entrer C3 sous **Y variables** et C2 sous **X variables**
    Cliquer sur **OK**

A2.1.5 Tabulation croisée

Nous utilisons les données sur les restaurants de Zagat, dont une partie figure dans le tableau 2.9 (fichier en ligne Restaurant). Les restaurants sont numérotés de 1 à 300 dans la colonne C1 d'une feuille de calcul Minitab. La colonne C2 contient les données relatives au niveau de qualité (bon, très bon et excellent) et la colonne C3 le prix du repas.

Minitab ne peut créer une tabulation croisée que pour des variables qualitatives. Or, le prix des repas est une variable quantitative. Il nous faut donc coder les données relatives aux prix des repas en spécifiant à quelle catégorie ils appartiennent. Les étapes suivantes permettent de coder les données sur les prix en créant quatre catégories de prix dans la colonne C4 : 10-19$, 20-29$, 30-39$ et 40-49$.

Étape 1. Sélectionner le menu **Data**
Étape 2. Sélectionner **Code**
Étape 3. Sélectionner **Numeric to Text**
Étape 4. Quand la boîte de dialogue Code – Numeric to Text apparaît :
    Entrer C3 dans la boîte **Code data from columns**
    Entrer C4 dans la boîte **Store coded data in columns**
    Entrer 10:19 dans la première boîte **Original values** et 10-19$ dans la boîte adjacente **New**
    Entrer 20:29 dans la seconde boîte **Original** values et 20-29$ dans la boîte adjacente **New**

Entrer 30:39 dans la troisième boîte **Original values** et 30-39$ dans la boîte adjacente **New**
Entrer 40:49 dans la quatrième boîte **Original** values et 40-49$ dans la boîte adjacente **New**
Cliquer sur **OK**

Pour chaque prix de la colonne C3, apparaît dans la colonne C4 la catégorie à laquelle ce prix est associé. On peut maintenant effectuer la tabulation croisée pour le niveau de qualité et le prix du repas en utilisant les données des colonnes C2 et C4. Les étapes suivantes permettent de créer une tabulation croisée similaire à celle fournie dans le tableau 2.10.

Étape 1. Sélectionner le menu **Stat**
Étape 2. Sélectionner **Tables**
Étape 3. Sélectionner **Cross Tabulation** et **Chi-Square**
Étape 4. Quand la boîte de dialogue apparaît :
Entrer C2 dans la boîte **For rows** et C4 dans la boîte **For columns**
Sélectionner **Counts** sous **Display**
Cliquer sur **OK**

ANNEXE 2.2 UTILISER EXCEL POUR CONSTRUIRE DES PRÉSENTATIONS GRAPHIQUES ET SOUS FORME DE TABLEAUX

Excel offre de nombreuses possibilités pour résumer des données sous forme de graphiques et de tableaux. Dans cette annexe, nous montrons comment utiliser Excel pour construire une distribution de fréquence, un diagramme en barres, un diagramme circulaire, un histogramme, un nuage de points et une tabulation croisée. Nous utiliserons trois des outils les plus performants d'Excel en matière d'analyse des données : la création de graphiques et la création de rapports à partir des fonctions Pivot Chart et PivotTable.

A2.2.1 Distribution de fréquence et diagramme en barres pour des données qualitatives

Dans cette section, nous montrons comment utiliser Excel pour construire une distribution de fréquence et un diagramme en barres pour des données qualitatives. Nous illustrons ces démonstrations en utilisant les données sur les achats de boisson non-alcoolisée du tableau 2.1.

Les distributions de fréquence – Nous montrons comment utiliser la fonction COUNTIF pour construire la distribution de fréquence des données sur les achats de boisson non-alcoolisée du tableau 2.1. Vous pouvez vous référer à la figure 2.10 pour suivre les manipulations que nous décrivons. La feuille de calcul (montrant les fonctions et les formules utilisées) apparaît en arrière-plan, et la feuille de résultats (montrant les résultats obtenus en utilisant les fonctions et les formules) au premier-plan.

Boissons non alcoolisées

L'en-tête « Marque achetée » et les données relatives aux 50 achats de boisson non-alcoolisée figurent dans les cellules A1:A51 (fichier en ligne Boissons non alcoolisées). Nous avons également entré les en-têtes « Boisson non-alcoolisée » et « Fréquence » dans les cellules C1:D1 et les noms des boissons non-alcoolisées dans les cellules C2:C6. La fonction Excel COUNTIF peut être utilisée pour comptabiliser le nombre de fois où chaque boisson apparaît dans les cellules A2:A51. Les étapes suivantes sont nécessaires.

Étape 1. Sélectionner la cellule D2
Étape 2. Entrer =COUNTIF($A$2:$A$51,C2)
Étape 3. Copier la cellule D2 vers les cellules D3:D6

	A	B	C	D
1	**Marque achetée**		**Boisson non alcoolisée**	**Fréquence**
2	Coca-Cola		Coca-Cola	=COUNTIF($A$2:$A$51,C2)
3	Coca light		Coke light	=COUNTIF($A$2:$A$51,C3)
4	Pepsi		Dr Pepper	=COUNTIF($A$2:$A$51,C4)
5	Coca light		Pepsi	=COUNTIF($A$2:$A$51,C5)
6	Coca-Cola		Sprite	=COUNTIF($A$2:$A$51,C6)
7	Coca-Cola			
8	Dr Pepper			
9	Coca light			
10	Pepsi			
45	Pepsi			
46	Pepsi			
47	Pepsi			
48	Coca-Cola			
49	Dr Pepper			
50	Pepsi			
51	Sprite			

	A	B	C	D
1	**Marque achetée**		**Boisson non alcoolisée**	**Fréquence**
2	Coca-Cola		Coca-Cola	19
3	Coke light		Coke light	8
4	Pepsi		Dr Pepper	5
5	Coca light		Pepsi	13
6	Coca-Cola		Sprite	5
7	Coca-Cola			
8	Dr Pepper			
9	Coca light			
10	Pepsi			
45	Pepsi			
46	Pepsi			
47	Pepsi			
48	Coca-Cola			
49	Dr Pepper			
50	Pepsi			
51	Sprite			

Figure 2.10 ***Distribution de fréquence pour les achats de boisson non alcoolisée construite en utilisant la fonction COUNTIF d'Excel***

Remarque : Les lignes 11 à 44 sont masquées.

La feuille de calcul de la figure 2.10 décrit les formules de calcul permettant d'exécuter ces étapes. La feuille de résultats fournit les valeurs calculées en utilisant ces formules. On retrouve la même distribution de fréquence que celle présentée dans le tableau 2.2.

Diagramme en barres – Ici nous montrons comment les possibilités graphiques d'Excel peuvent être utilisées pour construire un diagramme en barres pour les données sur les boissons non alcoolisées. Référez-vous à la distribution de fréquence fournie dans la feuille de résultats de la figure 2.10. Le diagramme en barres que nous construisons est une extension de cette feuille de calcul. Se référer à la figure 2.11 pour suivre les démarches. Les étapes à suivre sont les suivantes.

Boissons non alcoolisées

Étape 1. Sélectionner les cellules C2:D6

Étape 2. Cliquer sur le bouton **Insert**

Étape 3. Dans le groupe **Charts**, cliquer sur **Column**

Étape 4. Quand la liste des types de graphiques apparaît :
- Aller à la section **2-D Column**
- Cliquer sur **Clustered Column**

Étape 5. Dans le groupe **Chart Layouts**, cliquer sur le bouton **More** pour faire apparaître toutes les options

Étape 6. Choisir **Layout 9**

Étape 7. Sélectionner **Chart Title** et le remplacer par Diagramme en barres des achats de boisson non alcoolisée

Étape 8. Sélectionner **Horizontal (Category) Axis Title** et le remplacer par Boisson non alcoolisée

Étape 9. Sélectionner **Vertical (Value) Axis Title** et le remplacer par Fréquence

Étape 10. Cliquer-droit sur la légende **(Series 1)**
- Sélectionner **Delete**

Étape 11. Cliquer-droit sur l'axe vertical
- Sélectionner **Format Axis**

Étape 12. Lorsque la boîte de dialogue Format Axis apparaît :
- Aller à la section **Axis Options**
- Sélectionner **Fixed** pour **Major Unit** et entrer 5,0 dans la boîte correspondante
- Cliquer sur **Close**

Le diagramme en barres qui en résulte est présenté à la figure 2.11[3].

Excel peut produire un diagramme circulaire pour les données sur les boissons non alcoolisées de façon similaire. La principale différence est qu'à l'étape 3 il convient de cliquer sur **Pie** dans le groupe des graphiques. Plusieurs styles de diagrammes circulaires sont disponibles.

---

[3] La taille du diagramme en barres de la figure 2.11 peut être modifiée. Cette manœuvre n'est pas compliquée. Tout d'abord, sélectionner le graphique. Des petits carrés apparaissent sur les bordures du graphique. Cliquer sur ces carrés et les déplacer pour redimensionner le graphique à votre convenance.

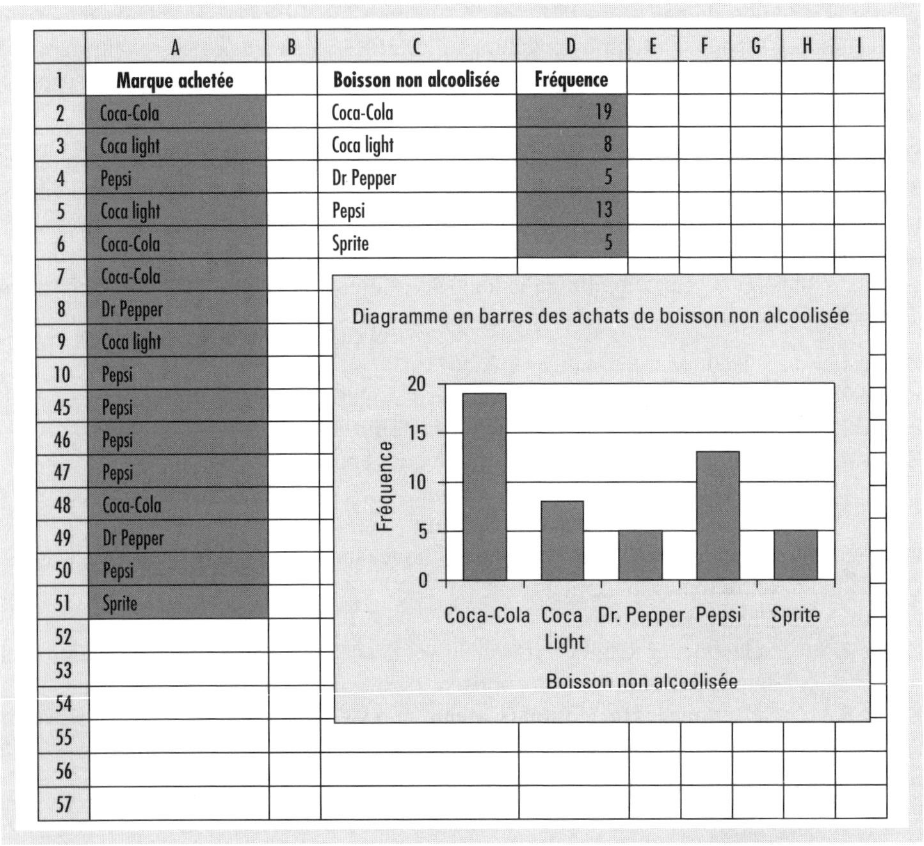

	A	B	C	D	E	F	G	H	I
1	Marque achetée		Boisson non alcoolisée	Fréquence					
2	Coca-Cola		Coca-Cola	19					
3	Coca light		Coca light	8					
4	Pepsi		Dr Pepper	5					
5	Coca light		Pepsi	13					
6	Coca-Cola		Sprite	5					
7	Coca-Cola								
8	Dr Pepper								
9	Coca light								
10	Pepsi								
45	Pepsi								
46	Pepsi								
47	Pepsi								
48	Coca-Cola								
49	Dr Pepper								
50	Pepsi								
51	Sprite								
52									
53									
54									
55									
56									
57									

Figure 2.11 ***Diagramme en barres des achats de boisson non alcoolisée construit en utilisant Excel***

A2.2.2 Distribution de fréquence et histogramme pour des données quantitatives

> Dans une section ultérieure de cette annexe, nous décrirons comment utiliser le rapport PivotTable d'Excel pour effectuer une tabulation croisée.

Le rapport PivotTable d'Excel est un outil interactif qui vous permet de résumer rapidement des données de nombreuses façons, y compris en construisant une distribution de fréquence pour des données quantitatives. Une fois une distribution de fréquence construite en utilisant le rapport PivotTable, les outils graphiques d'Excel peuvent être utilisés pour construire l'histogramme correspondant. Mais, en utilisant le rapport PivotChart d'Excel, nous pouvons construire une distribution de fréquence et un histogramme simultanément. Nous illustrerons cette procédure en utilisant les données sur la durée des audits du tableau 2.4 (fichier en ligne Audit). Le nom « Durée de l'audit » et les 20 valeurs sont enregistrés dans les cellules A1:A21 d'une feuille de calcul Excel. Les étapes suivantes décrivent comment utiliser le rapport PivotChart d'Excel pour construire une distribution de fréquence et un histogramme pour les données sur les durées d'audit. Vous pouvez vous référer à la figure 2.12 pour suivre les étapes de la procédure.

Étape 1. Cliquer sur le bouton **Insert** dans la barre des tâches

Étape 2. Dans le groupe **Tables**, cliquer sur le mot **PivotTable**

Étape 3. Choisir **PivotChart** dans les options qui apparaissent

Étape 4. Lorsque la boîte de dialogue Create PivotTable with PivotChart apparaît :

Choisir **Select a table or range**

Entrer A1:A21 dans la boîte **Table/Range**

Choisir **Existing Worksheet** comme emplacement pour PivotTable et PivotChart

Entrer C1 dans la boîte **Location**

Cliquer sur **OK**

	A	B	C	D	E	F	G
1	Durée de l'audit		Nom des lignes	Nombre d'occurrences des durées			
2	12		10-14	4			
3	15		15-19	8			
4	20		20-24	5			
5	22		25-29	2			
6	14		30-34	1			
7	14		Total général	20			
8	15						
9	27						
10	21						
11	18						
12	19						
13	18						
14	22						
15	33						
16	16						
17	18						
18	17						
19	23						
20	28						
21	13						
22							

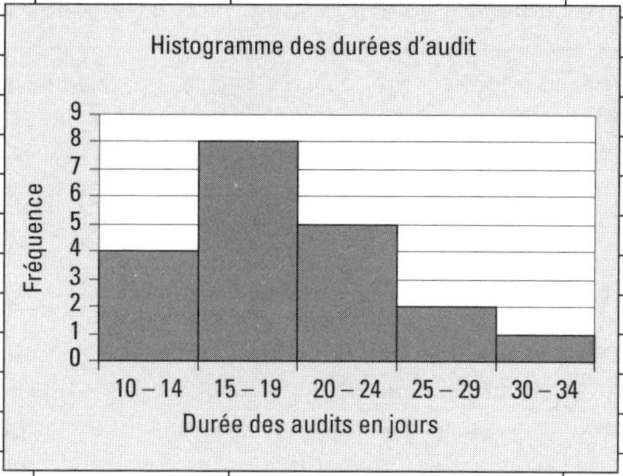

Figure 2.12 *Utilisation du rapport PivotChart d'Excel pour construire une distribution de fréquence et un histogramme pour les données sur la durée des audits*

Étape 5. Dans le champ **PivotTable Field List**, aller à **Choose Fields to add to report**
Déplacer le champ **Audit Time** vers **Axis Fields (Categories)**
Déplacer le champ **Audit Time** vers **Values**

Étape 6. Cliquer sur **Sum of Audit Time** dans **Values**

Étape 7. Cliquer sur **Value Field Settings** dans la liste d'options qui apparaît

Étape 8. Lorsque la boîte de dialogue Value Field Settings
Sous **Summarize value field by**, choisir **Count**
Cliquer sur **OK**

Étape 9. Fermer **PivotTable Field List**

Étape 10. Cliquer-droit sur la cellule C2 dans le rapport PivotTable ou sur une autre cellule contenant une durée d'audit

Étape 11. Choisir **Group** dans la liste d'options qui apparaît

Étape 12. Lorsque la boîte de dialogue Grouping apparaît :
Entrer 10 dans la boîte **Starting at**
Entrer 34 dans la boîte **Ending at**
Cliquer sur **OK** (un PivotChart apparaît)

Étape 13. Cliquer sur le PivotChart

Étape 14. Cliquer sur le bouton **Design** dans la barre des tâches

Étape 15. Dans le groupe **Chart Layouts**, cliquer sur le bouton **More** (la flèche pointant vers le bas avec une barre située au-dessus) pour faire apparaître toutes les options

Étape 16. Choisir **Layout 8**

Étape 17. Sélectionner **Chart Title** et le remplacer par **Histogramme des durées d'audit**

Étape 18. Sélectionner **Horizontal (Category) Axis Title** et le remplacer par **Durée des audits en jour**

Étape 19. Sélectionner **Vertical (Value) Axis Title** et le remplacer par **Fréquence**

> Le rapport PivotChart contient un bouton « champ des valeurs » dans le coin supérieur droit du graphique et un bouton « champ de l'axe » dans le coin inférieur gauche. Pour supprimer au moins un de ces boutons, cliquer-droit sur le bouton et sélectionner l'option supprimer ce bouton ou tous les champs indiqués sur le graphique.

A2.2.3 Tabulations croisées

Le rapport PivotTable d'Excel est un excellent moyen de résumer les données de deux ou plusieurs variables simultanément. Nous illustrons son utilisation en montrant comment effectuer une tabulation croisée du rapport qualité/prix des repas à partir des données sur 300 restaurants de Los Angeles. Nous utilisons les données contenues dans le fichier intitulé Restaurants ; les en-têtes « Restaurant », « Niveau de qualité » et « Prix du repas ($) » sont inscrits dans les cellules A1:C1 d'une feuille de calcul comme indiqué sur la figure 2.13. Les données de chacun des 300 restaurants sont enregistrées dans les cellules B2:C301.

Afin d'utiliser la fonction PivotTable pour créer une tabulation croisée, nous devons effectuer trois tâches : décrire le rapport PivotTable initial ; créer la liste des champs du rapport PivotTable puis finaliser le rapport. Ces tâches sont décrites ci-dessous.

	A	B	C	D
1	**Restaurant**	**Niveau de qualité**	**Prix du repas (en dollars)**	
2	1	bon	18	
3	2	très bon	22	
4	3	bon	28	
5	4	excellent	38	
6	5	très bon	33	
7	6	bon	28	
8	7	très bon	19	
9	8	très bon	11	
10	9	très bon	23	
11	10	bon	13	
292	291	très bon	23	
293	292	très bon	24	
294	293	excellent	45	
295	294	bon	14	
296	295	bon	18	
297	296	bon	17	
298	297	bon	16	
299	298	bon	15	
300	299	très bon	38	
301	300	très bon	31	
302				

Figure 2.13 ***Feuille de calcul Excel contenant les données sur les restaurants***

Remarque : Les lignes 12 à 291 sont masquées.

Créer la feuille de calcul initiale – Les étapes suivantes sont nécessaires à la création d'une feuille de calcul contenant le rapport initial PivotTable et la liste de champ PivotTable.

Étape 1. Cliquer sur **Insert** dans la barre des tâches

Étape 2. Dans le groupe **Tables**, cliquer sur l'icône au-dessus du mot **PivotTable**

Étape 3. Quand la boîte de dialogue Create PivotTable apparaît :

Choisir **Select a table or range**

Entrer A1:C301 dans la boîte **Table/Range**

Sélectionner **New Worksheet** comme emplacement du rapport PivotTable

Cliquer sur **OK**

Le rapport initial PivotTable et la liste des champs PivotTable qui en résultent sont représentés dans la figure 2.14.

Créer la liste des champs PivotTable – Chaque colonne de la figure 2.13 (Restaurant, Niveau de qualité et Prix du repas) est considérée comme un champ par Excel.

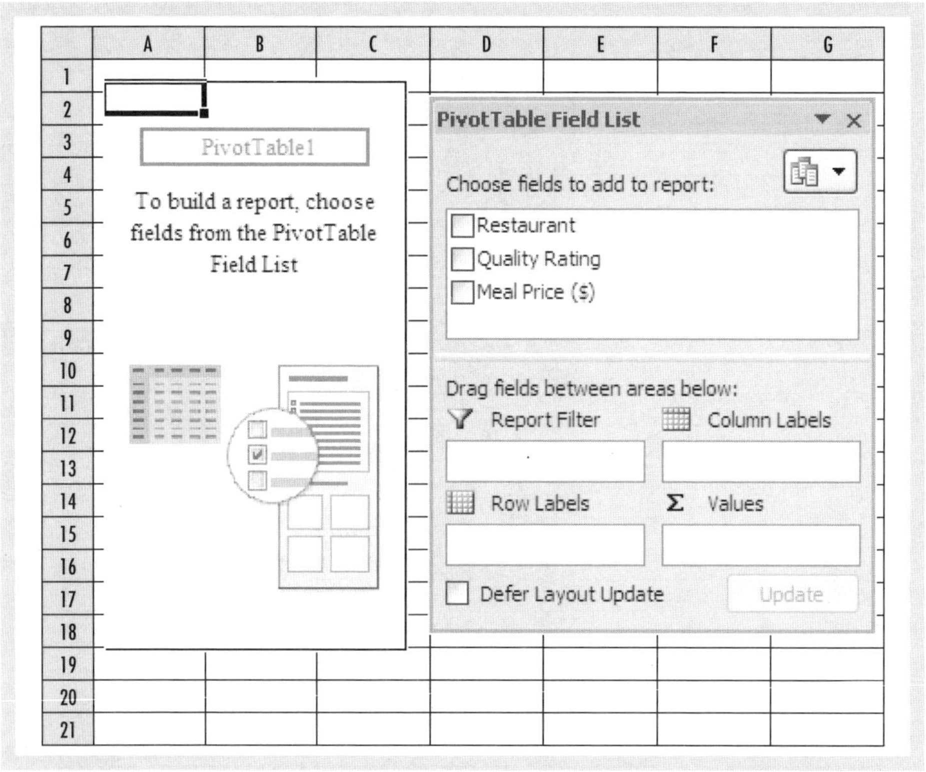

Figure 2.14 ***Rapport PivotTable initial et liste des champs PivotTable pour les données sur les restaurants***

Les champs peuvent représenter des lignes, des colonnes ou des valeurs dans le corps du rapport PivotTable. Les étapes suivantes montrent comment utiliser la fonction Excel PivotTable Field List pour assigner le champ Niveau de qualité aux lignes, le champ Prix des repas (en dollars) aux colonnes et le champ Restaurant aux valeurs du rapport PivotTable.

Étape 1. Dans la liste des champs PivotTable, aller à **Choose Fields to add to report**
- Faire glisser le bouton **Niveau de qualité** dans la section **Row** du diagramme
- Faire glisser le bouton **Prix du repas** dans la section **Column** du diagramme
- Faire glisser le bouton **Restaurant** dans la section **Values** du diagramme

Étape 2. Cliquer sur le bouton **Somme des Restaurants** dans la section **Values** du diagramme

Étape 3. Cliquer sur **Value Field Settings** dans la liste d'options qui apparaît

Étape 4. Lorsque la boîte de dialogue apparaît :
- Sous **Summarize value field by**, choisir **Count**
- Cliquer sur **OK**

La figure 2.15 montre la liste des champs PivotTable complétée et une partie du rapport PivotTable tel qu'il apparaît désormais.

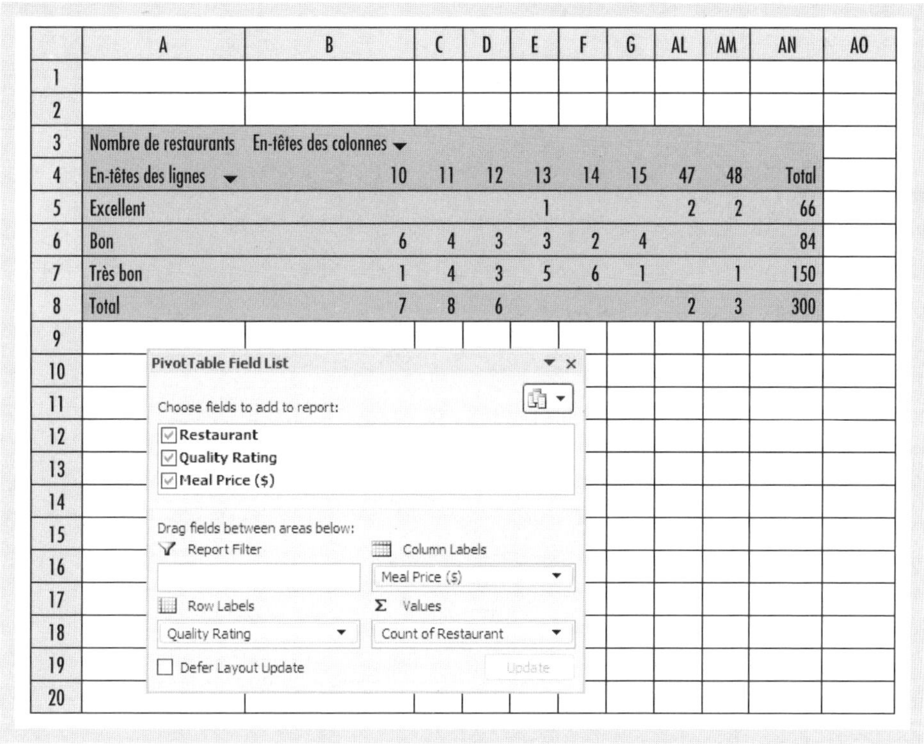

Figure 2.15 ***Liste des champs PivotTable complétée et une partie du rapport PivotTable pour les données sur les restaurants***

Remarque : Les colonnes E à AK ont été masquées.

Finaliser le rapport PivotTable Pour compléter le rapport PivotTable nous devons regrouper les colonnes représentant les prix des repas et placer les en-têtes en ligne pour le niveau de qualité dans le bon ordre. Les étapes suivantes permettent de réaliser cela.

Étape 1. Cliquer-droit sur la cellule B4 ou sur une autre cellule contenant les prix des repas

Étape 2. Sélectionner **Group** dans la liste d'options qui apparaît

Étape 3. Lorsque la boîte de dialogue apparaît :

- Entrer 10 dans la boîte **Starting at**
- Entrer 49 dans la boîte **Ending at**
- Entrer 10 dans la boîte **By**
- Cliquer sur **OK**

Étape 4. Cliquer-droit sur **Excellent** dans la cellule A5

Étape 5. Choisir **Move** et cliquer sur **Move « Excellent » to End**

Le rapport PivotTable final apparaît dans la figure 2.16. Notez qu'il fournit la même information que la tabulation croisée présentée dans le tableau 2.10.

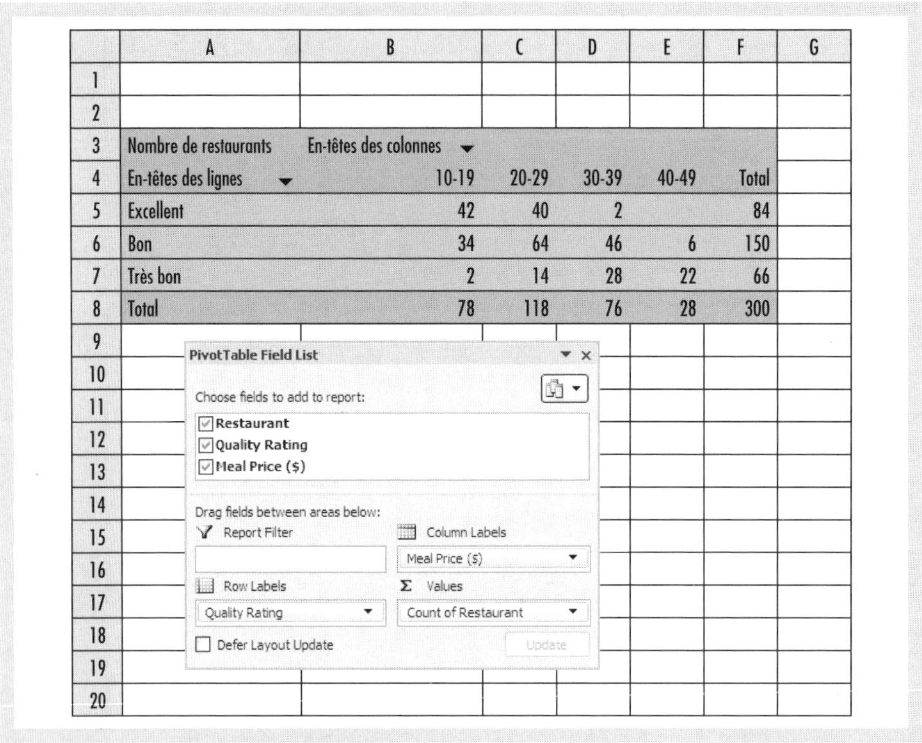

	A	B	C	D	E	F	G
1							
2							
3	Nombre de restaurants	En-têtes des colonnes					
4	En-têtes des lignes	10-19	20-29	30-39	40-49	Total	
5	Excellent	42	40	2		84	
6	Bon	34	64	46	6	150	
7	Très bon	2	14	28	22	66	
8	Total	78	118	76	28	300	

Figure 2.16 ***Rapport PivotTable final***

A2.2.4 Nuage de points

Hi-fi

Nous pouvons utiliser les outils graphiques d'Excel pour construire un nuage de points et une droite de tendance pour les données relatives au magasin d'équipement hi-fi du tableau 2.12. Se référer aux figures 2.17 et 2.18 pour suivre la démarche. Nous utilisons les données du fichier intitulé Hi-fi ; les en-têtes Semaine, Nombre de Spots publicitaires et Volume des ventes sont entrés dans les cellules A1:C1 d'une feuille de calcul. Les données pour chacune des 10 semaines sont enregistrées dans les cellules B2:C11. Les étapes suivantes décrivent comment utiliser les outils graphiques d'Excel pour créer un nuage de points pour ces données.

Étape 1. Sélectionner les cellules B2:C11
Étape 2. Cliquer sur **Insertion** dans la barre des tâches
Étape 3. Dans le groupe **Charts**, cliquer sur **Scatter**
Étape 4. Lorsque la liste des différents nuages de points apparaît :
Cliquer sur **Scatter with only Markers**
Étape 5. Dans le groupe **Chart Layouts**, cliquer sur **Layout 1**
Étape 6. Sélectionner **Chart Title** et remplacer le par Nuage de points pour le magasin de hi-fi

	A	B	C	D	E	F	G	H
1	**Semaine**	**Nombre de spots publicitaires**	**Volume des ventes**					
2	1	2	50					
3	2	5	57					
4	3	1	41					
5	4	3	54					
6	5	4	54					
7	6	1						
8	7	5						
9	8	3						
10	9	4						
11	10	2						
12								
13								
14								
15								
16								
17								
18								
19								
20								
21								

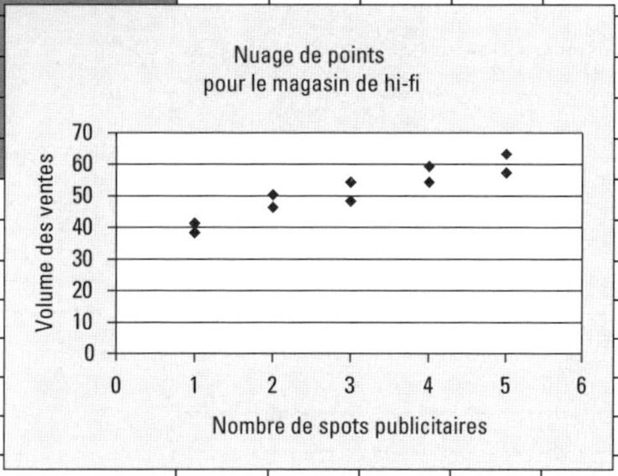

Figure 2.17 ***Nuage de points pour le magasin de hi-fi en utilisant les outils graphiques d'Excel***

Étape 7. Sélectionner **Horizontal Axis Title** et remplacer le par Nombre de spots publicitaires

Étape 8. Sélectionner **Vertical Axis Title** et remplacer le par Volume des ventes (en centaines de dollars)

Étape 9. Cliquer-droit sur la légende **Series 1**
Sélectionner **Delete**

La feuille de calcul représentée à la figure 2.17 illustre le nuage de point produit par Excel. Les étapes suivantes décrivent comment y ajouter une droite de tendance.

Étape 1. Positionner la souris sur un point du nuage et cliquer-droit pour faire apparaître la liste d'options

Étape 2. Choisir **Add Trendline**

Étape 3. Lorsque la boîte de dialogue apparaît :
Sélectionner **Trendline Options**
Choisir **Linear** dans la liste **Trend/Regression Type**
Cliquer sur **Close**

La feuille de calcul représentée sur la figure 2.18 montre le nuage de points avec la droite de tendance.

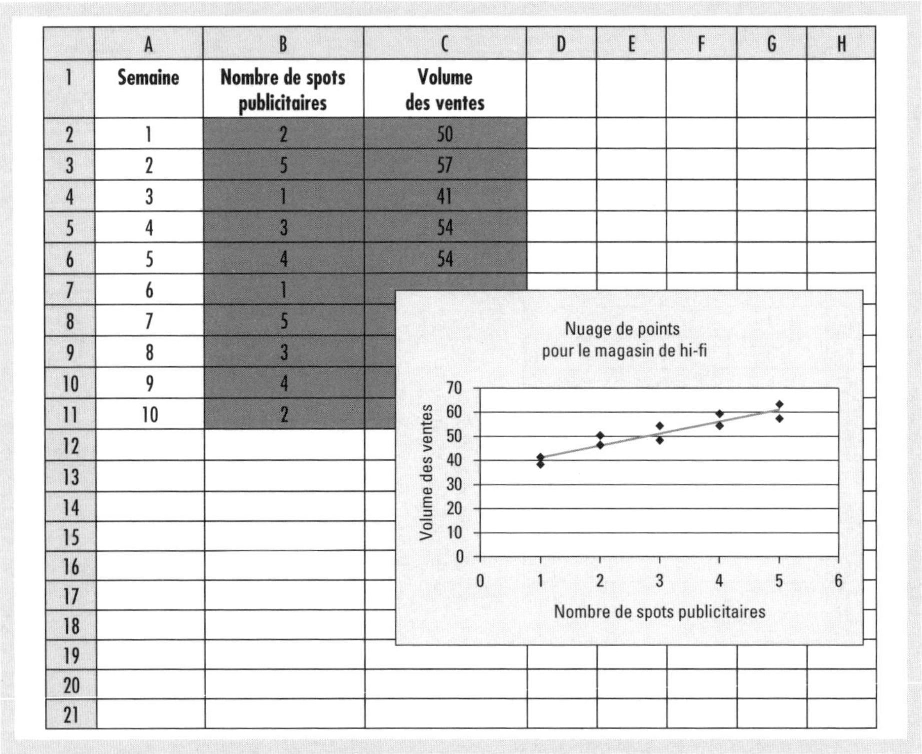

Figure 2.18 ***Nuage de points et droite de tendance pour le magasin de hi-fi en utilisant les outils graphiques d'Excel***

ANNEXE 2.3 UTILISER STATTOOLS POUR CONSTRUIRE DES PRÉSENTATIONS GRAPHIQUES ET SOUS FORME DE TABLEAUX

Dans cette annexe, nous montrons comment utiliser StatTools pour construire un histogramme et un nuage de points.

A2.3.1 Histogramme

Nous utilisons pour illustrer la démarche les données sur la durée des audits du tableau 2.4 (fichier en ligne Audit). Commencer par utiliser le « Data Set Manager » pour créer un ensemble de données StatTools à partir de ces données en utilisant la procédure décrite dans l'annexe du chapitre 1. Les étapes suivantes permettent de créer un histogramme.

Audit

Étape 1. Cliquer sur le bouton **StatTools** dans la barre des tâches
Étape 2. Dans le groupe **Analyses**, cliquer sur **Summary Graphs**
Étape 3. Choisir l'option **Histogram**

Étape 4. Lorsque la boîte de dialogue apparaît :
Dans la section **Variables**, sélectionner **Durée des audits**
Dans la section **Options**,
Entrer 5 dans la boîte **Number of Bins**
Entrer 9.5 dans la boîte **Histogram Minimum**
Entrer 34.5 dans la boîte **Histogram Maximum**
Choisir **Categorical** dans la boîte **X-Axis**
Choisir **Frequency** dans la boîte **Y-Axis**
Cliquer sur **OK**

Un histogramme pour les données sur les audits similaire à celui présenté dans la figure 2.12 apparaîtra. La seule différence est que l'histogramme créé en utilisant StatTools indique les centres de classe sur l'axe horizontal.

A2.3.2 Nuage de points

Nous utilisons les données sur le magasin de hi-fi contenues dans le tableau 2.12 pour illustrer la construction d'un nuage de points. Commencer par utiliser le « Data Set Manager » pour créer un ensemble de données StatTools à partir de ces données en utilisant la procédure décrite dans l'annexe du chapitre 1. Les étapes suivantes permettent de créer un nuage de points.

Étape 1. Cliquer sur le bouton **StatTools** dans la barre des tâches
Étape 2. Dans le groupe **Analyses,** cliquer sur **Summary Graphs**
Étape 3. Choisir l'option **Scatterplot**
Étape 4. Lorsque la boîte de dialogue apparaît :
Dans la section **Variables**,
Dans la colonne intitulée **X**, sélectionner Nombre de spots publicitaires
Dans la colonne intitulée **Y**, sélectionner Volume des ventes
Cliquer sur **OK**

Un nuage de points similaire à celui présenté sur la figure 2.17 apparaîtra.

3

STATISTIQUES DESCRIPTIVES : MÉTHODES NUMÉRIQUES

STATISTIQUES APPLIQUÉES

*Small Fry Design**

Santa Ana, Californie

Fondé en 1997, Small Fry Design est une société de jouets et accessoires qui crée et importe des produits pour enfants. La gamme de produits de la société comprend des ours en peluche, des mobiles, des jouets musicaux, des hochets et des doudous ; les jouets sont de très bonne qualité et une attention particulière est accordée à la couleur, à la texture et au son des objets. Les produits sont créés aux États-Unis et fabriqués en Chine.

Small Fry Design engage des représentants indépendants pour vendre ses produits à des détaillants de fournitures infantiles, à des magasins d'habillement et d'accessoires pour enfants, à des boutiques de cadeaux, aux grands magasins haut de gamme et aux principales sociétés de vente par correspondance. Actuellement, les produits Small Fry Design sont distribués dans plus de 1 000 points de vente à travers les États-Unis.

La gestion des liquidités est l'une des activités les plus importantes dans l'exploitation quotidienne de cette entreprise. La différence entre un succès et un échec commercial peut reposer sur la présence d'un flux de liquidités suffisant pour rembourser les dettes présentes et futures. Un facteur important dans la gestion des liquidités est l'analyse et le contrôle des créances. En estimant l'échéance moyenne et la valeur des factures impayées, les gestionnaires peuvent prévoir les disponibilités en liquidité. La société a fixé les objectifs suivants : l'échéance moyenne des impayés ne doit pas dépasser 45 jours et la valeur des impayés de plus de 60 jours ne doit pas dépasser 5 % de la valeur de toutes les créances.

Une étude récente des créances a fourni les statistiques suivantes concernant le délai de recouvrement des factures :

Moyenne	40 jours
Médiane	35 jours
Mode	31 jours

Selon ces statistiques, le délai moyen de recouvrement d'une facture est de 40 jours. La médiane indique que la moitié des factures restent impayées pendant au moins 35 jours. Le mode, c'est-à-dire le délai de recouvrement des factures le plus fréquent, est de 31 jours. Le résumé statistique révèle également que seulement 3 % de la valeur des comptes clients restent impayés pendant plus de 60 jours. Sur la base de cette information statistique, la direction se déclarait satisfaite du contrôle des créances et du flux de liquidité.

Dans ce chapitre, vous apprendrez à calculer et interpréter quelques mesures statistiques utilisées par Small Fry Design. En plus de la moyenne, de la médiane et du mode, vous vous familiariserez avec d'autres statistiques descriptives telles que l'étendue, la variance, l'écart type, les percentiles et la corrélation. Ces mesures numériques sont essentielles pour la compréhension et l'interprétation des données.

* Les auteurs remercient John A. McCarthy, président de Small Fry Design, de leur avoir fourni ce Statistiques Appliquées.

Dans le chapitre 2, nous avons discuté des méthodes graphiques et sous forme de tableaux utilisées pour résumer des données. Dans ce chapitre, nous présentons plusieurs méthodes numériques de statistiques descriptives qui permettent également de résumer les données.

Nous commencerons par présenter des méthodes numériques pour résumer des ensembles de données d'une seule variable. Lorsqu'un ensemble de données contient plus d'une variable, des mesures numériques similaires peuvent être calculées séparément pour chaque variable. Cependant dans le cas de deux variables, nous développerons également des mesures de la relation entre les variables.

Nous introduirons des mesures de tendance centrale, de dispersion, nous examinerons la forme des distributions et la relation entre les variables. Si les mesures sont calculées à partir de données issues d'un échantillon, on parle de **statistiques d'échantillon**. Si les mesures sont calculées à partir de données issues d'une population, on parle de **paramètre de la population**. En inférence statistique, une statistique d'échantillon est qualifiée d'**estimateur ponctuel** du paramètre de la population correspondant. Dans le chapitre 7, nous discuterons de façon plus détaillée du processus d'estimation ponctuelle.

Dans les trois annexes de ce chapitre, nous montrerons comment utiliser Minitab, Excel et StatTools pour calculer de nombreuses statistiques descriptives numériques décrites dans ce chapitre.

3.1 MESURES DE TENDANCE CENTRALE

3.1.1 Moyenne

La **moyenne**, ou valeur moyenne, est peut-être la mesure de tendance centrale la plus importante pour une variable. Si les données sont issues d'un échantillon, la moyenne est notée $\bar{x}$; si les données sont issues d'une population, la moyenne est notée μ.

En langage statistique, il est fréquent de noter la valeur de la première observation de la variable x x_1, la valeur de la deuxième observation x_2 et ainsi de suite. De façon générale, la valeur de la i^e observation est notée x_i. Pour un échantillon de n observations, la formule de la moyenne de l'échantillon est la suivante.

► **Moyenne d'échantillon**

$$\bar{x} = \frac{\sum x_i}{n} \tag{3.1}$$

La moyenne d'échantillon $\bar{x}$ est une statistique d'échantillon.

Dans la formule précédente, le numérateur correspond à la somme des valeurs des n observations. C'est-à-dire,

$$\sum x_i = x_1 + x_2 + \ldots + x_n$$

La lettre grecque Σ est le signe somme.

Pour illustrer le calcul d'une moyenne d'échantillon, considérons les données suivantes concernant la taille des classes d'un échantillon de cinq lycées.

46 54 42 46 32

Nous utilisons les notations x_1, x_2, x_3, x_4, x_5 pour représenter le nombre d'élèves dans chacune des cinq classes.

$$x_1 = 46 \quad x_2 = 54 \quad x_3 = 42 \quad x_4 = 46 \quad x_5 = 32$$

Par conséquent, pour calculer la moyenne de l'échantillon, on peut écrire

$$\bar{x} = \frac{\sum x_i}{n} = \frac{x_1 + x_2 + x_3 + x_4 + x_5}{5} = \frac{46 + 54 + 42 + 46 + 32}{5} = 44$$

La taille moyenne des classes de l'échantillon est de 44 élèves.

L'exemple suivant est une autre illustration du calcul d'une moyenne d'échantillon. Supposez que le conseiller d'orientation d'un collège ait envoyé un questionnaire à un échantillon de diplômés d'une école de commerce afin de connaître leur salaire au début de leur carrière. Le tableau 3.1 regroupe les données collectées (fichier en ligne Salaire de départ). La moyenne du salaire mensuel initial d'un échantillon de 12 diplômés d'une école de commerce est égale à

$$\bar{x} = \frac{\sum x_i}{n} = \frac{x_1 + x_2 + \ldots + x_{12}}{12} = \frac{3\,450 + 3\,550 + \ldots + 3\,480}{12} = \frac{42\,280}{12} = 3\,540$$

La formule (3.1) illustre la manière dont la moyenne est calculée pour un échantillon de n observations. La formule pour calculer la moyenne d'une population est identique, mais les notations utilisées sont différentes, pour indiquer que nous travaillons avec la population entière. Le nombre d'observations dans une population est N et le symbole pour la moyenne d'une population est μ.

▶ Moyenne de la population

$$\mu = \frac{\sum x_i}{N} \tag{3.2}$$

La moyenne d'échantillon $\bar{x}$ est un estimateur ponctuel de la moyenne de la population μ.

Tableau 3.1 ***Salaire mensuel de départ d'un échantillon de 12 diplômés d'une école de commerce***

Salaire de départ

Diplômé	Salaire mensuel de départ ($)	Diplômé	Salaire mensuel de départ ($)
1	3 450	7	3 490
2	3 550	8	3 730
3	3 650	9	3 540
4	3 480	10	3 925
5	3 355	11	3 520
6	3 310	12	3 480

3.1.2 Médiane

La **médiane** est une autre mesure de tendance centrale pour une variable. Lorsque les données sont classées en ordre croissant (de la plus petite à la plus grande valeur), la médiane correspond à la valeur centrale. Lorsque le nombre d'observations est impair, la médiane correspond à la valeur centrale. Un nombre pair d'observations n'a pas une unique valeur centrale. Dans ce cas, la convention consiste à définir la médiane comme la moyenne des valeurs des deux observations centrales. Par commodité la définition de la médiane est reformulée ci-dessous.

▶ **Médiane**

Classer les observations en ordre croissant (de la plus petite à la plus grande valeur).

(a) Pour un nombre d'observations impair, la médiane est la valeur centrale.

(b) Pour un nombre d'observations pair, la médiane est la moyenne des deux valeurs centrales.

Appliquons cette définition au calcul de la taille médiane des classes de l'échantillon comportant cinq classes d'un lycée. Si l'on ordonne de façon croissante les cinq observations, on obtient la liste suivante.

$$32 \quad 42 \quad 46 \quad 46 \quad 54$$

Puisque le nombre d'observations ($n = 5$) est impair, la médiane correspond à la valeur centrale. Ainsi la taille médiane des classes est de 46 élèves. Bien que l'ensemble de données comporte deux observations qui ont pour valeur 46, chaque observation est traitée séparément lorsqu'on ordonne les données de façon croissante.

Calculons également le salaire initial médian des 12 jeunes diplômés d'une école de commerce. Tout d'abord nous ordonnons de façon croissante les 12 observations du tableau 3.1.

$$3\,310 \quad 3\,355 \quad 3\,450 \quad 3\,480 \quad 3\,480 \quad \underbrace{3\,490 \quad 3\,520}_{\text{Deux valeurs centrales}} \quad 3\,540 \quad 3\,550 \quad 3\,650 \quad 3\,730 \quad 3\,925$$

Puisque le nombre d'observations ($n = 12$) est pair, les deux valeurs centrales sont : 3 490 et 3 520. La médiane correspond à la moyenne de ces deux valeurs.

$$\text{Médiane} = \frac{3\,490 + 3\,520}{2} = 3\,505$$

La médiane est la mesure de tendance centrale la plus souvent utilisée pour les données sur le revenu annuel et la valeur foncière, car quelques valeurs très élevées du revenu ou de la valeur foncière peuvent accroître la moyenne. Dans de telles situations, la médiane est une meilleure mesure de tendance centrale.

Bien que la moyenne soit la mesure de tendance centrale la plus souvent utilisée, dans certaines situations l'utilisation de la médiane est préférable. La moyenne est en effet influencée par les valeurs extrêmement petites et extrêmement grandes. Par exemple, supposez que l'un des diplômés (cf. tableau 3.1) ait un salaire initial de 10 000 dollars par mois (la famille de l'individu possède peut-être la société). Si l'on modifie le salaire mensuel initial le plus élevé du tableau 3.1, égal à 3 925 dollars, par 10 000 dollars et que l'on recalcule la moyenne, cette dernière passera de 3 540 à 4 046 dollars. Par contre, la médiane égale à 3 505 dollars est inchangée puisque les valeurs centrales, 3 490 et 3 520 ne sont pas modifiées. Avec cette valeur extrêmement élevée du salaire initial de l'un des jeunes diplômés, la médiane fournit une meilleure mesure de tendance centrale que la moyenne. De façon générale, lorsqu'un ensemble de données contient des valeurs extrêmes, la médiane est souvent une mesure préférable de la tendance centrale.

3.1.3 Mode

Une troisième mesure de tendance centrale est le mode. Le mode est défini de la façon suivante.

> ▶ **Mode**
> Le mode correspond à la valeur de l'observation qui a la plus grande fréquence.

Considérons l'exemple de l'échantillon des cinq tailles de classe. La seule valeur qui apparaît plus d'une fois est 46. Puisque cette valeur, qui a une fréquence de 2, a la plus grande fréquence, il s'agit du mode. Considérons à présent l'échantillon des salaires initiaux des diplômés d'une école de commerce. Le seul salaire mensuel initial qui apparaît plus d'une fois est 3 480 dollars. Puisque cette valeur a la plus grande fréquence, il s'agit du mode.

Il est possible que plusieurs valeurs apparaissent avec la même fréquence et que cette fréquence soit la plus importante. Dans ce cas, plus d'un mode existe. Si les données ont exactement deux modes, on dit que les données sont *bimodales*. Si les données ont plus de deux modes, on dit qu'elles sont *multimodales*. Dans les cas multimodaux, le mode n'est presque jamais utilisé car énumérer trois modes ou plus n'est pas particulièrement utile pour décrire les données.

3.1.4 Percentiles

Un **percentile** fournit des informations sur la manière dont les observations sont réparties dans l'intervalle entre la plus petite et la plus grande valeur. Pour des données dont la valeur n'est pas répétée plusieurs fois, le p^e percentile divise l'ensemble de données en deux parties. Environ p pour cent des observations ont une valeur inférieure au p^e percentile ; environ $(100-p)$ pour cent des observations ont une valeur supérieure au p^e percentile. Le p^e percentile est défini formellement de la façon suivante :

> ▶ **Percentile**
> Le p^e percentile est la valeur telle qu'au moins p pour cent des observations sont inférieures ou égales à cette valeur, et au plus $(100-p)$ pour cent des observations sont supérieures ou égales à cette valeur.

Les résultats des tests d'admission des grandes écoles et universités sont fréquemment rapportés en termes de percentiles. Par exemple, supposez qu'un candidat obtienne une note égale à 54 à l'oral du test d'admission. Les résultats de cet étudiant ne sont pas directement comparables à ceux obtenus par d'autres étudiants ayant effectué le même test. Cependant, si la note de 54 correspond au 70e percentile, nous savons qu'approximativement 70 % des étudiants ont une note inférieure à celle de cet individu et qu'approximativement 30 % des étudiants ont une note supérieure.

La procédure suivante peut être utilisée pour calculer le p^e percentile.

Calculer le p^e percentile

Étape 1. Classer les données en ordre croissant (de la plus petite à la plus grande valeur).

Étape 2. Calculer un index i

$$i = \left(\frac{p}{100}\right)n$$

où p est le percentile considéré et n le nombre d'observations.

Étape 3. (a) Si i n'est pas un nombre entier, l'arrondir. La position du p^e percentile correspond à l'entier supérieur à i.
(b) Si i est un nombre entier, la position du p^e percentile correspond à la moyenne des valeurs des observations i et $i+1$.

Suivre ces étapes facilite le calcul des percentiles.

Pour illustrer cette procédure, déterminons le 85e percentile pour les données sur les salaires initiaux du tableau 3.1.

Étape 1. Classer les données en ordre croissant.

3310 3355 3450 3480 3480 3490 3520 3540 3550 3650 3730 3925

Étape 2.

$$i = \left(\frac{p}{100}\right)n = \left(\frac{85}{100}\right)12 = 10,2$$

Étape 3. Puisque i n'est pas un nombre entier, on l'arrondit. La position du 85e percentile correspond au nombre entier supérieur à 10,2, soit la 11e position.

En reprenant les données, on s'aperçoit que le 85e percentile est égal à 3 730.

Considérons à présent le calcul du 50e percentile pour les données sur les salaires initiaux. En appliquant l'étape 2, on obtient

$$i = \left(\frac{50}{100}\right)12 = 6$$

Puisque i est un nombre entier, d'après l'étape 3(b), le 50e percentile correspond à la moyenne des 6e et 7e observations ; ainsi le 50e percentile est égal à $(3\,490 + 3\,520)/2 = 3\,505$. Remarquez que *le 50e percentile est également la médiane.*

3.1.5 Quartiles

Il est souvent utile de diviser les données en quatre parts, chacune contenant approximativement un quart, soit 25 % des observations. La figure 3.1 représente une distribution de données divisée en quatre parts. Les points de division sont appelés **quartiles** et sont définis de la façon suivante

Q_1 = premier quartile, ou 25e percentile
Q_2 = deuxième quartile, ou 50e percentile (aussi la médiane)
Q_3 = troisième quartile, ou 75e percentile.

> Les quartiles sont des percentiles particuliers ; aussi, les étapes de calcul des percentiles peuvent être directement appliquées au calcul des quartiles.

Les données sur les salaires initiaux sont de nouveau classées en ordre croissant. Q_2, le deuxième quartile (la médiane), a déjà été calculé : il est égal à 3 505.

3310 3355 3450 3480 3480 3490 3520 3540 3550 3650 3730 3925

Le calcul des quartiles Q_1 et Q_3 nécessite l'utilisation de la règle de calcul des 25e et 75e percentiles. Ces calculs sont présentés ci-dessous.

Pour Q_1,

$$i = \left(\frac{p}{100}\right)n = \left(\frac{25}{100}\right)12 = 3$$

Puisque i est un nombre entier, l'étape 3(b) indique que le premier quartile, ou 25e percentile, est la moyenne de la 3e et de la 4e observation ; ainsi, $Q_1 = (3\,450 + 3\,580)/2 = 3\,465$.

Pour Q_3,

$$i = \left(\frac{p}{100}\right)n = \left(\frac{75}{100}\right)12 = 9$$

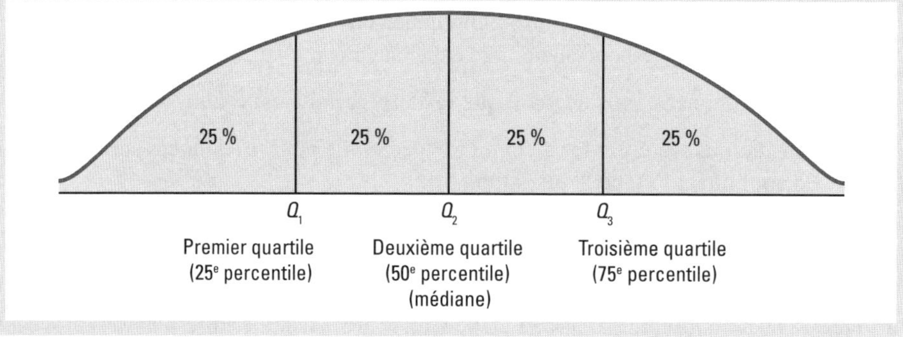

Figure 3.1 ***Position des quartiles***

De nouveau, puisque i est un nombre entier, l'étape 3(b) indique que le troisième quartile, ou 75e percentile, est la moyenne de la 9e et de la 10e observation ; ainsi, $Q_3 = (3550 + 3650)/2 = 3600$.

Les quartiles ont permis de diviser les données sur les salaires initiaux en quatre parties, chacune comportant 25 % des observations.

3 310 3 355 3 450 | 3 480 3 480 3 490 | 3 520 3 540 3 550 | 3 650 3 730 3 925

$Q_1 = 3\,465$ $Q_2 = 3\,505$ (Médiane) $Q_3 = 3\,600$

Nous avons défini les quartiles comme étant les 25e, 50e et 75e percentiles. Ainsi nous avons calculé les quartiles de la même façon que les percentiles. On peut utiliser d'autres conventions pour calculer les quartiles, leurs valeurs pouvant varier légèrement en fonction de la convention utilisée. Cependant quelle que soit la procédure de calcul des quartiles utilisée, l'objectif est de diviser l'ensemble des données en quatre parts égales.

REMARQUES

Il est préférable d'utiliser la médiane plutôt que la moyenne comme mesure de tendance centrale lorsque l'ensemble de données contient des valeurs extrêmes. Une autre mesure parfois utilisée, lorsque des valeurs extrêmes sont présentes, est la **moyenne tronquée**. Elle est obtenue en supprimant un certain pourcentage des observations les plus petites et des observations les plus grandes d'un ensemble de données puis en calculant la moyenne des valeurs restantes. Par exemple, la moyenne tronquée à 5 % est obtenue en supprimant 5 % des plus petites valeurs et 5 % des valeurs les plus grandes puis en calculant la moyenne des valeurs restantes. En utilisant l'échantillon contenant les 12 observations sur les salaires initiaux, $0{,}05 \times 12 = 0{,}6$. Si l'on arrondit cette valeur à 1, la moyenne tronquée à 5 % est obtenue en supprimant la plus petite et la plus grande valeur. Ainsi, la moyenne tronquée à 5 %, en utilisant les 10 observations restantes, est égale à 3 524,5.

EXERCICES

Méthode

1. Considérer un échantillon avec les observations suivantes : 10, 20, 12, 17 et 16. Calculer la moyenne et la médiane.

2. Considérer un échantillon avec les observations suivantes : 10, 20, 21, 17, 16 et 12. Calculer la moyenne et la médiane.

3. Considérer un échantillon avec les observations suivantes : 27, 25, 20, 15, 30, 34, 28 et 25. Calculer le 20e, 25e, 65e et 75e percentile.

4. Considérer un échantillon avec les observations suivantes : 53, 55, 70, 58, 64, 57, 53, 69, 57, 68 et 53. Calculer la moyenne, la médiane et le mode.

Applications

5. L'indice Dow Jones Voyage correspondait au prix payé par les voyageurs d'affaires pour une nuit d'hôtel dans les principales villes américaines (*The Wall Street Journal*, 16 janvier 2004). Les prix moyens, en dollars, d'une chambre d'hôtel dans 20 villes sont indiqués ci-dessous (fichier en ligne Hôtels).

Atlanta	163	Minneapolis	125
Boston	177	La Nouvelle Orléans	167
Chicago	166	New York	245
Cleveland	126	Orlando	146
Dallas	123	Phoenix	139
Denver	120	Pittsburgh	134
Detroit	144	San Francisco	167
Houston	173	Seattle	162
Los Angeles	160	St. Louis	145
Miami	192	Washington D.C.	207

a) Quel est le prix moyen d'une chambre d'hôtel ?

b) Quelle est la médiane ?

c) Quel est le mode ?

d) Quel est le premier quartile ?

e) Quel est le troisième quartile ?

6. Durant la saison 2007-2008 de basket de la NCAA, les équipes masculines de basket ont battu le record de tirs à 3 points, atteignant en moyenne 19,07 tirs par match (Associated Press Sports, 24 janvier 2009). Dans le but de décourager les tirs à 3 points et encourager davantage de jeu offensif, le comité des règles de la NCAA a reculé la ligne des tirs à 3 points de 19 pieds et 9 pouces à 20 pieds et 9 pouces au début de la saison 2008-2009. Des données sur les tirs à 3 points réalisés lors d'un échantillon de 19 matchs de la NCAA durant la saison 2008-2009 sont réunies dans le tableau suivant (fichier en ligne 3 points).

Tirs à trois points tentés	Tirs réussis	Tirs à trois points tentés	Tirs réussis
23	4	17	7
20	6	19	10
17	5	22	7
18	8	25	11
13	4	15	6
16	4	10	5
8	5	11	3
19	8	25	8
28	5	23	7
21	7		

a) Quel est le nombre moyen de tirs à 3 points tentés par match ?

b) Quel est le nombre moyen de tirs à 3 points réussis par match ?

c) En partant de la ligne des trois points la plus proche du panier, les joueurs réussissaient 35,2 % de leurs tirs. Quel pourcentage de tirs les joueurs réussissent-ils à partir de la nouvelle ligne des trois points ?

d) Quel fut l'impact du changement de règle de la NCAA qui repoussa la ligne des trois points à 20 pieds et 9 pouces durant la saison 2008-2009 ? Êtes-vous d'accord avec l'affirmation de l'article de l'Associated Press Sports selon laquelle « Le recul de la ligne de tir des trois points n'a pas changé le jeu de façon importante » ? Expliquez.

7. La dotation budgétaire est un élément critique des budgets annuels des lycées et des universités. Selon une étude menée par l'Association nationale des gestionnaires d'universités et de grandes écoles auprès de 435 lycées et universités, le budget global de ces institutions s'élevait à 413 milliards de dollars. Les 10 universités les plus riches sont regroupées dans le tableau suivant (*The Wall Street Journal*, 27 janvier 2009). Les montants sont exprimés en milliards de dollars.

Université	Budget (milliards de dollars)	Université	Budget (milliards de dollars)
Columbia	7,2	Princeton	16,4
Harvard	36,6	Stanford	17,2
M.I.T.	10,1	Texas	16,1
Michigan	7,6	Texas A&M	6,7
Northwestern	7,2	Yale	22,9

a) Quel est le budget moyen pour ces dix universités ?

b) Quel est le budget médian ?

c) Quel est le mode de la distribution des budgets ?

d) Calculer les premier et troisième quartiles.

e) Quel est le budget total pour ces dix universités ? Ces universités représentent 2,3 % des 435 lycées et universités interrogés. En pourcentage que représente le budget de ces dix universités sur les 413 milliards de dollars mentionnés dans l'étude ?

f) Le *Wall Street Journal* déclarait qu'au cours d'une période récente de 5 mois, un ralentissement de l'économie avait entraîné une réduction des budgets de 23 %. Quelle est l'estimation de la réduction budgétaire (en milliards de dollars) que pourraient subir ces 10 universités ? Étant donnée la situation, quelles mesures vous attendriez-vous à voir prises par les gestionnaires des universités ?

8. Le coût des achats de consommation courante tels que le logement, l'essence, les services Internet, les impôts et les frais médicaux est fourni par le *Wall Street Journal* (2 janvier 2007). Un échantillon du coût habituel des procédures de déclaration de l'impôt sur le revenu facturé par des sociétés telles que H&R Block est fourni ci-dessous (fichier en ligne Coût des impôts).

Coût des impôts

120	230	110	115	160
130	150	105	195	155
105	360	120	120	140
100	115	180	235	255

a) Calculer la moyenne, la médiane et le mode.

b) Calculer les premier et troisième quartiles.

c) Calculer et interpréter le 90e percentile.

9. L'association nationale des propriétaires a fourni des données indiquant que les ventes de maison étaient au plus bas depuis 10 ans (Associated Press, 24 décembre 2008). Un échantillon de données relatives aux prix de vente représentatifs de maisons récentes et anciennes est fourni ci-dessous. Les données sont exprimées en milliers de dollars.

Maisons anciennes :	315,5	202,5	140,2	181,3	470,2	169,9	112,8	230,0	177,5
Maisons neuves :	275,9	350,2	195,8	525,0	225,3	215,5	175,0	149,5	

a) Quel est le prix de vente médian des maisons anciennes ?

b) Quel est le prix de vente médian des maisons neuves ?

c) Entre les maisons anciennes et les maisons neuves, lesquelles ont le prix de vente médian le plus élevé ? Quel est l'écart entre les prix de vente médians ?

d) Un an plus tôt, le prix de vente médian des maisons anciennes était de 208 400 de dollars et le prix de vente médian des maisons neuves de 249 000 de dollars. Calculez le taux de variation en pourcentage des prix de vente médians des maisons neuves et anciennes sur un an. Est-ce que ce sont les maisons neuves ou les maisons anciennes qui ont la variation en pourcentage la plus importante dans leurs prix de vente médians ?

10. Un groupe d'économistes a effectué des prévisions sur l'économie américaine pour les six premiers mois de 2007 (*The Wall Street Journal*, 2 janvier 2007). Les taux de croissance (en pourcentage) du produit intérieur brut (PIB) estimés par 30 économistes sont les suivants (fichier en ligne Économie).

Économie

2,6	3,1	2,3	2,7	3,4	0,9	2,6	2,8	2,0	2,4
2,7	2,7	2,7	2,9	3,1	2,8	1,7	2,3	2,8	3,5
0,4	2,5	2,2	1,9	1,8	1,1	2,0	2,1	2,5	0,5

a) Quelle est la prévision minimale pour le taux de croissance du PIB ? Quelle est la prévision maximale ?

b) Calculer la moyenne, la médiane et le mode.

c) Calculer les premier et troisième quartiles.

d) Les économistes étaient-ils optimistes ou pessimistes ? Discuter.

11. Pour tester la consommation d'essence, 13 automobiles ont parcouru 300 miles dans des conditions de conduite similaires à celles obtenues en ville et sur autoroute. Les données sur la consommation, en miles par gallon, sont présentées ci-dessous.

Ville :	16,2	16,7	15,9	14,4	13,2	15,3	16,8	16,0	16,1	15,3	15,2	15,3	16,2
Autoroute :	19,4	20,6	18,3	18,6	19,2	17,4	17,2	18,6	19,0	21,1	19,4	18,5	18,7

Utiliser la moyenne, la médiane et le mode pour étudier les différences de performance entre la conduite en ville et sur autoroute.

12. La société Walt Disney a acheté les studios d'animation Pixar pour 7,4 milliards de dollars (site internet de CNNMoney, 24 janvier 2006). Une liste des films d'animation produits par Disney et Pixar au cours des dix années précédentes est fournie ci-dessous (fichier en ligne Disney). Le chiffre d'affaires généré par ces films est exprimé en millions de dollars. Calculer le chiffre d'affaires global, la moyenne, la médiane et les quartiles pour comparer le succès des films produits par les deux sociétés. Est-ce que les statistiques permettent d'expliquer pourquoi Disney était intéressé par le rachat de Pixar ? Discuter.

Films Disney	Chiffre d'affaires (millions de dollars)
Pocahontas	346
Le bossu de Notre Dame	325
Hercules	253
Mulan	304
Tarzan	448
Dinosaure	354
The Emperor's New Groove	169
Lilo & Stitch	273
Treasure Planet	110
Le livre de la jungle 2	136
Brother Bear	250
Home on the Range	104
Chicken Little	249

Films Pixar	Chiffre d'affaires (millions de dollars)
Toy Story	362
A Bug's Life	363
Toy Story 2	485
Monsters, Inc.	525
Finding Nemo	865
Les incroyables	631

Disney

3.2 MESURES DE VARIABILITÉ

En plus des mesures de tendance centrale, il est souvent utile de considérer des mesures de variabilité ou de dispersion des données. Par exemple, supposons que vous êtes le directeur du service des achats d'une grande entreprise et que régulièrement vous passez commande à deux fournisseurs différents. Après plusieurs mois, vous vous apercevez que le nombre moyen de jours nécessaires aux deux fournisseurs pour honorer les commandes est de dix jours. Les histogrammes indiquant le nombre de jours nécessaires aux deux fournisseurs pour honorer une commande sont représentés à la figure 3.2. Bien que le nombre moyen de jours soit égal à 10 pour les deux fournisseurs, peut-on accorder le même degré de confiance aux deux fournisseurs en termes de délais de livraison ? Notez la dispersion, ou variabilité, dans les délais de livraison, indiquée par les histogrammes. Quel fournisseur préfèreriez-vous ?

> La variabilité des délais de livraison crée une incertitude dans le planning de production. Les méthodes présentées dans cette section aident à mesurer et à comprendre la variabilité.

Pour la plupart des entreprises, recevoir les matériaux et les marchandises dans les délais est important. Le délai de sept ou huit jours demandé par les distributeurs J. C. Clark peut être considéré comme acceptable ; par contre, un délai de treize ou quinze jours

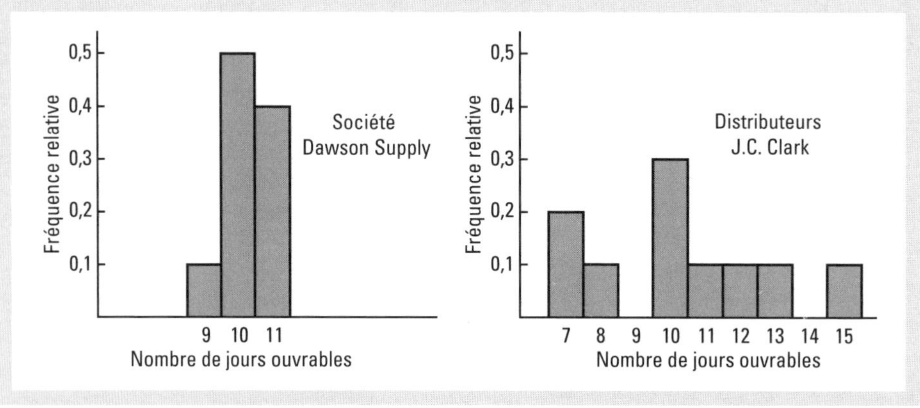

Figure 3.2 ***Données historiques indiquant le nombre de jours nécessaires pour honorer les commandes***

peut être désastreux en termes de gestion de la production. Cet exemple illustre une situation dans laquelle la variabilité des délais de livraison peut être un élément déterminant dans le choix d'un fournisseur. Pour la plupart des directeurs du service des achats, la plus faible dispersion des délais imposés par la société Dawson peut être un avantage pour ce fournisseur.

Nous discutons maintenant des mesures de dispersion les plus souvent utilisées.

3.2.1 Étendue

L'**étendue** est la mesure de dispersion la plus simple.

► **Étendue**

Étendue = Valeur la plus grande – Valeur la plus petite

Reprenons les données sur les salaires initiaux des diplômés d'une école de commerce du tableau 3.1. Le salaire initial le plus élevé est de 3 925 et le plus petit est de 3 310. L'étendue est égale à $3925 - 3310 = 615$.

Bien que l'étendue soit la mesure de dispersion la plus simple à calculer, elle est rarement utilisée seule parce qu'elle est basée uniquement sur deux observations et donc est très influencée par les valeurs extrêmes. Supposons que l'un des diplômés ait un salaire initial de 10 000 dollars par mois. Dans ce cas, l'étendue serait égale à $10\,000 - 3\,310 = 6\,690$ au lieu de 615. Cette valeur importante de l'étendue ne décrit pas correctement la dispersion des données, qui contiennent 11 observations sur 12 comprises entre 3 310 et 3 730.

3.2.2 Étendue interquartile

L'étendue interquartile (EIQ) est une mesure de dispersion qui n'est pas dépendante des valeurs extrêmes. Cette mesure de dispersion est égale à l'écart entre le troisième quartile

Q_3 et le premier quartile Q_1. En d'autres termes, l'intervalle interquartile mesure l'étendue de la moitié centrale des observations.

▶ **Étendue interquartile**

$$EIQ = Q_3 - Q_1 \tag{3.3}$$

Pour les données sur les salaires mensuels initiaux, les 1er et 3e quartiles sont respectivement égaux à 3 465 et 3 600. Ainsi, l'étendue interquartile est égale à $3\,600 - 3\,465 = 135$.

3.2.3 Variance

La **variance** est une mesure de dispersion qui utilise toutes les observations. La variance est basée sur la différence entre la valeur de chaque observation (x_i) et la moyenne ($\bar{x}$ pour un échantillon, μ pour la population). La différence entre chaque observation x_i et la moyenne est appelée *écart par rapport à la moyenne*. Pour un échantillon, un écart par rapport à la moyenne s'écrit $(x_i - \bar{x})$; pour une population, il s'écrit $(x_i - \mu)$. Pour calculer la variance, les écarts par rapport à la moyenne sont élevés au carré.

Si les données sont issues d'une population, la moyenne des écarts au carré est appelée *variance de la population*. La variance de la population est notée par le symbole grec σ^2. Dans le cadre d'une population comprenant N observations, de moyenne μ, la variance est définie par l'expression suivante :

▶ **Variance de la population**

$$\sigma^2 = \frac{\sum(x_i - \mu)^2}{N} \tag{3.4}$$

Dans la plupart des études statistiques, les données à analyser sont issues d'un échantillon. Le calcul de la variance d'un échantillon nous permet généralement ensuite d'estimer la variance de la population σ^2. Bien qu'une explication détaillée ne soit pas l'objet de ce paragraphe, on peut souligner que si la somme des écarts par rapport à la moyenne au carré est divisée par $n-1$ et non par n, la variance de l'échantillon fournira un estimateur sans biais de la variance de la population. Pour cette raison, la *variance de l'échantillon*, notée s^2, est définie de la façon suivante :

▶ **Variance de l'échantillon**

$$s^2 = \frac{\sum(x_i - \bar{x})^2}{n-1} \tag{3.5}$$

> La variance d'échantillon s^2 est l'estimateur de la variance de la population σ^2.

Pour illustrer le calcul de la variance d'un échantillon, nous utiliserons les données sur la taille des classes de l'échantillon de cinq classes de lycée, présentées à la section 3.1.

Un résumé des données, incluant le calcul des écarts par rapport à la moyenne et des écarts au carré, est présenté dans le tableau 3.2. La somme des écarts par rapport à la moyenne au carré $\sum(x_i - \bar{x})^2$ est égale à 256. Avec $n-1=4$, la variance de l'échantillon est égale à

$$s^2 = \frac{\sum(x_i - \bar{x})^2}{n-1} = \frac{256}{4} = 64$$

Avant de poursuivre, notez que les unités associées à la variance de l'échantillon sont souvent à l'origine de confusions. Puisque les valeurs additionnées dans le calcul de la variance, $(x_i - \bar{x})^2$, sont élevées au carré, les unités associées à la variance de l'échantillon sont également élevées au carré. Par exemple, la variance d'échantillon pour les données sur la taille des classes est égale à 64 (élèves)^2. Le fait que les unités associées à la variance soient élevées au carré, rend difficile l'interprétation intuitive de la valeur numérique de la variance. Nous vous recommandons de considérer la variance comme une mesure utile pour comparer le degré de dispersion de plusieurs variables. La variable qui a la plus grande variance, a la plus grande dispersion. Il n'est pas nécessaire de chercher d'autres interprétations à la valeur de la variance.

La variance est utile pour comparer la dispersion de plusieurs variables.

Considérons à présent l'exemple des salaires initiaux des 12 diplômés d'une école de commerce, énumérés dans le tableau 3.1, pour illustrer le calcul de la variance d'échantillon. Dans la section 3.1, nous avons montré que la moyenne d'échantillon des salaires initiaux était égale à 3 540. Le calcul de la variance d'échantillon ($s^2 = 27440,91$) est décrit dans le tableau 3.3.

Remarquez que dans les tableaux 3.2 et 3.3, nous avons noté à la fois la somme des écarts par rapport à la moyenne et la somme des écarts par rapport à la moyenne au carré. Pour tout ensemble de données, la somme des écarts par rapport à la moyenne est toujours égale à zéro. Ainsi, comme indiqué dans les tableaux 3.2 et 3.3, $\sum(x_i - \bar{x}) = 0$. On obtient toujours ce résultat car les écarts positifs et les écarts négatifs s'annulent, égalisant la somme des écarts par rapport à la moyenne à zéro.

Tableau 3.2 ***Calcul des écarts et des écarts au carré par rapport à la moyenne pour les données relatives à la taille des classes***

Nombre d'étudiants dans la classe (x_i)	Taille moyenne des classes $(\bar{x})$	Écart par rapport à la moyenne $(x_i - \bar{x})$	Écart au carré par rapport à la moyenne $(x_i - \bar{x})^2$
46	44	2	4
54	44	10	100
42	44	−2	4
46	44	2	4
32	44	12	144
		Somme = 0	Somme = 256

Tableau 3.3 *Calcul de la variance d'échantillon pour les données sur les salaires initiaux des jeunes diplômés*

Salaire mensuel (x_i)	Moyenne d'échantillon $(\bar{x})$	Écart par rapport à la moyenne $(x_i - \bar{x})$	Écart au carré par rapport à la moyenne $(x_i - \bar{x})^2$
3 450	3 540	−90	8 100
3 550	3 540	10	100
3 650	3 540	110	12 100
3 480	3 540	−60	3 600
3 355	3 540	−185	34 225
3 310	3 540	−230	52 900
3 490	3 540	−50	2 500
3 730	3 540	190	36 100
3 540	3 540	0	0
3 925	3 540	385	148 225
3 520	3 540	−20	400
3 480	3 540	−60	3 600
		Somme = 0	Somme = 301 850

En utilisant l'équation (3.5),

$$s^2 = \frac{\sum(x_i - \bar{x})^2}{n-1} = \frac{301850}{11} = 27440{,}91$$

3.2.4 Écart type

L'écart type correspond à la racine carrée de la variance. En utilisant les notations adoptées pour définir la variance d'échantillon et la variance de la population, on utilise s pour noter l'écart type de l'échantillon et σ pour noter l'écart type de la population. L'écart type est déduit de la variance de la façon suivante.

► **Écart type**

$$\text{Écart type de l'échantillon} = s = \sqrt{s^2} \quad (3.6)$$

$$\text{Écart type de la population} = \sigma = \sqrt{\sigma^2} \quad (3.7)$$

L'écart type de l'échantillon s est l'estimateur de l'écart type de la population σ.

Rappelons que la variance d'échantillon pour l'échantillon des classes des cinq lycées est égale à 64. Ainsi, l'écart type de l'échantillon est égal à $s = \sqrt{64} = 8$. Pour les données sur les salaires initiaux, l'écart type de l'échantillon est égal à $s = \sqrt{27\,440{,}91} = 165{,}65$.

L'écart type est plus facile à interpréter que la variance puisqu'il est mesuré dans les mêmes unités que les données.

Quel est l'intérêt de convertir la variance en écart type ? Rappelons que les unités associées à la variance sont élevées au carré. Par exemple, la variance d'échantillon pour les données sur les salaires initiaux des 12 diplômés d'une école de commerce est égale à 27 440,91 $(\text{dollars})^2$. Puisque l'écart type est la racine carrée de la variance, les unités de la variance, dollars au carré, sont converties en dollars dans l'écart type. Ainsi, l'écart type pour les données sur les salaires initiaux est de 165,65 dollars. En d'autres termes, l'écart type est mesuré dans les mêmes unités que les données originales. Pour cette raison, l'écart type est plus facilement comparable à la moyenne et à d'autres statistiques mesurées dans les mêmes unités que les données originales.

3.2.5 Coefficient de variation

Dans certaines situations, il est intéressant d'obtenir un indicateur du rapport entre l'écart type et la moyenne. Cette mesure est appelée *coefficient de variation* et est généralement exprimée en pourcentage.

> Le coefficient de variation est une mesure de dispersion relative ; il mesure l'écart type relatif à la moyenne.

▶ **Coefficient de variation**

$$\frac{\text{Écart type}}{\text{Moyenne}} \times 100 \qquad (3.8)$$

Pour les données sur la taille des classes, nous avons trouvé une moyenne de 44 et un écart type de 8. Le coefficient de variation est donc égal à $(8/44) \times 100\ \% = 18{,}2\ \%$. Ce qui signifie que l'écart type d'échantillon représente 18,2 % de la valeur de la moyenne. Pour les données sur les salaires initiaux, la moyenne d'échantillon est égale à 3 540, l'écart type à 165,65 ; donc le coefficient de variation est égal à $(165{,}65/3\,540) \times 100\ \% = 4{,}7\ \%$, ce qui signifie que l'écart type représente seulement 4,7 % de la moyenne de l'échantillon. En général, le coefficient de variation est une statistique utile pour comparer la dispersion de variables qui ont des écarts type et des moyennes différentes.

REMARQUES

1. Les logiciels statistiques et les tableurs peuvent être utilisés pour calculer les statistiques descriptives présentées dans ce chapitre. Après avoir enregistré les données dans une feuille de calcul, quelques commandes simples génèrent le résultat souhaité. Nous verrons comment utiliser Minitab, Excel et StatTools pour développer ces statistiques descriptives dans les trois annexes de ce chapitre.

2. L'écart type constitue une mesure très utilisée du risque associé aux investissements boursiers et aux fonds communs de placement (*Business Week*, 17 janvier 2000). Il fournit une mesure des fluctuations mensuelles des rendements par rapport au rendement moyen de long terme.
3. Arrondir la valeur de la moyenne d'échantillon $\bar{x}$ et les valeurs des écarts au carré $(x_i - \bar{x})^2$ peut générer des erreurs lorsqu'une calculatrice est utilisée pour calculer la variance et l'écart type. Pour réduire les erreurs d'arrondis, nous recommandons d'utiliser au moins six chiffres après la virgule dans les calculs intermédiaires. La variance (ou l'écart type) peut ensuite être arrondie à deux chiffres après la virgule.
4. Une formule alternative pour calculer la variance d'échantillon est

$$s^2 = \frac{\sum x_i^2 - n\bar{x}^2}{n-1}$$

où $\sum x_i^2 = x_1^2 + x_2^2 + \ldots + x_n^2$.

EXERCICES

Méthode

13. Considérer un échantillon avec les observations suivantes : 10, 20, 12, 17 et 16. Calculer l'étendue et l'étendue interquartile.

14. Considérer un échantillon avec les observations suivantes : 10, 20, 12, 17 et 16. Calculer la variance et l'écart type.

15. Considérer un échantillon avec les observations suivantes : 27, 25, 20, 15, 30, 34, 28 et 25. Calculer l'étendue, l'étendue interquartile, la variance et l'écart type.

Applications

16. Le score d'un joueur de boules lors de six parties était respectivement de 182, 168, 184, 190, 170 et 174 points. En considérant ces données comme celles d'un échantillon, calculer les statistiques descriptives suivantes :

a) L'étendue.

b) La variance.

c) L'écart type.

d) Le coefficient de variation.

17. Un équipement home cinéma est la façon la plus simple et la plus économique de recréer chez soi l'ambiance cinéma. Ci-dessous figure un échantillon de prix (*Consumer Reports Buying Guide*, 2004). Deux types de modèles sont distingués : les modèles avec lecteur DVD et sans lecteur DVD.

Modèles avec lecteur DVD	Prix ($)	Modèles sans lecteur DVD	Prix ($)
Sony HT-1800DP	450	Pioneer http-230	300
Pioneer HTD-330DV	300	Sony HT-DDW750	300
Sony HT-C800DP	400	Kenwood HTB-306	360
Panasonic SC-HT900	500	RCA RT-2600	290
Panasonic SC-MTI	400	Kenwood HTB-206	300

a) Calculer le prix moyen des modèles avec lecteur DVD et le prix moyen des modèles sans lecteur DVD. Quel est le coût supplémentaire d'un équipement home cinéma comprenant un lecteur DVD ?

b) Calculer l'étendue, la variance et l'écart type des deux échantillons. Que vous apprennent ces données concernant le prix des modèles avec et sans lecteur DVD ?

18. Les tarifs de location à la journée d'un véhicule dans un échantillon de sept villes de l'Est des États-Unis figurent ci-dessous (*The Wall Street Journal*, 16 janvier 2004).

Ville	Tarif journalier (dollars)
Boston	43
Atlanta	35
Miami	34
New York	58
Orlando	30
Pittsburgh	30
Washington	36

a) Calculer la moyenne, la variance et l'écart type des tarifs de location.

b) Un échantillon similaire de sept villes de l'Ouest des États-Unis révèle un tarif de location moyen de 38 dollars par jour. La variance et l'écart type sont respectivement de 12,3 et 3,5. Discuter des différences entre les tarifs de location de véhicule des villes de l'Est et de l'Ouest des États-Unis.

19. Le *Los Angeles Times* rapporte régulièrement l'indice de la qualité de l'air pour plusieurs régions de la Californie du Sud. Un échantillon des indices de la qualité de l'air à Pomona fournit les données suivantes : 28, 42, 58, 48, 45, 55, 60, 49 et 50.

a) Calculer l'étendue et l'étendue interquartile.

b) Calculer la variance et l'écart type d'échantillon.

c) Un échantillon des indices de la qualité de l'air à Anaheim fournit une moyenne de 48,5, une variance de 136 et un écart type de 11,66. Quelles comparaisons pouvez-vous faire entre la qualité de l'air à Pomona et à Anaheim en vous basant sur ces statistiques descriptives ?

20. Les données ci-dessous ont servi à construire les histogrammes représentant le nombre de jours nécessaires aux sociétés Dawson Supply et J. C. Clark Distributors pour honorer les commandes (cf. figure 3.2).

Délai de livraison pour la société Dawson Supply : 11 10 9 10 11 11 10 11 10 10

Délai de livraison pour la société Clark Distributors : 8 10 13 7 10 11 10 7 15 12

Utiliser l'étendue et l'écart type pour soutenir l'observation précédente selon laquelle les délais de livraison de la société Dawson Supply sont plus acceptables.

21. Comment comparer les coûts des produits alimentaires à travers les États-Unis ? Le magazine *Where to Retire* a calculé le coût d'un panier composé de 10 biens (dont : viande, lait, pain, œufs, café, pomme de terre, céréale et jus d'orange) dans six villes et six régions de retraite à travers les États-Unis (*Where to Retire*, novembre-décembre 2003). Les données relatives au coût du panier, arrondi au dollar le plus proche, sont les suivantes.

Ville	Coût ($)	Région de retraite	Coût ($)
Buffalo	33	Biloxi-Gulfport	29
Des Moines	27	Asheville	32
Hartford	32	Flagstaff	32
Los Angeles	38	Hilton Head	34
Miami	36	Fort Myers	34
Pittsburgh	32	Santa Fe	31

a) Calculer la moyenne, la variance et l'écart type pour l'échantillon de villes et pour celui des régions de retraite.

b) Quelles observations peuvent être faites sur la base de ces deux échantillons ?

22. La fédération nationale des distributeurs a rapporté que les nouveaux élèves dépensent plus en fournitures scolaires que les autres élèves au lycée (*USA Today*, 4 août 2006). Des données d'échantillon comparant les dépenses en fournitures scolaires de 25 nouveaux élèves et de 20 anciens élèves sont contenues dans le fichier (en ligne) Fournitures scolaires. Fournitures scolaires

a) Quelle est la dépense moyenne en fournitures pour chaque groupe ? Les données sont-elles cohérentes avec les constatations de la fédération des distributeurs ?

b) Quelle est l'étendue des dépenses dans chaque groupe ?

c) Quelle est l'étendue interquartile des dépenses dans chaque groupe ?

d) Quel est l'écart type des dépenses dans chaque groupe ?

e) Qui des nouveaux ou des anciens élèves ont le plus de variabilité dans leurs dépenses ?

23. Les scores obtenus par un golfeur amateur lors du championnat de golf Bonita Fairways, à Bonita Springs en Floride, en 2005 et 2006 sont les suivants :

Saison 2005 :	74	78	79	77	75	73	75	77
Saison 2006 :	71	70	75	77	85	80	71	79

a) Utiliser la moyenne et l'écart type pour les performances du golfeur au cours des deux années.

b) Quelle est la principale différence entre les performances de 2005 et celles de 2006 ? Quelle amélioration, s'il y en a une, peut-on voire dans les scores de 2006 ?

24. Les temps ci-dessous correspondent aux temps réalisés par les coureurs d'une équipe universitaire pour parcourir un mile et un quart de mile (les temps sont en minutes).

Temps pour parcourir un quart de mille :	0,92	0,98	1,04	0,90	0,99
Temps pour parcourir un mille :	4,52	4,35	4,60	4,70	4,50

Après avoir observé cet échantillon, l'un des entraîneurs a souligné que les temps de parcours d'un quart de mile étaient plus réguliers. Utiliser l'écart type et le coefficient de variation pour résumer la dispersion des données. Le coefficient de variation confirme-t-il les dires de l'entraîneur ?

3.3 MESURES DE TENDANCE CENTRALE ET DÉTECTION DES VALEURS ABERRANTES

Nous avons décrit plusieurs mesures de tendance centrale et de dispersion pour les données. En outre, il est souvent important d'avoir une idée de la forme de la distribution des données. Dans le chapitre 2, nous avons évoqué le fait qu'un histogramme constitue une représentation graphique de la distribution. L'**asymétrie** est une mesure numérique importante permettant de déterminer la forme d'une distribution.

3.3.1 Forme d'une distribution

La figure 3.3 représente quatre histogrammes construits à partir de distributions de fréquence relative. Les exemples A et B illustrent des distributions modérément asymétriques. L'histogramme A est biaisé à gauche, son degré d'asymétrie est égal à -0,85. L'histogramme B est biaisé à droite, son degré d'asymétrie est égal à +0,85. L'histogramme C est symétrique, son degré d'asymétrie est nul. L'histogramme D est fortement biaisé à droite, son degré d'asymétrie est égal à +1,62. La formule utilisée pour calculer le degré d'asymétrie est quelque peu complexe[1]. Cependant, le degré d'asymétrie peut être facilement calculé grâce aux logiciels statistiques. Lorsque les données sont biaisées à gauche, le degré d'asymétrie est négatif, lorsqu'elles sont biaisées à droite, il est positif. Si les données sont symétriques, le degré d'asymétrie est nul.

La moyenne et la médiane d'une distribution symétrique sont égales. Lorsque les données sont positivement asymétriques (c'est-à-dire biaisées à droite), la moyenne est généralement supérieure à la médiane ; lorsque les données sont négativement asymétriques (c'est-à-dire biaisées à gauche), la moyenne est généralement inférieure à la médiane. Les données utilisées pour construire l'histogramme D correspondent aux dépenses de la clientèle d'un magasin d'habillement pour femmes. Le montant moyen des achats s'élève à 77,60 dollars et le montant médian à 59,70 dollars. Les quelques achats d'un montant élevé tendent à accroître la moyenne, alors que la médiane n'est pas affectée par ces montants importants d'achat. La médiane constitue la mesure de tendance centrale la plus appropriée lorsque les données sont fortement asymétriques.

[1] La formule de calcul du degré d'asymétrie pour des données issues d'un échantillon est la suivante :

$$\frac{n}{(n-1)(n-2)}\sum\left(\frac{x_i-\bar{x}}{s}\right)^3.$$

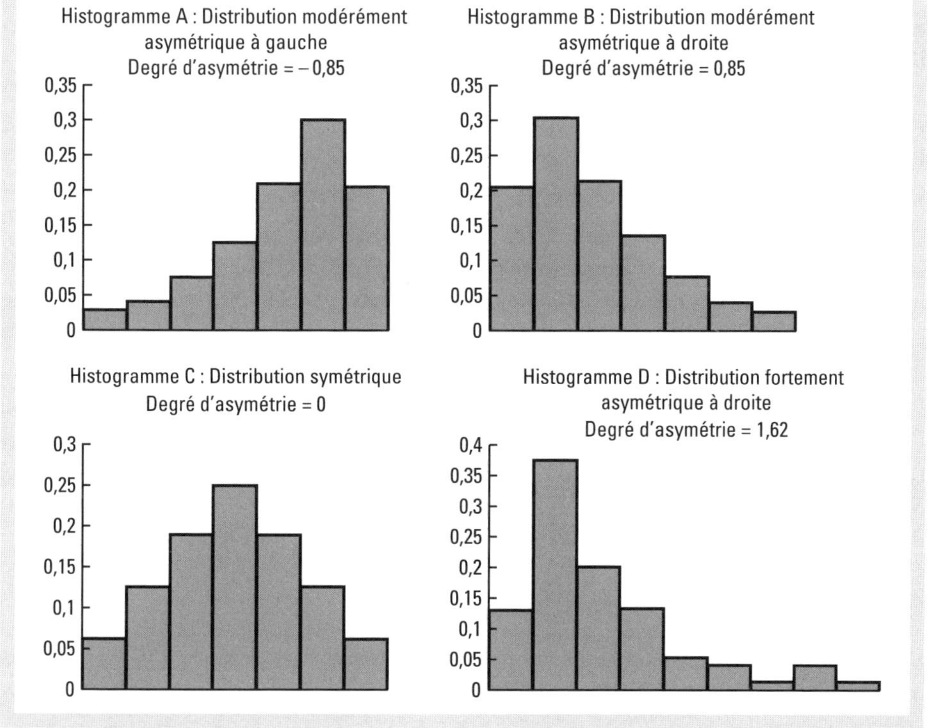

Figure 3.3 ***Histogrammes illustrant le degré d'asymétrie de quatre distributions***

3.3.2 *Variable centrée réduite*

Outre les mesures de tendance centrale, de dispersion et d'asymétrie des données, la tendance relative mérite également notre attention. Les mesures de tendance relative nous permettent de déterminer l'écart d'une valeur particulière par rapport à la moyenne.

En utilisant la moyenne et l'écart type, on peut déterminer la position relative d'une observation. Supposons que nous ayons un échantillon de n observations, notées $x_1, x_2, ..., x_n$, dont la moyenne $\bar{x}$ et l'écart type s ont été calculés. En les associant à chaque observation x_i, on obtient une autre valeur appelée **variable centrée réduite**. L'équation (3.9) explique comment la variable centrée réduite est calculée pour chaque observation.

► **Variable centrée réduite *z***

$$z_i = \frac{x_i - \bar{x}}{s} \tag{3.9}$$

où z_i est la variable centrée réduite pour l'observation i
$\bar{x}$ est la moyenne d'échantillon
s est l'écart type d'échantillon

La variable centrée réduite z_i peut être interprétée comme le nombre d'écarts type qui séparent x_i de la moyenne $\bar{x}$. Par exemple, $z_1 = 1,2$ signifie que x_1 se situe à 1,2 écart type au-dessus de la moyenne d'échantillon. De même, $z_2 = -0,5$ signifie que x_2 se situe à 1/2 écart type en-dessous de la moyenne d'échantillon. Les valeurs de la variable centrée réduite sont positives lorsque les observations sont supérieures à la moyenne et négatives lorsque les observations sont inférieures à la moyenne. Lorsque la valeur de la variable centrée réduite est nulle, l'observation est égale à la moyenne.

La variable centrée réduite peut être interprétée comme une mesure de tendance centrale relative des observations. Ainsi, des observations de deux ensembles de données différents, qui ont la même variable centrée réduite, peuvent être considérées comme ayant la même situation relative, c'est-à-dire comme étant placées à un même nombre d'écarts type par rapport à la moyenne.

Les valeurs des variables centrées réduites pour les données sur la taille des classes sont énumérées dans le tableau 3.4. La moyenne d'échantillon, $\bar{x} = 44$, et l'écart type d'échantillon, $s = 8$, ont été calculés précédemment. La valeur de la variable centrée réduite de la 5e observation, égale à $-1,5$, indique que cette observation est la plus éloignée de la moyenne ; elle se situe à 1,5 écart type en-dessous de la moyenne.

3.3.3 Le théorème de Chebyshev

Le **théorème de Chebyshev** nous permet de déterminer le pourcentage d'observations qui devraient se situer à un certain nombre d'écarts type de part et d'autre de la moyenne.

► **Théorème de Chebyshev**

Au moins $(1 - 1/z^2)$ des observations doivent se situer au plus à $|z|$ écarts type de part et d'autre de la moyenne (c'est-à-dire dans l'intervalle $[\bar{x} - zs; \bar{x} + zs]$), avec z supérieur à 1.

Quelques conséquences de ce théorème, avec z = 2, 3 ou 4 écarts type, sont décrites ci-dessous.

Tableau 3.4 ***Valeur de la variable centrée réduite pour les données sur la taille des classes***

Nombre d'étudiants dans la classe (x_i)	Écart par rapport à la moyenne $(x_i - \bar{x})$	Valeur de la variable centrée réduite $\left(\frac{x_i - \bar{x}}{s}\right)$
46	2	2/8 = 0,25
54	10	10/8 = 1,25
42	−2	−2/8 = −0,25
46	2	2/8 = 0,25
32	−12	−12/8 = −1,50

- Au moins 0,75 ou 75 % des observations se situent, au plus, à 2 écarts type de part et d'autre de la moyenne (dans l'intervalle $[\bar{x}-2s;\bar{x}+2s]$).
- Au moins 0,89 ou 89 % des observations se situent, au plus, à 3 écarts type de part et d'autre de la moyenne (dans l'intervalle $[\bar{x}-3s;\bar{x}+3s]$).
- Au moins 0,94 ou 94 % des observations se situent, au plus, à 4 écarts type de part et d'autre de la moyenne (dans l'intervalle $[\bar{x}-4s;\bar{x}+4s]$).

Pour illustrer le théorème de Chebyshev, supposons que la moyenne des notes de 100 étudiants d'une école de commerce, obtenues à l'examen de statistiques, soit égale à 70 et que l'écart type soit égal à 5. Combien d'étudiants ont obtenu une note comprise entre 60 et 80 ? Combien d'étudiants ont obtenu une note comprise entre 58 et 82 ?

Pour les notes comprises entre 60 et 80, on peut remarquer que 60 correspond à la moyenne moins 2 fois l'écart type et 80 correspond à la moyenne plus 2 fois l'écart type. D'après le théorème de Chebyshev, au moins 75 % des observations doivent avoir une valeur distante d'au plus ±2 écarts type de la moyenne. Aussi, au moins 75 % des étudiants doivent avoir obtenu une note comprise entre 60 et 80.

Pour les notes comprises entre 58 et 82, puisque $(58-70)/5=-2,4$, 58 se situe à 2,4 écarts type en-dessous de la moyenne et puisque $(82-70)/5=+2,4$, 82 se situe à 2,4 écarts type au-dessus de la moyenne. En appliquant le théorème de Chebyshev avec $z=2,4$, on obtient

$$\left(1-\frac{1}{z^2}\right)=\left[1-\frac{1}{(2,4)^2}\right]=0,826$$

Au moins 82,6 % des étudiants doivent avoir une note comprise entre 58 et 82.

> Le théorème de Chebyshev exige que *z* soit supérieur à 1, mais *z* n'est pas forcément un nombre entier.

3.3.4 La règle empirique

L'un des avantages du théorème de Chebyshev est qu'il s'applique à tout ensemble de données, quelle que soit la forme de la distribution des données. En conséquence, il peut être utilisé pour toutes les distributions représentées à la figure 3.3. Dans la pratique, cependant, de nombreux ensembles de données ont une distribution en forme de cloche, ou de butte, semblable à celle représentée à la figure 3.4. Lorsque l'on pense que les données suivent une telle distribution, la **règle empirique** peut être utilisée pour déterminer le pourcentage d'observations qui se situent à une certaine distance, mesurée en écarts type, autour de la moyenne.

> La règle empirique est fondée sur la distribution de probabilité normale, introduite au chapitre 6. La distribution normale est fréquemment utilisée à travers tout l'ouvrage.

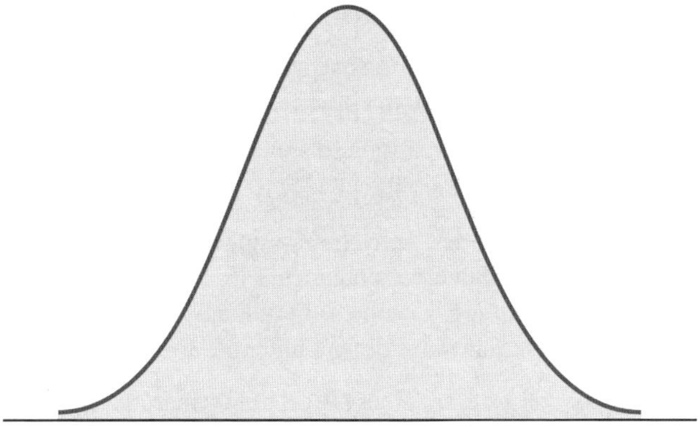

Figure 3.4 ***Une distribution symétrique en forme de cloche ou de butte***

► **Règle empirique**

Pour des données ayant une distribution en forme de cloche :

- Environ 68 % des observations se situent dans l'intervalle $[\bar{x} - s \,;\, \bar{x} + s]$.
- Environ 95 % des observations se situent dans l'intervalle $[\bar{x} - 2s \,;\, \bar{x} + 2s]$.
- Presque toutes les observations se situent dans l'intervalle $[\bar{x} - 3s \,;\, \bar{x} + 3s]$.

Par exemple, les flacons de détergent liquide sont remplis automatiquement sur une chaîne de production. Les poids de remplissage ont fréquemment une distribution en forme de cloche. Si le poids moyen de remplissage est de 16 onces et l'écart type de 0,25 once, on peut utiliser la règle empirique pour obtenir les conclusions suivantes.

- Approximativement 68 % des flacons remplis doivent peser entre 15,75 et 16,25 onces (la moyenne plus ou moins un écart type).
- Approximativement 95 % des flacons remplis doivent peser entre 15,50 et 16,50 onces (la moyenne plus ou moins 2 écarts type).
- Presque tous les flacons doivent peser entre 15,25 et 16,75 onces (la moyenne plus ou moins 3 écarts type).

3.3.5 Détection des valeurs aberrantes

Parfois un ensemble de données contient une ou plusieurs observations anormalement grandes ou petites. Ces valeurs extrêmes sont dites **aberrantes**. Les statisticiens expérimentés identifient les valeurs aberrantes et les reconsidèrent chacune attentivement. Une valeur aberrante peut provenir d'une erreur d'enregistrement. Si tel est le cas, elle doit être corrigée avant toute analyse supplémentaire. Une valeur aberrante peut également provenir d'une observation qui n'a pas été correctement incluse dans l'ensemble de données ; si tel est le cas, elle doit être supprimée. Pour finir, une valeur aberrante peut être une valeur inhabituelle, correctement enregistrée et qui appartient à l'ensemble de données. Dans une telle situation, elle doit être conservée.

Les variables centrées réduites peuvent être utilisées pour identifier les valeurs aberrantes. Rappelons que la règle empirique nous permet de conclure que, pour des données distribuées en forme de cloche, presque toutes les observations sont comprises entre la moyenne et plus ou moins 3 écarts type. Ainsi, en utilisant les variables centrées réduites pour identifier les valeurs aberrantes, nous recommandons de considérer toute observation dont la variable centrée réduite z est inférieure à -3 ou supérieure à +3, comme aberrante. De telles observations doivent être réexaminées avec attention pour déterminer si elles appartiennent bien à l'ensemble des données.

> C'est une bonne idée de vérifier la présence de valeurs aberrantes avant de prendre des décisions en se basant sur l'analyse des données. Des erreurs sont souvent commises en collectant les données et en les enregistrant. Les valeurs aberrantes ne doivent pas nécessairement être supprimées, mais leur exactitude doit être vérifiée avant toute analyse supplémentaire des données.

Reprenons les variables centrées réduites pour les données sur la taille des classes du tableau 3.4. La valeur de –1,5, associée à la cinquième taille de classe, indique que cette observation est la plus éloignée de la taille moyenne. Cependant, cette valeur est comprise entre –3 et +3, limites au-delà desquelles l'observation est considérée comme aberrante. Aussi, les variables centrées réduites n'indiquent pas la présence de valeurs aberrantes dans l'ensemble de données sur la taille des classes.

REMARQUES

1. Le théorème de Chebyshev est applicable à tout ensemble de données et peut être utilisé pour déterminer le nombre minimum de données qui seront à une certaine distance, établie en écarts type, de part et d'autre de la moyenne. Si l'on pense que la distribution des données est en forme de cloche, on peut en dire plus. Par exemple, la règle empirique nous permet de dire qu'approximativement 95 % des observations seront dans l'intervalle $\left[\bar{x} - 2s; \bar{x} + 2s\right]$; le théorème de Chebyshev nous permet seulement de conclure qu'au moins 75 % des observations seront dans cet intervalle.

2. Avant d'analyser un ensemble de données, les statisticiens effectuent habituellement diverses vérifications afin de garantir la validité des données. Dans une étude importante, il n'est pas rare de faire des erreurs en collectant les données ou en les enregistrant dans l'ordinateur. L'identification des valeurs aberrantes est l'un des outils utilisés pour vérifier la validité des données.

EXERCICES

Méthode

25. Considérer un échantillon avec les observations suivantes : 10, 20, 12, 17 et 16. Calculer les valeurs de la variable centrée réduite z pour chacune des cinq observations.

26. Considérer un échantillon de moyenne 500 et d'écart type 100. Quelle est la valeur de la variable centrée réduite z pour les observations suivantes : 520, 650, 500, 450 et 280 ?

27. Considérer un échantillon de moyenne 30 et d'écart type 5. Utiliser le théorème de Chebyshev pour déterminer le pourcentage d'observations comprises entre :

a) 20 et 40.

b) 15 et 45.

c) 22 et 38.

d) 18 et 42.

e) 12 et 48.

28. Des données, distribuées en forme de cloche, ont une moyenne de 30 et un écart type de 5. Utiliser la règle empirique pour déterminer le pourcentage d'observations comprises entre :

a) 20 et 40.

b) 15 et 45.

c) 25 et 35.

Applications

29. Les résultats d'une enquête nationale indiquent qu'en moyenne, les adultes dorment 6,9 heures par nuit. Supposons que l'écart type soit de 1,2 heure.

a) Utiliser le théorème de Chebyshev pour calculer le pourcentage d'individus qui dorment entre 4,5 et 9,3 heures par nuit ?

b) Utiliser le théorème de Chebyshev pour calculer le pourcentage d'individus qui dorment entre 3,9 et 9,9 heures par nuit ?

c) Supposons que le nombre d'heures de sommeil suive une distribution normale (en forme de cloche). Utiliser la règle empirique pour calculer le pourcentage d'individus qui dorment entre 4,5 et 9,3 heures par nuit. Comparer ces résultats à la valeur obtenue en utilisant le théorème de Chebyshev à la question (a).

30. Le département d'information sur l'énergie indiquait que le prix moyen d'un gallon de gasoil était de 2,05 dollars (*Energy Information Administration*, mai 2009). Supposons que l'écart type était de 0,10 dollar et que le prix du gasoil a une distribution normale (en forme de cloche).

a) Quel est le pourcentage de gasoil vendu à un prix compris entre 1,95 et 2,15 dollars par gallon ?

b) Quel est le pourcentage de gasoil vendu à un prix compris entre 1,85 et 2,25 dollars par gallon ?

c) Quel est le pourcentage de gasoil vendu à un prix supérieur à 2,25 dollars par gallon ?

31. La moyenne nationale de l'épreuve de mathématiques d'un test d'aptitude au lycée est de 515 (*The World Almanac*, 2009). Le comité du lycée réévalue périodiquement le test de manière à ce que l'écart type soit à peu près égal à 100. Répondre aux questions suivantes en supposant la distribution des notes au test d'aptitude normale et en utilisant la règle empirique.

a) Quel est le pourcentage d'élèves qui ont une note en maths supérieure à 615 ?

b) Quel est le pourcentage d'élèves qui ont une note en maths supérieure à 715 ?

c) Quel est le pourcentage d'élèves qui ont une note en maths comprise entre 415 et 515 ?

d) Quel est le pourcentage d'élèves qui ont une note en maths comprise entre 315 et 615 ?

32. Les coûts élevés sur le marché immobilier californien ont conduit certaines familles qui n'avaient pas les moyens d'acheter une maison plus grande, à envisager d'agrandir leur maison. Beaucoup ont utilisé leur abri de jardin pour y construire un bureau, un studio artistique, une aire de jeu ou un espace de rangement supplémentaire. Le prix moyen d'un abri de jardin en bois est de 3 100 dollars (*Newsweek*, 29 septembre 2003). Supposons que l'écart type soit de 1 200 dollars.

a) Quelle est la valeur de la variable centrée réduite pour un abri de jardin coûtant 2 300 dollars ?

b) Quelle est la valeur de la variable centrée réduite pour un abri de jardin coûtant 4 900 dollars ?

c) Interpréter les valeurs des questions (a) et (b). Y a-t-il des valeurs aberrantes ?

d) L'article de *Newsweek* décrivait un bureau-abri de jardin construit à Albany, en Californie, pour un coût de 13 000 dollars. Cette valeur peut-elle être considérée comme aberrante ? Expliquer.

33. La société Florida Power & Light (FP&L) a acquis la réputation de réactiver rapidement ses installations électriques après des tempêtes. Toutefois, durant la saison des ouragans en 2004 et 2005, il est apparu que le processus historique de réparation d'urgence des systèmes électriques de la société n'était plus aussi performant (*The Wall Street Journal*, 16 janvier 2006). Les données indiquant le nombre de jours nécessaires pour rétablir le courant après sept ouragans en 2004 et 2005 sont présentées ci-dessous.

Ouragan	Nombre de jours nécessaires pour rétablir le courant
Charley	13
Frances	12
Jeanne	8
Dennis	3
Katrina	8
Rita	2
Wilma	18

À partir de cet échantillon de 7 observations, calculer les statistiques descriptives suivantes :

a) La moyenne, la médiane et le mode.

b) L'étendue et l'écart type.

c) L'ouragan Wilma devrait-il être considéré comme une valeur aberrante en termes de jours requis pour rétablir le courant ?

d) Les sept ouragans ont généré 10 millions d'interruptions de service électrique. Est-ce que les statistiques montrent que FP&L devrait revoir son processus de réparation d'urgence des systèmes électriques ? Discuter.

34. Un échantillon des résultats de 10 matchs de basket fournit les données suivantes (*USA Today*, 26 janvier 2004, fichier en ligne NCAA).

NCAA

Équipe gagnante	Points	Équipe perdante	Points	Écart de points
Arizona	90	Oregon	66	24
Duke	85	Georgetown	66	19
État de Floride	75	Wake Forrest	70	5
Kansas	78	Colorado	57	21
Kentucky	71	Notre Dame	63	8
Louisville	65	Tennessee	62	3
Oklahoma State	72	Texas	66	6
Purdue	76	Michigan State	70	6
Stanford	77	Southern Cal	67	10
Wisconsin	76	Illinois	56	20

a) Calculer la moyenne et l'écart type des points obtenus par l'équipe gagnante.

b) Supposons que la distribution des points obtenus par l'équipe gagnante pour tous les matchs soit en forme de cloche. En utilisant la moyenne et l'écart type calculés à la question (a), estimer le pourcentage de matchs au cours desquels l'équipe gagnante marque 84 points ou plus. Estimer le pourcentage de matchs au cours desquels l'équipe gagnante marque plus de 90 points.

c) Calculer la moyenne et l'écart type des données relatives à l'écart de points. Les données contiennent-elles des valeurs aberrantes ? Expliquer.

35. Selon le rapport de l'équipe Marketing de Associated Press, l'équipe des Cowboys de Dallas était l'équipe pour laquelle le ticket d'entrée à un match de la ligue nationale de football était le plus élevé (*USA Today*, 20 octobre 2009). Ci-dessous sont repris les prix moyens d'un billet pour un échantillon de 14 équipes de la ligue nationale de football (fichier en ligne Billets Ligue nationale de foot).

Billets Ligue nationale de foot

Équipe	Prix du billet (dollars)	Équipe	Prix du billet (dollars)
Atlanta Falcons	72	Green Bay Packers	63
Buffalo Bills	51	Indianapolis Colts	83
Carolina Panthers	63	New Orleans Saints	62
Chicago Bears	88	New York Jets	87
Cleveland Browns	55	Pittsburgh Steelers	67
Dallas Cowboys	160	Seattle Seahawks	61
Denver Broncos	77	Tennessee Titans	61

a) Quel est le prix moyen du billet ?

b) L'année précédente, le prix moyen du billet était de 72,20 dollars. Quelle a été l'augmentation moyenne du prix d'un billet en pourcentage sur un an ?

c) Calculer le prix médian du billet.

d) Calculer le premier et le troisième quartile.

e) Calculer l'écart type.

f) Quelle est la valeur de la variable centrée réduite associée au prix du billet des Dallas Cowboys ? Ce prix devrait-il être considéré comme une valeur aberrante ? Expliquer.

3.4 ANALYSE EXPLORATOIRE DES DONNÉES

Dans le chapitre 2, nous avons introduit le diagramme « stem-and-leaf » en tant que technique d'analyse exploratoire des données. Rappelons que l'analyse exploratoire des données nous permet d'utiliser des calculs arithmétiques simples et des graphiques faciles à dessiner, pour résumer les données. Dans cette section, nous poursuivons l'analyse exploratoire des données, en considérant les résumés en cinq chiffres et les « boîtes-à-pattes » (*box plots*, en anglais).

3.4.1 Résumé en cinq chiffres

Dans un **résumé en cinq chiffres**, les cinq valeurs suivantes sont utilisées pour résumer les données.

1. Valeur la plus petite
2. Premier quartile (Q_1)
3. Médiane (Q_2)
4. Troisième quartile (Q_3)
5. Valeur la plus élevée

La façon la plus simple de construire un résumé en cinq chiffres est tout d'abord d'ordonner les observations de façon croissante. Ensuite, il est facile d'identifier la plus petite valeur, les trois quartiles et la plus grande valeur. Les salaires mensuels initiaux, présentés dans le tableau 3.1, pour un échantillon de 12 diplômés d'une école de commerce, sont réécrits ici en ordre croissant.

$$3\,310 \quad 3\,355 \quad 3\,450 \,\big|\, 3\,480 \quad 3\,480 \quad 3\,490 \,\big|\, 3\,520 \quad 3\,540 \quad 3\,550 \,\big|\, 3\,650 \quad 3\,730 \quad 3\,925$$

$$Q_1 = 3\,465 \qquad Q_2 = 3\,505 \text{ (Médiane)} \qquad Q_3 = 3\,600$$

La médiane égale à 3 505 et les quartiles, Q_1 = 3 465 et Q_3 = 3 600, ont déjà été calculés (cf. section 3.1). La valeur la plus petite des données est 3 310, la plus grande 3 925. Ainsi le résumé en cinq chiffres pour les données sur les salaires comporte les chiffres suivants : 3 310, 3 465, 3 505, 3 600, 3 925. Approximativement un quart (25 %) des observations sont comprises entre deux nombres adjacents du résumé en cinq chiffres.

3.4.2 Boîte-à-pattes

La **boîte-à-pattes** est une illustration des données, basée sur le résumé en cinq chiffres. La médiane et les quartiles Q_1 et Q_3 sont les éléments clés de la construction d'une boîte-à-pattes. L'étendue interquartile, $EIQ = Q_3 - Q_1$, est également utilisée. La figure 3.5 correspond à la boîte-à-pattes obtenue pour les données sur les salaires mensuels initiaux. Les étapes de la construction d'une boîte-à-pattes sont détaillées ci-dessous.

1. On dessine une boîte ; les 1er et 3e quartiles constituent les deux extrémités de la boîte. Pour les données sur les salaires, $Q_1 = 3465$ et $Q_3 = 3600$. La boîte contient 50 % des observations centrales.
2. Une ligne verticale est tracée dans la boîte au niveau de la médiane (3 505 pour les données sur le salaire).

3. On fixe les limites en utilisant l'étendue interquartile, $EIQ = Q_3 - Q_1$. Les *limites* de la boîte-à-pattes sont situées aux points $(Q_1 - 1,5EIQ)$ et $(Q_3 + 1,5EIQ)$. Pour les données sur les salaires, $EIQ = Q_3 - Q_1 = 3\,600 - 3\,465 = 135$. Ainsi, les limites sont $3\,465 - (1,5 \times 135) = 3\,262,5$ et $3\,600 + (1,5 \times 135) = 3\,802,5$. Les valeurs situées hors de ces limites sont considérées être des *valeurs aberrantes*.
4. Les lignes en pointillées sur la figure 3.5 constituent les *pattes*. Les pattes sont tracées depuis la fin de la boîte jusqu'à la plus petite valeur des observations comprises entre les limites calculées à l'étape 3, d'un côté, et jusqu'à la plus grande valeur des observations comprises entre les limites calculées à l'étape 3, de l'autre côté. Ainsi les pattes vont jusqu'à 3 310 et 3 730 de part et d'autre de la boîte.
5. Enfin, les valeurs aberrantes sont représentées par le symbole *. Dans la figure 3.5, on remarque une valeur aberrante, l'observation 3 925.

> La boîte-à-pattes est un autre moyen d'identifier les valeurs aberrantes. Mais elle n'identifie pas nécessairement les mêmes valeurs que la méthode des variables centrées réduites, qui considère comme aberrantes les valeurs dont la valeur centrée réduite z est inférieure à –3 ou supérieure à +3. L'une ou l'autre procédure (ou les deux) peuvent être utilisées.

Sur la figure 3.5, nous avons représenté les limites par des lignes, de manière à expliciter les calculs et à bien visualiser leur position pour les données sur les salaires. Bien que ces limites soient toujours calculées, elles ne sont généralement pas représentées sur le graphique de la boîte-à-pattes. La figure 3.6 illustre l'apparence habituelle d'une boîte-à-pattes, pour les données sur les salaires.

Salaire par discipline

Pour comparer les salaires mensuels initiaux des jeunes diplômés par discipline, un échantillon de 111 jeunes diplômés a été sélectionné (cf. fichier en ligne Salaires par discipline). La discipline et le salaire mensuel initial ont été enregistrés pour chaque diplômé. La figure 3.7 représente les boîtes-à-pattes obtenues avec Minitab pour les diplômés en comptabilité, finance, systèmes d'information, management et marketing. Notez que la discipline est indiquée sur l'axe horizontal et que chaque boîte-à-pattes est représentée

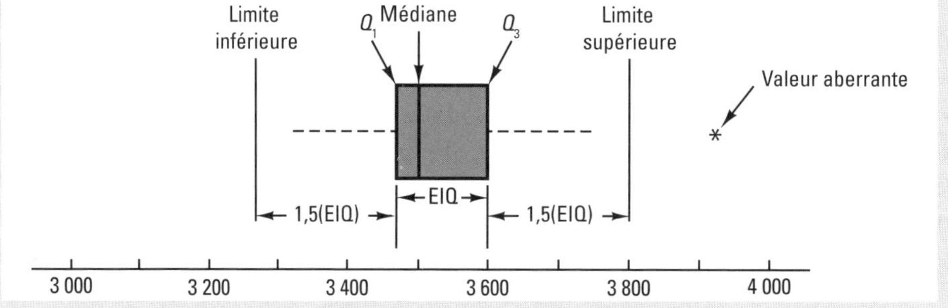

Figure 3.5 ***Boîte-à-pattes réalisée à partir des données relatives aux salaires mensuels initiaux des jeunes diplômés, avec des droites indiquant les limites inférieure et supérieure***

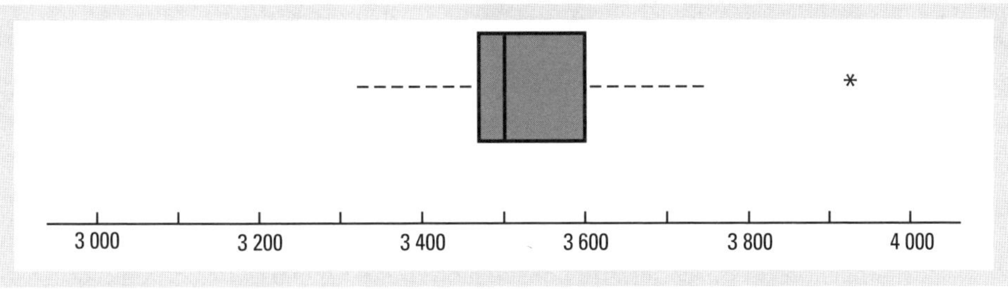

Figure 3.6 ***Boîte-à-pattes réalisée à partir des données sur les salaires initiaux***

verticalement au-dessus de la discipline considérée. Représenter ainsi les boîtes-à-pattes est un excellent moyen graphique de comparer plusieurs groupes.

Quelles observations pouvez-vous faire à propos des salaires mensuels initiaux par discipline à partir des boîtes-à-pattes représentées sur la figure 3.7 ? Nous pouvons en particulier relever les constatations suivantes :

- Les salaires les plus élevés sont observés en comptabilité ; les salaires les plus faibles en management et marketing.
- Les salaires médians les plus élevés sont observés en comptabilité et en systèmes d'information (ils sont par ailleurs similaires). Vient ensuite le salaire médian des diplômés en finance, puis en marketing et en management.
- Des valeurs aberrantes (salaires très élevés) apparaissent dans les domaines de la comptabilité, de la finance et du marketing.
- Les salaires des diplômés en finance sont les moins variables, alors que les salaires des comptables présentent une forte dispersion.

Peut-être voyez-vous d'autres commentaires à faire à partir de ces boîtes-à-pattes.

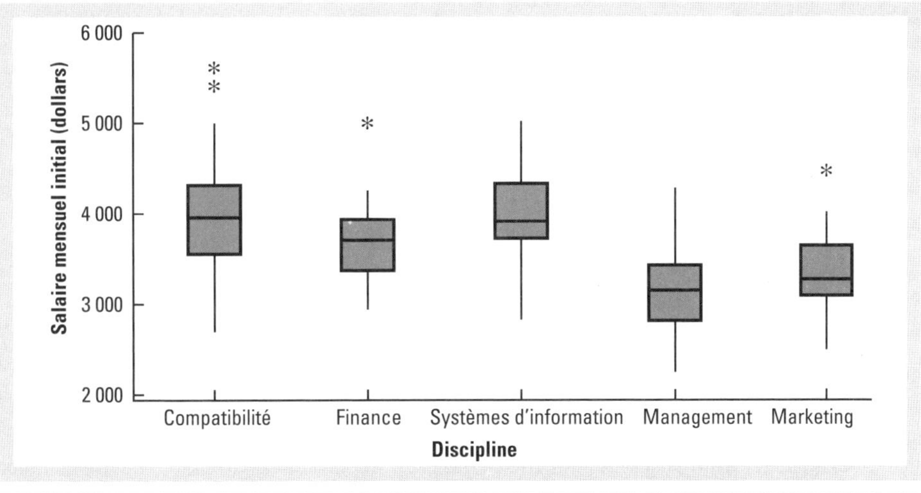

Figure 3.7 ***Boîtes-à-pattes réalisées à partir des données sur les salaires initiaux par discipline avec Minitab***

REMARQUES

1. Un avantage des procédures d'analyse exploratoire des données est leur facilité d'utilisation ; peu de calculs numériques sont nécessaires. Il faut simplement ordonner les observations de façon croissante et identifier les cinq valeurs qui forment le résumé en cinq chiffres. La boîte-à-pattes peut alors être facilement construite. Il n'est pas nécessaire de calculer la moyenne et l'écart type des données.
2. Nous explicitons la procédure de construction d'une boîte-à-pattes grâce à Minitab dans l'annexe 3.1. La boîte-à-pattes obtenue est semblable à celle représentée à la figure 3.6 mais est dessinée verticalement.

EXERCICES

Méthode

36. Considérer un échantillon avec les observations suivantes : 27, 25, 20, 15, 30, 34, 28 et 25. Fournir le résumé en cinq chiffres de ces données.

37. Construire la boîte-à-pattes pour les données de l'exercice 36.

38. Fournir le résumé en cinq chiffres et construire la boîte-à-pattes pour les données suivantes : 5, 15, 18, 10, 8, 12, 16, 10, 6.

39. Le premier et le troisième quartile d'un ensemble de données sont respectivement égaux à 42 et 50. Calculer les limites inférieure et supérieure. Peut-on considérer la valeur 65 comme une valeur aberrante ?

Applications

40. Le nombre de restaurants de quelques enseignes franchisées est fourni dans le tableau suivant (*The New York Times Almanac*, 2010) (cf. fichier en ligne Franchise).

Enseigne	Nombre de restaurants	Enseigne	Nombre de restaurants
Arby's	2 558	McDonald's	24 799
Baskin-Robbins	5 889	Papa John's	2 615
Dairy Queen	5 619	Pizza Hut	10 238
Domino's	8 053	Quiznos	5 110
Dunkin Donuts	8 082	Subway	29 612
Hardee's	1 397	Taco Bell	4 516
KFC Corp	11 553		

a) Quelle est l'enseigne franchisée la plus importante ? Combien de restaurants compte-t-elle ?

b) Quel est le nombre médian de restaurants de ces enseignes franchisées ?

c) Fournir un résumé en cinq chiffres.

d) Y a-t-il des valeurs aberrantes ?

e) Construire une boîte-à-pattes.

41. La ville de Naples en Floride organise chaque année en janvier un semi-marathon (21,1 km). L'évènement attire des coureurs venant des quatre coins des États-Unis et du monde entier. En janvier 2009, 22 hommes et 31 femmes âgés de 19 à 24 ans ont participé à la course. Les temps de course en minutes de ces coureurs sont fournis ci-dessous (*Naples Daily News*, 19 janvier 2009). Les temps sont fournis par ordre d'arrivée (cf. fichier en ligne Coureurs).

Arrivée	Homme	Femme	Arrivée	Homme	Femme	Arrivée	Homme	Femme
1	65,30	109,03	11	109,05	123,88	21	143,83	136,75
2	66,27	111,22	12	110,23	125,78	22	148,70	138,20
3	66,52	111,65	13	112,90	129,52	23		139,00
4	66,85	111,93	14	113,52	129,87	24		147,18
5	70,87	114,38	15	120,95	130,72	25		147,35
6	87,18	118,33	16	127,98	131,67	26		147,50
7	96,45	121,25	17	128,40	132,03	27		147,75
8	98,52	122,08	18	130,90	133,20	28		153,88
9	100,52	122,48	19	131,80	133,50	29		154,83
10	108,18	122,62	20	138,63	136,57	30		189,27
						31		189,28

a) George Towett de Marietta, en Géorgie, est arrivé le premier parmi les hommes et Lauren Wald de Gainesville en Floride a terminé à la première place chez les femmes. Comparer les temps des vainqueurs masculin et féminin. Si les 53 coureurs hommes et femmes avaient concouru dans le même groupe, à quelle place Lauren aurait-elle été classée ?

b) Quel est le temps médian des coureurs masculin et des coureurs de sexe féminin ? Comparer les coureurs des deux sexes sur la base de leurs temps médians.

c) Fournir un résumé en cinq chiffres pour les hommes et un pour les femmes.

d) Y a-t-il des valeurs aberrantes ?

e) Construire la boîte-à-pattes pour chaque groupe. Est-ce les hommes ou les femmes qui ont la plus grande dispersion dans les temps de course ? Expliquer

42. Le magazine *Consumer Reports* fournissait les taux de satisfaction des consommateurs vis-à-vis des services de téléphonie mobile proposés par AT&T, Sprint, T-Mobile et Verizon dans les principales zones urbaines américaines. La note attribuée à chaque service reflète la satisfaction générale des clients au regard de plusieurs facteurs tels que le tarif, les problèmes de connexion, les appels manqués, les interférences et le service client. Une échelle de notation de 0 à 100 a été utilisée, 0 indiquant une insatisfaction totale et 100 une satisfaction totale. Les notes attribués aux quatre opérateurs de téléphonie mobile dans 20 zones urbaines (cf. fichier en ligne Service mobile) sont fournies ci-dessous (*Consumer Reports*, janvier 2009).

Service mobile

Zone urbaine	AT&T	Sprint	T-Mobile	Verizon
Atlanta	70	66	71	79
Boston	69	64	74	76
Chicago	71	65	70	77
Dallas	75	65	74	78
Denver	71	67	73	77
Detroit	73	65	77	79
Jacksonville	73	64	75	81
Las Vegas	72	68	74	81
Los Angeles	66	65	68	78
Miami	68	69	73	80
Minneapolis	68	66	75	77
Philadelphie	72	66	71	78
Phoenix	68	66	76	81
San Antonio	75	65	75	80
San Diego	69	68	72	79
San Francisco	66	69	73	75
Seattle	68	67	74	77
Saint Louis	74	66	74	79
Tampa	73	63	73	79
Washington	72	68	71	76

a) Considérez tout d'abord T-Mobile. Quelle est sa note médiane ?

b) Développer un résumé en cinq chiffres pour le service proposé par T-Mobile.

c) Y a-t-il des valeurs aberrantes dans les notes attribuées à T-Mobile ? Expliquer.

d) Répéter les questions (b) et (c) pour les trois autres opérateurs.

e) Représenter la boîte-à-pattes pour les quatre services de téléphonie mobile sur un graphique. Discuter de ce qu'une comparaison des boîtes-à-pattes nous apprend des quatre services. Quel service le magazine *Consumer Reports* recommandait-il comme étant le meilleur au regard de la satisfaction globale des clients ?

43. Les Phillies de Philadelphie ont battu les Bay Rays de Tampa 4 à 3 et ont gagné la coupe de la ligue principale de baseball lors de la coupe du monde en 2008 (*The Philadelphia Inquirer*, 29 octobre 2008). Plus tôt dans la saison, lors des jeux décisifs de la coupe de la ligue de baseball, les Phillies de Philadelphie ont battu les Dodgers de Los Angeles et ont gagné le championnat national, alors que les Bay Rays de Tampa battaient les Red Sox de Boston et gagnaient le championnat américain. Le fichier Salaires MLB contient les salaires des 28 joueurs de chacune de ces quatre équipes (Base de données des salaires de *USA Today*, octobre 2008). Les données, exprimées en milliers de dollars, ont été ordonnées du plus élevé au plus faible salaire pour chaque équipe.

Salaires MLB

a) Analyser les salaires des champions mondiaux de Philadelphie. Quel est le revenu total pour l'équipe ? Quel est le salaire médian ? Fournir le résumé en cinq chiffres.

b) Y a-t-il des valeurs aberrantes dans les données sur les salaires des Phillies de Philadelphie ? Si oui, combien et quels sont les montants de ces salaires aberrants ?

c) Quel est le salaire moyen pour chacune des trois autres équipes ? Fournir le résumé en cinq chiffres pour chaque équipe et identifier les valeurs aberrantes.

d) Construire la boîte-à-pattes des salaires pour les quatre équipes. Quelle en est votre interprétation ? Est-ce que c'est l'équipe, parmi les quatre étudiées, qui a les salaires les plus élevés qui a gagné le championnat national et la coupe du monde ?

44. Le tableau 3.5 fournit une liste de 46 fonds mutuels et leur rendement annuel en pourcentage (*Smart Money*, février 2004 ; fichier en ligne Fonds mutuels).

Fonds mutuels

a) Quels sont les rendements moyen et médian de ces fonds mutuels ?

b) Quel est le premier quartile ? Le troisième quartile ?

c) Fournir le résumé en cinq chiffres

d) Y a-t-il des valeurs aberrantes ? Construire une boîte-à-pattes.

Tableau 3.5 ***Rendement annuel des fonds mutuel***

Fonds mutuel	Rendement (%)	Fonds mutuel	Rendement (%)
Alger Capital Appreciation	23,5	Nations Small Company	21,4
Alger LargeCap Growth	22,8	Nations SmallCap Index	24,5
Alger MidCap Growth	38,3	Nations Strategic Growth	10,4
Alger Small Cap	41,3	Nations Value Inv	10,8
AllianceBernstein Technology	40,6	One Group Diversified Equity	10,0
Federated American Leaders	15,6	One Group Diversified Int'l	10,9
Federated Captial Appreciation	12,4	One Group Diversified Mid Cap	15,1
Federated Equity-Income	11,5	One Group Equity Income	6,6
Federated Kaufmann	33,3	One Group Int'l Equity Index	13,2
Federated Max-Cap Index	16,0	One Group Large Cap Growth	13,6
Federated Stock	16,9	One Group Large Cap Value	12,8
Janus Adviser Int'l Growth	10,3	One Group Mid Cap Growth	18,7
Janus Adviser Worldwide	3,4	One Group Mid Cap Value	11,4
Janus Enterprise	24,2	One Group Small Cap Growth	23,6
Janus High-Yield	12,1	PBHG Growth	27,3
Janus Mercury	20,6	Putnam Europe Equity	20,4
Janus Overseas	11,9	Putnam Int'l Capital Opportunity	36,6
Janus Worldwide	4,1	Putnam International Equity	21,5
Nations Convertible Secuities	13,6	Putnam Int'l New Opportunity	26,3
Nations Int'l Equity	10,7	Strong Advisor Mid Cap Growth	23,7
Nations LargeCap Enhd. Core	13,2	Strong Growth 20	11,7
Nations LargeCap Index	13,5	Strong Growth Inv	23,2
Nation MidCap Index	19,5	Strong Large Cap Growth	14,5

3.5 MESURES DE LA RELATION ENTRE DEUX VARIABLES

Jusqu'à présent, nous avons étudié les méthodes numériques utilisées pour résumer les données d'une variable à un moment donné. Souvent un manager ou un responsable s'intéresse à la relation entre deux variables. Dans cette section, nous présenterons la covariance et la corrélation, des mesures descriptives de la relation entre deux variables.

Reconsidérons tout d'abord l'exemple du magasin d'équipement hi-fi de San Francisco, présenté dans la section 2.4. Le responsable du magasin s'intéresse à la relation qui pourrait exister entre le nombre de spots publicitaires diffusés au cours d'un week-end et les ventes effectuées la semaine suivante. Le tableau 3.6 regroupe un échantillon de données sur les ventes, exprimées en centaines de dollars. Il fournit 10 observations ($n = 10$), une par semaine. Le nuage de points de la figure 3.8 dévoile une relation positive, un plus important volume de vente (y) étant associé à un plus grand nombre de spots publicitaires (x). Le nuage de points suggère donc qu'une ligne droite caractérise la relation. Nous introduisons dans cette section la covariance en tant que mesure descriptive de la relation linéaire entre deux variables.

3.5.1 Covariance

Pour un échantillon de taille n composé des observations $(x_1, y_1), (x_2, y_2)$, etc., la covariance de l'échantillon est définie par :

► **Covariance de l'échantillon**

$$s_{xy} = \frac{\Sigma(x_i - \bar{x})(y_i - \bar{y})}{n-1} \tag{3.10}$$

Dans cette formule, à chaque observation x_i est associée une observation y_i. Les produits obtenus en multipliant l'écart de chaque observation x_i par rapport à sa moyenne

Tableau 3.6 ***Données d'échantillon pour le magasin de hi-fi***

Hi-fi

Semaine	Nombre de spots publicitaires x	Volume des ventes (centaines de dollars) y
1	2	50
2	5	57
3	1	41
4	3	54
5	4	54
6	1	38
7	5	63
8	3	48
9	4	59
10	2	46

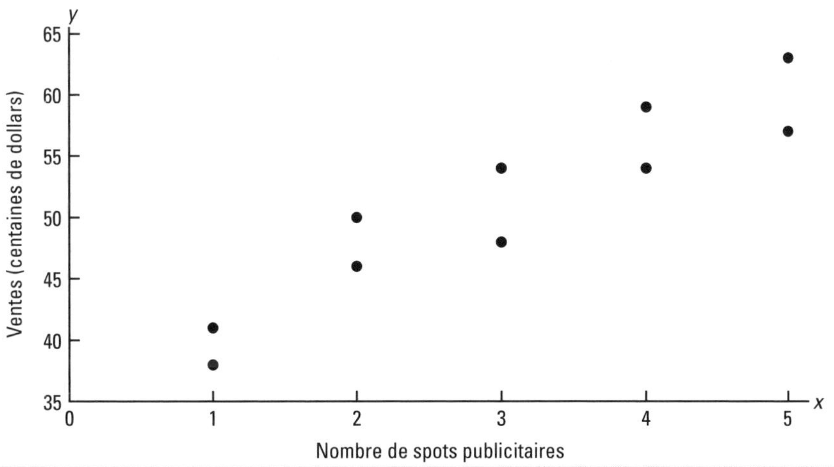

Figure 3.8 ***Nuage de points pour le magasin de hi-fi***

d'échantillon $\bar{x}$, par l'écart entre l'observation y_i qui lui est associée, et sa moyenne d'échantillon $\bar{y}$, sont sommés. Cette somme est ensuite divisée par $n-1$.

Pour mesurer la robustesse de la relation linéaire entre le nombre de spots publicitaires x et le volume des ventes y dans le problème du magasin d'équipement hi-fi, on utilise la formule (3.10) pour calculer la covariance de l'échantillon. Les calculs de $\Sigma(x_i - \bar{x})(y_i - \bar{y})$

Tableau 3.7 ***Calcul de la covariance d'échantillon***

x_i	y_i	$x_i - \bar{x}$	$y_i - \bar{y}$	$(x_i - \bar{x})(y_i - \bar{y})$
2	50	−1	−1	1
5	57	2	6	12
1	41	−2	−10	20
3	54	0	3	0
4	54	1	3	3
1	38	−2	−13	26
5	63	2	12	24
3	48	0	−3	0
4	59	1	8	8
2	46	−1	−5	5
Total = 30	Total = 510	Total = 0	Total = 0	Total = 99

$$s_{xy} = \frac{\Sigma(x_i - \bar{x})(y_i - \bar{y})}{n-1} = \frac{99}{9} = 11$$

sont détaillés dans le tableau 3.7. Notez que $\bar{x} = 30/10 = 3$ et $\bar{y} = 510/10 = 51$. En utilisant la formule (3.10), on obtient une covariance de l'échantillon égale à

$$s_{xy} = \frac{\sum(x_i - \bar{x})(y_i - \bar{y})}{n-1} = \frac{99}{9} = 11$$

La formule de calcul de la covariance pour une population de taille N est similaire à la formule (3.10) mais nous utilisons des notations différentes pour indiquer que nous travaillons avec la population entière.

▶ **Covariance de la population**

$$\sigma_{xy} = \frac{\sum(x_i - \mu_x)(y_i - \mu_y)}{N} \tag{3.11}$$

Dans la formule (3.11), nous utilisons la notation μ_x pour décrire la moyenne de la population de la variable x et μ_y pour décrire la moyenne de la population de la variable y. La covariance de la population σ_{xy} est définie pour une population de taille N.

3.5.2 Interprétation de la covariance

Pour interpréter plus facilement la covariance d'échantillon, considérons la figure 3.9. La figure est semblable au nuage de points présenté à la figure 3.8, avec une ligne verticale en pointillés tracée au point $\bar{x} = 3$ et une ligne horizontale en pointillés tracée au point $\bar{y} = 51$. Quatre cadrans figurent maintenant sur le graphique. Les points situés dans le cadran I sont caractérisés par une valeur x_i supérieure à $\bar{x}$ et une valeur y_i supérieure à $\bar{y}$; les points situés dans le cadre II sont caractérisés par une valeur x_i inférieure à $\bar{x}$ et une valeur y_i supérieure à $\bar{y}$; etc. Ainsi, la valeur de $(x_i - \bar{x})(y_i - \bar{y})$ est positive pour les points situés dans les cadrans I et III et négative pour les points situés dans les cadrans II et IV.

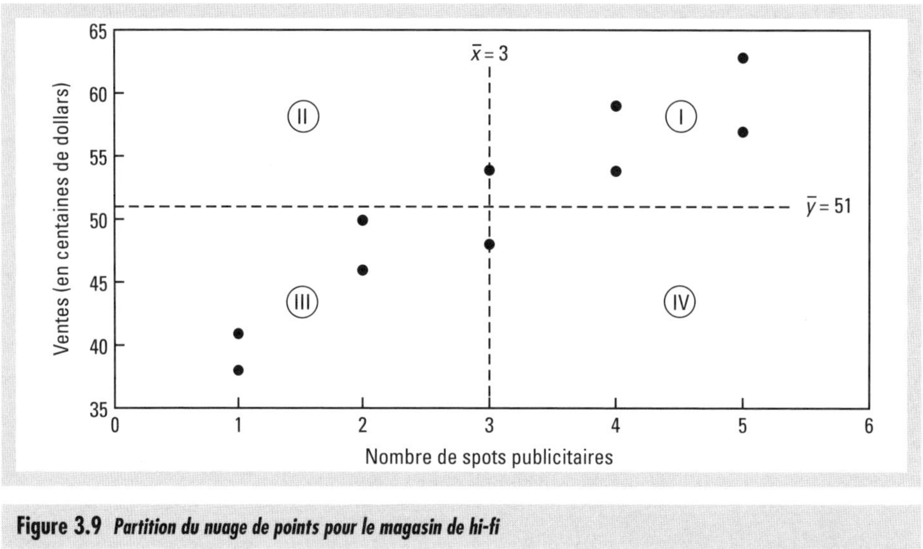

Figure 3.9 ***Partition du nuage de points pour le magasin de hi-fi***

Si la valeur de s_{xy} est positive, les points qui ont la plus grande influence sur s_{xy} se trouvent dans les cadrans I et III. Ainsi, une valeur positive de s_{xy} révèle une relation linéaire positive entre x et y ; c'est-à-dire, lorsque la valeur de x augmente, la valeur de y augmente. Si la valeur de s_{xy} est négative, ce sont les points situés dans les cadrans II et IV qui ont la plus grande influence sur s_{xy}. Ainsi, une valeur négative de s_{xy} révèle une relation linéaire négative entre x et y ; c'est-à-dire, lorsque la valeur de x augmente, la valeur de y diminue. Si les points sont répartis de façon uniforme entre les quatre cadrans, la valeur de s_{xy} sera proche de zéro, indiquant l'absence d'une relation linéaire entre x et y. La figure 3.10 illustre les différentes valeurs que peut prendre s_{xy} pour trois types de nuage de points.

La covariance est une mesure de la relation linéaire entre deux variables.

En se référant de nouveau à la figure 3.9, nous remarquons que le nuage de points obtenu avec les données sur le magasin d'équipement hi-fi a la même forme que celui représenté en haut de la figure 3.10. Comme l'on s'y attendait, la valeur de la covariance indique une relation linéaire positive, avec $s_{xy} = 11$.

D'après la discussion précédente, une valeur positive élevée de la covariance semble indiquer une forte relation positive et une valeur négative élevée de la covariance semble indiquer une forte relation négative. Cependant, l'utilisation de la covariance comme mesure de la robustesse de la relation linéaire présente un inconvénient : la valeur de la covariance dépend de l'unité de mesure des variables x et y. Par exemple, supposons que nous nous intéressions à la relation entre la taille, x, et le poids, y, d'individus. La robustesse de la relation devrait être la même que la taille soit mesurée en mètres ou en centimètres. Cependant, lorsque la taille est mesurée en centimètres, les valeurs numériques $(x_i - \bar{x})$ sont supérieures à celles obtenues en mesurant la taille en mètres. Ainsi, lorsque la taille est mesurée en centimètres, on obtient une valeur supérieure au numérateur $\sum(x_i - \bar{x})(y_i - \bar{y})$ dans la formule (3.10) – et donc une covariance supérieure – alors qu'en fait, il n'y a pas de différence dans la relation. Le **coefficient de corrélation** est une mesure de la relation entre deux variables qui n'est pas exposée à ce type de problème.

3.5.3 Coefficient de corrélation

Pour un échantillon de données, le coefficient de corrélation de Pearson est défini par :

▶ Coefficient de corrélation de Pearson : Données d'échantillon

$$r_{xy} = \frac{s_{xy}}{s_x s_y} \tag{3.12}$$

où

r_{xy} correspond au coefficient de corrélation de l'échantillon
s_{xy} correspond à la covariance de l'échantillon
s_x correspond à l'écart type d'échantillon de x
s_y correspond à l'écart type d'échantillon de y

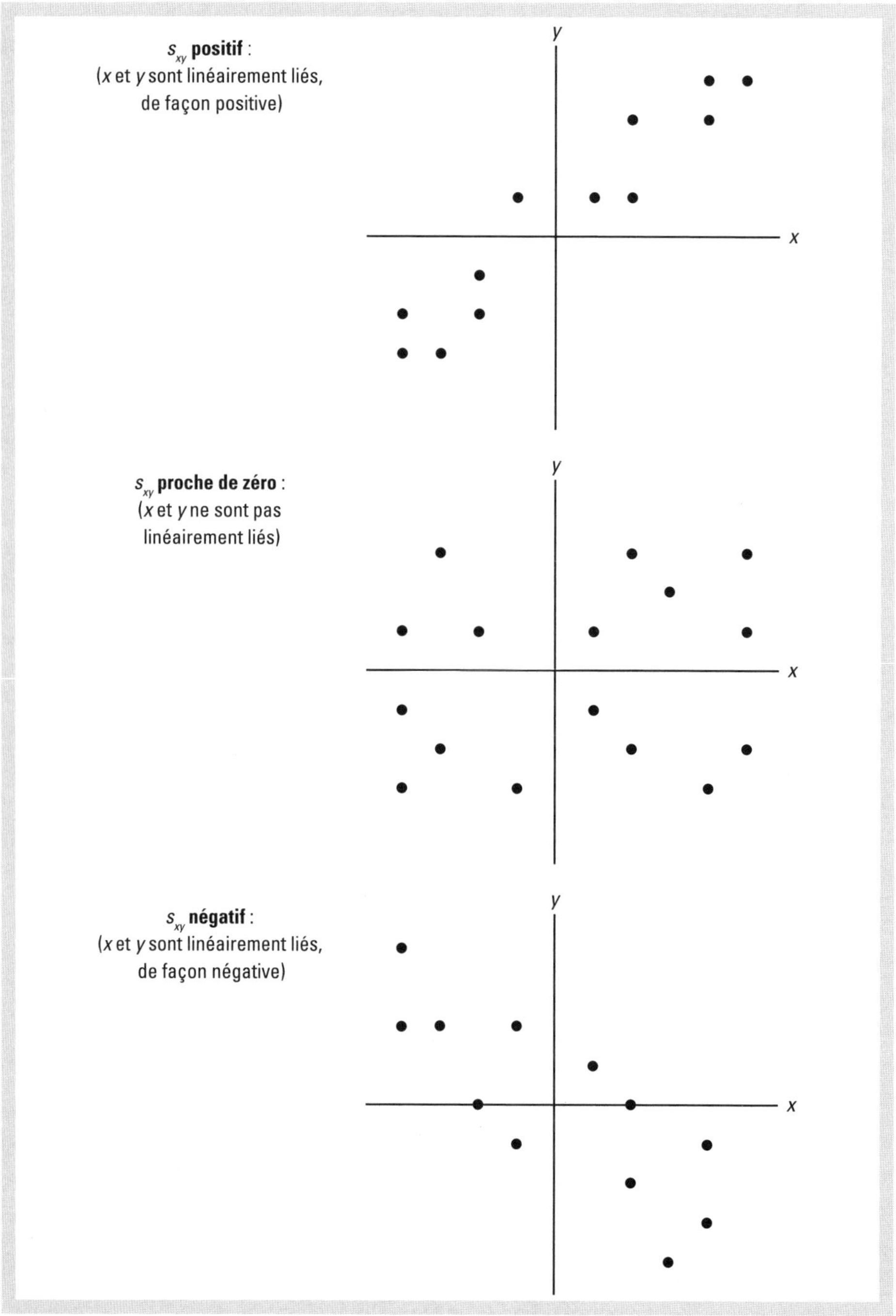

Figure 3.10 ***Interprétation de la covariance d'échantillon***

D'après la formule (3.12), le coefficient de corrélation de Pearson pour un échantillon de données (appelé plus simplement coefficient de corrélation de l'échantillon) est calculé en divisant la covariance de l'échantillon par le produit des écarts type d'échantillon de x et de y.

Calculons le coefficient de corrélation d'échantillon pour l'exemple du magasin d'équipement hi-fi. En utilisant les données du tableau 3.7, nous pouvons calculer les écarts type des deux variables.

$$s_x = \sqrt{\frac{\sum(x_i - \bar{x})^2}{n-1}} = \sqrt{\frac{20}{9}} = 1,49$$

$$s_y = \sqrt{\frac{\sum(y_i - \bar{y})^2}{n-1}} = \sqrt{\frac{566}{9}} = 7,93$$

Puisque $s_{xy} = 11$, le coefficient de corrélation est égal à

$$r_{xy} = \frac{s_{xy}}{s_x s_y} = \frac{11}{(1,49)(7,93)} = 0,93$$

La formule de calcul du coefficient de corrélation pour une population, noté ρ_{xy}, est donnée ci-dessous.

▶ **Coefficient de corrélation de Pearson : données issues d'une population**

$$\rho_{xy} = \frac{\sigma_{xy}}{\sigma_x \sigma_y} \quad (3.13)$$

où

ρ_{xy} correspond au coefficient de corrélation de la population
σ_{xy} correspond à la covariance de la population
σ_x correspond à l'écart type de x, au niveau de la population
σ_y correspond à l'écart type de y, au niveau de la population

Le coefficient de corrélation de l'échantillon r_{xy} est l'estimateur du coefficient de corrélation de la population ρ_{xy}.

Le coefficient de corrélation de l'échantillon r_{xy} fournit une estimation du coefficient de corrélation de la population ρ_{xy}.

3.5.4 Interprétation du coefficient de corrélation

Considérons, tout d'abord un exemple simple pour illustrer une relation parfaitement linéaire et positive. Le nuage de points de la figure 3.11 décrit la relation entre x et y, basée sur les données suivantes.

x_i	y_i
5	10
10	30
15	50

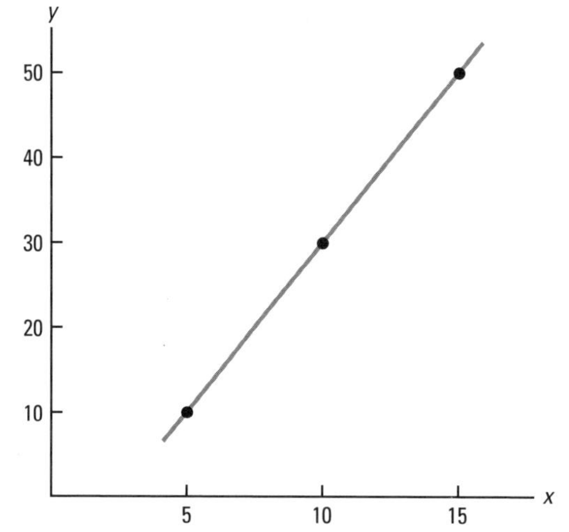

Figure 3.11 ***Nuage de points décrivant une relation positive parfaitement linéaire***

La ligne droite tracée entre les trois points illustre une relation parfaitement linéaire et positive entre x et y. Pour appliquer l'équation (3.12) et calculer le coefficient de corrélation de l'échantillon, il est nécessaire de calculer tout d'abord s_{xy}, s_x et s_y. Certains calculs sont présentés dans le tableau 3.8. En les utilisant, on obtient

$$s_{xy} = \frac{\sum(x_i - \bar{x})(y_i - \bar{y})}{n-1} = \frac{200}{2} = 100$$

$$s_x = \sqrt{\frac{\sum(x_i - \bar{x})^2}{n-1}} = \sqrt{\frac{50}{2}} = 5$$

$$s_y = \sqrt{\frac{\sum(y_i - \bar{y})^2}{n-1}} = \sqrt{\frac{800}{2}} = 20$$

$$r_{xy} = \frac{s_{xy}}{s_x s_y} = \frac{100}{5(20)} = 1$$

Le coefficient de corrélation de l'échantillon est égal à 1.

> Le coefficient de corrélation varie entre –1 et +1. Des valeurs proches de –1 ou de +1 révèlent une forte relation linéaire. Plus le coefficient est proche de zéro, plus la relation est faible.

En général, si tous les points d'un ensemble de données sont alignés sur une droite de pente positive, la valeur du coefficient de corrélation de l'échantillon est +1 ; en

Tableau 3.8 ***Calculs utilisés pour déterminer le coefficient de corrélation de l'échantillon***

x_i	y_i	$x_i - \bar{x}$	$(x_i - \bar{x})^2$	$y_i - \bar{y}$	$(y_i - \bar{y})^2$	$(x_i - \bar{x})(y_i - \bar{y})$
5	10	−5	25	−20	400	100
10	30	0	0	0	0	0
15	50	5	25	20	400	100
Total = 30	Total = 90	Total = 0	Total = 50	Total = 0	Total = 800	Total = 200

$\bar{x} = 10 \quad \bar{y} = 30$

d'autres termes, un coefficient de corrélation de +1 correspond à une relation parfaitement linéaire et positive entre x et y. À l'inverse, si les points d'un ensemble de données sont alignés sur une droite de pente négative, la valeur du coefficient de corrélation est –1 ; en d'autres termes, un coefficient de corrélation de –1 correspond à une relation parfaitement linéaire et négative entre x et y.

Supposons maintenant qu'un ensemble de données particulier révèle une relation linéaire positive entre x et y mais que cette relation n'est pas parfaitement linéaire. La valeur de r_{xy} sera inférieure à 1, indiquant que les points du nuage de points ne sont pas tous alignés sur une même droite. Plus les points dévient d'une relation positive parfaitement linéaire, plus la valeur de r_{xy} sera petite. Une valeur de r_{xy} égale à zéro indique l'absence de relation linéaire entre x et y, et des valeurs de r_{xy} proches de zéro révèlent une faible relation linéaire.

Pour les données sur le magasin d'équipement hi-fi, rappelons que $r_{xy} = 0{,}93$. Ainsi, on peut conclure qu'il existe une forte relation linéaire positive entre le nombre de spots publicitaires diffusés et les ventes. Plus précisément, une augmentation du nombre de spots publicitaires se traduira par une augmentation des ventes.

Pour conclure, soulignons que la corrélation fournit une mesure de la relation linéaire mais pas nécessairement une relation de causalité. Une corrélation importante entre deux variables ne signifie pas que des changements intervenant sur l'une des variables se traduiront par des changements sur l'autre variable. Par exemple, on pourrait trouver que la qualité et le prix d'un repas dans un restaurant sont positivement corrélés. Cependant, une augmentation du prix du repas n'impliquera pas forcément une augmentation de sa qualité.

EXERCICES

Méthode

45. Cinq observations pour deux variables sont présentées ci-dessous.

x_i	4	6	11	3	16
y_i	50	50	40	60	30

a) Dessiner un nuage de points avec x sur l'axe des abscisses.

b) Quelle relation entre les deux variables le nuage de points de la question (a) indique-t-il ?

c) Calculer et interpréter la covariance de l'échantillon.

d) Calculer et interpréter le coefficient de corrélation de l'échantillon.

46. Cinq observations pour deux variables sont présentées ci-dessous.

x_i	6	11	15	21	27
y_i	6	9	6	17	12

a) Dessiner un nuage de points avec x sur l'axe des abscisses.

b) Quelle relation entre les deux variables le nuage de points de la question (a) indique-t-il ?

c) Calculer et interpréter la covariance de l'échantillon.

d) Calculer et interpréter le coefficient de corrélation de l'échantillon.

Applications

47. Dix matchs de football universitaires ont été joués en janvier 2010. L'université de l'Alabama a battu l'université du Texas 37 à 21 et est devenue le champion national universitaire. Les résultats (cf. fichier en ligne BowlGames) des 10 matchs sont fournis dans le tableau suivant (*USA Today*, 8 janvier 2010). L'écart de points prévisionnel entre l'équipe gagnante et l'équipe perdante était estimé grâce aux cotes des paris effectués à Las Vegas environ une semaine avant que les matchs aient lieu. Par exemple, les paris désignaient Auburn gagnant sur Northwestern lors du chapionnat Outback Bowl par 5 points. L'écart de points réels en faveur de Auburn fut de 3. Un écart de points estimé négatif signifie que l'équipe qui a réellement gagné le match était l'outsider et devait perdre selon les pronostics. Par exemple, dans le championnat Rose Bowl, les paris donnaient l'État de l'Ohio perdant avec un déficit de 2 points et finalement, l'État de l'Ohio a gagné par 9 points.

BowlGames

Championnat	Score	Écart de points attendu	Écart de points effectif
Outback	Auburn 38 Northwestern 35	5	3
Gator	État de Floride 33 Virginie Occidentale 21	1	12
Capital One	État de Pennsylvanie 19 LSU 17	3	2
Rose	État de l'Ohio 26 Oregon 17	−2	9
Sugar	Floride 51 Cincinnati 24	14	27
Cotton	État du Mississippi 21 état de l'Oklahoma 7	3	14
Alamo	Texas Tech 41 état du Michigan 31	9	10
Fiesta	État de Boise 17 TCU 10	−4	7
Orange	Iowa 24 Georgia Tech 14	−3	10
Championnat national	Alabama 37 Texas 21	4	16

a) Dessiner un nuage de points pour les données, avec l'écart de point attendu en abscisse.

b) Quelle est la relation entre l'écart de points attendu et l'écart de points effectif ?

c) Calculer et interpréter la covariance de l'échantillon.

d) Calculer le coefficient de corrélation de l'échantillon. Qu'indique cette valeur quant à la relation entre l'écart de points attendu par les parieurs de Las Vegas et l'écart de points effectif lors des matchs de football universitaire ?

48. Une étude du ministère des transports sur la vitesse et le kilométrage des véhicules de taille moyenne a fourni les données suivantes :

Vitesse	30	50	40	55	30	25	60	25	50	55
Kilométrage	28	25	25	23	30	32	21	35	26	25

Calculer et interpréter le coefficient de corrélation de l'échantillon.

49. Au début de l'année 2009, la crise économique a entraîné la destruction d'emplois et l'augmentation des saisies immobilières. Le taux de chômage national s'élevait à 6,5 % et le pourcentage de saisies immobilières à 6,12 % (*The Wall Street Journal*, 27 janvier 2009). Pour prévoir quel serait l'état du marché immobilier au cours de l'année à venir, les économistes ont étudié la relation entre le taux de chômage et le pourcentage de saisies immobilières. Les économistes pensaient que si le taux de chômage continuait à augmenter, il y aurait également une augmentation des saisies immobilières. Les données suivantes fournissent le taux de chômage et les pourcentages de saisies immobilières pour 27 marchés immobiliers (fichier en ligne Logement).

Zone urbaine	Taux de chômage (%)	Saisies immobilières (%)	Zone urbaine	Taux de chômage (%)	Saisies immobilières (%)
Atlanta	7,1	7,02	New York	6,2	5,78
Boston	5,2	5,31	Comté d'Orange	6,3	6,08
Charlotte	7,8	5,38	Orlando	7,0	10,05
Chicago	7,8	5,40	Philadelphie	6,2	4,75
Dallas	5,8	5,00	Phoenix	5,5	7,22
Denver	5,8	4,07	Portland	6,5	3,79
Detroit	9,3	6,53	Raleigh	6,0	3,62
Houston	5,7	5,57	Sacramento	8,3	9,24
Jacksonville	7,3	6,99	Saint Louis	7,5	4,40
Las Vegas	7,6	11,12	San Diego	7,1	6,91
Los Angeles	8,2	7,56	San Francisco	6,8	5,57
Miami	7,1	12,11	Seattle	5,5	3,87
Minneapolis	6,3	4,39	Tampa	7,5	8,42
Nashville	6,6	4,78			

Logement

a) Calculer le coefficient de corrélation de l'échantillon. Y a-t-il une corrélation positive entre le taux de chômage et le pourcentage de saisies immobilières ? Quelle est votre interprétation ?

b) Dessiner un nuage de points de la relation entre le taux de chômage et le pourcentage de saisies immobilières.

50. L'indice Dow Jones Industriel et l'indice Standard & Poor's (S&P 500) sont tous les deux utilisés pour mesurer les transactions sur le marché boursier. L'indice Dow Jones

Industriel est basé sur les prix des actions de 30 sociétés importantes ; l'indice S&P 500 est basé sur le prix des actions de 500 sociétés. Si à la fois l'indice Dow Jones Industriel et l'indice S&P 500 mesurent la performance du marché boursier, comment sont-ils corrélés ? Les données suivantes (fichier en ligne Marché boursier) correspondent à la variation quotidienne en pourcentage des deux indices sur un échantillon de neuf jours au cours d'une période de trois mois (*The Wall Street Journal*, du 15 janvier au 10 mars 2006).

Marché boursier

Dow Jones	0,20	0,82	−0,99	0,04	−0,24	1,01	0,30	0,55	−0,25
S&P 500	0,24	0,19	−0,91	0,08	−0,33	0,87	0,36	0,83	−0,16

a) Construire un nuage de points.

b) Calculer le coefficient de corrélation de l'échantillon.

c) Quelle conclusion pouvez-vous en déduire quant à la relation entre les indices ? Est-il nécessaire de consulter les deux indices avant de se faire une idée générale sur la performance journalière du marché boursier ?

51. Les températures journalières minimales et maximales de 14 villes à travers le monde sont regroupées dans le tableau suivant (La chaîne météo, 22 avril 2009 ; fichier en ligne Températures mondiales).

Températures mondiales

Ville	Maximales	Minimales	Ville	Maximales	Minimales
Athènes	68	50	Londres	67	45
Pékin	70	49	Moscou	44	29
Berlin	65	44	Paris	69	44
Le Caire	96	64	Rio de Janeiro	76	69
Dublin	57	46	Rome	69	51
Genève	70	45	Tokyo	70	58
Hong Kong	80	73	Toronto	44	39

a) Quelle est la température maximale moyenne ?

b) Quelle est la température minimale moyenne ?

c) Quel est le coefficient de corrélation entre les minimales et les maximales ? Discuter.

3.6 MOYENNE PONDÉRÉE ET DONNÉES GROUPÉES

Dans la section 3.1, nous avons présenté la moyenne comme une des mesures de statistique descriptive les plus importantes. La formule de la moyenne pour un échantillon de n observations est rappelée ci-dessous.

$$\bar{x} = \frac{\sum x_i}{n} = \frac{x_1 + x_2 + x_3 + \ldots + x_n}{n} \quad (3.14)$$

Dans cette formule, chaque observation x_i a la même importance ou la même pondération. Bien que cette pratique soit la plus courante, dans certaines situations, la moyenne est calculée en donnant à chaque observation une pondération qui reflète son importance. Une moyenne calculée de cette manière est appelée **moyenne pondérée**.

3.6.1 Moyenne pondérée

La moyenne pondérée est calculée de la façon suivante :

▶ **Moyenne pondérée**

$$\bar{x} = \frac{\sum w_i x_i}{\sum w_i} \tag{3.15}$$

où

x_i correspond à l'observation i
w_i correspond à la pondération de l'observation i

Lorsque les données sont issues d'un échantillon, la formule (3.15) fournit la moyenne pondérée de l'échantillon. Lorsque les données sont issues d'une population, $\bar{x}$ est remplacé par μ et la formule (3.15) fournit la moyenne pondérée de la population.

Pour illustrer le calcul d'une moyenne pondérée, considérons l'échantillon suivant relatif à cinq achats de matières premières au cours des trois derniers mois.

Achat	Coût par livre ($)	Nombre de livres
1	3,00	1 200
2	3,40	500
3	2,80	2 750
4	2,90	1 000
5	3,25	800

Notez que le coût par livre varie entre 2,80 et 3,40 dollars, et que la quantité achetée varie entre 500 et 2 750 livres. Supposons qu'un responsable veuille obtenir des informations sur le coût moyen par livre de matières premières. Puisque les quantités commandées varient, nous devons utiliser la formule d'une moyenne pondérée. Les cinq valeurs des observations sur le coût par livre sont $x_1 = 3,00$, $x_2 = 3,40$, $x_3 = 2,80$, $x_4 = 2,90$ et $x_5 = 3,25$. Le coût moyen pondéré, par livre, est obtenu en pondérant chaque coût par la quantité correspondante. Dans cet exemple, les pondérations sont $w_1 = 1200$, $w_2 = 500$, $w_3 = 2750$, $w_4 = 1000$ et $w_5 = 800$. En utilisant la formule (3.15), la moyenne pondérée est égale à :

$$\bar{x} = \frac{1200(3,00) + 500(3,40) + 2750(2,80) + 1000(2,90) + 800(3,25)}{1200 + 500 + 2750 + 1000 + 800} = \frac{18500}{6250} = 2,96$$

Ainsi le calcul de la moyenne pondérée révèle que le coût moyen par livre de matières premières est égal à 2,96 dollars. Notez que l'utilisation de la formule (3.14) au lieu de la formule de la moyenne pondérée aurait fourni des résultats erronés. Dans ce cas, la moyenne des cinq observations sur le coût par livre est égale à $(3,00 + 3,40 + 2,80 + 2,90 + 3,25)/5 = 15,35/5 = 3,07$ dollars, ce qui surestime le coût moyen par livre réel.

Le choix des pondérations dans le calcul d'une moyenne pondérée particulière dépend de l'étude. Un exemple bien connu des étudiants américains est le calcul de la moyenne des notes. Dans ce calcul, les valeurs généralement utilisées sont 4 pour un A, 3 pour un B, 2 pour un C, 1 pour un D et 0 pour un F. Les pondérations correspondent au nombre d'heures de travaux dirigés suivis. L'exercice 54, à la fin de cette section, fournit un exemple du calcul de cette moyenne pondérée. Dans d'autres calculs de moyenne pondérée, les quantités, exprimées en livres, en dollars et/ou le volume, sont fréquemment utilisés comme pondération. Dans tous les cas, lorsque les observations n'ont pas toutes la même importance, l'analyste doit choisir la pondération qui reflète le mieux l'importance de chaque observation dans la détermination de la moyenne.

Calculer la moyenne des notes est un bon exemple d'utilisation d'une moyenne pondérée.

3.6.2 Données groupées

Dans la plupart des cas, les mesures de tendance centrale et de dispersion sont calculées en utilisant des observations individuelles. Parfois cependant, les données ne sont disponibles que sous forme groupée ou sous forme d'une distribution de fréquence. Par la suite, nous montrerons comment utiliser la formule de la moyenne pondérée pour obtenir des approximations de la moyenne, de la variance et de l'écart type de données groupées.

Dans la section 2.2, nous avions construit une distribution de fréquence de la durée (en jours) nécessaire, au cabinet d'expert-comptable Sanderson et Clifford pour réaliser les audits de fin d'année. La distribution de fréquence de la durée des audits est reproduite dans le tableau 3.9. En se basant sur cette distribution de fréquence, quelle est la durée moyenne des audits ?

Pour calculer la moyenne de ces données groupées, nous considérons que le centre de chaque classe est représentatif des observations de chaque classe. Soit M_i le centre de la classe i et f_i la fréquence de la classe i. La formule de la moyenne pondérée (3.15) est alors utilisée avec, pour observations, les centres de classe M_i et pour pondérations, les fréquences f_i. Dans ce cas, le dénominateur de l'équation (3.15) est la somme

Tableau 3.9 ***Distribution de fréquence de la durée des audits***

Durée des audits (jours)	Fréquence
10-14	4
15-19	8
20-24	5
25-29	2
30-34	1
Total	20

des fréquences, qui correspond à la taille de l'échantillon, n. C'est-à-dire, $\sum f_i = n$. Ainsi, l'équation de la moyenne d'échantillon pour des données groupées est :

► **Moyenne d'échantillon pour données groupées**

$$\bar{x} = \frac{\sum f_i M_i}{n} \tag{3.16}$$

où

M_i correspond au centre de la classe i
f_i correspond à la fréquence de la classe i
n correspond à la taille de l'échantillon

Les centres de classe, M_i, étant situés à égale distance des limites de classe, le centre de la première classe (10-14) du tableau 3.9 est $(10+14)/2 = 12$. Les centres des cinq classes et le calcul de la moyenne pondérée pour les données sur la durée des audits sont présentés dans le tableau 3.10. Comme vous pouvez le voir, la durée moyenne des audits est de 19 jours.

Pour calculer la variance de données groupées, nous utilisons une version légèrement différente de la formule de la variance fournie par l'équation (3.5). Dans l'équation (3.5), les écarts au carré des observations par rapport à la moyenne d'échantillon, $\bar{x}$, sont notés $(x_i - \bar{x})^2$. Cependant, avec des données groupées, la valeur des observations n'est pas connue. Dans ce cas, on considère que les centres de classe, M_i, représentent la valeur des observations de la classe correspondante. Ainsi, les écarts au carré par rapport à la moyenne d'échantillon, $(x_i - \bar{x})^2$, sont remplacés par $(M_i - \bar{x})^2$. Ensuite, de la même manière que pour le calcul de la moyenne d'échantillon pour des données groupées, on pondère chaque observation par la fréquence de la classe, f_i. La somme des écarts au carré par rapport à la moyenne pour toutes les données est approchée par $\sum f_i (M_i - \bar{x})^2$. Le terme $n-1$ apparaît au dénominateur à la place de n, pour estimer correctement la variance

Tableau 3.10 ***Calcul de la durée moyenne de l'échantillon d'audits pour des données groupées***

Durée de l'audit (jours)	Centre de la classe (M_i)	Fréquence (f_i)	$f_i M_i$
10-14	12	4	48
15-19	17	8	136
20-24	22	5	110
25-29	27	2	54
30-34	32	1	32
		Somme = 20	Somme = 380

Moyenne d'échantillon $\bar{x} = \frac{\sum f_i M_i}{n} = \frac{380}{20} = 19$ jours de la population grâce à la variance de l'échantillon. Ainsi, la formule suivante est utilisée pour obtenir la variance d'échantillon de données groupées :

▸ Variance d'échantillon pour données groupées

$$s^2 = \frac{\sum f_i (M_i - \bar{x})^2}{n-1} \qquad (3.17)$$

Le calcul de la variance d'échantillon pour l'exemple de la durée des audits, basé sur les données groupées, est illustré dans le tableau 3.11. Comme indiqué, la variance d'échantillon est égale à 30.

L'écart type pour des données groupées est simplement la racine carrée de la variance pour les données groupées. Pour les données sur la durée des audits, l'écart type de l'échantillon est égal à $s = \sqrt{30} = 5,48$.

Avant de clore cette section sur les mesures de tendance centrale et de dispersion pour des données groupées, nous signalons que les formules (3.16) et (3.17) sont valables pour un échantillon. Les mesures pour la population entière sont calculées de façon similaire ; elles sont présentées ci-dessous.

▸ Moyenne de la population pour données groupées

$$\mu = \frac{\sum f_i M_i}{N} \qquad (3.18)$$

▸ Variance de la population pour données groupées

$$\sigma^2 = \frac{\sum f_i (M_i - \mu)^2}{N} \qquad (3.19)$$

Tableau 3.11 ***Calcul de la variance d'échantillon des durées d'audits pour des données groupées (moyenne d'échantillon $\bar{x} = 19$)***

Durée de l'audit (jours)	Centre de la classe (M_i)	Fréquence (f_i)	Écart ($M_i - \bar{x}$)	Écart au carré $(M_i - \bar{x})^2$	$f_i (M_i - \bar{x})^2$
10-14	12	4	−7	49	196
15-19	17	8	−2	4	32
20-24	22	5	3	9	45
25-29	27	2	8	64	128
30-34	32	1	13	169	169
		Somme = 20			Somme = 570

Variance d'échantillon $s^2 = \frac{\sum f_i (M_i - \bar{x})^2}{n-1} = \frac{570}{19} = 30$

REMARQUES

Dans le calcul des statistiques descriptives pour des données groupées, les centres de classes sont utilisés pour approcher la valeur des observations de chaque classe. Par conséquent, les statistiques descriptives pour des données groupées sont des approximations des statistiques descriptives qui seraient obtenues en utilisant directement les données originales. Nous recommandons par conséquent de calculer les statistiques descriptives à partir des données originales plutôt qu'à partir des données groupées, dans la mesure du possible.

EXERCICES

Méthode

52. Considérer les données suivantes et les pondérations associées.

x_i	Pondération (w_i)
3,2	6
2,0	3
2,5	2
5,0	8

a) Calculer la moyenne pondérée.

b) Calculer la moyenne d'échantillon des quatre observations sans tenir compte des pondérations. Notez la différence entre les deux résultats.

53. Considérer la distribution de fréquence ci-dessous, obtenue à partir d'un échantillon de données.

Classe	Centre de classe	Fréquence
3-7	5	4
8-12	10	7
13-17	15	9
18-22	20	5

a) Calculer la moyenne d'échantillon.

b) Calculer la variance et l'écart type d'échantillon.

Applications

54. Le calcul de la moyenne des notes des étudiants correspond au calcul d'une moyenne pondérée. Dans la plupart des universités américaines, les notes ont les valeurs suivantes : A (4), B (3), C (2), D (1) et F (0). Sur un total de 60 heures de travaux dirigés, un étudiant d'une université a sanctionné 9 heures de TD par un A, 15 heures par un B, 33 heures par un C et 3 heures par un D.

a) Calculer la moyenne de cet étudiant.

b) Les étudiants d'une université publique doivent obtenir une moyenne de 2,5 pour leurs 60 premières heures de travaux dirigés pour pouvoir passer en deuxième année. Est-ce que cet étudiant sera admis ?

55. Morningstar enregistre le rendement total d'un grand nombre de fonds mutuels. Le tableau suivant indique le rendement total et le nombre de fonds pour quatre catégories de fonds mutuels (*Morningstar Funds 500*, 2008).

Type de fonds	Nombre de fonds	Rendement total (%)
Fonds domestique	9 191	4,65
Fonds international	2 621	18,15
Actions spécialisées	1 419	11,36
Fonds hybride	2 900	6,75

a) En utilisant le nombre de fonds comme pondération, calculer le rendement total moyen pondéré pour les fonds mutuels suivis par Morningstar.

b) Y a-t-il une difficulté à utiliser le nombre de fonds comme pondération pour calculer le rendement total moyen pondéré à la question (a) ? Discuter. Quel autre facteur pourrait être utilisé comme pondération ?

c) Supposez que vous ayez investi 10 000 dollars dans les fonds mutuels au début de 2007 et diversifié votre investissement en plaçant 2 000 dollars dans des fonds domestiques, 4 000 dollars dans des fonds internationaux, 3 000 dollars dans des actions spécialisées et 1 000 dollars dans des fonds hybrides. Quel est le rendement attendu de votre portefeuille ?

56. À partir d'une enquête sur 425 programmes de master dans des écoles de commerce, *U.S. News & World Report* a classé l'école de commerce Kelley de l'université de l'Indiana à la 20e place des meilleurs programmes du pays (*America's Best Graduate Schools*, 2009). Le classement était basé en partie sur des enquêtes réalisées auprès des doyens des écoles et des chasseurs de tête. Chaque personne interrogée devait attribuer une note à la qualité académique générale du programme de master sur une échelle allant de 1 « marginale » à 5 « remarquable ». Utiliser l'échantillon suivant de réponses pour calculer la note moyenne pondérée attribuée par les doyens et les chasseurs de tête. Discuter.

Note attribuée	Nombre de doyens des écoles	Nombre de chasseurs de tête
5	44	31
4	66	34
3	60	43
2	10	12
1	0	0

57. La distribution de fréquence suivante correspond au prix par action des 30 sociétés composant l'indice Dow Jones Industriel (*Barron's*, 2 février 2009).

Prix par action	Nombre de sociétés
0-9 \$	4
10-19 \$	5
20-29 \$	7
30-39 \$	3
40-49 \$	4
50-59 \$	4
60-69 \$	0
70-79 \$	2
80-89 \$	0
90-99 \$	1

a) Calculer le prix moyen par action et l'écart type du prix par action pour les sociétés composant l'indice Dow Jones Industriel.

b) Le 16 janvier 2006, le prix moyen par action était de 45,83 \$ et l'écart type de 18,14 \$. Commenter les changements dans le prix par action entre 2006 et 2009.

RÉSUMÉ

Dans ce chapitre, nous avons introduit plusieurs statistiques descriptives, utilisées pour résumer la tendance centrale, la dispersion et la forme de la distribution d'un ensemble de données. Contrairement aux procédures graphiques et sous forme de tableaux introduites dans le chapitre 2, les mesures introduites dans ce chapitre résument les données par des valeurs numériques. Lorsque les valeurs numériques obtenues sont issues d'un échantillon, on parle de statistiques d'échantillon. Lorsque les valeurs numériques sont issues d'une population, on parle de paramètres de la population. On a reproduit certaines notations utilisées pour les statistiques d'échantillon et les paramètres de la population ci-dessous :

	Statistiques d'échantillon	Paramètres de la population
Moyenne	$\bar{x}$	μ
Variance	s^2	σ^2
Écart type	s	σ
Covariance	s_{xy}	σ_{xy}
Corrélation	r_{xy}	ρ_{xy}

> En inférence statistique, la statistique d'échantillon est appelée estimateur ponctuel du paramètre correspondant de la population.

Nous avons défini les mesures de tendance centrale suivantes : la moyenne, la médiane et le mode. Puis, nous avons utilisé la notion de percentile pour décrire la tendance centrale des observations dans un ensemble de données. Ensuite, nous avons présenté l'étendue, l'étendue interquartile, la variance, l'écart type et le coefficient de variation comme mesures de dispersion. Notre mesure principale de la forme d'une distribution est fournie par le degré d'asymétrie des données. Des valeurs négatives indiquent une distribution biaisée à gauche. Des valeurs positives indiquent une distribution biaisée à droite. Nous avons ensuite décrit la façon d'utiliser la moyenne et l'écart type, en appliquant le théorème de Chebyshev et la règle empirique, pour obtenir plus d'informations sur la distribution des données et pour identifier les valeurs aberrantes.

Dans la section 3.4, nous avons montré comment construire un résumé en cinq chiffres et une boîte-à-pattes pour obtenir simultanément des informations sur la tendance centrale, la dispersion et la forme de la distribution. Dans la section 3.5, nous avons présenté la covariance et le coefficient de corrélation, deux mesures de la relation entre deux variables. Dans la dernière section, nous avons montré comment calculer une moyenne pondérée et comment calculer la moyenne, la variance et l'écart type de données groupées.

Les statistiques descriptives, présentées ici, peuvent être calculées en utilisant les logiciels statistiques et les feuilles de calcul. Dans les annexes 3.1 et 3.2, nous montrerons comment développer les statistiques descriptives avec respectivement Minitab et Excel.

GLOSSAIRE

STATISTIQUE D'ÉCHANTILLON. Valeur numérique utilisée comme mesure d'un échantillon (par exemple, la moyenne d'échantillon, $\bar{x}$, la variance d'échantillon, s^2, et l'écart type d'échantillon, s).

PARAMÈTRE DE LA POPULATION. Valeur numérique utilisée comme mesure de la population (par exemple, la moyenne de la population, μ, la variance de la population, σ^2, et l'écart type de la population, σ).

ESTIMATEUR PONCTUEL. Statistique d'échantillon, telle que $\bar{x}$, s^2 et s, utilisée pour estimer le paramètre correspondant de la population.

MOYENNE. Mesure de tendance centrale. Elle est obtenue en sommant la valeur des observations et en divisant par le nombre d'observations.

MÉDIANE. Mesure de tendance centrale. Il s'agit de la valeur centrale de l'ensemble de données classé en ordre croissant.

MODE. Mesure de tendance centrale, définie comme la valeur de l'observation la plus fréquente.

PERCENTILE. Valeur telle qu'au moins p pour cent des observations ont une valeur inférieure ou égale à cette valeur et au moins $(100 - p)$ pour cent des observations ont une valeur supérieure ou égale à cette valeur. La médiane correspond au 50e percentile.

QUARTILE. Les 25e, 50e et 75e percentiles sont appelés respectivement premier quartile, deuxième quartile (médiane) et troisième quartile. Les quartiles divisent l'ensemble des données en quatre parties, chacune contenant environ 25 % des données.

ÉTENDUE. Mesure de dispersion, égale à la différence entre la plus grande et la petite valeur.

ÉTENDUE INTERQUARTILE (EIQ). Mesure de dispersion, égale à la différence entre le troisième et le premier quartile.

VARIANCE. Mesure de dispersion, basée sur les écarts au carré des observations par rapport à la moyenne.

ÉCART TYPE. Mesure de dispersion, égale à la racine carrée de la variance.

COEFFICIENT DE VARIATION. Mesure de dispersion relative, égale au rapport de l'écart type à la moyenne, multiplié par 100.

DEGRÉ D'ASYMÉTRIE. Mesure de la forme d'une distribution de données. Des données biaisées à gauche sont caractérisées par un degré d'asymétrie négatif. Une distribution symétrique a un degré d'asymétrie nul. Des données comportant un biais à droite sont caractérisées par un degré d'asymétrie positif.

VARIABLE CENTRÉE RÉDUITE Z. Valeur obtenue en divisant l'écart par rapport à la moyenne $\left(x_i - \overline{x}\right)$ par l'écart type s. La variable centrée réduite mesure la distance, en nombre d'écarts type, entre l'observation x_i et la moyenne.

THÉORÈME DE CHEBYSHEV. Théorème utilisé pour déduire le pourcentage d'observations qui se situent dans un intervalle de x écarts type de part et d'autre de la moyenne.

RÈGLE EMPIRIQUE. Règle qui donne le pourcentage d'observations situées dans les intervalles de un, deux et trois écarts type autour de la moyenne, pour une distribution en forme de cloche (distribution dite « normale »).

VALEUR ABERRANTE. Observation anormalement grande ou petite.

RÉSUMÉ EN CINQ CHIFFRES. Technique d'analyse exploratoire des données qui utilise cinq chiffres pour résumer les données : la plus petite valeur, le premier quartile, la médiane, le troisième quartile et la plus grande valeur.

BOÎTE-À-PATTES. Résumé graphique des données, à partir du résumé en cinq chiffres.

COVARIANCE. Mesure de la relation linéaire entre deux variables. Des valeurs positives indiquent une relation positive ; des valeurs négatives indiquent une relation négative.

COEFFICIENT DE CORRÉLATION. Mesure de la relation linéaire entre deux variables, dont les valeurs sont comprises entre –1 et +1. Des valeurs proches de +1 indiquent une forte relation linéaire positive, des valeurs proches de –1 indiquent une forte relation linéaire négative, et des valeurs proches de zéro indiquent l'absence de relation linéaire.

MOYENNE PONDÉRÉE. Moyenne obtenue en assignant à chaque observation une pondération qui reflète son importance.

DONNÉES GROUPÉES. Données disponibles en classes d'intervalle, résumées sous la forme d'une distribution de fréquence. Les observations individuelles des données originelles ne sont pas disponibles.

FORMULES CLÉ

Moyenne d'échantillon

$$\overline{x} = \frac{\sum x_i}{n} \tag{3.1}$$

Moyenne de la population

$$\mu = \frac{\sum x_i}{N} \tag{3.2}$$

Étendue interquartile

$$EIQ = Q_3 - Q_1 \tag{3.3}$$

Variance de la population

$$\sigma^2 = \frac{\sum (x_i - \mu)^2}{N} \tag{3.4}$$

Variance de l'échantillon

$$s^2 = \frac{\sum (x_i - \bar{x})^2}{n-1} \tag{3.5}$$

Écart type

$$\text{Écart type de l'échantillon} = s = \sqrt{s^2} \tag{3.6}$$

$$\text{Écart type de la population} = \sigma = \sqrt{\sigma^2} \tag{3.7}$$

Coefficient de variation

$$\frac{\text{Écart type}}{\text{Moyenne}} \times 100 \tag{3.8}$$

Variable centrée réduite z

$$z_i = \frac{x_i - \bar{x}}{s} \tag{3.9}$$

Covariance de l'échantillon

$$s_{xy} = \frac{\sum (x_i - \bar{x})(y_i - \bar{y})}{n-1} \tag{3.10}$$

Covariance de la population

$$\sigma_{xy} = \frac{\sum (x_i - \mu_x)(y_i - \mu_y)}{N} \tag{3.11}$$

Coefficient de corrélation de Pearson : données issues d'un échantillon

$$r_{xy} = \frac{s_{xy}}{s_x s_y} \tag{3.12}$$

Coefficient de corrélation de Pearson : données issues d'une population

$$\rho_{xy} = \frac{\sigma_{xy}}{\sigma_x \sigma_y} \tag{3.12}$$

Moyenne pondérée

$$\bar{x} = \frac{\sum w_i x_i}{\sum w_i} \tag{3.15}$$

Moyenne d'échantillon pour données groupées

$$\bar{x} = \frac{\sum f_i M_i}{n} \tag{3.16}$$

Variance d'échantillon pour données groupées

$$s^2 = \frac{\sum f_i \left(M_i - \bar{x}\right)^2}{n-1} \tag{3.17}$$

Moyenne de la population pour données groupées

$$\mu = \frac{\sum f_i M_i}{N} \tag{3.18}$$

Variance de la population pour données groupées

$$\sigma^2 = \frac{\sum f_i \left(M_i - \mu\right)^2}{N} \tag{3.19}$$

EXERCICES SUPPLÉMENTAIRES

58. Selon une enquête annuelle des dépenses des consommateurs, les dépenses par carte de crédit Visa étaient en moyenne de 1 838 dollars par mois (*U.S. Airways Attaché Magazine*, décembre 2003). Un échantillon des dépenses mensuelles par carte de crédit est présenté ci-dessous (fichier en ligne Visa).

236	1 710	1 351	825	7 450
316	4 135	1 333	1 584	387
991	3 396	170	1 428	1 688

a) Calculer la moyenne, la médiane et le mode.

b) Calculer le premier et le troisième quartile.

c) Calculer l'étendue et l'étendue interquartile.

d) Calculer la variance et l'écart type.

e) Le degré d'asymétrie de ces données est de 2,12. Commenter la forme de la distribution. Est-ce la forme à laquelle vous vous attendiez ? Pourquoi ?

f) Y a-t-il des valeurs aberrantes ?

59. Le bureau américain du recensement fournit des statistiques sur la vie des familles aux États-Unis, incluant l'âge auquel les personnes se sont mariées pour la première fois, le statut marital actuel et la taille du ménage (Site internet du bureau américain du recensementhttp://www.census.gov/, 20 mars 2006). Les données suivantes indiquent l'âge auquel un échantillon d'hommes et de femmes se sont mariés pour la première fois (fichier en ligne Âges).

Âges

Homme	26	23	28	25	27	30	26	35	28
	21	24	27	29	30	27	32	27	25
Femme	20	28	23	30	24	29	26	25	
	22	22	25	23	27	26	19		

a) Déterminer l'âge médian auquel les individus se sont mariés pour la première fois, pour les hommes et les femmes.

b) Calculer les premier et troisième quartiles pour les hommes et les femmes.

c) Il y a 25 ans, l'âge médian auquel les hommes se mariaient pour la première fois était 25 ans et l'âge médian auquel les femmes se mariaient pour la première fois 22 ans. Quelle constatation cette information fournit-elle à propos de l'âge du mariage parmi les jeunes gens d'aujourd'hui ?

60. Le rendement des dividendes correspond au dividende annuel par action qu'une société paie, divisé par le prix de marché actuel par action, exprimé en pourcentage. Les rendements d'un échantillon de 10 grandes sociétés sont indiqués ci-dessous (*The Wall Street Journal*, 16 janvier 2004).

Société	Rendement (%)	Société	Rendement (%)
Altria Group	5,0	General Motors	3,7
American Express	0,8	JPMorgan Chase	3,5
Caterpillar	1,8	McDonald's	1,6
Eastman Kodak	1,8	United Technology	1,5
Exxon Mobil	2,5	Wal-Mart Stores	0,7

a) Quels sont les rendements moyen et médian ?

b) Quelle est la variance ? Quel est l'écart type ?

c) Quelle société a le plus fort rendement ?

d) Quelle est la valeur de la variable centrée réduite pour McDonald's ? Interpréter cette valeur.

e) Quelle est la valeur de la variable centrée réduite pour General Motors ? Interpréter cette valeur.

f) En vous fondant sur les valeurs des variables centrées réduites, les données contiennent-elles des valeurs aberrantes ?

61. Le département américain de l'éducation rapporte qu'environ 50 % des étudiants font un emprunt pour couvrir leurs frais d'inscription (Centre national des études sur l'éducation, janvier 2006). Un échantillon d'étudiants diplômés ayant eu recours à un emprunt est présenté ci-dessous. Les données, en milliers de dollars, correspondent au montant de la dette.

10,1 14,8 5,0 10,2 12,4 12,2 2,0 11,5 17,8 4,0

a) Pour des étudiants qui ont eu recours à un prêt, quel est le montant moyen de la dette ?

b) Quelle est la variance ? L'écart type ?

62. Les petites entreprises recherchent souvent les services d'une société externe pour établir les fiches de paie de ses employés, en raison de la complexité des réglementations fiscales et des amendes coûteuses à payer en cas d'erreur. Selon le service des revenus internes, 26 % des déclarations fiscales des petites entreprises contenaient des erreurs qui ont généré des amendes pour l'entrepreneur (*The Wall Street Journal*, 30 janvier 2006). Les amendes pour un échantillon de 20 petits entrepreneurs sont les suivantes (fichier en ligne Amendes) :

820	270	450	1 010	890	700	1 350	350	300	1 200
390	730	2 040	230	640	350	420	270	370	620

Amendes

a) Quelle est l'amende moyenne pour n'avoir pas correctement rempli la déclaration fiscale ?

b) Quel est l'écart type ?

c) L'amende la plus élevée, 2 040 dollars, est-elle une valeur aberrante ?

d) Quels avantages ont les petits entrepreneurs à externaliser le service de paie ?

63. Chaque jour, pour aller travailler, un employé a le choix entre prendre les transports en commun ou son véhicule personnel. Un échantillon des temps de trajet avec chacun des deux modes de transport est présenté ci-dessous. Les temps sont exprimés en minutes.

Transport en commun :	28	29	32	37	33	25	29	32	41	34
Véhicule personnel :	29	31	33	32	34	30	31	32	35	33

a) Calculer le temps moyen du trajet effectué avec chacun des deux modes de transport.

b) Calculer l'écart type pour les deux méthodes.

c) Sur la base de vos résultats aux questions (a) et (b), quelle méthode de transport préconiseriez-vous ? Expliquer.

d) Construire une boîte-à-pattes pour chaque mode de transport. Est-ce que la comparaison des boîtes-à-pattes confirme votre réponse à la question (c) ?

64. L'association nationale des agents immobiliers a rapporté le prix médian d'une maison aux États-Unis et l'augmentation du prix médian d'une maison sur une période de cinq ans (*The Wall Street Journal*, 16 janvier 2006). Utiliser l'échantillon de prix des maisons (en milliers de dollars) fourni ci-dessous (fichier en ligne Maisons) pour répondre aux questions suivantes.

995,9	48,8	175,0	263,5	298,0	218,9	209,0
628,3	111,0	212,9	92,6	2 325,0	958,0	212,5

Maisons

a) Quel est le prix médian des maisons de l'échantillon ?

b) En janvier 2001, l'association nationale des agents immobiliers rapportait un prix médian des maisons de 139 300 dollars aux États-Unis. Quelle est l'augmentation en pourcentage du prix médian des maisons en cinq ans ?

c) Quels sont les premier et troisième quartiles pour les données de l'échantillon ?

d) Fournir un résumé en cinq chiffres pour les prix des maisons.

e) Les données contiennent-elles des valeurs aberrantes ?

f) Quel est le prix moyen des maisons de l'échantillon ? Pourquoi l'association nationale des agents immobiliers préfère-t-elle utiliser le prix médian dans ses rapports ?

65. L'enquête sur les communautés américaines du bureau américain du recensement a fourni le pourcentage d'enfants de moins de 18 ans qui ont vécu sous le seuil de pauvreté au cours des 12 mois précédents (Site internet du bureau américain du recensement, août 2008). La région du pays, Nord-Est (NE), Sud-Est (SE), Midwest (MW), Sud-Ouest (SO) et Ouest (O), ainsi que le pourcentage d'enfants de moins de 18 ans qui ont vécu sous le seuil de pauvreté sont donnés pour chaque État (fichier en ligne Seuil de pauvreté).

Seuil de pauvreté

État	Région	% pauvreté	État	Région	% pauvreté
Alabama	SE	23,0	Montana	O	17,3
Alaska	O	15,1	Nebraska	MW	14,4
Arizona	SO	19,5	Nevada	O	13,9
Arkansas	SE	24,3	New Hampshire	NE	9,6
Californie	O	18,1	New Jersey	NE	11,8
Colorado	O	15,7	Nouveau Mexique	SO	25,6
Connecticut	NE	11,0	New York	NE	20,0
Delaware	NE	15,8	Caroline du Nord	SE	20,2
Floride	SE	17,5	Dakota du Nord	MW	13,0
Géorgie	SE	20,2	Ohio	MW	18,7
Hawaii	O	11,4	Oklahoma	SO	24,3
Idaho	O	15,1	Oregon	O	16,8
Illinois	MW	17,1	Pennsylvanie	NE	16,9
Indiana	MW	17,9	Rhode Island	NE	15,1
Iowa	MW	13,7	Caroline du Sud	SE	22,1
Kansas	MW	15,6	Dakota du Sud	MW	16,8
Kentucky	SE	22,8	Tennessee	SE	22,7
Louisiane	SE	27,8	Texas	SO	23,9
Maine	NE	17,6	Utah	O	11,9
Maryland	NE	9,7	Vermont	NE	13,2
Massachusetts	NE	12,4	Virginie	SE	12,2
Michigan	MW	18,3	Washington	O	15,4
Minnesota	MW	12,2	Virginie Occidentale	SE	25,2
Mississippi	SE	29,5	Wisconsin	MW	14,9
Missouri	MW	18,6	Wyoming	O	12,0

a) Quel est le pourcentage médian d'enfants vivant en-dessous du seuil de pauvreté pour les 50 États ?

b) Quels sont les premier et troisième quartiles ? Quelle est votre interprétation des quartiles ?

c) Dessiner une boîte-à-pattes pour les données. Que vous apprend la boîte-à-pattes quant au niveau de pauvreté des enfants aux États-Unis. Y a-t-il des États qui peuvent être considérés comme des valeurs aberrantes ? Discuter.

d) Identifier les États appartenant au quartile inférieur. Quelle est votre interprétation de ce groupe et quelle(s) région(s) est (sont) la (les) plus représentée(s) dans le quartile inférieur ?

66. Le magazine *Travel + Leisure* présentait sa liste annuelle des 500 meilleurs hôtels à travers le monde (*Travel + Leisure*, janvier 2009). Le magazine attribue une note à chaque hôtel ainsi qu'un bref descriptif qui inclut la taille de l'hôtel, les commodités et le tarif par nuit pour une chambre double. Un échantillon de 12 des meilleurs hôtels aux États-Unis est fourni ci-dessous (cf. fichier en ligne Travel).

Travel

Hôtel	Lieu	Nombre de chambres	Tarif par nuit
Boulders Resort & Spa	Phoenix, AZ	220	499
Disney's Wilderness Lodge	Orlando, FL	727	340
Four Seasons Hotel Beverly Hills	Los Angeles, CA	285	585
Four Seasons Hotel	Boston, MA	273	495
Hay Adams	Washington, DC	145	495
Inn on Biltmore Estate	Asheville, NC	213	279
Loews Ventana Canyon Resort	Phoenix, AZ	398	279
Mauna Lani Bay Hotem	Hawaii	343	455
Montage Laguna Beach	Laguna Beach, CA	250	595
Sofitel Water Tower	Chicago, IL	414	367
St. Regis Monarch Beach	Dana Point, CA	400	675
The Broadmoor	Colorado Springs, CO	700	420

a) Quel est le nombre moyen de chambres ?

b) Quel est le tarif moyen par nuit pour une chambre double ?

c) Représenter un nuage de points avec le nombre de chambre sur l'axe horizontal et le tarif par nuit sur l'axe vertical. Une relation entre le nombre de chambres et le tarif par nuit apparaît-elle ? Discuter

d) Quel est le coefficient de corrélation de l'échantillon ? Que vous apprend t-il sur la relation entre le nombre de chambres et le tarif par nuit pour une chambre double ? Cela vous semble-t-il raisonnable ? Discuter.

67. Morningstar suit les performances d'un nombre important de sociétés et publie une évaluation de chacune d'entre elles. Parmi un ensemble de données financières, Morningstar fournit une estimation du juste prix qui devrait être payé pour une action de la société. Les données pour 30 sociétés sont disponibles dans le fichier en ligne intitulé Juste prix. Les données inclut l'estimation du juste prix par action, le prix de l'action le plus récent et le rendement des actions de la société (*Morningtar Stocks 500*, 2008).

Juste prix

a) Dessiner un nuage de points pour les données relatives au juste prix et au prix observé des actions, avec le prix observé des actions sur l'axe horizontal. Quel est le coefficient de corrélation de l'échantillon et que vous apprend-t-il sur la relation entre les variables ?

b) Dessiner un nuage de points pour les données relatives au juste prix et au rendement des actions, avec le rendement des actions sur l'axe horizontal. Quel est le coefficient de corrélation de l'échantillon et que vous apprend-t-il sur la relation entre les variables ?

68. Est-ce que les résultats d'une équipe de la ligue principale de baseball durant l'entraînement de printemps fournissent une indication sur les performances de jeu de l'équipe durant la saison de championnat ? Au cours des six dernières années, le coefficient de corrélation entre le pourcentage de matchs gagnés d'une équipe durant l'entraînement de printemps et le pourcentage de matchs gagnés durant la saison de championnat est de 0,18 (*The Wall Street Journal*, 30 mars 2009). Le tableau ci-dessous regroupe les pourcentages de matchs gagnés par les 14 équipes de la ligue américaine durant la saison 2008 (cf. fichier en ligne Entraînement de printemps).

Entraînement de printemps

Équipe	Entraînement de printemps	Saison de championnat	Équipe	Entraînement de printemps	Saison de championnat
Baltimore Oriole	0,407	0,422	Minnesota Twins	0,500	0,540
Boston Red Sox	0,429	0,586	New York Yankees	0,577	0,549
Chicago White Sox	0,417	0,546	Oakland A's	0,692	0,466
Cleveland Indians	0,569	0,500	Seattle Mariners	0,500	0,377
Detroit Tigers	0,569	0,457	Tampa Bay Rays	0,731	0,599
Kansas City Royals	0,533	0,463	Texas Rangers	0,643	0,488
Los Angeles Angels	0,724	0,617	Toronto Blue Jays	0,448	0,531

a) Quel est le coefficient de corrélation entre les résultats obtenus lors de l'entraînement de printemps et ceux obtenus lors du championnat ?

b) Quelle est votre conclusion à la question posée dans l'énoncé : les performances d'une équipe lors de l'entraînement de printemps fournissent-elles une indication quant aux performances de l'équipe durant le championnat ? Quelles pourraient être les raisons d'une telle corrélation ? Discuter.

69. L'échéance (en nombre de jours) d'un échantillon de cinq placements sur le marché monétaire est indiquée ci-dessous. Les montants investis (en millions de dollars) dans ces placements sont également indiqués. Utiliser la moyenne pondérée pour déterminer l'échéance moyenne des cinq placements.

Échéance (en jours)	Valeur (millions de dollars)
20	20
12	30
7	10
5	15
6	10

70. Un système de radar de la police d'État contrôle la vitesse des automobiles roulant sur une route où la vitesse est limitée à 55 kilomètres par heure. La distribution de fréquence des vitesses est présentée ci-dessous.

Vitesse (km par heure)	Fréquence
45-49	10
50-54	40
55-59	150
60-64	175
65-69	75
70-74	15
75-79	10
Total	475

a) Quelle est la vitesse moyenne des automobiles roulant sur cette route ?

b) Calculer la variance et l'écart type.

PROBLÈME 1 *Les magasins Pelican*

Les magasins Pelican, filiale de National Clothing, sont une chaîne de magasins de vêtements pour femmes implantée à travers les États-Unis. Le magasin a récemment lancé une campagne de promotion en envoyant des bons de réduction aux clients des autres magasins National Clothing. Le fichier en ligne intitulé Magasins Pelican contient les données d'un échantillon de 100 transactions par carte de crédit enregistrées au cours d'une journée, alors que la campagne de promotion était lancée. Le tableau 3.12 reprend une partie de cet ensemble de données. La méthode de paiement par carte de fidélité fait référence aux dépenses faites en utilisant la carte National Clothing. Les clients qui ont fait un achat en utilisant un bon de réduction sont identifiés comme des clients occasionnels et les clients qui ont effectué un achat mais sans utiliser un bon de réduction, sont identifiés comme clients réguliers. Dans la mesure où les bons de réduction n'ont pas été envoyés aux clients réguliers des magasins Pelican, les responsables considèrent que les achats faits par des personnes présentant des bons de réduction n'auraient pas été faits en l'absence de ces bons. Bien sûr, les responsables des magasins Pelican espèrent également que les clients occasionnels continueront à faire leurs achats dans leur magasin.

Tableau 3.12 ***Échantillon de 100 achats réglés par carte de crédit dans les magasins Pelican***

Client	Type de client	Articles	Ventes globales	Méthode de paiement	Sexe	Statut marital	Âge
1	Régulier	1	39,50	Discover	Homme	Marié	32
2	Occasionnel	1	102,40	Carte de fidélité	Femme	Marié	36
3	Régulier	1	22,50	Carte de fidélité	Femme	Marié	32
4	Occasionnel	5	100,40	Carte de fidélité	Femme	Marié	28
5	Régulier	2	54,00	MasterCard	Femme	Marié	34
6	Régulier	1	44,50	MasterCard	Femme	Marié	44
7	Occasionnel	2	78,00	Carte de fidélité	Femme	Marié	30
8	Régulier	1	22,50	Visa	Femme	Marié	40
9	Occasionnel	2	56,52	Carte de fidélité	Femme	Marié	46
10	Régulier	1	44,50	Carte de fidélité	Femme	Marié	36
...	...	...	...	...	...	...	...
96	Régulier	1	39,50	MasterCard	Femme	Marié	44
97	Occasionnel	9	253,00	Carte de fidélité	Femme	Marié	30
98	Occasionnel	10	287,59	Carte de fidélité	Femme	Marié	52
99	Occasionnel	2	47,60	Carte de fidélité	Femme	Marié	30
100	Occasionnel	1	28,44	Carte de fidélité	Femme	Marié	44

Magasins Pelican

La plupart des variables contenues dans le tableau 3.12 sont compréhensibles. Deux nécessitent toutefois quelques éclaircissements.

Articles	Nombre d'articles achetés
Ventes globales	Montant total (en dollars) réglé par carte de crédit

La direction des magasins Pelican souhaite utiliser les données de cet échantillon pour mieux connaître ses clients et évaluer l'impact des promotions sous forme de bons de réduction.

Rapport

Utiliser les méthodes de statistiques descriptives présentées dans ce chapitre pour résumer les données et commenter vos résultats. Votre rapport doit contenir les résumés et discussions suivants.

1. Des statistiques descriptives sur les ventes globales en fonction des différentes catégories de clients.
2. Des statistiques descriptives concernant la relation entre l'âge des clients et les ventes.

Commenter les résultats qui vous paraissent présenter un intérêt pour la direction des magasins.

PROBLÈME 2 *L'industrie cinématographique*

L'industrie cinématographique est un secteur concurrentiel. Plus de 50 studios produisent globalement 300 à 400 films par an, et le succès financier de chaque film varie

Tableau 3.13 ***Données de performance pour 10 films***

Films

Film	Recettes première semaine	Recettes totales	Nombre de cinémas	Nombre de semaines dans le top 60
Coach Carter	29,17	67,25	2 574	16
Ladies in Lavender	0,15	6,65	119	22
Batman Begins	48,75	205,28	3 858	18
Unleashed	10,90	24,47	1 962	8
Pretty Persuasion	0,06	0,23	24	4
Fever Pitch	12,40	42,01	3 275	14
Harry Potter and the Goblet of Fire	102,69	287,18	3 858	13
Monster-in-Law	23,11	82,89	3 424	16
White Noise	24,11	55,85	2 279	7
Mr. and Mrs. Smith	50,34	186,22	3 451	21

considérablement. Les recettes (en millions de dollars) lors du premier week-end après la sortie du film, les recettes globales (en millions de dollars), le nombre de cinémas projetant le film et le nombre de semaines au cours desquelles le film était classé dans le top 60 des ventes sont les variables généralement utilisées pour évaluer le succès d'un film. Les données collectées pour un échantillon de 100 films produits en 2005 sont regroupées dans le fichier en ligne intitulé Films. Le tableau 3.13 reprend les données pour les 10 premiers films de ce fichier.

Rapport

Utiliser les méthodes graphiques et sous forme de tableaux de statistiques descriptives pour déterminer comment ces variables contribuent au succès d'un film. Inclure les éléments suivants dans votre rapport.

1. Des statistiques descriptives pour chacune des quatre variables, accompagnées d'une discussion sur ce qu'elles nous apprennent à propos de l'industrie cinématographique.
2. Quels films, s'il y en a, devraient être considérés comme des valeurs aberrantes au regard de leur surperformance ? Expliquer.
3. Des statistiques descriptives décrivant la relation entre les ventes globales et chacune des autres variables. Discuter.

PROBLÈME 3 *Les transactions en ligne de Heavenly Chocolates*

Heavenly Chocolates produit et vend du chocolat de qualité dans son usine et ses magasins de vente situés à Saratoga Springs, dans l'État de New York. Il y a deux ans, la société a développé un site Internet et a commencé à vendre ses produits en ligne. Les ventes par Internet ont dépassé toutes les attentes de la société et les responsables élaborent désormais des stratégies pour accroître encore davantage les ventes en ligne. Pour mieux connaître les clients en ligne, un échantillon de 50 transactions a été sélectionné à partir des ventes réalisées le mois dernier. Les données indiquant le jour de la semaine auquel la transaction a eu lieu, le portail d'accès à Internet que les clients ont utilisé, le temps passé sur le site Internet, le nombre de pages web visitées et le montant dépensé par chacun des 50 clients sont regroupées dans le fichier intitulé Clients. Une partie de cet ensemble de données est reproduit dans le tableau 3.14.

Heavenly Chocolates souhaiterait utiliser les données d'échantillon pour déterminer si les clients en ligne qui passent plus de temps sur le site et visitent plus de pages, dépensent également davantage durant leur visite sur le site Internet. La société souhaiterait également connaître l'effet qu'ont le jour de la semaine et le navigateur Internet sur les ventes.

Tableau 3.14 ***Un échantillon de 50 transactions sur le site Internet de Heavenly Chocolates***

Clients

Client	Jour	Navigateur Internet	Temps (mn)	Nombre de pages visitées	Montant dépensé ($)
1	Lundi	Internet Explorer	12,0	4	54,52
2	Mercredi	Autre	19,5	6	94,90
3	Lundi	Internet Explorer	8,5	4	26,68
4	Mardi	Firefox	11,4	2	44,73
5	Mercredi	Internet Explorer	11,3	4	66,27
6	Samedi	Firefox	10,5	6	67,80
7	Dimanche	Internet Explorer	11,4	2	36,04
...	...	...	...	...	...
...	...	...	...	...	...
...	...	...	...	...	...
...	...	...	...	...	...
48	Vendredi	Internet Explorer	9,7	5	103,15
49	Lundi	Autre	7,3	6	52,15
50	Vendredi	Internet Explorer	13,4	3	98,75

Rapport

Utiliser les méthodes de statistiques descriptives pour mieux connaître les clients qui visitent le site Internet de Heavenly Chocolates. Inclure dans votre rapport les éléments suivants.

1. Des résumés graphiques et numériques du temps passé par les clients sur le site Internet, du nombre de pages visitées et du montant moyen dépensé par transaction. Discuter de ce que vous apprenez sur les clients en ligne de Heavenly Chocolates à partir de ces résumés numériques.
2. Résumer la fréquence, le montant total (en dollars) dépensé et le montant moyen dépensé par transaction pour chaque jour de la semaine. Quelles observations pouvez-vous faire quant à l'influence des jours de la semaine sur l'activité commerciale de Heavenly Chocolates ? Discuter.
3. Résumer la fréquence, le montant total (en dollars) dépensé et le montant moyen dépensé par transaction pour chaque type de navigateur Internet. Quelles observations pouvez-vous faire quant à l'influence du navigateur Internet sur l'activité commerciale de Heavenly Chocolates ? Discuter.
4. Représenter un nuage de points et calculer le coefficient de corrélation de l'échantillon pour déterminer la relation entre le temps passé sur le site Internet et le montant (en dollars) dépensé. Utiliser l'axe horizontal pour le temps passé sur le site Internet. Discuter.
5. Représenter un nuage de points et calculer le coefficient de corrélation de l'échantillon pour déterminer la relation entre le nombre de pages visitées et le

montant (en dollars) dépensé. Utiliser l'axe horizontal pour le nombre de pages visitées. Discuter.

6. Représenter un nuage de points et calculer le coefficient de corrélation de l'échantillon pour déterminer la relation entre le temps passé sur le site Internet et le nombre de pages visitées. Utiliser l'axe horizontal pour le nombre de pages visitées. Discuter.

ANNEXE 3.1 STATISTIQUES DESCRIPTIVES AVEC MINITAB

Dans cette annexe, nous décrivons comment utiliser Minitab pour développer des statistiques descriptives et construire des boîtes-à-pattes. Nous montrons ensuite comment utiliser Minitab pour obtenir les mesures de covariance et de corrélation entre deux variables.

A3.1.1 Statistiques descriptives

Le tableau 3.1 regroupe les données sur les salaires initiaux de douze jeunes diplômés d'une école de commerce. Ces données sont disponibles dans la colonne C2 du fichier Salaires de départ. Les étapes suivantes génèrent les statistiques descriptives évoquées.

Salaires de départ

Étape 1. Sélectionner le menu **Stat**
Étape 2. Sélectionner le menu **Basic Statistics**
Étape 3. Sélectionner l'option **Display Descriptive Statistics**
Étape 4. Lorsque la boîte de dialogue Display Descriptive Statistics apparaît :
Entrer C2 dans la boîte **Variables**
Cliquer sur **OK**

La figure 3.12 représente les statistiques descriptives pour les données sur les salaires obtenues en utilisant Minitab. La définition des en-têtes est indiquée ci-dessous.

N	Nombre d'observations
N*	Nombre de données manquantes
Mean	Moyenne
SE Mean	Erreur quadratique moyenne
StDev	Écart type
Minimum	Valeur de l'observation la plus petite
Q1	Premier quartile
Median	Médiane
Q3	Troisième quartile
Maximum	Valeur de l'observation la plus grande

L'erreur quadratique moyenne, notée SEMean, est calculée en divisant l'écart type par la racine carrée de N. L'interprétation et l'utilisation de cette mesure seront étudiées au chapitre 7, lorsque seront introduits les concepts d'échantillonnage et de distributions d'échantillonnage.

Notez que les quartiles obtenus par Minitab (Q_1 = 3457,5 et Q_3 = 3625) sont légèrement différents de ceux obtenus dans la section 3.1 (Q_1 = 3465 et Q_3 = 3600). Ceci est dû aux différentes conventions[2] utilisées pour identifier les quartiles. Par conséquent, les valeurs de Q_1 et de Q_3 fournies par une convention ne sont pas forcément identiques aux valeurs fournies par une autre convention. Cependant, les différences sont négligeables, et les résultats fournis ne doivent pas fausser l'interprétation des quartiles.

Minitab fournit 15 statistiques descriptives supplémentaires qui peuvent être sélectionnées par l'utilisateur. Ces statistiques descriptives supplémentaires peuvent être obtenues en modifiant l'étape 4 comme suit :

Étape 4. Lorsque la boîte de dialogue Display Descriptive Statistics apparaît :
Sélectionner **Statistics**
Lorsque la boîte de dialogue Display Descriptive Statistics – Statistics apparaît :
Sélectionner la statistique descriptive souhaitée ou choisir **All** pour obtenir les 25 statistiques descriptives
Cliquer sur **OK**
Cliquer sur **OK**

A3.1.2 Boîte-à-pattes

Les étapes suivantes utilisent le fichier sur les salaires initiaux pour construire une boîte-à-pattes.

Salaires de départ

Étape 1. Sélectionner le menu **Graph**
Étape 2. Sélectionner **Boxplot**
Étape 3. Sélectionner **Simple** et cliquer sur **OK**
Étape 4. Lorsque la boîte de dialogue Boxplot – One Y, Simple apparaît :
Entrer C2 dans la boîte **Graph variables**
Cliquer sur **OK**

Si vous souhaitez faire apparaître les boîtes-à-pattes pour plusieurs groupes côte-à-côte sur un seul graphique, sélectionner **One Y with Groups** à l'étape 3 et ensuite entrer les groupes à l'étape 4.

N	N*	Mean	SE Mean	StDev
12	0	3 540,0	47,8	165,7
Minimum	Q1	Median	Q3	Maximum
3 310,0	3 457,5	3 505,0	3 625,0	3 925,0

Figure 3.12 ***Statistiques descriptives fournies par Minitab***

[2] Lorsque les n observations sont classées en ordre croissant, Minitab utilise les positions données par $(n+1)/4$ et $3(n+1)/4$ pour localiser Q_1 et Q_3, respectivement. Lorsque la position obtenue est un chiffre décimal, Minitab extrapole entre les valeurs des deux observations adjacentes pour déterminer le quartile correspondant.

A3.1.3 Covariance et corrélation

Le tableau 3.6 regroupe les données sur le nombre de spots publicitaires et le volume des ventes d'un magasin d'équipement hi-fi. Ces données sont disponibles dans le fichier en ligne Hi-fi, avec le nombre de spots publicitaires enregistré dans la colonne C2 et le volume des ventes dans la colonne C3. Les étapes suivantes illustrent comment calculer la covariance pour deux variables avec Minitab.

Hi-fi

Étape 1. Sélectionner le menu **Stat**
Étape 2. Sélectionner le menu **Basic Statistics**
Étape 3. Sélectionner l'option **Covariance**
Étape 4. Lorsque la boîte de dialogue Covariance apparaît :
    Entrer C2 C3 dans la boîte **Variables**
    Cliquer sur **OK**

La feuille de résultats de Minitab fournit la variance pour chaque variable en plus de la covariance.

Pour obtenir le coefficient de corrélation pour le nombre de spots publicitaires et le volume des ventes, une seule modification est nécessaire dans la procédure précédente. À l'étape 3, choisir l'option **Correlation**.

ANNEXE 3.2 STATISTIQUES DESCRIPTIVES AVEC EXCEL

Excel peut être utilisé pour générer les statistiques descriptives discutées dans ce chapitre. Dans cette annexe, nous montrons comment utiliser Excel pour obtenir les mesures de tendance centrale et de dispersion pour une seule variable, ainsi que la covariance et le coefficient de corrélation, mesures de la relation entre deux variables.

A3.2.1 Utiliser les fonctions Excel

Salaire de départ

Excel propose des fonctions pour calculer la moyenne, la médiane, le mode, la variance et l'écart type d'échantillon. Nous illustrons l'utilisation de ces fonctions en calculant ces différentes statistiques descriptives pour les données relatives aux salaires initiaux des jeunes diplômés d'une école de commerce, présentées dans le tableau 3.1 (fichier en ligne Salaire de départ). Référez-vous à la figure 3.13 pour suivre les procédures. Les données sont enregistrées dans la colonne B.

La fonction AVERAGE d'Excel peut être utilisée pour calculer la moyenne en entrant la formule suivante dans la cellule E1 :

= AVERAGE(B2:B13)

De façon similaire, les fonctions =MEDIAN(B2:B13), =MODE.SNGL(B2:B13), =VAR(B2:B13) et =STDEV(B2:B13) sont entrées dans les cellules E2:E5 pour calculer

	A	B	C	D	E	F
1	Diplômé	Salaire de départ		Moyenne	=AVERAGE(B2:B13)	
2	1	3 450		Médiane	=MEDIAN(B2:B13)	
3	2	3 550		Mode	=MODE(B2:B13)	
4	3	3 650		Variance	=VAR(B2:B13)	
5	4	3 480		Écart type	=STDEV(B2:B13)	
6	5	3 355				
7	6	3 310				
8	7	3 490				
9	8	3 730				
10	9	3 540				
11	10	3 925				
12	11	3 520				
13	12	3 480				
14						

	A	B	C	D	E	F
1	Diplômé	Salaire de départ		Moyenne	3 540	
2	1	3 450		Médiane	3 505	
3	2	3 550		Mode	3 480	
4	3	3 650		Variance	27 440,91	
5	4	3 480		Écart type	165,65	
6	5	3 355				
7	6	3 310				
8	7	3 490				
9	8	3 730				
10	9	3 540				
11	10	3 925				
12	11	3 520				
13	12	3 480				
14						

Figure 3.13 *Utiliser les fonctions Excel pour calculer la moyenne, la médiane, le mode, la variance et l'écart type*

respectivement la médiane, le mode, la variance et l'écart type. La feuille de résultat au premier plan de la figure 3.13 présente les valeurs obtenues en utilisant les fonctions Excel, similaires à celles obtenues auparavant dans ce chapitre.

Excel propose également des fonctions qui peuvent être utilisées pour calculer les coefficients de covariance et de corrélation. Nous montrons ici comment ces fonctions peuvent être utilisées pour calculer la covariance d'échantillon et le coefficient de corrélation d'échantillon pour les données relatives au magasin d'équipement hi-fi, figurant dans le tableau 3.7 (fichier en ligne Hi-fi). Référez-vous à la figure 3.14 pour suivre les étapes de la procédure.

La fonction Covariance d'Excel, COVAR.S, peut être utilisée pour calculer la covariance de l'échantillon en entrant la formule suivante dans la cellule F1 :

= COVAR.S(B2:B11,C2:C11)

De façon similaire, la formule = CORREL(B2:B11,C2:C11) est entrée dans la cellule F2 pour calculer le coefficient de corrélation de l'échantillon. La feuille de calcul au premier plan de la figure 3.14 fournit les valeurs calculées par les fonctions Excel. Notez que la

	A	B	C	D	E	F
1	Semaine	Nombre de spots publicitaires	Volume des ventes		Covariance de la population	=COVAR(B2:B11,C2:C11)
2	1	2	50		Corrélation de l'échantillon	=CORREL(B2:B11,C2:C11)
3	2	5	57			
4	3	1	41			
5	4	3	54			
6	5	4	54			
7	6	1	38			
8	7	5	63			
9	8	3	48			
10	9	4	59			
11	10	2	46			
12						

	A	B	C	D	E	F
1	Semaine	Nombre de spots publicitaires	Volume des ventes		Covariance de la population	9,90
2	1	2	50		Corrélation de l'échantillon	0,93
3	2	5	57			
4	3	1	41			
5	4	3	54			
6	5	4	54			
7	6	1	38			
8	7	5	63			
9	8	3	48			
10	9	4	59			
11	10	2	46			
12						

Figure 3.14 *Utiliser les fonctions Excel pour calculer la covariance et la corrélation*

valeur de la covariance d'échantillon (11) est identique à celle obtenue en utilisant l'équation (3.10). De même, la valeur du coefficient de corrélation de l'échantillon (0,93) est la même que celle obtenue en utilisant l'équation (3.12).

A3.2.2 Utiliser les outils de statistiques descriptives d'Excel

Comme nous l'avons déjà montré, Excel fournit des fonctions statistiques pour calculer des statistiques descriptives d'un ensemble de données. Ces fonctions peuvent être utilisées pour calculer une à une les statistiques (par exemple, la moyenne, la variance, etc.). Excel propose également une variété d'outils d'analyse des données. L'un de ces outils, appelé Statistiques Descriptives, permet à un utilisateur de calculer une variété de statistiques descriptives simultanément. Nous montrons ici comment cet outil peut être utilisé pour calculer les statistiques descriptives des données sur les salaires initiaux des jeunes diplômés du tableau 3.1.

Salaire de départ

Étape 1. Cliquer sur le bouton **Data** dans la barre des tâches

Étape 2. Dans le groupe **Analysis**, cliquer sur **Data Analysis**

Étape 3. Lorsque la boîte de dialogue Data Analysis apparaît :
Choisir **Descriptive Statistics**

	A	B	C	D	E	F
1	Diplômé	Salaire de départ		Salaire de départ		
2	1	3 450				
3	2	3 550		**Moyenne**	3 540	
4	3	3 650		Erreur quadratique moyenne	47,82	
5	4	3 480		**Médiane**	3 505	
6	5	3 355		**Mode**	3 480	
7	6	3 310		**Écart type**	165,65	
8	7	3 490		**Variance**	27 440,91	
9	8	3 730		Kurtosis	1,7189	
10	9	3 540		**Asymétrie**	1,0911	
11	10	3 925		**Étendue**	615	
12	11	3 520		**Minimum**	3 310	
13	12	3 480		**Maximum**	3 925	
14				**Somme**	42 480	
				Observation	12	

Figure 3.15 *Feuille de résultats de l'outil Statistiques Descriptives d'Excel*

Étape 4. Lorsque la boîte de dialogue Descriptive Statistics apparaît :

Entrer B1:B13 dans la boîte **Input Range**
Sélectionner **Grouped By Columns**
Sélectionner **Labels in First Row**
Sélectionner **Output Range**
Entrer D1 dans la boîte **Output Range** (Ceci permet d'identifier le coin supérieur gauche de la feuille de calcul où les statistiques descriptives apparaîtront)
Sélectionner **Summary Statistics**
Cliquer sur **OK**

Les statistiques descriptives fournies par Excel apparaissent dans les cellules D1:E15 de la figure 3.15. Celles traitées dans ce chapitre apparaissent en gras. Les autres seront étudiées ultérieurement dans cet ouvrage ou dans d'autres ouvrages plus avancés.

ANNEXE 3.3 STATISTIQUES DESCRIPTIVES AVEC STATTOOLS

Dans cette annexe, nous décrivons comment utiliser StatTools pour obtenir différentes statistiques descriptives et construire des boîtes-à-pattes. Nous montrons ensuite comment utiliser StatTools pour obtenir les mesures de covariance et de corrélation entre deux variables.

A3.3.1 Statistiques descriptives

Nous utilisons les données sur les salaires initiaux du tableau 3.1 pour illustrer la démarche. Commencez par utiliser Data Set Manager pour créer un ensemble de données StatTools pour ces données en utilisant la procédure décrite dans l'annexe du chapitre 1. Les étapes suivantes généreront de nombreuses statistiques descriptives.

Salaire de départ

Étape 1. Cliquer sur le bouton **StatTools** dans la barre des tâches
Étape 2. Dans le groupe **Analyses**, cliquer sur **Summary Statistics**
Étape 3. Choisir l'option **One-Variable Summary**
Étape 4. Lorsque la boîte de dialogue apparaît :
Dans la section **Variables**, sélectionner **Salaires initiaux**
Cliquer sur **OK**

De nombreuses statistiques descriptives apparaîtront.

A3.3.2 Boîte-à-pattes

Nous utilisons les données sur les salaires initiaux du tableau 3.1 pour illustrer la démarche. Commencez par utiliser Data Set Manager pour créer un ensemble de données StatTools pour ces données en utilisant la procédure décrite dans l'annexe du chapitre 1. Les étapes suivantes créeront une boîte-à-pattes pour ces données.

Salaire de départ

Étape 1. Cliquer sur le bouton **StatTools** dans la barre des tâches
Étape 2. Dans le groupe **Analyses**, cliquer sur **Summary Graphs**
Étape 3. Choisir l'option **Box-Whisker Plot**
Étape 4. Lorsque la boîte de dialogue apparaît :
Dans la section **Variables**, sélectionner **Salaires initiaux**
Cliquer sur **OK**

Le symbole □ est utilisé pour identifier une valeur aberrante et le symbole x est utilisé pour identifier la moyenne.

A3.3.3 Covariance et corrélation

Nous utilisons les données sur le magasin de hi-fi du tableau 3.7 pour illustrer le calcul de la covariance d'échantillon et du coefficient de corrélation d'échantillon. Commencez par utiliser Data Set Manager pour créer un ensemble de données StatTools pour ces données en utilisant la procédure décrite dans l'annexe du chapitre 1. Les étapes suivantes fourniront la covariance et le coefficient de corrélation d'échantillon.

Hi-fi

Étape 1. Cliquer sur le bouton **StatTools** dans la barre des tâches
Étape 2. Dans le groupe **Analyses**, cliquer sur **Summary Statistics**
Étape 3. Choisir l'option **Correlation and Covariance**
Étape 4. Lorsque la boîte de dialogue apparaît :
Dans la section **Variables**,
Sélectionner **Nombre de spots publicitaires**

Sélectionner **Volume des ventes**
Dans la section **Tables to Create**
Sélectionner **Table of Correlations**
Sélectionner **Table of Covariances**
Dans la section **Table Structure** sélectionner **Symmetric**
Cliquer sur **OK**

Un tableau contenant le coefficient de corrélation et la covariance apparaîtra.

4

INTRODUCTION À LA THÉORIE PROBABILISTE

STATISTIQUES APPLIQUÉES

*Oceanwide Seafood**
Springboro, Ohio

Oceanwide Seafood est le principal fournisseur de produits de la mer de qualité dans l'État de l'Ohio. La société stocke plus de 90 variétés de produits de la mer frais et surgelés en provenance du monde entier et prépare des compositions spéciales en fonction des commandes de ses clients. Ces derniers sont des restaurants et des commerces alimentaires des États de l'Ohio, du Kentucky et de l'Indiana. Fondée en 2005, la société a connu un succès grandissant en fournissant des produits de qualité exceptionnelle et en proposant un service client supérieur.

Les probabilités et les statistiques sont utilisées à la fois pour des décisions marketing et opérationnelles. Par exemple, une série temporelle des ventes mensuelles est utilisée pour suivre la croissance de la société et pour établir les objectifs futurs de vente. Des statistiques telles que la taille moyenne des commandes des clients et le nombre moyen de jours qu'un client met pour régler sa facture, aident à identifier les meilleurs clients et fournissent des comparatifs pour traiter les questions comptables. De plus, les données sur les stocks mensuels sont utilisées pour analyser la rentabilité opérationnelle et les tendances dans les ventes.

L'analyse des probabilités a aidé Oceanwide à déterminer le niveau raisonnable et rentable de ses tarifs. Par exemple, lorsque Oceanwide reçoit un poisson frais entier d'un de ses fournisseurs, le poisson doit être découpé pour satisfaire les commandes individuelles de ses clients. Un thon frais entier de 100 livres livré dans de la glace coûte à Oceanwide 500 dollars. À première vue, le coût du thon pour la société semble être de $500/100 = 5$ dollars par livre. Cependant, du fait des déchets et des pertes générés par le processus de découpe, un thon entier de 100 livres ne fournira pas 100 livres de produit fini. Si le processus de découpe permet de transformer 75 % du thon entier, 75 livres (et non 100) de produits seront disponibles à la vente. Dans ce cas, le coût réel du thon pour la société serait de $500/75 = 6{,}67$ dollars par livre. Ainsi, Oceanwide devrait considérer un coût de 6,67 dollars par livre pour déterminer quel prix rentable faire payer aux clients.

Pour aider à déterminer le taux de rendement du processus de transformation et de découpe d'un thon entier, des données ont été collectées sur le rendement de ces processus pour un échantillon de thons entiers. En utilisant ces données, Oceanwide a été en mesure de déterminer que 5 % du temps le rendement d'un thon entier était d'au moins 90 %. En termes de probabilité conditionnelle, cette probabilité s'écrit $P(Y \geq 90\% | \text{Thon}) = 0{,}05$; en d'autres termes, la probabilité que le rendement soit d'au moins 90 % sachant que le poisson est un thon, est égale à 0,05. Si Oceanwide a fixé le prix de vente d'un thon en se basant sur un rendement de 90 %, 95 % du temps la société aura un rendement inférieur à celui attendu. En conséquence, la société sous-estime son coût par livre et sous-évalue le prix du thon payé par ses clients. Des informations supplémentaires sur des probabilités conditionnelles pour d'autres taux de rendement ont aidé la direction à sélectionner un taux de rendement de 70 % comme base pour déterminer le coût du thon et le prix à pratiquer envers ses clients finals. Des probabilités conditionnelles similaires pour d'autres produits de la mer ont aidé les responsables à déterminer les taux de rendement et les prix pour chaque type de produits de la mer. Dans ce chapitre, vous apprendrez à calculer et interpréter des probabilités conditionnelles et d'autres probabilités qui sont utiles dans le processus de décision.

* Les auteurs remercient Dale Hartlage, président de la société Oceanwide Seafood, de leur avoir fourni ce Statistiques appliquées.

Les responsables fondent souvent leurs décisions sur une analyse d'éléments incertains, comme par exemple :

1. Quelles sont les chances que les ventes baissent si on augmente les prix ?
2. Quelle est la probabilité qu'une nouvelle méthode d'assemblage augmente la productivité ?
3. Quelle est la probabilité que le projet soit fini à temps ?
4. Quelles sont les chances qu'un nouvel investissement soit rentable ?

La **probabilité** est une mesure numérique de la vraisemblance de l'occurrence d'un événement. Ainsi, les probabilités peuvent être utilisées pour mesurer le degré d'incertitude associé aux quatre événements cités ci-dessus. Si les probabilités étaient connues, nous pourrions déterminer la vraisemblance que chaque événement survienne.

Une série de lettres entre Pierre de Fermat et Blaise Pascal, dans les années 1650, est à l'origine des travaux sur les probabilités.

La valeur d'une probabilité est toujours comprise entre 0 et 1. Une probabilité proche de zéro signifie qu'un événement a peu de chance de se produire ; une probabilité proche de 1 signifie qu'un événement se produira très certainement. Les probabilités comprises entre 0 et 1 représentent les degrés de vraisemblance qu'un événement se réalise. Par exemple, si nous considérons l'événement « il pleut demain », nous comprenons que lorsque le bulletin météo indique « une probabilité proche de zéro qu'il pleuve », cela signifie qu'il n'y a presque aucune chance qu'il pleuve. Cependant, si la probabilité qu'il pleuve est de 0,90, nous savons qu'il est très vraisemblable qu'il pleuve. Une probabilité de 0,50 indique qu'il y a une chance sur deux qu'il pleuve. La figure 4.1 illustre la présentation de la probabilité comme une mesure numérique de la vraisemblance d'un événement.

4.1 EXPÉRIENCE, RÈGLES DE COMPTAGE ET ATTRIBUTION DE PROBABILITÉS

En termes probabilistes, une **expérience** est un processus qui génère un ensemble de résultats prédéfinis. Lorsque l'expérience n'est pas répétée, un seul des résultats possibles de l'expérience se produit. Plusieurs exemples d'expériences, et leurs résultats possibles sont présentés ci-dessous.

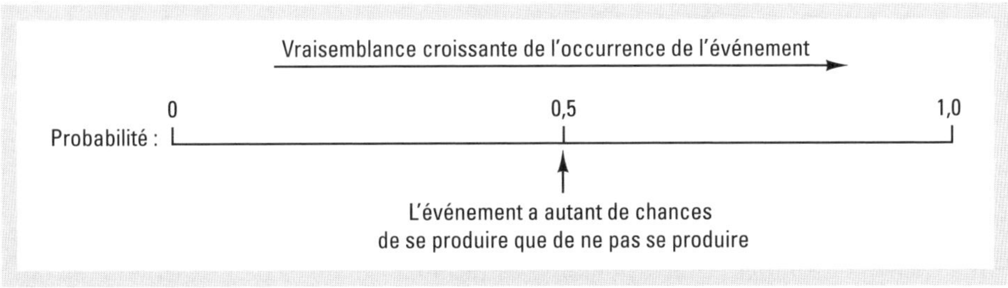

Figure 4.1 ***Probabilité, mesure numérique de la vraisemblable de l'occurrence d'un événement***

Expérience	Résultats de l'expérience
Lancer une pièce de monnaie	Pile, Face
Sélectionner une pièce pour l'inspecter	Défectueuse, non défectueuse
Faire une offre de vente	Achat, pas d'achat
Lancer un dé	1, 2, 3, 4, 5, 6
Jouer au foot	Gagner, perdre, match nul

L'ensemble des résultats possibles d'une expérience est également appelé « **espace-échantillon** ».

▶ **Espace-échantillon**
L'espace-échantillon d'une expérience correspond à l'ensemble des résultats possibles.

Un résultat possible de l'expérience est également appelé « **élément de l'échantillon** », pour souligner le fait qu'il s'agisse d'un élément de l'espace-échantillon.

Les résultats possibles de l'expérience sont également appelés « éléments de l'échantillon ».

Considérons la première expérience inscrite dans le tableau précèdent, lancer une pièce de monnaie. Les résultats de l'expérience (les éléments de l'échantillon) correspondent à la face visible de la pièce – pile ou face. Si l'on note l'espace-échantillon S, on peut le décrire de la manière suivante :

$$S = \{\text{Pile, Face}\}$$

L'espace-échantillon de la seconde expérience inscrite dans le tableau – sélectionner une pièce pour l'inspecter – est décrit par :

$$S = \{\text{Défectueuse, Non défectueuse}\}$$

Les deux expériences décrites ci-dessus ont deux résultats possibles (l'échantillon est composé de deux éléments). Considérons la quatrième expérience inscrite dans le tableau, lancer un dé. Les résultats possibles de l'expérience, définis comme le nombre de points apparaissant sur la face supérieure du dé, sont les six éléments de l'espace-échantillon de cette expérience :

$$S = \{1, 2, 3, 4, 5, 6\}$$

4.1.1 Règles de comptage, combinaisons et permutations

Être capable d'identifier et de dénombrer les résultats possibles de l'expérience est une étape nécessaire dans la détermination des probabilités. Nous discutons maintenant de trois règles de comptage, très utiles.

Expériences à plusieurs étapes. – La première règle de comptage considérée est appropriée pour les expériences à étapes multiples. Considérons l'expérience consistant à lancer deux pièces de monnaie. Les résultats de l'expérience correspondent au côté visible des deux pièces (pile ou face). Combien de résultats sont possibles pour cette expérience ? Elle peut être considérée comme une expérience à deux étapes, dans laquelle l'étape 1 correspond au lancer de la première pièce et l'étape 2 au lancer de la seconde pièce. Si l'on note l'apparition du côté pile par P et l'apparition du côté face par F, le résultat (F, F) indique que le côté face est apparu lors des deux lancers. En utilisant cette notation, l'espace-échantillon (S) de cette expérience de lancer de pièces est :

$$S = \{(F, F), (P, F), (F, P), (P, P)\}$$

Ainsi, quatre résultats sont possibles. Dans ce cas, il n'est pas difficile d'énumérer tous les résultats possibles.

La règle de comptage des expériences à plusieurs étapes permet de dénombrer les résultats possibles sans les énumérer.

► **Règle de comptage des expériences à plusieurs étapes**
Si une expérience peut être décrite par une séquence de k étapes, avec n_1 résultats possibles à la première étape, n_2 résultats possibles à la seconde étape et ainsi de suite, alors le nombre total de résultats possibles de l'expérience est égal à $(n_1)(n_2)\ldots(n_k)$.

En considérant l'expérience du lancer de deux pièces comme la séquence d'un premier lancer ($n_1 = 2$) puis d'un second lancer ($n_2 = 2$), d'après la règle de comptage, l'expérience a quatre résultats possibles différents ($2 \times 2 = 4$). Comme nous l'avons montré, $S = \{(F, F), (P, F), (F, P), (P, P)\}$. Le nombre de résultats possibles dans une expérience impliquant six lancers de pièces est égal à 64 ($2 \times 2 \times 2 \times 2 \times 2 \times 2 = 64$).

Un **diagramme arborescent** est une représentation graphique utile pour visualiser une expérience à plusieurs étapes. La figure 4.2 représente un diagramme arborescent pour le lancer de deux pièces. Les étapes successives sont représentées de gauche à droite sur le graphique. L'étape 1 correspond au lancer de la première pièce et l'étape 2 au lancer de la seconde pièce. À chaque étape, les deux résultats possibles sont pile ou face. Notez que pour chaque résultat possible de l'étape 1, deux branches représentent les deux résultats possibles de l'étape 2. Finalement, chacun des points qui terminent le graphique correspond à un résultat possible de l'expérience. Chaque chemin à travers les branches de l'arbre, depuis le nœud le plus à gauche jusqu'à un des nœuds à droite de l'arbre, correspond à une séquence unique de résultat.

Sans diagramme arborescent, on peut penser qu'il y a seulement trois résultats à l'expérience consistant aux deux lancers d'une pièce : 0 face, 1 face et 2 faces.

Voyons, à présent, comment utiliser la règle de comptage pour des expériences à plusieurs étapes dans l'analyse du projet d'expansion de la capacité productive de la société Kentucky Power & Light (KP&L). KP&L étudie un projet d'expansion de la

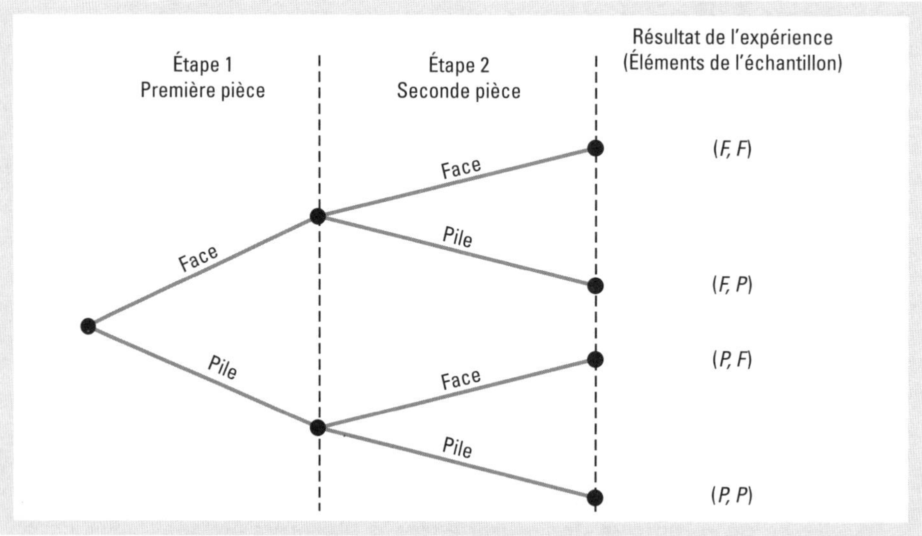

Figure 4.2 ***Diagramme arborescent du lancer de deux pièces***

capacité productive de l'une de ses usines dans le Nord du Kentucky. Le projet comporte deux phases successives : phase 1, conception ; phase 2, construction. Bien que chaque phase soit programmée et contrôlée autant que possible, la direction ne peut pas prédire à l'avance le temps exact nécessaire à la réalisation de chacune des phases du projet. Une analyse des projets de construction similaires a révélé que la phase de conception pouvait durer 2, 3 ou 4 mois et la phase de construction 6, 7 ou 8 mois. De plus, à cause de la nécessité impérative de modifier l'installation électrique, la direction a fixé à 10 mois la durée de réalisation du projet entier.

Tableau 4.1 ***Liste des résultats possibles de l'expérience (éléments de l'échantillon) pour le problème de la société KP&L***

Temps de réalisation (en mois)			
Phase 1 (Conception)	**Phase 2 (Construction)**	**Notation des résultats possibles**	**Temps de la réalisation du projet entier (en mois)**
2	6	(2, 6)	8
2	7	(2, 7)	9
2	8	(2, 8)	10
3	6	(3, 6)	9
3	7	(3, 7)	10
3	8	(3, 8)	11
4	6	(4, 6)	10
4	7	(4, 7)	11
4	8	(4, 8)	12

Puisque trois durées différentes sont possibles pour chaque phase, en appliquant la règle de comptage pour des expériences à plusieurs étapes, on obtient un total de 9 résultats possibles de l'expérience ($3 \times 3 = 9$). Pour décrire ces résultats, on utilise une notation à deux chiffres ; par exemple, (2, 6) indique que la phase de conception est achevée en 2 mois et la phase de construction en 6 mois. Avec ce résultat, le projet entier est réalisé en 8 mois ($2 + 6 = 8$). Le tableau 4.1 résume les neuf résultats possibles du problème KP&L. La figure 4.3 représente le diagramme arborescent de l'expérience.

La règle de comptage et l'arbre permettent au responsable du projet d'identifier les résultats possibles et de déterminer les temps de réalisation envisageables. À partir des informations contenues dans la figure 4.3, on peut conclure que la durée d'achèvement du projet varie entre 8 et 12 mois, six des neuf résultats possibles de l'expérience fournissant le temps de réalisation souhaité, d'au plus 10 mois. Bien qu'il soit utile d'identifier les résultats de l'expérience, il est nécessaire de déterminer les probabilités de chaque résultat possible avant d'estimer la probabilité que le projet soit achevé en 10 mois ou moins.

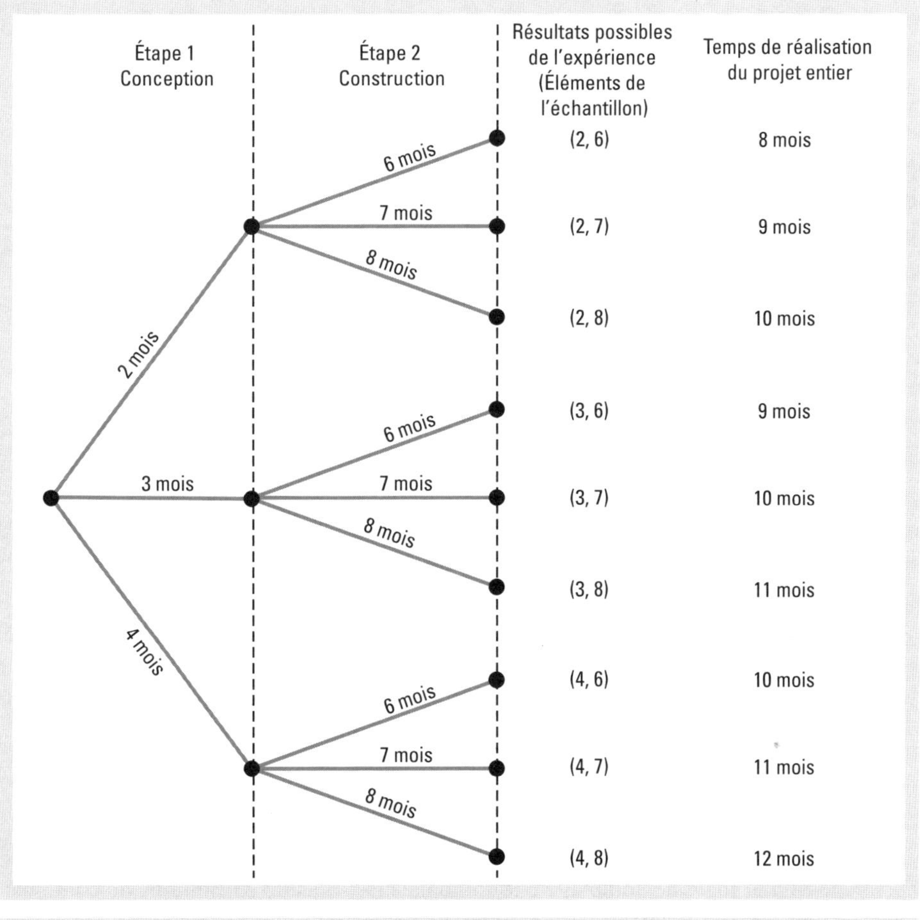

Figure 4.3 ***Diagramme arborescent du projet de la société KP&L***

Combinaisons. – Une seconde règle de comptage qui est souvent utile, permet de compter le nombre de résultats obtenus en sélectionnant n objets parmi un ensemble (généralement plus large) de N objets. Il s'agit de la règle de comptage par combinaisons.

► **Règle de comptage par combinaisons**

Le nombre de combinaisons obtenues avec n objets sélectionnés parmi N est :

$$C_n^N = \binom{N}{n} = \frac{N!}{n!(N-n)!} \tag{4.1}$$

où

$$N! = N(N-1)(N-2)\ldots(2)(1)$$

$$n! = n(n-1)(n-2)\ldots(2)(1)$$

et par définition $0! = 1$

La notation ! signifie *factorielle* ; par exemple, factorielle 5 est égale à $5! = (5)(4)(3)(2)(1) = 120$.

Pour illustrer la règle de comptage par combinaisons, considérons une procédure de contrôle de la qualité, dans laquelle un inspecteur sélectionne aléatoirement deux pièces sur cinq pour tester leur qualité. Dans un groupe de cinq pièces, combien de combinaisons de deux pièces peuvent être sélectionnées ? La règle de comptage définie par l'équation (4.1) montre qu'avec $N = 5$ et $n = 2$, nous avons

$$C_2^5 = \binom{5}{2} = \frac{5!}{2!(5-2)!} = \frac{(5)(4)(3)(2)(1)}{(2)(1)(3)(2)(1)} = \frac{120}{12} = 10$$

> Dans un échantillon issu d'une population de taille finie N, la règle de comptage par combinaisons permet de déterminer le nombre d'échantillons différents de taille n qui peuvent être sélectionnés.

Ainsi, dix résultats sont possibles pour l'expérience de sélection aléatoire de deux pièces parmi cinq. Si on nomme les cinq pièces A, B, C, D et E, les dix combinaisons ou résultats possibles de l'expérience sont AB, AC, AD, AE, BC, BD, BE, CD, CE et DE.

Considérons un autre exemple : le système de loterie de Floride utilise une sélection aléatoire de six numéros parmi 53 pour déterminer le gagnant chaque semaine. La règle de comptage par combinaisons définie par l'équation (4.1) permet de déterminer le nombre de façon de sélectionner 6 nombres entiers parmi 53.

$$\binom{53}{6} = \frac{53!}{6!(53-6)!} = \frac{(53)(52)(51)(50)(49)(48)}{(6)(5)(4)(3)(2)(1)} = 22\,957\,480$$

Selon la règle de comptage par combinaisons, près de 23 millions de combinaisons sont possibles à la loterie. Un individu qui achète un billet de loterie a 1 chance sur 22 957 480 de gagner.

La règle de comptage par combinaisons prouve que les chances de gagner à la loterie sont très minces.

Permutations. – Une troisième règle de comptage, parfois utile, est la règle de comptage par permutations. Elle nous permet de calculer le nombre de résultats possibles lorsque n objets sont sélectionnés parmi N, en tenant compte de l'ordre de tirage. Les mêmes n objets tirés dans un ordre différent constituent un autre résultat de l'expérience.

▶ **Règle de comptage par permutations**

Le nombre de permutations de n objets sélectionnés parmi N est égal à

$$P_n^N = n!\binom{N}{n} = \frac{N!}{(N-n)!} \tag{4.2}$$

La règle de comptage par permutations est proche de celle par combinaisons ; cependant, une expérience aura toujours plus de permutations que de combinaisons pour un même nombre d'objets sélectionnés. Ceci tient au fait que pour chaque tirage de n objets, il y a $n!$ façons différentes de les ordonner.

Considérons de nouveau l'exemple du processus de contrôle de la qualité, dans lequel un inspecteur sélectionne deux pièces parmi cinq. Combien de permutations peuvent être effectuées ? La règle de comptage fournie par l'équation (4.2) montre qu'avec $N = 5$ et $n = 2$,

$$P_2^5 = \frac{5!}{(5-2)!} = \frac{5!}{3!} = \frac{(5)(4)(3)(2)(1)}{(3)(2)(1)} = (5)(4) = 20$$

Ainsi, 20 résultats sont possibles pour cette expérience consistant à sélectionner aléatoirement deux pièces parmi cinq, lorsque l'ordre de tirage est pris en compte. Si on nomme les pièces A, B, C, D et E, les 20 permutations sont AB, BA, AC, CA, AD, DA, AE, EA, BC, CB, BD, DB, BE, EB, CD, DC, CE, EC, DE et ED.

4.1.2 Détermination des probabilités

Voyons maintenant comment déterminer les probabilités des résultats possibles de l'expérience. Les trois approches les plus fréquemment utilisées sont la méthode classique, la méthode de la fréquence relative et la méthode subjective. Quelle que soit la méthode utilisée, les probabilités doivent satisfaire deux **conditions de base**.

▶ **Conditions de base pour déterminer des probabilités**

1. La probabilité associée à chaque résultat possible de l'expérience doit être comprise entre 0 et 1. Si l'on note E_i le i^e résultat possible de l'expérience et $P(E_i)$ sa probabilité, on a

$$0 \leq P(E_i) \leq 1 \text{ pour tout } i \tag{4.3}$$

2. La somme des probabilités de tous les résultats possibles de l'expérience doit être égale à 1. Pour n résultats possibles, on a

$$P(E_1) + P(E_2) + \ldots + P(E_n) = 1 \tag{4.4}$$

La **méthode classique** de détermination des probabilités est appropriée lorsque les résultats possibles de l'expérience sont équiprobables. Si n résultats sont possibles, une probabilité de $1/n$ est associée à chaque résultat. Cette approche respecte automatiquement les deux conditions de base des probabilités.

Par exemple, considérons le lancer d'une pièce de monnaie équilibrée. Les deux résultats possibles de l'expérience – pile ou face – sont équiprobables. Puisque l'un des deux résultats équiprobables est face, la probabilité d'observer face est ½ ou 0,50. De même, la probabilité d'observer pile est également ½ ou 0,50.

Considérons l'exemple du lancer de dé. Il est raisonnable de penser que les six résultats possibles sont équiprobables et donc à chaque résultat est associée une probabilité de 1/6. Si $P(1)$ correspond à la probabilité que le 1 apparaisse, alors $P(1)=1/6$. De même, $P(2)=1/6$, $P(3)=1/6$, $P(4)=1/6$, $P(5)=1/6$ et $P(6)=1/6$. Notez que les conditions (4.3) et (4.4) sont satisfaites puisque chacune des probabilités est supérieure ou égale à zéro et que leur somme est égale à 1.

La **méthode de la fréquence relative** de détermination des probabilités est appropriée lorsque les données disponibles estiment le nombre de fois où le résultat se produira si l'expérience est répétée un grand nombre de fois. Considérons l'exemple d'une étude des temps d'attente dans le service de radiologie d'un hôpital local. Le nombre de patients ayant rendez-vous à 9 heures a été collecté pendant 20 jours successifs. Les résultats suivants ont été obtenus :

Nombre de patients	Nombre de jours au cours desquels le résultat se produit
0	2
1	5
2	6
3	4
4	3
	Total 20

Ces données montrent que sur 2 des 20 jours, aucun patient n'avait rendez-vous ; sur 5 des 20 jours, un patient avait rendez-vous, etc. En utilisant la méthode de la fréquence relative, on peut assigner la probabilité de $2/20 = 0,10$ au résultat « aucun patient n'a de rendez-vous », de $5/20 = 0,25$ au résultat « un patient a un rendez-vous », $6/20 = 0,30$ au résultat « deux patients ont un rendez-vous », $4/20 = 0,20$ au résultat « trois patients ont un rendez-vous » et $3/20 = 0,15$ au résultat « quatre patients ont un rendez-vous ». Comme avec la méthode classique, les deux conditions de base (4.3) et (4.4) sont automatiquement satisfaites lorsque la méthode de la fréquence relative est utilisée.

La **méthode subjective** de détermination des probabilités est appropriée lorsqu'il est irréaliste de supposer que les résultats de l'expérience sont équiprobables et lorsque peu de données sont disponibles. Lorsque la méthode subjective est utilisée pour assigner des probabilités aux résultats d'une expérience, nous devons utiliser toutes les informations disponibles, comme notre expérience ou notre intuition. Après avoir pris en compte toutes les informations disponibles, nous spécifions une probabilité qui traduit notre *degré de croyance* (sur une échelle allant de 0 à 1) quant à la réalisation du résultat. Puisque les probabilités subjectives traduisent les croyances d'une personne, elles sont personnelles. En utilisant la méthode subjective, il est vraisemblable que différentes personnes associent des probabilités différentes à un même résultat de l'expérience.

Lorsqu'on utilise la méthode subjective de détermination des probabilités, une attention particulière doit être apportée au respect des conditions de base (4.3) et (4.4). Quelles que soient les croyances d'une personne, la probabilité associée à chaque résultat de l'expérience doit être comprise entre 0 et 1, et la somme des probabilités de tous les résultats possibles de l'expérience doit être égale à 1.

Considérons l'exemple d'une offre d'achat d'une maison, faite par Tom et Judy Elsbernd. Deux résultats sont possibles :

$$E_1 = \text{leur offre est acceptée}$$
$$E_2 = \text{leur offre est refusée}$$

Judy pense que la probabilité que leur offre soit acceptée est égale à 0,8 ; ainsi, pour Judy, $P(E_1) = 0{,}8$ et $P(E_2) = 0{,}2$. Tom, cependant, croit que la probabilité que leur offre soit acceptée est de 0,6 ; ainsi, pour Tom, $P(E_1) = 0{,}6$ et $P(E_2) = 0{,}4$. Notez que les croyances de Tom reflètent le fait qu'il est plus pessimiste que Judy, quant à l'acceptation de leur offre.

À la fois Judy et Tom ont déterminé des probabilités qui satisfont les deux conditions de base. Le fait que leurs croyances soient différentes illustre la nature personnelle de la méthode subjective.

Même dans des situations commerciales, où les méthodes classique et de la fréquence relative peuvent être appliquées, les responsables peuvent vouloir obtenir des estimations subjectives des probabilités. Dans de tels cas, les meilleures estimations des probabilités sont souvent obtenues en combinant méthode classique ou de la fréquence relative et approche subjective.

> Le théorème de Bayes (cf. section 4.5) est un moyen de combiner les probabilités a priori, déterminées subjectivement, avec les probabilités obtenues par d'autres méthodes, de manière à obtenir des probabilités révisées, dites probabilités a posteriori.

4.1.3 Les probabilités pour le projet de la société KP&L

Nous poursuivons l'analyse du projet de la société KP&L en développant les probabilités pour chacun des neuf résultats possibles de l'expérience, énumérés dans le tableau 4.1. En se basant sur son expérience, la direction a conclu que les différents résultats possibles de l'expérience n'étaient pas équiprobables. Par conséquent, la méthode classique de détermination des probabilités ne peut pas être utilisée. La direction a alors décidé de mener une étude sur les temps de réalisation de projets similaires effectués par KP&L, au cours des trois années précédentes. Les résultats de l'étude de 40 projets similaires sont résumés dans le tableau 4.2.

Tableau 4.2 ***Résultats concernant la réalisation de 40 projets de la société KP&L***

Temps de réalisation (en mois)			
Phase 1 Conception	**Phase 2 Construction**	**Éléments de l'échantillon**	**Nombre d'anciens projets ayant ces temps de réalisation**
2	6	(2, 6)	6
2	7	(2, 7)	6
2	8	(2, 8)	2
3	6	(3, 6)	4
3	7	(3, 7)	8
3	8	(3, 8)	2
4	6	(4, 6)	2
4	7	(4, 7)	4
4	8	(4, 8)	6
			Total 40

Après avoir examiné les résultats de cette étude, la direction a décidé d'utiliser la méthode de la fréquence relative pour déterminer les probabilités. La direction aurait pu estimer de façon subjective les probabilités mais elle jugeait le projet actuel assez semblable aux 40 projets antérieurs. La méthode de la fréquence relative a donc été jugée la plus appropriée.

En utilisant les données du tableau 4.2 pour calculer les probabilités, on note que le résultat (2, 6) – phase 1 achevée en 2 mois et phase 2 achevée en 6 mois – survient 6 fois parmi les 40 projets considérés. Nous utilisons la méthode de la fréquence relative pour associer une probabilité de 6/40 = 0,15 à ce résultat. De même, le résultat (2, 7) survient

Tableau 4.3 ***Détermination des probabilités pour le problème de la société KP&L basée sur la méthode de la fréquence relative***

Éléments de l'échantillon	**Temps de réalisation du projet**	**Probabilité des éléments de l'échantillon**
(2, 6)	8 mois	$P(2, 6) = 6/40 = 0{,}15$
(2, 7)	9 mois	$P(2, 7) = 6/40 = 0{,}15$
(2, 8)	10 mois	$P(2, 8) = 2/40 = 0{,}05$
(3, 6)	9 mois	$P(3, 6) = 4/40 = 0{,}10$
(3, 7)	10 mois	$P(3, 7) = 8/40 = 0{,}20$
(3, 8)	11 mois	$P(3, 8) = 2/40 = 0{,}05$
(4, 6)	10 mois	$P(4, 6) = 2/40 = 0{,}05$
(4, 7)	11 mois	$P(4, 7) = 4/40 = 0{,}10$
(4, 8)	12 mois	$P(4, 8) = 6/40 = 0{,}15$
		Total 1,00

6 fois parmi les 40 projets, soit avec une probabilité de 6/40 = 0,15. En poursuivant ce raisonnement, nous obtenons les probabilités pour tous les points d'échantillon du projet de la société KP&L, regroupées dans le tableau 4.3. Notez que $P(2,6)$ correspond à la probabilité du point d'échantillon (2, 6), $P(2,7)$ correspond à la probabilité du point d'échantillon (2, 7) et ainsi de suite.

REMARQUES

En statistiques, la notion d'expérience est quelque peu différente de la notion d'expérience utilisée en sciences physiques. En sciences physiques, une expérience est généralement menée dans un laboratoire ou dans un environnement contrôlé, dans le but d'en découvrir les causes et les effets. Les résultats des expériences statistiques sont déterminés par une probabilité. Même si l'expérience est répétée exactement de la même façon, un résultat totalement différent peut survenir. À cause de cette influence des probabilités sur le résultat, les expériences statistiques sont parfois appelées expériences aléatoires.

EXERCICES

Méthode

1. Une expérience en trois étapes a trois résultats possibles à la première étape, deux résultats possibles à la seconde étape et quatre résultats possibles à la troisième étape. Combien de résultats possibles existe-il pour l'expérience considérée dans son ensemble ?

2. De combien de façons peut-on sélectionner trois éléments parmi six ? Utiliser les lettres A, B, C, D, E et F pour identifier les éléments et énumérer chaque combinaison possible de trois éléments.

3. Combien de permutations de trois éléments peut-on faire avec six éléments ? Utiliser les lettres A, B, C, D, E et F pour identifier les éléments et énumérer chaque permutation comprenant les éléments B, D et F.

4. Considérer l'expérience qui consiste à lancer trois fois une pièce de monnaie.

- **a)** Construire le diagramme arborescent de l'expérience.
- **b)** Énumérer les résultats possibles de l'expérience.
- **c)** Quelle est la probabilité de chaque résultat possible ?

5. Supposez qu'une expérience a cinq résultats possibles équiprobables : E_1, E_2, E_3, E_4, E_5. Déterminer les probabilités de chaque résultat et montrer que les conditions (4.3) et (4.4) sont vérifiées. Quelle méthode avez-vous utilisée ?

6. Une expérience qui a trois résultats possibles, a été répétée 50 fois : E_1 est apparu 20 fois, E_2 13 fois et E_3 17 fois. Déterminer la probabilité de chacun des résultats. Quelle méthode avez-vous utilisée ?

7. Un responsable a subjectivement attribué les probabilités suivantes aux quatre résultats possibles d'une expérience : $P(E_1)=0{,}10$, $P(E_2)=0{,}15$, $P(E_3)=0{,}40$ et $P(E_4)=0{,}20$. L'attribution de ces probabilités est-elle correcte ? Expliquer.

Applications

8. Dans la ville de Milford, les propositions pour modifier la répartition des zones sont soumises à un processus en deux étapes : un examen par la commission d'urbanisme et un examen par le conseil municipal qui prend la décision finale. À l'étape 1, la commission d'urbanisme examine la demande de changement de la répartition des zones et émet un avis, positif ou négatif, quant à ce changement. À l'étape 2, le conseil municipal examine l'avis de la commission d'urbanisme puis vote pour approuver ou désapprouver le changement. Supposez que le promoteur d'un complexe immobilier fait une demande de modification des zones. Considérer le processus de décision comme une expérience à deux étapes.

a) Combien y a t-il d'éléments d'échantillon dans cette expérience ? Énumérer les.

b) Construire un diagramme arborescent pour cette expérience.

9. L'échantillonnage aléatoire simple utilise un échantillon de taille n, issu d'une population de taille N, pour obtenir des données permettant d'inférer sur les caractéristiques de la population. Supposez que nous ayons une population de 50 comptes bancaires et que nous voulions faire de l'inférence sur cette population à partir d'un échantillon de quatre comptes. Combien d'échantillons aléatoires différents peut-on obtenir ?

10. Beaucoup d'étudiants ont contracté des dettes durant leurs études. Le tableau suivant indique le pourcentage d'étudiants endettés et le montant moyen de leur dette parmi les étudiants de quatre universités et de quatre écoles des beaux-arts (*U.S. News and World Report, America's Best Colleges*, 2008).

Université	% d'étudiants endettés	Montant ($)	École	% d'étudiants endettés	Montant ($)
Pace	72	32 980	Wartburg	83	28 758
Iowa State	69	32 130	Morehouse	94	27 000
Massachusetts	55	11 227	Wellesley	55	10 206
SUNY-Albany	64	11 856	Wofford	49	11 012

a) Si nous choisissons aléatoirement un étudiant de Morehouse College, quelle est la probabilité qu'il soit endetté ?

b) Si nous choisissons aléatoirement une de ces huit institutions dans le cadre d'une étude sur les prêts aux étudiants, quelle est la probabilité que l'institution choisie ait plus de 60 % des étudiants endettés ?

c) Si nous choisissons aléatoirement une de ces huit institutions dans le cadre d'une étude sur les prêts aux étudiants, quelle est la probabilité que dans cette institution, les étudiants endettés aient une dette moyenne de plus de 30 000 dollars ?

d) Quelle est la probabilité qu'un étudiant de l'université Pace ne soit pas endetté ?

e) Parmi les étudiants de l'université de Pace endettés, le montant moyen de la dette est de 32 980 dollars. En considérant tous les étudiants de l'université Pace, quelle est la dette moyenne par étudiant ?

11. L'enquête nationale sur l'utilisation d'équipements de protection (NOPUS) a été menée pour fournir des données probabilistes sur le port du casque par les motards aux États-Unis. L'enquête fut menée en envoyant des observateurs sur des sites routiers sélectionnés aléatoirement où ils collectèrent des données sur le port du casque par les motards, y compris sur le nombre de motards portant un casque conforme aux réglementations du Département des Transports (site de l'administration nationale de sécurité routière, 7 janvier 2010). Un échantillon de données représentatif de l'enquête NOPUS est fourni ci-dessous.

	Type de casque	
Région	**Conforme à la réglementation**	**Non-conforme à la réglementation**
Nord-Est	96	62
Centre Ouest	86	43
Sud	92	49
Ouest	76	16
Total	350	170

a) Utiliser les données d'échantillon pour calculer une estimation de la probabilité qu'un motard porte un casque conforme à la réglementation.

b) La probabilité qu'un motard porte un casque conforme à la réglementation cinq ans plus tôt était de 0,48 et l'année dernière, cette probabilité était de 0,63. Est-ce que la Sécurité Routière peut être satisfaite des résultats de cette dernière enquête ?

c) Quelle est la probabilité que les motards portent des casques conformes à la réglementation par région ? Quelle région a la plus forte probabilité que les motards portent des casques conformes à la réglementation ?

12. La loterie Powerball se déroule deux fois par semaine dans 28 États américains, les îles Vierges et le district de Columbia. Pour participer à la loterie Powerball, un individu doit acheter un ticket à un dollar, choisir cinq numéros compris entre 1 et 55 et ensuite le numéro Powerball compris entre 1 et 42. Pour déterminer les numéros gagnants, cinq boules blanches sont tirées au hasard parmi 55 boules blanches et une boule rouge est tirée parmi 42 boules rouges. Pour gagner la cagnotte, les numéros d'un participant doivent correspondre aux numéros des cinq boules blanches tirées au hasard, quel que soit l'ordre de tirage, et au numéro de la boule rouge. Huit collègues de la société ConAgra Foods de Lincoln dans le Nebraska se sont partagés la somme de 365 millions de dollars le 18 février 2006, leurs tickets correspondant aux cinq numéros gagnants 15, 17, 43, 44, 49 plus le numéro Powerball, le 29. Mis à part la cagnotte, de nombreux autres gains sont distribués lors de chaque tirage. Par exemple, un gain de 200 000 dollars est offert si un participant a choisi les cinq numéros des boules blanches tirées au hasard (site Internet de Powerball, 19 mars 2006).

a) Calculer le nombre de façons de choisir les cinq premiers numéros.

b) Quelle est la probabilité de gagner le gain de 200 000 dollars en sélectionnant les cinq bons numéros ?

c) Quelle est la probabilité de gagner la cagnotte Powerball ?

13. Une société qui produit du dentifrice, étudie cinq emballages différents. En supposant qu'un emballage particulier a autant de chance d'être choisi par un consommateur qu'un autre, quelle probabilité attribueriez-vous au choix de chaque emballage ? Lors d'une expérience réelle, on a demandé à 100 clients de choisir l'emballage qu'ils préfèrent. Les résultats suivants ont été obtenus. Est-ce que les données confirment l'hypothèse selon laquelle un emballage a autant de chance d'être choisi qu'un autre ? Expliquer.

Emballage	Nombre de fois choisi
1	5
2	15
3	30
4	40
5	10

4.2 ÉVÉNEMENTS ET PROBABILITÉS

Dans l'introduction de ce chapitre, nous avons utilisé le mot « événement » dans le sens courant du terme. Ensuite, dans la section 4.1, nous avons introduit le concept d'expérience et de résultats d'expérience, appelés éléments de l'échantillon. Les éléments de l'échantillon et les événements constituent les bases de l'analyse probabiliste. Nous devons maintenant introduire la définition formelle d'un **événement** lié aux éléments de l'échantillon. Cela constitue la base de la détermination de la probabilité d'un événement.

► **Événement**
Un *événement* est un ensemble d'éléments d'échantillon.

Par exemple, revenons au problème de la société KP&L et supposons que le responsable du projet soit intéressé par l'événement correspondant à la réalisation du projet en 10 mois, maximum. En se référant au tableau 4.3, on s'aperçoit que six points d'échantillon – (2, 6), (2, 7), (2, 8), (3, 6), (3, 7) et (4, 6) – offrent un temps de réalisation inférieur ou égal à 10 mois. Soit C l'événement « le projet est réalisé en, au plus, 10 mois » ; on écrit

$$C = \{(2, 6), (2, 7), (2, 8), (3, 6), (3, 7), (4, 6)\}$$

L'événement C se produit si le résultat de l'expérience correspond à l'un de ces six points d'échantillon.

D'autres événements peuvent intéresser la direction de la société KP&L, comme par exemple :

L = « le projet est réalisé en moins de 10 mois »
M = « le projet est réalisé en plus de 10 mois »

En utilisant les informations contenues dans le tableau 4.3, on s'aperçoit que ces événements sont constitués des points d'échantillon suivants :

$$L = \{(2, 6), (2, 7), (3, 6)\}$$
$$M = \{(3, 8), (4, 7), (4, 8)\}$$

De nombreux autres événements peuvent être définis pour le problème de la société KP&L, mais dans tous les cas, l'événement est identifié par un ensemble de points d'échantillon de l'expérience.

Étant données les probabilités des points d'échantillon (cf. tableau 4.3), on peut utiliser la définition suivante pour calculer la probabilité de n'importe quel événement lié au problème de la société KP&L.

▶ **Probabilité d'un événement**
La probabilité d'un événement est égale à la somme des probabilités des points d'échantillon qui constituent cet événement.

Selon cette définition, on calcule la probabilité d'un événement particulier en additionnant les probabilités des points d'échantillon (les résultats possibles de l'expérience) qui constituent l'événement. Nous pouvons maintenant calculer la probabilité que le projet soit réalisé en 10 mois, maximum. Puisque cet événement est donné par $C = \{(2, 6), (2, 7), (2, 8), (3, 6), (3, 7), (4, 6)\}$, la probabilité ($P$) de l'événement C est égale à

$$P(C) = P(2,6) + P(2,7) + P(2,8) + P(3,6) + P(3,7) + P(4,6)$$

En se référant aux probabilités des points d'échantillon fournies dans le tableau 4.3, nous avons

$$P(C) = 0,15 + 0,15 + 0,05 + 0,10 + 0,20 + 0,05 = 0,70$$

De même, puisque l'événement « le projet est réalisé en moins de 10 mois » correspond à $L = \{(2, 6), (2, 7), (3, 6)\}$, la probabilité de cet événement est égale à

$$P(L) = P(2,6) + P(2,7) + P(3,6) = 0,15 + 0,15 + 0,10 = 0,40$$

Pour finir, l'événement « le projet est réalisé en plus de 10 mois » est défini par $M = \{(3, 8), (4, 7), (4, 8)\}$ et donc

$$P(M) = P(3,8) + P(4,7) + P(4,8) = 0,05 + 0,10 + 0,15 = 0,30$$

En utilisant ces probabilités, nous sommes maintenant en mesure de dire à la direction de KP&L qu'il y a une probabilité de 0,70 que le projet soit réalisé en, au plus, 10 mois ; une probabilité de 0,40 que le projet soit réalisé en moins de 10 mois et une probabilité de 0,30 que le projet soit réalisé en plus de 10 mois. Cette procédure de calcul de la probabilité d'un événement peut être répétée pour n'importe quel autre événement qui intéresse la direction de KP&L.

Lorsque les éléments d'échantillon d'une expérience sont identifiés, ainsi que leurs probabilités, on peut utiliser la définition précédente pour calculer la probabilité d'un événement. Cependant, dans de nombreuses expériences, le nombre de points d'échantillon est grand, rendant l'identification de ces éléments d'échantillon et de leur probabilité extrêmement difficile, voire impossible. Dans la suite de ce chapitre, nous présenterons quelques relations probabilistes fondamentales qui permettent de calculer la probabilité d'un événement sans connaître la probabilité de chaque élément d'échantillon.

REMARQUES

1. L'espace-échantillon, S, est un événement. Puisqu'il contient tous les résultats possibles de l'expérience, il a une probabilité égale à 1 ; c'est-à-dire, $P(S) = 1$.

2. Lorsque la méthode classique est utilisée pour déterminer les probabilités, on suppose que les résultats possibles de l'expérience sont équiprobables. Dans ce cas, la probabilité d'un événement peut être calculée en comptant le nombre de résultats possibles qui forment cet événement et en divisant ce chiffre par le nombre total de résultats possibles.

EXERCICES

Méthode

14. Une expérience a quatre résultats possibles équiprobables : E_1, E_2, E_3 et E_4.

a) Quelle est la probabilité que E_2 se réalise ?

b) Quelle est la probabilité que deux des résultats possibles se réalisent (par exemple, E_1 ou E_3) ?

c) Quelle est la probabilité que trois des résultats se réalisent (par exemple, E_1 ou E_2 ou E_4) ?

15. Considérez l'expérience qui consiste à choisir une carte dans un jeu qui en compte 52. Chaque carte correspond à un élément de l'échantillon avec une probabilité de 1/52.

a) Énumérer les éléments de l'échantillon qui constituent l'événement « un as a été tiré ».

b) Énumérer les éléments de l'échantillon qui constituent l'événement « un trèfle a été tiré ».

c) Énumérer les éléments de l'échantillon qui constituent l'événement « une figure (valet, dame ou roi) a été tirée ».

d) Trouver les probabilités associées à chacun des événements cités dans les questions (a), (b) et (c).

16. Considérez l'expérience qui consiste à lancer une paire de dés. Supposez que nous nous intéressions à la somme de la valeur des deux dés.

a) Combien d'éléments de l'échantillon sont possibles ? (Astuce : Utilisez la règle de comptage pour des expériences à plusieurs étapes).

b) Énumérer les éléments de l'échantillon.

c) Quelle est la probabilité d'obtenir la valeur 7 ?

d) Quelle est la probabilité d'obtenir une valeur supérieure ou égale à 9 ?

e) Puisque chaque lancer a six possibilités de donner une valeur paire (2, 4, 6, 8, 10 et 12) et seulement cinq possibilités de donner une valeur impaire (3, 5, 7, 9 et 11), on devrait obtenir plus souvent une valeur paire qu'une valeur impaire. Êtes-vous d'accord avec ce raisonnement ? Expliquer.

f) Quelle méthode avez-vous utilisé pour déterminer les probabilités demandées ci-dessus ?

Applications

17. Reprendre les éléments de l'échantillon relatif à l'exemple de la société KP&L et leurs probabilités, regroupés dans les tableaux 4.2 et 4.3.

a) Le budget de la phase de conception (étape 1) sera dépassé si quatre mois sont nécessaires à sa réalisation. Énumérer les éléments de l'échantillon qui constituent l'événement « le budget de la phase de conception est dépassé ».

b) Quelle est la probabilité que le budget de la phase de conception soit dépassé ?

c) Le budget de la phase de construction (étape 2) sera dépassé si huit mois sont nécessaires à sa réalisation. Énumérer les éléments de l'échantillon qui constituent l'événement « le budget de la phase de construction est dépassé ».

d) Quelle est la probabilité que le budget de la phase de construction soit dépassé ?

e) Quelle est la probabilité que le budget des deux phases soit dépassé ?

18. Pour déterminer la fréquence à laquelle nous mangeons à la maison, en famille, en semaine, Harris Interactive a enquêté auprès de 496 adultes vivant avec des enfants de moins de 18 ans (*USA Today*, 3 janvier 2007). Les résultats de l'enquête sont repris dans le tableau suivant.

Nombre de repas pris en famille	Nombre de fois où l'évènement se produit
0	11
1	11
2	30
3	36
4	36
5	119
6	114
7 ou plus	139

Pour une famille ayant des enfants de moins de 18 ans, sélectionnée au hasard, calculer les probabilités suivantes :

a) La probabilité que la famille ne prenne aucun de ses repas à la maison en semaine.

b) La probabilité que la famille prenne au moins quatre repas à la maison en semaine.

c) La probabilité que la famille prenne au plus deux repas à la maison en semaine.

19. Pensez-vous que le gouvernement protège de façon appropriée les investisseurs ? Cette question faisait partie d'une enquête en ligne sur les investisseurs de moins de 65 ans vivant aux États-Unis et en Grande-Bretagne (*Financial Times*/Harris Poll, 1er octobre 2009). Le nombre d'investisseurs vivant aux États-Unis et en Grande-Bretagne qui ont répondu Oui, Non ou Incertain à cette question, est fourni ci-dessous.

Réponse	États-Unis	Grande-Bretagne
Oui	187	197
Non	334	411
Incertain	256	213

a) Estimer la probabilité qu'un investisseur vivant aux États-Unis pense que le gouvernement ne protège pas correctement les investisseurs.

b) Estimer la probabilité qu'un investisseur vivant en Grande-Bretagne pense que le gouvernement ne protège pas correctement les investisseurs ou n'est pas sûr que le gouvernement protège correctement les investisseurs.

c) Pour un investisseur sélectionné aléatoirement dans ces deux pays, estimer la probabilité qu'il pense que le gouvernement ne protège pas correctement les investisseurs.

d) D'après les résultats de l'enquête, y a-t-il une grande différence d'appréciation entre les investisseurs vivant aux États-Unis et ceux vivant en Grande-Bretagne quant à la protection offerte par le gouvernement vis-à-vis des investisseurs ?

20. Le magazine *Fortune* publie une liste annuelle des 500 plus grandes sociétés américaines. Les données suivantes correspondent aux cinq États les plus pourvus en sociétés appartenant au classement Fortune 500 (*The New York Times Almanac*, 2006).

État	Nombre de sociétés
New York	54
Californie	52
Texas	48
Illinois	33
Ohio	30

Supposez qu'une société classée soit sélectionnée aléatoirement. Quelles sont les probabilités des événements suivants :

a) Soit N l'événement « le siège social de la société est situé dans l'État de New York ». Trouver $P(N)$.

b) Soit T l'événement « le siège social de la société se trouve au Texas ». Trouver $P(T)$.

c) Soit B l'événement « le siège social de la société se trouve dans l'un des cinq États mentionnés ». Trouver $P(B)$.

21. La répartition par âge de la population américaine est fournie ci-dessous (*The World Almanac* 2009). Les données sont exprimées en millions d'individus.

Âge	Nombre
Entre 18 et 24 ans	29,8
Entre 25 et 34 ans	40,0
Entre 35 et 44 ans	43,4
Entre 45 et 54 ans	43,9
Entre 55 et 64 ans	32,7
65 ans ou plus	37,8

Supposez qu'une personne soit sélectionnée aléatoirement à partir de cette population.

a) Quelle est la probabilité que l'âge de cette personne soit compris entre 18 et 24 ans ?

b) Quelle est la probabilité que l'âge de cette personne soit compris entre 18 et 34 ans ?

c) Quelle est la probabilité que cette personne ait au moins 45 ans ?

4.3 QUELQUES RELATIONS PROBABILISTES FONDAMENTALES

4.3.1 Complément d'un événement

Étant donné un événement A, le **complément** de A est défini comme étant l'événement composé de tous les points d'échantillon qui ne constituent pas A. Le complément de A est noté A^c. Le **diagramme de Venn**, présenté à la figure 4.4, illustre le concept de complément. Le rectangle représente l'espace-échantillon d'une expérience et donc contient tous les points d'échantillon possibles. Le cercle représente l'événement A et contient uniquement les points d'échantillon appartenant à A. La région grisée du rectangle contient tous les points d'échantillon qui n'appartiennent pas à l'événement A et donc, par définition, correspond au complément de A.

Dans toute application probabiliste, soit l'événement A, soit son complément doit se produire. Par conséquent,

$$P(A) + P(A^c) = 1$$

En réarrangeant les termes, on obtient le résultat suivant :

► **Calculer une probabilité en se servant de son complement**

$$P(A) = 1 - P(A^c) \tag{4.5}$$

L'équation (4.5) permet de calculer facilement la probabilité d'un événement A, dans la mesure où la probabilité de son complément, $P(A^c)$, est connue.

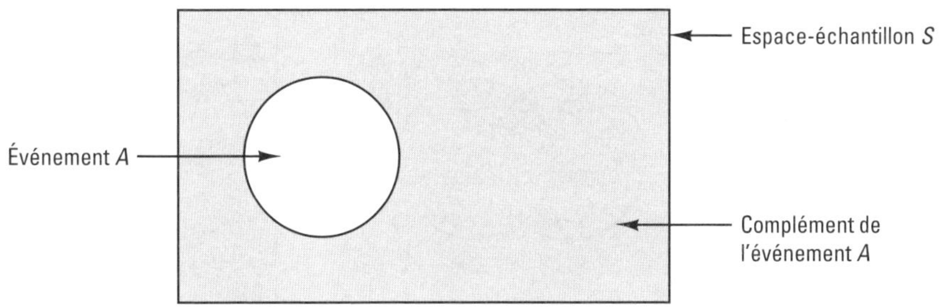

Figure 4.4 ***Complément de l'événement A***

Considérons l'exemple d'un responsable des ventes qui, après avoir examiné les rapports de vente, a constaté que 80 % des contacts établis avec de nouveaux clients ne se concluaient pas par une vente. En notant A l'événement « vente » et A^c l'événement « pas de vente », le responsable a établi que $P(A^c) = 0,80$. En utilisant la formule (4.5), on s'aperçoit que

$$P(A) = 1 - P(A^c) = 1 - 0,80 = 0,20$$

Nous pouvons en conclure qu'un contact établi avec un nouveau client a une probabilité de 0,20 d'aboutir à une vente.

Dans un autre exemple, un responsable des achats déclare qu'il y a une probabilité de 0,90 qu'un fournisseur livre une cargaison sans défaut. En utilisant l'événement complémentaire, on peut conclure qu'il y a une probabilité de 0,10 ($1 - 0,90 = 0,10$) que la cargaison contienne des pièces défectueuses.

4.3.2 La loi de la somme

La loi de la somme est utile lorsque l'on a deux événements et que l'on s'intéresse à la probabilité qu'au moins un des deux événements se produise. C'est-à-dire, avec les événements A et B, on s'intéresse à la probabilité que l'événement A ou l'événement B ou les deux se produisent.

Avant de présenter la loi de la somme, nous discuterons de deux concepts liés à la combinaison d'événements : l'union d'événements et l'intersection d'événements. Étant donnés les deux événements A et B, l'**union de A et B** est définie par :

► **Union de deux événements**
L'*union* de A et B est l'événement qui contient tous les points d'échantillon appartenant à A ou B ou les deux. L'union est notée $A \cup B$.

Le diagramme de Venn de la figure 4.5 illustre l'union des événements A et B. Notez que les deux cercles contiennent tous les points d'échantillon de l'événement A, ainsi que tous les points d'échantillon de l'événement B. Le fait que les cercles se coupent, indique que certains points d'échantillon sont contenus à la fois dans A et dans B.

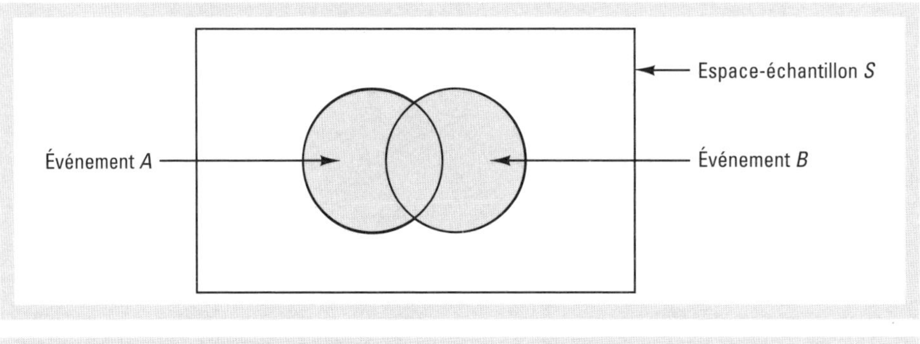

Figure 4.5 ***Union des événements A et B***

La définition de l'**intersection de *A* et *B*** est donnée ci-dessous :

► **Intersection de deux événements**
Étant donnés les événements *A* et *B*, l'*intersection* de *A* et de *B* correspond à l'événement contenant les points d'échantillon appartenant *à la fois à A et à B*. L'intersection est notée $A \cap B$.

Le diagramme de Venn présenté à la figure 4.6 illustre l'intersection de deux événements. L'intersection correspond à la partie grisée où les deux cercles se coupent ; elle contient les points d'échantillon qui appartiennent à la fois à *A* et à *B*.

Discutons maintenant de la loi de la somme. La loi de la somme est un moyen de calculer la probabilité de l'événement A ou B ou à la fois A et B. En d'autres termes, la loi de la somme permet de calculer la probabilité de l'union de deux événements, $A \cup B$. Sa formule est donnée ci-dessous :

► **Loi de la somme**

$$P(A \cup B) = P(A) + P(B) - P(A \cap B) \tag{4.6}$$

Pour comprendre de manière intuitive la loi de la somme, notez que les deux premiers termes de la loi de la somme, $P(A) + P(B)$, représentent l'ensemble des points d'échantillon contenus dans $A \cup B$. Cependant, puisque les points d'échantillon contenus dans l'intersection $A \cap B$ sont à la fois dans *A* et dans *B*, lorsque l'on calcule $P(A) + P(B)$, on compte deux fois chaque point d'échantillon contenu dans $A \cap B$. On corrige cela en soustrayant $P(A \cap B)$.

Pour illustrer la loi de la somme, considérons une petite usine d'assemblage employant 50 salariés. Chaque salarié est supposé terminer son travail en un temps donné et de façon à ce que le produit assemblé passe avec succès le test d'inspection finale. Parfois, certains travailleurs ne finissent pas leur travail à temps et/ou assemblent des pièces défectueuses. À la fin d'une période d'évaluation des performances, le responsable de la production a trouvé que 5 des 50 salariés n'avaient pas fini leur travail dans les

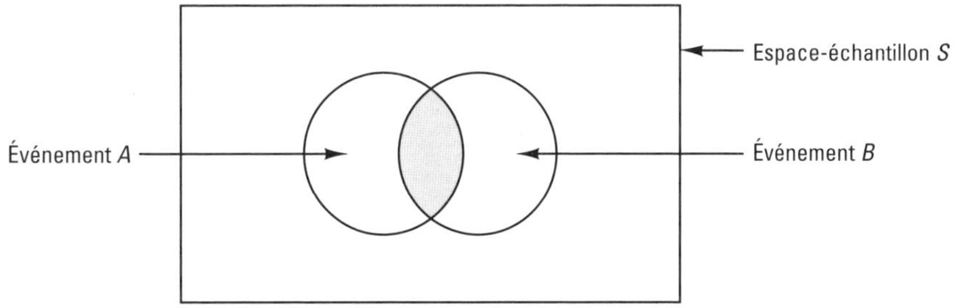

Figure 4.6 ***Intersection des événements A et B***

temps, 6 avaient assemblé des pièces défectueuses et 2 n'avaient pas fini leur travail à temps et avaient assemblé des pièces défectueuses.

Soient les événements

$L =$ « le travail n'est pas fini à temps »
$D =$ « le produit assemblé est défectueux »

Les fréquences relatives permettent d'obtenir les probabilités suivantes :

$$P(L) = \frac{5}{50} = 0{,}10$$

$$P(D) = \frac{6}{50} = 0{,}12$$

$$P(L \cap D) = \frac{2}{50} = 0{,}04$$

Après avoir examiné les données sur les performances, le responsable de la production a décidé d'attribuer une mauvaise évaluation à tout employé dont le travail est soit en retard, soit défectueux ; il s'intéresse donc à l'événement $L \cup D$. Quelle est la probabilité que le responsable de la production attribue une mauvaise évaluation à un employé ?

Notez que la probabilité demandée concerne l'union de deux événements. Nous voulons connaître $P(L \cup D)$. En utilisant la formule (4.6),

$$P(L \cup D) = P(L) + P(D) - P(L \cap D)$$

Connaissant la valeur des trois probabilités apparaissant dans le membre de droite de cette équation, on obtient

$$P(L \cup D) = 0{,}10 + 0{,}12 - 0{,}04 = 0{,}18$$

Ce calcul nous permet de conclure que la probabilité qu'un employé sélectionné aléatoirement reçoive une mauvaise évaluation est égale à 0,18.

Considérons un autre exemple, celui d'une étude récente menée par le responsable du personnel d'une grande société de logiciels. Il est apparu que 30 % des employés qui ont quitté l'entreprise au cours des deux années précédentes, l'ont fait parce qu'ils n'étaient pas satisfaits de leur salaire, 20 % parce qu'ils n'étaient pas satisfaits de leur fonction et 12 % parce qu'ils n'étaient satisfaits ni de leur salaire, ni de leur fonction. Quelle est la probabilité qu'un employé parti au cours des deux années précédentes, l'ait fait parce qu'il n'était pas satisfait de son salaire, de sa fonction ou des deux ?

Soient les événements

$S =$ « l'employé est parti à cause de son salaire »
$T =$ « l'employé est parti à cause de sa fonction »

Nous avons $P(S) = 0{,}30$, $P(T) = 0{,}20$ et $P(S \cap T) = 0{,}12$. En utilisant la loi de la somme, nous avons

$$P(S \cup T) = P(S) + P(T) - P(S \cap T) = 0{,}30 + 0{,}20 - 0{,}12 = 0{,}38.$$

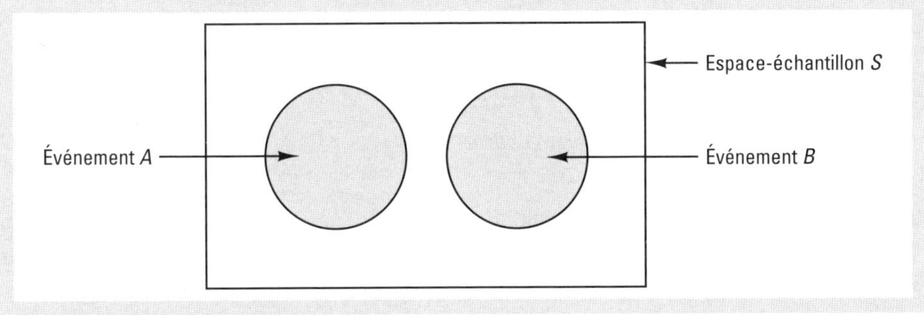

Figure 4.7 *Événements mutuellement exclusifs*

Il y a donc une probabilité de 0,38 qu'un employé soit parti pour des raisons de salaire ou de fonction.

Avant de conclure notre discussion sur la loi de la somme, considérons le cas particulier des **événements mutuellement exclusifs**.

▶ **Événements mutuellement exclusifs**
Deux événements sont dits mutuellement exclusifs si les événements n'ont aucun point d'échantillon en commun.

Les événements A et B sont mutuellement exclusifs si, lorsqu'un événement se produit, l'autre ne peut pas se produire. Ainsi, une condition pour que A et B soient mutuellement exclusifs est que leur intersection soit vide. Le diagramme de Venn, présenté à la figure 4.7, illustre deux événements A et B mutuellement exclusifs. Dans ce cas, $P(A \cap B) = 0$ et la formule de la loi de la somme se réduit à

▶ **Loi de la somme pour des événements mutuellement exclusifs**

$$P(A \cup B) = P(A) + P(B)$$

EXERCICES

Méthode

22. Supposez qu'un espace-échantillon soit composé de cinq résultats possibles équiprobables : E_1, E_2, E_3, E_4, E_5. Soient

$$A = \{ E_1, E_2 \}$$
$$B = \{ E_3, E_4 \}$$
$$C = \{ E_2, E_3, E_5 \}$$

a) Calculer $P(A)$, $P(B)$ et $P(C)$.

b) Calculer $P(A \cup B)$. Les événements A et B sont-ils mutuellement exclusifs ?

c) Déterminer A^c, C^c, $P(A^c)$ et $P(C^c)$.

d) Déterminer $A \cup B^c$ et $P(A \cup B^c)$.

e) Calculer $P(B \cup C)$.

23. Supposez qu'un espace-échantillon S soit composé de sept éléments : $S = \{ E_1, E_2, E_3, E_4, E_5, E_6, E_7 \}$. Les probabilités attribuées à ces éléments de l'échantillon sont les suivantes : $P(E_1) = 0{,}05$, $P(E_2) = 0{,}20$, $P(E_3) = 0{,}20$, $P(E_4) = 0{,}25$, $P(E_5) = 0{,}15$, $P(E_6) = 0{,}10$ et $P(E_7) = 0{,}05$. Soient

$$A = \{ E_1, E_4, E_6 \}$$
$$B = \{ E_2, E_4, E_7 \}$$
$$C = \{ E_2, E_3, E_5, E_7 \}$$

a) Calculer $P(A)$, $P(B)$ et $P(C)$.

b) Déterminer $A \cup B$ et $P(A \cup B)$.

c) Déterminer $A \cap B$ et $P(A \cap B)$.

d) Les événements A et C sont-ils mutuellement exclusifs ?

e) Déterminer B^c et $P(B^c)$.

Applications

24. L'université Clarkson a effectué une enquête d'opinion auprès de ses anciens élèves. En particulier, il était demandé aux anciens élèves d'indiquer si leur passage à Clarkson avait répondu à leurs attentes, les avait surpassées ou ne les avait pas satisfaites. Les résultats de l'enquête ont montré que 4 % des anciens élèves n'ont pas répondu, 26 % considéraient que leurs attentes n'avaient pas été satisfaites et 65 % ont répondu que leur expérience à Clarkson correspondait à leurs attentes.

a) Quelle est la probabilité qu'un ancien élève sélectionné aléatoirement réponde que son expérience a surpassé ses attentes ?

b) Quelle est la probabilité qu'un ancien élève sélectionné aléatoirement réponde que son expérience a répondu ou surpassé ses attentes ?

25. Le bureau américain du recensement fournit des données sur le nombre de jeunes adultes, âgés de 18 à 24 ans, qui vivent chez leurs parents[1]. Soient les événements :

H = Un jeune homme adulte vit chez ses parents
F = Une jeune femme adulte vit chez ses parents

Si nous sélectionnons aléatoirement un jeune homme adulte et une jeune femme adulte, les données du bureau du recensement nous permettent de conclure que $P(M) = 0{,}56$ et

[1] Les données incluent les jeunes adultes célibataires qui vivent en pension au lycée et à l'université parce qu'il est supposé que ces jeunes adultes retourneront chez leurs parents durant les congés scolaires.

$P(F) = 0{,}42$ (*The World Almanac*, 2006). La probabilité que les deux vivent chez leurs parents est égale à 0,24.

a) Quelle est la probabilité qu'au moins un des deux jeunes adultes sélectionnés vive chez ses parents ?

b) Quelle est la probabilité que les deux jeunes adultes sélectionnés vivent chez eux (aucun ne vit chez ses parents) ?

26. Les informations sur les fonds mutuels fournies par Morningstar Investment Research incluent le type de fonds mutuels (domestique, international ou à revenu fixe) et le classement Morningstar. Le classement est exprimé en nombre d'étoiles de 1 (le plus faible) à 5 (le plus élevé). Un échantillon de 25 fonds mutuels est sélectionné du *Morningstar Funds 500* (2008). Les informations suivantes ont été collectées :

- Seize fonds mutuels étaient domestiques.
- Treize fonds mutuels avaient au plus 3 étoiles.
- Sept des fonds domestiques avaient 4 étoiles.
- Deux des fonds domestiques avaient 5 étoiles.

Supposez que l'un de ces 25 fonds mutuels soit sélectionné de façon aléatoire afin d'en apprendre davantage sur ce fonds et la stratégie d'investissement.

a) Quelle est la probabilité de sélectionner un fonds domestique ?

b) Quelle est la probabilité de sélectionner un fonds ayant 4 ou 5 étoiles ?

c) Quelle est la probabilité de sélectionner un fond qui soit domestique *et* qui ait 4 ou 5 étoiles ?

d) Quelle est la probabilité de sélectionner un fond qui soit domestique *ou* qui ait 4 ou 5 étoiles ?

27. Quelles rencontres de basket universitaire de la NCAA ont la plus forte probabilité de voir s'affronter une équipe engagée dans le championnat national de basket ? Au cours des 20 dernières années, la rencontre de la côte atlantique (ACC) est arrivée en tête du palmarès en ayant eu à 10 reprises une équipe engagée dans le championnat. La rencontre du Sud-Est (SEC) s'est classée seconde : à 8 reprises, une équipe engagée dans le championnat a joué durant ces rencontres. Cependant, ces deux rencontres n'ont eu simultanément une équipe engagée dans le championnat qu'une seule fois, lorsque l'équipe d'Arkansas (SEC) a battu l'équipe de Duke (ACC) 76 à 70 en 1994 (site internet NCAA, avril 2009). Utiliser ces données pour estimer les probabilités suivantes.

a) Quelle est la probabilité que lors d'une rencontre ACC, une équipe engagée dans le championnat joue ?

b) Quelle est la probabilité que lors d'une rencontre SEC, une équipe engagée dans le championnat joue ?

c) Quelle est la probabilité qu'à la fois lors d'une rencontre ACC et d'une rencontre SEC, une équipe engagée dans le championnat joue ?

d) Quelle est la probabilité qu'au moins une équipe issue de ces deux rencontres soit engagée dans le championnat ? C'est-à-dire, quelle est la probabilité qu'une équipe issue de l'ACC ou du SEC participe au championnat ?

e) Quelle est la probabilité que le championnat se déroule sans équipe issue de ces deux rencontres?

28. Une étude sur les abonnés d'un magazine a révélé que 45,8 % d'entre eux ont loué une voiture au cours des 12 derniers mois pour des raisons professionnelles, 54 % pour des raisons personnelles et 30 % pour des raisons à la fois professionnelles et personnelles.

a) Quelle est la probabilité qu'un abonné ait loué une voiture au cours des 12 derniers mois pour des raisons professionnelles ou personnelles ?

b) Quelle est la probabilité qu'un abonné n'ait loué aucune voiture au cours des 12 derniers mois que ce soit pour des raisons professionnelles ou personnelles ?

29. Les élèves de terminale les plus brillants candidatent dans les grandes écoles et les universités les plus prestigieuses en plus grand nombre chaque année. Puisque le nombre de places reste relativement stable, certaines écoles rejettent davantage de candidatures. L'université de Pennsylvanie a reçu 2 851 candidatures en première année. Dans ce groupe, 1 033 étudiants ont été acceptés sur dossier, 854 rejetés définitivement et 964 soumis à une commission d'admission. Par le passé, l'université a admis environ 18 % des candidats soumis à la commission sur un nombre total d'étudiants (candidats admis sur dossier et candidats admis après commission) égal à 2 375. Soient D, R et C les événements « un candidat est admis sur dossier », « un candidat est rejeté » et « un candidat est renvoyé devant la commission d'admission ». Soit A l'événement « le candidat passé devant la commission est admis ».

a) Utiliser les données pour estimer $P(D)$, $P(R)$ et $P(C)$.

b) Les événements D et C sont-ils mutuellement exclusifs ? Calculer $P(D \cap C)$.

c) Sur les 2 375 étudiants admis par le passé à l'université de Pennsylvanie, quelle est la probabilité qu'un étudiant sélectionné aléatoirement ait été accepté sur dossier ?

d) Supposons qu'un étudiant soumette aujourd'hui sa candidature à l'université de Pennsylvanie. Quelle est la probabilité que l'étudiant soit admis sur dossier ou accepté par la commission d'admission ?

4.4 PROBABILITÉ CONDITIONNELLE

Souvent, la probabilité d'un événement est influencée par le fait qu'un événement, lié au premier, se soit produit. Considérons un événement A avec une probabilité $P(A)$. Si nous apprenons qu'un événement B, lié à A, s'est déjà produit, nous pouvons tirer parti de cette information pour calculer une nouvelle probabilité de l'événement A. Cette nouvelle probabilité de l'événement A, appelée **probabilité conditionnelle**, est notée $P(A|B)$. La notation | est utilisée pour souligner le fait que nous considérons la probabilité de l'événement A *sachant que* l'événement B s'est produit. Par conséquent, la notation $P(A|B)$ se lit « probabilité de A sachant B ».

Comme exemple d'application des probabilités conditionnelles, considérons les possibilités de promotion professionnelle des policiers, hommes et femmes, d'une grande métropole à l'Est des États-Unis. Les forces de police de cette ville comptent 1 200 officiers, 960 hommes et 240 femmes. Au cours des deux dernières années, 324 policiers ont été promus. La répartition de ces promotions entre hommes et femmes est détaillée dans le tableau 4.4.

Tableau 4.4 ***Promotion des policiers au cours des deux dernières années***

	Homme	Femme	Totaux
Promu	288	36	324
Non promu	672	204	876
Totaux	960	240	1 200

Après avoir examiné ces chiffres, un comité de femmes policiers a entamé une procédure judiciaire pour discrimination, en se basant sur le fait que 288 hommes policiers avaient été promus contre seulement 36 femmes. L'administration policière a rétorqué que le nombre relativement bas de femmes policiers promues n'était pas dû à un comportement discriminatoire mais au fait que peu de femmes font partie des forces de police. Montrons comment utiliser les probabilités conditionnelles pour analyser l'accusation de discrimination.

Soient les événements

H = « le policier est un homme »
F = « le policier est une femme »
A = « le policier est promu »
A^c = « le policier n'est pas promu »

Diviser les données du tableau 4.4 par le nombre total de policiers (1 200) nous permet de résumer les informations disponibles par les probabilités suivantes :

$P(H \cap A) = 288/1200 = 0,24$ = probabilité qu'un policier choisi aléatoirement soit un homme et ait été promu

$P(H \cap A^c) = 672/1200 = 0,56$ = probabilité qu'un policier choisi aléatoirement soit un homme et n'ait pas été promu

$P(F \cap A) = 36/1200 = 0,03$ = probabilité qu'un policier choisi aléatoirement soit une femme et ait été promu

$P(F \cap A^c) = 204/1200 = 0,17$ = probabilité qu'un policier choisi aléatoirement soit une femme et n'ait pas été promu

Puisque ces valeurs correspondent à la probabilité d'intersection de deux événements, ces probabilités sont appelées **probabilités jointes**. Le tableau 4.5, qui fournit un résumé des informations, en termes de probabilités, sur les promotions au sein de la police, est dit *tableau des probabilités jointes*.

Les valeurs inscrites dans les marges du tableau des probabilités jointes fournissent les probabilités de chaque événement séparément. C'est-à-dire, $P(H) = 0,80$, $P(F) = 0,20$, $P(A) = 0,27$ et $P(A^c) = 0,73$. Ces **probabilités** sont dites **marginales**, du fait de leur localisation dans les marges du tableau des probabilités jointes. Les probabilités marginales sont obtenues en additionnant les probabilités jointes, associées à l'événement, dans les lignes ou les colonnes du tableau des probabilités jointes. Par exemple, la probabilité marginale d'être promu est égale à $P(A) = P(H \cap A) + P(F \cap A) = 0,24 + 0,03 = 0,27$. D'après les

Tableau 4.5 ***Tableau des probabilités jointes pour les promotions***

Les probabilités jointes apparaissent à l'intérieur du tableau	Homme (*H*)	Femme (*F*)	Totaux
Promu (*A*)	0,24	0,03	0,27
Non promu (A^c)	0,56	0,17	0,73
Totaux	0,80	0,20	1,00

Les probabilités marginales apparaissent dans les marges du tableau

probabilités marginales, 80 % des policiers sont des hommes, 20 % sont des femmes, 27 % des officiers (hommes et femmes confondus) ont été promus et 73 % ne l'ont pas été.

Commençons l'analyse des probabilités conditionnelles en calculant la probabilité qu'un policier soit promu, sachant qu'il s'agit d'un homme. Nous cherchons donc à déterminer $P(A|H)$. Cette notation signifie simplement que nous nous intéressons à la probabilité de l'événement A (promotion) sachant que la condition décrite par l'événement H (le policier est un homme) est satisfaite. Ainsi, nous nous intéressons maintenant seulement aux possibilités de promotion des 960 hommes policiers. Puisque 288 des 960 hommes policiers ont reçu une promotion, la probabilité d'être promu sachant que le policier est un homme est égale à 288/960, soit 0,30. En d'autres termes, sachant que le policier est un homme, ce policier avait 30 % de chances de recevoir une promotion au cours des deux dernières années.

Cette procédure est facile à mettre en œuvre, car le tableau 4.4 fournit le nombre de policiers dans chaque catégorie. Nous allons maintenant montrer comment des probabilités conditionnelles, comme $P(A|H)$, peuvent être directement calculées à partir des probabilités des événements, plutôt qu'à partir des fréquences du tableau 4.4.

Nous avons montré que $P(A|H) = 288/960 = 0,30$. Divisons à la fois le numérateur et le dénominateur de cette fraction par 1 200, le nombre total de policiers.

$$P(A|H) = \frac{288}{960} = \frac{288/1200}{960/1200} = \frac{0,24}{0,80} = 0,30$$

Nous voyons maintenant que la probabilité conditionnelle $P(A|H)$ est égale à $0,24/0,80$. En vous référant au tableau des probabilités jointes (tableau 4.5), notez en particulier que 0,24 est la probabilité jointe de A et de H ; c'est-à-dire, $P(A \cap H) = 0,24$. Notez également que 0,80 est la probabilité marginale qu'un policier sélectionné aléatoirement soit un homme ; c'est-à-dire, $P(H) = 0,80$. Ainsi, la probabilité conditionnelle $P(A|H)$ est égale au ratio entre la probabilité jointe $P(A \cap H)$ et la probabilité marginale $P(H)$.

$$P(A|H) = \frac{P(A \cap H)}{P(H)} = \frac{0,24}{0,80} = 0,30$$

Le fait que les probabilités conditionnelles correspondent au ratio entre une probabilité jointe et une probabilité marginale, fournit la formule générale pour calculer la probabilité conditionnelle de deux événements A et B :

► Probabilité conditionnelle

$$P(A|B) = \frac{P(A \cap B)}{P(B)} \tag{4.7}$$

ou

$$P(B|A) = \frac{P(A \cap B)}{P(A)} \tag{4.8}$$

Le diagramme de Venn, de la figure 4.8, permet de comprendre intuitivement les probabilités conditionnelles. Le cercle de droite correspond à l'événement B qui s'est réalisé ; la partie du cercle commune avec l'événement A correspond à l'événement $(A \cap B)$. Nous savons qu'une fois l'événement B réalisé, la seule façon de pouvoir encore observer l'événement A est que l'événement $(A \cap B)$ se réalise. Ainsi, le ratio $P(A \cap B)/P(B)$ fournit la probabilité conditionnelle que nous observions l'événement A sachant que l'événement B s'est déjà produit.

Revenons à la question d'une éventuelle discrimination envers les femmes policiers. La probabilité marginale de la colonne 1 du tableau 4.5 montre que la probabilité qu'un policier reçoive une promotion est égale à $P(A) = 0,27$ (que ce soit un homme ou une femme). Cependant, la question fondamentale dans cette affaire de discrimination implique deux probabilités conditionnelles : $P(A|H)$ et $P(A|F)$. C'est-à-dire, quelle est la probabilité qu'un policier soit promu sachant qu'il s'agit d'un homme ? Quelle est la probabilité qu'un policier soit promu sachant qu'il s'agit d'une femme ? Si ces deux probabilités sont égales, il n'y a aucun fondement à l'accusation de discrimination puisque les

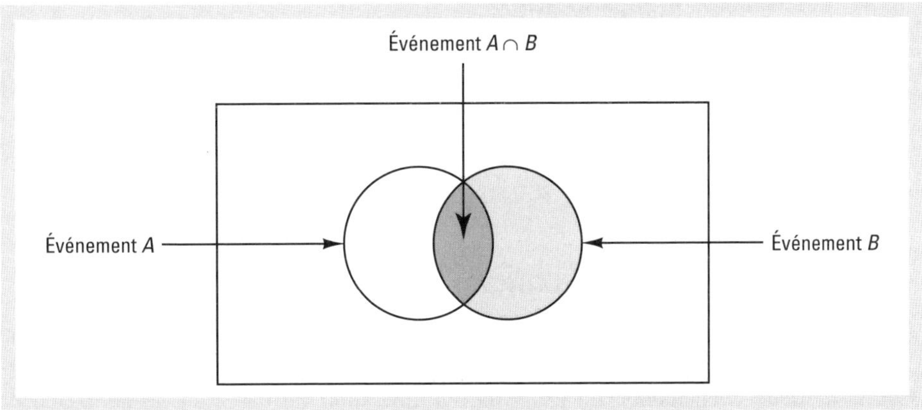

Figure 4.8 ***Probabilité conditionnelle***

chances de promotion sont les mêmes pour les femmes et pour les hommes. Par contre, une différence entre les deux probabilités conditionnelles accréditerait la thèse selon laquelle les policiers sont traités différemment en matière de promotion, en fonction de leur sexe.

Nous avons déjà déterminé que $P(A|H) = 0,30$. Utilisons maintenant les probabilités du tableau 4.5 et la relation (4.7) pour calculer la probabilité qu'un policier reçoive une promotion sachant qu'il s'agit d'une femme, c'est-à-dire $P(A|F)$. On obtient :

$$P(A|F) = \frac{P(A \cap F)}{P(F)} = \frac{0,03}{0,20} = 0,15$$

Quelles conclusions pouvez-vous en tirer ? La probabilité de recevoir une promotion est deux fois plus importante pour un homme que pour une femme. Bien que l'utilisation des probabilités conditionnelles ne prouve pas en elle-même l'existence d'une discrimination envers les femmes, les valeurs des probabilités conditionnelles appuient l'argument avancé par les femmes policiers.

4.4.1 Événements indépendants

Dans l'exemple précédent, $P(A) = 0,27$, $P(A|H) = 0,30$ et $P(A|F) = 0,15$. Nous avons vu que la probabilité de recevoir une promotion (événement A) était affectée ou influencée par le sexe du policier. En particulier, puisque $P(A|H) \neq P(A)$, les événements A et H sont dépendants. C'est-à-dire que la probabilité de l'événement A (promotion) est affectée ou altérée par le fait que l'événement H (le policier est un homme) se produise avec certitude. De manière similaire, puisque $P(A|F) \neq P(A)$, les événements A et F sont dépendants. Cependant, si la probabilité de l'événement A n'était pas affectée par l'existence de l'événement H – c'est-à-dire, si $P(A|H) = P(A)$ – alors, les événements A et H seraient dits **indépendants**. Ceci conduit à la définition suivante d'indépendance de deux événements :

► **Événements indépendants**

Deux événements A et B sont indépendants si

$$P(A|B) = P(A) \tag{4.9}$$

ou

$$P(B|A) = P(B) \tag{4.10}$$

Sinon, les événements sont dépendants.

4.4.2 Loi de la multiplication

Alors que la loi de la somme des probabilités permet de calculer la probabilité de l'union de deux événements, la loi de la multiplication permet de calculer la probabilité de l'intersection de deux événements. La loi de la multiplication est basée sur la définition de la probabilité conditionnelle. En réarrangeant les termes des formules (4.7) et (4.8), on obtient la **loi de la multiplication**.

▶ **Loi de la multiplication**

$$P(A \cap B) = P(B)P(A|B) \qquad (4.11)$$

ou

$$P(A \cap B) = P(A)P(B|A) \qquad (4.12)$$

Pour illustrer l'utilisation de la loi de la multiplication, considérons le service de diffusion d'un journal, auquel 84 % des ménages d'une région particulière sont abonnés quotidiennement. Si l'on note Q l'événement « un ménage est abonné à l'édition quotidienne », $P(Q) = 0,84$. De plus, on sait que la probabilité qu'un ménage déjà abonné à l'édition quotidienne, soit également abonné à l'édition du dimanche (événement D), est égale à 0,75 ; c'est-à-dire, $P(D|Q) = 0,75$. Quelle est la probabilité qu'un ménage soit abonné à la fois à l'édition quotidienne et à l'édition du dimanche ? En utilisant la loi de la multiplication, la probabilité désirée, $P(D \cap Q)$, est égale à

$$P(D \cap Q) = P(Q)P(D|Q) = 0,84 \times 0,75 = 0,63$$

Nous savons maintenant que 63 % des ménages sont abonnés aux éditions quotidiennes et du dimanche.

Avant de conclure cette section, considérons le cas spécial de la loi de la multiplication pour des événements indépendants. Rappelons que deux événements sont indépendants si $P(A|B) = P(A)$ ou $P(B|A) = P(B)$. Par conséquent, d'après les formules (4.11) et (4.12), la loi de la multiplication pour des événements indépendants s'écrit :

▶ **Loi de la multiplication pour événements indépendants**

$$P(A \cap B) = P(A)P(B) \qquad (4.13)$$

Pour calculer la probabilité de l'intersection de deux événements indépendants, on multiplie simplement leurs probabilités respectives. Notez que la loi de la multiplication pour des événements indépendants fournit un autre moyen de déterminer si A et B sont indépendants. En effet, si $P(A \cap B) = P(A)P(B)$, alors A et B sont indépendants ; si $P(A \cap B) \neq P(A)P(B)$, alors A et B sont dépendants.

Pour illustrer la loi de la multiplication appliquée à des événements indépendants, considérons l'exemple du responsable d'une station service qui sait, de par son expérience, que 80 % des clients payent l'essence par carte de crédit. Quelle est la probabilité que les deux prochains clients utilisent chacun une carte de crédit ? Si l'on note A l'événement « le premier client utilise une carte de crédit » et B l'événement « le second client utilise une carte de crédit », alors l'événement qui nous intéresse est $A \cap B$. Sans autre information, on peut raisonnablement supposer que les deux événements sont indépendants. Ainsi,

$$P(A \cap B) = P(A)P(B) = 0,80 \times 0,80 = 0,64$$

Pour résumer cette section, notez que l'intérêt des probabilités conditionnelles réside dans le fait que les événements sont souvent liés. Dans de tels cas, les événements sont dits dépendants et les formules des probabilités conditionnelles fournies par les équations (4.7) et (4.8) permettent de calculer la probabilité des événements. Si deux événements ne sont pas liés, ils sont indépendants ; dans ce cas, la probabilité d'un événement n'est pas affectée par le fait que l'autre événement se réalise ou non.

REMARQUES

Ne confondez pas la notion d'événements mutuellement exclusifs avec celle d'événements indépendants. Deux événements de probabilité non nulle ne peuvent être à la fois mutuellement exclusifs et indépendants. Si un événement mutuellement exclusif est certain de se produire, la probabilité que l'autre événement se produise est nulle. Ils sont donc dépendants.

EXERCICES

Méthode

30. Supposez que nous ayons deux événements, A et B, avec $P(A)=0{,}50$, $P(B)=0{,}60$ et $P(A \cap B)=0{,}40$.

a) Calculer $P(A|B)$.

b) Calculer $P(B|A)$.

c) Les événements A et B sont-ils indépendants ? Pourquoi ?

31. Supposez que nous ayons deux événements, A et B, mutuellement exclusifs. Supposez de plus que $P(A)=0{,}30$ et $P(B)=0{,}40$.

a) Calculer $P(A \cap B)$.

b) Calculer $P(A|B)$.

c) Un étudiant en statistiques affirme que les concepts d'événements mutuellement exclusifs et d'événements indépendants sont identiques et que si des événements sont mutuellement exclusifs, ils doivent être indépendants. Êtes-vous d'accord avec lui ? Utiliser les probabilités de cet exemple pour justifier votre réponse.

d) Quelle conclusion générale pouvez-vous tirer de vos résultats concernant des événements mutuellement exclusifs et indépendants ?

Applications

32. L'industrie automobile a vendu 657 000 véhicules aux États-Unis en janvier 2009 (*The Wall Street Journal*, 4 février 2009). Du fait des mauvaises conditions économiques, ce chiffre est en baisse de 37 % par rapport à janvier 2008. Les trois principaux constructeurs automobiles américains – General Motors, Ford et Chrysler – ont vendu 280 500 véhicules, en baisse de 48 % par rapport à janvier 2008. Un résumé des ventes par constructeur automobile et par type de véhicule vendu est fourni dans le tableau ci-dessous. Les données sont exprimées en milliers de véhicules. Les constructeurs non-américains sont dominés par Toyota, Honda et Nissan. La catégorie Camion léger comprend les pickups, les mini-vans, les SUV et les crossover.

		Type de véhicule	
		Voiture	**Camion léger**
Constructeur	**Américain**	87,4	193,1
	Non américain	228,5	148,0

a) Construire un tableau des probabilités jointes pour ces données et utiliser ce tableau pour répondre aux questions suivantes.

b) Quelles sont les probabilités marginales ? Que vous apprennent-elles sur les probabilités associées au constructeur et au type de véhicule vendu ?

c) Si un véhicule est fabriqué par un des constructeurs américains, quelle est la probabilité que le véhicule soit une voiture ? Quelle est la probabilité que ce soit un camion léger ?

d) Si un véhicule n'est pas fabriqué par un des constructeurs américains, quelle est la probabilité que le véhicule soit une voiture ? Quelle est la probabilité que ce soit un camion léger ?

e) Si le véhicule est un camion léger, quelle est la probabilité qu'il soit fabriqué par un des constructeurs américains ?

f) Que vous disent les probabilités à propos des ventes ?

33. Une étude sur les étudiants des écoles de commerce (MBA) a révélé les résultats suivants concernant « la principale motivation des étudiants à avoir posé leur candidature pour l'école dans laquelle ils sont inscrits ».

		Raison de la candidature			
		Qualité de l'enseignement	**Coût des études ou commodité**	**Autres**	**Totaux**
Statut d'inscription	**Plein temps**	421	393	76	890
	Temps partiel	400	593	46	1 039
	Totaux	821	986	122	1 929

a) Construire le tableau des probabilités jointes pour ces données.

b) Utiliser les probabilités marginales de la qualité de l'enseignement, du coût/commodité et des autres raisons pour commenter la raison principale qui intervient dans le choix d'une école.

c) Si un étudiant est inscrit à plein temps, quelle est la probabilité que la qualité de l'enseignement soit la raison principale de son choix ?

d) Si un étudiant est inscrit à temps partiel, quelle est la probabilité que la qualité de l'enseignement soit la raison principale de son choix ?

e) Soient A l'événement « un étudiant est inscrit à plein temps » et B l'événement « l'étudiant donne la qualité de l'enseignement comme raison principale de son choix ». Les événements A et B sont-ils indépendants ? Justifier votre réponse.

34. Le département américain des transports a rapporté que durant le mois de novembre, 83,4 % des vols de la Southwest Airlines, 75,1 % des vols de la compagnie US Airways et 70,1 % des vols de JetBlue sont arrivés à l'heure (*USA Today*, 4 janvier 2007). Supposez que cette performance soit applicable aux vols arrivant sur le tarmac A de l'aéroport international de Rochester et que 40 % des atterrissages sur le tarmac A soient des vols Southwest Airlines, 35 % des vols US Airways et 25 % des vols JetBlue.

a) Construire le tableau des probabilités jointes avec trois lignes (les compagnies aériennes) et deux colonnes (arrivées à l'heure versus arrivées en retard).

b) L'annonce de l'arrivée du vol 1424 en porte 20 sur le tarmac A vient d'être faite. Quelle est la compagnie la plus probable pour ce vol ?

c) Quelle est la probabilité que le vol 1424 soit à l'heure ?

d) Supposez qu'une annonce soit faite prévenant du retard du vol 1424. Quelle est la compagnie la plus probable assurant ce vol ? Quelle est la compagnie la moins vraisemblable ?

35. Selon l'étude Ameriprise Financial Money Across Generation, 9 parents sur 10 ayant des enfants adultes, âgés entre 20 et 35 ans, ont aidé financièrement leurs enfants d'une façon ou d'une autre : études, voiture, loyer, factures, couverture d'un découvert et/ou hébergement à titre gracieux (Money, janvier 2009). Le tableau suivant issu d'un échantillon de données représentatives de l'étude, indique le nombre de fois où les parents ont fourni une assistance financière à leurs enfants adultes pour acheter une voiture et payer leur loyer.

		Paiement du loyer	
		Oui	**Non**
Achat d'une voiture	**Oui**	56	52
	Non	14	78

a) Construire le tableau des probabilités jointes et l'utiliser pour répondre aux questions suivantes.

b) D'après les probabilités marginales d'achat d'une voiture ou de paiement du loyer, les parents sont-ils plus susceptibles d'aider leurs enfants adultes en achetant une voiture ou en payant le loyer ? Quelle est votre interprétation des probabilités marginales ?

c) Si les parents ont fourni une assistance financière pour l'achat d'une voiture, quelle est la probabilité que les parents payent également le loyer ?

d) Si les parents n'ont pas fourni une assistance financière pour l'achat d'une voiture, quelle est la probabilité que les parents payent le loyer ?

e) L'assistance financière pour l'achat d'une voiture est-elle indépendante de l'assistance financière pour payer le loyer ? Utiliser les probabilités pour justifier votre réponse.

f) Quelle est la probabilité que les parents aient fourni une assistance financière à leurs enfants adultes soit pour les aider à acheter une voiture, soit pour payer leur loyer ?

36. Jerry Stackhouse de l'équipe des Mavericks de Dallas de l'Association nationale de basketball est le meilleur lanceur-franc de l'équipe, réussissant 89 % de ces lancers (site Internet de ESPN, juillet 2008). Supposez qu'à la fin d'un match, Jerry Stackhouse soit bousculé et bénéficie de deux lancers.

a) Quelle est la probabilité qu'il réussisse ses deux lancers ?

b) Quelle est la probabilité qu'il réussisse au moins un lancer ?

c) Quelle est la probabilité qu'il rate ses deux lancers ?

d) Souvent, au cours d'un match, une équipe commet intentionnellement une faute sur un joueur adverse pour stopper le jeu. La stratégie habituelle consiste à commettre intentionnellement une faute sur le plus mauvais lanceur-franc de l'équipe adverse. Supposons que le joueur central des Mavericks réussisse 58 % de ses lancers-francs. Calculer les probabilités évoquées aux questions (a), (b) et (c) dans le cas du joueur central et démontrer que commettre intentionnellement une faute sur le joueur central des Mavericks est une meilleure stratégie que commettre une faute intentionnelle sur Jerry Stackhouse.

37. Les cartes Visa ont étudié la fréquence de l'utilisation des cartes bancaires (de débit et de crédit) par les jeunes consommateurs âgés de 18 à 24 ans pour régler leurs achats (*Associated Press*, 16 janvier 2006). Les résultats de cette étude ont fourni les probabilités suivantes.

- La probabilité qu'un consommateur utilise une carte bancaire lorsqu'il fait un achat est égale à 0,37.
- Sachant que le consommateur utilise une carte bancaire, il y a une probabilité égale à 0,19 que le consommateur soit âgé de 18 à 24 ans.
- Sachant que le consommateur utilise une carte bancaire, il a une probabilité égale à 0,81 que le consommateur ait plus de 24 ans.
- D'après les données du bureau américain du recensement, 14 % de la population des consommateurs est âgée de 18 à 24 ans.

a) Sachant que le consommateur a entre 18 et 24 ans, quelle est la probabilité qu'il utilise une carte bancaire ?

b) Sachant que le consommateur a plus de 24 ans, quelle est la probabilité qu'il utilise une carte bancaire ?

c) Comment interpréter les probabilités trouvées aux questions (a) et (b) ?

d) Les sociétés telles que Visa, MasterCard et Discover devraient-elle rendre les cartes plastiques plus accessibles aux 18-24 ans avant que ces consommateurs aient eu le temps de s'endetter ? Si non, pourquoi ? Si oui, quelles restrictions les sociétés devraient-elles imposer à cette tranche d'âge ?

38. Les élèves de primaire et de secondaire de l'État de New York doivent passer un examen de mathématiques. Pour satisfaire les critères d'efficacité, un élève doit démontrer sa compréhension des concepts mathématiques associés à son niveau d'études. Les données suivantes fournissent le nombre d'élèves de la ville de New York en écoles primaires et dans le secondaire qui ont passé le test et le nombre de ceux qui ont atteint et qui n'ont pas atteint le niveau attendu (site internet du département de l'éducation de la ville de New York, 16 janvier 2010).

	Ont atteint le niveau attendu ?	
Niveau	Oui	Non
3	47 401	23 975
4	35 020	34 740
5	36 062	33 540
6	36 361	32 929
7	40 945	29 768
8	40 720	31 931

a) Construire un tableau des probabilités jointes pour ces données.

b) Quelles sont les probabilités marginales ? Que vous apprennent-elles sur les probabilités de satisfaire ou non les critères de réussite aux examens ?

c) Si un étudiant est en niveau 3, quelle est la probabilité qu'il satisfasse les critères de réussite ? Si un étudiant est en niveau 4, quelle est la probabilité qu'il satisfasse les critères de réussite ?

d) Si un élève choisit aléatoirement satisfait les critères de réussite, quelle est la probabilité qu'il soit de niveau 3 ? Quelle est la probabilité qu'il soit en niveau 4 ?

4.5 LE THÉORÈME DE BAYES

Dans la discussion sur les probabilités conditionnelles, nous avons indiqué que la révision des probabilités, suite à l'obtention de nouvelles informations, est une phase importante de l'analyse probabiliste. Souvent, on commence l'analyse avec des **probabilités** initiales ou **a priori** concernant les différents événements en question. Ensuite, on obtient des informations supplémentaires sur ces événements grâce à un échantillon, un rapport spécial ou un test de production. Étant données ces informations, on révise les valeurs des probabilités a priori en calculant des probabilités révisées, dites **probabilités a posteriori**. Le **théorème de Bayes** permet d'effectuer ces calculs. La figure 4.9 illustre les étapes du processus de révision des probabilités.

Considérons, pour illustrer le théorème de Bayes, une entreprise manufacturière qui possède deux fournisseurs différents. Soient A_1 l'événement « la pièce est fournie par le fournisseur 1 » et A_2 l'événement « la pièce est fournie par le fournisseur 2 ». Actuellement, 65 % des pièces achetées par l'entreprise proviennent du fournisseur 1 et

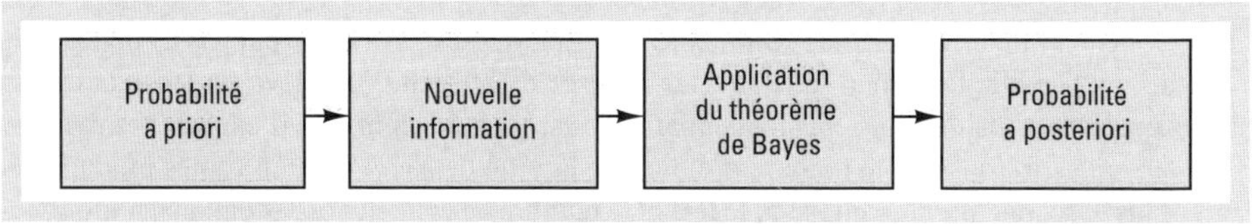

Figure 4.9 ***Révision des probabilités en utilisant le théorème de Bayes***

Tableau 4.6 ***Niveaux de qualité historiques des deux fournisseurs***

	Pourcentage de pièces de bonne qualité	Pourcentage de pièces défectueuses
Fournisseur 1	98	2
Fournisseur 2	95	5

les 35 % restant proviennent du fournisseur 2. Par conséquent, si une pièce est sélectionnée aléatoirement, on assigne les probabilités a priori suivante aux deux événements : $P(A_1) = 0,65$ et $P(A_2) = 0,35$.

La qualité des pièces achetées varie en fonction du fournisseur. Les données historiques révèlent les niveaux de qualité présentés dans le tableau 4.6. Soient B l'événement « la pièce est de bonne qualité » et M l'événement « la pièce est défectueuse ». Les informations contenues dans le tableau 4.6 permettent de calculer les probabilités conditionnelles suivantes :

$$P(B|A_1) = 0,98 \qquad P(M|A_1) = 0,02$$
$$P(B|A_2) = 0,95 \qquad P(M|A_2) = 0,05$$

Le diagramme arborescent de la figure 4.10 décrit le processus de réception d'une pièce de l'un des deux fournisseurs et de contrôle de sa qualité, comme une expérience en deux étapes. Quatre résultats sont possibles ; deux correspondent à une pièce de bonne qualité et deux correspondent à une pièce de mauvaise qualité.

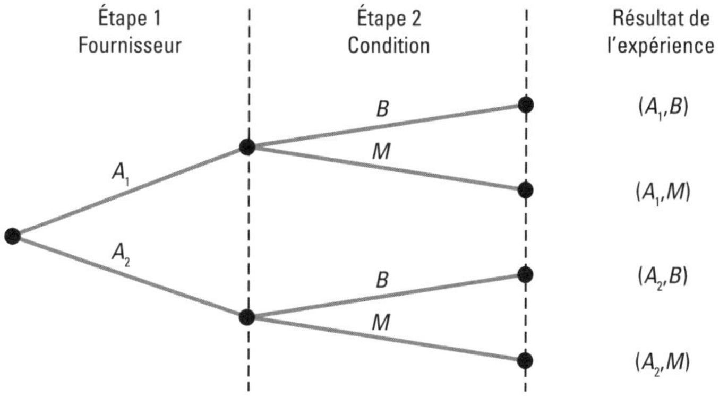

Remarque : L'étape 1 indique la provenance de la pièce, et l'étape 2 indique la qualité de la pièce.

Figure 4.10 ***Diagramme arborescent associé à l'exemple des deux fournisseurs***

Chacun des résultats possibles de l'expérience est l'intersection de deux événements ; nous pouvons donc utiliser la loi de la multiplication pour calculer les probabilités. Par exemple,

$$P(A_1, B) = P(A_1 \cap B) = P(A_1)P(B|A_1)$$

Le processus de calcul de ces probabilités jointes est décrit par ce qui est appelé un arbre des probabilités (cf. figure 4.11). À l'étape 1, les probabilités de chaque branche correspondent aux probabilités a priori ; à l'étape 2, les probabilités de chaque branche correspondent aux probabilités conditionnelles. Pour obtenir les probabilités de chaque résultat possible de l'expérience, on multiplie simplement les probabilités se trouvant sur chaque branche conduisant au résultat considéré. Chacune de ces probabilités jointes sont indiquées à la figure 4.11.

Supposons maintenant que les pièces des deux fournisseurs soient utilisées dans le système de production de l'entreprise et que l'une des machines tombe en panne à cause d'une pièce défectueuse. Sachant que la pièce est défectueuse, quelle est la probabilité qu'elle provienne du fournisseur 1 ? Du fournisseur 2 ? Avec les informations contenues dans l'arbre des probabilités (figure 4.11), le théorème de Bayes permet de répondre à ces questions.

Nous cherchons à déterminer les probabilités a posteriori $P(A_1|M)$ et $P(A_2|M)$, où M correspond à l'événement « la pièce est défectueuse ». Par la loi des probabilités conditionnelles, nous savons que

$$P(A_1|M) = \frac{P(A_1 \cap M)}{P(M)} \tag{4.14}$$

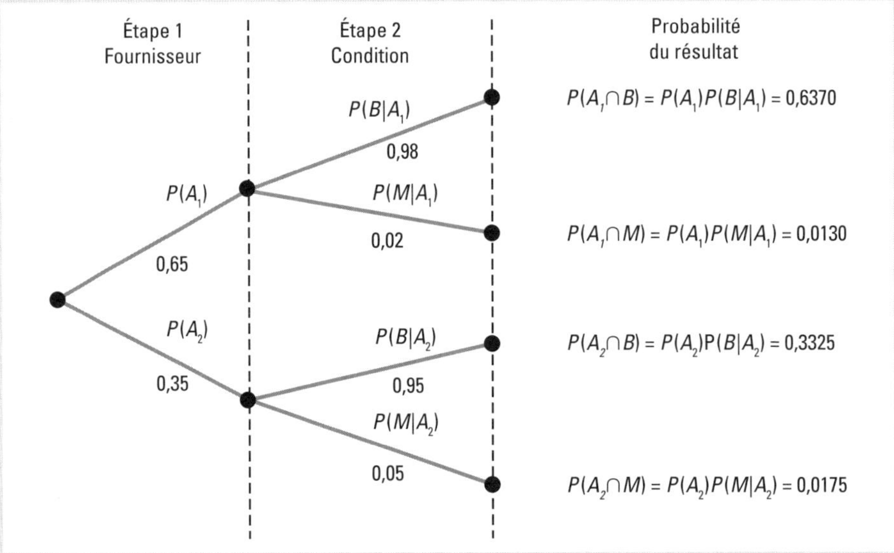

Figure 4.11 ***Arbre des probabilités pour l'exemple des deux fournisseurs***

En se référant à l'arbre des probabilités, on note que

$$P(A_1 \cap M) = P(A_1)P(M|A_1) \tag{4.15}$$

Pour trouver $P(M)$, notez que l'événement M ne se produit que dans deux cas : $(A_1 \cap M)$ et $(A_2 \cap M)$. Par conséquent,

$$P(M) = P(A_1 \cap M) + P(A_2 \cap M) = P(A_1)P(M|A_1) + P(A_2)P(M|A_2) \tag{4.16}$$

En substituant les équations (4.15) et (4.16) dans l'équation (4.14) et en suivant le même raisonnement pour calculer $P(A_2|M)$, on obtient le théorème de Bayes dans le cas de deux événements.

▶ **Théorème de Bayes (cas de deux événements)**

$$P(A_1|M) = \frac{P(A_1)P(M|A_1)}{P(A_1)P(M|A_1) + P(A_2)P(M|A_2)} \tag{4.17}$$

$$P(A_2|M) = \frac{P(A_2)P(M|A_2)}{P(A_1)P(M|A_1) + P(A_2)P(M|A_2)} \tag{4.18}$$

Les travaux du révérend Thomas Bayes (1702-1761), un pasteur presbytérien, sont supposés être à l'origine de la version actuelle du théorème de Bayes.

En utilisant la formule (4.17) et les valeurs des probabilités fournies dans l'exemple,

$$\begin{aligned} P(A_1|M) &= \frac{P(A_1)P(M|A_1)}{P(A_1)P(M|A_1) + P(A_2)P(M|A_2)} \\ &= \frac{0,65 \times 0,02}{(0,65 \times 0,02) + (0,35 \times 0,05)} = \frac{0,0130}{0,0130 + 0,0175} \\ &= \frac{0,0130}{0,0305} = 0,4262 \end{aligned}$$

De plus, en utilisant la formule (4.18), on obtient $P(A_2|M)$.

$$\begin{aligned} P(A_2|M) &= \frac{0,35 \times 0,05}{(0,65 \times 0,02) + (0,35 \times 0,05)} \\ &= \frac{0,0175}{0,0130 + 0,0175} = \frac{0,0175}{0,0305} = 0,5738 \end{aligned}$$

Notez que, dans cet exemple, nous avons commencé avec une probabilité de 0,65 qu'une pièce, aléatoirement sélectionnée, provienne du fournisseur 1. Cependant, sachant que la pièce est défectueuse, la probabilité que la pièce provienne du fournisseur 1 chute à 0,4262. En fait, si la pièce est défectueuse, il y a plus d'une chance sur deux qu'elle provienne du fournisseur 2 ; en effet, $P(A_2|M) = 0,5738$.

Le théorème de Bayes est applicable lorsque les événements pour lesquels nous voulons calculer les probabilités a posteriori sont mutuellement exclusifs et leur union correspond à l'espace-échantillon entier[2]. Le théorème de Bayes peut être étendu au cas de n événements mutuellement exclusifs $A_1, A_2, ..., A_n$, dont l'union correspond à l'espace-échantillon entier. Dans un tel cas, le théorème de Bayes permettant de calculer la probabilité a posteriori $P(A_i|B)$ a la forme suivante :

► **Théorème de Bayes**

$$P(A_i|B) = \frac{P(A_i)P(B|A_i)}{P(A_1)P(B|A_1) + P(A_2)P(B|A_2) + \ldots + P(A_n)P(B|A_n)} \qquad (4.19)$$

En utilisant les probabilités a priori $P(A_1), P(A_2), ..., P(A_n)$ et les probabilités conditionnelles appropriées $P(B|A_1), P(B|A_2), ..., P(B|A_n)$, l'équation (4.19) permet de calculer les probabilités a posteriori des événements $A_1, A_2, ..., A_n$.

4.5.1 L'approche tabulaire

Une approche tabulaire est utile pour effectuer les calculs du théorème de Bayes. Une telle approche est présentée dans le tableau 4.7, dans le cadre du problème concernant les pièces livrées par deux fournisseurs. Les calculs sont obtenus en suivant les étapes présentées ci-dessous.

Étape 1. Préparer les trois colonnes suivantes :

Colonne 1 – Les événements mutuellement exclusifs A_i pour lesquels on souhaite obtenir les probabilités a posteriori.

Colonne 2 – Les probabilités a priori $P(A_i)$ des événements.

Colonne 3 – Les probabilités conditionnelles $P(B | A_i)$ des nouvelles informations B *sachant* chaque événement.

Tableau 4.7 *Approche tabulaire du théorème de Bayes appliqué au problème des deux fournisseurs*

(1)	(2)	(3)	(4)		(5)	
Événements A_i	Probabilités a priori $P(A_i)$	Probabilités conditionnelles $P(B\|A_i)$	Probabilités jointes $P(A_i \cap B)$		Probabilités a posteriori $P(A_i\|B)$	
A_1	0,65	0,02		0,0130	0,0130/0,0305 =	0,4262
A_2	0,35	0,05		0,0175	0,0175/0,0305 =	0,5738
	1,00		$P(B)$ =	0,0305		1,0000

[2] Si l'union des événements correspond à l'espace-échantillon entier, les événements sont dits collectivement exhaustifs.

Étape 2. Dans la colonne 4, calculer les probabilités jointes $P(A_i \cap B)$ de chaque événement et de la nouvelle information B, en utilisant la loi de la multiplication. Ces probabilités jointes sont obtenues en multipliant les probabilités a priori de la colonne 2 par les probabilités conditionnelles correspondantes de la colonne 3 ; c'est-à-dire, $P(A_i \cap B) = P(A_i)P(B|A_i)$.

Étape 3. Additionner les probabilités jointes dans la colonne 4. La somme correspond à la probabilité de la nouvelle information, $P(B)$. Ainsi, nous voyons que, dans l'exemple précédent, l'événement « pièce défectueuse et fournisseur 1 » a une probabilité de 0,0130 ; l'événement « pièce défectueuse et fournisseur 2 » a une probabilité de 0,0175. Puisqu'une pièce défectueuse ne peut être obtenue que deux façons, la probabilité de trouver une pièce défectueuse parmi toutes les pièces livrées (par les deux fournisseurs) est égale à 0,0305 (0,0130+0,0175).

Étape 4. Dans la colonne 5, calculer les probabilités a posteriori en utilisant la relation des probabilités conditionnelles.

$$P(A_i|B) = \frac{P(A_i \cap B)}{P(B)}$$

Notez que les probabilités jointes $P(A_i \cap B)$ sont énumérées dans la colonne 4 et la probabilité $P(B)$ correspond à la somme de la colonne 4.

REMARQUES

1. Le théorème de Bayes est beaucoup utilisé dans l'analyse décisionnelle. Les probabilités a priori correspondent souvent à des estimations subjectives faites par un responsable. Une fois qu'il a obtenu des informations à partir d'un échantillon par exemple, il peut calculer les probabilités a posteriori, pour déterminer sa stratégie.
2. Un événement et son complément sont mutuellement exclusifs et leur union correspond à l'espace-échantillon entier. Par conséquent, le théorème de Bayes est toujours applicable lorsqu'il s'agit de calculer les probabilités a posteriori d'un événement et de son complément.

EXERCICES

Méthode

39. Les probabilités a priori des événements A_1 et A_2 sont $P(A_1) = 0,40$ et $P(A_2) = 0,60$. On sait également que $P(A_1 \cap A_2) = 0$. Supposez que $P(B|A_1) = 0,20$ et $P(B|A_2) = 0,05$.

a) Les événements A_1 et A_2 sont-ils mutuellement exclusifs ? Pourquoi ?

b) Calculer $P(A_1 \cap B)$ et $P(A_2 \cap B)$.

c) Calculer $P(B)$.

d) Appliquer le théorème de Bayes pour calculer $P(A_1|B)$ et $P(A_2|B)$.

40. Les probabilités a priori des événements A_1, A_2 et A_3 sont $P(A_1)=0{,}20$, $P(A_2)=0{,}50$ et $P(A_3)=0{,}30$. Les probabilités conditionnelles de l'événement B sachant A_1, A_2 et A_3 sont $P(B|A_1)=0{,}50$, $P(B|A_2)=0{,}40$ et $P(B|A_3)=0{,}30$.

a) Calculer $P(B \cap A_1)$, $P(B \cap A_2)$ et $P(B \cap A_3)$.

b) Appliquer le théorème de Bayes, équation (4.19), pour calculer la probabilité a posteriori $P(A_2|B)$.

c) Utiliser l'approche tabulaire pour appliquer le théorème de Bayes afin de calculer $P(A_1|B)$, $P(A_2|B)$ et $P(A_3|B)$.

Applications

41. Une firme consultante a fait une offre pour un important projet de recherche. Initialement, la direction de la firme pensait avoir une chance sur deux de remporter le marché. Cependant, l'agence à laquelle l'offre a été soumise, a demandé des informations supplémentaires sur l'offre. L'expérience passée indique que l'agence avait demandé des informations supplémentaires dans 75 % des offres acceptées et dans 40 % des offres rejetées.

a) Quelle est la probabilité a priori que l'offre soit acceptée (c'est-à-dire, avant la demande d'informations supplémentaires) ?

b) Quelle est la probabilité conditionnelle d'une demande d'informations supplémentaires sachant que l'offre sera finalement acceptée ?

c) Calculer la probabilité a posteriori que l'offre soit acceptée sachant que des informations supplémentaires ont été demandées.

42. Une banque locale révise sa politique de carte de crédit avec un rappel d'une partie de celles-ci. Par le passé, environ 5 % des détenteurs d'une carte de crédit ont été insolvables et la banque a été incapable de recouvrer les soldes impayés. Par conséquent, la direction a estimé égale à 0,05 la probabilité qu'un détenteur d'une carte de crédit soit insolvable. La banque a également découvert que la probabilité de ne pas honorer un paiement mensuel est de 0,20 pour les clients solvables. Bien entendu, la probabilité de ne pas honorer un paiement mensuel pour les clients insolvables est de 1.

a) Sachant qu'un client n'a pas honoré un paiement mensuel, calculer la probabilité a posteriori que le client soit insolvable.

b) La banque voudrait reprendre sa carte de crédit si la probabilité qu'un client soit insolvable est supérieure à 0,20. La banque devrait-elle reprendre sa carte de crédit si le client n'honore pas un paiement mensuel ? Pourquoi ?

43. Deux professeurs de Wharton ont analysé 1 613 234 putts effectués par des golfeurs lors du championnat de l'association des golfeurs professionnels (PGA) et ont trouvé que 983 764 de ces putts ont été réussis et 629 470 ont été ratés. Une analyse plus approfondie a révélé que parmi les putts réussis, 64,0 % du temps le joueur a tenté de faire un par putt et 18,8 % du temps le joueur a tenté de faire un birdie putt. Et, parmi les putts ratés, 20,3 % du temps le joueur a tenté de faire un par putt et 73,4 % du temps le joueur a essayé de faire un birdie putt (*Is Tiger Woods Loss Averse ? Persistent Bias in the Face of Experience, Competition and High Stakes*, D.G. Pope et M.E. Schweitzer, juin 2009, The Wharton School, Université de Pennsylvanie).

a) Quelle est la probabilité qu'un joueur du championnat PGA tente un putt?

b) Supposez qu'un joueur du championnat PGA ait tenté un par putt. Quelle est la probabilité que le joueur ait réussi ?

c) Supposez qu'un joueur du championnat PGA ait tenté un birdie putt. Quelle est la probabilité que le joueur ait réussi ?

d) Commenter la différence entre les probabilités calculées aux questions (b) et (c) ?

44. Le Conseil américain de l'Éducation a rapporté que 47 % des étudiants en première année à l'université obtiennent leur diplôme en l'espace de cinq ans (*Associated Press*, 6 mai 2002). Supposons que, d'après le registre des diplômes, les femmes représentent 50 % des étudiants diplômés au cours des cinq premières années mais seulement 45 % des étudiants non diplômés au cours de cette période. Les étudiants non diplômés au bout de cinq ans abandonnent ou poursuivent leur scolarité.

a) Soit A_1 = l'étudiant obtient son diplôme au bout de cinq ans d'études
A_2 = l'étudiant n'obtient pas son diplôme au bout de cinq ans d'études
F = l'étudiant est une femme

En utilisant les informations fournies, déterminer $P(A_1)$, $P(A_2)$, $P(F|A_1)$ et $P(F|A_2)$.

b) Quelle est la probabilité qu'une femme soit diplômée au bout de cinq années d'études ?

c) Quelle est la probabilité qu'un homme soit diplômé au bout de cinq années d'études ?

d) Étant donnés les résultats précédents, quels sont le pourcentage de femmes et le pourcentage d'hommes en première année ?

45. Dans un article relatif à la croissance des investissements, le magazine *Money* rapportait que les actions sur les sociétés pharmaceutiques offraient des rendements à long terme intéressants et constituaient des sources de revenus stables, dans la mesure où plus de 50 % des adultes américains prennent des médicaments régulièrement. En particulier, 82 % des personnes de 65 ans et plus et 49 % des personnes âgées entre 18 et 64 ans consomment régulièrement des médicaments. Le groupe des 18-64 ans représente 83,5 % de la population adulte américaine (*Statistical Abstract of the United States*, 2008).

a) Quelle est la probabilité qu'un adulte choisi aléatoirement ait au moins 65 ans ?

b) Sachant qu'un adulte consomme régulièrement des médicaments, quelle est la probabilité que cette personne soit âgée de 65 ans ou plus.

RÉSUMÉ

Dans ce chapitre, nous avons introduit des concepts probabilistes fondamentaux et illustré l'utilisation de l'analyse probabiliste dans le but d'obtenir des informations utiles au processus de décision. Nous avons interprété les probabilités comme une mesure numérique de la vraisemblance qu'un événement se produise. De plus, nous avons vu que la probabilité d'un événement peut être calculée en sommant les probabilités des résultats possibles (des points d'échantillon) qui constituent l'événement ou en utilisant les formules des lois de la somme, de la multiplication ou des probabilités conditionnelles. Dans les cas où l'on peut obtenir des informations supplémentaires, le théorème de Bayes permet d'obtenir des probabilités révisées ou a posteriori.

GLOSSAIRE

PROBABILITÉ. Mesure numérique de la vraisemblance qu'un événement se produise.

EXPÉRIENCE. Processus qui génère des résultats bien définis.

ESPACE-ÉCHANTILLON. Ensemble de tous les résultats possibles de l'expérience.

POINT D'ÉCHANTILLON. Élément de l'espace-échantillon. Un point d'échantillon représente un résultat possible de l'expérience.

DIAGRAMME ARBORESCENT. Représentation graphique utile pour définir les points d'échantillon d'une expérience en plusieurs étapes.

CONDITIONS FONDAMENTALES DES PROBABILITÉS. Deux conditions qui restreignent la façon d'assigner des probabilités :

(1) Pour tout résultat possible E_i, on doit avoir $0 \leq P(E_i) \leq 1$.

(2) Considérant tous les résultats possibles de l'expérience, on doit avoir $\sum P(E_i) = 1$.

MÉTHODE CLASSIQUE. Méthode de détermination des probabilités appropriée lorsque les résultats possibles de l'expérience sont équiprobables.

MÉTHODE DE LA FRÉQUENCE RELATIVE. Méthode de détermination des probabilités appropriée lorsque les données disponibles permettent d'estimer la proportion de fois où le résultat de l'expérience se produira si l'expérience est répétée un grand nombre de fois.

MÉTHODE SUBJECTIVE. Méthode de détermination des probabilités basée sur le jugement.

ÉVÉNEMENT. Collection de points d'échantillon.

COMPLÉMENT DE L'ÉVÉNEMENT *A*. Événement contenant tous les points d'échantillon qui ne constituent pas A.

DIAGRAMME DE VENN. Représentation graphique de l'espace-échantillon et des opérations impliquant des événements dans laquelle l'espace-échantillon est représenté par un rectangle et les événements par des cercles.

UNION DES ÉVÉNEMENTS *A* ET *B*. Événement contenant tous les points d'échantillon qui appartiennent à A, à B ou aux deux. L'union est notée $A \cup B$.

INTERSECTION DE *A* ET *B*. Événement contenant tous les points d'échantillon qui appartiennent à la fois à A et à B. L'intersection est notée $A \cap B$.

LOI DE LA SOMME. Loi de probabilité utilisée pour calculer la probabilité de l'union de deux événements : $P(A \cup B) = P(A) + P(B) - P(A \cap B)$. Pour des événements mutuellement exclusifs, puisque $P(A \cap B) = 0$, elle se réduit à $P(A \cup B) = P(A) + P(B)$.

ÉVÉNEMENTS MUTUELLEMENT EXCLUSIFS. Événements qui n'ont aucun point d'échantillon en commun ; c'est-à-dire, $A \cap B$ est vide et $P(A \cap B) = 0$.

PROBABILITÉ CONDITIONNELLE. Probabilité d'un événement sachant qu'un autre événement s'est déjà produit. La probabilité conditionnelle de A sachant B est donnée par $P(A|B) = \dfrac{P(A \cap B)}{P(B)}$.

Probabilité jointe. Probabilité que deux événements surviennent ; en d'autres termes, il s'agit de la probabilité de l'intersection de deux événements.

Probabilité marginale. Valeurs situées dans les marges d'un tableau des probabilités jointes, correspondant aux probabilités de chaque événement séparément.

Événements indépendants. Deux événements A et B tels que $P(A|B)=P(A)$ ou $P(B|A)=P(B)$; en d'autres termes, les événements n'ont aucune influence l'un sur l'autre.

Loi de la multiplication. Loi de probabilité utilisée pour calculer la probabilité de l'intersection de deux événements : $P(A \cap B)=P(A)P(B|A)$ ou $P(A \cap B)=P(B)P(A|B)$. Pour des événements indépendants, la loi se réduit à $P(A \cap B)=P(A)P(B)$.

Probabilités a priori. Estimation initiale des probabilités des événements.

Probabilités a posteriori. Probabilités révisées des événements, basées sur des informations supplémentaires.

Théorème de Bayes. Méthode utilisée pour calculer des probabilités a posteriori.

FORMULES CLÉ

Règle de comptage par combinaisons

$$C_n^N=\binom{N}{n}=\frac{N!}{n!(N-n)!} \tag{4.1}$$

Règle de comptage par permutations

$$P_n^N=n!\binom{N}{n}=\frac{N!}{(N-n)!} \tag{4.2}$$

Calculer une probabilité en se servant de son complément

$$P(A)=1-P(A^c) \tag{4.5}$$

Loi de la somme

$$P(A \cup B)=P(A)+P(B)-P(A \cap B) \tag{4.6}$$

Probabilité conditionnelle

$$P(A|B)=\frac{P(A \cap B)}{P(B)} \tag{4.7}$$

$$P(B|A)=\frac{P(A \cap B)}{P(A)} \tag{4.8}$$

Loi de la multiplication

$$P(A \cap B) = P(B)P(A|B) \tag{4.11}$$

$$P(A \cap B) = P(A)P(B|A) \tag{4.12}$$

Loi de la multiplication pour événements indépendants

$$P(A \cap B) = P(A)P(B) \tag{4.13}$$

Théorème de Bayes

$$P(A_i|B) = \frac{P(A_i)P(B|A_i)}{P(A_1)P(B|A_1) + P(A_2)P(B|A_2) + \ldots + P(A_n)P(B|A_n)} \tag{4.19}$$

EXERCICES SUPPLÉMENTAIRES

46. Lors de l'enquête sur les finances personnelles du *Wall Street Journal*/Harris, on a demandé à 2 082 adultes s'ils étaient propriétaires de leur logement (site internet de All Business, 23 janvier 2008). Au total, 1 249 personnes interrogées ont répondu oui. Sur les 450 personnes interrogées appartenant au groupe des 18-34 ans, 117 ont répondu oui.

- **a)** Quelle est la probabilité qu'une personne interrogée soit propriétaire ?
- **b)** Quelle est la probabilité qu'une personne interrogée appartenant au groupe des 18-34 ans soit propriétaire ?
- **c)** Quelle est la probabilité qu'une personne interrogée ne soit pas propriétaire ?
- **d)** Quelle est la probabilité qu'une personne interrogée appartenant au groupe des 18-34 ans ne soit pas propriétaire ?

47. Un responsable financier a fait deux nouveaux investissements – l'un dans l'industrie pétrolière, l'autre dans les titres municipaux. Après une période d'un an, chacun des deux investissements sera reconnu comme un succès ou un échec. Considérez la réalisation de ces deux investissements comme une expérience.

- **a)** Combien existe-t-il d'éléments d'échantillon pour cette expérience ?
- **b)** Construire un diagramme arborescent et énumérer les éléments de l'échantillon.
- **c)** Soit P l'événement « l'investissement dans l'industrie pétrolière est un succès » et M l'événement « l'investissement dans les titres municipaux est un succès ». Énumérer les éléments de l'échantillon qui constituent les événements P et M.
- **d)** Énumérer les éléments de l'échantillon qui composent l'union des événements $(P \cup M)$.
- **e)** Énumérer les éléments de l'échantillon qui composent l'intersection des événements $(P \cap M)$.
- **f)** Les événements P et M sont-ils mutuellement exclusifs ? Expliquer.

48. Les statistiques relatives à la saison 2009 de la ligue de baseball indiquent que 157 joueurs se sont présentés au moins 500 fois en tant que batteur. Pour ce groupe, 42 joueurs ont un score de frappe d'au moins 0,300, 53 joueurs ont réussi au moins 25 home runs et 14 joueurs ont à la fois un score de frappe d'au moins 0,300 et réussi au moins 25 home runs. Seuls 4 joueurs ont réussi au moins 200 frappes (site internet de ESPN, 10 janvier 2010). Utiliser les 157 joueurs qui se sont présentés au moins 500 fois en tant que batteur pour répondre aux questions suivantes.

a) Quelle est la probabilité qu'un joueur sélectionné aléatoirement ait un score de frappe supérieur ou égal à 0,300 ?

b) Quelle est la probabilité qu'un joueur sélectionné aléatoirement ait réussi au moins 25 home runs ?

c) Les évènements « avoir un score de frappe supérieur ou égal à 0,300 » et « réaliser au moins 25 home runs » sont-ils mutuellement exclusifs ?

d) Quelle est la probabilité qu'un joueur sélectionné aléatoirement ait un score de frappe supérieur ou égal à 0,300 ou ait réalisé au moins 25 home runs ?

e) Quelle est la probabilité qu'un joueur sélectionné aléatoirement ait frappé au moins 200 fois ? Est-ce que réussir au moins 200 frappes semble plus difficile que réussir au moins 25 home runs ? Expliquer.

49. Une étude des 31 000 admissions hospitalières de l'État de New York estime à 4 % le nombre des admissions qui sont suivies d'infections, dues aux traitements. Un septième de ces infections ont causé le décès du malade et un quart ont été faites par négligence. Dans un cas sur 7,5 impliquant des négligences, une plainte pour faute professionnelle est déposée et des dédommagements financiers sont obtenus une fois sur deux.

a) Quelle est la probabilité qu'une personne admise à l'hôpital souffre d'une infection à la suite de négligences ?

b) Quelle est la probabilité qu'une personne admise à l'hôpital meure suite à une infection ?

c) Dans le cas d'une négligence, quelle est la probabilité qu'une plainte pour faute professionnelle aboutisse au paiement de dédommagements financiers ?

50. Un sondage par téléphone a été mené auprès de téléspectateurs pour évaluer une nouvelle émission. Les données suivantes ont été obtenues.

Évaluation	Fréquence
Mauvaise	4
En-dessous de la moyenne	8
La moyenne	11
Au-dessus de la moyenne	14
Excellente	13

a) Quelle est la probabilité qu'un téléspectateur sélectionné aléatoirement donne une note supérieure ou égale à la moyenne à la nouvelle émission ?

b) Quelle est la probabilité qu'un téléspectateur sélectionné aléatoirement donne une note inférieure à la moyenne (en-dessous de la moyenne ou mauvaise) à la nouvelle émission ?

51. La tabulation croisée ci-dessous présente les revenus des ménages par niveau d'études des chefs de famille (*Statistical Abstract of the United States, 2008*).

	Revenu des ménages (en milliers de dollars)					
Niveau d'études	**Inférieur à 25**	**25,0-49,9**	**50,0-74,9**	**75,0-99,9**	**100 ou plus**	**Total**
Non bachelier	4 207	3 459	1 389	539	367	9 961
Bachelier	4 917	6 850	5 027	2 637	2 668	22 099
Niveau universitaire	2 807	5 258	4 678	3 250	4 074	20 067
Licence	885	2 094	2 848	2 581	5 379	13 787
Maîtrise et au-delà	290	829	1 274	1 241	4 188	7 822
Total	13 106	18 490	15 216	10 248	16 676	73 736

a) Construire un tableau des probabilités jointes.

b) Quelle est la probabilité qu'un chef de famille n'ait pas le baccalauréat ?

c) Quelle est la probabilité qu'un chef de famille ait un diplôme supérieur ou égal à la licence ?

d) Quelle est la probabilité qu'un ménage ayant à sa tête une personne diplômée d'une licence gagne au moins 100 000 dollars ?

e) Quelle est la probabilité qu'un ménage ait un revenu inférieur à 25 000 dollars ?

f) Quelle est la probabilité qu'un ménage ayant à sa tête une personne diplômée d'une licence gagne moins de 25 000 dollars ?

g) Le revenu du ménage est-il indépendant du niveau d'études ?

52. Une étude sur les nouveaux inscrits dans une école de commerce a révélé les données suivantes sur 2 018 étudiants.

		Candidat dans plus d'une école	
		Oui	**Non**
Groupe d'âge	**Au plus 23 ans**	207	201
	24-26	299	379
	27-30	185	268
	31-35	66	193
	Au moins 36 ans	51	169

a) Pour un étudiant en école de commerce choisi aléatoirement, construire le tableau des probabilités jointes de l'expérience qui consiste à observer l'âge de l'étudiant et le fait qu'il ait postulé dans une ou plusieurs écoles.

b) Quelle est la probabilité qu'un candidat sélectionné aléatoirement ait au plus 23 ans ?

c) Quelle est la probabilité qu'un candidat sélectionné aléatoirement ait plus de 26 ans ?

d) Quelle est la probabilité qu'un candidat sélectionné aléatoirement postule dans plus d'une école ?

53. Reprendre les données de l'étude sur les nouveaux étudiants, de l'exercice 52.

a) Sachant qu'une personne postule dans plusieurs écoles, quelle est la probabilité que cette personne ait entre 24 et 26 ans ?

b) Sachant qu'une personne a au moins 36 ans, quelle est la probabilité que cette personne postule dans plusieurs écoles ?

c) Quelle est la probabilité qu'une personne ait entre 24 et 26 ans ou postule dans plusieurs écoles ?

d) Supposez que l'on sache qu'une personne ne postule que dans une seule école. Quelle est la probabilité que cette personne ait au moins 31 ans ?

e) Est-ce que le nombre de candidatures déposées est indépendant de l'âge ? Expliquer.

54. Lors d'un sondage relatif aux attitudes envers l'investissement et la retraite, il était demandé aux hommes et aux femmes interrogés d'évaluer l'importance qu'ils accordaient au niveau de risque dans le choix de leurs investissements en vue de la retraite. Le tableau des probabilités jointes suivant a été construit à partir des données fournies. « Important » signifie que la personne interrogée a jugé le niveau de risque important ou très important.

	Homme	**Femme**	**Total**
Important	0,22	0,27	0,49
Pas important	0,28	0,23	0,51
Total	0,50	0,50	1,00

a) Quelle est la probabilité qu'une personne interrogée juge le niveau de risque important ?

b) Quelle est la probabilité qu'un homme interrogé juge le niveau de risque important ?

c) Quelle est la probabilité qu'une femme interrogée juge le niveau de risque important ?

d) Le niveau de risque est-il indépendant du sexe de la personne interrogée ? Pourquoi ?

e) L'attitude envers le risque des hommes et des femmes diffère-elle ?

55. Une importante société de biens de consommation a développé un spot publicitaire pour l'un de ses savons. Une enquête a été menée. Sur la base de cette enquête, les probabilités suivantes ont été attribuées aux événements A « l'individu a acheté le produit », S « l'individu se souvient avoir vu la publicité » et $A \cap S$ « l'individu a acheté le produit et se souvient avoir vu la publicité » : $P(A) = 0{,}20$, $P(S) = 0{,}40$ et $P(A \cap S) = 0{,}12$.

a) Quelle est la probabilité qu'un individu ait acheté le produit, sachant qu'il se souvient avoir vu la publicité ? Est-ce que le fait d'avoir vu la publicité accroît la probabilité d'achat du produit ? À la place du responsable, recommanderiez-vous de poursuivre la campagne publicitaire (dans la mesure où son coût est raisonnable) ?

b) Supposez que les individus qui n'achètent pas le produit de la société en question achètent celui de concurrents. Quelle serait votre estimation de la part de marché de la société ? Pensez-vous que poursuivre la campagne publicitaire permettrait d'augmenter cette part de marché ? Pourquoi ?

c) La société a également essayé une autre publicité et lui a attribué les probabilités suivantes : $P(S)=0{,}30$ et $P(A \cap S)=0{,}10$. Quelle est la valeur de $P(A|S)$ pour cette autre publicité ? Quelle publicité semble avoir le plus d'effet sur les achats des consommateurs ?

56. Cooper Realty est une petite agence immobilière implantée à Albanie, dans l'État de New York, spécialisée dans les annonces de vente de propriétés résidentielles. L'agence a récemment cherché à déterminer la probabilité que l'une de ses propriétés soit vendue en un certain nombre de jours. Une analyse des 800 ventes de l'agence réalisées les années précédentes a fourni les données suivantes.

		Nombre de jours durant lesquels l'annonce de la vente de la résidence est en agence avant la vente			
		Inférieur à 30	**Entre 31 et 90**	**Supérieur à 90**	**Total**
Prix initialement affiché	**Inférieur à 150 000 dollars**	50	40	10	100
	Entre 150 000 et 199 999 dollars	20	150	80	250
	Entre 200 000 et 250 000 dollars	20	280	100	400
	Supérieur à 250 000 dollars	10	30	10	50
	Total	100	500	200	800

a) Si A correspond à l'événement « l'annonce est passée pendant plus de 90 jours avant la vente », estimer la probabilité de A.

b) Si B correspond à l'événement « le prix initialement affiché est inférieur à 150 000 dollars », estimer la probabilité de B.

c) Quelle est la probabilité de $A \cap B$?

d) En supposant qu'un contrat vient juste d'être signé pour faire paraître l'annonce d'une résidence vendue à un prix initial inférieur à 150 000 dollars, quelle est la probabilité que Cooper Realty mette plus de 90 jours pour la vendre ?

e) Les événements A et B sont-ils indépendants ?

57. Une société a étudié le nombre d'accidents survenus dans son usine de Brownsville, dans l'État du Texas. Les données historiques ont révélé que 6 % des employés avaient eu des accidents l'année précédente. La direction pense qu'un programme de sécurité spécial réduira le nombre d'accidents à 5 % cette année. De plus, on estime à 15 % le nombre d'employés qui, ayant eu un accident l'an passé, auront un accident cette année.

a) Quel est le pourcentage d'employés qui auront eu des accidents au cours des deux années ?

b) Quel est le pourcentage d'employés qui auront eu au moins un accident au cours des deux années ?

58. Une enquête a montré que 8 % des Internautes âgés de 18 ans ou plus affirment tenir un blog. En considérant le groupe des 18-29 ans comme le groupe des jeunes adultes, les résultats de l'enquête ont montré que 54 % des bloggeurs sont de jeunes adultes et 24 % des non-bloggeurs sont de jeunes adultes (Pew Internet & American Life Project, 19 juillet 2006).

a) Construire un tableau des probabilités jointes pour ces données avec deux lignes (bloggeurs versus non bloggeurs) et deux colonnes (jeunes adultes versus adultes plus âgés).

b) Quelle est la probabilité qu'un Internaute soit un jeune adulte ?

c) Quelle est la probabilité qu'un Internaute tienne un blog et soit un jeune adulte ?

d) Supposez que lors d'une enquête par téléphone postérieure, nous contactions une personne de 24 ans. Quelle est la probabilité que cette personne tienne un blog ?

59. Une compagnie pétrolière a posé une option sur l'achat d'une terre en Alaska. Les études géologiques préliminaires ont attribué les probabilités a priori suivantes :

$$P(\text{pétrole de haute qualité}) = 0{,}50$$
$$P(\text{pétrole de qualité moyenne}) = 0{,}20$$
$$P(\text{pas de pétrole}) = 0{,}30$$

a) Quelle est la probabilité de trouver du pétrole ?

b) Après avoir foré un premier puits à 200 mètres sous terre, un test du sol est effectué. Les probabilités de trouver un type particulier de sol, identifiées par le test, sont les suivantes :

$$P(\text{sol} \mid \text{pétrole de haute qualité}) = 0{,}20$$
$$P(\text{sol} \mid \text{pétrole de qualité moyenne}) = 0{,}80$$
$$P(\text{sol} \mid \text{pas de pétrole}) = 0{,}20$$

Comment la compagnie doit-elle interpréter ce test ? Quelles sont les probabilités a posteriori ? Quelle est la nouvelle probabilité de trouver du pétrole ?

60. La société ParFore a créé un site pour vendre des articles de golf (équipement et habit). La direction de cette société souhaiterait qu'une offre différente de produits apparaisse selon que le visiteur est une femme ou un homme. À partir d'un échantillon des visites passées sur le site, la direction a appris que 60 % des visiteurs sur le site ParFore étaient des hommes et 40 % des femmes.

a) Quelle est la probabilité a priori que le prochain visiteur sur le site web soit une femme ?

b) Supposez que vous sachiez que le visiteur actuel sur le site ParFore a précédemment visité le site de Dillard, et qu'une femme a trois fois plus de chance de se connecter au site de Dillard qu'un homme. Quelle est la probabilité révisée que le visiteur actuel sur ParFore soit une femme ? Devriez-vous faire apparaître l'offre qui s'adresse davantage aux femmes ou celle s'adressant davantage aux hommes ?

PROBLÈME *Les juges du comté de Hamilton*

Les juges du comté de Hamilton instruisent des milliers d'affaires par an. Dans une majorité écrasante des cas jugés, le verdict rendu est appliqué. Cependant, certaines affaires sont renvoyées en appel et parfois le jugement est annulé. Kristen DelGuzzi, journaliste au *Cincinnati Enquirer*, a effectué une étude sur les affaires traitées par les juges du comté de Hamilton sur une période de trois ans. Les résultats de l'étude sur les 182 908 affaires

Tableau 4.8 *Nombre total d'affaires jugées, renvoyées en appel et révisées dans les tribunaux du comté de Hamilton*

Juge

Juge	Affaires jugées	Affaires renvoyées en appel	Affaires révisées	Tribunal
Fred Cartolano	3 037	137	12	Plaids communs
Thomas Crush	3 372	119	10	Plaids communs
Patrick Dinkelacker	1 258	44	8	Plaids communs
Timothy Hogan	1 954	60	7	Plaids communs
Robert Kraft	3 138	127	7	Plaids communs
William Mathews	2 264	91	18	Plaids communs
William Morrissey	3 032	121	22	Plaids communs
Norbert Nadel	2 959	131	20	Plaids communs
Arthur Ney Jr.	3 219	125	14	Plaids communs
Richard Niehaus	3 353	137	16	Plaids communs
Thomas Nurre	3 000	121	6	Plaids communs
John O'Connor	2 969	129	12	Plaids communs
Robert Ruehlman	3 205	145	18	Plaids communs
J. Howard Sundermann Jr.	955	60	10	Plaids communs
Ann Marie Tracey	3 141	127	13	Plaids communs
Ralph Winkler	3 089	88	6	Plaids communs
Penelope Cunningham	2 729	7	1	Affaires familiales
Patrick Dinkelacker	6 001	19	4	Affaires familiales
Deborah Gaines	8 799	48	9	Affaires familiales
Ronald Panioto	12 970	32	3	Affaires familiales
Mike Allen	6 149	43	4	Municipal
Nadine Allen	7 812	34	6	Municipal
Timothy Black	7 954	41	6	Municipal
David Davis	7 736	43	5	Municipal
Leslie Isaiah Gaines	5 282	35	13	Municipal
Karla Grady	5 253	6	0	Municipal
Deidra Hair	2 532	5	0	Municipal
Dennis Helmick	7 900	29	5	Municipal
Timothy Hogan	2 308	13	2	Municipal
James Patrick Kenney	2 798	6	1	Municipal
Joseph Luebbers	4 698	25	8	Municipal
William Mallory	8 277	38	9	Municipal
Melba Marsh	8 219	34	7	Municipal
Beth Mattingly	2 971	13	1	Municipal
Albert Mestemaker	4 975	28	9	Municipal
Mark Painter	2 239	7	3	Municipal
Jack Rosen	7 790	41	13	Municipal
Mark Schweikert	5 403	33	6	Municipal
David Stockdale	5 371	22	4	Municipal
John A. West	2 797	4	2	Municipal

traitées par les 38 juges de la Cour des Plaids communs, du Tribunal des affaires familiales et du Tribunal municipal sont présentés dans le tableau 4.8 (fichier en ligne Juge). Deux juges (Dinkelacker et Hogan) n'ont pas exercé dans le même tribunal pendant les trois années de l'étude.

L'objectif de l'étude du journal était d'évaluer les performances des juges. Les appels sont souvent le résultat d'erreurs commises par les juges et le journal voulait savoir quels juges faisaient du bon travail et quels juges faisaient beaucoup d'erreurs. On vous demande d'aider à analyser les données. Utilisez vos connaissances sur les probabilités et les probabilités conditionnelles pour évaluer les juges. Vous devriez également être capable d'analyser la probabilité de renvoi en appel et d'annulation du jugement dans les différents tribunaux.

Rapport

Préparer un rapport sur votre évaluation des juges. Inclure également une analyse de la probabilité qu'un jugement soit renvoyé en appel et annulé, dans les trois tribunaux. Votre rapport doit au moins contenir :

1. La probabilité qu'une affaire soit renvoyée en appel et le jugement annulé dans les trois tribunaux ;
2. La probabilité qu'une affaire soit renvoyée en appel, pour chaque juge ;
3. La probabilité que le jugement d'une affaire soit annulé, pour chaque juge ;
4. La probabilité que le jugement d'une affaire soit annulé sachant qu'elle a été renvoyée en appel, pour chaque juge ;
5. Le classement des juges dans chaque tribunal. Expliquez le choix du critère que vous avez utilisé.

5

DISTRIBUTIONS DE PROBABILITÉ DISCRÈTES

STATISTIQUES APPLIQUÉES

*CITIBANK**

Long Island City, État de New York

Citibank, la banque de détail, filiale du groupe Citigroup, offre un large éventail de services financiers dont la gestion de comptes-courants et de comptes-épargne, des prêts et emprunts-logement, des services d'assurance et de placement. Citiank offre ses services via un système unique, Citibanking.

Citibank fut l'une des premières banques aux États-Unis à mettre en place des distributeurs automatiques. Les distributeurs automatiques de Citibanking, situés dans un Centre Bancaire Citicard (CBC), permettent aux particuliers d'effectuer leurs opérations bancaires 24 heures sur 24 et 7 jours sur 7. Plus de 150 fonctions bancaires, du dépôt à la gestion d'actifs, sont facilement réalisables. Les clients de Citibank utilisent les automates pour effectuer 80 % de leurs transactions.

Chaque CBC fonctionne comme une file d'attente, les clients arrivant aléatoirement pour se servir d'un distributeur automatique. Si tous les distributeurs sont occupés, les clients attendent l'un derrière l'autre. Des études périodiques sur les capacités d'accueil des CBC sont menées, afin d'analyser les temps d'attente des clients et déterminer si l'installation de distributeurs automatiques supplémentaires est nécessaire.

Les données collectées par Citibank montrent que les arrivées aléatoires des clients suivent une loi de probabilité dite loi de Poisson. En utilisant cette loi de probabilité, Citibank peut calculer la probabilité qu'un certain nombre de clients arrivent à un CBC au cours d'une période de temps donnée et déterminer ainsi combien de distributeurs automatiques supplémentaires sont nécessaires. Par exemple, soit X le nombre de clients arrivant au cours d'une minute. Supposons qu'un CBC particulier ait un taux d'arrivée moyen de deux clients par minute. Les chiffres ci-dessous correspondent aux probabilités que x clients arrivent au cours d'une minute.

x	Probabilité
0	0,1353
1	0,2707
2	0,2707
3	0,1804
4	0,0902
5 ou plus	0,0527

Les distributions (ou lois) de probabilité discrètes, comme celle utilisée par Citibank, sont l'objet de ce chapitre. En plus de la loi de Poisson, nous étudierons les lois binomiale et hypergéométrique et verrons de quelle manière elles peuvent fournir une information probabiliste utile.

* Les auteurs remercient Madame Stacey Karter, de Citibank, de leur avoir fourni ce Statistiques appliquées.

Dans ce chapitre, nous poursuivrons l'étude des probabilités en introduisant les concepts de variable aléatoire et de distribution (ou loi) de probabilité. Nous nous concentrons dans ce chapitre sur les distributions de probabilité discrètes. Nous examinerons trois lois de probabilité discrètes particulières : la loi binomiale, la loi de Poisson et la loi hypergéométrique.

5.1 VARIABLES ALÉATOIRES

Dans le chapitre 4, nous avons défini le concept d'expérience et de résultats de l'expérience. Une variable aléatoire fournit un moyen de décrire de façon numérique les résultats d'une expérience. Les variables aléatoires prennent obligatoirement des valeurs numériques.

► **Variable aléatoire**
Une **variable aléatoire** est une description numérique du résultat d'une expérience.

Les variables aléatoires prennent des valeurs numériques.

En fait, une variable aléatoire associe une valeur numérique à chaque résultat possible de l'expérience. La valeur numérique particulière d'une variable aléatoire dépend du résultat de l'expérience. Une variable aléatoire est soit **discrète** soit **continue**, selon les valeurs numériques qu'elle prend.

5.1.1 Variables aléatoires discrètes

Une variable aléatoire qui peut prendre soit un nombre fini de valeurs, soit un ensemble infini de valeurs dénombrables, telles que 0, 1, 2, ... est dite **variable aléatoire discrète**. Considérons par exemple un comptable qui passe l'examen d'expert-comptable agréé. L'examen comporte quatre parties. Nous pouvons définir la variable aléatoire discrète X comme le nombre de parties de l'examen réussies. Cette variable aléatoire discrète peut prendre les valeurs finies 0, 1, 2, 3 ou 4[1].

Un autre exemple de variable aléatoire discrète est le nombre de voitures arrivant à un poste de péage. La variable aléatoire en question X correspond au nombre de voitures arrivant au poste de péage au cours d'une journée. Les valeurs possibles de X appartiennent à l'ensemble des nombres entiers positifs 0, 1, 2, etc. X est donc une variable aléatoire discrète dont les valeurs appartiennent à cet ensemble infini.

Bien que de nombreuses expériences aient des résultats naturellement décrits par des valeurs numériques, ce n'est pas toujours le cas. Prenons l'exemple d'une enquête où l'on demande à un individu de se souvenir d'une publicité télévisée. Cette expérience a deux résultats possibles : soit l'individu ne se souvient pas de cette publicité, soit il s'en souvient. Il est possible de décrire ces deux résultats numériquement en définissant la variable aléatoire discrète X de la façon suivante : $x = 0$ si l'individu ne se souvient pas de la publicité et $x = 1$ si l'individu s'en souvient. Les valeurs numériques de cette variable aléatoire sont arbitraires (on aurait très bien pu choisir 5 et 10) mais acceptables du point de vue de la définition d'une variable aléatoire ; X est une variable aléatoire parce qu'elle fournit une description numérique du résultat de l'expérience.

[1] NDT : La lettre majuscule X désigne une variable aléatoire, alors que la lettre minuscule x désigne les valeurs que peut prendre cette variable aléatoire.

Tableau 5.1 ***Exemples de variables aléatoires discrètes***

Expérience	Variable aléatoire (X)	Valeurs que peut prendre la variable aléatoire
Contacter cinq clients	Nombre de clients qui passent commande	0, 1, 2, 3, 4, 5
Inspecter une cargaison de 50 radios	Nombre de radios défectueuses	0, 1, 2, ..., 49, 50
Gérer un restaurant pendant une journée	Nombre de clients	0, 1, 2, 3, ...
Vendre une automobile	Sexe des clients	0 si le client est un homme ; 1 si le client est une femme

Le tableau 5.1 fournit d'autres exemples de variables aléatoires discrètes. On peut remarquer que dans chaque exemple, la variable aléatoire discrète peut prendre un nombre fini de valeurs ou un ensemble infini mais dénombrable de valeurs telles que 0, 1, 2, etc. Les variables aléatoires discrètes comme celles-ci sont traitées en détail dans ce chapitre.

5.1.2 Variables aléatoires continues

Une variable aléatoire qui peut prendre ses valeurs numériques dans un intervalle ou une suite d'intervalles est appelée **variable aléatoire continue**. Les résultats d'expériences basés sur des échelles de mesure telles que le temps, le poids, la distance et la température peuvent être décrits par des variables aléatoires continues. Considérons l'exemple d'un contrôle des appels reçus au bureau des réclamations d'une grande compagnie d'assurance. Supposons que la variable aléatoire à laquelle on s'intéresse soit le temps écoulé (en minutes) entre deux appels consécutifs. Cette variable aléatoire peut prendre n'importe quelle valeur dans l'intervalle $[0\,;+\infty[$. En fait, un nombre infini de valeurs est possible, incluant des valeurs telles que 1,26 minutes, 2,751 minutes, 4,333 minutes, etc. Prenons un autre exemple : considérons une portion de 90 kilomètres de l'autoroute inter-états I-75 au nord d'Atlanta en Georgie. Pour un service ambulancier d'urgence, situé à Atlanta, on pourrait définir la variable X comme le lieu du prochain accident de circulation sur cette portion d'autoroute. Dans ce cas, X serait une variable aléatoire continue prenant ses valeurs dans l'intervalle $[0\,;90]$. D'autres exemples de variables aléatoires continues sont

Tableau 5.2 ***Exemples de variables aléatoires continues***

Expérience	Variable aléatoire (X)	Valeurs que peut prendre la variable aléatoire
Gérer une banque	Temps écoulé entre les arrivées des clients en minutes	$x \geq 0$
Remplir une canette de soda (max = 33 cl)	Nombre de centilitres	$0 \leq x \leq 33$
Construire une nouvelle bibliothèque	Pourcentage du projet réalisé après six mois	$0 \leq x \leq 100$
Tester un nouveau processus chimique	Température à laquelle la réaction désirée se produit (min 150°F ; max 212°F)	$150 \leq x \leq 212$

présentés dans le tableau 5.2. On peut remarquer que chaque exemple décrit une variable aléatoire qui peut prendre effectivement n'importe quelle valeur dans un intervalle donné. Les variables aléatoires continues et leurs distributions de probabilité seront traitées dans le chapitre 6.

REMARQUES

Une façon de savoir si une variable aléatoire est discrète ou continue consiste à représenter les valeurs qu'elle peut prendre par des points sur une droite. Choisissez deux points représentant des valeurs de la variable aléatoire. Si n'importe quel point du segment formé par ces deux points correspond également à une valeur possible de la variable aléatoire, alors cette variable aléatoire est continue.

EXERCICES

Méthode

1. Considérer l'expérience consistant à lancer une pièce deux fois de suite.

- **a)** Énumérer les résultats possibles de l'expérience.
- **b)** Définir une variable aléatoire qui représente le nombre de « face » apparaissant au cours des deux lancers.
- **c)** Définir les valeurs que peut prendre la variable aléatoire pour chaque résultat de l'expérience.
- **d)** Cette variable aléatoire est-elle discrète ou continue ?

2. Considérer l'expérience d'un travailleur assemblant un produit.

- **a)** Définir une variable aléatoire qui représente le temps en minutes nécessaire pour assembler le produit.
- **b)** Quelles valeurs la variable aléatoire peut-elle prendre?
- **c)** La variable aléatoire est-elle discrète ou continue ?

Applications

3. Trois étudiants doivent passer un entretien pour un job d'été à l'Institut Brookwood. Dans chaque cas, l'entretien débouche soit sur l'offre d'un poste soit sur le rejet de la candidature. Les résultats de l'expérience correspondent à l'issue des trois entretiens.

- **a)** Énumérer les résultats possibles de l'expérience.
- **b)** Définir une variable aléatoire représentant le nombre d'offres de travail proposées. Est-ce une variable aléatoire discrète ou continue ?
- **c)** Donner la valeur de la variable aléatoire pour chaque résultat de l'expérience.

4. En novembre 2009, le taux de chômage aux États-Unis s'élevait à 8,7 % (site internet du département américain du travail, 10 janvier 2010). Neuf États sont recensés dans la région Nord-Est. Supposez que la variable aléatoire à laquelle on s'intéresse est le nombre d'États dans la région Nord-Est dont le taux de chômage en novembre 2009 était inférieur à 8,7 %. Quelles valeurs cette variable aléatoire peut-elle prendre ?

5. Pour effectuer un certain type d'analyse de sang, les laborantins doivent effectuer deux expériences. La première comprend 1 ou 2 étapes séparées et la seconde comprend 1, 2 ou 3 étapes.

a) Énumérer les résultats de l'expérience associée à cette analyse de sang.

b) Si la variable aléatoire est définie comme étant le nombre total d'étapes nécessaires à l'analyse, donner les valeurs qu'elle peut prendre pour chaque résultat de l'expérience.

6. Le tableau suivant énumère une série d'expériences et la variable aléatoire qui leur est associée. Dans chacun des cas, identifier les valeurs que peut prendre la variable aléatoire et dire si la variable aléatoire est discrète ou continue.

Expérience	**Variable aléatoire (X)**
a. Passer un examen de 20 questions	Nombre de bonnes réponses
b. Observer les voitures arrivant à un péage	Nombre de voitures arrivant au péage en une heure
c. Faire un audit sur 50 déclarations d'impôt	Nombre de déclarations contenant des erreurs
d. Observer le travail d'un employé	Nombre d'heures non-productives dans une journée de travail de huit heures
e. Peser une cargaison de biens	Nombre de kilos

5.2 DISTRIBUTION DE PROBABILITÉ DISCRÈTE

La **distribution de probabilité** d'une variable aléatoire décrit comment sont distribuées les probabilités en fonction des valeurs de la variable aléatoire. Pour une variable aléatoire discrète X, la distribution de probabilité est définie par une **fonction de probabilité** notée $f(x)$. Celle-ci donne la probabilité que la variable aléatoire prenne une valeur spécifique, pour l'ensemble des valeurs possibles.

Considérons par exemple les ventes d'automobiles chez DiCarlo Motors à Saratoga dans l'État de New York. Les données sur les ventes journalières pendant 300 jours sont les suivantes : au cours de 54 jours, aucune automobile n'a été vendue ; au cours de 117 jours, une automobile a été vendue chaque jour ; au cours de 72 jours, 2 automobiles ont été vendues chaque jour ; au cours de 42 jours, 3 automobiles ont été vendues chaque jour ; au cours de 12 jours, 4 automobiles ont été vendues chaque jour ; au cours de 3 jours, 5 automobiles ont été vendues chaque jour. L'expérience consiste à sélectionner un jour parmi les 300 jours de l'opération. La variable aléatoire X est définie comme le nombre d'automobiles vendues au cours de cette journée. À partir des données historiques, nous savons que X est une variable aléatoire discrète qui peut prendre les valeurs 0, 1, 2, 3, 4 et 5. Dans la terminologie des fonctions de probabilité, $f(0)$ donne la probabilité qu'aucune automobile n'ait été vendue, $f(1)$ donne la probabilité qu'une automobile ait été vendue, et ainsi de suite. Puisque les données historiques montrent qu'au cours de 54 jours, sur les 300 que compte l'opération, aucune automobile n'a été vendue, on assigne à $f(0)$ la valeur 54/300 = 0,18, indiquant que la probabilité de ne vendre aucune automobile au cours d'une journée est égale à 0,18. De même, puisque pendant 117 jours une seule automobile a été vendue par jour, on assigne à $f(1)$ la valeur 117/300 = 0,39, indiquant que la probabilité de vendre exactement une automobile au cours d'une journée est de 0,39. Par le même raisonnement, on obtient les valeurs de $f(2)$, $f(3)$, $f(4)$ et $f(5)$ présentées dans le tableau 5.3, correspondant à la distribution de probabilité du nombre d'automobiles vendues au cours d'une journée chez DiCarlo Motors.

Le principal avantage de décrire une variable aléatoire et sa distribution de probabilité est, qu'une fois cette distribution de probabilité connue, il est relativement facile de déterminer la probabilité d'occurrence des différents événements qui peuvent présenter un intérêt pour les responsables. Par exemple, en utilisant la distribution de probabilité de DiCarlo Motors présentée dans le tableau 5.3, on s'aperçoit que le nombre le plus probable d'automobiles vendues au cours d'une journée est 1, avec une probabilité égale à $f(1) = 0{,}39$. De plus, la probabilité de vendre au moins 3 automobiles au cours d'une journée est égale à $f(3) + f(4) + f(5) = 0{,}14 + 0{,}04 + 0{,}01 = 0{,}19$. Ces probabilités, ainsi que d'autres, fournissent des informations qui peuvent aider les responsables à comprendre le processus de vente d'automobiles chez DiCarlo Motors.

Une fonction de probabilité d'une variable aléatoire discrète doit satisfaire les deux conditions suivantes :

► **Conditions requises pour une fonction de probabilité discrète :**

$$f(x) \geq 0 \qquad (5.1)$$

$$\sum f(x) = 1 \qquad (5.2)$$

Ces relations sont analogues aux deux conditions de base, déterminant l'attribution des probabilités aux résultats d'une expérience, présentées au chapitre 4.

Tableau 5.3 ***Distribution de probabilité du nombre d'automobiles vendues au cours d'une journée chez DiCarlo Motors***

x	*f(x)*
0	0,18
1	0,39
2	0,24
3	0,14
4	0,04
5	0,01
	Total 1,00

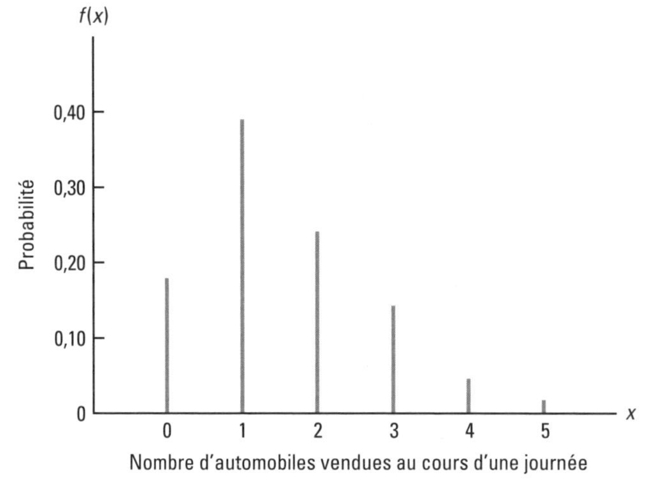

Figure 5.1 ***Représentation graphique de la distribution de probabilité des ventes d'automobiles par jour chez DiCarlo Motors***

Dans le tableau 5.3, nous voyons que les probabilités de la variable aléatoire X satisfont la condition (5.1) ; $f(x)$ est supérieure ou égale à 0 pour toutes les valeurs x de X. De plus, la somme des probabilités est égale à 1, la condition (5.2) est donc satisfaite. Ainsi, la fonction utilisée est une véritable fonction de probabilité discrète. Il est également possible de présenter graphiquement les distributions de probabilité.

Sur le graphique 5.1, les valeurs de la variable aléatoire X, correspondant aux ventes journalières chez DiCarlo Motors, sont représentées sur l'axe des abscisses et les probabilités correspondantes sur l'axe des ordonnées.

En plus des tableaux et des graphiques, une formule qui associe la fonction de probabilité $f(x)$ à chaque valeur x de X est souvent utilisée pour décrire les distributions de probabilité. L'exemple le plus simple d'une distribution de probabilité discrète donnée par une formule est la **distribution uniforme discrète**. Sa fonction de probabilité est donnée par l'équation (5.3).

► Fonction de probabilité uniforme discrète

$$f(x) = 1/n \qquad (5.3)$$

où

n correspond au nombre de valeurs que la variable aléatoire peut prendre.

Par exemple, considérons l'expérience d'un lancer de dé et définissons la variable aléatoire X comme étant le nombre qui apparaît sur la face supérieure. La variable aléatoire peut prendre 6 valeurs différentes : $x = 1, 2, 3, 4, 5, 6$. Ainsi, la fonction de probabilité de cette variable aléatoire est

$$f(x) = 1/6 \qquad \text{pour } x = 1, 2, 3, 4, 5, 6$$

Les valeurs possibles de la variable aléatoire et les probabilités associées sont présentées ci-dessous.

x	*f*(*x*)
1	1/6
2	1/6
3	1/6
4	1/6
5	1/6
6	1/6

Autre exemple : considérons la variable aléatoire X dont la distribution de probabilité discrète est telle que

x	*f*(*x*)
1	1/10
2	2/10
3	3/10
4	4/10

Cette distribution de probabilité peut aussi être définie par la formule :

$$f(x) = \frac{x}{10} \qquad \text{pour } x = 1, 2, 3 \text{ ou } 4$$

En évaluant $f(x)$ pour une valeur donnée de la variable aléatoire, on obtient la probabilité associée. Par exemple, en utilisant la fonction de probabilité ci-dessus, on voit que $f(2) = 2/10$ donne la probabilité que la variable aléatoire prenne la valeur 2.

Les distributions de probabilité discrètes les plus répandues sont généralement spécifiées par une formule. Trois cas importants sont les lois de probabilité binomiale, de Poisson et hypergéométrique; on y reviendra plus tard dans ce chapitre.

EXERCICES

Méthode

7. La distribution de probabilité de la variable aléatoire X est donnée dans le tableau ci-dessous.

x	*f*(*x*)
20	0,20
25	0,15
30	0,25
35	0,40

a) Est-ce une véritable distribution de probabilité ? Expliquer.

b) Quelle est la probabilité que x soit égal à 30 ?

c) Quelle est la probabilité que x soit inférieur ou égal à 25 ?

d) Quelle est la probabilité que x soit supérieur à 30 ?

Applications

8. Les données suivantes ont été collectées en comptabilisant le nombre de salles d'opération utilisées à l'hôpital général de Tampa sur une période de 20 jours : au cours de 3 jours (sur les 20 que compte l'expérience), seule une salle d'opération fut utilisée ; au cours de 5 jours, 2 salles furent utilisées ; au cours de 8 jours, 3 furent utilisées et au cours de 4 jours, les 4 salles d'opération de l'hôpital furent utilisées.

a) Utiliser une approche en termes de fréquence relative pour construire une distribution de probabilité du nombre de salles d'opération utilisées au cours d'une journée.

b) Représenter graphiquement la distribution de probabilité.

c) Montrer que votre distribution de probabilité satisfait les conditions définissant une distribution de probabilité discrète.

9. Le nombre moyen de mois passés au chômage pour les chômeurs américains, fin décembre 2009, était approximativement de sept mois (Bureau des statistiques de l'emploi, janvier 2010). Supposez que les données suivantes illustrent la situation dans une région particulière au Nord de l'État de New York. Les valeurs dans la première colonne indiquent le nombre de mois passés au chômage et les valeurs dans la seconde colonne le nombre de chômeurs.

Mois de chômage	Nombre de chômeurs
1	1 029
2	1 686
3	2 269
4	2 675
5	3 487
6	4 652
7	4 145
8	3 587
9	2 325
10	1 120

Soit X une variable aléatoire indiquant le nombre de mois passés au chômage par une personne.

a) Utiliser les données pour développer la distribution de probabilité de X. Spécifier

b) Montrer que la distribution de probabilité satisfait les conditions (5.1) et (5.2).

c) Quelle est la probabilité qu'une personne reste sans emploi pendant au plus 2 mois ? Pendant plus de deux mois ?

d) Quelle est la probabilité qu'une personne reste sans emploi pendant plus de 6 mois ?

10. Le tableau suivant présente les distributions de fréquence en pourcentage des notes fournies par des cadres supérieurs et juniors spécialisés en système d'information concernant leur niveau de satisfaction sur un plan professionnel. Les niveaux de satisfaction vont de 1 (très insatisfait) à 5 (très satisfait).

Niveau de satisfaction professionnelle	Cadres supérieurs (%)	Cadres juniors (%)
1	5	4
2	9	10
3	3	12
4	42	46
5	41	28

a) Développer une distribution de probabilité pour les niveaux de satisfaction d'un cadre supérieur.

b) Développer une distribution de probabilité pour les niveaux de satisfaction d'un cadre junior.

c) Quelle est la probabilité qu'un cadre supérieur donne une note de 4 ou 5 à son travail ?

d) Quelle est la probabilité qu'un cadre junior soit très satisfait ?

e) Comparer les niveaux de satisfaction généraux des cadres supérieurs et des cadres juniors.

11. Un technicien assure la maintenance des machines de publipostage des entreprises de la région de Phoenix. En fonction du type de dysfonctionnement, la réparation peut nécessiter 1, 2, 3 ou 4 heures. Les différents types de dysfonctionnement apparaissent avec la même fréquence.

a) Développer une distribution de probabilité pour la durée du service de réparation.

b) Représenter graphiquement la distribution de probabilité.

c) Montrer que votre distribution de probabilité satisfait les conditions définissant une fonction de probabilité discrète.

d) Quelle est la probabilité qu'une réparation nécessite trois heures ?

e) Un appel pour une réparation vient juste d'être enregistré, mais le type de dysfonctionnement n'a pas été précisé. Il est 15h ; les techniciens de maintenance finissent, en principe, leur journée à 17h. Quelle est la probabilité que le technicien doive faire des heures supplémentaires pour réparer la machine aujourd'hui ?

12. Les deux principaux câblo-opérateurs américains sont Comcast Cable Communications qui a 21,5 millions d'abonnés et Time Warner Cable qui a 11,0 millions d'abonnés (*The New York Times 2007 Almanac*). Supposez que les responsables de la société Time Warner Cable estiment de manière subjective la distribution de probabilité suivante pour X, le nombre de nouveaux abonnés qu'ils obtiendront l'année suivante dans l'État de New York :

x	f(x)
100 000	0,10
200 000	0,20
300 000	0,25
400 000	0,30
500 000	0,10
600 000	0,05

a) Est-ce une distribution de probabilité valide ? Expliquer.

b) Quelle est la probabilité que la société Time Warner obtienne plus de 400 000 nouveaux abonnés ?

c) Quelle est la probabilité que la société Time Warner obtienne moins de 200 000 nouveaux abonnés ?

13. Un psychologue a estimé qu'il fallait 1, 2 ou 3 séances pour gagner la confiance d'un nouveau patient. Soit X une variable aléatoire indiquant le nombre de séances nécessaires pour gagner la confiance d'un patient. La fonction de probabilité suivante a été proposée :

$$f(x) = \frac{x}{6} \qquad \text{pour } x = 1, 2 \text{ ou } 3$$

a) Est-ce une distribution de probabilité a proprement parlé ? Expliquer.

b) Quelle est la probabilité qu'il faille exactement deux séances pour gagner la confiance d'un patient ?

c) Quelle est la probabilité qu'il faille au moins deux séances pour gagner la confiance d'un patient ?

14. Le tableau suivant décrit une partie de la distribution de probabilité des bénéfices prévisionnels de la société MRA (X = bénéfice en milliers de dollars) pour la première année d'activité (les valeurs négatives dénotent une perte).

x	f(x)
−100	0,10
0	0,20
50	0,30
100	0,25
150	0,10
200	?

a) Quelle est la valeur de $f(200)$? Quelle est votre interprétation de cette valeur ?

b) Quelle est la probabilité que MRA réalise des bénéfices ?

c) Quelle est la probabilité que MRA réalise un bénéfice d'au moins 100 000 $?

5.3 ESPÉRANCE MATHÉMATIQUE ET VARIANCE

5.3.1 Espérance mathématique

L'**espérance mathématique** ou la moyenne d'une variable aléatoire est une mesure de tendance centrale. L'expression mathématique de l'espérance d'une variable aléatoire discrète X est :

► **Espérance mathématique d'une variable aléatoire discrète**

$$E(X) = \mu = \sum xf(x) \tag{5.4}$$

> L'espérance mathématique est une moyenne pondérée des valeurs que peut prendre la variable aléatoire. Les poids correspondent aux probabilités.

Les notations $E(X)$ et μ décrivent toutes deux l'espérance mathématique d'une variable aléatoire.

L'équation (5.4) montre que pour calculer l'espérance mathématique d'une variable aléatoire discrète, on multiplie chaque valeur de la variable aléatoire par la probabilité $f(x)$ correspondante et on additionne les différents produits. Le calcul de l'espérance mathématique du nombre d'automobiles vendues au cours d'une journée, à partir des données sur les ventes d'automobiles chez DiCarlo Motors (section 5.2), est détaillé dans le tableau 5.4. La somme des entrées de la colonne $xf(x)$ montre que l'espérance mathématique est de 1,5 automobile par jour. Nous savons désormais que bien que les ventes de 0, 1, 2, 3, 4 ou 5 automobiles par jour sont possibles, DiCarlo peut anticiper la vente de 1,5 automobile en moyenne par jour, soit une moyenne mensuelle de 45 $(= 30 \times 1,5)$ automobiles, si l'on suppose qu'il y a 30 jours par mois.

Tableau 5.4 *Calcul de l'espérance mathématique du nombre d'automobiles vendues au cours d'une journée chez DiCarlo Motors*

x	$f(x)$	$xf(x)$
0	0,18	$0 \times 0,18 = 0,00$
1	0,39	$1 \times 0,39 = 0,39$
2	0,24	$2 \times 0,24 = 0,48$
3	0,14	$3 \times 0,14 = 0,42$
4	0,04	$4 \times 0,04 = 0,16$
5	0,01	$5 \times 0,01 = 0,05$
	Total 1,00	1,50
		$E(X) = \mu = \sum xf(x)$

L'espérance mathématique n'est pas forcément égale à l'une des valeurs que peut prendre la variable aléatoire.

5.3.2 Variance

Alors que l'espérance mathématique fournit la valeur moyenne de la variable aléatoire, on a souvent besoin d'une mesure de dispersion ou de variabilité. De la même façon que nous avons utilisé la variance dans le chapitre 3 pour résumer la dispersion d'un ensemble de données, nous utilisons maintenant la **variance** pour résumer la dispersion des valeurs d'une variable aléatoire. L'expression mathématique de la variance d'une variable aléatoire est :

▶ **Variance d'une variable aléatoire discrète**

$$Var(X) = \sigma^2 = \sum (x - \mu)^2 f(x) \quad (5.5)$$

La variance est une somme pondérée des écarts au carré d'une variable aléatoire par rapport à sa moyenne. Les pondérations correspondent aux probabilités.

Comme le montre l'équation (5.5), une part essentielle de la formule de la variance est l'écart entre une valeur particulière de la variable aléatoire et sa moyenne, $x - \mu$. Dans le calcul de la variance d'une variable aléatoire, les écarts par rapport à la moyenne sont élevés au carré et pondérés par la valeur de la fonction de probabilité associée. La somme de ces écarts au carré pondérés, pour toutes les valeurs de la variable aléatoire, forme la *variance*. Les notations $Var(X)$ et σ_X^2 (ou σ^2) sont les notations usuelles pour décrire la variance d'une variable aléatoire. Le calcul de la variance pour la distribution de probabilité du nombre d'automobiles vendues au cours d'une journée chez DiCarlo Motors est résumé dans le tableau 5.5. La variance est égale à 1,25. L'**écart type** σ correspond à

Tableau 5.5 ***Calcul de la variance du nombre d'automobiles vendues au cours d'une journée chez DiCarlo Motors***

x	$x-\mu$	$(x-\mu)^2$	$f(x)$	$(x-\mu)^2 f(x)$
0	$0-1,5=-1,5$	2,25	0,18	$2,25\times 0,18=0,4050$
1	$1-1,5=-0,5$	0,25	0,39	$0,25\times 0,39=0,0975$
2	$2-1,5=0,5$	0,25	0,24	$0,25\times 0,24=0,0600$
3	$3-1,5=1,5$	2,25	0,14	$2,25\times 0,14=0,3150$
4	$4-1,5=2,5$	6,25	0,04	$6,25\times 0,04=0,2500$
5	$5-1,5=3,5$	12,25	0,01	$12,25\times 0,01=0,1225$
			Total 1,00	1,2500

$Var(X) = \sigma^2 = \sum (x-\mu)^2 f(x)$ → 1,2500

la racine carrée de la variance. Ainsi, l'écart type du nombre d'automobiles vendues au cours d'une journée est

$$\sigma = \sqrt{1,25} = 1,118$$

L'écart type est mesuré dans les mêmes unités que la variable aléatoire (σ est égal à 1,118 automobile) et, donc, est souvent préféré à la variance pour mesurer la dispersion d'une variable aléatoire. La variance σ^2 est mesurée en unité élevée au carré ; l'interprétation en est plus difficile.

EXERCICES

Méthode

15. Le tableau suivant présente une distribution de probabilité pour une variable aléatoire X.

x	*f(x)*
3	0,25
6	0,50
9	0,25

a) Calculer $E(X)$, l'espérance mathématique de X.

b) Calculer σ^2, la variance de X.

c) Calculer σ, l'écart type de X.

16. Le tableau suivant présente une distribution de probabilité pour une variable aléatoire Y.

y	*f(x)*
2	0,20
4	0,30
7	0,40
8	0,10

a) Calculer $E(Y)$.

b) Calculer $Var(Y)$ et σ.

Applications

17. Le nombre d'étudiants qui passe le test d'aptitude SAT a augmenté et atteint le nombre record de 1,5 millions (College Board, 26 août 2008). Les étudiants peuvent refaire le test dans l'espoir d'améliorer leur score qui est transmis aux bureaux d'admission des universités et grandes écoles. Le nombre de tentatives et le nombre d'étudiants sont donnés ci-dessous.

Nombre de tentatives	Nombre d'étudiants
1	721 769
2	601 325
3	166 736
4	22 299
5	6 730

a) Soit X une variable aléatoire indiquant le nombre de tentatives faites par un étudiant. Déterminer la distribution de probabilité de cette variable aléatoire.

b) Quelle est la probabilité qu'un étudiant passe le test plus d'une fois ?

c) Quelle est la probabilité qu'un étudiant passe le test au moins trois fois ?

d) Quelle est l'espérance mathématique du nombre de tentatives de passage du test ? Quelle est votre interprétation de cette valeur ?

e) Quelle est la variance et quel est l'écart type du nombre de tentatives de passage du test ?

18. L'enquête logement américaine a fourni les données suivantes concernant le nombre de chambres dans les logements situés au centre-ville selon le statut des occupants (propriétaires ou locataires) (site internet du bureau américain du recensement, 31 mars 2003).

	Nombre de logements	
Chambres	**Locataires**	**Propriétaires**
0	547	23
1	5 012	541
2	6 100	3 832
3	2 644	8 690
4 ou plus	557	3 783

a) Définir une variable aléatoire X correspondant au nombre de chambres dans des logements dont les occupants sont locataires et développer la distribution de probabilité de cette variable aléatoire (considérer que $x = 4$ représente quatre chambres ou plus).

b) Calculer l'espérance mathématique et la variance pour le nombre de chambres dans des logements mis en location.

c) Définir une variable aléatoire Y correspondant au nombre de chambres dans des logements dont les occupants sont propriétaires et développer la distribution de probabilité de cette variable aléatoire (considérer que $y = 4$ représente quatre chambres ou plus).

d) Calculer l'espérance mathématique et la variance pour le nombre de chambres dans des logements occupés par leurs propriétaires.

e) Quelles conclusions pouvez-vous tirer de la comparaison du nombre de chambres dans des logements occupés par des locataires et par leurs propriétaires ?

19. L'association nationale de basket (NBA) collecte de nombreuses statistiques sur chaque équipe. Deux de ces statistiques sont le pourcentage de paniers à deux points et le pourcentage de tirs à trois points marqués par l'équipe. Au cours d'un match de la saison 2004, les enregistrements des tirs de 29 équipes ont montré que la probabilité de marquer deux points grâce à un panier était de 0,44 et la probabilité de marquer trois points grâce à un tir à trois points était de 0,34 (site internet de la NBA http://www.nba.com/, 3 janvier 2004).

a) Quelle est l'espérance mathématique d'un tir à 2 points pour ces équipes ?

b) Quelle est l'espérance mathématique d'un tir à 3 points pour ces équipes ?

c) Si la probabilité de marquer un panier à 2 points est supérieure à celle de marquer un panier à 3 points, pourquoi est-ce que l'entraîneur permet à certains joueurs de tenter de marquer un panier à 3 points lorsqu'ils en ont la possibilité ? Utiliser l'espérance mathématique pour expliquer votre réponse.

20. Le tableau suivant présente la distribution de probabilité des indemnités payées par la société d'assurance automobile Newton en cas de collision.

Indemnité ($)	Probabilité
0	0,85
500	0,04
1 000	0,04
3 000	0,03
5 000	0,02
8 000	0,01
10 000	0,01

a) Utiliser l'indemnité moyenne en cas de collision pour déterminer la prime d'assurance collision qui permet à la société d'équilibrer ses comptes.

b) La compagnie d'assurance fait payer une cotisation annuelle pour le risque de collision égale à 520 dollars. Quelle est l'espérance mathématique de l'assurance collision pour un assuré ? (Conseil : il s'agit des paiements moyens versés par la compagnie moins le coût de l'assurance). Pourquoi un assuré souscrit-il à une police d'assurance collision avec cette espérance mathématique ?

21. Les distributions des niveaux de satisfaction sur le plan professionnel d'un échantillon de cadres supérieurs et juniors en système d'information sont présentées ci-dessous. Les niveaux de satisfaction vont de 1 (très insatisfait) à 5 (très satisfait).

	Probabilité	
Niveau de satisfaction professionnelle	Cadres supérieurs	Cadres juniors
1	0,05	0,04
2	0,09	0,10
3	0,03	0,12
4	0,42	0,46
5	0,41	0,28

a) Quelle est l'espérance mathématique des niveaux de satisfaction des cadres supérieurs ?

b) Quelle est l'espérance mathématique des niveaux de satisfaction des cadres juniors ?

c) Calculer la variance des niveaux de satisfaction professionnelle des cadres supérieurs et juniors.

d) Calculer l'écart type des niveaux de satisfaction professionnelle des cadres supérieurs et juniors.

e) Comparer les niveaux de satisfaction des cadres supérieurs et juniors.

22. La demande pour un produit des industries Carolina fluctue beaucoup d'un mois à l'autre. La distribution de probabilité présentée dans le tableau ci-dessous, basée sur les deux dernières années, correspond à la demande mensuelle qui s'adresse à l'entreprise.

Demande (en nombre d'unités)	Probabilité
300	0,20
400	0,30
500	0,35
600	0,15

a) Si l'entreprise base ses commandes mensuelles sur l'espérance mathématique de la demande mensuelle, quelle quantité doit être commandée par mois ?

b) Supposer que chaque unité demandée génère un revenu de 70 dollars et coûte 50 dollars. Combien l'entreprise perdra ou gagnera en un mois si sa commande est basée sur votre réponse en (a) et que la demande effective pour le produit est de 300 unités ?

23. D'après l'enquête sur les logements vacants à New York de 2002, 59 324 logements à loyer contrôlé et 236 263 logements à loyer fixe ont été construits depuis 1947. Pour ces logements, les distributions de probabilité du nombre de personnes par logement sont présentées ci-dessous (site internet du bureau du recensement américain, 12 janvier 2004).

Nombre de personnes	Logement à loyer contrôlé	Logement à loyer fixe
1	0,61	0,41
2	0,27	0,30
3	0,07	0,14
4	0,04	0,11
5	0,01	0,03
6	0,00	0,01

a) Quelle est l'espérance mathématique du nombre de personnes vivant dans chaque type de logement ?

b) Quelle est la variance du nombre de personnes vivant dans chaque type de logement ?

c) Comparer le nombre de personnes vivant dans les logements à loyer contrôlé avec le nombre de personnes vivant dans les logements à loyer fixe.

24. La société informatique J. R. Ryland envisage l'extension de l'usine afin de pouvoir commencer la production d'un nouvel ordinateur. Le président de la société doit déterminer si l'extension doit être faite à moyenne ou grande échelle. La demande pour le nouveau produit est incertaine ; elle peut être faible, moyenne ou élevée. Les estimations probabilistes de la demande sont respectivement égales à 0,20, 0,50 et 0,30. Soit X le profit annuel en milliers de dollars dans le cas du projet à moyenne échelle et Y le profit annuel dans le cas du projet à grande échelle. Les prévisionnistes de la firme ont développé les prévisions de profit suivantes pour les projets d'expansion à moyenne et grande échelle.

		Expansion à moyenne échelle		Expansion à grande échelle	
		x	$f(x)$	y	$f(y)$
Demande	Faible	50	0,20	0	0,20
	Moyenne	150	0,50	100	0,50
	Élevée	200	0,30	300	0,30

a) Calculer l'espérance mathématique du profit pour les deux alternatives d'expansion. Quelle décision est préférable en termes de maximisation du profit ?

b) Calculer la variance du profit pour les deux alternatives d'expansion. Quelle décision est préférable en termes de minimisation des risques ou de l'incertitude ?

5.4 LA LOI BINOMIALE

La loi binomiale est une distribution de probabilité discrète qui a de nombreuses applications. Elle est associée à une expérience à plusieurs étapes, appelée expérience binomiale.

5.4.1 Une expérience binomiale

Une **expérience binomiale** possède les quatre propriétés suivantes.

► **Propriétés d'une expérience binomiale**

1. L'expérience est une série de n tirages identiques.
2. Deux évènements sont possibles à chaque tirage. L'un est dit succès, l'autre échec.
3. La probabilité de succès, notée p, ne se modifie pas d'un tirage à l'autre. Par conséquent, la probabilité d'échec, notée $1-p$, ne se modifie pas non plus.
4. Les tirages sont indépendants.

Si les propriétés 2, 3 et 4 sont satisfaites, on dit que les tirages sont générés par un processus de Bernoulli. Si la propriété 1 est également satisfaite, il s'agit alors d'une expérience binomiale. La figure 5.2 décrit une série possible de résultats d'une expérience binomiale comprenant huit tirages.

Jakob Bernoulli (1654-1705), le premier de la famille des mathématiciens suisses Bernoulli, a publié un traité sur les probabilités qui contenait la théorie des permutations et des combinaisons, ainsi que le théorème binomial.

L'intérêt d'une expérience binomiale est de connaître le nombre de succès intervenant au cours de n tirages. Soit X le nombre de succès obtenus en n tirages. X peut prendre les valeurs 0, 1, 2, 3, …, n. Puisque le nombre de valeurs est fini, X est une variable aléatoire discrète. La distribution de probabilité associée à cette variable aléatoire est appelée

Propriété 1 : L'expérience consiste en $n = 8$ tirages identiques.

Propriété 2 : De chaque tirage résulte soit un succès (S) soit un échec (E).

Tirages →	1	2	3	4	5	6	7	8
Résultats →	S	E	E	S	S	E	S	S

Figure 5.2 ***Une série possible de succès et d'échecs d'une expérience binomiale à huit tirages***

loi binomiale. Par exemple, considérons l'expérience suivante qui consiste à lancer une pièce de monnaie cinq fois de suite. À chaque lancer, on observe si la pièce retombe du côté pile ou du côté face. Nous nous intéressons au nombre d'apparitions du côté face au cours de ces cinq lancers. Cette expérience a-t-elle les propriétés d'une expérience binomiale ? Quelle est la variable aléatoire qui nous intéresse dans cette expérience ? Remarquons que :

1. L'expérience consiste en cinq tirages identiques ; chaque tirage correspond au lancer d'une pièce.
2. Deux issues sont possibles à chaque tirage : pile ou face. On peut considérer face comme un succès et pile comme un échec.
3. Les probabilités de succès et d'échec ne se modifient pas d'un tirage à l'autre ; ici, $p = 0,5$ et $1 - p = 0,5$.
4. Les tirages ou lancers sont indépendants, puisque le résultat d'un lancer n'est pas affecté par ce qui se passe lors des autres lancers.

Ainsi, les propriétés d'une expérience binomiale sont satisfaites. La variable aléatoire correspond ici au nombre de fois où le côté face apparaît lors des cinq tirages. Dans ce cas, X peut prendre les valeurs 0, 1, 2, 3, 4 ou 5.

Prenons un autre exemple : considérons un représentant d'une compagnie d'assurance qui se rend chez dix particuliers, sélectionnés de manière aléatoire. L'issue de chaque entrevue est associée à un succès si le particulier souscrit à une police d'assurance et à un échec sinon. De par son expérience passée, le vendeur sait que la probabilité qu'un particulier, sélectionné aléatoirement, souscrive à une police d'assurance est de 0,10. En vérifiant les propriétés d'une expérience binomiale, on observe que :

1. L'expérience consiste en 10 tirages identiques, chaque tirage consistant à contacter un particulier.
2. Deux issues sont possibles à chaque tirage : le particulier souscrit à une police d'assurance (succès) ou non (échec).
3. Les probabilités de succès et d'échec sont supposées être invariantes par rapport aux tirages ; $p = 0,10$ et $1 - p = 0,90$ à chaque tirage.
4. Les tirages sont indépendants puisque les familles sont sélectionnées aléatoirement.

Puisque les quatre hypothèses sont satisfaites, il s'agit bien d'une expérience binomiale. La variable aléatoire correspond dans cet exemple au nombre de souscriptions obtenues en contactant dix particuliers. Dans ce cas X peut prendre les valeurs 0, 1, 2, 3, 4, 5, 6, 7, 8, 9 ou 10.

La propriété 3 de l'expérience binomiale est dite *hypothèse de stationnarité*. Elle est parfois confondue avec la propriété 4 d'indépendance des tirages. Pour bien comprendre les différences entre ces deux propriétés, reprenons l'exemple du représentant en assurance qui contacte des particuliers dans le but de leur vendre des polices d'assurance. Si à la fin de la journée, le représentant est fatigué et a perdu de son enthousiasme, la probabilité de succès (vendre une police d'assurance) peut tomber à 0,05, par exemple, lors du dixième contact. Dans ce cas, la propriété 3 (propriété de stationnarité) n'est plus satisfaite et l'expérience n'est plus binomiale, même si la propriété 4 (propriété d'indépendance) est toujours satisfaite, c'est-à-dire même si les décisions d'achat de chaque particulier sont indépendantes.

Dans les applications impliquant des expériences binomiales, une formule mathématique spécifique, la *fonction de probabilité binomiale*, est utilisée pour calculer la probabilité de x succès en n tirages. En utilisant les concepts probabilistes introduits dans le chapitre 4, nous développerons cette formule au travers d'un problème illustratif.

5.4.2 Le problème du magasin de prêt-à-porter Martin

Considérons le comportement d'achat des trois prochains clients qui entreront dans le magasin de prêt-à-porter Martin. Sur la base de son expérience passée, le gérant du magasin estime la probabilité qu'un client fasse un achat à 0,30. Quelle est la probabilité que deux des trois clients suivants fassent un achat ? En utilisant une représentation sous forme arborescente (figure 5.3), on peut voir que l'expérience consistant à observer le comportement d'achat de trois clients, génère huit issues possibles. Notant un succès (un achat) S et un échec (pas d'achat) E, nous nous intéressons aux résultats de l'expérience qui comportent deux succès parmi les trois tirages (deux achats parmi les trois décisions d'achat). Vérifions que cette expérience correspond à une expérience binomiale. En vérifiant les quatre conditions d'une expérience binomiale, nous remarquons que :

1. L'expérience peut être décrite comme étant une série de trois tirages identiques, un tirage pour chacun des trois clients qui entrent dans le magasin.
2. Deux issues – le client fait un achat (succès) ou le client ne fait pas d'achat (échec) – sont possibles à chaque tirage.
3. La probabilité qu'un client fasse un achat (0,30) ou qu'il ne fasse pas d'achat (0,70) est supposée identique pour tous les clients.
4. La décision d'achat de chaque client est indépendante des décisions des autres clients.

Les propriétés d'une expérience binomiale sont donc satisfaites.

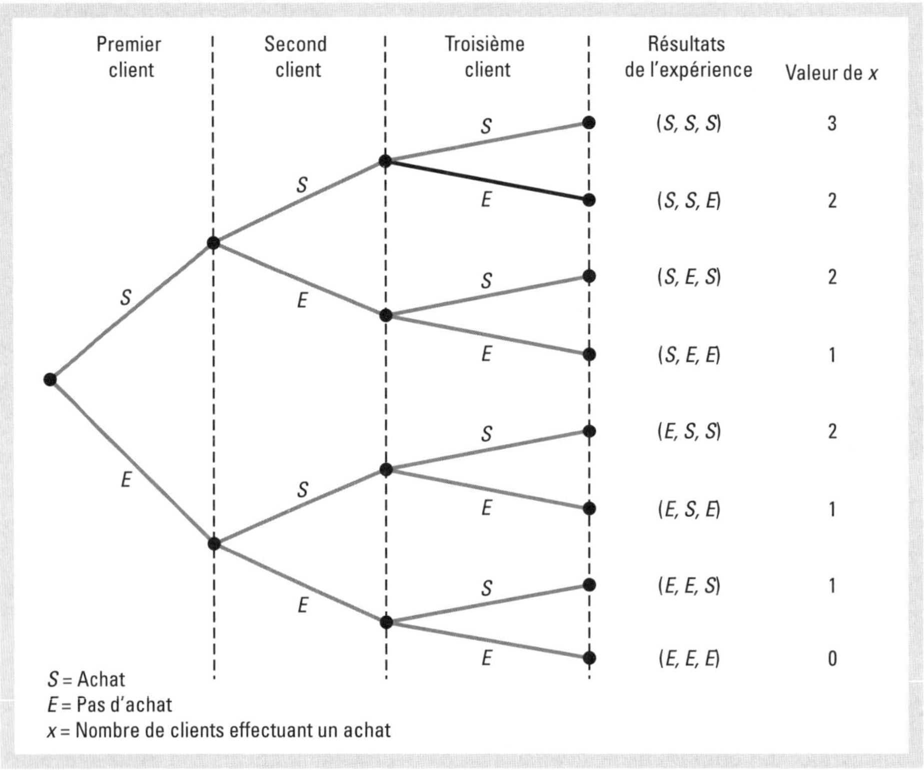

Figure 5.3 ***Diagramme arborescent du problème du magasin de prêt-à-porter Martin***

Le nombre de résultats de l'expérience qui donnent exactement x succès en n tirages peut être calculé à partir de la formule suivante.[2]

► **Nombre de résultats de l'expérience fournissant exactement x succès en n tirages**

$$\binom{n}{x} = \frac{n!}{x!(n-x)!} \tag{5.6}$$

où

$$n! = n(n-1)(n-2)\ldots(2)(1)$$

et par définition,

$$0! = 1$$

Reprenons maintenant l'expérience du magasin de prêt-à-porter Martin, impliquant le comportement d'achat de trois clients. L'équation (5.6) peut être utilisée pour déterminer

[2] Cette formule, introduite dans le chapitre 4, détermine le nombre de combinaisons de x objets sélectionnés parmi n. Pour une expérience binomiale, la formule combinatoire fournit le nombre de résultats de l'expérience (série de n tirages) qui comprennent x succès.

le nombre de résultats de l'expérience comprenant deux achats, c'est-à-dire le nombre de façons d'obtenir 2 succès ($x = 2$) en 3 tirages ($n = 3$). De l'équation (5.6), nous obtenons

$$\binom{n}{x} = \binom{3}{2} = \frac{3!}{2!(3-2)!} = \frac{(3)(2)(1)}{(2)(1)(1)} = \frac{6}{2} = 3$$

La formule (5.6) montre que trois des résultats possibles de l'expérience fournissent deux succès. Sur la figure 5.3, ces résultats sont notés *SSE*, *SES* et *ESS*. En utilisant l'expression (5.6) pour déterminer combien de résultats permettent de réaliser trois succès (achats) en trois tirages, on obtient

$$\binom{n}{x} = \binom{3}{3} = \frac{3!}{3!(3-3)!} = \frac{3!}{3!0!} = \frac{(3)(2)(1)}{(3)(2)(1)(1)} = \frac{6}{6} = 1$$

Sur le graphique 5.3, le seul résultat constitué de trois succès est identifié par *SSS*.

Nous savons que l'expression (5.6) peut être utilisée pour déterminer le nombre de résultats de l'expérience qui comprennent x succès. Mais pour déterminer la probabilité de x succès en n tirages, il faut également connaître la probabilité associée à chacun des résultats de l'expérience. Puisque les tirages d'une expérience binomiale sont indépendants, il suffit simplement de multiplier les probabilités correspondantes à chaque résultat d'un tirage pour trouver la probabilité d'une série particulière de succès et d'échecs. La probabilité que les deux premiers clients fassent un achat mais pas le troisième est donnée par

$$pp(1-p)$$

Avec une probabilité d'achat à chaque tirage de 0,30, la probabilité d'un achat aux deux premiers tirages mais pas au troisième est donnée par

$$(0,30)(0,30)(0,70) = (0,30)^2(0,70) = 0,063$$

Deux autres séries de résultats comportent deux succès et un échec. Les probabilités de ces trois séries impliquant deux succès sont données dans le tableau ci-dessous.

Résultats des tirages				
Premier client	**Deuxième client**	**Troisième client**	**Résultat de l'expérience**	**Probabilité**
Achat	Achat	Pas d'achat	SSE	$pp(1-p) = p^2(1-p) = (0,30)^2(0,70) = 0,063$
Achat	Pas d'achat	Achat	SES	$p(1-p)p = p^2(1-p) = (0,30)^2(0,70) = 0,063$
Pas d'achat	Achat	Achat	ESS	$(1-p)pp = p^2(1-p) = (0,30)^2(0,70) = 0,063$

Remarquez que les trois résultats impliquant deux succès ont tous exactement la même probabilité. Cette observation est généralement vraie. Dans une expérience binomiale, toutes les séries de résultats de tirages impliquant x succès en n tirages ont la *même probabilité* d'occurrence. Elle est égale à :

$$\text{Probabilité d'une série particulière de résultats comprenant } x \text{ succès en } n \text{ tirages} = p^x(1-p)^{(n-x)} \quad (5.7)$$

Pour l'exemple du magasin de prêt-à-porter Martin, cette formule montre que tout résultat comprenant deux succès, a une probabilité de

$$p^2(1-p)^{(3-2)} = p^2(1-p)^1 = (0,30)^2(0,70)^1 = 0,063.$$

Puisque l'équation (5.6) donne le nombre de résultats d'une expérience binomiale qui comprennent x succès et l'expression (5.7) la probabilité de chaque série impliquant x succès, en combinant les équations (5.6) et (5.7), on obtient la **fonction de probabilité binomiale** suivante :

▶ Fonction de probabilité binomiale

$$f(x) = \binom{n}{x} p^x (1-p)^{(n-x)} \tag{5.8}$$

où

x est le nombre de succès
p est la probabilité de succès lors d'un tirage
n est le nombre de tirages
$f(x)$ est la probabilité de x succès en n tirages

$$\binom{n}{x} = \frac{n!}{x!(n-x)!}$$

Pour une distribution de probabilité binomiale, X est une variable aléatoire discrète ayant une fonction de probabilité $f(x)$ applicable pour les valeurs de $x = 0, 1, 2, ..., n$.

Dans l'exemple du magasin de prêt-à-porter Martin, calculons la probabilité qu'aucun client ne fasse d'achat, qu'un client fasse un achat, que deux clients fassent un achat et que les trois clients fassent un achat. Les calculs sont résumés dans le tableau 5.6 qui donne la distribution de probabilité du nombre de clients faisant un achat. La figure 5.4 est la représentation graphique de la distribution de probabilité.

Tableau 5.6 ***Distribution de probabilité du nombre de clients effectuant un achat***

x	$f(x)$
0	$\frac{3!}{0!3!}(0,30)^0(0,70)^3 = 0,343$
1	$\frac{3!}{1!2!}(0,30)^1(0,70)^2 = 0,441$
2	$\frac{3!}{2!1!}(0,30)^2(0,70)^1 = 0,189$
3	$\frac{3!}{3!0!}(0,30)^3(0,70)^0 = 0,027$
	Total = 1,000

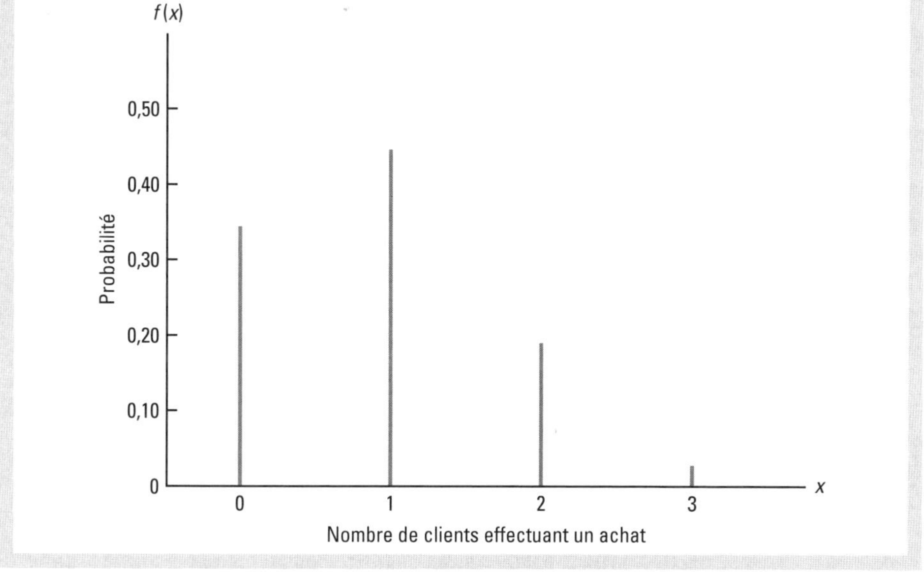

Figure 5.4 *Représentation graphique de la distribution de probabilité du nombre de clients effectuant un achat*

La fonction de probabilité binomiale peut être appliquée à toute expérience binomiale. Si nous sommes dans une situation où les propriétés d'une expérience binomiale sont satisfaites et où les valeurs de n et p sont connues, nous pouvons utiliser l'expression (5.8) pour calculer la probabilité de x succès en n tirages.

Considérons une variante de l'exemple du magasin de prêt-à-porter Martin, en supposant que dix clients entrent dans le magasin, au lieu de trois. La fonction de probabilité binomiale donnée par l'expression (5.8) reste applicable. Supposons que nous ayons une expérience binomiale avec $n = 10$, $x = 4$ et $p = 0,3$. Dans ce cas, la probabilité que quatre clients sur les dix fassent un achat est égale à

$$f(4) = \frac{10!}{4!6!}(0,30)^4(0,70)^6 = 0,2001$$

5.4.3 Utilisation des tables de probabilités binomiales

Des tables donnant la probabilité de x succès en n tirages pour une expérience binomiale ont été créées. L'utilisation de ces tables est généralement facile et plus rapide que l'utilisation de la formule (5.8). Une table de probabilité binomiale est fournie en annexe B (table 5). Une partie de cette table a été reproduite dans le tableau 5.7. Pour utiliser cette table, il faut spécifier les valeurs de n, p et x en fonction de l'expérience binomiale qui nous intéresse. Dans l'exemple en haut du tableau 5.7, la probabilité de trois succès dans une expérience binomiale avec $n = 10$ et $p = 0,4$ est de 0,2150. Vous pouvez vérifier que l'on obtient la même réponse en utilisant la fonction de probabilité binomiale (5.8).

Tableau 5.7 ***Sélection de valeurs issues de la table de probabilité binomiale.***
Exemple : $n = 10$, $x = 3$, $p = 0,4$; $f(3) = 0,215$

		p									
n	*x*	**0,05**	**0,10**	**0,15**	**0,20**	**0,25**	**0,30**	**0,35**	**0,40**	**0,45**	**0,50**
9	0	0,6302	0,3874	0,2316	0,1342	0,0751	0,0404	0,0207	0,0101	0,0046	0,0020
	1	0,2985	0,3874	0,3679	0,3020	0,2253	0,1556	0,1004	0,0605	0,0339	0,0176
	2	0,0629	0,1722	0,2597	0,3020	0,3003	0,2668	0,2162	0,1612	0,1110	0,0703
	3	0,0077	0,0446	0,1069	0,1762	0,2336	0,2668	0,2716	0,2508	0,2119	0,1641
	4	0,0006	0,0074	0,0283	0,0661	0,1168	0,1715	0,2194	0,2508	0,2600	0,2461
	5	0,0000	0,0008	0,0050	0,0165	0,0389	0,0735	0,1181	0,1672	0,2128	0,2461
	6	0,0000	0,0001	0,0006	0,0028	0,0087	0,0210	0,0424	0,0743	0,1160	0,1641
	7	0,0000	0,0000	0,0000	0,0003	0,0012	0,0039	0,0098	0,0212	0,0407	0,0703
	8	0,0000	0,0000	0,0000	0,0000	0,0001	0,0004	0,0013	0,0035	0,0083	0,0176
	9	0,0000	0,0000	0,0000	0,0000	0,0000	0,0000	0,0001	0,0003	0,0008	0,0020
10	0	0,5987	0,3487	0,1969	0,1074	0,0563	0,0282	0,0135	0,0060	0,0025	0,0010
	1	0,3151	0,3874	0,3474	0,2684	0,1877	0,1211	0,0725	0,0403	0,0207	0,0098
	2	0,0746	0,1937	0,2759	0,3020	0,2816	0,2335	0,1757	0,1209	0,0763	0,0439
	3	0,0105	0,0574	0,1298	0,2013	0,2503	0,2668	0,2522	0,2150	0,1665	0,1172
	4	0,0010	0,0112	0,0401	0,0881	0,1460	0,2001	0,2377	0,2508	0,2384	0,2051
	5	0,0001	0,0015	0,0085	0,0264	0,0584	0,1029	0,1536	0,2007	0,2340	0,2461
	6	0,0000	0,0001	0,0012	0,0055	0,0162	0,0368	0,0689	0,1115	0,1596	0,2051
	7	0,0000	0,0000	0,0001	0,0008	0,0031	0,0090	0,0212	0,0425	0,0746	0,1172
	8	0,0000	0,0000	0,0000	0,0001	0,0004	0,0014	0,0043	0,0106	0,0229	0,0439
	9	0,0000	0,0000	0,0000	0,0000	0,0000	0,0001	0,0005	0,0016	0,0042	0,0098
	10	0,0000	0,0000	0,0000	0,0000	0,0000	0,0000	0,0000	0,0001	0,0003	0,0010

Utilisons à présent cette table pour vérifier la probabilité de quatre succès en dix tirages dans le cadre du problème du magasin de prêt-à-porter Martin. La valeur de $f(4) = 0,2001$ peut être lue directement dans la table des probabilités binomiales avec $n = 10$, $x = 4$ et $p = 0,3$.

Alors que les tables de probabilités binomiales sont relativement faciles à utiliser, il est impossible d'avoir des tables pour toutes les valeurs possibles de n et p, que l'on peut rencontrer dans une expérience binomiale. Cependant, avec les calculatrices actuelles, calculer la probabilité souhaitée en se servant de l'expression (5.8) n'est pas difficile, notamment si le nombre de tirages n'est pas très élevé. Dans les exercices, vous vous attacherez à calculer les probabilités binomiales à partir de l'expression (5.8), à moins que le problème ne vous demande explicitement d'utiliser la table des probabilités binomiales.

> Avec les calculatrices modernes, ces tables sont presque inutiles. Il est facile d'appliquer la formule (5.8).

Les logiciels statistiques comme Minitab ou les tableurs comme Excel permettent également de calculer des probabilités binomiales. Considérons l'exemple du magasin de prêt-à-porter Martin avec $n = 10$ et $p = 0,3$. La figure 5.5 illustre les probabilités binomiales générées par Minitab pour toutes les valeurs possibles de X. Notez que ces valeurs sont les mêmes que celles trouvées dans la colonne $p = 0,3$ du tableau 5.7. L'annexe 5.1 détaille étape par étape la procédure d'utilisation de Minitab pour produire le résultat de la figure 5.5. L'annexe 5.2 décrit comment utiliser Excel pour calculer des probabilités binomiales.

5.4.4 Espérance mathématique et variance d'une loi binomiale

Dans la section 5.3 nous avons présenté les formules de calcul de l'espérance mathématique et de la variance d'une variable aléatoire discrète. Dans le cas particulier où la distribution de probabilité de la variable aléatoire est binomiale, avec un nombre de tirages n connu et une probabilité de succès p connue, les formules générales de l'espérance et de la variance peuvent être simplifiées. Leurs expressions sont données ci-dessous :

► **Espérance mathématique et variance pour une distribution binomiale**

$$E(X) = \mu = np \tag{5.9}$$

$$Var(X) = \sigma^2 = np(1-p) \tag{5.10}$$

x	P(X = x)
0,00	0,0282
1,00	0,1211
2,00	0,2335
3,00	0,2668
4,00	0,2001
5,00	0,1029
6,00	0,0368
7,00	0,0090
8,00	0,0014
9,00	0,0001
10,00	0,0000

Figure 5.5 ***Résultat de la programmation Minitab : Probabilités binomiales pour le problème du magasin de prêt-à-porter Martin***

Pour le problème du magasin de prêt-à-porter Martin avec trois clients, on peut utiliser l'expression (5.9) pour calculer le nombre moyen de clients qui effectuent un achat.

$$E(X) = np = 3(0,3) = 0,9$$

Supposons que le magasin Martin prévoit que 1 000 clients entreront dans le magasin le mois prochain. Quel est le nombre moyen d'acheteurs ? La réponse est $\mu = np = 1000(0,3) = 300$. Ainsi, pour augmenter la moyenne des ventes, Martin doit inciter plus de clients à entrer dans le magasin et/ou accroître la probabilité qu'un client effectue un achat après être entré.

Pour le problème du magasin de prêt-à-porter Martin avec trois clients, la variance et l'écart type du nombre de clients effectuant un achat sont respectivement

$$\sigma^2 = np(1-p) = 3(0,3)(0,7) = 0,63$$

$$\sigma = \sqrt{0,63} = 0,79$$

Pour les 1 000 clients suivants qui entrent dans le magasin, la variance et l'écart type du nombre de clients effectuant un achat sont

$$\sigma^2 = np(1-p) = 1000(0,3)(0,7) = 210$$

$$\sigma = \sqrt{210} = 14,49$$

REMARQUES

1. Les tables de probabilités binomiales présentées en annexe B donnent les valeurs de p jusqu'à $p = 0,95$. Dans certains ouvrages, les tables ne présentent les probabilités que pour des valeurs de p allant jusqu'à $p = 0,5$. On pourrait croire que de telles tables ne sont pas utilisables quand la probabilité de succès excède $p = 0,5$. Cependant, elles peuvent être utilisées car la probabilité de $n - x$ échecs correspond à la probabilité de x succès. Quand la probabilité de succès est supérieure à 0,5, on peut calculer à la place la probabilité de $n - x$ échecs. La probabilité d'échec, $1 - p$, sera inférieure à 0,5 quand $p > 0,5$.

2. Certains ouvrages présentent les tables binomiales sous forme cumulée. Pour utiliser de telles tables, il faut soustraire les probabilités cumulées pour obtenir la probabilité de x succès en n tirages. Par exemple, $f(2) = P(x \leq 2) - P(x \leq 1)$. La table des probabilités binomiales présentée en annexe B fournit ces probabilités directement. Pour calculer les probabilités cumulées à partir de la table présentée en annexe B, il suffit de sommer les probabilités individuelles. Par exemple, pour calculer $P(x \leq 2)$ en utilisant nos tables, il faut additionner $f(0) + f(1) + f(2)$.

EXERCICES

Méthode

25. Soit une expérience binomiale avec deux tirages et $p = 0{,}4$.

a) Représenter cette expérience sous forme d'un diagramme arborescent (cf. figure 5.3).

b) Calculer la probabilité d'un succès, $f(1)$.

c) Calculer $f(0)$.

d) Calculer $f(2)$.

e) Calculer la probabilité d'au moins un succès.

f) Calculer l'espérance mathématique, la variance et l'écart-type.

26. Soit une expérience binomiale avec $n = 10$ et $p = 0{,}10$.

a) Calculer $f(0)$.

b) Calculer $f(2)$.

c) Calculer $P(x \leq 2)$.

d) Calculer $P(x \geq 1)$.

e) Calculer $E(X)$.

f) Calculer $Var(X)$ et σ_X

27. Soit une expérience binomiale avec $n = 20$ et $p = 0{,}70$.

a) Calculer $f(12)$.

b) Calculer $f(16)$.

c) Calculer $P(x \geq 16)$.

d) Calculer $P(x \leq 15)$.

e) Calculer $E(X)$.

f) Calculer $Var(X)$ et σ_X

Applications

28. Lors d'un sondage Harris Interactive pour les hôtels InterContinental, il était posé la question suivante : « Lorsque vous voyagez à l'étranger, partez-vous à la découverte de la culture du pays par vous-même ou ne vous séparez-vous jamais du groupe avec lequel vous voyagez ? ». Vingt-trois pourcents des personnes interrogées ont répondu ne jamais se séparer de leur groupe (*USA Today*, 21 janvier 2004).

a) Dans un échantillon de six voyageurs, quelle est la probabilité que deux d'entre eux ne se séparent jamais de leur groupe ?

b) Dans un échantillon de six voyageurs, quelle est la probabilité qu'au moins deux d'entre eux ne se séparent jamais de leur groupe ?

c) Dans un échantillon de dix voyageurs, quelle est la probabilité qu'aucun ne se sépare jamais de son groupe ?

29. À San Francisco, 30 % des travailleurs prennent quotidiennement les transports en commun (*USA Today*, 21 décembre 2005).

a) Dans un échantillon de dix travailleurs, quelle est la probabilité qu'exactement trois travailleurs prennent quotidiennement les transports en commun ?

b) Dans un échantillon de dix travailleurs, quelle est la probabilité qu'au moins trois travailleurs prennent quotidiennement les transports en commun ?

30. Quand une machine fonctionne correctement, seulement 3 % des pièces produites sont défectueuses. Deux pièces produites sur la machine sont sélectionnées de façon aléatoire. Nous nous intéressons au nombre de pièces défectueuses.

a) Décrire les conditions sous lesquelles cette situation constituerait une expérience binomiale.

b) Représenter cette expérience sous forme d'un diagramme arborescent similaire à celui de la figure 5.3.

c) Combien de résultats y a-t-il avec exactement un défaut détecté ?

d) Calculer les probabilités associées aux événements « aucun défaut n'est détecté », « exactement un défaut est détecté » et « deux défauts sont détectés ».

31. Une enquête Randstad/Harris Interactive a rapporté que 25 % des employés déclaraient que leur société était loyale envers eux (*USA Today*, 11 novembre 2009). Supposez que 10 employés sont sélectionnés aléatoirement et sont interrogés à propos de la loyauté de leur société.

a) La sélection de dix employés constitue-t-elle une expérience binomiale ? Expliquer.

b) Quelle est la probabilité qu'aucun des 10 employés ne déclare que leur société est loyale envers eux ?

c) Quelle est la probabilité que 4 des 10 employés déclarent que leur société est loyale envers eux ?

d) Quelle est la probabilité qu'au moins 2 des 10 employés déclarent que leur société est loyale envers eux ?

32. Les systèmes de radar et de détection des missiles militaires sont conçus pour alerter un pays contre des attaques ennemies. Une question pertinente est de savoir si un système de détection est capable d'identifier une attaque et d'émettre un avertissement. Supposons qu'un système de détection particulier ait une probabilité de 0,90 de détecter une attaque par missile. Utiliser la distribution binomiale pour répondre aux questions suivantes.

a) Quelle est la probabilité qu'un seul système de détection détecte une attaque ?

b) Si deux systèmes de détection sont installés dans la même région et opèrent indépendamment, quelle est la probabilité qu'au moins un des systèmes détecte l'attaque ?

c) Si trois systèmes sont installés, quelle est la probabilité qu'au moins un des systèmes détecte l'attaque ?

d) Recommanderiez-vous l'installation de plusieurs systèmes de détection ? Expliquer.

33. Douze des 20 finalistes du championnat PGA de 2009 qui se déroula au club de golf Hazeltine à Chaska, dans le Minnesota, utilisaient des balles de golf de la marque Titleist (site internet GolfBallTest, 12 novembre 2009). Supposez que ces résultats soient représentatifs de la probabilité qu'un joueur du championnat PGA sélectionné aléatoirement utilise des balles de la marque Titleist. Effectuer les calculs suivants, pour un échantillon de 15 joueurs du championnat PGA.

a) Calculer la probabilité qu'exactement 10 des 15 joueurs utilisent des balles de golf de la marque Titleist.

b) Calculer la probabilité que plus de 10 joueurs sur les 15 utilisent des balles de golf de la marque Titleist.

c) Pour un échantillon de 15 joueurs du championnat PGA, calculer le nombre moyen de joueurs qui utilisent des balles de marque Titleist.

d) Pour un échantillon de 15 joueurs du championnat PGA, calculer la variance et l'écart type du nombre de joueurs qui utilisent des balles de marque Titleist.

34. L'enquête sur la population effectuée par le bureau du recensement américain montre que 28 % des individus âgés de 25 ans ou plus ont passé quatre années à l'université (*The New York Times Almanac*, 2006). Pour un échantillon de 15 individus âgés de 25 ans ou plus, répondre aux questions suivantes :

a) Quelle est la probabilité que quatre individus aient passé quatre années à l'université ?

b) Quelle est la probabilité qu'au moins trois des individus aient passé quatre années à l'université ?

35. Une université a constaté que 20% de ses étudiants abandonnaient leurs études sans avoir terminé le cours d'introduction aux statistiques. Supposons que 20 étudiants ont choisi ce cours ce trimestre.

a) Quelle est la probabilité qu'au plus deux étudiants abandonnent ?

b) Quelle est la probabilité qu'exactement quatre étudiants abandonnent ?

c) Quelle est la probabilité que plus de trois étudiants abandonnent ?

d) Quelle est l'espérance mathématique du nombre d'abandons ?

36. Selon une enquête menée par TD Ameritrade, un investisseur sur quatre a des obligations échangeables dans son portefeuille (*USA Today*, 11 janvier 2007). Pour un échantillon de 20 investisseurs, répondre aux questions suivantes :

a) Calculer la probabilité qu'exactement quatre investisseurs aient des obligations échangeables dans leur portefeuille.

b) Calculer la probabilité qu'au moins deux des investisseurs aient des obligations échangeables dans leur portefeuille.

c) Si vous trouvez qu'exactement douze des investisseurs ont des obligations échangeables dans leur portefeuille, douteriez-vous de la véracité des résultats de l'enquête ?

d) Calculer le nombre espéré d'investisseurs qui ont des obligations échangeables dans leur portefeuille.

37. Vingt-trois pourcents des véhicules ne sont pas assurés (CNN, 23 février 2006). Au cours d'un week-end particulier, 35 véhicules furent impliqués dans des accidents de la circulation.

a) Quelle est l'espérance mathématique du nombre de véhicules impliqués non assurés ?
b) Quelle est la variance et quel est l'écart type ?

5.5 LA LOI DE POISSON

Dans cette section, nous considérons une variable aléatoire discrète qui est souvent utile pour décrire le nombre d'occurrences d'un événement au cours d'un intervalle de temps ou d'espace bien défini. Par exemple, la variable aléatoire en question peut être le nombre d'arrivées de voitures à une station de lavage en une heure, le nombre de réparations nécessaires sur 10 km d'autoroute, ou le nombre de fuites sur 100 km de pipeline. Si les deux propriétés suivantes sont satisfaites, le nombre d'occurrences est une variable aléatoire décrite par une loi (une distribution de probabilité) de Poisson.

> La loi de Poisson est souvent utilisée pour modéliser les taux d'arrivée dans des situations de file d'attente.

► **Propriétés d'une expérience de Poisson**

1. La probabilité d'une occurrence est la même dans deux intervalles de même longueur.
2. L'occurrence ou la non-occurrence d'un événement dans un intervalle est indépendante de l'occurrence ou la non-occurrence de cet événement dans un autre intervalle.

La fonction de probabilité de Poisson est donnée par l'expression suivante :

► **Fonction de probabilité de Poisson**

$$f(x) = \frac{\mu^x e^{-\mu}}{x!} \qquad (5.11)$$

où

$f(x)$ est la probabilité de x occurrences dans un intervalle
μ est l'espérance mathématique ou le nombre moyen d'occurrences dans un intervalle
e le nombre d'Euler, vaut environ 2,71828

> Siméon Poisson enseigna les mathématiques à l'École Polytechnique de Paris de 1802 à 1808. En 1837, il publia un travail intitulé « Recherches sur la probabilité des jugements en matière criminelle et civile » qui comprend une discussion sur ce qui, plus tard, sera connu sous le nom de distribution de Poisson.

Dans le cadre d'une loi de Poisson, X est une variable aléatoire discrète indiquant le nombre d'occurrences dans un intervalle. Puisqu'il n'y a pas de limite supérieure au nombre d'occurrences, la fonction de probabilité $f(x)$ est applicable pour les valeurs $x = 0, 1, 2, \ldots$ sans limite. Dans des applications pratiques, la valeur de X peut éventuellement être tellement grande que $f(x)$ est proche de zéro ; la probabilité que X prenne des valeurs supérieures devient négligeable.

5.5.1 Un exemple avec des intervalles temporels

Les laboratoires Bell ont utilisé la distribution de Poisson pour modéliser les « arrivées » d'appels téléphoniques.

Supposons que nous nous intéressions au nombre d'arrivées au guichet automatique d'une banque, au cours d'un intervalle de 15 minutes, le matin, en semaine. Si l'on suppose que la probabilité d'une arrivée est la même pour deux intervalles de longueur égale et que l'arrivée ou la non-arrivée pendant une période de temps est indépendante de l'arrivée ou de la non-arrivée pendant une autre période de temps, la fonction de probabilité de Poisson peut être appliquée. Supposons que ces hypothèses sont satisfaites et qu'une analyse des données historiques révèle que le nombre moyen d'arrivées au cours d'un intervalle de 15 minutes est de 10 ; dans ce cas, la fonction de probabilité suivante s'applique :

$$f(x)=\frac{10^x e^{-10}}{x!}$$

La variable aléatoire est ici le nombre d'arrivées en 15 minutes.

Si la direction veut connaître la probabilité de cinq arrivées en 15 minutes, on pose $x = 5$ et on obtient ainsi :

$$\text{Probabilité de 5 arrivées en 15 minutes} = f(5) = \frac{10^5 e^{-10}}{5!} = 0,0378$$

Bien que la probabilité ci-dessus soit déterminée par la fonction de probabilité en posant $\mu = 10$ et $x = 5$, il est souvent plus facile de recourir à la table de distribution de probabilités de Poisson. Cette table fournit les probabilités pour des valeurs particulières de x et μ. Une table de ce type se trouve en annexe B, table 7. Par commodité, nous avons reproduit une partie de cette table dans le tableau 5.8. Pour utiliser la table des probabilités de Poisson, il suffit de connaître les valeurs de x et μ. Dans le tableau 5.8, la probabilité de cinq arrivées en 15 minutes se lit à l'intersection de la ligne correspondant à $x = 5$ et de la colonne correspondant à $\mu = 10$. On obtient $f(x) = 0,037\,8$.

Dans cet exemple, la moyenne de la distribution de Poisson est $\mu = 10$ arrivées en 15 minutes. Une propriété de la distribution de Poisson est que la moyenne et la variance de la distribution sont *égales*. Ainsi, la variance du nombre d'arrivées en 15 minutes est $\sigma^2 = 10$. L'écart type est $\sigma = \sqrt{10} = 3,16$.

Tableau 5.8 ***Valeurs sélectionnées de la table de probabilités de Poisson***
Exemple : $\mu = 10$, $x = 5$; $f(5) = 0{,}0378$

	μ									
x	**9,1**	**9,2**	**9,3**	**9,4**	**9,5**	**9,6**	**9,7**	**9,8**	**9,9**	**10**
0	0,0001	0,0001	0,0001	0,0001	0,0001	0,0001	0,0001	0,0001	0,0001	0,0000
1	0,0010	0,0009	0,0009	0,0008	0,0007	0,0007	0,0006	0,0005	0,0005	0,0005
2	0,0046	0,0043	0,0040	0,0037	0,0034	0,0031	0,0029	0,0027	0,0025	0,0023
3	0,0140	0,0131	0,0123	0,0115	0,0107	0,0100	0,0093	0,0087	0,0081	0,0076
4	0,0319	0,0302	0,0285	0,0269	0,0254	0,0240	0,0226	0,0213	0,0201	0,0189
5	0,0581	0,0555	0,0530	0,0506	0,0483	0,0460	0,0439	0,0418	0,0398	0,0378
6	0,0881	0,0851	0,0822	0,0793	0,0764	0,0736	0,0709	0,0682	0,0656	0,0631
7	0,1145	0,1118	0,1091	0,1064	0,1037	0,1010	0,0982	0,0955	0,0928	0,0901
8	0,1302	0,1286	0,1269	0,1251	0,1232	0,1212	0,1191	0,1170	0,1148	0,1126
9	0,1317	0,1315	0,1311	0,1306	0,1300	0,1293	0,1284	0,1274	0,1263	0,1251
10	0,1198	0,1210	0,1219	0,1228	0,1235	0,1241	0,1245	0,1249	0,1250	0,1251
11	0,0991	0,1012	0,1031	0,1049	0,1067	0,1083	0,1098	0,1112	0,1125	0,1137
12	0,0752	0,0776	0,0799	0,0822	0,0844	0,0866	0,0888	0,0908	0,0928	0,0948
13	0,0526	0,0549	0,0572	0,0594	0,0617	0,0640	0,0662	0,0685	0,0707	0,0729
14	0,0342	0,0361	0,0380	0,0399	0,0419	0,0439	0,0459	0,0479	0,0500	0,0521
15	0,0208	0,0221	0,0235	0,0250	0,0265	0,0281	0,0297	0,0313	0,0330	0,0347
16	0,0118	0,0127	0,0137	0,0147	0,0157	0,0168	0,0180	0,0192	0,0204	0,0217
17	0,0063	0,0069	0,0075	0,0081	0,0088	0,0095	0,0103	0,0111	0,0119	0,0128
18	0,0032	0,0035	0,0039	0,0042	0,0046	0,0051	0,0055	0,0060	0,0065	0,0071
19	0,0015	0,0017	0,0019	0,0021	0,0023	0,0026	0,0028	0,0031	0,0034	0,0037
20	0,0007	0,0008	0,0009	0,0010	0,0011	0,0012	0,0014	0,0015	0,0017	0,0019
21	0,0003	0,0003	0,0004	0,0004	0,0005	0,0006	0,0006	0,0007	0,0008	0,0009
22	0,0001	0,0001	0,0002	0,0002	0,0002	0,0002	0,0003	0,0003	0,0004	0,0004
23	0,0000	0,0001	0,0001	0,0001	0,0001	0,0001	0,0001	0,0001	0,0002	0,0002
24	0,0000	0,0000	0,0000	0,0000	0,0000	0,0000	0,0000	0,0001	0,0001	0,0001

Une propriété de la distribution de Poisson est que la moyenne et la variance sont égales.

L'exemple précédent implique une période de 15 minutes mais d'autres intervalles de temps peuvent être envisagés. Supposons que nous voulions calculer la probabilité d'une arrivée en trois minutes. Puisque 10 est le nombre moyen d'arrivées en 15 minutes, $10/15 = 2/3$ est le nombre moyen d'arrivées en une minute et $3 \times 2/3 = 2$ est le nombre moyen d'arrivées en trois minutes. Ainsi la probabilité de x arrivées en trois minutes avec $\mu = 2$ est donnée par la fonction de probabilité de Poisson suivante.

$$f(x) = \frac{2^x e^{-2}}{x!}$$

La probabilité d'une arrivée en trois minutes est calculée comme suit :

$$\text{Probabilité d'une arrivée en 3 minutes} = f(1) = \frac{2^1 e^{-2}}{1!} = 0,2707$$

Précédemment, nous avons calculé la probabilité de cinq arrivées en 15 minutes. Elle est égale à 0,0378. La probabilité d'une arrivée en 3 minutes (0,2707) n'est pas identique. Pour calculer une probabilité de Poisson pour un intervalle de temps différent, il convient tout d'abord de convertir le taux moyen d'arrivées pour la période de temps qui nous intéresse et ensuite de calculer la probabilité.

5.5.2 Un exemple avec des intervalles de longueur ou de distance

Considérons une application n'impliquant pas d'intervalle de temps, pour laquelle la distribution de probabilité de Poisson est utile. Supposons que nous nous intéressions à l'occurrence des défauts majeurs sur une autoroute, un mois après sa réfection. On suppose que la probabilité d'un défaut majeur est la même sur deux portions d'autoroute de longueur égale et que l'apparition d'un défaut sur un intervalle est indépendante de l'apparition d'un défaut sur un autre intervalle. Ainsi, la distribution de probabilité de Poisson peut être appliquée.

Supposons que les défauts majeurs apparaissent un mois après la réfection de l'autoroute à un taux moyen de deux par kilomètre. Quelle est la probabilité qu'il n'y ait pas de défaut majeur sur une portion particulière de l'autoroute d'une longueur de 3 km ? Puisque nous nous intéressons à un intervalle long de 3 km, μ = (2 défauts/km)(3 km) = 6 représente le nombre moyen de défauts majeurs sur une portion d'autoroute de 3 km. D'après l'expression (5.11), la probabilité qu'il n'y ait aucun défaut majeur est égale à 0,0025. Il est donc improbable qu'il n'y ait aucun défaut sur cette portion d'autoroute longue de 3 km. En réalité, il y a une probabilité de 0,9975 ($1 - 0,0025 = 0,9975$) qu'il y ait au moins un défaut majeur sur cette portion d'autoroute.

EXERCICES

Méthode

38. Considérer une distribution de probabilité de Poisson avec $\mu = 3$.

- **a)** Écrire la fonction de probabilité de Poisson appropriée.
- **b)** Calculer $f(2)$.
- **c)** Calculer $f(1)$.
- **d)** Calculer $P(x \geq 2)$.

39. Considérer une distribution de probabilité de Poisson avec un nombre moyen de deux occurrences par période de temps.

a) Écrire la fonction de probabilité de Poisson appropriée.

b) Quel est le nombre moyen d'occurrences en trois périodes de temps ?

c) Écrire la fonction de probabilité de Poisson appropriée pour déterminer la probabilité de x occurrences en trois périodes de temps.

d) Calculer la probabilité de deux occurrences en une période de temps.

e) Calculer la probabilité de six occurrences en trois périodes de temps.

f) Calculer la probabilité de cinq occurrences en deux périodes de temps.

Applications

40. Les appels téléphoniques arrivent à un taux de 48 par heure au bureau des réservations de Regional Airways.

a) Calculer la probabilité de recevoir trois appels dans un intervalle de 5 minutes.

b) Calculer la probabilité de recevoir exactement 10 appels en 15 minutes.

c) Supposons qu'il n'y ait aucun appel en attente pour le moment. Si l'agent met cinq minutes pour répondre à l'appel en cours, combien de personnes attendront pendant ce temps ? Quelle est la probabilité que personne n'attende ?

d) S'il n'y a aucun appel en cours, quelle est la probabilité que l'agent puisse prendre 3 minutes de repos sans être dérangé ?

41. Durant la période des inscriptions par téléphone à l'université, les appels se succèdent au rythme d'un toutes les deux minutes.

a) Quel est le nombre moyen d'appels en une heure ?

b) Quelle est la probabilité de trois appels en cinq minutes ?

c) Quelle est la probabilité d'aucun appel dans un intervalle de cinq minutes ?

42. Plus de 50 millions de personnes ont séjourné en chambre d'hôte l'année dernière. Le site web nord-américain de Bed and Breakfast Inns, qui reçoit en moyenne environ 7 visiteurs par minute, permet à de nombreux B&B d'attirer des clients (*Time*, septembre 2001).

a) Calculer la probabilité qu'aucun visiteur ne se connecte au site web durant une période d'une minute.

b) Calculer la probabilité qu'au moins deux visiteurs se connectent au site web durant une période d'une minute.

c) Calculer la probabilité qu'au moins un visiteur se connecte au site web durant une période de 30 secondes.

d) Calculer la probabilité qu'au moins cinq visiteurs se connectent au site web durant une période d'une minute.

43. Les passagers d'une compagnie aérienne arrivent aléatoirement et indépendamment au poste de contrôle des bagages d'un grand aéroport international. Le taux d'arrivée moyen est de 10 passagers par minute.

a) Quelle est la probabilité qu'il n'y ait aucune arrivée au cours d'une minute ?

b) Quelle est la probabilité qu'au plus trois passagers arrivent au cours d'une minute ?

c) Quelle est la probabilité qu'il n'y ait aucune arrivée au cours de 15 secondes ?

d) Quelle est la probabilité qu'il y ait au moins une arrivée au cours de 15 secondes ?

44. En moyenne, 15 accidents aériens surviennent chaque année (*The World Almanac and Books of Facts*, 2004).

a) Calculer le nombre moyen d'accidents d'avion par mois.

b) Calculer la probabilité qu'aucun accident ne se produise au cours d'un mois.

c) Calculer la probabilité qu'exactement un accident se produise au cours d'un mois.

d) Calculer la probabilité que plus d'un accident se produise au cours d'un mois.

45. Le conseil national de sécurité estime que les accidents interrompant le travail coûtent environ 200 milliards de dollars chaque année en perte de productivité aux entreprises américaines (Conseil National de Sécurité, mars 2006). En se fondant sur les estimations du Conseil, on s'attend à ce que trois accidents surviennent dans les sociétés de 50 employés. Répondre aux questions suivantes pour les sociétés de 50 employés.

a) Quelle est la probabilité qu'aucun accident ne survienne durant une période d'un an ?

b) Quelle est la probabilité qu'au moins deux accidents surviennent durant une période d'un an ?

c) Quelle est l'espérance mathématique du nombre d'accidents en six mois ?

d) Quelle est la probabilité qu'aucun accident ne survienne au cours des six prochains mois ?

5.6 LA LOI HYPERGÉOMÉTRIQUE

La **loi hypergéométrique** est étroitement liée à la loi binomiale. La différence majeure entre ces deux lois est que, lorsqu'il s'agit d'une loi hypergéométrique, les tirages ne sont pas indépendants, et la probabilité de succès change d'un tirage à l'autre.

La notation habituelle dans des applications de la loi hypergéométrique est la suivante : r correspond au nombre d'éléments dans la population de taille N qui sont considérés comme des succès et $N-r$ correspond au nombre d'éléments dans la population qui sont considérés comme des échecs. La **fonction de probabilité hypergéométrique** est utilisée pour calculer la probabilité que, dans un échantillon de n éléments sélectionnés aléatoirement sans remise, nous obtenions x éléments considérés comme des succès et $n-x$ éléments considérés comme des échecs. Pour que cela se réalise, il faut obtenir x succès parmi les r succès de la population et $n-x$ échecs parmi les $N-r$ échecs de la population. La fonction de probabilité hypergéométrique décrite ci-dessous fournit la probabilité d'obtenir x succès dans un échantillon de taille n.

► Fonction de probabilité hypergéométrique

$$f(x)=\frac{\binom{r}{x}\binom{N-r}{N-x}}{\binom{N}{n}} \tag{5.12}$$

pour $0 \le x \le r$

où x est le nombre de succès
n est le nombre de tirages
$f(x)$ est la probabilité de x succès en n tirages
N est le nombre d'éléments dans la population
r est le nombre d'éléments dans la population appelés succès

Notez que $\binom{N}{n}$ représente le nombre de façons de sélectionner un échantillon de taille n parmi une population de taille N ; $\binom{r}{x}$ représente le nombre de façons d'obtenir x succès parmi un nombre total de succès r dans la population; et $\binom{N-r}{n-x}$ représente le nombre de façons d'obtenir $n-x$ échecs parmi un nombre total d'échecs $N-r$ dans la population. Dans le cadre d'une loi hypergéométrique, X est une variable aléatoire discrète et la fonction de probabilité $f(x)$ donnée par l'équation (5.12) est généralement applicable pour des valeurs $x = 0, 1, 2,...$ Cependant, seules les valeurs de X pour lesquelles le nombre de succès observés est inférieur ou égal au nombre de succès dans la population ($x \le r$) et pour lesquelles le nombre d'échecs observés est inférieur ou égal au nombre d'échecs dans la population ($n-x \le N-r$) sont valides. Si ces deux conditions ne sont pas satisfaites pour certaines valeurs de X, alors $f(x)=0$ pour ces valeurs, indiquant que la probabilité que la variable aléatoire X prenne cette valeur est nulle.

Pour illustrer les calculs nécessaires lors de l'utilisation de la formule (5.12), considérons le problème de contrôle de la qualité suivant. Les fusibles électriques produits par Ontario Electric sont conditionnés par boîte de douze. Supposons qu'un inspecteur sélectionne aléatoirement trois des 12 fusibles contenus dans une boîte pour les tester. Si la boîte contient exactement cinq fusibles défectueux, quelle est la probabilité que l'inspecteur trouve exactement un fusible défectueux parmi les trois sélectionnés au hasard ? Dans cet exemple, $n = 3$ et $N = 12$. Avec $r = 5$ fusibles défectueux dans la boîte, la probabilité de trouver $x = 1$ fusible défectueux est :

$$f(1)=\frac{\binom{5}{1}\binom{7}{2}}{\binom{12}{3}}=\frac{\left(\frac{5!}{1!4!}\right)\left(\frac{7!}{2!5!}\right)}{\left(\frac{12!}{3!9!}\right)}=\frac{5\times 21}{220}=0,4773$$

Supposons maintenant que nous voulions connaître la probabilité de trouver *au moins* un fusible défectueux. La façon la plus simple de répondre à cette question consiste tout d'abord à calculer la probabilité que l'inspecteur ne trouve aucun fusible défectueux. La probabilité de $x = 0$ est :

$$f(0) = \frac{\binom{5}{0}\binom{7}{3}}{\binom{12}{3}} = \frac{\left(\frac{5!}{0!4!}\right)\left(\frac{7!}{2!5!}\right)}{\left(\frac{12!}{3!9!}\right)} = \frac{1 \times 35}{220} = 0{,}1591$$

La probabilité de ne trouver aucun fusible défectueux étant égale à 0,1591, on en conclut que la probabilité de trouver au moins un fusible défectueux est de $1 - 0{,}1591 = 0{,}8409$. Ainsi, il y a une probabilité relativement élevée que l'inspecteur trouve au moins un fusible défectueux.

La moyenne et la variance d'une distribution hypergéométrique sont données par les formules suivantes :

$$E(X) = \mu = n\left(\frac{r}{N}\right) \quad (5.13)$$

$$Var(X) = \sigma^2 = n\left(\frac{r}{N}\right)\left(1 - \frac{r}{N}\right)\left(\frac{N-n}{N-1}\right) \quad (5.14)$$

Dans l'exemple précédent, $n = 3$, $r = 5$ et $N = 12$. Ainsi, la moyenne et la variance du nombre de fusibles défectueux sont égales à :

$$\mu = n\left(\frac{r}{N}\right) = 3\left(\frac{5}{12}\right) = 1{,}25$$

$$\sigma^2 = n\left(\frac{r}{N}\right)\left(1 - \frac{r}{N}\right)\left(\frac{N-n}{N-1}\right) = 3\left(\frac{5}{12}\right)\left(1 - \frac{5}{12}\right)\left(\frac{12-3}{12-1}\right) = 0{,}60$$

L'écart type est égal à $\sigma = \sqrt{0{,}60} = 0{,}77$.

REMARQUES

Considérons une distribution hypergéométrique avec *n* tirages. Soit $p = \left(\frac{r}{N}\right)$ la probabilité de succès au premier tirage. Si la taille de la population est importante, le terme $\frac{N-n}{N-1}$ de l'expression (5.14) tend vers 1. Par conséquent, la moyenne et la variance se résument à $E(X) = np$ et $Var(X) = np(1-p)$. Ces expressions sont celles de la moyenne et de la variance d'une distribution binomiale (expressions (5.9) et (5.10)). Lorsque la taille de la population est importante, une distribution hypergéométrique peut être approchée par une distribution binomiale avec *n* tirages et une probabilité de succès $p = \left(\frac{r}{N}\right)$.

EXERCICES

Méthode

46. Supposons que $N = 10$ et $r = 3$. Calculer les probabilités hypergéométriques pour les valeurs suivantes de x et de n.

- **a)** $n = 4, x = 1$.
- **b)** $n = 2, x = 2$.
- **c)** $n = 2, x = 0$.
- **d)** $n = 4, x = 2$.
- **e)** $n = 4, x = 4$.

47. Supposons que $N = 15$ et $r = 4$. Quelle est la probabilité de $x = 3$ pour $n = 10$?

Applications

48. Dans une étude menée par la société Gallup, la question suivante était posée aux personnes interrogées : « Quel sport préférez-vous regarder à la télévision ? ». Le football et le basket étaient respectivement classés en 1ère et 2e position dans les préférences des personnes interrogées (site internet de Gallup, 3 janvier 2004). Supposons que dans un groupe de 10 individus, 7 préfèrent le foot et 3 le basket. Un échantillon aléatoire de trois de ces individus est sélectionné.

- **a)** Quelle est la probabilité qu'exactement deux individus préfèrent le foot ?
- **b)** Quelle est la probabilité que la majorité (2 ou 3 individus) préfère le foot ?

49. Le Blackjack, appelé fréquemment le 21, est un jeu populaire, joué dans les casinos de Las Vegas. Un joueur reçoit deux cartes. Les figures (valets, dames et rois) et les dix valent 10 points. Les as valent 11 points. Un jeu de 52 cartes comprend 16 cartes valant 10 points (valets, dames, rois et dix) et 4 as.

- **a)** Quelle est la probabilité que les deux cartes données soient des cartes à 10 points ou des as ?
- **b)** Quelle est la probabilité que les deux cartes soient des as ?
- **c)** Quelle est la probabilité que les deux cartes soient des cartes à 10 points ?
- **d)** Un blackjack est la combinaison d'une carte à 10 points et d'un as, formant ainsi un total de 21 points. Utiliser vos réponses aux questions précédentes pour déterminer la probabilité qu'un joueur détienne un blackjack (astuce : cette question n'est pas un problème hypergéométrique. Développer votre propre relation logique, afin de déterminer comment les probabilités hypergéométriques des questions (a), (b) et (c) peuvent être combinées pour répondre à cette question).

50. La société Axline Computers fabrique des ordinateurs dans deux usines, l'une située au Texas, l'autre à Hawaii. L'usine du Texas emploie 40 personnes ; l'usine de Hawaii, 20 personnes. On a demandé à un échantillon aléatoire de 10 employés de répondre à un questionnaire.

- **a)** Quelle est la probabilité qu'aucun employé sélectionné ne travaille à Hawaii ?
- **b)** Quelle est la probabilité qu'un seul employé sélectionné travaille à Hawaii ?

c) Quelle est la probabilité qu'au moins deux employés sélectionnés travaillent à Hawaii ?

d) Quelle est la probabilité que neuf employés sélectionnés travaillent au Texas ?

51. L'enquête des restaurants Zagat fournit des évaluations quant à la qualité de la nourriture, du décor et du service dans plusieurs grands restaurants à travers les États-Unis. Pour les 15 meilleurs restaurants de Boston, le prix moyen d'un dîner, incluant boisson et pourboire, était de 48,60 dollars. Vous partez en voyage d'affaires à Boston et vous dînerez dans trois de ces restaurants. Votre société vous remboursera au maximum 50 dollars par repas. Des collègues, coutumiers de ces restaurants, vous ont dit que le prix du repas dans 1/3 de ces restaurants excédait 50 dollars. Supposez que vous sélectionniez aléatoirement trois de ces restaurants pour dîner.

a) Quelle est la probabilité qu'aucun des repas n'excède le prix remboursé par votre société ?

b) Quelle est la probabilité qu'un des repas excède le prix remboursé par votre société?

c) Quelle est la probabilité que deux des repas excèdent le prix remboursé par votre société ?

d) Quelle est la probabilité que les trois repas excèdent le prix remboursé par votre société ?

52. Le programme de relance de l'économie (TARP) adopté par le Congrès américain en octobre 2008, a permis l'injection de 700 milliards de dollars dans l'économie en difficulté. Plus de 200 milliards de dollars ont été donnés aux institutions financières en difficulté dans le but d'augmenter leur offre de prêts pour relancer l'économie. Mais trois mois plus tard, une étude de la Réserve fédérale a montré que les deux tiers des banques qui avaient reçu une aide du fonds de relance, avaient durci leurs conditions de prêts aux entreprises (*The Wall Street Journal*, 3 février 2009). Sur les 10 banques qui ont été les principales bénéficiaires du fonds de relance, seules trois ont effectivement accordé davantage de prêts durant cette période.

Augmentation des prêts accordés	Réduction des prêts accordés
BB&T	Bank of America
Sun Trust Banks	Capital One
U.S. Bancorp	Citigroup
	FifthThirdBancorp
	J.P. Morgan Chase
	Regions Financial
	U.S. Bancorp

Dans le cadre de cet exercice, supposez que vous sélectionniez aléatoirement 3 banques parmi ces 10 établissements pour poursuivre l'étude sur les comportements de prêts des banques. Soit X une variable aléatoire indiquant le nombre de banques dans l'étude qui ont accordé davantage de prêts.

a) Quelle est la valeur de $f(0)$? Quelle est votre interprétation de cette valeur ?

b) Quelle est la valeur de $f(3)$? Quelle est votre interprétation de cette valeur ?

c) Calculer $f(1)$ et $f(2)$. Déterminer la distribution de probabilité du nombre de banques qui ont accordé davantage de prêts. Quelle valeur de la variable aléatoire a la plus grande probabilité d'occurrence ?

d) Quelle est la probabilité qu'au moins une banque ait accordé davantage de prêts ?

e) Calculer l'espérance mathématique, la variance et l'écart type de cette variable aléatoire.

RÉSUMÉ

Une variable aléatoire fournit une description numérique du résultat d'une expérience. La distribution de probabilité d'une variable aléatoire décrit la façon dont les probabilités sont distribuées, en fonction des valeurs que la variable aléatoire peut prendre. Pour une variable aléatoire discrète X, la distribution de probabilité est définie par une fonction de probabilité notée $f(x)$ qui donne la probabilité associée à chaque valeur x de la variable aléatoire. Une fois la fonction de probabilité définie, on peut calculer la moyenne, la variance et l'écart type de la variable aléatoire.

La loi binomiale peut être utilisée pour déterminer la probabilité de x succès en n tirages si l'expérience a les propriétés suivantes :

1. L'expérience est une série de n tirages identiques.
2. Deux issues sont possibles à chaque tirage. L'une est qualifiée de succès, l'autre d'échec.
3. La probabilité de succès p ne se modifie pas d'un tirage à l'autre. Par conséquent, la probabilité d'échec $1-p$ ne se modifie pas non plus.
4. Les tirages sont indépendants les uns des autres.

Quand les quatre conditions sont satisfaites, on peut déterminer la probabilité de x succès en n tirages en utilisant la fonction de probabilité binomiale. Nous avons également présenté les formules de la moyenne et de la variance d'une loi binomiale.

La loi de Poisson est utilisée pour déterminer la probabilité d'obtenir x occurrences au cours d'un intervalle de temps ou d'espace donné. Une expérience suit une loi de Poisson si les propriétés suivantes sont satisfaites :

1. La probabilité d'une occurrence est la même dans deux intervalles de même longueur.
2. L'occurrence ou la non-occurrence dans un intervalle est indépendante de l'occurrence ou la non-occurrence dans un autre intervalle.

Une troisième loi discrète, la loi hypergéométrique, a été introduite dans la section 5.6. Comme la loi binomiale, elle est utilisée pour calculer la probabilité de x succès en n tirages. Mais contrairement à la loi binomiale, la probabilité de succès change d'un tirage à l'autre.

GLOSSAIRE

VARIABLE ALÉATOIRE. Description numérique du résultat d'une expérience.

VARIABLE ALÉATOIRE DISCRÈTE. Variable aléatoire qui peut prendre un nombre de valeurs fini ou infini dénombrable.

VARIABLE ALÉATOIRE CONTINUE. Variable aléatoire qui peut prendre n'importe quelle valeur dans un intervalle ou un ensemble d'intervalles.

DISTRIBUTION OU LOI DE PROBABILITÉ. Description de la façon dont les probabilités sont distribuées selon les valeurs que peut prendre la variable aléatoire.

FONCTION DE PROBABILITÉ. Fonction notée $f(x)$ qui donne la probabilité que la variable aléatoire X prenne une valeur x particulière.

Loi uniforme discrète. Distribution de probabilité pour laquelle chaque valeur possible de la valeur aléatoire a la même probabilité d'occurrence.

Espérance mathématique. Mesure de la moyenne ou de la tendance centrale d'une variable aléatoire.

Variance. Mesure de la dispersion ou de la variabilité d'une variable aléatoire.

Écart type. Racine carrée de la variance.

Expérience binomiale. Expérience probabiliste ayant les quatre propriétés établies dans la section 5.4.

Loi binomiale. Distribution de probabilité donnant la probabilité de x succès en n tirages d'une expérience binomiale.

Fonction de probabilité binomiale. Fonction utilisée pour calculer les probabilités d'une expérience binomiale.

Loi de Poisson. Distribution de probabilité donnant la probabilité de x occurrences d'un événement dans un intervalle de temps ou d'espace particulier.

Fonction de probabilité de Poisson. Fonction utilisée pour calculer les probabilités de Poisson.

Loi hypergéométrique. Distribution de probabilité donnant la probabilité de x succès en n tirages à partir d'une population caractérisée par r succès et $N - r$ échecs.

Fonction de probabilité hypergéométrique. Fonction utilisée pour calculer les probabilités hypergéométriques.

FORMULES CLÉ

Fonction de probabilité uniforme discrète

$$f(x) = 1/n \tag{5.3}$$

Espérance mathématique d'une variable aléatoire discrète

$$E(X) = \mu = \sum xf(x) \tag{5.4}$$

Variance d'une variable aléatoire discrète

$$Var(X) = \sigma^2 = \sum (x - \mu)^2 f(x) \tag{5.5}$$

Nombre de résultats d'une expérience fournissant x succès en n tirages

$$\binom{n}{x} = \frac{n!}{x!(n-x)!} \tag{5.6}$$

Fonction de probabilité binomiale

$$f(x) = \binom{n}{x} p^x (1-p)^{(n-x)} \tag{5.8}$$

Espérance mathématique pour une distribution de probabilité binomiale

$$E(X) = \mu = np \tag{5.9}$$

Variance pour une distribution de probabilité binomiale

$$Var(X) = \sigma^2 = np(1-p) \tag{5.10}$$

Fonction de probabilité de Poisson

$$f(x) = \frac{\mu^x e^{-\mu}}{x!} \tag{5.11}$$

Fonction de probabilité hypergéométrique

$$f(x) = \frac{\binom{r}{x}\binom{N-r}{N-x}}{\binom{N}{n}} \quad \text{pour } 0 \leq x \leq r \tag{5.12}$$

Espérance mathématique pour une distribution de probabilité hypergéométrique

$$E(X) = \mu = n\left(\frac{r}{N}\right) \tag{5.13}$$

Variance pour une distribution de probabilité hypergéométrique

$$Var(X) = \sigma^2 = n\left(\frac{r}{N}\right)\left(1-\frac{r}{N}\right)\left(\frac{N-n}{N-1}\right) \tag{5.14}$$

EXERCICES SUPPLÉMENTAIRES

53. Lors de l'enquête sur les investissements du magazine *Barron's*, 131 responsables à travers les États-Unis ont été interrogés sur leurs prévisions d'investissement à court terme (*Barron's*, 28 octobre 2002). Leurs réponses ont montré que 4 % étaient très optimistes, 39 % étaient optimistes, 29 % étaient indifférents, 21 % étaient pessimistes et 7% très pessimistes. Soit X la variable aléatoire reflétant le degré d'optimisme des responsables concernant l'évolution du marché. On pose $x = 5$ pour très optimiste et $x = 1$ pour très pessimiste.

a) Développer la distribution de probabilité du degré d'optimisme des responsables.

b) Calculer le degré moyen d'optimisme.

c) Calculer la variance et l'écart type du degré d'optimisme.

d) Commenter vos résultats concernant le degré d'optimisme et sa dispersion.

54. L'association américaine des investisseurs individuels publie un guide annuel des meilleurs fonds de placement (*Le Guide de l'investisseur individuel des meilleurs fonds de placement*, 22e édition, Association américaine des investisseurs individuels, 2003). Le tableau suivant contient leurs évaluations du risque global pour 29 fonds communs de placement.

Risque	Nombre de fonds
Faible	7
Inférieur à la moyenne	6
Moyen	3
Supérieur à la moyenne	6
Élevé	7

a) On pose $x = 1$ pour un risque faible et $x = 5$ pour un risque élevé. Développer une distribution de probabilité pour le niveau de risque.

b) Quelles sont l'espérance mathématique et la variance du risque global ?

c) Il s'avère que 11 fonds de placement sont des obligations. Sept de ces obligations sont classées à faible risque et quatre à risque inférieur à la moyenne. Comparer le risque global des obligations avec les 18 actions restantes.

55. Les dépenses budgétaires d'une université du Midwest ont été estimées pour l'année à venir à 9, 10, 11, 12 ou 13 millions de dollars. Les dépenses réelles ne sont pas connues mais les probabilités suivantes ont été assignées aux différentes dépenses : 0,3, 0,2, 0,25, 0,05 et 0,2.

a) Donner la distribution de probabilité des dépenses prévisionnelles.

b) Quelle est l'espérance mathématique des dépenses pour l'année à venir ?

c) Quelle est la variance des dépenses pour l'année à venir ?

d) Si les revenus pour l'année sont estimés à 12 millions de dollars, quelle sera la situation financière de l'université ?

56. Une enquête a montré qu'en moyenne le trajet de porte à porte d'un banlieusard, entre son domicile et son lieu de travail, dure 26 minutes. De plus, 5 % des banlieusards ont un temps de trajet supérieur à une heure (site internet du bureau des statistiques sur les transports, 12 janvier 2004).

a) Si 20 banlieusards sont interrogés un jour donné, quelle est la probabilité que trois indiquent que leur trajet domicile-travail dure plus d'une heure ?

b) Si 20 banlieusards sont interrogés un jour donné, quelle est la probabilité qu'aucun n'indique que son trajet domicile-travail dure plus d'une heure ?

c) Si une société a 2 000 employés, quelle est l'espérance mathématique du nombre d'employés effectuant un trajet domicile-travail dont la durée est supérieure à une heure ?

d) Si une société a 2 000 employés, quels sont la variance et l'écart type du nombre d'employés effectuant un trajet domicile-travail dont la durée est supérieure à une heure ?

57. Un groupe d'action politique a prévu d'interroger les propriétaires de maison pour estimer l'impact de la récente crise économique sur les prix de l'immobilier. Selon l'enquête sur les finances personnelles menée par le *Wall Street Journal* et Harris Interactive, 26 % des individus âgés de 18 à 34 ans, 50 % des individus âgés entre 35 et 44 ans et 88 % des individus âgés de plus de 55 ans sont propriétaires de leur logement (site internet de All Business, 23 janvier 2008).

a) Combien de personnes appartenant au groupe d'âge 18-34 ans devraient être incluses dans l'échantillon pour obtenir un nombre moyen de propriétaires supérieur ou égal à 20 ?

b) Combien de personnes appartenant au groupe d'âge 35-44 ans devraient être incluses dans l'échantillon pour obtenir un nombre moyen de propriétaires supérieur ou égal à 20 ?

c) Combien de personnes ayant au moins 55 ans devraient être incluses dans l'échantillon pour obtenir un nombre moyen de propriétaires supérieur ou égal à 20 ?

d) Si le nombre d'individus âgés entre 18 et 34 ans inclus dans l'échantillon est égal à la valeur identifiée à la question (a), quel est l'écart type du nombre de propriétaires ?

e) Si le nombre d'individus âgés entre 35 et 44 ans inclus dans l'échantillon est égal à la valeur identifiée à la question (b), quel est l'écart type du nombre de propriétaires ?

58. Beaucoup de sociétés utilisent une technique de contrôle de la qualité appelée « échantillonnage d'acceptation » pour contrôler les arrivées de cargaisons de pièces, de matières premières, etc. Dans l'industrie électronique, les composants sont fréquemment envoyés en grand nombre. L'inspection d'un échantillon de n composants peut être considérée comme les n tirages d'une expérience binomiale. Le résultat de chaque composant testé (tirage) indique soit que le composant est bon, soit qu'il est défectueux. Reynolds Electronics accepte un lot d'un fournisseur particulier si la part des composants défectueux dans ce lot n'excède pas 1 %. Considérons un échantillon aléatoire de cinq unités d'une cargaison testée.

a) Supposons que 1 % de la cargaison est défectueuse. Calculer la probabilité qu'aucune unité de l'échantillon ne soit défectueuse.

b) Supposons que 1 % de la cargaison est défectueuse. Calculer la probabilité qu'exactement une unité de l'échantillon soit défectueuse.

c) Quelle est la probabilité d'observer au moins une unité défectueuse dans l'échantillon, si 1 % de la cargaison est défectueuse ?

d) Vous sentiriez-vous rassuré en acceptant une cargaison si une unité était trouvée défectueuse ? Pourquoi ?

59. Le taux de chômage s'élève à 4,1 % en Arizona (site internet CNN Money, 2 mai 2007). Supposons que 100 personnes en âge de travailler vivant en Arizona soient sélectionnées aléatoirement.

a) Quelle est l'espérance mathématique du nombre de chômeurs ?

b) Quels sont la variance et l'écart type du nombre de chômeurs ?

60. Une enquête menée par Zogby International a indiqué que parmi les Américains déclarant que la musique joue un rôle « important » dans leur vie, 30 % ont déclaré que leurs stations de radio locales diffusaient « toujours » le genre de musique qu'ils apprécient (site internet de Zogby, 12 janvier 2004). Supposons qu'un échantillon de 800 personnes déclarant que la musique joue un rôle important dans leur vie soit sélectionné.

a) Combien déclareront que leurs stations de radio locales diffusent toujours le genre de musique qu'ils apprécient ?

b) Quel est l'écart type du nombre de personnes interrogées qui pensent que leurs stations de radio locales diffusent toujours le genre de musique qu'ils apprécient ?

c) Quel est l'écart type du nombre de personnes interrogées qui ne pensent pas que leurs stations de radio locales diffusent toujours le genre de musique qu'ils apprécient ?

61. Les voitures arrivent à une station de lavage aléatoirement et indépendamment. La probabilité d'une arrivée est la même pour deux intervalles de longueur égale. Le taux d'arrivée moyen est de 15 voitures par heure. Quelle est la probabilité qu'au moins 20 voitures arrivent en une heure ?

62. Un nouveau processus de production automatique tombe en panne, en moyenne, 1,5 fois par jour. À cause du coût associé à une panne, la direction s'intéresse à la probabilité d'avoir au moins trois pannes en une journée. Supposons que les pannes surviennent aléatoirement, que la probabilité d'une panne est la même pour deux intervalles de temps de longueur égale et que les pannes survenant au cours d'une période sont indépendantes des pannes survenant au cours d'autres périodes. Quelle est la probabilité d'avoir au moins trois pannes en une journée ?

63. Un directeur régional responsable du développement économique en Pennsylvanie s'intéresse au nombre de faillites des petites entreprises. Si le nombre moyen de faillites de petites entreprises est de 10 par mois, quelle est la probabilité qu'exactement quatre petites entreprises soient en faillite au cours d'un mois donné ? Supposez que la probabilité de faillite est la même pour deux mois différents et que l'occurrence ou la non-occurrence d'une faillite au cours d'un mois donné est indépendante des faillites survenues au cours d'un autre mois.

64. Les arrivées de clients dans une banque sont aléatoires et indépendantes. La probabilité d'une arrivée en une minute est la même que la probabilité d'une arrivée en une autre minute. Supposons un taux d'arrivée moyen de trois clients par minute.

- **a)** Quelle est la probabilité d'exactement trois arrivées en une minute ?
- **b)** Quelle est la probabilité d'au moins trois arrivées en une minute ?

65. Un jeu de cartes contient 52 cartes, dont quatre as. Quelle est la probabilité que la donne de cinq cartes fournisse :

- **a)** Une paire d'as ?
- **b)** Un as ?
- **c)** Aucun as ?
- **d)** Au moins un as ?

66. Dans le classement des meilleures écoles de commerce américaines effectué par *U.S. News & World Report*, les universités de Harvard et Stanford occupent à égalité la première place. De plus, sur 7 des 10 premières écoles de commerce, les étudiants ont une note GPA moyenne supérieure ou égale à 3,50 (*America's Best Graduate Schools*, édition 2009, U.S. News & World Report). Supposez que nous sélectionnions aléatoirement 2 écoles parmi les 10 meilleures.

- **a)** Quelle est la probabilité que dans exactement une école, les étudiants aient une note GPA moyenne supérieure ou égale à 3,50 ?
- **b)** Quelle est la probabilité que dans les deux écoles, les étudiants aient une note GPA moyenne supérieure ou égale à 3,50 ?
- **c)** Quelle est la probabilité que dans aucune des deux écoles, les étudiants aient une note GPA moyenne supérieure ou égale à 3,50 ?

ANNEXE 5.1 DISTRIBUTIONS DE PROBABILITÉ DISCRÈTES AVEC MINITAB

Les logiciels statistiques tels que Minitab proposent une procédure efficace et relativement simple pour calculer des probabilités binomiales. Dans cette annexe, nous détaillons pas à pas la procédure de détermination des probabilités binomiales dans le cadre du problème du magasin de prêt-à-porter Martin introduit dans la section 5.4. La probabilité binomiale souhaitée est calculée pour $n = 10$ et $p = 0,3$. Avant de commencer la programmation Minitab, l'utilisateur doit entrer les valeurs de la variable aléatoire X dans une colonne de la feuille de calcul. Nous entrons les valeurs 0, 1, 2, …, 10 dans la colonne 1 (voir figure 5.5) pour générer la loi binomiale. Les étapes de Minitab pour obtenir les probabilités binomiales voulues sont les suivantes.

Étape 1. Sélectionner le menu **Calc**
Étape 2. Sélectionner **Probability Distributions**
Étape 3. Sélectionner **Binomial**
Étape 4. Quand la boîte de dialogue s'ouvre :
Sélectionner **Probability**
Entrer 10 dans la boîte **Number of trials**
Entrer 0,3 dans la boîte **Probability of success**
Entrer C1 dans la boîte **Input column**
Cliquer sur **OK**

Le résultat de cette procédure apparaîtra de la même façon que celui présenté dans la figure 5.5.

Minitab fournit des probabilités de Poisson et hypergéométriques de la même manière. Par exemple, pour calculer des probabilités de Poisson, les seules différences se situent au niveau des étapes 3, où l'option **Poisson** doit être sélectionnée et 4, où la moyenne doit être entrée à la place du nombre de tirages et de la probabilité de succès.

ANNEXE 5.2 DISTRIBUTIONS DE PROBABILITÉ DISCRÈTES AVEC EXCEL

Excel a la capacité de calculer des probabilités pour plusieurs distributions, y compris les distributions binomiale, de Poisson et hypergéométrique introduites dans ce chapitre. La fonction Excel pour calculer des probabilités binomiales est BINOM.DIST. Cette fonction a quatre facteurs : x (le nombre de succès), n (le nombre de tirages), p (la probabilité de succès) et *cumulative*. Le 4e facteur (*cumulative*) est défini par FALSE si on souhaite obtenir la probabilité de x succès et par TRUE si on souhaite obtenir la probabilité cumulée d'obtenir au plus x succès. Ici, nous décrivons comment calculer la probabilité d'obtenir de 0 à 10 succès dans le cadre du problème du magasin de prêt-à-porter Martin étudié à la section 5.4 (cf. figure 5.5).

Référez-vous à la figure 5.6. La feuille de calcul contenant les formules apparaît en arrière-plan, la feuille de résultats au premier plan. Nous entrons le nombre de tirages (10)

	A	B	C	D
1	Nombre de tirages (*n*)	10		
2	Probabilité de succès (*p*)	0,3		
3				
4		*x*	*f*(*x*)	
5		0	=BINOMDIST(B5,$B$1,$B$2,FALSE)	
6		1	=BINOMDIST(B6,$B$1,$B$2,FALSE)	
7		2	=BINOMDIST(B7,$B$1,$B$2,FALSE)	
8		3	=BINOMDIST(B8,$B$1,$B$2,FALSE)	
9		4	=BINOMDIST(B9,$B$1,$B$2,FALSE)	
10		5	=BINOMDIST(B510,$B$1,$B$2,FALSE)	
11		6	=BINOMDIST(B11,$B$1,$B$2,FALSE)	
12		7	=BINOMDIST(B12,$B$1,$B$2,FALSE)	
13		8	=BINOMDIST(B13,$B$1,$B$2,FALSE)	
14		9	=BINOMDIST(B14,$B$1,$B$2,FALSE)	
15		10	=BINOMDIST(B15,$B$1,$B$2,FALSE)	
16				

	A	B	C	D
1	Nombre de tirages (*n*)	10		
2	Probabilité de succès (*p*)	0,3		
3				
4		*x*	*f*(*x*)	
5		0	0,0282	
6		1	0,1211	
7		2	0,2335	
8		3	0,2668	
9		4	0,2001	
10		5	0,1029	
11		6	0,0368	
12		7	0,0090	
13		8	0,0014	
14		9	0,0001	
15		10	0,0000	
16				

Figure 5.6 ***Feuille de calcul Excel pour le calcul des probabilités binomiales***

dans la cellule B1, la probabilité de succès dans la cellule B2 et les valeurs de la variable aléatoire dans les cellules B5:B15. Les étapes suivantes génèrent les probabilités souhaitées.

Étape 1. Utiliser la fonction BINOM.DIST pour calculer la probabilité de $x = 0$ en entrant la formule suivante dans la cellule C5 :

= BINOM.DIST(B5,$B$1,$B$2,FALSE)

Étape 2. Copier la formule dans les cellules C6:C15.

La feuille de résultats de la figure 5.6 montre que les probabilités obtenues sont identiques à celles présentées dans la figure 5.5. Des probabilités de Poisson et hypergéométriques peuvent être obtenues de façon similaire. Les fonctions POISSON.DIST et HYPERGEOM.DIST sont utilisées. L'outil Excel Insert Function peut aider l'utilisateur à entrer les bons facteurs dans ces fonctions (cf. annexe E).

6

DISTRIBUTIONS DE PROBABILITÉ CONTINUES

STATISTIQUES APPLIQUÉES

*Procter & Gamble**
Cincinnati, État de l'Ohio

La société Procter&Gamble (P&G) fabrique et commercialise divers produits comme des détergents, des couches-culottes, des produits pharmaceutiques, des dentifrices, du savon, des bains de bouche et du papier toilette. À travers le monde, cette société possède des marques dominantes dans plus de catégories de produits que n'importe quelle autre société de biens de consommation. Depuis sa fusion avec Gillette, P&G fabrique et commercialise également des rasoirs, des lames et beaucoup d'autres produits de soin.

Leader de l'application des méthodes statistiques dans le processus de décision, P&G emploie des personnes ayant différentes formations académiques : ingénierie, statistiques, recherche opérationnelle, commerce. L'aide à la décision et l'analyse des risques, les simulations avancées, l'amélioration de la qualité et les méthodes quantitatives (par exemple, programmation linéaire, analyse de la régression, analyse probabiliste) sont les principales fonctions de ces personnes.

Le département d'industrie chimique de P&G est l'un des principaux fabricants d'alcools gras, issus de substances naturelles, comme l'huile de noix de coco, et du pétrole. La division a souhaité évaluer les opportunités et les risques économiques liés à l'expansion de leurs installations de production; dans ce but, la direction a fait appel à ses spécialistes en décision probabiliste et en analyse des risques. Après avoir structuré et modélisé le problème, ces spécialistes ont indiqué que le différentiel de coût entre les matières premières dérivées de la noix de coco et celles dérivées du pétrole était l'élément clé de la rentabilité. Les coûts futurs étaient inconnus, mais les analystes ont été capables de les modéliser par les variables aléatoires continues suivantes : x, le prix de l'huile de coco par livre d'alcool gras et y, le prix de la matière première dérivée du pétrole par livre d'alcool gras.

Puisque la clé de la rentabilité était la différence entre ces deux variables aléatoires, une troisième variable aléatoire, $d = x - y$, a été utilisée pour l'analyse. Les spécialistes ont déterminé la distribution de probabilité des variables x et y, puis en ont déduit celle de la différence, d. Selon la loi de probabilité de d, la probabilité que la différence de prix soit inférieure ou égale à 0,0655 dollar est égale à 0,9 et la probabilité que la différence de prix soit inférieure ou égale à 0,035 dollar est égale à 0,5. De plus, la probabilité que la différence de prix soit inférieure ou égale à 0,0045 dollar n'est que de 0,1.**

Le département d'industrie chimique pensait que le fait de quantifier l'impact de la différence de prix entre les matières premières permettrait de faire un choix. En effet, les probabilités obtenues ont été utilisées dans une analyse d'impact de la différence de prix des matières premières, qui a fourni suffisamment d'informations pour guider la direction dans sa décision.

L'utilisation de variables aléatoires continues et de leurs distributions de probabilité a permis à P&G d'analyser les risques économiques associés à sa production d'alcools gras. Dans ce chapitre, vous vous familiariserez avec les variables aléatoires continues et leurs distributions de probabilité, en particulier avec l'une des plus importantes distributions de probabilité en statistiques, la distribution normale.

* Les auteurs remercient Joel Kahn de Procter &Gamble, de leur avoir fourni ce Statistiques appliquées.

** Les différences de prix citées ici ont été modifiées pour des raisons de confidentialité des données.

Dans le chapitre précédent, nous avons traité des variables aléatoires discrètes et de leurs distributions de probabilité. Dans ce chapitre, nous étudierons les variables aléatoires continues. Plus particulièrement, nous étudierons trois distributions de probabilité continues : la loi uniforme, la loi normale et la loi exponentielle.

Une différence fondamentale distingue le calcul des probabilités des variables aléatoires discrètes et continues. Pour une variable aléatoire discrète, la fonction de probabilité $f(x)$ fournit la probabilité que la variable aléatoire prenne une valeur particulière. Pour une variable aléatoire continue, la *fonction de densité de probabilité*, également notée $f(x)$, est l'équivalent de la fonction de probabilité. Contrairement à la fonction de probabilité des variables aléatoires discrètes, la fonction de densité de probabilité des variables aléatoires continues ne fournit pas directement les probabilités. Cependant, l'aire située sous le graphique de $f(x)$ dans un intervalle particulier donne la probabilité que la variable aléatoire continue X prenne une valeur dans cet intervalle. Ainsi, lorsqu'on calcule des probabilités pour des variables aléatoires continues, on calcule la probabilité que la variable aléatoire prenne n'importe quelle valeur dans un intervalle particulier.

Une des implications de cette définition de la probabilité pour les variables aléatoires continues est que la probabilité que la variable aléatoire prenne une valeur particulière est nulle, puisque l'aire sous le graphique de $f(x)$ à un point donné est nulle. Dans la section 6.1, nous appliquerons ces concepts à une variable aléatoire continue distribuée selon une loi uniforme.

Une grande partie du chapitre est consacrée à des exemples d'application de la loi normale. La loi normale est très importante : elle est beaucoup utilisée en inférence statistique. Le chapitre se termine par une discussion sur la loi exponentielle, utile dans des applications impliquant des temps d'attente et des durées de service.

6.1 LA LOI UNIFORME

Considérons la variable aléatoire X qui représente la durée du vol en avion entre Chicago et New York. Supposons que la durée du vol soit comprise entre 120 et 140 minutes. Puisque la variable aléatoire X peut prendre n'importe quelle valeur dans cet intervalle de temps, X est une variable aléatoire continue et non pas discrète. Supposons que les données actuelles sur la durée du vol nous permettent de conclure que la probabilité que la durée du vol appartienne à un intervalle d'une minute, compris entre 120 et 140 minutes, est la même que la probabilité que la durée du vol appartienne à un autre intervalle d'une minute compris entre 120 et 140 minutes. Puisque tous les intervalles d'une minute, compris entre 120 et 140, sont équiprobables, on dit que la variable aléatoire X suit une **loi uniforme**. La fonction de densité de probabilité, qui définit la loi uniforme de cette variable aléatoire X, correspond à :

$$f(x) = \begin{cases} 1/20 & \text{si } 120 \le x \le 140 \\ 0 & \text{sinon} \end{cases}$$

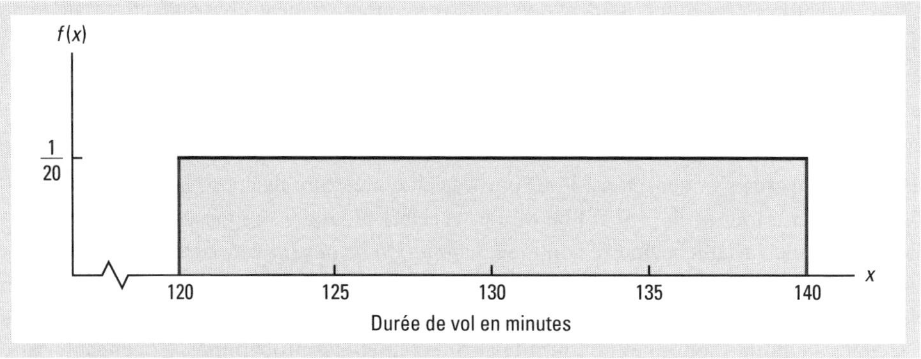

Figure 6.1 ***Fonction de densité de probabilité uniforme pour la durée de vol***

> Lorsque la probabilité est proportionnelle à la longueur de l'intervalle, la variable aléatoire est distribuée de façon uniforme.

La figure 6.1 est une représentation graphique de cette fonction de densité. De façon plus générale, la fonction de densité uniforme pour une variable aléatoire X est obtenue en utilisant la formule suivante :

► **Fonction de densité de probabilité uniforme**

$$f(x) = \begin{cases} \dfrac{1}{b-a} & \text{si } a \leq x \leq b \\ 0 & \text{sinon} \end{cases} \tag{6.1}$$

Dans l'exemple de la durée du vol entre Chicago et New York, $a = 120$ et $b = 140$.

Comme nous l'avons dit en introduction, pour une variable aléatoire continue, la probabilité correspond à la vraisemblance que cette variable aléatoire prenne une valeur appartenant à un intervalle particulier. Dans l'exemple relatif à la durée du vol, on peut se demander quelle est la probabilité que celle-ci soit comprise entre 120 et 130 minutes, c'est-à-dire quelle est la valeur de $P(120 \leq x \leq 130)$. Puisque la durée du vol doit être comprise entre 120 et 140 minutes et que les probabilités sont uniformément distribuées sur cet intervalle, on pressent que $P(120 \leq x \leq 130) = 0,50$. Dans le paragraphe suivant, nous montrerons que cette probabilité est égale à l'aire située sous le graphique de $f(x)$, entre 120 et 130 (cf. figure 6.2).

6.1.1 L'aire comme mesure des probabilités

Considérons l'aire sous le graphique de $f(x)$, entre 120 et 130, représenté à la figure 6.2. La partie considérée du graphique est rectangulaire. Par conséquent, son aire est simplement égale à la largeur multipliée par la hauteur. Avec la largeur de l'intervalle égale à 10 ($130 - 120 = 10$) et la hauteur égale à la valeur de la fonction de densité, $f(x) = 1/20$, nous avons une aire de 0,50 ($10 \times (1/20) = 10/20 = 0,50$).

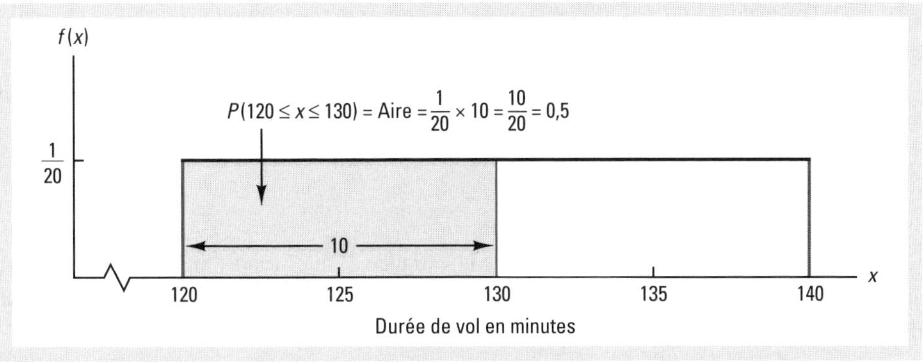

Figure 6.2 *L'aire fournit la probabilité que la durée du vol soit comprise entre 120 et 130 minutes*

Quelle remarque pouvez-vous faire concernant l'aire sous le graphique de $f(x)$ et la probabilité ? Elles sont identiques ! Ce résultat est généralisable à toutes les variables aléatoires continues. Une fois la fonction de densité $f(x)$ identifiée, la probabilité que X prenne une valeur comprise entre x_1 et x_2 est égale à l'aire sous le graphique de $f(x)$ comprise entre x_1 et x_2.

Étant donnée la distribution uniforme de la durée de vol, en utilisant l'interprétation de l'aire en termes de probabilité, on peut répondre à un certain nombre de questions en matière de probabilité concernant la durée de vol. Par exemple, quelle est la probabilité que la durée du vol soit comprise entre 128 et 136 minutes ? La largeur de l'intervalle est égale à 8 ($136-128=8$). Avec une hauteur uniforme de 1/20, $P(128 \leq x \leq 136) = 8 \times (1/20) = 0,40$.

Notez que $P(120 \leq x \leq 140) = 20 \times (1/20) = 1$. En d'autres termes, l'aire totale sous le graphique de $f(x)$ est égale à 1. Cette propriété est valable pour toutes les lois continues et correspond à la condition associée à une fonction de probabilité discrète selon laquelle la somme des probabilités doit être égale à 1. Pour une fonction de densité continue, on doit également avoir $f(x) \geq 0$ pour toute valeur de X. Cette condition est analogue à la condition $f(x) \geq 0$ associée aux fonctions de probabilité discrètes.

Deux différences majeures subsistent entre le traitement des variables aléatoires continues et celui des variables aléatoires discrètes.

1. On ne parle plus de la probabilité d'une variable aléatoire prenant une valeur particulière. Au contraire, on parle de la probabilité qu'une variable aléatoire prenne une valeur appartenant à un intervalle donné.
2. La probabilité qu'une variable aléatoire prenne une valeur dans un intervalle donné, entre x_1 et x_2, est égale à l'aire située sous le graphique de la fonction de densité entre x_1 et x_2. Ceci implique que la probabilité qu'une variable aléatoire prenne une valeur particulière est nulle, puisque l'aire sous le graphique de $f(x)$ à un point donné est nulle. Ceci signifie également que la

probabilité qu'une variable aléatoire continue prenne une valeur dans un intervalle donné est la même que les bornes de l'intervalle soient incluses ou non.

> Pour voir que la probabilité d'une valeur isolée est nulle, référez-vous à la figure 6.2 et calculez la probabilité d'une valeur isolée, par exemple $x = 125$. $P(x = 125) = P(125 \leq x \leq 125) = 0 \times (1/20) = 0$.

Le calcul de l'espérance mathématique et de la variance d'une variable aléatoire continue est analogue à celui d'une variable aléatoire discrète. Cependant, puisque les calculs contiennent des intégrales, nous laissons le soin à des ouvrages plus avancés de les développer.

Pour la loi uniforme continue introduite dans cette section, les formules de l'espérance mathématique et de la variance sont :

$$E(x) = \frac{a+b}{2}$$

$$Var(x) = \frac{(b-a)^2}{12}$$

Dans ces formules, a est la plus petite valeur et b la plus grande valeur que la variable aléatoire puisse prendre.

En appliquant ces formules à l'exemple de la durée de vol entre Chicago et New York, nous obtenons :

$$E(x) = \frac{120+140}{2} = 130$$

$$Var(x) = \frac{(140-120)^2}{12} = 33{,}33$$

L'écart type de la durée du vol, σ, est égal à la racine carrée de la variance, soit 5,77 minutes.

REMARQUES

Pour voir plus clairement pourquoi la hauteur de la fonction de densité n'est pas une probabilité, considérons une variable aléatoire distribuée uniformément de la façon suivante :

$$f(x) = \begin{cases} 2 \text{ si } 0 \leq x \leq 0{,}5 \\ 0 \quad \text{sinon} \end{cases}$$

La hauteur de la fonction de densité $f(x)$ est égale à 2 pour les valeurs de X comprises entre 0 et 0,5. Or, nous savons que les probabilités ne peuvent jamais être supérieures à 1. Aussi, $f(x)$ ne peut être interprétée comme la probabilité que $X = x$.

EXERCICES

Méthode

1. La variable aléatoire X est uniformément distribuée entre 1,0 et 1,5.

- **a)** Représenter graphiquement la fonction de densité de probabilité.
- **b)** Calculer $P(x = 1{,}25)$.
- **c)** Calculer $P(1{,}0 \leq x \leq 1{,}25)$.
- **d)** Calculer $P(1{,}2 < x < 1{,}5)$.

2. La variable aléatoire X est uniformément distribuée entre 10 et 20.

- **a)** Représenter graphiquement la fonction de densité de probabilité.
- **b)** Calculer $P(x < 15)$.
- **c)** Calculer $P(12 \leq x \leq 18)$.
- **d)** Calculer $E(X)$.
- **e)** Calculer $Var(X)$.

Applications

3. Delta Airlines évalue le temps du vol entre Cincinnati et Tampa à 2 heures et 5 minutes. Supposons que les temps de vol soient uniformément distribués entre 2 heures et 2 heures et 20 minutes.

- **a)** Représenter graphiquement la fonction de densité de probabilité pour les temps de vol.
- **b)** Quelle est la probabilité que le vol n'ait pas plus de 5 minutes de retard ?
- **c)** Quelle est la probabilité que le vol ait plus de 10 minutes de retard ?
- **d)** Quel est le temps de vol moyen ?

4. La plupart des langages informatiques ont une fonction qui génère des nombres aléatoires. La fonction RAND d'Excel peut être utilisée pour générer des nombres aléatoires entre 0 et 1. Soit X une variable aléatoire continue générée par la fonction RAND, dont la fonction de densité est :

$$f(x) = \begin{cases} 1 & \text{si } 0 \leq x \leq 1 \\ 0 & \text{sinon} \end{cases}$$

- **a)** Représenter graphiquement la fonction de densité de probabilité.
- **b)** Quelle est la probabilité de générer un nombre aléatoire compris entre 0,25 et 0,75 ?
- **c)** Quelle est la probabilité de générer un nombre aléatoire inférieur ou égal à 0,30 ?
- **d)** Quelle est la probabilité de générer un nombre aléatoire supérieur à 0,60 ?
- **e)** Générer 50 nombres aléatoires en entrant =RAND() dans 50 cellules d'une feuille de calcul Excel.
- **f)** Calculer la moyenne et l'écart type des nombres aléatoires générés à la question (e).

5. La distance à laquelle les 100 meilleurs golfeurs du tournoi PGA envoient la balle, est comprise entre 284,7 et 310,6 yards (*Golfweek*, 29 mars 2003). Supposez que la distance de tirs de ces golfeurs soit uniformément distribuée sur cet intervalle.

a) Donner l'expression mathématique de la fonction de densité de probabilité des distances de tirs.

b) Quelle est la probabilité que la distance de tirs de l'un de ces golfeurs soit inférieure à 290 yards ?

c) Quelle est la probabilité que la distance de tirs de l'un de ces golfeurs soit supérieure ou égale à 300 yards ?

d) Quelle est la probabilité que la distance de tirs de l'un de ces golfeurs soit comprise entre 290 et 305 yards ?

e) Combien de ces golfeurs envoient la balle à au moins 290 yards ?

6. En moyenne, les programmes télévisés (sitcoms) de 30 minutes sont composés de 22 minutes de fiction (CNBC, 23 février 2006). Supposez que la distribution de probabilité des minutes de fiction peut être approchée par une distribution uniforme entre 18 et 26 minutes.

a) Quelle est la probabilité que la fiction dure au moins 25 minutes ?

b) Quelle est la probabilité que la fiction dure entre 21 et 25 minutes ?

c) Quelle est la probabilité qu'il y ait plus de 10 minutes de publicité ou d'autres interruptions de programme ?

7. Supposez que nous nous intéressions à l'acquisition d'une parcelle de terrain et que nous sachions qu'une autre personne est également intéressée.[1] Le vendeur a annoncé que l'offre la plus élevée, supérieure à 10 000 dollars, serait acceptée. Supposez que l'offre concurrente X est une variable aléatoire uniformément distribuée entre 10 000 et 15 000 dollars.

a) Supposez que vous offriez 12 000 dollars. Quelle est la probabilité que votre offre soit acceptée ?

b) Supposez que vous offriez 14 000 dollars. Quelle est la probabilité que votre offre soit acceptée ?

c) Quel montant devez-vous offrir pour maximiser la probabilité d'obtention du terrain ?

d) Supposez que vous connaissiez quelqu'un qui soit prêt à vous donner 16 000 dollars pour le terrain. Offririez-vous un montant inférieur à celui de la question (c) ? Pourquoi ?

6.2 LA LOI NORMALE

La loi la plus importante pour décrire une variable aléatoire continue est la **loi normale**. La loi normale a été utilisée dans de nombreuses applications pratiques, dans lesquelles les variables aléatoires étaient la taille et le poids d'individus, les résultats des tests d'intelligence, des mesures scientifiques, le niveau des précipitations, etc. Elle est également très utilisée dans le domaine de l'inférence statistique, principal sujet de la suite de cet

[1] Cet exercice est basé sur un problème suggéré par le professeur Roger Myerson de l'université de Northwestern.

ouvrage. Dans de telles applications, la loi normale fournit une description des résultats possibles obtenus grâce à un échantillon.

Abraham de Moivre, un mathématicien français, a publié en 1733 *La Doctrine de la Chance*. Il y développa la loi normale.

6.2.1 La courbe normale

La loi normale est représentée par une courbe en forme de cloche (cf. figure 6.3). La fonction de densité de probabilité qui définit la courbe en forme de cloche de la loi normale est la suivante :

▶ Fonction de densité de probabilité normale

$$f(x) = \frac{1}{\sigma\sqrt{2\pi}} e^{-(x-\mu)^2/2\sigma^2} \qquad (6.2)$$

où

μ correspond à la moyenne
σ correspond à l'écart type
$\pi \cong 3,14159$
$e \cong 2,71828$

La courbe normale a deux paramètres, μ et σ. Ils déterminent la position et la forme de la distribution.

Plusieurs remarques sur les caractéristiques de la loi normale s'imposent.

1. Il existe une famille entière de lois normales. Elles se différencient par leur moyenne μ et leur écart type σ.
2. Le point le plus élevé de la courbe normale correspond à la moyenne, qui est également la médiane et le mode de la distribution.

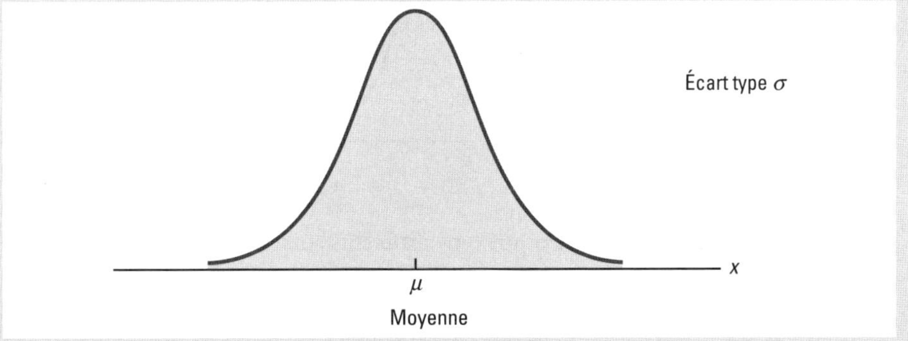

Figure 6.3 *Courbe en forme de cloche de la loi normale*

3. La moyenne de la distribution peut être négative, nulle ou positive. Trois courbes normales ayant le même écart type mais trois moyennes différentes (–10, 0 et 20) sont représentées ci-dessous.

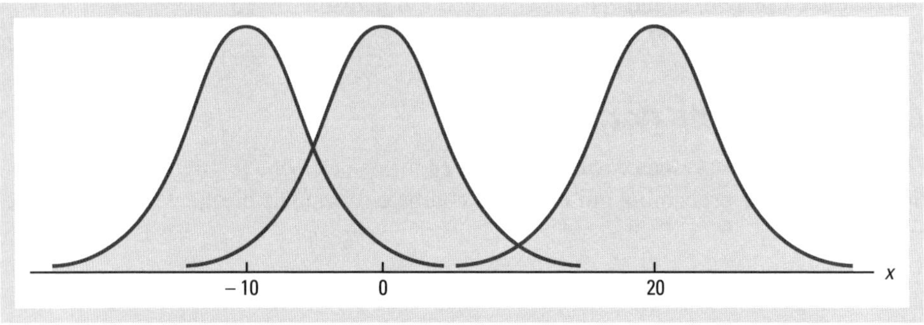

4. La distribution normale est symétrique : la courbe à gauche de la moyenne correspond à l'image inversée de la courbe à droite de la moyenne. Les queues de la courbe s'étendent à l'infini de chaque côté et théoriquement, ne touchent jamais l'axe horizontal. La distribution étant symétrique, son coefficient d'asymétrie est nul.
5. L'écart type détermine la largeur et le degré d'aplatissement de la courbe. Plus l'écart type est grand, plus la courbe sera large, aplatie, traduisant ainsi une plus grande dispersion des données. Deux distributions normales de même moyenne mais avec des écarts type différents sont représentées ici.

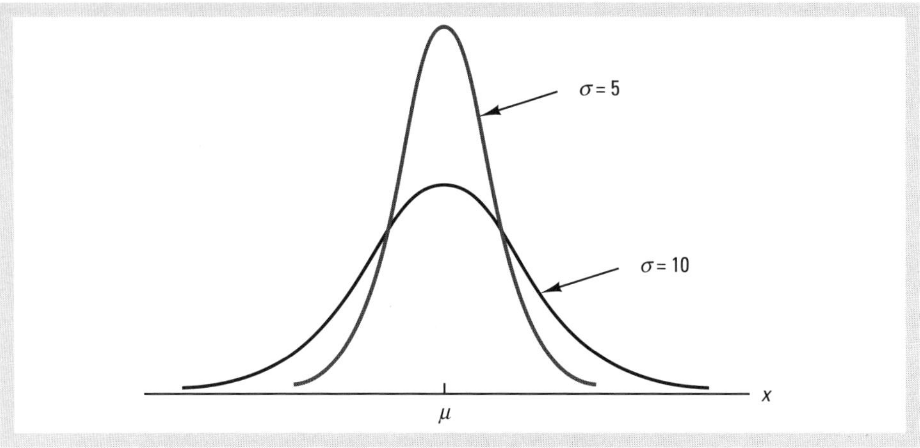

6. Les probabilités d'une variable aléatoire normale sont données par l'aire sous la courbe. L'aire totale située sous la courbe d'une distribution de probabilité normale est égale à 1. Puisque la distribution est symétrique, l'aire sous la courbe à gauche de la moyenne est égale à 0,5 et l'aire sous la courbe à droite de la moyenne à 0,5 également.

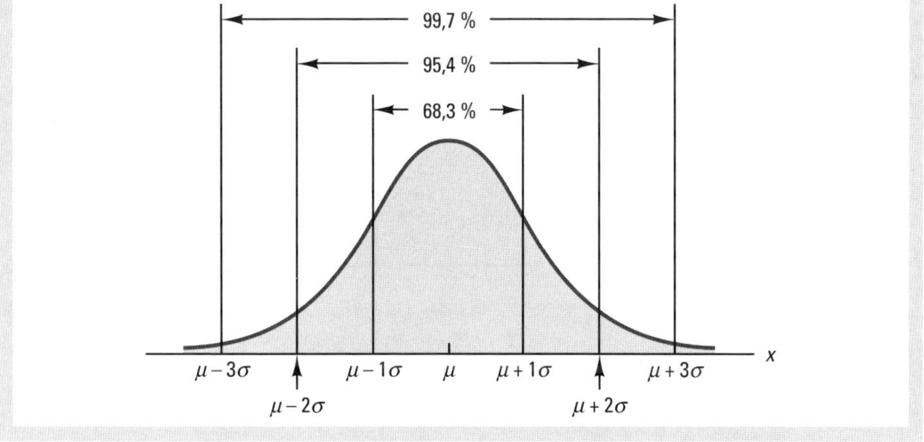

Figure 6.4 ***Aire sous la courbe d'une loi normale***

7. En règle générale,

a. 68,3% des valeurs d'une variable aléatoire normale sont comprises dans l'intervalle $[\mu-\sigma\,;\,\mu+\sigma]$.

b. 95,4% des valeurs d'une variable aléatoire normale sont comprises dans l'intervalle $[\mu-2\sigma\,;\,\mu+2\sigma]$.

c. 99,7% des valeurs d'une variable aléatoire normale sont comprises dans l'intervalle $[\mu-3\sigma\,;\,\mu+3\sigma]$.

Ces pourcentages sont à la base de la règle empirique présentée à la section 3.3.

La figure 6.4 illustre graphiquement les propriétés (a), (b) et (c).

6.2.2 La loi normale centrée réduite

Une variable aléatoire qui a une distribution de probabilité normale de moyenne nulle et d'écart type égal à 1, suit ce que l'on appelle une **loi normale centrée réduite**. La lettre Z est habituellement utilisée pour désigner cette variable aléatoire normale particulière. La figure 6.5 représente la loi normale centrée réduite. Elle a la même apparence générale que d'autres distributions normales, mais avec $\mu = 0$ et $\sigma = 1$.

Puisque $\mu = 0$ et $\sigma = 1$, l'expression de la fonction de densité normale centrée réduite est plus simple que l'expression (6.2).

► **Fonction de densité normale centrée réduite**

$$f(z) = \frac{1}{\sqrt{2\pi}} e^{-z^2/2}$$

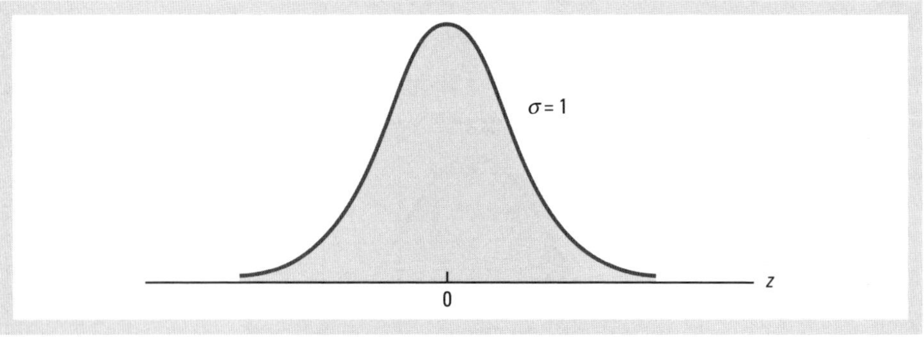

Figure 6.5 ***La loi normale centrée réduite***

Comme pour les autres variables aléatoires continues, les probabilités d'une loi normale sont obtenues en calculant l'aire sous la courbe de la fonction de densité. Ainsi, pour trouver la probabilité qu'une variable aléatoire normale prenne une valeur appartenant à un intervalle donné, nous devons calculer l'aire sous la courbe normale dans cet intervalle.

> La hauteur de la courbe de la fonction de densité normale varie et des calculs avancés sont nécessaires pour obtenir l'aire qui correspond à la probabilité.

Pour la loi normale centrée réduite, les aires sous la courbe normale ont été calculées et sont disponibles dans des tables utilisées pour calculer les probabilités. Ces tables de probabilité sont reproduites sur les deux pages intérieures de la couverture du livre. La table sur la page de gauche contient les aires ou les probabilités cumulées pour des valeurs z inférieures ou égales à la moyenne (égale à zéro). La table sur la page de droite contient les aires ou les probabilités cumulées pour des valeurs z supérieures ou égales à la moyenne (égale à zéro).

Les trois types de probabilités qu'il peut être nécessaire de calculer sont (1) la probabilité que la variable aléatoire centrée réduite Z soit inférieure ou égale à une certaine valeur ; (2) la probabilité que Z soit comprise entre deux valeurs données ; et (3) la probabilité que Z soit supérieure ou égale à une certaine valeur. Pour illustrer l'utilisation de la table des probabilités cumulées d'une distribution normale centrée réduite pour calculer ces trois types de probabilités, considérons les exemples suivants.

Pour commencer, voyons comment calculer la probabilité que la valeur z d'une variable aléatoire normale centrée réduite Z soit inférieure à 1 ; c'est-à-dire $P(z \leq 1)$. La probabilité cumulée correspond à l'aire sous la courbe normale à gauche de $z = 1$ sur le graphique suivant.

> Puisque la variable aléatoire normale centrée réduite est continue, $P(z \leq 1) = P(z < 1)$.

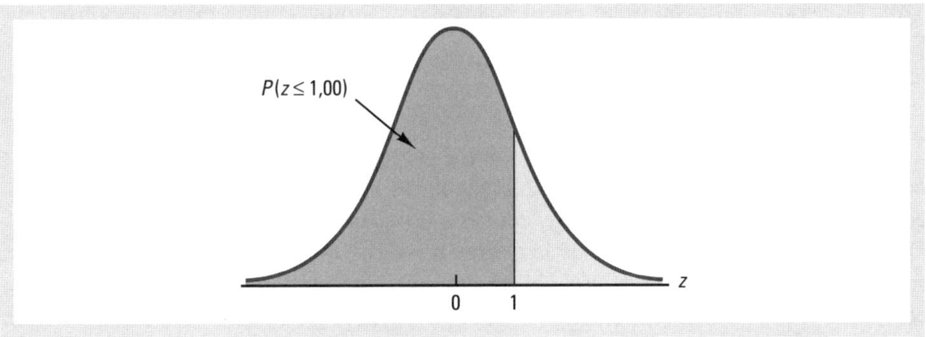

Référez-vous à la page de droite de la table des probabilités normales centrées réduites sur la page de couverture intérieure du livre. La probabilité cumulée correspondant à $z = 1$ est située dans la table à l'intersection de la ligne intitulée 1,0 et de la colonne intitulée 0,00. À cette intersection se trouve la valeur 0,8413 ; ainsi, $P(z \leq 1) = 0,8413$. L'extrait suivant de la table de probabilité illustre ces étapes.

z	0,00	0,01	0,02
.			
.			
.			
0,9	0,8159	0,8186	0,8212
1,0	**0,8413**	0,8438	0,8461
1,1	0,8643	0,8665	0,8686
1,2	0,8849	0,8869	0,8888
.			
.			
.			
	$P(z \leq 1,00)$		

Pour illustrer le second type de calcul de probabilités, nous montrons comment calculer la probabilité que la valeur de la variable aléatoire normale centrée réduite soit comprise entre –0,50 et 1,25 ; c'est-à-dire $P(-0,50 \leq z \leq 1,25)$. Le graphique suivant illustre cette aire ou probabilité.

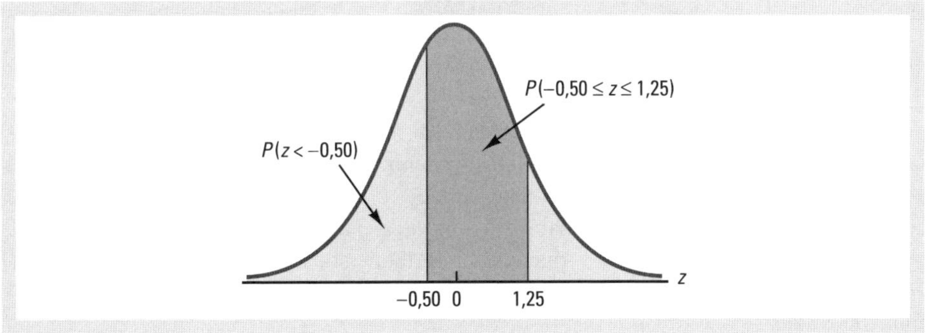

Trois étapes sont nécessaires au calcul de cette probabilité. Tout d'abord, nous trouvons l'aire sous la courbe normale à gauche de $z = 1,25$. Ensuite, nous trouvons l'aire sous la courbe normale à gauche de $z = -0,50$. Enfin, nous soustrayons l'aire à gauche de $z = -0,50$ à l'aire à gauche de $z = 1,25$ pour trouver $P(-0,50 \leq z \leq 1,25)$.

Pour trouver l'aire sous la courbe normale à gauche de $z = 1,25$, nous nous intéressons à la cellule de la table située à l'intersection de la ligne 1,2 et de la colonne 0,05. Puisque cette cellule contient la valeur 0,8944, $P(z \leq 1,25) = 0,8944$. De même, pour trouver l'aire sous la courbe à gauche de $z = -0,50$ nous nous intéressons à la cellule de la table de probabilité située à l'intersection de la ligne –0,5 et de la colonne 0,00. La valeur de cette cellule est égale à 0,3985 : $P(z \leq -0,5) = 0,3085$. Ainsi, $P(-0,50 \leq z \leq 1,25) = P(z \leq 1,25) - P(z \leq -0,50) = 0,8944 - 0,3085 = 0,5859$.

Considérons un autre exemple de calcul de la probabilité que Z soit dans un intervalle entre deux valeurs données. Souvent il est intéressant de calculer la probabilité qu'une variable aléatoire normale prenne une valeur à l'intérieur d'un intervalle s'écartant d'un certain nombre d'écarts type de la moyenne. Supposons que l'on veuille calculer la probabilité qu'une variable aléatoire centrée réduite soit comprise dans l'intervalle d'un écart type autour de la moyenne, c'est-à-dire que $P\left(-1 \leq z \leq 1\right)$. Pour calculer cette probabilité nous devons trouver l'aire sous la courbe entre -1 et 1. Précédemment nous avons trouvé que $P(z \leq 1) = 0,8413$. En se référant de nouveau à la table de probabilité située sur la couverture intérieure du livre, nous trouvons que l'aire sous la courbe à gauche de $z = -1$ est égale à 0,1587, ainsi $P(z \leq -1) = 0,1587$. Donc, $P\left(-1 \leq z \leq 1\right) = P(z \leq 1) - P(z \leq -1) = 0,8413 - 0,1587 = 0,6826$. Cette probabilité est illustrée graphiquement par la figure suivante.

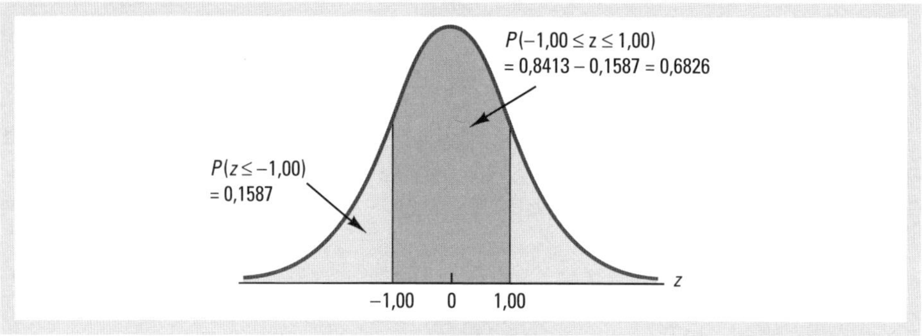

Pour illustrer comment calculer le troisième type de probabilité, supposons que nous voulions calculer la probabilité d'obtenir une valeur z supérieure ou égale à 1,58 ; c'est-à-dire, $P(z \geq 1,58)$. La valeur située à l'intersection de la ligne 1,5 et de la colonne 0,08 dans la table des probabilités normales cumulées est égale à 0,9429 ; ainsi, $P(z < 1,58) = 0,9429$. Cependant, puisque l'aire totale sous la courbe normale est égale à 1, $P(z \geq 1,58) = 1 - P(z < 1,58) = 1 - 0,9429 = 0,0571$. La probabilité est illustrée par la figure suivante.

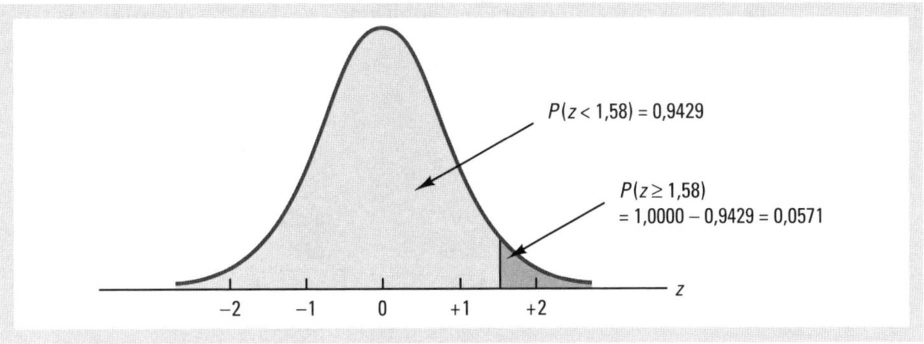

Dans les illustrations précédentes, nous avons montré comment calculer les probabilités étant données des valeurs z spécifiques. Dans certaines situations, nous connaissons la probabilité et nous recherchons la valeur z correspondante. Supposons que nous voulions trouver une valeur z telle que la probabilité d'obtenir une valeur z plus importante soit égale à 0,10. La figure suivante illustre cette situation.

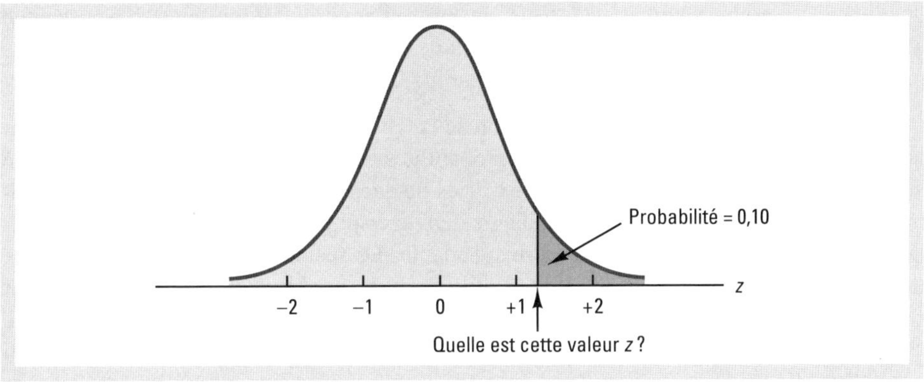

Ce problème est l'inverse des exemples précédents. Précédemment, on spécifiait la valeur z à laquelle on s'intéressait et cherchait la probabilité ou l'aire correspondante. Dans cet exemple, la probabilité ou l'aire est donnée et on cherche la valeur z qui lui correspond. Pour cela, on utilise la table des probabilités de la loi normale centrée réduite d'une manière un peu différente.

Étant donnée une probabilité, on peut utiliser la table des probabilités de la loi normale centrée réduite de manière inverse pour trouver la valeur z correspondante.

Rappelons que la table fournit l'aire sous la courbe à gauche d'une valeur particulière de la variable aléatoire normale Z. Nous savons que l'aire dans la queue droite de la courbe est égale à 0,10. Par conséquent, l'aire sous la courbe à gauche de la valeur z inconnue doit être égale à 0,9. En recherchant dans le corps de la table, nous trouvons que

0,8997 est la valeur de la probabilité cumulée la plus proche de 0,9. La partie de la table contenant cette valeur est reproduite ci-dessous.

z	0,06	0,07	0,08	0,09
⋮				
1,0	0,8554	0,8577	0,8599	0,8621
1,1	0,8770	0,8790	0,8810	0,8830
1,2	0,8962	0,8980	**0,8997**	0,9015
1,3	0,9131	0,9147	0,9162	0,9177
1,4	0,9279	0,9292	0,9306	0,9319
⋮				

Valeur de la probabilité cumulée la plus proche de 0,9

La valeur z associée à cette probabilité est 1,28 (elle se trouve à l'intersection de la colonne 1,2 et de la ligne 0,08). Ainsi, une aire d'environ 0,9 (en fait 0,8997) se situe à gauche de $z = 1,28$.[2] En utilisant les termes de la question posée à l'origine, il y a une probabilité d'environ 0,10 que z soit supérieur à 1,28.

Les exemples illustrent l'utilisation de la table des probabilités cumulées de la loi normale centrée réduite pour trouver les probabilités associées aux valeurs d'une variable aléatoire normale centrée réduite Z. Deux types de questions peuvent être posées. Le premier type spécifie une valeur ou des valeurs de Z et implique l'utilisation de la table pour déterminer l'aire ou la probabilité correspondante. Le second type de question spécifie une aire ou une probabilité et implique l'utilisation de la table pour déterminer la valeur z correspondante. Ainsi, la manière d'utiliser la table des probabilités de la loi normale centrée réduite varie selon la question posée. Dans la plupart des cas, représenter la loi normale centrée réduite et griser l'aire appropriée aide à visualiser le problème et à trouver la bonne réponse.

6.2.3 Calcul des probabilités d'une loi normale quelconque

Nous avons tant discuté de la loi normale centrée réduite parce que les probabilités de toute loi normale sont calculées à partir de cette loi centrée réduite. En effet, lorsqu'on a une distribution normale de moyenne μ et d'écart type σ, on commence par la convertir en distribution normale centrée réduite, pour répondre aux questions en matière de probabilités. Ensuite, on peut utiliser la table des probabilités normales centrées réduites et

[2] On peut extrapoler les valeurs de la table pour obtenir une meilleure approximation de la valeur z qui correspond à une aire de 0,9. Pour une décimale supplémentaire, cette extrapolation donne une valeur z égale à 1,282. Cependant, dans la plupart des cas, l'utilisation de la valeur la plus proche de la probabilité souhaitée, contenue dans la table, est suffisamment précise.

les valeurs appropriées de Z pour trouver les probabilités souhaitées. La formule utilisée pour convertir toute variable aléatoire normale X, de moyenne μ et d'écart type σ, en une variable aléatoire normale centrée réduite, est :

► **Conversion en distribution normale centrée réduite**

$$z = \frac{x - \mu}{\sigma} \tag{6.3}$$

> La formule de la variable aléatoire normale centrée réduite est identique à celle introduite dans le chapitre 3, pour calculer la valeur centrée réduite z pour un ensemble de données.

Si la variable aléatoire X est égale à sa moyenne, alors la valeur de la variable aléatoire Z est $z = (\mu - \mu)/\sigma = 0$. En d'autres termes, si la variable aléatoire X est égale à sa moyenne μ, Z est égale à sa moyenne 0. Maintenant, supposons que la variable aléatoire X soit égale à sa moyenne plus un écart type, c'est-à-dire $x = \mu + \sigma$. En appliquant la formule (6.3), la valeur correspondante de Z est $z = \left[(\mu + \sigma) - \mu\right]/\sigma = \sigma/\sigma = 1$. En d'autres termes, si $x = \mu + \sigma$, $z = 1$. De façon générale, on peut interpréter z comme le nombre d'écarts type qui séparent la variable aléatoire X de sa moyenne μ.

Pour illustrer le fait que cette conversion nous permet de calculer des probabilités associées à toute distribution normale, supposons que la distribution normale soit de moyenne $\mu = 10$ et d'écart type $\sigma = 2$. Quelle est la probabilité que la variable aléatoire X soit comprise entre 10 et 14 ? En utilisant la formule (6.3), on voit que pour $x = 10$, $z = (x - \mu)/\sigma = (10 - 10)/2 = 0$ et pour $x = 14$, $z = (14 - 10)/2 = 4/2 = 2$. Ainsi, la probabilité que la variable aléatoire X soit comprise entre 10 et 14, est équivalente à la probabilité que la variable aléatoire Z soit comprise entre 0 et 2. En d'autres termes, la probabilité que nous recherchons est la probabilité que la variable aléatoire X soit comprise entre sa moyenne et deux écarts type au-dessus de sa moyenne. En utilisant $z = 2$ et la table des probabilités normales centrées réduites en couverture du livre, on trouve que $P(z \leq 2) = 0{,}9772$. Puisque $P(z \leq 0) = 0{,}5$, $P(0 \leq z \leq 2) = P(z \leq 2) - P(z \leq 0) = 0{,}9772 - 0{,}5 = 0{,}4772$. Par conséquent, la probabilité que la variable aléatoire X soit comprise entre 10 et 14 est égale à 0,4772.

6.2.4 Le problème de la société Grear Tire

Considérons à présent une application de la distribution de probabilité normale. Supposons que la société Grear Tire ait conçu un nouveau pneu radial, ceinturé d'acier, qui pourrait être vendu dans une chaîne nationale de magasins discount. Puisque le pneu est un nouveau produit, les responsables de Grear Tire pensent que la garantie du kilométrage effectué par le pneu serait un facteur déterminant dans la commercialisation du produit. Avant de définir le nombre de kilomètres garantis, les responsables de Grear veulent obtenir des informations en termes de probabilités sur le nombre de kilomètres que peut effectuer le pneu.

À partir des tests de route effectués avec les pneus, les ingénieurs de Grear ont estimé le kilométrage moyen du pneu à 36 500 km, avec un écart type de 5 000 km. De

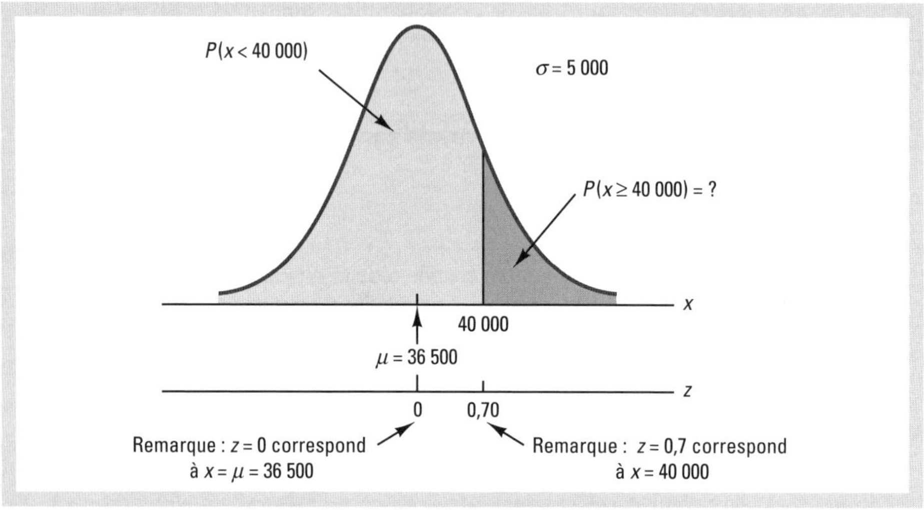

Figure 6.6 ***Distribution du kilométrage pour le problème de la société Grear Tire***

plus, les données collectées indiquent que l'on peut raisonnablement supposer que la distribution est normale. Quel est le pourcentage de pneus qui peuvent effectuer plus de 40 000 km ? En d'autres termes, quelle est la probabilité que le kilométrage effectué par un pneu excède 40 000 km ? On peut répondre à cette question en calculant l'aire de la partie grisée de la figure 6.6.

Pour $x = 40\,000$,

$$z = \frac{x-\mu}{\sigma} = \frac{40000-36500}{5000} = \frac{3500}{5000} = 0,70$$

En nous référant au bas de la figure 6.6, nous voyons qu'une valeur de la variable aléatoire X égale à 40 000 correspond à une valeur de la variable normale centrée réduite Z égale à 0,70. En utilisant la table de probabilité centrée réduite, nous constatons que l'aire sous la courbe normale à gauche de $z = 0,70$ est égale à 0,7580. Ainsi, $1-0,7580 = 0,2420$ est la probabilité que z soit supérieur à 0,70 et donc que x soit supérieur à 40 000. On peut conclure qu'environ 24,2 % des pneus auront un kilométrage supérieur à 40 000 km.

Supposons maintenant que Grear étudie la mise en place d'une garantie qui offre le remplacement des pneus à tarif réduit si les pneus originaux ne dépassent pas le kilométrage garanti. Quelle devrait être le kilométrage garanti pour qu'au plus 10 % des pneus n'effectuent pas le nombre de kilomètres garantis ? Cette question est interprétée graphiquement à la figure 6.7.

Selon la figure 6.7, l'aire sous la courbe à gauche du kilométrage garanti inconnu doit être égale à 0,10. Nous devons donc trouver la valeur z qui correspond à une aire de 0,10 dans la queue inférieure de la distribution normale centrée réduite. En utilisant la table des probabilités normales centrées réduites, nous constatons que $z = -1,28$ est

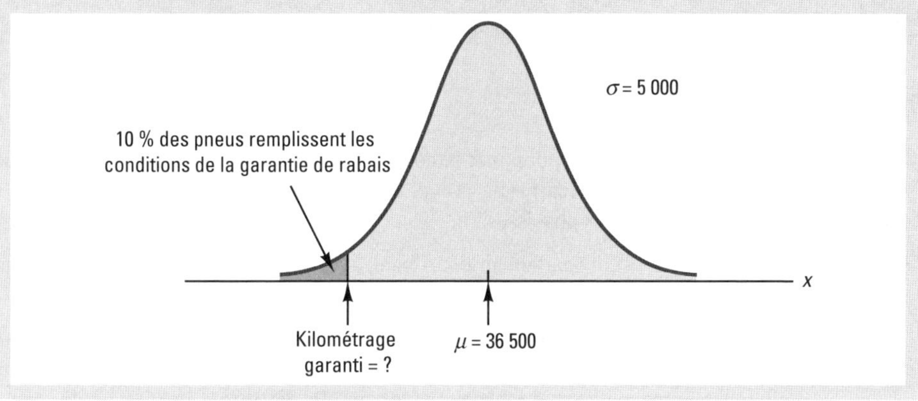

Figure 6.7 ***Garantie de rabais de la société Grear***

la valeur de la variable aléatoire normale centrée réduite correspondant au kilométrage garanti souhaité. Pour trouver le kilométrage x correspondant à $z = -1,28$, nous avons :

$$z = \frac{x - \mu}{\sigma} = -1,28$$

$$x - \mu = -1,28\sigma$$

$$x = \mu - 1,28\sigma$$

> Le kilométrage garanti que nous devons trouver se situe à 1,28 écart type en-dessous de la moyenne. Ainsi, $x = \mu - 1,28\sigma$.

Avec $\mu = 36\,500$ et $\sigma = 5\,000$,

$$x = 36500 - (1,28 \times 5000) = 30\,100$$

Ainsi, une garantie de 30 100 km satisfait la condition selon laquelle 10 % des pneus n'effectueraient pas le nombre de kilomètres garantis. Aux vues de ces informations, l'entreprise fixera peut-être sa garantie de kilométrage à 30 000 km.

> Avec une garantie fixée à 30 000 km, le pourcentage réel de pneus qui ne respectent pas la garantie s'élève à 9,68 %.

De nouveau, nous constatons le rôle majeur des distributions de probabilité dans le processus d'aide à la décision. Une fois la distribution de probabilité établie pour une application particulière, elle peut être utilisée rapidement et facilement pour obtenir des informations probabilistes sur le problème. Les probabilités ne permettent pas de prendre directement une décision mais fournissent des informations qui aident le responsable à mieux comprendre et mesurer les risques et les incertitudes liés au problème. En fin de compte, cette information peut aider le responsable à prendre la bonne décision.

EXERCICES

Méthode

8. En vous référant à la figure 6.4, dessiner la courbe normale d'une variable aléatoire X de moyenne μ égale à 100 et d'écart type σ égal à 10. Inscrire les valeurs 70, 80, 90, 100, 110, 120 et 130 sur l'axe des abscisses.

9. Une variable aléatoire est normalement distribuée, avec une moyenne μ égale à 50 et un écart type σ égal à 5.

- **a)** Dessiner la courbe normale de la fonction de densité. Inscrire les valeurs 35, 40, 45, 50, 55, 60 et 65 sur l'axe des abscisses. La figure 6.4 montre que la courbe normale touche presque l'axe des abscisses lorsqu'elle est à trois écarts type de part et d'autre de la moyenne (dans ce cas, aux points d'abscisse 35 et 65).
- **b)** Quelle est la probabilité que la variable aléatoire prenne une valeur comprise entre 45 et 55 ?
- **c)** Quelle est la probabilité que la variable aléatoire prenne une valeur comprise entre 40 et 60 ?

10. Représenter une distribution normale centrée réduite. Inscrire les valeurs –3, –2, –1, 0, 1, 2 et 3 sur l'axe des abscisses. Utiliser ensuite la table des probabilités de la loi normale centrée réduite pour calculer les probabilités suivantes :

- **a)** $P(z \leq 1{,}5)$
- **b)** $P(z \leq 1)$
- **c)** $P(1 \leq z \leq 1{,}5)$
- **d)** $P(0 < z < 2{,}5)$

11. Étant donné que Z est une variable aléatoire normale centrée réduite, calculer les probabilités suivantes :

- **a)** $P(z \leq -1)$
- **b)** $P(z \geq -1)$
- **c)** $P(z \geq -1{,}5)$
- **d)** $P(z \geq -2{,}5)$
- **e)** $P(-3 < z \leq 0)$

12. Étant donné que Z est une variable aléatoire normale centrée réduite, calculer les probabilités suivantes :

- **a)** $P(0 \leq z \leq 0{,}83)$
- **b)** $P(-1{,}57 \leq z \leq 0)$
- **c)** $P(z > 0{,}44)$
- **d)** $P(z \geq -0{,}23)$
- **e)** $P(z < 1{,}20)$
- **f)** $P(z \leq -0{,}71)$

13. Étant donné que Z est une variable aléatoire normale centrée réduite, calculer les probabilités suivantes :

a) $P(-1{,}98 \leq z \leq 0{,}49)$

b) $P(0{,}52 \leq z \leq 1{,}22)$

c) $P(-1{,}75 \leq z \leq -1{,}04)$

14. Étant donné que Z est une variable aléatoire normale centrée réduite, trouver la valeur z de Z dans les cas suivants :

a) L'aire à gauche de z est égale à 0,9750.

b) L'aire entre 0 et z est égale à 0,4750.

c) L'aire à gauche de z est égale à 0,7291.

d) L'aire à droite de z est égale à 0,1314.

e) L'aire à gauche de z est égale à 0,67.

f) L'aire à droite de z est égale à 0,33.

15. Étant donné que Z est une variable aléatoire normale centrée réduite, trouver la valeur z de Z dans les cas suivants :

a) L'aire à gauche de z est égale à 0,2119.

b) L'aire entre $-z$ et z est égale à 0,9030.

c) L'aire entre $-z$ et z est égale à 0,2052.

d) L'aire à gauche de z est égale à 0,9948.

e) L'aire à droite de z est égale à 0,6915.

16. Étant donné que Z est une variable aléatoire normale centrée réduite, trouver la valeur z de Z dans les cas suivants :

a) L'aire à droite de z est égale à 0,01.

b) L'aire à droite de z est égale à 0,025.

c) L'aire à droite de z est égale à 0,05.

d) L'aire à droite de z est égale à 0,10.

Applications

17. Pour des emprunteurs ayant un bon dossier, la dette moyenne s'élève à 15 015 dollars (*Business Week*, 20 mars 2006). Supposez que l'écart type soit de 3 540 dollars et que le montant des dettes soit distribué selon une loi normale.

a) Quelle est la probabilité que la dette d'un emprunteur ayant un bon dossier soit supérieure à 18 000 dollars ?

b) Quelle est la probabilité que la dette d'un emprunteur ayant un bon dossier soit inférieure à 10 000 dollars ?

c) Quelle est la probabilité que la dette d'un emprunteur ayant un bon dossier soit comprise entre 12 000 et 18 000 dollars ?

d) Quelle est la probabilité que la dette d'un emprunteur ayant un bon dossier soit au plus de 14 000 dollars ?

18. Le prix moyen des actions des sociétés composant l'indice S&P 500 est de 30 dollars, et l'écart type de 8,20 dollars (*Business Week*, numéro spécial annuel, printemps 2003). Supposez que le prix des actions soit normalement distribué.

a) Quelle est la probabilité que le prix des actions d'une société soit d'au moins 40 dollars ?

b) Quelle est la probabilité que le prix des actions d'une société soit inférieur à 20 dollars ?

c) Quel doit être le prix minimum des actions pour que la société fasse partie des 10 % les mieux cotées ?

19. Dans un article sur le coût des soins médicaux, le magazine *Money* rapportait qu'une visite aux urgences d'un hôpital pour quelque chose d'aussi banal qu'un mal de gorge coûtait en moyenne 328 dollars (*Money*, janvier 2009). Supposez que le coût de ce type de visite aux urgences soit normalement distribué avec un écart type de 92 dollars. Répondre aux questions suivantes.

a) Quelle est la probabilité que le coût soit supérieur à 500 dollars ?

b) Quelle est la probabilité que le coût soit inférieur à 250 dollars ?

c) Quelle est la probabilité que le coût soit compris entre 300 et 400 dollars ?

d) Si le coût d'un patient représente moins de 8 % des charges de ce service médical, quel est le coût de la visite de ce patient aux urgences ?

20. En janvier 2003, un salarié américain passait en moyenne 77 heures à naviguer sur Internet pendant ses heures de travail (CNBC, 15 mars 2003). Supposez que la moyenne de la population soit de 77 heures, que les temps de connexion à Internet soient normalement distribués, avec un écart type égal à 20 heures.

a) Quelle est la probabilité qu'un salarié sélectionné aléatoirement ait passé moins de 50 heures à naviguer sur Internet en janvier 2003 ?

b) Quel pourcentage de salariés ont passé plus de 100 heures sur Internet en janvier 2003 ?

c) Une personne est considérée comme un utilisateur important si elle se situe parmi les 20 % se servant le plus d'Internet. En janvier 2003, combien d'heures une personne devait-elle passer sur Internet pour être considérée comme un utilisateur important ?

21. Pour devenir un membre de Mensa, association internationale des personnes ayant un quotient intellectuel élevé, une personne doit obtenir une note au test de QI se situant parmi les 2 % des notes de la population les plus élevées. Si les notes sont normalement distribuées, avec une moyenne de 100 et un écart type de 15, quelle note doit obtenir une personne pour devenir membre de l'association Mensa ?

22. Le temps passé à regarder la télévision a atteint un nouveau record lorsque la société Nielsen a estimé le temps moyen passé à regarder la télévision à 8,35 heures par jour par ménage (*USA Today*, 11 novembre 2009). Utiliser une distribution de probabilité normale avec un écart type de 2,5 heures pour répondre aux questions suivantes relatives au nombre d'heures quotidiennes qu'un ménage passe à regarder la télévision.

a) Quelle est la probabilité qu'un ménage passe entre 5 et 10 heures par jour devant sa télévision?

b) À combien devrait s'élever le nombre d'heures passées à regarder la télévision par un ménage pour qu'il soit parmi les 3 % regardant le plus la télévision ?

c) Quelle est la probabilité qu'un ménage regarde la télévision plus de 3 heures par jour ?

23. Le temps nécessaire pour passer l'examen de fin d'année dans un lycée est normalement distribué avec une moyenne de 80 minutes et un écart type de 10 minutes. Répondre aux questions suivantes :

a) Quelle est la probabilité de finir l'examen en au plus une heure ?

b) Quelle est la probabilité qu'un étudiant finisse l'examen en plus de 60 minutes mais moins de 75 minutes ?

c) Supposez que la classe contienne 60 élèves et que la durée de l'examen soit fixée à 90 minutes. Combien d'étudiants ne seront pas capables de finir l'examen dans le temps imparti ?

24. Les volumes de titres échangés à la bourse de New York sont plus importants au cours de la première demie heure (tôt le matin) et de la dernière demie heure (en fin d'après-midi) d'une journée de cotation. Les volumes échangés tôt le matin (en millions de titres) durant 13 jours de janvier et février sont présentés ci-dessous (*Barron's*, 23 janvier 2006, 13 février 2006 et 27 février 2006 ; fichier en ligne Volume).

Volume

214	163	265	194	180
202	198	212	201	
174	171	211	211	

La distribution de probabilité du volume des transactions est approximativement normale.

a) Calculer la moyenne et l'écart type des volumes échangés pour estimer la moyenne et l'écart type de la population.

b) Quelle est la probabilité qu'au cours d'une journée sélectionnée aléatoirement, le volume échangé tôt le matin soit inférieur à 180 millions de titres ?

c) Quelle est la probabilité qu'au cours d'une journée sélectionnée aléatoirement, le volume échangé tôt le matin excède 230 millions de titres ?

d) Combien de titres doivent être échangés pour que le volume échangé tôt le matin un jour donné soit parmi les 5 % les plus importants ?

25. Selon la fondation du sommeil, la durée moyenne d'une nuit de sommeil est de 6,8 heures (*Fortune*, 20 mars 2006). Supposez que l'écart type soit de 0,6 heure et que la distribution de probabilité soit normale.

a) Quelle est la probabilité qu'une personne sélectionnée aléatoirement dorme plus de 8 heures ?

b) Quelle est la probabilité qu'une personne sélectionnée aléatoirement dorme au plus 6 heures ?

c) Les médecins recommandent de dormir entre 7 et 9 heures par nuit. Quel pourcentage de la population respecte cette recommandation ?

6.3 APPROXIMATION NORMALE DES PROBABILITÉS BINOMIALES

Dans la section 5.4, nous avons présenté la loi discrète binomiale. Rappelons qu'une expérience binomiale est une séquence de n tirages identiques et indépendants, qui ont deux issues possibles, un succès et un échec. La probabilité d'un succès est la même pour tous les tirages et est notée p. La variable aléatoire binomiale correspond au nombre de succès obtenus en n tirages, et les questions probabilistes se rapportent à la probabilité de x succès en n tirages.

Lorsque le nombre de tirages devient important, la fonction de probabilité binomiale devient difficile à calculer, que ce soit à la main ou avec une calculatrice. Dans les cas où $np \geq 5$ et $n(1-p) \geq 5$, la loi normale permet d'estimer facilement des probabilités binomiales. Pour ce faire, on pose $\mu = np$ et $\sigma = \sqrt{np(1-p)}$ afin de définir la courbe normale.

Illustrons l'approximation normale de la loi binomiale en supposant qu'une société fait des erreurs, d'après les données collectées, dans 10 % de ses factures. Un échantillon de 100 factures est sélectionné ; nous voulons calculer la probabilité que 12 factures contiennent des erreurs. C'est-à-dire, nous voulons trouver la probabilité binomiale de 12 succès en 100 tirages. En appliquant l'approximation normale de la loi binomiale à ce cas, on pose $\mu = np = 100 \times 0{,}1 = 10$ et $\sigma = \sqrt{np(1-p)} = \sqrt{100 \times 0{,}1 \times 0{,}9} = 3$. Une distribution normale avec $\mu = 10$ et $\sigma = 3$ est représentée à la figure 6.8.

Rappelons qu'avec une loi continue, les probabilités correspondent à l'aire sous la fonction de densité. Par conséquent, la probabilité d'une valeur isolée est nulle. Pour estimer la probabilité binomiale de 12 succès, on doit calculer l'aire sous la courbe normale

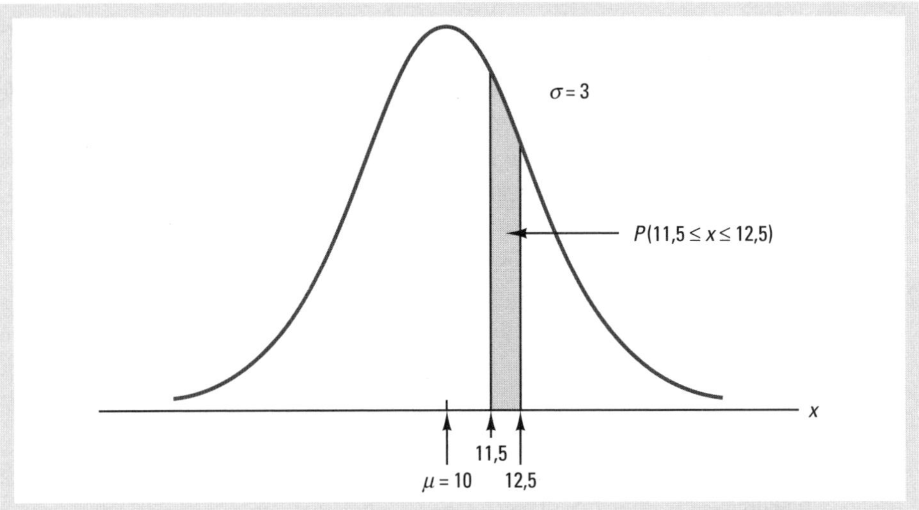

Figure 6.8 *Approximation normale de la loi binomiale avec $n = 100$ et $p = 0{,}10$, donnant la probabilité de 12 erreurs*

comprise entre 11,5 et 12,5. Les 0,5 que l'on ajoute et soustrait à 12 sont appelés **facteur de correction de la continuité**. Ce facteur de correction est introduit car on utilise une loi continue pour approcher une loi discrète. Ainsi, $P(x=12)$ pour la loi binomiale *discrète* est estimée par $P(11,5 \leq x \leq 12,5)$ pour la loi normale *continue*.

En convertissant la loi normale en loi normale centrée réduite pour calculer $P(11,5 \leq x \leq 12,5)$ nous avons

$$z = \frac{x-\mu}{\sigma} = \frac{12,5-10}{3} = 0,83 \qquad \text{pour } x = 12,5$$

et

$$z = \frac{x-\mu}{\sigma} = \frac{11,5-10}{3} = 0,50 \qquad \text{pour } x = 11,5$$

Grâce à la table des probabilités normales centrées réduites, nous trouvons que l'aire sous la courbe (figure 6.8) à gauche de 12,5 est égale à 0,7967. De manière similaire, l'aire sous la courbe à gauche de 11,5 est égale à 0,6915. Par conséquent, l'aire comprise entre 11,5 et 12,5 est égale à 0,1052 ($0,7967-0,6915=0,1052$). L'approximation normale de la probabilité de 12 succès en 100 tirages est égale à 0,1052.

Considérons un autre exemple. Supposons que l'on veuille calculer la probabilité d'au plus 13 erreurs dans l'échantillon de 100 factures. La figure 6.9 représente l'aire sous la courbe normale qui estime cette probabilité. Notez que le facteur de correction de la continuité impose l'utilisation de la valeur 13,5 pour calculer la probabilité désirée. La valeur z correspondant à $x=13,5$ est

$$z = \frac{13,5-10}{3} = 1,17$$

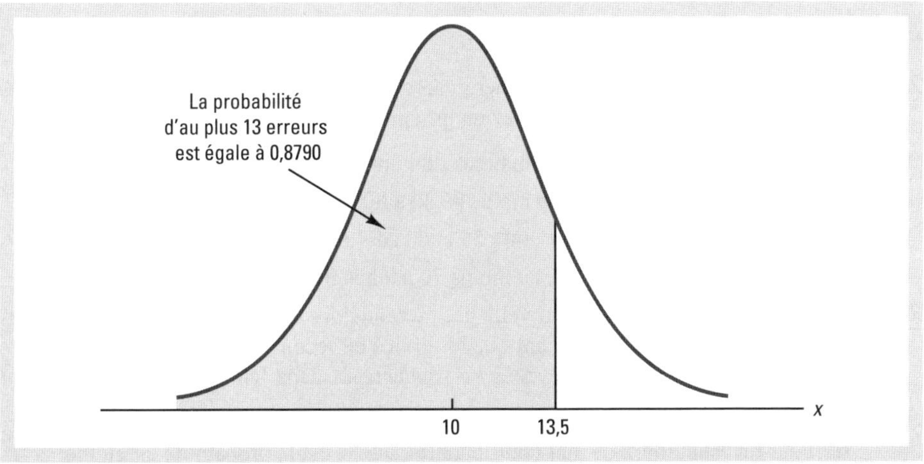

Figure 6.9 ***Approximation normale de la loi binomiale avec $n=100$ et $p=0,10$, donnant la probabilité d'au plus 13 erreurs***

Selon la table des probabilités normales centrées réduites, l'aire sous la courbe normale à gauche de 1,17 est égale à 0,8790. L'aire sous la courbe normale estimant la probabilité d'au plus 13 erreurs est représentée par la partie grisée de la figure 6.9.

EXERCICES

Méthode

26. Une loi binomiale a les caractéristiques suivantes : $p = 0,2$ et $n = 100$.

- **a)** Quelle est la moyenne ? Quel est l'écart type ?
- **b)** Dans cette situation, les probabilités binomiales peuvent-elles être estimées par la loi normale ? Expliquez.
- **c)** Quelle est la probabilité d'exactement 24 succès ?
- **d)** Quelle est la probabilité que le nombre de succès soit compris entre 18 et 22 ?
- **e)** Quelle est la probabilité que le nombre de succès soit inférieur ou égal à 15 ?

27. Une loi binomiale a les caractéristiques suivantes : $p = 0,6$ et $n = 200$.

- **a)** Quelle est la moyenne ? Quel est l'écart type ?
- **b)** Dans cette situation, les probabilités binomiales peuvent-elles être estimées par la loi normale ? Expliquez.
- **c)** Quelle est la probabilité que le nombre de succès soit compris entre 100 et 110 ?
- **d)** Quelle est la probabilité que le nombre de succès soit supérieur ou égal à 130 ?
- **e)** Quel est l'avantage d'utiliser la loi normale pour estimer les probabilités binomiales ? Utiliser la question (d) pour répondre.

Applications

28. Bien que les études prouvent que fumer génère de graves problèmes de santé, 20 % des adultes américains fument. Considérez un groupe de 250 adultes.

- **a)** Quelle est l'espérance mathématique du nombre d'adultes qui fument ?
- **b)** Quelle est la probabilité que moins de 40 adultes fument ?
- **c)** Quelle est la probabilité qu'entre 55 et 60 adultes fument ?
- **d)** Quelle est la probabilité qu'au moins 70 adultes fument ?

29. Selon une enquête du comité de surveillance du centre des impôts, 82 % des contribuables ont déclaré qu'il était très important que le service de recouvrement des impôts s'assure que les contribuables à hauts revenus ne trichent pas dans leur déclaration (*The Wall Street Journal*, 11 février 2009).

- **a)** Pour un échantillon de huit contribuables, quelle est la probabilité qu'au moins six d'entre eux déclarent qu'il est très important de s'assurer que les contribuables à hauts revenus ne trichent pas ? Utiliser l'approximation normale de la loi binomiale pour répondre à cette question.

b) Pour un échantillon de 80 contribuables, quelle est la probabilité qu'au moins 60 d'entre eux déclarent qu'il est très important de s'assurer que les contribuables à hauts revenus ne trichent pas ? Utiliser l'approximation normale de la loi binomiale pour répondre à cette question.

c) Lorsque le nombre de tirages dans une application de la loi binomiale devient important, quel est l'avantage d'utiliser l'approximation normale de la loi binomiale pour calculer les probabilités ?

d) Lorsque le nombre de tirages dans une application de la loi binomiale devient important, les développeurs de logiciels statistiques préfèrent-ils utiliser la fonction de distribution binomiale présentée à la section 5.4 ou l'approximation normale de cette loi présentée à la section 6.3 ? Expliquer.

30. Lorsque vous signez votre contrat de souscription à une carte de crédit, le lisez-vous attentivement ? Lors d'une enquête de FindLaw.com, la question suivante était posée : « Avec quelle attention lisez-vous un contrat de souscription à une carte de crédit ? » (*USA Today*, 16 octobre 2003). Les résultats ont montré que 44 % lisaient chaque mot du contrat, 33 % le lisaient assez attentivement pour le comprendre, 11 % y jetaient juste un coup d'œil et 4 % ne le lisaient pas du tout.

a) Sur un échantillon de 500 personnes, combien de personnes en moyenne déclareraient lire chaque mot du contrat ?

b) Sur un échantillon de 500 personnes, quelle est la probabilité qu'au plus 200 personnes déclarent lire chaque mot du contrat ?

c) Sur un échantillon de 500 personnes, quelle est la probabilité qu'au moins 15 personnes déclarent ne pas lire le contrat ?

31. Selon une enquête du bureau des affaires nationales (*USA Today*, 12 novembre 2009), 79 % des employeurs octroient à leurs employés deux jours de congés payés lors de Thanksgiving (le jeudi et le vendredi sont des jours chômés). Quatre-vingt-dix pourcent des employeurs octroient un jour de congé payé à leurs employés (le jour de Thanksgiving). Deux pourcent des employeurs n'octroient pas de congés payés à cette occasion. Considérez un échantillon de 120 employeurs.

a) Quelle est la probabilité qu'au moins 85 des employeurs octroient deux jours de congés payés ?

b) Quelle est la probabilité qu'entre 90 et 100 employeurs octroient deux jours de congés payés ? C'est-à-dire que vaut $P(90 \leq x \leq 100)$?

c) Quelle est la probabilité que moins de 20 employeurs octroient un jour de congé payé ?

6.4 LA LOI EXPONENTIELLE

La **loi exponentielle** peut être utilisée pour décrire des variables aléatoires telles que le temps entre les arrivées à une station de lavage, le temps nécessaire pour charger un camion, la distance entre les défauts majeurs sur une autoroute, etc. La fonction de densité exponentielle s'écrit :

▶ **Fonction de densité de probabilité exponentielle**

$$f(x) = \frac{1}{\mu} e^{-x/\mu} \quad \text{pour } x \geq 0, \quad \mu \geq 0 \tag{6.4}$$

où μ est la valeur espérée ou moyenne

Comme exemple de la loi exponentielle, supposons que le temps de chargement d'un camion sur les docks de Schips suive une telle distribution. Si le temps moyen de chargement d'un camion est de 15 minutes ($\mu = 15$), la fonction de densité appropriée s'écrit :

$$f(x) = \frac{1}{15} e^{-x/15}$$

La figure 6.10 représente cette fonction de densité.

6.4.1 Calcul des probabilités d'une loi exponentielle

Comme pour toute loi continue, l'aire sous la courbe dans un intervalle donné fournit la probabilité que la variable aléatoire prenne une valeur appartenant à cet intervalle. Dans l'exemple des docks de Schips, la probabilité qu'un camion soit chargé en au plus 6 minutes, $P(x \leq 6)$, correspond à l'aire sous la courbe, représentée par la figure 6.10, comprise entre $x = 0$ et $x = 6$. De même, la probabilité qu'un camion soit chargé en au plus 18 minutes $P(x \leq 18)$ correspond à l'aire sous la courbe comprise entre $x = 0$ et $x = 18$. Notez aussi que la probabilité que le temps de chargement du camion soit compris entre 6 et 18 minutes $P(6 \leq x \leq 18)$ correspond à l'aire sous la courbe comprise entre $x = 6$ et $x = 18$.

Dans les exemples sur les files d'attente, la distribution exponentielle est souvent utilisée pour le temps de service.

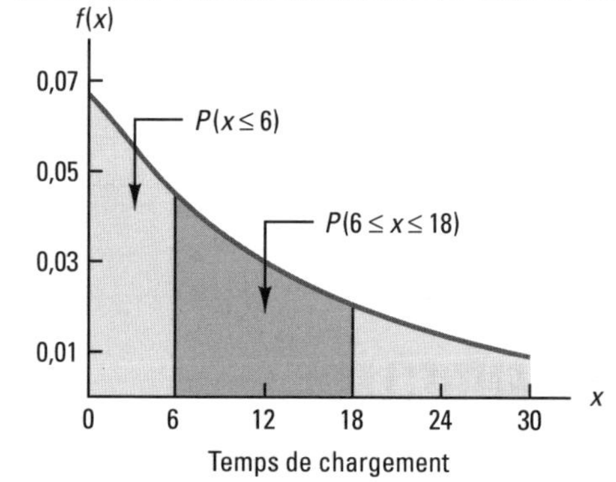

Figure 6.10 ***Loi exponentielle pour l'exemple des docks de Schips***

Pour calculer les probabilités exponentielles comme celles décrites ci-dessus, on utilise la formule suivante. Elle fournit la probabilité cumulée d'obtenir une valeur inférieure ou égale à une valeur donnée de la variable aléatoire exponentielle, notée x_0.

► **Loi exponentielle : probabilités cumulées**

$$P(x \leq x_0) = 1 - e^{-x_0/\mu} \tag{6.5}$$

Pour l'exemple des docks de Schips, x = temps de chargement (en minutes) et $\mu = 15$ minutes, ce qui implique :

$$P(x \leq x_0) = 1 - e^{-x_0/15}$$

Par conséquent, la probabilité que le temps de chargement d'un camion prenne, au plus, 6 minutes est égale à

$$P(x \leq 6) = 1 - e^{-6/15} = 0{,}3297$$

La probabilité de charger un camion en au plus 18 minutes est égale à :

$$P(x \leq 18) = 1 - e^{-18/15} = 0{,}6988$$

Ainsi, la probabilité que le temps de chargement d'un camion soit compris entre 6 et 18 minutes est égale à 0,3691 ($0{,}6988 - 0{,}3297 = 0{,}3691$). Les probabilités pour tout autre intervalle peuvent être calculées de la même façon.

Dans l'exemple précédent, le temps moyen de chargement d'un camion est de 15 minutes. Une propriété de la loi exponentielle implique que la moyenne et l'écart type de la distribution sont *égaux*. Ainsi, l'écart type du temps de chargement d'un camion est $\sigma = 15$ minutes. La variance est égale à $\sigma^2 = (15)^2 = 225$.

Une propriété de la loi exponentielle est l'égalité de la moyenne et de l'écart type.

6.4.2 Relation entre les distributions de Poisson et exponentielle

Dans la section 5.5, nous avons introduit la loi de Poisson en tant que loi de probabilité discrète, utile pour examiner le nombre d'occurrences d'un événement dans un intervalle de temps ou d'espace donné. Rappelons que la fonction de probabilité de Poisson s'écrit :

$$f(x) = \frac{\mu^x e^{-\mu}}{x!}$$

où μ est l'espérance mathématique ou le nombre moyen d'occurrences dans un intervalle.

La loi exponentielle, continue, est liée à la loi de Poisson, discrète. Si la distribution de Poisson fournit une bonne description du nombre d'occurrences par intervalle, la distribution exponentielle fournit une description de la longueur de l'intervalle entre les occurrences.

Si les arrivées suivent une loi de Poisson, le temps écoulé entre deux arrivées doit suivre une loi exponentielle.

Pour illustrer cette relation, supposons que le nombre de voitures qui arrivent à une station de lavage en une heure est décrit par une distribution de Poisson de moyenne égale à 10 voitures par heure. La fonction de probabilité de Poisson qui donne la probabilité de x arrivées en une heure est :

$$f(x) = \frac{10^x e^{-10}}{x!}$$

Puisque le nombre moyen d'arrivées par heure est égal à 10, le temps moyen entre deux arrivées est :

$$\frac{1 \text{ heure}}{10 \text{ voitures}} = 0{,}1 \text{ heure/voiture}$$

Ainsi, la distribution exponentielle, qui décrit le temps entre les arrivées, a une moyenne égale à 0,1 heure par voiture ; la fonction de densité exponentielle est alors

$$f(x) = \frac{1}{0{,}1} e^{-x/0{,}1} = 10e^{-10x}$$

REMARQUES

Comme nous pouvons le voir sur la figure 6.10, la distribution exponentielle est asymétrique à droite. Le coefficient d'asymétrie pour des distributions exponentielles est égal à 2. La distribution exponentielle est une parfaite illustration d'une distribution asymétrique.

EXERCICES

Méthode

32. Considérer la fonction de densité de probabilité exponentielle suivante :

$$f(x) = \frac{1}{8} e^{-x/8} \qquad \text{pour } x \geq 0$$

a) Trouver $P(x \leq 6)$.

b) Trouver $P(x \leq 4)$.

c) Trouver $P(x \geq 6)$.

d) Trouver $P(4 \leq x \leq 6)$.

33. Considérer la fonction de densité de probabilité exponentielle suivante :

$$f(x) = \frac{1}{3}e^{-x/3} \qquad \text{pour } x \geq 0$$

a) Écrire la formule pour $P(x \leq x_0)$.

b) Trouver $P(x \leq 2)$.

c) Trouver $P(x \geq 3)$.

d) Trouver $P(x \leq 5)$.

e) Trouver $P(2 \leq x \leq 5)$.

Applications

34. Le temps nécessaire pour passer les portiques de sécurité dans un aéroport peut ennuyer les voyageurs. Le temps d'attente moyen en période de pointe à l'aéroport international de Cincinnati/Northwestern Kentucky est de 12,1 minutes (*The Cincinnati Enquirer*, 2 février 2006). Supposez que le temps pour passer les portiques de sécurité suit une loi exponentielle.

a) Quelle est la probabilité qu'il faille moins de 10 minutes pour passer les portiques de sécurité durant une période de pointe ?

b) Quelle est la probabilité qu'il faille plus de 20 minutes pour passer les portiques de sécurité durant une période de pointe ?

c) Quelle est la probabilité qu'il faille entre 10 et 20 minutes pour passer les portiques de sécurité durant une période de pointe ?

d) Il est 8 heures (une période de pointe) et vous entrez dans la file d'attente. Pour attraper votre vol, vous devez être à la porte d'embarquement dans 30 minutes. S'il faut 12 minutes pour atteindre votre porte d'embarquement après avoir passé les contrôles de sécurité, quelle est la probabilité que vous ratiez votre vol ?

35. Le temps entre l'arrivée de deux véhicules à un carrefour particulier suit une loi exponentielle avec une moyenne de 12 secondes.

a) Représenter cette distribution de probabilité exponentielle.

b) Quelle est la probabilité que le temps d'arrivée entre deux véhicules soit inférieur ou égal à 12 secondes ?

c) Quelle est la probabilité que le temps d'arrivée entre deux véhicules soit inférieur ou égal à 6 secondes ?

d) Quelle est la probabilité que le temps d'arrivée entre deux véhicules soit supérieur ou égal à 30 secondes ?

36. La société Comcast est la plus importante société de télévision par câble, le deuxième fournisseur Internet et le quatrième fournisseur de services de téléphonie aux États-Unis. Généralement connue pour la qualité et la fiabilité de ses services, la société connaît périodiquement des interruptions de service involontaires. Le 14 janvier 2009, une telle interruption s'est produite pour les clients de Comcast vivant en Floride. Lorsque les abonnés ont appelé le service client, un message enregistré leur disait que la société était consciente du problème d'interruption du service et qu'elle espérait rétablir la situation dans les deux heures. Supposez que deux heures correspondent au temps moyen nécessaire pour effectuer la réparation et que le temps de réparation suive une loi exponentielle.

a) Quelle est la probabilité que le service de télévision par câble soit restauré en une heure au maximum ?

b) Quelle est la probabilité que la réparation prenne entre une et deux heures ?

c) Pour un client qui appelle le service client de Comcast à 13 heures, quelle est la probabilité que le service de télévision ne soit pas restauré à 17 heures ?

37. Le magasin de café italien Collina à Houston au Texas annonce que la préparation des commandes prend environ 25 minutes (site internet de Collina, 27 février 2008). Supposez que le temps nécessaire pour qu'une commande soit prête, suive une loi exponentielle de moyenne égale à 25 minutes.

a) Quelle est la probabilité que la préparation d'une commande prenne moins de 20 minutes ?

b) Si un client vient chercher sa commande 30 minutes après l'avoir passée, quelle est la probabilité que la commande ne soit pas prête?

c) Un client particulier vit à 15 minutes du magasin. Si le client passe commande à 17h20, quelle est la probabilité que le client puisse venir au magasin, retirer sa commande et être de retour chez lui à 18h ?

38. Est-ce que les interruptions dans votre travail réduisent votre productivité ? Selon une étude de l'université d'Irvine en Californie, les responsables sont interrompus environ cinq fois et demie par heure (*Fortune*, 20 mars 2006). Supposez que le nombre d'interruptions suive une loi de Poisson.

a) Représenter la distribution de probabilité du temps écoulé entre deux interruptions.

b) Quelle est la probabilité qu'un responsable ne soit pas interrompu durant une période de 15 minutes ?

c) Quelle est la probabilité que la prochaine interruption intervienne dans les 10 minutes pour un responsable ?

RÉSUMÉ

Ce chapitre a étendu la discussion des distributions de probabilité au cas des variables aléatoires continues. La différence majeure entre les distributions de probabilité discrète et continue se situe au niveau de la méthode de calcul des probabilités. La fonction de probabilité pour des variables aléatoires discrètes $f(x)$ fournit la probabilité que la variable aléatoire X prenne différentes valeurs. Avec des distributions continues, la fonction de densité de probabilité $f(x)$ ne fournit pas directement les probabilités. Celles-ci sont déterminées par l'aire sous la courbe de la fonction de densité $f(x)$. Puisque l'aire sous la courbe pour un point isolé est nulle, la probabilité qu'une variable aléatoire continue prenne une valeur isolée est nulle.

Trois lois continues – les lois uniforme, normale et exponentielle – ont été traitées en détail. La loi normale est fréquemment utilisée en inférence statistique et sera beaucoup utilisée dans la suite de cet ouvrage.

GLOSSAIRE

Fonction de densité de probabilité. Fonction utilisée pour calculer les probabilités d'une variable aléatoire continue. L'aire sous le graphique d'une fonction de densité de probabilité comprise dans un intervalle donné représente la probabilité.

Loi uniforme. Distribution de probabilité continue pour laquelle la probabilité que la variable aléatoire prenne une valeur dans un intervalle est la même pour chaque intervalle de même longueur.

Loi normale. Distribution de probabilité continue. Sa fonction de densité est en forme de cloche et est déterminée par la moyenne μ et l'écart type σ.

Loi normale centrée réduite. Distribution normale de moyenne nulle et d'écart type égal à 1.

Facteur de correction de continuité. Valeur de 0,5 ajoutée ou soustraite à la valeur de X lorsque la loi normale est utilisée pour estimer la loi binomiale discrète.

Loi exponentielle. Distribution de probabilité continue utile pour calculer les probabilités relatives au temps nécessaire pour achever une tâche.

FORMULES CLÉ

Fonction de densité de probabilité uniforme

$$f(x)=\begin{cases}\dfrac{1}{b-a} & \text{si } a\le x\le b\\ 0 & \text{sinon}\end{cases}\qquad (6.1)$$

Fonction de densité de probabilité normale

$$f(x)=\frac{1}{\sigma\sqrt{2\pi}}e^{-(x-\mu)^2/2\sigma^2}\qquad (6.2)$$

Conversion en distribution normale centrée réduite

$$z=\frac{x-\mu}{\sigma}\qquad (6.3)$$

Fonction de densité de probabilité exponentielle

$$f(x)=\frac{1}{\mu}e^{-x/\mu}\quad \text{pour } x\ge 0,\ \mu\ge 0\qquad (6.4)$$

Loi exponentielle : Probabilités cumulées

$$P(x\le x_0)=1-e^{-x_0/\mu}\qquad (6.5)$$

EXERCICES SUPPLÉMENTAIRES

39. Un cadre commercial est muté de Chicago à Atlanta et doit vendre sa maison de Chicago rapidement. Son employeur a offert d'acheter la maison 210 000 dollars mais son offre expire à la fin de la semaine. Le cadre n'a pas, pour le moment, de meilleure offre mais a les moyens de laisser la maison en vente un mois de plus. Après avoir consulté son agent immobilier, le cadre pense que le prix qu'il pourra obtenir en laissant sa maison en vente un mois de plus, est uniformément distribué entre 200 000 et 225 000 dollars.

a) S'il laisse sa maison en vente un mois de plus, quelle est l'expression mathématique de la fonction de densité du prix de vente ?

b) S'il laisse sa maison en vente un mois de plus, quelle est la probabilité qu'il obtienne au moins 215 000 dollars pour la maison ?

c) S'il laisse sa maison en vente un mois de plus, quelle est la probabilité qu'il obtienne moins de 210 000 dollars ?

d) Le cadre doit-il laisser sa maison en vente un mois de plus ? Pourquoi ?

40. Le bureau américain des statistiques sur le travail indique que les dépenses annuelles moyennes en nourriture et en boisson pour l'ensemble des familles s'élèvent à 5 700 dollars (*Money*, décembre 2003). Supposez que les dépenses annuelles en nourriture et en boisson soient normalement distribuées, avec un écart type égal à 1 500 dollars.

a) Quel est l'intervalle des dépenses des 10 % des familles faisant les plus faibles dépenses en nourriture et en boisson ?

b) Quel est le pourcentage de familles qui dépensent plus de 7 000 dollars par an en nourriture et en boisson ?

c) Quel est l'intervalle des dépenses des 5 % des familles faisant les plus importantes dépenses en nourriture et en boisson ?

41. Motorola a utilisé la loi normale pour déterminer la probabilité de défauts et le nombre moyen de défauts dans un processus de production. Supposez qu'un processus de production soit conçu pour produire des pièces dont le poids moyen est égal à 10 onces. Calculer la probabilité d'un défaut et le nombre moyen de défauts dans une production de 1 000 unités, dans les situations suivantes :

a) L'écart type du processus est égal à 0,15 et le contrôle du processus est fixé à plus ou moins un écart type. Les pièces dont le poids est inférieur à 9,85 ou supérieur à 10,15 onces, sont considérées comme défectueuses.

b) Grâce à des améliorations du processus, l'écart type est réduit à 0,05. Supposez que le contrôle du processus reste le même : les pièces dont le poids est inférieur à 9,85 ou supérieur à 10,15 onces, sont considérées comme défectueuses.

c) Quel est l'avantage de réduire la variabilité du processus et de fixer les limites de contrôle du processus à un plus grand nombre d'écarts type par rapport à la moyenne ?

42. Le montant annuel moyen que les ménages américains dépensent dans les transports quotidiens s'élève à 6 312 dollars (*Money*, août 2001). Supposez que le montant dépensé soit normalement distribué.

a) Supposez que vous appreniez que 5 % des ménages américains dépensent moins de 1 000 dollars dans les transports quotidiens. Quel est l'écart type du montant dépensé ?

b) Quelle est la probabilité qu'un ménage dépense entre 4 000 et 6 000 dollars ?

c) Quel est l'intervalle des dépenses des 3 % des ménages ayant le coût de transport quotidien le plus élevé ?

43. *Condé Nast Traveler* publie une liste des meilleurs hôtels à travers le monde. Le Broadmoor Hotel à Colorado Springs possède 700 chambres et figure sur la liste de 2004 (*Condé Nast Traveler*, janvier 2004). Supposez que l'équipe marketing de Broadmoor prévoit une demande de 670 chambres pour le prochain week-end. Supposez que la demande pour le prochain week-end soit normalement distribuée avec un écart type égal à 30.

a) Quelle est la probabilité que toutes les chambres de l'hôtel soient occupées ?

b) Quelle est la probabilité qu'au moins 50 chambres de l'hôtel ne soient pas occupées ?

c) Recommanderiez-vous à l'hôtel de faire une promotion pour accroître la demande ? Quelles considérations sont importantes ?

44. La société Ward Doering Auto Sales étudie l'opportunité d'offrir un contrat de service spécial qui couvrirait tous les coûts occasionnés sur les voitures louées. De par son expérience, le responsable estime que les coûts annuels sont normalement distribués, avec une moyenne de 150 dollars et un écart type de 25 dollars.

a) Si la société fixe le prix du contrat de service à 200 dollars par an, quelle est la probabilité que les coûts de service d'un client excèdent le prix du contrat fixé ?

b) Quel est le profit moyen de Ward par contrat ?

45. Le manque de sommeil est-il une cause d'accidents mortels de la route ? Une étude menée par l'administration nationale de sécurité routière a révélé que le nombre moyen d'accidents mortels causés par des conducteurs assoupis était de 1 550 chaque année (*Business Week*, 26 janvier 2004). Supposez que le nombre annuel d'accidents mortels soit normalement distribué, avec un écart type égal à 300.

a) Quelle est la probabilité que moins de 1 000 accidents mortels surviennent une année ?

b) Quelle est la probabilité que le nombre d'accidents mortels soit compris entre 1 000 et 2 000 une année ?

c) Pour qu'une année soit parmi les 5 % les plus meurtrières, combien d'accidents mortels doivent se produire ?

46. Supposez que les notes obtenues au test d'admission d'un collège soient normalement distribuées, avec une moyenne de 450 et un écart type de 100.

a) Quel est le pourcentage de personnes qui ont une note comprise entre 400 et 500 ?

b) Supposez que quelqu'un ait une note de 630. Quel est le pourcentage de personnes qui ont une meilleure note ? Une moins bonne note ?

c) Si une université particulière n'admet pas les personnes qui ont une note inférieure à 480, quel est le pourcentage de personnes qui, ayant fait ce test, pourront être admises à l'université ?

47. Selon Salary Wizard, le salaire de base moyen d'un responsable commercial de Houston au Texas s'élève à 88 592 dollars et celui d'un responsable commercial de Los Angeles en Californie à 97 417 dollars (site internet de Salary Wizard, 27 février 2008). Supposez que les salaires soient normalement distribués, que l'écart type pour les responsables commerciaux de Houston soit égal à 19 900 dollars et que l'écart type pour les responsables commerciaux de Los Angeles soit égal à 21 800 dollars.

a) Quelle est la probabilité qu'un responsable commercial de Houston ait un salaire de base supérieur à 100 000 dollars ?

b) Quelle est la probabilité qu'un responsable commercial de Los Angeles ait un salaire de base supérieur à 100 000 dollars ?

c) Quelle est la probabilité qu'un responsable commercial de Los Angeles ait un salaire de base inférieur à 75 000 dollars ?

d) Combien un responsable commercial de Los Angeles devrait-il toucher pour avoir un salaire supérieur à celui que touchent 99 % des responsables commerciaux de Houston ?

48. Une machine remplit des récipients d'un produit particulier. L'écart type des poids de remplissage est, d'après les données historiques, égal à 0,6 once. Si seulement 2 % des récipients contiennent moins de 18 onces, quel est le poids moyen de remplissage de la machine ? C'est-à-dire, quelle est la valeur de μ ? Supposez que les poids de remplissage suivent une loi normale.

49. Considérez un questionnaire à choix multiples de 50 questions. Chaque question a quatre réponses possibles. Supposez qu'un étudiant qui a fait ses devoirs à la maison et suivi les cours, ait une probabilité de 0,75 de répondre correctement à une question.

a) Un étudiant doit répondre correctement à au moins 43 questions pour obtenir la note A. Quel est le pourcentage d'étudiants qui ayant suivi les cours et fait leurs devoirs, obtiendront un A à ce questionnaire à choix multiples ?

b) Un étudiant qui répond correctement à un nombre de questions compris entre 35 et 39, obtiendra un C. Quel est le pourcentage d'étudiants qui ayant suivi les cours et fait leurs devoirs, obtiendront un C à cet examen?

c) Un étudiant doit répondre correctement à au moins 30 questions pour réussir l'examen. Quel est le pourcentage d'étudiants qui ayant suivi les cours et fait leurs devoirs, réussiront l'examen ?

d) Supposez qu'un étudiant n'a ni suivi les cours, ni fait ses devoirs. De plus, supposez que l'étudiant devine simplement la réponse de chaque question. Quelle est la probabilité que cet étudiant réponde correctement à au moins 30 questions et réussisse l'examen ?

50. Un joueur de blackjack, dans un casino de Las Vegas, a appris que la maison lui fournirait une chambre gratuitement s'il jouait pendant quatre heures avec une mise moyenne de 50 dollars. Sa stratégie de jeu assure une probabilité égale à 0,49 de gagner une partie et le joueur sait qu'environ 60 parties sont jouées en une heure. Supposez qu'il joue pendant quatre heures avec une mise de 50 dollars par partie.

a) Quel est le gain espéré du joueur ?

b) Quelle est la probabilité que le joueur perde au moins 1 000 dollars ?

c) Quelle est la probabilité que le joueur gagne ?

d) Supposez que le joueur débute avec 1 500 dollars. Quelle est la probabilité qu'il fasse faillite ?

51. L'association de contrôle et d'audit des systèmes d'information a enquêté auprès d'employés de bureau pour déterminer quel serait l'usage de l'ordinateur professionnel pour effectuer les courses de Noël (*USA Today*, 11 novembre 2009). Supposez que le nombre d'heures qu'un employé pense passer à effectuer des achats de Noël sur son ordinateur professionnel suive une loi exponentielle.

a) L'étude a rapporté qu'il y a une probabilité de 0,53 qu'un employé utilise son ordinateur professionnel pour effectuer des achats de Noël au plus durant 5 heures. Est-ce que le temps moyen passé à effectuer des achats de Noël sur l'ordinateur professionnel est plus proche de 5,8, 6,2, 6,6 ou 7 heures ?

b) En utilisant le temps moyen déterminé à la question (a), quelle est la probabilité qu'un employé passe plus de 10 heures à effectuer des achats de Noël sur son ordinateur professionnel ?

c) Quelle est la probabilité qu'un employé utilise son ordinateur professionnel entre 4 et 8 heures pour effectuer des achats de Noël ?

52. Le site web de Bed and Breakfast Inns d'Amérique du Nord reçoit approximativement 7 visites par minute. Supposez que le nombre de visiteurs sur le site web, par minute, suive une loi de Poisson.

a) Quel est le temps moyen écoulé entre deux visites sur le site web ?

b) Écrire la fonction de densité de probabilité exponentielle pour le temps écoulé entre deux visites sur le site web.

c) Quelle est la probabilité que personne ne se connecte au site web pendant une période d'une minute ?

d) Quelle est la probabilité que personne ne se connecte au site web pendant une période de 12 secondes ?

53. L'enquête sur les communautés américaines a montré que les habitants de la ville de New York ont les temps de trajet domicile-travail les plus longs, comparativement aux autres villes américaines (site internet du bureau du recensement américain, août 2008). Selon les dernières statistiques disponibles, le temps moyen de trajet domicile-travail des résidents de New York est de 38,3 minutes.

a) Supposez que la loi exponentielle soit appropriée et écrire la fonction de densité de probabilité pour le temps de trajet domicile-travail d'un New-Yorkais.

b) Quelle est la probabilité que le temps de trajet d'un New-Yorkais soit compris entre 20 et 40 minutes ?

c) Quelle est la probabilité que le temps de trajet d'un New-Yorkais soit supérieur à une heure ?

54. Le temps (en minutes) entre les appels téléphoniques dans une agence d'assurance suit la loi exponentielle suivante :

$$f(x) = 0{,}50e^{-0{,}50x} \quad \text{pour } x \geq 0$$

a) Quel est le temps moyen entre les appels téléphoniques ?

b) Quelle est la probabilité d'avoir au plus 30 secondes entre deux appels téléphoniques ?

c) Quelle est la probabilité d'avoir au plus une minute entre deux appels téléphoniques ?

d) Quelle est la probabilité de ne pas avoir d'appel téléphonique pendant au moins 5 minutes ?

PROBLÈME *Specialty Toys*

La société Specialty Toys vend de nombreux jouets pour enfants. Les dirigeants savent que la période avant les fêtes de fin d'année est la plus propice à l'introduction de nouveaux jouets, parce que beaucoup de familles mettent à profit ce moment pour rechercher de nouvelles idées de cadeaux de Noël. Lorsque la société Specialty découvre un nouveau jouet avec un fort potentiel de vente, elle choisit de le mettre sur le marché en octobre.

Pour avoir les jouets dans ses rayons en octobre, la société passe commande à ses fabricants en juin ou juillet chaque année. La demande de jouets pour enfants peut être très volatile. Si le nouveau jouet connaît un certain engouement, un sentiment de rareté sur le marché accroît souvent la demande et d'importants profits peuvent être réalisés. Cependant, l'introduction de nouveaux jouets peut également se solder par un échec, laissant la société avec des stocks importants sur les bras, qui devront être vendus à prix réduit. La plus importante décision à laquelle doit faire face la société est de définir le nombre d'unités qui seront produites pour satisfaire la demande potentielle. Si trop peu de jouets sont achetés, la société perd des ventes ; si trop de jouets sont produits, les profits seront réduits à cause de la baisse de prix nécessaire pour écouler les stocks.

Pour la saison à venir, Specialty envisage de mettre sur le marché un nouveau produit appelé Weather Teddy. Cette nouvelle version d'un ours parlant est fabriquée par une société à Taïwan. Lorsqu'un enfant presse la main de la peluche, l'ours se met à parler. Un baromètre, placé à l'intérieur de la peluche, sélectionne l'une des cinq prévisions de temps possibles. Les prévisions vont de « Ce sera une très belle journée. Profitez-en ! » à « Je crains qu'il ne pleuve aujourd'hui. N'oubliez pas votre parapluie ! ». Les tests ont prouvé que, sans être parfaites, les prévisions étaient plutôt bonnes. Plusieurs responsables de la société ont déclaré que les prévisions de Weather Teddy étaient aussi bonnes que celles des prévisionnistes des chaînes de télévision locales.

Comme pour tout produit, Specialty doit décider combien d'unités fabriquer. Différentes suggestions ont été faites par les membres de l'équipe dirigeante : 15 000, 18 000, 24 000 ou 28 000 unités. L'écart entre ces propositions souligne les divergences d'opinion quant au potentiel de vente de ce produit. Les dirigeants font appel à vous pour analyser les probabilités que des unités restent invendues dans les différents cas de figure (15 000, 18 000, 24 000 ou 28 000 unités commandées), pour estimer le profit potentiel et pour faire une recommandation quant à la quantité à commander. Specialty souhaite vendre Weather Teddy 24 dollars, sachant que le coût de production unitaire est de 16 dollars. Si un stock d'invendus reste après les fêtes, Specialty vendra chaque unité 5 dollars. Après avoir revu l'historique des ventes de produits similaires, le prévisionniste en chef des ventes de Specialty prévoit une demande de 20 000 unités, avec une probabilité de 0,95 que la demande soit comprise entre 10 000 et 30 000 unités.

Rapport

Préparez un rapport managérial qui répond aux questions suivantes et recommandez quelle quantité de Weather Teddy commander.

1. Utiliser les prévisions de ventes pour décrire une distribution de probabilité normale qui peut être utilisée pour estimer la distribution de la demande. Représenter la distribution et indiquer sa moyenne et son écart type.
2. Calculer la probabilité qu'il y ait des invendus pour chacune des quantités de commande suggérées par l'équipe des dirigeants.
3. Calculer le profit attendu pour chacune des quantités de commande suggérées par l'équipe des dirigeants, sous trois scénarios alternatifs : le pire cas avec 10 000 unités vendues ; le cas le plus vraisemblable avec 20 000 unités vendues ; le cas le plus optimiste avec 30 000 unités vendues.
4. L'un des dirigeants de Specialty pense que la quantité commandée a 70 % de chances de satisfaire la demande et seulement 30 % de chances d'entraîner la constitution de stocks d'invendus. Dans ce contexte, quelle quantité devrait être commandée ? Quel est le profit espéré sous les trois scénarios de vente ?
5. Fournissez votre propre recommandation quant à la quantité à commander et donnez le profit espéré pour chacun des trois scénarios. Justifiez votre recommandation.

ANNEXE 6.1 LOIS DE PROBABILITÉ CONTINUES AVEC MINITAB

Étudions la procédure de calcul des probabilités continues avec Minitab, en nous référant au problème de la société Grear Tire, dans lequel le kilométrage des pneus est décrit par une loi normale de moyenne $\mu = 36\,500$ et d'écart type $\sigma = 5\,000$. Une des questions posées était : quelle est la probabilité que le kilométrage d'un pneu dépasse 40 000 km ?

Pour des lois continues, Minitab fournit une probabilité cumulée. En d'autres termes, Minitab fournit la probabilité qu'une variable aléatoire prenne une valeur inférieure ou égale à une certaine valeur prédéterminée. Dans le cadre du problème de la société Grear Tire, Minitab peut être utilisé pour déterminer la probabilité cumulée que le kilométrage du pneu soit inférieur ou égal à 40 000 km. Après avoir obtenu la probabilité cumulée de Minitab, on doit la soustraire à 1 pour trouver la probabilité que le kilométrage du pneu excède 40 000 km.

Avant d'utiliser Minitab pour calculer une probabilité, on doit entrer la valeur prédéterminée dans une colonne de la feuille de calcul. Pour répondre à la question du kilométrage des pneus Grear, on a entré la valeur prédéterminée de 40 000 dans la colonne C1 de la feuille de calcul Minitab. Les étapes de l'utilisation dc Minitab pour calculer la probabilité cumulée d'une variable aléatoire normale prenant une valeur inférieure ou égale à 40 000, sont décrites ci-dessous.

Étape 1. Sélectionner le menu **Calc**
Étape 2. Sélectionner le menu **Probability Distributions**
Étape 3. Sélectionner l'option **Normal**

Étape 4. Lorsque la boîte de dialogue apparaît :
Sélectionner **Cumulative probability**
Entrer 36 500 dans la boîte **Mean**
Entrer 5 000 dans la boîte **Standard deviation**
Entrer C1 dans la boîte **Input column** (la cellule contient la valeur 40 000)
Cliquer sur **OK**

Minitab fournira une probabilité égale à 0,7580. Puisque nous nous intéressons à la probabilité que le kilométrage du pneu dépasse 40 000 km, la probabilité souhaitée est égale à 0,2420 ($1-0,7580=0,2420$).

Une seconde question posée dans le cadre du problème de la société Grear Tire était : quelle est la garantie de kilométrage que Grear devrait fixer pour s'assurer que la garantie ne s'applique pas à plus de 10 % des pneus ? Ici la probabilité est donnée et l'on veut trouver la valeur de la variable aléatoire qui y correspond. Minitab utilise une fonction de calcul inverse pour trouver la valeur de la variable aléatoire associée à une probabilité cumulée donnée. D'abord, nous devons entrer la probabilité cumulée dans une colonne de la feuille de calcul de Minitab (disons C1). Dans cet exemple, la probabilité cumulée est égale à 0,10. Ensuite, les trois premières étapes de la procédure Minitab sont les mêmes que celles décrites ci-dessus. À l'étape 4, on sélectionne **Inverse cumulative probability** au lieu de **Cumulative probability** et on exécute le reste de la procédure. Minitab fournit alors le chiffre de 30 092 km.

Minitab est capable de calculer des probabilités pour d'autres lois continues, dont la loi exponentielle. Pour calculer des probabilités exponentielles, il suffit de suivre la procédure décrite précédemment pour la loi normale et de sélectionner l'option **Exponential** à l'étape 3. L'étape 4 est la même, mis à part le fait qu'il est inutile de rentrer la valeur de l'écart type. Les résultats des probabilités cumulées et des probabilités cumulées inversées sont identiques à ceux décrits pour la loi normale.

ANNEXE 6.2 LOIS DE PROBABILITÉ CONTINUES AVEC EXCEL

Excel a la capacité de calculer des probabilités pour plusieurs lois de probabilité continues, dont la loi normale. Dans cette annexe, nous décrirons comment utiliser Excel pour calculer les probabilités d'une distribution normale. Les procédures pour les autres lois continues sont similaires à celle que nous décrirons pour la loi normale.

Reprenons le problème de la société Grear Tire, dans lequel le kilométrage est décrit par une loi normale, de moyenne $\mu = 36\,500$ et d'écart type $\sigma = 5\,000$. Supposons que nous nous intéressions à la probabilité que le kilométrage d'un pneu dépasse 40 000 km.

La fonction NORM.DIST d'Excel fournit les probabilités cumulées d'une distribution normale. La forme générale de la fonction est NORM.DIST (x, μ, σ, *cumulative*).

Le qualificatif TRUE est choisi pour définir le quatrième élément (*cumulative*) si on souhaite obtenir la probabilité cumulée. Ainsi, pour calculer la probabilité cumulée que le kilométrage du pneu soit inférieur ou égal à 40 000 km, on entre la formule suivante dans une cellule d'une feuille de calcul Excel :

= NORM.DIST (40000, 36500, 5000, TRUE)

À ce moment-là, 0,7580 apparaîtra dans la cellule dans laquelle la formule a été entrée, indiquant que la probabilité que le kilométrage soit inférieur ou égal à 40 000 km, est égale à 0,7580. Par conséquent, la probabilité que le kilométrage du pneu excède 40 000 km est égale à 0,2420 ($1-0,7580=0,2420$).

La fonction NORM.INV d'Excel permet de trouver la valeur de la variable aléatoire correspondant à une probabilité cumulée donnée. Par exemple, supposons que nous cherchions la garantie de kilométrage que Grear devrait fixer pour s'assurer qu'elle ne s'applique pas à plus de 10 % des pneus. Pour cela, nous devons entrer la formule suivante dans une feuille de calcul Excel :

= NORM.INV (0.1, 36500, 5000)

À ce moment-là, 30 092 apparaîtra dans la cellule dans laquelle la formule a été entrée, indiquant que la probabilité que le pneu effectue au plus 30 092 km est égale à 0,10.

La fonction Excel pour calculer des probabilités exponentielles est EXPON.DIST. Cette fonction nécessite d'entrer trois facteurs : x, la valeur de la variable ; lambda égal à $1/\mu$ et TRUE si vous souhaitez calculer une probabilité cumulée. Par exemple, considérez une loi exponentielle de moyenne $\mu=15$. La probabilité qu'une variable exponentielle soit inférieure ou égale à 6 peut être calculée en utilisant la formule Excel suivante :

= EXPON.DIST (6, 1/15, TRUE).

Si vous avez besoin d'aide pour déterminer les bons arguments, vous pouvez utiliser la fonction Insert (cf. annexe E).

7

ÉCHANTILLONNAGE ET DISTRIBUTIONS D'ÉCHANTILLONNAGE

STATISTIQUES APPLIQUÉES

La société MeadWestvaco [*]

Stamford, Connecticut

La société MeadWestvaco, producteur majeur de papiers d'emballage, de papiers spéciaux, de produits pour professionnels et particuliers, emploie plus de 30 000 personnes. Elle est présente dans 29 pays à travers le monde et approvisionne des clients situés dans près de 100 pays. MeadWestvaco détient une position dominante dans la production de papier, avec une capacité de production annuelle de 1,8 million de tonnes. La société fabrique du papier pour cahier, du papier glacé pour magazines, des emballages pour boisson et des produits de bureau. Les experts de l'entreprise utilisent des échantillons pour fournir une variété d'informations permettant à la société d'obtenir des gains de productivité significatifs et de rester compétitive.

Par exemple, MeadWestvaco possède une grande plantation forestière d'où proviennent les arbres qui constituent la matière première de nombreux produits fabriqués par l'entreprise. Les responsables ont besoin d'informations fiables et précises sur les régions d'abattage et les forêts, afin d'évaluer les capacités de l'entreprise à satisfaire ses besoins futurs en matière première. Quel est le volume actuel de bois dans les forêts ? Quelle était la croissance des forêts par le passé ? Quelles sont les prévisions de croissance des forêts ? Grâce aux réponses à ces questions, les responsables de la société MeadWestvaco peuvent développer les projets futurs, y compris le planning à long terme de plantation et d'abattage des arbres.

Comment MeadWestvaco obtient-elle les informations qu'elle souhaite sur ses réserves forestières ? Les données collectées à partir d'échantillons de parcelles, réparties à travers l'ensemble des propriétés de la société, sont à l'origine des informations sur la population des arbres que possède l'entreprise. Pour identifier les parcelles d'un échantillon, les propriétés forestières sont réparties en trois sections, selon leur situation géographique et le type d'arbres qu'elles contiennent. Sur la base de cartes et de nombres aléatoires, les statisticiens de la société identifient des échantillons aléatoires de parcelles de 1/5 à 1/7 acre (demi-hectare) dans chaque section de la forêt. Les gardes forestiers de la société collectent ensuite les données souhaitées dans ces échantillons de parcelles, à partir desquels sont obtenues les informations sur la population forestière entière.

Les gardes forestiers participent au processus de collecte des données sur le terrain. Périodiquement, des équipes de deux personnes rassemblent des informations sur chaque arbre de chaque échantillon de parcelles. Les données sont enregistrées dans le système informatique de gestion des forêts. Les rapports faits à partir de ce système informatique contiennent des résumés sous forme de distributions de fréquence, regroupant des statistiques sur les types d'arbre, le volume forestier actuel, les taux de croissance passés de la forêt, et les prévisions concernant la croissance et le volume forestier dans le futur. L'échantillonnage et les résumés statistiques des données fournissent les informations nécessaires à la gestion du parc forestier de la société MeadWestvaco.

Dans ce chapitre, vous vous familiariserez avec l'échantillonnage aléatoire simple et le processus de sélection d'un échantillon. De plus, vous apprendrez comment des statistiques comme la moyenne ou la proportion d'échantillon peuvent être utilisées pour estimer la moyenne ou une proportion de la population. Le concept de distribution d'échantillonnage est également introduit.

---

* Les auteurs remercient Dr. Edward P. Winkofsky de leur avoir fourni ce Statistiques appliquées.

Dans le chapitre 1, nous avons défini ce que sont un *élément*, une *population* et un *échantillon* :

- Un élément est une entité pour laquelle des données sont collectées.
- Une population est l'ensemble de tous les éléments auxquels on s'intéresse.
- Un échantillon est un sous-ensemble de la population.

La constitution d'un échantillon permet de collecter des données pour répondre à une question concernant une population.

Citons deux exemples dans lesquels un échantillon est utilisé pour répondre à une question concernant une population.

1. Les membres d'un parti politique au Texas sont supposés soutenir un candidat particulier aux élections du Sénat américain, et les leaders du parti voudraient estimer la proportion d'électeurs favorables à leur candidat. Un échantillon de 400 électeurs texans a été sélectionné et 160 de ces 400 électeurs ont indiqué être favorables au candidat. Une estimation de la proportion d'électeurs favorables au candidat est donc $160 / 400 = 0,40$.
2. Un fabricant de pneus a conçu un nouveau type de pneu permettant d'accroître le kilométrage effectué, comparativement au nombre de kilomètres effectués avec les pneus actuellement fabriqués par l'entreprise. Pour estimer le nombre moyen de kilomètres effectués avec les nouveaux pneus, le fabricant a sélectionné un échantillon de 120 nouveaux pneus, dans le but de les tester. D'après les résultats du test, la moyenne de l'échantillon est égale à 36 500 kilomètres. Par conséquent, une estimation du kilométrage moyen pour la population des nouveaux pneus est de 36 500 kilomètres.

Il est important de comprendre que les résultats d'un échantillon fournissent seulement des *estimations* de la valeur des caractéristiques de la population considérée. On ne s'attend pas à ce qu'exactement 40 % de la population des électeurs soit favorable au candidat considéré ; de même, on ne s'attend pas à ce que la moyenne d'échantillon de 36 500 kilomètres soit exactement égale au kilométrage moyen de tous les pneus de la population. Ceci tient au fait que l'échantillon ne contient qu'une partie de la population. Une certaine erreur d'échantillonnage est attendue. Avec des méthodes d'échantillonnage adéquates, les résultats de l'échantillon fournissent toutefois de « bonnes » estimations des paramètres de la population. Mais quelle justesse des résultats peut-on espérer ? Des procédures statistiques permettent de répondre à cette question.

> Une moyenne d'échantillon fournit une estimation de la moyenne de la population et une proportion d'échantillon fournit une estimation de la proportion de la population. Avec de telles estimations, on doit s'attendre à des erreurs d'estimation. Ce chapitre fournit les bases pour déterminer l'importance de l'erreur d'estimation.

Définissons certains termes utilisés en échantillonnage. La population échantillonnée est la population à partir de laquelle l'échantillon est sélectionné et le cadre d'analyse est la liste des éléments d'où l'échantillon est issu. Dans le premier exemple, la population échantillonnée est l'ensemble des électeurs du Texas et le cadre est une liste de tous les électeurs. Puisque le nombre d'électeurs au Texas est fini, le premier exemple est un exemple d'échantillonnage à partir d'une population finie. Dans la section 7.2 nous discuterons de la manière de sélectionner un échantillon aléatoire simple lorsque l'échantillonnage se fait à partir d'une population finie.

La population échantillonnée dans l'exemple du fabricant de pneus est plus difficile à définir parce que l'échantillon de 120 pneus est obtenu à partir d'un processus de production à un moment particulier dans le temps. Nous pouvons penser à la population échantillonnée comme à la population conceptuelle de tous les pneus qui auraient pu être produits à partir de ce processus de production à ce moment particulier dans le temps. En ce sens, la population échantillonnée est considérée comme infinie, rendant impossible l'énumération des éléments de la population. Dans la section 7.2 nous discuterons de la manière de sélectionner un échantillon aléatoire dans une telle situation.

Dans ce chapitre, nous verrons comment sélectionner un échantillon à partir d'une population finie grâce à la méthode d'échantillonnage aléatoire simple et comment un échantillon aléatoire peut être issu d'une population infinie générée par un processus. Nous verrons ensuite comment utiliser les données obtenues à partir de l'échantillon pour estimer la moyenne, l'écart type ou une proportion de la population. De plus, nous introduirons le concept de distribution d'échantillonnage. Comme nous le montrerons, la connaissance de la distribution d'échantillonnage appropriée est ce qui nous permet de conclure quant à la justesse des résultats de l'échantillon. La dernière section traite des méthodes d'échantillonnage aléatoire alternatives à l'échantillonnage aléatoire simple, qui sont souvent employées dans la pratique.

7.1 LE PROBLÈME D'ÉCHANTILLONNAGE DE LA SOCIÉTÉ ELECTRONICS ASSOCIATES

Le directeur du personnel de la société Electronics Associates (EAI) a été chargé d'identifier le profil des 2 500 responsables de la société. Les caractéristiques pertinentes à identifier comprennent le salaire annuel moyen des responsables et la proportion des responsables ayant suivi le programme de formation au management, mis en place par la société.

En considérant les 2 500 responsables comme la population de cette étude, on peut déterminer le salaire annuel de chaque individu et savoir s'il a suivi le programme de formation au management, en consultant les dossiers du personnel de l'entreprise. Vous trouverez la base de données contenant ces informations pour l'ensemble de la population dans le fichier en ligne intitulé EAI.

En utilisant l'ensemble de données EAI et les formules présentées au chapitre 3, nous pouvons calculer la moyenne et l'écart type du salaire annuel pour la population.

$$\text{Moyenne de la population : } \mu = 51\,800 \text{ dollars}$$
$$\text{Écart type de la population : } \sigma = 4\,000 \text{ dollars}$$

Les données concernant le programme de formation montrent que 1 500 des 2 500 responsables l'ont effectivement suivi.

Les caractéristiques numériques d'une population sont appelées **paramètres**. Soit p la proportion de la population ayant suivi le programme de formation. Nous avons donc : $p = 1500 / 2500 = 0,60$. Le salaire annuel moyen de la population (dollars), l'écart type du salaire annuel de la population (σ = 4 000 dollars) et la proportion de la population ayant suivi le programme de formation ($p = 0,60$) sont des paramètres de la population des responsables de la société EAI.

Maintenant, supposez que les informations nécessaires sur les responsables de la société EAI ne sont pas disponibles dans les bases de données de la société. La question qui se pose maintenant, est de savoir comment le directeur du personnel de la société peut obtenir des estimations des paramètres de la population, en utilisant un échantillon de responsables à la place de la population constituée de 2 500 responsables. Supposez que l'on utilise un échantillon de 30 responsables. Clairement, le temps et le coût nécessaire pour établir le profil de 30 responsables sont moindres que ceux nécessaires pour établir le profil de l'ensemble de la population des responsables de l'entreprise. Si le directeur du personnel est sûr qu'un échantillon de 30 responsables fournira des informations correctes sur la population des 2 500 responsables, travailler avec un échantillon, plutôt qu'avec la population entière, est préférable. Explorons la possibilité d'utiliser un échantillon pour l'étude de la société EAI en commençant par identifier un échantillon de 30 responsables.

Souvent le coût de la collecte d'informations à partir d'un échantillon est largement inférieur à celui généré par la collecte d'informations à partir de la population entière, en particulier lorsque l'obtention de ces informations nécessitent des entretiens avec le personnel.

7.2 SÉLECTIONNER UN ÉCHANTILLON

Dans cette section, nous décrivons comment sélectionner un échantillon. Nous considérons tout d'abord comment sélectionner un échantillon à partir d'une population finie et décrirons ensuite comment sélectionner un échantillon à partir d'une population infinie.

7.2.1 Échantillonnage à partir d'une population finie

Les statisticiens recommandent de sélectionner un échantillon probabiliste lorsque l'on sélectionne un échantillon à partir d'une population finie parce qu'un échantillon probabiliste permet de faire de l'inférence statistique sur la population. Le type le plus simple d'échantillons probabilistes est celui dans lequel chaque échantillon de taille n a la même probabilité d'être sélectionné. On parle d'échantillon aléatoire simple. Un échantillon aléatoire simple de taille n, issu d'une population finie de taille N, est défini de la manière suivante.

D'autres méthodes d'échantillonnage probabilistes sont décrites dans la section 7.8.

▶ **Échantillon aléatoire simple (population finie)**
Un **échantillon aléatoire simple** de taille n, issu d'une population finie de taille N, est un échantillon sélectionné de manière à ce que chaque échantillon possible de taille n ait la même probabilité d'être sélectionné.

Une procédure de sélection d'un échantillon aléatoire simple, à partir d'une population finie, consiste à choisir les éléments de l'échantillon un par un, de façon à ce que les éléments restants dans la population aient la même probabilité d'être sélectionné. Choisir *n* éléments de cette façon respecte la définition d'un échantillon aléatoire simple issu d'une population finie.

> Des nombres aléatoires générés par ordinateur peuvent également être utilisés pour procéder à la sélection d'un échantillon aléatoire. Excel possède une fonction de génération de nombres aléatoires.

Pour constituer un échantillon aléatoire simple à partir de la population finie des responsables de la société EAI, nous assignons tout d'abord un numéro à chaque responsable. Par exemple, on peut numéroter les responsables de 1 à 2 500, en fonction de leur ordre d'apparition dans les fichiers du personnel de la société EAI. Ensuite, nous nous référons à la table des nombres aléatoires reproduite dans le tableau 7.1. Chaque chiffre

Tableau 7.1 ***Nombres aléatoires***

63 271	59 986	71 744	51 102	15 141	80 714	58 683	93 108	13 554	79 945
88 547	09 896	95 436	79 115	08 303	01 041	20 030	63 754	08 459	28 364
55 957	57 243	83 865	09 911	19 761	66 535	40 102	26 646	60 147	15 702
46 276	87 453	44 790	67 122	45 573	84 358	21 625	16 999	13 385	22 782
55 363	07 449	34 835	15 290	76 616	67 191	12 777	21 861	68 689	03 263
69 393	92 785	49 902	58 447	42 048	30 378	87 618	26 933	40 640	16 281
13 186	29 431	88 190	04 588	38 733	81 290	89 541	70 290	40 113	08 243
17 726	28 652	56 836	78 351	47 327	18 518	92 222	55 201	27 340	10 493
36 520	64 465	05 550	30 157	82 242	29 520	69 753	72 602	23 756	54 935
81 628	36 100	39 254	56 835	37 636	02 421	98 063	89 641	64 953	99 337
84 649	48 968	75 215	75 498	49 539	74 240	03 466	49 292	36 401	45 525
63 291	11 618	12 613	75 055	43 915	26 488	41 116	64 531	56 827	30 825
70 502	53 225	03 655	05 915	37 140	57 051	48 393	91 322	25 653	06 543
06 426	24 771	59 935	49 801	11 082	66 762	94 477	02 494	88 215	27 191
20 711	55 609	29 430	70 165	45 406	78 484	31 639	52 009	18 873	96 927
41 990	70 538	77 191	25 860	55 204	73 417	83 920	69 468	74 972	38 712
72 452	36 618	76 298	26 678	89 334	33 938	95 567	29 380	75 906	91 807
37 042	40 318	57 099	10 528	09 925	89 773	41 335	96 244	29 002	46 453
53 766	52 875	15 987	46 962	67 342	77 592	57 651	95 508	80 033	69 828
90 585	58 955	53 122	16 025	84 299	53 310	67 380	84 249	25 348	04 332
32 001	96 293	37 203	64 516	51 530	37 069	40 261	61 374	05 815	06 714
62 606	64 324	46 354	72 157	67 248	20 135	49 804	09 226	64 419	29 457
10 078	28 073	85 389	50 324	14 500	15 562	64 165	06 125	71 353	77 669
91 561	46 145	24 177	15 294	10 061	98 124	75 732	00 815	83 452	97 355
13 091	98 112	53 959	79 607	52 244	63 303	10 413	63 839	74 762	50 289

de la première ligne, 6, 3, 2, …, correspond à un chiffre aléatoire qui a une probabilité égale de survenir. Puisque le nombre le plus grand dans la population des responsables de la société EAI, 2 500, a quatre chiffres, nous sélectionnons les nombres aléatoires de la table, formés de quatre chiffres. Bien que nous puissions débuter la sélection de nombres aléatoires n'importe où dans la table et nous déplacer dans n'importe quelle direction, nous utilisons la première ligne du tableau 7.1 et nous nous déplaçons de gauche à droite. Les sept premiers nombres aléatoires à quatre chiffres sont :

6 327 1 599 8 671 7 445 1 102 1 514 1 807

Puisque les nombres de la table sont aléatoires, ces nombres à quatre chiffres sont équiprobables.

> Dans la table, les nombres aléatoires sont regroupés par groupe de cinq chiffres pour des raisons de commodité de lecture.

Nous pouvons maintenant utiliser ces nombres aléatoires à quatre chiffres pour donner à chaque responsable de la population une probabilité identique d'être inclus dans l'échantillon aléatoire. Le premier nombre, 6 327, est supérieur à 2 500. Il n'est associé à aucun des responsables numérotés dans la population ; par conséquent, il est écarté. Le second nombre, 1 599, est compris entre 1 et 2 500. Ainsi, le premier responsable sélectionné dans l'échantillon aléatoire est celui qui porte le numéro 1 599 dans la liste des responsables de la société. En poursuivant ce procédé, nous ignorons les nombres 8 671 et 7 445 avant d'inclure dans l'échantillon aléatoire les responsables numérotés 1 102, 1 514 et 1 807. On poursuit ce procédé jusqu'à ce que 30 responsables aient été sélectionnés.

En procédant à la sélection de cet échantillon aléatoire simple, il est possible qu'un nombre aléatoire déjà sélectionné réapparaisse dans la table, avant d'avoir constitué l'échantillon des 30 responsables. Dans la mesure où nous ne voulons pas sélectionner un individu plus d'une fois, tous les nombres aléatoires déjà sélectionnés sont ignorés, puisque le responsable associé à ce nombre fait déjà partie de l'échantillon. Cette manière de sélectionner un échantillon correspond à une procédure **d'échantillonnage sans remise**. Si nous avions constitué l'échantillon en acceptant les nombres aléatoires déjà choisis et donc en incluant dans l'échantillon les individus plus d'une fois, nous aurions alors utilisé une procédure **d'échantillonnage avec remise**. L'échantillonnage avec remise est une façon correcte de constituer un échantillon aléatoire simple. Cependant, l'échantillonnage sans remise est la procédure d'échantillonnage la plus utilisée. Lorsque l'on se réfère à un échantillonnage aléatoire simple, il est sous-entendu que l'échantillonnage est sans remise.

7.2.2 Échantillonnage à partir d'une population infinie

Parfois, nous souhaitons sélectionner un échantillon à partir d'une population qui est infiniment grande ou dont les éléments sont générés par un processus pour lequel il n'y a pas de limite quant au nombre d'éléments qui peuvent être générés. Ainsi, il n'est pas possible de développer une liste de tous les éléments de cette population. C'est ce qu'on appelle le cas d'une population infinie. Dans un tel cas, on ne peut pas sélectionner un échantillon aléatoire simple car on ne peut pas définir un cadre d'analyse contenant tous les éléments. Dans le cas d'une population infinie, les statisticiens recommandent de sélectionner ce qui est appelé un échantillon aléatoire.

► **Échantillon aléatoire (population infinie)**
Un **échantillon aléatoire** de taille *n* issu d'une population infinie est un échantillon sélectionné qui satisfait les conditions suivantes.

1. Chaque élément sélectionné est issu de la même population.

2. Chaque élément est sélectionné indépendamment des autres.

Précaution et bon sens doivent guider le processus de sélection pour obtenir un échantillon aléatoire à partir d'une population infinie. Chaque cas peut nécessiter une procédure de sélection différente. Considérons deux exemples pour illustrer les conditions (1) « chaque élément sélectionné est issu de la même population » et (2) « chaque élément est sélectionné indépendamment des autres ».

Une application courante en matière de contrôle de la qualité implique un processus de production dans lequel il n'y a pas de limite quant au nombre d'éléments qui peuvent être produits. La population conceptuelle d'où est issu l'échantillon, correspond à tous les éléments qui peuvent être produits (pas simplement ceux qui ont déjà été produits). Puisque nous ne pouvons pas constituer une liste de tous les éléments qui peuvent être produits, la population est considérée être infinie. Pour être plus précis, considérons une chaîne de production conçue pour remplir des boîtes de céréale d'un poids moyen de 24 onces. Des échantillons de 12 boîtes remplies via ce processus sont périodiquement sélectionnés par un inspecteur de la qualité pour déterminer si le processus fonctionne correctement ou si, par exemple, un dysfonctionnement a entraîné un sur- ou un sous-remplissage des boîtes.

Avec une opération de production de ce type, la principale difficulté dans la sélection d'un échantillon aléatoire est d'être sûr que la condition 1 est satisfaite, c'est-à-dire que les éléments échantillonnés sont issus de la même population. Pour s'assurer que cette condition est satisfaite, les boîtes doivent être sélectionnées à peu près au même moment dans le temps. De cette façon, l'inspecteur évite de sélectionner certaines boîtes lorsque la chaîne de production fonctionne correctement et d'autres boîtes lorsque le processus n'est plus sous contrôle et que les boîtes sont sur- ou sous-remplies. Avec un processus de production de ce type, la seconde condition, chaque élément est sélectionné indépendamment, est satisfaite en définissant le processus de production de façon à ce que chaque boîte de céréale soit remplie indépendamment. Avec cette hypothèse, l'inspecteur de la qualité n'a qu'à se soucier de la première condition.

Considérons un autre exemple de sélection d'un échantillon aléatoire à partir d'une population infinie, à savoir la population des clients arrivant à un fast-food. Supposez que l'on ait demandé à un employé de sélectionner et d'interviewer un échantillon de clients afin de déterminer le profil des clients du restaurant. Le processus d'arrivée des clients est permanent et il n'y a aucun moyen d'obtenir une liste de tous les clients formant la population. Aussi, pour des raisons pratiques, la population pour ce processus est considérée être infinie. Tant que la procédure d'échantillonnage est conçue de façon à ce que les éléments de l'échantillon soient les clients du restaurant et qu'ils sont sélectionnés de façon indépendante, un échantillon aléatoire sera obtenu. Dans ce cas, l'employé chargé de collecter l'échantillon, doit sélectionner l'échantillon à partir des personnes qui entrent dans le restaurant et font un achat pour garantir que la condition de même population soit satisfaite. Si, par exemple, l'employé a sélectionné une personne qui est entrée dans le restaurant juste pour aller aux toilettes, cette personne n'est pas un client et la condition d'une même population est violée. Aussi, tant que l'employé sélectionne l'échantillon à partir des personnes effectuant un achat dans le restaurant, la condition 1 est satisfaite. S'assurer que les clients sont sélectionnés aléatoirement peut s'avérer plus difficile.

L'objectif de la seconde condition de la procédure de sélection d'un échantillon aléatoire (chaque élément est sélectionné indépendamment des autres) est d'éviter un biais de sélection. Dans ce cas, un biais de sélection survient si l'employé est libre de sélectionner les clients composant l'échantillon de façon arbitraire. L'employé pourrait se sentir plus à l'aise en sélectionnant des clients d'une tranche d'âge particulière et pourrait éviter de sélectionner les clients appartenant à d'autres tranches d'âge. Un biais de sélection surviendrait si l'employé sélectionnait un groupe de cinq clients qui entreraient ensemble dans le restaurant et leur demandait à tous de participer à l'enquête. Un tel groupe de clients auraient vraisemblablement des caractéristiques similaires, qui pourraient fournir des informations erronées sur la population des clients. Un biais de sélection de ce type peut être évité en s'assurant que la sélection d'un client particulier n'influence pas la sélection d'un autre client. En d'autres termes, les éléments (clients) sont sélectionnés indépendamment les uns des autres.

McDonald's, le leader de la restauration rapide, a mis en place une procédure d'échantillonnage aléatoire pour cette situation. La procédure d'échantillonnage était basée sur le fait que certains clients présentent des bons de réduction. Lorsqu'un client présentait un bon de réduction, on demandait au client suivant de remplir un questionnaire sur son profil. En conséquence, l'échantillon satisfaisait les conditions d'un échantillon aléatoire issu d'une population infinie.

Des situations impliquant un échantillonnage à partir d'une population infinie, sont généralement associées à un processus durable. On peut citer à titre d'exemples les pièces fabriquées sur une chaîne de production, les essais expérimentaux répétés dans un laboratoire, les transactions bancaires, les appels téléphoniques reçus dans un centre de soutien technique, et les clients entrant dans un magasin. Dans chaque cas, la situation peut être vue comme un processus qui génère des éléments à partir d'une population infinie. Tant que les éléments échantillonnés sont sélectionnés à partir d'une même population et de façon indépendante, l'échantillon est considéré être un échantillon aléatoire provenant d'une population infinie.

REMARQUES

1. Dans cette section, nous avons défini avec précaution deux types d'échantillon : un échantillon aléatoire simple issu d'une population finie et un échantillon aléatoire issu d'une population infinie. Dans le reste de l'ouvrage, nous nous référerons généralement à ces deux types d'échantillons en parlant d'un échantillon aléatoire ou

simplement d'un échantillon. Nous ne distinguerons pas les échantillons aléatoires « simples » à moins que ce ne soit nécessaire pour l'exercice ou la discussion.

2. Les statisticiens spécialisés dans les enquêtes d'échantillonnage à partir de populations finies, utilisent les méthodes d'échantillonnage qui fournissent des échantillons probabilistes. L'échantillonnage aléatoire simple est une de ces méthodes. Dans la section 7.7, nous décrirons d'autres méthodes d'échantillonnage probabilistes : l'échantillonnage aléatoire stratifié, l'échantillonnage par grappes et l'échantillonnage systématique. Nous utilisons le terme simple dans l'expression échantillonnage aléatoire simple pour indiquer qu'il s'agit d'une méthode d'échantillonnage probabiliste qui assure que chaque échantillon de taille n a la même probabilité d'être sélectionné.

3. Le nombre d'échantillons aléatoires simples différents de taille n qui peuvent être sélectionnés à partir d'une population de taille N est

$$\frac{N!}{n!(N-n)!}$$

4. Dans cette formule, $N!$ et $n!$ sont les factorielles dont nous avons parlé au chapitre 4. Pour le problème de la société EAI, avec $N = 2\,500$ et $n = 30$, selon cette expression, approximativement $2{,}75 \times 10^{69}$ échantillons aléatoires simples différents de 30 responsables de la société EAI peuvent être constitués.

5. Les logiciels informatiques peuvent être utilisés pour sélectionner un échantillon aléatoire. Dans les annexes de ce chapitre, nous montrerons comment utiliser Minitab et Excel pour sélectionner un échantillon aléatoire simple à partir d'une population finie.

EXERCICES

Méthode

1. Considérer une population finie composée de cinq éléments notés A, B, C, D et E. Dix échantillons aléatoires simples de taille égale à deux peuvent être sélectionnés.

   a) Énumérer les dix échantillons en commençant par AB, AC, etc.

   b) En utilisant la procédure d'échantillonnage aléatoire simple, quelle est la probabilité pour chaque échantillon de taille deux d'être sélectionné ?

   c) Supposez que le nombre aléatoire 1 corresponde à A, le nombre aléatoire 2 corresponde à B, etc. Définir l'échantillon aléatoire de taille deux qui sera sélectionné en utilisant les chiffres 8 0 5 7 5 3 2.

2. Supposez qu'une population finie soit composée de 350 éléments. En utilisant les trois derniers chiffres de chacun des nombres aléatoires suivants à cinq chiffres (601, 022, 448, …), déterminer les quatre premiers éléments qui seront sélectionnés pour constituer l'échantillon aléatoire simple.

   98601 73022 83448 02147 34229 27553 84147 93289 14209

Applications

3. *Fortune* publie des données sur les ventes, les profits, le capital, les capitaux des actionnaires, la valeur marchande et les bénéfices par action des 500 plus importantes sociétés industrielles américaines (*Fortune 500*, 2006). Supposez que vous vouliez constituer un échantillon aléatoire simple de 10 sociétés parmi la liste des 500 sociétés établie par *Fortune*. Utilisez les trois derniers chiffres de la colonne 9 du tableau 7.1, en commençant par 554. Lire les chiffres en descendant dans la colonne et identifier les numéros des 10 sociétés qui seront sélectionnées.

4. Les dix titres les plus actifs de la bourse de New York, le 6 mars 2006, étaient les suivants (*The Wall Street Journal*, 7 mars 2006).

AT&T	Lucent	Nortel	Qwest	Bell South
Pfizer	Texas Instruments	Gen. Elect.	iShrMSJpn	LSI Logic

Les autorités des marchés boursiers ont décidé d'enquêter sur les pratiques d'échanges en utilisant un échantillon de trois de ces titres.

a) En commençant par le premier chiffre aléatoire de la colonne 6 du tableau 7.1 et en lisant la colonne en descendant, sélectionner un échantillon aléatoire simple de trois titres pour les autorités.

b) Selon l'information contenue dans la remarque 3, combien d'échantillons aléatoires simples différents de taille 3 peuvent être constitués dans la liste des dix titres ?

5. Une organisation gouvernementale étudiante s'intéresse à l'estimation de la proportion des étudiants partisans de la politique d'évaluation « succès-échec » pour les cours facultatifs. Une liste des noms et adresses de 645 étudiants inscrits au cours du trimestre est disponible auprès du bureau des inscriptions. En utilisant les nombres aléatoires à trois chiffres de la ligne 10 du tableau 7.1 et en lisant de gauche à droite, identifier les 10 premiers étudiants qui seront sélectionnés en utilisant la procédure d'échantillonnage aléatoire simple. Les nombres aléatoires à trois chiffres commencent par 816, 283 et 610.

6. Le *County and City Data Book*, publié par le bureau des recensements, fournit des informations sur 3 139 comtés américains. Supposez qu'une étude nationale collecte des données sur 30 comtés sélectionnés aléatoirement. Utiliser les nombres aléatoires à quatre chiffres à partir de la dernière colonne du tableau 7.1 pour identifier les nombres correspondant aux cinq premiers comtés sélectionnés pour constituer l'échantillon. Ignorer les premiers chiffres et commencer par les nombres aléatoires à quatre chiffres 9945, 8364, 5702, etc.

7. Supposez que nous voulions identifier un échantillon aléatoire simple de 12 des 372 médecins exerçant dans une ville particulière. Les noms des médecins sont disponibles auprès d'une organisation médicale locale. Utiliser la huitième colonne de nombres aléatoires à cinq chiffres du tableau 7.1 pour identifier les 12 médecins de l'échantillon. Ignorer les deux premiers chiffres aléatoires dans chaque ensemble de nombres aléatoires à cinq chiffres. Ce processus commence avec le nombre aléatoire 108 et se poursuit en descendant dans la colonne des nombres aléatoires.

8. Les actions suivantes composent l'indice Dow Jones Industriel (*Barron's*, 23 mars 2009).

1. 3M	11. Disney	21. McDonald's
2. AT&T	12. DuPont	22. Merck
3. Alcoa	13. ExxonMobil	23. Microsoft
4. American Express	14. General Electric	24. J.P. Morgan
5. Bank of America	15. Hewlett-Packard	25. Pfizer
6. Boeing	16. Home Depot	26. Procter & Gamble
7. Caterpillar	17. IBM	27. Travelers
8. Chevron	18. Intel	28. United Technologies
9. Cisco Systems	19. Johnson & Johnson	29. Verizon
10. Coca-Cola	20. Kraft Foods	30. Walmart

Supposez que vous vouliez sélectionner un échantillon de six de ces sociétés pour mener une étude approfondie sur les pratiques managériales. Utiliser les deux premiers chiffres de chaque ligne de la 9e colonne du tableau 7.1 pour sélectionner un échantillon aléatoire simple de six sociétés.

9. Le *Wall Street Journal* fournit la valeur des actions, le rendement annuel et le rendement sur trois ans de 555 fonds mutuels (*The Wall Street Journal*, 25 avril 2003). Supposez qu'un échantillon aléatoire simple de 12 des 555 fonds mutuels soit sélectionné pour une étude sur la taille et les performances de ces fonds mutuels. Utiliser la quatrième colonne des nombres aléatoires du tableau 7.1, en commençant par 51102, pour sélectionner l'échantillon aléatoire simple de 12 fonds mutuels. Commencer avec le fond mutuel 102 et utiliser les trois derniers chiffres dans chaque ligne de la quatrième colonne pour effectuer votre sélection. Quels sont les numéros des 12 fonds mutuels de l'échantillon aléatoire simple ?

10. Indiquer lesquelles des situations suivantes impliquent un échantillonnage à partir d'une population finie et lesquelles impliquent un échantillonnage à partir d'une population infinie. Dans les cas où la population échantillonnée est finie, décrire la procédure d'échantillonnage.

a) Obtenir un échantillon des conducteurs de l'État de New York.

b) Obtenir un échantillon des boîtes de céréale produites par la société Breakfast Choice.

c) Obtenir un échantillon des voitures passant sur le pont Golden Gate un jour de semaine ordinaire.

d) Obtenir un échantillon des étudiants en statistiques de l'Université d'Indiana.

e) Obtenir un échantillon des commandes gérées par une entreprise de vente par correspondance.

7.3 ESTIMATION PONCTUELLE

Maintenant que nous avons décrit comment constituer un échantillon aléatoire simple, revenons au problème de la société EAI. Supposez qu'un échantillon aléatoire simple de 30 responsables ait été constitué et que les données correspondantes sur le salaire annuel et la participation au programme de formation au management soient celles présentées dans le tableau 7.2. La notation x_1, x_2, etc., est utilisée pour noter le salaire annuel du premier responsable de l'échantillon, le salaire annuel du deuxième responsable, etc. La participation au programme de formation est indiquée par un « oui » dans la colonne « programme de formation au management ».

Pour estimer la valeur d'un paramètre de la population, nous calculons la valeur d'une caractéristique correspondante de l'échantillon, dite **statistique d'échantillon**. Par exemple, pour estimer la moyenne μ et l'écart type σ du salaire annuel de la population des responsables de la société EAI, nous utilisons les données du tableau 7.2 pour calculer les statistiques d'échantillon correspondantes : la moyenne de l'échantillon $\bar{x}$ et l'écart type de l'échantillon s. En utilisant les formules présentées dans le chapitre 3, la moyenne de l'échantillon est égale à

$$\bar{x} = \frac{\sum x_i}{n} = \frac{1\,554\,420}{30} = 51\,814 \text{ dollars}$$

et l'écart type de l'échantillon à

$$s = \sqrt{\frac{\sum (x_i - \bar{x})^2}{n-1}} = \sqrt{\frac{325\,009\,260}{29}} = 3\,348 \text{ dollars}$$

Tableau 7.2 ***Salaire annuel et participation au programme de formation pour un échantillon aléatoire simple de 30 responsables de la société EAI***

Salaire annuel ($)	Programme de formation au management	Salaire annuel ($)	Programme de formation au management
$x_1 = 49094{,}30$	Oui	$x_{16} = 51766{,}00$	Oui
$x_2 = 53263{,}90$	Oui	$x_{17} = 52541{,}30$	Non
$x_3 = 49643{,}50$	Oui	$x_{18} = 44980{,}00$	Oui
$x_4 = 49894{,}90$	Oui	$x_{19} = 51932{,}60$	Oui
$x_5 = 47621{,}60$	Non	$x_{20} = 52973{,}00$	Oui
$x_6 = 55924{,}00$	Oui	$x_{21} = 45120{,}90$	Oui
$x_7 = 49092{,}30$	Oui	$x_{22} = 51753{,}00$	Oui
$x_8 = 51404{,}40$	Oui	$x_{23} = 54391{,}80$	Non
$x_9 = 50957{,}70$	Oui	$x_{24} = 50164{,}20$	Non
$x_{10} = 55109{,}70$	Oui	$x_{25} = 52973{,}60$	Non
$x_{11} = 45922{,}60$	Oui	$x_{26} = 50241{,}30$	Non
$x_{12} = 57268{,}40$	Non	$x_{27} = 52793{,}90$	Non
$x_{13} = 55688{,}80$	Oui	$x_{28} = 50979{,}40$	Oui
$x_{14} = 51564{,}70$	Non	$x_{29} = 55860{,}90$	Oui
$x_{15} = 56188{,}20$	Non	$x_{30} = 57309{,}10$	Non

Pour estimer p, la proportion des responsables de la population qui ont suivi le programme de formation au management, nous utilisons la proportion de l'échantillon $\overline{p}$. Soit x le nombre de responsables dans l'échantillon qui ont suivi le programme de formation au management. Les données du tableau 7.2 indiquent que $x = 19$. Ainsi, avec un échantillon de taille $n = 30$, la proportion d'échantillon est égale à

$$\overline{p} = \frac{x}{n} = \frac{19}{30} = 0,63$$

En faisant les calculs précédents, nous avons procédé à une *estimation ponctuelle*. En utilisant la terminologie de l'estimation ponctuelle, la moyenne d'échantillon $\overline{x}$ correspond à l'**estimateur ponctuel** de la moyenne de la population μ, l'écart type d'échantillon s à l'estimateur ponctuel de l'écart type de la population σ et la proportion d'échantillon $\overline{p}$ à l'estimateur ponctuel de la proportion de la population p. La valeur numérique obtenue pour $\overline{x}$, s ou $\overline{p}$ est appelée **estimation ponctuelle**. Ainsi, pour l'échantillon aléatoire simple des 30 responsables de la société EAI, présenté dans le tableau 7.2, 51 814 dollars est l'estimation ponctuelle de μ, 3 348 dollars est l'estimation ponctuelle de σ et 0,63 est l'estimation ponctuelle de p. Le tableau 7.3 résume les résultats d'échantillon et compare les estimations ponctuelles aux valeurs effectives des paramètres de la population.

Comme le montre le tableau 7.3, les estimations ponctuelles diffèrent quelque peu de la valeur du paramètre de la population qui lui est associé. Cet écart est prévisible puisque seul un échantillon et non un recensement de la population entière est utilisé pour effectuer les estimations ponctuelles. Dans le prochain chapitre, nous verrons comment obtenir des informations sur l'écart entre l'estimation ponctuelle et le paramètre de la population.

7.3.1 Conseil pratique

Le principal sujet traité dans le reste de l'ouvrage concerne l'inférence statistique. L'estimation ponctuelle est une forme d'inférence statistique. Nous utilisons une statistique d'échantillon pour faire de l'inférence à propos d'un paramètre d'une population. Lorsque l'on fait de l'inférence sur une population en se basant sur un échantillon, il est important d'avoir des liens forts entre la population échantillonnée et la population cible. La **population cible** est la population sur laquelle vous voulez faire de l'inférence, alors que la population

Tableau 7.3 ***Résumé des estimations ponctuelles obtenues à partir d'un échantillon aléatoire simple de 30 responsables de la société EAI***

Paramètre de la population	Valeur du paramètre	Estimateur ponctuel	Estimation ponctuelle
μ = Salaire annuel moyen de la population	51 800 \$	$\overline{x}$ = Moyenne d'échantillon du salaire annuel	51 814 \$
σ = Écart type du salaire annuel de la population	4 000 \$	s = Écart type d'échantillon du salaire annuel	3 348 \$
p = Proportion de la population ayant suivi le programme de formation au management	0,60	$\overline{p}$ = Proportion des responsables de l'échantillon ayant suivi le programme de formation au management	0,63

échantillonnée est la population à partir de laquelle l'échantillon est sélectionné. Dans cette partie, nous avons décrit le processus de sélection d'un échantillon aléatoire simple à partir de la population des responsables de la société EAI et réalisé des estimations ponctuelles des caractéristiques de cette même population. Aussi, la population échantillonnée et la population cible sont identiques, ce qui est la situation idéale. Mais dans d'autres cas, un soin particulier doit être pris pour faire correspondre population échantillonnée et population cible.

Considérez le cas d'un parc d'attraction sélectionnant un échantillon de ses clients pour déterminer leurs caractéristiques telles que l'âge et le temps passé dans le parc. Supposez que tous les éléments d'échantillon aient été sélectionnés un jour où l'entrée au parc était réservée aux employés d'une grande entreprise. Ainsi la population échantillonnée sera composée des employés de cette entreprise et des membres de leurs familles. Si la population cible sur laquelle on souhaite faire de l'inférence est la population des clients ordinaires du parc au cours d'un été ordinaire, alors on peut faire face à une différence significative entre la population échantillonnée et la population cible. Dans un tel cas, on peut douter de la validité des estimations ponctuelles faites. Les responsables du parc devraient être en mesure de déterminer si un échantillon constitué un jour donné est représentatif ou non de la population cible.

En résumé, lorsqu'un échantillon est utilisé pour faire de l'inférence sur une population, nous devons être sûrs que l'étude est menée de façon à ce que la population échantillonnée et la population cible soient proches. La question n'est pas mathématique mais exige du bon sens.

EXERCICES

Méthode

11. Les données suivantes sont issues d'un échantillon aléatoire simple.

5 8 10 7 10 14

a) Quelle est l'estimation ponctuelle de la moyenne de la population ?

b) Quelle est l'estimation ponctuelle de l'écart type de la population ?

12. Une question posée lors d'une enquête à un échantillon de 150 individus a fourni 75 réponses oui, 55 réponses non et 20 sans opinion.

a) Quelle est l'estimation ponctuelle de la proportion d'individus dans la population qui ont répondu oui ?

b) Quelle est l'estimation ponctuelle de la proportion d'individus dans la population qui ont répondu non ?

Applications

13. Un échantillon aléatoire simple des données sur les ventes au cours de cinq mois a fourni les informations suivantes :

Mois :	1	2	3	4	5
Unités vendues :	94	100	85	94	92

a) Développer une estimation ponctuelle du nombre moyen d'unités vendues par mois pour la population entière.

b) Développer une estimation ponctuelle de l'écart type de la population.

Fonds mutuels

14. *Business Week* a publié des informations sur 283 fonds mutuels (*Business Week*, 26 janvier 2004). Un échantillon de 40 de ces fonds est contenu dans le fichier en ligne Fonds mutuels. Utiliser ce fichier pour répondre aux questions suivantes.

a) Développer une estimation ponctuelle de la proportion de fonds *Business Week* avec commission.

b) Développer une estimation ponctuelle de la proportion de fonds ayant un risque élevé.

c) Développer une estimation ponctuelle de la proportion de fonds pour lesquels l'évaluation du risque est inférieure à la moyenne.

15. Beaucoup de médicaments pour traiter le cancer sont chers. Business Week a rapporté le coût du médicament Herceptin, utilisé dans le traitement du cancer du sein (*Business Week*, 30 janvier 2006). Un échantillon du coût (en dollars) de traitement d'un échantillon aléatoire simple de 10 patients est fourni ci-dessous.

4 376	5 578	2 717	4 920	4 495
4 798	6 446	4 119	4 237	3 814

a) Développer une estimation ponctuelle du coût moyen de traitement avec Herceptin.

b) Développer une estimation ponctuelle de l'écart type du coût de traitement avec Herceptin.

16. Sur un échantillon de 50 sociétés issues du classement *Fortune 500* (*Fortune*, 14 avril 2003), 5 étaient basées dans l'État de New York, 6 en Californie, 2 dans le Minnesota et 1 dans le Wisconsin.

a) Développer une estimation de la proportion des sociétés du classement *Fortune 500* basées dans l'État de New York.

b) Développer une estimation du nombre de sociétés du classement *Fortune 500* basées dans le Minnesota.

c) Développer une estimation de la proportion des sociétés du classement *Fortune 500* qui ne sont basées dans aucun de ces quatre États.

17. L'association américaine des investisseurs individuels mène une enquête hebdomadaire auprès de ses membres pour déterminer le nombre de membres qui sont optimistes, pessimistes ou neutres quant aux perspectives de croissance à court terme sur le marché boursier. Les résultats obtenus lors de la semaine se terminant le 2 mars 2006 sont similaires aux résultats d'échantillon suivants (site internet de AAII, 7 mars 2006).

Optimistes 409 Neutres 299 Pessimistes 291

Développer l'estimation ponctuelle des paramètres suivants de la population:

a) La proportion de membres de l'association qui sont optimistes.

b) La proportion de membres de l'association qui sont neutres.

c) La proportion de membres de l'association qui sont pessimistes.

7.4 INTRODUCTION AUX DISTRIBUTIONS D'ÉCHANTILLONNAGE

Dans la section précédente, nous avons défini la moyenne d'échantillon $\overline{x}$ comme l'estimateur ponctuel de la moyenne de la population μ et la proportion d'échantillon $\overline{p}$ comme l'estimateur ponctuel de la proportion de la population p. Dans le cadre de l'échantillon aléatoire simple des 30 responsables de la société EAI, présenté dans le tableau 7.2, l'estimation ponctuelle de μ est $\overline{x} = 51\,814$ dollars et l'estimation ponctuelle de p est $\overline{p} = 0,63$. Supposez que nous sélectionnions un autre échantillon aléatoire simple de 30 responsables de la société EAI, et que nous obtenions les estimations ponctuelles suivantes :

Moyenne d'échantillon $\overline{x}$ = 52 670 dollars
Proportion de l'échantillon $\overline{p}$ = 0,70

Ces résultats fournissent des valeurs de $\overline{x}$ et $\overline{p}$ différentes de celles obtenues avec le premier échantillon. De manière générale, un second échantillon aléatoire simple n'est pas sensé fournir les mêmes estimations ponctuelles que le premier.

Supposez maintenant que nous répétions maintes et maintes fois le processus de sélection d'un échantillon aléatoire simple de 30 responsables de la société EAI, calculant à chaque fois les valeurs de $\overline{x}$ et $\overline{p}$. Le tableau 7.4 contient une partie des résultats obtenus pour 500 échantillons aléatoires simples et le tableau 7.5 présente les distributions de fréquence absolue et relative des 500 valeurs de $\overline{x}$. La figure 7.1 représente l'histogramme des fréquences relatives des valeurs de $\overline{x}$.

Dans le chapitre 5, nous avons défini une variable aléatoire comme étant une description numérique du résultat d'une expérience. Si nous considérons le processus de sélection d'un échantillon aléatoire simple comme une expérience, la moyenne d'échantillon $\overline{x}$ correspond à la description numérique du résultat de l'expérience. Ainsi, la moyenne d'échantillon $\overline{x}$ est une variable aléatoire. Par conséquent, comme pour toute autre variable aléatoire, $\overline{x}$ a une espérance mathématique, une variance et une distribution de probabilité. Puisque les différentes valeurs possibles de $\overline{x}$ résultent d'échantillons

Tableau 7.4 ***Valeurs de $\overline{x}$ et $\overline{p}$ obtenues à partir de 500 échantillons aléatoires simples de 30 responsables de la société EAI***

Numéro de l'échantillon	Moyenne de l'échantillon ($\overline{x}$)	Proportion de l'échantillon ($\overline{p}$)
1	51 814	0,63
2	52 670	0,70
4	51 780	0,67
5	51 588	0,53
...	...	...
500	51 752	0,50

Tableau 7.5 ***Distribution de fréquence de $\bar{x}$ obtenue à partir de 500 échantillons aléatoires simples de 30 responsables de la société EAI***

Salaire annuel moyen ($)	Fréquence	Fréquence relative
49 500,00-49 999,99	2	0,004
50 000,00-50 499,99	16	0,032
50 500,00-50 999,99	52	0,104
51 000,00-51 499,99	101	0,202
51 500,00-51 999,99	133	0,266
52 000,00-52 499,99	110	0,220
52 500,00-52 999,99	54	0,108
53 000,00-53 499,99	26	0,052
53 500,00-53 999,99	6	0,012
Total	500	1,000

aléatoires simples différents, la distribution de probabilité de $\bar{x}$ est appelée **distribution d'échantillonnage** de $\bar{x}$. La connaissance de cette distribution d'échantillonnage et de ses propriétés nous permet de tirer des conclusions en termes de probabilités quant à l'écart entre la moyenne d'échantillon $\bar{x}$ et la moyenne de la population μ.

La bonne compréhension des chapitres suivants repose sur la capacité de compréhension et d'utilisation des distributions d'échantillonnage présentées dans ce chapitre.

Revenons au graphique 7.1. Pour déterminer de façon précise la distribution d'échantillonnage de $\bar{x}$, il faudrait énumérer tous les échantillons possibles de 30 responsables et calculer chaque moyenne d'échantillon. Cependant, l'histogramme des 500 valeurs de $\bar{x}$ fournit une approximation de cette distribution d'échantillonnage. Grâce à cet histogramme, nous observons que la distribution est en forme de cloche. Notons que la plus forte concentration des valeurs de $\bar{x}$ et la moyenne des 500 valeurs de $\bar{x}$ sont proches de la moyenne de la population, $\mu = 51\,800$ dollars. Nous décrirons les propriétés de la distribution d'échantillonnage de $\bar{x}$ plus longuement dans la section suivante.

Les 500 valeurs de la proportion d'échantillon $\bar{p}$ sont résumées par l'histogramme de la fréquence relative, représenté à la figure 7.2. Comme dans le cas de $\bar{x}$, $\bar{p}$ est une variable aléatoire. Si tous les échantillons de taille 30 possibles étaient sélectionnés à partir de la population et si une valeur de $\bar{p}$ était calculée pour chaque échantillon, la distribution de probabilité associée correspondrait à la distribution d'échantillonnage de $\bar{p}$. L'histogramme de la fréquence relative des 500 valeurs d'échantillon (figure 7.2) reflète la forme générale de la distribution d'échantillonnage de $\bar{p}$.

En pratique, on ne constitue qu'un seul échantillon aléatoire simple à partir de la population. Nous avons répété le processus d'échantillonnage 500 fois dans cette section simplement pour illustrer le fait que de nombreux échantillons différents sont possibles et

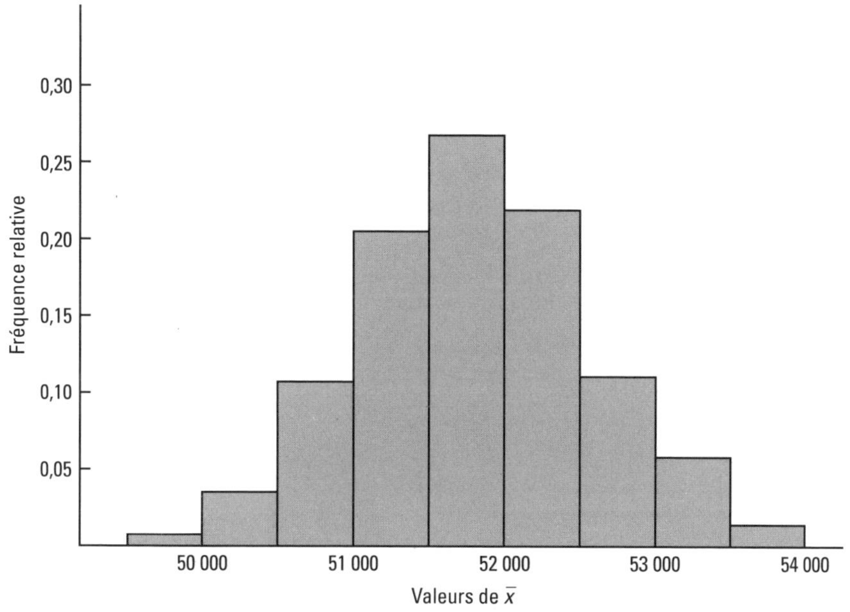

Figure 7.1 ***Histogramme de la fréquence relative des valeurs de $\bar{x}$ obtenues à partir de 500 échantillons aléatoires simples de taille égale à 30***

qu'ils génèrent diverses valeurs pour les statistiques d'échantillon $\bar{x}$ et $\bar{p}$. La distribution de probabilité d'une statistique d'échantillon particulière est appelée distribution d'échantillonnage de cette statistique. Dans les sections 7.5 et 7.6, nous verrons respectivement les caractéristiques de la distribution d'échantillonnage de $\bar{x}$ et de $\bar{p}$.

7.5 DISTRIBUTION D'ÉCHANTILLONNAGE DE $\bar{x}$

Dans la section précédente, nous avons vu que la moyenne d'échantillon $\bar{x}$ est une variable aléatoire et sa distribution de probabilité est appelée distribution d'échantillonnage de $\bar{x}$.

► **Distribution d'échantillonnage de** $\bar{x}$
La distribution d'échantillonnage de $\bar{x}$ correspond à la distribution de probabilité de toutes les valeurs possibles de la moyenne d'échantillon $\bar{x}$.

Cette section décrit les propriétés de la distribution d'échantillonnage de $\bar{x}$. Comme pour d'autres distributions de probabilité, la distribution d'échantillonnage de $\bar{x}$ a une espérance mathématique, un écart type et une forme caractéristique. Commençons en considérant la moyenne de toutes les valeurs possibles de $\bar{x}$, qui correspond à l'espérance mathématique de $\bar{x}$.

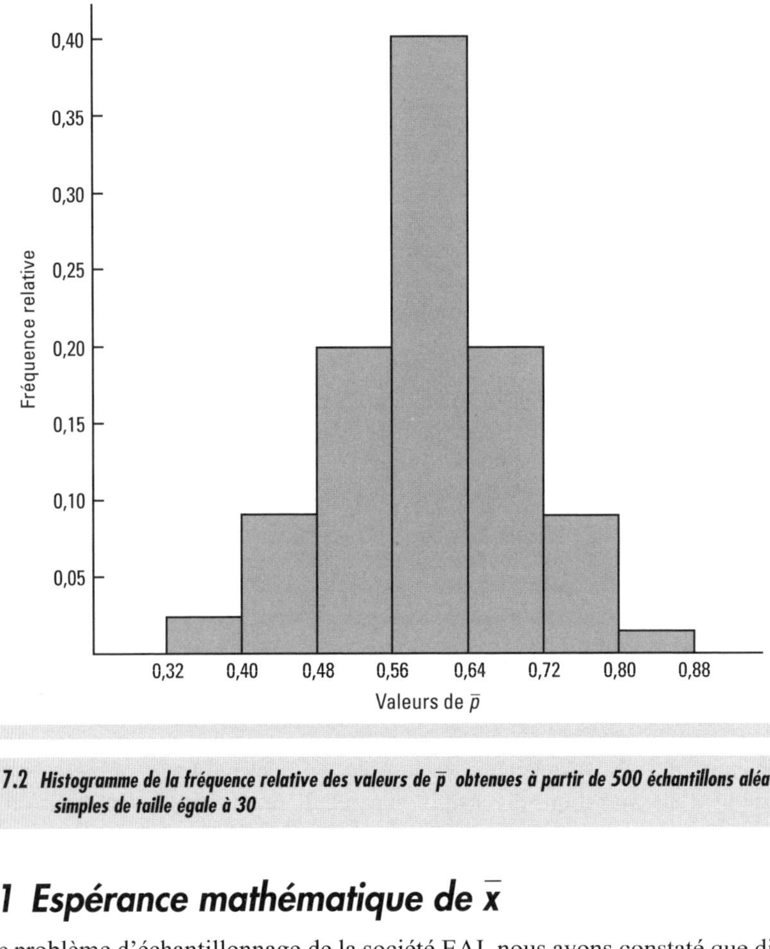

Figure 7.2 ***Histogramme de la fréquence relative des valeurs de $\bar{p}$ obtenues à partir de 500 échantillons aléatoires simples de taille égale à 30***

7.5.1 Espérance mathématique de $\bar{x}$

Dans le problème d'échantillonnage de la société EAI, nous avons constaté que différents échantillons aléatoires simples conduisent à diverses valeurs de la moyenne d'échantillon $\bar{x}$. Puisque de nombreuses valeurs différentes de la variable aléatoire $\bar{x}$ sont possibles, on s'intéresse souvent à la moyenne de toutes les valeurs possibles de $\bar{x}$ générées par les divers échantillons aléatoires simples. La moyenne de la variable aléatoire $\bar{x}$ correspond à l'espérance mathématique de $\bar{x}$. Soient $E(\bar{x})$ l'espérance mathématique de $\bar{x}$ et μ la moyenne de la population d'où est issu un échantillon aléatoire simple. On peut montrer qu'avec un échantillonnage aléatoire simple, $E(\bar{x})$ et μ sont égaux.

► **Espérance mathématique de** $\bar{x}$

$$E(\bar{x}) = \mu \tag{7.1}$$

où

$E(\bar{x})$ correspond à l'espérance mathématique de $\bar{x}$
μ correspond à la moyenne de la population

L'espérance mathématique de $\bar{x}$ est égale à la moyenne de la population d'où est issu l'échantillon.

Ce résultat indique qu'avec un échantillonnage aléatoire simple, l'espérance mathématique ou la moyenne de la distribution d'échantillonnage de $\bar{x}$ est égale à la moyenne de la population. Dans la section 7.1, nous avons calculé le salaire annuel moyen pour la population des responsables de la société EAI : il est égal à 51 800 dollars. Ainsi, selon l'équation (7.1), la moyenne de toutes les moyennes d'échantillons possibles dans le cadre du problème de la société EAI est également égale à 51 800 dollars.

Lorsque l'espérance mathématique d'un estimateur ponctuel est égale au paramètre de la population, on dit que l'estimateur ponctuel est **sans biais**. Ainsi, l'équation (7.1) indique que $\bar{x}$ est un estimateur sans biais de la moyenne de la population μ.

7.5.2 Écart type de $\bar{x}$

Définissons l'écart type de la distribution d'échantillonnage de $\bar{x}$. Nous utilisons la notation suivante :

$\sigma_{\bar{x}}$ pour l'écart type de $\bar{x}$
σ pour l'écart type de la population
n pour la taille de l'échantillon
N pour la taille de la population

On peut montrer que la formule de l'écart type de $\bar{x}$ dépend du type de population considérée, finie ou infinie. Les deux formules de l'écart type de $\bar{x}$ correspondent à :

► **Écart type de $\bar{x}$**

Population finie — *Population infinie*

$$\sigma_{\bar{x}} = \sqrt{\frac{N-n}{N-1}}\left(\frac{\sigma}{\sqrt{n}}\right) \qquad \sigma_{\bar{x}} = \frac{\sigma}{\sqrt{n}} \qquad (7.2)$$

En comparant les deux formules, on voit que le facteur $\sqrt{(N-n)/(N-1)}$ est nécessaire pour calculer l'écart type de $\bar{x}$ dans le cas d'une population finie mais pas dans le cas d'une population infinie. Ce facteur est communément appelé **facteur de correction pour une population finie**. Dans de nombreux cas d'échantillonnage, la population, bien que finie, est « grande », alors que la taille de l'échantillon est relativement « petite ». Dans de tels cas, le facteur de correction $\sqrt{(N-n)/(N-1)}$ est proche de 1. En conséquence, la différence entre les deux valeurs de l'écart type de $\bar{x}$ pour les cas de population finie et infinie devient négligeable. Alors, $\sigma_{\bar{x}} = \sigma/\sqrt{n}$ devient une bonne approximation de l'écart type de $\bar{x}$ même si la population est finie. Cette observation conduit à la règle générale suivante pour calculer l'écart type de $\bar{x}$.

► **Utiliser l'expression suivante pour calculer l'écart type de $\bar{x}$**

$$\sigma_{\bar{x}} = \frac{\sigma}{\sqrt{n}} \tag{7.3}$$

Lorsque

1. La population est infinie ; ou

2. La population est finie et la taille de l'échantillon est inférieure ou égale à 5 % de la taille de la population ; c'est-à-dire si $n/N \leq 0{,}05$.

Dans les cas où $n / N > 0{,}05$, la version de la formule (7.2) pour population finie devrait être utilisée pour calculer $\sigma_{\bar{x}}$. Sauf mention contraire, à travers l'ouvrage, nous supposerons que la population est suffisamment grande pour que $n / N \leq 0{,}05$ et l'expression (7.3) peut être utilisée pour calculer $\sigma_{\bar{x}}$.

Le problème 21 montre que lorsque $n/N \leq 0{,}05$, le facteur de correction pour une population finie a peu d'impact sur la valeur de $\sigma_{\bar{x}}$.

Pour calculer $\sigma_{\bar{x}}$, il nous faut connaître σ, l'écart type de la population. Pour bien souligner la différence entre $\sigma_{\bar{x}}$ et σ, nous nommerons l'écart type de $\bar{x}$, $\sigma_{\bar{x}}$, l'**erreur type** de la moyenne. En général, le terme d'*erreur type* est employé pour désigner l'écart type d'un estimateur ponctuel. Plus tard, nous verrons que la valeur de l'erreur type de la moyenne est utile pour déterminer l'écart entre la moyenne d'échantillon et la moyenne de la population. Revenons maintenant au problème de la société EAI et déterminons l'erreur type de la moyenne associée aux échantillons aléatoires simples de 30 responsables de la société EAI.

Le terme erreur type est employé en inférence statistique pour désigner l'écart type d'un estimateur ponctuel.

Dans la section 7.1, nous avons montré que l'écart type du salaire annuel de la population des 2 500 responsables de EAI est égal à 4 000 dollars. Dans ce cas, la population est finie, avec $N = 2\,500$. Cependant, avec un échantillon de taille 30, nous avons $n/N = 30/2500 = 0{,}012$. Puisque la taille de l'échantillon est inférieure à 5 % de la taille de la population, nous pouvons ignorer le facteur de correction pour une population finie et utiliser l'expression (7.3) pour calculer l'erreur type de $\bar{x}$.

$$\sigma_{\bar{x}} = \frac{\sigma}{\sqrt{n}} = \frac{4000}{\sqrt{30}} = 730{,}3$$

7.5.3 Forme de la distribution d'échantillonnage de $\bar{x}$

Les résultats précédents concernant l'espérance mathématique et l'écart type de la distribution d'échantillonnage de $\bar{x}$ sont applicables à toutes populations. La dernière étape dans l'identification des caractéristiques de la distribution d'échantillonnage de $\bar{x}$ correspond à la détermination de la forme de la distribution d'échantillonnage. Nous considérons deux cas : (1) la population a une distribution normale ; (2) la population n'a pas une distribution normale.

La population a une distribution normale. Dans de nombreuses situations, il est raisonnable de supposer que la population à partir de laquelle est sélectionné un échantillon aléatoire simple, a une distribution normale ou presque normale. Lorsque la population a une distribution normale, la distribution d'échantillonnage de $\bar{x}$ est normalement distribuée quelle que soit la taille de l'échantillon.

La population n'a pas une distribution normale. Lorsque la population à partir de laquelle est sélectionné un échantillon aléatoire simple, n'a pas une distribution normale, le **théorème central limite** permet d'identifier la forme de la distribution d'échantillonnage de $\bar{x}$. Une définition du théorème central limite applicable à la distribution d'échantillonnage de $\bar{x}$ est donnée ci-dessous.

▶ **Théorème central limite**
En sélectionnant des échantillons aléatoires simples de taille n à partir d'une population, la distribution d'échantillonnage de la moyenne d'échantillon $\bar{x}$ peut être approchée par une *distribution de probabilité normale* lorsque la taille de l'échantillon devient importante.

La figure 7.3 montre comment s'applique le théorème central limite pour trois populations différentes ; chaque colonne correspond à l'une des populations. En haut de la figure, aucune des populations n'est normalement distribuée. La population I suit une loi uniforme. La population II est souvent qualifiée de distribution en forme d'oreilles de lapin. Elle est symétrique, mais les valeurs les plus vraisemblables se situent dans les queues de la distribution. La population III a une forme similaire à une loi exponentielle ; elle est asymétrique à droite.

La partie inférieure de la figure 7.3 représente la forme de la distribution d'échantillonnage pour des échantillons de taille $n = 2$, $n = 5$ et $n = 30$. Lorsque la taille de l'échantillon est égale à 2, la forme de chaque distribution d'échantillonnage est différente de la forme de la distribution de la population correspondante. Pour des échantillons de taille égale à 5, la forme des distributions d'échantillonnage des populations I et II commence à ressembler à la forme d'une distribution normale. Même si la forme de la distribution d'échantillonnage de la population III commence à ressembler à la forme d'une distribution normale, une asymétrie à droite est encore présente. Finalement, pour des échantillons de taille égale à 30, les formes de chacune des trois distributions d'échantillonnage sont approximativement normales.

D'un point de vue pratique, nous souhaitons connaître la taille minimale de l'échantillon nécessaire pour appliquer le théorème central limite et supposer que la forme de la distribution d'échantillonnage est approximativement normale. Les statisticiens ont étudié cette question en observant la distribution d'échantillonnage de $\bar{x}$ pour une variété de populations et de tailles d'échantillon. La pratique veut que, pour la plupart des applications, la distribution d'échantillonnage de $\bar{x}$ puisse être approchée par une loi normale lorsque la taille de l'échantillon est supérieure ou égale à 30. Dans les cas où la population

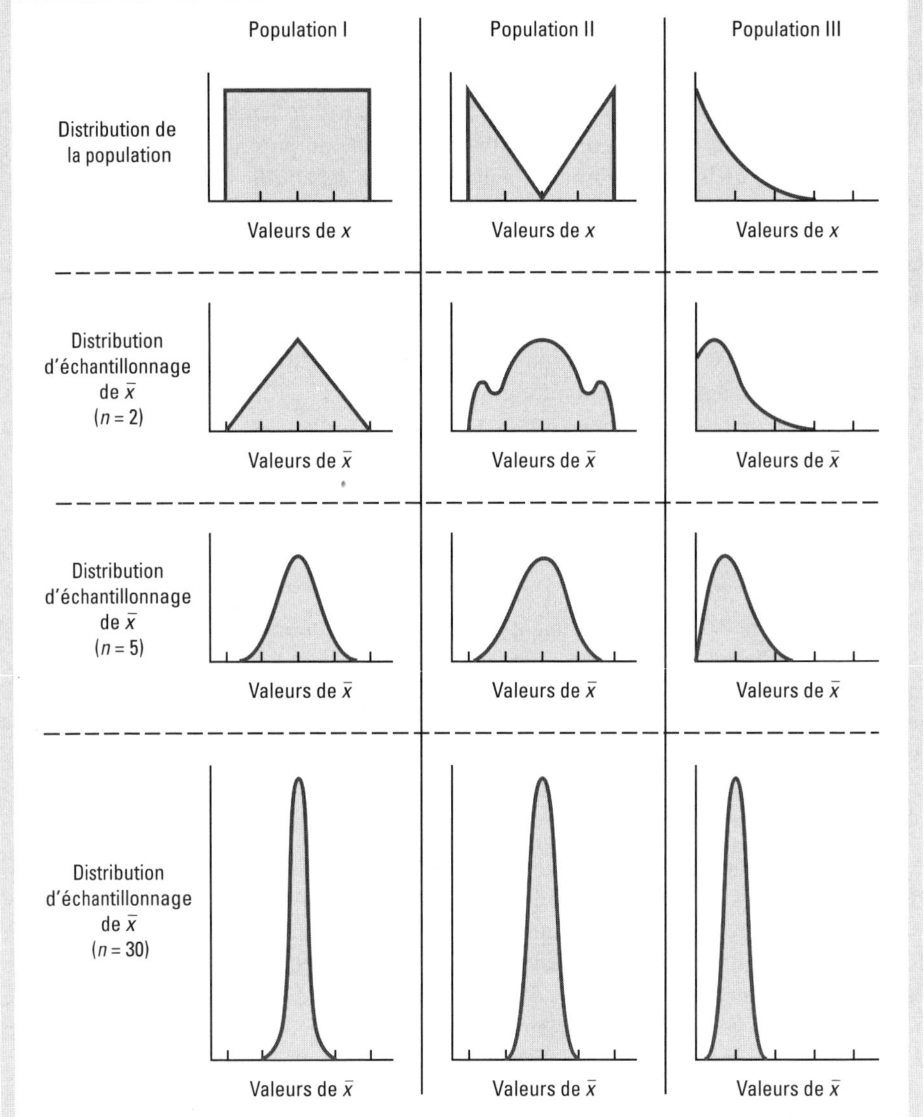

Figure 7.3 ***Illustration du théorème central limite pour trois populations***

est fortement asymétrique ou lorsque des valeurs aberrantes sont présentes, une taille d'échantillon de 50 est nécessaire. Finalement, si la population est discrète, la taille de l'échantillon nécessaire pour une approximation normale dépend souvent de la proportion de la population. Nous en dirons plus à ce sujet dans la section 7.6 consacrée à la distribution d'échantillonnage de $\bar{p}$.

7.5.4 Distribution d'échantillonnage de $\bar{x}$ pour le problème de la société EAI

Dans l'étude la société EAI, nous avons montré que $E(\bar{x}) = 51\,800$ et $\sigma_{\bar{x}} = 730{,}3$. Nous n'avons pas d'information concernant la distribution de la population ; elle peut être normale ou non. Si la population a une distribution normale, la distribution d'échantillonnage de $\bar{x}$ est normale. Si la population n'a pas une distribution normale, l'échantillon aléatoire simple de 30 responsables et le théorème central limite nous permettent de conclure que la distribution d'échantillonnage de $\bar{x}$ est approximativement normale. Dans chacun des cas, nous pouvons conclure que la distribution d'échantillonnage de $\bar{x}$ peut être décrite par une loi normale, représentée par la figure 7.4.

7.5.5 Intérêt pratique de la distribution d'échantillonnage de $\bar{x}$

Lorsqu'un échantillon aléatoire simple est sélectionné et que la valeur de la moyenne d'échantillon $\bar{x}$ est utilisée pour estimer la valeur de la moyenne de la population μ, on ne peut s'attendre à ce que la moyenne d'échantillon soit exactement égale à la moyenne de la population. La raison pour laquelle on s'intéresse à la distribution d'échantillonnage de $\bar{x}$, est qu'elle peut fournir des informations probabilistes sur l'écart entre la moyenne d'échantillon et la moyenne de la population. Pour le démontrer, revenons au problème de la société EAI.

Supposez que le directeur du personnel considère la moyenne d'échantillon comme une estimation acceptable de la moyenne de la population, si la différence en valeur absolue entre la moyenne d'échantillon et la moyenne de la population est inférieure ou égale à 500 dollars. Cependant, il n'est pas possible de garantir que cette condition est satisfaite.

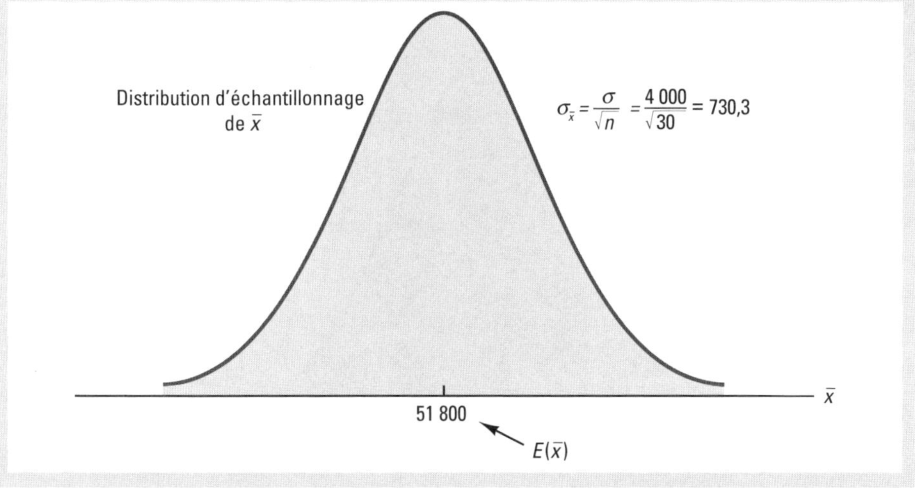

Figure 7.4 ***Distribution d'échantillonnage de $\bar{x}$ pour le salaire annuel moyen d'un échantillon aléatoire simple de 30 responsables de la société EAI***

Au contraire, le tableau 7.5 et la figure 7.1 montrent que certaines moyennes d'échantillon, parmi les 500 échantillons, s'écartent de plus de 2 000 dollars de la moyenne de la population. Aussi, devons nous interpréter la requête du directeur du personnel en termes de probabilité. Autrement dit, le directeur du personnel s'intéresse à la question suivante : Quelle est la probabilité que la moyenne d'un échantillon de 30 responsables de la société EAI s'écarte, au plus, de 500 dollars en valeur absolue de la moyenne de la population ?

Puisque nous avons identifié les propriétés de la distribution d'échantillonnage de $\bar{x}$ (voir figure 7.4), nous utiliserons cette distribution pour déterminer la probabilité recherchée. Référez-vous à la distribution d'échantillonnage de $\bar{x}$ représentée de nouveau à la figure 7.5. La moyenne de la population étant égale à 51 800 dollars, le directeur du personnel cherche à déterminer la probabilité que la moyenne d'échantillon soit comprise entre 51 300 et 52 300 dollars. Cette probabilité correspond à l'aire de la partie grisée de la distribution d'échantillonnage représentée à la figure 7.5. Puisque la distribution d'échantillonnage est normale, de moyenne égale à 51 800 et d'écart type égal à 730,3, nous pouvons utiliser la table de la loi normale centrée réduite pour trouver la probabilité recherchée.

Nous calculons tout d'abord la valeur z associée à la limite supérieure de l'intervalle (52 300) et utilisons la table pour déterminer l'aire sous la courbe à gauche de ce point (l'aire dans la queue gauche). Ensuite, nous calculons la valeur z associée à la limite inférieure de l'intervalle (51 300) et utilisons la table pour déterminer l'aire sous la courbe à gauche de ce point (l'aire dans une autre queue gauche). En soustrayant la seconde aire à la première nous obtenons la probabilité souhaitée.

Au point $\bar{x} = 52\,300$, nous avons

$$z = \frac{52300 - 51800}{730,3} = 0,68$$

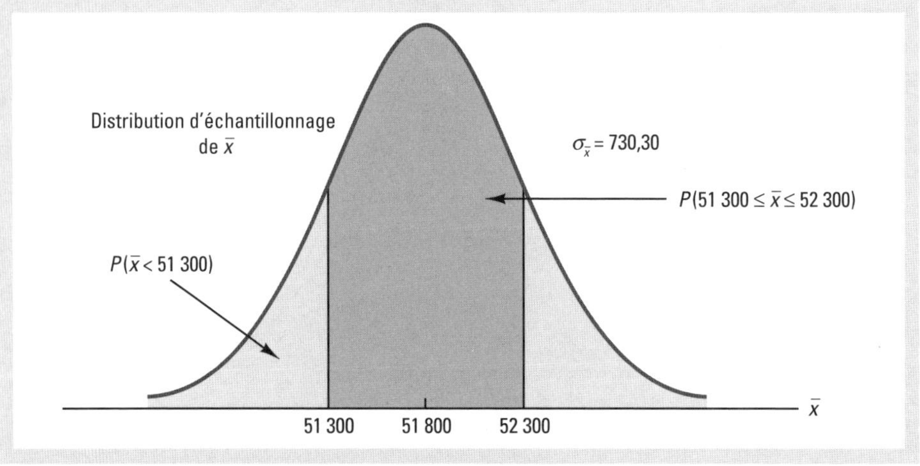

Figure 7.5 ***Probabilité qu'une moyenne d'échantillon s'écarte d'au plus 500 dollars de la moyenne de la population, en valeur absolue, pour un échantillon aléatoire simple de 30 responsables de la société EAI***

En se référant à la table des probabilités normales centrées réduites, nous trouvons une probabilité cumulée (l'aire à gauche de $z = 0{,}68$) égale à 0,7517.

Au point $\bar{x} = 51\,300$, nous avons

$$z = \frac{51300 - 51800}{730{,}3} = -0{,}68$$

L'aire sous la courbe à gauche de $z = -0{,}68$ est égale à 0,2483. Ainsi, $P(51300 \leq \bar{x} \leq 52300) = P(z \leq 0{,}68) - P(z \leq -0{,}68) = 0{,}7517 - 0{,}2483 = 0{,}5034$.

Les calculs précédents indiquent qu'un échantillon aléatoire simple de 30 responsables de la société EAI a une probabilité de 0,5034 de fournir une moyenne d'échantillon $\bar{x}$ qui ne s'écarte pas de plus de 500 dollars, en valeur absolue, de la moyenne de la population. Ainsi, il y a une probabilité de 0,4966 ($1 - 0{,}5034 = 0{,}4966$) que la moyenne d'échantillon sous- ou surestime la moyenne de la population de plus de 500 dollars. En d'autres termes, un échantillon aléatoire simple de 30 responsables de la société EAI a presque une chance sur deux d'être dans l'intervalle acceptable de 500 dollars autour de la moyenne de la population. Peut-être faudrait-il envisager une taille plus importante de l'échantillon. Explorons cette hypothèse en considérant la relation entre la taille de l'échantillon et la distribution d'échantillonnage de $\bar{x}$.

> La distribution d'échantillonnage de $\bar{x}$ peut fournir des informations probabilistes sur l'écart entre la moyenne d'échantillon $\bar{x}$ et la moyenne de la population μ.

7.5.6 Relation entre la taille de l'échantillon et la distribution d'échantillonnage de $\bar{x}$

Supposez que dans le problème de la société EAI, nous sélectionnons un échantillon aléatoire simple de 100 responsables de la société au lieu des 30 considérés à l'origine. Intuitivement, il est vraisemblable qu'avec un échantillon plus grand de taille égale à 100, donc avec plus de données, la moyenne d'échantillon fournisse une meilleure estimation de la moyenne de la population qu'une moyenne d'échantillon basée sur un échantillon de 30 responsables. Pour mesurer l'importance de l'amélioration, considérons la relation entre la taille de l'échantillon et la distribution d'échantillonnage de $\bar{x}$.

Tout d'abord, notez que $E(\bar{x}) = \mu$ quelle que soit la taille de l'échantillon. Ainsi, la moyenne de toutes les valeurs possibles de $\bar{x}$ est égale à la moyenne de la population μ, quelle que soit la taille n de l'échantillon. Cependant, notez que l'erreur type de la moyenne, $\sigma_{\bar{x}} = \sigma/\sqrt{n}$, est liée à la racine carrée de la taille de l'échantillon. Lorsque la taille de l'échantillon augmente, l'erreur type de la moyenne $\sigma_{\bar{x}}$ diminue. Avec $n = 30$, l'erreur type de la moyenne pour le problème de la société EAI est égale à 730,3. Cependant, avec l'augmentation de la taille de l'échantillon à 100, l'erreur type de la moyenne diminue à

$$\sigma_{\bar{x}} = \frac{\sigma}{\sqrt{n}} = \frac{4000}{\sqrt{100}} = 400$$

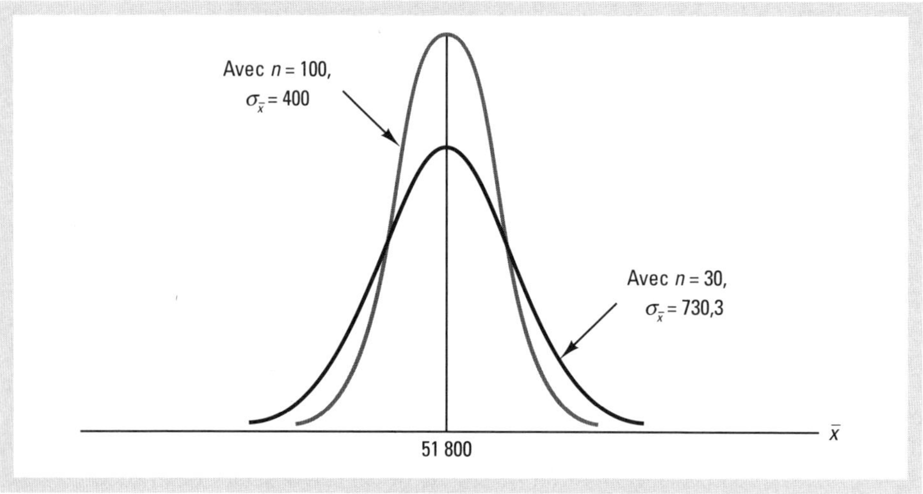

Figure 7.6 ***Comparaison des distributions d'échantillonnage de $\overline{x}$ pour des échantillons aléatoires simples de taille $n = 30$ et $n = 100$ responsables de la société EAI***

Les distributions d'échantillonnage de $\overline{x}$ pour $n = 30$ et $n = 100$ sont représentées à la figure 7.6. Puisque la distribution d'échantillonnage pour $n = 100$ a une plus petite erreur type, les valeurs de $\overline{x}$ varient moins et ont tendance à être plus proches de la moyenne de la population que les valeurs de $\overline{x}$ obtenues avec un échantillon de taille $n = 30$.

Nous pouvons utiliser la distribution d'échantillonnage de $\overline{x}$ dans le cas où $n = 100$ pour calculer la probabilité qu'un échantillon aléatoire simple de 100 responsables de la société EAI fournisse une moyenne d'échantillon qui ne s'écarte pas de plus de 500 dollars, en valeur absolue, de la moyenne de la population. Puisque la distribution d'échantillonnage est normale, de moyenne égale à 51 800 et d'erreur type égale à 400, nous pouvons utiliser la table de la loi normale centrée réduite pour trouver la probabilité cherchée.

Au point $\overline{x} = 52\,300$ (figure 7.7), nous avons

$$z = \frac{52300 - 51800}{400} = 1,25$$

En nous référant à la table de la loi normale centrée réduite, nous trouvons que la probabilité cumulée correspondant à $z = 1,25$ est égale à 0,8944.

Au point $\overline{x} = 51\,300$, nous avons

$$z = \frac{51300 - 51800}{400} = -1,25$$

La probabilité cumulée correspondant à $z = -1,25$ est égale à 0,1056. Ainsi, $P(51300 \leq \overline{x} \leq 52300) = P(z \leq 1,25) - P(z \leq -1,25) = 0,8944 - 0,1056 = 0,7888$. Ainsi, en augmentant la taille de l'échantillon de 30 à 100 responsables de la société EAI, la

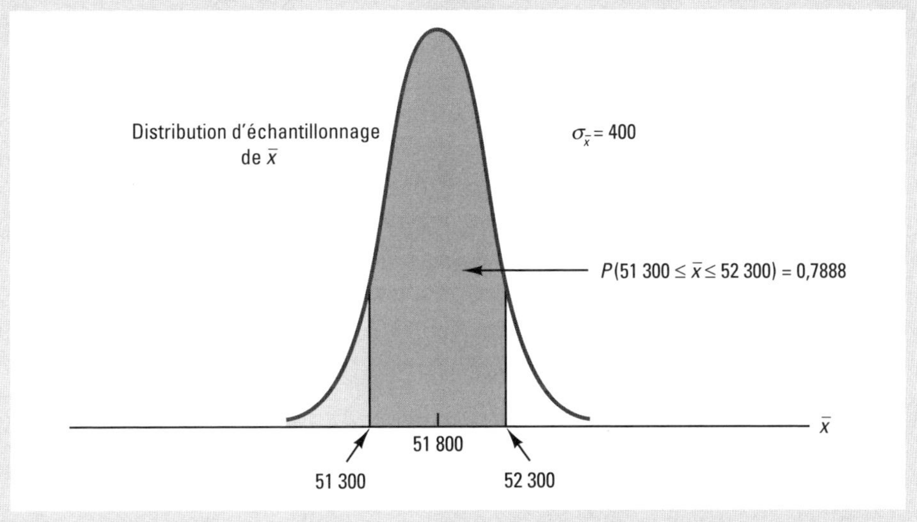

Figure 7.7 ***Probabilité qu'une moyenne d'échantillon s'écarte d'au plus 500 dollars de la moyenne de la population, en valeur absolue, pour un échantillon aléatoire simple de 100 responsables de la société EAI***

probabilité d'obtenir une moyenne d'échantillon dans un intervalle de 500 dollars de part et d'autre de la moyenne de la population, est passée de 0,5034 à 0,7888.

Le point important de cette discussion est que l'erreur type de la moyenne diminue lorsque la taille de l'échantillon augmente. Par conséquent, plus l'échantillon est grand, plus la probabilité que la moyenne d'échantillon soit comprise dans un intervalle précis autour de la moyenne de la population est élevée.

REMARQUES

1. En présentant la distribution d'échantillonnage de $\bar{x}$ dans le cadre du problème de la société EAI, nous avons tiré parti du fait que la moyenne de la population, $\mu = 51\,800$, et l'écart type de la population, $\sigma = 4\,000$, étaient connus. Cependant, en général, les valeurs de la moyenne de la population μ et de l'écart type de la population σ, nécessaires pour déterminer la distribution d'échantillonnage de $\bar{x}$, ne sont pas connues. Dans le chapitre 8, nous verrons comment sont utilisés la moyenne d'échantillon $\bar{x}$ et l'écart type d'échantillon s lorsque μ et σ sont inconnus.
2. L'application théorique du théorème central limite nécessite que les observations de l'échantillon soient indépendantes. Cette condition est satisfaite pour des populations infinies ou des populations finies dans lesquelles l'échantillonnage est fait avec remise. Bien que le théorème central limite ne s'adresse pas directement à l'échantillonnage sans remise effectué à partir de populations finies, dans la pratique, on applique les résultats du théorème central limite à ce cas, lorsque la taille de la population est grande.

EXERCICES

Méthode

18. Une population est caractérisée par une moyenne égale à 200 et un écart type égal à 50. Un échantillon aléatoire simple de taille égale à 100 est sélectionné et la moyenne d'échantillon $\bar{x}$ est utilisée pour estimer la moyenne de la population.

a) Quelle est l'espérance mathématique de $\bar{x}$?

b) Quel est l'écart type de $\bar{x}$?

c) Représenter la distribution d'échantillonnage de $\bar{x}$.

d) Que montre la distribution d'échantillonnage de $\bar{x}$?

19. Une population est caractérisée par une moyenne égale à 200 et un écart type égal à 50. Un échantillon aléatoire simple de taille égale à 100 est sélectionné et $\bar{x}$ est utilisé pour estimer μ.

a) Quelle est la probabilité que la moyenne d'échantillon s'écarte au plus de ± 5 de la moyenne de la population ?

b) Quelle est la probabilité que la moyenne d'échantillon s'écarte au plus de ± 10 de la moyenne de la population ?

20. Supposez que l'écart type de la population soit $\sigma = 25$. Calculer l'erreur type de la moyenne, $\sigma_{\bar{x}}$, pour des échantillons de taille égale à 50, 100, 150 et 200. Que pouvez-vous dire quant à l'ampleur de l'erreur type de la moyenne lorsque la taille de l'échantillon augmente ?

21. Supposez qu'un échantillon aléatoire simple de taille 50 soit constitué à partir d'une population caractérisée par $\sigma = 10$. Trouver la valeur de l'erreur type de la moyenne dans chacun des cas suivants (utiliser le facteur de correction pour population finie, si nécessaire).

a) La taille de la population est infinie.

b) La taille de la population est $N = 50\,000$.

c) La taille de la population est $N = 5\,000$.

d) La taille de la population est $N = 500$.

Applications

22. Référez-vous au problème d'échantillonnage de la société EAI. Supposez qu'un échantillon aléatoire simple de 60 responsables soit sélectionné.

a) Dessiner la distribution d'échantillonnage de $\bar{x}$ lorsque des échantillons aléatoires simples de taille 60 sont utilisés.

b) Que devient la distribution d'échantillonnage de $\bar{x}$ si des échantillons aléatoires simples de taille 120 sont utilisés ?

c) Quelle conclusion générale pouvez-vous tirer concernant la distribution d'échantillonnage de $\bar{x}$ lorsque la taille de l'échantillon augmente ? Est-ce que cela semble logique ? Expliquer.

23. Dans le problème d'échantillonnage de la société EAI (cf. figure 7.5), nous avons montré que pour $n = 30$ il y avait une probabilité de 0,5034 d'obtenir une moyenne d'échantillon qui s'écarte au plus de ±500 dollars de la moyenne de la population.

a) Quelle est la probabilité que $\bar{x}$ s'écarte au plus de ±500 dollars de la moyenne de la population si un échantillon de taille 60 est utilisé ?

b) Répondre à la question (a) pour un échantillon de taille 120.

24. Le magazine Barron's a rapporté que le nombre moyen de semaines passées au chômage par un individu est égal à 17,5 (Barron's, 18 février 2008). Supposez que pour la population de tous les chômeurs, la durée moyenne de chômage de la population soit de 17,5 semaines et que l'écart type de la population soit de 4 semaines. Supposez que vous vouliez sélectionner un échantillon aléatoire de 50 chômeurs pour effectuer une étude.

a) Représenter la distribution d'échantillonnage de $\bar{x}$, la moyenne d'échantillon pour un échantillon de 50 chômeurs.

b) Quelle est la probabilité qu'un échantillon aléatoire simple de 50 chômeurs fournisse une moyenne d'échantillon qui s'écarte au plus de ±1 semaine de la moyenne de la population ?

c) Quelle est la probabilité qu'un échantillon aléatoire simple de 50 chômeurs fournisse une moyenne d'échantillon qui s'écarte au plus de ±1/2 semaine de la moyenne de la population ?

25. Le conseil d'éducation des lycées américains a rapporté la moyenne des notes obtenues aux trois épreuves du test d'aptitude scolaire SAT (*The World Almanac*, 2009) :

Lecture critique :	502
Mathématiques :	515
Rédaction :	494

Supposez que l'écart type de la population pour chaque épreuve soit égal à $\sigma = 100$.

a) Quelle est la probabilité qu'un échantillon aléatoire de 90 lycéens fournisse une note moyenne qui s'écarte au plus de ±10 de la moyenne de la population égale à 502 pour l'épreuve de lecture critique ?

b) Quelle est la probabilité qu'un échantillon aléatoire de 90 lycéens fournisse une note moyenne qui s'écarte au plus de ±10 de la moyenne de la population égale à 515 pour l'épreuve de mathématiques ? Comparer cette probabilité à celle calculée à la question (a).

c) Quelle est la probabilité qu'un échantillon aléatoire de 100 lycéens fournisse une note moyenne qui s'écarte au plus de ±10 de la moyenne de la population égale à 494 pour l'épreuve de rédaction ? Commenter les différences entre cette probabilité et les valeurs calculées aux questions (a) et (b).

26. Le coût annuel moyen de l'assurance automobile s'élève à 939 dollars (CNCB, 23 février 2006). Supposez que l'écart type est égal à $\sigma = 245$ dollars.

a) Quelle est la probabilité qu'un échantillon aléatoire simple de polices d'assurance ait une moyenne d'échantillon qui s'écarte au plus de ±25 dollars de la moyenne de la population, pour chacune des tailles d'échantillon suivantes : 30, 50, 100 et 400 ?

b) Quel est l'avantage d'avoir une taille d'échantillon assez importante, lorsque l'on souhaite estimer la moyenne d'une population ?

27. *Business Week* a mené une enquête sur les diplômés des 30 meilleurs MBA (*Business Week*, 22 septembre 2003). L'enquête a montré que le salaire annuel moyen des diplômés, dix ans après l'obtention de leur diplôme, s'élevait à 168 000 dollars pour les hommes et 117 000 dollars pour les femmes. Supposez que l'écart type soit de 40 000 dollars pour les hommes et 25 000 dollars pour les femmes.

a) Quelle est la probabilité qu'un échantillon aléatoire simple de 40 diplômés (des hommes) fournisse une moyenne d'échantillon qui s'écarte au plus de $\pm 10\,000$ dollars de la moyenne de la population égale à 168 000 dollars ?

b) Quelle est la probabilité qu'un échantillon aléatoire simple de 40 diplômées (des femmes) fournisse une moyenne d'échantillon qui s'écarte au plus de $\pm 10\,000$ dollars de la moyenne de la population égale à 117 000 dollars ?

c) Dans lequel des deux cas précédents (a) ou (b), avons-nous la probabilité la plus élevée d'obtenir une estimation de la moyenne qui s'écarte au plus de $\pm 10\,000$ dollars de la moyenne de la population ? Pourquoi ?

d) Quelle est la probabilité qu'un échantillon aléatoire simple de 100 diplômés (hommes) fournisse une moyenne d'échantillon inférieure de plus de 4 000 dollars à la moyenne de la population ?

28. Le score moyen des golfeurs s'élève à 95 et celui des golfeuses à 106 (*Golf Digest*, avril 2006). Utilisez ces valeurs comme les scores moyens de la population des hommes et des femmes pratiquant le golf et supposez que l'écart type de la population est égal à $\sigma = 14$ pour les deux populations. Deux échantillons aléatoires simples de respectivement 30 golfeurs et 45 golfeuses sont sélectionnés.

a) Déterminer la distribution d'échantillonnage de $\bar{x}$ pour les golfeurs et les golfeuses.

b) Quelle est la probabilité que la moyenne d'échantillon s'écarte au plus de ± 3 de la moyenne de la population pour l'échantillon des golfeurs ?

c) Quelle est la probabilité que la moyenne d'échantillon s'écarte au plus de ± 3 de la moyenne de la population pour l'échantillon des golfeuses ?

d) Dans quel cas, (b) ou (c), la probabilité d'obtenir une moyenne d'échantillon s'écartant au plus de ± 3 de la moyenne de la population est-elle la plus élevée ? Pourquoi ?

29. Le prix moyen d'un gallon d'essence sans plomb était de 2,34 dollars dans le nord du Kentucky (*The Cincinnati Enquirer*, 21 janvier 2006). Utilisez ce prix comme la moyenne de la population et supposez que l'écart type de la population est de 0,20 dollar.

a) Quelle est la probabilité que le prix moyen d'un gallon d'essence obtenu à partir d'un échantillon de 30 stations-essence s'écarte au plus de $\pm 0{,}03$ dollar de la moyenne de la population ?

b) Quelle est la probabilité que le prix moyen d'un gallon d'essence obtenu à partir d'un échantillon de 50 stations-essence s'écarte au plus de $\pm 0{,}03$ dollar de la moyenne de la population ?

c) Quelle est la probabilité que le prix moyen d'un gallon d'essence obtenu à partir d'un échantillon de 100 stations-essence s'écarte au plus de $\pm 0{,}03$ dollar de la moyenne de la population ?

d) Recommanderiez-vous d'utiliser un échantillon de taille égale à 30, 50 ou 100 pour avoir une probabilité de 0,95 que la moyenne d'échantillon s'écarte au plus de $\pm 0{,}03$ de la moyenne de la population ?

30. Pour estimer l'âge moyen d'une population de 4 000 employés, un échantillon aléatoire simple de 40 employés est sélectionné.

a) Utiliseriez-vous le facteur de correction pour population finie pour calculer l'erreur type de la moyenne ? Expliquer.

b) Si l'écart type de la population est $\sigma = 8{,}2$ ans, calculer l'erreur type avec et sans utiliser le facteur de correction pour population finie. Quel est le raisonnement pour expliquer l'abandon du facteur de correction pour population finie lorsque $n/N \leq 0{,}05$?

c) Quelle est la probabilité que l'âge moyen des employés de l'échantillon s'écarte au plus de ± 2 ans de l'âge moyen de la population ?

7.6 DISTRIBUTION D'ÉCHANTILLONNAGE DE $\bar{p}$

La proportion d'échantillon $\bar{p}$ est l'estimateur ponctuel de la proportion de la population p. La formule de calcul de la proportion d'échantillon est

$$\bar{p} = \frac{x}{n}$$

où x est le nombre d'éléments dans l'échantillon qui possèdent la caractéristique à laquelle on s'intéresse et n est la taille de l'échantillon.

Comme noté dans la section 7.4, la proportion d'échantillon $\bar{p}$ est une variable aléatoire et sa distribution de probabilité est appelée distribution d'échantillonnage de $\bar{p}$.

▶ **Distribution d'échantillonnage de $\bar{p}$**
La distribution d'échantillonnage de $\bar{p}$ correspond à la distribution de probabilité de toutes les valeurs possibles de la proportion d'échantillon $\bar{p}$.

Pour déterminer l'écart entre la proportion d'échantillon $\bar{p}$ et la proportion de la population p, il est nécessaire de connaître les propriétés de la distribution d'échantillonnage de $\bar{p}$: l'espérance mathématique de $\bar{p}$, l'écart type de $\bar{p}$ et la forme de la distribution d'échantillonnage de $\bar{p}$.

7.6.1 Espérance mathématique de $\bar{p}$

L'espérance mathématique de $\bar{p}$, la moyenne de toutes les valeurs possibles de $\bar{p}$, est égale à la proportion de la population p.

▶ **Espérance mathématique de $\bar{p}$**

$$E(\bar{p}) = p \tag{7.4}$$

où

$E(\bar{p})$ correspond à l'espérance mathématique de $\bar{p}$
p correspond à la proportion de la population

Puisque $E(\bar{p}) = p$, $\bar{p}$ est un estimateur sans biais de p. Rappelons que dans la section 7.1, nous avons noté que $p = 0{,}60$ pour la population de la société EAI, où p correspond à la proportion de la population des responsables qui ont suivi le programme de formation au management, dispensé par la société. Ainsi, l'espérance mathématique de $\bar{p}$ dans le cadre du problème de la société EAI est égale à 0,60.

7.6.2 Écart type de $\bar{p}$

Comme nous l'avons montré pour l'écart type de $\bar{x}$, l'écart type de $\bar{p}$ dépend du caractère fini ou infini de la population. Les deux formules de calcul de l'écart type de $\bar{p}$ suivent.

▶ **Écart type de $\bar{p}$**

Population finie — *Population infinie*

$$\sigma_{\bar{p}} = \sqrt{\frac{N-n}{N-1}}\sqrt{\frac{p(1-p)}{n}} \qquad \sigma_{\bar{p}} = \sqrt{\frac{p(1-p)}{n}} \tag{7.5}$$

En comparant les deux formules de l'équation (7.5), on voit que la seule différence est l'utilisation d'un facteur de correction pour population finie $\sqrt{(N-n)/(N-1)}$.

Comme dans le cas de la moyenne d'échantillon $\bar{x}$, la différence entre les expressions pour population finie et infinie devient négligeable lorsque la taille de la population finie est importante comparativement à la taille de l'échantillon. Nous suivons la même règle pratique que celle recommandée dans le cas de la moyenne d'échantillon. C'est-à-dire, si la population est finie avec $n/N \leq 0{,}05$, nous utiliserons $\sigma_{\bar{p}} = \sqrt{p(1-p)/n}$. Cependant, si la population est finie avec $n/N > 0{,}05$, le facteur de correction pour population finie devra être utilisé. De nouveau, sauf mention contraire, à travers l'ouvrage nous supposerons que la taille de la population est importante comparativement à la taille de l'échantillon et donc que le facteur de correction pour population finie est inutile.

Dans la section 7.5, nous avons utilisé le terme d'*erreur type de la moyenne* pour faire référence à l'écart type de $\bar{x}$. En général, le terme d'erreur type est employé pour désigner l'écart type d'un estimateur ponctuel. Ainsi, pour la proportion, nous utilisons le terme d'*erreur type de la proportion* pour désigner l'écart type de $\bar{p}$. Revenons à présent à l'exemple de la société EAI et calculons l'erreur type de la proportion associée aux échantillons aléatoires simples de 30 responsables de la société EAI.

Pour l'étude du problème de la société EAI, nous savons que la proportion de la population des responsables qui ont suivi le programme de formation au management est $p = 0{,}60$. Avec $n/N = 30/2500 = 0{,}012$, nous pouvons ignorer le facteur de correction pour population finie pour calculer l'erreur type de la proportion. Pour l'échantillon aléatoire simple de 30 responsables, $\sigma_{\bar{p}}$ est égal à

$$\sigma_{\bar{p}} = \sqrt{\frac{p(1-p)}{n}} = \sqrt{\frac{0{,}60(1-0{,}60)}{30}} = 0{,}0894$$

7.6.3 La forme de la distribution d'échantillonnage de $\bar{p}$

Maintenant que nous connaissons la moyenne et l'écart type de la distribution d'échantillonnage de $\bar{p}$, déterminons la forme de la distribution d'échantillonnage de $\bar{p}$. La proportion d'échantillon est $\bar{p} = x/n$. Pour un échantillon aléatoire simple issu d'une population de grande taille, la valeur de x est une variable aléatoire binomiale, indiquant le nombre d'éléments dans l'échantillon possédant la caractéristique à laquelle on s'intéresse. Puisque n est constant, la probabilité de x/n est la même que la probabilité binomiale de x, ce qui signifie que la distribution d'échantillonnage de $\bar{p}$ est également une distribution de probabilité discrète et que la probabilité de chaque valeur x/n est la même que la probabilité binomiale de x.

Dans le chapitre 6, nous avons également montré qu'une distribution binomiale peut être approchée par une distribution normale si la taille de l'échantillon est suffisamment grande pour satisfaire les deux conditions suivantes :

$$np \geq 5 \quad \text{et} \quad n(1-p) \geq 5$$

Supposant que ces deux conditions sont satisfaites, la distribution de probabilité du nombre d'éléments dans l'échantillon possédant la caractéristique à laquelle on s'intéresse, peut être approchée par une distribution normale. Et puisque n est constant, la distribution d'échantillonnage de $\bar{p} = x/n$ peut aussi être approchée par une distribution normale. Cette approximation est établie ci-dessous :

► La distribution d'échantillonnage de $\bar{p}$ peut être approchée par une distribution normale lorsque $np \geq 5$ et $n(1-p) \geq 5$.

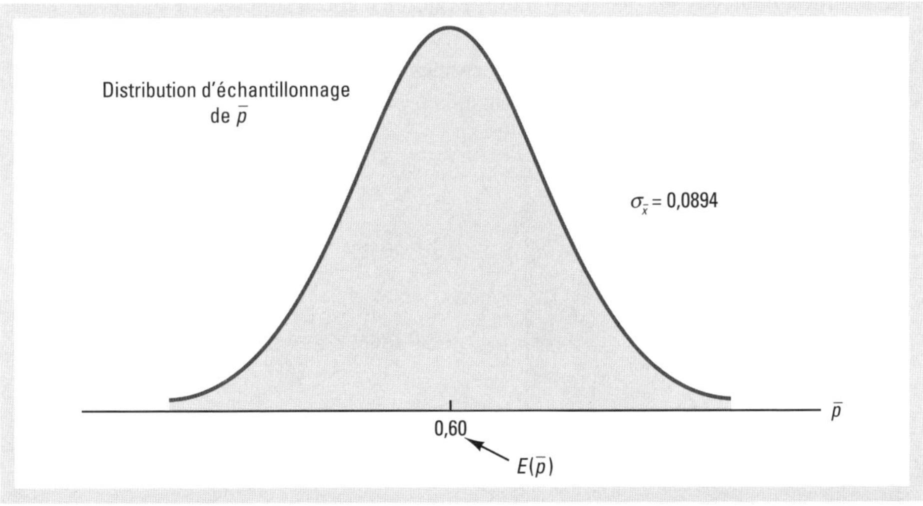

Figure 7.8 ***Distribution d'échantillonnage de $\bar{p}$ pour la proportion des responsables de la société EAI qui ont suivi le programme de formation au management***

Dans des applications pratiques, lorsqu'on désire estimer une proportion d'échantillon, on cherche les tailles d'échantillon qui sont presque toujours assez grandes pour permettre l'utilisation d'une approximation normale de la distribution d'échantillonnage de $\bar{p}$.

Rappelons que dans le cadre du problème de la société EAI, nous savons que la proportion de la population des responsables qui ont suivi le programme de formation est $p = 0,60$. Avec un échantillon aléatoire simple de taille 30, nous avons $np = 30(0,60) = 18$ et $n(1-p) = 30(0,40) = 12$. Ainsi, la distribution d'échantillonnage de $\bar{p}$ peut être approchée par une distribution de probabilité normale, comme indiqué à la figure 7.8.

7.6.4 Intérêt pratique de la distribution d'échantillonnage de $\bar{p}$

L'intérêt pratique de la distribution d'échantillonnage de $\bar{p}$ est qu'elle peut fournir des informations probabilistes concernant l'écart entre la proportion d'échantillon et la proportion de la population. Supposez, dans le cadre du problème de la société EAI, que le directeur du personnel veuille connaître la probabilité d'obtenir une valeur de $\bar{p}$ qui s'écarte d'au plus 0,05, en valeur absolue, de la proportion de la population des responsables de la société EAI qui ont suivi le programme de formation. En d'autres termes, quelle est la probabilité d'obtenir un échantillon dont la proportion $\bar{p}$ sera comprise entre 0,55 et 0,65 ? L'aire grisée de la figure 7.9 correspond à cette probabilité. En utilisant le fait que la distribution d'échantillonnage de $\bar{p}$ puisse être approchée par une distribution de probabilité normale de moyenne égale à 0,60 et d'erreur type égale à $\sigma_{\bar{p}} = 0,0894$, la variable aléatoire normale centrée réduite correspondant à $\bar{p} = 0,65$ a une valeur égale à $z = (0,65 - 0,60)/0,0894 = 0,56$. En se référant à la table des probabilités normales centrées réduites, nous voyons que la probabilité cumulée correspondant à $z = 0,56$ est égale à 0,7123. De même, au point $\bar{p} = 0,55$, nous trouvons $z = (0,55 - 0,60)/0,0894 = -0,56$. D'après la table des probabilités normales centrées réduites, la probabilité cumulée correspondant à $z = -0,56$ est égale à 0,2877. Ainsi, la probabilité de sélectionner un échantillon

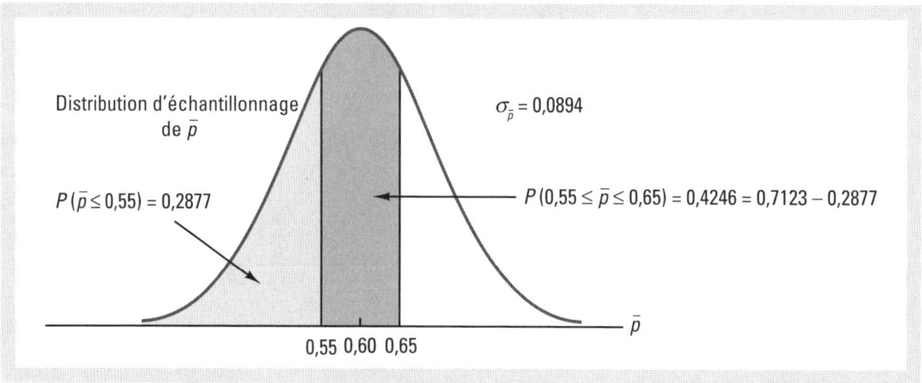

Figure 7.9 ***Probabilité d'obtenir $\bar{p}$ entre 0,55 et 0,65***

qui fournisse une proportion d'échantillon $\bar{p}$ qui s'écarte d'au plus 0,05, en valeur absolue, de la proportion de la population p est égale à $0,72123 - 0,2877 = 0,4246$.

Si l'on considère un échantillon de taille $n = 100$, l'erreur type de la proportion devient

$$\sigma_{\bar{p}} = \sqrt{\frac{0,60(1-0,60)}{100}} = 0,049$$

Avec un échantillon de 100 responsables de la société EAI, la probabilité d'obtenir une proportion d'échantillon qui s'écarte d'au plus 0,05, en valeur absolue, de la proportion de la population peut maintenant être calculée. Puisque la distribution d'échantillonnage est approximativement normale, de moyenne égale à 0,60 et d'écart type égal à 0,049, nous pouvons utiliser la table des probabilités normales centrées réduites pour trouver la probabilité cherchée. Au point $\bar{p} = 0,65$, nous avons $z = (0,65 - 0,60)/0,049 = 1,02$. En se référant à la table des probabilités normales centrées réduites, la probabilité cumulée correspondant à $z = 1,02$ est égale à 0,8461. De même, au point $\bar{p} = 0,55$, nous avons $z = (0,55 - 0,60)/0,049 = -1,02$. La probabilité cumulée correspondant à $z = -1,02$ est égale à 0,1539. Ainsi, si la taille de l'échantillon augmente de 30 à 100, la probabilité que la proportion d'échantillon $\bar{p}$ s'écarte d'au plus 0,05, en valeur absolue, de la proportion de la population p passe à 0,6922 ($0,8461 - 0,1539 = 0,6922$).

EXERCICES

Méthode

31. Un échantillon aléatoire simple de taille 100 est sélectionné à partir d'une population caractérisée par $p = 0,40$.

- **a)** Quelle est l'espérance mathématique de $\bar{p}$?
- **b)** Quel est l'écart type de $\bar{p}$?
- **c)** Déterminer la distribution d'échantillonnage de $\bar{p}$.
- **d)** Que montre la distribution d'échantillonnage de $\bar{p}$?

32. La proportion d'une population est égale à 0,40. Un échantillon aléatoire simple de taille 200 est sélectionné et la proportion d'échantillonnage $\bar{p}$ sera utilisée pour estimer la proportion de la population.

- **a)** Quelle est la probabilité que la proportion d'échantillon s'écarte au plus de $\pm 0,03$ de la proportion de la population ?
- **b)** Quelle est la probabilité que la proportion d'échantillon s'écarte au plus de $\pm 0,05$ de la proportion de la population ?

33. Supposez que la proportion d'une population soit égale à 0,55. Calculer l'erreur type de la proportion, $\sigma_{\bar{p}}$, pour des échantillons de taille 100, 200, 500 et 1 000. Que pouvez-vous dire concernant l'ampleur de l'erreur type de la population lorsque la taille de l'échantillon augmente ?

34. La proportion de la population est de 0,30. Quelle est la probabilité que la proportion d'un échantillon s'écarte au plus de $\pm 0{,}04$ de la proportion de la population pour chacune des tailles d'échantillon suivantes ?

a) $n = 100$

b) $n = 200$

c) $n = 500$

d) $n = 1\,000$

e) Quel est l'avantage d'avoir une taille d'échantillon importante ?

Applications

35. Le président de la société Doerman Distributors estime que 30 % des commandes de l'entreprise proviennent de nouveaux clients. Un échantillon aléatoire simple de 100 commandes est utilisé pour estimer la proportion de nouveaux clients.

a) Supposez que le président ait raison et que $p = 0{,}30$. Quelle est la distribution d'échantillonnage de $\overline{p}$ dans cette étude ?

b) Quelle est la probabilité que la proportion d'échantillon $\overline{p}$ soit comprise entre 0,20 et 0,40 ?

c) Quelle est la probabilité que la proportion d'échantillon soit comprise entre 0,25 et 0,35 ?

36. *The Cincinnati Enquirer* a rapporté qu'aux États-Unis, 66 % des adultes et 87 % des jeunes âgés de 12 à 17 ans utilisent Internet (*The Cincinnati Enquirer*, 7 février 2006). Utilisez ces chiffres comme les proportions de la population et supposez que des échantillons de 300 adultes et 300 jeunes soient constitués dans le but de connaître leur comportement en matière de sécurité sur Internet.

a) Déterminer la distribution d'échantillonnage de la proportion d'échantillon $\overline{p}$ correspondant à la proportion d'adultes se servant d'Internet.

b) Quelle est la probabilité que la proportion d'échantillon d'adultes utilisant Internet s'écarte d'au plus $\pm 0{,}04$ de la proportion de la population ?

c) Quelle est la probabilité que la proportion d'échantillon de jeunes utilisant Internet s'écarte d'au plus $\pm 0{,}04$ de la proportion de la population ?

d) La probabilité obtenue aux questions (b) et (c) est-elle différente ? Si oui, pourquoi ?

e) Répondre à la question (b) pour un échantillon de taille égale à 600. La probabilité est-elle inférieure ? Pourquoi ?

37. Les gens finissent par jeter 12 % de ce qu'ils achètent chez l'épicier (*Reader's Digest*, mars 2009). Supposez qu'il s'agit de la vraie proportion de la population et que vous envisagez de constituer un échantillon de 540 consommateurs pour étudier davantage leur comportement.

a) Déterminer la distribution d'échantillonnage de $\overline{p}$, la proportion de biens d'épicerie jetés par les clients échantillonnés.

b) Quelle est la probabilité que votre étude fournisse une proportion d'échantillon qui s'écarte au plus de $\pm 0{,}03$ de la proportion de la population ?

c) Quelle est la probabilité que votre étude fournisse une proportion d'échantillon qui s'écarte au plus de $\pm 0,015$ de la proportion de la population ?

38. Roper ASW a mené une enquête pour étudier l'attitude des adultes américains envers l'argent (*Money*, octobre 2003). Cinquante-six pourcents des personnes interrogées ont déclaré vérifier leurs comptes au moins une fois par mois.

a) Supposez qu'un échantillon de 400 adultes américains soit sélectionné. Déterminer la distribution d'échantillonnage de la proportion d'adultes qui vérifient leurs comptes au moins une fois par mois.

b) Quelle est la probabilité que la proportion d'échantillon s'écarte au plus de $\pm 0,02$ de la proportion de la population ?

c) Quelle est la probabilité que la proportion d'échantillon s'écarte au plus de $\pm 0,04$ de la proportion de la population ?

39. En 2008, le bureau Better Business a traité 75 % des plaintes reçues (*USA Today*, 2 mars 2009). Supposez que vous êtes embauché par le bureau Better Business pour étudier les plaintes reçues relatives à des concessionnaires automobiles. Vous envisagez de sélectionner un échantillon des plaintes impliquant des concessionnaires automobiles pour estimer la proportion de plaintes que le bureau Better Business est en mesure de traiter. Supposez que la proportion de plaintes traitées dans la population, impliquant des concessionnaires automobiles, est égale à 0,75, identique à la proportion globale de plaintes traitées en 2008.

a) Supposez que vous sélectionnez un échantillon de 450 plaintes impliquant des concessionnaires automobiles. Déterminer la distribution d'échantillonnage de $\bar{p}$.

b) En vous basant sur un échantillon de 450 plaintes, quelle est la probabilité que la proportion de l'échantillon s'écarte au plus de $\pm 0,04$ de la proportion de la population ?

c) Supposez que vous sélectionnez un échantillon de 200 plaintes impliquant des concessionnaires automobiles. Déterminer la distribution d'échantillonnage de $\bar{p}$.

d) En vous basant sur un échantillon de 200 plaintes, quelle est la probabilité que la proportion de l'échantillon s'écarte au plus de $\pm 0,04$ de la proportion de la population ?

e) En termes de probabilité, combien gagnez-vous en précision en utilisant un échantillon plus grand ?

40. Les producteurs de biens d'épicerie américains ont indiqué que 76 % des consommateurs lisent les étiquettes indiquant la composition des produits. Supposez que la proportion de la population soit $p = 0,76$ et qu'un échantillon de 400 consommateurs soit issu de cette population.

a) Déterminer la distribution d'échantillonnage de la proportion d'échantillon $\bar{p}$ correspondant à la proportion des consommateurs de l'échantillon qui lisent l'étiquette de composition des produits.

b) Quelle est la probabilité que la proportion d'échantillon s'écarte d'au plus $\pm 0,03$ de la proportion de la population ?

c) Répondre à la question (b) pour un échantillon de 750 clients.

41. L'institut de marketing alimentaire révèle que 17 % des ménages dépensent plus de 100 dollars par semaine en épicerie. Supposez que la proportion de la population soit $p = 0,17$ et qu'un échantillon aléatoire simple de 800 ménages soit sélectionné parmi cette population.

a) Déterminer la distribution d'échantillonnage de $\overline{p}$, la proportion des ménages de l'échantillon qui dépensent plus de 100 dollars par semaine en épicerie.

b) Quelle est la probabilité que la proportion d'échantillon s'écarte au plus de ±0,02 de la proportion de la population ?

c) Répondre à la question (b) pour un échantillon de 1 600 ménages.

7.7 AUTRES MÉTHODES D'ÉCHANTILLONNAGE

Nous avons décrit la procédure d'échantillonnage aléatoire simple comme une procédure d'échantillonnage à partir d'une population finie et discuté des propriétés des distributions d'échantillonnage de $\overline{x}$ et de $\overline{p}$, lorsqu'on utilise un échantillon aléatoire simple. Des méthodes telles que l'échantillonnage aléatoire stratifié, l'échantillonnage par grappes et l'échantillonnage systématique sont des méthodes d'échantillonnage alternatives qui présentent, dans certaines situations, des avantages par rapport à l'échantillonnage aléatoire simple. Dans cette section, nous introduirons brièvement ces méthodes alternatives d'échantillonnage.

Cette section fournit une brève introduction aux méthodes d'échantillonnage autres que l'échantillonnage aléatoire simple.

7.7.1 Échantillonnage aléatoire stratifié

Dans l'**échantillonnage aléatoire stratifié**, la population est tout d'abord divisée en groupes d'éléments appelés *strates*, de façon à ce que chaque élément de la population appartienne à une et une seule strate. L'élément de base qui définit une strate, tel qu'un service, un lieu, un âge, un type d'industrie, etc., est laissé à la discrétion du créateur de l'échantillon. Cependant, de meilleurs résultats sont obtenus lorsque les éléments de chaque strate sont aussi semblables que possible. La figure 7.10 représente un diagramme d'une population divisée en H strates.

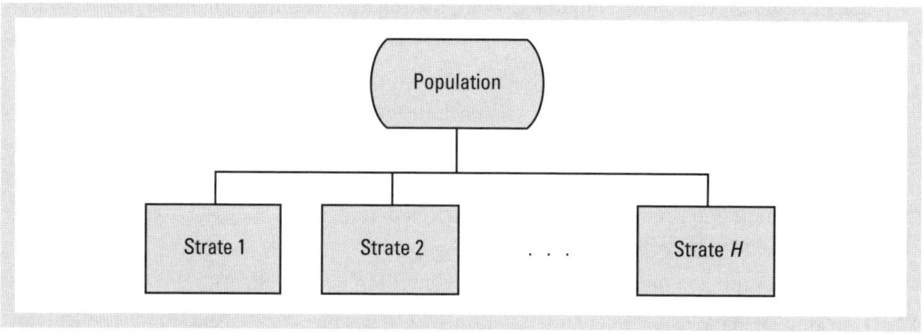

Figure 7.10 ***Diagramme pour l'échantillonnage aléatoire stratifié***

Après avoir formé les strates, un échantillon aléatoire simple est sélectionné dans chaque strate. Des formules permettent de combiner les résultats obtenus à partir des échantillons individuels en une estimation du paramètre de la population auquel on s'intéresse. La valeur de l'échantillonnage aléatoire stratifié dépend de l'homogénéité des éléments contenus dans une strate. Si les éléments contenus dans une strate sont semblables (homogénéité), la strate aura une faible variance. Ainsi, des échantillons relativement petits pourront être utilisés pour obtenir de bonnes estimations des caractéristiques de la strate. Si les strates sont homogènes, la procédure d'échantillonnage aléatoire stratifié fournira des résultats aussi précis que ceux obtenus par la procédure d'échantillonnage aléatoire simple en utilisant un échantillon total plus petit.

L'échantillonnage aléatoire stratifié fournit de meilleurs résultats lorsque la variance parmi les éléments de chaque strate est relativement faible.

7.7.2 Échantillonnage par grappes

Dans l'**échantillonnage par grappes**, la population est tout d'abord divisée en groupes d'éléments séparés, appelés *grappes*. Chaque élément de la population appartient à une et une seule grappe (cf. figure 7.11). Un échantillon aléatoire simple des grappes est ensuite sélectionné. Tous les éléments contenus dans une grappe sélectionnée forment l'échantillon. L'échantillonnage par grappes tend à fournir de meilleurs résultats lorsque les éléments contenus dans les grappes sont hétérogènes (dissemblables). Dans le cas idéal, chaque grappe est une représentation à petite échelle de la population entière. La valeur de l'échantillonnage par grappes dépend du degré de représentativité de la population entière dans chaque grappe. Si toutes les grappes représentent la population, échantillonner un petit nombre de grappes fournira de bonnes estimations des paramètres de la population.

L'échantillonnage par grappes fournit de meilleurs résultats lorsque chaque grappe représente, à plus petite échelle, la population.

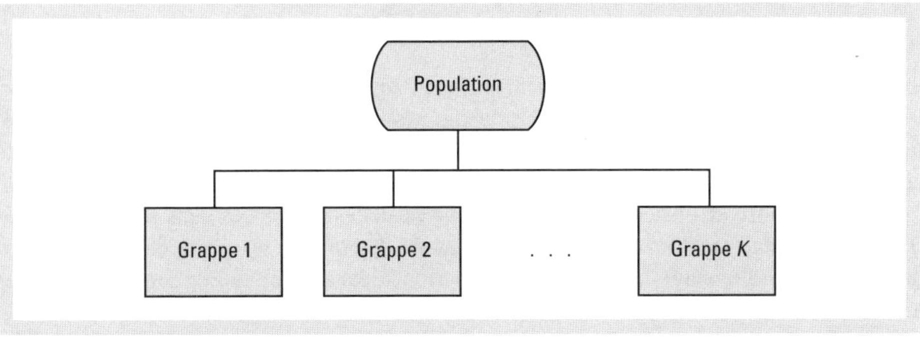

Figure 7.11 ***Diagramme pour l'échantillonnage par grappes***

L'une des applications principales de l'échantillonnage par grappes est l'échantillonnage de régions, où les grappes sont les quartiers d'une ville ou d'autres zones bien définies. L'échantillonnage par grappes nécessite généralement un échantillon total plus grand que l'échantillonnage aléatoire simple ou stratifié. Cependant, il peut générer des économies de coût, du fait que lorsqu'une personne sonde une grappe sélectionnée (par exemple, un quartier), beaucoup d'observations peuvent être obtenues en un temps relativement court. Par conséquent, un échantillon de taille plus importante peut être obtenu avec un coût total significativement plus faible.

7.7.3 Échantillonnage systématique

Dans certaines situations, spécialement lorsque les populations sont importantes, il est coûteux (en temps) de sélectionner un échantillon aléatoire simple en trouvant tout d'abord un nombre aléatoire et ensuite en cherchant dans la liste de la population l'élément correspondant. Une alternative à l'échantillonnage aléatoire simple est l'**échantillonnage systématique**. Par exemple, si l'on souhaite sélectionner un échantillon de taille 50 parmi une population contenant 5 000 éléments, cela revient à sélectionner un élément tous les $5000/50 = 100$ éléments de la population. Constituer un échantillon systématique dans ce cas consiste à sélectionner aléatoirement un élément parmi les 100 premiers de la liste de la population. Les autres éléments de l'échantillon sont identifiés de la façon suivante : le deuxième élément sélectionné correspond au 100e élément qui suit le premier élément sélectionné dans la liste de la population ; le troisième élément sélectionné correspond au 100e élément qui suit dans la liste de la population le deuxième élément sélectionné, et ainsi de suite. En fait, l'échantillon de taille 50 est identifié en se déplaçant systématiquement dans la population et en identifiant le 100e, le 200e, le 300e, etc. élément qui suivent le premier élément choisi aléatoirement. L'échantillon de taille 50 est généralement plus facile à identifier de cette manière qu'en utilisant l'échantillonnage aléatoire simple. Puisque le premier élément sélectionné l'est aléatoirement, un échantillon systématique est généralement supposé avoir les propriétés d'un échantillon aléatoire simple. Cette hypothèse est particulièrement appropriée lorsque la liste de la population est une énumération aléatoire des éléments de la population.

7.7.4 Échantillonnage de commodité

Les méthodes d'échantillonnage présentées jusqu'à présent sont dites techniques *d'échantillonnage probabiliste*. Les éléments sélectionnés parmi la population ont une probabilité connue de faire partie de l'échantillon. L'avantage de l'échantillonnage probabiliste est que la distribution d'échantillonnage de la statistique d'échantillon appropriée peut généralement être identifiée. Des formules comme celles présentées dans ce chapitre pour l'échantillonnage aléatoire simple, permettent de déterminer les propriétés de la distribution d'échantillonnage. Ensuite, la distribution d'échantillonnage permet de tirer des conclusions en termes de probabilité sur l'erreur d'échantillonnage associée aux résultats.

L'échantillonnage de commodité est une technique *d'échantillonnage non-probabiliste*. Comme son nom l'indique, l'échantillon est principalement identifié par commodité. Les éléments sont inclus dans l'échantillon sans probabilité connue ou pré-spécifiée d'être choisis. Par exemple, un professeur qui mène une expérience à l'université peut utiliser des étudiants volontaires pour constituer un échantillon simplement parce qu'ils sont disponibles et participerons en tant que sujets à l'expérience pour un coût très faible ou même nul. De même, un inspecteur peut échantillonner une cargaison d'oranges en sélectionnant les oranges au hasard parmi plusieurs caisses. Étiqueter chaque orange et utiliser une méthode probabiliste d'échantillonnage seraient irréalisable. Des échantillons tels que les animaux sauvages en captivité et les panels de consommateurs volontaires sont des échantillons de commodité.

Les échantillons de commodité ont l'avantage d'être facilement constitués et les données sont facilement collectées ; cependant, il est impossible d'évaluer le degré de représentativité de l'échantillon au regard de la population. Un échantillon de commodité peut fournir de bons résultats aussi bien que des mauvais ; aucune procédure statistique ne permet de faire une analyse probabiliste ou de l'inférence sur la qualité des résultats de l'échantillon. Parfois, des chercheurs appliquent des méthodes statistiques conçues pour des échantillons probabilistes aux échantillons de commodité, déclarant que l'échantillon de commodité peut être traité comme un échantillon probabiliste. Cependant, cet argument ne peut être soutenu, et il faut rester prudent en interprétant les résultats obtenus grâce à un échantillon de commodité, dans le but de faire de l'inférence sur les populations.

7.7.5 Échantillonnage subjectif

Une autre technique d'échantillonnage non-probabiliste est *l'échantillonnage subjectif*. Dans cette approche, la personne la mieux documentée sur le sujet de l'étude sélectionne des éléments de la population qu'elle pense être les plus représentatifs de la population. Souvent, cette méthode est une manière relativement facile de sélectionner un échantillon. Par exemple, un journaliste peut choisir deux ou trois sénateurs, en jugeant que l'opinion de ces sénateurs reflète l'opinion générale. Cependant, la qualité des résultats de l'échantillon dépend des croyances de la personne qui sélectionne l'échantillon. De nouveau, il faut faire très attention en tirant des conclusions concernant les populations, lorsqu'on se fonde sur des échantillons subjectifs.

REMARQUES

Nous recommandons l'utilisation des méthodes d'échantillonnage probabilistes lorsque l'on cherche à constituer des échantillons à partir de populations finies : l'échantillonnage aléatoire simple, l'échantillonnage aléatoire stratifié, l'échantillonnage par grappes ou l'échantillonnage systématique. Pour ces méthodes, des formules permettent d'évaluer la qualité des estimations des caractéristiques de la population, fournies par les résultats de l'échantillon. Une évaluation de la justesse des résultats ne peut pas être faite avec des échantillons de commodité ou des échantillons subjectifs. Aussi, une attention particulière doit-elle être portée à l'interprétation des résultats lorsque des méthodes d'échantillonnage non-probabilistes sont utilisées.

RÉSUMÉ

Dans ce chapitre, nous avons présenté les concepts d'échantillonnage et de distributions d'échantillonnage. Nous avons montré comment constituer un échantillon aléatoire simple à partir d'une population finie et discuté de la constitution d'un échantillon aléatoire à partir d'une population infinie. Les données collectées dans de tels échantillons peuvent être utilisées pour développer des estimations ponctuelles des paramètres de la population. Puisque différents échantillons aléatoires simples fournissent diverses valeurs des estimateurs ponctuels, les estimateurs ponctuels tels que $\bar{x}$ et $\bar{p}$ sont des variables aléatoires. La distribution de probabilité de telles variables aléatoires est appelée distribution d'échantillonnage. En particulier, nous avons décrit les distributions d'échantillonnage de la moyenne d'échantillon $\bar{x}$ et la proportion d'échantillon $\bar{p}$.

En considérant les caractéristiques des distributions d'échantillonnage de $\bar{x}$ et $\bar{p}$, nous avons établi que et $E(\bar{p}) = p$. Après avoir développé les formules de l'écart type ou erreur type de ces estimateurs, nous avons décrit les conditions nécessaires sous lesquelles les distributions d'échantillonnage de $\bar{x}$ et $\bar{p}$ suivent une loi normale. D'autres méthodes d'échantillonnage dont l'échantillonnage aléatoire stratifié, l'échantillonnage par grappes, l'échantillonnage systématique, l'échantillonnage de commodité et l'échantillonnage subjectif, ont été présentées.

GLOSSAIRE

POPULATION ÉCHANTILLONNÉE. La population à partir de laquelle l'échantillon est constitué.

CADRE. Une liste d'éléments à partir desquels l'échantillon est sélectionné.

PARAMÈTRE. Caractéristique numérique d'une population, telle que la moyenne de la population μ, l'écart type de la population σ, la proportion de la population p, etc.

ÉCHANTILLON ALÉATOIRE SIMPLE. Un échantillon aléatoire simple de taille n issu d'une population finie de taille N est un échantillon sélectionné de façon à ce que chaque échantillon possible de taille n ait la même probabilité d'être choisi.

ÉCHANTILLONNAGE SANS REMISE. Une fois qu'un élément a été inclus dans l'échantillon, il est retiré de la population et ne peut pas être choisi une seconde fois.

ÉCHANTILLONNAGE AVEC REMISE. Une fois qu'un élément a été inclus dans l'échantillon, il est remis dans la population. Un élément déjà sélectionné peut de nouveau être choisi et donc peut apparaître plus d'une fois dans l'échantillon.

ÉCHANTILLON ALÉATOIRE. Un échantillon aléatoire issu d'une population infinie est un échantillon sélectionné de telle façon que les deux conditions suivantes sont satisfaites : (1) chaque élément sélectionné est issu de la même population ; (2) chaque élément est sélectionné indépendamment des autres.

STATISTIQUE D'ÉCHANTILLON. Caractéristique d'échantillon, telle que la moyenne d'échantillon $\bar{x}$, l'écart type d'échantillon s, la proportion d'échantillon $\bar{p}$, etc. La valeur de la statistique d'échantillon est utilisée pour estimer la valeur du paramètre de la population.

ESTIMATEUR PONCTUEL. Statistique d'échantillon, telle que $\bar{x}$, s ou $\bar{p}$, qui fournit l'estimation ponctuelle d'un paramètre de la population.

ESTIMATION PONCTUELLE. Valeur d'un estimateur ponctuel utilisée en tant qu'estimation d'un paramètre de la population.

Population cible. Population pour laquelle est faite de l'inférence statistique telle que des estimations ponctuelles. Il est important que la population cible soit aussi proche que possible de la population échantillonnée.

Distribution d'échantillonnage. Distribution de probabilité composée de toutes les valeurs possibles d'une statistique d'échantillon.

Sans biais. Propriété d'un estimateur ponctuel caractérisée par l'égalité entre l'espérance mathématique de l'estimateur ponctuel et la valeur du paramètre de la population qu'il estime.

Facteur de correction pour population finie. Terme $\sqrt{(N-n)/(N-1)}$ utilisé dans les formules de $\sigma_{\bar{x}}$ et de $\sigma_{\bar{p}}$ lorsqu'une population finie, et non infinie, est échantillonnée. La règle pratique généralement acceptée est d'ignorer le facteur de correction pour population finie lorsque $n/N \leq 0{,}05$.

Erreur type. Écart type d'un estimateur ponctuel.

Théorème central limite. Théorème qui permet d'utiliser la distribution de probabilité normale pour estimer la distribution d'échantillonnage de $\bar{x}$ lorsque l'échantillon est de grande taille.

Échantillonnage aléatoire stratifié. Méthode d'échantillonnage probabiliste dans laquelle la population est tout d'abord divisée en strates et un échantillon aléatoire simple est ensuite sélectionné parmi chaque strate.

Échantillonnage par grappes. Méthode d'échantillonnage probabiliste dans laquelle la population est tout d'abord divisée en grappes et un échantillon aléatoire simple de grappes est ensuite sélectionné.

Échantillonnage systématique. Méthode d'échantillonnage probabiliste dans laquelle on choisit aléatoirement un des k premiers éléments, puis tous les k^e éléments qui suivent.

Échantillonnage de commodité. Méthode d'échantillonnage non-probabiliste dans laquelle les éléments de l'échantillon sont sélectionnés en fonction de leur commodité.

Échantillonnage subjectif. Méthode d'échantillonnage non-probabiliste dans laquelle les éléments de l'échantillon sont sélectionnés en fonction des croyances de la personne qui fait l'étude.

FORMULES CLÉ

Espérance mathématique de $\bar{x}$

$$E(\bar{x}) = \mu \qquad (7.1)$$

Écart type de $\bar{x}$ (erreur type)

Population finie / Population infinie

$$\sigma_{\bar{x}} = \sqrt{\frac{N-n}{N-1}}\left(\frac{\sigma}{\sqrt{n}}\right) \qquad \sigma_{\bar{x}} = \frac{\sigma}{\sqrt{n}} \qquad (7.2)$$

Espérance mathématique de $\bar{p}$

$$E(\bar{p}) = p \qquad (7.4)$$

Écart type de $\bar{p}$ (erreur type)

Population finie	Population infinie	
$\sigma_{\bar{p}} = \sqrt{\frac{N-n}{N-1}}\sqrt{\frac{p(1-p)}{n}}$	$\sigma_{\bar{p}} = \sqrt{\frac{p(1-p)}{n}}$	(7.5)

EXERCICES SUPPLÉMENTAIRES

42. *U.S. News & World Report* publie des informations sur les meilleures écoles américaines (*America's Best Colleges*, 2009). Entre autre, le rapport fournit une liste des 133 meilleures universités du pays. Vous souhaitez sélectionner un échantillon de ces universités pour une étude sur les étudiants. Commencez par le bas de la troisième colonne des nombres aléatoires du tableau 7.1. En ignorant les deux premiers chiffres des groupes de nombres à cinq chiffres et en utilisant les nombres aléatoires à trois chiffres commençant par 959, remontez dans la colonne pour identifier le numéro (compris entre 1 et 133) des sept premières universités qui seront incluses dans un échantillon aléatoire simple. Continuez en commençant en bas de la quatrième puis de la cinquième colonne, en remontant si nécessaire.

43. Les Américains se sentent de plus en plus concernés par le coût croissant de Medicare. En 1990, les dépenses annuelles moyennes de Medicare étaient de 3 267 dollars par bénéficiaire ; en 2003, elles s'élèvent à 6 883 dollars (*Money*, automne 2003). Supposez que vous embauchiez un consultant pour étudier la nature des dépenses de santé à partir d'un échantillon de 50 bénéficiaires de Medicare en 2003. L'écart type des dépenses de la population en 2003 est supposé être égal à 2 000 dollars.

a) Déterminer la distribution d'échantillonnage du montant moyen des dépenses de Medicare pour un échantillon de 50 bénéficiaires en 2003.

b) Quelle est la probabilité que la moyenne d'échantillon s'écarte au plus de ±300 dollars de la moyenne de la population ?

c) Quelle est la probabilité que la moyenne d'échantillon soit supérieure à 7 500 dollars ? Si le consultant vous dit que la moyenne d'échantillon des bénéficiaires de Medicare qu'il a interrogé est de 7 500 dollars, vous demanderiez-vous s'il a correctement suivi la procédure d'échantillonnage aléatoire simple ? Pourquoi ?

44. *Business Week* a enquêté sur les anciens élèves en MBA, dix ans après l'obtention de leur diplôme (*Business Week*, 22 septembre 2003). D'après cette enquête, les anciens élèves dépensent en moyenne 115,50 dollars par semaine en repas pris en dehors de leur domicile. On vous demande de poursuivre l'enquête à partir d'un échantillon de 40 de ces anciens élèves. Supposez que l'écart type de la population soit de 35 dollars.

a) Déterminer la distribution d'échantillonnage de $\bar{x}$ correspondant à la moyenne des dépenses hebdomadaires en repas de ces 40 anciens élèves échantillonnés.

b) Quelle est la probabilité que la moyenne de l'échantillon s'écarte au plus de ±10 dollars de la moyenne de la population ?

c) Supposez que vous trouviez une moyenne d'échantillon égale à 100 dollars. Quelle est la probabilité de trouver une moyenne d'échantillon inférieure ou égale à

100 dollars ? Considérez-vous cet échantillon comme un groupe d'anciens élèves particulièrement peu dépensiers ? Pourquoi ?

45. Le temps moyen passé par les Américains à regarder la télévision est de 15 heures par semaine (*Money*, novembre 2003). Supposez qu'un échantillon de 60 Américains soit sélectionné pour étudier de façon plus approfondie leurs habitudes télévisuelles. Supposez que l'écart type de la population concernant le temps passé à regarder la télévision soit de 4 heures par semaine.

a) Quelle est la probabilité que la moyenne d'échantillon s'écarte au plus de ± 1 heure de la moyenne de la population ?

b) Quelle est la probabilité que la moyenne d'échantillon s'écarte au plus de ± 45 minutes de la moyenne de la population ?

46. Déduction faite des bourses accordées sous condition de ressources, le coût moyen d'inscription à l'Université de Californie du Sud (USC) est de 27 175 dollars (*U.S. News & World Report, America's Best Colleges*, 2009). Supposez que l'écart type de la population s'élève à 7 400 dollars. Supposez qu'un échantillon aléatoire de 60 étudiants soit issu de cette population.

a) Quelle est la valeur de l'erreur type de la moyenne ?

b) Quelle est la probabilité que la moyenne d'échantillon soit supérieure à 27 175 dollars ?

c) Quelle est la probabilité que la moyenne d'échantillon s'écarte au plus de ± 1000 dollars de la moyenne de la population ?

d) Quelle serait la probabilité de la question (c) si la taille d'échantillon était égale à 100 ?

47. Trois entreprises ont des inventaires différents par leur taille. L'entreprise A a une population de 2 000 pièces, l'entreprise B a une population de 5 000 pièces et l'entreprise C a une population de 10 000 pièces. L'écart type de la population pour le coût des pièces est $\sigma = 144$. Un consultant recommande que chaque entreprise prenne un échantillon de 50 pièces parmi sa population pour fournir des estimations statistiques valables sur le coût moyen par pièce. Les responsables de la petite entreprise pensent pouvoir obtenir les données à partir d'un échantillon plus petit que celui nécessaire aux grandes entreprises, du fait de sa plus petite population. Cependant, selon le consultant, pour obtenir la même erreur type et donc la même précision dans les résultats de l'échantillon, toutes les entreprises doivent utiliser un échantillon de même taille, quelle que soit la taille de la population.

a) En utilisant le facteur de correction pour population finie, calculer l'erreur type pour chacune des trois entreprises, étant donné un échantillon de taille 50.

b) Quelle est la probabilité que pour chaque entreprise, la moyenne d'échantillon $\bar{x}$ s'écarte au plus de ± 25 de la moyenne de la population μ ?

48. Un chercheur rapporte les résultats d'une étude en révélant que l'erreur type de la moyenne est de 20. L'écart type de la population est égal à 500.

a) Quelle est la taille de l'échantillon utilisé dans cette étude ?

b) Quelle est la probabilité que l'estimation s'écarte au plus de ± 25 de la moyenne de la population ?

49. Un processus de production est vérifié périodiquement par un inspecteur du contrôle de la qualité. L'inspecteur sélectionne des échantillons aléatoires simples de 30 produits finis et calcule la moyenne d'échantillon des poids des produits $\bar{x}$. Si les résultats de test sur une longue période révèlent que 5 % des valeurs de $\bar{x}$ sont supérieures à 2,1 livres et que 5 % sont inférieures à 1,9 livre, quels sont la moyenne et l'écart type pour la population des produits fabriqués avec ce procédé ?

50. Environ 28 % des sociétés privées sont possédées par des femmes (*The Cincinnati Enquirer*, 26 janvier 2006). Répondre aux questions suivantes en supposant qu'un échantillon de 240 sociétés privées est utilisé.

a) Déterminer la distribution d'échantillonnage de $\bar{p}$, la proportion des sociétés privées détenues par des femmes.

b) Quelle est la probabilité que la proportion d'échantillon s'écarte au plus de $\pm 0,04$ de la proportion de la population ?

c) Quelle est la probabilité que la proportion d'échantillon s'écarte au plus de $\pm 0,02$ de la proportion de la population ?

51. Une société d'études de marché effectue des sondages par téléphone, avec historiquement un taux de réponse de 40 %. Quelle est la probabilité que dans un nouvel échantillon de 400 numéros de téléphone, au moins 150 individus coopèrent et répondent aux questions ? En d'autres termes, quelle est la probabilité que la proportion d'échantillon soit au moins égale à $150/400 = 0,375$?

52. Les annonceurs publicitaires concluent des contrats avec les fournisseurs d'accès à Internet et les moteurs de recherche pour placer leur publicité sur les sites web. Ils paient une taxe forfaitaire basée sur le nombre de clients potentiels qui s'intéresseront à leur publicité. Malheureusement, la fraude – le fait de cliquer sur une publicité uniquement pour accroître les revenus publicitaires – est devenue un réel problème. Quarante pourcents des annonceurs prétendent avoir été victime de fraude (*Business Week*, 13 mars 2006). Supposez qu'un échantillon aléatoire simple de 380 annonceurs soit constitué pour déterminer plus précisément l'impact de cette pratique sur les annonceurs.

a) Quelle est la probabilité que la proportion d'échantillon s'écarte au plus de $\pm 0,04$ de la proportion de la population faisant face à une fraude ?

b) Quelle est la probabilité que la proportion d'échantillon soit supérieure à 0,45 ?

53. La proportion d'individus assurés par la compagnie d'assurance automobile All-Driver, qui ont reçu au moins une contravention au cours des cinq dernières années, est de 0,15.

a) Déterminer la distribution d'échantillonnage de $\bar{p}$, si un échantillon aléatoire de 150 assurés est utilisé pour estimer la proportion d'individus ayant reçu au moins une contravention.

b) Quelle est la probabilité que la proportion d'échantillon s'écarte au plus de $\pm 0,03$ de la proportion de la population ?

54. Lori Jeffrey est l'une des meilleures représentantes commerciales d'un important éditeur de manuels scolaires. Historiquement, Lori décroche une vente sur 25 % de ses appels. En considérant ses ventes par téléphone pendant un mois comme un échantillon de toutes les ventes par téléphone possibles, supposez qu'une étude statistique des données fournisse une erreur type de la proportion de 0,0625.

a) Quelle est la taille de l'échantillon utilisé dans cette étude ? C'est-à-dire, combien d'appels Lori a-t-elle passé au cours du mois considéré ?

b) Soit $\bar{p}$ la proportion des ventes effectuées au cours du mois. Déterminer la distribution d'échantillonnage de $\bar{p}$.

c) En utilisant la distribution d'échantillonnage de $\bar{p}$, calculer la probabilité que Lori décroche des ventes sur 30 % ou plus de ses appels au cours d'un mois.

ANNEXE 7.1 ÉCHANTILLONNAGE ALÉATOIRE AVEC MINITAB

Si une liste des éléments d'une population est disponible dans un fichier Minitab, Minitab peut être utilisé pour sélectionner un échantillon aléatoire simple. Par exemple, une liste des 100 plus importantes métropoles américaines et canadiennes est fournie dans la colonne 1 du fichier Métropoles (*Places Rated Almanac* – Édition du millénaire 2000). La colonne 2 contient l'évaluation de chaque métropole. Les 10 premières métropoles et leurs évaluations sont présentées dans le tableau 7.6.

Supposez que vous vouliez sélectionner un échantillon aléatoire simple de 30 métropoles pour réaliser une étude approfondie du coût de la vie aux États-Unis et au Canada. Les étapes suivantes permettent de sélectionner l'échantillon.

Étape 1. Sélectionner le menu **Calc**
Étape 2. Choisir **Random Data**
Étape 3. Choisir **Sample From Columns**
Étape 4. Lorsque la boîte de dialogue apparaît :
Entrer 30 dans la boîte **Number of rows to sample**
Entrer C1 C2 dans la boîte **From columns**
Entrer C3 C4 dans la boîte **Store samples in**
Étape 5. Cliquer sur **OK**

L'échantillon aléatoire de 30 métropoles apparaît dans les colonnes C3 et C4.

ANNEXE 7.2 ÉCHANTILLONNAGE ALÉATOIRE AVEC EXCEL

Si une liste des éléments d'une population est disponible dans un fichier Excel, Excel peut être utilisé pour sélectionner un échantillon aléatoire simple. Par exemple, une liste des 100 plus importantes métropoles américaines et canadiennes est fournie dans la colonne A du fichier Métropoles (*Places Rated Almanac* – Édition du millénaire 2000). La colonne B contient l'évaluation de chaque métropole. Les 10 premières métropoles et leurs évaluations sont présentées dans le tableau 7.6. Supposez que vous vouliez sélectionner un échantillon aléatoire simple de 30 métropoles pour réaliser une étude approfondie du coût de la vie aux États-Unis et au Canada.

Tableau 7.6 ***Évaluation des 10 premières métropoles***

Métropoles

Métropole	Évaluation	Métropole	Évaluation
Albany	64,18	Baltimore	69,75
Albuquerque	66,16	Birmingham	69,59
Appleton	60,56	Boise City	68,36
Atlanta	69,97	Boston	68,99
Austin	71,48	Buffalo	66,10

Les lignes d'un fichier Excel peuvent être placées dans un ordre aléatoire en ajoutant une colonne supplémentaire au fichier et en remplissant cette colonne par des nombres aléatoires en utilisant la fonction =RAND(). Ensuite en réarrangeant la colonne des nombres aléatoires par ordre croissant, le fichier est réordonné de façon aléatoire. L'échantillon aléatoire de taille n correspond alors aux n premières lignes de ce fichier réordonné.

Pour le fichier Métropoles, la première ligne contient l'intitulé des colonnes et les 100 métropoles sont inscrites dans les lignes 2 à 101. Les étapes suivantes permettent de sélectionner un échantillon aléatoire simple de 30 métropoles.

Étape 1. Entrer =RAND() dans la cellule C2
Étape 2. Copier la cellule C2 dans les cellules C3:C101
Étape 3. Sélectionner une cellule de la colonne C
Étape 4. Cliquer sur le bouton **Home** dans la barre des tâches
Étape 5. Dans le groupe **Editing**, cliquer sur **Sort & Filter**
Étape 6. Cliquer sur **Sort Smallest to Largest**

L'échantillon aléatoire de 30 métropoles apparaît dans les lignes 2 à 31 du fichier réordonné. Les nombres aléatoires figurant dans la colonne C ne sont plus nécessaires et peuvent être effacés.

ANNEXE 7.3 ÉCHANTILLONNAGE ALÉATOIRE AVEC STATTOOLS

Si une liste des éléments d'une population est disponible dans un fichier Excel, StatTools Random Sample Utility peut être utilisé pour sélectionner un échantillon aléatoire simple. Par exemple, une liste des 100 plus importantes métropoles américaines et canadiennes est fournie dans la colonne A du fichier Métropoles (*Places Rated Almanac* – Édition du millénaire 2000). La colonne B contient l'évaluation de chaque métropole. Supposez que vous vouliez sélectionner un échantillon aléatoire simple de 30 métropoles pour réaliser une étude approfondie du coût de la vie aux États-Unis et au Canada.

Commencez par utiliser Data Set Manager pour créer un ensemble de données StatTools pour ces données en utilisant la procédure décrite dans l'annexe du chapitre 1. Les étapes suivantes permettent de créer un échantillon aléatoire simple de 30 métropoles.

Étape 1. Cliquer sur **StatTools** dans la barre des tâches
Étape 2. Dans **Data Group** cliquer sur **Data Utilities**
Étape 3. Choisir l'option **Random Sample**
Étape 4. Lorsque la boîte de dialogue apparaît :
Dans la section **Variables**
Sélectionner **Métropoles**
Sélectionner **Rating**
Dans la section **Options**
Entrer 1 dans la boîte **Number of Samples**
Entrer 30 dans la boîte **Sample Size**
Cliquer sur **OK**

L'échantillon aléatoire de 30 métropoles apparaîtra dans les colonnes A et B d'une feuille de calcul intitulée Échantillon aléatoire.

8

ESTIMATION PAR INTERVALLE

STATISTIQUES APPLIQUÉES

Food Lion[*]

Salisbury, Caroline du Nord

Fondé en 1957 sous l'enseigne Food Town, Food Lion est l'une des plus grandes chaînes de supermarchés des États-Unis, avec 1 300 magasins dans 11 États du Sud-Est et du centre. La société vend plus de 24 000 produits différents et offre des produits de marque nationale ou régionale, ainsi qu'un nombre croissant de produits de marque propre, de haute qualité, fabriqués spécialement pour Food Lion. La société conserve sa politique de prix bas et de produits de qualité grâce à des gains d'efficacité dans la gestion de ses formats de vente classiques, des concepts innovants, des économies d'énergie et une synchronisation des données avec les fournisseurs. Food Lion veille à poursuivre son développement, sa politique d'innovation, et à maintenir sa position de leader en prix et en services auprès des consommateurs.

La gestion des stocks étant capitale, Food Lion a pris la décision d'adopter la méthode LIFO (« last-in-first-out »). Cette méthode égalise les coûts et les revenus actuels, ce qui minimise l'effet d'un changement brusque et radical des prix sur le profit. De plus, la méthode LIFO réduit les revenus nets et donc les impôts sur le revenu pendant les périodes de hausse des prix.

Food Lion établit un indice LIFO pour gérer les stocks de produits dans sept rayons différents : épicerie, papier/produits ménagers, nourriture pour animaux, hygiène-beauté, journaux, cigarette/tabac, bière/vin. Par exemple, un indice LIFO de 1,008 pour le rayon épicerie indique que la valeur de l'inventaire dans ce rayon aux coûts actuels a augmenté de 0,8%, par rapport à l'année précédente, à cause d'une hausse des prix.

Pour déterminer l'indice LIFO, l'inventaire de fin d'année de chaque produit doit être évalué au coût réel de fin d'année et au coût effectif un an plus tôt, à la même période. Pour éviter des dépenses excessives et une perte de temps liées à la réalisation de l'inventaire dans les 1 300 magasins, Food Lion sélectionne un échantillon aléatoire de 50 magasins. L'inventaire est effectué en fin d'année dans chacun des magasins sélectionnés. Les coûts de l'année en cours et ceux de l'année précédente sont ensuite exploités afin de calculer l'indice LIFO pour chaque rayon.

Au cours d'une année récente, l'estimation, à partir d'un échantillon, de l'indice LIFO associé à l'inventaire effectué dans le rayon hygiène-beauté s'élevait à 1,015. En utilisant un seuil de confiance de 95 %, Food Lion a estimé la marge d'erreur associée à cette estimation à 0,006. Ainsi, l'intervalle allant de 1,009 à 1,021 correspond à l'estimation, par un intervalle de confiance à 95 %, de l'indice LIFO au niveau de la population. Cette précision a été jugée très bonne.

Dans ce chapitre, vous apprendrez à calculer la marge d'erreur associée aux estimations faites à partir d'un échantillon. Vous apprendrez également à utiliser cette information pour construire et interpréter les estimations par intervalle de confiance de la moyenne et de la proportion d'une population.

[*] Les auteurs remercient Keith Cunningham, Directeur financier, et Bobby Harkey, comptable, de leur avoir fourni ce Statistiques appliquées.

Dans le chapitre 7, nous avons établi qu'un estimateur ponctuel est une statistique d'échantillon utilisée pour estimer un paramètre d'une population. Par exemple, la moyenne d'échantillon $\bar{x}$ et la proportion d'échantillon $\bar{p}$ sont respectivement des estimateurs ponctuels de la moyenne de la population μ et de la proportion de la population p.

Puisqu'on ne peut s'attendre à ce qu'une estimation ponctuelle soit exactement égale à la valeur du paramètre de la population correspondant, une estimation par intervalle est souvent réalisée en ajoutant et en soustrayant une **marge d'erreur** à l'estimation ponctuelle. La forme générale d'une estimation par intervalle est :

$$\text{Estimation ponctuelle} \pm \text{Marge d'erreur}$$

Le but d'une estimation par intervalle est de fournir des informations sur l'écart entre l'estimation ponctuelle fournie par l'échantillon et la valeur du paramètre de la population.

Dans ce chapitre, nous montrerons comment réaliser des estimations par intervalle de la moyenne d'une population μ et de la proportion d'une population p. La forme générale d'une estimation par intervalle de la moyenne d'une population est

$$\overline{x} \pm \text{Marge d'erreur}$$

De façon similaire, la forme générale d'une estimation par intervalle de la proportion d'une population est

$$\overline{p} \pm \text{Marge d'erreur}$$

Les distributions d'échantillonnage de $\overline{x}$ et $\overline{p}$ jouent un rôle clé dans le calcul de ces estimations par intervalle.

8.1 MOYENNE D'UNE POPULATION : σ CONNU

Pour effectuer une estimation par intervalle de la moyenne d'une population, l'écart type de la population σ ou l'écart type de l'échantillon s permettent de calculer la marge d'erreur. Dans la plupart des applications, σ n'est pas connu et s est utilisé pour calculer la marge d'erreur. Dans quelques applications cependant, de nombreuses données historiques sont disponibles et permettent d'estimer l'écart type de la population avant de procéder à l'échantillonnage. Ainsi, dans les applications de contrôle de la qualité, lorsque le processus est supposé fonctionner correctement (supposé être « sous contrôle »), il est approprié de considérer connu l'écart type de la population. Nous désignons de tels cas par l'expression « cas où σ est connu ». Dans cette section, nous introduisons un exemple dans lequel il est raisonnable de considérer σ connu et nous montrons comment construire une estimation par intervalle dans ce cas.

Chaque semaine, les magasins Lloyd's sélectionnent un échantillon aléatoire simple de 100 clients pour connaître le montant des dépenses réalisées par ses clients à chaque fois qu'ils font leurs courses. Avec x représentant le montant des dépenses à chaque visite, la moyenne d'échantillon $\overline{x}$ fournit une estimation ponctuelle du montant moyen des dépenses pour la population des clients de Lloyd's, μ. Lloyd's a mené cette enquête hebdomadaire pendant plusieurs années. En se fondant sur ses données historiques, Lloyd's suppose désormais connue la valeur de l'écart type de la population σ : $\sigma = 20$ dollars. Les données historiques indiquent également que la population suit une loi normale.

Au cours de la semaine précédente, Lloyd's a enquêté auprès de 100 clients ($n = 100$) et obtenu une moyenne d'échantillon $\bar{x} = 82$ dollars (cf. fichier en ligne Lloyd's). Le montant moyen des dépenses de l'échantillon fournit une estimation ponctuelle du montant moyen des dépenses de la population μ. Dans la discussion qui suit, nous montrons comment calculer la marge d'erreur de cette estimation et développer une estimation par intervalle de la moyenne de la population.

8.1.1 Marge d'erreur et estimation par intervalle

Dans le chapitre 7, nous avons montré que la distribution d'échantillonnage de $\bar{x}$ pouvait être utilisée pour calculer la probabilité que $\bar{x}$ s'écarte d'une certaine distance de μ. Dans l'exemple des magasins Lloyd's, les données historiques indiquent que les dépenses de la population des clients sont normalement distribuées avec un écart type σ égal à 20 dollars. Les enseignements du chapitre 7 nous permettent de conclure que la distribution d'échantillonnage de $\bar{x}$ suit une distribution de probabilité normale d'erreur type égale à $\sigma_{\bar{x}} = \sigma/\sqrt{n} = 20/\sqrt{100} = 2$. La figure 8.1 représente cette distribution d'échantillonnage[1]. Puisque la distribution d'échantillonnage de $\bar{x}$ révèle la façon dont les valeurs de $\bar{x}$ sont distribuées autour de la moyenne de la population μ, elle fournit des informations sur les écarts possibles entre $\bar{x}$ et μ.

En nous servant des tables de probabilité de la loi normale centrée réduite, nous constatons que 95 % des valeurs d'une variable aléatoire normalement distribuée s'écartent, au plus, de $\pm$ 1,96 écart type de la moyenne. Par conséquent, puisque la distribution d'échantillonnage de $\bar{x}$ est normalement distribuée, 95 % des valeurs de $\bar{x}$ se situent

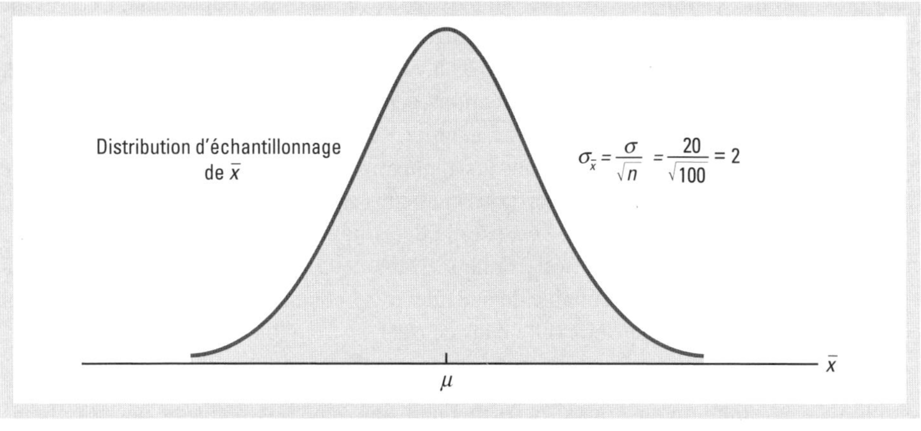

Figure 8.1 ***Distribution d'échantillonnage du montant moyen dépensé par un échantillon aléatoire simple de 100 clients***

[1] Nous utilisons le fait que les dépenses de la population sont normalement distribuées pour conclure que la distribution d'échantillonnage de $\bar{x}$ suit également une loi normale. Si les dépenses de la population n'étaient pas normalement distribuées, nous pourrions nous reposer sur le théorème central limite et la taille d'échantillon ($n = 100$) pour conclure que la distribution d'échantillonnage de $\bar{x}$ est approximativement normale. Dans tous les cas de figure, la distribution d'échantillonnage de $\bar{x}$ apparaîtrait semblable à celle représentée à la figure 8.1.

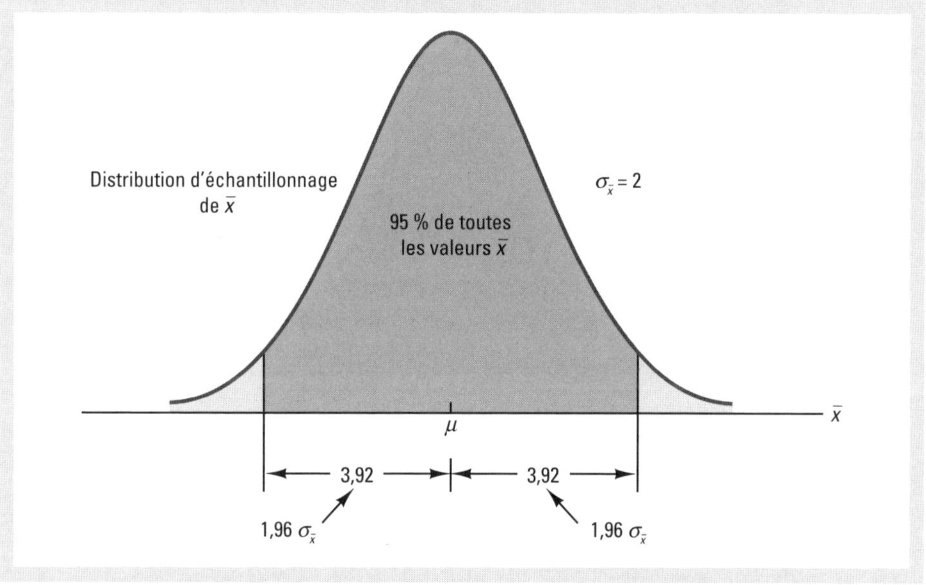

Figure 8.2 ***Distribution d'échantillonnage de $\bar{x}$ indiquant la position des moyennes d'échantillon qui s'écartent au plus de 3,92 de μ***

dans l'intervalle $\left[\mu - 1{,}96\sigma_{\bar{x}} ; \mu + 1{,}96\sigma_{\bar{x}}\right]$. Dans l'exemple des magasins Lloyd's, nous savons que la distribution d'échantillonnage de $\bar{x}$ est normalement distribuée avec une erreur type $\sigma_{\bar{x}}$ égale à 2. Puisque $1{,}96\sigma_{\bar{x}} = 1{,}96(2) = 3{,}92$, nous pouvons conclure que 95 % des valeurs de $\bar{x}$ issues d'un échantillon de taille égale à 100, se trouvent à l'intérieur de l'intervalle $[\mu - 3{,}92 ; \mu + 3{,}92]$. Cf. figure 8.2.

Dans l'introduction de ce chapitre, nous avons énoncé la forme générale d'une estimation par intervalle de la moyenne de la population μ. Il s'agit de $\bar{x} \pm$ Marge d'erreur. Dans l'exemple des magasins Lloyd's, supposons que la marge d'erreur soit égale à 3,92 et calculons l'estimation par intervalle de μ en utilisant $\bar{x} \pm 3{,}92$. Pour interpréter l'estimation par intervalle de μ, considérons les valeurs possibles de $\bar{x}$ qui peuvent être obtenues avec trois échantillons aléatoires simples *différents*, chacun formé de 100 clients de Lloyd's. Supposons que la moyenne du premier échantillon soit égale à $\bar{x}_1$, comme indiqué sur la figure 8.3. Dans ce cas, comme le montre la figure 8.3, l'intervalle formé en soustrayant 3,92 à $\bar{x}_1$ et en ajoutant 3,92 à $\bar{x}_1$, contient la moyenne de la population μ. Maintenant, considérons ce qui se passe si la moyenne d'échantillon correspond à $\bar{x}_2$, comme illustré sur la figure 8.3. Bien que cette moyenne d'échantillon soit différente de la moyenne du premier échantillon, l'intervalle basé sur $\bar{x}_2$ contient également la moyenne de la population μ. Cependant, l'intervalle basé sur la moyenne du troisième échantillon, notée $\bar{x}_3$, ne contient pas la moyenne de la population. Ceci tient au fait que $\bar{x}_3$ se situe dans la queue supérieure de la distribution, à une distance supérieure à 3,92 de μ. Par conséquent, soustraire et ajouter 3,92 à $\bar{x}_3$ forme un intervalle qui ne contient pas μ.

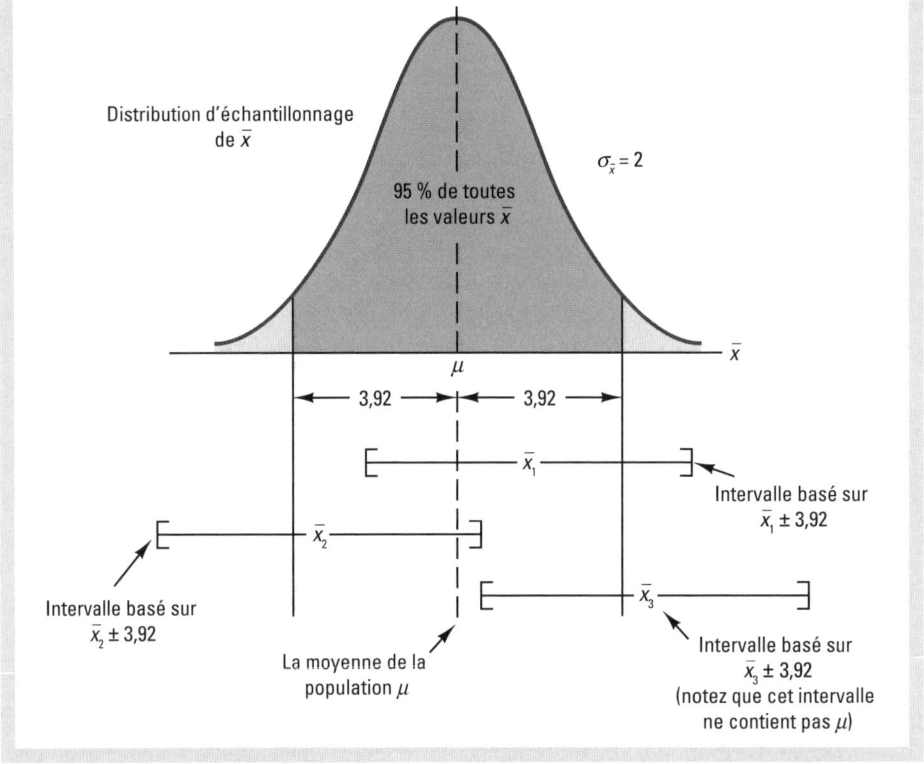

Figure 8.3 ***Intervalles formés à partir de trois moyennes d'échantillon différentes $\bar{x}_1$, $\bar{x}_2$ et $\bar{x}_3$***

Toute moyenne d'échantillon $\bar{x}$ située dans la partie grisée de la figure 8.3 génère un intervalle qui contient la moyenne de la population μ. Puisque 95 % de toutes les moyennes d'échantillon possibles font partie de cette région, 95 % des intervalles obtenus en soustrayant 3,92 à $\bar{x}$ et en ajoutant 3,92 à $\bar{x}$ contiennent la moyenne de la population μ.

Rappelons qu'au cours de la semaine précédente, Lloyd's a mené une enquête auprès de 100 clients et a obtenu une dépense moyenne de 82 dollars. En utilisant l'intervalle $\bar{x} \pm 3,92$ pour construire une estimation par intervalle, nous obtenons $82 \pm 3,92$. Ainsi, l'estimation par intervalle de μ basée sur les données recueillies au cours de la semaine précédente est $[78,08\,;85,92]$. Puisque 95 % de tous les intervalles construits en utilisant $\bar{x} \pm 3,92$ contiennent la moyenne de la population, nous sommes sûrs à 95 % que l'intervalle $[78,08\,;85,92]$ contienne la moyenne de la population μ. Nous disons que l'intervalle a été établi à un **seuil de confiance** de 95 %. La valeur 0,95 est appelée **coefficient de confiance** et l'intervalle $[78,08\,;85,92]$ est appelé **intervalle de confiance** à 95 %.

> Cette discussion permet de comprendre pourquoi l'intervalle est appelé intervalle de confiance à 95 %.

Avec une marge d'erreur égale à $z_{\alpha/2}\left(\sigma/\sqrt{n}\right)$, la forme générale d'une estimation par intervalle de la moyenne d'une population lorsque σ est connu est :

► **Estimation par intervalle de la moyenne d'une population : σ connu**

$$\bar{x} \pm z_{\alpha/2}\frac{\sigma}{\sqrt{n}} \tag{8.1}$$

où $1-\alpha$ correspond au coefficient de confiance et $z_{\alpha/2}$ est la valeur z fournissant une aire égale à $\alpha/2$ dans la queue supérieure de la distribution de probabilité normale centrée réduite.

Utilisons l'expression (8.1) pour construire un intervalle de confiance à 95 % pour l'exemple des magasins Lloyd's. Pour un intervalle de confiance à 95 %, le coefficient de confiance est $(1-\alpha)=0,95$ et donc $\alpha=0,05$. En utilisant les tables des probabilités de la loi normale centrée réduite, une aire de $\alpha/2=0,025$ dans la queue supérieure de la distribution fournit la valeur normale centrée réduite $z_{0,025}=1,96$. Avec une moyenne d'échantillon égale à $\bar{x}=82$, $\sigma=20$ et une taille d'échantillon $n=100$, nous obtenons :

$$82 \pm 1,96\frac{20}{\sqrt{100}}$$

$$82 \pm 3,92$$

Ainsi, d'après l'expression (8.1), la marge d'erreur est égale à 3,92 et l'intervalle de confiance à 95 % est $[78,08\,;85,92]$.

Bien qu'un seuil de confiance de 95 % soit fréquemment employé, d'autres seuils de confiance tels que 90 % et 99 % peuvent être utilisés. Les valeurs de $z_{\alpha/2}$ pour les seuils de confiance les plus fréquemment utilisés, sont notées dans le tableau 8.1. En utilisant ces valeurs et l'expression (8.1), l'intervalle de confiance à 90 % pour l'exemple des magasins Lloyd's est

$$82 \pm 1,645\frac{20}{\sqrt{100}}$$

$$82 \pm 3,29$$

Tableau 8.1 ***Valeurs de $z_{\alpha/2}$ pour les seuils de confiance les plus fréquemment utilisés***

Seuil de confiance	α	$\alpha/2$	$z_{\alpha/2}$
90 %	0,10	0,05	1,664
95 %	0,05	0,025	1,960
99 %	0,01	0,005	2,576

Ainsi, au seuil de confiance de 90 %, la marge d'erreur est égale à 3,29 et l'intervalle de confiance est $[78,08\,;85,29]$. De façon similaire, l'intervalle de confiance à 99 % est

$$82 \pm 2,576\frac{20}{\sqrt{100}}$$

$$82 \pm 5,15$$

Ainsi, au seuil de confiance de 99 %, la marge d'erreur est égale à 5,15 et l'intervalle de confiance est $[76,85\,;87,15]$.

En comparant les valeurs pour les différents seuils de confiance (90 %, 95 %, 99 %), on s'aperçoit que pour avoir un degré de confiance plus élevé, la marge d'erreur et donc l'étendue de l'intervalle de confiance doivent être plus importantes.

8.1.2 Conseils pratiques

Si la population suit une loi normale, l'intervalle de confiance fourni par l'expression (8.1) est exact. En d'autres termes, si l'expression (8.1) était utilisée de façon répétitive pour construire des intervalles de confiance à 95 %, exactement 95 % des intervalles ainsi générés contiendraient la moyenne de la population. Si la population ne suit pas une loi normale, l'intervalle de confiance fourni par l'expression (8.1) est approximatif. Dans ce cas, la qualité de l'approximation dépend à la fois de la distribution de la population et de la taille de l'échantillon.

Dans la plupart des applications, il suffit d'un échantillon de taille $n \geq 30$ pour développer une estimation par intervalle de la moyenne d'une population à partir de l'expression (8.1). Si la population n'est pas normalement distribuée, mais est à peu près symétrique, des échantillons de taille supérieure ou égale à 15 devraient a priori fournir de bonnes estimations par intervalle de confiance. Si les échantillons sont de taille inférieure, l'expression (8.1) ne doit être utilisée que si la population est jugée suivre une loi approximativement normale.

REMARQUES

1. La procédure d'estimation par intervalle discutée dans cette section repose sur l'hypothèse selon laquelle l'écart type de la population σ est connu. σ connu signifie que des données historiques ou d'autres informations disponibles nous ont permis d'obtenir une bonne estimation de l'écart type de la population, avant de sélectionner un échantillon grâce auquel est estimée la moyenne de la population. Aussi, techniquement, nous ne disons pas que σ est réellement connu avec certitude. Nous prétendons simplement que nous avons obtenu une bonne estimation de l'écart type de la population avant toute procédure d'échantillonnage et ainsi, nous n'aurons pas besoin du même échantillon pour estimer à la fois la moyenne et l'écart type de la population.

2. Notez que la taille de l'échantillon, *n*, apparaît au dénominateur de l'expression (8.1). Ainsi, si un échantillon d'une taille particulière fournit un intervalle trop large pour être utile, on peut procéder à une nouvelle estimation avec un échantillon plus grand. Puisque *n* est au dénominateur, un échantillon de plus grande taille fournira une marge d'erreur plus petite, un intervalle plus étroit et une plus grande précision d'estimation. La procédure de détermination de la taille d'un échantillon aléatoire simple, afin d'obtenir un certain degré de précision, est développée dans la section 8.3.

EXERCICES

Méthode

1. La moyenne d'un échantillon aléatoire simple de 40 éléments est égale à 25. L'écart type de la population est $\sigma = 5$.

- **a)** Quelle est l'erreur type de la moyenne, $\sigma_{\bar{x}}$?
- **b)** Pour un seuil de confiance de 95 %, quelle est la marge d'erreur ?

2. La moyenne d'un échantillon aléatoire simple de 50 observations issues d'une population ayant un écart type $\sigma = 6$, est égale à 32.

- **a)** Construire un intervalle de confiance à 90 % pour la moyenne de la population.
- **b)** Construire un intervalle de confiance à 95 % pour la moyenne de la population.
- **c)** Construire un intervalle de confiance à 99 % pour la moyenne de la population.

3. La moyenne d'un échantillon aléatoire simple de 60 observations est égale à 80. L'écart type de la population est $\sigma = 15$.

- **a)** Construire l'intervalle de confiance à 95 % pour la moyenne de la population.
- **b)** Supposez que la même moyenne d'échantillon ait été obtenue avec un échantillon de 120 observations. Construire un intervalle de confiance à 95 % pour la moyenne de la population.
- **c)** Quel est l'impact de la taille de l'échantillon sur l'estimation par intervalle de la moyenne de la population ?

4. Un intervalle de confiance à 95 % pour la moyenne d'une population va de 152 à 160. Si $\sigma = 15$, quelle est la taille de l'échantillon utilisé dans cette étude ?

Applications

5. Dans le but d'estimer le montant moyen dépensé par client pour un repas dans un grand restaurant d'Atlanta, des données ont été collectées auprès d'un échantillon de 49 clients. Supposez que l'écart type de la population soit égal à 5 dollars.

- **a)** Au seuil de confiance de 95 %, quelle est la marge d'erreur ?
- **b)** Si la moyenne d'échantillon est égale à 24,80 dollars, quel serait l'intervalle de confiance à 95 % pour la moyenne de la population ?

Nielsen

6. Nielsen Media Research a fait une étude sur le temps passé par les ménages américains à regarder la télévision entre 20 et 23 heures. Les données contenues dans le fichier en ligne intitulé Nielsen sont similaires aux résultats obtenus (*The World Almanac*, 2003). Selon des études antérieures, l'écart type de la population est supposé connu et égal à 3,5 heures. Établir l'intervalle de confiance à 95 % du temps moyen passé à regarder la télévision par semaine entre 20 et 23 heures.

7. Le *Wall Street Journal* a rapporté que les accidents automobiles coûtent aux États-Unis 162 milliards de dollars par an (*The Wall Street Journal*, 5 mars 2008). Le coût moyen par personne pour les accidents survenus dans la région de Tampa, en Floride, était estimé à 1 599 dollars Supposez que ce coût moyen est basé sur un échantillon de 50 personnes impliquées dans des accidents automobiles et que l'écart type de la population est égal à $\sigma = 600$ dollars. Quelle est la marge d'erreur pour un intervalle de confiance à 95 % ? Que recommanderiez-vous si l'étude exige une marge d'erreur de 150 dollars maximum ?

8. Le Centre national de recherche sur la qualité de l'université du Michigan fournit une mesure trimestrielle de l'opinion des consommateurs concernant les produits et les services (*The Wall Street Journal*, 18 février 2003). Une enquête sur dix restaurants de type Fast Food/Pizza a indiqué un indice moyen de satisfaction des consommateurs de 71. Des données antérieures indiquaient que l'écart type des indices de la population était relativement stable à $\sigma = 5$.

a) Quelle hypothèse le chercheur devra-t-il faire s'il souhaite obtenir une certaine marge d'erreur ?

b) Pour un seuil de confiance à 95 %, quelle est la marge d'erreur ?

c) Quelle est la marge d'erreur pour un seuil de confiance de 99 % ?

Impôt sur le revenu

9. AARP a rapporté les conclusions d'une étude menée pour connaître le temps que mettent les individus à remplir leur déclaration de revenus (AARP Bulletin, avril 2008). Les données contenues dans le fichier en ligne nommé Impôt sur le revenu sont similaires aux résultats de l'étude. Les données fournissent le temps (en heures) nécessaire à 40 individus pour remplir leur déclaration de revenus. En utilisant les données des années précédentes, l'écart type de la population est supposé connu, égal à $\sigma = 9$ heures. Quelle est l'estimation par intervalle de confiance à 95 % du temps moyen que mettent les individus à remplir leur déclaration ?

10. Le magazine *Playbill* a rapporté que le revenu annuel moyen de ses lecteurs est égal à 119 155 dollars (*Playbill*, janvier 2006). Supposez que cette estimation du revenu annuel moyen soit obtenue à partir d'un échantillon de 80 ménages. Fondé sur des études antérieures, l'écart type est estimé à $\sigma = 30\,000$ dollars.

a) Construire une estimation par intervalle de confiance à 90 % de la moyenne de la population.

b) Construire une estimation par intervalle de confiance à 95 % de la moyenne de la population.

c) Construire une estimation par intervalle de confiance à 99 % de la moyenne de la population.

d) Quel est l'impact d'une augmentation du seuil de confiance sur la largeur de l'intervalle de confiance ? Ce résultat vous semble-t-il raisonnable ? Expliquer.

8.2 MOYENNE D'UNE POPULATION : σ INCONNU

Lorsqu'on souhaite construire une estimation par intervalle de la moyenne d'une population, généralement, aucune bonne estimation de l'écart type de la population n'est disponible. Dans ce cas, nous devons utiliser le même échantillon pour estimer μ et σ. Cette situation correspond au **cas où σ est inconnu**. Lorsque s est utilisé pour estimer σ, la marge d'erreur et l'estimation par intervalle de la moyenne d'une population reposent sur une distribution de probabilité dite **distribution du *t* de Student**. Bien que les développements mathématiques de la distribution de Student sont fondés sur l'hypothèse d'une distribution normale de la population à partir de laquelle a été sélectionné un échantillon, les recherches ont montré que la distribution de Student pouvait être appliquée dans de nombreuses situations dans lesquelles la population dévie de façon significative de la distribution normale. Plus loin dans cette section, nous présenterons les lignes directrices de l'utilisation de la distribution de Student lorsque la population n'est pas normalement distribuée.

> William Sealy Gosset, qui utilisa le nom de « Student », est le concepteur de la distribution du t de Student. Gosset, diplômé en mathématique d'Oxford, a travaillé pour la brasserie Guinness à Dublin, en Irlande. Il a développé une nouvelle théorie statistique sur les petits échantillons, alors qu'il faisait des expériences sur les températures et travaillait avec des matériaux à petite échelle dans la brasserie.

La distribution de Student est une famille de distributions de probabilité similaires, fonction d'un paramètre appelé **degré de liberté**. La distribution de Student à un degré de liberté est unique, comme l'est la distribution de Student à deux degrés de liberté, à trois degrés de liberté, etc. Lorsque le nombre de degré de liberté augmente, la différence entre la distribution de Student et la distribution de probabilité normale centrée réduite se réduit. La figure 8.4 représente les distributions de Student à 10 et 20 degrés de liberté

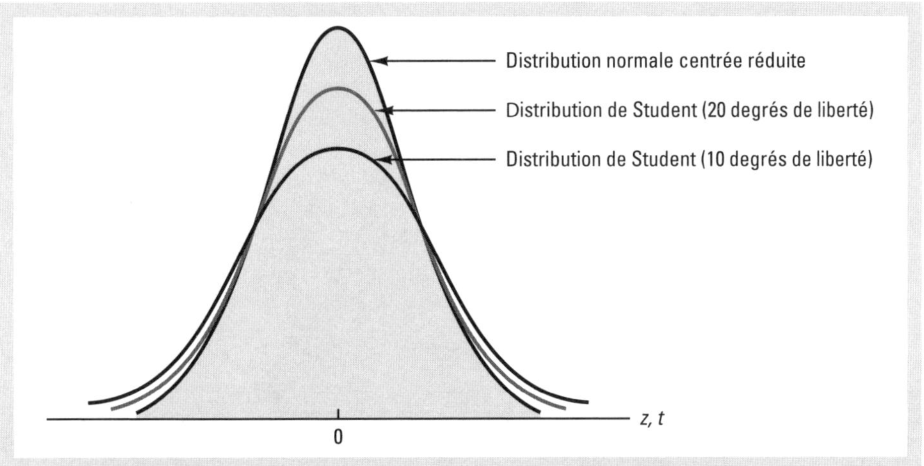

Figure 8.4 ***Comparaison entre la distribution normale centrée réduite et la distribution de Student à 10 et 20 degrés de liberté***

et leur relation avec la distribution de probabilité normale centrée réduite. Notez qu'une distribution de Student avec plus de degrés de liberté est moins variable et ressemble davantage à une distribution de probabilité normale centrée réduite. Notez aussi que la moyenne de la distribution de Student est nulle.

Nous indiquerons l'aire dans la queue supérieure de la distribution de Student en la notant en indice, sous la lettre *t*. Par exemple, de la même manière que nous utilisions $z_{0,025}$ pour indiquer la valeur *z* associée à une aire égale à 0,025 dans la queue supérieure de la distribution de probabilité normale centrée réduite, nous utiliserons $t_{0,025}$ pour indiquer la valeur de *t* associée à une aire égale à 0,025 dans la queue supérieure de la distribution de Student. De manière générale, nous utiliserons la notation $t_{\alpha/2}$ pour indiquer la valeur *t* associée à une aire égale à $\alpha/2$ dans la queue supérieure de la distribution de Student (cf. figure 8.5).

La table 2 de l'annexe B est une table de la distribution de Student. Une partie de cette table est reproduite dans le tableau 8.2. Chaque ligne de la table correspond à une distribution de Student particulière avec le nombre de degrés de liberté indiqué. Par exemple, pour une distribution de Student à 9 degrés de liberté, $t_{0,025} = 2,262$. De même, pour une distribution de Student à 60 degrés de liberté, $t_{0,025} = 2,000$. Lorsque le nombre de degrés de liberté continue de s'accroître, $t_{0,025}$ s'approche de $z_{0,025} = 1,96$. En fait, les valeurs *z* de la distribution normale centrée réduite correspondent à un nombre infini de degrés de liberté (indiqué par ∞ dans la table) de la distribution de Student. Si les degrés de liberté sont supérieurs à 100, la ligne des degrés de liberté infinis peut être utilisée pour approcher la vraie valeur de *t* ; en d'autres termes, pour un nombre de degrés de liberté supérieur à 100, la valeur normale centrée réduite *z* fournit une bonne approximation de la valeur *t*.

Lorsque le nombre de degrés de liberté augmente, la distribution de Student s'approche de la distribution normale.

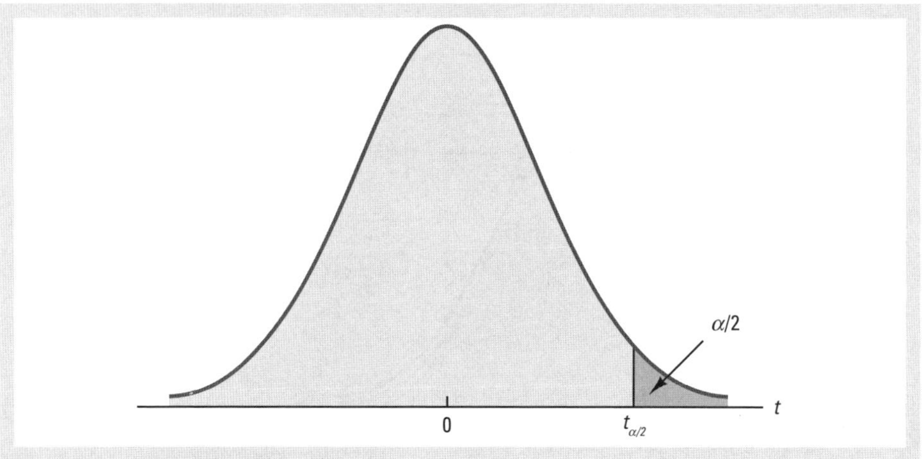

Figure 8.5 ***Distribution de Student avec une probabilité ou une aire égale à $\alpha/2$ dans la queue supérieure de la distribution***

Tableau 8.2 ***Valeurs issues de la table de la distribution de Student*[1]**

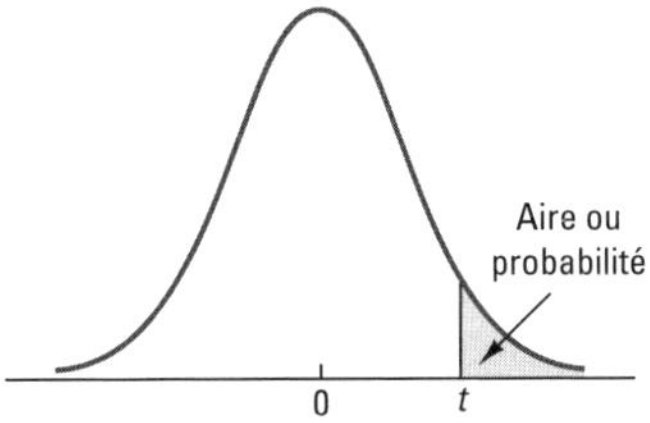

Degrés de liberté	Aire dans la queue supérieure de la distribution					
	0,20	**0,10**	**0,05**	**0,025**	**0,01**	**0,005**
1	1,376	3,078	6,314	12,706	31,821	63,656
2	1,061	1,886	2,920	4,303	6,965	9,925
3	0,978	1,638	2,353	3,182	4,541	5,841
4	0,941	1,533	2,132	2,776	3,747	4,604
5	0,920	1,476	2,015	2,571	3,365	4,032
6	0,906	1,440	1,943	2,447	3,143	3,707
7	0,896	1,415	1,895	2,365	2,998	3,499
8	0,889	1,397	1,860	2,306	2,896	3,355
9	0,883	1,383	1,833	2,262	2,821	3,250
...	...	...	...	...	...	...
60	0,848	1,296	1,671	2,000	2,390	2,660
61	0,848	1,296	1,670	2,000	2,389	2,659
62	0,847	1,295	1,670	1,999	2,388	2,657
63	0,847	1,295	1,669	1,998	2,387	2,656
64	0,847	1,295	1,669	1,998	2,386	2,655
65	0,847	1,295	1,669	1,997	2,385	2,654
66	0,847	1,295	1,668	1,997	2,384	2,652
67	0,847	1,294	1,668	1,996	2,383	2,651
68	0,847	1,294	1,668	1,995	2,382	2,650
69	0,847	1,294	1,667	1,995	2,382	2,649
...	...	...	...	...	...	...
90	0,846	1,291	1,662	1,987	2,368	2,632
91	0,846	1,291	1,662	1,986	2,368	2,631
92	0,846	1,291	1,662	1,986	2,368	2,630
93	0,846	1,291	1,661	1,986	2,367	2,630
94	0,845	1,291	1,661	1,986	2,367	2,629
95	0,845	1,291	1,661	1,985	2,366	2,629
96	0,845	1,290	1,661	1,985	2,366	2,628
97	0,845	1,290	1,661	1,985	2,365	2,627
98	0,845	1,290	1,661	1,984	2,365	2,627
99	0,845	1,290	1,660	1,984	2,364	2,626
100	0,845	1,290	1,660	1,984	2,364	2,626
∞	0,842	1,282	1,645	1,960	2,326	2,576

1 La table complète est fournie dans l'annexe B (table 2).

8.2.1 Marge d'erreur et estimation par intervalle

Dans la section 8.1, nous avons montré qu'une estimation par intervalle de la moyenne d'une population dans le cas où σ est connu, correspond à

$$\bar{x} \pm z_{\alpha/2} \frac{\sigma}{\sqrt{n}}$$

Pour calculer une estimation par intervalle de μ dans le cas où σ est inconnu, l'écart type d'échantillon s est utilisé pour estimer σ et $z_{\alpha/2}$ est remplacé par la valeur $t_{\alpha/2}$ de la distribution de Student. La marge d'erreur est alors donnée par $t_{\alpha/2} \frac{s}{\sqrt{n}}$. L'expression générale d'une estimation par intervalle de la moyenne d'une population lorsque σ est inconnu suit.

► **Estimation par intervalle de la moyenne d'une population : σ inconnu**

$$\bar{x} \pm t_{\alpha/2} \frac{s}{\sqrt{n}} \tag{8.2}$$

où s correspond à l'écart type de l'échantillon, $1-\alpha$ correspond au coefficient de confiance et $t_{\alpha/2}$ est la valeur t fournissant une aire égale à $\alpha/2$ dans la queue supérieure de la distribution de Student avec $n-1$ degrés de liberté.

La raison pour laquelle le nombre de degrés de liberté, associés à la valeur t dans l'expression (8.2), est $n-1$, tient à l'utilisation de s comme estimateur de l'écart type de la population σ. L'expression de l'écart type d'échantillon est

$$s = \sqrt{\frac{\sum (x_i - \bar{x})^2}{n-1}}$$

Les degrés de liberté correspondent au nombre d'informations indépendantes qui entrent dans le calcul de $\sum (x_i - \bar{x})^2$. Les n informations impliquées dans le calcul de $\sum (x_i - \bar{x})^2$ sont : $x_1 - \bar{x}, x_2 - \bar{x}, ..., x_n - \bar{x}$. Dans la section 3.2, nous avons montré que $\sum (x_i - \bar{x}) = 0$ pour tout ensemble de données. Ainsi, seules $n-1$ des valeurs $x_i - \bar{x}$ sont indépendantes ; c'est-à-dire, si l'on connaît $n-1$ valeurs, la dernière valeur peut être obtenue en utilisant la condition selon laquelle la somme des valeurs de $x_i - \bar{x}$ est égale à 0. Ainsi, $n-1$ est le nombre de degrés de liberté associés à $\sum (x_i - \bar{x})^2$ et par conséquent à la distribution de Student utilisée dans l'expression (8.2).

Illustrons la procédure d'estimation par intervalle lorsque σ est inconnu ; considérons une étude visant à estimer le solde moyen du compte courant des ménages américains. Un échantillon de $n = 70$ ménages fournit les soldes indiqués dans le tableau 8.3. Dans ce cas de figure, aucune estimation de l'écart type de la population n'est disponible. Par conséquent, les données d'échantillon doivent être utilisées pour estimer à la fois la moyenne et l'écart type de la population. En utilisant les données du tableau 8.3, on

Tableau 8.3 ***Solde des comptes d'un échantillon de 70 ménages***

9 430	14 661	7 159	9 071	9 691	11 032
7 535	12 195	8 137	3 603	11 448	6 525
4 078	10 544	9 467	16 804	8 279	5 239
5 604	13 659	12 595	13 479	5 649	6 195
5 179	7 061	7 917	14 044	11 298	12 584
4 416	6 245	11 346	6 817	4 353	15 415
10 676	13 021	12 806	6 845	3 467	15 917
1 627	9 719	4 972	10 493	6 191	12 591
10 112	2 200	11 356	615	12 851	9 743
6 567	10 746	7 117	13 627	5 337	10 324
13 627	12 744	9 465	12 557	8 372	11 032
18 719	5 742	19 263	6 232	7 445	6 525

Solde compte

calcule la moyenne d'échantillon $\bar{x} = 9\,312$ dollars et l'écart type d'échantillon $s = 4\,007$ dollars. Avec un seuil de confiance de 95 % et $n-1 = 69$ degrés de liberté, la table 8.2 fournit la valeur $t_{0,025} = 1,995$.

Nous pouvons maintenant utiliser l'expression (8.2) pour calculer une estimation par intervalle de la moyenne de la population :

$$9\,312 \pm 1,995\frac{4\,007}{\sqrt{70}}$$

$$9\,312 \pm 955$$

L'estimation ponctuelle de la moyenne de la population est 9 312 dollars, la marge d'erreur est égale à 955 dollars et l'intervalle de confiance à 95 % est $[8357\,;10267]$. Ainsi, nous sommes sûrs à 95 % que le solde moyen du compte de la population des ménages américains est compris entre 8 357 et 10 267 dollars.

Les procédures utilisées par Minitab, Excel et StatTools pour construire des intervalles de confiance de la moyenne d'une population sont décrites dans les annexes 8.1, 8.2 et 8.3. Pour l'étude du solde du compte des ménages américains, les résultats de la procédure d'estimation par intervalle de Minitab sont présentés à la figure 8.6. L'échantillon des 70 ménages fournit une moyenne d'échantillon de 9 312 dollars, un écart type de

Variable	N	Moyenne	Écart type	Erreur type de la moyenne	Intervalle de confiance à 95 %
Solde	70	9312	4007	479	(8357, 10267)

Figure 8.6 ***Intervalle de confiance obtenu avec Minitab dans le cadre de l'étude sur les soldes des comptes***

4 007 dollars et (après arrondissement) une estimation de l'erreur type de la moyenne de 479 dollars et un intervalle de confiance à 95 % allant de 8 357 dollars à 10 267 dollars.

8.2.2 Conseils pratiques

Si la population suit une loi normale, l'intervalle de confiance fourni par l'expression (8.2) est exact et peut être utilisé quelle que soit la taille de l'échantillon. Si la population ne suit pas une loi normale, l'intervalle de confiance fourni par l'expression (8.2) sera approximatif. Dans ce cas, la qualité de l'approximation dépend à la fois de la distribution de la population et de la taille de l'échantillon.

Dans la plupart des applications, un échantillon de taille supérieure ou égale à 30 est approprié pour développer une estimation par intervalle de la moyenne d'une population à partir de l'expression (8.2). Cependant, si la distribution de la population est fortement asymétrique ou contient des valeurs aberrantes, la plupart des statisticiens recommandent d'accroître la taille de l'échantillon à 50 ou plus. Si la population n'est pas normalement distribuée mais est à peu près symétrique, des échantillons de taille supérieure ou égale à 15 fournissent généralement de bonnes estimations par intervalle de confiance. Avec des échantillons de taille inférieure, l'expression (8.2) ne devrait être utilisée que si la distribution de la population est supposée approximativement normale.

> Des tailles d'échantillon plus importantes sont nécessaires si la distribution de la population est fortement asymétrique ou contient des valeurs aberrantes.

8.2.3 Utilisation d'un petit échantillon

Dans l'exemple suivant, nous développons une estimation par intervalle de la moyenne d'une population lorsque l'échantillon est de petite taille. Comme déjà relevé, la connaissance de la distribution de la population devient un facteur déterminant dans la qualité des résultats d'une procédure d'estimation par intervalle.

Les industries Scheer s'intéressent à un nouveau programme, assisté par ordinateur, d'entraînement des employés de la maintenance à la réparation des machines. Pour évaluer la méthode de formation, le directeur de la production a demandé une estimation du temps moyen requis pour former les employés de la maintenance grâce à cette nouvelle méthode assistée par ordinateur.

Un échantillon de 20 employés est sélectionné ; chaque employé de l'échantillon suit le programme de formation. Les données sur la durée, en jours, de la formation des 20 employés de l'échantillon sont regroupées dans le tableau 8.4. Un histogramme des données d'échantillon est représenté à la figure 8.7. Que pouvons-nous dire quant à la distribution de la population en nous basant sur cet histogramme ? Premièrement, les données de l'échantillon ne permettent pas de conclure que la distribution de la population est normale, sans toutefois observer une asymétrie ou des valeurs aberrantes. Ainsi, selon les enseignements de la sous-section précédente, une estimation par intervalle basée sur la distribution de Student apparaît acceptable pour cet échantillon de 20 employés.

Tableau 8.4 *Durée, en jours, de formation assistée pour un échantillon de 20 employés des industries Scheer*

52	59	54	54
44	50	42	42
55	54	60	60
44	62	62	62
45	46	43	43

Nous calculons la moyenne d'échantillon et l'écart type d'échantillon de ces données.

$$\bar{x} = \frac{\sum x_i}{n} = \frac{1030}{20} = 51{,}5 \text{ jours}$$

$$s = \sqrt{\frac{\sum (x_i - \bar{x})^2}{n-1}} = \sqrt{\frac{889}{20-1}} = 6{,}84 \text{ jours}$$

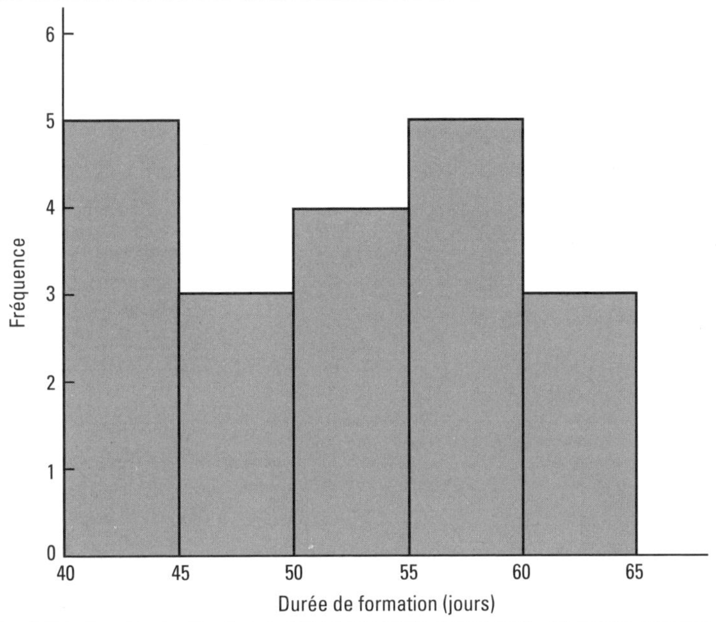

Figure 8.7 *Histogramme des durées de formation pour un échantillon d'employés des industries Scheer*

Pour construire un intervalle de confiance à 95 %, nous utilisons la table 2 de l'annexe B et $n-1=19$ degrés de liberté et obtenons $t_{0,025}=2,093$. L'expression (8.2) fournit une estimation par intervalle de la moyenne de la population.

$$51,5 \pm 2,093\left(\frac{6,84}{\sqrt{20}}\right)$$
$$51,5 \pm 3,2$$

L'estimation ponctuelle de la moyenne de la population est 51,5 jours. La marge d'erreur est de 3,2 jours et l'intervalle de confiance à 95 % va de 48,3 à 54,7 jours.

L'utilisation d'un histogramme des données d'échantillon pour connaître la distribution d'une population ne permet pas toujours de conclure, mais dans de nombreux cas, elle fournit la seule information disponible. L'histogramme, couplé au jugement de l'analyste, permet souvent de décider si l'expression (8.2) peut être utilisée pour développer une estimation par intervalle.

8.2.4 Résumé des procédures d'estimation par intervalle

Nous avons présenté deux approches pour développer une estimation par intervalle de la moyenne d'une population. Dans le cas où σ est connu, σ et la distribution normale centrée réduite sont utilisés dans l'expression (8.1) pour calculer la marge d'erreur et développer une estimation par intervalle. Dans le cas où σ est inconnu, l'écart type de

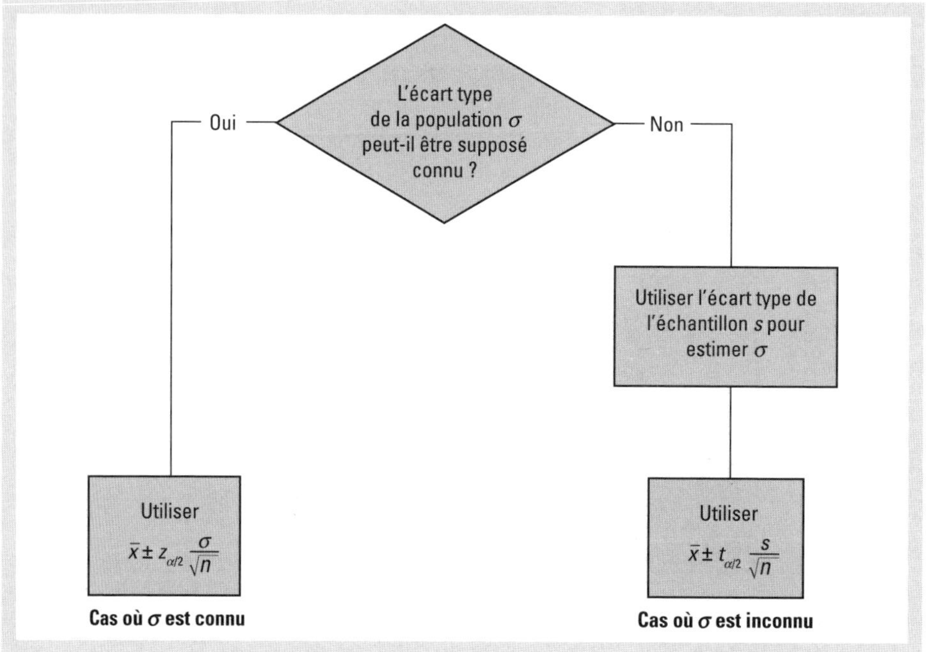

Figure 8.8 ***Résumé des procédures d'estimation par intervalle pour la moyenne d'une population***

l'échantillon s et la distribution de Student sont utilisés dans l'expression (8.2) pour calculer la marge d'erreur et développer l'estimation par intervalle.

La figure 8.8 résume les procédures d'estimation par intervalle pour ces deux cas. Dans la plupart des applications, un échantillon de taille $n \geq 30$ est approprié. Si la population a une distribution normale ou approximativement normale, des échantillons de taille inférieure peuvent être utilisés. Dans le cas où σ est inconnu, un échantillon de taille $n \geq 50$ est recommandé si la distribution de la population est supposée fortement asymétrique ou contenir des valeurs aberrantes.

REMARQUES

1. Lorsque σ est connu, la marge d'erreur $z_{\alpha/2}\left(\sigma/\sqrt{n}\right)$ est fixe et est la même pour tous les échantillons de taille n. Lorsque σ est inconnu, la marge d'erreur $t_{\alpha/2}\left(s/\sqrt{n}\right)$ varie d'un échantillon à l'autre. Cette variation est due au fait que l'écart type d'échantillon s varie selon l'échantillon sélectionné. Plus s est grand, plus la marge d'erreur sera importante, et inversement.
2. Que se passe-t-il lorsque la population est asymétrique ? Considérez une population asymétrique à droite (des valeurs importantes étendent la queue droite de la distribution). Lorsqu'une telle asymétrie existe, la moyenne d'échantillon $\bar{x}$ et l'écart type d'échantillon s sont positivement corrélés. Des valeurs élevées de s tendent à être associées à des valeurs élevées de $\bar{x}$. Ainsi, lorsque $\bar{x}$ est plus grand que la moyenne de la population, s tend à être plus grand que σ. Cette asymétrie a pour conséquence d'accroître la marge d'erreur $t_{\alpha/2}\left(s/\sqrt{n}\right)$ par rapport au cas où σ est connu. L'intervalle de confiance avec une marge d'erreur plus importante tend à inclure la moyenne de la population μ plus souvent que si la vraie valeur de σ était utilisée. Mais, lorsque $\bar{x}$ est inférieur à la moyenne de la population, la corrélation entre $\bar{x}$ et s réduit la marge d'erreur. Dans ce cas, l'intervalle de confiance, avec une marge d'erreur plus faible, contient moins souvent la valeur de la moyenne de la population que si σ était connu et utilisé. Pour cette raison, nous recommandons d'utiliser des échantillons de grande taille lorsque la distribution de la population est fortement asymétrique.

EXERCICES

Méthode

11. Pour une distribution de Student à 16 degrés de liberté, trouver l'aire ou la probabilité dans chaque région.

a) À droite de 2,120

b) À gauche de 1,337

c) À gauche de -1,746

d) À droite de 2,583

e) Entre -2,120 et 2,120

f) Entre -1,746 et 1,746

12. Trouver les valeurs *t* dans chacun des cas suivants.

a) Aire dans la queue supérieure de la distribution égale à 0,025, avec 12 degrés de liberté.

b) Aire dans la queue inférieure de la distribution égale à 0,05, avec 50 degrés de liberté.

c) Aire dans la queue supérieure de la distribution égale à 0,01, avec 30 degrés de liberté.

d) 90 % de l'aire est comprise entre ces deux valeurs *t* avec 25 degrés de liberté.

e) 95 % de l'aire est comprise entre ces deux valeurs *t* avec 45 degrés de liberté.

13. Les données d'échantillon suivantes ont été collectées à partir d'une population normale : 10, 8, 12, 15, 13, 11, 6, 5.

a) Quelle est l'estimation ponctuelle de la moyenne de la population ?

b) Quelle est l'estimation ponctuelle de l'écart type de la population ?

c) Au seuil de confiance de 95 %, quelle est la marge d'erreur de l'estimation de la moyenne ?

d) Quel est l'intervalle de confiance à 95 % pour la moyenne de la population ?

14. Un échantillon aléatoire simple de taille $n = 54$ fournit une moyenne d'échantillon égale à 22,5 et un écart type d'échantillon égal à 4,4.

a) Construire un intervalle de confiance à 90 % pour la moyenne de la population.

b) Construire un intervalle de confiance à 95 % pour la moyenne de la population.

c) Construire un intervalle de confiance à 99 % pour la moyenne de la population.

d) Que deviennent la marge d'erreur et l'intervalle de confiance lorsque le seuil de confiance augmente ?

Applications

15. Le personnel des ventes de Skilling Distributors présente chaque semaine un rapport listant les contacts clientèle établis durant la semaine. Un échantillon de 65 rapports hebdomadaires a indiqué une moyenne d'échantillon de 19,5 contacts clients par semaine. L'écart type d'échantillon était de 5,2. Fournir des intervalles de confiance à 90 % et 95 % pour la moyenne de la population des contacts clients hebdomadaires établis par le personnel des ventes.

16. Le nombre moyen d'heures de vols des pilotes de la compagnie Continental Airlines est de 49 heures par mois (*The Wall Street Journal*, 25 février 2003). Supposez que cette moyenne soit fondée sur les temps de vols effectifs d'un échantillon de 100 pilotes de la Continental Airlines et que l'écart type de l'échantillon soit de 8,5 heures.

a) Au seuil de confiance de 95 %, quelle est la marge d'erreur ?

b) Quelle est l'estimation par intervalle de confiance à 95 % de la moyenne des temps de vols des pilotes de la population ?

c) Le nombre moyen d'heures de vols des pilotes de la compagnie United Airlines est de 36 heures par mois. Utilisez vos résultats obtenus à la question (b) pour discuter de la différence entre les temps de vols des pilotes des deux compagnies aériennes. Le *Wall Street Journal* a rapporté que la compagnie United Airlines avait le coût salarial le plus élevé parmi l'ensemble des compagnies aériennes. L'information contenue dans cet exercice permet-elle d'expliquer l'importance des coûts salariaux chez United Airlines ?

17. L'association américaine des transports aériens enquête auprès des voyageurs d'affaires pour estimer la qualité des aéroports transatlantiques. La note maximale est égale à 10. Supposez qu'un échantillon aléatoire simple de 50 voyageurs d'affaires soit sélectionné, chaque voyageur notant l'aéroport international de Miami. Les notes obtenues de cet échantillon sont présentées ci-dessous (cf. fichier en ligne Miami).

6	4	6	8	7	7	6	3	3	8	10	4	8
7	8	7	5	9	5	8	4	3	8	5	5	4
4	4	8	4	5	6	2	5	9	9	8	4	8
9	9	5	9	7	8	3	10	8	9	6		

Miami

Développer une estimation par intervalle de confiance à 95 % de la note moyenne de l'aéroport de Miami fournie par l'ensemble de la population des voyageurs d'affaires.

18. Les personnes plus âgées ont souvent plus de difficulté à retrouver un emploi. AARP a rapporté le nombre de semaines nécessaires à un travailleur âgé de 55 ans ou plus pour trouver un emploi. Les données sur le nombre de semaines passées à rechercher un emploi contenues dans le fichier en ligne intitulé Recherche d'emploi, sont cohérentes avec les résultats de l'étude de l'AARP (*AARP Bulletin*, avril 2008).

Recherche d'emploi

a) Fournir une estimation ponctuelle de la moyenne du nombre de semaines nécessaires à un travailleur âgé de 55 ans ou plus pour trouver un emploi.

b) Au seuil de 95 %, quelle est la marge d'erreur ?

c) Quelle est l'estimation par intervalle de confiance à 95 % de la moyenne de la population ?

d) Discuter de l'asymétrie présente dans les données d'échantillon. Quelle suggestion pourriez-vous faire en cas de répétition de l'étude ?

19. Le tarif moyen par nuit d'une chambre d'hôtel à New York s'élève à 273 dollars (*SmartMoney*, mars 2009). Supposez que cette estimation est basée sur un échantillon de 45 hôtels et que l'écart type de l'échantillon s'élève à 65 dollars.

a) Au seuil de 95 %, quelle est la marge d'erreur ?

b) Quelle est l'estimation par intervalle de confiance à 95 % de la moyenne de la population ?

c) Deux ans auparavant, le tarif moyen d'une chambre d'hôtel à New York était de 229 dollars. Discuter de l'évolution des tarifs en deux ans.

20. Votre programme télé préféré est-il souvent interrompu par de la publicité ? CNBC a présenté des statistiques sur le nombre moyen de minutes de programmes dans une série de

Programme

30 minutes (CNBC, 23 février 2006). Les données suivantes (en minutes) sont cohérentes avec leurs résultats (cf. fichier en ligne Programme).

21,06	22,24	20,62
21,66	21,23	23,86
23,82	20,30	21,52
21,52	21,91	23,14
20,02	22,20	21,20
22,37	22,19	22,34
23,36	23,44	

Supposez que la population est approximativement normale. Fournir une estimation ponctuelle et un intervalle de confiance à 95 % du nombre moyen de minutes de programmes dans une série de 30 minutes.

21. La consommation d'alcool par les jeunes femmes a augmenté au Royaume-Uni, aux États-Unis et en Europe (*The Wall Street Journal*, 15 février 2006). Les données (consommation annuelle en litres) d'un échantillon de 20 jeunes femmes européennes, similaires aux résultats rapportés dans le *Wall Street Journal* sont présentées ci-dessous (cf. fichier en ligne Alcool).

226	82	199	174	97
170	222	115	130	169
164	102	113	171	0
93	0	93	110	130

En supposant la population à peu près symétrique, construire un intervalle de confiance à 95 % pour la consommation annuelle moyenne d'alcool par les jeunes femmes européennes.

22. Le film Disney *Hannah Montana* est sorti en salle lors du week-end de Pâques en avril 2009. Au cours du week-end de trois jours, le film est devenu numéro un au box-office (*The Wall Street Journal*, 13 avril 2009). Les recettes de vente de tickets en dollars pour un échantillon de 25 cinémas sont données ci-dessous (cf. fichier en ligne Ventes de ticket).

20 200	10 150	13 000	11 320	9 700
8 350	7 300	14 000	9 940	11 200
10 750	6 240	12 700	7 430	13 500
13 900	4 200	6 750	6 700	9 330
13 185	9 200	21 400	11 380	10 800

a) Quelle est l'estimation par intervalle de confiance à 95 % des recettes moyennes de vente de tickets par cinéma ? Interprétez ce résultat.

b) En utilisant un prix du ticket de cinéma de 7,16 dollars, quelle est l'estimation du nombre moyen de spectateurs par cinéma ?

c) Le film fut projeté dans 3 118 cinémas. Estimer le nombre total de spectateurs qui ont vu *Hannah Montana* et les ventes totales de tickets d'entrée au box office durant les trois jours du week-end.

8.3 DÉTERMINATION DE LA TAILLE DE L'ÉCHANTILLON

Dans les conseils pratiques des deux sections précédentes, nous avons évoqué le rôle de la taille de l'échantillon dans la qualité des estimations par intervalle de confiance lorsque la population n'est pas normalement distribuée. Dans cette section, nous nous intéressons à un autre aspect de la question de la taille des échantillons. Nous décrirons comment choisir la taille de l'échantillon afin d'obtenir une certaine marge d'erreur. Pour comprendre ce processus, revenons au cas où σ est connu, présenté à la section 8.1. En utilisant l'expression (8.1), l'estimation par intervalle est

$$\bar{x} \pm z_{\alpha/2} \frac{\sigma}{\sqrt{n}}$$

> Si la marge d'erreur souhaitée est déterminée avant l'échantillonnage, les procédures décrites dans cette section peuvent être utilisées pour déterminer la taille d'échantillon nécessaire pour satisfaire la condition concernant la marge d'erreur.

La quantité $z_{\alpha/2}\left(\sigma/\sqrt{n}\right)$ correspond à la marge d'erreur. Nous voyons donc que les valeurs de $z_{\alpha/2}$, l'écart type de la population σ, ainsi que la taille de l'échantillon n déterminent ensemble la marge d'erreur. Une fois un coefficient de confiance $1-\alpha$ sélectionné, la valeur de $z_{\alpha/2}$ peut être déterminée. Étant données les valeurs de $z_{\alpha/2}$ et de σ, il est alors possible de déterminer la taille de l'échantillon n, nécessaire pour obtenir une marge d'erreur prédéfinie. Les formules pour calculer la taille d'échantillon n requise sont explicitées ci-dessous.

Soit E la marge d'erreur souhaitée

$$E = z_{\alpha/2} \frac{\sigma}{\sqrt{n}}$$

En réarrangeant les termes de cette équation, on obtient

$$\sqrt{n} = \frac{z_{\alpha/2}\sigma}{E}$$

En élevant au carré les deux côtés de cette équation, on obtient l'expression suivante pour la taille de l'échantillon.

► Taille d'échantillon pour l'estimation par intervalle de la moyenne d'une population

$$n = \frac{\left(z_{\alpha/2}\right)^2 \sigma^2}{E^2} \tag{8.3}$$

Cette taille d'échantillon permet d'obtenir la marge d'erreur souhaitée au seuil de confiance choisi.

> L'équation (8.3) permet de recommander une taille d'échantillon appropriée. Toutefois, le jugement du statisticien doit être pris en considération pour déterminer si la taille de l'échantillon doit être ajustée à la hausse ou non.

Dans l'équation (8.3), la valeur E correspond à la marge d'erreur que l'utilisateur est prêt à accepter, et la valeur de $z_{\alpha/2}$ est directement issue du seuil de confiance utilisé pour effectuer l'estimation par intervalle. Bien que l'utilisateur ait le choix, le seuil de confiance de 95 % est la valeur la plus fréquemment utilisée ($z_{0,025} = 1,96$).

De plus, l'utilisation de l'équation (8.3) nécessite de donner une valeur à l'écart type de la population σ. Dans la plupart des cas, σ sera inconnu. Cependant, il est encore possible d'utiliser l'expression (8.3) si une *valeur initiale ou supposée* de σ existe. En pratique, l'une des procédures suivantes peut être choisie.

1. Utiliser l'estimation de l'écart type de la population obtenue à partir de données issues d'études antérieures.
2. Utiliser une étude pilote pour sélectionner un échantillon préliminaire. L'écart type obtenu avec cet échantillon préliminaire peut servir de valeur initiale de σ.
3. Utiliser votre intuition pour évaluer σ. Par exemple, on peut commencer par estimer la plus grande et la plus petite valeur de la population. La différence entre ces deux valeurs fournit une estimation de l'étendue des données. L'étendue divisée par quatre est souvent considérée comme une approximation valable de l'écart type σ.

> Une valeur initiale de l'écart type de la population σ doit être spécifiée afin de pouvoir déterminer la taille de l'échantillon. Trois méthodes d'obtention d'une valeur initiale de σ sont discutées ici.

Appliquons la formule (8.3) à l'exemple suivant. Une précédente étude sur le coût de location des voitures aux États-Unis a montré que le coût moyen de location d'une voiture de classe moyenne était d'environ 55 dollars par jour. Supposez que l'organisme qui a mené cette étude souhaite effectuer une nouvelle étude pour estimer la moyenne, au niveau de la population, du coût de location actuel, par jour, d'une voiture de classe moyenne aux États-Unis. En définissant les objectifs de la nouvelle étude, le directeur du projet a spécifié que la moyenne de la population du coût de location par jour devait être estimée avec une marge d'erreur de 2 dollars et un seuil de confiance de 95 %.

Le directeur du projet a fixé la marge d'erreur à $E = 2$. Au seuil de confiance de 95 %, $z_{0,025} = 1,96$. Ainsi, nous avons uniquement besoin de fixer une valeur pour l'écart type de la population σ afin de pouvoir calculer la taille requise de l'échantillon. D'après les données d'échantillon de la précédente étude, l'écart type d'échantillon pour le coût journalier de location était de 9,65 dollars. En utilisant cette valeur comme valeur initiale de σ, nous obtenons

$$n = \frac{(z_{\alpha/2})^2 \sigma^2}{E^2} = \frac{(1,96)^2 (9,65)^2}{2^2} = 89,43$$

Ainsi, la taille d'échantillon pour la nouvelle étude doit être supérieure ou égale à 89,43 locations de voitures de classe moyenne, de manière à satisfaire la condition imposée par le directeur du projet concernant la marge d'erreur. Lorsque la valeur n obtenue est décimale, on l'arrondit à l'entier supérieur ; par conséquent, la taille d'échantillon conseillée est de 90 locations de voitures de classe moyenne.

L'équation (8.3) fournit la taille d'échantillon minimale qui satisfait la condition imposée concernant la marge d'erreur. Si la taille d'échantillon obtenue est décimale, arrondir la taille d'échantillon à l'entier supérieur fournira une marge d'erreur légèrement inférieure à celle requise.

EXERCICES

Méthode

23. Quelle doit être la taille de l'échantillon pour obtenir un intervalle de confiance à 95 % avec une marge d'erreur de 10 ? Supposez que l'écart type de la population est égal à 40.

24. L'étendue d'un ensemble de données est estimée à 36.

a) Quelle est la valeur préalable de l'écart type de la population ?

b) Au seuil de confiance de 95 %, quelle doit être la taille de l'échantillon pour obtenir une marge d'erreur de 3 ?

c) Au seuil de confiance de 95 %, quelle doit être la taille de l'échantillon pour obtenir une marge d'erreur de 2 ?

Applications

25. Référez-vous à l'exemple des industries Scheer étudié dans la section 8.2. Utiliser $\sigma = 6{,}84$ comme valeur préalable de l'écart type de la population.

a) Pour un seuil de confiance de 95 %, quelle doit être la taille de l'échantillon pour obtenir une marge d'erreur de 1,5 jour ?

b) Pour un seuil de confiance de 90 %, quelle doit être la taille de l'échantillon pour obtenir une marge d'erreur de 2 jours ?

26. Le coût moyen d'un gallon d'essence sans plomb à Cincinnati était de 2,41 dollars (*The Cincinnati Enquirer*, 3 février 2006). Durant des périodes de forte inflation, le journal échantillonne les stations service et prépare fréquemment des rapports sur les prix de l'essence. Supposez que l'écart type s'élève à 0,15 dollar pour le prix d'un gallon d'essence sans plomb et déterminez la taille appropriée de l'échantillon si le journal souhaite obtenir une certaine marge d'erreur au seuil de confiance de 95 %.

a) Supposez que la marge d'erreur désirée est de 0,07 dollar.

b) Supposez que la marge d'erreur désirée est de 0,05 dollar.

c) Supposez que la marge d'erreur désirée est de 0,03 dollar.

27. Les salaires annuels de départ des jeunes diplômés des écoles de commerce sont supposés être compris entre 30 000 et 45 000 dollars. Supposez que l'on souhaite obtenir l'estimation par intervalle de confiance à 95 % du salaire annuel de départ moyen. Quelle est la valeur préalable de l'écart type de la population ? Quelle devrait être la taille de l'échantillon si l'on souhaite obtenir une marge d'erreur de

a) 500 dollars ?

b) 200 dollars ?

c) 100 dollars ?

d) Recommanderiez-vous d'essayer d'obtenir une marge d'erreur de 100 dollars ? Expliquer.

28. D'après une étude en ligne menée par ShareBuilder, un fonds de retraite, et Harris Interactive, 60 % des femmes possédant une entreprise ne sont pas persuadées de pouvoir épargner assez en vue de leur retraite (*SmallBiz*, hiver 2006). Supposez que nous voulions poursuivre l'étude pour déterminer quelle somme les femmes d'affaires épargnent chaque année en vue de leur retraite et que nous souhaiterions obtenir une marge d'erreur de 100 dollars dans l'estimation par intervalle de la moyenne de la population. Utilisez 1 100 dollars comme valeur préalable de l'écart type et déterminez la taille d'échantillon appropriée dans les situations suivantes.

a) Un intervalle de confiance à 90 % de la somme moyenne épargnée.

b) Un intervalle de confiance à 95 % de la somme moyenne épargnée.

c) Un intervalle de confiance à 99 % de la somme moyenne épargnée.

d) Sachant que la marge d'erreur désirée est fixée, comment varie la taille d'échantillon lorsque le seuil de confiance augmente ? Recommanderiez-vous l'utilisation d'un intervalle de confiance à 99 % dans ce cas ? Pourquoi ?

29. La durée du trajet pour aller travailler pour les habitants des 15 plus grandes villes des États-Unis est indiquée dans le *2003 Information Please Almanac*. Supposez qu'un échantillon préliminaire aléatoire simple des habitants de San Francisco ait fourni une estimation de l'écart type de la population de 6,25 minutes.

a) Si l'on souhaite estimer la durée moyenne du trajet pour aller travailler pour les habitants de San Francisco avec une marge d'erreur de 2 minutes, quelle taille d'échantillon doit-on utiliser ? Supposez que l'on considère un seuil de confiance de 95 %.

b) Si l'on souhaite estimer la durée moyenne du trajet pour aller travailler pour les habitants de San Francisco avec une marge d'erreur de 1 minute, quelle taille d'échantillon doit-on utiliser ? Supposez que l'on considère un seuil de confiance de 95 %.

30. Au cours du premier trimestre 2003, le bénéfice net par action de titres cotés à la bourse de New York variait entre 5 et 60 (*The Wall Street Journal*, 7 mars 2003). Supposez que nous voulions estimer le bénéfice net moyen par action de la population de tous les titres cotés à la bourse de New York. Combien de titres l'échantillon doit-il contenir si l'on souhaite obtenir une marge d'erreur de 3 ? Utiliser un seuil de confiance de 95 %.

8.4 PROPORTION D'UNE POPULATION

Dans l'introduction de ce chapitre, nous avons défini la forme générale d'une estimation par intervalle de la proportion d'une population :

$$\bar{p} \pm \text{Marge d'erreur}$$

La distribution d'échantillonnage de $\bar{p}$ joue un rôle clé dans le calcul de la marge d'erreur de cette estimation par intervalle.

Dans le chapitre 7, nous avons montré que la distribution de probabilité de $\bar{p}$ peut être approchée par une distribution de probabilité normale, lorsque $np \geq 5$ et $n(1-p) \geq 5$. La figure 8.9 représente l'approximation normale de la distribution d'échantillonnage de $\bar{p}$. La moyenne de la distribution d'échantillonnage de $\bar{p}$ est la proportion de la population p, et l'erreur type de $\bar{p}$ est

$$\sigma_{\bar{p}} = \sqrt{\frac{p(1-p)}{n}} \tag{8.4}$$

Puisque la distribution d'échantillonnage de $\bar{p}$ est normalement distribuée, si nous choisissons $z_{\alpha/2}\sigma_{\bar{p}}$ comme marge d'erreur dans une estimation par intervalle de la proportion d'une population, $100(1-\alpha)$ % des intervalles générés contiendront la vraie proportion de la population. Mais p n'étant pas connu (p est ce qu'on cherche à estimer), $\sigma_{\bar{p}}$ ne peut pas être utilisé directement dans le calcul de la marge d'erreur. Aussi, $\bar{p}$ est substitué à p et la marge d'erreur d'une estimation par intervalle de la proportion d'une population correspond à

$$\text{Marge d'erreur} = z_{\alpha/2}\sqrt{\frac{\bar{p}(1-\bar{p})}{n}} \tag{8.5}$$

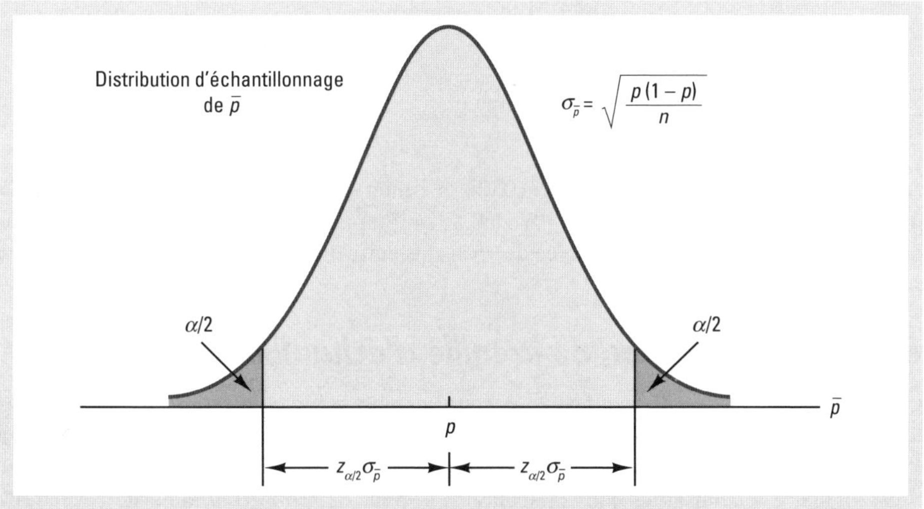

Figure 8.9 ***Approximation normale de la distribution d'échantillonnage de*** $\bar{p}$

L'expression générale d'une estimation par intervalle de la proportion d'une population suit.

▶ **Estimation par intervalle de la proportion d'une population**

$$\bar{p} \pm z_{\alpha/2}\sqrt{\frac{\bar{p}(1-\bar{p})}{n}} \tag{8.6}$$

où $1-\alpha$ correspond au coefficient de confiance et $z_{\alpha/2}$ fournit une aire de $\alpha/2$ dans la queue supérieure de la distribution de probabilité normale.

Lorsqu'on construit des intervalles de confiance pour des proportions, la quantité $z_{\alpha/2}\sqrt{p(1-p)/n}$ correspond à la marge d'erreur.

Considérons l'exemple suivant pour illustrer le calcul de la marge d'erreur et l'estimation par intervalle de la proportion d'une population (cf. fichier en ligne Horaires golf). Une étude nationale a été menée auprès de 900 golfeuses pour connaître leur opinion sur les parcours de golf aux États-Unis. L'enquête a révélé que 396 golfeuses étaient satisfaites des horaires de disponibilité des parcours. Ainsi, l'estimation ponctuelle de la proportion de la population des golfeuses satisfaites des horaires est égale à $396/900 = 0,44$. En utilisant l'expression (8.6) et un seuil de confiance de 95 %, on obtient

$$\bar{p} \pm z_{\alpha/2}\sqrt{\frac{\bar{p}(1-\bar{p})}{n}}$$

$$0,44 \pm 1,96\sqrt{\frac{0,44(1-0,44)}{900}}$$

$$0,44 \pm 0,0324$$

Ainsi, la marge d'erreur est égale à 0,0324 et l'intervalle de confiance à 95 % pour la proportion de la population va de 0,4076 à 0,4724. En pourcentage, les résultats de l'étude établissent, avec un seuil de confiance de 95 %, qu'entre 40,76 % et 47,24 % des golfeuses sont satisfaites des horaires.

8.4.1 Détermination de la taille d'échantillon

Considérons la question de la taille de l'échantillon nécessaire pour estimer avec un niveau de précision donné la proportion de la population. Le raisonnement suivi pour déterminer la taille de l'échantillon impliqué dans la construction d'un intervalle de confiance pour p est similaire à celui suivi dans la section 8.3, pour déterminer la taille de l'échantillon impliqué dans la construction d'un intervalle de confiance pour la moyenne de la population.

Précédemment dans cette section, nous avons indiqué que la marge d'erreur associée à une estimation de la proportion d'une population est $z_{\alpha/2}\sqrt{\bar{p}(1-\bar{p})/n}$. La marge d'erreur est basée sur la valeur de $z_{\alpha/2}$, la proportion d'échantillon $\bar{p}$ et la taille de l'échantillon n. Plus les échantillons sont grands, plus la marge d'erreur est faible et meilleure est la précision de l'estimation.

Soit E la marge d'erreur souhaitée

$$E = z_{\alpha/2}\sqrt{\frac{\bar{p}(1-\bar{p})}{n}}$$

En résolvant cette équation pour n, on obtient une équation déterminant la taille d'échantillon pour une marge d'erreur E.

$$n = \frac{\left(z_{\alpha/2}\right)^2 \bar{p}(1-\bar{p})}{E^2}$$

Toutefois, il n'est pas possible d'utiliser directement cette formule pour calculer la taille de l'échantillon qui fournira la marge d'erreur souhaitée, dans la mesure où $\bar{p}$ ne sera connu qu'après avoir sélectionné un échantillon. Il nous faut donc trouver une valeur préalable de $\bar{p}$ qui pourra être utilisée pour faire les calculs. En notant p^* la valeur préalable de $\bar{p}$, la formule suivante peut être utilisée pour calculer la taille d'échantillon qui fournit la marge d'erreur E.

▶ Taille d'échantillon pour une estimation par intervalle de la proportion d'une population

$$n = \frac{\left(z_{\alpha/2}\right)^2 p^*(1-p^*)}{E^2} \qquad (8.7)$$

En pratique, cette valeur préalable p^* est obtenue par l'une des procédures suivantes.

1. Utiliser la proportion d'échantillon obtenue à partir d'un échantillon précédent ayant des caractéristiques similaires.
2. Utiliser une étude pilote pour sélectionner un échantillon préliminaire. La proportion de cet échantillon peut servir de valeur préalable p^*.
3. Utiliser votre intuition pour déterminer la valeur p^*.
4. Si aucune de ces procédures n'ait applicable, utiliser la valeur $p^* = 0,50$.

Revenons à l'étude sur les golfeuses et supposons que la société envisage d'effectuer une nouvelle étude pour estimer la proportion actuelle de la population des golfeuses satisfaites des horaires de disponibilité des parcours de golf. Quelle doit être la taille de l'échantillon si le directeur de l'étude souhaite estimer la proportion de la population avec une marge d'erreur de 0,025 à un seuil de confiance de 95 % ? Avec $E = 0,025$ et

$z_{\alpha/2} = 1,96,$ il reste à définir la valeur préalable p^* pour répondre à la question. En utilisant le résultat de l'étude antérieure, selon laquelle $\overline{p} = 0,44,$ on obtient

$$n = \frac{\left(z_{\alpha/2}\right)^2 p^*\left(1-p^*\right)}{E^2} = \frac{(1,96)^2 (0,44)(1-0,44)}{(0,025)^2} = 1\,514,5$$

Ainsi, l'échantillon doit comporter au moins 1 514,5 golfeuses pour satisfaire la condition sur la marge d'erreur. En arrondissant cette valeur à l'entier supérieur le plus proche, on obtient donc une taille d'échantillon de 1 515 golfeuses.

La quatrième alternative pour trouver une valeur préalable p^* est l'utilisation de la valeur 0,50. Cette valeur de p^* est fréquemment utilisée lorsque aucune information n'est disponible. Pour comprendre pourquoi, notez que le numérateur de l'expression (8.7) indique que la taille de l'échantillon est proportionnelle à la quantité $p^*\left(1-p^*\right)$. Plus la quantité $p^*\left(1-p^*\right)$ est importante, plus la taille de l'échantillon est importante. Le tableau (8.5) présente quelques valeurs possibles de $p^*\left(1-p^*\right)$. Notez que la plus grande valeur de $p^*\left(1-p^*\right)$ est obtenue quand $p^* = 0,50$. Ainsi, si la valeur préalable p^* est incertaine, nous savons que $p^* = 0,50$ fournira la plus grande taille d'échantillon. En fait, on joue la prudence en recommandant d'utiliser la plus grande taille d'échantillon possible. Si la proportion est finalement différente de 0,50, la marge d'erreur sera plus faible que prévue. Ainsi, en utilisant $p^* = 0,50$, nous garantissons que la taille d'échantillon sera suffisante pour obtenir la marge d'erreur souhaitée.

Dans l'étude sur les golfeuses, une valeur préalable $p^* = 0,50$ fournirait la taille d'échantillon

$$n = \frac{\left(z_{\alpha/2}\right)^2 p^*\left(1-p^*\right)}{E^2} = \frac{(1,96)^2 (0,50)(1-0,50)}{(0,025)^2} = 1\,536,6$$

Ainsi, une taille d'échantillon légèrement plus grande de 1 537 golfeuses serait recommandée.

Tableau 8.5 ***Quelques valeurs possibles de $p^*(1 - p^*)$***

p^*	$p^*(1 - p^*)$	
0,10	(0,10)(0,90) = 0,09	
0,30	(0,30)(0,70) = 0,21	
0,40	(0,40)(0,60) = 0,24	
0,50	(0,50)(0,50) = 0,25	← Valeur la plus élevée de $p^*(1 - p^*)$
0,60	(0,60)(0,40) = 0,24	
0,70	(0,70)(0,30) = 0,21	
0,90	(0,90)(0,10) = 0,09	

REMARQUES

La marge d'erreur pour estimer la proportion d'une population est presque toujours inférieure ou égale à 0,10. Dans les sondages d'opinion nationaux effectués par des instituts comme Gallup ou Harris, une marge d'erreur de 0,03 ou 0,04 est généralement utilisée. Avec de telles marges d'erreur, l'équation (8.7) fournit généralement une taille d'échantillon assez grande pour satisfaire les conditions $np \geq 5$ et $n(1-p) \geq 5$, requises pour approximer la distribution d'échantillonnage de $\bar{x}$ par une loi normale.

EXERCICES

Méthode

31. Un échantillon aléatoire simple de 400 individus fournit 100 réponses oui.

a) Quelle est l'estimation ponctuelle de la proportion de la population qui a répondu oui ?

b) Quelle est votre estimation de l'erreur type de la proportion, $\sigma_{\bar{p}}$?

c) Construire l'intervalle de confiance à 95 % pour la proportion de la population.

32. Un échantillon aléatoire simple de 800 observations génère une proportion d'échantillon $\bar{p} = 0,70$.

a) Construire un intervalle de confiance à 90 % pour la proportion de la population.

b) Construire un intervalle de confiance à 95 % pour la proportion de la population.

33. Dans une enquête, la valeur préalable de la proportion de la population p^* est égale à 0,35. De quelle taille l'échantillon doit-il être pour obtenir un intervalle de confiance à 95 % avec une marge d'erreur de 0,05 ?

34. Au seuil de confiance de 95 %, de quelle taille l'échantillon doit-il être pour obtenir une estimation de la proportion de la population avec une marge d'erreur de 0,03 ? Supposez qu'aucune donnée passée n'est disponible pour fournir une valeur préalable de p^*.

Applications

35. Le centre de recherche national du magazine *Consumer Reports* a mené une enquête téléphonique auprès de 2 000 adultes pour connaître leurs principales préoccupations concernant le futur (*Consumer Reports*, janvier 2009). Les résultats de l'enquête ont montré que 1 760 des personnes interrogées considèrent l'avenir de la Sécurité sociale comme une préoccupation économique majeure.

a) Quelle est l'estimation ponctuelle de la proportion de la population d'adultes qui considèrent l'avenir de la Sécurité sociale comme une préoccupation économique majeure ?

b) Au seuil de confiance de 90 %, quelle est la marge d'erreur ?

c) Construire un intervalle de confiance à 90 % pour la proportion de la population d'adultes qui considèrent l'avenir de la Sécurité sociale comme une préoccupation économique majeure.

d) Construire un intervalle de confiance à 95 % pour cette proportion de la population.

36. Selon des statistiques rapportées par CNBC, un nombre surprenant de véhicules motorisés ne sont pas assurés (CNBC, 23 février 2006). Des résultats d'échantillon, cohérents avec le rapport de CNBC, indiquent que 46 véhicules sur 200 ne sont couverts par une assurance.

a) Quelle est l'estimation ponctuelle de la proportion de véhicules non assurés ?

b) Construire un intervalle de confiance à 95 % pour estimer la proportion de la population.

37. Towers Perrin, une société de consultants en ressources humaines implantée à New York, a mené une enquête auprès de 1 100 employés de sociétés de grande et moyenne taille pour déterminer leur degré de satisfaction vis-à-vis de leur travail (*The Wall Street Journal*, 29 janvier 2003). Des données représentatives sont contenues dans le fichier en ligne Satisfaction professionnelle. Un « oui » indique que l'employé n'apprécie pas du tout son expérience actuelle.

Satisfaction professionnelle

a) Quelle est l'estimation ponctuelle de la proportion d'employés qui n'apprécient pas du tout leur expérience actuelle ?

b) Au seuil de confiance de 95 %, quelle est la marge d'erreur ?

c) Quel est l'intervalle de confiance à 95 % de la proportion de la population des employés qui n'apprécient pas du tout leur expérience actuelle ?

d) Towers Perrin estime que le coût pour l'employeur pour retrouver un successeur est équivalent à un tiers du salaire horaire annuel d'un employé et le coût pour trouver un successeur hautement qualifié peut atteindre 1,5 fois le salaire annuel. Quel message cette enquête adresse-t-elle aux employeurs ?

38. Selon Thomson Financial, le 25 janvier 2006, la majorité des sociétés dévoilant leurs profits ont dépassé les prévisions (*Business Week*, 6 février 2006). Sur un échantillon de 162 sociétés, 104 ont dépassé les prévisions, 29 ont respecté les prévisions et 29 étaient en-deçà des prévisions.

a) Quelle est l'estimation ponctuelle de la proportion des sociétés dont les résultats étaient en-deçà des prévisions ?

b) Déterminer la marge d'erreur et l'intervalle de confiance à 95 % pour la proportion de sociétés dont les résultats dépassent les prévisions.

c) De quelle taille l'échantillon devrait-il être si l'on souhaite obtenir une marge d'erreur de 0,05 ?

39. Le pourcentage d'Américains non couverts par l'assurance maladie en 2003 s'élevait à 15,6 % (*Statistical Abstract of the United States*, 2006). Une commission du Congrès a été chargée de mener une enquête d'échantillonnage pour obtenir davantage d'information.

a) De quelle taille l'échantillon devrait-il être si le but de la commission est d'estimer la proportion actuelle d'individus sans couverture médicale avec une marge d'erreur de 0,03 ? Utiliser un seuil de confiance de 95 %.

b) Reprendre la question (a) avec un seuil de confiance de 99 %.

40. Depuis des années, les entrepreneurs sont confrontés à la hausse du coût des soins médicaux. Mais récemment, les augmentations ont ralenti du fait d'une moindre inflation du prix des soins médicaux et d'une augmentation de la part payée par les employés pour bénéficier d'une protection sociale. Une enquête récente de Mercer a montré que 52 % des employeurs américains ont exigé une contribution plus importante des employés au paiement de la couverture médicale en 2009 (*Business Week*, 16 février 2009). Supposez que l'enquête soit basée sur un échantillon de 800 sociétés. Calculer la marge d'erreur et construire un intervalle de confiance à 95 % pour la proportion de sociétés susceptibles d'exiger une augmentation de la contribution de leurs employés à la couverture médicale en 2009.

41. Les jeunes américains sont de gros utilisateurs d'Internet : 87 % des Américains âgés de 12 à 17 ans utilisent Internet (*The Cincinnati Enquirer*, 7 février 2006). MySpace fut élu le site le plus populaire par 9 % des internautes de cette tranche d'âge. Supposez que 1 400 jeunes aient participé à cette enquête. Quelle est la marge d'erreur et quelle est l'estimation par intervalle de la proportion de la population pour laquelle MySpace est le site web le plus populaire ? Utiliser un seuil de confiance de 95 %.

42. Lors d'un sondage effectué durant la campagne présidentielle, 491 électeurs potentiels ont été interrogés en juin. Un des objectifs de l'étude était d'obtenir une estimation de la proportion d'électeurs potentiels favorables à chaque candidat. Supposez que la valeur préalable p^* est égale à 0,50 et utilisez un seuil de confiance de 95 %.

a) Pour $p^* = 0{,}50$, quelle est la marge d'erreur du sondage de juin ?

b) À une échéance plus proche des élections de novembre, une meilleure précision et de plus faibles marges d'erreur étaient souhaitées. Supposez que les marges d'erreur suivantes étaient souhaitées pour les enquêtes menées durant la campagne présidentielle. Calculer la taille d'échantillon requise pour chaque sondage.

Sondage	Marge d'erreur
Septembre	0,04
Octobre	0,03
Début novembre	0,02
Jour précédent les élections	0,01

43. Une étude Phoenix Wealth Management/Harris Interactive, réalisée auprès de 1 500 individus possédant un patrimoine d'un million de dollars ou plus, a fourni de nombreuses statistiques sur les riches (*Business Week*, 22 septembre 2003). Les trois années précédentes avaient été mauvaises sur le marché boursier, ce qui a motivé certaines des questions posées.

a) L'étude a rapporté que 53 % des personnes interrogées ont perdu 25 % ou plus de leur portefeuille, en valeur, au cours des trois dernières années. Construire un intervalle de confiance à 95 % de la proportion de riches qui ont perdu 25 % ou plus de la valeur de leur portefeuille au cours des trois dernières années.

b) L'enquête a rapporté que 31 % des personnes interrogées pensent qu'elles devront économiser davantage en vue de leur retraite pour compenser ce qu'elles ont perdu. Construire un intervalle de confiance à 95 % de la proportion de la population.

c) Cinq pourcents des personnes interrogées ont fait don de 25 000 dollars ou plus à des œuvres de charité au cours de l'année. Construire un intervalle de confiance à 95 % de la proportion de la population qui fait don de 25 000 dollars ou plus à des œuvres de charité.

d) Comparer la marge d'erreur pour les estimations par intervalle des questions (a), (b) et (c). Quel est le lien entre la marge d'erreur et $\bar{p}$? Lorsque le même échantillon est utilisé pour estimer une variété de proportions, laquelle de ces proportions devrait être utilisée pour choisir la valeur préalable de p^* ? Pourquoi pensez-vous que $p^* = 0{,}50$ est souvent utilisé dans ces cas ?

RÉSUMÉ

Dans ce chapitre, nous avons présenté les méthodes pour estimer par intervalle la moyenne et la proportion d'une population. Un estimateur ponctuel peut ou non fournir une bonne estimation d'un paramètre de la population. L'utilisation d'une estimation par intervalle permet de mesurer la précision d'une estimation. Les estimations par intervalle de la moyenne et de la proportion d'une population sont toutes deux de la forme : estimation ponctuelle ± marge d'erreur.

Nous avons présenté les estimations par intervalle de la moyenne d'une population dans deux cas. Dans le cas où σ est connu, des données historiques ou d'autres informations permettent d'estimer σ avant toute procédure d'échantillonnage. On analyse ensuite les données du nouvel échantillon en supposant que σ est connu. Dans le cas où σ est inconnu, les données de l'échantillon sont utilisées pour estimer à la fois la moyenne et l'écart type de la population. Le choix final de la procédure d'estimation par intervalle employée est laissé à l'appréciation du statisticien, en fonction de la méthode d'estimation de σ jugée la plus appropriée.

Dans le cas où σ est connu, la procédure d'estimation par intervalle repose sur une valeur supposée de σ et l'utilisation de la distribution normale centrée réduite. Dans le cas où σ est inconnu, la procédure d'estimation par intervalle repose sur l'écart type de l'échantillon s et la distribution de Student. Dans les deux cas, la qualité des estimations par intervalle dépend de la distribution de la population et de la taille de l'échantillon. Si la population est normalement distribuée, les estimations par intervalle seront exactes dans les deux cas, même pour des échantillons de petite taille. Si la population n'est pas normalement distribuée, les estimations par intervalle obtenues seront approximatives. Des échantillons plus importants fourniront de meilleures approximations, mais plus la distribution de la population sera asymétrique, plus la taille de l'échantillon devra être importante pour obtenir une bonne approximation. Des conseils pratiques sur la taille d'échantillon nécessaire pour obtenir de bonnes approximations sont inclus dans les sections 8.1 et 8.2. Dans la plupart des cas, un échantillon de taille supérieure ou égale à 30 fournira de bons intervalles de confiance.

La formule générale d'une estimation par intervalle de la proportion d'une population est : $\bar{p} \pm$ marge d'erreur. En pratique, les échantillons utilisés pour estimer par intervalle la proportion d'une population sont généralement de grande taille. Aussi, la procédure d'estimation par intervalle repose sur la distribution normale centrée réduite.

Souvent, une marge d'erreur souhaitée est spécifiée avant de procéder à un échantillonnage. Nous avons montré comment déterminer la taille d'échantillon minimale, nécessaire pour obtenir une certaine précision.

GLOSSAIRE

Estimation par intervalle Estimation d'un paramètre de la population qui fournit un intervalle supposé contenir la valeur du paramètre. Dans ce chapitre, les estimations par intervalle sont de la forme : estimation ponctuelle ± marge d'erreur.

Marge d'erreur Valeur ± ajoutée et soustraite à l'estimation ponctuelle pour construire l'intervalle de confiance d'un paramètre de la population.

σ connu Cas où des données historiques ou d'autres informations fournissent une valeur de l'écart type de la population avant tout échantillonnage. La procédure d'estimation par intervalle utilise cette valeur de σ dans le calcul de la marge d'erreur.

Seuil de confiance Confiance associée à une estimation par intervalle. Par exemple, si une procédure d'estimation par intervalle fournit des intervalles tels que 95 % des intervalles formés en utilisant cette procédure contiennent le paramètre de la population, l'estimation par intervalle est dite construite à un seuil de confiance de 95 %.

Coefficient de confiance Seuil de confiance exprimé en nombre décimal. Par exemple, 0,95 est le coefficient de confiance associé à un seuil de confiance de 95 %.

Intervalle de confiance Autre nom pour une estimation par intervalle

σ inconnu Cas le plus courant caractérisé par l'absence de bonne base d'estimation de l'écart type de la population avant échantillonnage. La procédure d'estimation par intervalle utilise l'écart type d'échantillon s pour calculer la marge d'erreur.

Distribution de Student Famille de distributions de probabilité utilisée pour construire des intervalles de confiance pour la moyenne de la population lorsque l'écart type de la population σ est inconnu et est estimé par l'écart type de l'échantillon s.

Degrés de liberté Paramètre de la distribution de Student. Lorsque la distribution de Student est utilisée pour construire un intervalle de confiance pour la moyenne de la population, la distribution de Student appropriée a $n-1$ degrés de liberté, n étant la taille de l'échantillon aléatoire simple.

FORMULES CLÉ

Estimation par intervalle de la moyenne d'une population : σ connu

$$\bar{x} \pm z_{\alpha/2} \frac{\sigma}{\sqrt{n}} \tag{8.1}$$

Estimation par intervalle de la moyenne d'une population : σ inconnu

$$\bar{x} \pm t_{\alpha/2} \frac{s}{\sqrt{n}} \tag{8.2}$$

Taille d'échantillon pour l'estimation par intervalle de la moyenne d'une population

$$n = \frac{\left(z_{\alpha/2}\right)^2 \sigma^2}{E^2} \tag{8.3}$$

Estimation par intervalle de la proportion d'une population

$$\bar{p} \pm z_{\alpha/2}\sqrt{\frac{\bar{p}(1-\bar{p})}{n}} \tag{8.6}$$

Taille d'échantillon de l'intervalle de confiance pour la proportion d'échantillon

$$n = \frac{\left(z_{\alpha/2}\right)^2 p^*(1-p^*)}{E^2} \tag{8.7}$$

EXERCICES SUPPLÉMENTAIRES

44. Une enquête auprès de 54 courtiers a révélé que le prix moyen fixé pour une transaction de 100 actions à 50 dollars pièce était de 33,77 dollars (*AAII Journal*, février 2006). L'enquête est menée tous les ans. Supposez que grâce aux données historiques disponibles, l'écart type de la population soit connu et égal à 15 dollars.

a) En utilisant les données d'échantillon, quelle est la marge d'erreur associée à un intervalle de confiance à 95 % ?

b) Construire un intervalle de confiance à 95 % pour le prix moyen fixé par les courtiers pour une transaction de 100 actions à 50 dollars pièce.

45. Une étude de l'association américaine de l'automobile a montré qu'une famille de quatre personnes dépense en moyenne 215,60 dollars par jour de vacances. Supposez qu'un échantillon de 64 familles de quatre personnes, en vacances dans la région des chutes du Niagara, dépense en moyenne 252,45 dollars par jour, avec un écart type d'échantillon de 74,50 dollars.

a) Construire un intervalle de confiance à 95 % pour estimer le montant moyen dépensé par jour par une famille de quatre personnes, en vacances dans la région des chutes du Niagara.

b) En utilisant l'intervalle de confiance de la question (a), le montant moyen de la population, dépensé par jour par les familles en vacances dans la région des chutes du Niagara, est-il différent de la moyenne rapportée par l'association américaine de l'automobile ? Expliquer.

46. Les 92 millions d'Américains âgé de 50 ans et plus détiennent 50 % de la richesse globale (AARP Bulletin, mars 2008). L'AARP a estimé que les dépenses annuelles moyennes dans les restaurants et la vente à emporter de ce groupe d'âge s'élevaient à 1 873 dollars. Supposez que cette estimation est basée sur un échantillon de 80 personnes et que l'écart type d'échantillon s'élève à 550 dollars.

a) Quelle est la marge d'erreur de cette étude ? Utiliser un seuil de confiance de 95 %.

b) Quel est l'intervalle de confiance à 95 % du montant moyen dépensé en restaurant et vente à emporter par cette population ?

c) Quelle est l'estimation du montant total dépensé par les Américains de 50 ans et plus en restaurant et vente à emporter ?

d) Si le montant dépensé en restaurant et vente à emporter est asymétrique à droite, pensez-vous que le montant médian dépensé sera supérieur ou inférieur à 1 873 dollars ?

47. De nombreux observateurs du marché boursier disent que lorsque le bénéfice net par action excède 20, le marché est surévalué. Le bénéfice net par action est le prix des actions divisé par les gains réalisés au cours des 12 mois les plus récents. Supposez que vous vouliez savoir si le marché actuel est surévalué et quelle est la proportion de sociétés distribuant des dividendes. Un échantillon aléatoire de 30 sociétés cotées à la bourse de New York est fourni ci-dessous (*Barron's*, 19 janvier 2004 ; cf. fichier en ligne Actions NYSE).

Société	Dividende	Bénéfice net par action	Société	Dividende	Bénéfice net par action
Albertsons	Oui	14	NY Times A	Oui	25
BRE Prop	Oui	18	Omnicare	Oui	25
CityNtl	Oui	16	PallCp	Oui	23
DelMonte	Non	21	PubSvcEnt	Oui	11
EnrgzHldg	Non	20	SensientTch	Oui	11
Ford Motor	Oui	22	SmtProp	Oui	12
Gildan A	Non	12	TJX Cos	Oui	21
HudsnUtdBcp	Oui	13	Thomson	Oui	30
IBM	Oui	22	USB Hldg	Oui	12
JeffOilot	Oui	16	US Restr	Oui	26
KingswayFin	Non	6	Varian Med	Non	41
Libbey	Oui	13	Visx	Non	72
MasoniteIntl	Non	15	Waste Mgt	Non	23
Motorola	Oui	68	Wiley A	Oui	21
NtlCity	Oui	10	Yum Brands	Non	18

Actions NYSE

a) Quelle est l'estimation ponctuelle du bénéfice net par action pour la population des titres cotés à la bourse de New York ? Construire un intervalle de confiance à 95 %.

b) En vous basant sur votre réponse à la question (a), pensez-vous que le marché est surévalué ?

c) Quelle est l'estimation ponctuelle de la proportion de sociétés cotées à la bourse de New York qui offrent des dividendes ? La taille d'échantillon est-elle suffisante pour justifier l'utilisation de la distribution normale dans la construction d'un intervalle de confiance pour cette proportion ? Pourquoi ?

48. US Airways a mené plusieurs études indiquant que des économies substantielles pouvaient être obtenues en rendant accessible en ligne le programme de fidélité « Dividend Miles » qui permet aux clients voyageant fréquemment de bénéficier de réductions et de gagner des voyages (*US Airways Attache*, février 2003). Lors d'une étude, des données sur le

Vols

temps nécessaire pour réserver un vol offert dans le cadre d'un programme de fidélité par téléphone ont été collectées. Un échantillon de la durée (en minutes) nécessaire pour effectuer la réservation par téléphone de 150 vols offerts est contenu dans le fichier en ligne Vols. Utiliser Minitab ou Excel pour répondre aux questions suivantes.

a) Quel est le nombre moyen de minutes nécessaires pour réserver un vol offert par téléphone ?

b) Quel est l'intervalle de confiance à 95 % du temps moyen nécessaire à la réservation des vols par téléphone ?

c) Supposez qu'un standardiste travaille 7,5 heures par jour. Combien de réservations de vol un standardiste peut-il espérer effectuer par jour ?

d) Dire pourquoi cette information soutient l'idée de la compagnie US Airways d'utiliser un système de réservation par Internet pour réduire les coûts.

49. Un article récent rapportait qu'il y a approximativement 11 minutes de temps de jeu effectif lors d'un match ordinaire de la ligue nationale de football (NFL) (*The Wall Street Journal*, 15 janvier 2010). L'article contenait des informations sur la durée consacrée aux actions rejouées, aux publicités et aux arrêts de jeu entre les actions. Des données cohérentes avec les résultats publiés dans le *Wall Street Journal* sont enregistrées dans le fichier en ligne intitulé Arrêts de jeu. Ces données fournissent la durée des arrêts de jeu pour un échantillon de 60 matchs de la NFL.

a) Utiliser l'ensemble de données Arrêts de jeu pour obtenir une estimation ponctuelle de la durée (en minutes) des arrêts de jeu durant un match de la NFL. Comparer ce chiffre à la durée effective de jeu rapportée dans l'article de presse. Êtes-vous surpris ?

b) Quel est l'écart type de l'échantillon ?

c) Quel est l'intervalle de confiance à 95 % de la durée moyenne (en minutes) des arrêts de jeu ?

50. Des tests kilométriques sont effectués pour un modèle de voiture particulier. Si la précision souhaitée correspond à un intervalle de confiance à 98 % avec une marge d'erreur d'un kilomètre par litre, combien de voitures doivent être utilisées dans ce test ? Supposez que les tests préliminaires indiquent un écart type de 2,6 kilomètres par litre.

51. Pour préparer les plannings de rendez-vous avec les patients, un centre médical voudrait estimer le temps moyen qu'un membre du personnel passe avec chaque patient. De quelle taille l'échantillon devrait-il être si l'on souhaite obtenir une marge d'erreur de 2 minutes au seuil de confiance de 95 % ? De quelle taille l'échantillon devrait-il être pour un seuil de confiance de 99 % ? Utiliser la valeur préalable de 8 minutes pour l'écart type de la population.

52. Le salaire annuel et les primes des directeurs généraux sont présentés dans l'étude annuelle sur les salaires de *Business Week*. Un échantillon préliminaire a révélé que l'écart type était de 675 dollars, les données étant exprimées en milliers de dollars. Combien de directeurs généraux l'échantillon doit-il compter si l'on souhaite estimer la moyenne des salaires annuels et des primes, au niveau de la population, avec une marge d'erreur de 100 000 dollars. (Remarque : la marge d'erreur sera $E = 100$ puisque les données sont exprimées en milliers de dollars.) Utiliser un intervalle de confiance à 95 %.

53. Le centre national des statistiques sur l'éducation a indiqué que 47 % des étudiants travaillent pour payer leurs études. Supposez qu'un échantillon de 450 étudiants ait été utilisé dans cette étude.

a) Construire un intervalle de confiance à 95 % pour la proportion de la population des étudiants qui travaillent pour payer leurs études.

b) Construire un intervalle de confiance à 99 % pour la proportion de la population des étudiants qui travaillent pour payer leurs études.

c) Que devient la marge d'erreur lorsque le seuil de confiance passe de 95 % à 99 % ?

54. Une enquête *USA Today*/CNN/Gallup réalisée auprès de 369 parents actifs a démontré que 200 d'entre eux disent passer trop peu de temps avec leurs enfants en raison de leurs obligations professionnelles.

a) Quelle est l'estimation ponctuelle de la proportion de la population des parents actifs qui considèrent passer trop peu de temps avec leurs enfants en raison de leurs obligations professionnelles ?

b) Au seuil de confiance de 95 %, quelle est la marge d'erreur ?

c) Quelle est l'estimation par intervalle au seuil de 95 % de la proportion de la population des parents actifs qui considèrent passer trop peu de temps avec leurs enfants en raison de leurs obligations professionnelles ?

55. Quel est l'objet auquel vous auriez le plus de mal à renoncer ? Votre ordinateur ou votre téléviseur ? Dans une récente étude réalisée auprès de 1 677 internautes américains, 74 % des jeunes élites en technologie (moyenne d'âge de 22 ans) affirmaient qu'ils leur seraient très difficile de renoncer à leur ordinateur (*PC Magazine*, 3 février 2004). Seuls 48 % ont déclaré qu'ils leur seraient très difficile de renoncer à leur téléviseur.

a) Construire un intervalle de confiance à 95 % de la proportion de jeunes férus de technologie qui auraient beaucoup de difficultés à renoncer à leur ordinateur.

b) Construire un intervalle de confiance à 99 % de la proportion de jeunes férus de technologie qui auraient beaucoup de difficultés à renoncer à leur téléviseur.

c) Dans quel cas, question (a) ou question (b), la marge d'erreur est-elle la plus importante ? Expliquer pourquoi.

56. L'aéroport international de Cincinnati dans le nord du Kentucky détenait en 2005 le deuxième taux d'arrivées à l'heure parmi les aéroports les plus fréquentés du pays (*The Cincinnati Enquirer*, 3 février 2006). Supposez que les résultats sont basés sur 455 arrivées à l'heure sur un échantillon de 550 vols.

a) Quelle est l'estimation ponctuelle de la proportion de vols arrivés à l'heure pour l'aéroport ?

b) Construire un intervalle de confiance à 95 % pour le taux d'arrivées à l'heure de la population de tous les vols atterrissant à l'aéroport de Cincinnati en 2005.

57. Le *Statistical Abstract of the United States* de 2003 a indiqué le pourcentage de fumeurs âgés de 18 ans et plus. Supposez qu'une étude visant à collecter de nouvelles données sur les fumeurs et les non-fumeurs, se fonde sur une estimation préliminaire de la proportion de fumeurs de 0,30.

a) De quelle taille l'échantillon devrait-il être pour estimer la proportion de fumeurs dans la population avec une marge d'erreur de 0,02 ? Utiliser un seuil de confiance de 95 %.

b) Supposez que l'étude utilise la taille d'échantillon que vous avez recommandée à la question (a) et trouve 520 fumeurs. Quelle est l'estimation ponctuelle de la proportion de fumeurs dans la population ?

c) Quel est l'intervalle de confiance à 95 % de la proportion de fumeurs dans la population ?

58. Un établissement bancaire bien connu s'intéresse à la proportion des détenteurs d'une carte de crédit qui ont un solde débiteur (négatif) à la fin du mois et qui payent des intérêts. Supposez que la marge d'erreur souhaitée soit de 0,03, au seuil de confiance de 98 %.

a) De quelle taille l'échantillon devrait-il être si on anticipe qu'environ 70 % des détenteurs d'une carte de crédit ont un solde débiteur à la fin du mois ?

b) De quelle taille l'échantillon devrait-il être si on ne peut spécifier aucune valeur préalable pour la proportion de la population ?

59. Les employés de plusieurs industries ont été interrogés pour déterminer quelle est la proportion d'employés qui pensent que leur industrie n'emploie pas assez de personnes. Dans le secteur de l'administration gouvernementale, 37 % des personnes interrogées ont déclaré être en sous-effectif, dans le secteur médical, 33 % estiment être en sous-effectif et dans le secteur de l'éducation, 28 % pensent être en sous-effectif (*USA Today*, 11 janvier 2010). Supposez que 200 employés aient été interrogés dans chaque secteur.

a) Construire un intervalle de confiance à 95 % pour la proportion de la population des employés dans chaque secteur qui pensent que leur secteur est en sous-effectif.

b) En supposant qu'une même taille d'échantillon sera utilisée dans chaque secteur, de quelle taille l'échantillon devrait-il être pour garantir une marge d'erreur inférieure ou égale à 0,05 pour chacun des trois intervalles de confiance ?

60. Bien que les horaires et le coût soient deux facteurs importants dans le choix d'une compagnie aérienne pour une personne qui effectue un voyage d'affaires, une étude de *USA Today* a montré que ces personnes considéraient le programme de fidélité d'une compagnie comme le plus important facteur. Parmi un échantillon de 1 993 voyageurs d'affaires qui ont répondu à l'enquête, 618 ont déclaré que le programme de fidélité était le facteur le plus important.

a) Quelle est l'estimation ponctuelle de la proportion de la population des voyageurs d'affaires qui considèrent le programme de fidélité comme le plus important facteur lorsqu'ils choisissent une compagnie aérienne ?

b) Construire un intervalle de confiance à 95 % pour estimer la proportion de la population.

c) De quelle taille l'échantillon devrait-il être pour obtenir une marge d'erreur de 0,01 à un seuil de confiance de 95 % ? Conseilleriez-vous à *USA Today* d'essayer d'obtenir ce degré de précision ? Pourquoi ?

Problème 1 *Le magazine Young Professional*

Le magazine *Young Professional* a pour audience cible les jeunes diplômés qui sont dans leurs dix premières années de vie professionnelle. Les deux premières années de publication de ce magazine furent couronnées de succès. L'éditeur s'intéresse maintenant aux possibilités d'extension des encarts publicitaires dans le magazine. Les annonceurs potentiels demandent sans cesse des informations sur les caractéristiques démographiques et les centres d'intérêts des abonnés à *Young Professional*. Pour collecter cette information, le magazine a commandé une enquête pour développer le profil de ses abonnés. Les résultats de l'enquête seront utilisés pour aider le magazine à choisir ses articles et pour fournir des informations aux annonceurs. En tant que nouvel employé du magazine, on vous demande d'aider à analyser les résultats de l'étude.

Certaines questions de l'enquête sont reproduites ici :

1. Quel est votre âge ?
2. Êtes-vous : un homme ? Une femme ?
3. Envisagez-vous d'acquérir un bien immobilier dans les deux prochaines années ? Oui-Non
4. Quelle est la valeur approximative de vos investissements financiers (les vôtres ou ceux des membres de votre ménage), à l'exclusion de votre maison ?
5. Combien de transactions financières avez-vous faites l'an passé ?
6. Avez-vous un accès Internet haut débit chez vous ? Oui-Non
7. Indiquez, s'il vous plaît, le revenu total de votre ménage l'an passé.
8. Avez-vous des enfants ? Oui-Non

Le fichier en ligne intitulé Young Professional contient les réponses à ces questions. Le tableau 8.6 reprend une partie de ce fichier.

Tableau 8.6 ***Résultats partiels de l'enquête pour le magazine Young Professional***

Âge	Sexe	Achat immobilier	Valeur des investissements ($)	Nombre de transactions	Accès haut débit ?	Revenu du ménage ($)	Enfants ?
38	Femme	Non	12 200	4	Oui	75 200	Oui
30	Homme	Non	12 400	4	Oui	70 300	Oui
41	Femme	Non	26 800	5	Oui	48 200	Non
28	Femme	Oui	19 600	6	Non	95 300	Non
31	Femme	Oui	15 100	5	Non	73 300	Oui
…	…	…	…	…	…	…	…

Rapport

Préparez un rapport résumant les résultats de l'enquête. Comment le magazine pourrait-il utiliser ces résultats pour attirer les annonceurs et pour identifier les sujets qui intéressent les lecteurs ? Votre rapport devra répondre aux questions suivantes qui ne sont pas exhaustives.

1. Développer les statistiques descriptives appropriées pour résumer les données.
2. Construire les intervalles de confiance à 95 % pour l'âge moyen des abonnés et le revenu moyen du ménage.
3. Construire les intervalles de confiance à 95 % pour la proportion d'abonnés qui ont un accès Internet haut débit à domicile et la proportion d'abonnés qui ont des enfants.
4. Le magazine *Young Professional* serait-il un bon support publicitaire pour les courtiers en ligne ? Justifiez votre conclusion sur la base des données statistiques.
5. Ce magazine serait-il un bon support publicitaire pour des sociétés vendant des logiciels éducatifs et des jeux pour jeunes enfants ?
6. Selon vous, quels types d'articles intéresseraient les lecteurs de *Young Professional* ?

PROBLÈME 2 *L'agence immobilière Golfe*

L'agence immobilière Golfe, implantée dans le sud-ouest de la Floride, se définit elle-même dans ses publicités comme un « expert du marché immobilier ». Elle gère des ventes d'appartements en collectant des données sur l'emplacement, les prix affichés, les prix de vente finaux et le nombre de jours nécessaires pour vendre chaque bien. Chaque appartement est classé comme « ayant vue sur le golfe » s'il est situé directement sur le golfe du Mexique ou « sans vue sur le golfe » s'il est situé dans la baie, à proximité mais pas directement sur le golfe. Le service d'annonces immobilières de Naples en Floride a permis de collecter des données sur les ventes récentes de 40 appartements avec vue sur le golfe et de 18 appartements sans vue sur le golfe[2]. Les prix sont exprimés en milliers de dollars. Les données sont regroupées dans le tableau 8.7 et dans le fichier en ligne intitulé Golfe.

Rapport

1. Utiliser les statistiques descriptives appropriées pour résumer les données de chacune des trois variables pour les 40 appartements avec vue sur le golfe.
2. Utiliser les statistiques descriptives appropriées pour résumer les données de chacune des trois variables pour les 18 appartements sans vue sur le golfe.

[2] Les données sont fondées sur les ventes d'appartements rapportées par le service d'annonces de Naples (Coldwell Banker, juin 2000).

Tableau 8.7 ***Données sur les ventes de l'agence immobilière Golfe***

Appartements avec vue sur le golfe			Appartements sans vue sur le golfe		
Prix affiché (milliers de dollars)	Prix de vente (milliers de dollars)	Nombre de jours avant vente	Prix affiché (milliers de dollars)	Prix de vente (milliers de dollars)	Nombre de jours avant vente
495,0	475,0	130	217,0	217,0	182
379,0	350,0	71	148,0	135,5	338
529,0	519,0	85	186,5	179,0	122
552,5	534,5	95	239,0	230,0	150
334,9	334,9	119	279,0	267,5	169
550,0	505,0	92	215,0	214,0	58
169,9	165,0	197	279,0	259,0	110
210,0	210,0	56	179,9	176,5	130
975,0	945,0	73	149,9	144,9	149
314,0	314,0	126	235,0	230,0	114
315,0	305,0	88	199,8	192,0	120
885,0	800,0	282	210,0	195,0	61
975,0	975,0	100	226,0	212,0	146
469,0	445,0	56	149,9	146,5	137
329,0	305,0	49	160,0	160,0	281
365,0	330,0	48	322,0	292,5	63
332,0	312,0	88	187,5	179,0	48
520,0	495,0	161	247,0	227,0	52
425,0	405,0	149			
675,0	669,0	142			
409,0	400,0	28			
649,0	649,0	29			
319,0	305,0	140			
425,0	410,0	85			
359,0	340,0	107			
469,0	449,0	72			
895,0	875,0	129			
439,0	430,0	160			
435,0	400,0	206			
235,0	227,0	91			
638,0	618,0	100			
629,0	600,0	97			
329,0	309,0	114			
595,0	555,0	45			
339,0	315,0	150			
215,0	200,0	48			
395,0	375,0	135			
449,0	425,0	53			
499,0	465,0	86			
439,0	428,5	158			

Golfe

3. Comparer les résultats précédents. Discuter de tous les résultats statistiques spécifiques qui peuvent permettre à un agent immobilier de comprendre le marché des appartements.
4. Développer une estimation par intervalle de confiance à 95 % de la moyenne des prix de vente et du nombre moyen de jours nécessaires à la vente des appartements avec vue sur le golfe. Interpréter vos résultats.
5. Développer une estimation par intervalle de confiance à 95 % de la moyenne des prix de vente et du nombre moyen de jours nécessaires à la vente des appartements sans vue sur le golfe. Interpréter vos résultats.
6. Supposez que le gérant de l'agence demande des estimations du prix de vente moyen des appartements avec vue sur le golfe avec une marge d'erreur de 40 000 dollars et du prix de vente moyen des appartements sans vue sur le golfe avec une marge d'erreur de 15 000 dollars. Utiliser un seuil de confiance de 95 %. De quelle taille les échantillons doivent-ils être ?
7. L'agence Golfe vient de signer des contrats pour deux nouveaux biens : un appartement avec vue sur le golfe dont le prix initial est de 589 000 dollars et un appartement sans vue sur le golfe dont le prix initial est de 285 000 dollars. Quelle est votre estimation du prix de vente final et du nombre de jours nécessaires à la vente de chacun des deux biens ?

PROBLÈME 3 *La société Metropolitan Research*

La société Metropolitan Research est une association de consommateurs qui évalue, au moyen d'études, de nombreux produits et services à la disposition des consommateurs. Lors d'une étude particulière, la société Metropolitan s'est intéressée à la satisfaction des consommateurs vis-à-vis de la performance des automobiles produites par un grand fabricant de Détroit. Un questionnaire envoyé aux propriétaires d'un modèle de voiture de grande taille produite par ce fabricant, a révélé plusieurs plaintes à propos de problèmes de transmission. Pour en savoir davantage sur ces problèmes de transmission, la société Metropolitan a utilisé un échantillon des voitures en cours de réparation, fourni par une entreprise de réparation dans la région de Détroit. Les données suivantes indiquent le nombre de kilomètres effectués par un échantillon de 50 voitures avant que le problème de transmission ne survienne (cf. fichier en ligne Auto).

85 092	32 609	59 465	77 437	32 534	64 090	32 464	59 902
39 323	89 641	94 219	116 803	92 857	64 436	65 605	85 861
64 342	61 978	67 998	59 817	101 769	95 774	121 352	69 568
74 276	66 998	40 001	72 069	25 066	77 098	69 922	35 662
74 425	67 202	118 444	53 500	79 294	64 544	86 813	116 269
37 831	89 341	73 341	85 288	138 114	53 402	85 586	82 256
77 539	88 798						

Rapport

1. Utiliser les statistiques descriptives appropriées pour résumer les données sur le problème de transmission.
2. Construire un intervalle de confiance à 95 % pour la moyenne du nombre de kilomètres effectués avant que le problème de transmission ne survienne, pour la population des voitures qui ont eu un problème de transmission. Interpréter l'estimation par intervalle.
3. Discuter des conséquences de vos résultats statistiques quant à la croyance que certains propriétaires de voitures ont eu des problèmes de transmission relativement tôt.
4. Combien d'observations l'échantillon devrait-il contenir si l'association de consommateurs souhaite estimer le nombre moyen, au niveau de la population, de kilomètres effectués avant que le problème de transmission ne survienne, avec une marge d'erreur de 5 000 kilomètres ? Utiliser un seuil de confiance de 95 %.
5. Quelles autres informations conseilleriez-vous de rassembler pour étudier le problème de transmission de manière plus approfondie ?

ANNEXE 8.1 ESTIMATION PAR INTERVALLE AVEC MINITAB

Nous décrivons l'utilisation de Minitab dans la construction d'intervalles de confiance pour la moyenne et la proportion d'une population.

Moyenne d'une population : σ connu

Nous illustrons l'estimation par intervalle en utilisant l'exemple des magasins Lloyd's développé dans la section 8.1. Les montants dépensés par les 100 clients que compte l'échantillon sont présentés dans la colonne C1 d'une feuille de calcul Minitab (cf. fichier en ligne Lloyd's). L'écart type de la population $\sigma = 20$ est supposé connu. Les étapes suivantes permettent de construire un intervalle de confiance à 95 % de la moyenne de la population. Lloyd's

Étape 1. Sélectionner le menu **Stat**
Étape 2. Choisir **Basic Statistics**
Étape 3. Choisir l'option **1-Sample Z**
Étape 4. Lorsque la boîte de dialogue 1-Sample Z apparaît :
Entrer C1 dans la boîte **Samples in columns**
Entrer 20 dans la boîte **Standard deviation**
Étape 5. Cliquer sur **OK**

Par défaut, Minitab produit des intervalles de confiance à 95 %. Pour spécifier un seuil de confiance différent, tel que 90 %, ajouter à l'étape 4 les indications suivantes.

Sélectionner **Options**
Lorsque la boîte de dialogue 1-Sample Z-Options apparaît :
    Entrer 90 dans la boîte **Confidence Level**
Cliquer sur **OK**

Moyenne d'une population : σ inconnu

Solde compte

Nous illustrons l'estimation par intervalle en utilisant les données sur les soldes des comptes courants d'un échantillon de 70 ménages présentées dans le tableau 8.3. Les données sont regroupées dans la colonne C1 d'une feuille de calcul Minitab (cf. fichier en ligne Solde compte). Dans ce cas, l'écart type de la population σ est estimé par l'écart type de l'échantillon s. Les étapes suivantes permettent de construire un intervalle de confiance à 95 % de la moyenne de la population.

Étape 1. Sélectionner le menu **Stat**
Étape 2. Choisir **Basic Statistics**
Étape 3. Choisir l'option **1-Sample t**
Étape 4. Lorsque la boîte de dialogue 1-Sample t apparaît :
    Entrer **C1** dans la boîte **Samples in columns**
Étape 5. Cliquer sur **OK**

Par défaut, Minitab produit des intervalles de confiance à 95 %. Pour spécifier un seuil de confiance différent, tel que 90 %, ajouter à l'étape 4 les indications suivantes.

Sélectionner **Options**
Lorsque la boîte de dialogue 1-Sample t-Options apparaît :
    Entrer **90** dans la boîte **Confidence Level**
Cliquer sur **OK**

Proportion d'une population

Horaires golf

Nous illustrons l'estimation par intervalle en utilisant les données de l'étude sur les golfeuses présentée à la section 8.4. Les données sont regroupées dans la colonne C1 d'une feuille de calcul Minitab (cf. fichier en ligne Horaires golf). Les réponses individuelles font apparaître un « Oui » si la golfeuse est satisfaite des horaires de disponibilité des parcours, un « Non » dans le cas contraire. Les étapes suivantes permettent de construire un intervalle de confiance à 95 % de la proportion de golfeuses satisfaites des horaires.

Étape 1. Sélectionner le menu **Stat**
Étape 2. Choisir **Basic Statistics**
Étape 3. Choisir **1 Proportion**
Étape 4. Lorsque la boîte de dialogue 1 Proportion apparaît :
    Entrer **C1** dans la boîte **Samples in columns**
Étape 5. Sélectionner **Options**
Étape 6. Lorsque la boîte de dialogue 1 Proportion-Options apparaît :
    Sélectionner **Use test and interval based on normal distribution**

Cliquer sur **OK**

Étape 7. Cliquer sur **OK**

Par défaut, Minitab produit des intervalles de confiance à 95 %. Pour spécifier un seuil de confiance différent, tel que 90 %, entrer 90 dans la boîte **Confidence Level** lorsque la boîte de dialogue 1 Proportion-Options apparaît à l'étape 6.

Remarque : La fonction 1 Proportion de Minitab ordonne de façon alphabétique les réponses et considère la seconde catégorie de réponse comme étant celle pour laquelle on souhaite estimer la proportion de la population. Dans l'exemple des golfeuses, Minitab utilise l'ordre alphabétique Non-Oui et fournit l'intervalle de confiance pour la proportion de réponses positives. Puisque les réponses positives sont celles qui nous intéressent, l'output de Minitab nous convient. Cependant, si l'ordre alphabétique de Minitab ne permet pas d'obtenir les résultats attendus, sélectionner une cellule dans la colonne et utiliser la séquence : Editor > Column > Value Order. Cela vous permettra de classer les réponses dans un ordre spécifique mais vous devez lister les réponses qui vous intéressent en second dans la boîte de définition de l'ordre.

ANNEXE 8.2 ESTIMATION PAR INTERVALLE AVEC EXCEL

Nous décrivons l'utilisation d'Excel dans la construction d'intervalles de confiance pour la moyenne et la proportion d'une population.

Moyenne d'une population : σ connu

Nous illustrons l'estimation par intervalle en utilisant l'exemple des magasins Lloyd's développé dans la section 8.1. L'écart type de la population $\sigma = 20$ est supposé connu. Les montants dépensés par les 100 clients que compte l'échantillon sont présentés dans la colonne A d'une feuille de calcul Excel (cf. fichier en ligne Lloyd's). Les fonctions Excel AVERAGE et CONFIDENCE.NORM peuvent être utilisées pour calculer l'estimation ponctuelle et la marge d'erreur d'une estimation de la moyenne de la population.

Étape 1. Sélectionner la cellule C1 et entrer la formule Excel = AVERAGE (A2:A101)

Étape 2. Sélectionner la cellule C2 et entrer la formule Excel = CONFIDENCE. NORM(0.05, 20, 100)

Les trois paramètres de la fonction CONFIDENCE.NORM sont
Alpha = 1 – coefficient de confiance = $1-0,95=0,05$
L'écart type de la population = 20
La taille de l'échantillon = 100

L'estimation ponctuelle de la moyenne de la population (82) qui apparaît dans la cellule C1 et la marge d'erreur (3,92) qui apparaît dans la cellule C2, permettent de calculer facilement l'intervalle de confiance de la moyenne de la population.

Moyenne d'une population : σ inconnu

Solde compte

Nous illustrons l'estimation par intervalle en utilisant les données sur les soldes des comptes d'un échantillon de 70 ménages présentées dans le tableau 8.3. Les données sont regroupées dans la colonne A d'une feuille de calcul Excel (cf. fichier en ligne Solde compte). Les étapes suivantes permettent de calculer l'estimation ponctuelle et la marge d'erreur d'une estimation par intervalle de la moyenne d'une population. Nous utilisons l'instrument Descriptive Statistics d'Excel décrit dans le chapitre 3.

Étape 1. Cliquer sur le bouton **Data** dans la barre des tâches
Étape 2. Dans le groupe **Analysis**, cliquer sur **Data Analysis**
Étape 3. Choisir **Descriptive Statistics** de la liste des outils d'analyse
Étape 4. Lorsque la boîte de dialogue Descriptive Statistics apparaît :
Entrer **A1:A71** dans la boîte **Input Range**
Sélectionner **Grouped by columns**

	A	B	C	D	E	F
1	**Solde compte**		**Solde**			
2	9430					
3	7535		Moyenne	9312	Estimation ponctuelle	
4	4078		Erreur type			
5	5604		Médiane			
6	5179		Mode			
7	4416		Écart type			
8	10676		Variance d'échantillon			
9	1627		Kurtosis			
10	10112		Coefficient de symétrie			
11	6567		Étendue			
12	13627		Minimum			
13	18719		Maximum			
14	14661		Somme			
15	12195		Nombre d'observations		Marge d'erreur	
16	10544		Seuil de confiance (95,0 %)	955,4354		
17	13659					
70	9743					
71	10324					
16	10544					
17	13659					
70	9743					
71	10324					

Figure 8.10 *Estimation par intervalle du solde moyen des comptes en utilisant Excel*

Remarque : Les lignes 18 à 69 ont été cachées.

Sélectionner **Labels in First Row**
Sélectionner **Output Range**
Entrer **C1** dans la boîte **Output Range**
Sélectionner **Summary Statistics**
Sélectionner **Confidence Level for Mean**
Entrer **95** dans la boîte **Confidence Level for Mean**
Cliquer sur **OK**

Les statistiques descriptives apparaissent dans les colonnes C et D. L'estimation ponctuelle de la moyenne de la population apparaît dans la cellule D3. La marge d'erreur, nommée « Confidence Level (95,0 %) », apparaît dans la cellule D16. L'estimation ponctuelle (9 312 dollars) et la marge d'erreur (955 dollars) permettent de calculer facilement l'intervalle de confiance de la moyenne de la population. L'output de cette procédure Excel est présenté à la figure 8.10.

Proportion d'une population

Intervalle p

Nous illustrons l'estimation par intervalle en utilisant les données sur les golfeuses présentées à la section 8.4. Les données sont regroupées dans la colonne A d'une feuille de calcul Excel. Les réponses individuelles sont enregistrées sous les termes « Oui » si la golfeuse est satisfaite des horaires de disponibilité des parcours et « Non » sinon. Excel n'offre pas de procédure pour estimer la proportion d'une population. Cependant, il est relativement facile de réaliser une telle estimation. Le modèle présenté à la figure 8.11 fournit une estimation par intervalle de confiance à 95 % de la proportion des golfeuses satisfaites de la disponibilité des parcours. La feuille de calcul en arrière plan de la figure 8.11 présente les formules qui fournissent les résultats présentés sur la feuille de calcul apparaissant au premier plan. Les étapes suivantes sont nécessaires pour appliquer le modèle à cet ensemble de données.

Étape 1. Entrer l'étendue des données A2:A901 dans la formule =COUNTA inscrite dans la cellule D3
Étape 2. Entrer Oui (la réponse à laquelle on s'intéresse) dans la cellule D4
Étape 3. Entrer l'étendue des données A2:A901 dans la formule =COUNTIF inscrite dans la cellule D5
Étape 4. Entrer 0,95 comme seuil de confiance dans la cellule D8

Le modèle fournit automatiquement l'intervalle de confiance dans les cellules D15 et D16.

Ce modèle permet de calculer l'intervalle de confiance pour la proportion d'une population dans d'autres cas. Par exemple, pour calculer l'estimation par intervalle d'un nouvel ensemble de données, entrer le nouvel échantillon de données dans la colonne A d'une feuille de calcul et ensuite faire les changements appropriés dans les étapes 1 à 4. Si les statistiques descriptives du nouvel échantillon ont déjà été calculées, les données de l'échantillon n'ont pas à être enregistrées dans la feuille de calcul. Dans ce cas, entrer la taille de l'échantillon dans la cellule D3 et la proportion de l'échantillon dans la cellule D6 ; le modèle fournira alors l'intervalle de confiance pour la proportion de la population. La feuille de calcul de la figure 8.11 est disponible dans le fichier en ligne intitulé Intervalle p.

	A	B	C	D	E	F
1	**Réponse**		**Estimation par intervalle de la proportion d'une population**			
2	Oui					
3	Non		Taille de l'échantillon	=COUNTA(A2:A901)		
4	Oui		Réponse à laquelle on s'intéresse	Oui		
5	Oui		Nombre de réponses auxquelles on s'intéresse	=COUNTIF(A2:A901, D4)		
6	Non		Proportion de l'échantillon	=D5/D3		
7	Non					
8	Non		Coefficient de confiance	0,95		
9	Oui		Valeur z	=NORMSINV(0,5+D8/2)		
10	Oui					
11	Oui		Erreur type	=SQRT(D6*(1-D6)/D3)		
12	Non		Marge d'erreur	=D9*D11		
13	Non					
14	Oui		Estimation ponctuelle	=D6		
15	Non		Limite inférieure	=D14-D12		
16	Non		Limite supérieure	=D14+D12		
17	Oui					
18	Non					
19	Oui					
900						

	A	B	C	D	E	F
1	**Réponse**		**Estimation par intervalle de la proportion d'une population**			
2	Oui					
3	Non		Taille de l'échantillon	900		
4	Oui		Réponse à laquelle on s'intéresse	Oui		
5	Oui		Nombre de réponses auxquelles on s'intéresse	396		
6	Non		Proportion de l'échantillon	0,4400		
7	Non					
8	Non		Coefficient de confiance	0,95		
9	Oui		Valeur z	1,960		
10	Oui					
11	Oui		Erreur type	0,0165		
12	Non		Marge d'erreur	0,0324		
13	Non					
14	Oui		Estimation ponctuelle	0,4400		
15	Non		Limite inférieure	0,4076		
16	Non		Limite supérieure	0,4724		
17	Oui					
18	Non					
19	Oui					
900						

Entrer la réponse à laquelle on s'intéresse

Entrer le seuil de confiance

Figure 8.11 ***Modèle pour l'estimation par intervalle de la proportion d'une population sous Excel***

Remarque : Les lignes 19 à 900 ont été cachées.

ANNEXE 8.3 ESTIMATION PAR INTERVALLE AVEC STATTOOLS

Dans cette annexe, nous montrons comment utiliser StatTools pour construire une estimation par intervalle de la moyenne d'une population dans le cas où σ est inconnu, pour sélectionner une taille d'échantillon dans le cas où σ est inconnu et pour développer une estimation par intervalle de la proportion d'une population.

Moyenne de la population : cas où σ est inconnu

Dans ce cas, l'écart type de la population σ est estimé par l'écart type de l'échantillon s. Nous utilisons les données sur les soldes des comptes courants du tableau 8.3 pour illustrer ce cas (cf. fichier en ligne Soldes compte). Commencez pour utiliser l'outil Data Set Manager pour créer un ensemble de données StatTools pour ces données en utilisant la procédure décrite en annexe du chapitre 1. Les étapes suivantes peuvent être utilisées pour calculer une estimation par intervalle de confiance à 95 % de la moyenne de la population.

Solde compte

Étape 1. Cliquer sur le bouton **StatTools** dans la barre des tâches
Étape 2. Dans le groupe **Analyses**, cliquer sur **Statistical Inference**
Étape 3. Choisir **Confidence Interval**
Étape 4. Choisir **Mean/Std. Deviation**
Étape 5. Lorsque la boîte de dialogue apparaît :
Pour **Analysis Type**, choisir **One-Sample Analysis**
Dans la section **Variables**, sélectionner **Soldes des comptes**
Dans la section **Confidence Intervals to Calculate** :
Sélectionner l'option **For the Mean**
Sélectionner **95 %** pour **Confidence Level**
Cliquer sur **OK**

Des statistiques descriptives et l'intervalle de confiance apparaîtront.

Déterminer la taille d'échantillon

Dans la section 8.3, nous avons montré comment déterminer la taille d'échantillon nécessaire pour obtenir une certaine marge d'erreur. L'exemple utilisé concernait une étude visant à estimer le coût de location journalier moyen de la population pour des automobiles de taille moyenne aux États-Unis. Le directeur du projet avait spécifié une marge d'erreur de deux dollars dans l'estimation du coût moyen journalier de location pour la population des véhicules concernés et un seuil de confiance de 95 %. Des données d'échantillon issues d'une précédente étude ont fourni un écart type d'échantillon de 9,65 dollars ; cette valeur a été utilisée comme valeur préalable de l'écart type de la population. Les étapes suivantes permettent de calculer la taille d'échantillon nécessaire pour obtenir une estimation par intervalle au seuil de confiance de 95 % de la moyenne de la population avec une marge d'erreur de deux dollars.

Étape 1. Cliquer sur le bouton **StatTools** dans la barre des tâches
Étape 2. Dans le groupe **Analyses**, cliquer sur **Statistical Inference**
Étape 3. Choisir l'option **Sample Size Selection**
Étape 4. Lorsque la boîte de dialogue apparaît :
 Dans la section **Parameter to Estimate**, sélectionner **Mean**
 Dans la section **Confidence Interval Specification** :
  Sélectionner **95 %** pour le seuil de confiance
  Entrer **2** dans la boîte **Half-Length of Interval**
  Entrer **9,65** dans la boîte **Estimated Std Dev**
 Cliquer sur **OK**

Le concept de Half-Length of Interval correspond à la marge d'erreur.

Le résultat, correspondant à une taille d'échantillon recommandée de 90, apparaîtra.

Proportion d'une population

Horaires golf

Nous illustrons ce cas par les données relatives aux golfeuses présentées dans la section 8.4 (cf. fichier en ligne Horaires golf). Commencez par utiliser Data Set Manager pour créer un ensemble de données StatTools pour ces données en utilisant la procédure décrite en annexe du chapitre 1. Les étapes suivantes permettent de calculer une estimation par intervalle de confiance à 95 % pour la proportion d'une population.

Étape 1. Cliquer sur le bouton **StatTools** dans la barre des tâches
Étape 2. Dans le groupe **Analyses**, cliquer sur **Statistical Inference**
Étape 3. Choisir **Confidence Interval**
Étape 4. Lorsque la boîte de dialogue apparaît :
 Pour **Analysis Type**, choisir **One-Sample Analysis**
 Dans la section **Variables**, sélectionner **Response**
 Dans la section **Categories to Analyse**, sélectionner **Oui**
 Dans la section **Options**, entrer **95 %** dans la boîte **Confidence Level**
 Cliquer sur **OK**

Des statistiques descriptives et l'intervalle de confiance apparaîtront

StatTools est également en mesure de déterminer la taille d'échantillon appropriée pour obtenir une marge d'erreur désirée. Les étapes sont similaires à celles décrites pour déterminer la taille d'échantillon dans la sous-section précédente.

9

TEST D'HYPOTHÈSES

STATISTIQUES APPLIQUÉES

La société John Morrell*

Cincinnati, État de l'Ohio

La société John Morrell, fondée en 1827 en Grande-Bretagne, est considérée comme la plus ancienne fabrique de viande des États-Unis. Il s'agit désormais d'une filiale, gérée indépendamment, de Smithfield Foods, société implantée en Virginie. La société John Morrell offre une grande variété de viandes préparées et de porc frais à ses clients sous 13 marques régionales différentes, dont John Morrell, E-Z-Cut, la marque premier prix Tobin's, Dinner Bell, Hunter, Kretschmar, Rath, Rodeo, Shenson, Farmers Hickory Brand, Iowa Quality et Peyton's. Chaque marque régionale jouit d'une bonne réputation et de la fidélité des consommateurs.

Les études de marché de la société John Morrell fournissent aux responsables des informations actualisées sur les différents produits de la société ainsi que sur les produits concurrents. Une récente étude a cherché à déterminer les goûts des consommateurs en comparant un plat cuisiné à base de rosbeef John Morrell à deux produits concurrents similaires. Ce test de comparaison des trois produits a été mené auprès d'un échantillon de consommateurs, qui ont évalué les produits en fonction de leur goût, de leur apparence, de leur odeur.

L'une des questions de recherche était de savoir si plus de 50 % de la population des consommateurs préféraient le produit John Morrell. Soit p la proportion de la population préférant le produit John Morrell. Le test d'hypothèses associé à cette question se pose dans les termes suivants :

$$H_0 : p \leq 0{,}50$$

$$H_a : p > 0{,}50$$

L'hypothèse nulle H_0 indique que la préférence pour le produit John Morrell est inférieure ou égale à 50 %. Si les données d'échantillon permettent de rejeter H_0 en faveur de l'hypothèse alternative H_a, la société John Morrell pourra en conclure que plus de 50 % de la population des consommateurs préfèrent son produit aux deux autres.

Dans une étude indépendante sur les goûts des consommateurs, réalisée auprès d'un échantillon de 224 consommateurs de Cincinnati, Milwaukee et Los Angeles, 150 ont désigné le produit John Morrell comme étant leur produit préféré. En utilisant les procédures statistiques des tests d'hypothèses, l'hypothèse nulle H_0 était rejetée. L'étude fournissait des preuves statistiques soutenant H_a et la conclusion selon laquelle le produit John Morrell est préféré par plus de 50 % de la population des consommateurs.

L'estimation ponctuelle de la proportion de la population était $\bar{p} = 150/224 = 0{,}67$. Ainsi, les données d'échantillon soutiennent les arguments d'une publicité diffusée dans un magazine culinaire, qui prétend qu'au vu d'un test de goût comparant trois produits, le plat cuisiné à base de rosbeef Morrell est « préféré par deux personnes sur trois ».

Dans ce chapitre, vous apprendrez à formuler des hypothèses et à conduire des tests comme celui utilisé par la société John Morrell. À travers l'analyse des données d'un échantillon, vous serez capable de déterminer si une hypothèse devra ou non être rejetée.

* Les auteurs remercient Marty Butler, vice président du département marketing de John Morrell, de leur avoir fourni ce Statistiques appliquées.

Dans les chapitres 7 et 8, nous avons montré comment utiliser un échantillon pour développer des estimations ponctuelles et par intervalle des paramètres d'une population. Dans ce chapitre, nous poursuivons notre découverte de l'inférence statistique en étudiant les *tests d'hypothèses*, afin de déterminer si une assertion au sujet de la valeur d'un paramètre de la population doit être ou non rejetée.

Pour effectuer un test d'hypothèses, on commence par faire une hypothèse sur un paramètre de la population considérée. Cette hypothèse est appelée **hypothèse nulle** et est notée H_0. On définit ensuite une autre hypothèse, appelée **hypothèse alternative**, qui correspond à l'opposé de ce qui est établi dans l'hypothèse nulle. L'hypothèse alternative est notée H_a. La procédure de test consiste à utiliser les données issues d'un échantillon pour tester les deux assertions en compétition, H_0 et H_a.

Le but de ce chapitre est d'illustrer la conduite de tests d'hypothèses relatifs à la moyenne et la proportion d'une population. Nous commençons par fournir des exemples qui illustrent la manière de développer les hypothèses nulle et alternative.

9.1 DÉVELOPPER LES HYPOTHÈSES NULLE ET ALTERNATIVE

Dans certains cas, il n'est pas évident de formuler les hypothèses nulle et alternative. Il faut donc être très attentif à la formulation des hypothèses, afin d'être sûr qu'elles sont appropriées et que les conclusions du test d'hypothèses fournissent bien les informations souhaitées par le chercheur ou le responsable. Le contexte est un élément très important à prendre en considération lors de la formulation des hypothèses. Toutes les applications de test d'hypothèses nécessitent la collecte d'un échantillon et l'utilisation des résultats de l'échantillon pour tirer une conclusion. Les bonnes questions à considérer lorsqu'on formule les hypothèses nulles et alternatives sont : Quel est l'objectif de la collecte de cet échantillon ? Quelles conclusions espérons-nous en tirer ?

> Apprendre à formuler correctement les hypothèses demande de la pratique. Attendez-vous, au départ, à quelques confusions quant au choix approprié des hypothèses H_0 et H_a. Dans cette section, nous verrons différentes formulations de H_0 et H_a, en fonction des exemples.

Dans l'introduction du chapitre, nous avons prétendu que l'hypothèse nulle H_0 est une hypothèse conservatrice à propos d'un paramètre de la population, tel que la moyenne ou la proportion de la population. L'hypothèse alternative H_a correspond au contraire de ce qui est stipulé dans l'hypothèse nulle. Dans certaines situations, il est plus facile d'identifier en premier lieu l'hypothèse alternative, puis de définir l'hypothèse nulle. Dans d'autres situations, il est plus facile d'identifier en premier l'hypothèse nulle puis de développer l'hypothèse alternative. Nous illustrons ces situations au travers des exemples suivants.

9.1.1 L'hypothèse alternative en tant qu'hypothèse de recherche

Beaucoup de tests d'hypothèses consistent à collecter des preuves en soutien d'une hypothèse de recherche. Dans ces situations, il est souvent plus pertinent de commencer avec l'hypothèse alternative et d'en faire la conclusion que le chercheur souhaite défendre.

Considérez un modèle de voiture particulier qui consomme en ville, en moyenne, un litre de carburant pour parcourir 24 kilomètres. Un groupe de recherche a mis au point un nouveau moteur spécialement conçu pour augmenter le nombre de kilomètres effectués avec un litre de carburant. Le groupe de recherche effectuera des tests avec le nouveau moteur dans le but de prouver statistiquement que le nouveau moteur est plus efficace et permet d'effectuer davantage de kilomètres avec un litre de carburant.

Plusieurs prototypes seront produits, installés sur des voitures et soumis à des tests de conduite. Le nombre moyen de kilomètres effectués avec un litre de carburant par cet échantillon de voitures sera calculé et utilisé dans un test d'hypothèses pour déterminer si on peut conclure que le nouveau moteur permet d'effectuer plus de 24 kilomètres avec un litre de carburant. En termes de nombre moyen de kilomètres parcourus avec un litre de carburant pour la population μ, l'hypothèse de recherche $\mu > 24$ devient l'hypothèse alternative. Puisque le moteur actuel fournit une moyenne de 24 kilomètres par litre, nous faisons l'hypothèse conservatrice que le nouveau moteur n'est pas meilleur que le moteur actuel et choisissons $\mu \leq 24$ comme hypothèse nulle. Les hypothèses nulle et alternative sont :

$$H_0 : \mu \leq 24$$
$$H_a : \mu > 24$$

Si les résultats de l'échantillon indiquent qu'on peut rejeter H_0, les chercheurs peuvent alors affirmer que $H_a : \mu > 24$ est vraie. Avec cette conclusion, les chercheurs peuvent affirmer que, d'un point de vue statistique, le nouveau moteur augmente le nombre moyen de kilomètres effectués avec un litre de carburant. La fabrication du nouveau moteur pourra alors débuter. Par contre, si les résultats de l'échantillon indiquent qu'on ne peut pas rejeter H_0, les chercheurs ne pourront pas conclure que le nouveau moteur est meilleur que le précédent. La fabrication de voitures avec le nouveau moteur ne pourra pas être justifiée par un meilleur kilométrage. Peut-être alors que d'autres recherches et d'autres tests seront effectués.

On peut conclure que l'hypothèse de recherche est vraie si les données de l'échantillon permettent de rejeter l'hypothèse nulle.

Les entreprises restent compétitives en développant de nouveaux produits, de nouvelles méthodes, de nouveaux systèmes qui sont meilleurs que ceux ou celles actuellement disponibles. Avant d'adopter quelque chose de nouveau, il est préférable de faire des recherches pour déterminer si la conclusion selon laquelle la nouvelle approche est réellement meilleure, est validée statistiquement. Dans de tels cas, l'hypothèse de recherche constitue l'hypothèse alternative. Par exemple, une nouvelle méthode d'enseignement est développée ; elle est supposée être meilleure que la méthode actuelle. L'hypothèse alternative est que la nouvelle méthode est meilleure. L'hypothèse nulle est que la nouvelle méthode n'est pas meilleurs que l'ancienne. Un nouveau plan de bonification des forces de vente est développé dans le but d'augmenter les ventes. L'hypothèse alternative est que le nouveau plan de bonification augmente les ventes. L'hypothèse nulle est que le nouveau plan de bonification n'augmente pas les ventes. Un nouveau médicament est développé dans le but de réduire davantage la pression artérielle que les médicaments existants. L'hypothèse alternative est que le nouveau médicament réduit davantage la pression artérielle que les médicaments existants. L'hypothèse nulle est que le nouveau médicament ne réduit pas plus la pression artérielle que les médicaments existants. Dans chaque cas, le rejet de l'hypothèse nulle H_0 fournit un soutien statistique à l'hypothèse de recherche. Nous verrons de nombreux exemples de test d'hypothèses dans des situations de recherche telles que celles-ci à travers ce chapitre et le reste de l'ouvrage.

9.1.2 L'hypothèse nulle en tant qu'hypothèse à challenger

Bien sûr tous les tests d'hypothèses n'impliquent pas des hypothèses de recherche. Dans la discussion qui suit, nous considérons des applications de test d'hypothèses dans lesquelles nous partons de la croyance qu'une assertion concernant la valeur d'un paramètre de la population est vraie. Nous utilisons ensuite un test d'hypothèses pour challenger cette hypothèse et déterminer s'il y a des preuves statistiques permettant de conclure que cette hypothèse est incorrecte. Dans ces situations, il est utile de développer en premier lieu l'hypothèse nulle. L'hypothèse nulle H_0 exprime la croyance ou l'hypothèse relative à la valeur du paramètre de la population. L'hypothèse alternative H_a exprime le fait que la croyance ou l'hypothèse est incorrecte.

À titre illustratif, considérons l'exemple d'un producteur de boissons non alcoolisées. L'étiquette sur une bouteille annonce qu'elle contient 67,6 onces. Nous considérons que l'étiquetage est correct à condition que le poids moyen de remplissage de la population des bouteilles est d'au moins 67,6 onces. Sans raison de croire le contraire, nous laissons le bénéfice du doute au fabricant et supposons que l'affirmation écrite sur l'étiquette est correcte. Ainsi, dans un test d'hypothèses relatif au poids moyen de la population des bouteilles, nous partons de l'hypothèse que l'étiquetage est correct et définissons l'hypothèse nulle comme $\mu \geq 67{,}6$. Remettre en cause cette hypothèse impliquerait que l'étiquetage est incorrect et que les bouteilles sont sous-remplies. Cette remise en cause se traduit par l'hypothèse alternative $\mu < 67{,}6$. Ainsi, les hypothèses nulle et alternative sont :

$$H_0 : \mu \geq 67{,}6$$
$$H_a : \mu < 67{,}6$$

Une agence gouvernementale responsable du contrôle des étiquetages des produits manufacturés pourrait sélectionner un échantillon de bouteilles de boisson non-alcoolisée, calculer le poids moyen de remplissage de l'échantillon et utiliser les résultats d'échantillon pour tester les hypothèses précédentes. Si les données de l'échantillon conduisent à conclure au rejet de H_0, on peut alors en déduire que H_a : $\mu < 67{,}6$ est vraie. Avec cette preuve statistique, l'agence peut de façon justifiée conclure que l'étiquetage est incorrect et que les bouteilles sont sous-remplies. Des actions forçant le producteur à respecter les quantités indiquées sur l'étiquette pourraient être prises. Cependant, si les résultats d'échantillon indique que H_0 ne peut pas être rejetée, l'hypothèse selon laquelle l'étiquetage du fabricant est correcte ne peut pas être rejetée. Avec cette conclusion, aucune mesure ne peut être prise.

On accorde généralement le bénéfice du doute au producteur et son assertion correspond à l'hypothèse nulle. On peut conclure que l'assertion est fausse si les données de l'échantillon permettent de rejeter l'hypothèse nulle.

Considérons maintenant une variante de l'exemple des bouteilles de boisson non-alcoolisée en considérant le point de vue du producteur. L'opération de remplissage des bouteilles a été conçue pour remplir les bouteilles avec 67,6 onces de boisson, comme indiqué sur l'étiquette. La société ne souhaite pas sous-remplir les bouteilles car cela entraînerait des plaintes des consommateurs et peut-être de l'agence gouvernementale. Cependant, la société ne souhaite pas non plus sur-remplir les bouteilles car mettre plus de boisson dans la bouteille que nécessaire générerait un surcoût inutile. L'objectif de la société est d'ajuster l'opération de remplissage des bouteilles de façon à ce que le poids moyen de remplissage de la population des bouteilles soit égal à 67,6 onces, comme indiqué sur l'étiquette.

Bien que ce soit l'objectif de la société, de temps en temps, le processus de production peut être hors de contrôle. Dans ce cas, les bouteilles peuvent être sous- ou sur-remplies. Dans chacun de ces cas, la société souhaite être mise au courant afin de corriger le problème et de réajuster le processus de remplissage pour que les bouteilles contiennent exactement 67,6 onces de boisson. Dans un test d'hypothèses, nous partons de nouveau de l'hypothèse que le processus de production est sous contrôle et définissons l'hypothèse nulle comme $\mu = 67{,}6$ onces de boisson. L'hypothèse alternative qui challenge cette hypothèse est que $\mu \neq 67{,}6$, ce qui indique que les bouteilles sont soit sous- soit sur-remplies. Les hypothèses nulle et alternative du test d'hypothèses du producteur sont :

$$H_0 : \mu = 67{,}6$$
$$H_a : \mu \neq 67{,}6$$

Supposez que le producteur de boisson non alcoolisée utilise une procédure de contrôle de la qualité pour sélectionner périodiquement un échantillon de bouteilles de la chaîne de remplissage et calcule le poids moyen de remplissage par bouteille de l'échantillon. Si les résultats de l'échantillon conduisent au rejet de H_0, on conclut que $H_a : \mu \neq 67{,}6$ est vraie. On conclut que les bouteilles ne sont pas remplies correctement et que le processus de production doit être ajusté pour retrouver une moyenne de 67,6 onces de boisson dans la population des bouteilles. Cependant, si les résultats de l'échantillon indiquent que H_0 ne peut pas être rejetée, l'hypothèse selon laquelle le processus de remplissage des bouteilles du producteur fonctionne correctement, ne peut pas être rejetée. Dans ce cas, aucune action supplémentaire ne sera prise et le processus de production se poursuivra.

Les deux précédentes formes de tests d'hypothèses relatifs à la production de boisson non alcoolisée montrent que les hypothèses nulle et alternative peuvent varier selon le point de vue du chercheur ou du responsable. Pour correctement formuler les hypothèses, il est important de comprendre le contexte et de structurer les hypothèses de façon à fournir l'information que le chercheur ou le responsable souhaite obtenir.

9.1.3 Résumé des formes des hypothèses nulle et alternative

Les tests d'hypothèses étudiés dans ce chapitre concernent deux paramètres d'une population : la moyenne et la proportion. Selon la situation, les tests d'hypothèses relatifs à un paramètre de la population peuvent prendre l'une des trois formes suivantes : l'hypothèse nulle repose sur une inégalité dans deux cas, sur une égalité dans le troisième cas. Pour des tests d'hypothèses relatifs à la moyenne d'une population, notons μ_0 la valeur hypothétique. Les trois formes du test d'hypothèses sont les suivantes.

$$H_0 : \mu \geq \mu_0 \qquad H_0 : \mu \leq \mu_0 \qquad H_0 : \mu = \mu_0$$
$$H_a : \mu < \mu_0 \qquad H_a : \mu > \mu_0 \qquad H_a : \mu \neq \mu_0$$

> Les trois formes possibles des hypothèses H_0 et H_a sont présentées ci-dessus. Notez que l'égalité apparaît toujours dans l'hypothèse nulle H_0.

Pour des raisons que nous expliciterons plus tard, les deux premières formes sont appelées tests unilatéraux. La troisième forme correspond à un test bilatéral.

Dans de nombreuses situations, le choix de H_0 et H_a n'est pas évident et un peu de bon sens est nécessaire pour choisir la forme appropriée. Cependant, comme le montre les formes précédentes, l'égalité dans les diverses expressions (≥, ≤ ou =) apparaît *toujours* dans l'hypothèse nulle. En choisissant la forme appropriée de H_0 et H_a, gardez en mémoire que l'hypothèse alternative correspond à ce que l'on veut prouver. Par conséquent, se demander si l'utilisateur cherche des preuves pour justifier $\mu < \mu_0$, $\mu > \mu_0$ ou $\mu \neq \mu_0$ permet de déterminer H_a. Les exercices suivants sont conçus pour vous entraîner à choisir la forme correcte du test d'hypothèses impliquant la moyenne d'une population.

EXERCICES

1. Le responsable de l'hôtel Denvers-Hilton Resort a déclaré que le montant moyen dépensé par les clients pendant un week-end était inférieur ou égal à 600 dollars. Un membre du personnel comptable de l'hôtel a noté que les frais totaux engendrés par l'accueil des clients au cours d'un week-end avaient augmenté au cours des derniers mois. Le comptable utilise un échantillon des factures payées par les clients du week-end pour tester l'affirmation du responsable.

a) Quel type d'hypothèses doit-on utiliser pour tester l'affirmation du responsable ? Expliquer.

$$H_0 : \mu \geq 600 \qquad H_0 : \mu \leq 600 \qquad H_0 : \mu = 600$$
$$H_a : \mu < 600 \qquad H_a : \mu > 600 \qquad H_a : \mu \neq 600$$

b) Quelle conclusion s'impose lorsqu'on ne peut pas rejeter H_0 ?

c) Quelle conclusion s'impose lorsqu'on peut rejeter H_0 ?

2. Le responsable d'une concession automobile étudie un nouveau système de bonus destiné à accroître le volume des ventes. Actuellement, le volume moyen des ventes est de 14 véhicules par mois. Le responsable veut mener une étude pour voir si le nouveau système de bonus accroît les ventes. Pour collecter des données sur les ventes avec le nouveau système de bonus, un échantillon du personnel des ventes a pu vendre des automobiles en appliquant le nouveau système de bonus pendant un mois.

a) Déterminer les hypothèses nulle et alternative les plus appropriées pour cette recherche.

b) Commenter le résultat obtenu lorsqu'on ne peut pas rejeter H_0.

c) Commenter le résultat obtenu lorsqu'on peut rejeter H_0.

3. Une chaîne de production est conçue pour remplir chaque baril de lessive avec 3 kg de poudre. Un échantillon de barils est périodiquement sélectionné et pesé pour déterminer s'il y a sur – ou sous-remplissage. Si les données de l'échantillon conduisent à la conclusion d'un sur – ou d'un sous-remplissage, la chaîne de production sera fermée et ajustée pour obtenir la bonne quantité de remplissage.
   a) Formuler les hypothèses nulle et alternative qui permettront de décider de fermer ou non la chaîne de production.
   b) Commenter le résultat et la décision lorsqu'on ne peut pas rejeter H_0.
   c) Commenter le résultat et la décision lorsqu'on peut rejeter H_0.
4. À cause des coûts importants et du temps nécessaires aux changements de production, un directeur de fabrication doit convaincre les responsables qu'une nouvelle méthode de fabrication réduit les coûts, avant que cette dernière soit mise en place. La méthode de production actuelle génère un coût moyen de 220 dollars par heure. Les coûts de la nouvelle méthode sont mesurés grâce à un échantillon.
   a) Formuler les hypothèses nulle et alternative les plus appropriées pour cette étude.
   b) Commenter le résultat obtenu lorsqu'on ne peut pas rejeter H_0.
   c) Commenter le résultat obtenu lorsqu'on peut rejeter H_0.

9.2 ERREURS DE 1ÈRE ET DE 2NDE ESPÈCE

Les hypothèses nulle et alternative sont des assertions opposées au sujet de la population. Soit l'hypothèse nulle H_0 est vraie, soit l'hypothèse alternative H_a est vraie, mais pas les deux. Idéalement, la procédure de test devrait conduire à l'acceptation de H_0 lorsque H_0 est vraie et au rejet de H_0 lorsque H_a est vraie. Malheureusement, ce résultat idéal n'est pas toujours obtenu. Puisque les tests d'hypothèses sont basés sur les informations d'un échantillon, nous devons admettre la possibilité d'erreurs. Le tableau 9.1 illustre les deux types d'erreurs qui peuvent survenir dans un test d'hypothèses.

La première ligne du tableau 9.1 examine ce qui se passe lorsque le test conduit à accepter H_0. Si H_0 est vraie, cette conclusion est correcte. Par contre, si H_a est vraie, nous avons fait une **erreur de seconde espèce** ; c'est-à-dire, nous avons accepté H_0 alors qu'elle

Tableau 9.1 *Erreurs et conclusions correctes d'un test d'hypothèses*

		Condition sur la population	
		H_0 vraie	H_a vraie
Conclusion	Accepter H_0	Conclusion correcte	Erreur de seconde espèce
	Rejeter H_0	Erreur de première espèce	Conclusion correcte

est fausse. La seconde ligne du tableau 9.1 examine ce qui se passe lorsque le test conduit à rejeter H_0. Si H_0 est vraie, nous avons fait une **erreur de première espèce** ; c'est-à-dire, nous avons rejeté H_0 alors qu'elle est vraie. Toutefois, si H_a est vraie, rejeter H_0 est correct.

Reprenons l'exemple du test d'hypothèses introduit dans la section 9.1, dans lequel un groupe de recherche a conçu un nouveau moteur automobile, dans le but d'accroître le nombre moyen de kilomètres effectués avec un litre de carburant, pour un modèle de voiture particulier. Puisque 24 kilomètres peuvent être effectués en moyenne avec un litre de carburant et le moteur actuel, le test d'hypothèses a été formulé de la façon suivante :

$$H_0 : \mu \leq 24$$
$$H_a : \mu > 24$$

L'hypothèse alternative, $H_a : \mu > 24$, indique que les chercheurs souhaitent obtenir des preuves, dans l'échantillon, qui confirmeraient l'hypothèse selon laquelle le nombre moyen de kilomètres effectués avec un litre de carburant est supérieur à 24, avec le nouveau moteur.

Dans cet exemple, l'erreur de première espèce (rejeter H_0 lorsqu'elle est vraie) correspond au fait que les chercheurs affirment que le nouveau moteur améliore le rapport kilomètres par litre ($\mu > 24$) alors qu'en fait le nouveau moteur n'est pas meilleur que le précédent. Par contre, l'erreur de seconde espèce (accepter H_0 lorsqu'elle est fausse) correspond au fait que les chercheurs concluent que le nouveau moteur n'est pas meilleur que le précédent ($\mu \leq 24$) alors qu'en fait il améliore le rapport kilomètres par litre.

Dans le test d'hypothèses sur le rapport kilomètres par litre de carburant, l'hypothèse nulle est $\mu \leq 24$. Supposez que l'égalité de l'hypothèse nulle soit vraie : $\mu = 24$. La probabilité de faire une erreur de première espèce lorsque l'hypothèse nulle est vraie et satisfaite avec égalité, est appelée **seuil de signification**. Ainsi, pour le test d'hypothèses sur le rapport kilomètres par litre de carburant, le seuil de signification correspond à la probabilité de rejeter $H_0 : \mu \leq 24$ lorsque $\mu = 24$. À cause de l'importance de ce concept, nous réécrivons la définition du seuil de signification.

▶ **Seuil de signification**
Le seuil de signification est la probabilité de faire une erreur de première espèce lorsque l'hypothèse nulle est vraie et satisfaite avec égalité.

Le symbole grec α (alpha) est utilisé pour désigner le seuil de signification. Le seuil de signification du test est habituellement fixé à 0,05 ou 0,01.

En pratique, la personne qui effectue le test d'hypothèses, spécifie le seuil de signification du test. En sélectionnant α, elle contrôle la probabilité de faire une erreur de première espèce. Si le coût de faire une erreur de première espèce est élevé, préférez des petites valeurs de α. Si le coût de faire une erreur de première espèce n'est pas si élevé, des valeurs plus importantes de α sont généralement utilisées. Les tests d'hypothèses qui ne contrôlent que l'erreur de première espèce, sont souvent appelés *tests de signification*. La plupart des tests d'hypothèses sont de ce type.

Bien que la plupart des tests d'hypothèses contrôlent la probabilité de commettre une erreur de première espèce, la probabilité de commettre une erreur de seconde espèce n'est pas contrôlée. Par conséquent, si nous décidons d'accepter H_0, nous ne pouvons pas déterminer le degré de confiance que nous pouvons avoir dans cette décision. À cause de l'incertitude liée à l'erreur de seconde espèce dans les tests de signification, les statisticiens recommandent souvent d'utiliser l'expression « ne pas rejeter H_0 » à la place de « accepter H_0 ». Utiliser l'expression « ne pas rejeter H_0 » permet de différer tout jugement et toute action. En effet, en n'acceptant jamais directement H_0, le statisticien évite le risque de commettre une erreur de seconde espèce. Lorsque la probabilité de commettre une erreur de seconde espèce n'est pas déterminée, nous ne conclurons pas à l'acceptation de H_0. Dans ce cas, seules deux conclusions sont possibles : *ne pas rejeter* H_0 ou *rejeter* H_0.

Si les données de l'échantillon confirment l'hypothèse nulle H_0, nous conclurons « ne pas rejeter H_0 ». Cette conclusion est préférable à la conclusion « accepter H_0 » car conclure à l'acceptation de H_0 risque de nous faire commettre une erreur de seconde espère.

Bien que contrôler l'erreur de seconde espèce dans des tests d'hypothèses ne soit pas une pratique courante, cela peut être fait. Des ouvrages plus avancés décrivent des procédures pour déterminer et contrôler la probabilité de faire une erreur de seconde espèce[1]. Si cette erreur est contrôlée, des actions basées sur la conclusion « accepter H_0 » peuvent être entreprises.

REMARQUES

Walter Williams, éditorialiste syndiqué et professeur d'économie à l'université George Mason, a souligné qu'il était toujours possible de faire une erreur de première ou de seconde espèce lors de la prise de décision (*The Cincinnati Enquirer,* 14 août 2005). Il note que l'agence de sécurité des aliments et des médicaments court le risque de faire ces erreurs dans le processus d'approbation des nouveaux médicaments. L'agence court le risque d'approuver un nouveau médicament qui n'est pas sûr et efficace ou de ne pas approuver un médicament qui est sûr et efficace. Quelle que soit la décision prise, la possibilité de faire une erreur coûteuse ne peut être éliminée.

EXERCICES

5. Nielsen a rapporté que les jeunes gens aux États-Unis regardent 56,2 minutes de programmes télévisés en prime-time chaque jour (*The Wall Street Journal Europe*, 18 novembre 2003). Un chercheur pense que les jeunes gens en Allemagne passent plus de temps devant les programmes diffusés en prime-time. Un échantillon de jeunes gens allemands a été sélectionné et le temps qu'ils passent chaque jour à regarder la télévision a été enregistré. Cet échantillon sera utilisé pour tester les hypothèses nulle et alternative suivantes.

$$H_0 : \mu \leq 56,2$$
$$H_a : \mu > 56,2$$

[1] Voir, par exemple, D.R. Anderson, D.J. Sweeney et T.A. Williams, *Statistics for Business and Economics*, 11ème édition (Cincinnati ; South-Western/Cengage Learning, 2011).

a) Quelle est l'erreur de première espèce dans cette situation ? Quelles sont les conséquences d'une telle erreur ?

b) Quelle est l'erreur de seconde espèce dans cette situation ? Quelles sont les conséquences d'une telle erreur ?

6. L'étiquette d'une bouteille de 75 cl de jus d'orange indique que le jus d'orange contient, en moyenne, au plus un gramme de matière grasse. Répondre aux questions suivantes pour développer un test d'hypothèses, dans le but de vérifier les informations indiquées sur l'étiquette.

a) Formuler les hypothèses nulle et alternative appropriées.

b) Quelle est l'erreur de première espèce dans cette situation ? Quelles sont les conséquences d'une telle erreur ?

c) Quelle est l'erreur de seconde espèce dans cette situation ? Quelles sont les conséquences d'une telle erreur ?

7. Les vendeurs de Carpetland font, en moyenne, 8 000 dollars de recette, par semaine. Steve Contois, le vice-président de la société, a proposé un plan de compensation incluant de nouvelles incitations à la vente. Steve espère que les résultats obtenus au cours d'une période d'essai lui permettront de conclure que le plan de compensation accroît la moyenne des ventes par vendeur.

a) Formuler les hypothèses nulle et alternative appropriées.

b) Quelle est l'erreur de première espèce dans cette situation ? Quelles sont les conséquences d'une telle erreur ?

c) Quelle est l'erreur de seconde espèce dans cette situation ? Quelles sont les conséquences d'une telle erreur ?

8. Supposez qu'une nouvelle méthode de production sera utilisée si un test d'hypothèses permet de conclure que la nouvelle méthode réduit le coût de production horaire moyen.

a) Établir les hypothèses nulle et alternative si le coût moyen de la méthode de production actuelle est de 220 dollars par heure.

b) Quelle est l'erreur de première espèce dans cette situation ? Quelles sont les conséquences d'une telle erreur ?

c) Quelle est l'erreur de seconde espèce dans cette situation ? Quelles sont les conséquences d'une telle erreur ?

9.3 MOYENNE D'UNE POPULATION : σ CONNU

Dans le chapitre 8, nous avons associé le cas σ connu aux applications pour lesquelles des données historiques ou d'autres informations disponibles permettent d'obtenir une bonne estimation de l'écart type de la population avant échantillonnage. Dans de tels cas, l'écart type de la population peut, pour des raisons pratiques, être considéré comme connu. Dans cette section, nous montrons comment effectuer un test d'hypothèses relatif à la moyenne d'une population dans le cas où σ est connu.

Les méthodes présentées dans cette section sont exactes si l'échantillon est issu d'une population normalement distribuée. Lorsqu'il n'est pas raisonnable de supposer la population normalement distribuée, ces méthodes restent applicables si la taille de l'échantillon est suffisamment grande. Nous fournissons quelques conseils pratiques concernant la distribution de la population et la taille de l'échantillon à la fin de cette section.

9.3.1 Tests unilatéraux

Les tests unilatéraux relatifs à la moyenne d'une population peuvent prendre l'une des deux formes suivantes.

Test unilatéral inférieur	**Test unilatéral supérieur**
$H_0 : \mu \geq \mu_0$	$H_0 : \mu \leq \mu_0$
$H_a : \mu < \mu_0$	$H_a : \mu > \mu_0$

Considérons un exemple impliquant un test unilatéral inférieur.

La Commission Fédérale du Commerce réalise périodiquement des études, dans le but de tester les déclarations des fabricants à propos de leurs produits. Par exemple, l'étiquette sur une grande boîte de café Hilltop indique que la boîte contient trois livres de café. La Commission Fédérale du Commerce sait que le processus de production de Hilltop ne peut remplir chaque boîte avec exactement trois livres de café, même si le poids de remplissage moyen pour la population de toutes les boîtes de café est de trois livres par boîte. Cependant, tant que le poids moyen de remplissage des boîtes est d'au moins trois livres, les droits des consommateurs sont respectés. Aussi, la Commission Fédérale du Commerce interprète les informations d'étiquetage sur une boîte de café comme l'affirmation que le poids moyen de remplissage de la population des boîtes de café Hilltop est de trois livres minimum. Nous montrerons comment la Commission Fédérale du Commerce peut vérifier l'affirmation de Hilltop en effectuant un test d'hypothèses unilatéral inférieur.

La première étape consiste à définir les hypothèses nulle et alternative. Si la population des boîtes de café pèse, en moyenne, au moins trois livres, la déclaration de Hilltop est correcte. Ce résultat établit l'hypothèse nulle du test. Par contre, si la population des boîtes de café pèse, en moyenne, moins de trois livres, la déclaration de Hilltop est inexacte. Ce résultat établit l'hypothèse alternative. Avec μ le poids moyen de remplissage de la population des boîtes, les hypothèses nulle et alternative sont :

$$H_0 : \mu \geq 3$$
$$H_a : \mu < 3$$

Notez que la valeur hypothétique de la moyenne de la population est $\mu_0 = 3$.

Si les données de l'échantillon ne permettent pas de rejeter H_0, les preuves statistiques infirment la conclusion selon laquelle l'étiquetage serait incorrect. Par conséquent, aucune charge ne peut être retenue à l'encontre de Hilltop. Par contre, si les données de l'échantillon permettent de rejeter H_0, nous conclurons que l'hypothèse alternative, $H_a : \mu < 3$, est vraie. Dans ce cas, il est approprié de conclure au sous-remplissage des boîtes et de poursuivre la société Hilltop pour étiquetage incorrect.

Supposez qu'un échantillon aléatoire de 36 boîtes de café soit sélectionné. La moyenne d'échantillon $\bar{x}$ permet d'estimer la moyenne de la population μ. Si la valeur de la moyenne d'échantillon est inférieure à trois livres, les résultats de l'échantillon permettront de douter de la véracité de l'hypothèse nulle. Ce que nous aimerions connaître, c'est l'écart minimum entre la moyenne d'échantillon $\bar{x}$ et la moyenne de la population, supposée égale à trois livres, considéré comme significatif et pour lequel nous sommes prêts à commettre une erreur de première espèce, en accusant faussement Hilltop de falsifier les étiquettes. Un facteur clé pour répondre à cette question est le seuil de signification défini par le décideur.

Comme noté dans la section précédente, le seuil de signification, noté α, est la probabilité de commettre une erreur de première espèce en rejetant H_0 alors que l'hypothèse nulle est vraie et satisfaite avec égalité. Le décideur doit spécifier le seuil de signification. Si le coût de commettre une erreur de première espèce est élevé, le seuil de signification doit être fixé à une faible valeur. Si le coût n'est pas trop important, un seuil de signification plus élevé peut être approprié. Dans l'étude du café Hilltop, le directeur du programme de test de la Commission Fédérale du Commerce a déclaré : « Si la société respecte ses engagements en termes de poids ($\mu = 3$), je n'intenterais aucune action contre elle. Toutefois, je suis prêt à prendre le risque de commettre une telle erreur avec une probabilité de 1 % ». Aussi, le seuil de signification de ce test est fixé à $\alpha = 0,01$. Le test d'hypothèses doit donc être mené en fixant la probabilité de commettre une erreur de première espèce lorsque $\mu = 3$, à 0,01.

Pour l'étude des cafés Hilltop, en développant les hypothèses nulle et alternative et en spécifiant le seuil de signification du test, nous avons franchi les deux étapes nécessaires à la conduite de tout test d'hypothèses. Nous sommes maintenant prêts à franchir la troisième étape d'un test d'hypothèses : collecter les données d'échantillon et calculer la valeur de ce qui est appelé la statistique de test.

Statistique de test – Pour l'étude des cafés Hilltop, des tests antérieurs de la Commission Fédérale du Commerce permettent de considérer l'écart type de la population connu, égal à $\sigma = 0,18$. De plus, ces tests ont également montré que la population des poids de remplissage pouvait être supposée normalement distribuée. D'après l'étude des distributions d'échantillonnage du chapitre 7, nous savons que si la population d'où est issu l'échantillon, est normalement distribuée, alors la distribution d'échantillonnage de $\bar{x}$ sera également normale. Ainsi, pour l'étude des cafés Hilltop, la distribution d'échantillonnage de $\bar{x}$ est normale. Avec une population caractérisée par un écart type égal à 0,18 et un échantillon de taille égale à 36, la figure 9.1 présente la distribution d'échantillonnage de $\bar{x}$ lorsque l'hypothèse nulle est vraie et satisfaite avec égalité, c'est-à-dire lorsque $\mu = \mu_0 = 3$.[2] Notez que l'erreur type de $\bar{x}$ est égale à $\sigma_{\bar{x}} = \sigma/\sqrt{n} = 0,18/\sqrt{36} = 0,03$.

L'erreur type de $\bar{x}$ correspond à l'écart type de la distribution d'échantillonnage de $\bar{x}$.

Puisque la distribution d'échantillonnage de $\bar{x}$ est normale, la distribution d'échantillonnage de

$$z = \frac{\bar{x} - \mu_0}{\sigma_{\bar{x}}} = \frac{\bar{x} - 3}{0,03}$$

[2] Pour construire les distributions d'échantillonnage dans le cadre de tests d'hypothèses, H_0 est supposée satisfaite avec égalité.

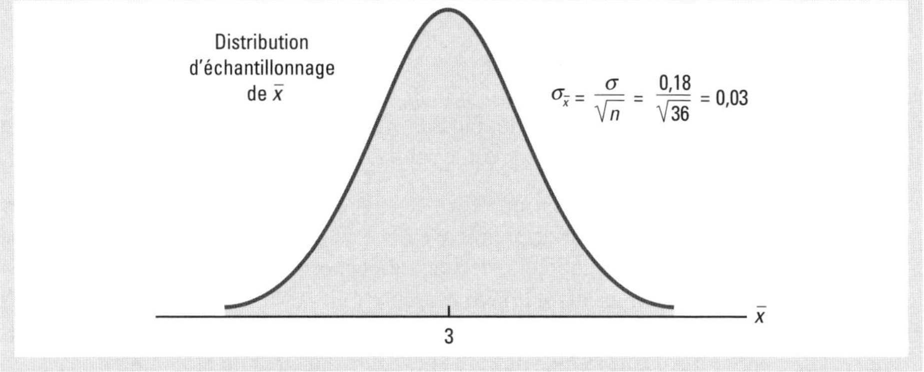

Figure 9.1 ***Distribution d'échantillonnage de $\bar{x}$ associée à l'étude de la société Hilltop lorsque l'hypothèse nulle est vraie et satisfaite avec égalité ($\mu = \mu_0 = 3$)***

suit une loi normale centrée réduite. Une valeur de z égale à -1 signifie que $\bar{x}$ se situe à un écart type en dessous de la valeur hypothétique de la moyenne $\mu = 3$, une valeur de z égale à -2 signifie que $\bar{x}$ se situe à deux écarts type en dessous de la valeur hypothétique de la moyenne, et ainsi de suite. Nous pouvons utiliser la distribution normale centrée réduite pour calculer l'aire dans la queue inférieure de la distribution pour n'importe quelle valeur z. Par exemple, l'aire dans la queue inférieure en $z = -3$ est égale à 0,0013. Ainsi, la probabilité d'obtenir une valeur de z qui se situe au moins à trois écarts type en dessous de la moyenne est égale à 0,0013. En conséquence, la probabilité d'obtenir une valeur de $\bar{x}$ qui se situe à au moins trois écarts type en dessous de la moyenne hypothétique de la population $\mu_0 = 3$ est aussi égale à 0,013. Un tel résultat est donc improbable si l'hypothèse nulle est vraie.

Pour effectuer des tests d'hypothèses relatifs à la moyenne d'une population dans le cas σ connu, nous utilisons la variable aléatoire normale centrée réduite z comme **statistique de test** pour déterminer si $\bar{x}$ s'écarte suffisamment de la valeur hypothétique de μ pour entraîner le rejet de l'hypothèse nulle. Avec $\sigma_{\bar{x}} = \sigma/\sqrt{n}$, la statistique de test utilisée dans le cas σ connu correspond à :

▶ Statistique de test pour des tests d'hypothèses relatifs à la moyenne d'une population : σ connu

$$z = \frac{\bar{x} - \mu_0}{\sigma/\sqrt{n}} \tag{9.1}$$

La question clé pour un test unilatéral inférieur est : Quelle est la valeur minimale de la statistique de test z permettant de rejeter l'hypothèse nulle ? Deux approches peuvent être considérées pour répondre à cette question : l'approche par les valeurs p et l'approche par la valeur critique.

Approche par les valeurs *p* – La première approche est basée sur l'utilisation de la statistique de test z pour calculer une probabilité appelée **valeur *p***.

> Une petite valeur *p* indique que la valeur de la statistique de test est inhabituelle étant donnée l'hypothèse selon laquelle H_0 est vraie.

► **Valeur *p***
La valeur *p* est une probabilité qui fournit une mesure des preuves fournies par l'échantillon contre l'hypothèse nulle. Des valeurs *p* plus petites indiquent plus de preuves contre H_0.

La valeur *p* est utilisée pour déterminer si l'hypothèse nulle doit être rejetée.

Voyons comment calculer et utiliser la valeur *p*. La valeur de la statistique de test est utilisée pour calculer la valeur *p*. La méthode de calcul de la valeur *p* dépend de la forme du test : test unilatéral inférieur, test unilatéral supérieur ou test bilatéral. Dans un test unilatéral inférieur, la valeur *p* correspond à la probabilité d'obtenir une valeur de la statistique de test aussi petite ou plus petite que celle fournie par l'échantillon. Ainsi, pour calculer la valeur *p* dans le cadre d'un test unilatéral inférieur, lorsque σ est connu, nous devons trouver l'aire sous la courbe normale centrée réduite à gauche de la statistique de test. Après avoir calculé la valeur *p*, nous devons décider si elle est suffisamment faible pour entraîner le rejet de l'hypothèse nulle. Comme nous le verrons, cette décision nécessite de comparer la valeur *p* au seuil de signification.

Illustrons maintenant l'approche par les valeurs *p* en calculant cette valeur dans le cadre du test unilatéral inférieur de l'exemple des cafés Hilltop (cf. fichier en ligne Café). Supposez qu'un échantillon de 36 boîtes de café Hilltop fournisse une moyenne d'échantillon $\bar{x} = 2{,}92$ livres. Cette moyenne est-elle suffisamment petite pour rejeter H_0 ? Puisqu'il s'agit d'un test unilatéral inférieur, la valeur *p* correspond à l'aire sous la courbe normale centrée réduite à gauche de la statistique de test. En utilisant $\bar{x} = 2{,}92$, $\sigma = 0{,}18$ et $n = 36$, nous calculons la valeur de la statistique de test *z*.

Café

$$z = \frac{\bar{x} - \mu_0}{\sigma/\sqrt{n}} = \frac{2{,}92 - 3}{0{,}18/\sqrt{36}} = -2{,}67$$

Ainsi, la valeur *p* correspond à la probabilité que la statistique de test *z* soit inférieure ou égale à –2,67 (l'aire sous la courbe normale centrée réduite à gauche de la statistique de test).

D'après la table des probabilités normales centrées réduites, l'aire dans la queue inférieure à gauche de $z = -2{,}67$ est égale à 0,0038. La figure 9.2 illustre le fait qu'à la moyenne d'échantillon $\bar{x} = 2{,}92$ sont associées la statistique d'échantillon $z = -2{,}67$ et la valeur *p* égale à 0,0038. La valeur *p* indique une faible probabilité d'obtenir une moyenne d'échantillon inférieure ou égale à 2,92 (et une statistique de test inférieure ou égale à –2,67), lorsque l'échantillon est issu d'une population de moyenne $\mu = 3$. La valeur *p* ne fournit pas beaucoup de soutien à l'hypothèse nulle mais est-elle suffisamment petite pour rejeter H_0 ? La réponse à cette question dépend du seuil de signification du test.

Comme noté précédemment, le directeur du programme de test de la Commission Fédérale du Commerce a fixé le seuil de signification à 0,01. Ce choix de $\alpha = 0{,}01$ signifie que le directeur est prêt à accepter une probabilité de 0,01 de rejeter l'hypothèse nulle alors qu'elle est vraie et satisfaite avec égalité ($\mu_0 = 3$). L'échantillon de 36 boîtes de café

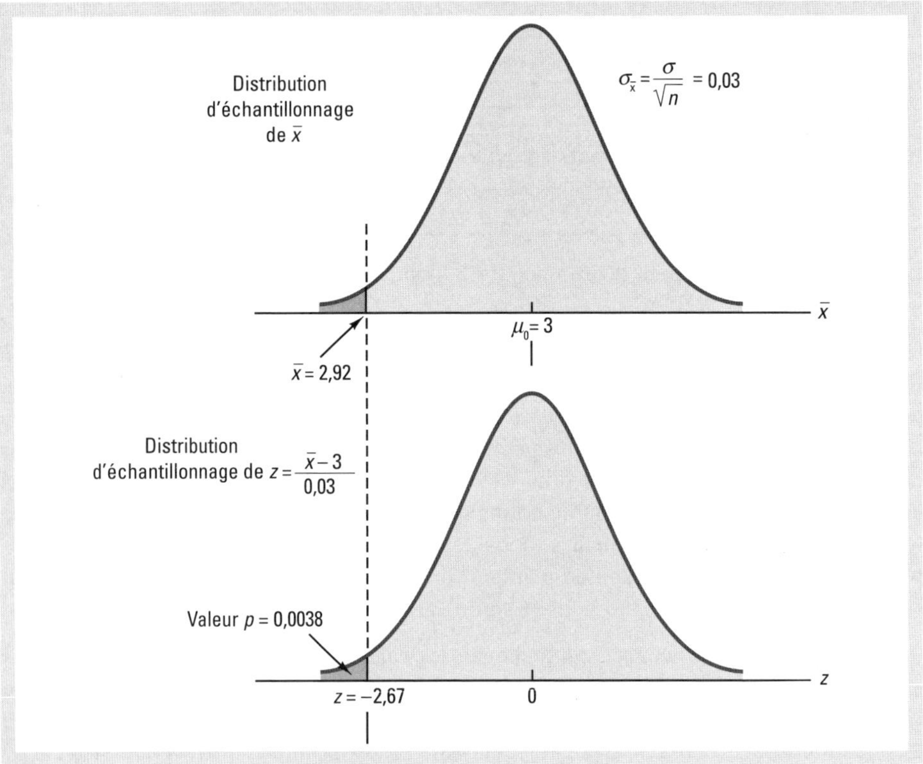

Figure 9.2 ***Valeur p associée à l'étude de la société Hilltop lorsque $\bar{x} = 2{,}92$ et $z = -2{,}67$***

Hilltop a fourni une valeur p égale à 0,0038, ce qui signifie que la probabilité d'obtenir une moyenne d'échantillon inférieure ou égale à 2,92 lorsque l'hypothèse nulle est vraie (avec égalité) est égale à 0,0038. Puisque 0,0038 est inférieur à $\alpha = 0{,}01$, nous rejetons H_0. En d'autres termes, nous avons suffisamment de preuves statistiques pour rejeter l'hypothèse nulle au seuil de signification de 0,01.

Nous pouvons maintenant établir la règle générale permettant de déterminer si l'hypothèse nulle peut être rejetée, en utilisant l'approche par les valeurs p. Pour un seuil de signification α, la règle de rejet en utilisant l'approche par les valeurs p est :

► **Règle de rejet en utilisant l'approche par les valeurs *p***

Rejet de H_0 si la valeur $p \leq \alpha$

Dans l'étude des cafés Hilltop, la valeur p égale à 0,0038 a entraîné le rejet de l'hypothèse nulle. Bien que la décision de rejet résulte de la comparaison entre la valeur p et le seuil de signification spécifié par le directeur de la Commission Fédérale du Commerce, la valeur p observée, égale à 0,0038, implique que nous rejetons H_0 pour toute valeur $\alpha \geq 0{,}0038$. Pour cette raison, la valeur p est également appelée *seuil de signification observé*.

Différents décideurs peuvent avoir des opinions différentes concernant le coût de commettre une erreur de première espèce et peuvent choisir un seuil de signification différent. En comparant la valeur p à son propre seuil de signification, un autre décideur peut prendre une décision différente concernant le rejet ou l'acceptation de l'hypothèse nulle.

Approche par la valeur critique – L'approche par la valeur critique nécessite de déterminer préalablement une valeur de la statistique de test appelée **valeur critique**. Pour un test unilatéral inférieur, la valeur critique sert de référence pour déterminer si la valeur de la statistique de test est suffisamment petite pour rejeter l'hypothèse nulle. Il s'agit de la valeur de la statistique de test qui correspond à une aire α (le seuil de signification) dans la queue inférieure de la distribution d'échantillonnage de la statistique de test. En d'autres termes, la valeur critique est la plus grande valeur de la statistique de test qui entraîne le rejet de l'hypothèse nulle. Revenons à l'exemple des cafés Hilltop et voyons comment fonctionne cette approche.

Dans le cas σ connu, la distribution d'échantillonnage de la statistique de test z suit une loi normale centrée réduite. Ainsi, la valeur critique est égale à la valeur de la statistique de test qui correspond à une aire de 0,01 dans la queue inférieure de la distribution normale centrée réduite. D'après la table de la distribution normale centrée réduite, $z = -2{,}33$ fournit une aire de 0,01 dans la queue inférieure de la distribution (cf. figure 9.3). Ainsi, si l'échantillon fournit une valeur de la statistique de test inférieure ou égale à $-2{,}33$, la valeur p correspondante sera inférieure ou égale à 0,01 ; dans ce cas, nous rejetons l'hypothèse nulle. D'où, pour l'exemple des cafés Hilltop, la règle de rejet pour un seuil de signification de 0,01 :

$$\text{Rejet de } H_0 \text{ si } z \leq -2{,}33$$

Dans l'exemple des cafés Hilltop, $\bar{x} = 2{,}92$ et la statistique de test $z = -2{,}67$. Puisque $z = -2{,}67 < -2{,}33$, nous pouvons rejeter H_0 et conclure que la société Hilltop sous-remplit ses boîtes de café.

Nous pouvons généraliser la règle de rejet en utilisant l'approche par la valeur critique pour tout seuil de signification. La règle de rejet pour un test unilatéral inférieur est :

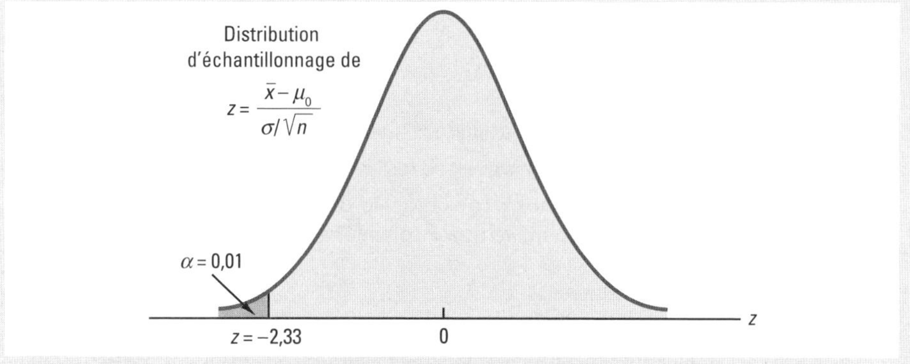

Figure 9.3 *Valeur critique (égale à –2,33) du test d'hypothèses relatif à la société Hilltop*

► **Règle de rejet pour un test unilatéral inférieur : approche par les valeurs critiques**

$$\text{Rejet de } H_0 \text{ si } z \leq -z_\alpha$$

où $-z_\alpha$ est la valeur critique ; c'est-à-dire la valeur z qui fournit une aire α dans la queue inférieure de la distribution normale centrée réduite.

Résumé – Les approches par la valeur p ou par la valeur critique conduiront toujours à la même décision de rejet ; c'est-à-dire, si la valeur p est inférieure ou égale à α, alors la valeur de la statistique de test sera inférieure ou égale à la valeur critique. L'avantage de l'approche par les valeurs p réside dans le fait que la valeur p indique le niveau de significativité des résultats (seuil de signification observé). L'approche par la valeur critique indique si les résultats sont significatifs au seuil de signification fixé.

Au début de cette section, nous avons dit que les tests unilatéraux relatifs à la moyenne d'une population prennent l'une des deux formes suivantes :

Test unilatéral inférieur	**Test unilatéral supérieur**
$H_0 : \mu \geq \mu_0$	$H_0 : \mu \leq \mu_0$
$H_a : \mu < \mu_0$	$H_a : \mu > \mu_0$

Nous avons utilisé l'exemple des cafés Hilltop pour illustrer la réalisation d'un test unilatéral inférieur. Nous pouvons utiliser la même approche générale pour conduire un test unilatéral supérieur. La statistique de test z est encore calculée en utilisant l'équation (9.1). Mais pour un test unilatéral supérieur, la valeur p correspond à la probabilité d'obtenir une valeur de la statistique de test supérieure ou égale à celle fournie par l'échantillon. Ainsi, pour calculer la valeur p dans le cadre d'un test unilatéral supérieur, avec σ connu, nous devons trouver l'aire sous la courbe normale centrée réduite à droite de la statistique de test. En utilisant l'approche par les valeurs critiques, on rejette l'hypothèse nulle si la valeur de la statistique de test est supérieure ou égale à la valeur critique z_α ; en d'autres termes, on rejette H_0 si $z \geq z_\alpha$.

Résumons les étapes de calcul des valeurs p dans des tests d'hypothèses unilatéraux.

► **Calcul des valeurs *p* pour des tests unilatéraux**

1. Calculer la valeur de la statistique de test z en utilisant l'équation (9.1).
2. **Test unilatéral inférieur** : En utilisant la distribution normale centrée réduite, calculer la probabilité que z soit inférieur ou égal à la valeur de la statistique de test (calculer l'aire sous la courbe normale centrée réduite à gauche de la statistique de test).
3. **Test unilatéral supérieur** : En utilisant la distribution normale centrée réduite, calculer la probabilité que z soit supérieur ou égal à la valeur de la statistique de test (calculer l'aire sous la courbe normale centrée réduite à droite de la statistique de test).

9.3.2 Test bilatéral

La forme générale d'un **test bilatéral** relatif à la moyenne d'une population est :

$$H_0 : \mu = \mu_0$$
$$H_a : \mu \neq \mu_0$$

Dans cette sous-section, nous montrons comment effectuer un test bilatéral relatif à la moyenne d'une population dans le cas où σ est connu. À titre illustratif, nous considérons la situation à laquelle fait face la société MaxFlight.

La fédération de golf des États-Unis (USGA) a établi des règles que les fabricants d'équipement de golf doivent respecter s'ils veulent que leurs produits soient utilisés lors des évènements de l'USGA. La société MaxFlight utilise un processus de fabrication d'une haute technicité qui permet de produire des balles de golf couvrant une distance moyenne de 295 yards. Parfois, cependant, le processus de production se dérègle et produit des balles qui couvrent une distance moyenne différente de 295 yards. Lorsque la distance moyenne est inférieure à 295 yards, les ventes de la société diminuent, dans la mesure où les balles de golf ne permettent pas de réaliser la performance affichée. Lorsque la distance moyenne excède 295 yards, les balles de golf MaxFlight pourraient ne pas être acceptées par l'USGA.

Le programme de contrôle de la qualité de MaxFlight prévoit la sélection périodique d'échantillons de 50 balles de golf afin de contrôler le processus de production. Pour chaque échantillon, un test d'hypothèses est effectué pour déterminer si le processus est déréglé. Posons les hypothèses nulle et alternative. Nous commençons par supposer que le processus fonctionne correctement ; c'est-à-dire, que les balles de golf produites couvrent une distance moyenne de 295 yards. Cette hypothèse constitue l'hypothèse nulle. L'hypothèse alternative stipule que la distance moyenne n'est pas égale à 295 yards. Avec une valeur hypothétique $\mu_0 = 295$, les hypothèses nulle et alternative dans le cadre du problème de test de la société MaxFlight s'écrivent :

$$H_0 : \mu = 295$$
$$H_a : \mu \neq 295$$

Si la moyenne d'échantillon $\bar{x}$ est significativement inférieure à 295 yards ou significativement supérieure à 295 yards, nous rejetterons H_0. Dans ce cas, des mesures devront être prises pour corriger le processus de production. D'un autre côté, si $\bar{x}$ ne s'écarte pas de la moyenne hypothétique $\mu_0 = 295$ de façon significative, H_0 ne sera pas rejetée et aucune action ne sera prise pour ajuster le processus de production.

L'équipe de contrôle de la qualité a choisi $\alpha = 0{,}05$ comme seuil de signification du test. Des données, issues de précédents tests effectués lorsque le processus était correctement réglé, indiquent que l'écart type de la population peut être supposé connu, égal à $\sigma = 12$. Ainsi, avec un échantillon de taille $n = 50$, l'erreur type de $\bar{x}$ est égale à

$$\sigma_{\bar{x}} = \frac{\sigma}{\sqrt{n}} = \frac{12}{\sqrt{50}} = 1{,}7$$

Puisque l'échantillon est de grande taille, le théorème central limite (cf. chapitre 7) nous permet de conclure que la distribution d'échantillonnage de $\bar{x}$ est approximativement

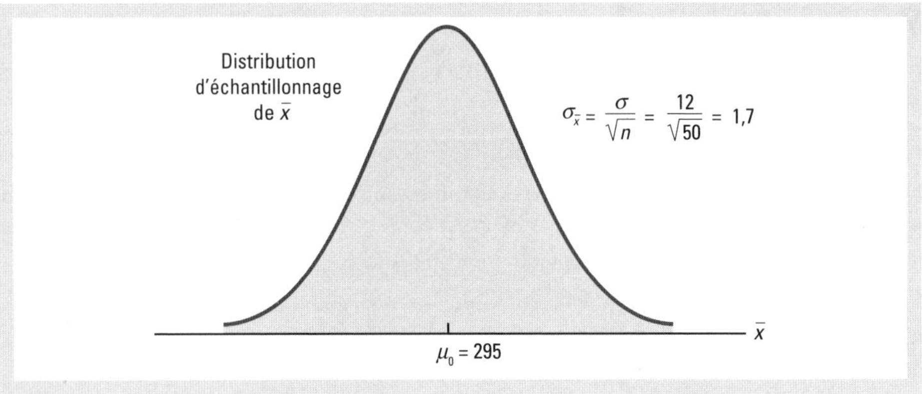

Figure 9.4 ***Distribution d'échantillonnage de $\bar{x}$ dans le cadre du test d'hypothèses de la société MaxFlight***

normale. La figure 9.4 représente la distribution d'échantillonnage de $\bar{x}$ dans le cadre du test d'hypothèses de la société MaxFlight, avec une moyenne hypothétique de la population égale à $\mu_0 = 295$.

Test balles de golf

Supposez qu'un échantillon de 50 balles de golf soit sélectionné et que la moyenne d'échantillon soit $\bar{x} = 297,6$ yards (cf. fichier en ligne Test balles de golf). Cette moyenne d'échantillon tendrait à prouver que la moyenne de la population est supérieure à 295 yards. La valeur de $\bar{x}$ est-elle suffisamment supérieure à 295 pour entraîner le rejet de H_0 au seuil de signification de 0,05 ? Dans la section précédente, nous avons décrit deux approches qui permettent de répondre à cette question : l'approche par la valeur p et par la valeur critique.

Approche par la valeur *p* – Rappelons que la valeur p est une probabilité utilisée pour déterminer si l'hypothèse nulle doit être rejetée. Pour un test bilatéral, les valeurs de la statistique de test dans *chaque* queue de la distribution fournissent des preuves contre l'hypothèse nulle. Pour un test bilatéral, la valeur p est la probabilité d'obtenir une valeur pour la statistique de test *aussi improbable ou plus improbable* que celle fournie par l'échantillon. Voyons comment est calculée la valeur p dans le cadre de l'exemple de la société MaxFlight.

Premièrement, nous calculons la valeur de la statistique de test. Dans le cas où σ est connu, la statistique de test z est une variable aléatoire normale centrée réduite. En utilisant l'équation (9.1) avec $\bar{x} = 297,6$, la valeur de la statistique de test est

$$z = \frac{\bar{x} - \mu_0}{\sigma/\sqrt{n}} = \frac{297,6 - 295}{12/\sqrt{50}} = 1,53$$

Maintenant, pour calculer la valeur p, nous devons trouver la probabilité d'obtenir une valeur pour la statistique de test *au moins aussi improbable* que $z = 1,53$. Clairement, les valeurs de $z \geq 1,53$ sont *au moins aussi improbables*. Mais, puisqu'il s'agit d'un test bilatéral, les valeurs $z \leq -1,53$ sont également *au moins aussi improbables* que la valeur

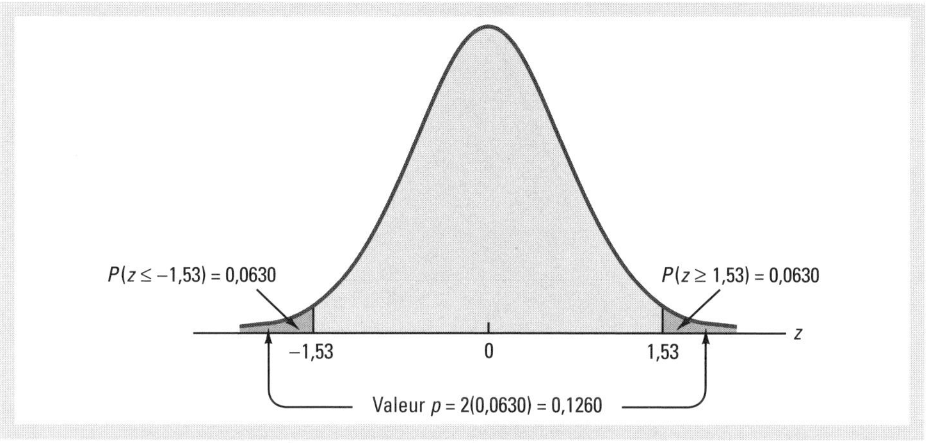

Figure 9.5 ***Valeur p pour le test d'hypothèses de la société MaxFlight***

de la statistique de test fournie par l'échantillon. En nous référant à la figure 9.5, nous voyons que la valeur p dans ce cas est donnée par $P(z \leq -1{,}53) + P(z \geq 1{,}53)$. Puisque la courbe normale est symétrique, nous pouvons calculer cette probabilité en multipliant par deux l'aire sous la courbe normale centrée réduite à droite de $z = 1{,}53$. La table de la distribution normale centrée réduite indique que l'aire à gauche de $z = 1{,}53$ est égale à 0,9370. Ainsi, l'aire sous la courbe normale centrée réduite à droite de la statistique de test $z = 1{,}53$ est égale à $1{,}0000 - 0{,}9370 = 0{,}0630$. En multipliant par deux cette aire, nous obtenons la valeur p dans le cadre du test d'hypothèses bilatéral de la société MaxFlight : elle est égale à 0,1260.

Ensuite, nous comparons la valeur p au seuil de signification pour savoir si l'hypothèse nulle doit être rejetée ou non. Avec un seuil de signification de $\alpha = 0{,}05$, nous ne rejetons pas H_0 puisque la valeur $p = 0{,}1260 > 0{,}05$. Puisque l'hypothèse nulle n'est pas rejetée, aucune action ne sera entreprise pour ajuster le processus de production de la société MaxFlight.

Résumons les étapes de calcul de la valeur p pour un test d'hypothèses bilatéral.

► Calcul des valeurs *p* pour un test bilatéral

1. Calculer la valeur de la statistique de test en utilisant l'équation (9.1).
2. Si la valeur de la statistique de test se situe dans la queue supérieure, calculer la probabilité que z soit supérieur ou égal à la valeur de la statistique de test (calculer l'aire sous la courbe normale centrée réduite à droite de z). Si la valeur de la statistique de test se situe dans la queue inférieure, calculer la probabilité que z soit inférieur ou égal à la valeur de la statistique de test (calculer l'aire sous la courbe normale centrée réduite à gauche de z).
3. Multiplier par deux la probabilité (ou l'aire) obtenue à l'étape 2 pour obtenir la valeur p.

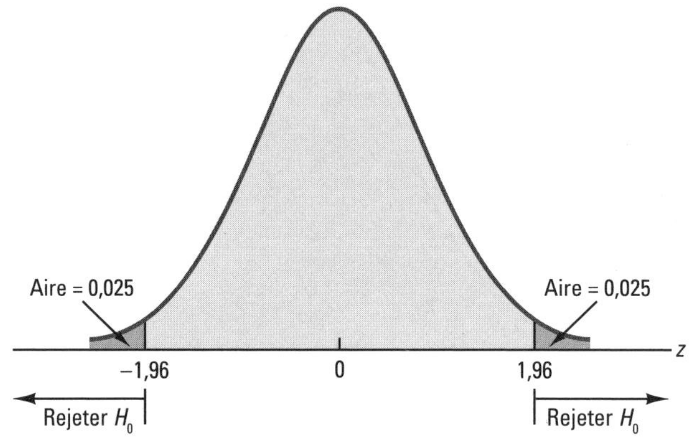

Figure 9.6 ***Valeurs critiques du test d'hypothèses de la société MaxFlight***

Approche par la valeur critique – Avant de conclure cette section, voyons comment la statistique de test z peut être comparée à une valeur critique pour conclure un test d'hypothèses bilatéral. La figure 9.6 montre que les valeurs critiques d'un test bilatéral se situent à la fois dans les queues inférieure et supérieure de la distribution normale centrée réduite. Avec un seuil de signification $\alpha = 0,05$, l'aire dans chaque queue au-delà des valeurs critiques est égale à $\alpha/2 = 0,05/2 = 0,025$. D'après la table de la distribution normale centrée réduite, les valeurs critiques de la statistique de test sont $-z_{0,025} = -1,96$ et $z_{0,025} = 1,96$. Ainsi, en utilisant l'approche par la valeur critique, la règle de rejet de ce test bilatéral est

$$\text{Rejet de } H_0 \text{ si } z \leq -1,96 \text{ ou si } z \geq 1,96$$

Puisque la valeur de la statistique de test pour l'exemple de la société MaxFlight est $z = 1,53$, les preuves statistiques ne nous permettent pas de rejeter l'hypothèse nulle au seuil de signification de 0,05.

9.3.3 Résumé et conseils pratiques

Nous avons présenté des exemples de test unilatéral inférieur et de test bilatéral relatif à la moyenne d'une population. En nous basant sur ces exemples, nous pouvons maintenant résumer les procédures de tests d'hypothèses relatifs à la moyenne d'une population, dans le cas où σ est connu, comme indiqué dans le tableau 9.2. Notez que μ_0 est la valeur hypothétique de la moyenne de la population.

Les étapes suivies dans les deux exemples présentés dans cette section sont communes à tous les tests d'hypothèses.

Tableau 9.2 ***Résumé des tests d'hypothèses relatifs à la moyenne d'une population : cas où σ est connu***

	Test unilatéral inférieur	Test unilatéral supérieur	Test bilatéral
Hypothèses	$H_0 : \mu \geq \mu_0$ $H_a : \mu < \mu_0$	$H_0 : \mu \leq \mu_0$ $H_a : \mu > \mu_0$	$H_0 : \mu = \mu_0$ $H_a : \mu \neq \mu_0$
Statistique de test	$z = \frac{\bar{x} - \mu_0}{\sigma/\sqrt{n}}$	$z = \frac{\bar{x} - \mu_0}{\sigma/\sqrt{n}}$	$z = \frac{\bar{x} - \mu_0}{\sigma/\sqrt{n}}$
Règle de rejet : approche par la valeur *p*	Rejet de H_0 si la valeur $p \leq \alpha$	Rejet de H_0 si la valeur $p \leq \alpha$	Rejet de H_0 si la valeur $p \leq \alpha$
Règle de rejet : approche par la valeur critique	Rejet de H_0 si $z \leq -z_\alpha$	Rejet de H_0 si $z \geq z_\alpha$	Rejet de H_0 si $z \leq -z_{\alpha/2}$ ou si $z \geq z_{\alpha/2}$

► **Étapes d'un test d'hypothèses**

Étape 1. Déterminer les hypothèses nulle et alternative.
Étape 2. Spécifier le seuil de signification.
Étape 3. Collecter des données d'échantillon et calculer la valeur de la statistique de test.

Approche par la valeur p

Étape 4. Utiliser la valeur de la statistique de test pour calculer la valeur *p*.
Étape 5. Rejeter H_0 si la valeur $p \leq \alpha$.

Approche par la valeur critique

Étape 4. Utiliser le seuil de signification pour déterminer la valeur critique et la règle de rejet.
Étape 5. Utiliser la valeur de la statistique de test et la règle de rejet pour déterminer si H_0 doit être rejetée.

Les conseils pratiques concernant la taille de l'échantillon dans le cadre des tests d'hypothèses sont similaires à ceux donnés dans le cadre des estimations par intervalle au chapitre 8. Dans la plupart des applications, un échantillon de taille $n \geq 30$ est approprié pour utiliser les procédures de tests d'hypothèses décrites dans cette section. Dans les cas où l'échantillon est de taille inférieure à 30, la distribution de la population à partir de laquelle est issu l'échantillon, devient un élément clé. Si la population est normalement distribuée, la procédure de test décrite est exacte et peut être utilisée quelle que soit la taille de l'échantillon. Si la population n'est pas distribuée selon une loi normale mais est à peu près symétrique, des échantillons de taille supérieure ou égale à 15 devraient fournir des résultats acceptables.

9.3.4 Relation entre l'estimation par intervalle et le test d'hypothèses

Dans le chapitre 8, nous avons montré comment construire une estimation par intervalle de confiance de la moyenne d'une population. Dans le cas où σ est connu, l'intervalle de confiance pour la moyenne d'une population, pour un coefficient de confiance $1-\alpha$, correspond à

$$\bar{x} \pm z_{\alpha/2} \frac{\sigma}{\sqrt{n}}$$

Dans ce chapitre, nous avons montré qu'un test d'hypothèses bilatéral relatif à la moyenne d'une population prend la forme suivante :

$$H_0 : \mu = \mu_0$$
$$H_a : \mu \neq \mu_0$$

où μ_0 correspond à la valeur hypothétique de la moyenne de la population.

Supposons que nous suivions la procédure décrite au chapitre 8 pour construire un intervalle de confiance à $100(1-\alpha)$ % pour la moyenne de la population. Nous savons que $100(1-\alpha)$ % des intervalles de confiance ainsi générés contiendront la moyenne de la population et que 100α % des intervalles de confiance générés ne contiendront pas la moyenne de la population. Ainsi, si nous rejetons H_0 lorsque l'intervalle de confiance ne contient pas μ_0, nous rejetterons l'hypothèse nulle alors qu'elle est vraie ($\mu = \mu_0$) avec une probabilité α. Souvenez-vous que le seuil de signification est la probabilité de rejeter l'hypothèse nulle lorsqu'elle est vraie. Aussi construire un intervalle de confiance à $100(1-\alpha)$ % et rejeter H_0 lorsque l'intervalle ne contient pas μ_0 est équivalent à effectuer un test d'hypothèses bilatéral avec un seuil de signification égal à α. La procédure d'utilisation d'un intervalle de confiance pour effectuer un test d'hypothèses bilatéral peut maintenant être résumée.

▶ Approche par intervalle de confiance pour effectuer un test d'hypothèses de la forme

$$H_0 : \mu = \mu_0$$
$$H_a : \mu \neq \mu_0$$

1. Sélectionner un échantillon aléatoire simple de la population et utiliser la valeur de la moyenne d'échantillon $\bar{x}$ pour construire un intervalle de confiance pour la moyenne de la population μ.

$$\bar{x} \pm z_{\alpha/2} \frac{\sigma}{\sqrt{n}}$$

2. Si l'intervalle de confiance contient la valeur hypothétique μ_0, ne pas rejeter H_0. Sinon, rejeter[3] H_0.

Pour les tests d'hypothèses bilatéraux, l'hypothèse nulle peut être rejetée si l'intervalle de confiance ne contient pas μ_0.

Revenons au test d'hypothèses bilatéral de la société MaxFlight :

$$H_0 : \mu = 295$$
$$H_a : \mu \neq 295$$

[3] Pour être cohérent avec la règle de rejet de H_0 lorsque la valeur p est inférieure à α, nous rejetterons également H_0 lorsque l'approche par les intervalles de confiance est employée si μ_0 est égale à l'une des bornes de l'intervalle de confiance à $100(1-\alpha)$ %.

Pour tester ces hypothèses au seuil de signification $\alpha = 0{,}05$, nous avons constitué un échantillon de 50 balles de golf et trouvé une moyenne d'échantillon $\bar{x}$ égale à 297,6 yards. Rappelons que l'écart type de la population est égal à 12. En utilisant ces résultats avec $z_{0{,}025} = 1{,}96$, l'intervalle de confiance à 95 % de la moyenne de la population correspond à

$$\bar{x} \pm z_{0{,}025}\frac{\sigma}{\sqrt{n}}$$

$$297{,}6 \pm 1{,}96\frac{12}{\sqrt{50}}$$

$$297{,}6 \pm 3{,}3$$

ou

$$[294{,}3\,;300{,}9]$$

Ce résultat permet au responsable du contrôle de la qualité de conclure, en en étant sûr à 95 %, que la distance moyenne couverte par la population des balles de golf est comprise entre 294,3 et 300,9 yards. Puisque la valeur hypothétique de la moyenne de la population, $\mu_0 = 295$, est dans cet intervalle, la conclusion du test d'hypothèses est que l'hypothèse nulle, H_0: $\mu = 295$, ne peut pas être rejetée.

Notez que cette discussion et l'exemple se rapportent aux tests d'hypothèses bilatéraux concernant la moyenne d'une population. Cependant, la même relation entre les intervalles de confiance et les tests d'hypothèses existe pour d'autres paramètres de la population. De plus, la relation peut être étendue à des tests d'hypothèses unilatéraux mais ceci nécessite le développement d'intervalles de confiance unilatéraux, rarement utilisés en pratique.

REMARQUES

Nous avons montré comment utiliser les valeurs *p*. Plus la valeur *p* est petite, plus les preuves contre H_0 et en faveur de H_a sont importantes. Voici quelques astuces pour interpréter les petites valeurs *p*.

- Inférieure à 0,01 : Preuve incontestable que H_a est vraie.
- Entre 0,01 et 0,05 : Forte présomption que H_a est vraie.
- Entre 0,05 et 0,1 : Faible présomption que H_a est vraie.
- Supérieure à 0,1 : Preuve insuffisante pour conclure que H_a est vraie.

EXERCICES

Remarque à l'attention des étudiants : dans certains des exercices qui suivent, il vous est demandé d'utiliser l'approche par la valeur *p* ; dans d'autres, il vous est demandé d'utiliser l'approche par la valeur critique. Les deux méthodes aboutiront à la même conclusion. Nous proposons des exercices avec les deux méthodes afin de vous familiariser avec elles. Dans les sections et les chapitre suivants, nous mettrons l'accent sur l'approche par les valeurs *p*. Toutefois, vous pourrez choisir l'une ou l'autre méthode selon vos préférences.

Méthode

9. Considérer le test d'hypothèses suivant :

$$H_0 : \mu \geq 20$$
$$H_a : \mu < 20$$

Un échantillon de taille $n = 50$ fournit une moyenne d'échantillon de 19,4. L'écart type de la population est égal à 2.

a) Calculer la valeur de la statistique de test.

b) Quelle est la valeur p ?

c) Au seuil de signification $\alpha = 0{,}05$, quelle est votre conclusion ?

d) Quelle est la règle de rejet obtenue en utilisant la valeur critique ? Quelle est votre conclusion ?

10. Considérer le test d'hypothèses suivant :

$$H_0 : \mu \leq 25$$
$$H_a : \mu > 25$$

Un échantillon de taille $n = 40$ fournit une moyenne d'échantillon de 26,4. L'écart type de la population est égal à 6.

a) Calculer la valeur de la statistique de test.

b) Quelle est la valeur p ?

c) Au seuil de signification $\alpha = 0{,}01$, quelle est votre conclusion ?

d) Quelle est la règle de rejet obtenue en utilisant la valeur critique ? Quelle est votre conclusion ?

11. Considérer le test d'hypothèses suivant :

$$H_0 : \mu = 15$$
$$H_a : \mu \neq 15$$

Un échantillon de taille égale à 50 a fourni une moyenne de 14,15. L'écart type de la population est égal à 3.

a) Calculer la valeur de la statistique de test.

b) Quelle est la valeur p ?

c) Au seuil de signification $\alpha = 0{,}05$, quelle est votre conclusion ?

d) Quelle est la règle de rejet obtenue en utilisant la valeur critique ? Quelle est votre conclusion ?

12. Considérer le test d'hypothèses suivant :

$$H_0 : \mu \geq 80$$
$$H_a : \mu < 80$$

Un échantillon de taille égale à 100 est utilisé et l'écart type de la population est égal à 12. Calculer la valeur p et conclure pour chacun des résultats d'échantillon suivants. Utiliser $\alpha = 0{,}01$.

a) $\bar{x} = 78{,}5$

b) $\bar{x} = 77$

c) $\bar{x} = 75{,}5$

d) $\bar{x} = 81$

13. Considérer le test d'hypothèses suivant :

$$H_0 : \mu \leq 50$$
$$H_a : \mu > 50$$

Un échantillon de taille égale à 60 est utilisé et l'écart type de la population est égal à 8. Utiliser l'approche par la valeur critique pour établir votre conclusion pour chacun des résultats d'échantillon suivants. Utiliser $\alpha = 0{,}05$.

a) $\bar{x} = 52{,}5$

b) $\bar{x} = 51$

c) $\bar{x} = 51{,}8$

14. Considérer le test d'hypothèses suivant :

$$H_0 : \mu = 22$$
$$H_a : \mu \neq 22$$

Un échantillon de taille égale à 75 est utilisé et l'écart type de la population est égal à 10. Calculer la valeur p et conclure pour chacun des résultats d'échantillon suivants. Utiliser $\alpha = 0{,}01$.

a) $\bar{x} = 23$

b) $\bar{x} = 25{,}1$

c) $\bar{x} = 20$

Applications

15. Les individus qui ont rempli leur déclaration de revenus avant le 31 mars ont été remboursés en moyenne de 1 056 dollars. Considérer la population des individus « de dernières minutes » qui envoient leur déclaration au cours des cinq jours précédant l'échéance (entre le 10 et 15 avril).

a) Un chercheur a suggéré que l'une des raisons pour lesquelles certains individus attendent les cinq derniers jours pour remplir leur déclaration est qu'en moyenne, ces individus bénéficient d'une remise inférieure à ceux qui remplissent leur déclaration relativement tôt. Formuler les hypothèses appropriées de sorte que le rejet de H_0 confirme les suppositions du chercheur.

b) Le remboursement moyen d'un échantillon de 400 individus qui ont rempli leur déclaration entre le 10 et le 15 avril, était de 910 dollars. D'après des études antérieures, l'écart type de la population est supposé égal à $\sigma = 1\,600$ dollars. Quelle est la valeur p ?

c) Au seuil de signification $\alpha = 0{,}05$, quelle est votre conclusion ?

d) Répéter le précédent test en utilisant l'approche par la valeur critique.

16. Selon une étude intitulée « Comment les étudiants utilisent les cartes de crédit », les étudiants avaient en moyenne un montant de 3 173 dollars sur leur carte de crédit (*Sallie Mae*, avril 2009). Ce chiffre était un record et avait augmenté de 44 % au cours des cinq précédentes années. Supposez qu'une nouvelle étude soit menée pour déterminer si le montant moyen sur les comptes des étudiants a continué d'augmenter comparativement au montant fourni par l'étude d'avril 2009. Utilisez un écart type de la population $\sigma = 1\,000$ dollars.

a) Établir les hypothèses nulle et alternative.

b) Quelle est la valeur p pour un échantillon de 180 étudiants dont le montant moyen sur le compte de la carte de crédit s'élève à 3 325 dollars ?

c) Au seuil de signification $\alpha = 0{,}05$, quelle est votre conclusion ?

17. Les entreprises cotées à Wall Street ont payé des bonus de fin d'année record d'une valeur de 125 500 dollars par employé en 2005 (*Fortune*, 6 février 2006). Supposez que nous souhaitions sélectionner un échantillon d'employés de Jones & Ryan pour savoir si le bonus de fin d'année moyen est différent de la moyenne annoncée de 125 500 dollars au niveau de la population.

a) Établir les hypothèses qui vous permettront de déterminer si le bonus de fin d'année moyen payé par Jones & Ryan était différent de la moyenne de la population.

b) Supposez qu'un échantillon de 40 employés de Jones & Ryan ait fourni un bonus de fin d'année moyen de 118 000 dollars. Utiliser un écart type de la population de 30 000 dollars. Quelle est la valeur p ?

c) Au seuil de signification $\alpha = 0{,}05$, l'hypothèse nulle peut-elle être rejetée ? Quelle est votre conclusion ?

d) Répéter le test d'hypothèses en utilisant l'approche par la valeur critique.

18. Le taux de rendement annuel moyen des fonds mutuels américains diversifiés entre 1999 et 2003 était de 4,1 % (*Business Week*, 26 janvier 2004). Un chercheur voudrait effectuer un test d'hypothèses pour voir si les rendements des fonds de capitalisation de taille moyenne sur la même période sont significativement différents du rendement moyen des fonds américains diversifiés.

a) Formuler les hypothèses qui permettront de déterminer si le rendement annuel moyen des fonds de capitalisation de taille moyenne diffère de celui des fonds américains diversifiés.

b) Un échantillon de 40 fonds de capitalisation de taille moyenne fournit un rendement moyen de $\bar{x} = 3{,}4$ %. Supposez que l'écart type de la population des fonds de capitalisation de taille moyenne est connu grâce à des études antérieures : $\sigma = 2$ %. Utiliser les résultats d'échantillon pour calculer la statistique de test et la valeur p pour ce test d'hypothèses.

c) Au seuil de signification $\alpha = 0{,}05$, quelle est votre conclusion ?

19. Le service de recouvrement des impôts offre un service d'aide par téléphone gratuit aux contribuables afin de répondre à leurs questions pour effectuer leur déclaration de revenus. Il y a quelques années, le service a été submergé d'appels de contribuables et a réorganisé son service téléphonique et mis en ligne les réponses aux questions les plus fréquentes (*The Cincinnati Enquirer*, 7 janvier 2010). Selon le rapport établi par l'avocat d'un contribuable, les personnes qui appellent, peuvent attendre au bout du fil 12 minutes avant de pouvoir parler à un employé de l'administration. Supposez que vous sélectionniez un échantillon de 50 appels ; les résultats de l'échantillon indiquent un temps moyen d'attente de 10 minutes avant qu'un employé de l'administration ne prenne l'appel. En vous basant sur des données antérieures, vous décidez qu'il est raisonnable de supposer que l'écart type du temps d'attente est de 8 minutes. En utilisant vos résultats d'échantillon, pouvez-vous conclure que le temps d'attente moyen réel est significativement inférieur aux 12 minutes avancées par l'avocat d'un contribuable ? Utiliser $\alpha = 0{,}05$.

20. La facture mensuelle moyenne des ménages américains s'élève à 32,79 dollars (CNBC, 18 janvier 2006). Un échantillon de 50 ménages dans un état du Sud a révélé une moyenne d'échantillon de 30,63 dollars. Utiliser un écart type de la population de 5,60 dollars.

a) Formuler les hypothèses nulle et alternative qui permettront de déterminer si les données d'échantillon soutiennent la conclusion selon laquelle la facture mensuelle moyenne dans l'état du Sud est inférieure à la moyenne nationale de 32,79 dollars.

b) Quelle est la valeur de la statistique de test ?

c) Quelle est la valeur p ?

d) Au seuil de signification $\alpha = 0{,}01$, quelle est votre conclusion ?

21. La société Fowle Marketing Research facture ses services en supposant que les sondages téléphoniques peuvent être effectués en un temps moyen de 15 minutes maximum. Si un sondage nécessite plus de temps, un supplément sera demandé. Un échantillon de 35 sondages fournit les temps indiqués dans le fichier en ligne intitulé Fowle. D'après des études antérieures, l'écart type de la population est supposé connu, égal à $\sigma = 4$ minutes. Le supplément est-il justifié ?

Fowle

a) Formuler les hypothèses nulle et alternative pour ce test.

b) Calculer la valeur de la statistique de test.

c) Quelle est la valeur p ?

d) Au seuil de signification $\alpha = 0{,}01$, quelle est votre conclusion ?

22. CCN et ActMedia proposent une chaîne de télévision destinée à être regardée par les individus faisant la queue aux caisses des supermarchés. La chaîne diffuse des informations, des programmes courts et des publicités. La durée du programme est fondée sur l'hypothèse selon laquelle la durée moyenne d'attente aux caisses est de 8 minutes. Un échantillon des temps d'attente effectifs sera utilisé pour tester cette hypothèse et déterminer si le temps d'attente moyen diffère de cette hypothèse.

a) Formuler les hypothèses de ce test.

b) Un échantillon de 120 individus faisant leurs courses indique un temps moyen d'attente aux caisses de 8,4 minutes. Supposez que l'écart type de la population est égal à 3,2 minutes. Quelle est la valeur p ?

c) Au seuil de signification $\alpha = 0{,}05$, quelle est votre conclusion ?

d) Calculer l'intervalle de confiance à 95 % pour la moyenne de la population. Confirme-t-il votre conclusion ?

9.4 MOYENNE D'UNE POPULATION : σ INCONNU

Dans cette section, nous décrivons comment effectuer des tests d'hypothèses relatifs à la moyenne d'une population dans le cas où σ est inconnu. Puisque les cas où σ est inconnu correspondent à des situations dans lesquelles une estimation de l'écart type de la population ne peut pas être développée avant de procéder à un échantillonnage, l'échantillon doit être utilisé pour estimer à la fois μ et σ. Ainsi, pour effectuer un test d'hypothèses relatif à la moyenne d'une population dans le cas où σ est inconnu, la moyenne d'échantillon $\bar{x}$ est utilisée comme estimation de μ et l'écart type d'échantillon s comme estimation de σ.

Les étapes de la procédure de test dans le cas où σ est inconnu, sont les mêmes que celles décrites dans la section 9.3, dans le cas où σ est connu. Toutefois, avec σ inconnu, les calculs de la statistique de test et de la valeur p sont quelque peu différents. Rappelons que dans le cas σ connu, la distribution d'échantillonnage de la statistique de test est normale. Dans le cas σ inconnu, la statistique de test suit une distribution de Student ; elle est légèrement plus variable, dans la mesure où l'échantillon est utilisé pour estimer à la fois μ et σ.

Dans la section 8.2, nous avions montré qu'une estimation par intervalle de la moyenne d'une population dans le cas où σ est inconnu, est fondée sur la distribution de probabilité de Student. Les tests d'hypothèses relatifs à la moyenne de la population dans le cas où σ est inconnu, sont également basés sur la distribution de Student. Dans le cas où σ est inconnu, la statistique de test suit une distribution de Student avec $n-1$ degrés de liberté.

► **Statistique de test pour des tests d'hypothèses relatifs à la moyenne d'une population : σ inconnu**

$$t = \frac{\bar{x} - \mu_0}{s/\sqrt{n}} \qquad (9.2)$$

Dans le chapitre 8, nous avons vu que la distribution de Student repose sur l'hypothèse selon laquelle la population à partir de laquelle est effectué l'échantillonnage, est normale. Toutefois, les recherches en statistiques ont montré que cette hypothèse pouvait être relâchée lorsque l'échantillon est de taille suffisamment grande. Nous fournissons quelques conseils pratiques concernant la distribution de la population et la taille de l'échantillon à la fin de cette section.

9.4.1 Tests unilatéraux

Aéroport

Considérons l'exemple d'un test d'hypothèses unilatéral concernant la moyenne d'une population, dans le cas où σ est inconnu. Un magazine consacré aux voyages d'affaires souhaite classer les aéroports internationaux selon la note moyenne qu'ils ont reçue de la part de la population des voyageurs d'affaires. Une échelle de notation allant de 0 à 10 a été utilisée. Les aéroports qui ont reçu une note moyenne supérieure ou égale à 7 sont considérés comme fournissant un service de qualité. Des employés du magazine ont interrogé un échantillon aléatoire simple de 60 personnes en voyage d'affaires dans chaque aéroport afin d'obtenir des données sur leurs évaluations. L'échantillon de l'aéroport d'Heathrow à Londres a fourni une note moyenne $\bar{x}$ égale à 7,25 et un écart type s égal à 1,052 (cf. fichier en ligne Aéroport). Ces données indiquent-elles que l'aéroport d'Heathrow fournit des services de qualité ?

Nous souhaitons effectuer un test d'hypothèses tel que la décision de rejeter l'hypothèse nulle conduirait à la conclusion que l'évaluation moyenne de l'aéroport d'Heathrow par la population des voyageurs d'affaires est supérieure à 7. Aussi, un test unilatéral supérieur avec H_a : $\mu > 7$ est requis. Les hypothèses nulle et alternative de ce test sont

$$H_0 : \mu \leq 7$$
$$H_a : \mu > 7$$

Nous utiliserons un seuil de signification $\mu = 0{,}05$.

En utilisant l'équation (9.2) avec $\bar{x} = 7{,}25$, $\mu_0 = 7$, $s = 1{,}052$ et $n = 60$, la valeur de la statistique de test est

$$t = \frac{\bar{x} - \mu_0}{s/\sqrt{n}} = \frac{7{,}25 - 7}{1{,}052/\sqrt{60}} = 1{,}84$$

La distribution d'échantillonnage de t a $n - 1 = 60 - 1 = 59$ degrés de liberté. Puisque le test est un test unilatéral supérieur, la valeur p correspond à la probabilité $P(t \geq 1{,}84)$, c'est-à-dire à l'aire sous la courbe de la distribution de Student à droite de $t = 1{,}84$.

La table de la distribution de Student fournie dans la plupart des ouvrages ne contient pas suffisamment de détails pour déterminer avec exactitude la valeur p, telle que celle correspondant à $t = 1{,}84$. Par exemple, en utilisant la table 2 de l'annexe B, la distribution de Student à 59 degrés de liberté fournit l'information suivante.

Aire dans la queue supérieure	**0,20**	**0,10**	**0,05**	**0,025**	**0,01**	**0,005**
Valeur *t* (59 degrés de liberté)	0,848	1,296	1,671	2,001	2,391	2,662

↖ $t = 1{,}84$

Nous voyons que $t = 1{,}84$ est compris entre 1,671 et 2,001. Bien que la table ne fournisse pas la valeur p exacte, les valeurs sur la ligne « Aire dans la queue supérieure » indiquent que la valeur p doit être inférieure à 0,05 et supérieure à 0,025. Avec un seuil de signification $\alpha = 0{,}05$, ces informations sont suffisantes pour prendre la décision de rejeter l'hypothèse nulle et conclure que l'aéroport d'Heathrow offre des services de qualité.

Puisqu'il est fastidieux d'utiliser une table de Student pour calculer les valeurs p et que seules des valeurs approximatives sont obtenues, nous montrons comment calculer la valeur p exacte en utilisant Minitab ou Excel. Les étapes à suivre peuvent être trouvées dans l'annexe F à la fin de l'ouvrage. Utiliser Excel ou Minitab avec $t = 1{,}84$ fournit une valeur p dans la queue supérieure de la distribution égale à 0,0354 pour le test d'hypothèses relatif à l'évaluation de l'aéroport d'Heathrow. Une valeur $p = 0{,}0354 < 0{,}05$ conduit au rejet de l'hypothèse nulle et à la conclusion qu'Heathrow offre des services de qualité.

> L'annexe F explique comment calculer les valeurs *p* en utilisant Minitab ou Excel.

9.4.2 Test bilatéral

Pour illustrer la conduite d'un test bilatéral relatif à la moyenne d'une population dans le cas où σ est inconnu, considérons le test d'hypothèses auquel fait face Holiday Toys. La société produit et distribue ses produits dans plus de 1 000 magasins. Holiday doit décider combien d'unités de chaque produit fabriquer avant de connaître la demande effective dans chaque magasin. Le directeur marketing de la société prévoit une demande de 40 unités par magasin pour le nouveau jouet de l'année. Avant de prendre la décision de production finale fondée sur cette estimation, Holiday a décidé d'enquêter auprès d'un échantillon de 25 magasins pour obtenir plus d'informations concernant la demande pour le nouveau produit. Chaque magasin obtient des renseignements sur les spécificités du nouveau jouet, le coût de production et le prix de vente conseillé. Chaque magasin doit alors prévoir la quantité qu'il commandera.

Soit μ la quantité commandée par chaque magasin de la population. Les données d'échantillon seront utilisées pour effectuer le test bilatéral suivant :

$$H_0 : \mu = 40$$
$$H_a : \mu \neq 40$$

Si H_0 ne peut être rejetée, Holiday poursuivra son processus de production en se fondant sur l'estimation du directeur marketing selon laquelle la quantité moyenne commandée par chaque magasin de la population sera de $\mu = 40$ unités. Cependant, si H_0 est rejetée, Holiday réexaminera ses plans de production pour le produit. Un test d'hypothèses bilatéral est utilisé puisque Holiday souhaite revoir ses plans de production si la quantité moyenne par magasin est inférieure ou supérieure à celle envisagée. Puisqu'aucune donnée historique n'est disponible (il s'agit d'un nouveau produit), la moyenne de la population μ et l'écart type de la population σ doivent être estimés en utilisant les données de l'échantillon.

Commandes

L'échantillon de 25 magasins (cf. fichier en ligne Commandes) a fourni une moyenne égale à $\bar{x} = 37,4$ et un écart type égal à $s = 11,79$ unités. Avant de poursuivre l'étude en utilisant la distribution de Student, l'analyste a construit un histogramme des données d'échantillon afin de vérifier la forme de la distribution de la population. L'histogramme des données d'échantillon n'indique aucune tendance asymétrique ou valeur aberrante. L'analyste en conclut que l'utilisation de la distribution de Student à $n-1 = 24$ degrés de liberté est appropriée. En utilisant l'équation (9.2) avec $\bar{x} = 37,4$, $\mu_0 = 40$, $s = 11,79$ et $n = 25$, la valeur de la statistique de test est

$$t = \frac{\bar{x} - \mu_0}{s/\sqrt{n}} = \frac{37,4 - 40}{11,79/\sqrt{25}} = -1,10$$

Puisque le test est bilatéral, la valeur p correspond au double de l'aire sous la courbe de la distribution de Student à gauche de $t = -1,10$. La table de la distribution de Student à 24 degrés de liberté (cf. table 2 annexe B) fournit l'information suivante.

Aire dans la queue supérieure	**0,20**	**0,10**	**0,05**	**0,025**	**0,01**	**0,005**
Valeur *t* (59 degrés de liberté)	0,857	1,318	1,711	2,064	2,492	2,797
	↖ $t = 1,10$					

La table de la distribution de Student ne contient que les valeurs t positives. Puisque cette distribution est symétrique, l'aire dans la queue supérieure à droite de $t = 1,10$ est identique à l'aire dans la queue inférieure à gauche de $t = -1,10$. Nous voyons que $t = 1{,}10$ est compris entre 0,857 et 1,318. D'après les valeurs sur la ligne « Aire dans la queue supérieure », l'aire dans la queue de la distribution à droite de $t = 1{,}10$ est comprise entre 0,20 et 0,10. En doublant ces valeurs, nous voyons que la valeur p doit être comprise entre 0,40 et 0,20. Avec un seuil de signification égal à $\alpha = 0{,}05$, nous savons maintenant que la valeur p est supérieure à α. En conséquence, H_0 ne peut être rejetée. Il n'existe pas suffisamment de preuve statistique pour conclure que Holiday doive modifier ses plans de production pour la saison à venir.

L'annexe F indique comment la valeur p pour ce test peut être obtenue en utilisant Excel ou Minitab. La valeur p obtenue est 0,2822. Avec un seuil de signification $\alpha = 0{,}05$, nous ne pouvons pas rejeter H_0 puisque $0{,}2822 > 0{,}05$.

La statistique de test peut également être comparée à la valeur critique pour définir la règle de rejet. Avec $\alpha = 0{,}05$ et la distribution de Student à 24 degrés de liberté, $-t_{0{,}025} = -2{,}064$ et $t_{0{,}025} = 2{,}064$ sont les valeurs critiques du test bilatéral. La règle de rejet est donc

$$\text{Rejet de } H_0 \text{ si } t \leq -2{,}064 \text{ ou si } t \geq 2{,}064$$

En se basant sur la statistique de test $t = -1{,}10$, H_0 ne peut être rejetée. Ce résultat indique que Holiday peut poursuivre ses plans de production pour la saison à venir, en se basant sur une demande moyenne de 40 unités.

9.4.3 Résumé et conseils pratiques

Le tableau 9.3 fournit un résumé des procédures de test d'hypothèses relatif à la moyenne de la population dans le cas où σ est inconnu. La principale différence entre ces procédures et celles utilisées dans le cas où σ est connu, réside dans le fait que s est utilisé, à la place de σ, dans le calcul de la statistique de test. Pour cette raison, la statistique de test suit une distribution de Student.

La robustesse des procédures de test d'hypothèses présentées dans cette section dépend de la distribution de la population à partir de laquelle sont sélectionnés les

Tableau 9.3 ***Résumé des tests d'hypothèses relatifs à la moyenne d'une population : cas où σ est inconnu***

	Test unilatéral inférieur	**Test unilatéral supérieur**	**Test bilatéral**
Hypothèses	$H_0 : \mu \geq \mu_0$ $H_a : \mu < \mu_0$	$H_0 : \mu \leq \mu_0$ $H_a : \mu > \mu_0$	$H_0 : \mu = \mu_0$ $H_a : \mu \neq \mu_0$
Statistique de test	$t = \dfrac{\bar{x} - \mu_0}{s/\sqrt{n}}$	$t = \dfrac{\bar{x} - \mu_0}{s/\sqrt{n}}$	$t = \dfrac{\bar{x} - \mu_0}{s/\sqrt{n}}$
Règle de rejet : approche par la valeur *p*	Rejet de H_0 si la valeur $p \leq \alpha$	Rejet de H_0 si la valeur $p \leq \alpha$	Rejet de H_0 si la valeur $p \leq \alpha$
Règle de rejet : approche par la valeur critique	Rejet de H_0 si $t \leq -t_\alpha$	Rejet de H_0 si $t \geq t_\alpha$	Rejet de H_0 si $t \leq -t_{\alpha/2}$ ou si $t \geq t_{\alpha/2}$

échantillons et de la taille de l'échantillon. Lorsque la population est normalement distribuée, les tests d'hypothèses décrits dans cette section fournissent des résultats exacts quelle que soit la taille de l'échantillon. Lorsque la population n'est pas normalement distribuée, ces procédures fournissent des résultats approximatifs. Cependant, les échantillons de taille supérieure à 30 fournissent de bons résultats dans presque tous les cas. Si la population est approximativement normale, des échantillons de petite taille (c'est-à-dire $n < 15$) peuvent fournir des résultats acceptables. Si la population est fortement asymétrique ou contient des valeurs aberrantes, sélectionner des échantillons d'une taille proche de 50 est recommandé.

EXERCICES

Méthode

23. Considérer le test d'hypothèses suivant :

$$H_0 : \mu \leq 12$$
$$H_a : \mu > 12$$

Un échantillon de taille égale à 25 a fourni une moyenne égale à $\bar{x} = 14$ et un écart type égal à $s = 4{,}32$.

a) Calculer la valeur de la statistique de test.

b) Que vous apprend la table de Student (table 2 de l'annexe B) à propos de la valeur p ?

c) Au seuil de signification $\alpha = 0{,}05$, quelle est votre conclusion ?

d) Quelle est la règle de rejet en utilisant la valeur critique ? Quelle est votre conclusion ?

24. Considérer le test d'hypothèses suivant :

$$H_0 : \mu = 18$$
$$H_a : \mu \neq 18$$

Un échantillon de taille égale à 48 a fourni une moyenne égale à $\bar{x} = 17$ et un écart type égal à $s = 4{,}5$.

a) Calculer la valeur de la statistique de test.

b) Utiliser la table de Student (table 2 de l'annexe B) pour calculer un intervalle pour la valeur p ?

c) Au seuil de signification $\alpha = 0{,}05$, quelle est votre conclusion ?

d) Quelle est la règle de rejet en utilisant la valeur critique ? Quelle est votre conclusion ?

25. Considérer le test d'hypothèses suivant :

$$H_0 : \mu \geq 45$$
$$H_a : \mu < 45$$

Un échantillon de taille égale à 36 est utilisé. Identifier la valeur p et conclure pour chacun des résultats d'échantillon suivants. Utiliser $\alpha = 0{,}01$.

a) $\bar{x} = 44$ et $s = 5{,}2$

b) $\bar{x} = 43$ et $s = 4{,}6$

c) $\bar{x} = 46$ et $s = 5{,}0$

26. Considérer le test d'hypothèses suivant :

$$H_0 : \mu = 100$$
$$H_a : \mu \neq 100$$

Un échantillon de taille égale à 65 est utilisé. Identifier la valeur p et conclure pour chacun des résultats d'échantillon suivants. Utiliser $\alpha = 0{,}05$.

a) $\bar{x} = 103$ et $s = 11{,}5$

b) $\bar{x} = 96{,}5$ et $s = 11{,}0$

c) $\bar{x} = 102$ et $s = 10{,}5$

Applications

27. L'administration pour l'emploi et la formation a indiqué que l'indemnité chômage moyenne s'élevait à 238 dollars par semaine (*The World Almanac 2003*). Un chercheur de l'État de Virginie pensait que des données d'échantillon prouveraient que l'indemnité chômage hebdomadaire moyenne serait plus faible dans l'État de Virginie qu'au niveau national.

a) Formuler les hypothèses appropriées de façon à ce que le rejet de H_0 confirme l'hypothèse du chercheur.

b) Pour un échantillon de 100 individus, l'indemnité chômage hebdomadaire moyenne s'élevait à 231 dollars, avec un écart type de 80 dollars. Quelle est la valeur p ?

c) Au seuil de signification $\alpha = 0{,}05$, quelle est votre conclusion ?

d) Répéter ce test d'hypothèses en utilisant l'approche par la valeur critique.

28. Un groupe d'actionnaires déclarait que la durée d'exercice moyenne d'un directeur général était au moins de neuf ans. Selon une enquête rapportée dans le *Wall Street Journal*, la durée moyenne d'exercice des directeurs généraux dans un échantillon de sociétés était de $\bar{x} = 7{,}27$ ans, avec un écart type de $s = 6{,}38$ ans (*The Wall Street Journal*, 2 janvier 2007).

a) Formuler les hypothèses qui permettront de tester la validité de la déclaration faite par le groupe d'actionnaires.

b) Supposez que l'échantillon contienne 85 sociétés. Quelle est la valeur p de ce test ?

c) Au seuil de signification $\alpha = 0{,}01$, quelle est votre conclusion ?

29. Le coût d'un diamant d'un carat, d'une clarté VS2 et de couleur H est de 5 600 dollars selon Diamond Source USA (site internet de Diamond Source, mars 2003 ; cf. fichier en ligne Diamants). Un joailler de l'Ouest des États-Unis contacte des diamantaires du district de New York afin de savoir si le prix moyen des diamants y est différent de 5 600 dollars. Diamants

a) Formuler les hypothèses qui permettent de déterminer si le prix moyen à New York diffère de 5 600 dollars.

b) Supposez qu'un échantillon de 25 diamantaires de New York fournisse un prix moyen de 5 835 dollars et un écart type de 520 dollars. Quelle est la valeur p ?

c) Au seuil de signification $\alpha = 0{,}05$, l'hypothèse nulle peut-elle être rejetée ? Quelle est votre conclusion ?

d) Répéter ce test d'hypothèses en utilisant l'approche par la valeur critique.

30. CNN, société du groupe AOL Time Warner, est l'un des leaders les plus anciens des chaînes d'information du câble. Nielsen Media Research a indiqué que l'audience moyenne de CNN était de 600 000 téléspectateurs par jour en 2002 (*The Wall Street Journal*, 10 mars 2003). Supposez qu'un échantillon de 40 jours au cours du premier semestre de 2003 fournisse les résultats suivants : l'audience moyenne était de 612 000 téléspectateurs avec un écart type de 65 000 téléspectateurs.

- **a)** Quelles sont les hypothèses nulle et alternative permettant d'obtenir des informations sur d'éventuels changements d'audience ?
- **b)** Quelle est la valeur p ?
- **c)** Sélectionner votre propre niveau de signification. Quelle est votre conclusion ?
- **d)** Quelle recommandation feriez-vous aux responsables de CNN ?

31. La société Coca-Cola a indiqué que les ventes annuelles moyennes par tête de ses boissons aux États-Unis étaient de 423 bouteilles (site Internet de la société Coca-Cola, 3 février 2009). Supposez que vous souhaitez savoir si la consommation de boissons Coca-Cola est supérieure à Atlanta, en Géorgie, où se situe le siège social de la société. Un échantillon de 36 individus vivant à Atlanta a fourni une consommation annuelle moyenne de 460,4 bouteilles avec un écart type s égal à 101,9. Au seuil de signification $\alpha = 0{,}05$, les données d'échantillon prouvent-elles que la consommation annuelle moyenne de boissons Coca-Cola est supérieure à Atlanta ?

Voitures d'occasion

32. Selon l'association nationale des vendeurs automobiles, le prix moyen des voitures d'occasion serait de 10 192 dollars. Un responsable d'une concession de voitures d'occasion de Kansas City a examiné un échantillon de 50 ventes récentes de voitures d'occasion afin de déterminer si le prix moyen pour la population des voitures d'occasion dans cette concession particulière différait de la moyenne nationale. Le fichier en ligne intitulé Voitures d'occasion contient les prix d'un échantillon de 50 voitures.

- **a)** Formuler les hypothèses qui permettront de déterminer s'il existe une différence entre les prix moyens de vente des voitures d'occasion dans cette concession de Kansas City et au niveau national.
- **b)** Quelle est la valeur p ?
- **c)** Au seuil de signification $\alpha = 0{,}05$, quelle est votre conclusion ?

33. La consommation annuelle par tête de lait s'élève à 21,6 gallons (*Statistical Abstract of the United States*, 2006). Originaire du Midwest, vous pensez que la consommation de lait est plus importante dans cette région et vous voulez prouver votre opinion. Un échantillon de 16 individus originaires de la ville de Webster dans le Midwest a indiqué une consommation annuelle moyenne de 24,1 gallons avec un écart type de 4,8 gallons.

- **a)** Formuler les hypothèses nulle et alternative qui permettront de déterminer si la consommation annuelle moyenne de Webster est supérieure à la moyenne nationale.
- **b)** Quelle est l'estimation ponctuelle de la différence entre la consommation annuelle moyenne à Webster et la moyenne nationale ?
- **c)** Au seuil de signification $\alpha = 0{,}05$, tester la significativité de la différence. Quelle est votre conclusion ?

34. La pépinière Joan est spécialisée dans l'aménagement des zones résidentielles. L'estimation du coût du travail associé à une proposition d'aménagement particulière est basée sur le nombre de plantations d'arbres, d'arbustes, etc. Dans le but d'estimer les coûts, les responsables estiment à deux heures de travail, le temps nécessaire pour planter un arbre de taille moyenne. Les temps réels d'un échantillon de 10 plantations au cours du mois dernier (en heures) sont :

1,7 1,5 2,6 2,2 2,4 2,3 2,6 3,0 1,4 2,3

Au seuil de signification $\alpha = 0,05$, effectuer un test pour déterminer si le temps moyen nécessaire pour planter un arbre diffère de deux heures.

a) Établir les hypothèses nulle et alternative.
b) Calculer la moyenne d'échantillon.
c) Calculer l'écart type d'échantillon.
d) Quelle est la valeur p ?
e) Quelle est votre conclusion ?

9.5 PROPORTION D'UNE POPULATION

Dans cette section, nous montrons comment effectuer un test d'hypothèses relatif à la proportion d'une population p. En notant p_0 la valeur hypothétique de la proportion de la population, les trois formes possibles d'un test d'hypothèses relatif à la proportion de la population sont les suivantes :

$$\begin{array}{lll} H_0 : p \geq p_0 & H_0 : p \leq p_0 & H_0 : p = p_0 \\ H_a : p < p_0 & H_a : p > p_0 & H_a : p \neq p_0 \end{array}$$

La première forme correspond à un test unilatéral inférieur, la deuxième à un test unilatéral supérieur et la troisième à un test bilatéral.

Les tests d'hypothèses concernant la proportion d'une population sont basés sur la différence entre la proportion de l'échantillon $\overline{p}$ et la proportion hypothétique de la population p_0. Les méthodes utilisées pour effectuer les tests sont similaires à celles utilisées pour des tests d'hypothèses concernant la moyenne d'une population. La seule différence est que nous utilisons la proportion de l'échantillon et son écart type pour définir la statistique de test. L'approche par la valeur p ou par la valeur critique permet ensuite de déterminer si l'hypothèse nulle doit être rejetée.

Illustrons la procédure de test d'une proportion en considérant la problématique à laquelle fait face le terrain de golf de Pine Creek. Au cours de l'année précédente, 20 % des joueurs présents à Pine Creek étaient des femmes. Dans le but d'accroître la proportion de femmes parmi les joueurs, Pine Creek a mis en place une promotion spéciale pour attirer des femmes. Un mois plus tard, le responsable du terrain de golf a demandé une étude statistique afin de savoir si la proportion des femmes jouant à Pine Creek avait augmenté. Puisque l'objectif de cette étude est de déterminer si la proportion de femmes a augmenté, un test unilatéral supérieur avec $H_a : p > 0,20$ est approprié. Les hypothèses nulle et alternative de ce test sont donc les suivantes :

$$H_0 : p \leq 0,20$$
$$H_a : p > 0,20$$

Si H_0 peut être rejetée, les résultats du test soutiendront la conclusion selon laquelle la proportion de femmes parmi les joueurs a augmenté et que la campagne promotionnelle a été efficace. Le responsable du cours de golf a demandé l'utilisation d'un seuil de signification $\alpha = 0,05$ pour effectuer le test d'hypothèses.

L'étape suivante dans la procédure de test d'hypothèses consiste à sélectionner un échantillon et à calculer la valeur de la statistique de test appropriée. Avant d'effectuer le test unilatéral supérieur de Pine Creek, nous commençons par une discussion générale sur la procédure de calcul de la valeur de la statistique de test pour toute forme de test relatif à la proportion d'une population. La statistique de test est fondée sur la distribution d'échantillonnage de $\bar{p}$, l'estimateur ponctuel du paramètre de la population p.

Lorsque l'hypothèse nulle est vraie et satisfaite avec égalité, l'espérance mathématique de $\bar{p}$ est égale à la valeur hypothétique p_0 ; en d'autres termes, $E(\bar{p}) = p_0$. L'erreur type de $\bar{p}$ est donnée par :

$$\sigma_{\bar{p}} = \sqrt{\frac{p_0(1-p_0)}{n}}$$

Au chapitre 7, nous avons vu que la distribution d'échantillonnage de $\bar{p}$ pouvait être approchée par une distribution de probabilité normale si à la fois np et $n(1-p)$ étaient supérieurs ou égaux à 5[4]. Dans ces conditions, auxquelles on est souvent confronté dans la pratique, la quantité

$$z = \frac{\bar{p} - p_0}{\sigma_{\bar{p}}} \tag{9.3}$$

suit une distribution de probabilité normale centrée réduite. Avec $\sigma_{\bar{p}} = \sqrt{p_0(1-p_0)/n}$, la variable aléatoire normale centrée réduite z est la statistique de test utilisée pour effectuer des tests d'hypothèses relatifs à la proportion d'une population.

▶ **Statistique de test pour les tests concernant la proportion d'une population**

$$z = \frac{\bar{p} - p_0}{\sqrt{\frac{p_0(1-p_0)}{n}}} \tag{9.4}$$

Nous pouvons maintenant calculer la statistique de test dans le cadre de l'exemple de Pine Creek. Supposez qu'un échantillon aléatoire de 400 joueurs ait été sélectionné et que 100 de ces joueurs soient des femmes. La proportion de femmes parmi les joueurs de golf de l'échantillon est

$$\bar{p} = \frac{100}{400} = 0,25$$

[4] Dans la plupart des tests d'hypothèses relatifs à la proportion d'une population, les échantillons sont suffisamment grands pour permettre l'utilisation de l'approximation normale. La distribution d'échantillonnage exacte de $\bar{p}$ est discrète, la probabilité de chaque valeur de $\bar{p}$ suivant une loi binomiale. Aussi, les procédures de tests d'hypothèses sont plus compliquées pour des échantillons de petite taille, ne permettant pas d'utiliser l'approximation normale.

En utilisant l'équation (9.4), la valeur de la statistique de test est

$$z = \frac{\bar{p} - p_0}{\sqrt{\frac{p_0(1-p_0)}{n}}} = \frac{0,25 - 0,20}{\sqrt{\frac{0,20(1-0,20)}{400}}} = \frac{0,05}{0,02} = 2,50$$

Puisque le test d'hypothèses dans le cadre de l'exemple de Pine Creek est un test unilatéral supérieur, la valeur p correspond à la probabilité que z soit supérieur ou égal à $z = 2,50$; en d'autres termes, il s'agit de l'aire sous la courbe normale centrée réduite à droite de $z = 2,50$. D'après la table des probabilités normales centrées réduites, l'aire à gauche de $z = 2,50$ est égale à 0,9938. Ainsi, la valeur p pour le test de Pine Creek est égale à $1,0000 - 0,9938 = 0,0062$. La figure 9.7 illustre ces calculs.

Rappelons que le responsable des cours de golf a spécifié un seuil de signification $\alpha = 0,05$. La valeur p égale à $0,0062 < 0,05$ fournit suffisamment de preuves statistiques pour rejeter H_0 au seuil de signification de 0,05. Ainsi, le test fournit le support statistique pour conclure que la campagne promotionnelle a accru la proportion de femmes sur les cours de golf de Pine Creek.

La décision de rejeter l'hypothèse nulle peut également être prise à partir de l'approche par la valeur critique. La valeur critique correspondant à une aire de 0,05 dans la queue supérieure de la distribution normale centrée réduite est $z_{0,05} = 1,645$. Ainsi, la règle de rejet obtenue avec l'approche par la valeur critique est : rejeter H_0 si $z \geq 1,645$. Puisque $z = 2,50 > 1,645$, nous pouvons rejeter H_0.

De nouveau, nous voyons que les approches par la valeur p et par la valeur critique conduisent à la même conclusion, bien que l'approche par la valeur p apporte plus d'informations. Avec une valeur p égale à 0,0062, l'hypothèse nulle serait rejetée pour tout seuil de signification supérieur ou égal à 0,0062.

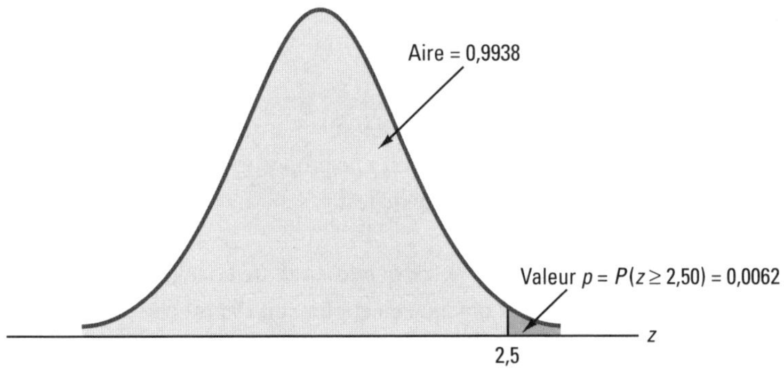

Figure 9.7 *Calcul de la valeur p dans le cadre du test d'hypothèses de Pine Creek*

Tableau 9.4 ***Résumé des tests d'hypothèses relatifs à la proportion d'une population***

	Test unilatéral inférieur	Test unilatéral supérieur	Test bilatéral
Hypothèses	$H_0 : p \geq p_0$ $H_a : p < p_0$	$H_0 : p \leq p_0$ $H_a : p > p_0$	$H_0 : p = p_0$ $H_a : p \neq p_0$
Statistique de test	$z = \dfrac{\bar{p} - p_0}{\sqrt{\dfrac{p_0(1-p_0)}{n}}}$	$z = \dfrac{\bar{p} - p_0}{\sqrt{\dfrac{p_0(1-p_0)}{n}}}$	$z = \dfrac{\bar{p} - p_0}{\sqrt{\dfrac{p_0(1-p_0)}{n}}}$
Règle de rejet : approche par la valeur *p*	Rejet de H_0 si la valeur $p \leq \alpha$	Rejet de H_0 si la valeur $p \leq \alpha$	Rejet de H_0 si la valeur $p \leq \alpha$
Règle de rejet : approche par la valeur critique	Rejet de H_0 si $z \leq -z_{\alpha}$	Rejet de H_0 si $z \geq z_{\alpha}$	Rejet de H_0 si $z \leq -z_{\alpha/2}$ ou si $z \geq z_{\alpha/2}$

9.5.1 Résumé

Les procédures de tests d'hypothèses concernant la moyenne ou la proportion d'une population sont similaires. Bien que nous n'ayons illustré la conduite d'un test d'hypothèses relatif à la proportion d'une population que dans le cas d'un test unilatéral supérieur, des procédures similaires peuvent être utilisées pour des tests unilatéraux inférieurs et bilatéraux. Le tableau 9.4 fournit un résumé des tests d'hypothèses relatifs à la proportion d'une population. Nous supposons que $np \geq 5$ et $n(1-p) \geq 5$; ainsi, la distribution de probabilité normale peut être utilisée pour approximer la distribution d'échantillonnage de $\bar{p}$.

EXERCICES

Méthode

35. Considérer le test d'hypothèses suivant :

$$H_0 : \mu = 0{,}20$$
$$H_a : \mu \neq 0{,}20$$

Un échantillon de taille égale à 400 fournit une proportion d'échantillon $\bar{p} = 0{,}175$.

a) Calculer la valeur de la statistique de test.

b) Quelle est la valeur p ?

c) Au seuil de signification $\alpha = 0{,}05$, quelle est votre conclusion ?

d) Quelle est la règle de rejet obtenue en appliquant l'approche par la valeur critique ? Quelle est votre conclusion ?

36. Considérer le test d'hypothèses suivant :

$$H_0 : \mu \geq 0{,}75$$
$$H_a : \mu < 0{,}75$$

Un échantillon de 300 observations a été sélectionné. Calculer la valeur p et conclure pour chacun des résultats d'échantillon suivants. Utiliser $\alpha = 0{,}05$.

a) $\bar{p} = 0{,}68$

b) $\bar{p} = 0{,}72$

c) $\bar{p} = 0{,}70$

d) $\bar{p} = 0{,}77$

Applications

37. Une étude a révélé qu'en 2005, 12,5 % des travailleurs américains étaient syndiqués (*The Wall Street Journal*, 21 janvier 2006). Supposez qu'un échantillon de 400 travailleurs américains soit sélectionné en 2006 pour déterminer si la proportion de syndiqués a augmenté.

a) Formuler les hypothèses qui permettront de déterminer si la proportion de syndiqués a augmenté en 2006.

b) Si les résultats d'échantillon indiquent que 52 des travailleurs sont syndiqués, quelle est la valeur p ?

c) Au seuil de signification $\alpha = 0{,}05$, quelle est votre conclusion ?

38. Une étude de *Consumer Reports* a révélé que 64 % des clients des supermarchés considéraient les marques du supermarché d'aussi bonne qualité que les marques nationales. Pour savoir si ce résultat s'applique à son propre produit, le fabricant d'une marque nationale de ketchup a demandé à un échantillon de clients s'ils pensaient que le ketchup de la marque du supermarché était aussi bon que le sien.

a) Formuler les hypothèses qui permettront de déterminer si le pourcentage de clients qui considèrent le ketchup de la marque du supermarché aussi bon que la marque nationale, diffère de 64 %.

b) Si sur un échantillon de 100 clients, 52 affirment que la marque du supermarché est aussi bonne que la marque nationale, quelle est la valeur p ?

c) Au seuil de signification $\alpha = 0{,}05$, quelle est votre conclusion ?

d) Le producteur de ketchup de marque nationale sera-t-il satisfait de cette conclusion ? Expliquer.

39. Selon le projet Pew Internet & American Life, 75 % des adultes américains utilisent Internet (site Internet de Pew Internet, 19 avril 2008). Les auteurs du projet Pew ont également fourni les pourcentages d'Américains qui utilisent Internet par tranche d'âge. Les données contenues dans le fichier Groupe d'âge sont similaires aux résultats de l'étude. Ces données ont été obtenues à partir d'un échantillon de 100 internautes âgés de 30 à 49 ans et 200 internautes âgés de 50 à 64 ans. Un « oui » indique que la personne a utilisé Internet, un « non » indique qu'elle n'a pas utilisé Internet

Groupe d'âge

a) Formuler les hypothèses qui permettront de déterminer si le pourcentage d'internautes dans les deux groupes d'âge diffère de la moyenne globale de 75 %.

b) Estimer la proportion d'internautes âgés de 30 à 49 ans. Cette proportion diffère-t-elle de façon significative de la proportion globale de 0,75 ? Utiliser $\alpha = 0{,}05$.

c) Estimer la proportion d'internautes âgés de 50 à 64 ans. Cette proportion diffère-t-elle de façon significative de la proportion globale de 0,75 ? Utiliser $\alpha = 0{,}05$.

d) Pensez-vous que la proportion d'internautes âgés de 18 à 29 ans est inférieure ou supérieure à la proportion d'internautes âgés de 30 à 49 ans ? Étayez votre conclusion avec les résultats obtenus aux questions (b) et (c).

40. En 2008, 46 % des dirigeants d'entreprise ont offert un cadeau de Noël à leurs employés. Une enquête réalisée en 2009 auprès des dirigeants d'entreprise a révélé que 35 % envisageaient d'offrir un cadeau de Noël à leurs employés (Radio WEZV, Myrtle Beach, 11 novembre 2009). Supposez que les résultats de l'enquête soient basés sur un échantillon de 60 dirigeants d'entreprise.

a) Combien de dirigeants d'entreprise interrogés ont prévu d'offrir un cadeau de Noël à leurs employés en 2009 ?

b) Supposez que les dirigeants d'entreprise de l'échantillon ont fait ce qu'ils avaient prévu. Calculer la valeur p d'un test d'hypothèses qui permettrait de déterminer si la proportion de dirigeants d'entreprise envisageant d'offrir des cadeaux de Noël a diminué par rapport à la proportion observée en 2008.

c) Au seuil de signification $\alpha = 0{,}05$, concluez-vous que la proportion de dirigeants d'entreprise offrant des cadeaux a diminué ? Quelle est la plus petite valeur du seuil de signification pour laquelle vous pouvez tirer une telle conclusion ?

41. En s'adressant à un groupe d'analystes en janvier 2006, le responsable d'une société de courtage a déclaré qu'au moins 70 % des investisseurs sont actuellement confiants quant aux perspectives d'atteindre leurs objectifs d'investissement. Une enquête d'UBS sur l'optimisme des investisseurs, menée entre le 2 et le 15 janvier, a montré que 67 % des investisseurs pensent atteindre leurs objectifs d'investissement (CNBC, 20 janvier 2006).

a) Formuler les hypothèses qui permettent de tester cette déclaration.

b) Supposez que l'enquête menée par UBS a permis de collecter des informations auprès de 300 investisseurs. Quelle est la valeur p ?

c) Au seuil de signification $\alpha = 0{,}05$, peut-on rejeter la déclaration du responsable de la société de courtage ?

42. Selon le centre de gestion et de logistique de l'université du Nevada, 6 % de toutes les marchandises vendues aux États-Unis sont retournées (*Business Week*, 15 janvier 2007). Un magasin de Houston a échantillonné 80 articles en janvier et a trouvé que 12 des articles ont été retournés.

a) Construire une estimation ponctuelle de la proportion d'articles retournés pour la population des ventes dans le magasin de Houston.

b) Construire un intervalle de confiance à 95 % pour la proportion d'articles retournés dans le magasin de Houston.

c) La proportion de retours au magasin de Houston est-elle significativement différente des retours pour la nation dans son ensemble ? Étayer votre réponse statistiquement.

Eagle

43. Eagle Outfitters est une chaîne des magasins spécialisés dans l'équipement outdoor et de camping. Ils envisagent de faire une campagne de promotion via des bons de réduction, adressés à leurs clients payant par carte de crédit. Cette campagne promotionnelle sera considérée comme un succès si plus de 10 % des clients recevant des bons de réduction les utilisent. Avant d'étendre la campagne promotionnelle au niveau national, les bons ont été envoyés à un échantillon de 100 clients payant par carte de crédit (cf. fichier en ligne Eagle).

a) Formuler les hypothèses pour déterminer si la proportion de la population de ceux qui utilisent les bons est suffisante pour étendre la campagne promotionnelle au niveau national.

b) Le fichier en ligne Eagle contient les données d'échantillon. Développer une estimation ponctuelle de la proportion de la population.

c) Utiliser un seuil de signification $\alpha = 0{,}05$ pour mener le test d'hypothèses. Eagle devrait-il étendre sa campagne promotionnelle au niveau national ?

44. *Business Week* a publié des informations sur les habitudes de sommeil des Américains (*Business Week*, 26 janvier 2004). L'article notait que la privation de sommeil cause de nombreux problèmes. Par exemple, le manque de sommeil peut être à l'origine d'accidents de la route mortels. 51 % des conducteurs adultes admettent avoir conduit alors qu'ils somnolaient. Un chercheur a émis l'hypothèse selon laquelle ce problème serait encore plus sérieux pour les personnes travaillant de nuit (cf. fichier en ligne intitulé Somnolence).

a) Formuler les hypothèses qui permettront de déterminer si plus de 51 % des personnes travaillant de nuit admettent avoir conduit alors qu'ils somnolaient.

b) Sur un échantillon de 400 travailleurs de nuit, 232 ont admis avoir conduit dans un état de somnolence. Quelle est la proportion d'échantillon ? Quelle est la valeur p ?

c) Au seuil de signification $\alpha = 0{,}01$, quelle est votre conclusion ?

45. De nombreux investisseurs et analystes financiers croient que le Dow Jones Industriel fournit un bon baromètre du marché boursier. Le 31 janvier 2006, neuf des trente actions constituant l'indice Dow Jones Industriel ont vu leur cours augmenter (*The Wall Street Journal*, 1er février 2006). Sur la base de ce fait, un analyste financier déclare que nous pouvons supposer que 30 % des actions échangées sur la bourse de New York augmentent le même jour.

a) Formuler les hypothèses nulle et alternative pour tester la déclaration de l'analyste.

b) Au cours d'une journée, sur un échantillon de 50 actions échangées sur la bourse de New York, 24 ont vu leur cours augmenter. Quelle est votre estimation ponctuelle de la proportion d'actions en hausse ?

c) Mener votre test d'hypothèses en utilisant $\alpha = 0{,}01$ comme seuil de signification. Quelle est votre conclusion ?

RÉSUMÉ

Un test d'hypothèses est une procédure statistique qui utilise les données d'un échantillon pour déterminer si une assertion au sujet de la valeur d'un paramètre de la population doit être ou non rejetée. Les hypothèses sont deux assertions opposées sur un paramètre de la population. L'une des assertions est nommée hypothèse nulle (H_0), l'autre hypothèse alternative (H_a). Dans la section 9.1, nous avons développé ces hypothèses dans trois situations fréquemment rencontrées en pratique.

Lorsque des données historiques ou d'autres informations permettent de considérer l'écart type de la population connu, la procédure de test d'hypothèses est basée sur la distribution normale centrée réduite. Lorsque σ est inconnu, l'écart type d'échantillon s est utilisé pour estimer σ et la procédure de test d'hypothèses est basée sur la distribution de Student. Dans les deux cas, la qualité des résultats dépend à la fois de la forme de la distribution de la population et de la taille de l'échantillon. Si la population a une distribution normale, les deux procédures de test d'hypothèses sont applicables, même avec des échantillons de petite taille. Si la population n'est pas normalement distribuée, des échantillons de grande taille sont nécessaires. Des lignes directrices générales concernant la taille des échantillons sont fournies dans les sections 9.3 et 9.4. Dans le cas des tests d'hypothèses relatifs à la proportion d'une population, la procédure de test utilise une statistique de test basée sur la distribution normale centrée réduite.

Dans tous les cas, la valeur de la statistique de test est utilisée pour calculer une valeur p pour le test. Une valeur p est une probabilité utilisée pour déterminer si l'hypothèse nulle doit être rejetée. Si la valeur p est inférieure ou égale au seuil de signification α, l'hypothèse nulle peut être rejetée.

Les conclusions des tests d'hypothèses peuvent également être obtenues en comparant la valeur de la statistique de test à une valeur critique. Pour des tests unilatéraux inférieurs, l'hypothèse nulle est rejetée si la valeur de la statistique de test est inférieure ou égale à la valeur critique. Pour des tests unilatéraux supérieurs, l'hypothèse nulle est rejetée si la valeur de la statistique de test est supérieure ou égale à la valeur critique. Les tests bilatéraux ont deux valeurs critiques : une dans la queue inférieure de la distribution d'échantillonnage et une dans la queue supérieure. Dans ce cas, l'hypothèse nulle est rejetée si la valeur de la statistique de test est inférieure ou égale à la valeur critique dans la queue inférieure, ou supérieure ou égale à la valeur critique dans la queue supérieure.

GLOSSAIRE

Hypothèse nulle. Hypothèse supposée *a priori* vraie dans la procédure de test d'hypothèses.

Hypothèse alternative. Hypothèse considérée comme vraie si l'hypothèse nulle est rejetée.

Erreur de première espèce. Erreur commise en rejetant H_0 alors qu'elle est vraie.

Erreur de seconde espèce. Erreur commise en acceptant H_0 alors qu'elle est fausse.

Seuil de signification. Probabilité de commettre une erreur de première espèce lorsque l'hypothèse nulle est vraie et satisfaite avec égalité.

Test unilatéral. Test d'hypothèses dans lequel la région de rejet de l'hypothèse nulle se situe dans une des queues de la distribution d'échantillonnage de la statistique de test.

Statistique de test. Statistique dont la valeur permet de déterminer si l'hypothèse nulle peut être rejetée.

Valeur p. Probabilité qui mesure le soutien (ou l'absence de soutien) fourni par l'échantillon à l'hypothèse nulle. Plus les valeurs p sont petites, plus il y a de preuves contre l'hypothèse nulle. Pour un test unilatéral inférieur, la valeur p est la probabilité d'obtenir une valeur de la statistique de test aussi petite ou plus petite que celle fournie par l'échantillon. Pour un test unilatéral supérieur, la valeur p est la probabilité d'obtenir une valeur de la statistique de test aussi grande ou plus grande que celle fournie par l'échantillon. Pour un test bilatéral, la valeur p est la probabilité d'obtenir une valeur de la statistique de test aussi improbable ou plus improbable que celle fournie par l'échantillon.

Valeur critique. Valeur comparée à la statistique de test pour déterminer si H_0 doit être rejetée.

Test bilatéral. Test d'hypothèses dans lequel la région de rejet de l'hypothèse nulle se situe dans les deux queues de la distribution d'échantillonnage de la statistique de test.

FORMULES CLÉ

Statistique de test pour un test d'hypothèses concernant la moyenne d'une population : σ connu

$$z = \frac{\bar{x} - \mu_0}{\sigma / \sqrt{n}} \tag{9.1}$$

Statistique de test pour un test d'hypothèses concernant la moyenne d'une population : σ inconnu

$$t = \frac{\bar{x} - \mu_0}{s / \sqrt{n}} \tag{9.2}$$

Statistique de test pour un test concernant la proportion d'une population

$$z = \frac{\bar{p} - p_0}{\sqrt{\frac{p_0(1 - p_0)}{n}}} \tag{9.4}$$

EXERCICES SUPPLÉMENTAIRES

46. Une chaîne de production remplit des boîtes, avec en moyenne 16 grammes de produit. Un sur- ou sous-remplissage des boîtes constitue un problème sérieux et implique la fermeture de la chaîne de production lorsqu'il est détecté, afin de réajuster le mécanisme de remplissage. D'après des données antérieures, l'écart type de la population est supposé égal à $\sigma = 0{,}8$ gramme. Un inspecteur du contrôle de la qualité sélectionne un échantillon de 30 boîtes chaque heure et prend la décision de fermer ou non la chaîne de production pour réajuster le mécanisme. Le seuil de signification est fixé à $\alpha = 0{,}05$.

a) Établir les hypothèses de ce test de contrôle de la qualité.

b) Si l'échantillon fournit une moyenne de $\bar{x} = 16{,}32$ grammes, quelle est la valeur p ? Quelle action recommanderiez-vous ?

c) Si l'échantillon fournit une moyenne de $\bar{x} = 15{,}82$ grammes, quelle est la valeur p ? Quelle action recommanderiez-vous ?

d) Utiliser l'approche par la valeur critique. Quelle est la règle de rejet pour le précédent test d'hypothèses ? Reprendre les questions (b) et (c). Obtenez-vous la même conclusion ?

47. À la Western University, la moyenne historique des notes obtenues lors de l'examen de première année est de 900. On suppose connu l'écart type de la population : $\sigma = 180$. Chaque année, l'assistant du doyen utilise un échantillon de copies pour déterminer si la note moyenne de l'examen de première année a changé.

a) Établir les hypothèses.

b) Quelle est l'estimation par intervalle de confiance à 95 % de la note moyenne si un échantillon de 200 copies fournit une note moyenne de $\bar{x} = 935$?

c) Utiliser l'intervalle de confiance pour effectuer le test d'hypothèses. Au seuil de signification $\alpha = 0{,}05$, quelle est votre conclusion ?

d) Quelle est la valeur p ?

48. *Playbill* est un magazine distribué à travers les États-Unis aux amateurs de productions musicales et artistiques. Le revenu annuel moyen par ménage de la population des lecteurs de *Playbill* s'élève à 119 155 dollars (*Playbill*, janvier 2006). Supposez que l'écart type soit égal à 20 700 dollars. Un groupe de citoyens de San Francisco a affirmé que le revenu moyen des amateurs de comédies vivant dans la baie de San Francisco est supérieur. Un échantillon de 60 personnes assistant à une représentation a révélé un revenu moyen par ménage de 126 100 dollars.

a) Formuler les hypothèses nulle et alternative qui peuvent être utilisées pour déterminer si les données d'échantillon soutiennent la conclusion selon laquelle les amateurs de comédies de San Francisco ont un revenu annuel moyen supérieur à celui perçu par l'ensemble des lecteurs de *Playbill*.

b) Quelle est la valeur p basée sur l'échantillon des 60 personnes vivant à San Francisco ?

c) Au seuil de signification $\alpha = 0{,}01$, quelle est votre conclusion ?

49. Vendredi, les traders de Wall Street attendaient avec anxiété l'annonce du gouvernement fédéral concernant le nombre des embauches hors milieu agricole en janvier. Les économistes estimaient de façon consensuelle le nombre de créations d'emploi à 250 000 (CNBC, 3 février 2006). Cependant, 20 économistes consultés jeudi après-midi évoquaient une moyenne d'échantillon de 266 000 avec un écart type de 24 000. Les analystes financiers appellent souvent une telle moyenne d'échantillon basée sur les dernières nouvelles, le nombre fantôme (« *the whisper number* »). Traitez l'estimation consensuelle comme la moyenne de la population. Menez un test d'hypothèses pour déterminer si le nombre fantôme permet de conclure à une augmentation statistiquement significative de l'estimation consensuelle des économistes. Utiliser un seuil de signification $\alpha = 0{,}01$.

Premier enfant

50. Les données collectées par le centre national des statistiques de santé ont révélé que l'âge moyen auquel les femmes ont leur premier enfant était égal à 25 ans en 2006 (*The Wall Street Journal*, 4 février 2009). La journaliste, Sue Shellenbarger, a indiqué qu'il s'agissait de la première baisse de l'âge moyen auquel les femmes ont leur premier enfant observée sur plusieurs années. Un échantillon récent de 42 femmes a fourni les données contenues dans le fichier en ligne « Premier enfant » relatives à l'âge auquel ces femmes ont eu leur premier enfant. Les données reflètent-elles un changement dans l'âge moyen auquel les femmes ont leur premier enfant par rapport à 2006 ? Utiliser $\alpha = 0{,}05$.

Salaire Hebdomadaire

51. Un numéro récent de *AARP Bulletin* indiquait que le salaire hebdomadaire moyen d'une femme diplômée du baccalauréat s'élevait à 520 dollars (*AARP Bulletin*, janvier-février 2010). Supposez que vous souhaitiez déterminer si le salaire hebdomadaire moyen de l'ensemble des femmes actives est significativement supérieur à celui des femmes ayant un niveau bac. Les données sur le salaire hebdomadaire d'un échantillon de 50 femmes actives sont disponibles dans le fichier intitulé Salaire Hebdomadaire. Ces données sont similaires aux résultats figurant dans l'article du magazine de l'AARP.

a) Établir les hypothèses qui permettront de déterminer si le salaire hebdomadaire moyen des femmes actives est significativement plus élevé que le salaire hebdomadaire moyen des femmes ayant un baccalauréat.

b) Utiliser les données du fichier Salaire Hebdomadaire pour calculer la moyenne d'échantillon, la statistique de test et la valeur p.

c) Au seuil de signification $\alpha = 0{,}05$, quelle est votre conclusion ?

d) Refaire le test d'hypothèses en utilisant l'approche par la valeur critique.

52. La chambre de commerce d'une communauté de la côte du golfe de Floride annonce que l'acquisition d'un lot dans une résidence peut se faire pour un coût moyen inférieur ou égal à 125 000 dollars. Supposez qu'un échantillon de 32 propriétés ait fourni une moyenne d'échantillon de 130 000 dollars par lot et un écart type d'échantillon de 12 500 dollars. Au seuil de signification $\alpha = 0{,}05$, tester la validité de l'annonce.

53. L'agence de l'énergie américaine a rapporté que le prix moyen d'un gallon d'essence sans plomb était de 2,357 dollars (U.S. Energy Administration, 30 janvier 2006). Les données d'un échantillon de prix de l'essence sans plomb dans 50 stations-service dans les États du Sud sont contenues dans le fichier en ligne intitulé Essence. Menez un test d'hypothèses pour déterminer si le prix moyen d'un gallon d'essence dans ces États est différent de la moyenne nationale. Utiliser un seuil de signification $\alpha = 0{,}05$, et établir votre conclusion.

Essenc

54. Le 25 décembre 2009, un passager a été maîtrisé alors qu'il essayait de faire exploser en vol un appareil de la compagnie Northwest Airlines à destination de Detroit, dans le Michigan. Le passager a introduit clandestinement des explosifs cachés dans ses sous-vêtements, qui n'ont pas été détectés par le détecteur de métaux installé dans l'aéroport. En conséquence, l'agence de sécurité dans les transports a proposé d'installer des scanners examinant l'ensemble du corps en remplacement des détecteurs de métaux dans les aéroports les plus importants des États-Unis. Cette proposition a suscité de vives objections de la part des partisans des libertés privées qui considéraient que l'utilisation de scanners corporels constituait une atteinte à la vie privée. Les 5 et 6 janvier 2010, *USA Today* a mené une enquête auprès de 542 adultes pour connaître la proportion de voyageurs approuvant l'utilisation de scanners corporels (*USA Today*, 11 janvier 2010). Les résultats de l'enquête ont montré que 455 des personnes interrogées pensent que les scanners corporels amélioreront la sécurité aérienne et 423 ont indiqué qu'ils approuvaient l'utilisation de ces machines.

a) Effectuer un test d'hypothèses pour déterminer si les résultats de l'enquête permettent de conclure que 80 % des voyageurs pensent que l'utilisation de scanners corporels améliorera la sécurité aérienne. Utiliser $\alpha = 0{,}05$.

b) Supposez que l'agence de sécurité dans les transports aille plus loin avec l'installation et l'utilisation obligatoire des scanners corporels si plus de 74 % des voyageurs approuvent leur utilisation. On vous a demandé d'effectuer une analyse statistique en utilisant les résultats de l'enquête pour déterminer si l'agence pourra imposer l'utilisation des scanners corporels. Puisque ceci constitue une décision très sensible, utiliser $\alpha = 0{,}01$. Quelle est votre conclusion ?

55. Un article récent relatif au sentiment d'optimisme ou de pessimisme quant à l'évolution du marché boursier a rapporté que 41 % des investisseurs qui ont répondu à l'enquête menée par l'Institut américain des investisseurs individuels (AAII) étaient optimistes et 26 % pessimistes (*USA Today*, 11 janvier 2010). L'article rapportait également que l'indice moyen d'optimisme à long terme était de 0,39 ou 39 %. Supposez que l'enquête de l'AAII soit basée sur un échantillon de 450 investisseurs. En utilisant 0,39 (la moyenne à long terme) comme la proportion de la population des investisseurs qui sont optimistes, effectuez un test d'hypothèses pour déterminer si la proportion actuelle d'investisseurs optimistes est significativement plus élevée que la proportion moyenne de long terme.

a) Établir les hypothèses appropriées pour effectuer ce test de significativité.

b) Utiliser les résultats d'échantillon pour calculer la statistique de test et la valeur p.

c) Au seuil de signification $\alpha = 0{,}10$, quelle est votre conclusion ?

56. Les centres d'appel virtuels sont composés d'individus travaillant de chez eux. Les agents travaillant à domicile gagnent entre 10 et 15 dollars de l'heure sans compensation alors que les employés d'un centre d'appel traditionnel gagnent entre 7 et 9 dollars, auxquels s'ajoute une compensation (*Business Week*, 23 janvier 2006). La compagnie Regional Airways envisage d'employer des agents travaillant à domicile mais uniquement si un taux de satisfaction client supérieur à 80 % peut être maintenu. Un test a été effectué avec des agents travaillant à domicile. Sur un échantillon de 300 clients, 252 ont affirmé avoir été satisfaits du service.

a) Établir les hypothèses pour déterminer si les données de l'échantillon soutiennent la conclusion selon laquelle le service clientèle avec des agents travaillant à domicile satisfait le critère de Regional Airways.

b) Quelle est l'estimation ponctuelle du pourcentage de clients satisfaits ?

c) Quelle est la valeur p fournie par les données de l'échantillon ?

d) Au seuil de signification $\alpha = 0{,}05$, quelle est votre conclusion ?

57. Durant l'année électorale 2004, de nouveaux sondages étaient publiés quotidiennement. Dans un sondage IBD/TIPP, réalisé auprès de 910 adultes, 503 personnes ont indiqué qu'elles étaient optimistes quant aux perspectives économiques du pays et l'indice de confiance du Président Bush a augmenté de 4,7 points, atteignant 55,3 (*Investor's Business Daily*, 14 janvier 2004).

a) Quelle est la proportion d'échantillon des personnes optimistes quant aux perspectives économiques du pays ?

b) Un responsable de campagne souhaite affirmer que ce sondage indique qu'une majorité d'adultes sont optimistes quant aux perspectives économiques du pays. Construire un test d'hypothèses tel que le rejet de l'hypothèse nulle permette de conclure que la proportion d'adultes optimistes est supérieure à 50 %.

c) Utiliser les résultats du sondage pour calculer la valeur p du test d'hypothèses de la question (b). Expliquer au responsable de la campagne ce que cette valeur p implique au regard du seuil de signification des résultats.

58. Une station de radio de Myrtle Beach a annoncé qu'au moins 90 % des hôtels et motels seraient complets le weekend du Memorial Day. La station conseillait à ses auditeurs de réserver à l'avance s'ils comptaient passer le weekend à Myrtle Beach. Samedi soir, sur un échantillon 58 hôtels et motels, 49 n'avaient aucune chambre de libre. Que pensez-vous de la recommandation faite à la radio, au regard des résultats de l'échantillon ? Utiliser un seuil de signification $\alpha = 0{,}05$ pour effectuer le test d'hypothèses. Quelle est la valeur p ?

59. Selon le gouvernement fédéral, 24 % des employés couverts par l'assurance maladie de leur entreprise ne contribuaient pas à son financement (*Statistical Abstract of the United States*, 2006). Une étude récente a trouvé que 81 des 400 employés échantillonnés ne contribuaient pas financièrement à la couverture médicale de leur entreprise.

a) Établir les hypothèses qui permettront de déterminer si le pourcentage d'employés qui ne contribuent pas financièrement à l'assurance maladie de leur entreprise a diminué.

b) Quelle est l'estimation ponctuelle de la proportion d'employés subventionnés ?

c) Observe-t-on un déclin de la proportion d'employés subventionnés ? Utiliser un seuil de signification $\alpha = 0{,}05$.

PROBLÈME 1 *La société Quality Associates*

La société Quality Associates est une entreprise de conseils spécialisée dans les techniques d'échantillonnage et les procédures statistiques à utiliser pour contrôler un processus de production. Dans un cas particulier, un client a fourni à Quality Associates un échantillon de 800 observations sélectionnées à un moment donné, au cours duquel le processus de production était satisfaisant. L'écart type de l'échantillon était égal à 0,21 ; par conséquent, l'écart type de la population est supposé égal à 0,21. Quality Associates suggéra alors que des échantillons aléatoires de 30 observations soient sélectionnés périodiquement pour contrôler le processus en cours. En analysant les nouveaux échantillons, le client pourra savoir rapidement si le processus est toujours satisfaisant. Dans ce cas, il pourra prendre des mesures correctrices pour résoudre le problème. La spécification indiquait que la moyenne du processus devait être égale à 12. Le test d'hypothèses suggéré par Quality Associates est le suivant :

$$H_0 : \mu = 12$$
$$H_a : \mu \neq 12$$

Une action correctrice devra être prise à chaque fois que H_0 est rejetée.

Les quatre échantillons suivants ont été collectés au cours du premier jour d'exploitation de la nouvelle procédure de contrôle statistique. Ces données sont contenues dans le fichier en ligne Qualité.

Échantillon 1	Échantillon 2	Échantillon 3	Échantillon 4
11,55	11,62	11,91	12,02
11,62	11,69	11,36	12,02
11,52	11,59	11,75	12,05
11,75	11,82	11,95	12,18
11,90	11,97	12,14	12,11
11,64	11,71	11,72	12,07
11,80	11,87	11,61	12,05
12,03	12,10	11,85	11,64
11,94	12,01	12,16	12,39
11,92	11,99	11,91	11,65
12,13	12,20	12,12	12,11
12,09	12,16	11,61	11,90
11,93	12,00	12,21	12,22
12,21	12,28	11,56	11,88
12,32	12,39	11,95	12,03

Échantillon 1	Échantillon 2	Échantillon 3	Échantillon 4
11,93	12,00	12,01	12,35
11,85	11,92	12,06	12,09
11,76	11,83	11,76	11,77
12,16	12,23	11,82	12,20
11,77	11,84	12,12	11,79
12,00	12,07	11,60	12,30
12,04	12,11	11,95	12,27
11,98	12,05	11,96	12,29
12,30	12,37	12,22	12,47
12,18	12,25	11,75	12,03
11,97	12,04	11,96	12,17
12,17	12,24	11,95	11,94
11,85	11,92	11,89	11,97
12,30	12,37	11,88	12,23
12,15	12,22	11,93	12,25

9.5.2 Rapport

1. Effectuer un test d'hypothèses pour chaque échantillon au seuil de signification de 0,01 et déterminer quelle action doit être prise. Fournir la statistique de test et la valeur p pour chaque échantillon.
2. Calculer l'écart type de chacun des quatre échantillons. Est-ce que l'hypothèse selon laquelle l'écart type de la population est égal à 0,21 apparaît raisonnable ?
3. Calculer les limites de la moyenne d'échantillon $\bar{x}$ autour de $\mu = 12$ de sorte que, tant que la moyenne d'un nouvel échantillon est à l'intérieur de ces limites, le processus est considéré comme fonctionnant de façon satisfaisante. Si $\bar{x}$ dépasse la limite supérieure ou si $\bar{x}$ est en-dessous de la limite inférieure, des mesures devront être prises. Ces limites correspondent aux limites inférieure et supérieure du processus de contrôle de la qualité.
4. Discuter des implications d'une augmentation du seuil de signification. Quelle erreur peut augmenter si le seuil de signification est modifié ?

PROBLÈME 2 *Comportement éthique des étudiants en commerce de l'université de Bayview*

Durant la récession intervenue en 2008-2009, il y eut de nombreuses accusations de comportements contraires à l'éthique de la part des financiers et des responsables de Wall Street. À cette époque est paru un article suggérant qu'une des raisons à de tels comportements contraires à l'éthique résidait dans le fait que tricher était devenu une pratique courante chez les étudiants en école de commerce (*Chronicle of Higher Education*, 10 février

2009). L'article révélait que 56 % des étudiants en école de commerce avaient admis avoir triché durant leurs études, comparativement à 47 % des étudiants d'autres filières.

La lutte contre la tricherie a été le cheval de bataille du doyen de l'école de commerce de l'université de Bayview ces dernières années. Certains membres de la faculté pensent que la tricherie est plus répandue à Bayview que dans d'autres universités, alors que d'autres membres pensent que ce n'est pas un problème majeur dans l'enceinte de l'université. Pour se faire une idée plus précise de la question, le doyen a commandité une étude pour évaluer le caractère éthique du comportement des étudiants en commerce de l'université de Bayview. Au cours de cette étude, une enquête anonyme a été menée auprès d'un échantillon de 90 étudiants en commerce. Les réponses aux questions suivantes ont été utilisées pour obtenir des données sur trois types de tricheries.

> Durant vos années d'étude à Bayview, avez-vous présenté un travail copié sur Internet comme étant le vôtre ?
>
> Oui____ Non____
>
> Durant vos années d'étude à Bayview, avez-vous copié sur un autre étudiant lors d'un examen ?
>
> Oui____ Non____
>
> Durant vos années d'étude à Bayview, avez-vous collaboré avec d'autres étudiants sur des projets que vous étiez supposé faire seul ?
>
> Oui____ Non____

Tout étudiant qui a répondu oui à au moins une de ces questions, était considéré comme ayant triché d'une manière ou d'une autre. Une partie des données collectées est reproduite ici. L'ensemble de données complet figure dans le fichier en ligne intitulé Bayview.

Étudiant	A copié sur Internet	A copié à l'examen	A collaboré à un projet individuel	Sexe
1	Non	Non	Non	Femme
2	Non	Non	Non	Homme
3	Oui	Non	Oui	Homme
4	Oui	Oui	Non	Homme
5	Non	Non	Oui	Homme
6	Oui	Non	Non	Femme
.	.	.	.	.
.	.	.	.	.
.	.	.	.	.
88	Non	Non	Non	Homme
89	Non	Oui	Oui	Homme
90	Non	Non	Non	Femme

Bayview

Rapport

Préparer un rapport pour le doyen de l'université qui résume votre évaluation du comportement et du type de tricherie employée par les étudiants en commerce de l'université de Bayview. Inclure les éléments suivants dans votre rapport.

1. Utiliser les statistiques descriptives pour résumer les données et commenter vos résultats.
2. Construire un intervalle de confiance à 95 % pour estimer la proportion de l'ensemble des étudiants, la proportion d'étudiants de sexe masculin et la proportion d'étudiants de sexe féminin, impliqués dans un type de tricherie quelconque.
3. Effectuer un test d'hypothèses pour déterminer si la proportion d'étudiants en commerce de l'université de Bayview qui ont triché est inférieure à la proportion d'étudiants en commerce dans d'autres universités qui ont triché, rapportée par le *Chronicle of Higher Education.*
4. Effectuer un test d'hypothèses pour déterminer si la proportion d'étudiants en commerce de l'université de Bayview qui ont triché d'une façon ou d'une autre est inférieure à la proportion d'étudiants tricheurs dans d'autres filières et d'autres universités, rapportée par le *Chronicle of Higher Education.*
5. Quel conseil donneriez-vous au doyen au regard de votre analyse des données ?

ANNEXE 9.1 TEST D'HYPOTHÈSES AVEC MINITAB

Nous décrivons comment utiliser Minitab pour effectuer des tests d'hypothèses relatifs à la moyenne et à la proportion d'une population.

Moyenne d'une population : σ connu

Test balles de golf

Nous reprenons l'exemple de la distance couverte par les balles de golf MaxFlight, présenté à la section 9.3. Les données (cf. fichier en ligne Test balles de golf) sont enregistrées dans la colonne C1 d'une feuille de calcul Minitab. L'écart type de la population $\sigma = 12$ est supposé connu et le seuil de signification est fixé à $\alpha = 0{,}05$. Les étapes suivantes permettent de tester les hypothèses $H_0 : \mu = 295$ contre $H_a : \mu \neq 295$.

Étape 1. Sélectionner le menu **Stat**
Étape 2. Choisir **Basic Statistics**
Étape 3. Choisir l'option **1-Sample Z**
Étape 4. Lorsque la boîte de dialogue 1-Sample Z apparaît
- Entrer C1 dans la boîte **Samples in columns**
- Entrer 12 dans la boîte **Standard deviation**
- Sélectionner **Perform Hypothesis Test**
- Entrer 295 dans la boîte **Hypothesized mean**
- Sélectionner **Options**

Étape 5. Lorsque la boîte de dialogue 1-Sample Z-Options apparaît
- Entrer 95 dans la boîte **Confidence level**[5]
- Sélectionner **not equal** dans la boîte **Alternative**
- Cliquer sur **OK**

Étape 6. Cliquer sur **OK**

[5] Minitab fournit simultanément les résultats du test d'hypothèses et de l'estimation par intervalle. L'utilisateur peut sélectionner le seuil de confiance pour l'estimation par intervalle de la moyenne de la population : le seuil de 95 % est suggéré ici.

En plus des résultats du test d'hypothèses, Minitab fournit un intervalle de confiance à 95 % pour la moyenne de la population.

La procédure peut être facilement modifiée pour effectuer un test d'hypothèses unilatéral en sélectionnant l'option « inférieur à » ou « supérieur à » dans la boîte **Alternative** à l'étape 5.

Moyenne d'une population : σ inconnu

Les évaluations de l'aéroport d'Heathrow, faites par 60 voyageurs d'affaires (cf. fichier en ligne Aéroport) sont enregistrées dans la colonne C1 d'une feuille de calcul Minitab. Le seuil de signification du test est fixé à $\alpha = 0{,}05$ et l'écart type de la population σ sera estimé par l'écart type de l'échantillon s. Les étapes suivantes permettent de tester $H_0 : \mu \leq 7$ contre $H_a : \mu > 7$.

Étape 1. Sélectionner le menu **Stat**
Étape 2. Choisir **Basic Statistics**
Étape 3. Choisir l'option **1-Sample t**
Étape 4. Lorsque la boîte de dialogue 1-Sample t apparaît
 Entrer C1 dans la boîte **Samples in columns**
 Sélectionner **Perform Hypothesis Test**
 Entrer 7 dans la boîte **Hypothesized mean**
 Sélectionner **Options**
Étape 5. Lorsque la boîte de dialogue 1-Sample t-Options apparaît
 Entrer 95 dans la boîte **Confidence level**
 Sélectionner **greater than** dans la boîte **Alternative**
 Cliquer sur **OK**
Étape 6. Cliquer sur **OK**

L'étude de l'évaluation de l'aéroport d'Heathrow implique une hypothèse alternative « supérieur à ». Les étapes précédentes peuvent facilement être modifiées pour d'autres tests d'hypothèses, en sélectionnant les options « inférieur à » ou « inégal » dans la boîte **Alternative** à l'étape 5.

Proportion d'une population

Nous reprenons l'exemple des cours de golf de Pine Creek, présenté à la section 9.5 (cf. fichier en ligne Golfeuses). Les données Femme-Homme sont enregistrées dans la colonne C1 d'une feuille de calcul Minitab. Minitab utilise l'ordre alphabétique pour ordonner les réponses et considère la *seconde réponse* comme étant celle à laquelle on s'intéresse dans l'étude. Dans cet exemple, Minitab ordonne les catégories en Femme-Homme et fournit des résultats concernant la proportion d'hommes dans la population. Puisqu'on s'intéresse à la proportion de femmes et non d'hommes, nous changeons l'ordre des catégories de Minitab de la façon suivante : sélectionner une cellule dans la colonne et utiliser la séquence Editor>Colonne>Ordre des valeurs. Choisir ensuite l'option « spécifier un ordre particulier ». Assurez-vous que les réponses soient bien classées dans l'ordre homme-femme dans la boîte **Define-an-order**. La fonction **1 Proportion** de Minitab fournit les résultats du test d'hypothèses pour la proportion de femmes dans la population des joueurs de golf. Nous procédons de la façon suivante :

Étape 1. Sélectionner le menu **Stat**
Étape 2. Choisir **Basic Statistics**
Étape 3. Choisir l'option **1 Proportion**
Étape 4. Lorsque la boîte de dialogue 1 Proportion apparaît
Entrer C1 dans la boîte **Samples in columns**
Sélectionner **Perform Hypothesis Test**
Entrer 0,20 dans la boîte **Hypothesized proportion**
Sélectionner **Options**
Étape 5. Lorsque la boîte de dialogue 1 Porportion-Options apparaît
Entrer 95 dans la boîte **Confidence level**
Sélectionner **greater than** dans la boîte **Alternative**
Sélectionner **Use test and interval based on normal distribution**
Cliquer sur **OK**
Étape 6. Cliquer sur **OK**

ANNEXE 9.2 TEST D'HYPOTHÈSES AVEC EXCEL

Excel ne possède pas de procédures pour effectuer les tests d'hypothèses présentés dans ce chapitre. En conséquence, nous présentons des feuilles de calcul Excel qui permettent de tester des hypothèses relatives à la moyenne et à la proportion d'une population. Les feuilles de calcul sont faciles à utiliser et peuvent être modifiées pour tester tout échantillon de données. Les feuilles de calcul sont disponibles en ligne.

Moyenne d'une population : σ connu

Test d'hypothèses Sigma connu

Nous reprenons l'exemple de la distance couverte par les balles de golf MaxFlight, présenté à la section 9.3. Les données sont enregistrées dans la colonne A d'une feuille de calcul Excel. L'écart type de la population $\sigma = 12$ est supposé connu et le seuil de signification est fixé à $\alpha = 0{,}05$. Les étapes suivantes permettent de tester les hypothèses $H_0 : \mu = 295$ contre $H_a : \mu \neq 295$.

Référez-vous à la figure 9.8 pour suivre la démarche. La feuille de calcul en arrière-plan contient les formules utilisées qui permettent d'obtenir les résultats présentés dans la feuille de calcul apparaissant au premier plan. Les données sont entrées dans les cellules A2:A51. Les étapes suivantes sont nécessaires pour utiliser les modèles pour cet ensemble de données.

Étape 1. Entrer la plage des données A2:A51 dans la formule =COUNT inscrite dans la cellule D4
Étape 2. Entrer la plage des données A2:A51 dans la formule =AVERAGE inscrite dans la cellule D5
Étape 3. Entrer l'écart type de la population $\sigma = 12$ dans la cellule D6
Étape 4. Entrer la valeur hypothétique de la moyenne de la population 295 dans la cellule D8

	A	B	C	D	E
1	**Yards**		**Test d'hypothèses concernant la moyenne d'une population**		
2	303		**Avec σ connu**		
3	282				
4	289		Taille de l'échantillon	=COUNT(A2:A51)	
5	298		Moyenne de l'échantillon	=AVERAGE(A2:A51)	
6	283		Écart type de la population	12	
7	317				
8	297		Valeur hypothétique	295	
9	308				
10	317		Erreur type	=D6/SQRT(D4)	
11	293		Statistique de test *z*	=(D5-D8)/D10	
12	284				
13	290		Valeur *p* (test unilatéral inférieur)	=NORM.S.DIST(D11,TRUE)	
14	304		Valeur *p* (test unilatéral supérieur)	=1-D13	
15	290		Valeur *p* (test bilatéral)	=2*MIN(D13,D14)	
16	311				
17	305				
49	303				
50	301				
51	292				
52					

	A	B	C	D	E
1	**Yards**		**Test d'hypothèses concernant la moyenne d'une population**		
2	303		**Avec α connu**		
3	282				
4	289		Taille de l'échantillon	50	
5	298		Moyenne de l'échantillon	297,6	
6	283		Écart type de la population	12	
7	317				
8	297		Valeur hypothétique	295	
9	308				
10	317		Erreur type	1,70	
11	293		Statistique de test *z*	1,53	
12	284				
13	290		Valeur *p* (test unilatéral inférieur)	0,9372	
14	304		Valeur *p* (test unilatéral supérieur)	0,0628	
15	290		Valeur *p* (test bilatéral)	0,1255	
16	311				
17	305				
49	303				
50	301				
51	292				
52					

Figure 9.8 ***Feuille de calcul Excel pour des tests d'hypothèses relatifs à la moyenne d'une population avec σ connu***

Remarque : Les lignes 18 à 48 ont été masquées.

Les autres cellules, dans lesquelles sont inscrites les formules, fournissent alors automatiquement l'erreur type, la valeur de la statistique de test z et les trois valeurs p. Puisque l'hypothèse nulle ($\mu_0 \neq 295$) indique que le test est bilatéral, la valeur p (bilatérale) de la cellule D15 est utilisée pour déterminer la règle de rejet. Avec une valeur p égale à $0{,}1255 > \alpha = 0{,}05$, l'hypothèse nulle ne peut pas être rejetée. Les valeurs p des cellules D13 et D14 auraient été utilisées si les hypothèses correspondaient à un test unilatéral.

Ce modèle permet d'effectuer des tests d'hypothèses pour d'autres applications. Par exemple, pour effectuer un test d'hypothèses à partir d'un nouvel ensemble de données, enregistrer le nouvel échantillon de données dans la colonne A d'une feuille de calcul. Modifier les formules des cellules D4 et D5 en conséquence. Entrer l'écart type de la population dans la cellule D6 et la valeur hypothétique de la moyenne de la population dans la cellule D8 pour obtenir les résultats. Si les statistiques descriptives du nouvel échantillon de données ont déjà été calculées, il n'est pas nécessaire d'enregistrer le nouvel échantillon dans la feuille de calcul. Dans ce cas, entrer la taille de l'échantillon dans la cellule D4, la moyenne de l'échantillon dans la cellule D5, l'écart type de la population dans la cellule D6 et la valeur hypothétique de la moyenne de la population dans la cellule D8 pour obtenir les résultats. La feuille de calcul présentée à la figure 9.8 est disponible dans le fichier en ligne Test d'hypothèses Sigma connu.

Moyenne d'une population : σ inconnu

Test d'hypothèses Sigma inconnu

Nous reprenons l'exemple des évaluations de l'aéroport d'Heathrow, présenté à la section 9.4. Les données sont enregistrées dans la colonne A d'une feuille de calcul Excel. L'écart type de la population σ est inconnu et sera estimé par l'écart type de l'échantillon s. Le seuil de signification du test est fixé à $\alpha = 0{,}05$. Les étapes suivantes permettent de tester $H_0 : \mu \leq 7$ contre $H_a : \mu > 7$.

Référez-vous à la figure 9.9. La feuille de calcul en arrière-plan contient les formules utilisées pour obtenir les résultats présentés dans la feuille de calcul apparaissant au premier plan. Les données sont enregistrées dans les cellules A2:A61. Les étapes suivantes sont nécessaires pour utiliser les modèles pour cet ensemble de données.

Étape 1. Entrer la plage des données A2:A61 dans la formule =COUNT inscrite dans la cellule D4

Étape 2. Entrer la plage des données A2:A61 dans la formule =AVERAGE inscrite dans la cellule D5

Étape 3. Entrer la plage des données A2:A61 dans la formule =STDEV inscrite dans la cellule D6

Étape 4. Entrer la valeur hypothétique de la moyenne de la population 7 dans la cellule D8

Les autres cellules, dans lesquelles sont inscrites les formules, fournissent alors automatiquement l'erreur type, la valeur de la statistique de test t, le nombre de degrés de liberté et les trois valeurs p. Puisque l'hypothèse nulle ($\mu > 7$) indique que le test est unilatéral supérieur, la valeur p (unilatérale supérieure) de la cellule D15 est utilisée pour déterminer la règle de rejet. Avec une valeur p égale à $0{,}0353 < \alpha = 0{,}05$, l'hypothèse nulle est rejetée.

	A	B	C	D	E
1	**Note**		**Test d'hypothèses concernant la moyenne d'une population**		
2	5		**Avec σ connu**		
3	7				
4	8		Taille de l'échantillon	=COUNT(A2:A61)	
5	7		Moyenne de l'échantillon	=AVERAGE(A2:A61)	
6	8		Écart type de l'échantillon	=STDEV(A2:A61)	
7	8				
8	8		Valeur hypothétique	7	
9	7				
10	8		Erreur type	=D6/SQRT(D4)	
11	10		Statistique de test *t*	=(D5-D8)/D10	
12	6		Degrés de liberté	=D4-1	
13	7				
14	8		Valeur *p* (test unilatéral inférieur)	=T.DIST(D11,D12,TRUE)	
15	8		Valeur *p* (test unilatéral supérieur)	=1-D14	
16	9		Valeur *p* (test bilatéral)	=2*MIN(D14,D15)	
17	7				
59	7				
60	7				
61	8				
62					

	A	B	C	D	E
1	**Note**		**Test d'hypothèses concernant la moyenne d'une population**		
2	5		**Avec σ connu**		
3	7				
4	8		Taille de l'échantillon	60	
5	7		Moyenne de l'échantillon	7,25	
6	8		Écart type de l'échantillon	1,05	
7	8				
8	8		Valeur hypothétique	7	
9	7				
10	8		Erreur type	0,136	
11	10		Statistique de test *t*	1,841	
12	6		Degrés de liberté	59	
13	7				
14	8		Valeur *p* (test unilatéral inférieur)	0,9647	
15	8		Valeur *p* (test unilatéral supérieur)	0,0353	
16	9		Valeur *p* (test bilatéral)	0,0706	
17	7				
59	7				
60	7				
61	8				
62					

Figure 9.9 ***Feuille de calcul Excel pour des tests d'hypothèses relatifs à la moyenne d'une population avec σ inconnu***

Remarque : Les lignes 18 à 58 ont été masquées.

Les valeurs p des cellules D14 ou D16 auraient été utilisées si les hypothèses correspondaient à un test unilatéral inférieur ou bilatéral.

Ce modèle permet d'effectuer des tests d'hypothèses pour d'autres applications. Par exemple, pour effectuer un test d'hypothèses à partir d'un nouvel ensemble de données, enregistrer le nouvel échantillon de données dans la colonne A d'une feuille de calcul. Modifier les formules des cellules D4, D5 et D6 en conséquence. Entrer la valeur hypothétique de la moyenne de la population dans la cellule D8 pour obtenir les résultats. Si les statistiques descriptives du nouvel échantillon de données ont déjà été calculées, il n'est pas nécessaire d'enregistrer le nouvel échantillon dans la feuille de calcul. Dans ce cas, entrer la taille de l'échantillon dans la cellule D4, la moyenne de l'échantillon dans la cellule D5, l'écart type de l'échantillon dans la cellule D6 et la valeur hypothétique de la moyenne de la population dans la cellule D8 pour obtenir les résultats. La feuille de calcul présentée à la figure 9.9 est disponible dans le fichier en ligne Test d'hypothèses Sigma inconnu.

Proportion d'une population

Nous reprenons l'exemple des cours de golf de Pine Creek, présenté à la section 9.5. Les données Femme-Homme sont enregistrées dans la colonne A d'une feuille de calcul Excel. Référez-vous à la figure 9.13. La feuille de calcul en arrière-plan contient les formules utilisées pour obtenir les résultats présentés dans la feuille de calcul apparaissant au premier plan. Les données sont enregistrées dans les cellules A2:A401. Les étapes suivantes permettent de tester $H_0 : p \leq 0,20$ contre $H_a : p > 0,20$.

Étape 1. Entrer la plage des données A2:A401 dans la formule =COUNTA inscrite dans la cellule D3

Étape 2. Entrer Femme comme étant la variable à laquelle on s'intéresse dans la cellule D4

Étape 3. Entrer la plage des données A2:A401 dans la formule =COUNTIF inscrite dans la cellule D5

Étape 4. Entrer la valeur hypothétique de la proportion de la population 0,20 dans la cellule D8

Les autres cellules, dans lesquelles sont inscrites les formules, fournissent alors automatiquement l'erreur type, la valeur de la statistique de test z et les trois valeurs p. Puisque l'hypothèse nulle ($p > 0,20$) indique que le test est unilatéral supérieur, la valeur p (unilatérale supérieure) de la cellule D14 est utilisée pour déterminer la règle de rejet. Avec une valeur p égale à $0,0062 < \alpha = 0,05$, l'hypothèse nulle est rejetée. Les valeurs p des cellules D13 ou D15 auraient été utilisées si les hypothèses correspondaient à un test unilatéral inférieur ou bilatéral.

Ce modèle permet d'effectuer des tests d'hypothèses pour d'autres applications. Par exemple, pour effectuer un test d'hypothèses à partir d'un nouvel ensemble de données, enregistrer le nouvel échantillon de données dans la colonne A d'une feuille de calcul. Modifier les formules des cellules D3 et D5 en conséquence. Entrer la variable à laquelle on s'intéresse dans la cellule D4 et la valeur hypothétique de la proportion de la population dans la cellule D8 pour obtenir les résultats. Si les statistiques descriptives du nouvel échantillon de données ont déjà été calculées, il n'est pas nécessaire d'enregistrer le nouvel échantillon dans la feuille de calcul. Dans ce cas, entrer la taille de l'échantillon dans la cellule D3, la proportion de l'échantillon dans la cellule D6 et la valeur hypothétique de la proportion de la population dans la cellule D8 pour obtenir les résultats. La feuille de calcul présentée à la figure 9.10 est disponible dans le fichier en ligne Test d'hypothèses p.

	A	B	C	D	E
1	**Golfeur**		**Estimation par intervalle de la proportion d'une population**		
2	Femme				
3	Homme		Taille de l'échantillon	=COUNTA(A2:A401)	
4	Femme		Réponse à laquelle on s'intéresse	Femme	
5	Homme		Nombre de réponses	=COUNTIF(A2:A401)	
6	Homme		Proportion de l'échantillon	=D5/D3	
7	Femme				
8	Homme		Valeur hypothétique	0,2	
9	Homme				
10	Femme		Erreur type	=SQRT(D8*(1-D8)/D3)	
11	Homme		Statistique de test *z*	=(D6-D8)/D10	
12	Homme				
13	Homme		Valeur *p* (test unilatéral inférieur)	=NORM.S.DIST(D11,TRUE)	
14	Homme		Valeur *p* (test unilatéral supérieur)	=1-D13	
15	Homme		Valeur *p* (test bilatéral)	=2*MIN(D13,D14)	
16	Femme				
400	Homme				
401	Homme				
402					

	A	B	C	D	E
1	**Golfeur**		**Estimation par intervalle de la proportion d'une population**		
2	Femme				
3	Homme		Taille de l'échantillon	400	
4	Femme		Réponse à laquelle on s'intéresse	Femme	
5	Homme		Nombre de réponses	100	
6	Homme		Proportion de l'échantillon	0,2500	
7	Femme				
8	Homme		Valeur hypothétique	0,2	
9	Homme				
10	Femme		Erreur type	0,0200	
11	Homme		Statistique de test *z*	2,50	
12	Homme				
13	Homme		Valeur *p* (test unilatéral inférieur)	0,9938	
14	Homme		Valeur *p* (test unilatéral supérieur)	0,0062	
15	Homme		Valeur *p* (test bilatéral)	0,0124	
16	Femme				
400	Homme				
401	Homme				
402					

Figure 9.10 ***Feuille de calcul Excel pour des tests d'hypothèses relatifs à la proportion d'une population***

Remarque : Les lignes 17 à 399 ont été masquées.

ANNEXE 9.3 TEST D'HYPOTHÈSES AVEC STATTOOLS

Dans cette annexe, nous montrons comment utiliser StatTools pour effectuer des tests d'hypothèses relatifs à la moyenne d'une population pour le cas σ inconnu et à la proportion d'une population.

Moyenne d'une population : cas σ inconnu

Aéroport

Dans ce cas, l'écart type de la population σ est estimé par l'écart type de l'échantillon s. Nous utiliserons l'exemple traité dans la section 9.4 relatif aux évaluations de l'aéroport d'Heathrow faites par 60 voyageurs.

Commencer par utiliser Data Set Manager pour créer un ensemble de données StatTools pour ces données en utilisant la procédure décrite dans l'annexe du chapitre 1. Les étapes suivantes permettent de tester l'hypothèse $H_0 : \mu \leq 7$ contre $H_a : \mu > 7$.

Étape 1. Cliquer sur le bouton **StatTools** dans la barre des tâches
Étape 2. Dans le groupe **Analyses**, cliquer sur **Statistical Inference**
Étape 3. Choisir l'option **Hypothesis Test**
Étape 4. Choisir **Mean/Std. Deviation**
Étape 5. Lorsque la boîte de dialogue apparaît :
Pour **Analysis Type**, choisir **One-Sample Analysis**
Dans la section **Variables**, sélectionner **Rating**
Dans la section **Hypothesis Tests to Perform**
Sélectionner l'option **Mean**
Entrer 7 dans la boîte **Null Hypothesis Value**
Sélectionner **Greater Than Null Value (One-Tailed Test)** dans la boîte **Alternative Hypothesis**
S'il est sélectionné, retirer la marque dans boîte **Standard Deviation**
Cliquer sur **OK**

Les résultats du test d'hypothèses apparaîtront. Ils comprennent la valeur p et la valeur de la statistique de test.

Proportion d'une population

Nous illustrons la procédure en utilisant l'exemple de Pine Creek de la section 9.5. Commencer par utiliser Data Set Manager pour créer un ensemble de données StatTools pour ces données en utilisant la procédure décrite dans l'annexe du chapitre 1. Les étapes suivantes permettent d'effectuer un test d'hypothèses relatif à la proportion de la population.

Étape 1. Cliquer sur le bouton **StatTools** dans la barre des tâches
Étape 2. Dans le groupe **Analyses**, cliquer sur **Statistical Inference**
Étape 3. Choisir **Hypothesis Test**
Étape 4. Choisir **Proportion**
Étape 5. Lorsque la boîte de dialogue apparaît :
Pour **Analysis Type**, choisir **One-Sample Analysis**
Dans la section **Variables**, sélectionner **Golfer**

Dans la section **Categories to Analyse**, sélectionner **Female**
Dans la section **Hypothesis About Proportion**
Entrer 0,20 dans la boîte **Null Hypothesis Value**
Sélectionner **Greater Than Null Value (One-Tailed Test)** dans la boîte **Alternative Hypothesis Type**
Cliquer sur **OK**

Les résultats du test d'hypothèses apparaîtront. Ils comprennent la valeur *p* et la valeur de la statistique de test.

10

COMPARAISONS DE MOYENNES, PROCÉDURE EXPÉRIMENTALE ET ANALYSE DE LA VARIANCE

STATISTIQUES APPLIQUÉES

L'administration américaine de certification des aliments et des médicaments Washington D.C.

Il est de la responsabilité de l'administration américaine de certification des aliments et des médicaments (Food and Drug Administration – FDA), au travers de son centre d'évaluation et de recherche sur les médicaments (CDER), de garantir que les médicaments sont sûrs et efficaces. Mais le CDER ne teste pas lui-même les nouveaux médicaments. Il est de la responsabilité de la société souhaitant mettre sur le marché un nouveau médicament de le tester et de prouver sa sécurité et son efficacité. Les statisticiens et les scientifiques du CDER examinent ensuite les preuves fournies.

Les sociétés souhaitant obtenir l'autorisation de mise sur le marché d'un nouveau médicament effectuent de nombreuses études statistiques pour étayer leur demande. Le processus de test dans l'industrie pharmaceutique comprend généralement trois étapes : (1) test pré-clinique, (2) test d'usage à long terme et de sécurité et (3) test d'efficacité clinique. À chaque étape, la probabilité qu'un médicament réussisse, avec succès, le test, diminue ; par contre, le coût engendré par des tests supplémentaires augmente fortement. Les enquêtes industrielles indiquent qu'en moyenne la phase de recherche et développement d'un nouveau médicament coûte 250 millions de dollars et nécessite 12 années de travail. Aussi, est-il important d'éliminer les nouveaux médicaments qui n'ont pas d'avenir dès les premières étapes du processus de test et d'identifier les médicaments prometteurs.

Les statistiques jouent un rôle clé dans la recherche pharmaceutique où les réglementations publiques sont strictes et rigoureusement appliquées. Dans la phase de test pré-clinique, une étude statistique portant sur deux ou trois populations détermine si le programme de test d'usage à long terme et de sécurité d'un nouveau médicament doit être effectué. Les populations sont composées du nouveau médicament, d'un contrôle et d'un médicament standard. Le processus de test pré-clinique commence quand un nouveau médicament est envoyé à un groupe de pharmacologie pour évaluer son efficacité, c'est-à-dire sa capacité à produire les effets souhaités. Au cours du processus, on demande à un statisticien d'imaginer une procédure pour tester le nouveau médicament. La procédure doit spécifier la taille de l'échantillon et les méthodes statistiques d'analyse. Dans une étude à deux populations, un échantillon est utilisé pour obtenir des données sur l'efficacité du nouveau médicament (population 1) et un second échantillon est utilisé pour obtenir des données sur l'efficacité du médicament standard (population 2). En fonction de l'utilisation envisagée, les médicaments nouveau et standard sont testés dans des disciplines comme la neurologie, la cardiologie et l'immunologie. Dans la plupart des études, on cherche à tester et à estimer la différence entre les moyennes des populations des médicaments nouveau et standard. Si un nouveau médicament n'est pas efficace ou produit des effets indésirables, comparativement au médicament standard, il est écarté des tests suivants. Seuls les nouveaux médicaments prometteurs, en comparaison des médicaments standards, poursuivent le programme de test d'usage à long terme et de sécurité.

Dans le programme de test d'usage à long terme et de sécurité, des données supplémentaires sont collectées et des études multi-populations plus approfondies sont conduites. L'administration américaine de certification des aliments et des médicaments exige que les méthodes statistiques soient définies avant les tests, de manière à éviter les biais d'estimation liés aux données. De plus, pour éviter les biais d'estimation dus aux individus des populations testées, certains tests cliniques sont doublement anonymes. En d'autres termes, ni le patient ni l'investigateur ne savent qui prend quel médicament. Si les nouveaux médicaments satisfont toutes les exigences du test, une demande d'enregistrement en tant que nouveau médicament est déposée auprès de l'administration de certification des aliments et des médicaments. La demande est rigoureusement examinée par les statisticiens et les scientifiques de l'administration.

Dans ce chapitre vous apprendrez à effectuer des estimations par intervalle et des tests d'hypothèses sur les moyennes de deux (ou plus) populations. Les techniques d'analyse pour des échantillons aléatoires indépendants ainsi que pour des échantillons appariés seront présentées.

Dans les chapitres 8 et 9, nous avons montré comment construire des estimations par intervalle et conduire des tests d'hypothèses dans des situations impliquant la moyenne ou la proportion d'une seule population. Dans les sections 10.1 à 10.3 de ce chapitre, nous poursuivrons notre discussion sur l'inférence statistique en montrant comment effectuer des estimations par intervalle et des tests d'hypothèses dans des situations impliquant deux populations lorsque l'écart entre les moyennes de ces deux populations est d'importance. Par exemple, nous pourrions souhaiter effectuer une estimation par intervalle de l'écart entre le salaire de base d'une population d'hommes et celui d'une population de femmes, ou effectuer un test d'hypothèses pour déterminer s'il existe un écart entre les moyennes des deux populations.

Dans la section 10.4, nous introduirons les principes de base d'une procédure expérimentale et montrerons comment ils sont mis en œuvre dans un processus totalement aléatoire. Nous fournissons également une vue d'ensemble conceptuelle de la procédure statistique d'analyse de la variance (ANOVA). Dans la section 10.5, nous montrerons comment l'analyse de la variance peut être utilisée pour tester l'égalité des moyennes de k populations en utilisant des données issues d'un processus totalement aléatoire, ainsi que des données issues d'une étude empirique. Aussi, en ce sens, l'analyse de la variance étend les outils statistiques présentés dans les sections 10.1 à 10.3 à plus de deux populations.

Nous commencerons notre discussion sur l'inférence statistique concernant deux populations en montrant comment effectuer des estimations par intervalle et mener des tests d'hypothèses sur l'écart entre les moyennes de deux populations, dont les écarts types sont supposés connus.

10.1 INFÉRENCE RELATIVE À L'ÉCART ENTRE LES MOYENNES DE DEUX POPULATIONS : σ_1 ET σ_2 CONNUS

Soient μ_1 la moyenne de la population 1 et μ_2 la moyenne de la population 2. Nous nous concentrons sur l'écart entre ces deux moyennes : $\mu_1 - \mu_2$. Pour estimer cet écart, nous sélectionnons un échantillon aléatoire simple de n_1 observations parmi la population 1 et un échantillon aléatoire simple de n_2 observations parmi la population 2. Ces deux échantillons, sélectionnés séparément et indépendamment, sont des **échantillons aléatoires simples indépendants**. Dans cette section, nous supposons que les écarts types des deux populations σ_1 et σ_2 sont connus avant tout échantillonnage. Nous appelons ce cas le cas où σ_1 et σ_2 sont connus. Au travers de l'exemple suivant, nous illustrons le calcul d'une marge d'erreur et développons une estimation par intervalle de l'écart entre les moyennes de deux populations lorsque σ_1 et σ_2 sont connus.

10.1.1 Estimation par intervalle de $\mu_1 - \mu_2$

Les grands magasins Greystone ont ouvert deux boutiques à Buffalo, dans l'État de New York : l'un au centre-ville, l'autre dans un centre commercial de la banlieue. Le directeur régional a remarqué que les produits qui se vendent bien dans un magasin, ne se vendent pas nécessairement bien dans l'autre. Il attribue ce fait aux différences démographiques entre les clients des deux magasins. Les clients peuvent différer en termes d'âge, de niveaux d'éducation, de niveaux de revenus, etc. Supposons que le directeur régional nous ait demandé d'étudier la différence entre les moyennes d'âge des clients qui font leurs courses dans les deux magasins.

On définit par le terme population 1, tous les clients qui font leurs achats dans le magasin du centre-ville et par le terme population 2, tous les clients qui font leurs achats dans le magasin de banlieue. Soient μ_1 la moyenne de la population 1 (l'âge moyen de tous les clients qui font leurs achats dans le magasin du centre-ville) et μ_2 la moyenne de la population 2 (l'âge moyen de tous les clients qui font leurs achats dans le magasin de banlieue). La différence entre les moyennes est $\mu_1 - \mu_2$.

Pour estimer $\mu_1 - \mu_2$, on sélectionne parmi la population 1 un échantillon aléatoire simple de n_1 clients et parmi la population 2, un échantillon aléatoire simple de n_2 clients. Nous calculons ensuite les moyennes des deux échantillons. Soient $\bar{x}_1$ l'âge moyen de l'échantillon aléatoire des n_1 clients du centre-ville et $\bar{x}_2$ l'âge moyen de l'échantillon aléatoire des n_2 clients de banlieue. L'estimateur ponctuel de l'écart entre les moyennes d'âge des deux populations correspond à l'écart entre les moyennes des deux échantillons.

► **Estimateur ponctuel de l'écart entre les moyennes de deux populations**

$$\bar{x}_1 - \bar{x}_2 \qquad (10.1)$$

La figure 10.1 donne une vue d'ensemble du processus utilisé pour estimer l'écart entre les moyennes de deux populations, en se basant sur deux échantillons aléatoires simples indépendants.

Comme tout estimateur ponctuel, l'estimateur ponctuel $\bar{x}_1 - \bar{x}_2$ a une erreur type qui décrit la variation de l'estimateur dans la distribution d'échantillonnage. Avec deux échantillons aléatoires simples, l'erreur type de $\bar{x}_1 - \bar{x}_2$ correspond à l'expression suivante.

► **Erreur type de $\bar{x}_1 - \bar{x}_2$**

$$\sigma_{\bar{x}_1 - \bar{x}_2} = \sqrt{\frac{\sigma_1^2}{n_1} + \frac{\sigma_2^2}{n_2}} \qquad (10.2)$$

L'erreur type de $\bar{x}_1 - \bar{x}_2$ est l'écart type de la distribution d'échantillonnage de $\bar{x}_1 - \bar{x}_2$.

Si les deux populations ont une distribution normale ou si les échantillons sont suffisamment grands pour que le théorème central limite s'applique (les distributions d'échantillonnage de $\bar{x}_1$ et $\bar{x}_2$ peuvent alors être approchées par une distribution normale), la distribution d'échantillonnage de $\bar{x}_1 - \bar{x}_2$ sera normale de moyenne $\mu_1 - \mu_2$.

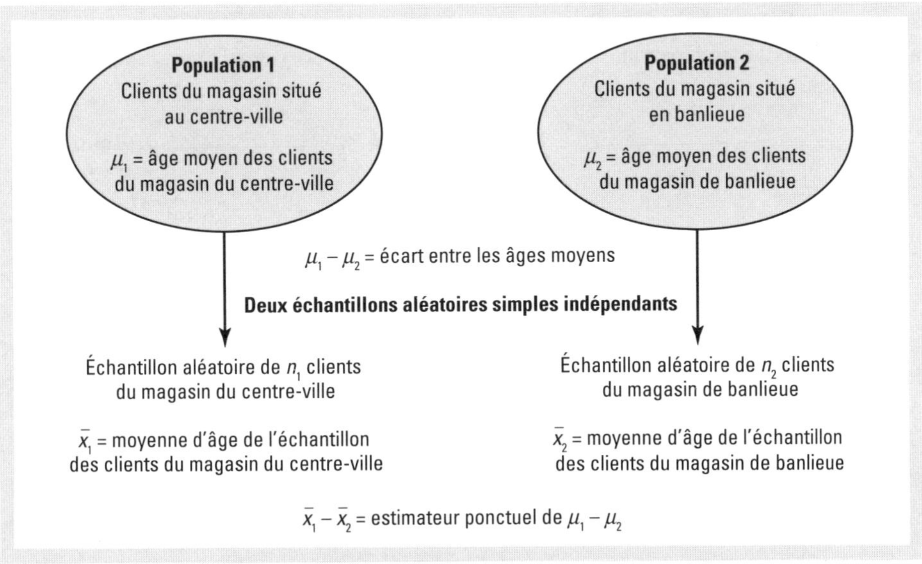

Figure 10.1 ***Estimer l'écart entre les moyennes de deux populations***

Comme expliqué au chapitre 8, une estimation par intervalle correspond à l'estimation ponctuelle ± une marge d'erreur. Dans le cas d'une estimation de l'écart entre les moyennes de deux populations, l'estimation par intervalle prend la forme suivante :

$$\bar{x}_1 - \bar{x}_2 \pm \text{Marge d'erreur}$$

Dans la mesure où la distribution d'échantillonnage de $\bar{x}_1 - \bar{x}_2$ est normale, la marge d'erreur correspond à :

$$\text{Marge d'erreur} = z_{\alpha/2}\sigma_{\bar{x}_1-\bar{x}_2} = z_{\alpha/2}\sqrt{\frac{\sigma_1^2}{n_1}+\frac{\sigma_2^2}{n_2}} \qquad (10.3)$$

La marge d'erreur est obtenue en multipliant l'erreur type par $z_{\alpha/2}$.

Ainsi, l'estimation par intervalle de l'écart entre les moyennes de deux populations correspond à :

▶ **Estimation par intervalle de l'écart entre les moyennes de deux populations : σ_1 et σ_2 connus**

$$\bar{x}_1 - \bar{x}_2 \pm z_{\alpha/2}\sqrt{\frac{\sigma_1^2}{n_1}+\frac{\sigma_2^2}{n_2}} \qquad (10.4)$$

où $1-\alpha$ est le seuil de confiance.

Revenons à l'exemple des grands magasins Greystone. Selon des études démographiques antérieures sur les clients, les écarts types des deux populations sont respectivement égaux à $\sigma_1 = 9$ ans et $\sigma_2 = 10$ ans. Les données des deux échantillons aléatoires simples indépendants de clients des magasins Greystone fournissent les résultats suivants.

	Magasin de centre-ville	Magasin de banlieue
Taille de l'échantillon	$n_1 = 36$	$n_2 = 49$
Moyenne de l'échantillon	$\bar{x}_1 = 40$ ans	$\bar{x}_2 = 35$ ans

En utilisant l'expression (10.1), l'écart entre les moyennes d'âge des deux populations est estimé à 5 ans ($\bar{x}_1 - \bar{x}_2 = 40 - 35 = 5$). En d'autres termes, nous estimons que les clients du magasin situé au centre-ville ont, en moyenne, cinq ans de plus que les clients du magasin situé en banlieue. Nous pouvons maintenant utiliser l'expression (10.4) pour calculer la marge d'erreur et fournir une estimation par intervalle de $\mu_1 - \mu_2$. Au seuil de confiance de 95 %, $z_{\alpha/2} = z_{0,025} = 1,96$ et

$$\bar{x}_1 - \bar{x}_2 \pm z_{\alpha/2}\sqrt{\frac{\sigma_1^2}{n_1} + \frac{\sigma_2^2}{n_2}}$$

$$40 - 35 \pm 1,96\sqrt{\frac{9^2}{36} + \frac{10^2}{49}}$$

$$5 \pm 4,06$$

Ainsi, au seuil de confiance de 95 %, la marge d'erreur est de 4,06 ans et l'écart entre les moyennes d'âge des deux populations de Greystone est compris entre 0,94 an et 9,06 ans.

10.1.2 Test d'hypothèses relatif à $\mu_1 - \mu_2$

Considérons les tests d'hypothèses relatifs à l'écart entre les moyennes de deux populations. En notant D_0 l'écart hypothétique entre μ_1 et μ_2, les trois formes que peut prendre un test d'hypothèses, sont :

$$H_0 : \mu_1 - \mu_2 \geq D_0 \qquad H_0 : \mu_1 - \mu_2 \leq D_0 \qquad H_0 : \mu_1 - \mu_2 = D_0$$
$$H_a : \mu_1 - \mu_2 < D_0 \qquad H_a : \mu_1 - \mu_2 > D_0 \qquad H_a : \mu_1 - \mu_2 \neq D_0$$

Dans de nombreuses applications, $D_0 = 0$. Par exemple, dans le cadre d'un test bilatéral, lorsque $D_0 = 0$, l'hypothèse nulle correspond à $H_0 : \mu_1 - \mu_2 = 0$. Dans ce cas, l'hypothèse nulle implique l'égalité entre μ_1 et μ_2. Le rejet de H_0 conduit à considérer que l'hypothèse $H_a : \mu_1 - \mu_2 \neq 0$ est vraie ; en d'autres termes, le rejet de H_0 conduit à conclure que μ_1 et μ_2 ne sont pas égaux.

Les étapes pour effectuer un test d'hypothèses, présentées au chapitre 9, sont applicables ici. Nous devons choisir un seuil de signification, calculer la valeur de la statistique de test et trouver la valeur p qui permet de conclure si l'hypothèse nulle doit être rejetée ou non. Avec deux échantillons aléatoires indépendants, l'estimateur ponctuel

$\bar{x}_1 - \bar{x}_2$ a une erreur type $\sigma_{\bar{x}_1 - \bar{x}_2}$ correspondant à l'expression (10.2) et, lorsque les échantillons sont suffisamment grands, la distribution de $\bar{x}_1 - \bar{x}_2$ peut être décrite par une distribution normale. Dans ce cas, la statistique de test pour l'écart entre les moyennes de deux populations lorsque σ_1 et σ_2 sont connus, s'écrit :

▶ **Statistique de test pour des tests d'hypothèses relatifs à $\mu_1 - \mu_2$: σ_1 et σ_2 connus**

$$z = \frac{(\bar{x}_1 - \bar{x}_2) - D_0}{\sqrt{\dfrac{\sigma_1^2}{n_1} + \dfrac{\sigma_2^2}{n_2}}} \tag{10.5}$$

Nous illustrons l'utilisation de cette statistique de test au travers de l'exemple suivant.

Lors d'une étude menée dans le but d'évaluer les différences qualitatives de l'enseignement dispensé dans deux centres de formation, les individus formés dans ces deux centres ont été soumis à un même examen. L'écart entre les notes d'examen moyennes permet d'évaluer les différences qualitatives entre les deux centres de formation. Les notes d'examen moyennes de la population des deux centres sont respectivement notées μ_1 pour la population des individus formés dans le centre A, et μ_2 pour la population des individus formés dans le centre B.

Nous commençons en supposant vraie l'hypothèse selon laquelle il n'y a aucune différence qualitative entre les formations délivrées dans les deux centres. En termes de notes d'examen moyennes, l'hypothèse nulle est $\mu_1 - \mu_2 = 0$. Si les conclusions de l'échantillon conduisent au rejet de cette hypothèse, on en déduira que les notes d'examen moyennes diffèrent entre les deux populations. Cette conclusion indique une différence qualitative entre les deux centres et peut justifier la poursuite de l'étude afin de déterminer les causes de cette différence. Les hypothèses nulle et alternative de ce test bilatéral s'écrivent respectivement:

$$H_0 : \mu_1 - \mu_2 = 0$$
$$H_a : \mu_1 - \mu_2 \neq 0$$

Les examens réalisés précédemment ont toujours résulté en un écart type de notes de près de 10 points. Nous utilisons cette information pour supposer les écarts types des populations connus, en posant $\sigma_1 = 10$ et $\sigma_2 = 10$. Un seuil de signification $\alpha = 0{,}05$ est fixé pour cette étude.

Des échantillons aléatoires simples indépendants de $n_1 = 30$ individus du centre de formation A et $n_2 = 40$ individus du centre de formation B, sont sélectionnés (cf. fichier en ligne Notes d'examen). Les moyennes d'échantillon sont respectivement $\bar{x}_1 = 82$ et $\bar{x}_2 = 78$. Ces données suggèrent-elles l'existence d'un écart significatif entre les notes moyennes des populations des deux centres de formation ? Pour répondre à cette question, nous calculons la statistique de test en utilisant l'expression (10.5).

$$z = \frac{(\bar{x}_1 - \bar{x}_2) - D_0}{\sqrt{\dfrac{\sigma_1^2}{n_1} + \dfrac{\sigma_2^2}{n_2}}} = \frac{(82 - 78) - 0}{\sqrt{\dfrac{10^2}{30} + \dfrac{10^2}{40}}} = 1{,}66$$

Calculons à présent la valeur p associée à ce test bilatéral. Puisque la statistique de test z est située dans la queue supérieure, nous calculons tout d'abord $P(z \geq 1,66)$. D'après la table des probabilités normales centrées réduites, l'aire à gauche de $z = 1,66$ est égale à 0,9515. L'aire dans la queue supérieure de la distribution est égale à $1,0000 - 0,9515 = 0,0485$. Puisque ce test est bilatéral, nous devons doubler l'aire dans les queues : la valeur p est égale à $2(0,0485) = 0,0970$. Selon la règle de rejet usuelle qui consiste à rejeter H_0 si la valeur $p \leq \alpha$, la valeur p associée à ce test égale à 0,0970 ne permet pas de rejeter H_0 au seuil de 0,05. Les résultats de l'échantillon ne fournissent pas de preuve suffisante pour conclure à une différence qualitative significative entre les deux centres de formation.

Dans ce chapitre, nous utilisons l'approche par les valeurs p, décrite au chapitre 9, pour effectuer les tests d'hypothèses. Toutefois, si vous préférez, vous pouvez utiliser l'approche par la valeur critique. Au seuil $\alpha = 0,05$ et avec $z_{\alpha/2} = z_{0,025} = 1,96$, la règle de rejet obtenue en employant l'approche par la valeur critique implique le rejet de H_0 si $z \leq -1,96$ ou si $z \geq 1,96$. Puisque $z = 1,66$, nous obtenons la même conclusion : ne pas rejeter l'hypothèse nulle.

L'exemple précédent portait sur un test bilatéral relatif à l'écart entre les moyennes de deux populations. Des tests unilatéraux inférieurs ou supérieurs peuvent également être effectués. Ces tests utilisent la même statistique de test que celle fournie par l'expression (10.5). Les procédures pour calculer la valeur p et déterminer la règle de rejet de ces tests unilatéraux sont identiques à celles présentées dans le chapitre 9.

10.1.3 Conseils pratiques

Dans la plupart des applications d'estimation par intervalle et de test d'hypothèses présentées dans cette section, des échantillons aléatoires de taille $n_1 \geq 30$ et $n_2 \geq 30$ sont appropriés. Dans les cas où l'un des échantillons (voire les deux) serait de taille inférieure à 30, les distributions des populations deviennent un élément clé. En général, avec des échantillons de taille plus petite, il est impératif que les distributions des deux populations soient au moins approximativement normales, pour obtenir des résultats satisfaisants.

EXERCICES

Méthode

1. Les résultats suivants sont issus de deux échantillons aléatoires indépendants, eux-mêmes issus de deux populations.

Échantillon 1	Échantillon 2
$n_1 = 50$	$n_2 = 35$
$\bar{x}_1 = 13,6$	$\bar{x}_2 = 11,6$
$\sigma_1 = 2,2$	$\sigma_2 = 3,0$

a) Quelle est l'estimation ponctuelle de l'écart entre les moyennes des deux populations ?

b) Construire un intervalle de confiance à 90 % pour l'écart entre les moyennes des deux populations.

c) Construire un intervalle de confiance à 95 % pour l'écart entre les moyennes des deux populations.

2. Considérer le test d'hypothèses suivant.

$$H_0 : \mu_1 - \mu_2 \leq 0$$
$$H_a : \mu_1 - \mu_2 > 0$$

Les résultats suivants sont issus de deux échantillons aléatoires indépendants, eux-mêmes issus de deux populations.

Échantillon 1	Échantillon 2
$n_1 = 40$	$n_2 = 50$
$\bar{x}_1 = 25{,}2$	$\bar{x}_1 = 25{,}2$
$\sigma_1 = 5{,}2$	$\sigma_2 = 6{,}0$

a) Quelle est la valeur de la statistique de test ?

b) Quelle est la valeur p ?

c) Au seuil $\alpha = 0{,}05,$ quelle est votre conclusion quant au test d'hypothèses ?

3. Considérer le test d'hypothèses suivant.

$$H_0 : \mu_1 - \mu_2 = 0$$
$$H_a : \mu_1 - \mu_2 \neq 0$$

Les résultats suivants sont issus de deux échantillons aléatoires indépendants, eux-mêmes issus de deux populations.

Échantillon 1	Échantillon 2
$n_1 = 80$	$n_2 = 70$
$\bar{x}_1 = 104$	$\bar{x}_2 = 106$
$\sigma_1 = 8{,}4$	$\sigma_2 = 7{,}6$

a) Quelle est la valeur de la statistique de test ?

b) Quelle est la valeur p ?

c) Au seuil $\alpha = 0{,}05,$ quelle est votre conclusion quant au test d'hypothèses ?

Applications

4. *Condé Nast Traveler* mène une enquête annuelle dans laquelle les lecteurs notent leur croisière favorite. Tous les paquebots sont notés sur une échelle allant de 0 à 100, les valeurs les plus importantes reflétant un meilleur service. Un échantillon de 37 paquebots d'une capacité de moins de 500 passagers a fourni une note moyenne égale à 85,36 et un échantillon de 44 paquebots d'une capacité de plus de 500 passagers a fourni une note moyenne égale à 81,40 (*Condé Nast Traveler*, février 2008). Supposez que l'écart type de la population soit de 4,55 pour les paquebots pouvant transporter moins de 500 passagers et de 3,97 pour les paquebots pouvant transporter plus de 500 passagers.

a) Quelle est l'estimation ponctuelle de l'écart entre la note moyenne des paquebots de moins de 500 passagers et celle des paquebots de plus de 500 passagers ?

b) Au seuil de confiance de 95 %, quelle est la marge d'erreur ?

c) Quelle est l'estimation par intervalle de confiance à 95 % de l'écart entre les notes moyennes des deux tailles de paquebots ?

5. La dépense moyenne le jour de la Saint Valentin est estimée à 100,89 dollars (*USA Today*, 13 février 2006). Les consommateurs hommes et femmes dépensent-ils un montant différent ? La dépense moyenne d'un échantillon de 40 hommes s'élevait à 135,67 dollars et celle d'un échantillon de 30 femmes à 68,64 dollars. Selon des enquêtes passées, l'écart type des dépenses effectuées par des hommes est supposé égal à 35 dollars et l'écart type des dépenses effectuées par des femmes à 20 dollars.

a) Quelle est l'estimation ponctuelle de l'écart entre les dépenses moyennes des deux populations (hommes et femmes) ?

b) Au seuil de confiance de 99 %, quelle est la marge d'erreur ?

c) Quelle est l'estimation par intervalle de confiance à 99 % de l'écart entre les moyennes des deux populations ?

6. Supposez que vous soyez responsable de l'organisation d'une manifestation commerciale. À cause des restrictions budgétaires résultant de la crise économique actuelle, vous êtes chargé de choisir la ville hôte de la convention qui a les chambres d'hôtel les moins chères. Vous avez restreint votre champ de recherche aux villes d'Atlanta et de Houston. Le fichier en ligne nommé Hôtel contient des échantillons de prix des chambres à Atlanta et Houston, en accord avec les résultats rapportés par Smith Travel Research (*SmartMoney*, mars 2009). Puisque de nombreuses données historiques sont disponibles sur les prix des chambres dans les deux villes, les écarts type des prix de la population sont supposés connus et égaux à 20 dollars à Atlanta et 25 dollars à Houston. En vous basant sur les données d'échantillon, pouvez-vous conclure que le prix moyen d'une chambre d'hôtel à Atlanta est inférieur au prix moyen d'une chambre d'hôtel à Houston ?

Hôtel

7. Durant la saison 2003, la ligue nationale de baseball a pris des mesures pour accélérer le jeu lors des parties de baseball afin de préserver l'intérêt des fans (CNN Headline News, 30 septembre 2003). Les résultats suivants sont issus d'un échantillon de 60 parties jouées au cours de l'été 2002 et d'un échantillon de 50 parties jouées durant l'été 2003. Les moyennes d'échantillon correspondent à la durée moyenne des parties de chaque échantillon.

Saison 2002	Saison 2003
$n_1 = 60$	$n_2 = 50$
$\bar{x}_1 = 2$ heures 52 minutes	$\bar{x}_2 = 2$ heures 46 minutes

a) L'hypothèse de recherche consiste à supposer que les mesures prises durant la saison 2003 ont réduit la durée moyenne de la population des parties de baseball. Formuler les hypothèses nulle et alternative.

b) Quelle est l'estimation ponctuelle de la réduction de la durée moyenne des parties durant la saison 2003 ?

c) Des données historiques indiquent un écart type de 12 minutes au niveau de la population pour chaque année. Effectuer le test d'hypothèses et calculer la valeur p. Au seuil de signification de 0,05, quelle est votre conclusion ?

d) Fournir une estimation par intervalle de confiance à 95 % de la réduction de la durée moyenne des parties jouées durant la saison 2003.

e) Quelle est la réduction en pourcentage de la durée moyenne des parties durant la saison 2003 ? Les responsables de la ligue peuvent-ils être satisfaits des résultats de l'analyse statistique ? Discuter. La durée des parties de baseball devrait-elle être à nouveau sujet à débat dans les années à venir ? Expliquer.

8. L'amélioration du service client se traduit-elle par une augmentation du prix des actions des sociétés offrant le meilleur service ? Les études ont montré que « lorsque le taux de satisfaction d'une entreprise s'est amélioré au cours d'une année et qu'il est supérieur à la moyenne nationale (actuellement égale à 75,7), ses actions ont une forte probabilité de sur-performer sur le marché boursier à long terme » (*Business Week*, 2 mars 2009). Les taux de satisfaction de trois sociétés au cours des quatrièmes trimestres 2007 et 2008 fournis par l'Indice de satisfaction des clients américains sont présentés ci-dessous. Supposez que les taux de satisfaction soient issus d'une enquête auprès de 60 clients de chaque société. Puisque l'enquête a été menée durant plusieurs années, l'écart type est supposé connu et égal à 6 points dans chaque cas.

Société	Taux de satisfaction 2007	Taux de satisfaction 2008
Rite Aid	73	76
Expedia	75	77
J.C. Penney	77	78

a) Pour Rite Aid, l'augmentation du taux de satisfaction entre 2007 et 2008 est-elle statistiquement significative ? Utiliser $\alpha = 0,05$. Que pouvez-vous en conclure ?

b) Pouvez-vous conclure que le taux de satisfaction 2008 des clients de Rite Aid est supérieur à la moyenne nationale égale à 75,7 ? Utiliser $\alpha = 0,05$.

c) Pour Expedia, l'augmentation du taux de satisfaction entre 2007 et 2008 est-elle statistiquement significative ? Utiliser $\alpha = 0,05$.

d) Lorsqu'un test d'hypothèses est effectué avec les valeurs données pour l'écart type, la taille des échantillons et α, de quel ordre doit être l'augmentation entre 2007 et 2008 pour qu'elle soit statistiquement significative ?

e) Utiliser les résultats à la question (d) pour déterminer si l'augmentation du taux de satisfaction de J.C. Penney entre 2007 et 2008 est statistiquement significative.

10.2 INFÉRENCE RELATIVE À L'ÉCART ENTRE LES MOYENNES DE DEUX POPULATIONS : σ_1 ET σ_2 INCONNUS

Dans cette section, nous poursuivons la discussion relative à l'écart entre les moyennes de deux populations en considérant les cas où les écarts types des deux populations σ_1 et σ_2 sont inconnus. Dans ce cas, nous utilisons les écarts types d'échantillon s_1 et s_2 pour estimer les écarts types, inconnus, des populations. Lorsque les écarts types d'échantillon sont utilisés, les procédures d'estimation par intervalle et de test d'hypothèses sont basées sur la distribution de Student, au lieu de la distribution normale centrée réduite.

10.2.1 Estimation par intervalle de $\mu_1 - \mu_2$

Au travers de l'exemple suivant, nous illustrons le calcul de la marge d'erreur et nous développons une estimation par intervalle de l'écart entre les moyennes de deux populations lorsque σ_1 et σ_2 sont inconnus. La banque nationale Clearwater a mené une enquête pour identifier les écarts entre les soldes des comptes courants de ses clients dans deux agences. Un échantillon aléatoire simple de 28 comptes est sélectionné dans l'agence de Cherry Grove et un échantillon aléatoire simple indépendant de 22 comptes est sélectionné dans l'agence de Beechmont. Le solde de chaque compte courant sélectionné est enregistré. Les données sont résumées ci-dessous (cf. fichier en ligne Compte bancaire).

Compte bancaire

	Cherry Grove	Beechmont
Taille de l'échantillon	$n_1 = 28$	$n_2 = 22$
Moyenne de l'échantillon	$\bar{x}_1 = 1025$ dollars	$\bar{x}_2 = 910$ dollars
Écart type de l'échantillon	$s_1 = 150$ dollars	$s_2 = 125$ dollars

La banque nationale Clearwater souhaiterait estimer l'écart entre le solde moyen des comptes de la population des clients de Cherry Grove et celui des clients de Beechmont. Calculons la marge d'erreur et développons l'estimation par intervalle de l'écart entre les moyennes des deux populations.

Dans la section 10.1, nous avons présenté l'expression générale d'une estimation par intervalle dans le cas où σ_1 et σ_2 sont connus.

$$\bar{x}_1 - \bar{x}_2 \pm z_{\alpha/2}\sqrt{\frac{\sigma_1^2}{n_1} + \frac{\sigma_2^2}{n_2}}$$

Lorsque σ_1 et σ_2 sont inconnus, nous utilisons les écarts types d'échantillon s_1 et s_2 pour estimer σ_1 et σ_2 et remplaçons $z_{\alpha/2}$ par $t_{\alpha/2}$. Par conséquent, l'estimation par intervalle de l'écart entre les moyennes de deux populations est fournie par l'expression suivante.

> Lorsque σ_1 et σ_2 sont estimés par s_1 et s_2, la distribution de Student est utilisée pour estimer l'écart entre les moyennes de deux populations.

▶ **Estimation par intervalle de l'écart entre les moyennes de deux populations : σ_1 et σ_2 inconnus**

$$\bar{x}_1 - \bar{x}_2 \pm t_{\alpha/2}\sqrt{\frac{s_1^2}{n_1}+\frac{s_2^2}{n_2}} \qquad (10.6)$$

où $1-\alpha$ est le seuil de confiance.

Dans cette expression, l'utilisation de la distribution de Student est une approximation mais fournit d'excellents résultats et est relativement simple à utiliser. La seule difficulté que nous rencontrons dans l'utilisation de l'expression (10.6) est la détermination du degré de liberté approprié pour calculer $t_{\alpha/2}$. Les logiciels statistiques calculent automatiquement le nombre de degrés de liberté approprié. La formule utilisée est la suivante.

▶ **Degrés de liberté : Distribution de Student avec deux échantillons aléatoires indépendants**

$$df = \frac{\left(\frac{s_1^2}{n_1}+\frac{s_2^2}{n_2}\right)^2}{\frac{1}{n_1-1}\left(\frac{s_1^2}{n_1}\right)^2+\frac{1}{n_2-1}\left(\frac{s_2^2}{n_2}\right)^2} \qquad (10.7)$$

Revenons à l'exemple de la banque nationale Clearwater et utilisons l'expression (10.6) pour fournir une estimation par intervalle de confiance à 95 % de l'écart entre les soldes moyens des comptes courants dans les deux agences. Les données d'échantillon indiquent que $n_1 = 28$, $\bar{x}_1 = 1\,025$ dollars et $s_1 = 150$ dollars pour l'agence de Cherry Grove et $n_2 = 22$, $\bar{x}_2 = 910$ dollars et $s_2 = 125$ dollars pour l'agence de Beechmont. Le nombre de degrés de liberté associés à $t_{\alpha/2}$ est :

$$df = \frac{\left(\frac{s_1^2}{n_1}+\frac{s_2^2}{n_2}\right)^2}{\frac{1}{n_1-1}\left(\frac{s_1^2}{n_1}\right)^2+\frac{1}{n_2-1}\left(\frac{s_2^2}{n_2}\right)^2} = \frac{\left(\frac{150^2}{28}+\frac{125^2}{22}\right)^2}{\frac{1}{28-1}\left(\frac{150^2}{28}\right)^2+\frac{1}{22-1}\left(\frac{125^2}{22}\right)^2} = 47{,}8$$

Nous arrondissons le nombre de degrés de liberté au nombre entier inférieur, 47, pour obtenir une valeur t légèrement supérieure et une estimation par intervalle plus robuste. D'après la table de Student, avec 47 degrés de liberté, $t_{0,025} = 2{,}012$. En utilisant l'expression (10.6), nous développons l'estimation par intervalle de confiance à 95 % de l'écart entre les moyennes des deux populations.

$$\bar{x}_1 - \bar{x}_2 \pm t_{0,025}\sqrt{\frac{s_1^2}{n_1}+\frac{s_2^2}{n_2}}$$

$$1025 - 910 \pm 2{,}012\sqrt{\frac{150^2}{28}+\frac{125^2}{22}}$$

$$115 \pm 78$$

L'estimation ponctuelle de la différence entre les soldes moyens des comptes courants dans les deux agences est de 115 dollars. La marge d'erreur est de 78 dollars et l'intervalle de confiance à 95 % de l'écart entre les moyennes des deux populations est compris entre 37 dollars et 193 dollars.

Le calcul des degrés de liberté (expression (10.7)) est laborieux s'il doit être effectué à la main, mais il est facilement effectué avec un logiciel statistique. Notez toutefois que les expressions s_1^2/n_1 et s_2^2/n_2 apparaissent à la fois dans les expressions (10.6) et (10.7). Ces valeurs ne doivent donc être calculées qu'une seule fois pour obtenir les expressions (10.6) et (10.7).

Cette remarque vous sera très utile si vous utilisez l'expression (10.7) pour calculer à la main le nombre de degrés de liberté appropriés.

10.2.2 Test d'hypothèses relatif à $\mu_1 - \mu_2$

Considérons les tests d'hypothèses relatifs à l'écart entre les moyennes de deux populations lorsque les écarts types de la population σ_1 et σ_2 sont inconnus. En notant D_0 l'écart hypothétique entre μ_1 et μ_2, nous avons montré dans la section 10.1 que la statistique de test utilisée dans le cas où σ_1 et σ_2 sont connus, est la suivante :

$$z = \frac{(\bar{x}_1 - \bar{x}_2) - D_0}{\sqrt{\frac{\sigma_1^2}{n_1} + \frac{\sigma_2^2}{n_2}}}$$

La statistique de test z suit une loi normale centrée réduite.

Lorsque σ_1 et σ_2 sont inconnus, nous utilisons s_1 comme estimateur de σ_1 et s_2 comme estimateur de σ_2. En substituant ces écarts types d'échantillon à σ_1 et σ_2, on obtient la statistique de test suivante lorsque σ_1 et σ_2 sont inconnus.

► **Statistique de test pour des tests d'hypothèses relatifs à $\mu_1 - \mu_2$: σ_1 et σ_2 inconnus**

$$t = \frac{(\bar{x}_1 - \bar{x}_2) - D_0}{\sqrt{\frac{s_1^2}{n_1} + \frac{s_2^2}{n_2}}} \quad (10.8)$$

Les degrés de liberté de t sont donnés par l'équation (10.7).

Nous illustrons l'utilisation de cette statistique de test au travers de l'exemple suivant.

Considérons un nouveau logiciel développé dans le but de réduire le temps nécessaire aux analystes pour créer un système d'information. Pour évaluer les avantages du nouveau logiciel, un échantillon aléatoire de 24 analystes a été sélectionné. Chaque analyste reçoit des renseignements sur les caractéristiques d'un hypothétique système d'information, et parmi les analystes, 12 sont formés pour créer le système d'information en utilisant la technologie existante. Les 12 autres analystes apprennent à se servir du nouveau logiciel et l'utilisent ensuite pour développer le système d'information.

Dans cette étude, il y a deux populations : une population composée d'analystes utilisant la technologie actuelle et une autre composée d'analystes utilisant le nouveau logiciel. En termes de temps nécessaire au développement du système d'information, les moyennes des populations sont notées de la façon suivante : soient μ_1 le temps moyen nécessaire à la réalisation du projet pour les analystes utilisant la technologie actuelle et μ_2 le temps moyen nécessaire à la réalisation du projet pour les analystes utilisant le nouveau logiciel.

Le chercheur chargé du projet d'évaluation du nouveau logiciel espère montrer que ce dernier nécessite en moyenne moins de temps pour réaliser le projet. Ainsi, le chercheur cherche à obtenir des preuves pour conclure que μ_2 est inférieure à μ_1 : dans ce cas, la différence entre les moyennes des deux populations, $\mu_1 - \mu_2$, sera positive. L'hypothèse de recherche $\mu_1 - \mu_2 > 0$ correspond à l'hypothèse alternative. Le test d'hypothèses est donc constitué des hypothèses suivantes :

$$H_0 : \mu_1 - \mu_2 \leq 0$$
$$H_a : \mu_1 - \mu_2 > 0$$

Nous utilisons un seuil de signification $\alpha = 0,05$.

Tableau 10.1 ***Données sur les temps de réalisation et statistiques descriptives pour le test du logiciel***

Test informatique

	Technologie actuelle	**Nouveau logiciel**
	300	274
	280	220
	344	308
	385	336
	372	198
	360	300
	288	315
	321	258
	376	318
	290	310
	301	332
	283	263
Statistiques descriptives		
Taille de l'échantillon	$n_1 = 12$	$n_2 = 12$
Moyenne de l'échantillon	$\bar{x}_1 = 325$ heures	$\bar{x}_2 = 286$ heures
Écart type de l'échantillon	$s_1 = 40$	$s_2 = 44$

Supposons que les résultats de l'étude menée soient ceux présentés dans le tableau 10.1 (cf. fichier en ligne Test informatique). En utilisant l'équation (10.8), nous obtenons la statistique de test :

$$t = \frac{(\bar{x}_1 - \bar{x}_2) - D_0}{\sqrt{\frac{s_1^2}{n_1} + \frac{s_2^2}{n_2}}} = \frac{(325 - 286) - 0}{\sqrt{\frac{40^2}{12} + \frac{44^2}{12}}} = 2,27$$

D'après l'expression (10.7), le nombre de degrés de liberté associés à cette statistique est :

$$df = \frac{\left(\frac{s_1^2}{n_1} + \frac{s_2^2}{n_2}\right)^2}{\frac{1}{n_1 - 1}\left(\frac{s_1^2}{n_1}\right)^2 + \frac{1}{n_2 - 1}\left(\frac{s_2^2}{n_2}\right)^2} = \frac{\left(\frac{40^2}{12} + \frac{44^2}{12}\right)^2}{\frac{1}{12-1}\left(\frac{40^2}{12}\right)^2 + \frac{1}{12-1}\left(\frac{44^2}{12}\right)^2} = 21,8$$

En arrondissant à l'entier inférieur, nous utilisons la distribution de Student à 21 degrés de liberté, présentée ci-dessous.

Aire dans la queue supérieure	**0,20**	**0,10**	**0,05**	**0,025**	**0,01**	**0,005**
Valeur *t* (21 degrés de liberté)	0,859	1,323	1,721	2,080	2,518	2,831
				↖ $t = 2,27$		

> La table de Student ne permet de déterminer qu'un intervalle pour la valeur *p*. L'utilisation d'Excel ou de Minitab fournit la valeur *p* exacte, ici égale à 0,017.

Avec un test unilatéral supérieur, la valeur p correspond à l'aire dans la queue supérieure de la distribution à droite de $t = 2,27$. D'après les résultats précédents, la valeur p est comprise entre 0,025 et 0,01. Ainsi, la valeur p est inférieure à $\alpha = 0,05$ et H_0 peut être rejetée. Les résultats d'échantillon permettent au chercheur de conclure que $\mu_1 - \mu_2 > 0$, c'est-à-dire $\mu_1 > \mu_2$. L'étude confirme donc que le nouveau logiciel permet de réduire le temps moyen de développement d'un système d'information.

```
Two-sample T for Current vs New
              N       Mean       StDev      Se Mean
Current      12      325,0        40,0           12
New          12      286,0        44,0           13

Difference = mu Current - mu New
Estimate for difference: 39,000
95% lower bound for difference = 9,5
T-Test of difference = 0 (vs >): T-Value = 2,27  P-Value = 0,017  DF = 21
```

Figure 10.2 ***Output Minitab pour le test d'hypothèses concernant les technologies des logiciels***

Minitab ou Excel peuvent être utilisés pour tester les hypothèses d'écart entre les moyennes de deux populations. L'output Minitab comparant la technologie actuelle et le nouveau logiciel est présenté à figure 10.2 L'avant-dernière ligne indique que t est égal à 2,27 et la valeur p à 0,017. Notez que Minitab utilise l'équation (10.7) pour calculer le nombre de degrés de liberté associés au problème (ici, 21).

10.2.3 Conseils pratiques

Les procédures d'estimation par intervalle et de tests d'hypothèses présentées dans cette section sont robustes et peuvent être utilisées avec des échantillons relativement petits. Dans la plupart des applications, des échantillons de taille identique ou quasi-identique, tels que la taille totale $n_1 + n_2$ est supérieure ou égale à 20, sont supposés fournir de très bons résultats, même si les populations ne sont pas normales. Des tailles d'échantillon plus importantes sont recommandées si les distributions des populations sont fortement asymétriques ou contiennent des valeurs aberrantes. Des tailles d'échantillon plus petites ne devraient être utilisées que si les populations sont au moins approximativement normales.

Si possible, il est recommandé d'utiliser des échantillons de taille identique $n_1 = n_2$.

REMARQUES

Une autre approche, utilisée pour estimer l'écart entre les moyennes de deux populations lorsque σ_1 et σ_2 sont inconnus, est basée sur l'hypothèse selon laquelle les écarts types des deux populations sont *égaux* $(\sigma_1 = \sigma_2 = \sigma)$. Sous cette hypothèse, les deux écarts types d'échantillon sont combinés pour fournir la *variance d'échantillon commune* :

$$s_p^2 = \frac{(n_1 - 1)s_1^2 + (n_2 - 1)s_2^2}{n_1 + n_2 - 2}$$

La statistique de test t devient :

$$t = \frac{(\bar{x}_1 - \bar{x}_2) - D_0}{s_p\sqrt{\dfrac{1}{n_1} + \dfrac{1}{n_2}}}$$

et a $n_1 + n_2 - 2$ degrés de liberté. Le calcul de la valeur p et l'interprétation des résultats d'échantillon sont identiques aux procédures présentées plus tôt dans cette section.

La difficulté de cette procédure réside dans le fait que l'hypothèse d'égalité des écarts types des deux populations est difficile à vérifier. Des écarts types différents sont fréquemment rencontrés. De plus, la procédure de la variance commune ne fournira pas de résultats satisfaisants si les échantillons sont de taille différente.

La procédure t présentée dans cette section ne requiert pas l'hypothèse d'égalité des écarts types de la population et peut être appliquée dans tous les cas. Il s'agit de la procédure la plus générale et son usage est recommandé dans la plupart des applications.

EXERCICES

Méthode

9. Les résultats suivants sont issus de deux échantillons aléatoires indépendants, eux-mêmes issus de deux populations.

Échantillon 1	Échantillon 2
$n_1 = 20$	$n_2 = 30$
$\bar{x}_1 = 22{,}5$	$\bar{x}_2 = 20{,}1$
$s_1 = 2{,}5$	$s_2 = 4{,}8$

a) Quelle est l'estimation ponctuelle de l'écart entre les moyennes des deux populations ?

b) Quel est le nombre de degrés de liberté de la distribution de Student ?

c) Au seuil de confiance de 95 %, quelle est la marge d'erreur ?

d) Quel est l'intervalle de confiance à 95 % de l'écart entre les moyennes des deux populations ?

10. Considérer le test d'hypothèses suivant.

$$H_0 : \mu_1 - \mu_2 = 0$$
$$H_a : \mu_1 - \mu_2 \neq 0$$

Les résultats suivants sont issus de deux échantillons aléatoires indépendants, eux-mêmes issus de deux populations.

Échantillon 1	Échantillon 2
$n_1 = 35$	$n_2 = 40$
$\bar{x}_1 = 13{,}6$	$\bar{x}_2 = 10{,}1$
$s_1 = 5{,}2$	$s_2 = 8{,}5$

a) Quelle est la valeur de la statistique de test ?

b) Quel est le nombre de degrés de liberté de la distribution de Student ?

c) Quelle est la valeur p ?

d) Au seuil $\alpha = 0{,}05$, quelle est votre conclusion ?

11. Considérer les données suivantes issues de deux échantillons aléatoires indépendants, sélectionnés à partir de deux populations normales.

Échantillon 1	10	7	13	7	9	8
Échantillon 2	8	7	8	4	6	9

a) Calculer la moyenne des deux échantillons.

b) Calculer l'écart type des deux échantillons.

c) Quelle est l'estimation ponctuelle de l'écart entre les moyennes des deux populations ?

d) Quelle est l'estimation par intervalle de confiance à 90 % de l'écart entre les moyennes des deux populations ?

Applications

12. Le ministère américain des transports fournit des données relatives au nombre de miles parcourus chaque jour, en voiture, par les habitants des 75 plus importantes agglomérations américaines. Supposez que, pour un échantillon aléatoire simple de 50 habitants de Buffalo, la moyenne et l'écart type soient respectivement de 22,5 et de 8,4 miles par jour, et que, pour un échantillon aléatoire de 40 habitants de Boston, la moyenne et l'écart type soient respectivement de 18,6 et de 7,4 miles par jour.

a) Quelle est l'estimation ponctuelle de l'écart entre le nombre moyen de miles parcourus par jour par les habitants de Buffalo et le nombre moyen de miles parcourus par les habitants de Boston ?

b) Quel est l'intervalle de confiance à 95 % de l'écart entre les moyennes des deux populations ?

13. FedEx et United Parcel Service (UPS) sont les deux plus importantes sociétés de messagerie au monde, de par leurs profits et les volumes transportés (*The Wall Street Journal*, 27 janvier 2004). Selon le conseil international des aéroports, l'aéroport international de Memphis (FedEx) et celui de Louisville (UPS) font partie des 10 plus importants aéroports de fret du monde. Les échantillons aléatoires suivants fournissent le volume de marchandises (en tonnes) qui transitent par ces deux aéroports. Les données sont exprimées en milliers de tonnes (cf. fichier en ligne Fret).

Memphis					
9,1	15,1	8,8	10,0	7,5	10,5
8,3	9,1	6,0	5,8	12,1	9,3
Louisville					
4,7	5,0	4,2	3,3	5,5	
2,2	4,1	2,6	3,4	7,0	

a) Calculer la moyenne et l'écart type d'échantillon pour chaque aéroport.

b) Quelle est l'estimation ponctuelle de l'écart entre les moyennes des deux populations ? Interpréter cette valeur en désignant l'aéroport transportant les volumes les plus importants et en comparant les volumes transportés dans les deux aéroports.

c) Construire un intervalle de confiance à 95 % pour l'écart entre les volumes moyens transportés chaque jour dans les deux aéroports.

14. Le salaire des nourrices de Tampa en Floride est-il inférieur à celui des nourrices de Dallas au Texas ? Des données sur les salaires indiquent que les nourrices de Tampa gagnent moins que les nourrices de Dallas (*The Tampa Tribune*, 15 janvier 2007). Supposez que dans une étude postérieure sur 40 nourrices de Tampa et 50 nourrices de Dallas, vous obteniez les résultats suivants.

Tampa	Dallas
$n_1 = 40$	$n_2 = 50$
$\bar{x}_1 = 56\,100$ dollars	$\bar{x}_2 = 59\,400$ dollars
$s_1 = 6\,000$ dollars	$s_2 = 7\,000$ dollars

a) Formuler les hypothèses nulle et alternative, de sorte que nous puissions conclure que les salaires des nourrices de Tampa sont significativement plus faibles que ceux des nourrices de Dallas si l'hypothèse nulle est rejetée. Utiliser $\alpha = 0{,}05$.

b) Quelle est la valeur de la statistique de test ?

c) Quelle est la valeur p ?

d) Quelle est votre conclusion ?

15. Les prix de l'immobilier commercial et les loyers ont significativement baissé au cours de l'année passée (*Newsweek*, 27 juillet 2009). Ces baisses ont été particulièrement sévères en Asie : les loyers annuels à Tokyo, Hong Kong et Singapour ont diminué d'au moins 40 %. Même après des baisses aussi importantes, les loyers annuels en Asie restent plus élevés que ceux observés dans de nombreuses villes en Europe et aux États-Unis. Les loyers annuels d'un échantillon de 30 locaux commerciaux à Hong Kong ont révélé un prix moyen de 1 114 dollars par mètre carré et un écart type de 230 dollars. Les loyers annuels d'un échantillon de 40 locaux commerciaux à Paris ont révélé un prix moyen de 989 dollars par mètre carré et un écart type de 195 dollars.

a) Sur la base des résultats d'échantillon, pouvons-nous conclure que le loyer annuel moyen est plus élevé à Hong Kong qu'à Paris ? Développer les hypothèses nulle et alternative appropriées.

b) Utiliser $\alpha = 0{,}01$. Quelle est votre conclusion ? Les loyers sont-ils supérieurs à Hong Kong ?

Test d'aptitude maths

16. Le Conseil des études supérieures fournit des comparaisons des notes obtenues au test d'aptitude scolaire en fonction du niveau d'études le plus élevé des parents du candidat. Selon une hypothèse de recherche, les étudiants dont les parents ont un niveau d'études plus important, obtiennent, en moyenne, une note plus élevée au test. La note moyenne obtenue au test d'aptitude scolaire en mathématiques est de 515 (site Internet du conseil des études supérieures, 15 novembre 2009). Les notes obtenues à l'épreuve de maths par des échantillons indépendants d'étudiants sont présentées ci-dessous. Le premier échantillon fournit les notes obtenues par des étudiants dont les parents ont une licence. Le second échantillon fournit les notes obtenues par des étudiants dont les parents sont bacheliers (cf. fichier en ligne Test d'aptitude maths).

Parents des étudiants			
Diplôme universitaire		**Baccalauréat**	
485	487	442	492
534	533	580	478
650	526	479	425
554	410	486	485
550	515	528	390
572	578	524	535
497	448	592	469
592	469		

a) Formuler les hypothèses qui permettront de déterminer si les données d'échantillon supportent l'hypothèse selon laquelle les étudiants dont les parents ont un niveau d'études supérieures, ont une note moyenne à l'épreuve de maths plus élevée.

b) Quelle est l'estimation ponctuelle de l'écart entre les moyennes des deux populations ?

c) Calculer la valeur p associée à ce test d'hypothèses.

d) Au seuil $\alpha = 0{,}05$, quelle est votre conclusion ?

17. Périodiquement, les clients de Merrill Lynch évaluent les services et les conseillers financiers de Merrill Lynch. Les notes d'évaluation sont comprises entre 0 et 7, 7 indiquant que les clients sont très satisfaits. Les données d'échantillons indépendants relatives à l'évaluation des services offerts par deux conseillers financiers sont résumées ci-dessous. Le conseiller A a 10 ans d'expérience alors que le conseiller B n'a qu'une année d'expérience. Utiliser $\alpha = 0{,}05$ et tester l'hypothèse selon laquelle les services rendus par le conseiller le plus expérimenté seraient en moyenne mieux notés.

Consultant A	Consultant B
$n_1 = 16$	$n_2 = 10$
$\bar{x}_1 = 6{,}82$	$\bar{x}_2 = 6{,}25$
$s_1 = 0{,}64$	$s_2 = 0{,}75$

a) Établir les hypothèses nulle et alternative.

b) Calculer la valeur de la statistique de test.

c) Quelle est la valeur p ?

d) Quelle est votre conclusion ?

18. Des instituts d'enseignement privé proposent des cours et des travaux dirigés à des étudiants afin d'améliorer leurs performances lors de tests, tels que le test d'aptitude scolaire. Elles déclarent que leur enseignement permet d'accroître la note obtenue au test d'aptitude scolaire de 120 points en moyenne (*The Wall Street Journal*, 23 janvier 2003). Un chercheur doute de cette déclaration et pense qu'il s'agit d'une surestimation de l'amélioration des performances, dans le but d'encourager les étudiants à suivre leur formation. Dans une étude d'évaluation d'un de ces services de préparation au test, le chercheur a collecté les notes obtenues au test par 35 étudiants qui ont suivi la formation et celles de 48 étudiants qui n'ont pas suivi la formation. Le fichier en ligne Test d'aptitude contient les données de cette étude

Test d'aptitude

a) Formuler les hypothèses qui permettent de tester la croyance du chercheur selon laquelle l'amélioration des résultats au test permise par la formation est inférieure, en moyenne, à 120 points.

b) Utiliser $\alpha = 0{,}05$. Quelle est votre conclusion ?

c) Quelle est l'estimation ponctuelle de l'amélioration des résultats au test permise par la formation ? Construire un intervalle de confiance à 95 % de cette amélioration.

d) Quel conseil donneriez-vous au chercheur au regard de l'intervalle de confiance ?

10.3 INFÉRENCE RELATIVE À L'ÉCART ENTRE LES MOYENNES DE DEUX POPULATIONS : ÉCHANTILLONS APPARIÉS

Supposons que les employés d'une entreprise manufacturière disposent de deux méthodes pour effectuer une même tâche productive. Pour maximiser les quantités produites, l'entreprise veut identifier la méthode qui minimise le temps moyen de production par unité. Notons μ_1 le temps moyen de production avec la méthode 1 et μ_2 le temps moyen de production avec la méthode 2. Sans indication préalable concernant la méthode de production optimale, nous supposons que les deux méthodes de production nécessitent, en moyenne, autant de temps l'une que l'autre pour produire une certaine quantité de bien. Ainsi, l'hypothèse nulle est $H_0 : \mu_1 - \mu_2 = 0$. Si cette hypothèse est rejetée, nous pourrons conclure que les temps moyens de production sont différents. Dans ce cas, la méthode minimisant le temps de production sera recommandée. Les hypothèses nulle et alternative s'écrivent de la façon suivante.

$$H_0 : \mu_1 - \mu_2 = 0$$
$$H_a : \mu_1 - \mu_2 \neq 0$$

On considère deux procédures d'échantillonnage alternatives pour collecter les données sur les temps de production et tester les hypothèses. L'une est basée sur des échantillons indépendants, l'autre sur des **échantillons appariés**.

1. *Échantillons indépendants* : Un échantillon aléatoire simple de travailleurs est sélectionné et chaque travailleur de cet échantillon utilise la méthode 1. Un second échantillon aléatoire de travailleurs est sélectionné et chaque travailleur de cet échantillon utilise la méthode 2. Le test de l'écart entre les moyennes est basé sur les procédures de la section 10.2.
2. *Échantillons appariés* : Un échantillon aléatoire simple de travailleurs est sélectionné. Chaque travailleur utilise d'abord une méthode, puis l'autre. L'ordre d'utilisation des deux méthodes est assigné de façon aléatoire à chaque travailleur, certains travailleurs utilisant en premier la méthode 1, d'autres utilisant en premier la méthode 2. Les données fournies par chaque travailleur sont formées de deux valeurs numériques, une valeur associée à la méthode 1 et une autre valeur associée à la méthode 2.

Dans le cas des échantillons appariés, les deux méthodes de production sont testées sous les mêmes conditions (c'est-à-dire avec les mêmes travailleurs). Cette procédure conduit donc souvent à moins d'erreurs d'échantillonnage que la procédure avec échantillons indépendants. La raison principale est que dans le cas d'échantillons appariés, la variation entre travailleurs est éliminée en tant que source d'erreur d'échantillonnage, puisque le même échantillon de travailleurs est utilisé pour tester les deux méthodes de production.

Appliquons la procédure de test avec échantillons appariés pour comparer les deux méthodes de production. Un échantillon aléatoire de six travailleurs est utilisé. Les temps de production des six travailleurs sont présentés dans le tableau 10.2 (cf. fichier en ligne Apparié). Notez que chaque travailleur fournit deux valeurs, une pour chaque méthode de production. La dernière colonne contient l'écart entre les temps de production requis par les méthodes 1 et 2, d_i, pour chaque travailleur de l'échantillon.

Tableau 10.2 ***Temps de réalisation d'une tâche pour un échantillon apparié***

Travailleur	Temps de réalisation avec la méthode 1 (en minutes)	Temps de réalisation avec la méthode 2 (en minutes)	Écart entre les temps de réalisation (d_i)
1	6,0	5,4	0,6
2	5,0	5,2	–0,2
3	7,0	6,5	0,5
4	6,2	5,9	0,3
5	6,0	6,0	0,0
6	6,4	5,8	0,6

Apparié

La clé de l'analyse d'une procédure avec échantillons appariés réside dans le fait que nous considérons uniquement la colonne des différences. Nous avons alors six valeurs (0,6, –0,2, 0,5, 0,3, 0,0, et 0,6) utilisées pour analyser l'écart entre les temps moyens de production engendrés par les deux méthodes de production.

Soit μ_d la moyenne de l'écart entre les valeurs pour la population des travailleurs. Avec cette notation, les hypothèses nulle et alternative peuvent se réécrire de la façon suivante :

$$H_0 : \mu_d = 0$$
$$H_a : \mu_d \neq 0$$

Si H_0 est rejetée, on peut conclure que les temps moyens de production diffèrent.

La notation d rappelle que les échantillons appariés fournissent des données sur la *différence*. La moyenne et l'écart type de l'échantillon pour les six valeurs de la variable différence présentées dans le tableau 10.2 sont :

$$\bar{d} = \frac{\sum d_i}{n} = \frac{1,8}{6} = 0,30$$

$$s_d = \sqrt{\frac{\sum (d_i - \bar{d})^2}{n-1}} = \sqrt{\frac{0,56}{5}} = 0,335$$

> Mis à part la notation *d*, les formules de la moyenne et de l'écart type sont les mêmes que celles utilisées précédemment dans l'ouvrage.

Avec un petit échantillon de $n = 6$ travailleurs, nous devons supposer que la population des différences a une distribution normale. Cette hypothèse est nécessaire pour pouvoir utiliser la distribution de Student dans les procédures d'estimation par intervalle et de test d'hypothèses. Sous cette hypothèse, la statistique de test suivante a une distribution de Student avec $n-1$ degrés de liberté.

► Statistique de test pour les tests d'hypothèses impliquant des échantillons appariés

$$t = \frac{\bar{d} - \mu_d}{s_d / \sqrt{n}} \tag{10.9}$$

Si l'échantillon est de grande taille, il n'est pas nécessaire de supposer la population normalement distribuée. Des conseils d'utilisation de la distribution de Student selon la taille de l'échantillon sont donnés dans les chapitres 8 et 9.

Utilisons l'équation (10.9) pour tester les hypothèses $H_0 : \mu_d = 0$ et $H_a : \mu_d \neq 0$ au seuil de signification $\alpha = 0,05$. En substituant les résultats d'échantillon $\bar{d} = 0,30$, $s_d = 0,335$ et $n = 6$ dans l'équation (10.9), on obtient la valeur suivante de la statistique de test.

$$t = \frac{\bar{d} - \mu_d}{s_d / \sqrt{n}} = \frac{0,30 - 0}{0,335/\sqrt{6}} = 2,20$$

Une fois les différences calculées, les procédures d'estimation et de test d'hypothèses impliquant la distribution de Student pour des échantillons appariés sont identiques à celles employées dans les procédures de test d'hypothèses et d'estimation d'un paramètre d'une seule population décrites dans les chapitres 8 et 9.

Calculons maintenant la valeur p associée à ce test bilatéral. Puisque $t = 2,20 > 0$, la statistique de test se situe dans la queue supérieure de la distribution de Student. Avec $t = 2,20$, l'aire dans la queue supérieure à droite de la statistique de test est trouvée en utilisant la table de la distribution de Student avec $n - 1 = 5$ degrés de liberté.

Aire dans la queue supérieure	**0,20**	**0,10**	**0,05**	**0,025**	**0,01**	**0,005**
Valeur *t* (5 degrés de liberté)	0,920	1,476	2,015	2,571	3,365	4,032
			↖ $t = 2,20$			

L'aire dans la queue supérieure est comprise entre 0,05 et 0,025. Puisque ce test est bilatéral, nous multiplions par deux ces valeurs pour conclure que la valeur p est comprise entre 0,10 et 0,05. La valeur p est donc supérieure à $\alpha = 0,05$. Ainsi, l'hypothèse nulle $H_0 : \mu_d = 0$ n'est pas rejetée. En utilisant Excel ou Minitab et les données du tableau 10.2, nous obtenons une valeur p égale à 0,080.

De plus, nous pouvons obtenir une estimation par intervalle de l'écart entre les moyennes des deux populations, en employant la méthodologie pour une seule population présentée au chapitre 8. Au seuil de confiance de 95 %, les calculs sont les suivants :

$$\bar{d} \pm t_{0,025} \frac{s_d}{\sqrt{n}}$$

$$0,3 \pm 2,571 \frac{0,335}{\sqrt{6}}$$

$$0,3 \pm 0,35$$

Ainsi, la marge d'erreur est égale à 0,35 et l'intervalle de confiance à 95 % de l'écart entre les temps moyens de production requis par les deux méthodes est compris entre –0,05 minute et 0,65 minute.

REMARQUES

1. Dans l'exemple présenté dans cette section, les travailleurs effectuent leur tâche en utilisant tout d'abord une méthode, puis l'autre. Cet exemple illustre une procédure avec échantillons appariés dans laquelle chaque unité (les travailleurs) fournit une paire de valeurs. Il est également possible d'utiliser des unités différentes mais « similaires » pour obtenir une paire de valeurs. Par exemple, un travailleur situé sur un lieu particulier peut être associé à un travailleur similaire situé sur un autre lieu (la similitude est basée sur l'âge, le niveau d'études, le sexe, l'expérience, etc.). Les paires de travailleurs fournissent ainsi les données sur la différence, utilisées dans l'analyse des échantillons appariés.
2. Une procédure d'estimation de l'écart entre les moyennes de deux populations basée sur des échantillons appariés fournit en général des résultats plus précis qu'une procédure basée sur des échantillons indépendants. Il s'agit donc de la procédure recommandée. Cependant, dans certains cas, l'appariement des valeurs ne peut pas être réalisé ou le temps et le coût nécessaires à la sélection d'échantillons appariés sont excessifs. Dans ce cas, la procédure avec échantillons indépendants doit être utilisée.

EXERCICES

Méthode

19. Considérer le test d'hypothèses suivant :

$$H_0 : \mu_d \leq 0$$
$$H_a : \mu_d > 0$$

Les données suivantes sont issues d'échantillons appariés, sélectionnés à partir de deux populations.

	Population	
Élément	**1**	**2**
1	21	20
2	28	26
3	18	18
4	20	20
5	26	24

a) Calculer la différence pour chaque élément.

b) Calculer $\bar{d}$.

c) Calculer l'écart type s_d.

d) Effectuer le test d'hypothèses au seuil $\alpha = 0{,}05$. Quelle est votre conclusion ?

20. Les données suivantes sont issues d'échantillons appariés, sélectionnés à partir de deux populations.

	Population	
Élément	**1**	**2**
1	11	8
2	7	8
3	9	6
4	12	7
5	13	10
6	15	15
7	15	14

a) Calculer la différence pour chaque élément.

b) Calculer $\bar{d}$.

c) Calculer l'écart type s_d.

d) Quelle est l'estimation ponctuelle de l'écart entre les moyennes des deux populations ?

e) Construire un intervalle de confiance à 95 % de l'écart entre les moyennes des deux populations.

Applications

21. Une agence d'études de marché a utilisé un échantillon d'individus pour évaluer le potentiel d'achat d'un produit particulier, avant et après que les individus aient vu une nouvelle publicité télévisée vantant le produit. Le potentiel d'achat est évalué sur une échelle allant de 0 à 10, les valeurs les plus élevées indiquant un plus fort potentiel d'achat. Selon l'hypothèse nulle, l'évaluation moyenne du potentiel d'achat « après » est inférieure ou égale à l'évaluation moyenne du potentiel d'achat « avant ». Le rejet de cette hypothèse nulle prouverait donc que la publicité améliore l'évaluation moyenne du potentiel d'achat. Utiliser $\alpha = 0{,}05$ et les données suivantes pour tester l'hypothèse et commenter l'efficacité de la publicité.

	Évaluation du potentiel d'achat			Évaluation du potentiel d'achat	
Individu	**Après**	**Avant**	**Individu**	**Après**	**Avant**
1	6	5	5	3	5
2	6	4	6	9	8
3	7	7	7	7	5
4	4	3	8	6	6

22. Des données sur les gains par action, comparant les gains du trimestre actuel aux gains obtenus au trimestre précédent, sont regroupées dans le fichier en ligne Gains2005 (*The Wall Street Journal*, 27 janvier 2006). Construire un intervalle de confiance à 95 % pour l'écart entre les moyennes des deux populations (trimestre actuel versus trimestre précédent). Les gains ont-ils augmenté ?

Gains2005

23. L'enquête sur les dépenses des consommateurs de la Banque américaine collecte des données sur les dépenses annuelles réglées par carte de crédit pour sept catégories de bien : transport, épicerie, sorties au restaurant, entretien du foyer, meubles, appareils électroménagers et loisirs (*U.S. Airways Attaché*, décembre 2003). En utilisant les données d'un échantillon de 42 comptes, détenteurs d'une carte de crédit, supposez que chaque compte ait été utilisé pour identifier les dépenses annuelles en épicerie (population 1) et en sorties au restaurant (population 2). La différence moyenne de l'échantillon était $\bar{d} = 850$ dollars et l'écart type d'échantillon $s_d = 1123$ dollars.

a) Formuler les hypothèses nulle et alternative permettant de tester l'hypothèse d'égalité entre les dépenses annuelles en épicerie et en sorties au restaurant.

b) Utiliser un seuil de signification $\alpha = 0,05.$ Pouvez-vous conclure que les moyennes des populations diffèrent ? Quelle est la valeur *p* ?

c) Pour quelle catégorie, épicerie ou sorties au restaurant, le montant annuel moyen des dépenses est-il le plus élevé ? Quelle est l'estimation ponctuelle de l'écart entre les moyennes des deux populations ? Quelle est l'estimation par intervalle de confiance à 95 % de l'écart entre les moyennes des populations ?

24. Les voyageurs choisissent souvent leur aéroport de départ en se basant sur le tarif du vol. Des données sur le tarif (en dollars) d'un échantillon de vols vers huit destinations au départ de Dayton dans l'Ohio et de Louisville dans le Kentucky ont été collectées pour tenter de déterminer lequel de ces deux aéroports est le plus coûteux (*The Cincinnati Enquirer*, 19 février 2006). Un chercheur a déclaré qu'il est significativement plus coûteux de décoller de Dayton que de Louisville. Utiliser les données d'échantillon pour déterminer si elles soutiennent le point de vue du chercheur (cf. fichier en ligne Tarifs aériens). Utiliser le seuil de signification $\alpha = 0,05.$

Tarifs aériens

Destination	Dayton	Louisville
Chicago-O Hare	319	142
Grand Rapids, Mich.	192	213
Portland, Ore.	503	317
Atlanta	256	387
Seattle	339	317
South Bend, Ind.	379	167
Miami	268	273
Dallas-Ft. Worth	288	274

25. Depuis quelques années, une palette croissante d'activités de divertissement s'offre aux consommateurs. En 2004, la télévision par câble et la radio sont devenues les média de divertissement les plus demandés (*The Wall Street Journal*, 26 janvier 2004). Les chercheurs ont collectés, à partir d'un échantillon de 15 individus, des données sur les heures passées par semaine à regarder la télévision par câble et à écouter la radio (cf. fichier en ligne TVRadio).

TVRadio

Individu	Télévision	Radio	Individu	Télévision	Radio
1	22	25	9	21	21
2	8	10	10	23	23
3	25	29	11	14	15
4	22	19	12	14	18
5	12	13	13	14	17
6	26	28	14	16	15
7	22	23	15	24	23
8	19	21			

a) Utiliser un seuil de signification $\alpha = 0,05$ et tester l'écart entre les heures d'écoute moyennes de la télévision et de la radio. Quelle est la valeur p ?

b) Quel est le nombre moyen d'heures par semaine passées à regarder la télévision câblée dans l'échantillon ? Quel est le nombre moyen d'heures par semaine passées à écouter la radio dans l'échantillon ? Quel média est le plus utilisé ?

26. Les scores obtenus au cours de la première et de la quatrième (dernière) rencontre par un échantillon de 20 golfeurs engagés dans le tournoi PGA sont fournis dans le tableau suivant (*Golfweek*, 14 février 2009 et 28 février 2009). Supposez que vous souhaiteriez déterminer si le score moyen obtenu au cours de la première rencontre d'un tournoi PGA est significativement différent du score moyen obtenu au cours de la quatrième et dernière rencontre. Le plaisir de participer à la finale entraîne-t-il une augmentation des scores ? Ou l'accroissement de la concentration des joueurs entraîne-t-elle une baisse des scores ?

Joueur	Première rencontre	Rencontre finale	Joueur	Première rencontre	Rencontre finale
Michael Letzig	70	72	Aron Price	72	72
Scott Verplank	71	72	Charles Howell	72	70
D.A. Points	70	75	Jason Dufner	70	73
Jerry Kelly	72	71	Mike Weir	70	77
Soren Hansen	70	69	Carl Pettersson	68	70
D.J. Trahan	67	67	Bo Ven Pelt	68	65
Bubba Watson	71	67	Ernie Els	71	70
Reteif Goosen	68	75	Cameron Beckman	70	68
Jeff Klauk	67	73	Nick Watney	69	68
Kenny Perry	70	69	Tommy Armour III	67	71

a) Utiliser un seuil de signification $\alpha = 0,10$ pour tester l'existence d'un écart statistiquement significatif entre les scores moyens de la population des golfeurs obtenus lors de la première et de la quatrième rencontre. Quelle est la valeur p ? Quelle est votre conclusion.

b) Quelle est l'estimation ponctuelle de la différence entre les deux moyennes de la population ? Lors de quelle rencontre le score moyen de la population des golfeurs est-il le plus faible ?

c) Au seuil de confiance de 90 %, quelle est la marge d'erreur de l'écart entre les moyennes de la population ? Pourrait-on utiliser cet intervalle de confiance pour tester l'hypothèse formulée à la question (a) ? Expliquer.

10.4 INTRODUCTION AUX PROCÉDURES EXPÉRIMENTALES ET À L'ANALYSE DE LA VARIANCE

Au chapitre 1, nous avons mentionné le fait que les études statistiques peuvent être classées en études expérimentales ou en études empiriques. Dans une étude statistique expérimentale, une expérience est menée pour obtenir des données. Une expérience commence en identifiant une variable d'intérêt. Ensuite, une ou plusieurs autres variables, que l'on pense liées, sont identifiées et contrôlées, et des données sont collectées pour déterminer comment ces variables influencent la variable à laquelle on s'intéresse.

Dans une étude empirique, les données sont généralement obtenues par l'intermédiaire d'enquêtes et non par une expérience contrôlée. Des procédures d'échantillonnage correctes sont employées mais les contrôles rigoureux associés à une étude statistique expérimentale ne sont souvent pas réalisables. Par exemple, dans une étude concernant la relation entre fumer et avoir un cancer des poumons, le chercheur ne peut pas modifier les habitudes en matière de consommation de cigarettes des sujets. Le chercheur est condamné à simplement observer les effets du tabac sur les gens qui fument déjà et les effets du fait de ne pas fumer sur les non-fumeurs.

> Sir Ronald Alymer Fisher (1890-1962) a inventé la branche des statistiques connue sous le terme de procédure expérimentale. En plus de ses compétences en statistiques, il était un scientifique reconnu dans le domaine de la génétique.

Dans cette section, nous introduisons les principes de base des études expérimentales et montrons comment elles sont utilisées dans une procédure totalement aléatoire. Nous fournissons également une vue d'ensemble de la procédure statistique appelée analyse de la variance (ANOVA). Dans la section suivante, nous montrons comment utiliser l'analyse de la variance pour tester l'égalité des moyennes de k populations en utilisant les données obtenues à partir d'une procédure totalement aléatoire ainsi qu'à partir d'une étude empirique. Aussi, en ce sens, l'analyse de la variance ANOVA étend les outils statistiques vus dans les sections précédentes aux moyennes de plus de deux populations. Dans les chapitres suivants, nous verrons que l'analyse de la variance joue un rôle clé dans l'analyse des résultats de régressions impliquant à la fois des données empiriques et expérimentales.

Comme exemple d'une étude statistique expérimentale, considérons le problème auquel fait face la société Chemitech. Chemitech a développé un nouveau système de filtration pour les usines de traitement des eaux usées des communes. Les composants du nouveau système de filtration seront achetés auprès de plusieurs fournisseurs et Chemitech assemblera les différents composants dans son usine de Columbia en Caroline du Sud. L'équipe d'ingénieurs est chargée de déterminer la meilleure méthode d'assemblage du nouveau système de filtration. Après avoir étudié de nombreuses approches possibles, l'équipe a réduit le nombre d'alternatives à trois : méthode A, méthode B, méthode C. Ces méthodes diffèrent dans le séquençage des étapes pour assembler le système. Les dirigeants de Chemitech souhaitent déterminer quelle méthode d'assemblage peut produire le plus grand nombre de systèmes de filtration par semaine.

Les relations de cause-à-effet peuvent être délicates à établir dans des études empiriques ; elles sont plus faciles à établir dans les études expérimentales.

Dans l'expérience de Chemitech, la méthode d'assemblage est la variable indépendante ou le **facteur**. Puisque trois méthodes d'assemblage correspondent à ce facteur, nous disons que trois traitements sont associés à cette expérience ; chaque **traitement** correspond à l'une des trois méthodes d'assemblage. Le problème de Chemitech est un exemple d'**expérience à un seul facteur** ; il implique un facteur qualitatif (la méthode d'assemblage). Des expériences plus complexes peuvent être à facteurs multiples ; certains facteurs peuvent être qualitatifs, d'autres quantitatifs.

Les trois méthodes d'assemblage ou traitements définissent les trois populations auxquelles on s'intéresse dans le cadre de l'expérience Chemitech. Une population inclut tous les employés de Chemitech qui utilisent la méthode d'assemblage A, une autre inclut ceux qui utilisent la méthode B et la troisième inclut ceux qui utilisent la méthode C. Notez que pour chaque population, la **variable de réponse** ou variable dépendante est le nombre de systèmes de filtration assemblés par semaine, et l'objectif principal de l'expérience est de déterminer si le nombre moyen d'unités produites par semaine est identique pour les trois populations (méthodes).

Supposez qu'un échantillon aléatoire de trois employés soit sélectionné dans la population de tous les travailleurs de l'usine d'assemblage de Chemitech. Dans la terminologie des procédures expérimentales, les trois travailleurs sélectionnés aléatoirement sont les **unités expérimentales**. La procédure expérimentale qui nous utiliserons dans le cadre du problème de la société Chemitech est appelée **procédure totalement aléatoire**. Ce type de procédure nécessite que chacune des trois méthodes d'assemblage ou traitements soit assignée aléatoirement à l'une des unités expérimentales ou travailleurs. Par exemple, la méthode A peut être aléatoirement assignée au deuxième travailleur, la méthode B au premier et la méthode C au troisième. Le concept d'aléa, comme illustré dans cet exemple, est un principe important de toutes les procédures expérimentales.

L'aléa correspond au processus d'assignation aléatoire des traitements aux unités expérimentales. Avant les travaux de Sir R.A. Fisher, les traitements étaient assignés sur une base subjective ou systématique.

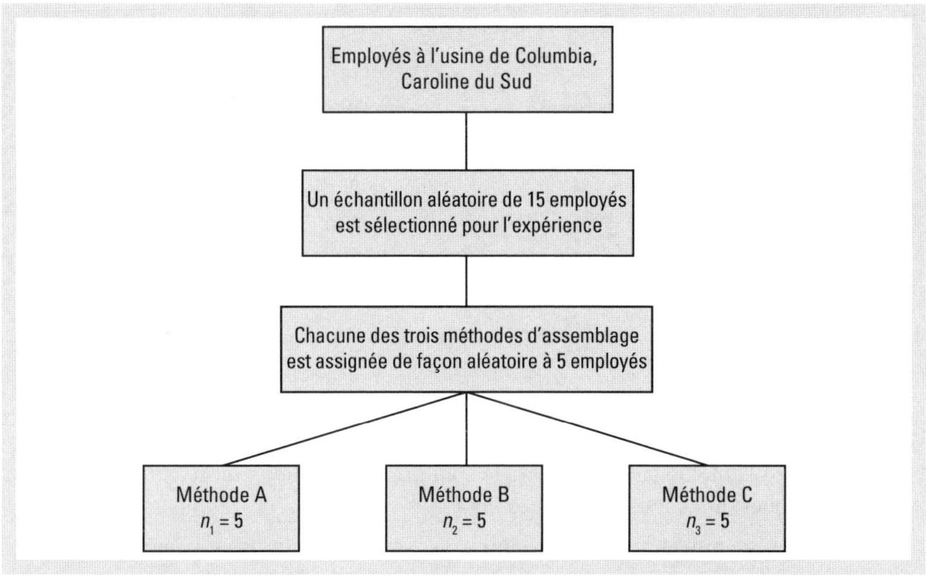

Figure 10.3 ***Procédure totalement aléatoire pour évaluer l'expérience relative aux méthodes d'assemblage de Chemitech***

Notez que cette expérience résulte en une seule mesure ou un seul nombre d'unités assemblées pour chaque traitement. Pour obtenir des données supplémentaires pour chaque méthode d'assemblage, nous devons répéter le processus expérimental de base. Supposez par exemple que, au lieu de sélectionner simplement trois travailleurs aléatoirement, nous sélectionnions 15 travailleurs et qu'ensuite, nous assignions aléatoirement chacun des trois traitements à cinq travailleurs. Puisque chaque méthode d'assemblage est assignée à cinq travailleurs, la procédure est répliquée cinq fois. Le processus de réplication est un autre principe important des procédures expérimentales. La figure 10.3 illustre la procédure totalement aléatoire de l'expérience de Chemitech.

10.4.1 Collecte de données

Une fois la procédure expérimentale définie, nous collectons et analysons les données. Dans le cas de Chemitech, les employés sont formés à la nouvelle méthode d'assemblage qui leur a été attribuée et commencent à assembler le nouveau système de filtration en utilisant cette méthode. Après formation, le nombre d'unités assemblées par chaque employé durant une semaine est enregistré (cf. tableau 10.3 et fichier en ligne Chemitech). Les moyennes d'échantillon, les variances d'échantillon et les écarts types d'échantillon pour chaque méthode d'assemblage sont également fournis. Ainsi, le nombre moyen d'unités produites en utilisant la méthode A est 62 ; en utilisant la méthode B 66 et la méthode C 52. D'après ces données d'échantillon, la méthode B semble fournir un taux de production supérieur aux deux autres méthodes.

La question est de savoir si les trois moyennes d'échantillon observées sont suffisamment différentes pour que l'on puisse conclure que les moyennes des populations

Tableau 10.3 ***Nombre d'unités produites par 15 travailleurs***

	Méthode A	Méthode B	Méthode C
	58	58	48
	64	69	57
	55	71	59
	66	64	47
	67	68	49
Moyenne d'échantillon	62	66	52
Variance d'échantillon	27,5	26,5	31,0
Écart type d'échantillon	5,244	5,148	5,568

associées aux trois méthodes d'assemblage sont différentes. Pour écrire cette question en termes statistiques, nous introduisons les notations suivantes :

μ_1 le nombre moyen d'unités produites par semaine en utilisant la méthode A

μ_2 le nombre moyen d'unités produites par semaine en utilisant la méthode B

μ_3 le nombre moyen d'unités produites par semaine en utilisant la méthode C

Bien que nous ne connaîtrons jamais les vraies valeurs de μ_1, μ_2 et μ_3, nous voulons utiliser les résultats de l'échantillon pour tester les hypothèses suivantes :

$$H_0 : \mu_1 = \mu_2 = \mu_3$$

H_a : les moyennes des populations ne sont pas toutes égales

> Si H_0 est rejetée, nous ne pouvons pas conclure que les moyennes de toutes les populations sont différentes. Rejeter H_0 signifie qu'au moins deux populations ont des moyennes différentes.

Comme nous allons le démontrer, l'analyse de la variance (ANOVA) est une procédure statistique qui peut être utilisée pour déterminer si les écarts observés entre les moyennes des trois échantillons sont suffisamment importants pour rejeter H_0.

10.4.2 Hypothèses de l'analyse de la variance

L'utilisation de l'analyse de la variance repose sur trois hypothèses.

> Si les échantillons sont de taille égale, l'analyse de la variance reste valable lorsque l'hypothèse de normalité des distributions des populations n'est pas respectée.

1. **Pour chaque population, la variable de réponse est normalement distribuée.** Conséquence : dans l'expérience de la société Chemitech, le nombre

d'unités produites par semaine (variable de réponse) doit être normalement distribué pour chaque méthode d'assemblage.

2. **La variance de la variable de réponse, notée σ^2, est la même pour toutes les populations.** Conséquence : dans l'expérience de la société Chemitech, la variance du nombre d'unités produites par semaine doit être identique pour chaque méthode d'assemblage.
3. **Les observations doivent être indépendantes.** Conséquence : dans l'expérience de la société Chemitech, le nombre d'unités produites par semaine par chaque employé doit être indépendant du nombre d'unités produites par semaine par un autre employé.

10.4.3 Analyse de la variance : Une vue d'ensemble conceptuelle

Si les moyennes des trois populations étaient égales, on pourrait s'attendre à ce que les moyennes des trois échantillons soient assez proches les unes des autres. En effet, plus les moyennes des trois échantillons sont proches les unes des autres, plus il est probable que nous puissions conclure à l'égalité des moyennes des populations. À l'opposé, plus les moyennes des échantillons diffèrent, plus il est probable que les moyennes des populations ne soient pas égales. En d'autres termes, si la variabilité parmi les moyennes des échantillons est « faible », la vraisemblance de H_0 est renforcée ; si la variabilité parmi les moyennes des échantillons est « importante », la vraisemblance de H_a est renforcée.

Si l'hypothèse nulle $H_0 : \mu_1 = \mu_2 = \mu_3$ est vraie, nous pouvons utiliser la variabilité parmi les moyennes des échantillons pour développer un estimateur de σ^2. Notez que si les hypothèses de l'analyse de la variance sont satisfaites, chaque échantillon provient

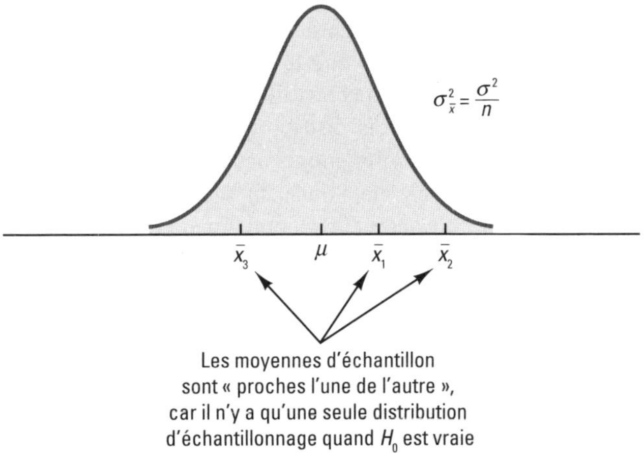

Figure 10.4 ***Distribution d'échantillonnage de $\bar{x}$ sachant que H_0 est vraie***

de la même distribution de probabilité normale de moyenne μ et de variance σ^2. Nous avons vu au chapitre 7 que la distribution d'échantillonnage de la moyenne $\bar{x}$ d'un échantillon aléatoire simple de taille n, issu d'une population normale, est normale de moyenne μ et de variance $\frac{\sigma^2}{n}$. La figure 10.4 illustre une telle distribution d'échantillonnage.

Ainsi, si l'hypothèse nulle est vraie, on peut interpréter chacune des trois moyennes d'échantillon $\bar{x}_1 = 62$, $\bar{x}_2 = 66$ et $\bar{x}_3 = 52$ (tableau 10.3) comme des valeurs tirées aléatoirement d'une distribution d'échantillonnage comme celle représentée par la figure 10.4. Dans ce cas, la moyenne et la variance des trois valeurs de $\bar{x}$ peuvent être utilisées pour estimer la moyenne et la variance de la distribution d'échantillonnage. Lorsque les échantillons sont de taille identique, comme dans l'expérience Chemitech, la meilleure estimation de la moyenne de la distribution d'échantillonnage de $\bar{x}$ est la moyenne des moyennes des échantillons. Ainsi, dans l'expérience Chemitech, une estimation de la moyenne de la distribution d'échantillonnage de $\bar{x}$ est $(62+66+52)/3 = 60$. Nous appelons cette estimation la *moyenne d'échantillon globale*. Une estimation de la variance de la distribution de $\bar{x}$ est fournie par la variance des moyennes des trois échantillons.

$$s_{\bar{x}}^2 = \frac{(62-60)^2 + (66-60)^2 + (52-60)^2}{3-1} = \frac{104}{2} = 52$$

Puisque $\sigma_{\bar{x}}^2 = \frac{\sigma^2}{n}$,

$$\sigma^2 = n\sigma_{\bar{x}}^2.$$

Par conséquent, l'estimation de σ^2 est égale à n fois l'estimation de $\sigma_{\bar{x}}^2$, soit $ns_{\bar{x}}^2 = 5 \times 52 = 260$. Il s'agit de l'estimation *inter-échantillons* de σ^2.

L'estimation inter-échantillons de la variance présuppose que l'hypothèse nulle est vraie. Dans ce cas, chaque échantillon provient de la même population et il n'y a qu'une seule distribution d'échantillonnage de $\bar{x}$. Pour illustrer ce qui se produit quand l'hypothèse nulle est fausse, supposons que les moyennes des populations sont toutes différentes. Notez que puisque les trois échantillons sont issus de populations normales de moyennes différentes, il y aura trois distributions d'échantillonnage différentes. La figure 10.5 montre que dans ce cas, les moyennes des échantillons ne sont pas aussi proches que dans le cas où H_0 est vraie. Ainsi, $s_{\bar{x}}^2$ sera plus grand, de même que l'estimation inter-échantillons de la variance. En général, quand les moyennes des populations ne sont pas égales, l'estimation inter-échantillons de la variance surestime la variance de la population σ^2.

La variation à l'intérieur de chaque échantillon affecte également les conclusions de l'analyse de la variance. Quand un échantillon aléatoire simple est sélectionné à partir de chacune des populations, chacune des variances des échantillons fournit une estimation sans biais de σ^2. Ainsi, nous pouvons regrouper les estimations individuelles de σ^2 dans une estimation commune. L'estimateur de σ^2 obtenu de cette façon est appelé estimateur *commun* ou *intra-échantillons* de la variance. Puisque chaque échantillon fournit une estimation de la variance fondée uniquement sur la variation à l'intérieur de l'échantillon,

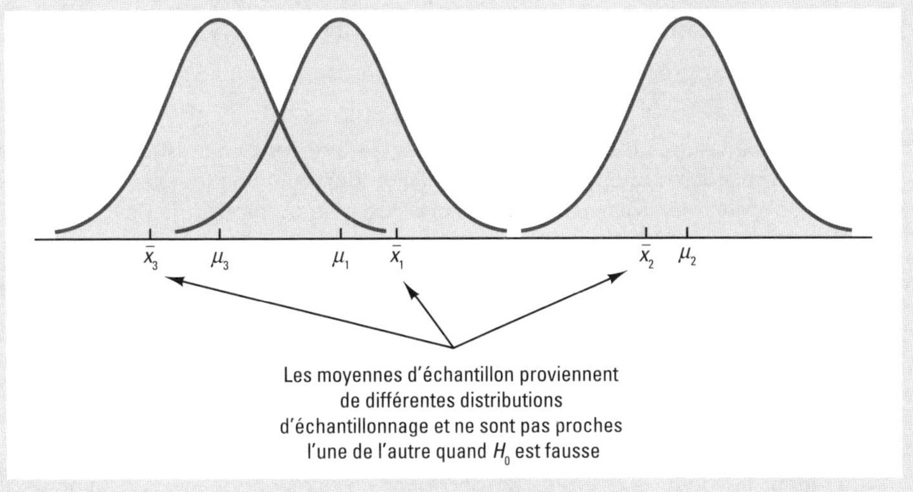

Figure 10.5 ***Distributions d'échantillonnage de $\bar{x}$ sachant que H_0 est fausse***

l'estimateur intra-échantillons de la variance n'est pas affecté par le fait que les moyennes des populations soient égales. Lorsque les échantillons sont de même taille, l'estimateur intra-échantillons de la variance peut être obtenu en calculant la moyenne des variances individuelles des échantillons. Dans l'exemple de la société Chemitech, nous obtenons une estimation intra-échantillons de la variance égale à :

$$\frac{27,5+26,5+31,0}{3}=\frac{85}{3}=28,33$$

Dans l'exemple de la société Chemitech, l'estimation inter-échantillons de la variance (260) est beaucoup plus grande que l'estimation intra-échantillons (28,33). Le rapport de ces deux estimations est égal à 9,18. Il ne faut cependant pas oublier que l'approche inter-échantillons fournit une bonne estimation de la variance uniquement dans le cas où l'hypothèse nulle est vraie : si l'hypothèse nulle est fausse, l'approche inter-échantillons surestime la variance. L'approche intra-échantillons, par contre, fournit une bonne estimation de la variance dans les deux cas. Ainsi, si l'hypothèse nulle est vraie, les deux estimations devraient être similaires et leur rapport proche de 1. Si l'hypothèse nulle est fausse, l'estimation inter-échantillons sera supérieure à l'estimation intra-échantillons et leur rapport sera supérieur à 1. Dans la section suivante, nous montrerons quelle « amplitude » doit avoir le rapport pour pouvoir rejeter l'hypothèse nulle.

En résumé, la logique derrière l'analyse de la variance est fondée sur le développement de deux estimations indépendantes de la variance commune de la population, σ^2. Une estimation de σ^2 est basée sur la variabilité parmi les moyennes d'échantillonnage elles-mêmes et l'autre estimation de σ^2 est basée sur la variabilité des données à l'intérieur de chaque échantillon. En comparant les deux estimations de σ^2, il est possible de déterminer si les moyennes des populations sont égales.

REMARQUES

1. L'aléa dans une procédure expérimentale est le pendant de l'échantillonnage probabiliste dans une étude empirique.
2. Dans de nombreuses expériences médicales, le biais potentiel est éliminé en utilisant des procédures anonymes. Ni le praticien appliquant le traitement, ni le sujet ne connaissent quel traitement est appliqué. Ce type de procédure peut être appliqué dans beaucoup d'autres expériences.
3. Dans cette section, nous avons donné une vue d'ensemble conceptuelle de la façon dont l'analyse de la variable peut être utilisée pour tester l'égalité des moyennes de *k* populations dans le cadre d'une expérience totalement aléatoire. Nous verrons que la même procédure peut également être utilisée pour tester l'égalité des moyennes de *k* populations dans le cadre d'une étude empirique ou non-expérimentale.
4. Dans les sections 10.1 et 10.2, nous avons présenté des méthodes statistiques pour tester l'hypothèse d'égalité des moyennes de deux populations. L'analyse de la variance peut également être utilisée pour tester cette hypothèse. En pratique, cependant, l'analyse de la variance n'est habituellement utilisée que pour comparer au moins trois moyennes.

10.5 ANALYSE DE LA VARIANCE ET PROCÉDURE TOTALEMENT ALÉATOIRE

L'analyse de la variance peut aussi être utilisée pour tester l'égalité des moyennes de k populations dans le cadre d'une procédure totalement aléatoire. La forme générale des hypothèses testées est :

$$H_0 : \mu_1 = \mu_2 = ... = \mu_k$$

H_a : il n'y a pas égalité entre les moyennes de toutes les populations

où

μ_j est la moyenne de la j^e population.

Supposons qu'un échantillon aléatoire de taille n_j ait été sélectionné à partir de chacune des k populations ou traitements. Définissons les variables suivantes pour les données de l'échantillon.
Soient

x_{ij} la valeur de l'observation i du traitement j ;

n_j le nombre d'observations du traitement j ;

$\overline{x}_j$ la moyenne d'échantillon du traitement j ;

s_j^2 la variance d'échantillon du traitement j ;

et s_j l'écart type d'échantillon du traitement j.

Les formules de la moyenne et de la variance d'échantillon du traitement j sont respectivement :

$$\bar{x}_j = \frac{\sum_{i=1}^{n_j} x_{ij}}{n_j} \quad (10.10)$$

$$s_j^2 = \frac{\sum_{i=1}^{n_j} \left(x_{ij} - \bar{x}_j\right)^2}{n_j - 1} \quad (10.11)$$

La moyenne globale des échantillons, notée $\bar{\bar{x}}$, est la somme de toutes les observations divisée par le nombre total d'observations :

$$\bar{\bar{x}} = \frac{\sum_{j=1}^{k} \sum_{i=1}^{n_j} x_{ij}}{n_T} \quad (10.12)$$

où

$$n_T = n_1 + n_2 + \ldots + n_k \quad (10.13)$$

Si chaque échantillon est de taille n, $n_T = kn$; dans ce cas, (10.12) se réduit à :

$$\bar{\bar{x}} = \frac{\sum_{j=1}^{k} \sum_{i=1}^{n_j} x_{ij}}{nk} = \frac{\sum_{j=1}^{k} \sum_{i=1}^{n_j} x_{ij}/n}{k} = \frac{\sum_{j=1}^{k} \bar{x}_j}{k} \quad (10.14)$$

En d'autres termes, si les échantillons sont de taille identique, la moyenne globale des échantillons est simplement la moyenne des moyennes des k échantillons.

Puisque chaque échantillon dans l'expérience de la société Chemitech comprend 5 observations, la moyenne globale des échantillons peut être calculée en utilisant (10.14). Avec les données du tableau 10.3, nous obtenons le résultat suivant :

$$\bar{\bar{x}} = \frac{62 + 66 + 52}{3} = 60$$

Ainsi, si l'hypothèse nulle est vraie $(\mu_1 = \mu_2 = \mu_3 = \mu)$, la moyenne globale des échantillons, égale à 60, est la meilleure estimation de la moyenne de la population μ.

10.5.1 Estimation inter-échantillons de la variance de la population

Dans la section précédente, nous avons introduit le concept d'estimateur inter-échantillons de σ^2 et montré comment le calculer lorsque les échantillons sont de taille identique. Cet estimateur de σ^2 est appelé le *carré moyen dû aux traitements* et est noté CMT. La formule de calcul du CMT est :

$$CMT = \frac{\sum_{j=1}^{k} n_j \left(\bar{x}_j - \bar{\bar{x}}\right)^2}{k - 1} \quad (10.15)$$

Le numérateur de (10.15) correspond à la *somme des carrés due aux traitements*, notée SCT. Le dénominateur correspond aux degrés de liberté associés à SCT. Ainsi, le carré moyen dû aux traitements peut être calculé grâce à la formule suivante.

► **Carré moyen dû aux traitements**

$$CMT = \frac{SCT}{k-1} \quad (10.16)$$

où

$$SCT = \sum_{j=1}^{k} n_j \left(\bar{x}_j - \bar{\bar{x}}\right)^2 \quad (10.17)$$

Si H_0 est vraie, CMT fournit une estimation sans biais de σ^2. Cependant, si les moyennes des k populations ne sont pas égales, CMT n'est pas un estimateur sans biais de σ^2 ; dans ce cas, il surestime σ^2.

Avec les données de Chemitech du tableau 10.3, nous obtenons les résultats suivants :

$$SCT = \sum_{j=1}^{k} n_j \left(\bar{x}_j - \bar{\bar{x}}\right)^2 = 5(62-60)^2 + 5(66-60)^2 + 5(52-60)^2 = 520$$

$$CMT = \frac{SCT}{k-1} = \frac{520}{2} = 260$$

10.5.2 Estimation intra-échantillons de la variance de la population

Nous avons précédemment introduit le concept d'estimateur intra-échantillons de la variance et montré comment le calculer lorsque les échantillons sont de taille identique. Cet estimateur de σ^2 est appelé *carré moyen dû aux erreurs* et est noté CME. La formule de calcul du CME est :

$$CME = \frac{\sum_{j=1}^{k} (n_j - 1) s_j^2}{n_T - k} \quad (10.18)$$

Le numérateur de (10.18) correspond à la *somme des carrés due aux erreurs* et est noté SCE. Le dénominateur correspond aux degrés de liberté associés à SCE. La formule pour calculer CME peut s'écrire de la façon suivante.

► **Carré moyen dû aux erreurs**

$$CME = \frac{SCE}{n_T - k} \quad (10.19)$$

où

$$SCE = \sum_{j=1}^{k} (n_j - 1) s_j^2 \quad (10.20)$$

Notez que CME est basé sur la variation à l'intérieur de chaque traitement ; il n'est pas influencé par le fait que l'hypothèse nulle soit vraie. Ainsi, CME fournit toujours une estimation sans biais de σ^2.

Avec les données Chemitech du tableau 10.3, nous obtenons les résultats suivants :

$$SCE = \sum_{j=1}^{k}\left(n_j - 1\right)s_j^2 = (5-1)27,5 + (5-1)26,5 + (5-1)31 = 340$$

$$CME = \frac{SCE}{n_T - k} = \frac{340}{15-3} = \frac{340}{12} = 28,33$$

10.5.3 Comparaison des estimations de la variance : le test F

Supposons que l'hypothèse nulle est vraie. Dans ce cas, CMT et CME fournissent deux estimations indépendantes et sans biais de σ^2. Lorsque l'hypothèse nulle est vraie et que les hypothèses ANOVA sont satisfaites, la distribution d'échantillonnage du ratio CMT/CME est une distribution de Fisher avec au numérateur, $k-1$ degrés de liberté, et au dénominateur, $n_T - k$ degrés de liberté. La forme générale de cette distribution de Fisher est présentée à la figure 10.6. Si l'hypothèse nulle est vraie, la valeur du ratio CMT/CME est issue de cette distribution.

Cependant, si l'hypothèse nulle est fausse, la valeur du ratio CMT/CME sera exagérée parce qu'une valeur importante de CMT surestime σ^2. Par conséquent, nous rejetterons l'hypothèse nulle si la valeur de CMT/CME apparaît être trop importante pour être issue d'une distribution de Fisher avec $k-1$ degrés de liberté au numérateur et $n_T - k$ degrés de liberté au dénominateur. Puisque la règle de rejet de H_0 est basée sur la valeur de CMT/CME, la statistique de test utilisée pour tester l'égalité des moyennes de k populations est la suivante.

► Statistique de test d'égalité des moyennes de *k* populations

$$F = \frac{CMT}{CME} \qquad (10.21)$$

Cette statistique de test suit une distribution de Fisher à $k-1$ degrés de liberté au numérateur et $n_T - k$ degrés de liberté au dénominateur.

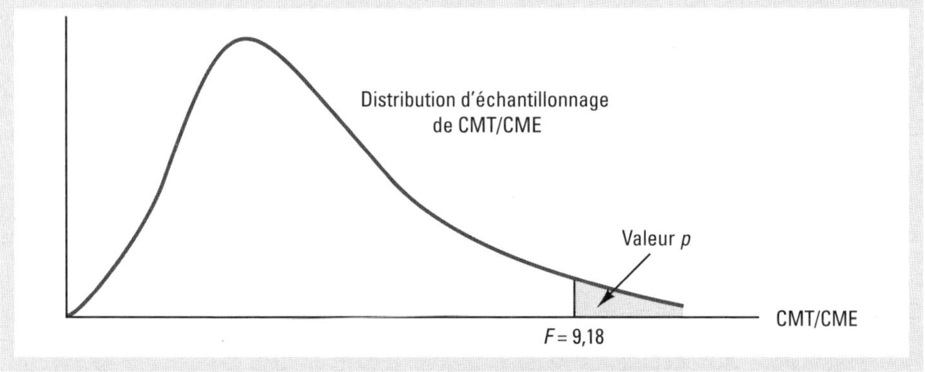

Figure 10.6 *Calcul de la valeur p en utilisant la distribution d'échantillonnage de CMT/CME*

Revenons à l'expérience de la société Chemitech et utilisons un seuil de signification $\alpha = 0,05$ pour effectuer le test d'hypothèses. La statistique de test est égale à

$$F = \frac{CMT}{CME} = \frac{260}{28,33} = 9,18$$

Le nombre de degrés de liberté est égal à $k-1=3-1=2$ au numérateur et $n_T - k = 15-3 = 12$ au dénominateur. Puisque l'hypothèse nulle est rejetée pour des valeurs importantes de la statistique de test, nous calculons la valeur p correspondant à l'aire dans la queue supérieure de la distribution de Fisher, à droite de la statistique de test $F = 9,18$. La figure 10.6 illustre la distribution d'échantillonnage de $F = \frac{CMT}{CME}$, la valeur de la statistique de test et l'aire dans la queue supérieure qui correspond à la valeur p pour le test d'hypothèses.

D'après le tableau 4 de l'annexe B, nous trouvons les aires suivantes dans la queue supérieure de la distribution de Fisher à deux degrés de liberté au numérateur et 12 degrés de liberté au dénominateur.

Aire dans la queue supérieure	**0,10**	**0,05**	**0,025**	**0,01**
Valeur F ($df_1 = 2$, $df_2 = 12$)	2,81	3,89	5,10	6,93

$F = 9,18$

Puisque $F = 9,18$ est supérieur à 6,93, l'aire dans la queue supérieure à droite de $F = 9,18$ est inférieure à 0,01. La valeur p est donc inférieure à 0,01. Les logiciels Minitab ou Excel peuvent être utilisés pour obtenir la valeur p exacte, égale à 0,004. Avec une valeur $p \leq \alpha = 0,05$, H_0 est rejetée. Le test fournit suffisamment de preuves pour conclure que les moyennes des trois populations ne sont pas égales. En d'autres termes, l'analyse de la variance confirme la conclusion selon laquelle le nombre moyen d'unités produites par semaine pour la population des trois méthodes d'assemblage n'est pas identique.

L'annexe F montre comment calculer les valeurs p en utilisant Minitab ou Excel.

L'approche par la valeur critique peut également être utilisée pour effectuer le test d'hypothèses. Au seuil $\alpha = 0,05$, la valeur critique F correspond à une aire de 0,05 dans la queue supérieure d'une distribution de Fisher à 2 et 12 degrés de liberté. D'après la table de Fisher, $F_{0,05} = 3,89$. Par conséquent, la règle de rejet associée à l'expérience Chemitech s'écrit :

$$\text{Rejet de } H_0 \text{ si } F \geq 3,89$$

Puisque $F = 9,18$, nous rejetons H_0 et concluons que les moyennes des trois populations ne sont pas égales. Un résumé de la procédure de test de l'égalité des moyennes de k populations est fourni ci-dessous.

- **Test d'égalité des moyennes de k populations**

  $H_0 : \mu_1 = \mu_2 = \ldots = \mu_k$

  H_a : il n'y a pas égalité entre les moyennes de toutes les populations
- **Statistique de test**

$$F = \frac{CMT}{CME}$$

- **Règle de rejet**

  Approche par la valeur p — Rejet de H_0 si la valeur $p \leq \alpha$

  Approche par la valeur critique — Rejet de H_0 si $F \geq F_\alpha$

où la valeur de F_α est basée sur la distribution de Fisher avec $k-1$ degrés de liberté au numérateur et $n_T - k$ degrés de liberté au dénominateur.

10.5.4 Le tableau ANOVA

Les résultats des précédents calculs peuvent être exposés dans un tableau : le tableau d'analyse de la variance ou **tableau ANOVA**. La forme générale d'un tableau ANOVA pour une procédure totalement aléatoire est présentée dans le tableau 10.4 ; le tableau 10.5 correspond à celui associé à l'expérience Chemitech. La somme des carrés associée à la source de variation dite totale est appelée *somme totale des carrés* (SCtot). Notez que les résultats de cet exemple suggère que SCtot est égal à la somme de SCT et de SCE et que le nombre de degrés de liberté associés à cette somme totale des carrés est la somme des degrés de liberté associés aux estimateurs inter- et intra-échantillons de σ^2.

En fait, SCtot divisé par ses degrés de liberté, $n_T - 1$, n'est rien d'autre que la variance totale de l'échantillon, qui serait obtenue si nous traitions l'ensemble des 15 observations comme un seul ensemble de données. Avec l'ensemble des données pour échantillon, la formule pour calculer la somme totale des carrés, SCtot, est :

$$SCtot = \sum_{j=1}^{k}\sum_{i=1}^{n_j}\left(x_{ij} - \bar{\bar{x}}\right)^2 \tag{10.22}$$

Tableau 10.4 ***Tableau d'analyse de la variance pour un processus totalement aléatoire***

Source de variation	Somme des carrés	Degrés de liberté	Carré moyen	F	Valeur p
Traitements	SCT	$k-1$	$CMT = \frac{SCT}{k-1}$	$\frac{CMT}{CME}$	
Erreur	SCE	$n_T - k$	$CME = \frac{SCE}{n_T - k}$		
Total	SCtot	$n_T - 1$			

Tableau 10.5 ***Tableau d'analyse de la variance pour l'expérience Chemitech***

Source de variation	Somme des carrés	Degrés de liberté	Carré moyen	*F*	Valeur *p*
Traitements	520	2	260,00	9,18	0,004
Erreur	340	12	28,33		
Total	860	14			

Les conclusions tirées du tableau ANOVA associé à l'expérience Chemitech se généralisent à d'autres problèmes. C'est-à-dire,

$$SCtot = SCT + SCE \tag{10.23}$$

En d'autres termes, SCtot peut être divisée en deux sommes des carrés : la somme des carrés due aux traitements et la somme des carrés due aux erreurs. Les degrés de liberté associés à SCtot, $n_T - 1$, peuvent être également partagés entre les degrés de liberté associés à SCT, $k-1$, et les degrés de liberté associés à SCE, $n_T - k$. L'analyse de la variance peut être vue comme le processus de **partition** de la somme totale des carrés et des degrés de liberté entre leurs sources : traitements et erreurs. Diviser la somme des carrés par le nombre de degrés de liberté approprié fournit les estimations de la variance, la valeur *F* et la valeur *p* utilisées pour tester l'hypothèse d'égalité des moyennes des populations.

On peut comparer l'analyse de la variance à une procédure statistique pour diviser la somme totale des carrés en différentes parties.

10.5.5 Les résultats informatiques de l'analyse de la variance

Grâce aux logiciels statistiques, l'analyse de la variance avec de grands échantillons ou un grand nombre de populations peut être effectuée facilement. Les annexes 10.2, 10.4 et 10.6 présentent les étapes nécessaires pour effectuer les calculs relatifs à l'analyse de la variance avec Minitab, Excel et StatTools. La figure 10.7 reproduit le résultat des estimations effectuées avec le logiciel Minitab dans le cadre de l'expérience Chemitech. La première partie correspond au tableau ANOVA. En comparant la figure 10.7 avec le tableau 10.5, on voit que la même information est disponible, bien que certains en-têtes soient légèrement différents. L'en-tête Source est utilisé pour dénommer la colonne source de variation et l'en-tête Factor identifie la ligne traitement. Les colonnes de la somme des carrés et des degrés de liberté sont interverties.

Notez qu'en dessous du tableau ANOVA, le résultat du programme informatique donne les tailles d'échantillon, les moyennes et les écarts types d'échantillon. En plus, Minitab construit une figure qui représente les estimations individuelles par intervalle

```
Source   DF      SS      MS      F       P
Factor    2   520,0   260,0   9,18   0,004
Error    12   340,0    28,3
Total    14   860,0

S = 5,323     R-Sq = 60,47%    R-Sq(adj) = 53,88%

                                Individual 95% CIs For Mean Based on
                                Pooled StDev
Level      N     Mean    StDev  ---+---------+---------+---------+-----
A          5   62,000    5,244                (------*------)
B          5   66,000    4,148                      (------*------)
C          5   52,000    5,568  (------*------)
                                ---+---------+---------+---------+-----
Pooled StDev = 5,323            49,0      56,0      63,0      70,0
```

Figure 10.7 ***Feuille de résultats Minitab pour l'analyse de la variance dans le cadre de l'expérience Chemitech***

de confiance à 95 % des moyennes de chaque population. Pour estimer ces intervalles de confiance, Minitab utilise CME comme estimation de σ^2. Ainsi, la racine carrée de CME donne la meilleure estimation de l'écart type de la population, σ. Cette estimation de σ correspond à la valeur Pooled StDev égale à 5,323 dans la feuille de résultats du programme. Pour illustrer la manière dont ces intervalles de confiance sont construits, nous allons calculer l'intervalle de confiance à 95 % de l'estimation de la moyenne de la population pour la méthode A.

La forme générale d'un intervalle de confiance pour une moyenne de population, étudiée au chapitre 8, est :

$$\bar{x} \pm t_{\alpha/2} \frac{s}{\sqrt{n}} \tag{10.24}$$

où s est l'estimation de l'écart type de la population σ. Puisque dans l'analyse de la variance, la meilleure estimation de σ est donnée par la racine carrée de CME (ou Pooled StDev), nous utiliserons la valeur de 5,323 pour s dans l'expression (10.24). Le nombre de degrés de liberté pour la valeur t est de 12, nombre de degrés de liberté associé à l'estimation intra-échantillon de σ^2. Avec $t_{0,025} = 2{,}179$, on obtient :

$$62 \pm 2{,}179 \frac{5{,}323}{\sqrt{5}} = 62 \pm 5{,}19$$

Ainsi, l'intervalle de confiance à 95 % pour la méthode A correspond à l'intervalle $[56{,}81; 67{,}19]$. Puisque les échantillons sont de taille identique dans l'expérience Chemitech, les intervalles de confiance pour les méthodes B et C sont également construits en ajoutant et en soustrayant 5,19 à la moyenne de chaque échantillon. Ainsi, la longueur des intervalles de confiance représentés dans l'output de Minitab est identique.

10.5.6 Test d'égalité de k moyennes de la population : Une étude empirique

Nous avons montré comment utiliser l'analyse de la variance pour tester l'égalité des moyennes de k populations dans le cadre d'une étude expérimentale totalement aléatoire. Il est important de comprendre que l'analyse de la variance peut également être utilisée pour tester l'égalité des moyennes d'au moins trois populations en utilisant des données obtenues à partir d'une étude empirique. Considérons l'exemple de la société National Computer Products (NCP).

La société NCP fabrique des imprimantes et des télécopieurs dans des usines implantées à Atlanta, Dallas et Seattle. Pour savoir comment les employés de ces usines évaluent la qualité du management, un échantillon aléatoire de 6 employés a été sélectionné dans chaque usine et les travailleurs ont répondu à un questionnaire sur leur perception de la qualité du management. Les évaluations faites par 18 employés sont présentées dans le tableau 10.6. Les moyennes, variances et écarts types des échantillons pour chaque groupe sont également donnés. Les dirigeants souhaitent utiliser ces données pour tester l'hypothèse selon laquelle les évaluations seraient, en moyenne, identiques dans les trois usines.

Nous considérons que les employés de l'usine d'Atlanta forment la population 1, ceux de l'usine de Dallas la population 2, et enfin ceux de l'usine de Seattle la population 3. Soient

μ_1 la moyenne des notes pour la population 1

μ_2 la moyenne des notes pour la population 2

μ_3 la moyenne des notes pour la population 3

Bien que nous ne connaîtrons jamais les vraies valeurs de μ_1, μ_2 et μ_3, nous voulons utiliser les résultats de l'échantillon pour tester les hypothèses suivantes :

$$H_0 : \mu_1 = \mu_2 = \mu_3$$
$$H_a : \text{les moyennes ne sont pas toutes égales}$$

Tableau 10.6 ***Notes d'évaluation fournies par 18 employés***

	Usine 1 Atlanta	Usine 2 Dallas	Usine 3 Seattle
	85	71	59
	75	75	64
	82	73	62
	76	74	69
	71	69	75
	85	82	67
Moyenne d'échantillon	79	74	66
Variance d'échantillon	34	20	32
Écart type d'échantillon	5,83	4,47	5,66

Notez que le test d'hypothèses pour l'étude empirique relative à la société NCP est exactement identique à celui mené dans le cadre de l'expérience Chemitech. En fait, nous pouvons employer la même méthodologie d'analyse de la variance pour analyser l'expérience Chemitech et les données de l'étude empirique relative à la société NCP.

> On vous demandera dans l'exercice 34 d'analyser les données de la société NCP en utilisant la procédure d'analyse de la variance.

Bien qu'il soit vrai que la même méthodologie ANOVA soit utilisée pour l'analyse, il faut noter que l'étude empirique relative à la société NCP diffère de l'étude expérimentale relative à la société Chemitech. Les experts qui ont effectué l'étude sur la société NCP n'avaient aucun contrôle sur la manière dont les usines étaient assignées aux employées. Les usines étaient déjà actives et un employé particulier travaillait dans l'une des trois usines. Tout ce que la société NCP pouvait faire était de sélectionner un échantillon aléatoire de six employés dans chaque usine et leur faire passer le test. Pour que l'exemple de la société NCP puisse être considéré comme une étude expérimentale, il aurait fallu que la société puisse sélectionner aléatoirement 18 employés et assigner à chacun de ces employés une usine de façon aléatoire.

EXERCICES

Méthode

27. Les données suivantes sont issues d'une procédure totalement aléatoire.

	Traitement		
	A	B	C
	162	142	126
	142	156	122
	165	124	138
	145	142	140
	148	136	150
	174	152	128
Moyenne d'échantillon	156	142	134
Variance d'échantillon	164,4	131,2	110,4

a) Calculer la somme des carrés due aux traitements.

b) Calculer le carré moyen dû aux traitements.

c) Calculer la somme des carrés due aux erreurs.

d) Calculer le carré moyen dû aux crreurs.

e) Construire le tableau ANOVA de ce problème.

f) Peut-on rejeter l'hypothèse nulle d'égalité des moyennes des trois populations, au seuil de signification $\alpha = 0,05$?

28. Dans une procédure totalement aléatoire, sept unités expérimentales ont été utilisées pour chacun des cinq niveaux du facteur. Compléter le tableau ANOVA suivant.

Source de variation	Somme des carrés	Degrés de liberté	Carré moyen	*F*
Traitements	300			
Erreur				
Total	460			

29. Reprendre l'exercice 28.

a) Quelles sont les hypothèses de test implicites dans ce problème ?

b) Peut-on rejeter l'hypothèse nulle définie en (a), au seuil de signification $\alpha = 0{,}05$? Expliquer.

30. Dans une expérience conçue pour tester les niveaux de production de trois traitements différents, les résultats suivants ont été obtenus : $SCtot = 400$, $SCT = 150$ et $n_T = 19$. Construire le tableau ANOVA et tester toute différence significative entre les niveaux de production moyens des trois traitements. Utiliser $\alpha = 0{,}05$.

31. Dans une expérience totalement aléatoire, 12 unités expérimentales ont été utilisées pour le premier traitement, 15 pour le deuxième et 20 pour le troisième. Compléter le tableau ANOVA suivant. Au seuil de signification $\alpha = 0{,}05$, existe-t-il une différence significative entre les traitements ?

Source de variation	Somme des carrés	Degrés de liberté	Carré moyen	*F*
Traitements	1 200			
Erreur				
Total	1 800			

32. Développer l'analyse de la variance dans le cadre de l'expérience totalement aléatoire suivante (cf. fichier en ligne Expérience aléatoire). Au seuil $\alpha = 0{,}05$, existe-t-il une différence significative entre les traitements ?

Expérience aléatoire

	Traitements		
	A	B	C
	136	107	92
	120	114	82
	113	125	85
	107	104	101
	131	107	89
	114	109	117
	129	97	110
	102	114	120
		104	98
		89	106
$\overline{x}_i$	119	107	100
s^{i}_{2}	146,86	96,44	173,78

Applications

33. Trois méthodes d'assemblage d'un produit ont été proposées par un ingénieur. Pour contrôler le nombre d'unités correctement assemblées avec chaque méthode, 30 employés ont été sélectionnés de façon aléatoire et assignés aléatoirement aux trois méthodes proposées de façon à ce que chaque méthode soit utilisée par 10 travailleurs. Le nombre d'unités correctement assemblées fut enregistré et la procédure d'analyse de la variance appliquée aux résultats d'échantillon. Les résultats suivants ont été obtenus : $SCtot = 10\,800$; $SCT = 4\,560$.

a) Construire le tableau ANOVA correspondant à ce problème.

b) Utiliser $\alpha = 0,05$ pour tester toute différence significative entre les moyennes des trois méthodes d'assemblage.

34. Référez-vous aux données de la société NCP du tableau 10.6. Construire le tableau ANOVA et tester l'existence d'une différence significative entre les notes moyennes dans les trois usines. Utiliser $\alpha = 0,05$.

35. Pour étudier l'effet de la température sur le rendement d'un procédé chimique, cinq lots ont été produits à trois niveaux de température différents. Les résultats sont présentés ci-dessous. Construire le tableau ANOVA. Utiliser un seuil de signification $\alpha = 0,05$ pour tester si la température a un effet sur le rendement moyen du procédé.

Température		
50°C	**60°C**	**70°C**
34	30	23
24	31	28
36	34	28
39	23	30
32	27	31

36. Les auditeurs doivent juger différents aspects d'un audit sur la base de leur propre expérience, d'expériences indirectes ou d'une combinaison des deux. Dans une étude particulière, on a demandé aux auditeurs de juger la fréquence d'erreurs trouvées dans un audit. Les jugements des auditeurs ont ensuite été comparés aux résultats réels. Supposez que les données suivantes aient été obtenues grâce à une étude similaire ; des notes plus faibles correspondent à un meilleur jugement (cf. fichier en ligne Jugement Audit).

Directe	**Indirecte**	**Combinaison**
17,0	16,6	25,2
18,5	22,2	24,0
15,8	20,5	21,5
18,2	18,3	26,8
20,2	24,2	27,5
16,0	19,8	25,8
13,3	21,2	24,2

Jugement Audit

Utiliser $\alpha = 0,05$ pour tester si la base du jugement affecte la qualité du jugement. Quelle est votre conclusion ?

37. Quatre marques de peinture différentes prétendent avoir le même temps de séchage. Pour contrôler les déclarations des fabricants, cinq échantillons ont été testés pour chaque peinture. Les temps de séchage (en minutes) nécessaires avant de pouvoir appliquer la seconde couche ont été enregistrés. Les données suivantes ont été obtenues (cf. fichier en ligne Peinture).

Peinture

Peinture 1	Peinture 2	Peinture 3	Peinture 4
128	144	133	150
137	133	143	142
135	142	137	135
124	146	136	140
141	130	131	153

Au seuil $\alpha = 0,05$, tester l'égalité du temps de séchage moyen pour chaque type de peinture.

38. L'enquête de satisfaction des clients de restaurants du magazine *Consumer Reports* est basée sur 148 599 visites dans des chaînes de restaurants (site Internet de Consumer Reports). L'une des variables de l'étude est le prix du repas, c'est-à-dire le montant moyen payé par personne pour les plats et la boisson, diminué du pourboire. Supposez qu'un journaliste du *Sun Coast Times* pense que ses lecteurs seraient intéressés par une étude similaire réalisée dans les restaurants situés dans la zone Grand Strand de Myrtle Beach en Caroline du Sud. Le journaliste a sélectionné un échantillon de huit restaurants de poisson, huit restaurants italiens et huit restaurants-grill. Les données suivantes (cf. fichier en ligne GrandStrand) indiquent les prix des repas (en dollars) dans les 24 restaurants de l'échantillon. Utiliser $\alpha = 0,05$ pour tester s'il existe une différence significative entre le prix moyen d'un repas dans les trois types de restaurants.

GrandStrand

Italien	Poisson	Grill
12	16	24
13	18	19
15	17	23
17	26	25
18	23	21
20	15	22
17	19	27
24	18	31

RÉSUMÉ

Dans ce chapitre, nous avons présenté les procédures pour effectuer des estimations par intervalle et des tests d'hypothèses impliquant deux populations. Premièrement, nous avons montré comment estimer l'écart entre les moyennes de deux populations, lorsque des échantillons indépendants sont sélectionnés. Nous avons tout d'abord considéré le cas où les écarts types des populations σ_1 et σ_2 sont connus. La distribution de probabilité normale centrée réduite est utilisée pour développer l'estimation par intervalle et construire la statistique de test permettant de faire un test d'hypothèses. Nous avons ensuite considéré le cas où les écarts types des populations sont inconnus et estimés par les écarts types d'échantillon s_1 et s_2. Dans ce cas, la distribution de Student est utilisée pour développer l'estimation par intervalle et construire la statistique de test.

La discussion relative aux procédures d'estimation de l'écart entre les moyennes de deux populations a ensuite été étendue aux échantillons appariés. Dans le cas d'échantillons appariés, chaque élément fournit une paire de données, une pour chaque population. La différence entre les paires de données est ensuite utilisée dans l'analyse statistique. La procédure avec échantillons appariés est généralement préférée à celle avec échantillons indépendants, car elle améliore la précision des estimations.

Dans les deux dernières sections, nous avons introduit les procédures expérimentales et l'analyse de la variance (ANOVA). Les études expérimentales diffèrent des études empiriques dans le sens où une expérience est menée pour générer les données. La procédure totalement aléatoire fut décrite et l'analyse de la variance utilisée pour tester l'effet d'un traitement. La même procédure d'analyse de la variance peut être utilisée pour tester la différence entre les moyennes de *k* populations dans une étude empirique.

GLOSSAIRE

Échantillons aléatoires indépendants. Échantillons issus de deux populations de manière à ce que les éléments formant un échantillon soient choisis indépendamment des éléments formant l'autre échantillon.

Échantillons appariés. Échantillons dans lesquels chaque donnée d'un échantillon est associée à une donnée correspondante d'un autre échantillon.

Facteur. Autre terme pour désigner la variable indépendante à laquelle on s'intéresse.

Traitements. Différents niveaux d'un facteur.

Expérience à un seul facteur. Expérience n'impliquant qu'un facteur avec *k* populations ou traitements.

Variable de réponse. Autre terme pour désigner la variable dépendante à laquelle on s'intéresse.

Unités expérimentales. Éléments auxquels on s'intéresse dans une expérience.

Procédure totalement aléatoire. Expérience dans laquelle les traitements sont assignés de façon aléatoire aux unités expérimentales.

Distribution de Fisher. Distribution basée sur le ratio de deux estimations indépendantes de la variance d'une population normale. La distribution de Fisher est utilisée dans les tests d'hypothèses relatifs à l'égalité des moyennes de *k* populations.

Partition. Processus d'allocation de la somme des carrés totale et des degrés de liberté entre leurs différentes composantes.

FORMULES CLÉ

Estimateur ponctuel de la différence des moyennes des deux populations

$$\bar{x}_1 - \bar{x}_2 \tag{10.1}$$

Erreur type de $\bar{x}_1 - \bar{x}_2$

$$\sigma_{\bar{x}_1 - \bar{x}_2} = \sqrt{\frac{\sigma_1^2}{n_1} + \frac{\sigma_2^2}{n_2}} \tag{10.2}$$

Estimation par intervalle de l'écart entre les moyennes de deux populations : σ_1 et σ_2 connus

$$\bar{x}_1 - \bar{x}_2 \pm z_{\alpha/2}\sqrt{\frac{\sigma_1^2}{n_1} + \frac{\sigma_2^2}{n_2}} \qquad (10.4)$$

Statistique de test pour des tests d'hypothèses relatifs à $\mu_1 - \mu_2$: σ_1 et σ_2 connus

$$z = \frac{(\bar{x}_1 - \bar{x}_2) - D_0}{\sqrt{\frac{\sigma_1^2}{n_1} + \frac{\sigma_2^2}{n_2}}} \qquad (10.5)$$

Estimation par intervalle de l'écart entre les moyennes de deux populations : σ_1 et σ_2 inconnus

$$\bar{x}_1 - \bar{x}_2 \pm t_{\alpha/2}\sqrt{\frac{s_1^2}{n_1} + \frac{s_2^2}{n_2}} \qquad (10.6)$$

Degrés de liberté de la distribution de Student pour deux échantillons aléatoires simples indépendants

$$df = \frac{\left(\frac{s_1^2}{n_1} + \frac{s_2^2}{n_2}\right)^2}{\frac{1}{n_1 - 1}\left(\frac{s_1^2}{n_1}\right)^2 + \frac{1}{n_2 - 1}\left(\frac{s_2^2}{n_2}\right)^2} \qquad (10.7)$$

Statistique de test pour des tests d'hypothèses relatifs à $\mu_1 - \mu_2$: σ_1 et σ_2 inconnus

$$t = \frac{(\bar{x}_1 - \bar{x}_2) - D_0}{\sqrt{\frac{s_1^2}{n_1} + \frac{s_2^2}{n_2}}} \qquad (10.8)$$

Statistique de test pour échantillons appariés

$$t = \frac{\bar{d} - \mu_d}{s_d / \sqrt{n}} \qquad (10.9)$$

Moyenne d'échantillon du traitement *j*

$$\bar{x}_j = \frac{\sum_{i=1}^{n_j} x_{ij}}{n_j} \qquad (10.10)$$

Variance d'échantillon du traitement *j*

$$s_j^2 = \frac{\sum_{i=1}^{n_j} (x_{ij} - \bar{x}_j)^2}{n_j - 1} \qquad (10.11)$$

Moyenne globale de l'échantillon

$$\bar{\bar{x}} = \frac{\sum_{j=1}^{k}\sum_{i=1}^{n_j} x_{ij}}{n_T} \tag{10.12}$$

où

$$n_T = n_1 + n_2 + \ldots + n_k \tag{10.13}$$

Carré moyen dû aux traitements

$$CMT = \frac{SCT}{k-1} \tag{10.16}$$

Somme des carrés due aux traitements

$$SCT = \sum_{j=1}^{k} n_j \left(\bar{x}_j - \bar{\bar{x}}\right)^2 \tag{10.17}$$

Carré moyen dû aux erreurs

$$CME = \frac{SCE}{n_T - k} \tag{10.19}$$

Somme des carrés due aux erreurs

$$SCE = \sum_{j=1}^{k} \left(n_j - 1\right) s_j^2 \tag{10.20}$$

Statistique de test pour tester l'égalité des moyennes de *k* populations

$$F = \frac{CMT}{CME} \tag{10.21}$$

Somme totale des carrés

$$SCtot = \sum_{j=1}^{k}\sum_{i=1}^{n_j} \left(x_{ij} - \bar{\bar{x}}\right)^2 \tag{10.22}$$

Partition de la somme des carrés

$$SCtot = SCT + SCE \tag{10.23}$$

EXERCICES SUPPLÉMENTAIRES

39. De combien le coût d'un séjour à l'hôpital a-t-il augmenté ? Le coût moyen d'une journée passée dans une chambre semi-privée s'élevait à 4 848 dollars en 2005 et 5 260 dollars en 2006 (*The Wall Street Journal*, 2 janvier 2007). Supposez que l'estimation pour 2005 corresponde à la moyenne d'un échantillon de taille égale à 80 et l'estimation pour 2006 à la moyenne d'un échantillon de taille égale à 60.

a) Effectuer une estimation ponctuelle de l'augmentation du coût d'une chambre semi-privée à l'hôpital entre 2005 et 2006.

b) Les données historiques indiquent qu'un écart type de la population de 800 dollars constitue une hypothèse raisonnable pour les deux années. Calculer la marge d'erreur de votre estimation en (a). Utiliser un seuil de confiance de 95 %.

c) Construire un intervalle de confiance à 95 % de l'augmentation du coût d'une chambre semi-privée.

40. La société Safegate Foods revoit la conception des caisses dans ses supermarchés à travers tout le pays. Deux systèmes sont considérés. Des tests sur les temps de passage en caisse ont été effectués dans deux magasins où les deux nouveaux systèmes ont été installés. Le tableau ci-dessous résume les statistiques des deux échantillons.

Système A	Système B
$n_1 = 120$	$n_2 = 100$
$\bar{x}_1 = 4{,}1$ minutes	$\bar{x}_2 = 3{,}4$ minutes
$\sigma_1 = 2{,}2$ minutes	$\sigma_2 = 1{,}5$ minute

Tester, au seuil de signification de 0,05, l'existence d'une différence entre les temps moyens de passage en caisse des deux systèmes. Quel système recommanderiez-vous ?

Prix de maisons

41. La valeur des maisons a tendance à s'apprécier dans le temps mais la récession de 2008 et 2009 a entraîné la chute des prix de vente des maisons anciennes au niveau national (*Business Week*, 9 mars 2009). Vous voudriez vous assurer que les données confirment cette conclusion. Le fichier en ligne Prix des maisons contient des données sur les ventes de 30 maisons anciennes en 2006 et les ventes de 40 maisons anciennes en 2009.

a) Fournir une estimation ponctuelle de l'écart entre les prix moyens de la population pour les deux années.

b) Construire un intervalle de confiance à 99 % de l'écart entre les prix moyens de revente des maisons en 2006 et 2009.

c) Trouvez-vous justifié de conclure que les prix de revente des maisons anciennes ont baissé entre 2006 et 2009 ? Pourquoi ?

42. Les fonds mutuels sont soit des fonds avec commission, soit des fonds sans commission. Les fonds avec commission nécessitent un apport initial basé sur un pourcentage du montant investi dans le fond. Les fonds sans commission ne requièrent pas cet apport initial. Certains conseillers financiers recommandent les fonds avec commission, ces derniers ayant un taux de rendement plus élevé que les fonds mutuels sans commission. On a sélectionné un échantillon de 30 fonds mutuels avec commission et un échantillon de 30 fonds mutuels sans commission. On a collecté les données sur le rendement annuel des fonds sur 5 ans ; elles sont stockées dans le fichier en ligne Fonds mutuel. Les données des 5 premiers fonds avec et sans commission sont reproduites ci-dessous.

Fonds mutuels

Fonds mutuels avec commission	Rendement	Fonds mutuels sans commission	Rendement
American National Growth	15,51	Amana Income Fund	13,24
Arch Small Cap Equity	14,57	Berger One Hundred	12,13
Bartlett Cap Basic	17,73	Columbia International Stock	12,17
Calvert World International	10,31	Dodge & Cox Balanced	16,06
Colonial Fund A	16,23	Evergreen Fund	17,61

a) Formuler H_0 et H_a de façon à ce que le rejet de H_0 conduise à la conclusion que les fonds mutuels avec commission ont un rendement annuel moyen supérieur sur la période considérée.

b) Utiliser l'ensemble de données du fichier pour effectuer ce test d'hypothèses. Quelle est la valeur p ? Quelle est votre conclusion, au seuil $\alpha = 0,05$?

43. L'association nationale des constructeurs de maisons a fourni des données sur le coût des projets de rénovation de maisons les plus demandés. Ci-dessous sont présentés les coûts en milliers de dollars de deux types de projets de rénovation.

Cuisine	Chambre principale	Cuisine	Chambre principale
25,2	18,0	23,0	17,8
17,4	22,9	19,7	24,6
22,8	26,4	16,9	21,0
21,9	24,8	21,8	
19,7	26,9	23,6	

a) Développer une estimation ponctuelle de l'écart entre les coûts moyens de rénovation des deux types de projets.

b) Construire un intervalle de confiance à 90 % de l'écart entre les moyennes des deux populations.

44. Au début de l'année 2009, l'économie était en récession. Mais quel fut l'impact de cette récession sur le marché boursier ? Ci-dessous sont reproduites les données d'un échantillon de 15 sociétés (cf. fichier en ligne Changement de prix). Pour chaque société, sont fournis les prix (en dollars) d'une action au 1er janvier et au 30 avril (*The Wall Street Journal*, 1er mai 2009).

Changement de prix

Société	1er janvier	30 avril
Applied Materials	10,13	12,21
Bank of New York	28,33	25,48
Chevron	73,97	66,10
Cisco Systems	16,30	19,32
Coca-Cola	45,27	43,05
Comcast	16,88	15,46
Ford Motors	2,29	5,98
General Electric	16,20	12,65
Johnson & Johnson	59,83	52,36
JP Morgan Chase	31,53	33,00
Microsoft	19,44	20,26
Oracle	17,73	19,34
Pfizer	17,71	13,36
Philip Morris	43,51	36,18
Procter & Gamble	61,82	49,44

a) Quel est le changement dans le prix moyen d'une action au cours de ces quatre mois ?

b) Développer une estimation par intervalle de confiance à 90 % du changement du prix moyen d'une action. Interpréter les résultats.

c) Quel est le changement en pourcentage du prix moyen d'une action au cours de ces quatre mois ?

d) Si ce même changement en pourcentage s'était produit au cours des quatre mois suivants et encore au cours des quatre mois suivants, quel serait le prix moyen d'une action à la fin de l'année 2009 ?

45. Une étude rapportée dans le *Journal of Small Business Management* concluait que les individus à leur compte ne retirent pas plus de satisfaction de leur emploi que les individus qui ne sont pas à leur compte. Dans cette étude, la satisfaction professionnelle est mesurée sur la base de 18 critères, chacun évalué sur l'échelle de Likert allant de 1 (forte insatisfaction) à 5 (forte satisfaction). La somme des évaluations des 18 critères, comprise entre 18 et 90, est utilisée comme une mesure de la satisfaction professionnelle. Supposez que cette approche fut utilisée pour mesurer la satisfaction professionnelle des juristes, des médecins, des ébénistes et des informaticiens. Les résultats obtenus pour un échantillon de 10 individus exerçant chacune de ces professions sont présentés ci-dessous (cf. fichier en ligne Satisfaction professionnelle).

Satisfaction professionnelle

Juriste	Médecin	Ébéniste	Informaticien
44	55	54	44
42	78	65	73
74	80	79	71
42	86	69	60
53	60	79	64
50	59	64	66
45	62	59	41
48	52	78	55
64	55	84	76
38	50	60	62

Au seuil de signification $\alpha = 0{,}05$, tester l'existence d'une différence de satisfaction professionnelle entre les quatre professions.

46. Le magazine *Money* rapporte les ratios en pourcentage de rendements et de coûts des actions et obligations. Les données suivantes (cf. fichier en ligne Fonds) correspondent aux ratios de coût de 10 actions à capitalisation moyenne, 10 actions à faible capitalisation, 10 actions hybrides et 10 actions spéciales (*Money*, mars 2003). Utiliser $\alpha = 0{,}05$ pour tester l'existence d'une différence significative entre les ratios de coût moyens pour les quatre types d'actions.

Fonds

Capitalisation moyenne	Faible capitalisation	Hybride	Spéciale
1,2	2,0	2,0	1,6
1,1	1,2	2,7	2,7
1,0	1,7	1,8	2,6
1,2	1,8	1,5	2,5
1,3	1,5	2,5	1,9
1,8	2,3	1,0	1,5
1,4	1,9	0,9	1,6
1,4	1,3	1,9	2,7
1,0	1,2	1,4	2,2
1,4	1,3	0,3	0,7

47. Le bureau américain du recensement calcule les pourcentages de logements vacants et de propriétaires par État et par zone statistique. Chaque zone statistique contient au moins une zone urbaine de 50 000 habitants ou plus. Les données suivantes correspondent aux taux de logements vacants (%) dans les zones statistiques de quatre régions géographiques des États-Unis pour le premier trimestre 2008 (site Internet du bureau américain du recensement, janvier 2009).

Logements vacants

Centre Ouest	Nord Est	Sud	Ouest
16,2	2,7	16,6	7,9
10,1	11,5	8,5	6,6
8,6	6,6	12,1	6,9
12,3	7,9	9,8	5,6
10,0	5,3	9,3	4,3
16,9	10,7	9,1	15,2
16,9	8,6	5,6	5,7
5,4	5,5	9,4	4,0
18,1	12,7	11,6	12,3
11,9	8,3	15,6	3,6
11,0	6,7	18,3	11,0
9,6	14,2	13,4	12,1
7,6	1,7	6,5	8,7
12,9	3,6	11,4	5,0
12,2	11,5	13,1	4,7
13,6	16,3	4,4	3,3
		8,2	3,4
		24,0	5,5
		12,2	
		22,6	
		12,0	
		14,5	
		12,6	
		9,5	
		10,1	

Utiliser $\alpha = 0,05$ pour tester si le taux moyen de vacance est le même dans chaque zone géographique.

48. Trois méthodes différentes d'assemblage ont été suggérées pour fabriquer un nouveau produit. Une expérience totalement aléatoire a été mise en œuvre pour déterminer quelle est la méthode d'assemblage permettant de produire le plus grand nombre de pièces par heure, et 30 travailleurs ont été sélectionnés et assignés de façon aléatoire à l'une des trois méthodes proposées. Le nombre de pièces produites par chaque travailleur est fourni ci-dessous (cf. fichier en ligne Assemblage). Utiliser $\alpha = 0,05$ pour tester si le nombre moyen de pièces produites est identique pour chaque méthode.

Assemblage

Méthode		
A	B	C
97	93	99
73	100	94
93	93	87
100	55	66
73	77	59
91	91	75
100	85	84
86	73	72
92	90	88
95	83	86

49. Dans une étude menée pour étudier les comportements de grignotage des consommateurs, chaque consommateur était initialement classé comme une personne ne grignotant pas, une personne qui grignote un peu ou une personne qui grignote beaucoup. Pour chaque consommateur, l'étude mesurait le degré de tentation qu'il percevait dans un magasin. Des notes importantes révélaient une plus grande tentation. Supposez que les données suivantes aient été collectées (cf. fichier en ligne Grignotage). Utiliser $\alpha = 0,05$ pour tester l'existence d'une différence significative entre les niveaux de tentation pour les trois catégories de consommateurs.

Grignotage

Ne grignote pas	Grignote un peu	Grignote beaucoup
4	5	5
5	6	7
6	5	5
3	4	7
3	7	4
4	4	6
5	6	5
4	5	7

PROBLÈME 1 *La société Par*

La société Par est un important fabricant d'équipement de golf. La direction pense que la société peut accroître ses parts de marché, en introduisant sur le marché une balle de golf résistante aux coupures et plus durable. Par conséquent, le groupe de recherche de Par a développé un nouveau revêtement de la balle de golf résistant aux coupures et dont la durée de vie est plus longue. Les tests effectués sur le nouveau revêtement sont très prometteurs.

L'un des chercheurs s'est intéressé aux effets du nouveau revêtement sur les distances de parcours. Par aimerait que la nouvelle balle, résistante aux coupures, offre des distances de parcours comparables à celles offertes par le modèle actuel. Pour comparer les distances de parcours, 40 balles de chaque type ont été soumises à des tests de distance. Les tests ont été réalisés à l'aide d'une machine pour projeter les balles ; ainsi, les différences entre les distances moyennes parcourues par les deux modèles de balle, sont attribuables à leur seule structure. Les résultats des tests, les distances étant mesurées au mètre près, sont donnés ci-dessous et sont également disponibles en ligne dans le fichier Golf.

Modèle		Modèle		Modèle		Modèle	
Actuel	**Nouveau**	**Actuel**	**Nouveau**	**Actuel**	**Nouveau**	**Actuel**	**Nouveau**
264	277	270	272	263	274	281	283
261	269	287	259	264	266	274	250
267	263	289	264	284	262	273	253
272	266	280	280	263	271	263	260
258	262	272	274	260	260	275	270
283	251	275	281	283	281	267	263
258	262	265	276	255	250	279	261
266	289	260	269	272	263	274	255
259	286	278	268	266	278	276	263
270	264	275	262	268	264	262	279

Rapport

1. Formuler et présenter le raisonnement pour un test d'hypothèses que Par pourrait utiliser pour comparer les distances de parcours des balles de golf actuelles et nouvelles.
2. Effectuer le test d'hypothèses. Quelle est la valeur critique de votre test ? Quelles seraient vos recommandations à la société Par ?
3. Calculer les statistiques descriptives pour chaque modèle.
4. Quel est l'intervalle de confiance à 95 % pour la moyenne de la population de chaque modèle et quel est l'intervalle de confiance à 95 % pour l'écart entre les moyennes des deux populations ?
5. Pensez-vous qu'il soit nécessaire d'utiliser des échantillons plus grands et d'effectuer plus de tests sur les balles de golf ? Discuter.

PROBLÈME 2 *Le centre medical Wentworth*

Lors d'une étude à long terme sur les individus de plus de 65 ans, sociologues et médecins du centre médical Wentworth, dans l'État de New York, ont analysé la relation entre la situation géographique et la dépression. Un échantillon de 60 individus, tous raisonnablement en bonne santé, a été sélectionné : 20 habitaient en Floride, 20 à New York et 20 en Caroline du Nord. Un test pour mesurer l'état de dépression a été effectué sur chacun des individus de l'échantillon. Le tableau ci-dessous présente les résultats de ce test ; les notes élevées correspondant à des niveaux de dépression importants. Ces données sont également disponibles en ligne dans le fichier Médical 1.

Une seconde partie de l'étude visait à établir la relation entre la situation géographique et l'état de dépression chez les individus de plus de 65 ans ayant des problèmes de santé chroniques, comme de l'arthrite, de l'hypertension ou des problèmes cardiaques. Un échantillon de 60 individus présentant de telles caractéristiques a été sélectionné. De nouveau, 20 habitaient en Floride, 20 à New York et 20 en Caroline du Nord. Les niveaux de dépression de ces individus sont reproduits dans le tableau suivant et sont également disponibles en ligne dans le fichier Médical 2.

Données issues du fichier Médical 1			Données issues du fichier Médical 2		
Floride	**New York**	**Caroline du Nord**	**Floride**	**New York**	**Caroline du Nord**
3	8	10	13	14	10
7	11	7	12	9	12
7	9	3	17	15	15
3	7	5	17	12	18
8	8	11	20	16	12
8	7	8	21	24	14
8	8	4	16	18	17
5	4	3	14	14	8
5	13	7	13	15	14
2	10	8	17	17	16
6	6	8	12	20	18
2	8	7	9	11	17
6	12	3	12	23	19
6	8	9	15	19	15
9	6	8	16	17	13
7	8	12	15	14	14
5	5	6	13	9	11
4	7	3	10	14	12
7	7	8	11	13	13
3	8	11	17	11	11

Rapport

1. Utiliser les statistiques descriptives pour résumer les données des deux études. Quelles sont vos observations préliminaires concernant les niveaux de dépression ?
2. Utiliser l'analyse de la variance pour les deux ensembles de données. Établir les hypothèses devant être testées dans les deux cas. Quelles sont vos conclusions ?
3. Calculer les moyennes individuelles inter-échantillons. Quelles sont vos conclusions ?

PROBLÈME 3 *Indemnités pour les professionnels de la distribution*

Supposez qu'une section locale des professionnels de la distribution dans la région de San Francisco étudie la relation entre les années d'expérience et le salaire des individus employés dans le secteur des ventes à domicile et en magasin. Dans l'enquête, on demandait aux individus de spécifier leur niveau d'expérience : faible (1 à 10 ans), moyen (11 à 20 ans) ou élevé (21 ans ou plus). L'ensemble des données, contenant 120 observations, est disponible en ligne dans le fichier Salaires distribution ; nous n'avons reproduit qu'une partie de ce fichier ci-dessous.

Salaires distribution

Observation	Salaire (dollars)	Situation	Expérience
1	53 938	Magasin	Moyenne
2	52 694	Magasin	Moyenne
3	70 515	Domicile	Faible
4	52 031	Magasin	Moyenne
5	62 283	Domicile	Faible
6	57 718	Magasin	Faible
7	79 081	Domicile	Élevée
8	48 621	Magasin	Faible
9	72 835	Domicile	Élevée
10	54 768	Magasin	Moyenne
⋮	⋮	⋮	⋮
115	58 080	Magasin	Élevée
116	78 702	Domicile	Moyenne
117	83 131	Domicile	Moyenne
118	57 788	Magasin	Élevée
119	53 070	Magasin	Moyenne
120	60 259	Domicile	Faible

Rapport

1. Utiliser les statistiques descriptives pour résumer les données.
2. Construire un intervalle de confiance à 95 % pour le salaire annuel moyen de tous les vendeurs, sans tenir compte des années d'expérience et de la situation.
3. Construire un intervalle de confiance à 95 % pour le salaire annuel moyen des vendeurs à domicile.
4. Construire un intervalle de confiance à 95 % pour le salaire annuel moyen des vendeurs en magasin.
5. Utiliser l'analyse de la variance pour tester l'existence de différences significatives dues à la situation. Utiliser un seuil de signification de 0,05 et ignorer pour l'instant l'impact des années d'expérience.
6. Utiliser l'analyse de la variance pour tester l'existence de différences significatives dues aux années d'expérience. Utiliser un seuil de signification de 0,05 et ignorer l'impact de la situation.

ANNEXE 10.1 INFÉRENCE STATISTIQUE RELATIVE À DEUX POPULATIONS AVEC MINITAB

Nous décrivons l'utilisation de Minitab pour développer des estimations par intervalle et conduire des tests d'hypothèses relatifs à l'écart entre les moyennes de deux populations et entre les proportions de deux populations. Minitab fournit à la fois une estimation par intervalle et les résultats d'un test d'hypothèses avec la même procédure. Dans les exemples qui suivent, nous illustrerons la procédure d'estimation par intervalle et de test d'hypothèses dans le cas de deux échantillons. Il n'existe pas de procédure Minitab pour estimer l'écart entre les moyennes de deux populations lorsque les écarts types des populations σ_1 et σ_2 sont connus.

Écart entre les moyennes de deux populations : σ_1 et σ_2 inconnus

Compte bancaire

Nous utilisons les données de l'exemple sur les soldes des comptes courants présenté dans la section 10.2 (cf. fichier en ligne Compte bancaire). Les soldes des comptes ouverts dans l'agence de Cherry Grove sont enregistrés dans la colonne C1, ceux ouverts dans l'agence de Beechmont dans la colonne C2. Dans cet exemple, nous utilisons la procédure 2-Sample t de Minitab qui fournit une estimation par intervalle de confiance à 95 % de l'écart entre les moyennes des populations. L'output de cette procédure fournit également la valeur p associée au test d'hypothèses $H_0 : \mu_1 - \mu_2 = 0$ contre $H_a : \mu_1 - \mu_2 \neq 0$. Les étapes suivantes sont nécessaires pour exécuter la procédure.

Étape 1. Sélectionner le menu **Stat**
Étape 2. Choisir **Basic Statistics**
Étape 3. Choisir **2-Sample t**
Étape 4. Quand la boîte de dialogue 2-Sample t apparaît :
- Sélectionner **Samples in different columns**
- Entrer C1 dans la boîte **First**
- Entrer C2 dans la boîte **Second**
- Sélectionner **Options**

Étape 5. Lorsque la boîte de dialogue 2-Sample t-Options apparaît :
- Entrer 95 dans la boîte **Confidence Level**
- Entrer 0 dans la boîte **Test difference**
- Entrer **not equal** dans la boîte **Alternative**
- Cliquer sur **OK**

Étape 6. Cliquer sur **OK**

L'intervalle de confiance à 95 % va de 37 dollars à 193 dollars, comme décrit dans la section 10.2. La valeur $p = 0{,}005$ indique que l'hypothèse nulle d'égalité des moyennes des populations peut être rejetée au seuil de signification $\alpha = 0{,}01$. Dans d'autres applications, l'étape 5 peut être modifiée afin de choisir des seuils de confiance, des valeurs hypothétiques et des formes d'hypothèses différents.

Écart entre les moyennes de deux populations avec des échantillons appariés

Apparié

Nous utilisons les données sur les temps de production du tableau 10.2 pour illustrer la procédure avec échantillons appariés (cf. fichier en ligne Apparié). Les temps de production obtenus avec la méthode 1 sont enregistrés dans la colonne C1 et ceux obtenus avec la méthode 2 dans la colonne C2. Les étapes de la procédure Minitab pour échantillons appariés sont les suivantes :

Étape 1. Sélectionner le menu **Stat**
Étape 2. Choisir **Basic Statistics**
Étape 3. Choisir **Paired t**
Étape 4. Quand la boîte de dialogue Paired t apparaît :
    Sélectionner **Samples in columns**
    Entrer C1 dans la boîte **First sample**
    Entrer C2 dans la boîte **Second sample**
    Sélectionner **Options**
Étape 5. Lorsque la boîte de dialogue Paired t-Options apparaît :
    Entrer 95 dans la boîte **Confidence Level**
    Entrer 0 dans la boîte **Test mean**
    Entrer not equal dans la boîte **Alternative**
    Cliquer sur **OK**
Étape 6. Cliquer sur **OK**

L'intervalle de confiance à 95 % estimé va de –0,05 à 0,65 comme décrit dans la section 10.3. La valeur *p* égale à 0,08 indique que l'hypothèse nulle selon laquelle il n'y aurait aucune différence dans les temps de production ne peut pas être rejetée au seuil $\alpha = 0,05$. L'étape 5 peut être modifiée afin de choisir des seuils de confiance, des valeurs hypothétiques et des formes d'hypothèses différents.

ANNEXE 10.2 ANALYSE DE LA VARIANCE AVEC MINITAB

Expérience totalement aléatoire

Dans la section 10.5, nous avons montré comment l'analyse de la variance pouvait être utilisée pour tester l'égalité des moyennes de *k* populations en utilisant des données issues d'une expérience totalement aléatoire. Pour illustrer comment utiliser Minitab pour ce type d'expérience, nous montrons comment tester si le nombre moyen d'unités produites au cours d'une semaine est identique pour chaque méthode d'assemblage dans le cadre de l'expérience de la société Chemitech introduite dans la section 10.4. Les données d'échantillon sont enregistrées dans les trois premières colonnes d'une feuille de calcul Minitab ; la colonne 1 est nommée A, la colonne 2, B et la colonne 3, C. Les étapes suivantes produisent l'output Minitab présenté à la figure 10.7.

Étape 1. Sélectionner le menu **Stat**
Étape 2. Choisir **ANOVA**
Étape 3. Choisir **One-way (Unstacked)**
Étape 4. Lorsque la boîte de dialogue One-way Analysis of Variance apparaît :
Entrer C1-C3 dans la boîte **Responses (in separate columns)**
Cliquer sur **OK**

ANNEXE 10.3 INFÉRENCE STATISTIQUE RELATIVE À DEUX POPULATIONS AVEC EXCEL

Nous décrivons l'utilisation d'Excel dans la conduite de tests d'hypothèses relatifs à l'écart entre les moyennes de deux populations.[1] Nous commençons par les estimations de l'écart entre les moyennes de deux populations lorsque les écarts types des populations σ_1 et σ_2 sont connus.

Écart entre les moyennes de deux populations : σ_1 et σ_2 connus

Notes d'examen

Nous utilisons les données de l'exemple sur les deux centres de formation présenté dans la section 10.1. Le label Centre A est inscrit dans la cellule A1 et le label Centre B dans la cellule B1. Les notes obtenues par les individus suivant la formation dans le centre A sont enregistrées dans les cellules A2:A31, celles des individus suivant la formation dans le centre B dans les cellules B2:B41 (cf. fichier en ligne Notes d'examen). Les écarts types des populations sont supposés connus avec $\sigma_1 = 10$ et $\sigma_2 = 10$. La procédure d'Excel implique l'enregistrement des variances, soient $\sigma_1^2 = 100$ et $\sigma_2^2 = 100$. Les étapes suivantes permettent d'effectuer le test d'hypothèses relatif à l'écart entre les moyennes des deux populations.

Étape 1. Cliquer sur **Data** dans la barre des tâches
Étape 2. Dans le groupe **Analysis**, cliquer sur **Data Analysis**
Étape 3. Quand la boîte de dialogue Data Analysis apparaît :
Choisir **z-Test : two Sample for Means**
Étape 4. Quand la boîte de dialogue z-Test : two Sample for Means apparaît :
Entrer A1:A31 dans la boîte **Variable 1 Range**
Entrer B1:B41 dans la boîte **Variable 2 Range**
Entrer 0 dans la boîte **Hypothesized Mean Difference**
Entrer 100 dans la boîte **Variable 1 Variance (known)**
Entrer 100 dans la boîte **Variable 2 Variance (known)**
Sélectionner **Labels**
Entrer 0,05 dans la boîte **Alpha**
Sélectionner **Output Range** et entrer C1 dans la boîte
Cliquer sur **OK**

[1] Les outils d'analyse de données d'Excel fournissent des procédures de test d'hypothèses pour les écarts entre les moyennes de deux populations. Cependant, il n'existe pas de routine Excel pour l'estimation par intervalle de l'écart entre les moyennes de deux populations, ni pour l'inférence relative à l'écart entre les proportions de deux populations.

La valeur p bilatérale est notée $P(Z <= z)$ bilatéral. Sa valeur égale à 0,0977 ne nous permet pas de rejeter l'hypothèse nulle au seuil $\alpha = 0,05$.

Écart entre les moyennes de deux populations : σ_1 et σ_2 inconnus

Nous utilisons les données sur le test des logiciels regroupées dans le tableau 10.1 (cf. fichier en ligne Test informatique). Les données sont enregistrées dans une feuille de calcul Excel avec le label Actuel dans la cellule A1 et le label Nouveau dans la cellule B1. Les temps de production obtenus avec la technologie actuelle sont enregistrés dans les cellules A2:A13, ceux obtenus avec le nouveau logiciel dans les cellules B2:B13. Les étapes suivantes permettent d'effectuer le test d'hypothèses relatif à l'écart entre les moyennes de deux populations avec σ_1 et σ_2 inconnus.

Étape 1. Cliquer sur **Data** dans la barre des tâches

Étape 2. Dans le groupe **Analysis**, cliquer sur **Data Analysis**

Étape 3. Quand la boîte de dialogue Data Analysis apparaît :

Choisir **t-Test : two Sample Assuming Unequal Variances**

Étape 4. Quand la boîte de dialogue t-Test : two Sample Assuming Unequal Variances apparaît :

Entrer A1:A13 dans la boîte **Variable 1 Range**

Entrer B1:B13 dans la boîte **Variable 2 Range**

Entrer 0 dans la boîte **Hypothesized Mean Difference**

Sélectionner **Labels**

Entrer 0,05 dans la boîte **Alpha**

Sélectionner **Output Range** et entrer C1 dans la boîte

Cliquer sur **OK**

La valeur p appropriée est notée $P(T <= t)$ unilatéral. Sa valeur égale à 0,017 nous permet de rejeter l'hypothèse nulle au seuil $\alpha = 0,05$.

Écart entre les moyennes de deux populations avec des échantillons appariés

Nous utilisons les données sur les temps de production du tableau 10.2 pour illustrer la procédure avec échantillons appariés (cf. fichier en ligne Apparié). Les données sont enregistrées dans une feuille de calcul Excel avec le label Méthode 1 dans la cellule A1 et le label Méthode 2 dans la cellule B1. Les temps de production obtenus avec la méthode 1 sont enregistrés dans les cellules A2:A7, ceux obtenus avec la méthode 2 dans les cellules B2:B7. La procédure Excel reprend les étapes précédemment décrites pour le t-Test. Toutefois, l'utilisateur choisira à l'étape 3 l'outil **t-Test : Paired Two Sample for Means**. L'étendue de la variable 1 est A1:A7, celle de la variable 2, B1:B7.

La valeur p appropriée est notée $P(T <= t)$ bilatéral. Sa valeur égale à 0,08 ne nous permet pas de rejeter l'hypothèse nulle au seuil $\alpha = 0,05$.

ANNEXE 10.4 ANALYSE DE LA VARIANCE AVEC EXCEL

Expérience totalement aléatoire

Dans la section 10.5, nous avons montré comment utiliser l'analyse de la variance pour tester l'égalité des moyennes de k populations, en utilisant des données issues d'une expérience totalement aléatoire. Pour illustrer comment utiliser Excel pour ce type de procédure expérimentale, nous réutilisons l'expérience Chemitech introduite dans la section 10.4 et montrons comment tester si le nombre moyen d'unités produites par semaine est identique pour chaque méthode d'assemblage. Les données d'échantillon (cf. fichier en ligne Chemitech) sont enregistrées dans les lignes 2 à 6 des colonnes A, B et C d'une feuille de calcul Excel, comme présenté à la figure 10.8. Les résultats présentés dans les

	A	B	C	D	E	F	G	H
1	**Méthode A**	**Méthode B**	**Méthode C**					
2	58	58	48					
3	64	69	57					
4	55	71	59					
5	66	64	47					
6	67	68	49					
7								
8	Anova : Un seul facteur							
9								
10	RÉSUMÉ							
11	*Groupes*	*Nombre d'éléments*	*Somme*	*Moyenne*	*Variance*			
12	Méthode A	5	310	62	27,5			
13	Méthode B	5	330	55	26,5			
14	Méthode C	5	260	52	31			
15								
16								
17	ANOVA							
18	*Source de variation*	*Somme des carrés*	*Degrés de liberté*	*Carré moyen*	*F*	*Valeur p*	*Valeur critique F*	
19	Traitements	520	2	260,00	9,1765	0,004	3,8853	
20	Erreur	340	12	28,3333				
21								
22	Total	860	14					
23								
24								

Figure 10.8 ***Feuille de résultats Excel dans le cadre de l'expérience Chemitech***

cellules A8:G22, repris dans le tableau ANOVA 10.5, sont obtenus en suivant la procédure suivante.

Étape 1. Cliquer sur **Data** dans la barre des tâches
Étape 2. Dans le groupe **Analysis**, cliquer sur **Data Analysis**
Étape 3. Choisir **Anova : Single-Factor** dans la liste Analysis Tools
Étape 4. Quand la boîte de dialogue Anova : Single-Factor apparaît :
- Entrer A1:C6 dans la boîte **Input Range**
- Sélectionner **Columns**
- Sélectionner **Labels in First Row**
- Sélectionner **Output Range** et entrer **A8** dans la boîte
- Cliquer sur **OK**

ANNEXE 10.5 INFÉRENCE STATISTIQUE RELATIVE À DEUX POPULATIONS AVEC STATTOOLS

Dans cette annexe, nous montrons comment utiliser StatTools pour développer des estimations par intervalle et effectuer des tests d'hypothèses relatifs à l'écart entre les moyennes de deux populations pour le cas où σ_1 et σ_2 sont inconnus. Nous montrons également comment utiliser StatTools dans le cadre d'échantillons appariés.

Estimation par intervalle de μ_1 et μ_2

Nous utiliserons les données de l'exemple sur les soldes des comptes courants présenté dans la section 10.2. Commencez par utiliser Data Set Manager pour créer un ensemble de données StatTools pour ces données en utilisant la procédure décrite dans l'annexe du chapitre 1. Les étapes suivantes permettent de calculer une estimation par intervalle de confiance à 95 % de l'écart entre les moyennes des deux populations.

Étape 1. Cliquer sur le bouton **StatTools** dans la barre des tâches
Étape 2. Dans le groupe **Analyses**, cliquer sur **Statistical Inference**
Étape 3. Sélectionner l'option **Confidence Interval**
Étape 4. Choisir Mean/Std. Deviation
Étape 5. Lorsque la boîte de dialogue apparaît :
- Pour **Analysis Type**, choisir **Two-Sample Analysis**
- Dans la section **Variables**,
  - Sélectionner **Cherry Grove**
  - Sélectionner **Beechmont**
- Dans la section **Confidence Intervals to Calculate**
  - Sélectionner l'option **For the Difference of Means**
  - Sélectionner 95 % pour **Confidence Level**
- Cliquer sur **OK**

Puisque la taille de l'échantillon associé à l'agence de Cherry Grove ($n_1 = 28$) diffère de celle de l'agence de Beechmont ($n_2 = 22$), StatTools vous informe de cette différence après que vous ayez cliqué sur OK à l'étape 5. Une boîte de dialogue apparaîtra, disant « la variable Beechmont contient des données manquantes. Cette analyse ignorera les données manquantes. » Cliquer sur OK. Une boîte de dialogue « Choose variable ordering » apparaîtra ensuite, indiquant que l'analyse comparera l'écart entre l'ensemble de données de Cherry Grove et celui de Beechont. Cliquer sur OK et l'estimation par intervalle de StatTools apparaîtra.

Tests d'hypothèses relatifs à μ_1 et μ_2

Nous utilisons les données sur le test des logiciels regroupées dans le tableau 10.1 (cf. fichier en ligne Test informatique). Commencez par utiliser Data Set Manager pour créer un ensemble de données StatTools pour ces données en utilisant la procédure décrite dans l'annexe du chapitre 1. Les étapes suivantes permettent de tester l'hypothèse $H_0 : \mu_1 - \mu_2 \leq 0$ contre $H_a : \mu_1 - \mu_2 > 0$.

Étape 1. Cliquer sur le bouton **StatTools** dans la barre des tâches
Étape 2. Dans le groupe **Analyses**, cliquer sur **Statistical Inference**
Étape 3. Sélectionner l'option **Hypothesis Test**
Étape 4. Choisir **Mean/Std. Deviation**
Étape 5. Lorsque la boîte de dialogue apparaît :
- Pour **Analysis Type**, choisir **Two-Sample Analysis**
- Dans la section **Variables**,
  - Sélectionner **Current**
  - Sélectionner **New**
- Dans la section **Hypothesis Test to Perform**
  - Sélectionner l'option **Difference of Means**
  - Entrer 0 dans la boîte **Null Hypothesis Value**
  - Sélectionner **Greater Than Null Value (One-Tailed Test)** dans la boîte **Alternative Hypothesis Type**
- Cliquer sur **OK**
- Lorsque la boîte de dialogue **Choose Variable Ordering** apparaît, cliquer sur **OK**

Les résultats du test d'hypothèses apparaîtront alors.

Écart entre les moyennes de deux populations avec des échantillons appariés

StatTools peut être utilisé pour développer des estimations par intervalle et effectuer des tests d'hypothèses relatifs à l'écart entre les moyennes de population dans le cas d'échantillons appariés. Nous utiliserons l'exemple sur les temps de production du tableau 10.2 pour illustrer la démarche.

Commencez par utiliser Data Set Manager pour créer un ensemble de données StatTools pour ces données en utilisant la procédure décrite dans l'annexe du chapitre 1. Les étapes suivantes permettent d'effectuer une estimation par intervalle de confiance à 95 % de l'écart entre les temps de production moyen des populations.

Étape 1. Cliquer sur le bouton **StatTools** dans la barre des tâches
Étape 2. Dans le groupe **Analyses**, cliquer sur **Statistical Inference**
Étape 3. Sélectionner l'option **Confidence Interval**
Étape 4. Choisir Mean/Std. Deviation
Étape 5. Lorsque la boîte de dialogue apparaît :
- Pour **Analysis Type**, choisir **Paired-Sample Analysis**
- Dans la section **Variables**,
  - Sélectionner **Method 1**
  - Sélectionner **Method 2**
- Dans la section **Confidence Intervals to Calculate**
  - Sélectionner l'option **For the Difference of Means**
  - Sélectionner 95 % pour **Confidence Level**
  - Si l'option est sélectionnée, décocher-la dans la boîte **For the Standard Deviation**
- Cliquer sur **OK**
- Lorsque la boîte de dialogue **Choose Variable Ordering** apparaît, cliquer sur **OK**

L'intervalle de confiance apparaîtra.

Effectuer des tests d'hypothèses pour des échantillons appariés est très similaire à la démarche employée dans le cas de tests d'hypothèses relatifs à l'écart entre deux moyennes, présentée précédemment. Choisir l'option **Hypothesis Test** à l'étape 3. Lorsque la boîte de dialogue apparaît à l'étape 5, décrire le type de test souhaité.

ANNEXE 10.6 ANALYSE DE LA VARIANCE AVEC STATTOOLS

Dans cette annexe, nous montrons comment utiliser StatTools pour tester l'égalité des moyennes de *k* populations dans le cadre d'une expérience totalement aléatoire. Nous illustrons la démarche à suivre avec les données de Chemitech présentées dans le tableau 10.3 (fichier en ligne Chemitech). Commencez par utiliser Data Set Manager pour créer un ensemble de données StatTools pour ces données en utilisant la procédure décrite dans l'annexe du chapitre 1. Les étapes suivantes permettent de tester l'égalité des moyennes de trois populations.

Chemitech

Étape 1. Cliquer sur le bouton **StatTools** dans la barre des tâches
Étape 2. Dans le groupe **Analyses**, cliquer sur **Statistical Inference**
Étape 3. Sélectionner l'option **One-way ANOVA**
Étape 4. Lorsque la boîte de dialogue apparaît :
- Dans la section **Variables**,
  - Cliquer sur **Format** et sélectionner **Unstacked**
  - Sélectionner **Method A**
  - Sélectionner **Method B**

Sélectionner **Method C**
Sélectionner 95 % dans la boîte **Confidence Level**
Cliquer sur **OK**

Notez qu'à l'étape 4, nous avons sélectionné l'option Unstacked après avoir cliqué sur le bouton Format. L'option Unstacked signifie que les données des trois traitements apparaissent dans des colonnes séparées de la feuille de calcul. Sous l'option Stacked, seules deux colonnes auraient été utilisées. Par exemple, les données auraient été organisées de la façon suivante :

	A	B	C
1	**Méthode**	**Unités produites**	
2	Méthode A	58	
3	Méthode A	64	
4	Méthode A	55	
5	Méthode A	66	
6	Méthode A	67	
7	Méthode B	58	
8	Méthode B	69	
9	Méthode B	71	
10	Méthode B	64	
11	Méthode B	68	
12	Méthode C	48	
13	Méthode C	57	
14	Méthode C	59	
15	Méthode C	47	
16	Méthode C	49	
17			

Les données sont fréquemment enregistrées de façon empilée. Pour des données empilées, sélectionner simplement l'option Stacked après avoir cliqué sur le bouton Format.

11

COMPARAISONS DE PROPORTIONS ET TEST D'INDÉPENDANCE

STATISTIQUES APPLIQUÉES

*United Way**

Rochester, État de New York

United Way de Greater Rochester est une organisation à but non lucratif destinée à améliorer la qualité de vie de la population des sept comtés dans lesquels elle pallie aux besoins les plus urgents de la communauté.

La collecte de fonds annuelle organisée par United Way et la Croix Rouge, qui a lieu chaque printemps, permet de financer des centaines de programmes, mis en place par plus de 200 prestataires de service. Ces personnes satisfont divers besoins humains – physiques, psychiques et sociaux – et s'occupent de personnes de tous âges et de tous milieux sociaux.

Grâce à la participation de nombreux bénévoles, United Way est capable de maintenir ses coûts d'exploitation à huit cents par dollar collecté.

L'organisation a décidé d'effectuer une étude pour mieux comprendre comment les organisations caritatives sont perçues au sein de la société. Diverses catégories de travailleurs (libéraux, prestataires de service, ouvriers) ont été interrogées pour obtenir des informations préliminaires sur la sensibilité des individus aux œuvres caritatives. L'information obtenue a ensuite été utilisée pour élaborer le questionnaire de l'enquête. Le questionnaire a été pré-testé, modifié et distribué à 440 individus ; 323 ont répondu et renvoyé le questionnaire.

À partir des données collectées, de nombreuses statistiques descriptives (par exemple, distributions de fréquence ou tabulations croisées) ont été développées. Une part importante de l'analyse fut basée sur des tables de contingence et des tests d'indépendance. De tels tests statistiques ont permis de déterminer si les idées préconçues des individus concernant les dépenses administratives étaient indépendantes de l'activité professionnelle exercée.

Les hypothèses du test d'indépendance étaient :

H_0 : Les préjugés des individus concernant le montant des frais administratifs de United Way sont indépendants de la profession de la personne interrogée.

H_a : Les préjugés concernant les frais administratifs de United Way ne sont pas indépendants de la profession de la personne interrogée.

Deux questions de l'enquête fournissaient les données nécessaires à la réalisation du test statistique. L'une des questions permettait d'obtenir des données sur les préjugés des individus concernant le pourcentage des fonds collectés consacré aux dépenses administratives (inférieure ou égale à 10 %, de 11 à 20 %, 21 % et plus). L'autre question concernait la profession de la personne interrogée.

Le test du khi-deux au seuil de signification de 0,05 a conduit au rejet de l'hypothèse nulle d'indépendance et à la conclusion selon laquelle les préjugés des individus sur le montant des dépenses administratives de United Way varie selon la profession. Alors que les dépenses administratives réelles étaient inférieures à 9 %, 35 % des personnes interrogées pensaient qu'elles étaient supérieures ou égales à 21 %. Par conséquent, beaucoup d'individus évaluaient de façon incorrecte les coûts administratifs. Parmi ces individus, les ouvriers, les employés de bureau, les vendeurs et les techniciens surestimaient le plus les frais administratifs.

Cette étude a permis à United Way d'ajuster ses programmes et ses activités de collecte de fonds. Dans ce chapitre, vous apprendrez à effectuer des tests statistiques d'indépendance, comme celui décrit ci-dessus.

* Les auteurs remercient Dr. Philip R. Tyler, consultant marketing chez United Way, de leur avoir fourni ce Statistiques appliquées.

Dans de nombreuses applications statistiques, il est intéressant de comparer les proportions de populations différentes. Dans la section 11.1, nous décrirons les procédures d'inférence statistique permettant d'étudier les différences entre les proportions de deux populations. Deux échantillons sont nécessaires, chacun issu de l'une des deux populations et l'inférence statistique est menée à partir de ces deux échantillons. La seconde section traitera du test d'hypothèses comparant la proportion d'une population multinomiale simple aux valeurs établies dans une hypothèse nulle. Un échantillon issu d'une population multinomiale est alors utilisé et le test d'hypothèses consiste à comparer les proportions d'échantillon avec celles établies dans l'hypothèse nulle. Dans la dernière section du chapitre, nous montrerons comment utiliser des tables de contingence pour tester l'indépendance de deux variables. Un seul échantillon est utilisé pour le test d'indépendance, mais des données sur les deux variables sont nécessaires pour chaque élément échantillonné. Les sections 11.2 et 11.3 sont basées sur le test statistique du khi-deux.

11.1 INFÉRENCE RELATIVE À L'ÉCART ENTRE LES PROPORTIONS DE DEUX POPULATIONS

Soient p_1 la proportion de la population 1 et p_2 la proportion de la population 2. Nous estimons l'écart entre les proportions de ces deux populations : $p_1 - p_2$. Pour estimer cet écart, nous sélectionnons deux échantillons aléatoires indépendants de n_1 éléments issus de la population 1 et n_2 éléments issus de la population 2.

11.1.1 Estimation par intervalle de $p_1 - p_2$

Dans l'exemple suivant, nous illustrons le calcul de la marge d'erreur et développons une estimation par intervalle de l'écart entre les proportions des deux populations.

Une firme préparant les déclarations de revenus de ses clients s'intéresse à la qualité du travail effectué dans deux de ses bureaux régionaux. En sélectionnant aléatoirement des échantillons de feuilles de déclaration de revenus dans chaque bureau et en vérifiant attentivement les déclarations, la firme pourra estimer la proportion de déclarations erronées dans chaque bureau. On s'intéresse plus particulièrement ici à l'écart entre ces proportions. Soient

- p_1 la proportion de déclarations erronées dans la population 1 (bureau 1)
- p_2 la proportion de déclarations erronées dans la population 2 (bureau 2)
- $\bar{p}_1$ la proportion obtenue dans un échantillon aléatoire simple, issu de la population 1
- $\bar{p}_2$ la proportion obtenue dans un échantillon aléatoire simple, issu de la population 2

L'écart entre les proportions des deux populations correspond à $p_1 - p_2$. L'estimateur ponctuel de $p_1 - p_2$ est le suivant.

► **Estimateur ponctuel de l'écart entre les proportions de deux populations**

$$\bar{p}_1 - \bar{p}_2 \tag{11.1}$$

L'estimateur ponctuel de l'écart entre les proportions de deux populations correspond à l'écart entre les proportions de deux échantillons aléatoires simples indépendants.

Comme nous l'avons vu précédemment pour d'autres estimateurs ponctuels, l'estimateur ponctuel $\bar{p}_1 - \bar{p}_2$ a une distribution d'échantillonnage qui reflète les valeurs possibles de $\bar{p}_1 - \bar{p}_2$ si un grand nombre d'échantillons aléatoires indépendants étaient sélectionnés. La moyenne de cette distribution d'échantillonnage est $p_1 - p_2$ et l'écart type correspond à :

► Écart type de $\bar{p}_1 - \bar{p}_2$

$$\sigma_{\bar{p}_1 - \bar{p}_2} = \sqrt{\frac{p_1(1-p_1)}{n_1} + \frac{p_2(1-p_2)}{n_2}} \tag{11.2}$$

Si les échantillons sont de grande taille – c'est-à-dire, si $n_1 p_1$, $n_1(1-p_1)$, $n_2 p_2$ et $n_2(1-p_2)$ sont tous supérieurs ou égaux à 5 – la distribution d'échantillonnage de $\bar{p}_1 - \bar{p}_2$ peut être approchée par une distribution de probabilité normale.

Comme nous l'avons vu précédemment, une estimation par intervalle est donnée par une estimation ponctuelle plus ou moins une marge d'erreur. Dans le cadre d'une estimation de l'écart entre les proportions de deux populations, une estimation par intervalle sera de la forme :

$$\bar{p}_1 - \bar{p}_2 \pm \text{Marge d'erreur}$$

La distribution d'échantillonnage de $\bar{p}_1 - \bar{p}_2$ étant approximativement normale, nous pouvons utiliser $z_{\alpha/2}\sigma_{\bar{p}_1 - \bar{p}_2}$ comme marge d'erreur. Cependant, l'expression de $\sigma_{\bar{p}_1 - \bar{p}_2}$ fournie par l'équation (11.2) ne peut pas être utilisée directement puisque les proportions des populations p_1 et p_2 sont inconnues. En utilisant la proportion d'échantillon $\bar{p}_1$ pour estimer p_1 et la proportion d'échantillon $\bar{p}_2$ pour estimer p_2, la marge d'erreur est la suivante :

$$\text{Marge d'erreur} = z_{\alpha/2}\sqrt{\frac{\bar{p}_1(1-\bar{p}_1)}{n_1} + \frac{\bar{p}_2(1-\bar{p}_2)}{n_2}} \tag{11.3}$$

La forme générale d'une estimation par intervalle de l'écart entre les proportions de deux populations est :

► Estimation par intervalle de l'écart entre les proportions de deux populations

$$\bar{p}_1 - \bar{p}_2 \pm z_{\alpha/2}\sqrt{\frac{\bar{p}_1(1-\bar{p}_1)}{n_1} + \frac{\bar{p}_2(1-\bar{p}_2)}{n_2}} \tag{11.4}$$

où $1-\alpha$ correspond au coefficient de confiance.

Déclarations de revenus

Revenons à notre exemple et supposons que les échantillons aléatoires simples et indépendants des déclarations de revenus des deux bureaux fournissent les informations suivantes (cf. fichier en ligne Déclarations de revenus).

Bureau 1	Bureau 2
$n_1 = 250$ Nombre de déclarations erronées = 35	$n_2 = 300$ Nombre de déclarations erronées = 27

Les proportions d'échantillon pour les deux bureaux sont respectivement égales à :

$$\bar{p}_1 = \frac{35}{250} = 0,14$$

$$\bar{p}_2 = \frac{27}{300} = 0,09$$

L'estimation ponctuelle de l'écart entre les proportions de déclarations erronées pour les deux populations est égale à $\bar{p}_1 - \bar{p}_2 = 0,14 - 0,09 = 0,05$. Ainsi, nous supposons que le bureau 1 a un taux d'erreurs supérieur de 0,05 ou 5 % par rapport au bureau 2.

L'expression (11.4) fournit la marge d'erreur et l'estimation par intervalle de l'écart entre les proportions des deux populations. Au seuil de 90 %, $z_{\alpha/2} = z_{0,05} = 1,645$ et

$$\bar{p}_1 - \bar{p}_2 \pm z_{\alpha/2}\sqrt{\frac{\bar{p}_1(1-\bar{p}_1)}{n_1} + \frac{\bar{p}_2(1-\bar{p}_2)}{n_2}}$$

$$0,14 - 0,09 \pm 1,645\sqrt{\frac{0,14(1-0,14)}{250} + \frac{0,09(1-0,09)}{300}}$$

$$0,05 \pm 0,045$$

La marge d'erreur est égale à 0,045 et l'intervalle de confiance à 90 % s'étend de 0,005 à 0,095.

11.1.2 Test d'hypothèses relatif à $p_1 - p_2$

Considérons à présent les tests d'hypothèses relatifs à l'écart entre les proportions de deux populations. Nous nous focalisons sur les tests relatifs à l'absence d'écart entre les proportions des deux populations. Dans ce cas, les trois formes possibles d'un test d'hypothèses sont les suivantes :

$$H_0 : p_1 - p_2 \geq 0 \quad H_0 : p_1 - p_2 \leq 0 \quad H_0 : p_1 - p_2 = 0$$

$$H_a : p_1 - p_2 < 0 \quad H_a : p_1 - p_2 > 0 \quad H_a : p_1 - p_2 \neq 0$$

Toutes ces hypothèses sont basées sur une comparaison de l'écart à zéro.

Lorsque nous supposons H_0 vraie avec égalité, $p_1 - p_2 = 0$; en d'autres termes, les proportions des deux populations sont égales : $p_1 = p_2$.

La statistique de test est basée sur la distribution d'échantillonnage de l'estimateur ponctuel $\bar{p}_1 - \bar{p}_2$. L'erreur type de $\bar{p}_1 - \bar{p}_2$ est donnée par l'équation (11.2)

$$\sigma_{\bar{p}_1 - \bar{p}_2} = \sqrt{\frac{p_1(1-p_1)}{n_1} + \frac{p_2(1-p_2)}{n_2}}$$

Sous l'hypothèse selon laquelle H_0 est vraie avec égalité, les proportions des populations sont égales et $p_1 = p_2 = p$. Dans ce cas, $\sigma_{\bar{p}_1-\bar{p}_2}$ devient :

► **Écart type de $\bar{p}_1 - \bar{p}_2$ lorsque $p_1 = p_2 = p$**

$$\sigma_{\bar{p}_1-\bar{p}_2} = \sqrt{\frac{p(1-p)}{n_1} + \frac{p(1-p)}{n_2}} = \sqrt{p(1-p)\left(\frac{1}{n_1} + \frac{1}{n_2}\right)} \quad (11.5)$$

Pour obtenir un estimateur ponctuel de p, inconnu, nous combinons les estimateurs ponctuels des deux échantillons ($\bar{p}_1$ et $\bar{p}_2$) afin d'obtenir un seul estimateur ponctuel de p :

► **Estimateur commun de p lorsque $p_1 = p_2 = p$**

$$\bar{p} = \frac{n_1\bar{p}_1 + n_2\bar{p}_2}{n_1 + n_2} \quad (11.6)$$

L'estimateur commun de p est une moyenne pondérée de $\bar{p}_1$ et $\bar{p}_2$.

En substituant $\bar{p}$ à la place de p dans l'équation (11.5), nous obtenons une estimation de l'erreur type de $\bar{p}_1 - \bar{p}_2$. Cette estimation de l'erreur type est utilisée dans la statistique de test. La forme générale de la statistique de test pour des tests d'hypothèses relatifs à l'écart entre les proportions de deux populations correspond au rapport entre l'estimateur ponctuel et l'estimation de $\sigma_{\bar{p}_1-\bar{p}_2}$.

► **Statistique de test pour les tests d'hypothèses relatif à $p_1 - p_2$**

$$z = \frac{(\bar{p}_1 - \bar{p}_2)}{\sqrt{\bar{p}(1-\bar{p})\left(\frac{1}{n_1} + \frac{1}{n_2}\right)}} \quad (11.7)$$

Cette statistique de test s'applique aux grands échantillons caractérisés par le fait que n_1p_1, $n_1(1-p_1)$, n_2p_2 et $n_2(1-p_2)$ sont tous supérieurs ou égaux à 5.

Revenons à notre exemple et supposons que la firme veuille simplement savoir s'il existe une différence significative entre les taux d'erreurs dans les deux bureaux. Un test bilatéral est approprié. Il est défini par les hypothèses nulle et alternative suivantes :

$$H_0 : p_1 - p_2 = 0$$
$$H_a : p_1 - p_2 \neq 0$$

Si H_0 est rejetée, la firme pourra en conclure que les taux d'erreurs diffèrent entre les deux bureaux. Nous considérons un seuil de signification $\alpha = 0{,}10$.

Les données d'échantillon ont fourni les proportions suivantes : $\bar{p}_1 = 0{,}14$ pour les $n_1 = 250$ déclarations de revenus échantillonnées dans le bureau 1 et $\bar{p}_2 = 0{,}09$ pour les $n_2 = 300$ déclarations de revenus échantillonnées dans le bureau 2. L'estimation commune de p est :

$$\bar{p} = \frac{n_1\bar{p}_1 + n_2\bar{p}_2}{n_1 + n_2} = \frac{250(0{,}14) + 300(0{,}09)}{250 + 300} = 0{,}1127$$

En utilisant cette estimation commune et l'écart entre les proportions d'échantillon, la valeur de la statistique de test est :

$$z = \frac{(\bar{p}_1 - \bar{p}_2)}{\sqrt{\bar{p}(1-\bar{p})\left(\frac{1}{n_1}+\frac{1}{n_2}\right)}} = \frac{(0,14-0,09)}{\sqrt{0,1127(1-0,1127)\left(\frac{1}{250}+\frac{1}{300}\right)}} = 1,85$$

Pour calculer la valeur p de ce test bilatéral, notez que $z = 1,85$ se situe dans la queue supérieure de la distribution normale centrée réduite. D'après la table des probabilités normales centrées réduites, l'aire dans la queue supérieure à droite de $z = 1,85$ est égale à $1,0000 - 0,9678 = 0,0322$. En multipliant cette aire par deux puisqu'il s'agit d'un test bilatéral, nous obtenons une valeur p de 0,0644. La valeur p étant inférieure à $\alpha = 0,10$, nous rejetons H_0 au seuil de 0,10. La firme peut en conclure que les taux d'erreurs diffèrent entre les deux bureaux. Cette conclusion du test d'hypothèses est en conformité avec les résultats précédents de l'estimation par intervalle de l'écart entre les taux d'erreurs des deux bureaux, indiquant que le bureau 1 a un taux d'erreurs supérieur.

EXERCICES

Méthode

1. Considérer les résultats suivants concernant deux échantillons indépendants issus de deux populations différentes.

Échantillon 1	Échantillon 2
$n_1 = 400$	$n_2 = 300$
$\bar{p}_1 = 0,48$	$\bar{p}_2 = 0,36$

a) Quelle est l'estimation ponctuelle de l'écart entre les proportions des deux populations ?

b) Construire un intervalle de confiance à 90 % pour l'écart entre les proportions des deux populations.

c) Construire un intervalle de confiance à 95 % pour l'écart entre les proportions des deux populations.

2. Considérer le test d'hypothèses suivant :

$$H_0 : p_1 - p_2 = 0$$
$$H_a : p_1 - p_2 \neq 0$$

Deux échantillons indépendants, issus de deux populations, fournissent les résultats suivants :

Échantillon 1	Échantillon 2
$n_1 = 100$	$n_2 = 140$
$\bar{p}_1 = 0,28$	$\bar{p}_2 = 0,20$

a) Quelle est l'estimation commune de p ?

b) Quelle est la valeur p ?

c) Quelle est votre conclusion ?

3. Considérer le test d'hypothèses suivant :

$$H_0 : p_1 - p_2 \leq 0$$
$$H_a : p_1 - p_2 > 0$$

Deux échantillons indépendants, issus de deux populations, fournissent les résultats suivants :

Échantillon 1	Échantillon 2
$n_1 = 200$	$n_2 = 300$
$\bar{p}_1 = 0{,}22$	$\bar{p}_2 = 0{,}16$

a) Quelle est la valeur p ?

b) Au seuil de signification de 0,05, quelle est votre conclusion quant au test d'hypothèses ?

Applications

4. L'association des professionnels du golf (PGA) a mesuré la précision des tirs des golfeurs professionnels lors du tournoi PGA et celle des meilleurs joueurs amateurs lors des championnats mondiaux amateurs (*Golf Magazine*, janvier 2007). Sur un échantillon de 1 075 tirs à six pieds tentés par des golfeurs professionnels, 688 tirs ont été couronnés de succès. Sur un échantillon de 1 200 tirs à six pieds tentés par des golfeurs amateurs, 696 ont été couronnés de succès.

a) Estimer la proportion de tirs à six pieds réussis par des golfeurs professionnels. Estimer la proportion de tirs à six pieds réussis par des golfeurs amateurs. Dans quel groupe la précision de tirs est-elle la meilleure ?

b) Quelle est l'estimation ponctuelle de la différence entre les proportions des deux populations ? Que vous apprend cette estimation sur le pourcentage de tirs réussis par les deux groupes de golfeurs ?

c) Quel est l'intervalle de confiance à 95 % de l'écart entre les proportions des deux populations ? Interpréter cet intervalle de confiance en termes de pourcentages de tirs réussis par les deux groupes de golfeurs.

5. Les machines à sous sont le jeu favori des Américains dans les casinos (*Enquête Harrah de 2002 : Le profil des joueurs américains*). Les données d'échantillon suivantes indiquent le nombre de femmes et le nombre d'hommes qui ont désigné les machines à sous comme leur jeu favori.

	Femmes	Hommes
Taille de l'échantillon	320	250
Jeu favori – Machines à sous	256	165

a) Quelle est l'estimation ponctuelle de la proportion de femmes pour lesquelles les machines à sous constituent leur jeu favori ?

b) Quelle est l'estimation ponctuelle de la proportion d'hommes pour lesquels les machines à sous constituent leur jeu favori ?

c) Fournir une estimation par intervalle de confiance à 95 % de l'écart entre les proportions d'hommes et de femmes pour qui les machines à sous constituent leur jeu favori.

6. *Business Week* a rapporté qu'il semblait que le sentiment de bien-être de la population russe différait selon la tranche d'âge (*Business Week*, 10 mars 2008). Les données d'échantillon suivantes reflètent les résultats de *Business Week* et indiquent les réponses par tranche d'âge à la question : « Appréciez-vous la vie en Russie ? »

	Tranche d'âge	
	17-26	40 et plus
Échantillon	300	260
Ont répondu « Oui »	192	117

a) Quelle est l'estimation ponctuelle de la proportion de Russes âgés de 17 à 26 ans qui apprécient la vie en Russie ?

b) Quelle est l'estimation ponctuelle de la proportion de Russes âgés de 40 ans et plus qui apprécient la vie en Russie ?

c) Fournir une estimation par intervalle de confiance à 95 % de l'écart entre la proportion de jeunes Russes âgés de 17 et 26 ans et de Russes âgés de plus de 40 ans qui apprécient la vie en Russie.

7. Une étude de l'association américaine de l'automobile (AAA) a cherché à déterminer qui d'un homme ou d'une femme avait plus de chance de s'arrêter pour demander son chemin (AAA, janvier 2006). La situation à laquelle il était fait référence dans l'étude était la suivante : « Si vous et votre épouse/mari conduisaient ensemble et étiez perdus, vous arrêteriez-vous pour demander votre chemin ? » Un échantillon représentatif de données utilisées par AAA révélait que 300 femmes sur 811 ont répondu qu'elles s'arrêteraient pour demander leur chemin alors que 255 hommes sur 750 feraient de même.

a) L'hypothèse de recherche de l'association était que les femmes étaient davantage susceptibles de reconnaître qu'elles s'arrêteraient pour demander leur chemin. Formuler les hypothèses nulle et alternative de cette étude.

b) Quel est le pourcentage de femmes qui ont indiqué qu'elles s'arrêteraient pour demander leur chemin ?

c) Quel est le pourcentage d'hommes qui ont indiqué qu'ils s'arrêteraient pour demander leur chemin ?

d) Au seuil $\alpha = 0{,}05$, tester l'hypothèse. Quelle est la valeur p, et selon vous, quelle conclusion l'association peut-elle tirer de cette étude ?

8. Chicago O'Hare et Atlanta Hartsfield-Jackson sont les deux aéroports les plus fréquentés des États-Unis. Les problèmes de congestion entraînent souvent des retards à l'arrivée et au départ. Le Bureau américain des transports note la ponctualité des arrivées et des départs des vols dans les principaux aéroports (*Travel & Leisure*, novembre 2006). Les vols qui décollent plus de 15 minutes après l'horaire prévu sont considérés comme étant en retard. Les données d'échantillon suivantes indiquent le nombre de départs retardés dans les aéroports de Chicago O'Hare et Atlanta Hartsfield-Jackson.

	Chicago O'Hare	Atlanta Hartsfield-Jackson
Vols	900	1 200
Départs retardés	252	312

a) Établir les hypothèses qui peuvent être utilisées pour déterminer si les proportions de la population des départs retardés diffèrent entre ces deux aéroports ?

b) Quelle est l'estimation ponctuelle de la proportion de vols dont le départ est retardé à l'aéroport de Chicago O'Hare ?

c) Quelle est l'estimation ponctuelle de la proportion de vols dont le départ est retardé à l'aéroport Hartsfield-Jackson ?

d) Quelle est la valeur p ? Quelle est votre conclusion ?

9. Lors d'un sondage *New York Times*/CBS News effectué en 2003, un échantillon de 523 adultes qui envisageaient de partir en vacances au cours des six mois suivants, a été constitué. Sur ces 523 adultes, 141 envisageaient de voyager par avion (New York Times News Service, 2 mars 2003). Lors d'un sondage *New York Times*/CBS News similaire effectué en mai 1993, sur 477 adultes qui envisageaient de partir en vacances au cours des six mois suivants, 81 pensaient prendre l'avion.

a) Établir les hypothèses permettant de déterminer si une modification importante de la proportion de personnes voyageant par avion, est survenue entre 1993 et 2003.

b) Quelle est la proportion d'échantillon des personnes envisageant de voyager par avion en 2003 ? En 1993 ?

c) Utiliser $\alpha = 0{,}01$ et tester l'existence d'une différence significative. Quelle est votre conclusion ?

d) Quelles explications pouvez-vous fournir à votre conclusion ?

10. Durant le Super Bowl de 2003, la publicité de la bière légère Miller, intitulée « The Miller Lite Girls », figurait parmi les trois publicités les plus diffusées (*USA Today*, 29 décembre 2003). L'enquête sur l'efficacité de la publicité, menée par le département publicitaire du magazine *USA Today*, a collecté des données sur la perception de la publicité en fonction de l'âge des personnes interrogées. Les données d'échantillon suivantes s'appliquent à la publicité « The Miller Lite Girls ».

Groupe d'âge	Taille d'échantillon	A beaucoup aimé la pub
Inférieur à 30 ans	100	49
Entre 30 et 49 ans	150	54

a) Formuler un test d'hypothèses permettant de déterminer s'il existe une différence entre les proportions de la population pour les deux groupes d'âge.

b) Quelle est l'estimation ponctuelle de l'écart entre les proportions des deux populations ?

c) Effectuer le test d'hypothèses et calculer la valeur p. Au seuil $\alpha = 0{,}05$, quelle est votre conclusion ?

d) Discuter de la perception des publicités par les jeunes et les moins jeunes. La société Miller trouvera-t-elle les résultats de l'enquête du magazine *USA Today* encourageants ? Expliquer.

11.2 TEST D'HYPOTHÈSES RELATIF AUX PROPORTIONS D'UNE POPULATION MULTINOMIALE

Dans cette section, nous considérons les tests d'hypothèses relatifs à la proportion d'éléments appartenant à chaque classe ou catégorie composant une population donnée. Contrairement à la section précédente, nous considérons une seule population : une **population multinomiale**. Les paramètres d'une population multinomiale correspondent à la proportion d'éléments appartenant à chaque catégorie ; les tests d'hypothèses que nous décrivons, concernent la valeur de ces paramètres. La distribution de probabilité multinomiale peut être considérée comme une extension de la distribution binomiale à un nombre de catégories de résultats possibles supérieur ou égal à trois. À chaque tirage d'une expérience multinomiale, un et un seul résultat se produit. Chaque tirage d'une expérience multinomiale est supposé indépendant et les probabilités restent identiques d'un tirage à l'autre.

Comme exemple, considérons l'étude des parts de marché faite par la société Scott. Au cours de l'année précédente, les parts de marché se sont stabilisées à 30 % pour la société A, 50 % pour la société B et 20 % pour la société C. Récemment, la société C a développé un nouveau produit plus performant qui a remplacé son produit actuel sur le marché. La société C a demandé à la société d'études de marché Scott de déterminer si le nouveau produit modifierait les parts de marché.

> Les hypothèses constituant une expérience multinomiale sont similaires à celles constituant une expérience binomiale, à la différence près que l'expérience multinomiale est composée d'au moins trois résultats possibles par tirage.

Dans cet exemple, la population est multinomiale ; chaque client est répertorié selon le produit qu'il achète (celui de la société A, B ou C). Ainsi, nous avons une population multinomiale avec trois catégories. Utilisons les notations suivantes pour exprimer les proportions. Soient p_A la part de marché de la société A, p_B la part de marché de la société B et p_C la part de marché de la société C.

La société d'études de marché Scott sélectionne un échantillon et calcule la proportion de clients préférant le produit proposé par chaque société. Pour déterminer si le nouveau produit a modifié les parts de marché, elle effectue un test d'hypothèses. En supposant que le nouveau produit de la société C ne modifiera pas les parts de marché, les hypothèses nulle et alternative s'écrivent :

$H_0 : p_A = 0{,}30,\ p_B = 0{,}50$ et $p_C = 0{,}20$

H_a : Les proportions de la population ne sont pas $p_A = 0{,}30$, $p_B = 0{,}50$ et $p_C = 0{,}20$

Si les résultats de l'échantillon conduisent au rejet de H_0, la société d'études de marché Scott aura la preuve que l'introduction du nouveau produit a un impact sur les parts de marché.

Supposons que la société d'études de marché ait utilisé un panel de 200 clients pour effectuer cette étude. On a demandé à chaque individu d'indiquer ses préférences entre trois alternatives : acheter le produit de la société A, acheter le produit de la société B ou acheter le nouveau produit de la société C. Les 200 réponses sont résumées ci-dessous.

Fréquence observée		
Produit de la société A	**Produit de la société B**	**Produit de la société C**
48	98	54

> Le panel de 200 clients à qui on demande de choisir l'une des trois alternatives, est équivalent à une expérience multinomiale de 200 tirages.

Nous pouvons maintenant effectuer un **test d'adéquation** pour déterminer si l'échantillon des préférences d'achat des 200 clients est cohérent avec l'hypothèse nulle. Ce test d'adéquation est basé sur la comparaison entre les résultats *observés* de l'échantillon et les résultats *attendus* si l'hypothèse nulle était vraie. Par conséquent, il faut maintenant calculer les préférences d'achat attendues pour les 200 clients lorsqu'on suppose que $p_A = 0,30$, $p_B = 0,50$ et $p_C = 0,20$. Les résultats attendus sont présentés ci-dessous.

Fréquence attendue		
Produit de la société A	**Produit de la société B**	**Produit de la société C**
$200 \times 0,30 = 60$	$200 \times 0,50 = 100$	$200 \times 0,20 = 40$

Ainsi, la fréquence attendue pour chaque catégorie est obtenue en multipliant la taille de l'échantillon (200) par la proportion hypothétique associée à la catégorie considérée.

Le test d'adéquation se focalise sur la différence entre les fréquences observées et les fréquences attendues. D'importantes différences entre les fréquences observées et attendues jettent le discrédit sur l'hypothèse selon laquelle les proportions ou parts de marché hypothétiques sont correctes. Pour savoir si les différences entre les fréquences observées et attendues sont « importantes » ou « négligeables », on utilise la statistique de test suivante.

▶ Statistique de test du test d'adéquation

$$\chi^2 = \sum_{i=1}^{k} \frac{(f_i - e_i)^2}{e_i} \tag{11.8}$$

où

f_i correspond à la fréquence observée pour la catégorie i
e_i correspond à la fréquence attendue pour la catégorie i
k correspond au nombre de catégories

Remarque : La statistique de test suit un khi-deux à $k - 1$ degrés de liberté, à condition que les fréquences attendues soient supérieures ou égales à 5 pour toutes les catégories.

Revenons à l'exemple de la société d'études de marché Scott et utilisons les données d'échantillon pour tester l'hypothèse selon laquelle les proportions de la population multinomiale restent $p_A = 0,30$, $p_B = 0,50$ et $p_C = 0,20$. Nous utiliserons un seuil de signification $\alpha = 0,05$. Pour calculer la valeur de la statistique de test, nous utilisons les fréquences

Tableau 11.1 ***Calcul de la statistique de test du χ^2 pour l'étude des parts de marché faite par la société Scott***

Catégorie	Proportion hypothétique	Fréquence observée (f_i)	Fréquence attendue (e_i)	Écart $(f_i - e_i)$	Écart au carré $(f_i - e_i)^2$	Écart au carré divisé par la fréquence attendue $(f_i - e_i)^2/e_i$
Société A	0,30	48	60	−12	144	2,40
Société B	0,50	98	100	−2	4	0,04
Société C	0,20	54	40	14	196	4,90
Total		200				$\chi^2 = 7,34$

observées et attendues calculées ci-dessus. Puisque les fréquences attendues sont toutes supérieures ou égales à 5, nous pouvons calculer la valeur de la statistique de test χ^2. Les calculs nécessaires pour obtenir la valeur de cette statistique de test dans le cadre de l'étude des parts de marché sont reportés dans le tableau 11.1. La valeur de la statistique de test est $\chi^2 = 7,34$.

Nous rejetterons l'hypothèse nulle si les écarts entre les fréquences observées et attendues sont *importants*. Des écarts importants entre les fréquences observées et attendues se traduiront par une valeur élevée de la statistique de test. Le test d'adéquation sera toujours un test unilatéral supérieur. Nous utilisons l'aire dans la queue supérieure de la distribution du khi-deux et l'approche par la valeur p pour déterminer si l'hypothèse nulle peut être rejetée. Avec $k - 1 = 3 - 1 = 2$ degrés de liberté, le tableau 11.2 indique les valeurs du khi-deux correspondant à différentes aires dans la queue supérieure de la distribution.

Aire dans la queue supérieure	**0,10**	**0,05**	**0,025**	**0,01**
Valeur χ^2 (2 degrés de liberté)	4,605	5,991	7,378	9,210

↑ $\chi^2 = 7,34$

> Le test d'adéquation est toujours un test unilatéral dont la règle de rejet est située dans la queue supérieure de la distribution du khi-deux.

La statistique de test $\chi^2 = 7,34$ est comprise entre 5,991 et 7,378. Ainsi, l'aire dans la queue supérieure de la distribution ou la valeur p est comprise entre 0,05 et 0,025. Avec une valeur $p \leq \alpha = 0,05$, nous rejetons H_0 et concluons que l'introduction du nouveau produit par la société C modifiera la structure actuelle des parts de marché. Les logiciels Minitab ou Excel permettent d'obtenir la valeur p exacte, égale à 0,0255 (les procédures d'utilisation de Minitab et Excel pour parvenir à ce résultat sont présentées à la fin de l'ouvrage, dans l'annexe F).

Au lieu d'utiliser l'approche par la valeur p, nous pouvons également utiliser l'approche par la valeur critique qui fournira la même conclusion. Avec $\alpha = 0,05$ et 2 degrés de liberté, la valeur critique de la statistique de test est $\chi^2_{0,05} = 5,991$. La règle de rejet devient :

$$\text{Rejet de } H_0 \text{ si } \chi^2 \geq 5,991$$

Tableau 11.2 ***Quelques valeurs issues de la table de probabilités du khi-deux***

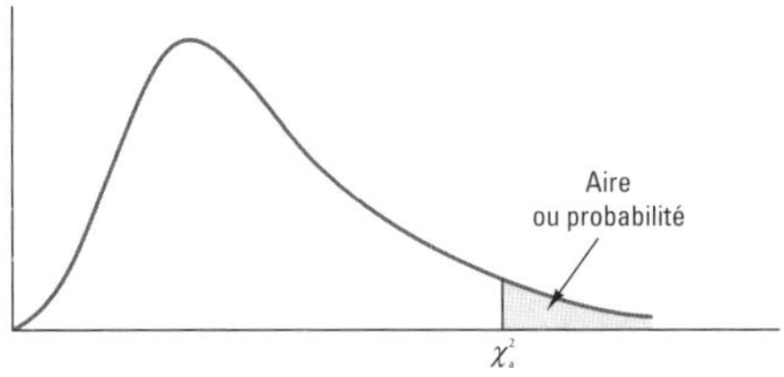

Degrés de liberté	Aire dans la queue supérieure							
	0,99	**0,975**	**0,95**	**0,90**	**0,10**	**0,05**	**0,025**	**0,01**
1	0,000	0,001	0,004	0,016	2,706	3,841	5,024	6,635
2	0,020	0,051	0,103	0,211	4,605	5,991	7,378	9,210
3	0,115	0,216	0,352	0,584	6,251	7,815	9,348	11,345
4	0,297	0,484	0,711	1,064	7,779	9,488	11,143	13,277
5	0,554	0,831	1,145	1,610	9,236	11,070	12,832	15,086
6	0,872	1,237	1,635	2,204	10,645	12,592	14,449	16,812
7	1,239	1,690	2,167	2,833	12,017	14,067	16,013	18,475
8	1,647	2,180	2,733	3,490	13,362	15,507	17,535	20,090
9	2,088	2,700	3,325	4,168	14,684	16,919	19,023	21,666
10	2,558	3,247	3,940	4,865	15,987	18,307	20,483	23,209
11	3,053	3,816	4,575	5,578	17,275	19,675	21,920	24,725
12	3,571	4,404	5,226	6,304	18,549	21,026	23,337	26,217
13	4,107	5,009	5,892	7,041	19,812	22,362	24,736	27,688
14	4,660	5,629	6,571	7,790	21,064	23,685	26,119	29,141
15	5,229	6,262	7,261	8,547	22,307	24,996	27,488	30,578
16	5,812	6,908	7,962	9,312	23,542	26,296	28,845	32,000
17	6,408	7,564	8,672	10,085	24,769	27,587	30,191	33,409
18	7,015	8,231	9,390	10,865	25,989	28,869	31,526	34,805
19	7,633	8,907	10,117	11,651	27,204	30,144	32,852	36,191
20	8,260	9,591	10,851	12,443	28,412	31,410	34,170	37,566
21	8,897	10,283	11,591	13,240	29,615	32,671	35,479	38,932
22	9,542	10,982	12,338	14,041	30,813	33,924	36,781	40,289
23	10,196	11,689	13,091	14,848	32,007	35,172	38,076	41,638
24	10,856	12,401	13,848	15,659	33,196	36,415	39,364	42,980
25	11,524	13,120	14,611	16,473	34,382	37,652	40,646	44,314
26	12,198	13,844	15,379	17,292	35,563	38,885	41,923	45,642
27	12,878	14,573	16,151	18,114	36,741	40,113	43,195	46,963
28	13,565	15,308	16,928	18,939	37,916	41,337	44,461	48,278
29	14,256	16,047	17,708	19,768	39,087	42,557	45,722	49,588
30	14,953	16,791	18,493	20,599	40,256	43,773	46,979	50,892
40	22,164	24,433	26,509	29,051	51,805	55,758	59,342	63,691
60	37,485	40,482	43,188	46,459	74,397	79,082	83,298	88,379
80	53,540	57,153	60,391	64,278	96,578	101,879	106,629	112,329
100	70,065	74,222	77,929	82,358	118,498	124,342	129,561	135,807

Remarque : Une table plus complète est fournie en annexe (table 3, annexe B).

Avec $7{,}34 > 5{,}991$, nous rejetons H_0. Les deux approches, par la valeur p et par la valeur critique, conduisent bien à la même conclusion.

Bien qu'il ne soit pas possible de tirer d'autres conclusions du test, nous pouvons comparer les fréquences observées et attendues de manière informelle pour nous faire une idée de la façon dont les parts de marché pourraient être modifiées. En considérant la société C, nous constatons que la fréquence observée de 54 est supérieure à la fréquence attendue de 40. Puisque la fréquence attendue est basée sur les parts de marché actuelles, le fait que la fréquence observée soit plus élevée suggère que le nouveau produit a un effet positif sur les parts de marché de la société C. Les comparaisons des fréquences observées et attendues pour les deux autres sociétés révèlent que le gain de la société C en termes de parts de marché se répercutera de façon beaucoup plus négative sur la société A que sur la société B.

Reprenons les différentes étapes d'un test d'adéquation pour une distribution multinomiale hypothétique quelconque.

▶ Test d'adéquation pour une distribution multinomiale : un résumé

1. Définir les hypothèses nulle et alternative.

H_0 : La population suit une distribution de probabilité multinomiale avec des probabilités spécifiées pour chacune des k catégories.

H_a : La population ne suit pas une distribution de probabilité multinomiale avec les probabilités spécifiées pour chacune des k catégories.

2. Sélectionner un échantillon aléatoire et enregistrer les fréquences observées f_i pour chacune des catégories.

3. Supposer que l'hypothèse nulle est vraie et déterminer la fréquence attendue e_i pour chacune des catégories en multipliant la probabilité de la catégorie par la taille de l'échantillon.

4. Calculer la valeur de la statistique de test.

$$\chi^2 = \sum_{i=1}^{k} \frac{(f_i - e_i)^2}{e_i}$$

5. Règle de rejet :

Approche par la valeur p : Rejet de H_0 si la valeur $p \le \alpha$

Approche par la valeur critique : Rejet de H_0 si $\chi^2 \ge \chi^2_\alpha$

où α correspond au seuil de signification du test et avec $k-1$ degrés de liberté.

EXERCICES

Méthode

11. Tester les hypothèses suivantes en utilisant le test d'adéquation du khi-deux.

H_0 : $p_A = 0{,}40$, $p_B = 0{,}40$ et $p_C = 0{,}20$

H_a : Les proportions de la population ne sont pas $p_A = 0{,}40$, $p_B = 0{,}40$ et $p_C = 0{,}20$

Un échantillon de taille 200 comporte 60 éléments dans la catégorie A, 120 dans la catégorie B et 20 dans la catégorie C. Utiliser $\alpha = 0{,}01$ et tester ces hypothèses.

a) Utiliser l'approche par la valeur p.

b) Refaire le test en utilisant l'approche par la valeur critique.

12. Considérer une population multinomiale avec quatre catégories : A, B, C et D. Selon l'hypothèse nulle, la proportion d'éléments est la même dans toutes les catégories. Soit $H_0 : p_A = p_B = p_C = p_D = 0{,}25$. Un échantillon de 300 éléments fournit les informations suivantes sur le nombre d'éléments dans chaque catégorie : A : 85, B : 95, C : 50 et D : 70. Utiliser un seuil de signification de 0,05 pour déterminer si H_0 doit être rejetée. Quelle est la valeur p ?

Applications

13. Durant les 13 premières semaines de la saison télévisée, les taux d'audience du samedi soir entre 20 heures et 21 heures étaient répartis comme suit : 29 % pour ABC, 28 % pour CBS, 25 % pour NBC et 18 % pour les chaînes indépendantes. Les taux d'audience recueillis auprès d'un échantillon de 300 ménages, deux semaines après un changement dans les programmes du samedi soir, sont les suivantes : 95 ménages regardaient ABC, 70 ménages regardaient CBS, 89 ménages regardaient NBC et 46 ménages regardaient des chaînes indépendantes. Effectuer un test, au seuil de 0,05, pour déterminer si les parts d'audience ont changé.

14. M&M/MARS, fabricant des chocolats M&M®, a effectué un sondage national dans lequel plus de 10 millions de consommateurs ont indiqué leur couleur préférée. Ce sondage a eu pour conséquence le remplacement des M&Ms bruns par des M&Ms bleus. D'après le catalogue « Couleurs », disponible auprès du service consommateur de M&M/MARS, la distribution des couleurs des chocolats est la suivante :

Brun	Jaune	Rouge	Orange	Vert	Bleu
30 %	20 %	20 %	10 %	10 %	10 %

Lors d'une étude postérieure, des échantillons de sachets de M&Ms ont été utilisés pour déterminer si ces pourcentages étaient respectés. Les résultats suivants ont été obtenus pour un échantillon de 506 bonbons.

Brun	Jaune	Rouge	Orange	Vert	Bleu
177	135	79	41	36	38

Utiliser un seuil de signification $\alpha = 0{,}05$ pour déterminer si ces données confirment les pourcentages établis par la société.

15. Où les femmes achètent-elles le plus souvent des vêtements de sport ? Des données issues de la base U.S. Shopper fournissent les pourcentages suivants de femmes faisant leurs courses dans chacun des différents points de vente (*The Wall Street Journal*, 28 janvier 2004).

Magasin	Pourcentage	Magasin	Pourcentage
Wal-Mart	24 %	Kohl's	8 %
Grands magasins	11 %	Par correspondance	12 %
J.C. Penney	8 %	Autre	37 %

La rubrique « Autre » inclut des points de vente comme Target, Kmart et Sears, ainsi qu'un grand nombre de petits magasins spécialisés. Aucun de ces points de vente pris individuellement n'attire plus de 5 % des consommatrices. D'après une étude récente réalisée à partir d'un échantillon de 140 consommatrices à Atlanta, 42 femmes ont acheté des vêtements de sport chez Wal-Mart, 20 dans les grands magasins, 8 chez J.C. Penney, 10 chez Kohl's, 21 par correspondance et 39 dans les autres points de vente. Les données de cet échantillon suggèrent-elles que les habitudes d'achat des femmes à Atlanta diffèrent des habitudes reflétées par la base de données U.S. Shopper ? Quelle est la valeur p ? Utiliser $\alpha = 0,05$. Quelle est votre conclusion ?

16. L'association des banquiers américains collecte des données sur l'utilisation des différents moyens de règlements des achats en magasin : cartes de crédits, cartes de paiement, chèques et espèces (*The Wall Street Journal*, 16 décembre 2003). En 1999, les taux d'utilisation de chaque moyen de paiement étaient :

Achat en magasin	Pourcentage
Carte de crédit	22 %
Carte de paiement	21 %
Chèque	18 %
Espèces	39 %

En 2003, sur un échantillon de 220 achats en magasin, 46 ont été réglés par carte de crédit, 67 par carte de paiement, 33 par chèque et 74 en espèces.

a) Au seuil $\alpha = 0,01$, pouvons-nous conclure qu'un changement est intervenu dans les habitudes de règlement des achats en magasin entre 1999 et 2003 ? Quelle est la valeur p ?

b) Calculer le pourcentage d'utilisation de chaque moyen de paiement en utilisant les données de l'échantillon collecté en 2003. Quels sont les principaux changements intervenus en quatre ans ?

c) En 2003, quel pourcentage d'achats est réglé par carte de crédit ou de paiement ?

17. Le tableau de bord des actionnaires du *Wall Street Journal* suit les performances des 1 000 plus importantes sociétés américaines (*The Wall Street Journal*, 10 mars 2003). La performance de chaque société est évaluée sur la base du rendement annuel global, en tenant compte des changements de prix des actions et du réinvestissement des dividendes. Les 1 000 sociétés sont ensuite réparties en cinq groupes, de A (les 20 % les meilleures), B (les 20 % suivantes), jusqu'à E (les 20 % les moins performantes). Ci-dessous sont indiquées les évaluations d'un échantillon de 60 des plus grandes sociétés. Ces 60 sociétés diffèrent-elles en termes de performance des 1 000 sociétés mentionnées dans le tableau de bord des actionnaires ? Utiliser $\alpha = 0,05$.

A	B	C	D	E
5	8	15	20	12

18. Les compagnies aériennes offrent-elles des services de qualité à leurs clients ? Une étude a fourni les évaluations suivantes : 3 % des clients considèrent que les services offerts sont excellents, 28 % qu'ils sont bons, 45 % qu'ils sont moyens et 24 % qu'ils sont mauvais. Lors d'une enquête relative à la qualité des services offerts par les opérateurs en téléphonie, un échantillon de 400 adultes interrogés a fourni les données suivantes : 24 considèrent leurs services excellents, 124 bons, 172 moyens et 80 mauvais. La distribution des évaluations des opérateurs de téléphonie diffère-t-elle de celle des compagnies aériennes ? Effectuer le test au seuil $\alpha = 0{,}01$. Quelle est votre conclusion ?

11.3 TEST D'INDÉPENDANCE

Une autre application importante de la distribution du χ^2 consiste à utiliser les données d'un échantillon pour tester l'indépendance de deux variables. Illustrons le test d'indépendance en considérant l'étude menée par la brasserie Alber de Tucson, en Arizona. La brasserie Alber produit et vend trois types de bières : légère, normale et brune. Lors de l'analyse de la segmentation du marché de la bière entre ces trois catégories, le groupe de recherche marketing de la firme s'est demandé si les préférences des consommateurs en matière de bière étaient différentes pour les hommes et les femmes. Si les préférences en matière de bière sont indépendantes du sexe du consommateur, une campagne publicitaire sera mise en place pour toutes les catégories de bière Alber. Par contre, si les préférences en matière de bière dépendent du sexe du consommateur, l'entreprise adaptera ses publicités en fonction des marchés ciblés.

Pour répondre à la question de l'indépendance entre les préférences en matière de bière (légère, normale ou brune) et le sexe (homme ou femme) du consommateur, un test d'indépendance s'impose, avec pour hypothèses :

H_0 : Les préférences en matière de bière sont indépendantes du sexe du consommateur

H_a : Les préférences en matière de bière ne sont pas indépendantes du sexe du consommateur

Le tableau 11.3 décrit le cas à étudier. Après avoir identifié la population comme étant l'ensemble des hommes et des femmes consommateurs de bière, on sélectionne un échantillon et on demande à chaque individu d'indiquer sa catégorie de bière préférée parmi les trois produites par Alber. Chaque individu de l'échantillon sera associé à l'une des six cellules du tableau. Par exemple, un individu peut être un homme préférant la bière normale (cellule (1,2)), ou une femme préférant la bière légère (cellule (2,1)), ou encore une femme préférant la bière brune (cellule (2,3)), etc. Puisque toutes les combinaisons possibles, en d'autres termes toutes les contingences possibles, entre les préférences en matière de bière et le sexe des consommateurs, sont énumérées dans le tableau 11.3, ce tableau est appelé

Tableau 11.3 ***Table de contingence pour les préférences en matière de bière et le sexe des consommateurs***

		Préférence en matière de bière		
		Légère	**Normale**	**Brune**
Sexe	**Homme**	cellule (1,1)	cellule (1,2)	cellule (1,3)
	Femme	cellule (2,1)	cellule (2,2)	cellule (2,3)

Tableau 11.4 ***Résultats d'échantillon pour les préférences en matière de bière des hommes et des femmes (fréquences observées)***

		Préférence en matière de bière			
		Légère	**Normale**	**Brune**	**Total**
Sexe	**Homme**	20	40	20	80
	Femme	30	30	10	70
	Total	50	70	30	150

table de contingence. Le test d'indépendance utilise ce type de tableau, d'où son appellation parfois de *test de la table de contingence.*

> Pour tester l'indépendance de deux variables, on sélectionne un échantillon et on utilise les tabulations croisées pour résumer les données sur les deux variables simultanément.

Supposons qu'un échantillon aléatoire simple de 150 consommateurs de bière ait été sélectionné. Après avoir goûté chaque bière, les individus de l'échantillon ont indiqué leur bière préférée. Les tabulations croisées du tableau 11.4 résument les réponses obtenues. Les données nécessaires pour effectuer le test d'indépendance sont exprimées sous la forme du total ou de la fréquence de chaque catégorie ou cellule du tableau. Sur les 150 individus présents dans l'échantillon, 20 sont des hommes qui préfèrent la bière légère, 40 sont des hommes qui préfèrent la bière normale, 20 sont des hommes qui préfèrent la bière brune, etc.

Le tableau 11.4 regroupe les fréquences observées pour les six catégories. Si nous pouvons déterminer les fréquences attendues sous l'hypothèse d'indépendance entre les préférences et le sexe du consommateur, nous pouvons utiliser la distribution du χ^2 pour déterminer s'il existe une différence significative entre les fréquences observées et attendues.

Les fréquences attendues sont obtenues en procédant au raisonnement suivant. Premièrement, on suppose que l'hypothèse nulle d'indépendance entre les préférences et le sexe du consommateur est vraie. Ensuite, on note que dans l'échantillon de 150 consommateurs de bière, 50 préfèrent la bière légère, 70 préfèrent la bière normale et 30 préfèrent la bière brune. En termes de fraction, nous concluons que 1/3 ($50/150 = 1/3$) des consommateurs de bière préfèrent la bière légère, 7/15 ($70/150 = 7/15$) préfèrent la bière normale et 1/5 ($30/150 = 1/5$) préfèrent la bière brune. Si l'hypothèse d'*indépendance* est vérifiée, ces fractions sont applicables à tous les consommateurs de bière, hommes et femmes. Ainsi, sous l'hypothèse d'indépendance, nous nous attendons à ce que parmi les 80 hommes que compte l'échantillon, 26,67 ($(1/3)80 = 26{,}67$) préfèrent la bière légère, 37,33 ($(7/15)80 = 37{,}33$) préfèrent la bière normale et 16 ($(1/5)80 = 16$) préfèrent la bière brune. En appliquant le même raisonnement aux 70 femmes de l'échantillon, on obtient les fréquences attendues présentées dans le tableau 11.5.

Tableau 11.5 ***Fréquences attendues si les préférences en matière de bière sont indépendantes du sexe du consommateur***

		Préférence en matière de bière			
		Légère	**Normale**	**Brune**	**Total**
Sexe	**Homme**	26,67	37,33	16,00	80
	Femme	23,33	32,67	14,00	70
	Total	50,00	70,00	30,00	150

Soit e_{ij} la fréquence attendue pour la catégorie située à l'intersection de la ligne i et de la colonne j de la table de contingence. Reconsidérons le calcul de la fréquence attendue pour les hommes (ligne $i = 1$) qui préfèrent la bière normale (colonne $j = 2$) ; c'est-à-dire la fréquence attendue e_{12}. En suivant le raisonnement précédent pour calculer les fréquences attendues, on peut montrer que

$$e_{12} = (7/15)80 = 37,33$$

Cette expression peut être réécrite de façon légèrement différente :

$$e_{12} = (7/15)80 = (70/150)80 = \frac{80 \times 70}{150} = 37,33$$

Notez que 80 correspond au nombre total d'hommes (total de la ligne 1), 70 correspond au nombre total d'individus préférant la bière normale (total de la colonne 2) et 150 correspond à la taille de l'échantillon entier. Donc,

$$e_{12} = \frac{(\text{Total de la ligne 1})(\text{Total de la colonne 2})}{\text{Taille de l'échantillon}}$$

En généralisant cette expression, on obtient la formule suivante pour calculer les fréquences attendues dans une table de contingence, pour un test d'indépendance.

► Fréquences attendues dans une table de contingence sous l'hypothèse d'indépendance

$$e_{ij} = \frac{(\text{Total de la ligne } i)(\text{Total de la colonne } j)}{\text{Taille de l'échantillon}} \qquad (11.9)$$

En utilisant la formule pour les hommes qui préfèrent la bière brune, nous obtenons une fréquence attendue égale à $e_{13} = (80)(30)/150 = 16$, comme indiqué dans le tableau 11.5. Utilisez l'expression (11.9) pour vérifier les autres fréquences attendues présentées dans le tableau 11.5.

La procédure de test pour comparer les fréquences observées du tableau 11.4 avec les fréquences attendues du tableau 11.5 est similaire à celle du test d'adéquation présentée dans la section 11.2. Plus spécifiquement, la valeur du χ^2 basée sur les fréquences observées et attendues est calculée de la façon suivante.

▶ Statistique de test pour l'indépendance

$$\chi^2 = \sum_i \sum_j \frac{\left(f_{ij} - e_{ij}\right)^2}{e_{ij}} \tag{11.10}$$

où

f_{ij} correspond à la fréquence observée de la catégorie associée à la ligne i et la colonne j de la table de contingence

e_{ij} correspond à la fréquence attendue, basée sur l'hypothèse d'indépendance, de la catégorie associée à la ligne i et la colonne j de la table de contingence

Remarque : Avec une table de contingence comportant n lignes et m colonnes, la statistique de test suit une loi de χ^2 avec $(n-1)(m-1)$ degrés de liberté, à condition que les fréquences attendues soient supérieures ou égales à 5 pour toutes les catégories.

La double somme de l'expression (11.10) indique que les calculs doivent être faits pour toutes les cellules de la table de contingence.

En examinant les fréquences attendues du tableau 11.5, nous constatons que les fréquences attendues sont toutes supérieures à 5. Nous pouvons donc procéder au calcul de la statistique de test. Les calculs de la valeur de la statistique de test qui permet de déterminer si les préférences des consommateurs sont indépendantes de leur sexe, sont regroupés dans le tableau 11.6. La valeur de la statistique est $\chi^2 = 6{,}12$.

Le nombre de degrés de liberté approprié de la distribution du χ^2 est obtenu en multipliant le nombre de lignes moins un, par le nombre de colonnes moins un. Avec deux lignes et trois colonnes, nous avons deux degrés de liberté ($(2-1)(3-1) = 2$). Comme pour le test

Tableau 11.6 ***Calcul de la statistique de test du χ^2 pour déterminer si les préférences en matière de bière sont indépendantes du sexe du consommateur***

Sexe	Préférence en matière de bière	Fréquence observée (f_{ij})	Fréquence attendue (e_{ij})	Écart $(f_{ij} - e_{ij})$	Écart au carré $(f_{ij} - e_{ij})^2$	Écart au carré divisé par la fréquence attendue $(f_{ij} - e_{ij})^2/e_{ij}$
Homme	Légère	20	26,67	−6,67	44,44	1,67
Homme	Normale	40	37,33	2,67	7,11	0,19
Homme	Brune	20	16,00	4,00	16,00	1,00
Femme	Légère	30	23,33	6,67	44,44	1,90
Femme	Normale	30	32,67	−2,67	7,11	0,22
Femme	Brune	10	14,00	−4,00	16,00	1,14
Total		150				$\chi^2 = 6{,}12$

d'adéquation, le test d'indépendance entraîne le rejet de H_0 si les écarts entre les fréquences observées et attendues génèrent une valeur élevée de la statistique de test. Le test d'indépendance est donc également un test unilatéral supérieur. D'après la table du khi-deux, pour deux degrés de liberté, la statistique de test $\chi^2 = 6{,}12$ est comprise entre 5,991 et 7,378.

Aire dans la queue supérieure	**0,10**	**0,05**	**0,025**	**0,01**
Valeur χ^2 (2 degrés de liberté)	4,605	5,991	7,378	9,210

↖ $\chi^2 = 6{,}12$

> Le test d'indépendance est toujours un test unilatéral, dont la région de rejet est située dans la queue supérieure de la distribution du χ^2.

Ainsi, l'aire correspondante dans la queue supérieure de la distribution ou la valeur p est comprise entre 0,025 et 0,05. Les procédures Minitab ou Excel, décrites dans l'annexe F, peuvent être utilisées pour obtenir la valeur p exacte, égale à 0,0469. Au seuil de signification de 0,05, la valeur $p \leq \alpha = 0{,}05$. Nous rejetons l'hypothèse nulle d'indépendance et concluons que les préférences en matière de bière ne sont pas indépendantes du sexe du consommateur.

Des logiciels comme Minitab et Excel simplifient les calculs nécessaires au test d'indépendance. L'input de ces procédures informatiques est la table de contingence des fréquences observées présentée dans le tableau 11.4. Le logiciel calcule ensuite les fréquences attendues, la valeur de la statistique de test du khi-deux et la valeur p automatiquement. Les procédures Minitab et Excel qui peuvent être employées pour effectuer ces tests d'indépendance sont présentées dans les annexes 11.1 et 11.2. L'output fourni par Minitab dans le cadre du test d'indépendance de la brasserie Alber est présenté à la figure 11.1.

Bien qu'aucune autre conclusion supplémentaire ne puisse être établie à partir des résultats du test, nous pouvons comparer les fréquences observées et attendues pour nous faire une idée plus précise de la dépendance entre les préférences en matière de bière et le sexe des consommateurs. Référons-nous aux tableaux 11.4 et 11.5. Nous constatons

```
Expected counts are printed below observed counts

          Light    Regular      Dark    Total
    1        20         40        20       80
          26,67      37,33     16,00

    2        30         30        10       70
          23,33      32,67     14,00

Total        50         70        30      150

Chi-Sq = 6,122; DF = 2; P-value = 0,047
```

Figure 11.1 ***Output Minitab pour le test d'indépendance de la brasserie Alber***

que les fréquences observées sont supérieures aux fréquences attendues pour les hommes préférant la bière normale et pour ceux préférant la bière brune, ainsi que pour les femmes préférant la bière légère. Ces observations nous donnent une idée plus précise des différences de préférence en matière de bière entre les hommes et les femmes.

Résumons les étapes d'un test d'indépendance.

▶ **Test d'indépendance : un résumé**

1. Définir les hypothèses nulle et alternative.

H_0 : La variable colonne est indépendante de la variable ligne
H_a : La variable colonne n'est pas indépendante de la variable ligne

2. Sélectionner un échantillon aléatoire et enregistrer les fréquences observées pour chacune des cellules de la table de contingence.

3. Utiliser l'expression (11.9) pour calculer la fréquence attendue de chaque cellule.

4. Utiliser l'expression (11.10) pour calculer la valeur de la statistique de test.

5. Règle de rejet

Approche par la valeur p : Rejet de H_0 si la valeur $p \leq \alpha$

Approche par la valeur critique : Rejet de H_0 si $\chi^2 \geq \chi^2_\alpha$

où α correspond au seuil de signification ; avec n lignes et m colonnes, le nombre de degrés de liberté est égal à $(n-1)(m-1)$.

REMARQUE

L'application de la statistique de test pour les tests du χ^2 impose que les fréquences attendues soient supérieures ou égales à 5 dans chaque catégorie. Lorsque la fréquence attendue d'une catégorie est inférieure à 5, il est conseillé de regrouper deux catégories adjacentes pour obtenir une fréquence attendue supérieure ou égale à 5 dans chaque catégorie.

EXERCICES

Méthode

19. La table de contingence suivante contient les fréquences observées d'un échantillon de 200 éléments. Tester l'indépendance des variables ligne et colonne en utilisant le test du χ^2 avec $\alpha = 0{,}05$.

	Variable colonne		
Variable ligne	**A**	**B**	**C**
P	20	44	50
Q	30	26	30

20. La table de contingence suivante contient les fréquences observées d'un échantillon de 240 éléments. Tester l'indépendance des variables ligne et colonne en utilisant le test du χ^2 avec $\alpha = 0,05$.

	Variable colonne		
Variable ligne	**A**	**B**	**C**
P	20	30	20
Q	30	60	25
R	10	15	30

Applications

21. L'une des questions posées lors de l'étude sur les abonnés à *Business Week* était « Au cours des 12 derniers mois, lors de vos voyages d'affaires, quel type de billet d'avion avez-vous acheté le plus souvent ? ». Les données obtenues sont regroupées dans la table de contingence ci-dessous.

	Type de vols	
Type de billet	**Vols nationaux**	**Vols internationaux**
Première classe	29	22
Classe affaire	95	121
Classe économique	518	135

Utiliser un seuil de signification $\alpha = 0,05$ pour tester l'indépendance du type de vol et du type de billet. Quelle est votre conclusion ?

22. Visa Card USA a étudié à quelle fréquence les groupes d'âge différents utilisaient leurs cartes bancaires (de débit ou de crédit) pour régler leurs achats (Associated Press, 16 janvier 2006). Un échantillon de données sur 300 clients indique l'usage des cartes bancaires pour quatre tranches d'âge.

	Tranche d'âge			
Moyen de paiement	**18–24**	**25–34**	**35–44**	**45 ou plus**
Carte	21	27	27	36
Espèces ou chèque	21	36	42	90

a) Tester l'indépendance entre le moyen de paiement utilisé et la tranche d'âge. Quelle est la valeur p ? Utiliser $\alpha = 0,05$. Quelle est votre conclusion ?

b) Si le moyen de paiement et la tranche d'âge ne sont pas indépendants, quelle observation pouvez-vous faire sur la fréquence d'utilisation d'une carte bancaire pour régler des achats pour les différentes tranches d'âge ?

c) Quelles implications cette étude peut-elle avoir pour des sociétés telles que Visa ou MasterCard ?

23. Le coût de l'assurance maladie progressant à des taux de croissance annuels à deux chiffres, de plus en plus de travailleurs sont sans couverture médicale (*USA Today*, 23 janvier 2004).

Les données d'échantillon suivantes comparent les travailleurs avec et sans couverture médicale dans les petites, moyennes et grandes entreprises. Dans le cadre de cette étude, les petites entreprises sont des entreprises qui emploient moins de 100 personnes. Les entreprises moyennes emploient entre 100 et 999 personnes, et les grandes entreprises emploient plus de 1 000 personnes. Les données concernent 50 employés de petites entreprises, 75 employés d'entreprises moyennes et 100 employés de grandes entreprises.

	Assurance maladie		
Taille de l'entreprise	**Oui**	**Non**	**Total**
Petite	36	14	50
Moyenne	65	10	75
Grande	88	12	100

a) Effectuer un test d'indépendance pour déterminer si la couverture maladie des employés est indépendante de la taille de l'entreprise. Utiliser $\alpha = 0{,}05$. Quelle est la valeur p et quelle est votre conclusion ?

b) L'article paru dans le magazine *USA Today* indiquait que les employés des petites entreprises étaient les moins bien pourvus en termes d'assurance maladie. Utiliser les pourcentages obtenus à partir des données pour confirmer cette conclusion.

24. Le magazine *Consumer Reports* mesure la satisfaction des propriétaires de différents modèles de voiture en leur posant la question suivante : « En considérant des facteurs tels que le prix, la performance, la fiabilité, le confort et le plaisir de conduire, rachèteriez-vous cette voiture si vous deviez en changer ? » (site Internet de Consumer Reports, janvier 2009). Les données d'un échantillon de 300 propriétaires des quatre modèles de voiture de taille moyenne sont résumées ci-dessous.

	Modèle				
Rachat	**Chevrolet Impala**	**Ford Taurus**	**Honda Accord**	**Toyota Camry**	**Total**
Oui	49	44	60	46	199
Non	37	27	18	19	101

a) Effectuer un test d'indépendance pour déterminer si l'intention du propriétaire de racheter la même voiture est indépendante du modèle. Utiliser $\alpha = 0{,}05$. Quelle est votre conclusion ?

b) *Consumer Reports* fournit un indice de satisfaction des propriétaires pour chaque voiture en rapportant le pourcentage de propriétaires qui rachèteraient le même modèle s'ils devaient changer de voiture. Quels sont les indices de satisfaction des propriétaires de Chevrolet Impala, de Ford Taurus, de Honda Accord et de Toyota Camry ? Classer les quatre modèles en fonction du degré de satisfaction des propriétaires.

c) Vingt-trois modèles de voiture différents figurent dans la catégorie des voitures de taille moyenne étudiée par *Consumer Reports*. L'indice de satisfaction globale pour toutes les voitures de cette catégorie était de 69. Comment sont classés, en termes de satisfaction des propriétaires, les modèles américains (Impala et Taurus) par rapport aux modèles japonais (Accord et Camry) ? Qu'est-ce que ce résultat implique en termes de parts de marché futures de ces différents modèles ?

25. La société FlightStats collecte des données sur le nombre de vols programmés et le nombre de vols annulés dans les principaux aéroports américains. Les données FlightStats indiquent que 56 % des vols programmés dans les aéroports de Newark, La Guardia et Kennedy ont été annulés durant une tempête de neige de trois jours (*The Wall Street Journal*, 21 février 2006). Toutes les compagnies aériennes affirment opérer dans des conditions de totale sécurité – si les conditions sont trop mauvaises, les avions ne décollent pas. Les données suivantes représentent un échantillon de 400 vols programmés durant la tempête de neige.

	Compagnie				
Le vol a-t-il été maintenu ?	**American**	**Continental**	**Delta**	**United**	**Total**
Oui	48	69	68	25	210
Non	52	41	62	35	190

Utiliser le test d'indépendance du khi-deux avec un seuil de signification de 0,05 pour analyser les données. Quelle est votre conclusion ? Avez-vous une préférence pour une compagnie particulière que vous choisiriez pour voyager durant des conditions météorologiques similaires ? Expliquer.

26. Depuis que le prix du pétrole augmente, il y a un intérêt mondial croissant pour les sources d'énergie alternatives. Une enquête d'opinion *Financial Times*/Harris a été menée auprès de personnes vivant dans six pays pour connaître leurs attitudes envers différentes formes d'énergie alternatives (site Internet de Harris Interactive, 27 février 2008). Les données présentées dans le tableau suivant reprennent une partie des résultats de l'enquête concernant la position (favorable ou défavorable) des individus au sujet de la construction de nouvelles centrales nucléaires.

	Pays					
Réponse	**Grande-Bretagne**	**France**	**Italie**	**Espagne**	**Allemagne**	**États-Unis**
Fortement favorable	141	161	298	133	128	204
Davantage favorable qu'opposé	348	366	309	222	272	326
Davantage opposé que favorable	381	334	219	311	322	316
Fortement opposé	217	215	219	443	389	174

a) Quelle était la taille de l'échantillon de l'enquête ?

b) Effectuer un test d'hypothèses pour déterminer si l'attitude des individus envers la construction de nouvelles centrales nucléaires est indépendante du pays. Quelle est votre conclusion ?

c) En utilisant le pourcentage d'individus qui ont déclaré être « fortement favorables » et « davantage favorables qu'opposés », quel pays a l'attitude la plus favorable à l'égard de la construction de nouvelles centrales nucléaires ? Quel pays a l'attitude la moins favorable ?

27. La fondation nationale du sommeil a cherché à déterminer si les heures de sommeil par nuit étaient indépendantes de l'âge (*Newsweek*, 19 janvier 2004). Ci-dessous sont présentées les heures de sommeil par nuit d'un échantillon d'individus âgés de moins de 50 ans et d'un échantillon d'individus âgés de plus de 50 ans.

	Heures de sommeil				
Âge	**Moins de 6**	**Entre 6 et 6,9**	**Entre 7 et 7,9**	**8 et plus**	**Total**
Moins de 50 ans	38	60	77	65	240
Plus de 50 ans	36	57	75	92	260

a) Effectuer un test d'indépendance pour déterminer si les heures de sommeil par nuit sont indépendantes de l'âge. Utiliser $\alpha = 0,05$. Quelle est la valeur p ? Quelle est votre conclusion ?

b) Quelle est votre estimation du pourcentage de personnes qui dorment moins de 6 heures, entre 6 et 6,9 heures, entre 7 et 7,9 heures et 8 heures ou plus par nuit ?

28. Des échantillons prélevés dans trois villes, Anchorage, Atlanta et Minneapolis, ont été utilisés pour étudier le pourcentage de couples mariés dont les deux membres travaillent (*USA Today*, 15 janvier 2006). Analyser les données suivantes pour voir si le fait que l'homme et la femme travaillent est indépendant de la situation géographique. Utiliser un seuil de signification de 0,05. Quelle est votre conclusion ? Quelle est l'estimation du pourcentage de couples mariés dont le mari et la femme travaillent ?

	Situation géographique		
Travaillent	**Anchorage**	**Atlanta**	**Minneapolis**
Les deux	57	70	63
Un seul	33	50	90

RÉSUMÉ

Dans ce chapitre, nous avons introduit les procédures statistiques appropriées pour comparer des proportions ainsi que le test d'indépendance de deux variables. Dans la première section, nous avons comparé la proportion d'une population avec la même proportion d'une autre population. Nous avons décrit comment construire une estimation par intervalle de l'écart entre les proportions et comment effectuer un test d'hypothèses afin de déterminer si l'écart entre les proportions est statistiquement significatif.

Dans la seconde section, nous nous sommes concentrés sur une population multinomiale. Là nous avons vu comment effectuer des tests d'hypothèses visant à déterminer si les proportions des catégories d'une population multinomiale sont significativement différentes de valeurs hypothétiques. Le test d'adéquation du χ^2 est utilisé pour faire cette comparaison.

La dernière section traitait des tests d'indépendance de deux variables. Un test d'indépendance est une extension de la méthodologie employée pour effectuer un test d'adéquation dans le cadre d'une population multinomiale. Une table de contingence permet de déterminer les fréquences observées et attendues. Une valeur de la statistique du χ^2 est ensuite calculée. Des valeurs importantes de cette statistique, engendrées par un écart important entre les fréquences observées et attendues, conduisent au rejet de l'hypothèse nulle d'indépendance.

GLOSSAIRE

ESTIMATEUR COMMUN DE P. Estimateur de la proportion d'une population obtenu en calculant une moyenne pondérée des proportions d'échantillon issues de deux échantillons indépendants.

POPULATION MULTINOMIALE. Population dans laquelle chaque élément est assigné à une et une seule catégorie (parmi plusieurs). La distribution multinomiale est une extension de la distribution binomiale à deux résultats possibles au cas où au moins trois résultats sont possibles.

TEST D'ADÉQUATION. Test statistique effectué pour déterminer si une distribution de probabilité hypothétique appliquée à une population est valable ou non.

TABLE DE CONTINGENCE. Tableau utilisé pour résumer les fréquences observées et attendues dans le cadre d'un test d'indépendance.

FORMULES CLÉ

Estimateur ponctuel de l'écart entre les proportions de deux populations

$$\bar{p}_1 - \bar{p}_2 \tag{11.1}$$

Erreur type de $\bar{p}_1 - \bar{p}_2$

$$\sigma_{\bar{p}_1 - \bar{p}_2} = \sqrt{\frac{p_1(1-p_1)}{n_1} + \frac{p_2(1-p_2)}{n_2}} \tag{11.2}$$

Estimation par intervalle de l'écart entre les proportions de deux populations

$$\bar{p}_1 - \bar{p}_2 \pm z_{\alpha/2}\sqrt{\frac{\bar{p}_1(1-\bar{p}_1)}{n_1} + \frac{\bar{p}_2(1-\bar{p}_2)}{n_2}} \tag{11.4}$$

Erreur type de $\bar{p}_1 - \bar{p}_2$ lorsque $p_1 = p_2 = p$

$$\sigma_{\bar{p}_1 - \bar{p}_2} = \sqrt{\frac{p(1-p)}{n_1} + \frac{p(1-p)}{n_2}} = \sqrt{p(1-p)\left(\frac{1}{n_1} + \frac{1}{n_2}\right)} \tag{11.5}$$

Estimateur commun de p lorsque $p_1 = p_2 = p$

$$\bar{p} = \frac{n_1\bar{p}_1 + n_2\bar{p}_2}{n_1 + n_2} \tag{11.6}$$

Statistique de test pour les tests d'hypothèses relatifs à $p_1 - p_2$

$$z = \frac{(\bar{p}_1 - \bar{p}_2)}{\sqrt{\bar{p}(1-\bar{p})\left(\frac{1}{n_1} + \frac{1}{n_2}\right)}} \tag{11.7}$$

Statistique de test pour le test d'adéquation

$$\chi^2 = \sum_{i=1}^{k} \frac{(f_i - e_i)^2}{e_i} \tag{11.8}$$

Fréquences attendues dans une table de contingence sous l'hypothèse d'indépendance

$$e_{ij} = \frac{(\text{Total de la ligne } i)(\text{Total de la colonne } j)}{\text{Taille de l'échantillon}} \tag{11.9}$$

Statistique de test pour le test d'indépendance

$$\chi^2 = \sum_i \sum_j \frac{(f_{ij} - e_{ij})^2}{e_{ij}} \tag{11.10}$$

EXERCICES SUPPLÉMENTAIRES

29. Jupiter Media a mené une enquête pour déterminer comment les individus occupaient leur temps libre. Regarder la télévision était l'activité la plus populaire sélectionnée à la fois par les hommes et par les femmes (*The Wall Street Journal*, 26 janvier 2004). Les proportions d'hommes et de femmes pour qui regarder la télévision constitue leur principale activité de loisir, peuvent être estimées à partir des données d'échantillon suivantes.

Sexe	Taille de l'échantillon	Regarder la télévision
Homme	800	248
Femme	600	156

a) Établir les hypothèses qui permettront de tester l'existence d'une différence entre les proportions d'hommes et de femmes, au niveau de la population, pour qui regarder la télévision constitue la principale activité de loisir.

b) Quelle est la proportion d'hommes dans l'échantillon pour qui regarder la télévision constitue leur principale activité de loisir ? Quelle est la proportion de femmes dans l'échantillon pour qui regarder la télévision constitue leur principale activité de loisir ?

c) Effectuer le test d'hypothèses et calculer la valeur p. Au seuil de 0,05, quelle est votre conclusion ?

d) Quelles sont la marge d'erreur et l'estimation par intervalle de confiance à 95 % de l'écart entre les proportions des deux populations d'hommes et de femmes ?

30. Une grande compagnie d'assurance automobile a sélectionné des échantillons d'hommes mariés et célibataires détenteurs d'une police d'assurance et a enregistré le nombre de déclarations faites au cours des trois années précédentes.

Assurés célibataires	Assurés mariés
$n_1 = 400$ Nombre de déclarations = 76	$n_2 = 900$ Nombre de déclarations = 90

a) Utiliser $\alpha = 0{,}05$. Déterminer si les taux de déclarations diffèrent selon que l'individu est célibataire ou marié.

b) Fournir un intervalle de confiance à 95 % pour l'écart entre les proportions des deux populations.

31. Des tests médicaux ont été effectués pour mieux connaître les cas de tuberculose résistants aux médicaments. Sur 142 cas testés dans le New Jersey, 9 étaient résistants aux médicaments. Sur 268 cas testés au Texas, 5 étaient résistants aux médicaments. Est-ce que ces données suggèrent une différence statistiquement significative entre les proportions de cas résistants aux médicaments dans les deux États ? Utiliser un seuil de signification de 0,02. Quelle est la valeur p et quelle est votre conclusion ?

Occupation

32. Les taux d'occupation des résidences de vacances étaient supposés augmenter en mars 2008 à Myrtle Beach en Caroline du Sud (*The Sun News*, 29 février 2008). Les données figurant dans le fichier en ligne Occupation vous permettront de retrouver les résultats présentés dans le journal. Les données indiquent le nombre de logements loués et non loués pour un échantillon aléatoire de résidences de vacances durant la première semaine de mars 2007 et mars 2008.

a) Estimer la proportion de logements loués durant la première semaine de mars 2007 et la première semaine de mars 2008.

b) Fournir un intervalle de confiance à 95 % de l'écart entre ces proportions.

c) Sur la base de vos réponses, les taux de location en mars 2008 sont-ils plus élevés que ceux observés un an plus tôt ?

33. L'indice de confiance des investisseurs individuels était de 27,6 % (*AAII Journal*, février 2009). Une semaine auparavant, l'indice de confiance des investisseurs était de 48,7 % et un mois plus tôt de 39,7 %. L'indice est estimé sur la base d'une enquête menée par l'Association américaine des investisseurs individuels. Supposez que l'indice est mesuré sur la base d'un échantillon de 240 investisseurs.

a) Construire un intervalle de confiance à 95 % de l'écart entre les indices mesurés au cours des deux plus récentes semaines.

b) Développer les hypothèses nulle et alternative qui permettraient, en cas de rejet de l'hypothèse nulle, de conclure que l'indice le plus récent est plus faible que l'indice relevé un mois auparavant.

c) Effectuer le test d'hypothèses évoqué à la question (b) en utilisant $\alpha = 0{,}01$. Quelle est votre conclusion ?

34. Dans la fixation des quotas de vente, le directeur marketing fait l'hypothèse que les potentiels de commandes sont identiques dans chacune des quatre zones de vente. Un échantillon de 200 ventes est présenté ci-dessous. L'hypothèse du directeur marketing devrait-elle être rejetée ? Utiliser $\alpha = 0{,}05$.

Zone de vente			
I	II	III	IV
60	45	59	36

35. Sept pourcents des investisseurs en fonds mutuels estiment les actions de sociétés « très sûres », 58 % les estiment « plutôt sûres », 24 % les estiment « pas très sûres », 4 % les estiment « pas sûres du tout » et 7 % sont indécis. Lors d'un sondage *Business Week/* Harris, on a demandé à 529 investisseurs en fonds mutuels d'estimer le degré de sûreté des obligations de sociétés. Les réponses sont présentées ci-dessous.

Évaluation de la sûreté	Fréquence
Très sûre	48
Plutôt sûre	323
Pas très sûre	79
Pas sûre du tout	16
Sans opinion	63
Total	529

Est-ce que l'attitude des investisseurs en fonds mutuels envers les obligations des sociétés est différente de leur attitude envers les actions ? Étayer votre conclusion avec un test statistique. Utiliser $\alpha = 0{,}01$.

36. Depuis 2000, la Toyota Camry, la Honda Accord et la Ford Taurus ont été les trois modèles de voiture les plus vendus aux États-Unis. D'après des données sur les ventes de 2003, les parts de marché de ces trois modèles se répartissent de la façon suivante : Toyota Camry 37 %, Honda Accord 34 % et Ford Taurus 29 % (*The World Almanac*, 2004). Supposez qu'un échantillon de 1 200 ventes de voitures au cours du premier trimestre 2004 ait fourni les informations suivantes.

Modèle de voiture	Quantité vendue
Toyota Camry	480
Honda Accord	390
Ford Taurus	330

Peut-on se servir de ces données pour conclure que les parts de marché des trois modèles de voiture ont changé au cours du premier trimestre 2004 ? Quelle est la valeur p ? Utiliser un seuil de signification de 0,05. Quelle est votre conclusion ?

37. Une régie régionale des transports en commun s'intéresse au nombre de cyclistes sur l'un de ses itinéraires de bus. En établissant l'itinéraire, on a supposé que le nombre de cyclistes était le même chaque jour, du lundi au vendredi. En utilisant les données présentées ci-dessous, tester au seuil de signification $\alpha = 0{,}05$ la validité de cette hypothèse.

Jour	Nombre de cyclistes
Lundi	13
Mardi	16
Mercredi	28
Jeudi	17
Vendredi	16

38. L'enquête annuelle sur la satisfaction professionnelle réalisée par *Computerworld* a révélé que 28 % des responsables des systèmes d'information étaient très satisfaits de leur poste, 46 % étaient plutôt satisfaits, 12 % n'étaient ni satisfaits ni insatisfaits, 10 %

étaient plutôt insatisfaits et 4 % très insatisfaits. Supposez qu'un échantillon de 500 programmeurs informatiques fournisse les résultats suivants.

Catégorie	Nombre de répondants
Très satisfait	105
Satisfait	235
Ni l'un ni l'autre	55
Insatisfait	90
Très insatisfait	15

Effectuer un test au seuil de signification $\alpha = 0,05$ pour déterminer si la satisfaction professionnelle des programmeurs est différente de celle des responsables des systèmes d'information.

39. Un échantillon de pièces a fourni la table de contingence suivante sur la qualité des pièces en fonction de l'équipe de production.

Équipe	Nombre de pièces non défectueuses	Nombre de pièces défectueuses
Première	368	32
Deuxième	285	15
Troisième	176	24

Utiliser un seuil de signification $\alpha = 0,05$ et tester l'hypothèse selon laquelle la qualité des pièces est indépendante de l'équipe de production. Quelle est votre conclusion ?

40. L'étude sur les abonnés au *Wall Street Journal* a fourni des données sur le statut professionnel des abonnés. Les résultats d'échantillon d'abonnés aux éditions de l'Est et de l'Ouest sont récapitulés ici.

	Région	
Statut professionnel	**Édition de l'Est**	**Édition de l'Ouest**
Temps plein	1 105	574
Temps partiel	31	15
Profession libérale	229	186
Sans emploi	485	344

Utiliser un seuil de signification de 5 % et tester l'hypothèse selon laquelle le statut professionnel est indépendant de la région. Quelle est votre conclusion ?

41. Un établissement de prêt a fourni les données suivantes relatives aux acceptations de prêt dans quatre bureaux différents. Utiliser $\alpha = 0,05$ et tester l'hypothèse selon laquelle l'acceptation d'un prêt est indépendante du bureau recevant la demande.

	Décision d'accorder un prêt	
Bureau de prêt	**Accepté**	**Refusé**
Miller	24	16
McMahon	17	13
Games	35	15
Runk	11	9

42. Lors d'une enquête du centre de recherche Pew, on a demandé aux personnes interrogées si elles préféreraient vivre dans un endroit où le rythme de vie est plus lent ou dans un endroit où le rythme de vie est plus rapide (*USA Today*, 13 février 2009). Considérez les données suivantes indiquant les préférences d'un échantillon de 150 hommes et de 150 femmes.

	Rythme de vie		
Personnes interrogées	**Plus lent**	**Pas de préférence**	**Plus rapide**
Homme	102	9	39
Femme	111	12	27

a) Combiner les échantillons d'hommes et de femmes. Quel est le pourcentage global de personnes interrogées qui préféreraient vivre dans un endroit où le rythme de vie est plus lent ? Quel est le pourcentage global de personnes interrogées qui préféreraient vivre dans un endroit où le rythme de vie est plus rapide ? Quelle est votre conclusion ?

b) Le rythme de vie préféré est-il indépendant du sexe de la personne interrogée ? Utiliser $\alpha = 0{,}05$. Quelle est votre conclusion ? Quelle est votre recommandation ?

43. Le groupe de recherche Barna a collecté des données sur les personnes allant à l'église par tranche d'âge (*USA Today*, 20 novembre 2003). Utilisez les données d'échantillon pour tester l'hypothèse d'indépendance entre l'âge et le fait de se rendre à l'église. Utiliser $\alpha = 0{,}05$. Quelle est votre conclusion ? Quelle conclusion pouvez-vous tirer de l'assiduité des personnes lorsqu'elles deviennent plus âgées ?

	Se rend à l'église ?		
Âge	**Oui**	**Non**	**Total**
De 20 à 29 ans	31	69	100
De 30 à 39 ans	63	87	150
De 40 à 49 ans	94	106	200
De 50 à 59 ans	72	78	150

44. Les taux d'occupation des bureaux ont été collectés pour quatre villes de Californie. Les données suivantes suggèrent-elles que les taux de vacance sont indépendants de la ville considérée ? Utiliser un seuil de signification de 0,05. Quelle est votre conclusion ?

Statut	**Los Angeles**	**San Diego**	**San Francisco**	**San Jose**
Occupé	160	116	192	174
Vacant	40	34	33	26

45. Un vendeur passe quatre appels par jour. Un échantillon de 100 jours fournit les fréquences suivantes concernant le volume des ventes.

Nombre de ventes	**Fréquence observée (jours)**
0	30
1	32
2	25
3	10
4	3
Total	100

L'historique indique que 30 % des appels débouchent sur une vente. En supposant les appels indépendants, le nombre de ventes par jour devrait suivre une loi binomiale. La fonction de probabilité binomiale présentée au chapitre 5 est

$$f(x)=\frac{n!}{x!(n-x)!}p^x(1-p)^{n-x}$$

Pour cet exercice, supposez que la population suit une distribution binomiale avec $n=4$, $p=0{,}30$ et $x=0, 1, 2, 3, 4$.

a) Calculer les fréquences attendues pour $x=0, 1, 2, 3, 4$ en utilisant la fonction de probabilité binomiale. Combiner les catégories, si nécessaire, pour satisfaire la condition selon laquelle toutes les fréquences attendues sont supérieures ou égales à 5.

b) Effectuer un test d'adéquation pour déterminer si l'hypothèse d'une distribution binomiale doit être rejetée. Utiliser $\alpha=0{,}05$. Puisqu'aucun paramètre de la distribution binomiale n'est estimé à partir des données d'échantillon, le nombre de degrés de liberté est $k-1$ lorsqu'il y a k catégories.

PROBLÈME *Programme pour le changement*

Dans une étude menée par Zogby International pour le *Democrat and Chronicle*, plus de 700 New-Yorkais ont été sondés pour déterminer leur opinion vis-à-vis de la gouvernance de l'État de New York. On a posé à ces individus des questions sur les diminutions de salaire des élus, les restrictions vis-à-vis des membres des groupes de pression, la durée du mandat des élus et on leur a demandé leur opinion sur le fait que les citoyens de l'État puissent s'exprimer par les urnes. Plusieurs propositions de réforme ont reçu un large soutien, quelle que soit la tendance politique ou le milieu social des individus.

Supposez qu'une étude plus poussée à partir d'un échantillon de 100 individus vivant dans la région Ouest de l'État de New York soit menée. Le parti politique (démocrate, indépendant ou républicain) de chaque individu interrogé est enregistré, ainsi que ses réponses aux trois questions suivantes.

1. Le salaire des élus devrait-il être réduit lorsque le budget de l'État est déficitaire ?

Oui____ Non____

2. Devrait-il y avoir plus de restrictions vis-à-vis des membres d'un groupe de pression ?

Oui____ Non____

3. Devrait-il y avoir une durée limite de mandat des élus ?

Oui____ Non____

NYRéforme

Les réponses ont été codées en utilisant le chiffre 1 pour une réponse positive et 2 pour une réponse négative. L'ensemble de données complet est disponible dans le fichier en ligne NYRéforme.

Rapport

1. Utiliser les statistiques descriptives pour résumer les données de cette étude. Quelles sont vos conclusions préliminaires sur l'indépendance entre les réponses (oui ou non) et l'appartenance politique pour chacune des trois questions posées ?
2. Tester l'indépendance entre la réponse à la question 1 (oui ou non) et l'appartenance politique. Utiliser $\alpha = 0,05$.
3. Tester l'indépendance entre la réponse à la question 2 (oui ou non) et l'appartenance politique. Utiliser $\alpha = 0,05$.
4. Tester l'indépendance entre la réponse à la question 3 (oui ou non) et l'appartenance politique. Utiliser $\alpha = 0,05$.
5. Y a-t-il un large soutien pour un changement parmi l'ensemble des partis politiques ? Expliquer.

ANNEXE 11.1 INFÉRENCES RELATIVES AUX PROPORTIONS DE DEUX POPULATIONS AVEC MINITAB

Intervalles de confiance et tests d'hypothèses

Nous décrivons l'utilisation de Minitab pour construire des intervalles de confiance et effectuer des tests d'hypothèses relatifs à l'écart entre les proportions de deux populations. Nous utiliserons les données sur les erreurs dans les déclarations d'impôt, présentées dans la section 11.1 (cf. fichier en ligne Déclarations de revenus). Les résultats d'un échantillon de 250 déclarations traitées par le bureau 1 sont enregistrés dans la colonne C1 et les résultats d'un échantillon de 300 déclarations traitées par le bureau 2 sont enregistrés dans la colonne C2. « Oui » indique qu'une erreur a été trouvée dans la déclaration et « Non » indique qu'aucune erreur n'a été trouvée. La procédure que nous décrivons ci-dessous fournit un intervalle de confiance à 90 % de l'écart entre les proportions des deux populations et les résultats du test d'hypothèses $H_0 : p_1 - p_2 = 0$ versus $H_a : p_1 - p_2 \neq 0$.

Étape 1. Sélectionner le menu **Stat**
Étape 2. Choisir **Basic Statistics**
Étape 3. Choisir **2 Proportions**
Étape 4. Lorsque la boîte de dialogue 2 Proportions (Test and Confidence Interval) apparaît :
 Sélectionner **Samples in different columns**
 Entrer C1 dans la boîte **First**
 Entrer C2 dans la boîte **Second**
 Sélectionner **Options**

Étape 5. Lorsque la boîte de dialogue 2 Proportions-Options apparaît :
Entrer 90 dans la boîte **Confidence Level**
Entrer 0 dans la boîte **Test difference**
Entrer not equal dans la boîte **Alternative**
Sélectionner **Use pooled estimate of p for test**
Cliquer sur **OK**

Étape 6. Cliquer sur **OK**

L'étape 5 peut être modifiée pour obtenir des seuils de confiance différents, des valeurs hypothétiques différentes et effectuer des tests d'hypothèses de forme différente.

Dans l'exemple des déclarations de revenus, les données sont qualitatives. Oui ou Non indiquent s'il y a une erreur. Minitab calcule les proportions de la réponse arrivant en seconde position par ordre alphabétique. Ainsi, dans cet exemple, Minitab calcule la proportion de Oui, ce qui correspond à ce que l'on recherche.

Si l'ordre alphabétique ne permet pas d'obtenir la proportion à laquelle on s'intéresse, nous devons la définir. Pour cela, sélectionner une cellule dans la colonne des données, aller dans le menu Minitab et sélectionner Editor > Column > Value Order. Cette séquence permet d'entrer un ordre prédéfini par l'utilisateur. Il suffit alors de s'assurer que la réponse à laquelle on s'intéresse figure en second dans la liste inscrite dans la boîte Define-an-order. La fonction 2 Proportion de Minitab fournira alors l'intervalle de confiance et les résultats du test d'hypothèses pour la proportion à laquelle on s'intéresse.

Pour finir, notez que la fonction 2 Proportion de Minitab utilise une procédure de calcul différente de celle présentée dans l'ouvrage. Aussi, il est possible que les résultats fournis par Minitab diffèrent légèrement de ceux obtenus par ailleurs. Toutefois, ils seront proches et devraient conduire aux mêmes conclusions.

ANNEXE 11.2 TESTS D'ADÉQUATION ET D'INDÉPENDANCE AVEC MINITAB

Test d'adéquation

Test d'adéquation

Cette procédure Minitab peut être utilisée pour effectuer un test d'adéquation dans le cadre d'une population multinomiale. L'utilisateur doit obtenir les fréquences observées, calculer les fréquences attendues et entrer ces deux types de fréquences dans une feuille de calcul Minitab. La colonne C1 est intitulée « Observées » et contient les fréquences observées. La colonne C2 est intitulée « Attendues » et contient les fréquences attendues. Utilisez l'exemple de la société d'études de marché Scott présenté à la section 11.2, ouvrez une feuille de calcul Minitab et entrez les fréquences observées 48, 98 et 54 dans la colonne C1, les fréquences attendues 60, 100 et 40 dans la colonne C2. Les étapes pour effectuer le test d'adéquation sont les suivantes.

Étape 1. Sélectionner le menu **Stat**
Étape 2. Sélectionner **Tables**
Étape 3. Choisir **Chi-Square Goodness of Fit Test (One Variable)**
Étape 4. Lorsque la boîte de dialogue Chi-Square Goodness of Fit Test apparaît :
Sélectionner **Observed counts**
Entrer C1 dans la boîte **Observed counts**
Sélectionner **Specific proportions**
Entrer C2 dans la boîte **Specific proportions**
Cliquer sur **OK**

Test d'indépendance

Nous commençons par entrer dans une nouvelle feuille de calcul Minitab les fréquences observées pour l'exemple des brasseries Alber, présenté à la section 1.3, dans les colonnes 1, 2 et 3 respectivement. Ainsi, nous entrons les fréquences observées correspondant aux préférences pour la bière légère (20 et 30) dans C1, les fréquences observées correspondant aux préférences pour la bière normale (40 et 30) dans C2 et les fréquences observées correspondant aux préférences pour la bière brune (20 et 10) dans C3. Les étapes Minitab pour effectuer le test d'indépendance sont les suivantes.

Étape 1. Sélectionner le menu **Stat**
Étape 2. Sélectionner **Tables**
Étape 3. Choisir l'option **Chi-Square test (two-way table in Worksheet)**
Étape 4. Lorsque la boîte de dialogue chi-square test apparaît :
Entrer C1-C3 dans la boîte **Columns containing the table**
Cliquer sur **OK**

ANNEXE 11.3 TESTS D'ADÉQUATION ET D'INDÉPENDANCE AVEC EXCEL

Test d'adéquation

Cette procédure Excel permet d'effectuer un test d'adéquation dans le cadre d'une population multinomiale. L'utilisateur doit obtenir les fréquences observées, calculer les fréquences attendues et entrer ces deux types de fréquences dans une feuille de calcul Excel (cf. fichier Test d'adéquation).

Les fréquences observées et attendues dans le cadre de l'exemple de la société d'études de marché Scott, présenté à la section 11.2, sont entrées dans les colonnes A et B comme illustré à la figure 11.2. La statistique de test $\chi^2 = 7{,}34$ est calculée dans la colonne D. Avec $k = 3$ catégories, l'utilisateur entre le nombre de degrés de liberté, égal à $k - 1 = 3 - 1 = 2$, dans la cellule D11. La fonction CHISQ.DIST.RT fournit la valeur p dans la cellule D13. La feuille de calcul en arrière plan présente les formules.

	A	B	C	D	E
1	**Test d'adéquation**				
2					
3	Fréquence	Fréquence			
4	observée	attendue		Calcul	
5	48	60		=(A5-B5)^2/B5	
6	98	100		=(A6-B6)^2/B6	
7	54	40		=(A7-B7)^2/B7	
8					
9			Statistique de test	=SUM(D5:D7)	
10					
11			Degrés de liberté	2	
12					
13			Valeur *p*	=CHISQ.DIST(D9,D11)	
14					

	A	B	C	D	E
1	**Test d'adéquation**				
2					
3	Fréquence	Fréquence			
4	observée	attendue		Calcul	
5	48	60		2,40	
6	98	100		0,04	
7	54	40		4,90	
8					
9			Statistique de test	7,34	
10					
11			Degrés de liberté	2	
12					
13			Valeur *p*	0,0255	
14					

Figure 11.2 ***Feuille de calcul Excel pour le test d'adéquation dans le cadre de l'exemple de la société Scott***

Test d'indépendance

La procédure Excel pour effectuer un test d'indépendance nécessite en premier lieu d'entrer les fréquences observées dans la feuille de calcul (cf. fichier en ligne Indépendance). Les fréquences observées dans l'exemple de la brasserie Alber (section 11.3) sont entrées dans les cellules B7 à D8, comme illustré à la figure 11.3. Les formules de calcul permettant d'obtenir les fréquences attendues sont présentées en arrière plan. La fonction CHISQ.TEST fournit la valeur p qui apparaît dans la cellule E20.

	A	B	C	D	E	F
1	**Test d'adéquation**					
2						
3	**Fréquences observées**					
4						
5			**Bière préférée**			
6	**Sexe**	Légère	Normale	Brune	Total	
7	Homme	20	40	20	=SUM(B7:D7)	
8	Femme	30	30	10	=SUM(B8:D8)	
9	Total	=SUM(B7:B8)	=SUM(C7:C8)	=SUM(D7:D8)	=SUM(E7:E8)	
10						
11						
12	**Fréquences attendues**					
13						
14			**Bière préférée**			
15	**Sexe**	Légère	Normale	Brune	Total	
16	Homme	=E7*B$9/$E$9	=E7*C$9/$E$9	=E7*C$9/$E$9	=SUM(B16:D16)	
17	Femme	=E8*B$9/$E$9	=E8*C$9/$E$9	=E8*C$9/$E$9	=SUM(B17:D17)	
18	Total	=SUM(B16:B17)	=SUM(C16:C17)	=SUM(D16:D17)	=SUM(E16:E17)	
19						
20						
23						
24				**Valeur *p***	=CHISQ.TEST(B7:D8,B16:D17)	
25						

	A	B	C	D	E	F
1	**Test d'adéquation**					
2						
3	**Fréquences observées**					
4						
5			**Bière préférée**			
6	**Sexe**	Légère	Normale	Brune	Total	
7	Homme	20	40	20	80	
8	Femme	30	30	10	70	
9	Total	50	70	30	150	
10						
11						
12	**Fréquences attendues**					
13						
14			**Bière préférée**			
15	**Sexe**	Légère	Normale	Brune	Total	
16	Homme	26,67	37,33	16	80	
17	Femme	23,33	32,67	14	70	
18	Total	50	70	30	150	
19						
20						
23						
24				**Valeur *p***	0,0468	
25						

Figure 11.3 ***Feuille de calcul Excel pour le test d'indépendance dans le cadre de l'exemple de la brasserie Alber***

ANNEXE 11.4 INFÉRENCES RELATIVES AUX PROPORTIONS DE DEUX POPULATIONS AVEC STATTOOLS

Intervalle de confiance

Nous utiliserons les données sur les erreurs dans les déclarations d'impôt, présentées dans la section 11.1 (cf. fichier en ligne Déclarations de revenus). Les résultats d'un échantillon de 250 déclarations traitées par le bureau 1 sont enregistrés dans la colonne C1 et les résultats d'un échantillon de 300 déclarations traitées par le bureau 2 sont enregistrés dans la colonne C2. « Oui » indique qu'une erreur a été trouvée dans la déclaration et « Non » indique qu'aucune erreur n'a été trouvée. Commencez par utiliser Data Set Manager pour créer un ensemble de données StatTools en suivant la procédure décrite en annexe du chapitre 1. Les étapes suivantes fournissent un intervalle de confiance à 90 % de l'écart entre les proportions de deux populations.

Étape 1. Cliquer sur **StatTools** dans barre des tâches
Étape 2. Dans le groupe **Analyses**, cliquer sur **Statistical Inference**
Étape 3. Choisir **Confidence Interval**
Étape 4. Choisir **Proportion**
Étape 5. Lorsque la boîte de dialogue apparaît :
  Dans la boîte **Analysis Type**, sélectionner **Two-sample Analysis**
  Dans la section **Variables**, sélectionner à la fois **Office 1** et **Office 2**
  Dans la section **Categories to Analyze**, sélectionner **Yes**
  Dans la section **Options**, entrer 90 % dans la boîte **Confidence Level**
  Cliquer sur **OK**
Étape 6. Lorsque la boîte de dialogue StatTools apparaît :
  Cliquer sur **OK**
Étape 7. Lorsque la boîte de dialogue Choose Variable Ordering apparaît :
  Cliquer sur **OK**

Test d'hypothèses

Nous utiliserons les données sur les erreurs dans les déclarations d'impôt, présentées dans la section 11.1 (cf. fichier en ligne Déclarations de revenus). Commencez par utiliser Data Set Manager pour créer un ensemble de données StatTools en suivant la procédure décrite en annexe du chapitre 1. Les étapes suivantes permettent de tester l'hypothèse selon laquelle il n'y a aucune différence entre les proportions des deux populations.

Étape 1. Cliquer sur **StatTools** dans barre des tâches
Étape 2. Dans le groupe **Analyses**, cliquer sur **Statistical Inference**
Étape 3. Choisir **Hypothesis Test**
Étape 4. Choisir **Proportion**
Étape 5. Lorsque la boîte de dialogue apparaît :

Dans la boîte **Analysis Type**, sélectionner **Two-sample Analysis**
Dans la section **Variables**, sélectionner à la fois **Office 1** et **Office 2**
Dans la section **Categories to Analyze**, sélectionner **Yes**
Dans la section **Hypothesis About Difference Between Proportions** :
Entrer 0 dans la boîte **Null Hypothesis Value**
Sélectionner **Not Equal to Null Value (Two-Tailed Test)** dans la boîte Alternative **Hypothesis Type**
Cliquer sur **OK**

Étape 6. Lorsque la boîte de dialogue StatTools apparaît :
Cliquer sur **OK**

Étape 7. Lorsque la boîte de dialogue Choose Variable Ordering apparaît :
Cliquer sur **OK**

ANNEXE 11.5 TESTS D'INDÉPENDANCE AVEC STATTOOLS

Nous commençons par entrer dans une nouvelle feuille de calcul les fréquences observées pour l'exemple des brasseries Alber, présenté à la section 1.3. Les labels des lignes Homme et Femme sont enregistrés dans les cellules A2 et A3. Les labels des colonnes – légère, normale, brune – sont entrés dans les cellules B1, C1 et D1. Les fréquences observées correspondantes, 20, 40, 20, 30, 30 et 10 sont entrées dans les cellules B2 à D3, fournissant ainsi la table de contingence pour l'exemple des brasseries Alber. Les étapes StatTools pour tester l'indépendance sont les suivantes.

Étape 1. Cliquer sur **StatTools** dans barre des tâches

Étape 2. Dans le groupe **Analyses**, cliquer sur **Statistical Inference**

Étape 3. Choisir **Chi-Square Independence Test**

Étape 4. Lorsque la boîte de dialogue apparaît :
Entrer A1:D3 dans la boîte **Contingency Table Range**
Sélectionner **Table Contains Row and Column Headers**
Cliquer sur **OK**

12

RÉGRESSION LINÉAIRE SIMPLE

STATISTIQUES APPLIQUÉES

*Alliance Data Systems**
Dallas, État du Texas

Alliance Data Systems (ADS) fournit des moyens de traitement des transactions, des services de crédit et des services marketing à ses clients dans l'industrie de la gestion des relations client, aujourd'hui en croissance. Les clients de ADS sont concentrés dans quatre secteurs : le commerce de détail, les stations-service, les services publics et les transports. En 1983, Alliance a commencé à proposer des services de traitement des crédits aux entreprises appartenant aux secteurs du commerce de détail (y compris les stations-service) et de la restauration ; aujourd'hui cette société emploie plus de 6 500 personnes et offre ses services à des clients à travers le monde. Gérant plus de 140 000 points de vente aux États-Unis, ADS traite plus de 2,5 milliards de transactions par an. La société se place au deuxième rang des sociétés américaines privées de services de crédit, en gérant 49 programmes touchant près de 72 millions de détenteurs d'une carte de crédit. En 2001, ADS a fait une première offre publique d'achat et est maintenant cotée à la bourse de New York.

L'un des services marketing d'ADS consiste à élaborer des campagnes promotionnelles par courrier. Grâce à sa base de données contenant des informations sur les habitudes d'achat de plus de 100 millions de consommateurs, ADS peut cibler les consommateurs qui seront les plus sensibles à une campagne promotionnelle ciblée. Le bureau de développement analytique utilise l'analyse de la régression pour construire des modèles permettant de mesurer et de prévoir la sensibilité des consommateurs à des campagnes marketing ciblées. Certains modèles de régression prédisent la probabilité d'achat des individus recevant une réduction, d'autres prédisent le montant dépensé par les consommateurs qui effectuent un achat.

Lors d'une campagne promotionnelle particulière, une chaîne de magasins souhaitait attirer de nouveaux consommateurs. Pour prévoir l'effet de la campagne, les analystes de ADS ont sélectionné un échantillon de consommateurs dans leur base de données, ont envoyé à ces individus un bon d'achat et ont ensuite collecté des données sur les transactions de ces clients : le montant d'achat ainsi que plusieurs variables spécifiques à chaque consommateur susceptibles d'être utiles pour prévoir les ventes. La variable spécifique à chaque consommateur la plus pertinente pour prévoir le montant des achats, était le montant total des dépenses effectuées dans des magasins similaires au cours des 39 derniers mois. Les analystes de ADS ont effectué une régression entre le montant des achats et le montant dépensé dans des magasins similaires :

$$\hat{y} = 26{,}7 + 0{,}00205x$$

où $\hat{y}$ correspond au montant des achats et x au montant dépensé dans des magasins similaires.

En utilisant cette équation, nous pouvons prédire qu'une personne qui a dépensé 10 000 dollars au cours des 39 derniers mois dans des magasins similaires, dépensera 47,20 dollars en réponse à la campagne promotionnelle ciblée. Dans ce chapitre, vous apprendrez à effectuer ce type de régression.

Le modèle final développé par les analystes de ADS incluait également plusieurs autres variables, augmentant ainsi le pouvoir prédictif de l'équation précédente, telles que la possession ou non d'une carte de crédit bancaire, le revenu estimé et le montant moyen dépensé par visite dans un magasin particulier. Dans le chapitre suivant, nous verrons comment de telles variables additionnelles peuvent être incorporées dans un modèle de régression multiple.

---

* Les auteurs remercient Philip Clemance, directeur du développement analytique chez Alliance Data Systems, de leur avoir fourni ce Statistiques appliquées.

Les décisions prises par un responsable sont souvent basées sur la relation qui existe entre deux ou plusieurs variables. Par exemple, après avoir considéré la relation entre les dépenses publicitaires et les ventes, un responsable marketing peut essayer de prévoir les ventes pour un montant donné de dépenses publicitaires. Autre exemple, un fournisseur d'électricité peut se servir de la relation entre la température journalière maximale et la demande en électricité pour prévoir la demande en électricité, en se basant sur les températures maximales prévues le mois suivant. Parfois, un responsable peut se fier à son intuition pour déterminer le type de relation qui lie deux variables. Cependant, s'il est possible d'obtenir des données, une procédure statistique, appelée *analyse de la régression*, permet de construire une équation indiquant de quelle manière les variables sont liées.

Formellement, la variable que l'on cherche à prévoir est appelée **variable dépendante**. La variable ou les variables utilisées pour prévoir la valeur de la variable dépendante sont appelées **variables indépendantes**. Par exemple, en analysant les effets des dépenses publicitaires sur les ventes, le responsable marketing cherche à prévoir les ventes ; les ventes correspondent donc à la variable dépendante et les dépenses publicitaires correspondent à la variable indépendante, utilisée pour prévoir les ventes. Dans la notation statistique usuelle, la variable dépendante est notée y et la variable indépendante est notée x.

Dans ce chapitre, nous considérons l'analyse de la régression la plus simple impliquant une variable indépendante et une variable dépendante, dont la relation est estimée par une ligne droite. Il s'agit de la **régression linéaire simple**. L'analyse de la régression impliquant au moins deux variables indépendantes, appelée **analyse de la régression multiple**, sera étudiée au chapitre 13.

> Les méthodes statistiques utilisées pour étudier la relation entre deux variables ont été employées pour la première fois par Sir Francis Galton (1822-1911). Galton s'intéressait à la relation entre la taille d'un père et celle de son fils. Le disciple de Galton, Karl Pearson (1857-1936), analysa la relation entre la taille d'un père et celle de son fils à partir d'un échantillon de 1 078 paires de sujets.

12.1 LE MODÈLE DE RÉGRESSION LINÉAIRE SIMPLE

Les pizzerias Armand sont une chaîne de restaurants italiens, implantée dans cinq États américains. Les restaurants les plus fréquentés se situent près des campus universitaires. Les responsables pensent que les ventes trimestrielles de ces restaurants (notées y) sont positivement liées à la taille de la population étudiante (notée x) ; c'est-à-dire, les restaurants situés près des campus universitaires de grande taille ont tendance à générer un plus gros chiffre d'affaires que ceux situés près des campus de plus petite taille. En utilisant l'analyse de la régression, nous pouvons construire une équation indiquant de quelle manière la variable dépendante y est liée à la variable indépendante x.

12.1.1 Modèle de régression et équation de la régression

Dans l'exemple des pizzerias Armand, la population étudiée correspond à l'ensemble des restaurants Armand. À chaque restaurant de la population sont associées une valeur x (la population étudiante) et une valeur y (les ventes trimestrielles). L'équation qui décrit la relation qui lie y à x et à un terme d'erreur, correspond à un **modèle de régression**. Le modèle de régression utilisé dans une régression linéaire simple s'écrit de la façon suivante :

▶ **Modèle de régression linéaire simple**

$$y = \beta_0 + \beta_1 x + \varepsilon \qquad (12.1)$$

β_0 et β_1 correspondent aux paramètres de la population et ε (la lettre grecque epsilon) est une variable aléatoire appelée terme d'erreur. Le terme d'erreur prend en compte la variabilité de y qui n'est pas expliquée par la relation linéaire entre x et y.

La population de tous les restaurants Armand peut être vue comme un ensemble de sous-populations, une pour chaque valeur particulière de x. Par exemple, l'une des sous-populations est constituée de tous les restaurants Armand situés près de campus universitaires regroupant 8 000 étudiants ; une autre sous-population est constituée de tous les restaurants Armand situés près de campus universitaires regroupant 9 000 étudiants ; etc. Chaque sous-population a une distribution particulière des valeurs y. Ainsi, une distribution des valeurs y est associée aux restaurants situés près de campus regroupant 8 000 étudiants ; une distribution des valeurs y est associée aux restaurants situés près de campus regroupant 9 000 étudiants ; etc. Chaque distribution des valeurs y a sa propre moyenne ou espérance mathématique. L'équation qui décrit comment la moyenne ou l'espérance mathématique de y, notée $E(y)$, est liée à x, est appelée **équation de la régression**. L'équation de la régression dans le cadre d'une régression linéaire simple s'écrit :

▶ **Équation de la régression linéaire simple**

$$E(y) = \beta_0 + \beta_1 x \qquad (12.2)$$

L'équation de la régression linéaire simple est représentée graphiquement par une droite ; β_0 correspond à l'ordonnée à l'origine de la droite de régression, β_1 correspond à la pente et $E(y)$ est la moyenne ou espérance mathématique de y pour une valeur donnée de x.

La figure 12.1 regroupe quelques exemples de droites de régression possibles, dans le cadre d'une régression linéaire simple. Dans le cas A, la moyenne de y est positivement liée à x, de plus grandes valeurs de $E(y)$ étant associées à de plus grandes valeurs de x. Dans le cas B, la moyenne de y est négativement liée à x, de plus petites valeurs de $E(y)$ étant associées à de plus grandes valeurs de x. Dans le cas C, la moyenne de y n'est pas liée à x, la moyenne de y étant la même pour chaque valeur de x.

12.1.2 Équation estimée de la régression

Si la valeur des paramètres de la population β_0 et β_1 était connue, nous pourrions utiliser l'équation (12.2) pour calculer la moyenne de y pour une valeur donnée de x. En pratique, la valeur des paramètres n'est pas connue et doit être estimée en utilisant les données d'un échantillon. Les statistiques d'échantillon (notées b_0 et b_1) servent d'estimations des paramètres de la population β_0 et β_1. En substituant les valeurs de b_0 et b_1 à la place de β_0 et β_1 dans l'équation de la régression, nous obtenons **l'équation estimée de la régression**. L'équation estimée de la régression, dans le cadre d'une régression linéaire simple, s'écrit :

▶ Équation estimée de la régression linéaire simple

$$\hat{y} = b_0 + b_1 x \tag{12.3}$$

Le graphique de l'équation estimée de la régression linéaire simple est appelé *droite de régression estimée* ; b_0 correspond à l'ordonnée à l'origine et b_1 correspond à la pente. Dans la section suivante, nous montrerons comment appliquer la méthode des moindres carrés pour calculer les valeurs de b_0 et b_1 dans l'équation estimée de la régression.

En général, $\hat{y}$ correspond à l'estimateur ponctuel de $E(y)$, la valeur moyenne de y pour une valeur particulière de x. Ainsi, pour estimer la moyenne des ventes trimestrielles des restaurants situés près de campus universitaires regroupant 10 000 étudiants, il faut substituer 10 000 à x dans l'équation (12.3). Dans certains cas, cependant, les restaurants Armand seront davantage intéressés par les prévisions de ventes dans un restaurant particulier. Par exemple, supposez qu'Armand veuille prévoir les ventes trimestrielles du restaurant situé près de l'université Talbot, comptant 10 000 étudiants. La meilleure estimation de y pour une valeur donnée de x est également fournie par $\hat{y}$. Ainsi, pour prévoir les ventes trimestrielles du restaurant situé près de l'université Talbot, Armand substituera également la valeur 10 000 à x dans l'équation (12.3).

Puisque la valeur de $\hat{y}$ fournit à la fois une estimation ponctuelle de $E(y)$ pour une valeur donnée de x et une estimation ponctuelle de y pour une valeur donnée de x, nous désignerons $\hat{y}$ par le terme *valeur estimée de y*. La figure 12.2 résume le processus d'estimation dans le cadre d'une régression linéaire simple.

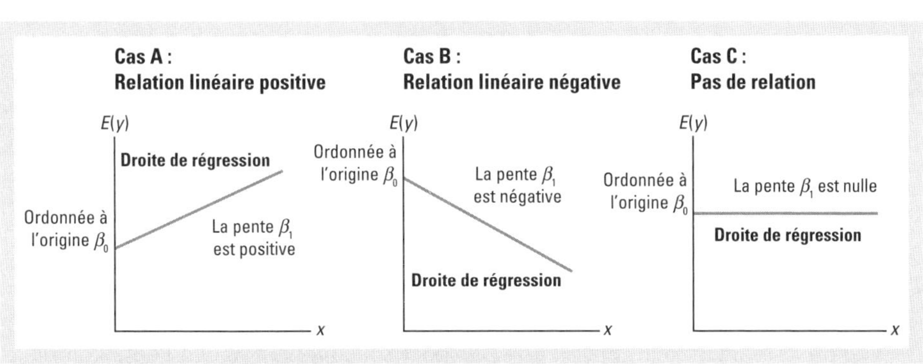

Figure 12.1 ***Droites de régression possibles dans une régression linéaire simple***

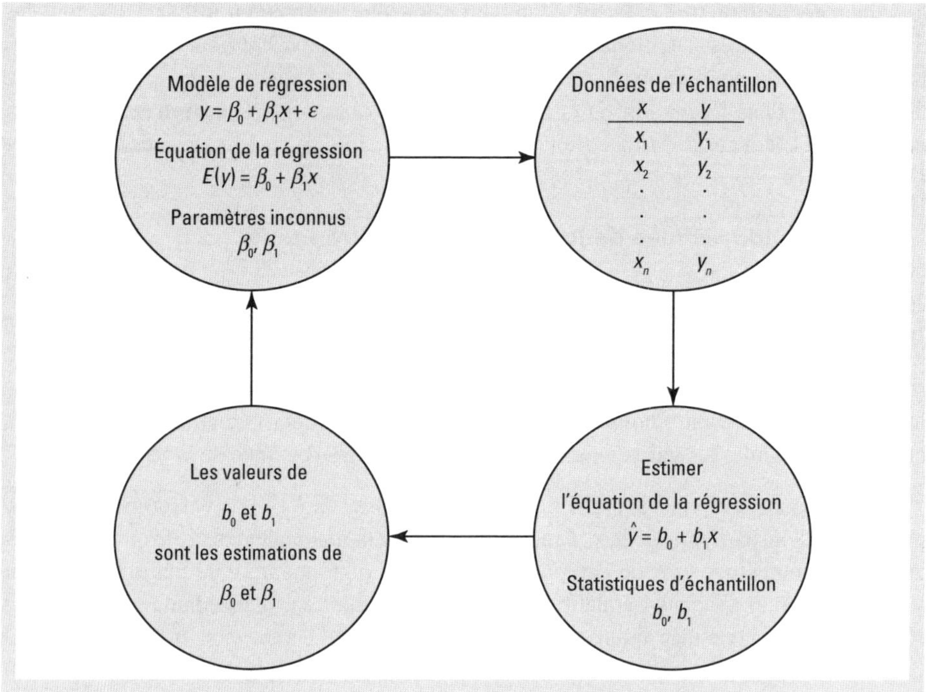

Figure 12.2 ***Processus d'estimation dans le cadre d'une régression linéaire simple***

L'estimation de β_0 et β_1 est une procédure statistique semblable à l'estimation de μ décrite dans le chapitre 7. β_0 et β_1 sont les paramètres inconnus qui nous intéressent et b_0 et b_1 sont les statistiques d'échantillon utilisées pour estimer les paramètres.

REMARQUES

1. L'analyse de la régression n'établit pas de relation de cause à effet entre deux variables. Elle indique seulement comment ou dans quelle mesure les variables sont associées les unes avec les autres. Toute conclusion sur les causes et les effets doit être basée sur l'opinion des individus les plus à même de porter un tel jugement.

2. L'équation de la régression dans une régression linéaire simple est $E(y) = \beta_0 + \beta_1 x$. Des ouvrages plus avancés sur l'analyse de la régression écrivent souvent l'équation de la régression $E(y|x) = \beta_0 + \beta_1 x$ pour souligner le fait que l'équation de la régression fournit la moyenne de y pour une valeur donnée de x.

12.2 LA MÉTHODE DES MOINDRES CARRÉS

La **méthode des moindres carrés** est une procédure qui permet d'utiliser les données de l'échantillon pour estimer l'équation de la régression. Pour illustrer la méthode des moindres carrés, supposons que nous ayons collecté des données sur un échantillon de 10 restaurants Armand, situés près de campus universitaires. Pour le i^e restaurant de l'échantillon, x_i correspond à la taille de la population étudiante (en milliers) et y_i correspond aux ventes trimestrielles (en milliers de dollars). Les valeurs de x_i et y_i associées aux 10 restaurants de l'échantillon sont présentées dans le tableau 12.1 (cf. fichier en ligne Armand). Le restaurant 1, caractérisé par $x_1 = 2$ et $y_1 = 58$, est situé près d'un campus regroupant 2 000 étudiants et ses ventes trimestrielles s'élèvent à 58 000 dollars. Le restaurant 2, caractérisé par $x_2 = 6$ et $y_2 = 105$, est situé près d'un campus regroupant 6 000 étudiants et ses ventes trimestrielles s'élèvent à 105 000 dollars. Le restaurant 10, situé sur un campus de 26 000 étudiants, détient le montant des ventes le plus élevé, avec 202 000 dollars de ventes trimestrielles.

> Dans une régression linéaire simple, chaque observation est composée de deux valeurs : l'une est associée à la variable dépendante, l'autre à la variable indépendante.

Le graphique 12.3 correspond au nuage de points, obtenu avec les données du tableau 12.1. L'axe des abscisses représente la taille de la population étudiante et l'axe des ordonnées représente la valeur des ventes trimestrielles. Les **nuages de points** des analyses de la régression sont construits en plaçant les valeurs de la variable indépendante x sur l'axe des abscisses et les valeurs de la variable dépendante y sur l'axe des ordonnées. Les nuages de points nous permettent d'observer graphiquement les données et de tirer des conclusions préliminaires sur la relation éventuelle entre les variables.

Quelles conclusions préliminaires pouvez-vous tirer du graphique 12.3 ? Les ventes trimestrielles semblent être supérieures sur les campus regroupant plus d'étudiants.

Tableau 12.1 ***Données sur la population étudiante et les ventes trimestrielles de dix restaurants Armand***

Restaurant i	x_i = Population étudiante (en milliers)	y_i = Ventes trimestrielles (en milliers de dollars)
1	2	58
2	6	105
3	8	88
4	8	118
5	12	117
6	16	137
7	20	157
8	20	169
9	22	149
10	26	202

Armand

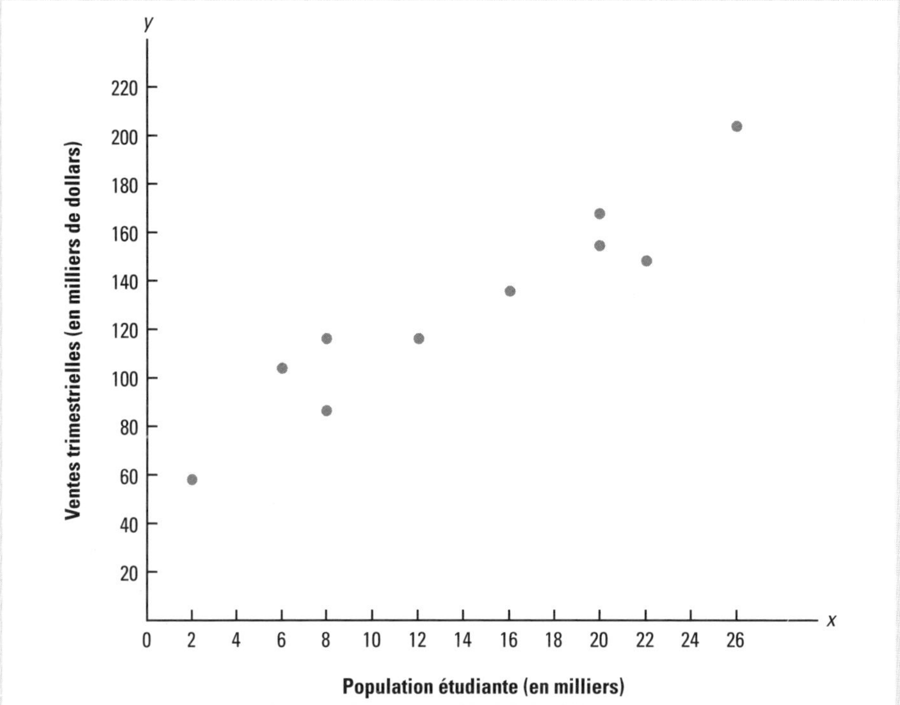

Figure 12.3 ***Nuage de points de la population étudiante et des ventes trimestrielles pour les restaurants Armand***

De plus, pour ces données, la relation entre la taille de la population étudiante et les ventes trimestrielles semble pouvoir être estimée par une droite ; il semble donc y avoir une relation linéaire positive entre x et y. Nous choisissons par conséquent un modèle de régression linéaire simple pour représenter la relation entre les ventes trimestrielles et la population étudiante. L'étape suivante consiste à utiliser les données d'échantillon du tableau 12.1 pour déterminer les valeurs de b_0 et b_1 dans l'équation estimée de la régression linéaire simple. Pour le i^e restaurant, l'équation estimée de la régression s'écrit

$$\hat{y}_i = b_0 + b_1 x_i \quad (12.4)$$

où

$\hat{y}$ correspond à la valeur estimée des ventes trimestrielles (en milliers de dollars) du i^e restaurant

b_0 correspond à l'ordonnée à l'origine de la droite de régression estimée

b_1 correspond à la pente de la droite de régression estimée

x_i correspond à la taille de la population étudiante (en milliers) associée au i^e restaurant

Avec les ventes trimestrielles observées (réelles) du restaurant i notées y_i et $\hat{y}_i$ eprésentant la valeur estimée des ventes trimestrielles du i^e restaurant, chaque restaurant de l'échantillon est caractérisé par une valeur observée des ventes trimestrielles y_i et une valeur estimée des ventes trimestrielles $\hat{y}_i$. Si l'écart entre les valeurs observées et les valeurs estimées est faible, on peut considérer que la droite de régression estimée est bien adaptée aux données.

La méthode des moindres carrés utilise les données de l'échantillon pour fournir les valeurs de b_0 et b_1 qui minimisent la *somme des écarts au carré* entre les valeurs observées de la variable dépendante y_i et les valeurs estimées de cette dernière $\hat{y}_i$. L'expression (12.5) formule le critère de la méthode des moindres carrés.

▶ Critère des moindres carrés

$$\min \sum (y_i - \hat{y}_i)^2 \tag{12.5}$$

où

y_i correspond à la valeur observée de la i^e observation de la variable dépendante.
$\hat{y}_i$ correspond à la valeur estimée de la i^e observation de la variable dépendante.

La méthode des moindres carrés a été élaborée par Carl Friedrich Gauss (1777-1855).

Un calcul différentiel permet de démontrer (cf. annexe 12.1) que les valeurs de b_0 et b_1 qui minimisent l'expression (12.5), peuvent être obtenues en utilisant les expressions (12.6) et (12.7).

▶ Pente et ordonnée à l'origine de l'équation estimée de la régression[1]

$$b_1 = \frac{\sum (x_i - \bar{x})(y_i - \bar{y})}{\sum (x_i - \bar{x})^2} \tag{12.6}$$

$$b_0 = \bar{y} - b_1\bar{x} \tag{12.7}$$

où

x_i correspond à la valeur de la i^e observation de la variable indépendante
y_i correspond à la valeur de la i^e observation de la variable dépendante
$\bar{x}$ correspond à la moyenne de la variable indépendante
$\bar{y}$ correspond à la moyenne de la variable dépendante
n correspond au nombre total d'observations

Lors du calcul de b_1 avec une calculatrice, utilisez le plus grand nombre possible de chiffres décimaux dans les calculs intermédiaires. Nous recommandons d'utiliser au moins quatre chiffres après la virgule.

[1] Une formule alternative pour b_1 est $b_1 = \frac{\sum x_i y_i - (\sum x_i \sum y_i)/n}{\sum x_i^2 - (\sum x_i)^2/n}$. Cette forme de l'équation (12.6) est souvent recommandée lorsqu'une calculatrice est utilisée pour obtenir b_1.

Tableau 12.2 ***Calculs associés à l'estimation par les moindres carrés de l'équation de la régression pour les restaurants Armand***

Restaurant i	x_i	y_i	$x_i-\bar{x}$	$y_i-\bar{y}$	$(x_i-\bar{x})(y_i-\bar{y})$	$(x_i-\bar{x})^2$
1	2	58	−12	−72	864	144
2	6	105	−8	−25	200	64
3	8	88	−6	−42	252	36
4	8	118	−6	−12	72	36
5	12	117	−2	−13	26	4
6	16	137	2	7	14	4
7	20	157	6	27	162	36
8	20	169	6	39	234	36
9	22	149	8	19	152	64
10	26	202	12	72	864	144
Totaux	140	1 300			2 840	568
	$\sum x_i$	$\sum y_i$			$\sum(x_i-\bar{x})(y_i-\bar{y})$	$\sum(x_i-\bar{x})^2$

Le tableau 12.2 présente certains calculs nécessaires à l'obtention de l'équation estimée de la régression des moindres carrés dans le cadre des restaurants Armand. Avec un échantillon de 10 restaurants, nous avons 10 observations ($n=10$). Nous commençons par calculer $\bar{x}$ et $\bar{y}$, nécessaires à l'application des équations (12.6) et (12.7).

$$\bar{x}=\frac{\sum x_i}{n}=\frac{140}{10}=14$$

$$\bar{y}=\frac{\sum y_i}{n}=\frac{1300}{10}=130$$

En utilisant les expressions (12.6) et (12.7), et les informations contenues dans le tableau 12.2, nous pouvons calculer la pente et l'ordonnée à l'origine de l'équation estimée de la régression dans le cadre des restaurants Armand. Les calculs de la pente (b_1) suivent.

$$b_1=\frac{\sum(x_i-\bar{x})(y_i-\bar{y})}{\sum(x_i-\bar{x})^2}$$

$$=\frac{2840}{568}=5$$

Les calculs de l'ordonnée à l'origine (b_0) suivent.

$$\begin{aligned}b_0&=\bar{y}-b_1\bar{x}\\&=130-5(14)\\&=60\end{aligned}$$

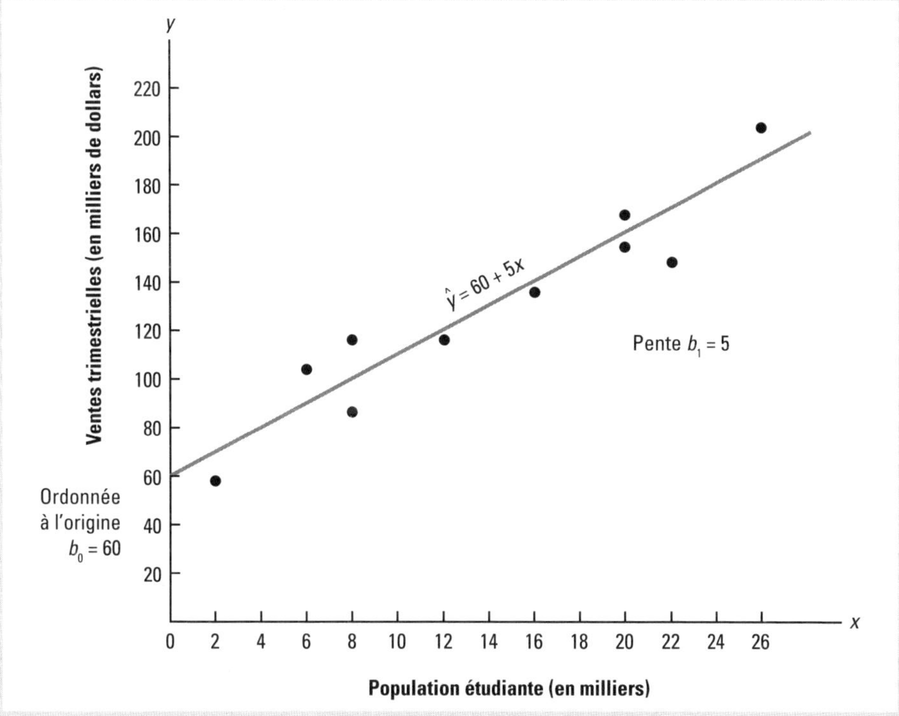

Figure 12.4 ***Graphique de l'équation estimée de la régression pour les restaurants Armand : $\hat{y}_i = 60 + 5x$***

Ainsi, l'équation estimée de la régression s'écrit :

$$\hat{y} = 60 + 5x$$

Le graphique 12.4 représente cette équation au milieu du nuage de points.

La pente de l'équation estimée de la régression ($b_1 = 5$) est positive, impliquant que lorsque la taille de la population étudiante augmente, les ventes trimestrielles augmentent. En fait, nous pouvons conclure qu'une augmentation de la taille de la population de 1 000 étudiants entraînera une augmentation des ventes trimestrielles de 5 000 dollars ; en d'autres termes, les ventes trimestrielles devraient augmenter de 5 dollars par étudiant.

Si nous pensons que l'équation estimée par la méthode des moindres carrés décrit correctement la relation entre x et y, il est raisonnable d'utiliser l'équation estimée de la régression pour prévoir la valeur de y pour une valeur donnée de x. Par exemple, si nous voulions prévoir les ventes d'un restaurant situé près d'un campus de 16 000 étudiants, nous calculerions

$$\hat{y} = 60 + 5(16) = 140$$

Par conséquent, nous prévoirions des ventes trimestrielles d'un montant de 140 000 dollars dans ce restaurant. Dans les sections suivantes, nous discuterons des méthodes qui permettent de juger de la pertinence de l'utilisation de l'équation estimée de la régression pour effectuer des prévisions.

Il faut être prudent lorsqu'on utilise l'équation estimée de la régression pour effectuer des prévisions pour des valeurs de la variable indépendante qui sortent de l'intervalle étudié, car il n'est pas certain que la relation reste valable pour de telles valeurs de la variable indépendante.

REMARQUES

La méthode des moindres carrés fournit une équation estimée de la régression qui minimise la somme des écarts au carré entre les valeurs observées de la variable dépendante, y_i et les valeurs estimées de la variable dépendante, $\hat{y}_i$. Le critère des moindres carrés permet d'obtenir l'équation la mieux adaptée aux données. Si on utilise d'autres critères, tels que la minimisation de la somme des écarts en valeur absolue entre y_i et $\hat{y}_i$, on obtiendra une équation différente. En pratique, la méthode des moindres carrés est la plus répandue.

EXERCICES

Méthode

1. Ci-dessous sont présentées les données concernant cinq observations de deux variables, x et y.

x_i	1	2	3	4	5
y_i	3	7	5	11	14

a) Représenter le nuage de points associé à ces données.

b) Quelle relation entre les deux variables le nuage de points indique-t-il ?

c) Essayer de décrire la relation entre x et y en traçant une droite à travers le nuage de points.

d) Développer l'équation estimée de la régression en calculant les valeurs de b_0 et b_1 grâce aux expressions (12.6) et (12.7).

e) Utiliser l'équation estimée de la régression pour prévoir la valeur de y lorsque $x = 4$.

2. Ci-dessous sont présentées les données concernant cinq observations de deux variables, x et y.

x_i	3	12	6	20	14
y_i	55	40	55	10	15

a) Représenter le nuage de points associé à ces données.

b) Quelle relation entre les deux variables le nuage de points indique-t-il ?

c) Essayer de décrire la relation entre x et y en traçant une droite à travers le nuage de points.

d) Développer l'équation estimée de la régression en calculant les valeurs de b_0 et b_1 grâce aux expressions (12.6) et (12.7).

e) Utiliser l'équation estimée de la régression pour prévoir la valeur de y lorsque $x = 10$.

3. Ci-dessous sont présentées les observations collectées lors d'une analyse de la régression avec deux variables.

x_i	2	6	9	13	20
y_i	7	18	9	26	23

a) Représenter le nuage de points associé à ces variables.

b) Développer l'équation estimée de la régression correspondant à ces données.

c) Utiliser l'équation estimée de la régression pour prévoir la valeur de y lorsque $x = 6$.

Applications

4. Les données suivantes correspondent au pourcentage de femmes employées dans cinq entreprises dans le secteur du commerce de détail. Le pourcentage de postes à responsabilité confiés à des femmes dans chaque entreprise est également indiqué.

% de femmes employées	67	45	73	54	61
% de femmes responsables	49	21	65	47	33

a) Représenter le nuage de points associé à ces données en utilisant le pourcentage de femmes travaillant dans l'entreprise comme variable indépendante.

b) Quelle relation entre les deux variables le nuage de points indique-t-il ?

c) Essayer de décrire la relation entre le pourcentage de femmes travaillant dans l'entreprise et le pourcentage de postes à responsabilité confiés à des femmes.

d) Développer l'équation estimée de la régression en calculant les valeurs de b_0 et b_1.

e) Prédire le pourcentage de postes à responsabilité confiés à des femmes dans une entreprise employant 60 % de femmes.

5. Les elliptiques sont devenus l'une des machines d'exercice physique les plus populaires. Leur mouvement régulier et à faible impact font des elliptiques la machine préférée des individus ayant des problèmes de genou et de cheville. Mais choisir la bonne machine peut s'avérer difficile. Le prix et la qualité sont deux facteurs importants qui interviennent dans la décision d'achat. Des prix plus élevés sont-ils généralement associés à des elliptiques de meilleure qualité ? Le magazine *Consumer Reports* a effectué de nombreux tests pour évaluer les elliptiques en fonction de leur facilité d'utilisation, de leur ergonomie, de leur fabrication et de l'éventail d'exercices qu'ils offrent. Les données suivantes (cf. fichier en ligne Elliptiques) indiquent le prix et la note attribuée à huit elliptiques testés (*Consumer Reports*, février 2008).

Elliptiques

Marque et modèle	Prix ($)	Note
Precor 5.31	3 700	87
Keys Fitness CG2	2 500	84
Octane Fitness Q37e	2 800	82
LifeFitness X1 Basic	1 900	74
NordicTrack AudioStrider 990	1 000	73
Schwinn 430	800	69
Vision Fitness X6100	1 700	68
ProForm XP 520 Razor	600	55

a) Représenter le nuage de points associé à ces données en considérant le prix comme variable indépendante.

b) Un magasin d'équipements sportifs qui vend principalement des équipements à prix élevé, a mis en vitrine une pancarte sur laquelle on peut lire « Qualité : vous obtenez ce que vous payez ». En vous basant sur votre analyse des données relatives aux elliptiques, pensez-vous que cette pancarte reflète bien la relation qualité-prix des elliptiques ?

c) Utiliser la méthode des moindres carrés pour estimer l'équation de la régression.

d) Utiliser l'équation estimée de la régression pour prédire la note d'un elliptique dont le prix s'élève à 1 500 dollars.

6. Le prix d'une voiture d'occasion dépend de facteurs tels que la marque et le modèle, l'année du modèle, le kilométrage, l'aspect général et du fait que la voiture est achetée chez un concessionnaire ou auprès d'un particulier. Pour approfondir la relation entre le kilométrage d'une voiture et son prix de revente, des données (cf. fichier en ligne Honda Accord) ont été collectées sur le kilométrage et le prix de revente de 10 ventes d'occasion d'une Honda Accord, version 2000 (site internet de PriceHub, octobre 2008).

Honda Accord

Kilométrage (en milliers de miles)	Prix (en milliers de dollars)
90	7,0
59	7,5
66	6,6
87	7,2
90	7,0
106	5,4
94	6,4
57	7,0
138	5,1
87	7,2

a) Représenter le nuage de points associé à ces données, avec pour variable indépendante le kilométrage.

b) Quelle relation entre les deux variables le nuage de points indique-t-il ?

c) Utiliser la méthode des moindres carrés pour développer l'équation de régression estimée.

d) Interpréter la pente de l'équation de la régression estimée.

e) Prévoir le prix de revente d'une Honda Accord de 2000 ayant 100 000 miles au compteur.

7. Un responsable des ventes a collecté les données suivantes sur les années d'expérience et le montant des ventes annuelles de différents vendeurs (cf. fichier en ligne Ventes).

Ventes

Vendeur	Années d'expérience	Ventes annuelles (milliers de dollars)
1	1	80
2	3	97
3	4	92
4	4	102
5	6	103
6	8	111
7	10	119
8	10	123
9	11	117
10	13	136

a) Représenter le nuage de points associé à ces données, en utilisant le nombre d'années d'expérience comme variable indépendante.

b) Estimer l'équation de la régression qui peut être utilisée pour prévoir les ventes annuelles sachant le nombre d'années d'expérience du vendeur.

c) Utiliser l'équation estimée de la régression pour prévoir les ventes annuelles d'un vendeur qui a neuf années d'expérience.

8. Bergans de Norvège fabrique du matériel de plein air depuis 1908. Les données suivantes (cf. fichier en ligne Sac de couchage) indiquent la température minimale extérieure (en degrés Farenheit) que peut supporter le sac de couchage et le prix (en dollars) de 11 modèles de sac de couchage fabriqués par Bergans (*Backpacker 2006 Gear Guide*).

Sac de couchage

Modèle	Température (F°)	Prix ($)
Ranger 3-Seasons	12	319
Ranger Spring	24	289
Ranger Winter	3	389
Rondane 3-Seasons	13	239
Rondane Summer	38	149
Rondane Winter	4	289
Senja Ice	5	359
Senja Snow	15	259
Senja Zero	25	229
Super Light	45	129
Tight & Light	25	199

a) Représenter le nuage de points associé à ces données en utilisant la température comme variable indépendante.

b) Quelle relation entre les deux variables le nuage de points indique-t-il ?

c) Estimer par les moindres carrés l'équation de la régression.

d) Estimer le prix d'un sac couchage dont la température est de 20 F°.

9. Pour éviter de payer des frais pour des bagages supplémentaires, les voyageurs qui prennent l'avion essaient de mettre un maximum d'affaires dans leur valise. Trouver une valise à roulettes qui soit durable, de grande capacité et facile à tirer peut être difficile. Le tableau suivant reprend les résultats de tests menés par le magazine *Consumer Reports* pour 10 valises à roulettes ; des notes plus élevées indiquent de meilleurs résultats obtenus au test (site internet de Consumer Reports, octobre 2008).

Valises

Marque	Prix ($)	Note
Briggs & Riley	325	72
Hartman	350	74
Heys	67	54
Kenneth Cole Reaction	120	54
Liz Claiborne	85	64
Samsonite	180	57
Titan	360	66
TravelPro	156	67
Tumi	595	87
Victorinox	400	77

a) Représenter le nuage de points associé à ces données en utilisant le prix comme variable indépendante.

b) Quelle relation entre les deux variables le nuage de points indique-t-il ?

c) Estimer par les moindres carrés l'équation de la régression.

d) Interpréter la pente de l'équation estimée de la régression.

e) La valise Eagle Creek Hovercraft est vendue 225 dollars. Prédire la note de cette valise en utilisant l'équation estimée de la régression obtenue à la question (c).

10. Selon le rapport annuel sur les salaires de *Advertising Age*, Mark Hurd, le président directeur général de Hewlett-Packard, âgé de 49 ans, a perçu un salaire annuel de 817 000 dollars, un bonus de plus de 5 millions de dollars et une autre rémunération supérieure à 17 millions de dollars. Son revenu total était supérieur au revenu moyen des PDG de 12,4 millions de dollars. Le tableau suivant (cf. fichier en ligne Salaires des dirigeants) indique l'âge et le salaire annuel (en milliers de dollars) de Mark Hurd et de 14 autres dirigeants de sociétés (*Advertising Age*, 5 décembre 2006).

Salaires des dirigeants

Personne	Titre	Société	Âge	Salaire
Charles Prince	Président/Directeur général	Citigroup	56	1 000
Harold McGraw III	Président/Directeur général	McGraw-Hill Cos.	57	1 172
James Dimon	Président/Directeur général	JP Morgan Chase & Co.	50	1 000

Personne	Titre	Société	Âge	Salaire
K. Rupert Murdoch	Président/Directeur général	News Corp.	75	4 509
Kenneth D. Lewis	Président/Directeur général	Bank of America	58	1 500
Kenneth I. Chenault	Président/Directeur général	American Express Co.	54	1 092
Louis C. Camilleri	Président/Directeur général	Altria Group	51	1 663
Mark V. Hurd	Président/Directeur général	Hewlett-Packard Co.	49	817
Martin S. Sorrell	Directeur général	WPP Group	61	1 562
Robert L. Nardelli	Président/Directeur général	Home Depot	57	2 164
Samuel J. Palmisano	Président/Directeur général	IBM Corp.	54	1 680
David C. Novak	Président/Directeur général	Yum Brands	53	1 173
Henry R. Silverman	Président/Directeur général	Cendant Corp.	65	3 300
Robert C. Wright	Président/Directeur général	NBC Universal	62	2 500
Sumner Redstone	Président exécutif / Fondateur	Viacom	82	5 807

a) Représenter le nuage de points associé à ces données avec l'âge des dirigeants comme variable indépendante.

b) Quelle relation entre les deux variables le nuage de points indique-t-il ?

c) Estimer par les moindres carrés l'équation de la régression.

d) Supposez que Bill Gustin, âgé de 72 ans, soit le président directeur général d'une importante société d'électronique. Prévoir le salaire annuel de Bill Gustin.

11. Les voitures sportives sont conçues pour fournir une meilleure tenue de route, davantage de reprise et une expérience de conduite plus réactive qu'une berline classique. Mais, même à l'intérieur de cette catégorie particulière de voitures, la performance et le prix peuvent varier. *Consumer Reports* a fourni des notes d'évaluation de tests de conduite et les prix de 12 voitures sportives (site internet de Consumer Reports, octobre 2008). Les prix sont exprimés en milliers de dollars et les notes des tests de conduite vont de 1 à 100, des valeurs supérieures indiquant une meilleure performance (cf. fichier en ligne Voitures sportives).

Voiture	Prix (milliers de dollars)	Note au test de conduite
Chevrolet Cobalt SS	24,5	78
Dodge Caliber SRT4	24,9	56
Ford Mustang GT (V8)	29,0	73
Honda Civic Si	21,7	78
Mazda RX-8	31,3	86
Mini Cooper S	26,4	74
Mitsubishi Lancer Evolution GSR	38,1	83
Nissan Sentra SE-R Spec V	23,3	66
Suburu Impreza WRX	25,2	81
Suburu Impreza WRC Sti	37,6	89
Volkswagen GTI	24,0	83
Volkswagen R32	33,6	83

Voitures sportives

a) Représenter le nuage de points associé à ces données avec le prix comme variable indépendante.

b) Quelle relation entre les deux variables le nuage de points indique-t-il ?

c) Estimer par la méthode des moindres carrés l'équation de la régression.

d) Interpréter la pente de l'équation estimée de la régression.

e) Une autre voiture sportive testée par Consumer Reports est la BMW 135i ; le prix de cette voiture était de 36 700 dollars. Prévoir la note de cette voiture au test de conduite en utilisant l'équation estimée de la régression.

12. Un jet-ski personnel est un bateau motorisé conçu pour être manœuvré par une personne assise, debout ou à genoux. Au début des années 1970, la société Kawasaki Motors fut la première à commercialiser avec succès ce type d'appareil sous le nom de JET SKI®. Le mot jet-ski appartient aujourd'hui au langage courant. Les données suivantes (cf. fichier en ligne JetSki) indiquent le poids (arrondi à la dizaine de livres la plus proche) et le prix (arrondi à 50 dollars près) de 10 jet-ski assis (site internet de Jetski News, 2006).

Fabricant et modèle	Poids (livres)	Prix ($)
Honda AquaTrax F-12	750	9500
Honda AquaTrax F-12X	790	10500
Honda AquaTrax F-12X GPScape	800	11200
Kawasaki STX-12F Jetski	740	8500
Yamaha FX Cruiser Waverunner	830	10000
Yamaha FX High Output Waverunner	770	10000
Yamaha FX Waverunner	830	9300
Yamaha VX110 Deluxe Waverunner	720	7700
Yamaha VX110 Sport Waverunner	720	7000
Yamaha XLT1200 Waverunner	780	8500

a) Représenter le nuage de points associé à ces données, en considérant le poids comme variable indépendante.

b) Quelle relation le nuage de points indique-t-il entre le poids et le prix ?

c) Utiliser la méthode des moindres carrés pour estimer l'équation de la régression.

d) Utiliser l'équation de la régression estimée pour prévoir le prix d'un jet ski à trois places de 750 livres.

e) Le Honda AquaTrax F-12 pèse 750 livres et coûte 9 500 dollars. N'est-ce pas le prix que vous avez estimé à la question (d) ?

f) Le jet ski Kawasaki SX-R800 d'une place pèse 350 livres. Pensez-vous que l'équation de la régression estimée obtenue à la question (c) peut être utilisée pour prévoir le prix de ce modèle ?

13. Dans l'administration fiscale, on suppose que le montant raisonnable des déductions est fonction du revenu brut ajusté du contribuable. D'importantes déductions, dont les déductions pour dons et frais médicaux, sont plus probables lorsqu'il s'agit de contribuables dont les revenus bruts ajustés sont importants. Si un contribuable demande des déductions supérieures à la moyenne pour un niveau de revenu donné, la probabilité d'un contrôle fiscal s'accroît. Les données en milliers de dollars sur le revenu brut ajusté et le montant moyen ou raisonnable de déductions sont présentées dans le tableau suivant.

Revenu brut ajusté (en milliers de dollars)	Déductions raisonnables (en milliers de dollars)
22	9,6
27	9,6
32	10,1
48	11,1
65	13,5
85	17,7
120	25,5

a) Représenter le nuage de points associé à ces données, en utilisant le revenu brut ajusté comme variable indépendante.

b) Utiliser la méthode des moindres carrés pour estimer l'équation de la régression.

c) Prévoir le niveau raisonnable des déductions pour un contribuable dont le revenu brut ajusté s'élève à 52 500 dollars. Si ce contribuable demande une déduction de 20 400 dollars, est-ce qu'un contrôle de l'administration fiscale apparaît justifié ? Expliquer.

14. *PC World* a évalué quatre éléments de 10 ordinateurs ultra-portables : les caractéristiques techniques, la performance, le design et le prix. Chaque caractéristique était évaluée sur une échelle allant de 1 à 100 points. Une note globale était ensuite attribuée à chaque ordinateur. Le tableau suivant (cf. fichier en ligne Ordinateur portable) fournit l'évaluation des caractéristiques techniques et la note globale des 10 ordinateurs ultra-portables (site internet de PC World, 5 février 2009).

Modèle	Évaluation des caractéristiques techniques	Note globale
Thinkpad X200	87	83
VGN-Z598U	85	82
U6V	80	81
Elitebook 2530P	75	78
X360	80	78
Thinkpad X300	76	78
Ideapad U110	81	77
Micro Express JFT2500	73	75
Thoughbook W7	79	73
HP Voodoo Envy 133	68	72

Ordinateur portable

a) Représenter le nuage de points associé à ces données en utilisant l'évaluation des caractéristiques techniques comme variable indépendante.

b) Quelle relation entre les deux variables le nuage de points indique-t-il ?

c) Utiliser la méthode des moindres carrés pour estimer l'équation de la régression.

d) Estimer la note globale d'un nouvel ordinateur portable dont les caractéristiques techniques seraient notées 70.

12.3 LE COEFFICIENT DE DÉTERMINATION

Dans le cadre des restaurants Armand, nous avons estimé l'équation de la régression $\hat{y} = 60 + 5x$ pour déterminer la relation linéaire entre la taille de la population étudiante x et les ventes trimestrielles y. À présent la question est : Dans quelle mesure l'équation estimée de la régression s'ajuste-t-elle aux données ? Dans cette section, nous montrerons que le **coefficient de détermination** fournit une mesure de l'adéquation de l'équation estimée de la régression aux données.

Pour la i^e observation, l'écart entre la valeur observée de la variable dépendante, y_i, et la valeur estimée de la variable dépendante, $\hat{y}_i$ est appelé le ***i*ᵉ résidu**. Le i^e résidu représente l'erreur commise en utilisant $\hat{y}_i$ pour estimer y_i. Ainsi, pour la i^e observation, le résidu est égal à $y_i - \hat{y}_i$. La somme de ces résidus, ou erreurs, au carré correspond à la quantité minimisée par la méthode des moindres carrés. Cette quantité, aussi appelée *somme des carrés des résidus*, est notée *SCres*.

▶ Somme des carrés des résidus

$$SCres = \sum(y_i - \hat{y}_i)^2 \tag{12.8}$$

La valeur de *SCres* est une mesure de l'erreur commise en utilisant l'équation estimée de la régression pour estimer les valeurs de la variable dépendante dans l'échantillon.

Dans le tableau 12.3, nous détaillons les calculs nécessaires pour obtenir la somme des carrés des résidus dans le cadre de l'exemple des restaurants Armand. Par exemple, pour le restaurant 1, la valeur de la variable indépendante et celle de la variable dépendante sont respectivement 2 et 58. En utilisant l'équation estimée de la régression,

Tableau 12.3 ***Calculs de SCres pour les restaurants Armand***

Restaurant i	x_i = Population étudiante (en milliers)	y_i = Ventes trimestrielles (en milliers de dollars)	Ventes prévues $\hat{y}_i = 60 + 5x_i$	Erreur $y_i - \hat{y}_i$	Erreur au carré $(y_i - \hat{y}_i)^2$
1	2	58	70	−12	144
2	6	105	90	15	225
3	8	88	100	−12	144
4	8	118	100	18	324
5	12	117	120	−3	9
6	16	137	140	−3	9
7	20	157	160	−3	9
8	20	169	160	9	81
9	22	149	170	−21	441
10	26	202	190	12	144
					SCres = 1530

nous trouvons que la valeur estimée des ventes trimestrielles du restaurant 1 est égale à 70 ($\hat{y}_1 = 60 + 5(2) = 70$). Ainsi, l'erreur commise en utilisant $\hat{y}_1$ pour estimer y_1 pour le restaurant 1 est égale à $y_1 - \hat{y}_1 = 58 - 70 = -12$. L'erreur élevée au carré, $(-12)^2 = 144$, est notée dans la dernière colonne du tableau 12.3. Après avoir calculé et élevé au carré les résidus pour chaque restaurant de l'échantillon, la somme nous donne une *SCres* égale à 1 530. Ainsi, cette quantité mesure l'erreur commise en utilisant l'équation estimée de la régression $\hat{y} = 60 + 5x$ pour prévoir les ventes trimestrielles.

Supposons maintenant que nous voulions estimer les ventes trimestrielles sans connaître la taille de la population étudiante. Dans ce cas, nous utilisons la moyenne d'échantillon comme estimation des ventes trimestrielles d'un restaurant donné. D'après le tableau 12.2, $\sum y_i = 1300$. Par conséquent, la valeur moyenne des ventes trimestrielles pour l'échantillon des 10 restaurants Armand est $\bar{y} = \sum y_i / n = 1300/10 = 130$. Dans le tableau 12.4, nous indiquons la valeur de la somme des écarts au carré obtenue en utilisant la moyenne d'échantillon $\bar{y} = 130$ pour estimer les ventes trimestrielles pour chaque restaurant de l'échantillon. Pour le i^e restaurant de l'échantillon, l'écart $y_i - \bar{y}$ fournit une mesure de l'erreur commise en utilisant $\bar{y}$ pour estimer les ventes. La somme des carrés correspondante, appelée *somme des carrés totale*, est notée *SCT*.

▶ Somme des carrés totale

$$SCT = \sum (y_i - \bar{y})^2 \qquad (12.9)$$

La somme en bas de la dernière colonne du tableau 12.4 correspond à la somme des carrés totale pour les restaurants Armand ; elle est égale à 15 730.

Tableau 12.4 ***Calculs de la somme des carrés totale pour les restaurants Armand***

Restaurant i	x_i = Population étudiante (en milliers)	y_i = Ventes trimestrielles (en milliers de dollars)	Écart $y_i - \bar{y}$	Écart au carré $(y_i - \bar{y})^2$
1	2	58	−72	5 184
2	6	105	−25	625
3	8	88	−42	1 764
4	8	118	−12	144
5	12	117	−13	169
6	16	137	7	49
7	20	157	27	729
8	20	169	39	1 521
9	22	149	19	361
10	26	202	72	5 184
				SCT = 15 730

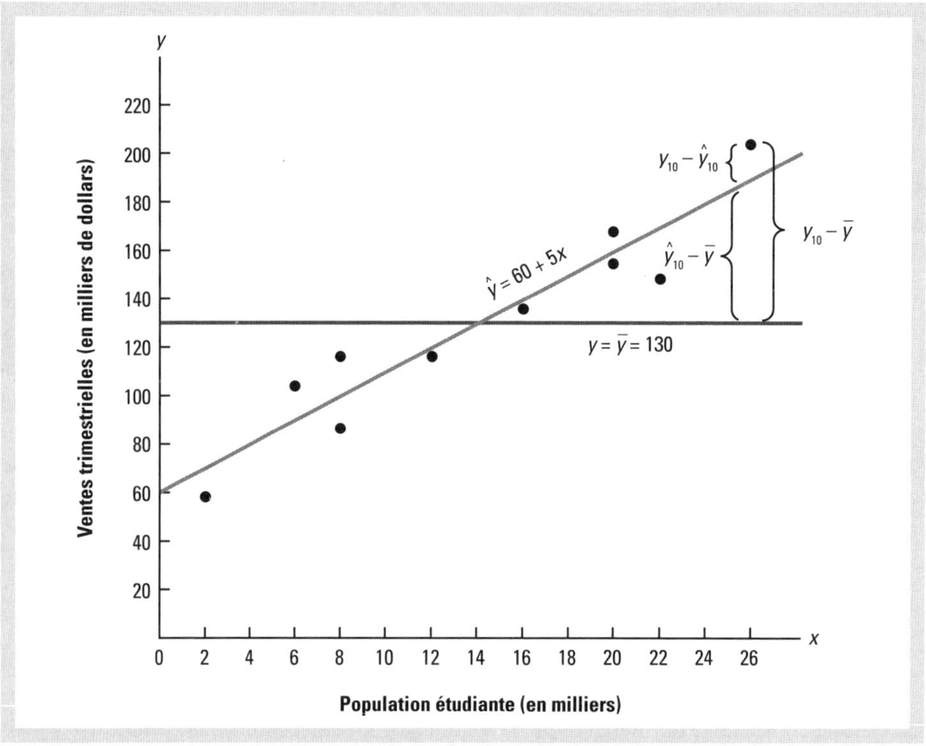

Figure 12.5 ***Écarts par rapport à la droite de régression estimée et à la droite $y = \bar{y}$ dans le cadre des restaurants Armand***

La figure 12.5 représente la droite de régression estimée $\hat{y} = 60 + 5x$ et la droite correspondant à $\bar{y} = 130$. Notez que les points sont plus regroupés autour de la droite de régression estimée qu'autour de la droite $\bar{y} = 130$. Par exemple, pour le 10e restaurant de l'échantillon, l'erreur est beaucoup plus importante lorsqu'on utilise $\bar{y} = 130$ pour estimer y_{10} que lorsqu'on utilise $\hat{y}_{10} = 60 + 5(26) = 190$. Nous pouvons interpréter *SCT* comme une mesure de l'ajustement des observations autour de la droite $\bar{y}$ et *SCres* comme une mesure de l'ajustement des observations autour de la droite $\hat{y}$.

Avec $SCT = 15\,730$ et $SCres = 1\,530$, la droite de régression estimée est mieux ajustée aux données que la droite $y = \bar{y}$.

Pour déterminer dans quelle mesure les valeurs $\hat{y}$ de la droite de la régression estimée dévient de $\bar{y}$, une autre somme des carrés est calculée. Cette somme des carrées, appelée *somme des carrés de la régression*, est notée *SCreg*.

► **Somme des carrés de la régression**

$$SCreg = \sum (\hat{y}_i - \bar{y})^2 \qquad (12.10)$$

De par les précédentes discussions, on s'attend à ce que *SCT*, *SCreg* et *SCres* soient liées. De fait, la relation entre ces trois sommes des carrés fournit l'un des plus importants résultats en statistique.

▶ Relation entre SCT, SCreg et SCres

$$SCT = SCreg + SCres \tag{12.11}$$

où

SCT correspond à la somme des carrés totale
SCreg correspond à la somme des carrés de la régression
SCres correspond à la somme des carrés des résidus

> SCreg peut être considérée comme la partie expliquée de SCT, et SCres comme la partie inexpliquée de SCT.

L'équation (12.11) indique que la somme des carrés totale peut être divisée en deux parties, la somme des carrés de la régression et la somme des carrés des résidus. Par conséquent, si les valeurs de ces deux sommes des carrés sont connues, la troisième somme des carrés peut être facilement calculée. Par exemple, dans le cadre de l'exemple des restaurants Armand, nous savons déjà que *SCres* est égale à 1 530 et *SCT* est égale à 15 730. La somme des carrés de la régression est donc égale à

$$SCreg = SCT - SCres = 15\,730 - 1\,530 = 14\,200$$

Voyons maintenant comment ces trois sommes, *SCT*, *SCreg* et *SCres*, peuvent fournir une mesure de l'adéquation de l'équation estimée de la régression. L'équation estimée de la régression s'ajusterait parfaitement aux données si toutes les valeurs de la variable dépendante y_i se trouvaient sur la droite de régression estimée. Dans ce cas, $y_i - \hat{y}_i$ serait nul pour chaque observation, et par conséquent *SCres* serait égale à zéro. Puisque $SCT = SCreg + SCres$, un parfait ajustement implique que *SCreg* soit égal à *SCT* et que le ratio $(SCreg/SCT)$ soit égal à un. Plus l'ajustement est imparfait, plus la valeur de *SCres* sera grande. Or, d'après l'équation (12.11), $SCres = SCT - SCreg$. Par conséquent, la plus grande valeur de *SCres* (et l'ajustement le plus imparfait) intervient lorsque $SCreg = 0$ et $SCres = SCT$.

Le ratio $(SCreg/SCT)$, compris entre zéro et un, est utilisé pour évaluer l'adéquation de l'équation estimée de la régression aux données. Ce ratio est appelé *coefficient de détermination* et est noté r^2.

▶ Coefficient de détermination

$$r^2 = \frac{SCreg}{SCT} \tag{12.12}$$

Dans l'exemple des restaurants Armand, le coefficient de détermination est égal à

$$r^2 = \frac{SCreg}{SCT} = \frac{14\,200}{15\,730} = 0{,}9027$$

Lorsqu'on exprime le coefficient de détermination en termes de pourcentage, on peut l'interpréter comme le pourcentage de la somme des carrés totale expliquée par l'équation estimée de la régression. Dans le cadre de l'exemple des restaurants Armand, nous concluons que 90,27 % de la somme des carrés totale peut être expliquée en utilisant l'équation estimée de la régression $\hat{y} = 60 + 5x$ pour prévoir les ventes trimestrielles. En d'autres termes, 90,27 % de la variation des ventes trimestrielles peut s'expliquer par la relation linéaire entre la taille de la population étudiante et les ventes trimestrielles. Une telle adéquation de l'équation estimée de la régression est satisfaisante.

12.3.1 Coefficient de corrélation

Au chapitre 3, nous avons introduit le **coefficient de corrélation** en tant que mesure descriptive de la robustesse de l'association linéaire entre deux variables, x et y. Le coefficient de corrélation est toujours compris entre -1 et $+1$. Une valeur égale à $+1$ indique que les deux variables x et y sont parfaitement liées de façon positive. En d'autres termes, tous les points sont sur une droite de pente positive. Une valeur égale à -1 indique que x et y sont parfaitement liés de façon négative, tous les points étant sur une droite de pente négative. Des valeurs proches de zéro indiquent que x et y ne sont pas linéairement liés.

Dans la section 3.5, nous avons présenté la formule de calcul du coefficient de corrélation d'un échantillon. Si une analyse de la régression a déjà été faite et si le coefficient de détermination r^2 a déjà été calculé, le coefficient de corrélation de l'échantillon peut être calculé de la façon suivante :

▶ **Coefficient de corrélation d'un échantillon**

$$r_{xy} = (\text{signe de } b_1)\sqrt{\text{Coefficient de détermination}}$$

$$= (\text{signe de } b_1)\sqrt{r^2} \qquad (12.13)$$

où b_1 correspond à la pente de l'équation estimée de la régression $\hat{y} = b_0 + b_1 x$.

Le signe du coefficient de corrélation d'un échantillon est positif si l'équation estimée de la régression est de pente positive ($b_1 > 0$) et négatif si l'équation estimée de la régression est de pente négative ($b_1 < 0$).

Pour l'exemple des restaurants Armand, le coefficient de détermination correspondant à l'équation estimée de la régression $\hat{y} = 60 + 5x$ est égal à 0,9027. Puisque la pente de l'équation estimée de la régression est positive, la formule (12.13) indique que le coefficient de corrélation est égal à $+\sqrt{0,9027} = +0,9501$. Avec un coefficient de corrélation égal à $r_{xy} = +0,9501$, on peut conclure qu'il existe une forte relation linéaire positive entre x et y.

Dans le cas d'une relation linéaire entre deux variables, à la fois le coefficient de détermination et le coefficient de corrélation fournissent une mesure de la robustesse de la relation. Le coefficient de détermination fournit une mesure entre zéro et un, alors que le coefficient de corrélation fournit une mesure entre -1 et $+1$. Alors que le coefficient de corrélation est restreint à des relations linéaires entre deux variables, le coefficient de détermination peut être utilisé dans le cas de relations non-linéaires et de relations comprenant plus de deux variables indépendantes. Le coefficient de détermination a donc un champ d'application plus large.

REMARQUES

1. En estimant l'équation de la régression par les moindres carrés et en calculant le coefficient de détermination, nous n'avons fait aucune hypothèse probabiliste sur le terme d'erreur ε et aucun test statistique relatif à la significativité de la relation entre x et y. Plus la valeur du coefficient de détermination est élevée, meilleure est l'adéquation de la droite des moindres carrés aux données ; c'est-à-dire, les observations sont bien regroupées autour de la droite des moindres carrés. Mais, en utilisant le coefficient de détermination seul, nous ne pouvons pas dire si la relation entre x et y est statistiquement significative. Une telle conclusion doit être fondée sur des considérations qui impliquent la taille de l'échantillon et les propriétés des distributions d'échantillonnage des estimateurs des moindres carrés.
2. D'un point de vue empirique, en sciences sociales, des valeurs du coefficient de détermination aussi petites que 0,25 sont souvent considérées comme utiles. Pour des données en sciences physiques ou naturelles, on trouve souvent des valeurs supérieures ou égales à 0,60 ; en fait, dans certains cas, on peut trouver des valeurs supérieures à 0,90. Dans les applications commerciales, les valeurs du coefficient de détermination varient beaucoup, en fonction des caractéristiques particulières de chaque exemple.

EXERCICES

Méthode

15. Reprendre les données de l'exercice 1.

x_i	1	2	3	4	5
y_i	3	7	5	11	14

L'équation estimée de la régression associée à ces données est $\hat{y} = 0,20 + 2,60x$.

a) Calculer $SCres$, SCT et $SCreg$ en utilisant les expressions (12.8), (12.9) et (12.10).

b) Calculer le coefficient de détermination r^2. Commenter l'adéquation de la régression aux données.

c) Calculer le coefficient de corrélation de l'échantillon.

16. Reprendre les données de l'exercice 2.

x_i	3	12	6	20	14
y_i	55	40	55	10	15

L'équation estimée de la régression associée à ces données est $\hat{y} = 68 - 3x$.

a) Calculer *SCres*, *SCT* et *SCreg*.

b) Calculer le coefficient de détermination r^2. Commenter l'adéquation de la régression aux données.

c) Calculer le coefficient de corrélation de l'échantillon.

17. Reprendre les données de l'exercice 3.

x_i	2	6	9	13	20
y_i	7	18	9	26	23

L'équation estimée de la régression, associée à ces données, est $\hat{y} = 7{,}6 + 0{,}9x$. Quel est le pourcentage de la somme des carrés totale attribuable à l'équation estimée de la régression ? Quelle est la valeur du coefficient de corrélation de l'échantillon ?

Applications

18. Les données suivantes correspondent à la note moyenne x et au salaire mensuel y d'étudiants qui ont obtenu un diplôme de second cycle en gestion et commerce, avec une dominante en systèmes d'information. L'équation estimée de la régression associée à ces données est $\hat{y} = 1790{,}5 + 581{,}1x$.

Note moyenne	Salaire mensuel ($)
2,6	3 300
3,4	3 600
3,6	4 000
3,2	3 500
3,5	3 900
2,9	3 600

a) Calculer *SCT*, *SCreg* et *SCres*.

b) Calculer le coefficient de détermination r^2. Commenter l'adéquation de la régression aux données.

c) Quelle est la valeur du coefficient de corrélation de l'échantillon ?

19. Dans l'exercice 7, un responsable des ventes a collecté les données suivantes (cf. fichier en ligne Ventes) sur les ventes annuelles (x) et les années d'expérience (y). L'équation estimée de la régression pour ces données est $\hat{y} = 80 + 4x$.

Vendeur	Années d'expérience	Ventes annuelles (milliers de dollars)
1	1	80
2	3	97
3	4	92
4	4	102
5	6	103
6	8	111
7	10	119
8	10	123
9	11	117
10	13	136

Ventes

a) Calculer *SCT*, *SCreg* et *SCres*.

b) Calculer le coefficient de détermination r^2. Commenter l'adéquation de la régression aux données.

c) Quelle est la valeur du coefficient de corrélation de l'échantillon ?

20. *Consumer Reports* a évalué plus de 100 téléviseurs haute définition. Une note globale, fondée principalement sur la qualité de l'image, a été attribuée à chaque modèle. En général, une note supérieure témoigne de meilleures performances. Les données suivantes (cf. fichier en ligne Téléviseur Plasma) indiquent le prix et la note globale des dix téléviseurs plasma de 42 pouces (*Consumer Reports*, Mars 2006).

Marque	Prix	Note
Dell	2800	62
Hisense	2800	53
Hitachi	2700	44
JVC	3500	50
LG	3300	54
Maxent	2000	39
Panasonic	4000	66
Phillips	3000	55
Proview	2500	34
Samsung	3000	39

Téléviseur Plasma

a) Utiliser ces données pour estimer l'équation de la régression qui pourrait être utilisée pour estimer la note globale d'un téléviseur plasma de 42 pouces étant donné son prix.

b) Calculer le coefficient de détermination. L'équation de la régression estimée est-elle bien ajustée aux données ?

c) Estimer la note globale d'un téléviseur plasma de 42 pouces dont le prix s'élèverait à 3 200 dollars.

21. Une application importante de l'analyse de la régression en comptabilité concerne l'estimation des coûts. En collectant des données sur les quantités et sur les coûts et en utilisant la méthode des moindres carrés pour estimer l'équation de la relation entre ces deux variables, un comptable peut estimer le coût associé à un volume de production particulier. Considérez l'échantillon suivant de quantités produites et de coûts de production.

Volume de la production (unités)	Coût total ($)
400	4 000
450	5 000
550	5 400
600	5 900
700	6 400
750	7 000

a) Utiliser ces données pour estimer l'équation de la régression qui peut servir à prévoir le coût total d'un volume de production donné.

b) Quel est le coût variable par unité produite ?

c) Calculer le coefficient de détermination. Quel est le pourcentage de la variation du coût total expliqué par le volume produit ?

d) La société prévoit de produire 500 unités le mois prochain. Quel est le coût estimé de cette opération ?

22. Référez-vous à l'exercice 5, dans lequel les données suivantes (cf. fichier en ligne Elliptiques) étaient utilisées pour déterminer si des prix plus élevés étaient généralement associés à une qualité plus importante des elliptiques (*Consumer Reports*, février 2008).

Elliptiques

Marque et modèle	Prix ($)	Note
Precor 5.31	3 700	87
Keys Fitness CG2	2 500	84
Octane Fitness Q37e	2 800	82
LifeFitness X1 Basic	1 900	74
NordicTrack AudioStrider 990	1 000	73
Schwinn 430	800	69
Vision Fitness X6100	1 700	68
ProForm XP 520 Razor	600	55

Avec x le prix (en dollars) et y la note attribuée au modèle d'elliptique, l'équation estimée de la régression est $\hat{y} = 58{,}158 + 0{,}008449x$. Pour ces données, $SCres = 173{,}88$.

a) Calculer le coefficient de détermination.

b) L'équation estimée de la régression est-elle bien ajustée aux données ? Expliquer.

c) Quel est le coefficient de corrélation de l'échantillon ? Reflète-t-il une relation forte ou faible entre le prix et la note ?

12.4 LES HYPOTHÈSES DU MODÈLE

Dans le cadre de l'analyse de la régression linéaire simple, nous avons fait une hypothèse sur le modèle approprié pour estimer la relation entre la variable dépendante et la variable indépendante. Le modèle de la régression estimé est

$$y = \beta_0 + \beta_1 x + \varepsilon$$

Ensuite, nous avons utilisé la méthode des moindres carrés pour estimer les paramètres du modèle β_0 et β_1. L'équation de la régression estimée qui en résulte s'écrit

$$\hat{y} = b_0 + b_1 x$$

Nous avons vu que la valeur du coefficient de détermination est une mesure de l'adéquation de l'équation estimée de la régression. Cependant, même avec une valeur élevée de r^2, l'équation estimée de la régression ne devrait pas être utilisée tant qu'une analyse plus approfondie de la robustesse du modèle n'a pas été faite. Une étape importante dans la détermination de la robustesse du modèle consiste à effectuer un test de signification de la relation. Les tests de signification dans l'analyse de la régression sont basés sur les hypothèses suivantes concernant le terme d'erreur ε.

▶ **Hypothèses sur le terme d'erreur ε dans le modèle de la régression** $y = \beta_0 + \beta_1 x + \varepsilon$

1. Le terme d'erreur ε est une variable aléatoire de moyenne nulle ; c'est-à-dire, $E(\varepsilon) = 0$.

Conséquences : Puisque β_0 et β_1 sont des constantes, $E(\beta_0) = \beta_0$ et $E(\beta_1) = \beta_1$; ainsi, pour une valeur donnée de x, l'espérance mathématique de y est égale à

$$E(y) = \beta_0 + \beta_1 x \tag{12.14}$$

Comme indiqué précédemment, l'expression (12.14) correspond à l'équation de la régression.

2. La variance de ε, notée σ^2, est la même pour toutes les valeurs de x.

Conséquences : La variance de y pour une valeur donnée de x est égale à σ^2 et est la même pour toutes les valeurs de x.

3. Les valeurs de ε sont indépendantes.

Conséquences : La valeur de ε associée à une valeur particulière de x n'est pas liée à la valeur de ε associée à une autre valeur de x ; ainsi, la valeur de y associée à une valeur particulière de x n'est pas liée à la valeur de y associée à une autre valeur de x.

4. Le terme d'erreur ε est une variable aléatoire normalement distribuée.

Conséquences : Puisque y est une fonction linéaire de ε, y est également une variable aléatoire normalement distribuée.

La figure 12.6 est une illustration des hypothèses du modèle et de leurs conséquences ; notez que dans cette interprétation graphique, la valeur de $E(y)$ varie selon la valeur de x considérée. Cependant, sans tenir compte de la valeur de x, la distribution de probabilité de ε et donc la distribution de probabilité de y sont normales, chacune avec

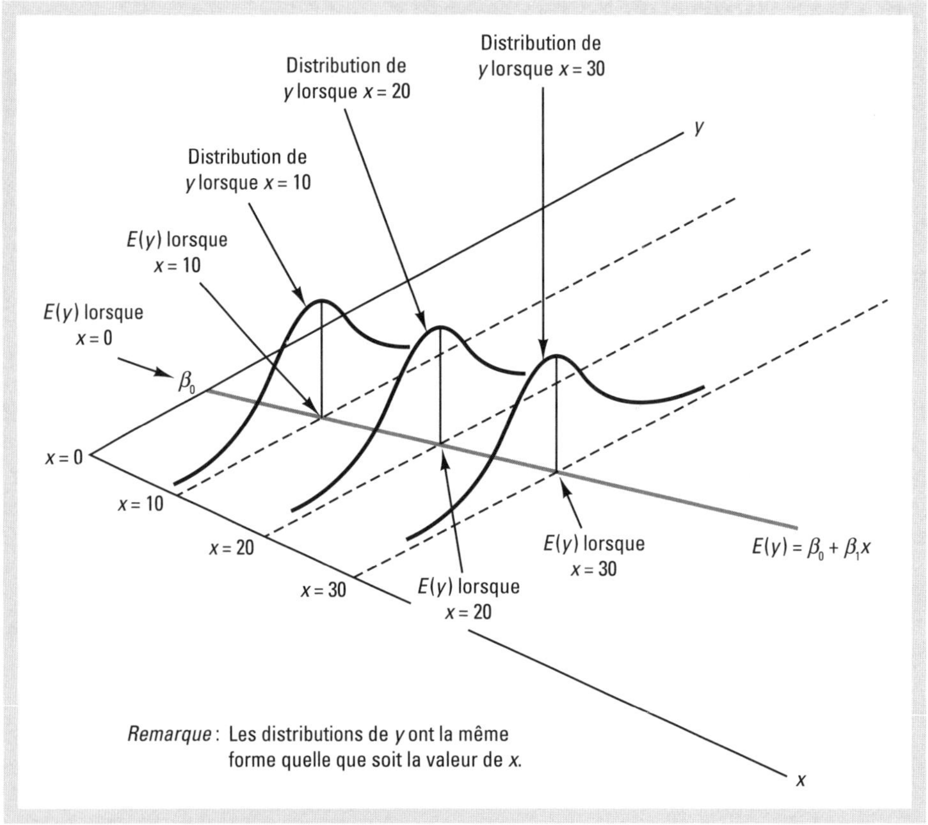

Figure 12.6 ***Hypothèses du modèle de régression***

la même variance. La valeur spécifique du terme d'erreur ε dépend du fait que la valeur réelle de y soit supérieure ou inférieure à $E(y)$.

À ce point de la discussion, nous devons garder en mémoire le fait que nous avons également fait une hypothèse sur la forme de la relation entre x et y. En effet, nous avons supposé que la relation entre ces deux variables est linéaire, plus précisément de la forme $\beta_0 + \beta_1 x$. Nous ne devons pas oublier que d'autres modèles, par exemple $y = \beta_0 + \beta_1 x^2 + \varepsilon$, peuvent être plus appropriés pour décrire la relation qui lie x et y.

12.5 LES TESTS DE SIGNIFICATION

Dans une équation de régression linéaire simple, la moyenne ou l'espérance mathématique de y est une fonction linéaire de x : $E(y) = \beta_0 + \beta_1 x$. Si la valeur de β_1 est égale à zéro, $E(y) = \beta_0 + (0)x = \beta_0$. Dans ce cas, la moyenne de y ne dépend pas de la valeur de x ; nous pouvons donc en conclure que x et y ne sont pas linéairement liés. Par contre, si β_1 n'est pas égal à zéro, nous pouvons en conclure que les deux variables sont liées. Ainsi, pour tester si la relation est significative, nous devons effectuer un test d'hypothèses pour déterminer si β_1 est égal à zéro. Deux tests sont habituellement utilisés. Les deux requièrent une estimation de σ^2, la variance de ε.

12.5.1 Estimation de σ^2

À partir des hypothèses du modèle de régression, nous pouvons conclure que σ^2, la variance de ε, représente également la variance de y le long de la droite de régression. Rappelons que les écarts de y par rapport à la droite de régression estimée sont appelés les résidus. Ainsi, *SCres*, la somme des carrés des résidus, est une mesure de la variabilité de y le long de la droite de régression estimée. La **moyenne des carrés des résidus** (*MCres*) fournit une estimation de σ^2 ; cette moyenne des carrés des résidus correspond à la somme des carrés des résidus divisée par le nombre de ses degrés de liberté.

Avec $\hat{y} = b_0 + b_1 x_i$, la somme des carrés des résidus s'écrit :

$$SCres = \sum (y_i - \hat{y}_i)^2 = \sum (y_i - b_0 - b_1 x_i)^2$$

À chaque somme des carrés est associé un nombre, appelé degrés de liberté. Des statisticiens ont démontré que la somme des carrés des résidus a $n-2$ degrés de liberté, puisque deux paramètres (β_0 et β_1) doivent être estimés pour calculer cette somme des carrés des résidus. Ainsi, la moyenne des carrés des résidus est calculée en divisant *SCres* par $n-2$. *MCres* fournit une estimation sans biais de σ^2. Puisque la valeur de la moyenne des carrés des résidus fournit une estimation de σ^2, la notation s^2 est aussi utilisée.

► **Moyenne des carrés des résidus (estimation de σ^2)**

$$s^2 = MCres = \frac{SCres}{n-2} \qquad (12.15)$$

Dans la section 12.3, nous avons montré que la somme des carrés des résidus, dans le cadre de l'exemple des restaurants Armand, est égale à 1 530 ; par conséquent,

$$s^2 = MCres = \frac{1530}{8} = 191,25$$

fournit une estimation sans biais de σ^2.

Pour estimer σ, nous prenons la racine carrée de s^2. La valeur correspondante, s, est appelée **erreur type de l'estimation**.

► **Erreur type de l'estimation**

$$s = \sqrt{MCres} = \sqrt{\frac{SCres}{n-2}} \qquad (12.16)$$

Dans l'exemple des restaurants Armand, $s = \sqrt{MCres} = \sqrt{191,25} = 13,829$. Dans la discussion qui suit, nous utiliserons l'erreur type de l'estimation pour effectuer des tests de signification de la relation entre x et y.

12.5.2 Le test t de Student

Le modèle de régression linéaire simple s'écrit $y = \beta_0 + \beta_1 x + \varepsilon$. Si x et y sont linéairement liés, nous devons avoir $\beta_1 \neq 0$. Le but du test de Student est d'utiliser les données de l'échantillon pour conclure si $\beta_1 \neq 0$. On teste les hypothèses suivantes concernant β_1 :

$$H_0 : \beta_1 = 0$$

$$H_a : \beta_1 \neq 0$$

Si on rejette H_0, on en conclut que $\beta_1 \neq 0$ et qu'une relation statistiquement significative existe entre les deux variables. Cependant, si on ne peut pas rejeter H_0, les preuves statistiques sont insuffisantes pour conclure qu'une relation significative existe. Les propriétés d'échantillonnage de b_1, l'estimateur des moindres carrés de β_1, fournissent les bases du test d'hypothèses.

Tout d'abord, considérons ce qui se serait passé si nous avions utilisé un autre échantillon pour effectuer la même analyse de la régression. Par exemple, supposons que nous ayons collecté des données sur les ventes trimestrielles d'un échantillon de dix autres restaurants Armand. Une analyse de la régression de ce nouvel échantillon devrait fournir une équation similaire à celle obtenue précédemment, $\hat{y} = 60 + 5x$. Cependant, il est très peu probable que nous obtenions exactement la même équation avec une ordonnée à l'origine égale à 60 et une pente égale à 5. En fait, b_0 et b_1, les estimateurs des moindres carrés, sont des statistiques d'échantillon qui ont leur propre distribution d'échantillonnage. Les propriétés de la distribution d'échantillonnage de b_1 sont décrites ci-dessous.

► **Distribution d'échantillonnage de b_1**

Espérance mathématique :

$$E(b_1) = \beta_1$$

Écart type :

$$\sigma_{b_1} = \frac{\sigma}{\sqrt{\sum (x_i - \bar{x})^2}} \tag{12.17}$$

Forme de la distribution :

Normale

Notez que l'espérance mathématique de b_1 est égale à β_1 ; b_1 est donc un estimateur sans biais de β_1.

Puisque que nous ne connaissons pas la valeur de σ, nous estimons σ_{b_1} en remplaçant σ par s dans l'équation (12.17). Nous obtenons ainsi l'estimateur suivant de σ_{b_1}.

► **Écart type estimé de b_1**

$$s_{b_1} = \frac{s}{\sqrt{\sum (x_i - \bar{x})^2}} \tag{12.18}$$

> L'écart type de b_1 est également appelé erreur type de b_1. Ainsi, s_{b_1} fournit une estimation de l'erreur type de b_1.

Dans l'exemple des restaurants Armand, $s = 13,829$. Par conséquent, en utilisant les informations contenues dans le tableau 12.2, à savoir que $\sum(x_i - \bar{x})^2 = 568$, nous obtenons

$$s_{b_1} = \frac{13,829}{\sqrt{568}} = 0,5803$$

comme écart type estimé de b_1.

Le test de signification de Student est basé sur le fait que la statistique de test

$$\frac{b_1 - \beta_1}{s_{b_1}}$$

suit une loi de Student à $n-2$ degrés de liberté. Si l'hypothèse nulle est vraie, alors $\beta_1 = 0$ et $t = b_1/s_{b_1}$.

Appliquons ce test de signification à l'exemple des restaurants Armand au seuil de signification $\alpha = 0,01$. La statistique de test est égale à

$$t = \frac{b_1}{s_{b_1}} = \frac{5}{0,5803} = 8,62$$

D'après la table de la distribution de Student, avec $n-2 = 10-2 = 8$ degrés de liberté, $t = 3,355$ fournit une aire égale à 0,005 dans la queue supérieure de la distribution. Ainsi, l'aire dans la queue supérieure de la distribution de Student correspondant à la statistique de test $t = 8,62$ doit être inférieure à 0,005. Puisque le test est bilatéral, nous multiplions cette valeur par deux pour conclure que la valeur p associée à $t = 8,62$ est inférieure à 0,01. Minitab ou Excel indiquent que la valeur p est égale à 0,000. Puisque la valeur p est inférieure à $\alpha = 0,01$, nous rejetons H_0 et concluons que β_1 n'est pas égal à zéro. Les preuves statistiques sont suffisantes pour conclure qu'il existe une relation significative entre la population étudiante et les ventes trimestrielles. Un résumé du test de signification de Student dans le cadre d'une régression linéaire simple suit.

> Les annexes 12.1 et 12.2 montrent comment utiliser Minitab et Excel pour calculer la valeur p.

► Test de signification de Student dans le cadre d'une régression linéaire simple

$$H_0 : \beta_1 = 0$$
$$H_a : \beta_1 \neq 0$$

► Statistique de test

$$t = \frac{b_1}{s_{b_1}} \qquad (12.19)$$

► **Règle de rejet**

Approche par la valeur p : Rejet de H_0 si la valeur $p \leq \alpha$

Approche par la valeur critique : Rejet de H_0 si $t \leq -t_{\alpha/2}$ ou si $t \geq t_{\alpha/2}$

où $t_{\alpha/2}$ est basé sur la distribution de Student à $n-2$ degrés de liberté.

12.5.3 Intervalle de confiance pour β_1

La forme de l'intervalle de confiance pour β_1 est :

$$b_1 \pm t_{\alpha/2} s_{b_1}$$

L'estimateur ponctuel est b_1 et la marge d'erreur est $t_{\alpha/2} s_{b_1}$. Le coefficient de confiance associé à cet intervalle est $1-\alpha$ et $t_{\alpha/2}$ correspond à la valeur t fournissant une aire égale à $\alpha/2$ dans la queue supérieure de la distribution de Student à $n-2$ degrés de liberté. Par exemple, supposez que nous voulions construire un intervalle de confiance à 99 % pour β_1 dans le cadre des restaurants Armand. D'après la table 2 de l'annexe B, la valeur t associée à $\alpha = 0,01$ et $n-2 = 10-2 = 8$ degrés de liberté est égale à $t_{0,005} = 3,355$. Ainsi, l'intervalle de confiance à 99 % pour β_1 est

$$b_1 \pm t_{\alpha/2} s_{b_1} = 5 \pm 3,355(0,5803) = 5 \pm 1,95$$

soit de 3,05 à 6,95.

En utilisant le test de signification de Student, les hypothèses testées étaient

$$H_0 : \beta_1 = 0$$

$$H_a : \beta_1 \neq 0$$

Au seuil de signification $\alpha = 0,01$, l'intervalle de confiance à 99 % nous offre une solution alternative pour effectuer le test d'hypothèses dans le cadre des restaurants Armand. Puisque 0, la valeur hypothétique de β_1, n'appartient pas à l'intervalle de confiance (de 3,05 à 6,95), nous pouvons rejeter H_0 et conclure qu'une relation statistiquement significative existe entre la taille de la population étudiante et les ventes trimestrielles. En général, un intervalle de confiance peut être utilisé pour tester toutes hypothèses bilatérales concernant β_1. Si la valeur hypothétique de β_1 appartient à l'intervalle de confiance, ne pas rejeter H_0. Sinon, rejeter H_0.

12.5.4 Le test F de Fisher

Un test de Fisher, basé sur la distribution de Fisher, peut également être utilisé pour tester si une relation est significative. Avec une seule variable indépendante, le test de Fisher conduit à la même conclusion que le test de Student ; c'est-à-dire, si le test de Student conclut que $\beta_1 \neq 0$ et qu'il existe une relation significative entre les variables, le test de Fisher conclura également à l'existence d'une relation significative. Par contre, avec plus d'une variable indépendante, seul le test de Fisher peut être utilisé pour tester la signification globale d'une relation.

La logique qui sous-tend l'utilisation du test de Fisher pour déterminer si la relation est statistiquement significative, est basée sur la construction de deux estimations indépendantes de σ^2. Nous avons vu que la moyenne des carrés des résidus, *MCres*, fournit une estimation de σ^2. Si l'hypothèse nulle $H_0 : \beta_1 = 0$ est vraie, la somme des carrés de la régression, *SCreg*, divisée par le nombre de ses degrés de liberté, fournit une autre estimation indépendante de σ^2. Cette estimation est appelée *moyenne des carrés de la régression* et est notée *MCreg*. De façon générale,

$$MCreg = \frac{SCreg}{\text{Nombre de degrés de liberté}}$$

Pour les modèles de régression que nous considérons ici, le nombre de degrés de liberté est toujours égal au nombre de variables indépendantes ; ainsi,

$$MCreg = \frac{SCreg}{\text{Nombre de variables indépendantes}} \qquad (12.20)$$

Puisque nous ne considérons dans ce chapitre que les modèles de régression à une seule variable indépendante, $MCreg = SCreg/1 = SCreg$. Dans le cadre de l'exemple des restaurants Armand, $MCreg = SCreg = 14\,200$.

Si l'hypothèse nulle ($H_0 : \beta_1 = 0$) est vraie, *MCreg* et *MCres* sont deux estimations indépendantes de σ^2 et la distribution d'échantillonnage de $MCreg/MCres$ suit une loi de Fisher avec un degré de liberté au numérateur et $n-2$ degrés de liberté au dénominateur. Par conséquent, lorsque $\beta_1 = 0$, la valeur de $MCreg/MCres$ doit être proche de un. Par contre, si l'hypothèse nulle est fausse ($\beta_1 \neq 0$), *MCreg* surestime σ^2 et la valeur de $MCreg/MCres$ augmente ; ainsi, des valeurs élevées de $MCreg/MCres$ conduisent au rejet de H_0 et à la conclusion selon laquelle la relation entre x et y est statistiquement significative.

Appliquons le test de Fisher à l'exemple des restaurants Armand. La statistique de test est

$$F = \frac{MCreg}{MCres} = \frac{14\,200}{191{,}25} = 74{,}25$$

D'après la table 4 de l'annexe B, avec un degré de liberté au numérateur et 8 degrés de liberté au dénominateur, la valeur $F = 11{,}26$ fournit une aire égale à 0,01 dans la queue supérieure de la distribution de Fisher. Ainsi, l'aire dans la queue supérieure de la distribution de Fisher correspondant à la statistique de test $F = 74{,}25$ doit être inférieure à 0,01. Nous concluons par conséquent que la valeur p associée à cette statistique de test est inférieure à 0,01. Minitab ou Excel indiquent que la valeur p est égale à 0,000. Puisque la valeur p est inférieure à $\alpha = 0{,}01$, nous rejetons H_0 et concluons que β_1 n'est pas égal à zéro. Les preuves statistiques sont suffisantes pour conclure qu'il existe une relation significative entre la population étudiante et les ventes trimestrielles. Un résumé du test de Fisher dans le cadre d'une régression linéaire simple suit.

> Le test de Fisher et le test de Student fournissent des résultats identiques dans le cadre d'une régression linéaire simple.

- **Test de signification de Fisher**

$$H_0:\ \beta_1 = 0$$
$$H_a:\ \beta_1 \neq 0$$

- **Statistique de test**

$$F = \frac{MCreg}{MCres} \tag{12.21}$$

- **Règle de rejet**

Approche par la valeur p : Rejet de H_0 si la valeur $p \leq \alpha$
Approche par la valeur critique : Rejet de H_0 si $F \geq F_\alpha$

où F_α est basé sur la distribution de Fisher à un degré de liberté au numérateur et $n-2$ degrés de liberté au dénominateur.

> Si H_0 est fausse, MCres reste un estimateur sans biais de σ^2 et MCreg surestime σ^2. Si H_0 est vraie, à la fois MCres et MCreg sont des estimateurs sans biais de σ^2 ; dans ce cas, la valeur de $MCreg/MCres$ sera proche de un.

Dans le chapitre 10, nous avons discuté de l'analyse de la variance (ANOVA) et montré comment utiliser un **tableau ANOVA** pour résumer les calculs de l'analyse de la variance. Un tableau ANOVA similaire peut être utilisé pour résumer les résultats du test de signification de Fisher. Le tableau 12.5 présente la forme générale d'un tableau ANOVA dans le cadre d'une étude de la régression impliquant une seule variable indépendante. Le tableau 12.6 présente le tableau ANOVA avec les calculs du test de Fisher effectué dans le cadre de l'exemple des restaurants Armand. Régression, résidus et totale sont les trois sources de variation, avec *SCreg*, *SCres* et *SCT* apparaissant dans la deuxième colonne. Les degrés de liberté, 1 pour Régression, $n-2$ pour Résidus et $n-1$ pour

Tableau 12.5 *Forme générale d'un tableau ANOVA dans le cadre d'une régression linéaire simple*

Source de la variation	Somme des carrés	Degrés de liberté	Moyenne des carrés	F	Valeur *p*
Régression	SCreg	1	$MCreg = \frac{SCreg}{1}$	$F = \frac{MCreg}{MCres}$	
Résidu	SCres	$n-2$	$MCres = \frac{SCres}{n-2}$		
Totale	SCT	$n-1$			

Tableau 12.6 ***Tableau ANOVA pour le problème des restaurants Armand***

Source de la variation	Somme des carrés	Degrés de liberté	Moyenne des carrés	*F*	Valeur *p*
Régression	14 200	1	$\frac{14\,200}{1} = 14\,200$	$\frac{14\,200}{191{,}25} = 74{,}25$	0,000
Résidu	1 530	8	$\frac{1530}{8} = 191{,}25$		
Totale	15 730	9			

Totale, sont notés dans la troisième colonne. La quatrième colonne contient les valeurs de $MCreg$ et $MCres$ et la cinquième colonne, la valeur de $F = MCreg/MCres$. La sixième et dernière colonne contient la valeur p correspondante à la valeur F obtenue dans la colonne 5. Presque tous les logiciels fournissent un résumé de l'analyse de la régression sous forme du tableau ANOVA.

> Dans chaque tableau d'analyse de la variance, la somme des carrés totale est égale à la somme de la somme des carrés de la régression et de la somme des carrés des résidus ; de plus, le nombre total de degrés de liberté est égal à la somme des degrés de liberté associés à la régression et des degrés de liberté associés aux résidus.

12.5.5 Quelques précautions à prendre dans l'interprétation des tests de signification

Rejeter l'hypothèse nulle $H_0 : \beta_1 = 0$ et conclure que la relation entre x et y est statistiquement significative ne nous permet pas de conclure qu'une relation de cause à effet lie x et y. Un analyste ne peut conclure à une relation de cause à effet que s'il dispose d'une justification théorique attestant de la causalité de la relation. Dans l'exemple des restaurants Armand, nous pouvons conclure qu'une relation significative existe entre la taille de la population étudiante x et les ventes trimestrielles y ; de plus, l'équation estimée de la régression $\hat{y} = 60 + 5x$ correspond à l'estimation par les moindres carrés de la relation. Nous ne pouvons, cependant, pas conclure que des changements dans la population étudiante x *causent* des changements dans les ventes trimestrielles y, uniquement parce que nous avons identifié une relation statistiquement significative entre ces deux variables. La justesse d'une telle conclusion de causalité est laissée au jugement de l'analyste, étayé par une justification théorique. Les responsables des restaurants Armand pensaient que des augmentations de la population étudiante entraîneraient des augmentations des ventes trimestrielles. Ainsi, le résultat du test de signification leur permet de conclure qu'une relation de cause à effet existe.

> L'analyse de la régression, utilisée pour identifier l'existence d'une relation entre deux variables, ne prouve pas l'existence d'une quelconque relation de causalité.

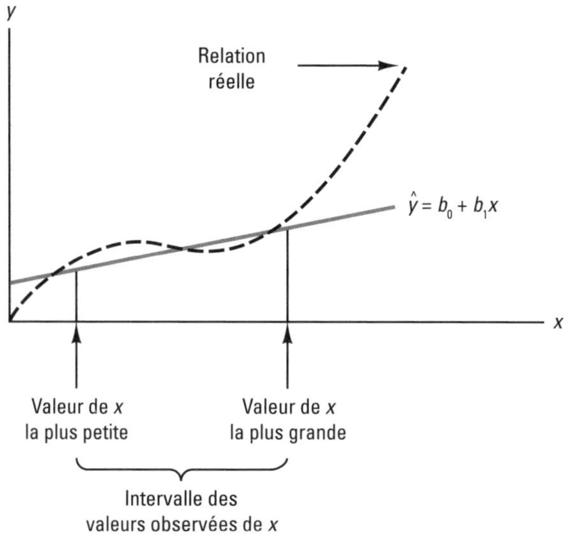

Figure 12.7 ***Exemple d'approximation linéaire d'une relation non-linéaire***

De plus, le fait de rejeter $H_0 : \beta_1 = 0$ et de conclure à l'existence d'une relation significative ne nous permet pas de conclure que la relation entre x et y est linéaire. Nous pouvons seulement affirmer que x et y sont liés et qu'une relation linéaire explique une partie significative de la variabilité de y par rapport aux valeurs de x observées dans l'échantillon. La figure 12.7 illustre cette situation. Le test de signification a conduit au rejet de l'hypothèse nulle $H_0 : \beta_1 = 0$ et à la conclusion que x et y sont significativement liés, mais la figure prouve que la relation effective entre x et y n'est pas linéaire. Bien qu'une approximation linéaire fournie par $\hat{y} = b_0 + b_1 x$ soit correcte au regard des valeurs de x observées dans l'échantillon, elle devient plus mauvaise pour les valeurs de x qui n'appartiennent pas à l'échantillon.

Dans la mesure où la relation est significative, nous pouvons utiliser, avec confiance, l'équation estimée de la régression pour effectuer des prévisions pour des valeurs de x appartenant à l'intervalle des valeurs observées dans l'échantillon. Dans le cadre de l'exemple des restaurants Armand, cet intervalle correspond aux valeurs de x comprises entre 2 et 26. Par contre, à moins que certains éléments indiquent que le modèle reste valable pour des valeurs de x situées hors de cet intervalle, les prévisions pour des valeurs de la variable indépendante qui n'appartiennent pas à l'intervalle observé, sont sujettes à caution. Dans l'exemple des restaurants Armand, puisque la relation de la régression est significative au seuil de 0,01, nous pouvons l'utiliser avec confiance pour prévoir les ventes trimestrielles des restaurants situés sur des campus dont la population étudiante varie entre 2 000 et 26 000 personnes.

REMARQUES

1. Les hypothèses faites à propos du terme d'erreur (section 12.4) rendent légitimes les tests de signification effectués dans cette section. Les propriétés de la distribution d'échantillonnage de b_1 et les tests de Student et de Fisher découlent directement de ces hypothèses.

2. Ne confondez pas la signification statistique avec la signification pratique. Avec de très grands échantillons, des résultats statistiquement significatifs peuvent être obtenus pour de petites valeurs de b_1 ; dans de tels cas, il faut être prudent en concluant que la relation est significative d'un point de vue pratique.

3. Un test de signification d'une relation linéaire entre x et y peut également être effectué en utilisant le coefficient de corrélation de l'échantillon r_{xy}. Avec ρ_{xy} correspondant au coefficient de corrélation de la population, les hypothèses sont les suivantes.

$$H_0 : \rho_{xy} = 0$$

$$H_a : \rho_{xy} \neq 0$$

4. Si H_0 est rejetée, on peut conclure à l'existence d'une relation significative. Le détail de ce test est fourni dans des ouvrages plus avancés. Cependant, les tests de Student et de Fisher présentés précédemment fournissent le même résultat que le test de signification effectué avec le coefficient de corrélation. Effectuer un test de signification avec le coefficient de corrélation est donc inutile si un test de Student ou de Fisher a déjà été effectué.

EXERCICES

Méthode

23. Reprendre les données de l'exercice 1.

x_i	1	2	3	4	5
y_i	3	7	5	11	14

a) Calculer la moyenne des carrés des résidus en utilisant l'expression (12.15).

b) Calculer l'erreur type de l'estimation en utilisant l'expression (12.16).

c) Calculer l'écart type estimé de b_1 en utilisant l'expression (12.18).

d) Utiliser le test de Student pour tester les hypothèses suivantes ($\alpha = 0{,}05$) :

$$H_0 : \beta_1 = 0$$

$$H_a : \beta_1 \neq 0$$

e) Utiliser le test de Fisher pour tester les hypothèses de la question (d) au seuil de 0,05. Présenter les résultats sous forme d'un tableau d'analyse de la variance.

24. Reprendre les données de l'exercice 2.

x_i	3	12	6	20	14
y_i	55	40	55	10	15

a) Calculer la moyenne des carrés des résidus en utilisant l'expression (12.15).

b) Calculer l'erreur type de l'estimation en utilisant l'expression (12.16).

c) Calculer l'écart type estimé de b_1 en utilisant l'expression (12.18).

d) Utiliser le test de Student pour tester les hypothèses suivantes ($\alpha = 0{,}05$) :

$$H_0 : \beta_1 = 0$$
$$H_a : \beta_1 \neq 0$$

e) Utiliser le test de Fisher pour tester les hypothèses de la question (d) au seuil de 0,05. Présenter les résultats sous forme d'un tableau d'analyse de la variance.

25. Reprendre les données de l'exercice 3.

x_i	2	6	9	13	20
y_i	7	18	9	26	23

a) Quelle est la valeur de l'erreur type de l'estimation ?

b) Tester l'existence d'une relation significative en utilisant le test de Student au seuil $\alpha = 0{,}05$.

c) Utiliser le test de Fisher pour tester l'existence d'une relation significative au seuil $\alpha = 0{,}05$. Quelle est votre conclusion ?

APPLICATIONS

26. À l'exercice 18, nous avons présenté les données suivantes concernant la note moyenne et le salaire mensuel.

Note moyenne	Salaire mensuel ($)
2,6	3 300
3,4	3 600
3,6	4 000
3,2	3 500
3,5	3 900
2,9	3 600

a) Est-ce que le test de Student révèle l'existence d'une relation significative entre la note moyenne et le salaire mensuel ? Quelle est votre conclusion ? Utiliser un seuil de signification $\alpha = 0{,}05$.

b) Tester l'existence d'une relation significative en utilisant le test de Fisher. Quelle est votre conclusion ? Utiliser un seuil de signification de 0,05.

c) Construire le tableau ANOVA.

27. Le nombre de pixels d'un appareil photo numérique est l'un des plus importants facteurs déterminant la qualité de l'image. Mais les appareils photo ayant le plus grand nombre de pixels coûtent-ils plus chers ? Les données suivantes (cf. fichier en ligne Appareils photo numériques) indiquent le nombre de pixels (en millions) et le prix (en dollars) de 10 appareils photo numériques (*Consumer Reports*, mars 2009).

Marque et modèle	Pixels (en millions)	Prix ($)
Canon PowerShot SD110 IS	8	180
Casio Exilim Card EX-510	10	200
Sony Cyber-shot DSC-T70	7	230
Pentax Optio M50	8	120
Canon PowerShot G10	15	470
Canon PowerShot A590 IS	8	140
Canon PowerShot E1	10	180
Fujifilm FinePi F00FD	12	310
Sony Cyber-shot DSC-W170	10	250
Canon PowerShot A470	7	110

Appareils photo numériques

a) Utiliser ces données pour développer l'équation estimée de la régression, permettant d'estimer le prix d'un appareil photo numérique en fonction du nombre de pixels.

b) Au seuil de signification de 0,05, déterminer si le nombre de pixels et le prix sont liés. Expliquer ?

c) Pensez-vous que l'équation estimée de la régression est suffisamment robuste pour prévoir le prix d'un appareil photo numérique étant donné le nombre de pixels ? Expliquer.

d) L'appareil photo numérique Kodak EasyShare Z1012 IS a 10 millions de pixels. Prévoir le prix de cet appareil en utilisant l'équation estimée de la régression obtenue à la question (a).

28. Dans l'exercice 8, des données (cf. fichier en ligne Sac de couchage) sur la température (x) et le prix (y) de 11 sacs de couchage fabriqués par Bergans de Norvège ont fourni l'équation de régression estimée $\hat{y} = 359{,}2668 - 5{,}2772x$. Tester, au seuil de signification de 0,05, l'existence d'une relation significative entre la température et le prix. Construire un tableau ANOVA. Quelle est votre conclusion ?

Sac de couchage

29. Reprendre l'exercice 21, dans lequel des données sur le volume et les coûts de production ont permis d'estimer une équation de la régression liant le volume de la production et son coût pour une opération de fabrication particulière. Tester, au seuil de signification de 0,05, l'existence d'une relation significative entre le volume de production et les coûts totaux. Construire le tableau ANOVA. Quelle est votre conclusion ?

30. Reprendre l'exercice 5, dans lequel les données suivantes (cf. fichier en ligne Elliptiques) ont permis de déterminer la relation entre le prix et la qualité d'un elliptique (*Consumer Reports*, février 2008).

Marque et modèle	Prix ($)	Note
Precor 5.31	3 700	87
Keys Fitness CG2	2 500	84
Octane Fitness Q37e	2 800	82
LifeFitness X1 Basic	1 900	74
NordicTrack AudioStrider 990	1 000	73
Schwinn 430	800	69
Vision Fitness X6100	1 700	68
ProForm XP 520 Razor	600	55

Avec x le prix (en dollars) et y la note, l'équation estimée de la régression est $\hat{y} = 58{,}158 + 0{,}008449x$. Pour ces données, $SCres = 173{,}88$ et $SCT = 756$. Existe-t-il une relation significative entre le prix et la note ?

31. Dans l'exercice 20, des données (cf. fichier en ligne Téléviseur plasma) sur le prix (x) et la note globale de dix téléviseurs plasma de 42 pouces (y) testés par *Consumer Reports* ont fourni l'équation estimée de la régression suivante : $\hat{y} = 12{,}0169 + 0{,}0127x$. Pour ces données, $SCres = 540{,}04$ et $SCT = 982{,}40$. Utiliser le test de Fisher pour déterminer si le prix d'un téléviseur plasma de 42 pouces et sa note globale sont liés au seuil de signification égal à 0,05.

12.6 UTILISATION DE L'ÉQUATION ESTIMÉE DE LA RÉGRESSION POUR ESTIMER ET PRÉVOIR

Lorsqu'on utilise un modèle de régression linéaire simple, on fait une hypothèse sur la relation entre x et y. En utilisant la méthode des moindres carrés, on obtient l'équation estimée de la régression linéaire simple. Si les résultats prouvent l'existence d'une relation statistiquement significative entre x et y, et si le coefficient de détermination indique que l'équation estimée de la régression semble bien adaptée aux données, l'équation estimée de la régression peut servir à faire des estimations et des prévisions.

12.6.1 Estimation ponctuelle

Dans l'exemple des restaurants Armand, l'équation estimée de la régression $\hat{y} = 60 + 5x$ fournit une estimation de la relation entre la taille de la population étudiante x et les ventes trimestrielles y. Nous pouvons utiliser l'équation estimée de la régression pour effectuer une estimation ponctuelle de la moyenne de y pour une valeur particulière de x ou pour prévoir la valeur de y associée à une valeur particulière de x. Par exemple, supposez que les responsables des restaurants Armand veuillent effectuer une estimation ponctuelle de la moyenne des ventes trimestrielles pour tous les restaurants situés près de campus universitaires regroupant 10 000 étudiants. En utilisant l'équation estimée de la régression $\hat{y} = 60 + 5x$, nous voyons que pour $x = 10$ (soit 10 000 étudiants), $\hat{y} = 60 + 5(10) = 110$. Ainsi, une estimation ponctuelle de la moyenne des ventes trimestrielles pour tous les restaurants situés près de campus comptant 10 000 étudiants est 110 000 dollars.

Maintenant, supposez que les responsables des restaurants Armand veuillent prévoir les ventes d'un restaurant situé près du collège Talbot, une école comptant 10 000 étudiants. Dans ce cas, nous ne sommes pas intéressés par la valeur des ventes moyennes de tous les restaurants situés près de campus regroupant 10 000 étudiants, mais par la prévision des ventes d'un seul restaurant. Or il s'avère que l'estimation ponctuelle d'une valeur de y est la même que l'estimation ponctuelle de la valeur moyenne de y. Par conséquent, nous prévoyons des ventes trimestrielles d'un montant de 110 000 dollars ($\hat{y} = 60 + 5(10) = 110$) pour ce restaurant.

12.6.2 Estimation par intervalle

Les estimations ponctuelles ne fournissent aucune information sur la précision de l'estimation. Pour cela, il faut effectuer des estimations par intervalle, comme celles présentées aux chapitres 8, 10 et 11. Le premier type d'estimation par intervalle, par **intervalle de confiance**, est une estimation par intervalle de la *valeur moyenne de* y pour une valeur donnée de x. Le second type d'estimation, par **intervalle de prévision**, est utilisé lorsqu'on souhaite obtenir une estimation par intervalle d'une *seule valeur* de y correspondant à une valeur donnée de x. Avec une estimation ponctuelle, on obtient la même valeur lorsqu'on estime la valeur moyenne de y ou lorsqu'on prévoit une valeur individuelle de y, tandis qu'avec des estimations par intervalle, on obtient des valeurs différentes. La marge d'erreur est plus importante dans le cas d'intervalles de prévision.

> Les intervalles de confiance et les intervalles de prévision indiquent la précision des résultats de la régression. Plus les intervalles sont petits, plus le degré de précision est élevé.

12.6.3 Intervalle de confiance de la valeur moyenne de y

L'équation estimée de la régression fournit une estimation ponctuelle de la valeur moyenne de y pour une valeur donnée de x. Nous utiliserons les notations suivantes pour décrire la procédure d'estimation par intervalle de confiance :

x_p est une valeur particulière de la variable indépendante x

y_p est la valeur de la variable dépendante y correspondant à la valeur donnée x_p

$E(y_p)$ correspond à la moyenne ou espérance mathématique de la variable dépendante y correspondant à la valeur donnée x_p

$\hat{y}_p = b_0 + b_1 x_p$ correspond à l'estimation de $E(y_p)$ lorsque $x = x_p$

En utilisant ces notations pour estimer la moyenne des ventes trimestrielles pour tous les restaurants Armand situés près de campus comptant 10 000 étudiants, nous avons $x_p = 10$ et $E(y_p)$ correspond à la moyenne inconnue des ventes pour tous les restaurants lorsque $x_p = 10$. L'estimation ponctuelle de $E(y_p)$ est égale à $\hat{y} = 60 + 5(10) = 110$.

En général, $\hat{y}_p$ n'est pas exactement égal à $E(y_p)$. Si l'on souhaite faire de l'inférence sur l'écart entre $\hat{y}_p$ et la vraie moyenne $E(y_p)$, il faut estimer la variance de $\hat{y}_p$. La formule pour estimer la variance de $\hat{y}_p$ sachant x_p, notée $s^2_{\hat{y}_p}$, correspond à

$$s^2_{\hat{y}_p} = s^2\left[\frac{1}{n}+\frac{(x_p-\bar{x})^2}{\sum(x_i-\bar{x})^2}\right] \tag{12.22}$$

L'estimation de l'écart type de $\hat{y}_p$ correspond à la racine carrée de l'expression (12.22).

$$s_{\hat{y}_p} = s\sqrt{\frac{1}{n}+\frac{(x_p-\bar{x})^2}{\sum(x_i-\bar{x})^2}} \tag{12.23}$$

D'après les résultats obtenus dans le cadre de l'exemple des restaurants Armand dans la section 12.5, $s = 13,829$. Avec $x_p = 10$, $\bar{x} = 14$ et $\sum(x_i-\bar{x})^2 = 568$, on peut utiliser l'expression (12.23) pour obtenir

$$s_{\hat{y}_p} = 13,829\sqrt{\frac{1}{10}+\frac{(10-14)^2}{568}}$$

$$= 13,829\sqrt{0,1282} = 4,95$$

L'expression générale pour un intervalle de confiance s'écrit de la façon suivante.

▶ **Intervalle de confiance pour** $E(y_p)$

$$\hat{y}_p \pm t_{\alpha/2}s_{\hat{y}_p} \tag{12.24}$$

où le coefficient de confiance est égal à $1-\alpha$ et $t_{\alpha/2}$ est basé sur la distribution de Student à $n-2$ degrés de liberté

La marge d'erreur associée à cette estimation par intervalle est $t_{\alpha/2}s_{\hat{y}_p}$.

Pour pouvoir utiliser l'expression (12.24) pour construire un intervalle de confiance à 95 % de la moyenne des ventes trimestrielles pour tous les restaurants Armand situés près de campus regroupant 10 000 étudiants, il nous faut connaître la valeur de t pour $\alpha/2 = 0,025$ et $n-2 = 10-2 = 8$ degrés de liberté. D'après la table 2 de l'annexe B, $t_{0,025} = 2,306$. Ainsi, avec $\hat{y}_p = 110$ et une marge d'erreur égale à $t_{\alpha/2}s_{\hat{y}_p} = 2,306(4,95) = 11,415$, l'estimation par intervalle de confiance à 95 % est

$$110 \pm 11,415$$

En dollars, l'intervalle de confiance à 95 % de la moyenne des ventes trimestrielles de tous les restaurants situés près des campus de 10 000 étudiants est 110 000 ± 11 415 dollars. Par conséquent, l'intervalle de confiance à 95 % de la moyenne des ventes trimestrielles lorsque la population étudiante compte 10 000 individus va de 98 585 dollars à 121 415 dollars.

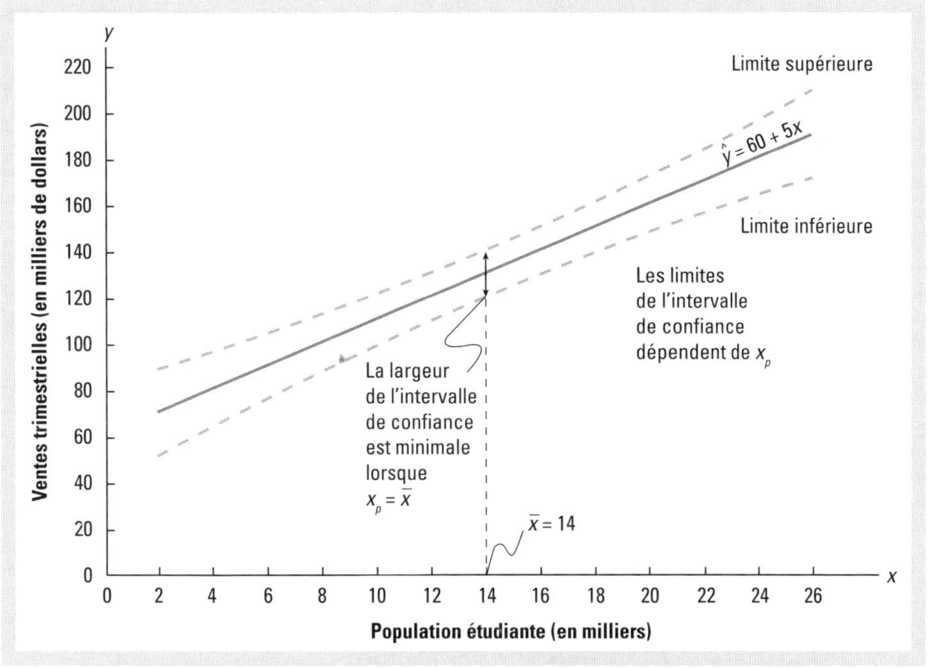

Figure 12.8 ***Intervalles de confiance de la moyenne des ventes trimestrielles y pour des valeurs données de la population étudiante x***

Notez que l'écart type estimé le plus faible de $\hat{y}_p$ donné par l'expression (12.23), est obtenu pour $x_p = \bar{x}$ et la quantité $x_p - \bar{x} = 0$. Dans ce cas, l'écart type estimé de $\hat{y}_p$ devient

$$s_{\hat{y}_p} = s\sqrt{\frac{1}{n} + \frac{\left(x_p - \bar{x}\right)^2}{\sum\left(x_i - \bar{x}\right)^2}} = s\sqrt{\frac{1}{n}}$$

Ce résultat implique que la meilleure estimation ou l'estimation la plus précise de la moyenne de y est obtenue lorsque $x_p = \bar{x}$. En fait, plus x_p est loin de $\bar{x}$, plus $x_p - \bar{x}$ s'accroît. Par conséquent, les intervalles de confiance pour la moyenne de y deviennent plus larges lorsque x_p s'écarte de $\bar{x}$. La figure 12.8 illustre graphiquement ce résultat.

12.6.4 Intervalle de prévision d'une valeur individuelle de y

Supposez que plutôt qu'estimer la moyenne des ventes trimestrielles des restaurants Armand situés près des campus de 10 000 étudiants, nous voulions estimer les ventes trimestrielles d'un seul restaurant situé près du collège Talbot qui compte 10 000 étudiants. Comme souligné précédemment, l'estimation ponctuelle de y_p, correspondant à la valeur de y associée à $x = x_p$, est donnée par l'équation estimée de la régression $\hat{y}_p = b_0 + b_1 x_p$. Pour le restaurant du collège Talbot, $x_p = 10$ et les ventes trimestrielles correspondantes sont estimées à $\hat{y}_p = 60 + 5(10) = 110$, soit 110 000 dollars. Notez que cette valeur est identique à l'estimation ponctuelle de la moyenne des ventes trimestrielles pour tous les restaurants situés près de campus de 10 000 étudiants.

Pour développer un intervalle de prévision, nous devons tout d'abord estimer la variance associée à l'utilisation de $\hat{y}_p$ comme estimateur de la valeur individuelle de y lorsque $x = x_p$. Cette variance est composée de la somme des deux éléments suivants :

1. La variance des valeurs individuelles de y par rapport à la moyenne $E(y_p)$, estimée par s^2 ;
2. La variance associée à l'utilisation de $\hat{y}_p$ pour estimer $E(y_p)$, estimée par $s^2_{\hat{y}_p}$.

La formule pour estimer la variance d'une valeur individuelle de y_p, notée s^2_{ind}, est

$$\begin{aligned} s^2_{ind} &= s^2 + s^2_{\hat{y}_p} \\ &= s^2 + s^2\left[\frac{1}{n} + \frac{(x_p - \bar{x})^2}{\sum(x_i - \bar{x})^2}\right] \\ &= s^2\left[1 + \frac{1}{n} + \frac{(x_p - \bar{x})^2}{\sum(x_i - \bar{x})^2}\right] \end{aligned} \tag{12.25}$$

Par conséquent, une estimation de l'écart type d'une valeur individuelle de y_p est donnée par

$$s_{ind} = s\sqrt{1 + \frac{1}{n} + \frac{(x_p - \bar{x})^2}{\sum(x_i - \bar{x})^2}} \tag{12.26}$$

Dans le cadre de l'exemple des restaurants Armand, l'écart type estimé correspondant à la prévision des ventes trimestrielles d'un restaurant particulier, situé près d'un campus de 10 000 étudiants, est calculé de la façon suivante.

$$\begin{aligned} s_{ind} &= 13,829\sqrt{1 + \frac{1}{10} + \frac{(10 - 14)^2}{568}} \\ &= 13,829\sqrt{1,1282} \\ &= 14,69 \end{aligned}$$

L'expression générale d'un intervalle de prévision est la suivante.

▶ Intervalle de prévision de y_p

$$\hat{y}_p \pm t_{\alpha/2} s_{ind} \tag{12.27}$$

où le coefficient de confiance est égal à $1 - \alpha$ et $t_{\alpha/2}$ est basé sur la distribution de Student à $n - 2$ degrés de liberté

La marge d'erreur associée à cette estimation par intervalle est $t_{\alpha/2}s_{ind}$.

L'intervalle de prévision à 95 % pour les ventes trimestrielles du restaurant situé près du collège Talbot peut être trouvé en utilisant $t_{0,025} = 2,306$ et $s_{ind} = 14,69$. L'expression (12.29) fournit l'intervalle suivant

$$110 \pm 33,875$$

En dollars, l'intervalle de prévision est le suivant : $110\,000 \pm 33\,875$ dollars, soit de 76 125 dollars à 143 875 dollars. Notez que l'intervalle de prévision d'un restaurant individuel situé près d'un campus de 10 000 étudiants est plus large que l'intervalle de confiance pour la moyenne des ventes de tous les restaurants situés près de campus de 10 000 étudiants. La différence reflète le fait que nous sommes capables d'estimer la moyenne de y de façon plus précise qu'une valeur individuelle de y.

À la fois les estimations par intervalle de confiance et par intervalle de prévision sont plus précises lorsque la valeur de la variable indépendante est $x_p = \bar{x}$. Les formes générales des intervalles de confiance et des intervalles de prévision, plus larges, sont représentées à la figure 12.9.

En général, les courbes représentant les limites des intervalles de confiance et de prévision ont la même forme.

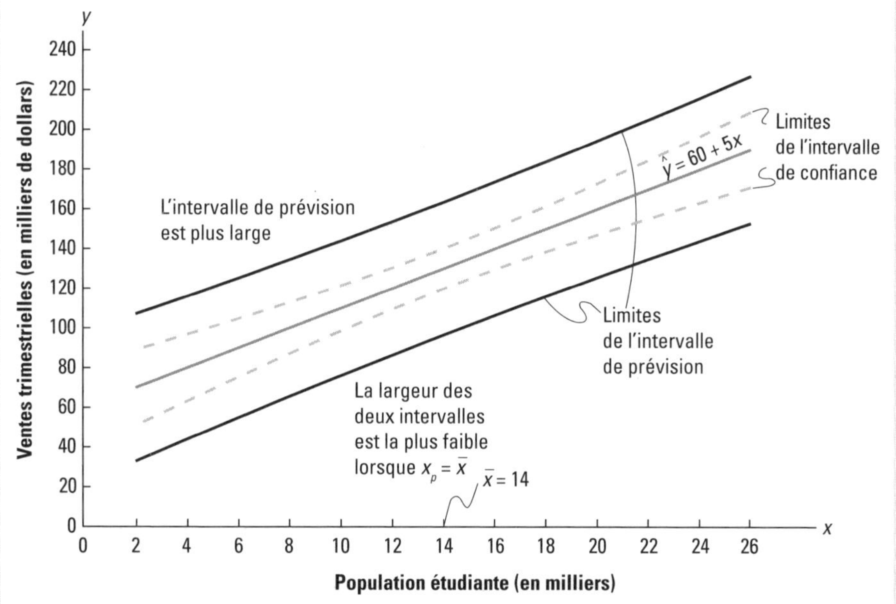

Figure 12.9 ***Intervalles de confiance et de prévision des ventes trimestrielles y pour des valeurs données de la population étudiante x***

EXERCICES

Méthode

32. Reprendre les données de l'exercice 1.

x_i	1	2	3	4	5
y_i	3	7	5	11	14

a) Utiliser l'expression (12.23) pour estimer l'écart type de $\hat{y}_p$ lorsque $x = 4$.

b) Utiliser l'expression (12.24) pour construire un intervalle de confiance à 95 % pour la valeur attendue de y lorsque $x = 4$.

c) Utiliser l'expression (12.26) pour estimer l'écart type d'une valeur individuelle de y lorsque $x = 4$.

d) Utiliser l'expression (12.27) pour construire un intervalle de prévision à 95 % pour $x = 4$.

33. Reprendre les données de l'exercice 2.

x_i	3	12	6	20	14
y_i	55	40	55	10	15

a) Estimer l'écart type de $\hat{y}_p$ lorsque $x = 8$.

b) Construire l'intervalle de confiance à 95 % pour la valeur attendue de y lorsque $x = 8$.

c) Estimer l'écart type d'une valeur individuelle de y lorsque $x = 8$.

d) Construire l'intervalle de prévision à 95 % pour y lorsque $x = 8$.

34. Reprendre les données de l'exercice 3.

x_i	2	6	9	13	20
y_i	7	18	9	26	23

Construire les intervalles de confiance et de prévision à 95 % lorsque $x = 12$. Expliquer pourquoi ces deux intervalles sont différents.

Applications

35. À l'exercice 18, les données sur la moyenne des notes x et le salaire mensuel y ont permis d'obtenir l'équation estimée de la régression $\hat{y} = 1790,5 + 581,1x$.

a) Construire un intervalle de confiance à 95 % pour le salaire moyen de base de tous les étudiants qui ont obtenu une note moyenne égale à 3.

b) Construire un intervalle de prévision à 95 % pour le salaire de base de Joe Heller, un étudiant qui a obtenu une note moyenne de 3.

Sac de couchage

36. Dans l'exercice 8, des données (cf. fichier en ligne Sac de couchage) sur la température (x) et le prix (y) de 11 sacs de couchage fabriqués par Bergans de Norvège ont fourni l'équation de régression estimée $\hat{y} = 359,2668 - 5,2772x$. Pour ces données, $s = 37,9372$.

a) Développer une estimation ponctuelle du prix d'un sac de couchage pouvant supporter une température de 30° F.

b) Construire un intervalle de confiance à 95 % pour le prix moyen des sacs de couchage pouvant supporter une température de 30° F.

c) Supposez que Bergans ait développé un nouveau modèle pouvant supporter une température de 30° F. Construire l'intervalle de prévision à 95 % pour le prix de ce nouveau modèle.

d) Discuter des différences entre les réponses aux questions (b) et (c).

37. Dans l'exercice 13, des données sur le revenu brut ajusté et le montant des déductions dont peuvent bénéficier les contribuables, étaient présentées. Les données étaient exprimées en milliers de dollars. Avec une équation estimée de la régression correspondant à $\hat{y} = 4{,}68 + 0{,}16x$, l'estimation ponctuelle d'un montant raisonnable de déductions pour un contribuable dont le revenu brut ajusté est égal à 52 500 dollars, s'élève à 13 080 dollars.

a) Construire un intervalle de confiance à 95 % du montant moyen de déductions pour tous les contribuables dont le revenu brut ajusté s'élève à 52 500 dollars.

b) Construire un intervalle de prévision à 95 % du montant moyen de déductions pour un contribuable particulier dont le revenu brut ajusté s'élève à 52 500 dollars.

c) Si le contribuable particulier dont il est question en (b) déclare un montant total de déductions égal à 20 400 dollars, la demande d'audit d'un agent de l'administration fiscale paraît-elle justifiée ?

d) Utiliser votre réponse à la question (b) pour donner à l'agent de l'administration fiscale des conseils sur l'intervalle des montants de déductions qu'un contribuable dont le revenu brut ajusté s'élève à 52 500 dollars, peut déclarer, avant de recommander un audit.

38. Référez-vous à l'exercice 21, dans lequel des données sur le volume de la production x et le coût total y d'une opération de fabrication particulière, ont permis d'estimer l'équation de la régression $\hat{y} = 1246{,}67 + 7{,}6x$.

a) D'après le planning de production de la société, 500 unités devraient être produites le mois prochain. Quelle est l'estimation ponctuelle du coût total pour le mois prochain ?

b) Construire un intervalle de prévision à 99 % pour le coût total du mois prochain.

c) Si un rapport comptable sur les coûts, écrit à la fin du mois suivant, indique que le coût réel de la production au cours du mois était de 6 000 dollars, les responsables devraient-ils s'inquiéter d'avoir supporté un coût total aussi élevé ? Discuter.

39. Presque tous les systèmes de tramway américains utilisent des wagons électriques qui roulent sur les voies construites dans les rues. L'administration fédérale des transports publics déclare que le tramway est l'un des modes de transport les plus sûrs, avec un taux d'accident de 0,99 accident par million de miles parcourus, comparativement à un taux d'accident de 2,29 pour les bus. Les données suivantes indiquent l'étendue en miles du réseau et le nombre de passagers transportés chaque semaine dans sept villes disposant d'un tramway (*USA Today*, 7 janvier 2003).

Ville	Réseau de voies (en miles)	Voyageurs (en milliers)
Cleveland	15	15
Denver	17	35
Portland	38	81
Sacramento	21	31
San Diego	47	75
San Jose	31	30
St Louis	34	42

a) Utiliser ces données pour estimer l'équation de la régression qui peut servir à prévoir le nombre de voyageurs, étant donnée l'étendue du réseau.

b) L'équation estimée de la régression est-elle bien adaptée aux données ? Expliquer.

c) Construire un intervalle de confiance à 95 % pour le nombre moyen de voyageurs par semaine pour un tramway dont le réseau couvre 30 miles.

d) Supposez que la ville de Charlotte envisage la construction d'un tramway dont le réseau s'étendrait sur 30 miles. Construire un intervalle de prévision à 95 % pour le nombre de voyageurs prenant le tramway de Charlotte chaque semaine. Pensez-vous que l'intervalle de prévision que vous venez de construire peut apporter des informations aux pouvoirs publics de Charlotte qui cherchent à anticiper le nombre de voyageurs dans leur nouveau système de transport ? Expliquer.

12.7 SOLUTION INFORMATIQUE

Faire une analyse de la régression sans l'aide d'un ordinateur peut être long. Dans cette section, nous verrons comment minimiser les calculs en utilisant un logiciel comme Minitab.

Nous avons enregistré les données relatives à la population étudiante et aux ventes trimestrielles des restaurants Armand, dans une feuille de calcul Minitab. Nous avons nommé la variable indépendante POP et la variable dépendante SALES pour faciliter l'interprétation du résultat de la programmation, illustré à la figure 12.10.[2] L'interprétation de ce résultat suit.

1. Minitab affiche l'équation estimée de la régression de la façon suivante : $SALES = 60.0 + 5.00POP$.
2. Minitab affiche un tableau dans lequel apparaissent les valeurs des coefficients b_0 et b_1, l'écart type de chaque coefficient, la valeur t obtenue en divisant la valeur du coefficient par son écart type, et la valeur p associée au test de Student. Puisque la valeur p est égale à zéro (avec trois chiffres après la virgule), les résultats d'échantillon indiquent que l'hypothèse nulle ($H_0 : \beta_1 = 0$) doit être rejetée. De manière alternative, on peut comparer 8,62 (situé dans la colonne T) à la valeur critique appropriée. Cette procédure a été décrite pour le test de Student dans la section 12.5.

[2] Les étapes de la programmation nécessaires à l'obtention de l'output sont décrites dans l'annexe 12.1.

3. Minitab affiche l'erreur type de l'estimation, $s = 13{,}8293$, ainsi que des informations sur l'adéquation du modèle aux données. Notez que « $\mathrm{R}-\mathrm{sq}=90.3\%$ » correspond au coefficient de détermination exprimé en pourcentage. La valeur « R-Sq(adj) = 89.1 % » sera discutée au chapitre 13.
4. Le tableau ANOVA est affiché en dessous du titre « Analysis of variance ». Minitab utilise le titre « Residual Error » pour exprimer la source de variation que sont les erreurs. Notez que DF est une abréviation de degrés de liberté (« degrees of freedom ») et que la moyenne des carrés de la régression (*MCreg*) est égale à 14 200 et la moyenne des carrés des résidus (*MCres*) est égale à 191. Le rapport de ces deux valeurs fournit la valeur *F*, égale à 74,25 et la valeur *p* qui lui est associée, égale à 0. Puisque la valeur *p* est nulle (avec trois chiffres après la virgule), la relation entre *Sales* et *Pop* est jugée statistiquement significative.
5. L'estimation par intervalle de confiance à 95 % des ventes trimestrielles attendues et l'estimation par intervalle de prévision à 95 % des ventes trimestrielles d'un restaurant situé près d'un campus de 10 000 étudiants sont affichées sous le tableau ANOVA. L'intervalle de confiance est $[98{,}58\,;121{,}42]$ et l'intervalle de prévision est $[76{,}12\,;143{,}87]$.

```
The regression equation is
Sales = 60.0 + 5.00 Pop   <----  Équation estimée de la régression

Predictor     Coef   SE Coef     T      p
Constant    60.000     9.226  6.50  0.000
Pop         5.0000    0.5803  8.62  0.000

S = 13.83   R - sq = 90.3%   R - sq (adj) = 89.1%

Analysis of Variance

SOURCE            DF      SS      MS      F      p
Regression         1  14 200  14 200  74.25  0.000   <----  Tableau ANOVA
Residual Error     8   1 530     191
Total              9  15 730

Predicted Values for New Observations          Estimations par intervalle

New
Obs      Fit   SE Fit        95% C.I.            95% P.I.   <----
  1   110.00     4.95   (998.58, 121.42)   (76.12, 143.88)
```

Figure 12.10 ***Feuille de résultats Minitab dans le cadre du problème des restaurants Armand***

EXERCICES

Applications

40. Le département commercial d'une agence immobilière a effectué une analyse de la régression de la relation entre x, les loyers bruts annuels (en milliers de dollars) et y, le prix de vente (en milliers de dollars) d'un immeuble. Les données collectées concernent plusieurs propriétés récemment vendues, et les résultats informatiques suivants ont été obtenus.

```
The regression equation is
Y = 20.0 + 7.21 X

Predictor         Coef      SE Coef        T
Constant        20.000       3.2213     6.21
X                7.210       1.3626     5.29

Analysis of Variance

SOURCE                DF          SS
Regression             1     41587.3
Residual Error         7
Total                  8     51984.1
```

a) Combien d'immeubles l'échantillon comprend-t-il ?

b) Écrire l'équation estimée de la régression.

c) Quelle est la valeur de s_{b_1} ?

d) Utiliser la statistique de Fisher pour tester l'existence d'une relation significative au seuil de 0,05.

e) Estimer le prix de vente d'un immeuble dont le loyer brut annuel s'élève à 50 000 dollars.

41. Ci-dessous est présentée une partie du résultat de la programmation d'une analyse de la régression reliant les dépenses de maintenance (en dollars par mois), y, et l'usage (en heures par semaine) d'une marque particulière d'un terminal informatique, x.

```
The regression equation is
Y = 6.1092 + .8951 X

Predictor         Coef      SE Coef
Constant        6.1092       0.9361
X               0.8951       0.1490

Analysis of Variance

SOURCE                DF          SS          MS
Regression             1     1575.76     1575.76
Residual Error         8      349.14       43.64
Total                  9     1924.90
```

a) Écrire l'équation estimée de la régression.

b) Utiliser un test de Student pour déterminer si les dépenses mensuelles de maintenance du terminal sont liées à son utilisation, au seuil de signification de 0,05.

c) Utiliser l'équation estimée de la régression pour prévoir les dépenses mensuelles de maintenance pour tout terminal utilisé 25 heures par semaine.

42. Un modèle de régression reliant x, le nombre de vendeurs d'une succursale, à y, les ventes annuelles de la succursale (en milliers de dollars), a été développé. Le résultat de la programmation de l'analyse de la régression est présenté ci-dessous.

```
The regression equation is
Y = 80.0 + 50.0 X

Predictor          Coef      SE Coef         T
Constant           80.0       11.333      7.06
X                  50.0        5.482      9.12

Analysis of Variance

SOURCE              DF            SS            MS
Regression           1        6828.6        6828.6
Residual Error      28        2298.8          82.1
Total               29        9127.4
```

a) Écrire l'équation estimée de la régression.

b) Combien de succursales l'étude comprend-t-elle ?

c) Calculer la statistique de Fisher et tester l'existence d'une relation significative au seuil de 0,05.

d) Prévoir les ventes annuelles de la succursale de Memphis. Cette succursale emploie 12 vendeurs.

43. Les frais d'inscription dans des écoles de commerce peuvent être très élevés mais le salaire de base et les bonus auxquels peuvent prétendre les diplômés de ces écoles peuvent s'avérer également substantiels. Les données suivantes (cf. fichier en ligne Écoles de commerce) indiquent les frais d'inscription (arrondis au millier de dollars le plus proche) et le salaire de base et les bonus payés aux récents diplômés de ces écoles (arrondis au millier de dollars le plus proche) pour un échantillon de 20 écoles de commerce (*U.S. News & World Report 2009 Edition America's Best Graduate Schools*).

École	Frais d'inscription (en milliers de dollars)	Salaire et bonus (en milliers de dollars)
Université d'état d'Arizona	28	98
Babson College	35	94
Université de Cornell	44	119
Université de Georgetown	40	109
Institut technologique de Géorgie	30	88
Université de l'Indiana – Bloomington	35	105
Université d'état du Michigan	26	99

Écoles de commerce

École	Frais d'inscription (en milliers de dollars)	Salaire et bonus (en milliers de dollars)
Université Northwestern	44	123
Université d'état de l'Ohio	35	97
Université de Purdue – West Lafayette	33	96
Université de Rice	36	102
Université de Stanford	46	135
Université de Californie – Davis	35	89
Université de Floride	23	71
Université de l'Iowa	25	78
Université du Minnesota –Twin Cities	37	100
Université de Notre Dame	36	95
Université de Rochester	38	99
Université de Washington	30	94
Université du Wisconsin - Madison	27	93

a) Représenter un nuage de points avec le salaire et bonus comme variable dépendante.

b) Une relation apparaît-elle entre ces variables ? Expliquer.

c) Estimer l'équation de la régression qui pourrait être utilisée pour prévoir le salaire et le bonus des jeunes diplômés étant donnés les frais d'inscription à l'école.

d) Tester l'existence d'une relation significative au seuil de 0,05. Quelle est votre conclusion ?

e) L'équation estimée de la régression est-elle bien adaptée aux données ? Expliquer.

f) Supposez que nous sélectionnions aléatoirement un jeune diplômé de l'Université de Virginie. Les frais d'inscription s'élèvent à 43 000 dollars. Estimer le salaire et le bonus de ce diplômé.

44. Les courses automobiles, les écoles de conduite de haut niveau et les programmes d'éducation des automobilistes proposés par les clubs automobiles voient leur popularité s'accroître. Toutes ces activités imposent aux participants de porter un casque certifié par la fondation Snell Memorial, une organisation à but non lucratif dédiée à la recherche, au test et au développement des casques de sécurité. Les casques professionnels évalués par Snell « SA » (Sports Application) sont conçus pour les courses automobiles et offrent une protection optimale contre le feu et une résistance aux impacts extrêmes. L'un des facteurs clés dans le choix d'un casque est le poids, puisque des casques plus légers minimisent l'impact sur la nuque. Les données suivantes (cf. fichier en ligne Casques de course) indiquent le poids et le prix de 18 casques SA (site Internet de SoloRacer, 20 avril 2008).

Casques de course

Casque	Poids (onces)	Prix ($)
Pyrotect Pro Airflow	64	248
Pyrotect Pro Airflow Graphics	64	278
RCi Full Race	64	200
RaceQuip RidgeLine	64	200
HJC AR-10	58	300

Casque	Poids (onces)	Prix ($)
HJC Si-12	47	700
HJC HX-10	49	900
Impact Racing Super Sport	59	340
Zamp FSA-1	66	199
Zamp RZ-2	58	299
Zamp RZ-2 Ferrari	58	299
Zamp RZ-3 Sport	52	479
Zamp RZ-3 Sport Painted	52	479
Bell M2	63	369
Bell M4	62	369
Bell M4 Pro	54	559
G Force Pro Force 1	63	250
G Force Pro Force 1 Grafx	63	280

a) Représenter le nuage de points avec le poids comme variable indépendante.

b) Une relation apparaît-elle entre les deux variables ?

c) Estimer l'équation de la régression qui peut servir à prévoir le prix en fonction du poids.

d) Tester l'existence d'une relation significative au seuil de 0,05.

e) L'équation estimée de la régression est-elle bien adaptée aux données ? Expliquer.

12.8 L'ANALYSE DES RÉSIDUS : VALIDER LES HYPOTHÈSES DU MODÈLE

Comme nous l'avons noté précédemment, le *résidu* de l'observation *i* est la différence entre la valeur observée de la variable dépendante (y_i) et la valeur estimée de la variable dépendante ($\hat{y}_i$).

► Résidu de l'observation *i*

$$y_i - \hat{y}_i \qquad (12.28)$$

où

y_i correspond à la valeur observée de la variable dépendante

$\hat{y}_i$ correspond à la valeur estimée de la variable dépendante

En d'autres termes, le i^e résidu est l'erreur qui résulte de l'utilisation de l'équation estimée de la régression pour prévoir la valeur de la variable dépendante y_i. Le calcul des résidus associés à l'exemple des restaurants Armand est présenté dans le tableau 12.7. Les valeurs observées de la variable dépendante sont notées dans la deuxième colonne et les valeurs estimées de la variable dépendante, obtenues en utilisant l'équation estimée de la régression $\hat{y}_i = 60 + 5x$, sont notées dans la troisième colonne. Les résidus correspondants sont inscrits dans la quatrième colonne. Une analyse de ces résidus permet de déterminer si les hypothèses qui ont été faites sur le modèle de régression sont appropriées.

L'**analyse des résidus** est le principal outil pour déterminer si le modèle de régression utilisé est approprié.

Revoyons maintenant les hypothèses faites dans le cadre de l'exemple des restaurants Armand. Un modèle de régression linéaire simple a été utilisé :

$$y = \beta_0 + \beta_1 x + \varepsilon \tag{12.31}$$

Par ce modèle, nous avons supposé que les ventes trimestrielles (y) dépendaient linéairement de la taille de la population étudiante (x) et d'un terme d'erreur ε. Dans la section 12.4, nous avons fait les hypothèses suivantes sur le terme d'erreur ε.

1. $E(\varepsilon) = 0$.
2. La variance de ε, notée σ^2, est la même pour toutes les valeurs de x.
3. Les valeurs de ε sont indépendantes.
4. Le terme d'erreur ε est normalement distribué.

Ces hypothèses forment la base théorique des tests de Student et de Fisher, utilisés pour déterminer si la relation entre x et y est significative, ainsi que des estimations par intervalle de confiance et de prévision, présentées à la section 12.6. Si les hypothèses sur le terme d'erreur ε sont remises en question, les tests de signification de la relation de régression et les estimations par intervalle peuvent ne pas être corrects.

Les résidus fournissent la meilleure information sur ε ; par conséquent, une analyse des résidus est une étape importante pour déterminer si les hypothèses sur ε sont

Tableau 12.7 ***Résidus obtenus pour le problème des restaurants Armand***

Population étudiante x_i	Ventes trimestrielles y_i	Ventes estimées $\hat{y}_i = 60 + 5x_i$	Résidus $y_i - \hat{y}_i$
2	58	70	−12
6	105	90	15
8	88	100	−12
8	118	100	18
12	117	120	−3
16	137	140	−3
20	157	160	−3
20	169	160	9
22	149	170	−21
26	202	190	12

appropriées. La plus grande part de l'analyse des résidus est basée sur un examen graphique. Dans cette section, nous introduirons le graphique des résidus en fonction de la variable indépendante x et le graphique des résidus en fonction des valeurs estimées de la variable dépendante $\hat{y}$.

12.8.1 Graphique des résidus en fonction de x

Un **graphique des résidus** en fonction de la variable indépendante x est un graphique dont l'axe des abscisses représente les valeurs de la variable indépendante et l'axe des ordonnées les valeurs des résidus. Chaque résidu est représenté par un point. La première coordonnée de chaque point correspond à la valeur de x_i et la seconde coordonnée correspond à la valeur du résidu $y_i - \hat{y}_i$. Les coordonnées du premier point du graphique des résidus, associé à l'exemple des restaurants Armand (cf. tableau 12.7) sont (2, -12) : $x_1 = 2$ et $y_1 - \hat{y}_1 = -12$. Les coordonnées du second point sont (6, 15) : $x_2 = 6$ et $y_2 - \hat{y}_2 = 15$. Et ainsi de suite. La figure 12.11 présente le graphique des résidus obtenu avec les données de l'exemple des restaurants Armand.

Avant d'interpréter ce graphique, considérons les différentes formes de graphique des résidus qui peuvent être observées. Trois formes typiques sont représentées à la figure 12.12. Si l'hypothèse selon laquelle la variance de ε est la même pour toutes

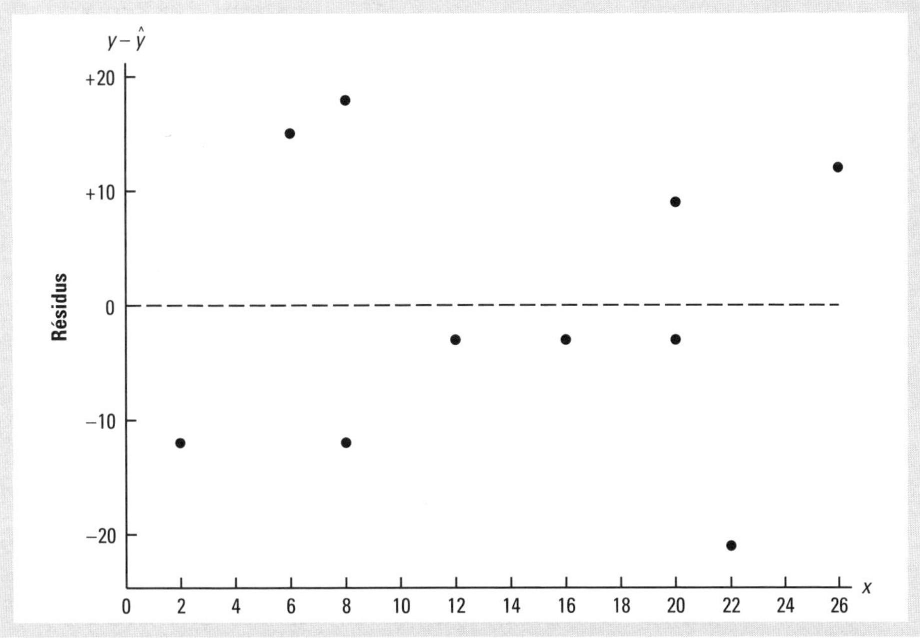

Figure 12.11 ***Graphique des résidus par rapport à la variable indépendante x pour le problème des restaurants Armand***

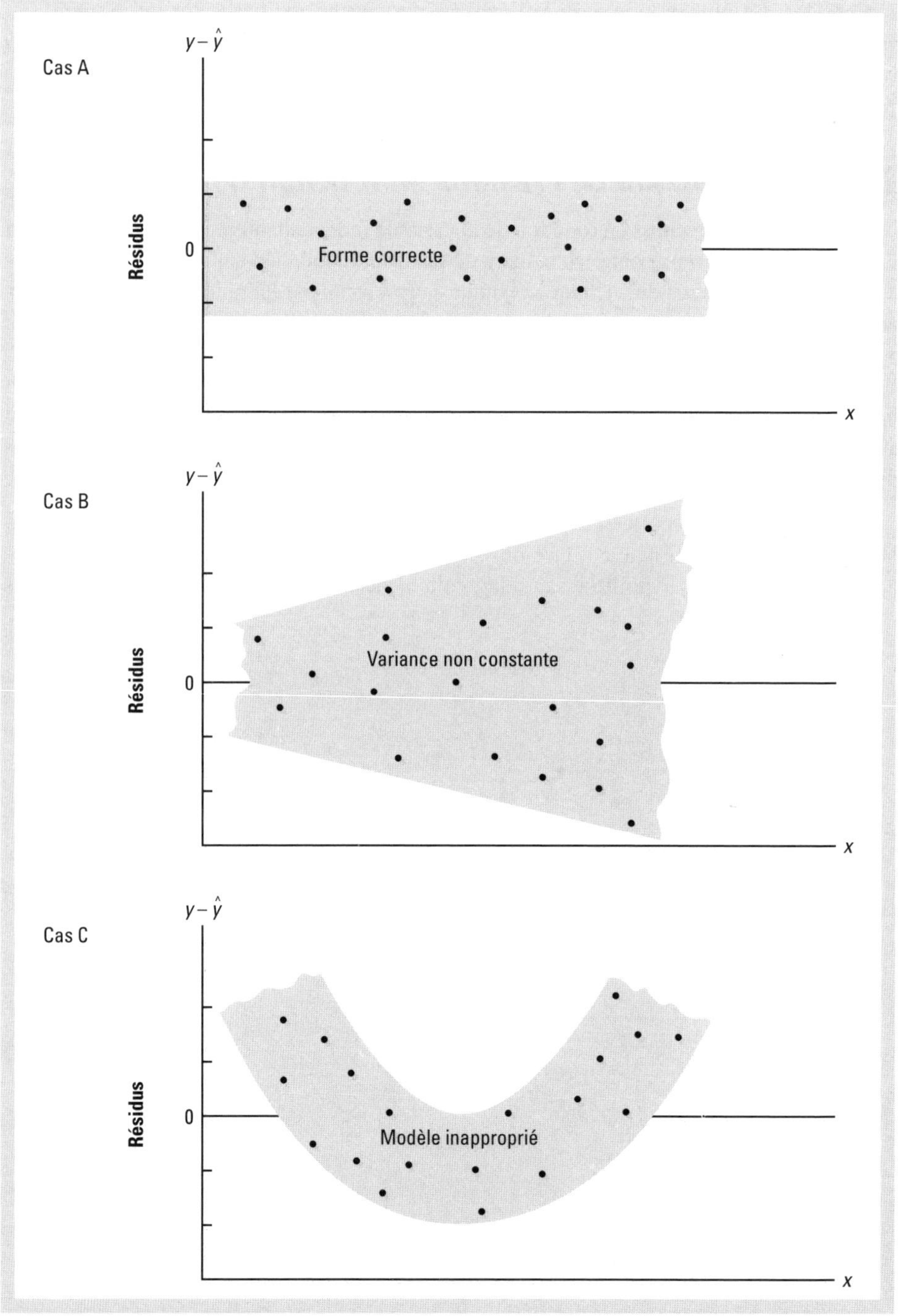

Figure 12.12 ***Graphique des résidus pour trois études de la régression***

les valeurs de x est correcte et si le modèle de régression est une représentation adéquate de la relation entre les variables, le graphique des résidus devrait former une bande de points, comme représenté dans la partie A de la figure 12.12. Par contre, si la variance de ε n'est pas la même pour toutes les valeurs de x – par exemple, si la variabilité de la droite de régression est plus importante pour les plus grandes valeurs de x – on peut observer une forme similaire à celle dessinée dans la partie B de la figure 12.12. Dans ce cas, l'hypothèse d'une variance constante de ε est violée. Une autre forme possible d'un graphique des résidus est présentée dans la partie C. Dans ce cas, on peut conclure que le modèle de régression envisagé n'est pas approprié pour représenter la relation entre les variables. Un modèle de régression curviligne ou un modèle de régression multiple devraient être envisagés.

Revenons au graphique des résidus obtenu dans le cadre de l'exemple des restaurants Armand, figure 12.11. Les résidus semblent avoir la forme horizontale de la partie A de la figure 12.12. Par conséquent, nous en concluons que le graphique des résidus ne fournit pas de preuve pour remettre en question les hypothèses considérées lors de la constitution du modèle de régression pour l'exemple des restaurants Armand. À ce point de l'analyse, le modèle de régression linéaire simple semble valide.

L'expérience et le bon sens sont des facteurs importants dans l'interprétation des graphiques des résidus. Rarement, un graphique des résidus a l'une des formes présentées à la figure 12.12. Toutefois, les analystes qui effectuent régulièrement des études de la régression et qui analysent des graphiques des résidus, sont à même de pouvoir déterminer les différences entre les formes qui sont raisonnables et celles qui remettent en question les hypothèses du modèle. Un graphique des résidus est l'une des techniques utilisées pour garantir la validité des hypothèses d'un modèle de régression.

12.8.2 Graphique des résidus en fonction de $\hat{y}$

Un autre graphique des résidus représente les valeurs estimées de la variable dépendante $\hat{y}$ sur l'axe des abscisses et les valeurs des résidus sur l'axe des ordonnées. Chaque résidu est représenté par un point. La première coordonnée de chaque point correspond à la valeur de $\hat{y}_i$ et la seconde coordonnée correspond à la valeur du résidu $y_i - \hat{y}_i$. Les coordonnées du premier point du graphique des résidus, associé à l'exemple des restaurants Armand (cf. tableau 12.7) sont (70, -12) : $\hat{y}_1 = 70$ et $y_1 - \hat{y}_1 = -12$. Les coordonnées du second point sont (90, 15) : $\hat{y}_2 = 90$ et $y_2 - \hat{y}_2 = 15$. Et ainsi de suite. La figure 12.13 présente ce graphique des résidus. Notez que la forme de ce graphique des résidus est identique à celle du graphique des résidus en fonction de la variable indépendante x. Il ne s'agit pas d'une forme entraînant la remise en question des hypothèses du modèle. Dans le cadre d'une régression linéaire simple, le graphique des résidus en fonction de x et le graphique des résidus en fonction de $\hat{y}$ ont la même forme. Dans le cadre d'une régression multiple, le graphique des résidus en fonction de $\hat{y}$ est plus souvent utilisé, en raison de la présence de plusieurs variables indépendantes.

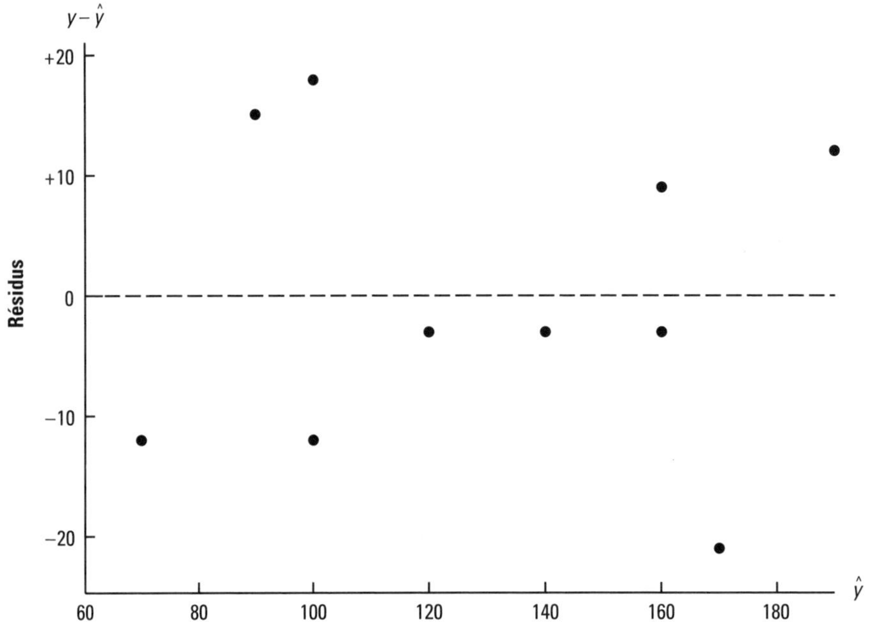

Figure 12.13 ***Graphique des résidus en fonction des valeurs estimées $\hat{y}$ pour le problème des restaurants Armand***

REMARQUES

1. Nous utilisons les graphiques des résidus pour valider les hypothèses d'un modèle de régression. Si l'analyse des résidus indique qu'une ou plusieurs hypothèses sont contestables, un modèle de régression différent ou une transformation des données doivent être considérés. Les mesures prises lorsque certaines hypothèses ne sont pas vérifiées doivent être basées sur le bon sens ; les recommandations d'un statisticien expérimenté peuvent, à ce titre, être utiles.

2. L'analyse des résidus est la principale méthode que les statisticiens utilisent pour valider les hypothèses associées à un modèle de régression. Même si aucune violation n'est trouvée, il n'est pas certain que le modèle fournisse de bonnes prévisions. Cependant, si les tests statistiques permettent de conclure que les paramètres du modèle sont significatifs et si le coefficient de détermination est important, il devrait être possible de développer de bonnes estimations en utilisant l'équation estimée de la régression.

EXERCICES

Méthode

45. Ci-dessous sont présentées les données de deux variables, *x* et *y*.

x_i	6	11	15	18	20
y_i	6	8	12	20	30

a) Estimer l'équation de la régression associée à ces données.

b) Calculer les résidus.

c) Dessiner le graphique des résidus par rapport à la variable indépendante *x*. Les hypothèses concernant les termes d'erreur semblent-elles satisfaites ?

46. Les données suivantes ont été utilisées dans une étude de la régression.

Observation	x_i	y_i	Observation	x_i	y_i
1	2	4	6	7	6
2	3	5	7	7	9
3	4	4	8	8	5
4	5	6	9	9	11
5	7	4			

a) Estimer l'équation de la régression associée à ces données.

b) Dessiner le graphique des résidus. Les hypothèses sur le terme d'erreur semblent-elles être satisfaites ?

Applications

47. Dans le tableau suivant sont regroupées des données sur les dépenses publicitaires et le chiffre d'affaires (en milliers de dollars) du restaurant Les Quatre Saisons.

Dépenses publicitaires	Chiffre d'affaires
1	19
2	32
4	44
6	40
10	52
14	53
20	54

a) Soit *x* les dépenses publicitaires et *y* le chiffre d'affaires. Utiliser la méthode des moindres carrés pour développer une approximation linéaire de la relation entre les deux variables.

b) Tester l'existence d'une relation significative entre le chiffre d'affaires et les dépenses publicitaires, au seuil de 0,05.

c) Dessiner le graphique des résidus en fonction de la variable dépendante (en fonction de $\hat{y}$).

d) Quelle conclusion pouvez-vous tirer de l'analyse des résidus ? Devrait-on utiliser ce modèle ou en chercher un meilleur ?

48. Reprendre l'exercice 7, dans lequel on a estimé une équation de la régression liant les années d'expérience aux ventes annuelles.

a) Calculer les résidus et dessiner un graphique des résidus pour ce problème.

b) Les hypothèses sur le terme d'erreur semblent-elles raisonnables au regard du graphique des résidus ?

49. Des ventes récentes de maisons familiales à San Antonio ont fourni les données suivantes (site Internet de San Antonio Realty Watch, novembre 2008 ; cf. fichier en ligne Prix des maisons).

Prix des maisons

Superficie (en pieds au carré)	Prix (en dollars)
1580	142 500
1572	145 000
1352	115 000
2224	155 900
1556	95 000
1435	128 000
1438	100 000
1089	55 000
1941	142 000
1698	115 000
1539	115 000
1364	105 000
1979	155 000
2183	132 000
2096	140 000
1400	85 000
2372	145 000
1752	155 000
1386	80 000
1163	100 000

a) Estimer l'équation de la régression qui pourrait être utilisée pour prévoir les prix de vente en fonction de la superficie.

b) Dessiner le graphique des résidus en fonction de la variable indépendante.

c) Les hypothèses sur le terme d'erreur et la forme du modèle semblent-elles raisonnables au regard du graphique des résidus ?

RÉSUMÉ

Dans ce chapitre, nous avons tout d'abord montré comment utiliser l'analyse de la régression pour déterminer la relation entre une variable dépendante y et une variable indépendante x. Dans une régression linéaire simple, le modèle de régression est $y = \beta_0 + \beta_1 x + \varepsilon$. L'équation de la régression linéaire simple $E(y) = \beta_0 + \beta_1 x$ décrit la façon dont la moyenne ou l'espérance mathématique de y est liée à x. Nous avons utilisé les données d'un échantillon et la méthode des moindres carrés pour estimer l'équation de la régression $\hat{y} = b_0 + b_1 x$ où b_0 et b_1 sont les statistiques d'échantillon utilisées pour estimer les paramètres inconnus du modèle β_0 et β_1.

Le coefficient de détermination a été présenté comme une mesure de l'adéquation de l'équation estimée de la régression ; on peut l'interpréter comme la proportion de la variation de la variable dépendante y expliquée par l'équation estimée de la régression. Nous avons revu le coefficient de corrélation en tant que mesure de la robustesse d'une relation linéaire entre deux variables.

Les hypothèses concernant le modèle de régression et son terme d'erreur ε ont été examinées et les tests de Student et de Fisher, basés sur ces hypothèses, ont été présentés comme moyens de déterminer si la relation entre deux variables est statistiquement significative. Nous avons montré comment utiliser l'équation estimée de la régression pour construire des intervalles de confiance pour la moyenne de y et des intervalles de prévision pour des valeurs individuelles de y.

Nous avons finalement montré que les logiciels peuvent faciliter les calculs associés à l'analyse d'une régression linéaire simple et comment l'analyse des résidus permet de valider les hypothèses du modèle.

GLOSSAIRE

VARIABLE DÉPENDANTE. Variable qui est prédite ou expliquée. Elle est notée y.

VARIABLE INDÉPENDANTE. Variable qui permet de prévoir ou d'expliquer la variable dépendante. Elle est notée x.

RÉGRESSION LINÉAIRE SIMPLE. Analyse de la régression impliquant une variable indépendante et une variable dépendante dont la relation est décrite par une droite.

MODÈLE DE RÉGRESSION. Équation qui décrit comment y est lié à x et à un terme d'erreur ε ; dans le cadre d'une régression linéaire simple, le modèle de régression est $y = \beta_0 + \beta_1 x + \varepsilon$.

ÉQUATION DE LA RÉGRESSION. Équation qui décrit comment la moyenne ou l'espérance mathématique de la variable dépendante est liée à la variable indépendante ; dans le cadre d'une régression linéaire simple, l'équation de la régression correspond à $E(y) = \beta_0 + \beta_1 x$.

ÉQUATION ESTIMÉE DE LA RÉGRESSION. Estimation de l'équation de la régression faite à partir des données d'un échantillon en utilisant la méthode des moindres carrés. Dans le cadre d'une régression linéaire simple, l'équation estimée de la régression s'écrit $\hat{y} = b_0 + b_1 x$.

MÉTHODE DES MOINDRES CARRÉS. Procédure utilisée pour estimer l'équation de la régression.

L'objectif est de minimiser $\sum(y_i - \hat{y}_i)^2$.

NUAGE DE POINTS. Graphique sur lequel les valeurs de la variable indépendante sont représentées sur l'axe des abscisses et les valeurs de la variable dépendante sur l'axe des ordonnées.

COEFFICIENT DE DÉTERMINATION. Mesure de l'adéquation de l'équation estimée de la régression aux données. Il peut être interprété comme la proportion de la variation de la variable dépendante y, expliquée par l'équation estimée de la régression.

i^e RÉSIDU. Écart entre la valeur observée de la variable dépendante et la valeur obtenue en utilisant l'équation estimée de la régression ; pour la i^e observation, le résidu correspond à $y_i - \hat{y}_i$.

COEFFICIENT DE CORRÉLATION. Mesure de la robustesse de la relation linéaire entre deux variables (cf. chapitre 3).

MOYENNE DES CARRÉS DES RÉSIDUS. Estimation sans biais de σ^2, la variance du terme d'erreur ε. Elle est notée *MCres* ou s^2.

ERREUR TYPE DE L'ESTIMATION. Racine carrée de la moyenne des carrés des résidus, notée s. Il s'agit de l'estimation de σ, l'écart type du terme d'erreur ε.

TABLEAU ANOVA. Tableau d'analyse de la variance utilisé pour résumer les calculs associés au test de signification de Fisher.

INTERVALLE DE CONFIANCE. Estimation par intervalle de la moyenne de y pour une valeur donnée de x.

INTERVALLE DE PRÉVISION. Estimation par intervalle d'une valeur individuelle de y pour une valeur donnée de x.

ANALYSE DES RÉSIDUS. Outil permettant de déterminer si les hypothèses faites sur le modèle de régression sont appropriées. L'analyse des résidus est également utilisée pour identifier les valeurs extrêmes.

GRAPHIQUE DES RÉSIDUS. Représentation graphique des résidus qui peut servir à déterminer si les hypothèses concernant le modèle de régression sont valables.

FORMULES CLÉ

Modèle de régression linéaire simple

$$y = \beta_0 + \beta_1 x + \varepsilon \tag{12.1}$$

Équation de la régression linéaire simple

$$E(y) = \beta_0 + \beta_1 x \tag{12.2}$$

Équation estimée de la régression linéaire simple

$$\hat{y} = b_0 + b_1 x \tag{12.3}$$

Critère des moindres carrés

$$\min \sum(y_i - \hat{y}_i)^2 \tag{12.5}$$

Pente et ordonnée à l'origine de l'équation estimée de la régression

$$b_1 = \frac{\sum(x_i - \bar{x})(y_i - \bar{y})}{\sum(x_i - \bar{x})^2} \tag{12.6}$$

$$b_0 = \bar{y} - b_1 \bar{x} \tag{12.7}$$

Somme des carrés des résidus

$$SCres = \sum \left(y_i - \hat{y}_i \right)^2 \tag{12.8}$$

Somme des carrés totale

$$SCT = \sum \left(y_i - \bar{y} \right)^2 \tag{12.9}$$

Somme des carrés de la régression

$$SCreg = \sum \left(\hat{y}_i - \bar{y} \right)^2 \tag{12.10}$$

Relation entre SCT, SCreg et SCres

$$SCT = SCreg + SCres \tag{12.11}$$

Coefficient de détermination

$$r^2 = \frac{SCreg}{SCT} \tag{12.12}$$

Coefficient de corrélation d'un échantillon

$$\begin{aligned} r_{xy} &= \left(\text{signe de } b_1 \right) \sqrt{\text{Coefficient de détermination}} \\ &= \left(\text{signe de } b_1 \right) \sqrt{r^2} \qquad (12.13) \end{aligned}$$

Moyenne des carrés des résidus (estimation de σ^2)

$$s^2 = MCres = \frac{SCres}{n-2} \tag{12.15}$$

Erreur type de l'estimation

$$s = \sqrt{MCres} = \sqrt{\frac{SCres}{n-2}} \tag{12.16}$$

Écart type de b_1

$$\sigma_{b_1} = \frac{\sigma}{\sqrt{\sum \left(x_i - \bar{x} \right)^2}} \tag{12.17}$$

Écart type estimé de b_1

$$s_{b_1} = \frac{s}{\sqrt{\sum \left(x_i - \bar{x} \right)^2}} \tag{12.18}$$

Statistique de test de Student

$$t = \frac{b_1}{s_{b_1}} \tag{12.19}$$

Moyenne des carrés de la régression

$$MCreg = \frac{SCreg}{\text{Nombre de variables indépendantes}} \tag{12.20}$$

Statistique de test de Fisher

$$F = \frac{MCreg}{MCres} \tag{12.21}$$

Écart type estimé de $\hat{y}_p$

$$s_{\hat{y}_p} = s\sqrt{\frac{1}{n} + \frac{\left(x_p - \bar{x}\right)^2}{\sum\left(x_i - \bar{x}\right)^2}} \tag{12.23}$$

Estimation par intervalle de confiance de $E\left(y_p\right)$

$$\hat{y}_p \pm t_{\alpha/2} s_{\hat{y}_p} \tag{12.24}$$

Écart type estimé pour le cas d'une prévision

$$s_{ind} = s\sqrt{1 + \frac{1}{n} + \frac{\left(x_p - \bar{x}\right)^2}{\sum\left(x_i - \bar{x}\right)^2}} \tag{12.26}$$

Estimation par intervalle de prévision de y_p

$$\hat{y}_p \pm t_{\alpha/2} s_{ind} \tag{12.27}$$

Résidu de l'observation *i*

$$y_i - \hat{y}_i \tag{12.28}$$

EXERCICES SUPPLÉMENTAIRES

50. Les données présentées dans le tableau suivant correspondent au nombre d'actions vendues (en millions) et le prix attendu (moyenne du prix le plus élevé et du prix le plus bas) pour dix sociétés nouvellement cotées (cf. fichier en ligne IPO).

IPO

Société	Actions vendues	Prix attendu ($)
American Physician	5,0	15
Apex Silver Mines	9,0	14
Dan River	6,7	15
Franchise Mortgage	8,75	17
Gene Logic	3,0	11
International Home Foods	13,6	19
PRT Group	4,6	13
Rayovac	6,7	14
RealNetworks	3,0	10
Software AG Systems	7,7	13

a) Déterminer l'équation estimée de la régression en utilisant le nombre d'actions vendues comme variable indépendante et le prix attendu comme variable dépendante.

b) Au seuil de signification de 0,05, existe-t-il une relation significative entre les deux variables ?

c) L'équation estimée de la régression est-elle bien adaptée aux données ? Expliquer.

d) Utiliser l'équation estimée de la régression pour estimer le prix attendu d'une société proposant une première émission de 6 millions d'actions.

51. Les données suivantes (cf. fichier en ligne Stocks500) indiquent la valeur des actions estimée par Morningstar et le prix de l'action pour 28 sociétés. La valeur attribuée par Morningstar est une estimation de la valeur des actions de la société qui prend en compte des prévisions pour les cinq années suivantes de la croissance de la société, de sa rentabilité, de son niveau de risque et d'autres facteurs (*Morningstar Stocks 500*, édition 2008).

Stocks500

Société	Valeur Morningstar (en dollars)	Prix des actions (en dollars)
Air Products and Chemical	80	98,63
Allied Waste Industries	17	11,02
America Mobile	83	61,39
AT&T	35	41,56
Bank of America	70	41,26
Barclays PLC	68	40,37
Citigroup	53	29,44
Costco Wholesale Corp.	75	69,76
Covidien, Ltd.	58	44,29
Darden Restaurants	52	27,71
Dun & Bradstreet	87	88,63
Equifax	42	36,36
Gannett Co.	38	39,00
Guine Parts	48	46,30
GloxoSmithKline PLC	57	50,39
Iron Mountain	33	37,02
ITT Corporation	83	66,04
Johnson & Johnson	80	66,70
Las Vegas Sands	98	103,05
Macrovision	23	18,33
Marrott International	39	34,18
Nalco Holding Company	29	24,18
National Interstate	25	33,10
Portugal Telecom	15	13,02
Qualcomm	48	39,35
Royal Dutch Shell Ltd.	87	84,20
SanDisk	60	33,17
Time Warner	42	27,60

a) Déterminer l'équation estimée de la régression qui peut être utilisée pour estimer le prix des actions en fonction de leur valeur.

b) Au seuil de signification de 0,05, existe-t-il une relation significative entre les deux variables ?

c) Utiliser l'équation estimée de la régression pour estimer le prix des actions d'une société dont la valeur est estimée à 50 dollars par Morningstar.

d) Pensez-vous que l'équation estimée de la régression fournit une bonne prévision du prix des actions ? Utiliser le coefficient de détermination pour étayer votre réponse.

52. Un des principaux changements dans l'éducation supérieure intervenus ces dernières années est l'apparition d'un nombre croissant d'universités en ligne. « Online Education Database » est une organisation indépendante dont la mission est de constituer une liste exhaustive des écoles et universités en ligne agréées. Le tableau suivant (cf. fichier en ligne Éducation en ligne) indique le taux de redoublement (%) et le taux de diplômés (%) pour 29 écoles en ligne (site Internet de Online Education Database, janvier 2009).

Éducation en ligne

École	Taux de redoublement (%)	Taux de diplômés (%)
Université internationale de l'Ouest	7	25
Université du Sud	51	25
Université de Phoenix	4	28
Université intercontinentale américaine	29	32
Université de Franklin	33	33
Université de Devry	47	32
Université de Tiffin	63	34
Université de Post	45	36
Peirce College	60	36
Université Everest	62	36
Université de l'Iowa	67	36
Université d'État Dickinson	65	37
Université des gouverneurs de l'Ouest	78	37
Université Kaplan	75	38
Université internationale de Salem	54	39
Université Ashford	45	41
Institut technologique ITT	38	44
Berkeley College	51	45
Université du Grand Canyon	69	46
Université Nova	60	47
Westwood College	37	48
Université des Everglades	63	50
Université Liberty	73	51
Université LeTourneau	78	52
Rasmussen College	48	53
Université Keiser	95	55
Herzing College	68	56
Université nationale	100	57
Collège national de Floride	100	61

a) Représenter le nuage de points de cet ensemble de données, en prenant pour variable indépendante le taux de redoublement. Qu'indique le nuage de points à propos de la relation entre les deux variables ?

b) Estimer l'équation de la régression.

c) Tester l'existence d'une relation significative au seuil de 0,05.

d) L'équation estimée de la régression est-elle bien adaptée aux données ?

e) Supposez que vous soyez le doyen de l'Université du Sud. Après avoir revu les résultats, devriez-vous être inquiet de la performance de votre université comparée à celle des autres universités en ligne ?

f) Supposez que vous soyez le doyen de l'Université de Phoenix. Après avoir revu les résultats, devriez-vous être inquiet de la performance de votre université comparée à celle des autres universités en ligne ?

53. Jensen Tire & Auto s'interroge sur l'opportunité de signer un contrat de maintenance pour son nouvel appareil d'alignement et d'équilibrage des pneus. Les dirigeants pensent que le coût de la maintenance devrait être lié à l'usage et ont collecté des informations (cf. fichier en ligne Jensen) sur l'usage hebdomadaire (en heures) et le coût annuel de maintenance (en milliers de dollars).

Usage hebdomadaire (en heures)	Coût annuel de maintenance
13	17,0
10	22,0
20	30,0
28	37,0
32	47,0
17	30,5
24	32,5
31	39,0
40	51,5
38	40,0

Jensen

a) Estimer l'équation de la régression qui relie le coût annuel de maintenance à l'usage hebdomadaire.

b) Tester la significativité de la relation obtenue à la question (a) au seuil de 0,05.

c) Jensen pense utiliser la nouvelle machine 30 heures par semaine. Construire un intervalle de prévision à 95 % du coût annuel de maintenance pour la société.

d) Si le coût du contrat de maintenance s'élève à 3 000 dollars par an, recommanderiez-vous de le signer ? Pourquoi ?

54. On pense que la vitesse de la chaîne de montage (en cm par minute) affecte le nombre de pièces défectueuses trouvées lors de l'inspection. Pour tester cette théorie, des responsables ont imaginé une situation dans laquelle le même groupe de pièces est inspecté de façon visuelle à plusieurs reprises, alors que la chaîne de montage avance à des vitesses différentes. Le tableau suivant regroupe les données collectées.

Vitesse de la chaîne de montage	Nombre de pièces défectueuses trouvées
20	21
20	19
40	15
30	16
60	14
40	17

a) Déterminer l'équation estimée de la régression qui lie la vitesse de la chaîne de montage au nombre de pièces défectueuses trouvées.

b) Au seuil de 0,05, déterminer si la vitesse de la chaîne de montage et le nombre de pièces défectueuses trouvées sont liés.

c) L'équation estimée de la régression est-elle bien adaptée aux données ?

d) Construire un intervalle de confiance à 95 % pour prévoir le nombre moyen de pièces défectueuses trouvées sur une chaîne de montage avançant à une vitesse de 50 cm par minute.

55. L'hôpital d'une grande ville a embauché un sociologue pour étudier la relation entre le nombre de jours d'absence non autorisée des employés par an et la distance (en miles) entre leur domicile et leur travail. Un échantillon de 10 employés a fourni les données suivantes (cf. fichier en ligne Absence).

Distance à parcourir pour aller travailler	Nombre de jours d'absence
1	8
3	5
4	8
6	7
8	6
10	3
12	5
14	2
14	4
18	2

a) Représenter le nuage de points associé à ces données. Une relation linéaire semble-t-elle appropriée ? Expliquer.

b) Estimer l'équation de la régression par les moindres carrés.

c) Existe-t-il une relation significative entre les deux variables ? Utiliser un seuil de signification de 0,05.

d) L'équation estimée de la régression est-elle bien adaptée aux données ? Expliquer.

e) Utiliser l'équation estimée de la régression obtenue à la question (b) pour construire un intervalle de confiance à 95 % pour estimer le nombre de jours d'absence d'employés habitant à cinq miles de leur entreprise.

56. L'autorité des transports publics d'une grande métropole souhaite déterminer s'il existe une relation entre l'âge d'un bus et son coût de maintenance annuel. Un échantillon de 10 bus fournit les données suivantes (cf. fichier en ligne Coût bus).

Âge du bus (années)	Coût de la maintenance ($)
1	350
2	370
2	480
2	520
2	590
3	550
4	750
4	800
5	790
5	950

Coût bus

a) Estimer l'équation de la régression par la méthode des moindres carrés.

b) Tester l'existence d'une relation significative entre les deux variables au seuil de 0,05.

c) L'équation estimée de la régression est-elle bien adaptée aux données ? Expliquer.

• **d)** Construire un intervalle de prévision à 95 % du coût de maintenance annuel pour un bus particulier âgé de 4 ans.

57. Un professeur de marketing du College de Givens s'est intéressé à la relation entre les heures passées à étudier et la note obtenue à son examen. Les données collectées auprès de 10 étudiants qui ont suivi le cours au cours du trimestre précédent, sont présentées ci-dessous (cf. fichier en ligne Heures d'études).

Heures passées à étudier	Note obtenue à l'examen
45	40
30	35
90	75
60	65
105	90
65	50
90	90
80	80
55	45
75	65

Heures d'étude

a) Déterminer l'équation estimée de la régression qui lie la note obtenue aux heures de travail.

b) Tester la significativité du modèle au seuil de 0,05.

c) Prévoir la note obtenue par Mark Sweeney qui a étudié durant 95 heures.

d) Construire un intervalle de prévision à 95 % de la note obtenue par Mark Sweeney.

58. Reuters rapportait que la valeur bêta du marché de la société Xerox était égale à 1,22 (site Internet de Reuters, 30 janvier 2009). Les valeurs bêta du marché pour des titres individuels sont déterminées par une régression linéaire simple. Pour chaque action, la variable dépendante correspond à son rendement trimestriel, en pourcentage (accroissement du capital plus les dividendes) moins le rendement en pourcentage obtenu d'un investissement sans risque (le taux des bons du trésor est utilisé comme taux sans risque). La variable indépendante correspond à la rentabilité de l'ensemble du marché. Une équation de la régression est estimée avec les données trimestrielles : la valeur bêta du marché pour l'action considérée correspond à la pente de l'équation estimée de la régression (b_1). La valeur bêta du marché est souvent interprétée comme une mesure du risque associé à l'action. Les valeurs bêta supérieures à 1 révèlent que l'action est plus volatile que la moyenne du marché ; les valeurs inférieures à 1 révèlent que l'action est moins volatile que la moyenne du marché. Les écarts entre le rendement en pourcentage et le rendement sans risque, au cours de 10 trimestres, pour les actions S&P500 et Horizon Technology sont présentés ci-dessous (cf. fichier en ligne Bêta du marché).

Bêta du marché

S&P500	Horizon
1,2	-0,7
-2,5	-2,0
-3,0	-5,5
2,0	4,7
5,0	1,8
1,2	4,1
3,0	2,6
-1,0	2,0
0,5	-1,3
2,5	5,5

a) Déterminer l'équation estimée de la régression qui peut être utilisée pour calculer la valeur bêta pour Horizon Technology. Quelle est la valeur bêta pour Horizon Technology ?

b) Tester l'existence d'une relation significative au seuil de 0,05.

c) L'équation estimée de la régression est-elle bien adaptée aux données ? Expliquer.

d) Utiliser les valeurs bêta de Xerox et Horizon Technology pour comparer les risques associés à ces deux actions.

59. Les registres de la chambre des compensations de l'université de Syracuse ont rapporté des données sur les probabilités d'un audit des services fiscaux. Le tableau suivant contient le revenu brut ajusté moyen et le pourcentage d'audits de 20 districts de l'administration fiscale (cf. fichier en ligne Audits fiscaux).

Audits fiscaux

District	Revenu brut ajusté	Pourcentage d'audits
Los Angeles	36 664	1,3
Sacramento	38 845	1,1
Atlanta	34 886	1,1
Boise	32 512	1,1
Dallas	34 531	1,0
Providence	35 995	1,0
San Jose	37 799	0,9
Cheyenne	33 876	0,9
Fargo	30 513	0,9
Nouvelle Orléans	30 174	0,9
Oklahoma City	30 060	0,8
Houston	37 153	0,8
Portland	34 918	0,7
Phoenix	33 291	0,7
Augusta	31 504	0,7
Albuquerque	29 199	0,6
Greensboro	33 072	0,6
Columbia	30 859	0,5
Nashville	32 566	0,5
Buffalo	34 296	0,5

a) Déterminer l'équation estimée de la régression qui peut être utilisée pour prévoir le pourcentage d'audits en fonction du revenu brut ajusté moyen rapporté.

b) Au seuil de 0,05, déterminer si le revenu brut ajusté moyen et le pourcentage d'audits sont liés.

c) L'équation estimée de la régression est-elle bien adaptée aux données ? Expliquer.

d) Utiliser l'équation estimée de la régression déterminée à la question (a) pour construire l'intervalle de confiance à 95 % du pourcentage attendu d'audits dans des districts dont le revenu brut ajusté moyen s'élève à 35 000 dollars.

60. Le rapport 2002-2003 de la Commission australienne du service public rapportait une évaluation de la satisfaction professionnelle des employés. Dans l'une des questions de l'enquête, il était demandé aux personnes interrogées de choisir les cinq facteurs caractérisant leur emploi (dans une liste de facteurs) qui affectent le plus leur satisfaction professionnelle. Les personnes interrogées devaient ensuite indiquer leur degré de satisfaction au regard de ces cinq facteurs. Les données suivantes (cf. fichier en ligne Satisfaction professionnelle) correspondent au pourcentage d'employés qui ont choisi le facteur en question et un indice de satisfaction construit en utilisant le pourcentage d'employés qui ont choisi ce facteur et ont déclaré en être « très satisfait » ou « satisfait » dans leur travail actuel (site Internet de la Commission australienne du service public).

Satisfaction professionnelle

Facteur caractéristique	Pourcentage d'employés ayant désigné ce facteur dans leur choix	Indice de satisfaction (%)
Charge de travail appropriée	30	49
Possibilité d'être innovant	38	64
Possibilité de contribuer de façon utile au bien-être de la société	40	67
Droits et attentes claires	40	69
Conditions de travail flexibles	55	86
Bonnes relations de travail	60	85
Travail intéressant	48	74
Opportunités de carrière	33	43
Opportunités de développer mes capacités	46	66
Opportunités d'exploiter mes capacités	50	70
Retour régulier/Reconnaissance des efforts fournis	42	53
Salaire	47	62
Résultats tangibles de mon travail	42	69

a) Représenter le nuage de points de cet ensemble de données en indiquant en abscisse le pourcentage d'employés ayant choisi le facteur et en ordonnée le pourcentage d'employés satisfaits.

b) Qu'indique le nuage de points de la question (a) quant à la relation entre les deux variables ?

c) Estimer l'équation de la régression permettant de prévoir le pourcentage d'employés satisfaits étant donné le pourcentage d'employés ayant choisi le facteur en question.

d) Tester l'existence d'une relation significative au seuil de 0,05.

e) L'équation estimée de la régression est-elle bien adaptée aux données ? Expliquer.

f) Quelle est la valeur du coefficient de corrélation de l'échantillon ?

PROBLÈME 1 *Mesurer le risque sur le marché boursier*

L'écart type du rendement global (appréciation du capital plus dividendes) sur plusieurs périodes constitue une mesure du risque ou de la volatilité d'une action. Bien que l'écart type soit facile à calculer, il ne prend pas en compte l'ampleur à laquelle le prix d'une action varie en fonction d'un indice du marché, tel que le S&P 500. En conséquence, beaucoup d'analystes financiers préfèrent utiliser une autre mesure du risque appelée *bêta*.

Les valeurs bêta des actions sont déterminées par une simple régression linéaire. La variable dépendante correspond au rendement total d'une action et la variable indépendante correspond au rendement total du marché boursier[3]. Dans le cadre de ce problème,

[3] Des sources différentes utilisent des approches différentes pour calculer les valeurs bêta. Par exemple, certaines sources soustraient le rendement qui peut être obtenu d'un investissement sans risque (par exemple, les bons du Trésor) à la variable dépendante et à la variable indépendante avant de calculer l'équation estimée de la régression. D'autres sources utilisent différents indices du rendement total du marché boursier ; par exemple, *Value Line* calcule les valeurs bêta en utilisant l'indice composite de la bourse de New York.

nous utiliserons l'indice S&P 500 comme mesure du rendement total du marché boursier et une équation estimée de la régression sera déduite de données mensuelles. La valeur bêta d'une action correspond à la pente de l'équation estimée de la régression (b_1). Le fichier en ligne Bêta fournit le rendement total (appréciation du capital plus dividendes) sur 36 mois de huit actions fréquemment échangées et de l'indice S&P 500.

La valeur bêta du marché boursier est toujours égale à 1 ; ainsi, les actions qui ont tendance à augmenter et à baisser avec le marché boursier auront également un bêta proche de 1. Les bêtas supérieurs à 1 indiquent que l'action est plus volatile que le marché. Par exemple, si une action a un bêta de 1,4, elle est 40 % plus volatile que le marché, et si une action a un bêta de 0,4, elle est 60 % moins volatile que le marché.

Rapport

Vous êtes chargé d'analyser les caractéristiques de risque de ces actions. Préparez un rapport qui inclut mais ne se limite pas aux éléments suivants.

1. Calculez les statistiques descriptives pour chaque action et l'indice S&P 500. Commentez vos résultats. Quelles actions sont les plus volatiles ?

Bêta

2. Calculez la valeur bêta de chaque action. Lesquelles de ces actions sont les plus performantes sur un marché en croissance, selon vous ? Lesquelles seraient les plus performantes sur un marché en décroissance, selon vous ?
3. Discutez de la part du rendement des actions individuelles expliquée par le marché.

PROBLÈME 2 *Le ministère américain des transports*

Dans le cadre d'une étude sur la sécurité des transports, le ministère américain des transports a collecté des données sur la proportion d'accidents mortels sur 1 000 permis de conduire et le pourcentage de conducteurs, détenteurs d'un permis, âgés de moins de 21 ans dans un échantillon de 42 villes. Les données collectées sur une période d'un an sont présentées ci-dessous. Ces données sont disponibles en ligne dans le fichier Sécurité.

Sécurité

Pourcentage de conducteurs âgés de moins de 21 ans	Accidents mortels sur 1 000 permis de conduire	Pourcentage de conducteurs âgés de moins de 21 ans	Accidents mortels sur 1 000 permis de conduire
13	2,962	17	4,100
12	0,708	8	2,190
8	0,885	16	3,623
12	1,652	15	2,623
11	2,091	9	0,835
17	2,627	8	0,820
18	3,830	14	2,890
8	0,368	8	1,267

Pourcentage de conducteurs âgés de moins de 21 ans	Accidents mortels sur 1 000 permis de conduire	Pourcentage de conducteurs âgés de moins de 21 ans	Accidents mortels sur 1 000 permis de conduire
13	1,142	15	3,224
8	0,645	10	1,014
9	1,028	10	0,493
16	2,801	14	1,443
12	1,405	18	3,614
9	1,433	10	1,926
10	0,039	14	1,643
9	0,338	16	2,943
11	1,849	12	1,913
12	2,246	15	2,814
14	2,855	13	2,634
14	2,352	9	0,926
11	1,294	17	3,256

Rapport

1. Résumer sous forme numérique et graphique les données.
2. Utiliser l'analyse de la régression pour étudier la relation entre le nombre d'accidents mortels et le pourcentage de conducteurs âgés de moins de 21 ans. Commenter vos résultats.
3. Quelles conclusions ou recommandations pouvez-vous tirer de votre analyse ?

PROBLÈME 3 *Les dons des anciens élèves*

Les dons des anciens élèves sont une source importante de revenus des grandes écoles et des universités. Si les administrateurs parvenaient à déterminer les facteurs qui influencent le montant des dons des anciens élèves, ils pourraient mettre en place des politiques conduisant à l'augmentation des revenus. Des recherches ont prouvé que les étudiants qui sont satisfaits de leur contact avec les professeurs, ont plus de chance d'être diplômés. En conséquence, on peut supposer que des classes de taille réduite et un nombre d'étudiants par professeur plus faible conduisent à un pourcentage de diplômés satisfaits plus important, ce qui conduit à des augmentations dans le pourcentage des anciens élèves donateurs. Le tableau 12.8 (cf. fichier en ligne Anciens élèves) présente les données pour 48 universités américaines (*America's Best Colleges*, édition de 2000). La colonne intitulée « % de classes de moins de 20 élèves » indique le pourcentage des classes de moins de 20 élèves. La colonne intitulée « Nombre d'étudiants par enseignant » correspond au nombre d'étudiants divisé par le nombre total de professeurs. La colonne intitulée « % de donateurs parmi les anciens élèves » correspond au pourcentage d'anciens élèves qui ont fait un don à l'université.

Rapport

1. Résumer sous forme numérique et graphique les données.
2. Utiliser l'analyse de la régression pour estimer l'équation de la régression qui permettrait de prévoir le pourcentage de donateurs parmi les anciens élèves étant donné le pourcentage de classes de moins de 20 élèves.
3. Utiliser l'analyse de la régression pour estimer l'équation de la régression qui permettrait de prévoir le pourcentage de donateurs étant donné le nombre d'élèves par professeur.
4. Laquelle de ces deux équations estimées de la régression est la plus en adéquation avec les données ? Pour cette équation estimée de la régression, réaliser une analyse des résidus et discuter vos résultats.
5. Quelles conclusions et recommandations pouvez-vous tirer de votre analyse ?

PROBLÈME 4 *Les statistiques du tournoi PGA*

L'association des golfeurs professionnels (PGA) collecte des données sur les performances et les gains des participants au tournoi PGA. Les 125 premiers joueurs classés en fonction des gains totaux qu'ils ont acquis lors du tournoi PGA sont qualifiés d'office pour la saison suivante.

Au cours des dernières années, il y eut des avancées significatives sur le plan technique dans la conception des balles et des clubs de golf qui ont eu pour conséquence d'augmenter la distance moyenne de frappe des joueurs lors du tournoi PGA. En 1992, la distance moyenne de frappe était de 260 yards ; en 2003, elle s'élevait à 286 yards. Les professionnels du tournoi PGA n'ont jamais envoyé la balle aussi loin mais quelle

Tableau 12.8 ***Données pour 48 universités américaines***

Anciens élèves

Établissement	% de classes de moins de 20 élèves	Nombre d'étudiants par enseignant	Taux de dons d'anciens élèves
Boston College	39	13	25
Université Brandeis	68	8	33
Université Brown	60	8	40
Institut de technologie de Californie	65	3	46
Université Carnegie Mellon	67	10	28
Université Case Western Reserve	52	8	31
Collège de William et Mary	45	12	27
Université Columbia	69	7	31
Université Cornell	72	13	35

(*suite*)

Établissement	% de classes de moins de 20 élèves	Nombre d'étudiants par enseignant	Taux de dons d'anciens élèves
Dartmouth College	61	10	53
Université Duke	68	8	45
Université Emory	65	7	37
Université Georgetown	54	10	29
Université Harvard	73	8	46
Université John Hopkins	64	9	27
Université Lehigh	55	11	40
Institut de technologie du Massachusetts	65	6	44
Université de New York	63	13	13
Université Northwestern	66	8	30
Université d'État de Pennsylvanie	32	19	21
Université Princeton	68	5	67
Université Rice	62	8	40
Université Stanford	69	7	34
Université Tufts	67	9	29
Université Tulane	56	12	17
Université de Californie-Berleley	58	17	18
Université de Californie-Davis	32	19	7
Université de Californie-Irvine	42	20	9
Université de Californie-Los Angeles	41	18	13
Université de Californie-San Diego	48	19	8
Université de Californie-Santa Barbara	45	20	12
Université de Chicago	65	4	36
Université de Floride	31	23	19
Université de l'Illinois-Urbana Champaign	29	15	23
Université du Michigan-Ann Arbor	51	15	13
Université de Caroline du Nord-Chapel Hill	40	16	26
Université de Notre Dame	53	13	49
Université de Pennsylvanie	65	7	41
Université de Rochester	63	10	23
Université de Californie du Sud	53	13	22
Université du Texas-Austin	39	21	13
Université de Virginie	44	13	28
Université de Washington	37	12	12
Université de Wisconsin-Madison	37	13	13
Université Vanderbuilt	68	9	31
Université Wake Forest	59	11	38
Université de Washington-St. Louis	73	7	33
Université de Yale	77	7	50

est l'importance de la force de frappe dans la performance globale d'un joueur ? Et quel impact cette distance de frappe plus importante a-t-elle sur la précision des joueurs ? Pour étudier ces questions, des données sur la performance des 125 meilleurs joueurs du tournoi PGA de 2008 sont contenues dans le fichier en ligne intitulé PGA Tour (site Internet de PGA Tour, 2009). Chaque ligne de l'ensemble de données correspond à un joueur et les données ont été classées selon leurs gains totaux. Une description des données est fournie ci-dessous.

Money : Gains totaux des joueurs.
Scoring Average : Nombre moyen de coups par rencontre
DrDist : Nombre moyen de yards parcourus par la balle par frappe.
DrAccu : Probabilité (en pourcentage) qu'un tir reste dans le champ.
GIR : Probabilité (en pourcentage) qu'un joueur atteigne la surface de put.

Rapport

1. Résumer sous forme numérique et graphique les données.
2. Utiliser l'analyse de la régression pour étudier la relation entre les variables Scoring Average et DrDist. Est-ce que les joueurs qui envoient la balle plus loin ont des scores moyens plus faibles ?
3. Utiliser l'analyse de la régression pour étudier la relation entre les variables Scoring Average et DrAccu. Est-ce que les joueurs qui sont plus précis ont des scores moyens plus faibles ?
4. Utiliser l'analyse de la régression pour étudier la relation entre les variables Scoring Average et GIR. Est-ce que les joueurs qui ont plus de chances d'atteindre la surface de put ont des scores moyens plus faibles ?
5. Laquelle de ces trois variables (DrDist, DrAccu et GIR) semble être le facteur ayant le plus d'influence sur le score moyen des joueurs ?
6. Considérer DrDist comme la variable indépendante et DrAccu comme la variable dépendante et étudier la relation entre la distance de frappe et la précision du tir.

ANNEXE 12.1 ANALYSE DE LA RÉGRESSION AVEC MINITAB

Dans la section 12.7, nous avons présenté le résultat du problème de régression associé aux restaurants Armand, obtenu avec Minitab (cf. fichier en ligne Armand). Dans cette annexe, nous décrirons les différentes étapes qui permettent d'obtenir ce résultat. Tout d'abord, on entre les données dans une feuille de calcul Minitab. Les données sur la population étudiante sont enregistrées dans la colonne C1 et les ventes trimestrielles dans la colonne C2. Les noms des variables POP et SALES correspondent au titre des colonnes. Dans les étapes suivantes, on utilise le nom des variables POP et SALES ou le numéro des colonnes C1 et C2 pour désigner les données. Les étapes suivantes décrivent la façon d'utiliser Minitab pour obtenir les résultats de la régression présentés dans la figure 12.10.

Étape 1. Sélectionner le menu **Stat**
Étape 2. Sélectionner le menu **Regression**
Étape 3. Choisir l'option **Regression**
Étape 4. Lorsque la boîte de dialogue Regression apparaît
    Entrer SALES dans la boîte **Response**
    Entrer POP dans la boîte **Predictors**
    Cliquer sur le bouton **Options**
  Lorsque la boîte de dialogue Regression-Options apparaît
    Entrer 10 dans la boîte **Prediction intervals for new observations**
    Cliquer sur **OK**
  Lorsque la boîte de dialogue Regression apparaît
    Sélectionner **OK**

La boîte de dialogue de régression Minitab fournit des informations supplémentaires, obtenues en sélectionnant les options désirées. Par exemple, pour obtenir un graphique des résidus qui indique la valeur prévue de la variable dépendante $\hat{y}$ sur l'axe horizontal et les résidus sur l'axe vertical, l'étape 4 devient :

Étape 4. Lorsque la boîte de dialogue Regression apparaît
    Entrer SALES dans la boîte **Response**
    Entrer POP dans la boîte **Predictors**
    Cliquer sur le bouton **Graphs**
  Lorsque la boîte de dialogue Regression-Graphs apparaît
    Sélectionner **Regular** dans Residuals for Plots
    Sélectionner **Residuals versus fits** dans Residual Plots
    Cliquer sur **OK**
  Lorsque la boîte de dialogue Regression apparaît
    Sélectionner **OK**

ANNEXE 12.2 ANALYSE DE LA RÉGRESSION AVEC EXCEL

Armand

Décrivons l'analyse de la régression effectuée en utilisant Excel dans le cadre du problème des restaurants Armand (cf. fichier en ligne Armand). Référez-vous à la figure 12.14. Les noms Restaurant, Population et Ventes sont enregistrés dans les cellules A1:C1 d'une feuille de calcul Excel. Pour identifier chacune des dix observations, nous avons entré les chiffres 1 à 10 dans les cellules A2:A11. Les données d'échantillon sont entrées dans les cellules B2:C11. Les étapes suivantes décrivent comment utiliser Excel pour obtenir les résultats de la régression.

Étape 1. Cliquer sur le bouton **Data** dans la barre des tâches
Étape 2. Dans le groupe **Analysis**, cliquer sur **Data Analysis**
Étape 3. Choisir **Regression** dans la liste Analysis Tools
Étape 4. Cliquer sur **OK**

Étape 5. Lorsque la boîte de dialogue Regression apparaît
Entrer C1:C11 dans la boîte **Input Y Range**
Entrer B1:B11 dans la boîte **Input X Range**
Sélectionner **Labels**
Sélectionner **Confidence Level**
Entrer 99 dans la boîte **Confidence Level**

	A	B	C	D	E	F	G	H	I	J
1	**Restaurant**	**Population**	**Ventes**							
2	1	2	58							
3	2	6	105							
4	3	8	88							
5	4	8	118							
6	5	12	117							
7	6	16	137							
8	7	20	157							
9	8	20	169							
10	9	22	149							
11	10	26	202							
12										
13	RÉSULTATS									
14										
15	*Statistiques de la régression*									
16	Multiple R	0,9501								
17	R Square	0,9027								
18	Ajusted R square	0,8906								
19	Erreur type	13,8293								
20	Observations	10								
21										
22	ANOVA									
23		*df*	*SS*	*MS*	*F*	*Significance F*				
24	Régression	1	14200	14200	74,2484	2,55E-05				
25	Résidus	8	1530	191,25						
26	Total	9	15730							
27										
28		*Coefficients*	*Erreur type*	*Statistique t*	*Valeur p*	*Inférieur 95 %*	*Supérieur 95 %*	*Inférieur 99 %*	*Supérieur 99 %*	
29	Constante	60	9,2260	6,5033	0,0002	38,7247	81,2753	29,0431	90,9569	
30	Population	5	0,5803	8,6167	2,55E-05	3,6619	6,3381	3,0530	6,9470	
31										

Figure 12.14 ***Résultat obtenu avec Excel dans le cadre du problème des restaurants Armand***

Sélectionner **Output Range**
Entrer A13 dans la boîte **Output Range**
(Cellule dans le coin gauche supérieur indiquant où commence l'affichage des résultats)
Cliquer sur **OK**

La première partie de la feuille de résultats, intitulée Statistiques de la régression, contient des statistiques descriptives telles que le coefficient de détermination (R^2). La deuxième partie, intitulée ANOVA, contient le tableau d'analyse de la variance. La dernière partie, qui n'a pas de titre, contient les coefficients estimés de la régression. Nous commençons notre discussion par l'interprétation des résultats de la régression en décrivant l'information contenue dans les cellules A28:I30.

Interprétation des résultats de l'équation estimée de la régression

La valeur de la constante de la droite estimée de la régression, $b_0 = 60$, est indiquée dans la cellule B29 et la pente de la droite estimée de la régression, $b_1 = 5$, est reportée dans la cellule B30. Les noms « Constante » dans la cellule A29 et « Population » dans la cellule A30 identifient ces deux valeurs.

Dans la section 12.5 nous avons montré que l'écart type estimé de b_1 est $s_{b_1} = 0,5803$. Notez que la valeur de la cellule C30 est 0,5803. Le terme Erreur type dans la cellule C28 est la façon qu'a Excel d'indiquer que la valeur de la cellule C30 est l'erreur type ou l'écart type de b_1. Souvenez-vous que le test de Student d'une relation significative a nécessité le calcul de la statistique de test $t = b_1/s_{b_1}$. Pour les données des restaurants Armand, la valeur t que nous avions calculée s'élevait à $t = 5/0,5803 = 8,62$. Le terme de la cellule D28, Statistique t, nous rappelle que la cellule D30 contient la valeur de la statistique de Student.

La valeur dans la cellule E30 est la valeur p associée au test de signification de Student. Excel a noté la valeur p dans la cellule E30 en utilisant la notation scientifique. Pour obtenir la valeur décimale, nous déplaçons la virgule décimale de 5 chiffres vers la gauche, obtenant ainsi la valeur 0,0000255. Puisque la valeur $p = 0,0000255 < \alpha = 0,01$, nous pouvons rejeter H_0 et conclure à l'existence d'une relation significative entre la population étudiante et les ventes trimestrielles.

L'information contenue dans les cellules F28:I30 peut être utilisée pour construire des intervalles de confiance des paramètres de l'équation estimée de la régression. Excel fournit toujours les limites inférieure et supérieure d'un intervalle de confiance à 95 %. Souvenez-vous que dans l'étape 4, nous avions choisi un niveau de confiance de 99 %. En conséquence, la feuille de résultats fournit également les limites inférieure et supérieure d'un intervalle à 99 %. La valeur dans la cellule H30 correspond à la limite inférieure de l'intervalle de confiance à 99 % pour β_1 et la valeur dans la cellule I30 correspond à la limite supérieure. Ainsi, en arrondissant, l'estimation par intervalle de confiance de β_1 est comprise entre 3,05 et 6,95. Les valeurs dans les cellules F30 et G30 fournissent les limites inférieure et supérieure de l'intervalle de confiance à 95 %, allant de 3,66 à 6,34.

Interprétation des résultats de l'analyse de la variance

L'information contenue dans les cellules A22:F26 est un résumé de l'analyse de la variance. Les trois sources de variation sont nommées Régression, Résidus et Totale. Le terme *df* dans la cellule B23 signifie degrés de liberté, le terme *SS* dans la cellule C23 somme au carré et le terme *MS* dans la cellule D23 moyenne des carrés.

Dans la section 12.5, nous avons établi que la moyenne des carrés des résidus, obtenu en divisant l'erreur ou la somme au carré des résidus par ses degrés de liberté, fournit une estimation de σ^2. La valeur dans la cellule D25, 191,25, est la moyenne des carrés des résidus dans le cadre du problème des restaurants Armand. Dans la section 12.5, nous avons montré qu'un test de Fisher pouvait être utilisé pour tester la significativité d'une régression. La valeur dans la cellule F24, 0,0000255, est la valeur p associée au test de Fisher. Puisque la valeur $p = 0{,}0000255 < \alpha = 0{,}01$, nous pouvons rejeter H_0 et conclure à l'existence d'une relation significative entre la population étudiante et les ventes trimestrielles. Le terme qu'Excel utilise pour identifier la valeur p associée au test de Fisher est *Significance F*.

> Le terme Significance *F* prend plus de signification si vous pensez à la valeur contenue dans la cellule F24 comme au seuil de signification observé pour le test de Fisher.

Interprétation des statistiques de la régression

Le coefficient de détermination, 0,9027, apparaît dans la cellule B17 ; le terme correspondant, R square, est contenu dans la cellule A17. La racine carré du coefficient de détermination fournit le coefficient de corrélation de l'échantillon, égal à 0,9501, contenu dans la cellule B16. Notez qu'Excel utilise le terme Multiple R (cellule A16) pour identifier cette valeur. Dans la cellule A19, le terme Erreur type est utilisé pour désigner la valeur de l'erreur type de l'estimation contenue dans la cellule B19. Ainsi, l'erreur type de l'estimation est égale à 13,8293. Attention : dans la feuille de résultats Excel, le terme Erreur type apparaît à deux endroits différents. Dans la partie Statistiques de la régression, le terme Erreur type fait référence à l'estimation de σ. Dans la partie sur l'équation estimée de la régression, le terme Erreur type fait référence à s_{b_1}, l'écart type de la distribution d'échantillonnage de b_1.

ANNEXE 12.3 ANALYSE DE LA RÉGRESSION AVEC STATTOOLS

Décrivons l'analyse de la régression effectuée en utilisant StatTools dans le cadre du problème des restaurants Armand (cf. fichier en ligne Armand). Commencez par utiliser Data Set Manager pour créer un ensemble de données StatTools en suivant la procédure décrite en annexe du chapitre 1. Les étapes suivantes décrivent commet utiliser StatTools pour obtenir les résultats de la régression.

Étape 1. Cliquer sur **StatTools** dans barre des tâches
Étape 2. Dans le groupe **Analyses**, cliquer sur **Regression and Classification**
Étape 3. Choisir l'option **Regression**
Étape 4. Lorsque la boîte de dialogue apparaît :
  Sélectionner **Multiple** dans la boîte **Regression Type**
  Dans la section **Variables**,
    Cliquer sur le bouton **Format** et sélectionner **Unstacked**
    Dans la colonne intitulée **I** sélectionner **Population**
    Dans la colonne intitulée **D** sélectionner **Sales**
  Cliquer sur **OK**

Les résultats de l'analyse de la régression apparaîtront.

Notez qu'à l'étape 4, nous avons sélectionné Multiple dans la boîte Regression Type. Avec StatTools, l'option Multiple est utilisée à la fois pour des régressions linéaires simples et des régressions multiples. La boîte de dialogue StatTools – Regression contient plusieurs options plus avancées pour effectuer des estimations par intervalle de prévision et représenter des graphiques des résidus. L'aide de StatTools fournit des informations sur l'utilisation de ces options.

13

RÉGRESSION MULTIPLE

STATISTIQUES APPLIQUÉES

*International Paper**
Purchase, État de New York

International Paper est la société la plus importante au monde dans le secteur du papier et des produits forestiers. La société emploie plus de 117 000 personnes dans presque 50 pays et exporte ses produits dans plus de 130 pays. International Paper produit des matériaux de construction comme des planches de charpente et du contreplaqué, des papiers d'emballage tels que des sacs et récipients jetables, des matériaux d'emballage industriel tels que des cartons ondulés et des conteneurs de livraison et une variété de papiers pour photocopieurs, imprimantes, livres et supports publicitaires.

Pour fabriquer ces produits en papier, des usines mélangent copeaux de bois et produits chimiques pour produire de la pâte à papier. La pâte à papier est ensuite utilisée dans une usine pour fabriquer des produits en papier. Dans la production des produits en papier blanc, la pâte doit être blanchie pour éliminer toute coloration. Un agent blanchissant utilisé dans ce processus est le dioxyde de chlore, qui, de par sa nature combustible, est généralement produit dans une usine à papier et ensuite acheminé dans une tour de blanchiment de l'usine. Des chercheurs ont étudié l'efficacité du processus de production du dioxyde de chlore en vue de l'améliorer. L'un des aspects étudiés était le taux de produit chimique dans la production de dioxyde de chlore.

Pour produire le dioxyde de chlore, quatre produits chimiques s'écoulent à des vitesses précises dans le générateur de dioxyde de chlore. Le dioxyde de chlore produit dans le générateur s'écoule dans un distillateur dans lequel de l'eau froide absorbe les gaz pour former une solution de dioxyde de chlore. La solution est ensuite mélangée à la pâte à papier. Un élément clé dans ce processus est la vitesse d'écoulement des produits chimiques. Historiquement, les vitesses d'écoulement des produits chimiques sont déterminées par des opérateurs expérimentés mais cette approche implique beaucoup de contrôle de la part des opérateurs. Par conséquent, les ingénieurs chimistes ont demandé à ce qu'un ensemble d'équations de contrôle, une pour chaque produit chimique, soit développé dans le but d'aider les opérateurs à établir les vitesses d'écoulement.

En utilisant l'analyse de la régression multiple, des analystes statisticiens ont estimé une équation de régression multiple pour chacun des quatre produits chimiques utilisés dans le processus. Chaque équation lie la production de dioxyde de chlore à la quantité de produit chimique utilisée et au taux de concentration de la solution de dioxyde de chlore. L'ensemble des quatre équations qui en résulte, a été programmé dans un ordinateur. Avec ce nouveau système, les opérateurs entrent le taux de concentration de la solution de dioxyde de chlore et le niveau de production souhaité ; l'ordinateur calcule ensuite l'alimentation en produit chimique nécessaire pour obtenir le niveau de production désiré. L'utilisation des ces équations de contrôle a permis d'accroître l'efficacité du générateur de dioxyde de chlore et le nombre de fois où le taux de concentration s'établit dans des limites acceptables a augmenté sensiblement.

Cet exemple montre comment l'analyse de la régression multiple peut être utilisée pour développer un meilleur processus de blanchiment pour produire des produits en papier blanc. Dans ce chapitre, nous montrerons comment utiliser les logiciels informatiques pour parvenir à de tels résultats. La plupart des concepts introduits dans le chapitre 12, dans le cadre d'une régression linéaire simple, peuvent être directement appliqués au cas d'une régression multiple.

---

* Les auteurs remercient Marian Williams et Bill Griggs de leur avoir fourni ce Statistiques appliquées. Cette application concernait initialement la société Champion International, qui fut rachetée par International Paper en 2000.

Dans le chapitre 12, nous avons présenté l'analyse de la régression linéaire simple et illustré son application au travers d'une équation estimée de la régression qui décrit la relation entre deux variables. Pour mémoire, la variable expliquée est appelée variable dépendante et la variable explicative est appelée variable indépendante. Dans ce chapitre, nous poursuivons notre étude de l'analyse de la régression en considérant des situations impliquant au moins deux variables indépendantes. Il s'agit de l'**analyse de la régression multiple**, qui nous permet de considérer plus de facteurs et donc d'obtenir de meilleures estimations que dans le cadre d'une régression linéaire simple.

13.1 LE MODÈLE DE RÉGRESSION MULTIPLE

L'analyse de la régression multiple est l'étude de la relation entre une variable dépendante y et au moins deux variables indépendantes. Dans le cas général, nous noterons p le nombre de variables indépendantes.

13.1.1 Modèle de régression et équation de la régression

Les concepts de modèle de régression et d'équation de la régression, introduits dans le chapitre précédent, sont applicables au cas multiple. L'équation qui décrit comment est reliée la variable dépendante y aux variables indépendantes $x_1, x_2, ..., x_p$ et à un terme d'erreur, est appelée **modèle de régression multiple**. Nous supposons pour commencer que le modèle de régression multiple est de la forme suivante.

► **Modèle de régression multiple**

$$y = \beta_0 + \beta_1 x_1 + \beta_2 x_2 + ... + \beta_p x_p + \varepsilon \qquad (13.1)$$

Dans le modèle de régression multiple, $\beta_0, \beta_1, \beta_2, ..., \beta_p$ sont les paramètres de la population et le terme d'erreur ε (la lettre grecque epsilon) est une variable aléatoire. Un examen approfondi de ce modèle révèle que y est une fonction linéaire de $x_1, x_2, ..., x_p$ (la partie $\beta_0 + \beta_1 x_1 + \beta_2 x_2 + ... + \beta_p x_p$) plus un terme d'erreur ε. Le terme d'erreur prend en compte la variabilité de y qui n'est pas expliquée par l'impact linéaire des p variables indépendantes.

Dans la section 13.4, nous discuterons des hypothèses d'un modèle de régression multiple et du terme d'erreur ε. L'une des hypothèses est que la moyenne ou espérance mathématique de ε est nulle. Par conséquent, la moyenne ou espérance mathématique de y, notée $E(y)$, est égale à $\beta_0 + \beta_1 x_1 + \beta_2 x_2 + ... + \beta_p x_p$. L'équation qui décrit comment la moyenne de y est liée à $x_1, x_2, ..., x_p$ est appelée **l'équation de la régression multiple**.

► **Équation de la régression multiple**

$$E(y) = \beta_0 + \beta_1 x_1 + \beta_2 x_2 + ... + \beta_p x_p \qquad (13.2)$$

13.1.2 Équation estimée de la régression multiple

Si les valeurs de $\beta_0, \beta_1, \beta_2, ..., \beta_p$ étaient connues, l'expression (13.2) pourrait être utilisée pour calculer la moyenne de y pour des valeurs données de $x_1, x_2, ..., x_p$. Malheureusement, ces paramètres ne sont généralement pas connus et doivent être estimés à partir des données d'un échantillon. On utilise un échantillon aléatoire simple pour calculer les statistiques d'échantillon $b_0, b_1, b_2, ..., b_p$ utilisées comme estimateurs ponctuels des paramètres de la population $\beta_0, \beta_1, \beta_2, ..., \beta_p$. Ces statistiques d'échantillon fournissent **l'équation estimée de la régression multiple** suivante.

► **Équation estimée de la régression multiple**

$$\hat{y} = b_0 + b_1x_1 + b_2x_2 + \ldots + b_px_p \tag{13.3}$$

où

$b_0, b_1, b_2, \ldots, b_p$ sont les estimations de $\beta_0, \beta_1, \beta_2, \ldots, \beta_p$ et $\hat{y}$ correspond à la valeur estimée de la variable dépendante.

La figure 13.1 illustre le processus d'estimation dans le cadre d'une régression multiple.

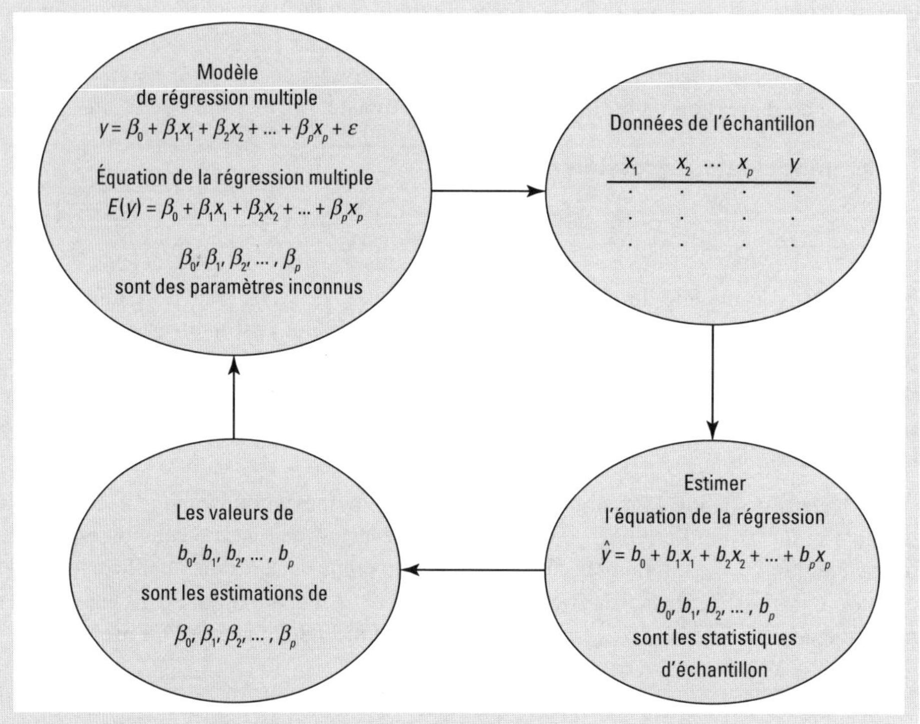

Figure 13.1 ***Processus d'estimation dans le cadre d'une régression multiple***

Dans le cadre d'une régression linéaire simple, b_0 et b_1 étaient les statistiques d'échantillon utilisées pour estimer les paramètres β_0 et β_1. L'analyse de la régression multiple est le pendant de cette inférence statistique, $b_0, b_1, b_2, \ldots, b_p$ étant les statistiques d'échantillon utilisées pour estimer les paramètres $\beta_0, \beta_1, \beta_2, \ldots, \beta_p$.

13.2 LA MÉTHODE DES MOINDRES CARRÉS

Dans le chapitre 12, nous avons utilisé la **méthode des moindres carrés** pour estimer l'équation de la régression qui constitue la meilleure approximation d'une relation linéaire entre les variables dépendante et indépendante. Cette même approche est utilisée pour estimer l'équation de la régression multiple. Le critère des moindres carrés est reformulé ici.

► **Critère des moindres carrés**

$$\min \sum (y_i - \hat{y}_i)^2 \tag{13.4}$$

où

y_i correspond à la valeur observée de la i^e observation de la variable dépendante
$\hat{y}_i$ correspond à la valeur estimée de la i^e observation de la variable dépendante

Les valeurs estimées de la variable dépendante sont calculées en utilisant l'équation estimée de la régression multiple,

$$\hat{y} = b_0 + b_1 x_1 + b_2 x_2 + \ldots + b_p x_p$$

Comme l'indique l'expression (13.4), la méthode des moindres carrés se sert des données de l'échantillon pour obtenir les valeurs de $b_0, b_1, b_2, \ldots, b_p$ qui minimisent la somme des carrés des résidus (les écarts entre les valeurs observées (y_i) et les valeurs estimées ($\hat{y}$) de la variable dépendante).

Dans le chapitre 12, nous avons présenté les formules de calcul des estimateurs des moindres carrés b_0 et b_1 dans le cadre de l'équation estimée de la régression linéaire simple $\hat{y} = b_0 + b_1 x$. Pour des ensembles de données relativement petits, nous étions capables d'utiliser ces formules pour calculer, à la main, b_0 et b_1. Par contre, dans le cadre d'une régression multiple, la présentation des formules de calcul des coefficients de régression $b_0, b_1, b_2, \ldots, b_p$ nécessite l'utilisation de l'algèbre matriciel et s'écarte de l'objet de cet ouvrage. Par conséquent, nous nous focaliserons sur l'utilisation des logiciels pour obtenir l'équation estimée de la régression multiple ainsi que d'autres informations. L'accent sera mis sur l'interprétation des résultats de la programmation plutôt que sur les calculs proprement dits de la régression.

13.2.1 Un exemple : la société de transport Butler

Pour illustrer l'analyse de la régression multiple, nous considérons un problème rencontré par la société de transport Butler, implantée en Californie du Sud. La société Butler effectue des livraisons locales. Pour améliorer les plannings de travail, les responsables souhaitent estimer la durée quotidienne des trajets effectués par les chauffeurs.

Les responsables supposaient initialement que la durée totale des trajets quotidiens était fortement liée au nombre de kilomètres parcourus pour effectuer les livraisons. Un échantillon aléatoire simple de dix livraisons a fourni les données présentées dans le tableau 13.1 (cf. fichier en ligne Butler) et le nuage de point représenté à la figure 13.2. Au regard de ce nuage de point, les responsables ont supposé que le modèle de régression linéaire simple $y = \beta_0 + \beta_1 x_1 + \varepsilon$ pouvait être utilisé pour décrire la relation entre la durée totale des trajets (y) et le nombre de kilomètres parcourus (x_1). Pour estimer les paramètres β_0 et β_1, ils ont utilisé la méthode des moindres carrés afin d'obtenir l'équation estimée de la régression

$$\hat{y} = b_0 + b_1 x_1 \tag{13.5}$$

La figure 13.3 correspond au résultat de la programmation sous Minitab d'une régression linéaire simple, obtenu en utilisant les données du tableau 13.1. L'équation estimée de la régression est

$$\hat{y} = 1,27 + 0,0678 x_1$$

Au seuil de signification $\alpha = 0,05$, la valeur F égale à 15,81 et la valeur p associée à cette statistique de test, égale à 0,004, indiquent que la relation est significative ; on peut donc rejeter $H_0 : \beta_1 = 0$, la valeur p étant inférieure à α égal à 0,05. Notez qu'on obtient la même conclusion en utilisant la valeur t, égale à 3,98 et la valeur p qui lui est associée, égale à 0,004. Ainsi, nous pouvons conclure que la relation entre la durée totale des trajets

Tableau 13.1 ***Données préliminaires de la société Butler***

Permis de conduire	x_1 = Kilomètres parcourus	y = Temps de trajet (heures)
1	100	9,3
2	50	4,8
3	100	8,9
4	100	6,5
5	50	4,2
6	80	6,2
7	75	7,4
8	65	6,0
9	90	7,6
10	90	6,1

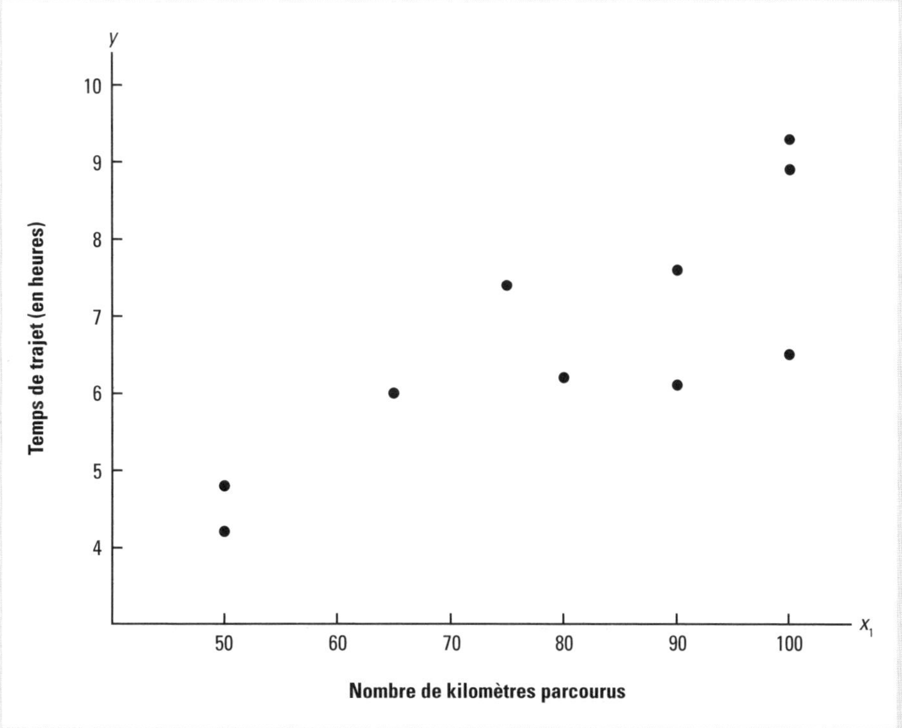

Figure 13.2 ***Nuage de points des données préliminaires de la société Butler***

et le nombre de kilomètres parcourus est significative ; des durées de trajets plus longues sont associées à un plus grand nombre de kilomètres parcourus. Puisque le coefficient de détermination (exprimé en pourcentage) est égal à 66,4 %, 66,4 % de la variabilité de la durée des trajets peut être expliquée linéairement par le nombre de kilomètres parcourus. Ce résultat est acceptable, mais les responsables souhaitent ajouter une seconde variable indépendante pour expliquer la variabilité restante de la variable dépendante.

En essayant d'identifier une autre variable indépendante, les responsables ont pensé que le nombre de livraisons pouvait également expliquer la durée totale du trajet. Les données de la société Butler, y compris celles sur le nombre de livraisons effectuées, sont présentées dans le tableau 13.2. Le résultat de la programmation sous Minitab, en considérant le nombre de kilomètres parcourus (x_1) et le nombre de livraisons effectuées (x_2) en tant que variables indépendantes, est reproduit à la figure 13.4. L'équation estimée de la régression est

$$\hat{y} = -0,869 + 0,0611x_1 + 0,923x_2 \qquad (13.6)$$

```
The regression equation is
Time = 1.27 + 0.0678 Miles

Predictor        Coef     SE Coef     T       p
Constant        1.274       1.401  0.91   0.390
Miles         0.06783     0.01706  3.98   0.004

S = 1.002    R-sq = 66.4%    R-sq(adj) = 62.2%

Analysis of Variance

SOURCE            DF       SS        MS        F        p
Regression         1   15.871    15.871    15.81    0.004
Residual Error     8    8.029     1.004
Total              9   23.900
```

Figure 13.3 ***Output Minitab de l'exemple de la société Butler avec une variable indépendante***

Le nom des variables apparaissant dans l'output Minitab (Miles pour kilomètres et Time pour durée des trajets) a été entré dans la feuille de calcul.

Dans la section suivante, nous discuterons de l'utilisation du coefficient de détermination multiple pour mesurer l'adéquation de cette équation estimée de la régression aux données. Tout d'abord, examinons plus attentivement les valeurs de $b_1 = 0,0611$ et $b_2 = 0,923$ dans l'équation (13.6).

Tableau 13.2 ***Données pour l'exemple Butler avec le nombre de kilomètres parcourus (x_1) et le nombre de livraisons effectuées (x_2) considérés comme variables indépendantes***

Butler

Permis de conduire	x_1 = Kilomètres parcourus	x_2 = Livraisons effectuées	y = Temps de trajet (heures)
1	100	4	9,3
2	50	3	4,8
3	100	4	8,9
4	100	2	6,5
5	50	2	4,2
6	80	2	6,2
7	75	3	7,4
8	65	4	6,0
9	90	3	7,6
10	90	2	6,1

```
The regression equation is
Time = -0.869 + 0.0611 Miles + 0.923 Deliveries

Predictor          Coef     SE Coef       T      p
Constant        -0.8687      0.9515   -0.91  0.392
Miles          0.061135    0.009888    6.18  0.000
Deliveries       0.9234      0.2211    4.18  0.004

S = 0.5731    R-sq = 90.4%    R-sq(adj) = 87.6%

Analysis of Variance

SOURCE            DF        SS        MS       F       p
Regression         2    21.601    10.800   32.88   0.000
Residual Error     7     2.299     0.328
Total              9    23.900
```

Figure 13.4 ***Output Minitab de l'exemple de la société Butler avec deux variables indépendantes***

Le nom des variables apparaissant dans l'output Minitab (Miles pour le nombre de kilomètres parcourus, Deliveries pour le nombre de livraisons effectuées et Time pour la durée des trajets) a été entré dans la feuille de calcul.

13.2.2 Remarque sur l'interprétation des coefficients

Comparez la relation entre l'équation estimée de la régression avec une seule variable indépendante, le nombre de kilomètres parcourus, et l'équation qui comprend deux variables indépendantes, le nombre de kilomètres parcourus et le nombre de livraisons effectuées. Notez que la valeur de b_1 n'est pas identique dans les deux cas. Dans une régression linéaire simple, nous interprétons b_1 comme une estimation de l'effet sur y d'une variation d'une unité de la variable indépendante. Dans une analyse de régression multiple, cette interprétation est légèrement modifiée. Dans une analyse de régression multiple, chaque coefficient est interprété de la façon suivante : b_i représente une estimation d'un changement de y suite à un changement d'une unité de x_i lorsque toutes les autres variables indépendantes sont constantes. Dans l'exemple de la société de transport Butler impliquant deux variables indépendantes, b_1 est égal à 0,0611. Ainsi, 0,0611 heure est une estimation de l'augmentation attendue de la durée des trajets suite à une augmentation de la distance parcourue d'un kilomètre, lorsque le nombre de livraisons reste constant. De même, puisque b_2 est égal à 0,923, 0,923 heure est une estimation de l'augmentation attendue de la durée des trajets suite à une livraison supplémentaire, lorsque le nombre de kilomètres parcourus reste constant.

EXERCICES

Remarque à l'attention des étudiants : Ces exercices ont été élaborés pour être résolus en utilisant un logiciel statistique.

Méthode

1. L'équation de la régression d'un modèle composé de deux variables indépendantes estimée à partir de dix observations s'écrit :

$$\hat{y} = 29{,}1270 + 0{,}5906x_1 + 0{,}4980x_2$$

a) Interpréter b_1 et b_2 dans cette équation estimée de la régression.

b) Estimer y lorsque $x_1 = 180$ et $x_2 = 310$.

2. Considérez les données suivantes (cf. fichier en ligne Exo2) relatives à une variable dépendante y et deux variables indépendantes, x_1 et x_2.

Exo2

x_1	x_2	y
30	12	94
47	10	108
25	17	112
51	16	178
40	5	94
51	19	175
74	7	170
36	12	117
59	13	142
76	16	211

a) Utiliser ces données pour estimer l'équation de la régression reliant y à x_1. Estimer y si $x_1 = 45$.

b) Utiliser ces données pour estimer l'équation de la régression reliant y à x_2. Estimer y si $x_2 = 15$.

c) Utiliser ces données pour estimer l'équation de la régression reliant y à x_1 et x_2. Estimer y si $x_1 = 45$ et $x_2 = 15$.

3. Dans une analyse de la régression faite à partir de 30 observations, on a estimé l'équation de la régression suivante.

$$\hat{y} = 17{,}6 + 3{,}8x_1 - 2{,}3x_2 + 7{,}6x_3 + 2{,}7x_4$$

a) Interpréter b_1, b_2,b_3 et b_4 dans cette équation estimée de la régression.

b) Estimer y lorsque $x_1 = 10$,$x_2 = 5$,$x_3 = 1$ et $x_4 = 2$.

Applications

4. Un magasin de chaussures a estimé l'équation de la régression suivante reliant les ventes au stock de marchandises et aux dépenses publicitaires.

$$\hat{y} = 25 + 10x_1 + 8x_2$$

où x_1 correspond au stock (en milliers de dollars), x_2 aux dépenses publicitaires (en milliers de dollars) et y aux ventes (en milliers de dollars).

a) Estimer les ventes résultant d'un stock de 15 000 dollars et d'un budget publicitaire de 10 000 dollars.

b) Interpréter b_1 et b_2 dans cette équation estimée de la régression.

5. Le propriétaire de la société Showtime Movie Theaters voudrait estimer le chiffre d'affaires hebdomadaire en fonction des dépenses publicitaires. Les données historiques d'un échantillon de huit semaines sont présentées dans le tableau ci-dessous (cf. fichier en ligne Showtime).

Chiffre d'affaires hebdomadaire (milliers de dollars)	Publicité télévisée (milliers de dollars)	Publicité dans les journaux (milliers de dollars)
96	5,0	1,5
90	2,0	2,0
95	4,0	1,5
92	2,5	2,5
95	3,0	3,3
94	3,5	2,3
94	2,5	4,2
94	3,0	2,5

a) Estimer l'équation de la régression en considérant le montant des dépenses publicitaires télévisées comme variable indépendante.

b) Estimer l'équation de la régression en considérant les dépenses publicitaires télévisées et dans les journaux comme variables indépendantes.

c) Est-ce que le coefficient de l'équation estimée de la régression associé aux dépenses publicitaires télévisées est le même dans les questions (a) et (b) ? Interpréter le coefficient dans chaque cas.

d) Quelle est l'estimation du revenu brut d'une semaine lorsque 3 500 dollars sont dépensés en publicité télévisée et 1 800 dollars en publicité dans les journaux.

6. Les frais d'inscription dans des écoles de commerce peuvent être très élevés mais le salaire de base et les bonus auxquels peuvent prétendre les diplômés de ces écoles peuvent s'avérer également substantiels. Les données suivantes (cf. fichier en ligne Écoles de commerce 2) indiquent la note d'évaluation du recruteur (la plus élevée est 5), les frais d'inscription (arrondis au millier de dollars le plus proche) et le salaire de base et les bonus payés aux récents diplômés de ces écoles (arrondis au millier de dollars le plus proche) pour un échantillon de 20 écoles de commerce (*U.S. News & World Report 2009 Edition America's Best Graduate Schools*).

Écoles de commerce 2

École	Note du recruteur	Frais d'inscription (en milliers de dollars)	Salaire et bonus (en milliers de dollars)
Université d'état d'Arizona	3,4	28	98
Babson College	3,5	35	94
Université de Cornell	3,8	44	119
Université de Georgetown	3,7	40	109
Institut technologique de Géorgie	3,6	30	88
Université de l'Indiana – Bloomington	3,7	35	105
Université d'état du Michigan	3,2	26	99
Université Northwestern	4,3	44	123
Université d'état de l'Ohio	3,1	35	97
Université de Purdue – West Lafayette	3,6	33	96
Université de Rice	3,4	36	102
Université de Stanford	4,4	46	135
Université de Californie – Davis	3,3	35	89
Université de Floride	3,5	23	71
Université de l'Iowa	3,1	25	78
Université du Minnesota –Twin Cities	3,5	37	100
Université de Notre Dame	3,4	36	95
Université de Rochester	3,5	38	99
Université de Washington	3,4	30	94
Université du Wisconsin - Madison	3,3	27	93

a) Déterminer une équation estimée de la régression qui permettrait de prévoir le salaire et les bonus payés aux diplômés en fonction de la note d'évaluation du recruteur.

b) Déterminer une équation estimée de la régression qui permettrait de prévoir le salaire et les bonus payés aux diplômés en fonction de la note d'évaluation du recruteur et des frais d'inscription.

c) Le coefficient associé à la note d'évaluation du recruteur est-il identique dans les réponses aux questions (a) et (b) ? Interpréter le coefficient dans chaque cas.

d) Supposez que nous sélectionnions aléatoirement un jeune diplômé de l'Université de Virginie. La note d'évaluation du recruteur pour cette université est égale à 4,1 et les frais d'inscription dans cette université s'élèvent à 43 000 dollars. Estimer le salaire et les bonus de ce diplômé.

7. *PC World* a évalué quatre éléments de 10 ordinateurs ultra-portables : les caractéristiques techniques, la performance, le design et le prix. Chaque caractéristique était évaluée sur une échelle allant de 1 à 100 points. Une note globale a ensuite été attribuée à chaque ordinateur. Le tableau suivant (cf. fichier en ligne Ordinateur portable) fournit l'évaluation de la performance, l'évaluation des caractéristiques techniques et la note globale des 10 ordinateurs ultra-portables (site internet de PC World, 5 février 2009).

Modèle	Évaluation de la performance	Évaluation des caractéristiques techniques	Note globale
Thinkpad X200	77	87	83
VGN-Z598U	97	85	82
U6V	83	80	81
Elitebook 2530P	77	75	78
X360	64	80	78
Thinkpad X300	56	76	78
Ideapad U110	55	81	77
Micro Express JFT2500	76	73	75
Thoughbook W7	46	79	73
HP Voodoo Envy 133	54	68	72

Ordinateur portable

a) Déterminer l'équation estimée de la régression permettant de prévoir la note globale en fonction de l'évaluation de la performance.

b) Déterminer l'équation estimée de la régression permettant de prévoir la note globale en fonction de l'évaluation de la performance et de l'évaluation des caractéristiques techniques.

c) Prévoir la note globale d'un ordinateur dont la performance s'élève à 80 et les caractéristiques techniques à 70.

8. Pensez-vous que des voitures plus fiables et plus performantes coûtent plus chères ? *Consumer Reports* a fourni des évaluations de la fiabilité, des notes de test de conduite et les prix de berlines familiales abordables, de berlines familiales à prix moyen et de grosses berlines (*Consumer Reports*, février 2008). Une partie des données qui se trouvent dans le fichier en ligne intitulé Berlines est reproduite ici. La fiabilité est évaluée sur une échelle de 5 points (de 1 mauvaise à 5 excellente). Les notes des tests de conduite vont de 0 à 100, des valeurs plus importantes indiquant de meilleures performances.

Marque et modèle	Test de conduite	Fiabilité	Prix ($)
Nissan Altima 2.5 S	85	4	22 705
Honda Accor LX-P	79	4	22 795
Kia Optima EX (4-cyl.)	78	4	22 795
Toyota Camry LE	77	4	21 080
Hyundai Sonata SE	76	3	22 995
.	.	.	.
.	.	.	.
.	.	.	.
Chrysler 300 Touring	60	2	30 255
Dodge Charger SXT	58	4	28 860

Berlines

a) Déterminer l'équation estimée de la régression qui permettrait de prévoir le prix d'une voiture étant donnée sa fiabilité. Tester la significativité de la relation au seuil $\alpha = 0{,}05$.

b) Considérer l'ajout de la variable indépendante relative au test de conduite. Déterminer l'équation estimée de la régression qui permettrait de prévoir le prix d'une voiture étant donnée sa fiabilité et la note au test de conduite.

c) Estimer le prix d'une voiture ayant obtenue une note de 80 au test de conduite et dont la fiabilité est notée 4.

9. Le ski nautique et le surf sont deux sports aquatiques populaires. Trouver un modèle qui réponde à vos besoins et vos attentes, que ce soit en ski nautique, en surf ou plus généralement en bateau, peut être difficile. Le magazine *WaterSki* a testé 88 bateaux et a fourni de nombreuses informations pour aider les consommateurs à faire leur choix. Une partie des données concernant 20 bateaux de 20 à 22 pieds de long est présentée ci-dessous (*WaterSki*, janvier/février 2006). La largeur maximale du bateau est exprimée en pouces, CV est le nombre de chevaux du moteur et Vitesse max est la vitesse maximale en miles par heure (cf. fichier en ligne Bateaux).

Bateaux

Fabricant et modèle	Largeur	CV	Vitesse max
Calabria Cal Air Pro V-2	100	330	45,3
Correct Craft Air Nautique 210	91	330	47,3
Correct Craft Air Nautique SV-211	93	375	46,9
Correct Craft Ski Nautique 206 Limited	91	330	46,7
Gekko GTR 22	96	375	50,1
Gekko GTS 20	83	375	52,2
Malibu Response LXi	93,5	340	47,2
Malibu Sunsettter LXi	98	400	46
Malibu Sunsetter 21 XTi	98	340	44
Malibu Sunscape 21 LSV	98	400	47,5
Malibu Wakesetter 21 XTi	98	340	44,9
Malibu Wakesetter VLX	98	400	47,3
Malibu vRide	93,5	340	44,5
Malibu Ride Xti	93,5	320	44,5
Mastercraft ProStar 209	96	350	42,5
Mastercraft X-1	90	310	45,8
Mastercraft X-2	94	310	42,8
Mastercraft X-9	96	350	43,2
MB Sports 190 Plus	92	330	45,3
Svfara SVONE	91	330	47,7

a) Utiliser ces données pour développer une équation estimée de la régression reliant la vitesse maximale à la largeur du bateau et à son nombre de chevaux.

b) Le Svfara SV609 a une largeur de 85 pouces et un moteur de 330 chevaux. Utiliser l'équation estimée de la régression développée à la question (a) pour estimer la vitesse maximale du Svfara SV609.

10. L'association nationale de basket (NBA) enregistre diverses statistiques sur chaque équipe. Parmi elles, le pourcentage de parties gagnées, le pourcentage de paniers marqués par l'équipe, le pourcentage de tirs à trois points marqués par l'équipe adverse et le nombre de changements de joueur effectués dans l'équipe adverse. Les données suivantes (cf. fichier en ligne NBA) correspondent aux valeurs de ces statistiques collectées auprès de 29 équipes lors d'une partie de la saison 2003 (site internet de la NBA, 3 janvier 2004).

NBA

Équipe	Parties gagnées	Paniers marqués (%)	Tirs à trois points (%)	Changement de joueurs adverses
Atlanta	0,265	0,435	0,346	13,206
Boston	0,471	0,449	0,369	16,176
Chicago	0,313	0,417	0,372	15,031
Cleveland	0,303	0,438	0,345	12,515
Dallas	0,581	0,439	0,332	15,000
Denver	0,606	0,431	0,366	17,818
Detroit	0,606	0,423	0,262	15,788
Golden State	0,452	0,445	0,384	14,290
Houston	0,548	0,426	0,324	13,161
Indiana	0,706	0,428	0,317	15,647
L.A. Clippers	0,464	0,424	0,326	14,357
L.A. Lakers	0,724	0,465	0,323	16,000
Memphis	0,485	0,432	0,358	17,848
Miami	0,424	0,410	0,369	14,970
Milwaukee	0,500	0,438	0,349	14,750
Minnesota	0,677	0,473	0,348	13,839
New Jersey	0,563	0,435	0,338	17,063
New Orleans	0,636	0,421	0,330	16,909
New York	0,412	0,442	0,330	13,588
Orlando	0,242	0,417	0,360	14,242
Philadelphia	0,438	0,428	0,364	16,938
Phoenix	0,364	0,438	0,326	16,515
Portland	0,484	0,447	0,367	12,548
Sacramento	0,724	0,466	0,327	15,207
San Antonio	0,688	0,429	0,293	15,344
Seattle	0,533	0,436	0,350	16,767
Toronto	0,516	0,424	0,314	14,129
Utah	0,531	0,456	0,368	15,469
Washington	0,300	0,411	0,341	16,133

a) Déterminer l'équation estimée de la régression qui peut être utilisée pour prévoir le pourcentage de parties gagnées étant donné le pourcentage de paniers marqués.

b) Interpréter la pente de l'équation estimée de la régression développée à la question (a).

c) Déterminer l'équation estimée de la régression qui peut être utilisée pour prévoir le pourcentage de parties gagnées étant donnés le pourcentage de paniers marqués, le pourcentage de tirs à trois points marqués par l'équipe adverse et le nombre de changements de joueur effectués dans l'équipe adverse.

d) Discuter des implications pratiques de l'équation estimée de la régression développée à la question (c).

e) Estimer le pourcentage de parties gagnées par une équipe dont le pourcentage de paniers marqués s'élève à 0,45, le pourcentage de tirs à trois points marqués par l'équipe adverse à 0,34 et le nombre de changements de joueur effectués dans l'équipe adverse à 17.

13.3 LE COEFFICIENT DE DÉTERMINATION MULTIPLE

Dans le cadre d'une régression linéaire simple, nous avons montré que la somme totale des carrés pouvait être divisée en deux composantes : la somme des carrés de la régression et la somme des carrés des résidus. La même procédure s'applique à la somme des carrés dans le cadre d'une régression multiple.

▶ **Relation entre SCT, SCreg et SCres**

$$SCT = SCreg + SCres \quad (13.7)$$

où

$SCT = \sum (y_i - \bar{y})^2$ correspond à la somme des carrés totale

$SCreg = \sum (\hat{y}_i - \bar{y})^2$ correspond à la somme des carrés de la régression

$SCres = \sum (y_i - \hat{y}_i)^2$ correspond à la somme des carrés des résidus

À cause de la complexité des calculs de ces trois sommes des carrés, nous nous reposons sur les logiciels informatiques pour déterminer ces valeurs. L'analyse de la variance faite par Minitab, présentée à la figure 13.4, fournit les trois valeurs dans le cadre du problème de la société de transport Butler à deux variables indépendantes : $SCT = 23,900$, $SCreg = 21,601$ et $SCres = 2,299$. Avec une seule variable indépendante (le nombre de kilomètres parcourus), l'output de Minitab présenté à la figure 13.3 indiquait les valeurs suivantes : $SCT = 23,900$, $SCreg = 15,871$ et $SCres = 8,029$. La valeur de SCT est identique dans les deux cas, puisqu'elle ne dépend pas de $\hat{y}$ mais l'introduction d'une seconde variable indépendante (le nombre de livraisons) accroît $SCreg$ et réduit $SCres$. En conséquence, l'équation estimée de la régression multiple est plus adaptée aux données observées.

Dans le chapitre précédent, nous avons mesuré l'adéquation de l'équation estimée de la régression aux données grâce au coefficient de détermination $r^2 = SCreg/SCT$. Le même concept s'applique à la régression multiple. Le terme **coefficient de détermination multiple** indique que nous mesurons l'adéquation d'une équation estimée de régression multiple. Le coefficient de détermination multiple, noté R^2, est calculé de la façon suivante :

▶ **Coefficient de détermination multiple**

$$R^2 = SCreg/SCT \quad (13.8)$$

Le coefficient de détermination multiple peut être interprété comme la proportion de la variabilité de la variable dépendante expliquée par l'équation estimée de la régression multiple. En le multipliant par 100, on peut l'interpréter comme le pourcentage de la variation de y expliquée par l'équation estimée de la régression.

Dans l'exemple de la société de transport Butler à deux variables indépendantes,

$$R^2 = \frac{21,601}{23,900} = 0,904$$

Ainsi, 90,4 % de la variabilité du temps de trajet y est expliquée par l'équation estimée de la régression multiple, ayant pour variables indépendantes le nombre de kilomètres parcourus et le nombre de livraisons effectuées. L'output Minitab de la figure 13.4 fournit également le coefficient de détermination multiple ; il est noté $R - sq = 90,4\%$.

La figure 13.3 indique que la valeur du coefficient de détermination de l'équation estimée de la régression avec une seule variable indépendante, le nombre de kilomètres parcourus (x_1), est égale à 66,4 %. Ainsi, le pourcentage de la variabilité de la durée des trajets expliquée par l'équation estimée de la régression est passé de 66,4 % à 90,4 % en ajoutant le nombre de livraisons effectuées comme seconde variable indépendante. En général, R^2 augmente lorsque des variables indépendantes sont ajoutées au modèle.

> Ajouter des variables indépendantes réduit l'erreur de prévision, et par conséquent, la somme des carrés des résidus. Puisque $SCreg = SCT - SCres$, lorsque SCres diminue, SCreg augmente, entraînant une augmentation de $R^2 = SCreg/SCT$.

Beaucoup d'analystes préfèrent ajuster R^2 au nombre de variables indépendantes pour éviter de surestimer l'impact de l'ajout d'une variable indépendante sur la part de la variabilité expliquée par l'équation estimée de la régression. Avec n le nombre d'observations et p le nombre de variables indépendantes, le coefficient de détermination multiple ajusté est calculé de la façon suivante :

► **Coefficient de détermination multiple ajusté**

$$R_a^2 = 1 - (1 - R^2)\frac{n-1}{n-p-1} \tag{13.9}$$

> Si une variable est ajoutée dans le modèle, R^2 augmente même si cette variable n'est pas statistiquement significative. Le coefficient de détermination multiple ajusté tient compte du nombre de variables indépendantes présentes dans le modèle.

Dans l'exemple de la société de transport Butler, avec $n = 10$ et $p = 2$, nous avons

$$R_a^2 = 1 - (1 - 0,904)\frac{10-1}{10-2-1} = 0,88$$

Ainsi, en tenant compte de la présence de deux variables indépendantes, le coefficient de détermination multiple ajusté est égal à 0,88. Cette valeur correspond à la valeur $R - sq(adj) = 87,6\%$ dans l'output Minitab présenté à la figure 13.4. L'écart entre ces deux valeurs tient au fait que nous avons arrondi la valeur de R^2 dans notre propre calcul.

REMARQUES

Si la valeur de R^2 est faible et que le modèle contient un nombre de variables indépendantes important, le coefficient de détermination ajusté peut prendre une valeur négative. Dans de tels cas, Minitab égalise le coefficient de détermination ajusté à zéro.

EXERCICES

Méthode

11. Dans l'exercice 1, l'équation estimée de la régression suivante, fondée sur dix observations, était présentée.

$$\hat{y} = 29,1270 + 0,5906x_1 + 0,4980x_2$$

Les valeurs de *SCT* et *SCreg* sont respectivement égales à 6 724,125 et 6 216,375.

a) Trouver *SCres*.

b) Calculer R^2.

c) Calculer R_a^2.

d) Commenter l'adéquation de la régression aux données.

12. Dans l'exercice 2, dix observations relatives à une variable dépendante y et deux variables indépendantes x_1 et x_2 étaient données. Pour celles-ci, $SCT = 15\,182,9$ et $SCreg = 14\,052,2$.

a) Calculer R^2.

b) Calculer R_a^2.

c) L'équation estimée de la régression explique-t-elle une part importante de la variabilité des données ? Expliquer.

13. Dans l'exercice 3, l'équation estimée de la régression suivante, fondée sur 30 observations, était présentée.

$$\hat{y} = 17,6 + 3,8x - 2,3x_2 + 7,6x_3 + 2,7x_4$$

Les valeurs de *SCT* et *SCreg* sont respectivement égales à 1 805 et 1 760.

a) Calculer R^2.

b) Calculer R_a^2.

c) Commenter l'adéquation de la régression.

Applications

14. Dans l'exercice 4, l'équation estimée de la régression suivante, reliant les ventes au stock de marchandises et aux dépenses publicitaires, était donnée.

$$\hat{y} = 25 + 10x_1 + 8x_2$$

Les données utilisées pour développer ce modèle sont issues d'une enquête auprès de dix magasins. Pour ces données $SCT = 16\,000$ et $SCreg = 12\,000$.

a) Calculer R^2.

b) Calculer R_a^2.

c) L'équation estimée de la régression explique-t-elle une part importante de la variabilité des données ? Expliquer.

15. Dans l'exercice 5 (cf. fichier en ligne Showtime), le propriétaire de la société Showtime Movie Theaters utilisait l'analyse de la régression multiple pour prévoir le chiffre d'affaires (y) en fonction des dépenses publicitaires télévisées (x_1) et dans les journaux (x_2). L'équation estimée de la régression était

$$\hat{y} = 83{,}2 + 2{,}29x_1 + 1{,}30x_2$$

Les logiciels informatiques fournissent les informations suivantes : $SCT = 25{,}5$ et $SCreg = 23{,}435$.

a) Calculer et interpréter R^2 et R_a^2.

b) Lorsque seules les dépenses publicitaires télévisées sont considérées en tant que variable indépendante, $R^2 = 0{,}653$ et $R_a^2 = 0{,}595$. Les résultats de la régression multiple sont-ils préférables ? Expliquer.

16. Dans l'exercice 6 (cf. fichier en ligne Écoles de commerce 2) étaient fournies des données relatives à la note d'évaluation du recruteur (la plus élevée est 5), aux frais d'inscription (arrondis au millier de dollars le plus proche) et au salaire de base et aux bonus payés aux récents diplômés de ces écoles (arrondis au millier de dollars le plus proche) pour un échantillon de 20 écoles de commerce (*U.S. News & World Report 2009 Edition America's Best Graduate Schools*).

a) L'équation estimée de la régression n'utilisant que la note d'évaluation du recruteur comme variable indépendante pour prévoir le salaire et les bonus des jeunes diplômés, est-elle bien adaptée aux données ? Expliquer.

b) Discuter des bénéfices liés à l'ajout des frais d'inscription en tant que variable indépendante supplémentaire pour prévoir le salaire et les bonus.

17. Dans l'exercice 9 (cf. fichier en ligne Bateaux), une équation estimée de la régression fut développée, reliant la vitesse maximale d'un bateau à sa largeur et à la puissance de son moteur (nombre de chevaux).

a) Calculer et interpréter R^2 et R_a^2.

b) L'équation estimée de la régression est-elle bien adaptée aux données ? Expliquer.

18. Référez-vous à l'exercice 10 (cf. fichier en ligne NBA), reprenant diverses statistiques collectées auprès de 29 équipes de l'Association nationale de basketball (NBA) lors d'une partie de la saison 2003 (site Internet de la NBA, 3 janvier 2004).

a) À la question (c) de l'exercice 10, l'équation de la régression reliant le pourcentage de parties gagnées au pourcentage de paniers marqués, au pourcentage de tirs à trois points marqués par l'équipe adverse et au nombre de changements de joueur effectués dans l'équipe adverse, a été estimée. Calculer R^2 et R_a^2.

b) L'équation estimée de la régression est-elle bien adaptée aux données ? Expliquer.

13.4 LES HYPOTHÈSES DU MODÈLE

Dans la section 13.1, nous avons introduit le modèle de régression multiple suivant.

► **Modèle de régression multiple**

$$y = \beta_0 + \beta_1 x_1 + \beta_2 x_2 + \ldots + \beta_p x_p + \varepsilon \tag{13.10}$$

Les hypothèses relatives au terme d'erreur ε sont le pendant de celles développées dans le cadre d'un modèle de régression linéaire simple.

► **Hypothèses sur le terme d'erreur ε dans le cadre d'un modèle de régression multiple** $y = \beta_0 + \beta_1 x_1 + \beta_2 x_2 + \ldots + \beta_p x_p + \varepsilon$

1. Le terme d'erreur ε est une variable aléatoire de moyenne nulle ; c'est-à-dire, $E(\varepsilon) = 0$.

Conséquences : Pour des valeurs données de $x_1, x_2, \ldots, x_p$, l'espérance mathématique de y est égale à

$$E(y) = \beta_0 + \beta_1 x_1 + \beta_2 x_2 + \ldots + \beta_p x_p \tag{13.11}$$

L'expression (13.11) correspond à l'équation de la régression multiple introduite dans la section 13.1. Dans cette équation, $E(y)$ représente la moyenne de toutes les valeurs possibles de y étant données les valeurs de $x_1, x_2, \ldots, x_p$.

2. La variance de ε, notée σ^2, est la même pour toutes les valeurs des variables indépendantes $x_1, x_2, \ldots, x_p$.

Conséquences : La variance de y le long de la droite de régression est égale à σ^2 et est la même pour toutes les valeurs de $x_1, x_2, \ldots, x_p$.

3. Les valeurs de ε sont indépendantes.

Conséquences : La valeur de ε associée à une valeur particulière des variables indépendantes n'est pas liée à la valeur de ε associée à d'autres valeurs des variables indépendantes.

4. Le terme d'erreur ε est une variable aléatoire normalement distribuée, reflétant l'écart entre la valeur y et la valeur estimée de y par $\beta_0 + \beta_1 x_1 + \beta_2 x_2 + \ldots + \beta_p x_p$.

Conséquences : Puisque $\beta_0, \beta_1, \beta_2, \ldots, \beta_p$ sont constants pour des valeurs données de $x_1, x_2, \ldots, x_p$, la variable dépendante y est également une variable aléatoire normalement distribuée.

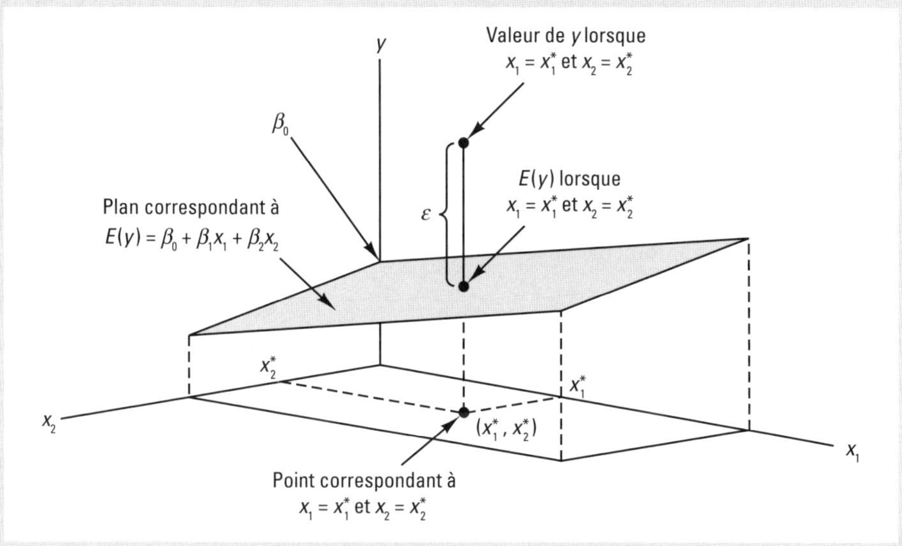

Figure 13.5 ***Graphique de l'équation de la régression dans le cadre de l'analyse d'une régression multiple à deux variables indépendantes***

Pour approfondir l'étude de la forme de la relation exprimée par l'équation (13.11), considérez l'équation de la régression multiple à deux variables indépendantes suivante.

$$E(y) = \beta_0 + \beta_1 x_1 + \beta_2 x_2$$

Le graphique de cette équation est représenté par un plan dans un espace à trois dimensions. La figure 13.5 en est une illustration. Notez que la valeur de ε indiquée correspond à la différence entre la valeur réelle de y et la valeur estimée $E(y)$ lorsque $x_1 = x_1^*$ et $x_2 = x_2^*$.

Dans l'analyse de la régression, le terme *variable de réponse* est souvent utilisé à la place du terme *variable dépendante*. De plus, puisque l'équation de la régression multiple génère une surface, son graphique est appelé *surface de réponse*.

13.5 LES TESTS DE SIGNIFICATION

Dans cette section, nous montrons comment effectuer des tests de signification dans le cadre d'une relation de régression multiple. Les tests de signification utilisés dans une régression linéaire simple étaient les tests t de Student et F de Fisher. Dans le cadre d'une régression linéaire simple, les deux tests aboutissent à la même conclusion ; c'est-à-dire, si l'hypothèse nulle est rejetée, nous concluons que $\beta_1 \neq 0$. Dans le cadre d'une régression multiple, les tests de Student et de Fisher n'ont pas le même objectif.

1. Le test F de Fisher est utilisé pour déterminer s'il existe une relation significative entre la variable dépendante et l'ensemble des variables indépendantes ; on parle de *test de signification globale.*
2. Le test t de Student est utilisé pour déterminer si chacune des variables indépendantes est significative. Un test de Student est effectué pour chaque variable indépendante du modèle ; on parle de *test de signification individuelle.*

Dans la suite, nous explicitons les tests de Student et de Fisher et appliquons chacun d'entre eux au problème de régression multiple de la société de transport Butler.

13.5.1 Test de Fisher

Le modèle de régression multiple tel que défini dans la section 13.4 est

$$y = \beta_0 + \beta_1 x_1 + \beta_2 x_2 + ... + \beta_p x_p + \varepsilon$$

Les hypothèses du test de Fisher concernent les paramètres du modèle de régression multiple.

$$H_0 : \beta_1 = \beta_2 = ... = \beta_p = 0$$

H_a : Au moins un des paramètres n'est pas égal à zéro

Si H_0 est rejetée, le test nous permet de conclure qu'au moins un des paramètres n'est pas égal à zéro et que la relation globale entre y et l'ensemble des variables indépendantes $x_1, x_2, ..., x_p$ est significative. Cependant, si H_0 ne peut être rejetée, nous ne disposons pas de preuves statistiques suffisantes pour conclure à l'existence d'une relation significative.

Avant de décrire les étapes d'un test de Fisher, nous devons revoir le concept de *moyenne des carrés*. La moyenne des carrés est une somme de carrés divisée par le nombre de degrés de liberté correspondant. Dans le cas d'une régression multiple, la somme des carrés totale (*SCT*) a $n-1$ degrés de liberté, la somme des carrés de la régression (*SCreg*) a p degrés de liberté et la somme des carrés des résidus (*SCres*) a $n-p-1$ degrés de liberté. Par conséquent, la moyenne des carrés de la régression (*MCreg*) et la moyenne des carrés des résidus (*MCres*) sont respectivement égales à

$$MCreg = \frac{SCreg}{p} \tag{13.12}$$

et

$$MCres = \frac{SCres}{n-p-1} \tag{13.13}$$

Comme nous l'avons vu au chapitre 12, *MCres* constitue un estimateur sans biais de σ^2, la variance du terme d'erreur ε. Si $H_0 : \beta_1 = \beta_2 = ... = \beta_p = 0$ est vraie, *MCreg* constitue également un estimateur sans biais de σ^2, et la valeur de $MCreg/MCres$ est proche de 1. Cependant, si H_0 est fausse, *MCreg* surestime σ^2 et la valeur de $MCreg/MCres$

augmente. Pour déterminer à partir de quelle valeur de $MCreg/MCres$ l'hypothèse nulle peut être rejetée, nous nous basons sur le fait que si H_0 est vraie et si les hypothèses sur le modèle de régression multiple sont validées, la distribution d'échantillonnage de $MCreg/MCres$ suit une loi de Fisher avec p degrés de liberté au numérateur et $n-p-1$ degrés de liberté au dénominateur. Un résumé du test de signification de Fisher dans le cadre d'une régression multiple suit.

- **Test de signification globale de Fisher**

$$H_0 : \beta_1 = \beta_2 = \ldots = \beta_p = 0$$

H_a : Au moins un des paramètres n'est pas égal à zéro

- **Statistique de test**

$$F = \frac{MCreg}{MCres} \qquad (13.14)$$

- **Règle de rejet**

Approche par la valeur p : Rejet de H_0 si la valeur $p \leq \alpha$

Approche par la valeur critique : Rejet de H_0 si $F \geq F_\alpha$

où F_α est basé sur la loi de Fisher à p degrés de liberté au numérateur et $n-p-1$ degrés de liberté au dénominateur.

Appliquons le test de Fisher au cas de la société de transport Butler. Avec deux variables indépendantes, les hypothèses sont écrites de la façon suivante :

$$H_0 : \beta_1 = \beta_2 = 0$$

H_a : β_1 et/ou β_2 n'est pas égal à zéro

La figure 13.6 correspond à l'output de la régression multiple effectuée par Minitab, avec pour variables indépendantes, le nombre de kilomètres parcourus (x_1) et le nombre de livraisons effectuées (x_2). Dans la partie consacrée à l'analyse de la variance, on constate que $MCreg$ est égale à 10,8, $MCres$ est égale à 0,328. D'après l'équation (13.14), la statistique de test F est égale à

$$F = \frac{10,8}{0,328} = 32,9$$

Notez que la valeur F fournie par Minitab est égale à 32,88. La valeur diffère légèrement de la nôtre dans la mesure où nous avons arrondi les valeurs de $MCreg$ et $MCres$ dans nos calculs. Au seuil de signification $\alpha = 0,01$, la valeur $p = 0,000$ dans la dernière colonne de la tableau d'analyse de la variance (cf. figure 13.6) indique que nous pouvons rejeter $H_0 : \beta_1 = \beta_2 = 0$ puisque la valeur p est inférieure à $\alpha = 0,01$. De même, la table 4 de l'annexe B révèle qu'avec deux degrés de liberté au numérateur et sept degrés de liberté au dénominateur, $F_{0,01} = 9,55$. Puisque $32,9 > 9,55$, nous rejetons $H_0 : \beta_1 = \beta_2 = 0$

```
The regression equation is
Time = -0.869 + 0.0611 Miles + 0.923 Deliveries

Predictor        Coef    SE Coef       T      p
Constant      -0.8687     0.9515   -0.91  0.392
Miles        0.061135   0.009888    6.18  0.000
Deliveries     0.9234     0.2211    4.18  0.004

S = 0.5731    R-sq = 90.4%    R-sq(adj) = 87.6%

Analysis of Variance

SOURCE            DF        SS        MS       F      p
Regression         2    21.601    10.800   32.88  0.000
Residual Error     7     2.299     0.328
Total              9    23.900
```

Figure 13.6 ***Output Minitab obtenu dans le cadre de l'exemple de la société Butler avec deux variables indépendantes, le nombre de kilomètres parcourus (x_1) et le nombre de livraisons effectuées (x_2)***

et concluons qu'une relation significative existe entre la durée des trajets y et les deux variables indépendantes, le nombre de kilomètres parcourus et le nombre de livraisons effectuées.

Comme noté précédemment, la moyenne des carrés des résidus constitue un estimateur sans biais de σ^2, la variance du terme d'erreur ε. D'après la figure 13.6, l'estimation de σ^2 est $MCres = 0{,}328$. La racine carrée de $MCres$ correspond à l'estimation de l'écart type du terme d'erreur. Comme défini dans la section 12.5, cet écart type est appelé erreur type de l'estimation et est noté s. Par conséquent, $s = \sqrt{MCres} = \sqrt{0{,}328} = 0{,}573$. Notez que la valeur de l'erreur type de l'estimation apparaît dans l'output Minitab (cf. figure 13.6).

Le tableau 13.3 correspond au tableau d'analyse de la variance (ANOVA) qui fournit les résultats du test de Fisher dans le cadre d'un modèle de régression multiple. La valeur de la statistique de test F apparaît dans la dernière colonne et peut être comparée à F_α avec p degrés de liberté au numérateur et $n - p - 1$ degrés de liberté au dénominateur, afin d'obtenir la conclusion du test d'hypothèses. En revenant à la figure 13.6, représentant l'output Minitab dans le cadre du problème de la société de transport Butler, on constate que le tableau d'analyse de la variance de Minitab contient cette information. De plus, Minitab fournit la valeur p associée à la statistique de test F.

Tableau 13.3 *Tableau ANOVA dans le cadre d'un modèle de régression multiple à p variables indépendantes*

Source de la variation	Somme des carrés	Degrés de liberté	Moyenne des carrés	F
Régression	SCreg	p	$MCreg = \frac{SCreg}{p}$	$F = \frac{MCreg}{MCres}$
Résidu	SCres	$n-p-1$	$MCres = \frac{SCres}{n-p-1}$	
Totale	SCT	$n-1$		

13.5.2 Test de Student

Si le test de Fisher prouve que la relation de régression multiple est significative, un test de Student doit être effectué pour déterminer si chaque variable indépendante est significative. Le test de signification individuelle de Student est présenté ci-dessous.

► **Test de signification individuelle de Student**

Pour tout paramètre β_i,

$$H_0 : \beta_i = 0$$

$$H_a : \beta_i \neq 0$$

► **Statistique de test**

$$t = \frac{b_i}{s_{b_i}} \tag{13.15}$$

► **Règle de rejet**

Approche par la valeur p : Rejet de H_0 si la valeur $p \leq \alpha$

Approche par la valeur critique : Rejet de H_0 si $t \leq -t_{\alpha/2}$ ou si $t \geq t_{\alpha/2}$

où $t_{\alpha/2}$ est basé sur la distribution de Student à $n-p-1$ degrés de liberté.

Dans la statistique de test, s_{b_i} correspond à l'estimation de l'écart type de b_i. La valeur de s_{b_i} est fournie par le logiciel.

Effectuons le test de Student dans le cadre du problème de régression de la société Butler. Le résultat de la programmation sous Minitab, reproduit à la figure 13.6, révèle que

b_1 est égal à 0,061135, b_2 à 0,9234, s_{b_1} à 0,009888 et s_{b_2} à 0,2211. Ainsi, les statistiques de test pour les hypothèses concernant les paramètres β_1 et β_2 sont respectivement :

$$t = 0,061135/0,009888 = 6,18$$

$$t = 0,9234/0,2211 = 4,18$$

Notez que ces deux valeurs t et les valeurs p correspondantes sont fournies par Minitab (cf. figure 13.6). Au seuil $\alpha = 0,01$, les valeurs p égales à 0,000 et 0,004 permettent de conclure au rejet des hypothèses $H_0 : \beta_1 = 0$ et $H_0 : \beta_2 = 0$. Par conséquent, les deux paramètres sont statistiquement significatifs. De même, la table 2 de l'annexe B indique qu'avec $n - p - 1 = 10 - 2 - 1 = 7$ degrés de liberté, la valeur critique est égale à $t_{0,005} = 3,499$. Avec $6,18 > 3,499$, on rejette l'hypothèse $H_0 : \beta_1 = 0$. De façon similaire, puisque $4,18 > 3,499$, on rejette également l'hypothèse $H_0 : \beta_2 = 0$.

13.5.3 Multi-colinéarité

Nous utilisons le terme « variables indépendantes » dans l'analyse de la régression pour parler des variables utilisées pour expliquer la valeur de la variable dépendante. Ce terme ne signifie pas que les variables indépendantes sont elles-mêmes indépendantes au sens statistique du terme. Au contraire, la plupart des variables indépendantes dans un problème de régression multiple sont plus ou moins corrélées les unes par rapport aux autres. Par exemple, dans l'exemple de la société de transport Butler impliquant deux variables indépendantes, le nombre de kilomètres parcourus et le nombre de livraisons effectuées, nous pouvons considérer le nombre de kilomètres parcourus comme une variable dépendante, expliquée par le nombre de livraisons effectuées. Il est alors possible de calculer le coefficient de corrélation de l'échantillon $r_{x_1x_2}$ pour déterminer dans quelle mesure ces deux variables sont liées. En appliquant ce raisonnement, on trouve $r_{x_1x_2} = 0,16$. Ainsi, les deux variables indépendantes sont, dans une certaine mesure, linéairement associées. En analyse de la régression multiple, la **multi-colinéarité** fait référence à la corrélation entre les variables indépendantes.

Pour approfondir les éventuels problèmes liés à la multi-colinéarité, considérons une variante de l'exemple de la société de transport Butler. Au lieu de considérer que x_2 correspond au nombre de livraisons, posons x_2 égal au nombre de litres de gasoil consommés. Clairement, x_1 (le nombre de kilomètres parcourus) et x_2 sont liés : le nombre de litres de gasoil consommés dépend du nombre de kilomètres parcourus. Par conséquent, nous devrions logiquement conclure que x_1 et x_2 sont des variables indépendantes fortement corrélées.

Supposez que nous obtenions l'équation $\hat{y} = b_0 + b_1x_1 + b_2x_2$ et que le test de Fisher révèle que la relation est significative. Supposez alors que nous effectuions un test de Student sur β_1 pour déterminer si $\beta_1 \neq 0$, et que nous ne puissions rejeter $H_0 : \beta_1 = 0$. Ce résultat signifie-t-il que le temps de trajet n'est pas lié à la distance parcourue ? Pas nécessairement. Ce que cela signifie probablement, c'est qu'avec la présence de x_2 dans le modèle, x_1 ne contribue pas de façon significative à déterminer la valeur de y. Cette interprétation fait sens dans notre exemple : si nous connaissons la quantité de gasoil consommée, la connaissance du nombre de kilomètres parcourus n'apporte pas beaucoup d'informations complémentaires, utiles pour prévoir y. De même, un test de Student pourrait conduire à conclure que $\beta_2 = 0$, dans la mesure où la connaissance de la quantité de gasoil consommée n'apporte pas d'informations complémentaires significatives dans un modèle comprenant déjà le nombre de kilomètres parcourus.

Pour résumer, dans le test de signification individuelle de Student, la multi-colinéarité peut conduire à conclure qu'aucun des paramètres, pris individuellement, n'est significativement différent de zéro, alors que le test de signification globale de Fisher révèle une relation significative. Ce problème ne se pose pas lorsqu'il y a peu de corrélation entre les variables indépendantes.

Un coefficient de corrélation entre deux variables indépendantes supérieur à +0,70 ou inférieur à -0,70 indique l'existence de potentiels problèmes liés à la multi-colinéarité.

Les statisticiens ont développé plusieurs tests pour déterminer si l'ampleur de la multi-colinéarité pouvait poser problème. Selon le test de la règle de raison, la multi-colinéarité pose potentiellement problème si la valeur absolue du coefficient de corrélation de l'échantillon entre deux variables indépendantes est supérieure à 0,7. Les autres types de test sont plus avancés et vont au-delà de l'objet de cet ouvrage.

Lorsque les variables indépendantes sont fortement corrélées, il n'est pas possible de déterminer l'effet propre d'une variable indépendante particulière sur la variable dépendante.

Si possible, essayez de ne pas inclure dans le modèle des variables indépendantes fortement corrélées. En pratique, cependant, il est difficile de mettre en œuvre cette recommandation. Lorsque vous êtes en présence de multi-colinéarité, séparer l'impact individuel des variables indépendantes sur la variable dépendante est difficile.

REMARQUES

D'ordinaire, la multi-colinéarité n'affecte pas la procédure d'analyse de la régression. Toutefois, lorsque la multi-colinéarité est très prononcée – c'est-à-dire lorsque plusieurs variables indépendantes sont fortement corrélées – l'interprétation des résultats du test de Student peut s'avérer difficile. En plus du type de problème illustré dans cette section, une forte multi-colinéarité peut conduire à des estimations par les moindres carrés de signe opposé. En d'autres termes, lors de simulations dans lesquelles les chercheurs créent un modèle de régression, estiment β_0, β_1, β_2, etc., il a été prouvé qu'en présence d'une forte multi-colinéarité, les estimations par les moindres carrés peuvent avoir un signe opposé à celui du paramètre estimé. Par exemple, β_2 peut être égal à +10 et b_2 estimé à -2. En conséquence, peu de crédibilité doit être accordée aux coefficients individuels si on est en présence de multi-colinéarité.

EXERCICES

Méthode

19. Dans l'exercice 1, l'équation estimée de la régression suivante, fondée sur dix observations, était présentée.

$$\hat{y} = 29{,}1270 + 0{,}5906x_1 + 0{,}4980x_2$$

De plus, $SCT = 6724{,}125$, $SCreg = 6216{,}375$, $s_{b_1} = 0{,}0813$ et $s_{b_2} = 0{,}0567$.

a) Calculer *MCreg* et *MCres*.

b) Calculer la statistique de test F et effectuer le test de Fisher. Utiliser $\alpha = 0{,}05$.

c) Effectuer le test de signification individuelle pour β_1. Utiliser $\alpha = 0{,}05$.

d) Effectuer le test de signification individuelle pour β_2. Utiliser $\alpha = 0{,}05$.

20. Référez-vous aux données de l'exercice 2. L'équation estimée de la régression associée à ces données est

$$\hat{y} = -18{,}4 + 2{,}01x_1 + 4{,}74x_2$$

$SCT = 15182{,}9$, $SCreg = 14052{,}2$, $s_{b_1} = 0{,}2471$ et $s_{b_2} = 0{,}9484$.

a) Tester l'existence d'une relation significative entre x_1, x_2 et y. Utiliser $\alpha = 0{,}05$.

b) β_1 est-il significatif ? Utiliser $\alpha = 0{,}05$.

c) β_2 est-il significatif ? Utiliser $\alpha = 0{,}05$.

21. L'équation estimée de la régression suivante a été développée pour un modèle à deux variables indépendantes.

$$\hat{y} = 40{,}7 + 8{,}63x_1 + 2{,}71x_2$$

La variable x_2 a été supprimée du modèle. L'application de la méthode des moindres carrés au modèle ne comprenant que x_1 comme variable indépendante fournit l'équation estimée de la régression suivante.

$$\hat{y} = 42{,}0 + 9{,}01x_1$$

a) Interpréter le coefficient associé à x_1 dans les deux modèles.

b) La multi-colinéarité peut-elle expliquer pourquoi le coefficient associé à x_1 diffère entre les deux modèles ? Si oui, comment ?

Applications

22. Dans l'exercice 4, l'équation estimée de la régression suivante, reliant les ventes au stock de marchandises et aux dépenses publicitaires, était donnée.

$$\hat{y} = 25 + 10x_1 + 8x_2$$

Les données utilisées pour développer ce modèle sont issues d'une enquête auprès de dix magasins. Pour ces données $SCT = 16\,000$ et $SCreg = 12\,000$.

a) Calculer *SCres*, *MCres* et *MCreg*.

b) Effectuer un test de Fisher avec $\alpha = 0{,}05$ pour déterminer l'existence d'une relation significative entre les variables.

23. Référez-vous à l'exercice 5.

a) Utiliser $\alpha = 0{,}01$ pour tester les hypothèses suivantes :

$$H_0 : \beta_1 = \beta_2 = 0$$

$$H_a : \beta_1 \text{ et/ou } \beta_2 \text{ n'est pas égal à zéro}$$

pour le modèle $y = \beta_0 + \beta_1 x_1 + \beta_2 x_2 + \varepsilon$ où x_1 correspond aux dépenses publicitaires télévisées (en milliers de dollars) et x_2 aux dépenses publicitaires dans les journaux (en milliers de dollars).

b) Utiliser $\alpha = 0{,}05$ pour tester la significativité du paramètre β_1. La variable x_1 devrait-elle être retirée du modèle ?

c) Utiliser $\alpha = 0{,}05$ pour tester la significativité du paramètre β_2. La variable x_2 devrait-elle être retirée du modèle ?

24. Le *Wall Street Journal* a mené une enquête sur les dépenses en basketball des meilleures écoles. Une partie des données (cf. fichier en ligne Basketball) relatives au chiffre d'affaires (en millions de dollars), au pourcentage de matchs gagnés et au salaire de l'entraîneur (en millions de dollars) de 39 programmes régionaux est présentée ci-dessous (*The Wall Street Journal*, 11-12 mars 2006).

École	Chiffre d'affaires	% matchs gagnés	Salaire
Alabama	6,5	61	1,00
Arizona	16,6	63	0,70
Arkansas	11,1	72	0,80
Boston College	3,4	80	0,53
...	...	...	...
Washington	5,0	83	0,89
Virginie Occidentale	4,9	67	0,70
État de Wichita	3,1	75	0,41
Wisconsin	12,0	66	0,70

a) Développer l'équation estimée de la régression qui peut être utilisée pour prévoir le salaire de l'entraîneur étant donné le chiffre d'affaires généré par le programme et le pourcentage de matchs gagnés.

b) Utiliser le test de Fisher pour déterminer si la relation est globalement significative. Quelle est votre conclusion au seuil $\alpha = 0{,}05$?

c) Utiliser le test de Student pour déterminer si chaque variable indépendante est statistiquement significative. Quelle est votre conclusion au seuil $\alpha = 0{,}05$?

25. Les petites voitures sont généralement moins consommatrice d'énergie, sont faciles à manœuvrer et à garer et s'avèrent généralement performantes lors des tests de conduite. Les données suivantes (cf. fichier en ligne Petites voitures) indiquent la consommation (en nombre de miles parcourus par gallon d'essence), la fiabilité (5 étant la valeur la plus élevée), la sécurité (5 étant la valeur la plus élevée) et le prix (en dollars) de 20 petites voitures (*Consumer Reports*, mars 2009).

Petites voitures

Marque et modèle	Consommation (miles par gallon)	Fiabilité	Sécurité	Prix ($)
Chevrolet Aveo LT	25	2	2	16 205
Chevrolet Cobalt LT	24	3	3	17 450
Ford Focus SES	26	4	3	18 490
Ford Focus SES (MT)	29	4	3	17 440
Honda Civic EX	28	5	4	19 610
Honda Civic EX (MT)	31	5	4	18 810
Honda Fit Sport (MT)	33	5	4	16 730
Hyundai Accent GLS	28	4	2	14 230
Hyundai Elantra GLS	27	5	3	17 555
Hyundai Elantra SE	27	5	4	17 980
Kia Spectra EX	25	4	2	16 185
Kia Spectra EX (MT)	28	4	2	15 185
Nissan Versa 1,8 SL	28	3	3	16 675
Nissan Versa 1,85	27	1	3	16 130
Scion xD	29	5	3	16 620
Scion xD (MT)	34	5	3	15 820
Suzuki SX4 LE	26	5	3	17 378
Toyota Corolla (base, MT)	32	4	4	16 419
Toyota Corolla LE	32	4	4	18 404
Toyota Yaris Hatchback	30	5	3	16 095

a) Déterminer l'équation estimée de la régression qui permet de prévoir le prix d'une petite voiture en fonction de sa consommation, de sa fiabilité et de sa sécurité.

b) Effectuer un test de Fisher pour déterminer si la relation est globalement significative. Quelle est votre conclusion au seuil $\alpha = 0,05$?

c) Effectuer un test de Student pour déterminer si chaque variable indépendante est statistiquement significative. Quelle est votre conclusion au seuil $\alpha = 0,05$?

d) Supprimer les variables indépendantes qui ne seraient pas significatives. Quelle équation estimée de la régression recommanderiez-vous ? Comparer la valeur du R^2 associée à cette équation estimée de la régression avec celle obtenue à la question (a). Discuter de la différence.

NBA

26. Dans l'exercice 10, l'équation de la régression reliant le pourcentage de parties gagnées au pourcentage de paniers marqués, au pourcentage de tirs à trois points marqués par l'équipe adverse et au nombre de changements de joueur effectués dans l'équipe adverse, a été estimée (cf. fichier en ligne NBA).

a) Effectuer un test de Fisher pour déterminer si la relation est globalement significative. Quelle est votre conclusion au seuil $\alpha = 0,05$?

b) Effectuer un test de Student pour déterminer si chaque variable indépendante est statistiquement significative. Quelle est votre conclusion au seuil $\alpha = 0,05$?

13.6 UTILISER L'ÉQUATION ESTIMÉE DE LA RÉGRESSION POUR ESTIMER ET PRÉVOIR

Les procédures d'estimation de la moyenne de y et de prévision d'une valeur de y dans le cadre d'une régression multiple sont similaires à celles employées dans le cadre d'une régression linéaire simple. Au chapitre 12, nous avons montré que l'estimation ponctuelle de la moyenne de y pour une valeur donnée de x était identique à l'estimation ponctuelle d'une valeur individuelle de y. Dans les deux cas, nous avons utilisé $\hat{y} = b_0 + b_1 x$ comme estimation ponctuelle.

La même procédure est utilisée pour une régression multiple. Nous substituons les valeurs données des variables indépendantes dans l'équation estimée de la régression et utilisons la valeur correspondante de $\hat{y}$ comme estimation ponctuelle. Supposez que nous voulions, dans le cadre de l'exemple de la société de transport Butler, utiliser l'équation estimée de la régression impliquant x_1 (le nombre de kilomètres parcourus) et x_2 (le nombre de livraisons effectuées) pour construire deux estimations par intervalle :

1. Un *intervalle de confiance* du temps moyen de trajet pour tous les camions qui effectuent 100 km et deux livraisons
2. Un *intervalle de prévision* du temps de trajet d'un camion *spécifique* qui effectue 100 km et deux livraisons

En utilisant l'équation estimée de la régression $\hat{y} = -0,869 + 0,0611x_1 + 0,923x_2$ avec $x_1 = 100$ et $x_2 = 2$, on obtient

$$\hat{y} = -0,869 + 0,0611(100) + 0,923(2) = 7,09$$

Par conséquent, l'estimation ponctuelle du temps de trajet dans les deux cas est d'environ 7 heures.

Pour développer des estimations par intervalle de la moyenne de y et d'une valeur individuelle de y, nous utilisons une procédure similaire à celle utilisée dans le cadre de l'analyse de la régression linéaire simple, avec une seule variable indépendante. Les formules requises vont au-delà de l'objet de cet ouvrage. Les logiciels fournissent souvent des intervalles de confiance dans le cadre de leur fonction d'analyse de la régression. Le tableau 13.4

Tableau 13.4 ***Intervalles de confiance et de prévision à 95 % dans le cadre de l'exemple de la société Butler***

Valeur de x_1	Valeur de x_2	Intervalle de confiance		Intervalle de prévision	
		Limite inférieure	Limite supérieure	Limite inférieure	Limite supérieure
50	2	3,146	4,924	2,414	5,656
50	3	4,127	5,789	3,368	6,548
50	4	4,815	6,948	4,157	7,607
100	2	6,258	7,926	5,500	8,683
100	3	7,385	8,645	6,520	9,510
100	4	8,135	9,742	7,362	10,515

contient les intervalles de confiance et de prévision à 95 % dans le cadre de l'exemple de la société Butler pour des valeurs particulières de x_1 et x_2, obtenus avec Minitab. Notez que l'intervalle de prévision est plus large que l'intervalle de confiance. Cet écart reflète le fait que, pour des valeurs données de x_1 et x_2, nous pouvons estimer le temps de trajet moyen pour tous les camions de façon plus précise que nous ne pouvons prévoir le temps de trajet d'un camion spécifique.

EXERCICES

Méthode

27. Dans l'exercice 1, l'équation estimée de la régression suivante, fondée sur dix observations, était présentée.

$$\hat{y} = 29{,}1270 + 0{,}5906x_1 + 0{,}4980x_2$$

a) Développer une estimation ponctuelle de la moyenne de y lorsque $x_1 = 180$ et $x_2 = 310$.

b) Développer une estimation ponctuelle d'une valeur individuelle de y lorsque $x_1 = 180$ et $x_2 = 310$.

28. Référez-vous aux données de l'exercice 2. L'équation estimée de la régression associée à ces données est

$$\hat{y} = -18{,}4 + 2{,}01x_1 + 4{,}74x_2$$

a) Construire un intervalle de confiance à 95 % de la moyenne de y lorsque $x_1 = 45$ et $x_2 = 15$.

b) Construire un intervalle de prévision à 95 % pour y lorsque $x_1 = 45$ et $x_2 = 15$.

Applications

29. Dans l'exercice 5, le propriétaire de la société Showtime Movie Theaters utilisait l'analyse de la régression multiple pour prévoir le chiffre d'affaires (y) en fonction des dépenses publicitaires télévisées (x_1) et dans les journaux (x_2). L'équation estimée de la régression était

$$\hat{y} = 83{,}2 + 2{,}29x_1 + 1{,}30x_2$$

a) Quel est le chiffre d'affaires attendu lorsque 3 500 dollars sont dépensés en publicité télévisée ($x_1 = 3{,}5$) et 1 800 dollars en publicité dans les journaux ($x_2 = 1{,}8$) ?

b) Construire un intervalle de confiance à 95 % du chiffre d'affaires moyen associé aux dépenses publicitaires mentionnées à la question (a).

c) Construire un intervalle de prévision à 95 % du chiffre d'affaires d'une semaine particulière au cours de laquelle les dépenses publicitaires mentionnées à la question (a) ont été effectuées.

30. Dans l'exercice 9 (cf. fichier en ligne Bateaux), une équation estimée de la régression fut développée, reliant la vitesse maximale d'un bateau à sa largeur et à la puissance de son moteur (nombre de chevaux).

Bateaux

a) Construire un intervalle de confiance à 95 % pour la vitesse maximale moyenne d'un bateau, ayant une largeur de 85 pouces et un moteur de 330 chevaux.

b) Le Svfara SV609 a une largeur de 85 pouces et un moteur de 330 chevaux. Construire un intervalle de prévision à 95 % de la vitesse maximale moyenne du Svfara SV609.

31. Le guide d'achat du site web du magazine *Car and Driver* fournit des informations et les résultats des tests de conduite de voitures, de camions, de breaks, de van. L'évaluation moyenne de la qualité globale, du style, du système de freinage, de la maniabilité, de la consommation, du confort intérieur, de la reprise, de l'habitabilité, de la finition se fait sur une échelle allant de 1 (le pire) à 10 (le mieux). Une partie des données relatives à 14 voitures de sport (cf. fichier en ligne Voitures de sport) est présentée ici (site Internet de Car and Driver, 7 janvier 2004).

Voitures de sport

Modèle	Note globale	Maniabilité	Habitabilité	Finition
Acura 3.2CL	7,80	7,83	8,17	7,67
Acura RSX	9,02	9,46	9,35	8,97
Audi TT	9,00	9,58	8,74	9,38
BMW 3-Series/M3	8,39	9,52	8,39	8,55
Chevrolet Corvette	8,82	9,64	8,54	7,87
Ford Mustang	8,34	8,85	8,70	7,34
Honda Civic Si	8,92	9,31	9,50	7,93
Infiniti G35	8,70	9,34	8,96	8,07
Mazda RX-8	8,58	9,79	8,96	8,12
Mini Cooper	8,76	10,00	8,69	8,33
Mitsubishi Eclipse	8,17	8,95	8,25	7,36
Nissan 350Z	8,07	9,35	7,56	8,21
Porsche 911	9,55	9,91	8,86	9,55
Toyota Celica	8,77	9,29	9,04	7,97

a) Développer une équation estimée de la régression en utilisant la maniabilité, l'habitabilité et la finition pour prévoir la note globale.

b) Une autre voiture de sport notée par *Car and Driver* est la Honda Accord. Les notes pour sa maniabilité, son habitabilité et sa finition sont respectivement 8,28, 9,06 et 8,07. Estimer la note globale de cette voiture.

c) Construire un intervalle de confiance à 95 % de la note globale de toutes les voitures de sport ayant les caractéristiques énoncées à la question (b).

d) Construire un intervalle de prévision à 95 % de la note globale de la Honda Accord décrite à la question (b).

e) *Car and Driver* donnait à la Honda Accord une note globale de 8,65. Comment se situe cette note par rapport à vos estimations développées aux questions (b) et (d) ?

13.7 DES VARIABLES INDÉPENDANTES QUALITATIVES

Jusqu'à présent, les exemples considérés concernaient des variables indépendantes quantitatives telles que la population d'étudiants, la distance parcourue et le nombre de livraisons. Dans beaucoup de situations, cependant, nous devons travailler avec des **variables indépendantes qualitatives** telles que le sexe (homme ou femme), le mode de paiement (espèces, carte de crédit, chèque), etc. Le but de cette section est de montrer comment sont traitées les variables qualitatives dans l'analyse de la régression. Pour illustrer leur utilisation et leur interprétation, nous considérons un problème rencontré par les responsables de la société Johnson Filtration.

> Les variables indépendantes peuvent être qualitatives ou quantitatives.

13.7.1 Un exemple : la société Johnson Filtration

La société Johnson Filtration offre des services de maintenance des systèmes de filtration d'eau dans le Sud de la Floride. Des clients souhaitant entretenir leurs systèmes de filtration d'eau, contactent la société Johnson. Pour estimer le temps et le coût du service offert, les responsables de la société Johnson souhaitent prévoir le temps de réparation nécessaire à chaque demande d'intervention. Dans ce contexte, le temps de réparation (en heures) correspond à la variable dépendante. Le temps de réparation est supposé lié à deux facteurs : le nombre de mois écoulés depuis la dernière intervention et le type de problème nécessitant réparation (mécanique ou électrique). Les données relatives à un échantillon de dix demandes d'intervention sont présentées dans le tableau 13.5.

Soient y le temps de réparation en heures et x_1 le nombre de mois écoulés depuis la dernière intervention. Le modèle de régression utilisant x_1 pour prévoir y est

$$y = \beta_0 + \beta_1 x_1 + \varepsilon$$

Tableau 13.5 ***Données associées à l'exemple de la société Johnson Filtration***

Demande d'intervention	Mois écoulés depuis la dernière intervention	Type de réparation	Durée de la réparation en heures
1	2	Électrique	2,9
2	6	Mécanique	3,0
3	8	Électrique	4,8
4	3	Mécanique	1,8
5	2	Électrique	2,9
6	7	Électrique	4,9
7	9	Mécanique	4,2
8	8	Mécanique	4,8
9	4	Électrique	4,4
10	6	Électrique	4,5

```
The regression equation is
Time = 2.15 + 0.304 Months

Predictor          Coef      SE Coef         T        p
Constant         2.1473       0.6050      3.55    0.008
Months           0.3041       0.1004      3.03    0.016

S = 0.7810     R-sq = 53.4%    R-sq(adj) = 47.6%

Analysis of Variance

SOURCE              DF         SS        MS        F        p
Regression           1     5.5960    5.5960     9.17    0.016
Residual Error       8     4.8800    0.6100
Total                9    10.4760
```

Figure 13.7 ***Output Minitab dans le cadre de l'exemple de la société Johnson Filtration, avec, pour variable indépendante, le nombre de mois écoulés depuis la dernière intervention***

Les noms des variables apparaissant dans l'output Minitab « Month » (mois) et « Time » (durée) ont été enregistrés en tant qu'intitulé des colonnes de la feuille de calcul Minitab. Ainsi, x_1 = Month et y = Time.

En utilisant Minitab pour estimer l'équation de la régression, nous obtenons les résultats présentés à la figure 13.7. L'équation estimée de la régression est

$$\hat{y} = 2,15 + 0,304x_1 \tag{13.16}$$

Au seuil de signification de 0,05, la valeur p associée au test de Student (ou au test de Fisher), égale à 0,016, indique que le nombre de mois écoulés depuis la dernière intervention est significativement lié à la durée de la réparation. $R^2 = 53,4$ % indique que x_1 explique à lui seul 53,4 % de la variabilité de la durée des réparations.

Pour incorporer le type de réparation dans le modèle de régression, nous définissons la variable suivante :

$$x_2 = \begin{cases} 0 \text{ si la réparation est de type mécanique} \\ 1 \text{ si la réparation est de type électrique} \end{cases}$$

Dans l'analyse de la régression, x_2 est qualifiée de **variable muette** ou **variable indicatrice**. Grâce à cette variable muette, nous pouvons écrire le modèle de régression multiple comme suit

$$y = \beta_0 + \beta_1 x_1 + \beta_2 x_2 + \varepsilon$$

Le tableau 13.6 (cf. fichier en ligne Johnson) correspond à l'ensemble de données révisé, incluant les valeurs de la variable muette. En utilisant Minitab pour estimer les paramètres

Tableau 13.6 ***Données associées à l'exemple de la société Johnson Filtration, le type de réparation étant indiqué par une variable muette (x_2 = 0 si la réparation est de type mécanique, x_2 = 1 si la réparation est de type électrique)***

Johnson

Demande d'intervention	Mois écoulés depuis la dernière intervention (x_1)	Type de réparation (x_2)	Durée de la réparation en heures (y)
1	2	1	2,9
2	6	0	3,0
3	8	1	4,8
4	3	0	1,8
5	2	1	2,9
6	7	1	4,9
7	9	0	4,2
8	8	0	4,8
9	4	1	4,4
10	6	1	4,5

du modèle et les données du tableau 13.6, nous obtenons l'équation estimée de la régression multiple suivante (cf. figure 13.8).

$$\hat{y} = 0,93 + 0,388x_1 + 1,26x_2 \tag{13.17}$$

```
The regression equation is
Time = 0.930 + 0.388 Months + 1.26 Type

Predictor        Coef     SE Coef       T       p
Constant       0.9305      0.4670    1.99   0.087
Months        0.38762     0.06257    6.20   0.000
Type           1.2627      0.3141    4.02   0.005

S = 0.4590        R-sq = 85.9%      R-sq(adj) = 81.9%

Analysis of Variance

SOURCE           DF        SS        MS        F       p
Regression        2    9.0009    4.5005    21.36   0.001
Residual Error    7    1.4751    0.2107
Total             9   10.4760
```

Figure 13.8 ***Output Minitab dans le cadre de l'exemple de la société Johnson Filtration, avec, pour variables indépendantes, le nombre de mois écoulés depuis la dernière intervention (x_1) et le type de réparation (x_2)***

Les noms des variables apparaissant dans l'output Minitab « Month » (mois), « Type » (type) et « Time » (durée) ont été enregistrés en tant qu'intitulé des colonnes de la feuille de calcul Minitab. Ainsi, x_1 = Month, x_2 = Type et y = Time.

Au seuil de signification de 0,05, la valeur p égale à 0,01, associée au test de Fisher ($F = 21,36$), indique que la relation est significative. La partie de l'output (figure 13.8) relative au test de Student indique qu'à la fois, le nombre de mois écoulés depuis la dernière intervention (la valeur p est égale à 0,000) et le type de réparation (la valeur p est égale à 0,005) sont statistiquement significatifs. De plus, $R^2 = 85,9\ \%$ et $R_a^2 = 81,9\ \%$ indiquent que l'équation estimée de la régression explique une bonne part de la variabilité de la durée des réparations. Ainsi, l'équation (13.17) peut se révéler utile pour estimer le temps de réparation nécessaire pour répondre à différentes demandes.

13.7.2 Interpréter les paramètres

L'équation de régression multiple dans l'exemple de la société Johnson Filtration est

$$E(y) = \beta_0 + \beta_1 x_1 + \beta_2 x_2 \qquad (13.18)$$

Pour comprendre comment interpréter les paramètres β_0, β_1 et β_2 lorsqu'une variable qualitative est présente, considérons le cas où $x_2 = 0$ (réparation mécanique). En notant $E(y|\text{mécanique})$ l'espérance mathématique de la durée de réparation sachant que cette dernière est de type mécanique, nous obtenons

$$E(y|\text{mécanique}) = \beta_0 + \beta_1 x_1 + \beta_2(0) = \beta_0 + \beta_1 x_1 \qquad (13.19)$$

De même, pour une réparation de type électrique ($x_2 = 1$), nous obtenons

$$E(y|\text{électrique}) = \beta_0 + \beta_1 x_1 + \beta_2(1) = \beta_0 + \beta_1 x_1 + \beta_2 = (\beta_0 + \beta_2) + \beta_1 x_1 \qquad (13.20)$$

En comparant les équations (13.19) et (13.20), il apparaît que la durée de réparation est une fonction linéaire de x_1 à la fois pour des réparations mécaniques et électriques. La pente de ces deux équations est β_1, mais l'ordonnée à l'origine diffère. Elle est égale à β_0 dans l'équation (13.19) pour des réparations de type mécanique et à $(\beta_0 + \beta_2)$ dans l'équation (13.20) pour des réparations de type électrique. Ainsi, β_2 indique l'écart entre le temps moyen de réparation d'un problème électrique et le temps moyen de réparation d'un problème mécanique.

Si β_2 est positif, le temps moyen de réparation d'un problème électrique sera supérieur à celui d'un problème mécanique ; si β_2 est négatif le temps moyen de réparation d'un problème électrique sera inférieur à celui d'un problème mécanique. Enfin, si $\beta_2 = 0$, il n'y a aucun écart entre la durée moyenne de réparation d'un problème électrique et d'un problème mécanique et la durée de réparation n'est pas liée à son type.

En utilisant l'équation estimée de la régression multiple $\hat{y} = 0,93 + 0,388x_1 + 1,26x_2$, nous constatons que 0,93 est l'estimation de β_0 et 1,26 l'estimation de β_2. Ainsi, lorsque $x_2 = 0$ (réparation mécanique),

$$\hat{y} = 0,93 + 0,388x_1 \qquad (13.21)$$

et lorsque $x_2 = 1$ (réparation électrique),

$$\hat{y} = 0,93 + 0,388x_1 + 1,26(1) = 2,19 + 0,388x_1 \qquad (13.22)$$

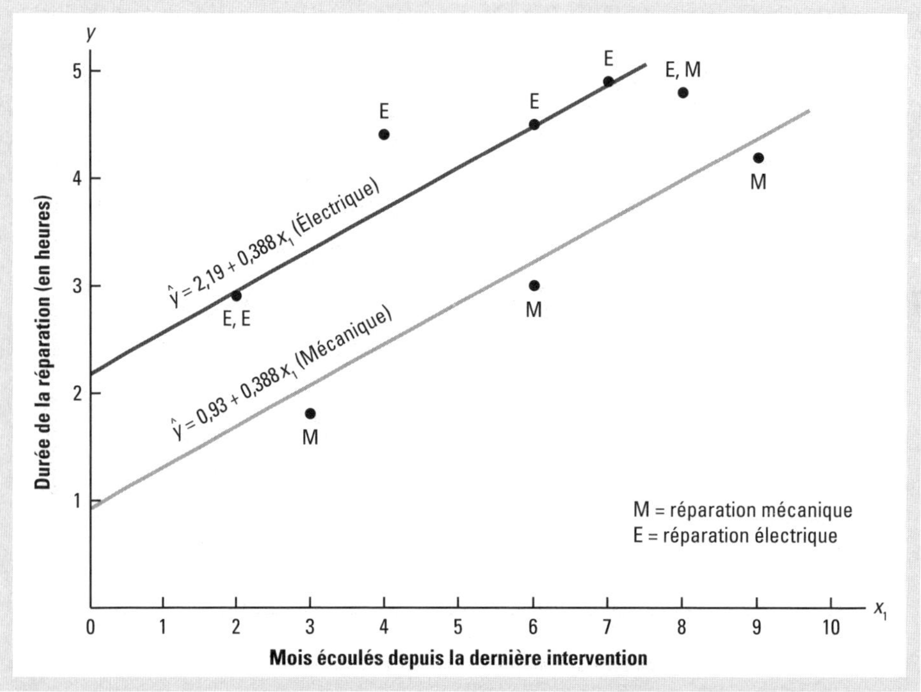

Figure 13.9 *Nuage de points des données de la société Johnson Filtration issues du tableau 13.6*

L'utilisation d'une variable muette pour désigner le type de réparation fournit deux équations permettant de prévoir la durée des réparations ; l'une correspond aux réparations mécaniques, l'autre aux réparations électriques. De plus, avec $b_2 = 1{,}26$, nous savons qu'en général, les réparations électriques nécessitent 1,26 heure de plus que les réparations mécaniques.

La figure 13.9 correspond au graphique des données de la société Johnson, présentées dans le tableau 13.6. La durée de réparation (en heures) est représentée sur l'axe vertical et le nombre de mois écoulés depuis la dernière intervention (x_1) est représenté sur l'axe horizontal. Un point correspondant à une réparation mécanique est indiqué par un M et un point correspondant à une réparation électrique est indiqué par un E. Les équations (13.21) et (13.22) sont représentées sur ce graphique pour illustrer graphiquement les deux équations qui peuvent être utilisées pour prévoir la durée d'une réparation, l'une correspondant à des réparations mécaniques, l'autre à des réparations électriques.

13.7.3 Des variables qualitatives plus complexes

Dans la mesure où la variable qualitative mentionnée dans l'exemple de la société Johnson Filtration a deux niveaux (mécanique ou électrique), définir une variable muette en indiquant une réparation de type mécanique par 0 et une réparation de type électrique par 1 est simple. Toutefois, lorsqu'une variable muette a plus de deux niveaux, il faut être attentif à la façon dont elle est définie et interprétée. Comme nous le verrons, si une variable qualitative a k niveaux, $k-1$ variables muettes sont nécessaires, chacune prenant les valeurs 0 ou 1.

> Une variable qualitative à k niveaux doit être modélisée en utilisant $k-1$ variables muettes. Il convient d'être attentif à la façon dont elles seront définies et interprétées.

Par exemple, supposons qu'un fabricant de photocopieuses ait réparti ses ventes dans un État particulier en trois régions : A, B et C. Les responsables souhaitent utiliser les techniques d'analyse de la régression pour prévoir le nombre de photocopieuses vendues par semaine. En prenant pour variable dépendante le nombre de photocopieuses vendues, ils considèrent plusieurs variables indépendantes (le nombre de vendeurs, les dépenses publicitaires, etc.). Supposons que les responsables pensent que la région de vente est également un facteur important pour prévoir le nombre de photocopieuses vendues. Puisque la région de vente est une variable qualitative à trois niveaux, A, B et C, nous avons besoin de $3-1=2$ variables aléatoires pour représenter la région de vente. Chaque variable peut prendre la valeur 0 ou 1, comme indiqué ci-dessous.

$$x_1 = \begin{cases} 1 \text{ si la région de vente est B} \\ 0 \text{ sinon} \end{cases}$$

$$x_2 = \begin{cases} 1 \text{ si la région de vente est C} \\ 0 \text{ sinon} \end{cases}$$

Avec cette définition, nous obtenons les valeurs suivantes pour x_1 et x_2.

Région	x_1	x_2
A	0	0
B	1	0
C	0	1

Les observations relatives à la région A correspondent à $x_1=0$ et $x_2=0$; celles relatives à la région B correspondent à $x_1=1$ et $x_2=0$; celles relatives à la région C à $x_1=0$ et $x_2=1$.

L'équation de la régression reliant l'espérance mathématique du nombre de photocopieuses vendues, $E(y)$, aux variables muettes s'écrit :

$$E(y) = \beta_0 + \beta_1 x_1 + \beta_2 x_2$$

Pour aider à l'interprétation des paramètres β_0, β_1 et β_2, considérons les trois variantes suivantes de l'équation de la régression.

$$E(y \mid \text{région A}) = \beta_0 + \beta_1(0) + \beta_2(0) = \beta_0$$

$$E(y \mid \text{région B}) = \beta_0 + \beta_1(1) + \beta_2(0) = \beta_0 + \beta_1$$

$$E(y \mid \text{région C}) = \beta_0 + \beta_1(0) + \beta_2(1) = \beta_0 + \beta_2$$

Ainsi, β_0 correspond à l'espérance mathématique du nombre de photocopieuses vendues dans la région A ; β_1 correspond à l'écart entre le nombre moyen d'unités vendues dans la région B et le nombre moyen d'unités vendues dans la région A ; et β_2 à l'écart entre le nombre moyen d'unités vendues dans la région C et le nombre moyen d'unités vendues dans la région A.

Deux variables aléatoires étaient nécessaires dans la mesure où la région de vente est une variable qualitative à trois niveaux. Le fait que $x_1 = 0$ et $x_2 = 0$ indique la région A, $x_1 = 1$ et $x_2 = 0$ la région B et $x_1 = 0$ et $x_2 = 1$ la région C est arbitraire. Par exemple, nous aurions pu choisir d'indiquer la région A par $x_1 = 1$ et $x_2 = 0$, la région B par $x_1 = 0$ et $x_2 = 0$ et la région C par $x_1 = 0$ et $x_2 = 1$. Dans ce cas, β_1 correspondrait à l'écart entre le nombre moyen d'unités vendues dans les régions A et B ; et β_2 à l'écart entre le nombre moyen d'unités vendues dans les régions C et B.

Le point important à retenir est que lorsqu'une variable qualitative a k niveaux, $k-1$ variables muettes sont nécessaires dans le modèle de régression multiple. Ainsi, si une quatrième région D était ajoutée dans l'exemple précédent, trois variables muettes seraient nécessaires pour effectuer l'analyse. Elles pourraient éventuellement être codées de la façon suivante.

$$x_1 = \begin{cases} 1 \text{ si la région de vente est B} \\ 0 \text{ sinon} \end{cases}$$

$$x_2 = \begin{cases} 1 \text{ si la région de vente est C} \\ 0 \text{ sinon} \end{cases}$$

$$x_3 = \begin{cases} 1 \text{ si la région de vente est D} \\ 0 \text{ sinon} \end{cases}$$

EXERCICES

Méthode

32. Considérer l'étude d'une régression impliquant une variable dépendante y, une variable indépendante quantitative x_1 et une variable indépendante qualitative à deux niveaux (niveau 1 et niveau 2).

a) Écrire l'équation de la régression multiple reliant x_1 et la variable qualitative à y.

b) Quelle est l'espérance mathématique de y correspondant au niveau 1 de la variable qualitative ?

c) Quelle est l'espérance mathématique de y correspondant au niveau 2 de la variable qualitative ?

d) Interpréter les paramètres de votre équation de régression.

33. Considérer l'étude d'une régression impliquant une variable dépendante y, une variable indépendante quantitative x_1 et une variable indépendante qualitative à trois niveaux (niveau 1, niveau 2 et niveau 3).

a) Combien de variables muettes sont nécessaires pour représenter la variable qualitative ?

b) Écrire l'équation de la régression multiple reliant x_1 et la variable qualitative à y.

c) Interpréter les paramètres de votre équation de régression.

Applications

34. Des responsables ont proposé le modèle de régression suivant pour prévoir les ventes d'un fast-food.

$$y = \beta_0 + \beta_1 x_1 + \beta_2 x_2 + \beta_3 x_3 + \varepsilon$$

où y correspond aux ventes (en milliers de dollars), x_1 correspond au nombre de concurrents dans un rayon d'un kilomètre, x_2 à la population présente dans un rayon d'un kilomètre (en milliers) et $x_3 = \begin{cases} 1 \text{ si un service de drive-in est proposé} \\ 0 \text{ sinon} \end{cases}$.

L'équation estimée de la régression suivante a été développée à partir d'un échantillon de 20 fast-foods.

$$\hat{y} = 10{,}1 - 4{,}2x_1 + 6{,}8x_2 + 15{,}3x_3$$

a) Quel est le montant espéré des ventes attribuables à la présence d'un service de drive-in ?

b) Prévoir les ventes d'un fast-food implanté dans une zone comprenant deux concurrents et une population de 8 000 personnes dans un rayon d'un kilomètre, ne proposant pas de service de drive-in.

c) Prévoir les ventes d'un fast-food implanté dans une zone comprenant un seul concurrent et une population de 3 000 personnes dans un rayon d'un kilomètre, proposant un service de drive-in.

35. Référez-vous au problème de la société Johnson Filtration introduit dans cette section. Supposez qu'en plus de l'information concernant le nombre de mois écoulés depuis la dernière intervention et le type de panne (mécanique ou électrique), les responsables obtiennent le nom du réparateur. Les données révisées sont présentées ci-dessous (cf. fichier en ligne Réparation).

Réparateur	Mois écoulés depuis la dernière intervention	Type de réparation	Durée de la réparation en heures
Dave Newton	2	Électrique	2,9
Dave Newton	6	Mécanique	3,0
Bob Jones	8	Électrique	4,8
Dave Newton	3	Mécanique	1,8
Dave Newton	2	Électrique	2,9
Bob Jones	7	Électrique	4,9
Bob Jones	9	Mécanique	4,2
Bob Jones	8	Mécanique	4,8
Bob Jones	4	Électrique	4,4
Dave Newton	6	Électrique	4,5

a) Ignorer pour le moment le nombre de mois écoulés depuis la dernière intervention (x_1) et le réparateur. Développer l'équation estimée de la régression linéaire simple pour prévoir la durée de la réparation (y) en fonction du type de réparation (x_2). Pour mémoire, $x_2 = 0$ si la réparation est de type mécanique et $x_2 = 1$ si la réparation est de type électrique.

b) L'équation développée à la question (a) est-elle bien adaptée aux données observées ? Expliquer.

c) Ignorer pour le moment le nombre de mois écoulés depuis la dernière intervention et le type de réparation effectuée. Développer l'équation estimée de la régression linéaire simple pour prévoir la durée de la réparation (y) en fonction du réparateur. Si le réparateur est Bob Jones, $x_3 = 0$; si le réparateur est Dave Newton, $x_3 = 1$.

d) L'équation développée à la question (c) est-elle bien adaptée aux données observées ? Expliquer.

36. Ce problème est une extension de l'exercice 35.

a) Développer l'équation estimée de la régression pour prévoir le temps de réparation étant donnés le nombre de mois écoulés depuis la dernière intervention, le type de réparation et le réparateur.

b) Au seuil de signification de 0,05, tester l'existence d'une relation significative entre les variables indépendantes et la variable dépendante de la question (a).

c) L'ajout de la variable indépendante x_3, le réparateur, est-il statistiquement significatif ? Utiliser $\alpha = 0{,}05$. Quelle explication pouvez-vous apporter aux résultats observés ?

37. L'enquête de satisfaction des clients dans les restaurants menée par le magazine *Consumer Reports* est basée sur 148 499 visites dans des chaînes de restaurants (site Internet de Consumer Reports, 11 février 2009). Supposez que les données suivantes (cf. fichier en ligne Restaurants) sont représentatives des résultats de l'enquête. La variable Type indique si le restaurant est un restaurant italien ou un restaurant de poisson/grill. Le prix indique le montant moyen payé par personne pour un repas et les boissons diminué du pourboire. La note reflète la satisfaction globale des clients, des valeurs plus élevées reflétant une satisfaction globale plus importante. Une note de 80 est considérée comme très satisfaisante.

Restaurant	Type	Prix ($)	Note
Bertucci's	Italien	16	77
Black Angus Steackhouse	Poisson/Grill	24	79
Bonefish Grill	Poisson/Grill	26	85
Bravo ! Cucina Italiana	Italien	18	84
Buca di Beppo	Italien	17	81
Bugaboo Creek Steak House	Poisson/Grill	18	77
Carrabba's Italian Grill	Italien	23	86
Charlie Brown's Steakhouse	Poisson/Grill	17	75
Il Fornaio	Italien	28	83
Joe's Crab Shack	Poisson/Grill	15	71

Restaurant	Type	Prix ($)	Note
Johnny Carino's Italian	Italien	17	81
Lone Star Steakhouse & Saloon	Poisson/Grill	17	76
LongHorn Steakhouse	Poisson/Grill	19	81
Maggiano's Little Italy	Italien	22	83
McGrath's Fish House	Poisson/Grill	16	81
Olive Garden	Italien	19	81
Outback Steakhouse	Poisson/Grill	20	80
Red Lobster	Poisson/Grill	18	78
Romano's Macaroni Grill	Italien	18	82
The Old Spaghetti Factory	Italien	12	79
Uno Chicago Grill	Italien	16	76

a) Développer l'équation estimée de la régression qui permet de montrer la relation entre la satisfaction globale des clients et le prix moyen du repas.

b) Au seuil de signification de 0,05, tester si l'équation estimée de la régression développée à la question (a) indique une relation significative entre la satisfaction globale des clients et le prix moyen du repas.

c) Construire une variable muette représentant le type de restaurant (italien ou de poisson/grill).

d) Développer l'équation estimée de la régression qui montre comment la satisfaction globale des clients est liée au prix moyen du repas et au type de restaurant.

e) Le type de restaurant est-il un facteur significatif expliquant la satisfaction globale des clients ?

f) Estimer la satisfaction globale d'un client déjeunant dans un restaurant de poisson/grill pour 20 dollars. Quel serait l'écart entre cette note et celle obtenue si le restaurant était un italien ?

38. Une étude menée pendant 10 ans par l'association américaine Heart a fourni des données sur l'impact de l'âge, de la pression artérielle et du fait de fumer sur le risque de faire un arrêt cardiaque. Supposez que les données suivantes (cf. fichier en ligne Arrêt cardiaque) soient une partie de cette étude. Le risque d'arrêt cardiaque est interprété comme la probabilité (multipliée par 100) que le patient ait une attaque au cours des dix prochaines années. Pour la variable « fumeur », définir une variable muette (1 indiquant un fumeur, 0 un non-fumeur).

Risque	Âge	Pression artérielle	Fumeur
12	57	152	Non
24	67	163	Non
13	58	155	Non
56	86	177	Oui
28	59	196	Non
51	76	189	Oui
18	56	155	Oui

Arrêt cardiaque

Risque	Âge	Pression artérielle	Fumeur
31	78	120	Non
37	80	135	Oui
15	78	98	Non
22	71	152	Non
36	70	173	Oui
15	67	135	Oui
48	77	209	Oui
15	60	199	Non
36	82	119	Oui
8	66	166	Non
34	80	125	Oui
3	62	117	Non
37	59	207	Oui

a) Estimer l'équation de la régression reliant le risque d'une attaque à l'âge de la personne, sa pression artérielle et le fait que cette personne fume.

b) Le fait de fumer est-il un facteur significatif expliquant le risque d'une attaque ? Expliquer. Utiliser $\alpha = 0,05$.

c) Quelle est la probabilité que Art Speen, âgé de 68 ans, fumeur, dont la pression artérielle s'élève à 175, ait une attaque au cours des dix prochaines années ? Que pourrait recommander le médecin à son patient ?

RÉSUMÉ

Dans ce chapitre, nous avons introduit l'analyse de la régression multiple en tant qu'extension de l'analyse de la régression linéaire simple présentée au chapitre 12. L'analyse de la régression multiple nous permet de comprendre comment une variable dépendante est liée à au moins deux variables indépendantes. L'équation de régression multiple $E(y) = \beta_0 + \beta_1 x_1 + \beta_2 x_2 + \ldots + \beta_p x_p$ indique que l'espérance mathématique ou la moyenne de la variable dépendante y est reliée aux valeurs des variables indépendantes $x_1, x_2, \ldots, x_p$. Des données d'échantillon et la méthode des moindres carrés permettent d'estimer l'équation de la régression multiple $\hat{y} = b_0 + b_1 x_1 + b_2 x_2 + \ldots + b_p x_p$. En effet, $b_0, b_1, b_2, \ldots, b_p$ sont des statistiques d'échantillon utilisées pour estimer les paramètres inconnus du modèle $\beta_0, \beta_1, \beta_2, \ldots, \beta_p$. Les résultats fournis par les logiciels statistiques ont été utilisés à travers l'ensemble de ce chapitre, dans la mesure où il s'agit du seul moyen réaliste d'effectuer les calculs numériques nécessaires à l'analyse d'une régression multiple.

Le coefficient de détermination multiple a été présenté en tant que mesure de l'adéquation de l'équation estimée de la régression aux données de l'échantillon. Il détermine la proportion de la variabilité de y expliquée par l'équation estimée de la régression. Le coefficient de détermination multiple ajusté est une mesure similaire de l'adéquation de l'équation estimée de la régression, mais tenant compte du nombre de variables indépendantes et ainsi évitant de surestimer l'impact de l'ajout de variables indépendantes supplémentaires dans le modèle.

Un test de Fisher et un test de Student ont été présentés en tant que moyens de déterminer statistiquement si la relation entre les variables est significative. Le test de Fisher permet de déterminer s'il y a une relation globalement significative entre la variable dépendante et l'ensemble des variables indépendantes. Le test de Student permet de déterminer s'il existe une relation significative entre la variable dépendante et une variable indépendante, étant données les autres variables indépendantes du modèle. La corrélation entre les variables indépendantes, dite multi-colinéarité, a été évoquée.

Le chapitre conclut sur l'utilisation des variables muettes en tant que moyen d'incorporer des variables indépendantes qualitatives dans l'analyse de la régression multiple.

GLOSSAIRE

Analyse de la régression multiple. Analyse de la régression impliquant plusieurs variables indépendantes.

Modèle de régression multiple. Équation qui décrit la relation entre la variable dépendante y et les variables indépendantes $x_1, x_2, ..., x_p$ et le terme d'erreur ε.

Équation de régression multiple. Équation qui décrit comment la moyenne de la variable dépendante est liée aux variables indépendantes ; $E(y) = \beta_0 + \beta_1 x_1 + \beta_2 x_2 + ... + \beta_p x_p$.

Équation estimée de la régression multiple. Estimation de l'équation de régression multiple basée sur les données d'un échantillon et la méthode des moindres carrés ; $\hat{y} = b_0 + b_1 x_1 + b_2 x_2 + ... + b_p x_p$.

Méthode des moindres carrés. Procédure utilisée pour estimer l'équation de la régression. L'objectif est de minimiser la somme des résidus au carré (les écarts entre les valeurs observées de la variable dépendante y_i et ses valeurs estimées $\hat{y}$).

Coefficient de détermination multiple. Mesure de l'adéquation de l'équation estimée de la régression multiple. Il peut être interprété comme la part de la variation de la variable dépendante expliquée par l'équation estimée de la régression.

Coefficient de détermination multiple ajusté. Mesure de l'adéquation de l'équation estimée de la régression multiple, ajustée en fonction du nombre de variables indépendantes contenues dans le modèle, de façon à éviter de surestimer l'impact de l'ajout de variables indépendantes supplémentaires.

Multi-colinéarité. Terme utilisé pour décrire la corrélation entre les variables indépendantes.

Variable indépendante qualitative. Variable indépendante dont les données sont qualitatives.

Variable muette. Variable utilisée pour modéliser l'impact de variables indépendantes qualitatives. Une variable muette ne peut prendre que les valeurs 0 ou 1.

FORMULES CLÉ

Modèle de régression multiple

$$y = \beta_0 + \beta_1 x_1 + \beta_2 x_2 + ... + \beta_p x_p + \varepsilon \quad (13.1)$$

Équation de la régression multiple

$$E(y) = \beta_0 + \beta_1 x_1 + \beta_2 x_2 + ... + \beta_p x_p \quad (13.2)$$

Équation estimée de la régression multiple

$$\hat{y} = b_0 + b_1 x_1 + b_2 x_2 + ... + b_p x_p \quad (13.3)$$

Critère des moindres carrés

$$\min \sum (y_i - \hat{y}_i)^2 \quad (13.4)$$

Relation entre SCT, SCreg et SCres

$$SCT = SCreg + SCres \quad (13.7)$$

Coefficient de détermination multiple

$$R^2 = SCreg / SCT \quad (13.8)$$

Coefficient de détermination multiple ajusté

$$R_a^2 = 1 - (1 - R^2) \frac{n-1}{n-p-1} \quad (13.9)$$

Moyenne des carrés de la régression

$$MCreg = \frac{SCreg}{p} \quad (13.12)$$

Moyenne des carrés des résidus

$$MCres = \frac{SCres}{n-p-1} \quad (13.13)$$

Statistique de test de Fisher

$$F = \frac{MCreg}{MCres} \quad (13.14)$$

Statistique de test de Student

$$t = \frac{b_i}{s_{b_i}} \quad (13.15)$$

EXERCICES SUPPLÉMENTAIRES

39. Le bureau des admissions de l'Université de Clearwater a développé l'équation estimée de la régression suivante, reliant la note moyenne obtenue à l'examen de fin d'année d'un étudiant à sa note en mathématique et sa moyenne au bac.

$$\hat{y} = -1{,}41 + 0{,}0235x_1 + 0{,}00486x_2$$

où x_1 correspond à la note moyenne obtenue au bac, x_2 à la note obtenue en mathématique et y à la note moyenne obtenue à l'examen de fin d'année.

a) Interpréter les coefficients de cette équation estimée de la régression.

b) Estimer la note moyenne obtenue à l'examen de fin d'année d'un étudiant qui a obtenu une note de 84 au bac et une note de 540 au test de mathématique.

40. Le directeur du personnel de la société Electronic Associates a développé l'équation de la régression suivante, reliant la note obtenue par un employé à un test de satisfaction professionnelle à son ancienneté et à son indice salarial.

$$\hat{y} = 14{,}4 - 8{,}69x_1 + 13{,}5x_2$$

où x_1 correspond à l'ancienneté (en années), x_2 à l'indice salarial et y à la note obtenue au test de satisfaction professionnelle (des notes élevées traduisent une plus grande satisfaction professionnelle).

a) Interpréter les coefficients de cette équation estimée de la régression.

b) Estimer la note qu'obtiendrait un employé qui a 4 années d'ancienneté et qui gagne 6,50 dollars de l'heure, au test de satisfaction professionnelle.

41. Une partie des résultats obtenus grâce à un logiciel dans le cadre de l'analyse d'une régression est présentée ci-dessous.

```
The regression equation is
Y = 8.103 + 7.602 X1 + 3.111 X2

Predictor        Coef    SE Coef         T
Constant        _____      2.667     _____
X1              _____      2.105     _____
X2              _____      0.613     _____

S = 3.335     R-sq = 92.3%     R-sq(adj) = _____%

Analysis of Variance

SOURCE              DF          SS         MS         F
Regression       _____        1612      _____     _____
Residual Error      12       _____      _____
Total            _____       _____
```

a) Compléter la feuille de résultats.

b) Effectuer le test de Fisher et tester au seuil $\alpha = 0{,}05$ l'existence d'une relation significative.

c) Utiliser le test de Student pour tester au seuil $\alpha = 0{,}05$ les hypothèses $H_0 : \beta_1 = 0$ et $H_0 : \beta_2 = 0$.

d) Calculer R_a^2.

42. Reprendre l'exercice 39. Le bureau des admissions de l'Université de Clearwater a développé l'équation estimée de la régression suivante, reliant la note moyenne obtenue à l'examen de fin d'année d'un étudiant à sa note en mathématique et sa moyenne au bac.

$$\hat{y} = -1{,}41 + 0{,}0235x_1 + 0{,}00486x_2$$

où x_1 correspond à la note moyenne obtenue au bac, x_2 à la note obtenue en mathématique et y à la note moyenne obtenue à l'examen de fin d'année.
Une partie des résultats obtenus grâce à Minitab dans le cadre de cette analyse est présentée ci-dessous.

```
The regression equation is
Y = - 1.41 + .0235 X1 + .00486 X2

Predictor          Coef       SE Coef         T
Constant        - 1.4053       0.4848       _____
X1              0.023467      0.008666      _____
X2              _______       0.001077      _____

S = 0.1298      R - sq = _____%      R - sq (adj) = _____%
```

```
Analysis of Variance

SOURCE            DF        SS         MS        F
Regression       _____    1.76209     _____    _____
Residual Error   _____    _______     _____
Total              9      1.88000
```

a) Compléter l'output Minitab.

b) Effectuer le test de Fisher et tester au seuil $\alpha = 0{,}05$ l'existence d'une relation significative.

c) Utiliser le test de Student pour tester au seuil $\alpha = 0{,}05$ les hypothèses $H_0 : \beta_1 = 0$ et $H_0 : \beta_2 = 0$.

d) L'équation estimée de la régression est-elle bien adaptée aux données ? Expliquer.

43. Reprendre l'exercice 40. Le directeur du personnel de la société Electronic Associates a développé l'équation de la régression suivante, reliant la note obtenue par un employé à un test de satisfaction professionnelle à son ancienneté et à son indice salarial.

$$\hat{y} = 14,4 - 8,69x_1 + 13,5x_2$$

où x_1 correspond à l'ancienneté (en années), x_2 à l'indice salarial et y à la note obtenue au test de satisfaction professionnelle (des notes élevées traduisent une plus grande satisfaction professionnelle).
Une partie des résultats obtenus grâce à Minitab dans le cadre de cette analyse est présentée ci-dessous.

```
The regression equation is
Y = -1.41 + .0235 X1 + .00486 X2

Predictor          Coef       SE Coef          T
Constant        -1.4053        0.4848     ______
X1             0.023467      0.008666     ______
X2               ______      0.001077     ______

S = 0.1298      R-sq = ______%      R-sq(adj) = ______%

Analysis of Variance

SOURCE               DF          SS         MS         F
Regression       ______     1.76209     ______    ______
Residual Error   ______     _______     ______
Total                 9     1.88000
```

a) Compléter l'output Minitab.

b) Effectuer le test de Fisher et tester au seuil $\alpha = 0,05$ l'existence d'une relation significative.

c) L'équation estimée de la régression est-elle bien adaptée aux données ? Expliquer.

d) Utiliser le test de Student pour tester au seuil $\alpha = 0,05$ les hypothèses $H_0 : \beta_1 = 0$ et $H_0 : \beta_2 = 0$.

44. Tire Rack, le distributeur en ligne leader aux États-Unis de pneus et de roues, mène de nombreux tests pour fournir à ses clients les produits adaptés à leur véhicule, à leur style de conduite et aux conditions de conduite auxquelles ils font face. De plus, Tire Rack actualise régulièrement une enquête indépendante auprès des consommateurs pour que les automobilistes s'aident mutuellement en partageant leur expérience. Les données suivantes (cf. fichier en ligne TireRack) indiquent les notes (sur une échelle allant de 1 à 10, 10 étant la meilleure note) de performance de 18 pneus été (site Internet de Tire

Rack, 3 février 2009). La variable Direction évalue la réactivité des pneus à des changements de direction, la variable Tenue évalue la tenue de route des pneus et la variable Rachat évalue la satisfaction globale de l'automobiliste et son désir de racheter le même pneu à l'avenir.

Pneu	Direction	Tenue	Rachat
Goodyear Assurance Triple Tred	8,9	8,5	8,1
Michelin HydroEdge	8,9	9,0	8,3
Michelin Harmony	8,3	8,8	8,2
Dunlop SP60	8,2	8,5	7,9
Goodyear Assurance ComforTred	7,9	7,7	7,1
Yokohama Y372	8,4	8,2	8,9
Yokohama Aegis LS4	7,9	7,0	7,1
Kumbo Power Star 758	7,9	7,9	8,3
Goodyear Assurance	7,6	5,8	4,5
Hankook H406	7,8	6,8	6,2
Michelin Energy LX4	7,4	5,7	4,8
Michelin MX4	7,0	6,5	5,3
Michelin Symmetry	6,9	5,7	4,2
Kumbo 722	7,2	6,6	5,0
Dunlop SP40 A/S	6,2	4,2	3,4
Bridgestone Insignia SE200	5,7	5,5	3,6
Goddyear Integrity	5,7	5,4	2,9
Dunlop SP20 FE	5,7	5,0	3,3

a) Estimer l'équation de la régression qui peut être utilisée pour prévoir l'évaluation globale (rachat) étant donnée la note attribuée à la variable Direction. Au seuil de 0,05, tester l'existence d'une relation significative.

b) L'équation estimée de la régression développée à la question (a) est-elle bien adaptée aux données ? Expliquer.

c) Développer l'équation estimée de la régression qui permet de prévoir la note de satisfaction globale (rachat) étant données les notes attribuées aux variables Direction et Tenue.

d) L'ajout de la variable indépendante Tenue est-elle utile ? Utiliser un seuil de significativité de 0,05.

45. *Consumer Reports* a testé et évalué 24 tapis de course. Une note globale, fondée essentiellement sur la facilité d'utilisation, l'ergonomie, l'éventail d'exercices et la qualité a été octroyée à chaque tapis de course testé. En général, une note plus élevée indique une meilleure performance. Les données suivantes (cf. fichier en ligne Tapis de course) indiquent le prix, l'évaluation de la qualité et la note globale de 24 tapis de course (*Consumer Reports*, février 2006).

Tapis de course

Marque et modèle	Prix	Qualité	Note
Landice L7	2900	Excellent	86
NordicTrack S3000	3500	Très bon	85
SportsArt 3110	2900	Excellent	82
Precor	3500	Excellent	81
True Z4 HRC	2300	Excellent	81
Vision Fitness T9500	2000	Excellent	81
Precor M 9.31	3000	Excellent	79
Vision Fitness T9200	1300	Très bon	78
Star Trac TR901	3200	Très bon	72
Trimline T350HR	1600	Très bon	72
Schwinn 820p	1300	Très bon	69
Bowflex 7-Series	1500	Excellent	83
NordicTrack S1900	2600	Très bon	83
Horizon Fitness PST8	1600	Très bon	82
Horizon Fitness 5.2T	1800	Très bon	80
Evo by Smooth Fitness FX30	1700	Très bon	75
ProForm 1000S	1600	Très bon	75
Horizon Fitness CST4.5	1000	Très bon	74
Keys Fitness 320t	1200	Très bon	73
Smooth Fitness 7.1HR Pro	1600	Très bon	73
NordicTrack C2300	1000	Bon	70
Spirit Inspire	1400	Très bon	70
ProForm 750	1000	Bon	67
Image 19.0 R	600	Bon	66

a) Utiliser ces données pour estimer l'équation de la régression qui pourrait être utilisée pour estimer la note globale en fonction du prix.

b) Tester la significativité globale de la relation au seuil $\alpha = 0{,}05$.

c) Pour prendre en compte l'effet de la qualité, une variable qualitative à trois niveaux, nous avons utilisé deux variables muettes, Qualité-E et Qualité-TB. Chaque variable prend la valeur 0 ou 1 :

$$\text{Qualité-E} = \begin{cases} 1 \text{ si la qualité est excellente} \\ 0 \text{ sinon} \end{cases}$$

$$\text{Qualité-TB} = \begin{cases} 1 \text{ si la qualité est très bonne} \\ 0 \text{ sinon} \end{cases}$$

Estimer l'équation de la régression qui pourrait être utilisée pour estimer la note globale en fonction du prix et de l'évaluation de la qualité.

d) Tester la significativité globale de l'équation de la régression estimée à la question (c) en utilisant $\alpha = 0{,}10$.

e) Utiliser le test de Student pour déterminer la significativité de chaque variable indépendante de l'équation estimée de la régression obtenue à la question (c). Utiliser $\alpha = 0{,}10$.

f) Dessiner le graphique des résidus. Est-ce que la forme du graphique des résidus apparaît raisonnable ?

g) Est-ce que les données contiennent des valeurs aberrantes ?

h) Estimer la note globale d'un tapis de course dont le prix s'élèverait à 2 000 dollars et dont la qualité serait jugée bonne. Quelle serait la variation de l'estimation si la qualité était très bonne ? Expliquer.

46. Une partie de l'ensemble de données contenant les informations sur 45 fonds mutuels qui appartiennent au classement Morningstar Funds 500 de 2008 est fournie ci-dessous. L'ensemble de données complet est disponible en ligne dans le fichier intitulé Fonds Mutuels. L'ensemble de données contient les cinq variables suivantes :

Type : le fonds peut être constitué d'actions domestiques (D), internationales (I) ou d'actions à revenus fixes (F).

Valeur nette de l'actif (en dollars) : correspond au prix de clôture du cours de l'action au 31 décembre 2007.

Rendement moyen sur 5 ans (en pourcentage) : correspond au rendement annuel moyen du fonds au cours des 5 dernières années.

Ratio des dépenses (en pourcentage) : correspond au pourcentage d'actifs déduit chaque année fiscale pour couvrir les dépenses de fonctionnement du fonds.

Classement Morningstar : correspond à l'évaluation du risque du fonds faite par Morningstar, sur une échelle allant de 1 à 5 étoiles.

Fonds Mutuels

Nom du fonds	Type de fonds	Valeur nette de l'actif ($)	Rendement moyen sur 5 ans (%)	Ratio des dépenses (%)	Classement Morningstar (nombre d'étoiles)
Amer Cent Inc & Growth Inv	D	28,88	12,39	0,67	2
American Century Intl. Disc	I	14,37	30,53	1,41	3
American Century Tax-free Bond	F	10,73	3,34	0,49	4
American Century Ultra	D	24,94	10,88	0,99	3
Ariel	D	46,39	11,32	1,03	2
Artisan Intl. Val	I	25,52	24,95	1,23	3
Artisan Small Cap	D	16,92	15,67	1,18	3
Baron Asset	D	50,97	16,77	1,31	5
Brandwine	D	36,58	18,14	1,08	4
⋮	⋮	⋮	⋮	⋮	⋮

a) Estimer l'équation de la régression qui peut être utilisée pour prévoir le rendement moyen sur 5 ans étant donné le type de fonds. Au seuil de 0,05, tester l'existence d'une relation significative.

b) L'équation estimée de la régression développée à la question (a) est-elle bien adaptée aux données ? Expliquer.

c) Estimer l'équation de la régression qui peut être utilisée pour prévoir le rendement moyen sur 5 ans étant donnés le type de fonds, la valeur nette de l'actif et le ratio des dépenses. Au seuil de 0,05, tester l'existence d'une relation significative. Pensez-vous que certaines variables devraient être retirées du modèle de régression ? Expliquer.

d) Le classement Morningstar est une variable qualitative. Puisque l'ensemble de données ne contient que des fonds qui ont entre 2 et 5 étoiles (4 rangs), utiliser les variables muettes suivantes : Rang-3 = 1 si le fonds a 3 étoiles, 0 sinon ; Rang-4 = 1 si le fonds a 4 étoiles, 0 sinon ; Rang-5 = 1 si le fonds a 5 étoiles, 0 sinon. Estimer l'équation de la régression qui peut être utilisée pour prévoir le rendement moyen sur 5 ans étant donnés le type de fonds, le ratio des dépenses et le classement Morningstar. En utilisant $\alpha = 0{,}05$, retirer du modèle toute variable indépendante qui n'est pas significative.

e) Utiliser l'équation estimée de la régression développée à la question (d) pour estimer le rendement moyen sur 5 ans d'un fonds domestique dont le ratio de dépenses est de 1,05 % et classé 3 étoiles par Morningstar.

47. Le Guide d'économie de l'essence du département américain à l'énergie fournit des données sur la consommation d'essence de voitures et camions. Une partie des données relatives à 311 voitures compactes, de taille moyenne et de grande taille est présentée ci-dessous (cf. fichier en ligne Économie d'essence). La colonne intitulée Classe identifie la taille de la voiture (compacte, moyenne ou grande). La colonne intitulée Puissance indique le rapport volumétrique du moteur (en litres). La colonne intitulée Type de carburant indique si la voiture consomme de l'essence ordinaire (O) ou sans plomb (SP) et la colonne Consommation sur autoroute indique la consommation du véhicule en miles par gallon sur autoroute.

Économie d'essence

Voiture	Classe	Puissance	Type de carburant	Consommation sur autoroute
1	Compacte	3,1	SP	25
2	Compacte	3,1	SP	25
3	Compacte	3	SP	25
.	.	.	.	.
.	.	.	.	.
.	.	.	.	.
161	Moyenne	2,4	0	30
162	Moyenne	2	SP	29
.	.	.	.	.
.	.	.	.	.
.	.	.	.	.
310	Grande	3	0	25
311	Grace	3	0	25

a) Développer une équation estimée de la régression permettant de prévoir la consommation sur autoroute étant donnée la puissance du moteur. Tester la significativité de la relation au seuil $\alpha = 0{,}05$.

b) Définir les variables muettes « Classe moyenne », égale à 1 si la voiture est de taille moyenne et 0 sinon, et « Grande classe », égale à 1 si la voiture est de grande taille, 0 sinon. Ainsi, pour une voiture compacte, la valeur de ces deux variables muettes est 0. Développer l'équation estimée de la régression permettant de prévoir la consommation de carburant sur autoroute étant données la puissance du moteur et les variables muettes « Classe moyenne » et « Grande classe ».

c) Utiliser $\alpha = 0,05$ pour déterminer si les variables muettes ajoutées à la question (b) sont significatives.

d) Définir une variable muette « Carburant SP » égale à 1 si la voiture consomme du sans plomb, 0 sinon. Développer l'équation estimée de la régression permettant de prévoir la consommation de carburant sur autoroute étant données la puissance du moteur et les variables muettes « Classe moyenne », « Grande classe » et « Carburant SP ».

e) Pour l'équation estimée de la régression obtenue à la question (d), tester la significativité globale et individuelle au seuil $\alpha = 0,05$.

PROBLÈME 1 *La société Consumer Research*

La société Consumer Research est une agence indépendante qui effectue des recherches sur les attitudes des consommateurs et les comportements des firmes. Lors d'une étude, un client souhaitait connaître les caractéristiques des consommateurs permettant de prévoir le montant annuel des charges liées à la détention d'une carte de crédit. Des données sur le revenu annuel, la taille du ménage et le montant annuel des charges liées à la carte de crédit d'un échantillon de 50 consommateurs, ont été collectées. Ces données figurent dans le fichier en ligne intitulé Consumer.

Revenu (milliers de dollars)	Taille du ménage	Charge annuelle (en dollars)	Revenu (milliers de dollars)	Taille du ménage	Charge annuelle (en dollars)
54	3	4 016	54	6	5 573
30	2	3 159	30	1	2 583
32	4	5 100	48	2	3 866
50	5	4 742	34	5	3 586
31	2	1 864	67	4	5 037
55	2	4 070	50	2	3 605
37	1	2 731	67	5	5 345
40	2	3 348	55	6	5 370
66	4	4 764	52	2	3 890
51	3	4 110	62	3	4 705
25	3	4 208	64	2	4 157
48	4	4 219	22	3	3 579
27	1	2 477	29	4	3 890
33	2	2 514	39	2	2 972
65	3	4 214	35	1	3 121
63	4	4 965	39	4	4 183
42	6	4 412	54	3	3 730
21	2	2 448	23	6	4 127
44	1	2 995	27	2	2 921
37	5	4 171	26	7	4 603

Revenu (milliers de dollars)	Taille du ménage	Charge annuelle (en dollars)	Revenu (milliers de dollars)	Taille du ménage	Charge annuelle (en dollars)
62	6	5 678	61	2	4 273
21	3	3 623	30	2	3 067
55	7	5 301	22	4	3 074
42	2	3 020	46	5	4 820
41	7	4 828	66	4	5 149

Rapport

1. Utiliser les méthodes de statistiques descriptives pour résumer les données. Commenter les résultats.
2. Développer les équations estimées des régressions, en considérant tout d'abord le revenu annuel comme variable indépendante, puis la taille du ménage. Quelle variable est le meilleur facteur explicatif du montant annuel des charges liées à la carte de crédit ? Discuter vos résultats.
3. Développer une équation estimée de la régression avec, pour variables indépendantes, le revenu annuel et la taille du ménage. Discuter vos résultats.
4. Quel est le montant annuel des charges liées à la carte de crédit d'un ménage composé de trois personnes, disposant d'un revenu annuel de 40 000 dollars ?
5. Discuter de l'utilité d'autres variables indépendantes qui pourraient être ajoutées au modèle. Quelles variables supplémentaires pourraient être utiles ?

PROBLÈME 2 *Les dons des anciens élèves*

Les dons des anciens élèves sont une source importante de revenus des grandes écoles et des universités. Si les administrateurs parvenaient à déterminer les facteurs qui influencent le montant des dons des anciens élèves, ils pourraient mettre en place des politiques conduisant à l'augmentation des revenus. Des recherches ont prouvé que les étudiants qui sont satisfaits de leur contact avec les professeurs, ont plus de chance d'être diplômés. En conséquence, on peut supposer que des classes de taille réduite et un nombre d'étudiants par professeur plus faible conduisent à un pourcentage de diplômés satisfaits plus important, ce qui conduit à des augmentations dans le pourcentage des anciens élèves donateurs. Le tableau 13.7 (cf. fichier en ligne Anciens élèves) présente les données pour 48 universités américaines (*America's Best Colleges*, édition de 2000). La colonne intitulée « Taux de diplômés » correspond au pourcentage d'étudiants diplômés. La colonne intitulée « % des Classes inférieures à 20 » indique le pourcentage des classes de moins de 20 élèves. La colonne intitulée « Rapport étudiants/professeurs » correspond au nombre d'étudiants divisé par le nombre total de professeurs. La colonne intitulée « % de donateurs parmi les anciens élèves » correspond au pourcentage d'anciens élèves qui ont fait un don à l'université.

Tableau 13.7 ***Données pour 48 universités américaines***

Anciens élèves

Université	État	Taux de diplômés	% des classes inférieures à 20	Rapport étudiants/ professeurs	Taux de donation des anciens élèves
Boston College	MA	85	39	13	25
Université Brandeis	MA	79	68	8	33
Université Brown	RI	93	60	8	40
Institut de technologie de Californie	CA	85	65	3	46
Université Carnegie Mellon	PA	75	67	10	28
Université Case Western Reserve	OH	72	52	8	31
College de William et Mary	VA	89	45	12	27
Université Columbia	NY	90	69	7	31
Université Cornell	NY	91	72	13	35
Dartmouth College	NH	94	61	10	53
Université Duke	NC	92	68	8	45
Université Emory	GA	84	65	7	37
Université Georgetown	DC	91	54	10	29
Université Harvard	MA	97	73	8	46
Université John Hopkins	MD	89	64	9	27
Université Lehigh	PA	81	55	11	40
Institut de technologie du Massachusetts	MA	92	65	6	44
Université de New York	NY	72	63	13	13
Université Northwestern	IL	90	66	8	30
Université d'État de Pennsylvanie	PA	80	32	19	21
Université Princeton	NJ	95	68	5	67
Université Rice	TX	92	62	8	40
Université Stanford	CA	92	69	7	34
Université Tufts	MA	87	67	9	29
Université Tulane	LA	72	56	12	17
Université de Californie-Berleley	CA	83	58	17	18
Université de Californie-Davis	CA	74	32	19	7
Université de Californie-Irvine	CA	74	42	20	9
Université de Californie-Los Angeles	CA	78	41	18	13
Université de Californie-San Diego	CA	80	48	19	8
Université de Californie-Santa Barbara	CA	70	45	20	12
Université de Chicago	IL	84	65	4	36
Université de Floride	FL	67	31	23	19
Université de l'Illinois-Urbana Champaign	IL	77	29	15	23
Université du Michigan-Ann Arbor	MI	83	51	15	13
Université de Caroline du Nord-Chapel Hill	NC	82	40	16	26
Université de Notre Dame	IN	94	53	13	49

Université	État	Taux de diplômés	% des classes inférieures à 20	Rapport étudiants/professeurs	Taux de donation des anciens élèves
Université de Pennsylvanie	PA	90	65	7	41
Université de Rochester	NY	76	63	10	23
Université de Californie du Sud	CA	70	53	13	22
Université du Texas-Austin	TX	66	39	21	13
Université de Virginie	VA	92	44	13	28
Université de Washington	WA	70	37	12	12
Université de Wisconsin-Madison	WI	73	37	13	13
Université Vanderbuilt	TN	82	68	9	31
Université Wake Forest	NC	82	59	11	38
Université de Washington-St. Louis	MO	86	73	7	33
Université de Yale	CT	94	77	7	50

Rapport

1. Utiliser les méthodes de statistiques descriptives pour résumer les données.
2. Développer une équation estimée de la régression permettant de prévoir le pourcentage de donateurs parmi les anciens élèves en fonction du nombre d'élèves diplômés. Discuter vos résultats.
3. Développer une équation estimée de la régression permettant de prévoir le pourcentage de donateurs parmi les anciens élèves en utilisant les données fournies.
4. Quelles conclusions et recommandations pouvez-vous tirer de votre analyse ?

PROBLÈME 3 *Les statistiques du tournoi PGA*

L'association des golfeurs professionnels (PGA) collecte des données sur les performances et les gains des participants au tournoi PGA. Les 125 premiers joueurs classés en fonction des gains totaux qu'ils ont acquis lors du tournoi PGA sont qualifiés d'office pour la saison suivante.

Le nombre moyen de coups par rencontre est généralement considéré comme la statistique la plus importante pour expliquer qu'un joueur gagne le tournoi. Pour étudier l'effet de variables telles que la distance de frappe, la précision de tir, l'atteinte de la surface de put, la probabilité de s'extraire d'une zone de sable et le nombre moyen de puts par rencontre, sur le score moyen, des données sur la performance des 125 meilleurs joueurs du tournoi PGA de 2008 sont contenues dans le fichier en ligne intitulé PGA Tour (site Internet de PGA Tour, 2009). Chaque ligne de l'ensemble de données correspond à un joueur et les données ont été classées selon leurs gains totaux. Une description des données est fournie ci-dessous.

Money : Gains totaux des joueurs.

Scoring Average : Nombre moyen de coups par rencontre.

DrDist : Nombre moyen de yards parcourus par la balle par frappe.
DrAccu : Probabilité (en pourcentage) qu'un tir reste dans le champ.
GIR : Probabilité (en pourcentage) qu'un joueur atteigne la surface de put.
Extraction des sables : Probabilité (en pourcentage) qu'un joueur soit capable de s'extraire du sable en deux coups au maximum.
PPR : Nombre de puts par rencontre.
PAR : Probabilité (en pourcentage) qu'un joueur n'atteigne pas la surface de put mais fasse un par.

Rapport

1. Pour prévoir le nombre moyen de coups par rencontre, estimer des équations de régression, en utilisant tout d'abord DrDist comme variable indépendante, puis en utilisant DrAccu comme variable indépendante. Quelle variable est le meilleur prédicteur du nombre moyen de coups par rencontre ? Discuter vos résultats.
2. Développer une équation estimée de la régression avec GIR comme variable indépendante. Comparer vos résultats avec ceux obtenus à la question 1.
3. Développer une équation estimée de la régression avec GIR et Extraction des sables comme variables indépendantes. Discuter vos résultats.
4. Développer une équation estimée de la régression avec GIR et PPR comme variables indépendantes. Discuter vos résultats.
5. Développer une équation estimée de la régression avec GIR et PAR comme variables indépendantes. Discuter vos résultats.
6. Comparer les résultats obtenus aux questions 3, 4 et 5. Si vous deviez sélectionner l'une de ces équations à deux variables indépendantes pour prévoir le nombre moyen de coups par rencontre, quelle équation estimée de la régression utiliseriez-vous ? Expliquer.
7. Développer une équation estimée de la régression avec GIR, Extraction des sables et PPR pour prévoir le nombre moyen de coups. Comparer ces résultats à ceux obtenus avec une équation qui utilise GIR, PPR et PAR comme variables indépendantes.
8. Développer une équation estimée de la régression avec GIR, Extraction des sables, PPR et PAR pour prévoir le nombre moyen de coups. Discuter vos résultats.

PROBLÈME 4 *Prévoir le pourcentage de réussite de la ligue nationale de football*

La ligue nationale de football (NFL) enregistre diverses données sur la performance des joueurs et des équipes. Certaines données sur la performance pour la saison 2005 figurent dans le fichier en ligne NFL (site Internet de la NFL). Chaque ligne de l'ensemble de données correspond à une équipe de la NFL et les équipes sont classées par pourcentage de réussite (matchs gagnés). Les données contenues dans le fichier sont les suivantes :

% de réussite	Pourcentage de matchs gagnés
DefYds/M	Nombre moyen de yards abonnés par la défense par match
RushYds/M	Nombre moyen de courses par match
PassYds/M	Nombre moyen de passes par match
% But	Pourcentage de but
TakeInt	Nombre total d'interceptions faites par la défense de l'équipe
TakeFum	Nombre total de récupérations du ballon par la défense de l'équipe
GiveInt	Nombre total d'interceptions lancées par les attaquants de l'équipe
GiveFum	Nombre de ballons abandonnés par les attaquants de l'équipe

Rapport

1. Utiliser les méthodes de statistiques descriptives pour résumer les données. Commenter vos résultats.
2. Développer une équation estimée de la régression permettant de prévoir le pourcentage de réussite en utilisant DefYds/M, RushYds/M, PassYds/M et % but. Discuter vos résultats.
3. En partant de l'équation estimée de la régression développée à la question (2), supprimer toute variable indépendante non significative et déterminer une nouvelle équation permettant de prévoir le pourcentage de réussite. Utiliser $\alpha = 0,05$.
4. Certains commentateurs pensent que les remplacements sont l'un des facteurs les plus importants dans le succès d'une équipe. En posant Takeaways = TakeInt + TakeFum et Giveaways = GiveInt + GiveFum, on obtient NetDiff = Takeaways – Giveaways. Estimer l'équation de la regression qui peut être utilisée pour prévoir le pourcentage de réussite en utilisant NetDiff. Comparer vos résultats avec l'équation estimée de la régression obtenue à la question (3).
5. Estimer l'équation de la régression qui peut être utilisée pour prévoir le pourcentage de réussite en utilisant toutes les données fournies.

ANNEXE 13.1 RÉGRESSION MULTIPLE AVEC MINITAB

Dans la section 13.2, nous avons présenté l'output obtenu grâce à Minitab dans le cadre de la société de transport Butler. Dans cette annexe, nous décrivons les étapes nécessaires pour obtenir cet output. Premièrement, les données (cf. fichier en ligne Butler) doivent être enregistrées dans une feuille de calcul de Minitab. Les kilomètres parcourus sont enregistrés dans la colonne C1, le nombre de livraisons est enregistré dans la colonne C2 et la durée de trajet (en heures) dans la colonne C3. L'intitulé des colonnes correspond aux noms des variables « Miles », « Deliv » et « Time ». Dans les étapes suivantes, nous faisons référence aux données en utilisant leur nom. Les étapes suivantes décrivent comment utiliser Minitab pour produire les résultats présentés à la figure 13.4.

Étape 1. Sélectionner le menu **Stat**
Étape 2. Sélectionner le menu **Regression**
Étape 3. Choisir **Regression**
Étape 4. Lorsque la boîte de dialogue **Regression** apparaît :
Entrer Time dans la boîte **Response**
Entrer Miles et Deliv dans la boîte **Predictors**
Cliquer sur **OK**

ANNEXE 13.2 RÉGRESSION MULTIPLE AVEC EXCEL

Dans la section 13.2, nous avons présenté l'output obtenu grâce à Minitab dans le cadre de la société de transport Butler. Dans cette annexe, nous décrivons les étapes nécessaires pour obtenir cet output avec les outils de régression d'Excel. Référez-vous à la figure 13.10 pour suivre la procédure. Premièrement, les intitulés des variables Numéro, Miles, Livraisons et Durée sont enregistrés dans les cellules A1:D1 d'une feuille de calcul et les données d'échantillon (cf. fichier en ligne Butler) dans les cellules B2:D11. Les numéros de 1 à 10 inscrits dans les cellules A2:A11 identifient chaque observation.

Les étapes suivantes décrivent comment utiliser les outils de la régression Excel dans le cadre de l'analyse d'une régression multiple.

Étape 1. Cliquer sur **Data** dans la barre des tâches
Étape 2. Dans le groupe **Analysis**, cliquer sur **Data Analysis**
Étape 3. Choisir **Regression** dans la liste des outils d'analyse
Étape 4. Lorsque la boîte de dialogue Regression apparaît :
Entrer D1:D11 dans la boîte **Input Y Range**
Entrer B1:C11 dans la boîte **Input X Range**
Sélectionner **Labels**
Sélectionner **Confidence Level**
Entrer 99 dans la boîte **Confidence Level**
Sélectionner **Output Range**
Entrer A13 dans la boîte **Output Range** (pour identifier le coin gauche supérieur de la partie de la feuille de calcul qui contiendra l'output)
Cliquer sur **OK**

Dans l'output Excel présenté à la figure 13.10, le nom de la variable indépendante x_1 est Miles (cf. cellule A30) et le nom de la variable indépendante x_2 est Livraisons (cf. cellule A31). L'équation estimée de la régression est

$$\hat{y} = -0{,}8687 + 0{,}0611x_1 + 0{,}9234x_2$$

Notez que les outils de régression Excel dans le cadre d'une régression multiple sont quasiment identiques à ceux utilisés dans le cadre d'une régression linéaire simple. La principale différence réside dans le fait qu'un plus large champ de cellules est nécessaire pour identifier les variables indépendantes.

	A	B	C	D	E	F	G	H	I	J
1	**Numéro**	**Miles**	**Livraisons**	**Durée**						
2	1	100	4	9,3						
3	2	50	3	4,8						
4	3	100	4	8,9						
5	4	100	2	6,5						
6	5	50	2	4,2						
7	6	80	2	6,2						
8	7	75	3	7,4						
9	8	65	4	6,0						
10	9	90	3	7,6						
11	10	90	2	6,1						
12										
13	RÉSUMÉ									
14										
15	*Statistiques de la régression*									
16	Mutiple R	0,9507								
17	R Square	0,9038								
18	Adjusted R Square	0,8763								
19	Standard Error	0,5731								
20	Observations	10								
21										
22	ANOVA									
23		*df*	*SS*	*MS*	*F*	*Significance F*				
24	Regression	2	21,6006	10,8003	32,8784	0,0003				
25	Residual	7	2,2994	0,3285						
26	Total	9	23,9							
27										
28		*Coefficients*	*Erreur type*	*Statistique t*	*Valeur p*	*Inférieur 95 %*	*Supérieur 95 %*	*Inférieur 99 %*	*Supérieur 99 %*	
29	Constante	−0,8687	0,9515	−0,9129	0,3916	−3,1188	1,3813	−4,1986	2,4612	
30	Miles	0,0611	0,0099	6,1824	0,0005	0,0378	0,0845	0,0265	0,0957	
31	Livraisons	0,9234	0,2211	4,1763	0,0042	0,4006	1,4463	0,1496	1,6972	
32										

Figure 13.10 ***Output Excel obtenu dans le cadre de l'exemple de la société Butler avec deux variables indépendantes.***

ANNEXE 13.3 RÉGRESSION MULTIPLE AVEC STATTOOLS

Dans cette annexe, nous montrons comment utiliser StatTools pour effectuer les calculs de l'analyse de la régression dans le cadre du problème de la société de transport Butler. Commencer par utiliser Data Set Manager pour créer un ensemble de données StatTools pour ces données en suivant la procédure décrite dans l'annexe du chapitre 1. Les étapes suivantes décrivent comment utiliser StatTools pour obtenir les résultats de la régression.

Étape 1. Cliquer sur le bouton **StatTools** dans la barre des tâches
Étape 2. Dans le groupe **Analyses**, cliquer sur **Regression and Classification**
Étape 3. Choisir l'option **Regression**
Étape 4. Lorsque la boîte de dialogue StatTools-Regression apparaît :
Sélectionner **Multiple** dans la boîte **Regression Type**
Dans la section **Variables** :
Cliquer sur le bouton **Format** et sélectionner **Unstacked**
Dans la colonne intitulée **I** sélectionner **Miles**
Dans la colonne intitulée **I** sélectionner **Deliveries**
Dans la colonne intitulée **D** sélectionner **Time**
Cliquer sur **OK**

L'analyse de la régression apparaît alors.

La boîte de dialogue StatTools-Regression contient plusieurs options avancées pour effectuer des estimations par intervalle de prévision et produire des graphiques des résidus. L'aide de StatTools fournit les indications appropriées pour utiliser ces options.

ANNEXES

ANNEXE A
RÉFÉRENCES ET BIBLIOGRAPHIE

Généralités

Freedman D., R. Pisani et R. Purves (2007), *Statistics*, 4e éd. W.W. Norton.

Hogg R.V., A.T. Craig et J.W. McKean (2005), *Introduction to Mathematical Statistics*, 6e éd. Pearson.

Hogg R.V. et E.A. Tanis (2008), *Probability and Statistical Inference*, 8e éd. Pearson.

Miller I. et M. Miller (2004), *John E. Freund's Mathematical Statistics*, 7e éd. Pearson.

Moore D.S., G.P. McCabe et B. Craig (2009), *Introduction to the Practice of Statistics*, 6e éd. Freeman.

Wackerly D., W. Mendenhall et R.L. Scheaffer (2008), *Mathematical Statistics with Applications*, 7e éd. Cengage Learning.

Procédures expérimentales

Cochran W.G. et G.M. Cox (1992), *Experimental Designs*, 2e éd. Wiley.

Hicks C.R. et K.V. Turner (1999), *Fundamental Concepts in the Design of Experiments*, 5e éd. Oxford University Press.

Montgomery D.C. (2008), *Design and Analysis of Experiments*, 7e éd. Wiley.

Winer B.J., K.M. Michels et D.R. Brown (1991), *Statistical Principles in Experimental Design*, 3e éd. McGraw-Hill.

Wu C.F. Jeff et M. Hamada (2009), *Experiments: Planning, Analysis, and Parameter Optimization*, 2e ed. Wiley.

Probabilité

Hogg R.V. et E.A. Tanis (2008), *Probability and Statistical Inference*, 8e éd. Pearson.

Ross S.M. (2006), *Introduction to Probability Models*, 9e éd. Elsevier.

Wackerly D.D., W. Mendenhall et R.L. Scheaffer (2008), *Mathematical Statistics with Applications*, 7e éd. Cengage Learning.

Analyse de la régression

Chatterjee S. et A.S. Hadi (2006), *Regression Analysis by Example*, 4e éd. Wiley.

Draper N.R., et H. Smith (1998), *Applied Regression Analysis*, 3e éd. Wiley.

Graybill F.A. et H.K. Iyer (1994), *Regression Analysis: Concepts and Applications*, Wadsworth.

Hosmer D.W. et S. Lemeshow (2000), *Applied Logistic Regression*, 2e éd. Wiley.

Kleinbaum D.G., L.L. Kupper et K.E. Muller (2007), *Applied Regression Analysis and Other Multivariate Methods*, 4e éd. Cengage Learning.

Kutner M.H., C.J. Nachtschiem, W. Wasserman et J. Neter (1996), *Applied Linear Statistical Models*, 4e éd. Irwin.

Neter J., W. Wasserman, M.H. Kutner et C. Nashsheim (1996), *Applied Linear Statistical Models*, 4e éd. McGraw-Hill.

Mendenhall M. et T. Sincich (2003), *A Second Course in Statistics: Regression Analysis*, 6e éd. Pearson.

Échantillonnage

Cochran W.G. (1977), Sampling Techniques, 3e éd. Wiley.

Hahn G.J. et W. Meeker (1993), "Assumptions for Statistical Inference", *The American Statistician*, février.

Hansen M.H., W.N. Hurwitz, W.G. Madow et M.N. Hanson (1993), *Sample Survey Methods and Theory*, Wiley.

Kish L. (2008), *Survey Sampling*, Wiley.

Levy P.S. et S. Lemeshow (2008), *Sampling of Populations: Methods and Applications*, 4e éd. Wiley.

Scheaffer R.L., W. Mendenhall et L. Ott (2005), *Elementary Survey Sampling*, 6e éd. Cengage Learning.

ANNEXE B
TABLES

Table 1 ***Probabilités cumulées de la distribution normale centrée réduite***

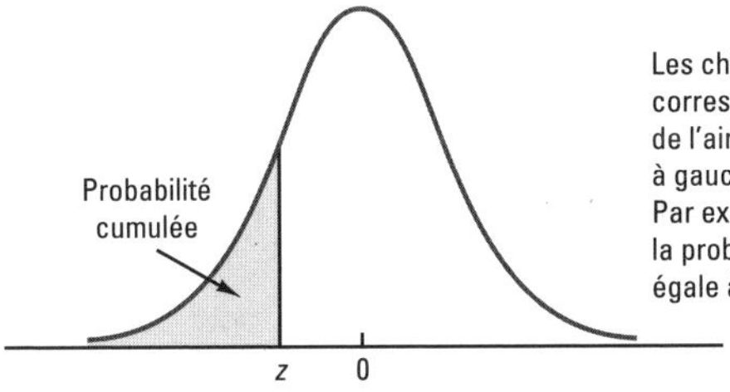

Les chiffres de la table correspondent à la valeur de l'aire située sous la courbe à gauche de la valeur *z*. Par exemple, pour $z = -0{,}85$, la probabilité cumulée est égale à 0,1977.

z	**0,00**	**0,01**	**0,02**	**0,03**	**0,04**	**0,05**	**0,06**	**0,07**	**0,08**	**0,09**
−3,0	0,0013	0,0013	0,0013	0,0012	0,0012	0,0011	0,0011	0,0011	0,0010	0,0010
−2,9	0,0019	0,0018	0,0018	0,0017	0,0016	0,0016	0,0015	0,0015	0,0014	0,0014
−2,8	0,0026	0,0025	0,0024	0,0023	0,0023	0,0022	0,0021	0,0021	0,0020	0,0019
−2,7	0,0035	0,0034	0,0033	0,0032	0,0031	0,0030	0,0029	0,0028	0,0027	0,0026
−2,6	0,0047	0,0045	0,0044	0,0043	0,0041	0,0040	0,0039	0,0038	0,0037	0,0036
−2,5	0,0062	0,0060	0,0059	0,0057	0,0055	0,0054	0,0052	0,0051	0,0049	0,0048
−2,4	0,0082	0,0080	0,0078	0,0075	0,0073	0,0071	0,0069	0,0068	0,0066	0,0064
−2,3	0,0107	0,0104	0,0102	0,0099	0,0096	0,0094	0,0091	0,0089	0,0087	0,0084
−2,2	0,0139	0,0136	0,0132	0,0129	0,0125	0,0122	0,0119	0,0116	0,0113	0,0110
−2,1	0,0179	0,0174	0,0170	0,0166	0,0162	0,0158	0,0154	0,0150	0,0146	0,0143
−2,0	0,0228	0,0222	0,0217	0,0212	0,0207	0,0202	0,0197	0,0192	0,0188	0,0183
−1,9	0,0287	0,0281	0,0274	0,0268	0,0262	0,0256	0,0250	0,0244	0,0239	0,0233
−1,8	0,0359	0,0351	0,0344	0,0336	0,0329	0,0322	0,0314	0,0307	0,0301	0,0294
−1,7	0,0446	0,0436	0,0427	0,0418	0,0409	0,0401	0,0392	0,0384	0,0375	0,0367
−1,6	0,0548	0,0537	0,0526	0,0516	0,0505	0,0495	0,0485	0,0475	0,0465	0,0455
−1,5	0,0668	0,0655	0,0643	0,0630	0,0618	0,0606	0,0594	0,0582	0,0571	0,0559
−1,4	0,0808	0,0793	0,0778	0,0764	0,0749	0,0735	0,0721	0,0708	0,0694	0,0681
−1,3	0,0968	0,0951	0,0934	0,0918	0,0901	0,0885	0,0869	0,0853	0,0838	0,0823
−1,2	0,1151	0,1131	0,1112	0,1093	0,1075	0,1056	0,1038	0,1020	0,1003	0,0985
−1,1	0,1357	0,1335	0,1314	0,1292	0,1271	0,1251	0,1230	0,1210	0,1190	0,1170
−1,0	0,1587	0,1562	0,1539	0,1515	0,1492	0,1469	0,1446	0,1423	0,1401	0,1379
−0,9	0,1841	0,1814	0,1788	0,1762	0,1736	0,1711	0,1685	0,1660	0,1635	0,1611
−0,8	0,2119	0,2090	0,2061	0,2033	0,2005	0,1977	0,1949	0,1922	0,1894	0,1867
−0,7	0,2420	0,2389	0,2358	0,2327	0,2296	0,2266	0,2236	0,2206	0,2177	0,2148
−0,6	0,2743	0,2709	0,2676	0,2643	0,2611	0,2578	0,2546	0,2514	0,2483	0,2451
−0,5	0,3085	0,3050	0,3015	0,2981	0,2946	0,2912	0,2877	0,2843	0,2810	0,2776
−0,4	0,3446	0,3409	0,3372	0,3336	0,3300	0,3264	0,3228	0,3192	0,3156	0,3121
−0,3	0,3821	0,3783	0,3745	0,3707	0,3669	0,3632	0,3594	0,3557	0,3520	0,3483
−0,2	0,4207	0,4168	0,4129	0,4090	0,4052	0,4013	0,3974	0,3936	0,3897	0,3859
−0,1	0,4602	0,4562	0,4522	0,4483	0,4443	0,4404	0,4364	0,4325	0,4286	0,4247
−0,0	0,5000	0,4960	0,4920	0,4880	0,4840	0,4801	0,4761	0,4721	0,4681	0,4641

Table 1 ***Probabilités cumulées de la distribution normale centrée réduite (suite)***

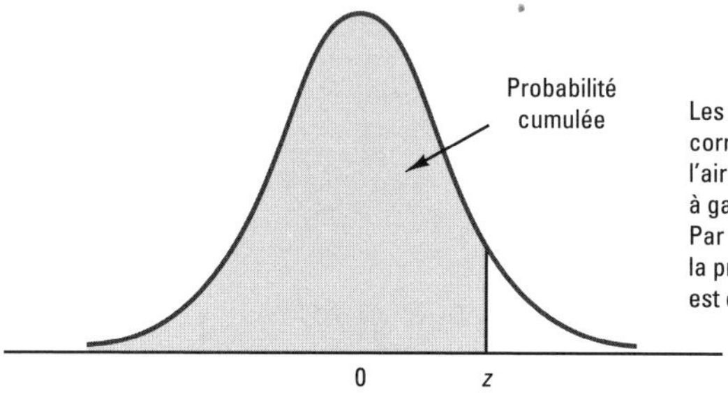

Les chiffres de la table correspondent à la valeur de l'aire située sous la courbe à gauche de la valeur *z*. Par exemple, pour $z = 1{,}25$ la probabilité cumulée est égale à 0,8944.

z	**0,00**	**0,01**	**0,02**	**0,03**	**0,04**	**0,05**	**0,06**	**0,07**	**0,08**	**0,09**
0,0	0,5000	0,5040	0,5080	0,5120	0,5160	0,5199	0,5239	0,5279	0,5319	0,5359
0,1	0,5398	0,5438	0,5478	0,5517	0,5557	0,5596	0,5636	0,5675	0,5714	0,5753
0,2	0,5793	0,5832	0,5871	0,5910	0,5948	0,5987	0,6026	0,6064	0,6103	0,6141
0,3	0,6179	0,6217	0,6255	0,6293	0,6331	0,6368	0,6406	0,6443	0,6480	0,6517
0,4	0,6554	0,6591	0,6628	0,6664	0,6700	0,6736	0,6772	0,6808	0,6844	0,6879
0,5	0,6915	0,6950	0,6985	0,7019	0,7054	0,7088	0,7123	0,7157	0,7190	0,7224
0,6	0,7257	0,7291	0,7324	0,7357	0,7389	0,7422	0,7454	0,7486	0,7517	0,7549
0,7	0,7580	0,7611	0,7642	0,7673	0,7704	0,7734	0,7764	0,7794	0,7823	0,7852
0,8	0,7881	0,7910	0,7939	0,7967	0,7995	0,8023	0,8051	0,8078	0,8106	0,8133
0,9	0,8159	0,8186	0,8212	0,8238	0,8264	0,8289	0,8315	0,8340	0,8365	0,8389
1,0	0,8413	0,8438	0,8461	0,8485	0,8508	0,8531	0,8554	0,8577	0,8599	0,8621
1,1	0,8643	0,8665	0,8686	0,8708	0,8729	0,8749	0,8770	0,8790	0,8810	0,8830
1,2	0,8849	0,8869	0,8888	0,8907	0,8925	0,8944	0,8962	0,8980	0,8997	0,9015
1,3	0,9032	0,9049	0,9066	0,9082	0,9099	0,9115	0,9131	0,9147	0,9162	0,9177
1,4	0,9192	0,9207	0,9222	0,9236	0,9251	0,9265	0,9279	0,9292	0,9306	0,9319
1,5	0,9332	0,9345	0,9357	0,9370	0,9382	0,9394	0,9406	0,9418	0,9429	0,9441
1,6	0,9452	0,9463	0,9474	0,9484	0,9495	0,9505	0,9515	0,9525	0,9535	0,9545
1,7	0,9554	0,9564	0,9573	0,9582	0,9591	0,9599	0,9608	0,9616	0,9625	0,9633
1,8	0,9641	0,9649	0,9656	0,9664	0,9671	0,9678	0,9686	0,9693	0,9699	0,9706
1,9	0,9713	0,9719	0,9726	0,9732	0,9738	0,9744	0,9750	0,9756	0,9761	0,9767
2,0	0,9772	0,9778	0,9783	0,9788	0,9793	0,9798	0,9803	0,9808	0,9812	0,9817
2,1	0,9821	0,9826	0,9830	0,9834	0,9838	0,9842	0,9846	0,9850	0,9854	0,9857
2,2	0,9861	0,9864	0,9868	0,9871	0,9875	0,9878	0,9881	0,9884	0,9887	0,9890
2,3	0,9893	0,9896	0,9898	0,9901	0,9904	0,9906	0,9909	0,9911	0,9913	0,9913
2,4	0,9918	0,9920	0,9922	0,9925	0,9927	0,9929	0,9931	0,9932	0,9934	0,9936
2,5	0,9938	0,9940	0,9941	0,9943	0,9945	0,9946	0,9948	0,9949	0,9951	0,9952
2,6	0,9953	0,9955	0,9956	0,9957	0,9959	0,9960	0,9961	0,9962	0,9963	0,9964
2,7	0,9965	0,9966	0,9967	0,9968	0,9969	0,9970	0,9971	0,9972	0,9973	0,9974
2,8	0,9974	0,9975	0,9976	0,9977	0,9977	0,9978	0,9979	0,9979	0,9980	0,9981
2,9	0,9981	0,9982	0,9982	0,9983	0,9984	0,9984	0,9985	0,9985	0,9986	0,9986
3,0	0,9986	0,9987	0,9987	0,9988	0,9988	0,9989	0,9989	0,9989	0,9990	0,9990

Table 2 ***Distribution t de Student***

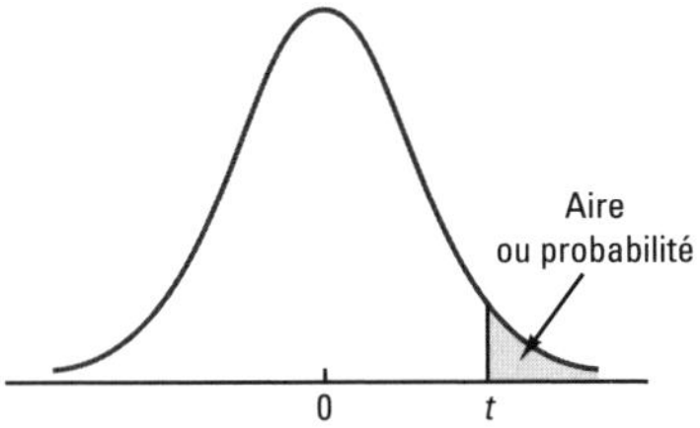

Les chiffres de la table correspondent aux valeurs *t* pour différentes aires ou probabilités situées dans la queue supérieure de la distribution de Student. Par exemple, avec 10 degrés de liberté et une aire de 0,05 dans la queue supérieure de la distribution, $t_{0,05}$ = 1,812.

Degrés de liberté	Aire dans la queue supérieure de la distribution					
	0,20	**0,10**	**0,05**	**0,025**	**0,01**	**0,005**
1	1,376	3,078	6,314	12,706	31,821	63,656
2	1,061	1,886	2,920	4,303	6,965	9,925
3	0,978	1,638	2,353	3,182	4,541	5,841
4	0,941	1,533	2,132	2,776	3,747	4,604
5	0,920	1,476	2,015	2,571	3,365	4,032
6	0,906	1,440	1,943	2,447	3,143	3,707
7	0,896	1,415	1,895	2,365	2,998	3,499
8	0,889	1,397	1,860	2,306	2,896	3,355
9	0,883	1,383	1,833	2,262	2,821	3,250
10	0,879	1,372	1,812	2,228	2,764	3,169
11	0,876	1,363	1,796	2,201	2,718	3,106
12	0,873	1,356	1,782	2,179	2,681	3,055
13	0,870	1,350	1,771	2,160	2,650	3,012
14	0,868	1,345	1,761	2,145	2,624	2,977
15	0,866	1,341	1,753	2,131	2,602	2,947
16	0,865	1,337	1,746	2,120	2,583	2,921
17	0,863	1,333	1,740	2,110	2,567	2,898
18	0,862	1,330	1,734	2,101	2,552	2,878
19	0,861	1,328	1,729	2,093	2,539	2,861
20	0,860	1,325	1,725	2,086	2,528	2,845
21	0,859	1,323	1,721	2,080	2,518	2,831
22	0,858	1,321	1,717	2,074	2,508	2,819
23	0,858	1,319	1,714	2,069	2,500	2,807
24	0,857	1,318	1,711	2,064	2,492	2,797
25	0,856	1,316	1,708	2,060	2,485	2,787
26	0,856	1,315	1,706	2,056	2,479	2,779
27	0,855	1,314	1,703	2,052	2,473	2,771
28	0,855	1,313	1,701	2,048	2,467	2,763
29	0,854	1,311	1,699	2,045	2,462	2,756
30	0,854	1,310	1,697	2,042	2,457	2,750
31	0,853	1,309	1,696	2,040	2,453	2,744
32	0,853	1,309	1,694	2,037	2,449	2,738
33	0,853	1,308	1,692	2,035	2,445	2,733
34	0,852	1,307	1,691	2,032	2,441	2,728

Table 2 ***Distribution t de Student (suite)***

Degrés de liberté	Aire dans la queue supérieure de la distribution					
	0,20	0,10	0,05	0,025	0,01	0,005
35	0,852	1,306	1,690	2,030	2,438	2,724
36	0,852	1,306	1,688	2,028	2,434	2,719
37	0,851	1,305	1,687	2,026	2,431	2,715
38	0,851	1,304	1,686	2,024	2,429	2,712
39	0,851	1,304	1,685	2,023	2,426	2,708
40	0,851	1,303	1,684	2,021	2,423	2,704
41	0,850	1,303	1,683	2,020	2,421	2,701
42	0,850	1,302	1,682	2,018	2,418	2,698
43	0,850	1,302	1,681	2,017	2,416	2,695
44	0,850	1,301	1,680	2,015	2,414	2,692
45	0,850	1,301	1,679	2,014	2,412	2,690
46	0,850	1,300	1,679	2,013	2,410	2,687
47	0,849	1,300	1,678	2,012	2,408	2,685
48	0,849	1,299	1,677	2,011	2,407	2,682
49	0,849	1,299	1,677	2,010	2,405	2,680
50	0,849	1,299	1,676	2,009	2,403	2,678
51	0,849	1,298	1,675	2,008	2,402	2,676
52	0,849	1,298	1,675	2,007	2,400	2,674
53	0,848	1,298	1,674	2,006	2,399	2,672
54	0,848	1,297	1,674	2,005	2,397	2,670
55	0,848	1,297	1,673	2,004	2,396	2,668
56	0,848	1,297	1,673	2,003	2,395	2,667
57	0,848	1,297	1,672	2,002	2,394	2,665
58	0,848	1,296	1,672	2,002	2,392	2,663
59	0,848	1,296	1,671	2,001	2,391	2,662
60	0,848	1,296	1,671	2,000	2,390	2,660
61	0,848	1,296	1,670	2,000	2,389	2,659
62	0,847	1,295	1,670	1,999	2,388	2,657
63	0,847	1,295	1,669	1,998	2,387	2,656
64	0,847	1,295	1,669	1,998	2,386	2,655
65	0,847	1,295	1,669	1,997	2,385	2,654
66	0,847	1,295	1,668	1,997	2,384	2,652
67	0,847	1,294	1,668	1,996	2,383	2,651
68	0,847	1,294	1,668	1,995	2,382	2,650
69	0,847	1,294	1,667	1,995	2,382	2,649
70	0,847	1,294	1,667	1,994	2,381	2,648
71	0,847	1,294	1,667	1,994	2,380	2,647
72	0,847	1,293	1,666	1,993	2,379	2,646
73	0,847	1,293	1,666	1,993	2,379	2,645
74	0,847	1,293	1,666	1,993	2,378	2,644
75	0,846	1,293	1,665	1,992	2,377	2,643
76	0,846	1,293	1,665	1,992	2,376	2,642
77	0,846	1,293	1,665	1,991	2,376	2,641
78	0,846	1,292	1,665	1,991	2,375	2,640
79	0,846	1,292	1,664	1,990	2,374	2,639

Table 2 ***Distribution t de Student (suite)***

Degrés de liberté	Aire dans la queue supérieure de la distribution					
	0,20	0,10	0,05	0,025	0,01	0,005
80	0,846	1,292	1,664	1,990	2,374	2,639
81	0,846	1,292	1,664	1,990	2,373	2,638
82	0,846	1,292	1,664	1,989	2,373	2,637
83	0,846	1,292	1,663	1,989	2,372	2,636
84	0,846	1,292	1,663	1,989	2,372	2,636
85	0,846	1,292	1,663	1,988	2,371	2,635
86	0,846	1,291	1,663	1,988	2,370	2,634
87	0,846	1,291	1,663	1,988	2,370	2,634
88	0,846	1,291	1,662	1,987	2,369	2,633
89	0,846	1,291	1,662	1,987	2,369	2,632
90	0,846	1,291	1,662	1,987	2,368	2,632
91	0,846	1,291	1,662	1,986	2,368	2,631
92	0,846	1,291	1,662	1,986	2,368	2,630
93	0,846	1,291	1,661	1,986	2,367	2,630
94	0,845	1,291	1,661	1,986	2,367	2,629
95	0,845	1,291	1,661	1,985	2,366	2,629
96	0,845	1,290	1,661	1,985	2,366	2,628
97	0,845	1,290	1,661	1,985	2,365	2,627
98	0,845	1,290	1,661	1,984	2,365	2,627
99	0,845	1,290	1,660	1,984	2,364	2,626
100	0,845	1,290	1,660	1,984	2,364	2,626
∞	0,842	1,282	1,645	1,960	2,326	2,576

Table 3 ***Distribution du χ^2***

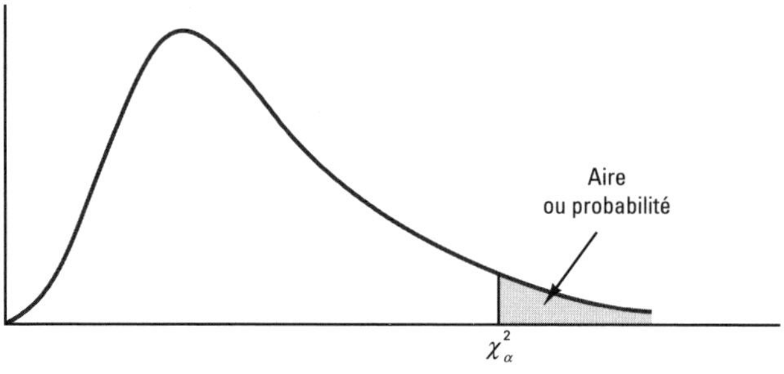

Les chiffres de la table correspondent aux valeurs χ^2_α, α étant l'aire ou la probabilité située dans la queue supérieure de la distribution du χ^2. Par exemple, avec 10 degrés de liberté et une aire de 0,01 dans la queue supérieure de la distribution, $\chi^2_{0,01}$ = 23,209.

Degrés de liberté	Aire dans la queue supérieure de la distribution									
	0,995	**0,99**	**0,975**	**0,95**	**0,90**	**0,10**	**0,05**	**0,025**	**0,01**	**0,005**
1	0,000	0,000	0,001	0,004	0,016	2,706	3,841	5,024	6,635	7,879
2	0,010	0,020	0,051	0,103	0,211	4,605	5,991	7,378	9,210	10,597
3	0,072	0,115	0,216	0,352	0,584	6,251	7,815	9,348	11,345	12,838
4	0,207	0,297	0,484	0,711	1,064	7,779	9,488	11,143	13,277	14,860
5	0,412	0,554	0,831	1,145	1,610	9,236	11,070	12,832	15,086	16,750
6	0,676	0,872	1,237	1,635	2,204	10,645	12,592	14,449	16,812	18,548
7	0,989	1,239	1,690	2,167	2,833	12,017	14,067	16,013	18,475	20,278
8	1,344	1,647	2,180	2,733	3,490	13,362	15,507	17,535	20,090	21,955
9	1,735	2,088	2,700	3,325	4,168	14,684	16,919	19,023	21,666	23,589
10	2,156	2,558	3,247	3,940	4,865	15,987	18,307	20,483	23,209	25,188
11	2,603	3,053	3,816	4,575	5,578	17,275	19,675	21,920	24,725	26,757
12	3,074	3,571	4,404	5,226	6,304	18,549	21,026	23,337	26,217	28,300
13	3,565	4,107	5,009	5,892	7,041	19,812	22,362	24,736	27,688	29,819
14	4,075	4,660	5,629	6,571	7,790	21,064	23,685	26,119	29,141	31,319
15	4,601	5,229	6,262	7,261	8,547	22,307	24,996	27,488	30,578	32,801
16	5,142	5,812	6,908	7,962	9,312	23,542	26,296	28,845	32,000	34,267
17	5,697	6,408	7,564	8,672	10,085	24,769	27,587	30,191	33,409	35,718
18	6,265	7,015	8,231	9,390	10,865	25,989	28,869	31,526	34,805	37,156
19	6,844	7,633	8,907	10,117	11,651	27,204	30,144	32,852	36,191	38,582
20	7,434	8,260	9,591	10,851	12,443	28,412	31,410	34,170	37,566	39,997
21	8,034	8,897	10,283	11,591	13,240	29,615	32,671	35,479	38,932	41,401
22	8,643	9,542	10,982	12,338	14,041	30,813	33,924	36,781	40,289	42,796
23	9,260	10,196	11,689	13,091	14,848	32,007	35,172	38,076	41,638	44,181
24	9,886	10,856	12,401	13,848	15,659	33,196	36,415	39,364	42,980	45,558
25	10,520	11,524	13,120	14,611	16,473	34,382	37,652	40,646	44,314	46,928
26	11,160	12,198	13,844	15,379	17,292	35,563	38,885	41,923	45,642	48,290
27	11,808	12,878	14,573	16,151	18,114	36,741	40,113	43,195	46,963	49,645
28	12,461	13,565	15,308	16,928	18,939	37,916	41,337	44,461	48,278	50,994
29	13,121	14,256	16,047	17,708	19,768	39,087	42,557	45,722	49,588	52,335
30	13,787	14,953	16,791	18,493	20,599	40,256	43,773	46,979	50,892	53,672

Table 3 ***Distribution du χ^2 (suite)***

Degrés de liberté	Aire dans la queue supérieure de la distribution									
	0,995	**0,99**	**0,975**	**0,95**	**0,90**	**0,10**	**0,05**	**0,025**	**0,01**	**0,005**
35	17,192	18,509	20,569	22,465	24,797	46,059	49,802	53,203	57,342	60,275
40	20,707	22,164	24,433	26,509	29,051	51,805	55,758	59,342	63,691	66,766
45	24,311	25,901	28,366	30,612	33,350	57,505	61,656	65,410	69,957	73,166
50	27,991	29,707	32,357	34,764	37,689	63,167	67,505	71,420	76,154	79,490
55	31,735	33,571	36,398	38,958	42,060	68,796	73,311	77,380	82,292	85,749
60	35,534	37,485	40,482	43,188	46,459	74,397	79,082	83,298	88,379	91,952
65	39,383	41,444	44,603	47,450	50,883	79,973	84,821	89,177	94,422	98,105
70	43,275	45,442	48,758	51,739	55,329	85,527	90,531	95,023	100,425	104,215
75	47,206	49,475	52,942	56,054	59,795	91,061	96,217	100,839	106,393	110,285
80	51,172	53,540	57,153	60,391	64,278	96,578	101,879	106,629	112,329	116,321
85	55,170	57,634	61,389	64,749	68,777	102,079	107,522	112,393	118,236	122,324
90	59,196	61,754	65,647	69,126	73,291	107,565	113,145	118,136	124,116	128,299
95	63,250	65,898	69,925	73,520	77,818	113,038	118,752	123,858	129,973	134,247
100	67,328	70,065	74,222	77,929	82,358	118,498	124,342	129,561	135,807	140,170

Table 4 Distribution F de Fisher

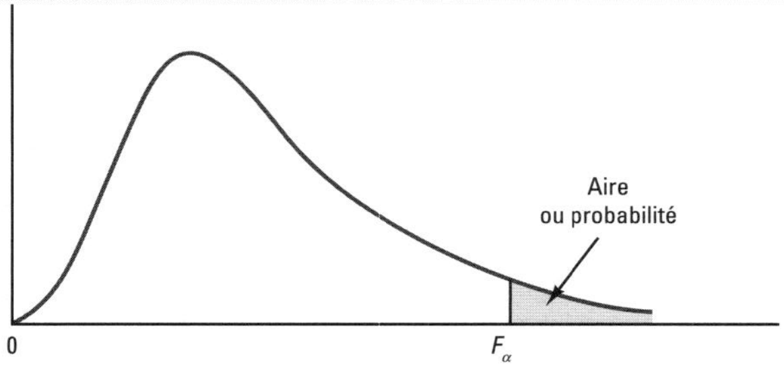

Les chiffres de la table correspondent aux valeurs F_α, α étant l'aire ou la probabilité située dans la queue supérieure de la distribution de Fisher. Par exemple, avec 4 degrés de liberté au numérateur, 8 degrés de liberté au dénominateur et une aire de 0,05 dans la queue supérieure de la distribution, $F_{0,05} = 3,84$.

Degrés de liberté au dénominateur	Aire dans la queue supérieure	Degrés de liberté au numérateur																	
		1	2	3	4	5	6	7	8	9	10	15	20	25	30	40	60	100	1 000
1	0,10	39,86	49,50	53,59	55,83	57,24	58,20	58,91	59,44	59,86	60,19	61,22	61,74	62,05	62,26	62,53	62,79	63,01	63,30
	0,05	161,45	199,50	215,71	224,58	230,16	233,99	236,77	238,88	240,54	241,88	245,95	248,02	249,26	250,10	251,14	252,20	253,04	254,19
	0,025	647,79	799,48	864,15	899,60	921,83	937,11	948,20	956,64	963,28	968,63	984,87	993,08	998,09	1 001,40	1 005,60	1 009,79	1 013,16	1 017,76
	0,01	4 052,18	4 999,34	5 403,53	5 624,26	5 763,96	5 858,95	5 928,33	5 980,95	6 022,40	6 055,93	6 156,97	6 208,66	6 239,86	6 260,35	6 286,43	6 312,97	6 333,92	6 362,80
2	0,10	8,53	9,00	9,16	9,24	9,29	9,33	9,35	9,37	9,38	9,39	9,42	9,44	9,45	9,46	9,47	9,47	9,48	9,49
	0,05	18,51	19,00	19,16	19,25	19,30	19,33	19,35	19,37	19,38	19,40	19,43	19,45	19,46	19,46	19,47	19,48	19,49	19,49
	0,025	38,51	39,00	39,17	39,25	39,30	39,33	39,36	39,37	39,39	39,40	39,43	39,45	39,46	39,46	39,47	39,48	39,49	39,50
	0,01	98,50	99,00	99,16	99,25	99,30	99,33	99,36	99,38	99,39	99,40	99,43	99,45	99,46	99,47	99,48	99,48	99,49	99,50
3	0,10	5,54	5,46	5,39	5,34	5,31	5,28	5,27	5,25	5,24	5,23	5,20	5,18	5,17	5,17	5,16	5,15	5,14	5,13
	0,05	10,13	9,55	9,28	9,12	9,01	8,94	8,89	8,85	8,81	8,79	8,70	8,66	8,63	8,62	8,59	8,57	8,55	8,53
	0,025	17,44	16,04	15,44	15,10	14,88	14,73	14,62	14,54	14,47	14,42	14,25	14,17	14,12	14,08	14,04	13,99	13,96	13,91
	0,01	34,12	30,82	29,46	28,71	28,24	27,91	27,67	27,49	27,34	27,23	26,87	26,69	26,58	26,50	26,41	26,32	26,24	26,14
4	0,10	4,54	4,32	4,19	4,11	4,05	4,01	3,98	3,95	3,94	3,92	3,87	3,84	3,83	3,82	3,80	3,79	3,78	3,76
	0,05	7,71	6,94	6,59	6,39	6,26	6,16	6,09	6,04	6,00	5,96	5,86	5,80	5,77	5,75	5,72	5,69	5,66	5,63
	0,025	12,22	10,65	9,98	9,60	9,36	9,20	9,07	8,98	8,90	8,84	8,66	8,56	8,50	8,46	8,41	8,36	8,32	8,26
	0,01	21,20	18,00	16,69	15,98	15,52	15,21	14,98	14,80	14,66	14,55	14,20	14,02	13,91	13,84	13,75	13,65	13,58	13,47
5	0,10	4,06	3,78	3,62	3,52	3,45	3,40	3,37	3,34	3,32	3,30	3,324	3,21	3,19	3,17	3,16	3,14	3,13	3,11
	0,05	6,61	5,79	5,41	5,19	5,05	4,95	4,88	4,82	4,77	4,74	4,62	4,56	4,52	4,50	4,46	4,43	4,41	4,37
	0,025	10,01	8,43	7,76	7,39	7,15	6,98	6,85	6,76	6,68	6,62	6,43	6,33	6,27	6,23	6,18	6,12	6,08	6,02
	0,01	16,26	13,27	12,06	11,39	10,97	10,67	10,46	10,29	10,16	10,05	9,72	9,55	9,45	9,38	9,29	9,20	9,13	9,03

Degrés de liberté au dénominateur	Aire dans la queue supérieure	Degrés de liberté au numérateur																	
		1	2	3	4	5	6	7	8	9	10	15	20	25	30	40	60	100	1 000
6	0,10	3,78	3,46	3,29	3,18	3,11	3,05	3,01	2,98	2,96	2,94	2,87	2,84	2,81	2,80	2,78	2,76	2,75	2,72
	0,05	5,99	5,14	4,76	4,53	4,39	4,28	4,21	4,15	4,10	4,06	3,94	3,87	3,83	3,81	3,77	3,74	3,71	3,67
	0,025	8,81	7,26	6,60	6,23	5,99	5,82	5,70	5,60	5,52	5,46	5,27	5,17	5,11	5,07	5,01	4,96	4,92	4,86
	0,01	13,75	10,92	9,78	9,15	8,75	8,47	8,26	8,10	7,98	7,87	7,56	7,40	7,30	7,23	7,14	7,06	6,99	6,89
7	0,10	3,59	3,26	3,07	2,96	2,88	2,83	2,78	2,75	2,72	2,70	2,63	2,59	2,57	2,56	2,54	2,51	2,50	2,47
	0,05	5,59	4,74	4,35	4,12	3,97	3,87	3,79	3,73	3,68	3,64	3,51	3,44	3,40	3,38	3,34	3,30	3,27	3,23
	0,025	8,07	6,54	5,89	5,52	5,29	5,12	4,99	4,90	4,82	4,76	4,57	4,47	4,40	4,36	4,31	4,25	4,21	4,15
	0,01	12,25	9,55	8,45	7,85	7,46	7,19	6,99	6,84	6,72	6,62	6,31	6,16	6,06	5,99	5,91	5,82	5,75	5,66
8	0,10	3,46	3,11	2,92	2,81	2,73	2,67	2,62	2,59	2,56	2,54	2,46	2,42	2,40	2,38	2,36	2,34	2,32	2,30
	0,05	5,32	4,46	4,07	3,84	3,69	3,58	3,50	3,44	3,39	3,35	3,22	3,15	3,11	3,08	3,04	3,01	2,97	2,93
	0,025	7,57	6,06	5,42	5,05	4,82	4,65	4,53	4,43	4,36	4,30	4,10	4,00	3,94	3,89	3,84	3,78	3,74	3,68
	0,01	11,26	8,65	7,59	7,01	6,63	6,37	6,18	6,03	5,91	5,81	5,52	5,36	5,26	5,20	5,12	5,03	4,96	4,87
9	0,10	3,36	3,01	2,81	2,69	2,61	2,55	2,51	2,47	2,44	2,42	2,34	2,30	2,27	2,25	2,23	2,21	2,19	2,16
	0,05	5,12	4,26	3,86	3,63	3,48	3,37	3,29	3,23	3,18	3,14	3,01	2,94	2,89	2,86	2,83	2,79	2,76	2,71
	0,025	7,21	5,71	5,08	4,72	4,48	4,32	4,20	4,10	4,03	3,96	3,77	3,67	3,60	3,56	3,51	3,45	3,40	3,34
	0,01	10,56	8,02	6,99	6,42	6,06	5,80	5,61	5,47	5,35	5,26	4,96	4,81	4,71	4,65	4,57	4,48	4,41	4,32
10	0,10	3,29	2,92	2,73	2,61	2,52	2,46	2,41	2,38	2,35	2,32	2,24	2,20	2,17	2,16	2,13	2,11	2,09	2,06
	0,05	4,96	4,10	3,71	3,48	3,33	3,22	3,14	3,07	3,02	2,98	2,85	2,77	2,73	2,70	2,66	2,62	2,59	2,54
	0,025	6,94	5,46	4,83	4,47	4,24	4,07	3,95	3,85	3,78	3,72	3,52	3,42	3,35	3,31	3,26	3,20	3,15	3,09
	0,01	10,04	7,56	6,55	5,99	5,64	5,39	5,20	5,06	4,94	4,85	4,56	4,41	4,31	4,25	4,17	4,08	4,01	3,92
11	0,10	3,23	2,86	2,66	2,54	2,45	2,39	2,34	2,30	2,27	2,25	2,17	2,12	2,10	2,08	2,05	2,03	2,01	1,98
	0,05	4,84	3,98	3,59	3,36	3,20	3,09	3,01	2,95	2,90	2,85	2,72	2,65	2,60	2,57	2,53	2,49	2,46	2,41
	0,025	6,72	5,26	4,63	4,28	4,04	3,88	3,76	3,66	3,59	3,53	3,33	3,23	3,16	3,12	3,06	3,00	2,96	2,89
	0,01	9,65	7,21	6,22	5,67	5,32	5,07	4,89	4,74	4,63	4,54	4,25	4,10	4,01	3,94	3,86	3,78	3,71	3,61
12	0,10	3,18	2,81	2,61	2,48	2,39	2,33	2,28	2,24	2,21	2,19	2,10	2,06	2,03	2,01	1,99	1,96	1,94	1,91
	0,05	4,75	3,89	3,49	3,26	3,11	3,00	2,91	2,85	2,80	2,75	2,62	2,54	2,50	2,47	2,43	2,38	2,35	2,30
	0,025	6,55	5,10	4,47	4,12	3,89	3,73	3,61	3,51	3,44	3,37	3,18	3,07	3,01	2,96	2,91	2,85	2,80	2,73
	0,01	9,33	6,93	5,95	5,41	5,06	4,82	4,64	4,50	4,39	4,30	4,01	3,86	3,76	3,70	3,62	3,54	3,47	3,37
13	0,10	3,14	2,76	2,56	2,43	2,35	2,28	2,23	2,20	2,16	2,14	2,05	2,01	1,98	1,96	1,93	1,90	1,88	1,85
	0,05	4,67	3,81	3,41	3,18	3,03	2,92	2,83	2,77	2,71	2,67	2,53	2,46	2,41	2,38	2,34	2,30	2,26	2,21
	0,025	6,41	4,97	4,35	4,00	3,77	3,60	3,48	3,39	3,31	3,25	3,05	2,95	2,88	2,84	2,78	2,72	2,67	2,60
	0,01	9,07	6,70	5,74	5,21	4,86	4,62	4,44	4,30	4,19	4,10	3,82	3,66	3,57	3,51	3,43	3,34	3,27	3,18
14	0,10	3,10	2,73	2,52	2,39	2,31	2,24	2,19	2,15	2,12	2,10	2,01	1,96	1,93	1,99	1,89	1,86	1,83	1,80
	0,05	4,60	3,74	3,34	3,11	2,96	2,85	2,76	2,70	2,65	2,60	2,46	2,39	2,34	2,31	2,27	2,22	2,19	2,14
	0,025	6,30	4,86	4,24	3,89	3,66	3,50	3,38	3,29	3,21	3,15	2,95	2,84	2,78	2,73	2,67	2,61	2,56	2,50
	0,01	8,86	6,51	5,56	5,04	4,69	4,46	4,28	4,14	4,03	3,94	3,66	3,51	3,41	3,35	3,27	3,18	3,11	3,02
15	0,10	3,07	2,70	2,49	2,36	2,27	2,21	2,16	2,12	2,09	2,06	1,97	1,92	1,89	1,87	1,85	1,82	1,79	1,76
	0,05	4,54	3,68	3,29	3,06	2,90	2,79	2,71	2,64	2,59	2,54	2,40	2,33	2,28	2,25	2,20	2,16	2,12	2,07
	0,025	6,20	4,77	4,15	3,80	3,58	3,41	3,29	3,20	3,12	3,06	2,86	2,76	2,69	2,64	2,59	2,52	2,47	2,40
	0,01	8,68	6,36	5,42	4,89	4,56	4,32	4,14	4,00	3,89	3,80	3,52	3,37	3,28	3,21	3,13	3,05	2,98	2,88

Table 4 Distribution F de Fisher (suite)

Degrés de liberté au dénominateur	Aire dans la queue supérieure	Degrés de liberté au numérateur																	
		1	2	3	4	5	6	7	8	9	10	15	20	25	30	40	60	100	1 000
16	0,10	3,05	2,67	2,46	2,33	2,24	2,18	2,13	2,09	2,06	2,03	1,94	1,89	1,86	1,84	1,81	1,78	1,76	1,72
	0,05	4,49	3,63	3,24	3,01	2,85	2,74	2,66	2,59	2,54	2,49	2,35	2,28	2,23	2,19	2,15	2,11	2,07	2,02
	0,025	6,12	4,69	4,08	3,73	3,50	3,34	3,22	3,12	3,05	2,99	2,79	2,68	2,61	2,57	2,51	2,45	2,40	2,32
	0,01	8,53	6,23	5,29	4,77	4,44	4,20	4,03	3,89	3,78	3,69	3,41	3,26	3,16	3,10	3,02	2,93	2,86	2,76
17	0,10	3,03	2,64	2,44	2,31	2,22	2,15	2,10	2,06	2,03	2,00	1,91	1,86	1,83	1,81	1,78	1,75	1,73	1,69
	0,05	4,45	3,59	3,20	2,96	2,81	2,70	2,61	2,55	2,49	2,45	2,31	2,23	2,18	2,15	2,10	2,06	2,02	1,97
	0,025	6,04	4,62	4,01	3,66	3,44	3,28	3,16	3,06	2,98	2,92	2,72	2,62	2,55	2,50	2,44	2,38	2,33	2,26
	0,01	8,40	6,11	5,19	4,67	4,34	4,10	3,93	3,79	3,68	3,59	3,31	3,16	3,07	3,00	2,92	2,83	2,76	2,66
18	0,10	3,01	2,62	2,42	2,29	2,20	2,13	2,08	2,04	2,00	1,98	1,89	1,84	1,80	1,78	1,75	1,72	1,70	1,66
	0,05	4,41	3,55	3,16	2,93	2,77	2,66	2,58	2,51	2,46	2,41	2,27	2,19	2,14	2,11	2,06	2,02	1,98	1,92
	0,025	5,98	4,56	3,95	3,61	3,38	3,22	3,10	3,01	2,93	2,87	2,67	2,56	2,49	2,44	2,38	2,32	2,27	2,20
	0,01	8,29	6,01	5,09	4,58	4,25	4,01	3,84	3,71	3,60	3,51	3,23	3,08	2,98	2,92	2,84	2,75	2,68	2,58
19	0,10	2,99	2,61	2,40	2,27	2,18	2,11	2,06	2,02	1,98	1,96	1,86	1,81	1,78	1,76	1,73	1,70	1,67	1,64
	0,05	4,38	3,52	3,13	2,90	2,74	2,63	2,54	2,48	2,42	2,38	2,23	2,16	2,11	2,07	2,03	1,98	1,94	1,88
	0,025	5,92	4,51	3,90	3,56	3,33	3,17	3,05	2,96	2,88	2,82	2,62	2,51	2,44	2,39	2,33	2,27	2,22	2,14
	0,01	8,18	5,93	5,01	4,50	4,17	3,94	3,77	3,63	3,52	3,43	3,15	3,00	2,91	2,84	2,76	2,67	2,60	2,50
20	0,10	2,97	2,59	2,38	2,25	2,16	2,09	2,04	2,00	1,96	1,94	1,84	1,79	1,76	1,74	1,71	1,68	1,65	1,61
	0,05	4,35	3,49	3,10	2,87	2,71	2,60	2,51	2,45	2,39	2,35	2,20	2,12	2,07	2,04	1,99	1,95	1,91	1,85
	0,025	5,87	4,46	3,86	3,51	3,29	3,13	3,01	2,91	2,84	2,77	2,57	2,46	2,40	2,35	2,29	2,22	2,17	2,09
	0,01	8,10	5,85	4,94	4,43	4,10	3,87	3,70	3,56	3,46	3,37	3,09	2,94	2,84	2,78	2,69	2,61	2,54	2,43
21	0,10	2,96	2,57	2,36	2,23	2,14	2,08	2,02	1,98	1,95	1,92	1,83	1,78	1,74	1,72	1,69	1,66	1,63	1,59
	0,05	4,32	3,47	3,07	2,84	2,68	2,57	2,49	2,42	2,37	2,32	2,18	2,10	2,05	2,01	1,96	1,92	1,88	1,82
	0,025	5,83	4,42	3,82	3,48	3,25	3,09	2,97	2,87	2,80	2,73	2,53	2,42	2,36	2,31	2,25	2,18	2,13	2,05
	0,01	8,02	5,78	4,87	4,37	4,04	3,81	3,64	3,51	3,40	3,31	3,03	2,88	2,79	2,72	2,64	2,55	2,48	2,37
22	0,10	2,95	2,56	2,35	2,22	2,13	2,06	2,01	1,97	1,93	1,90	1,81	1,76	1,73	1,70	1,67	1,64	1,61	1,57
	0,05	4,30	3,44	3,05	2,82	2,66	2,55	2,46	2,40	2,34	2,30	2,15	2,07	2,02	1,98	1,94	1,89	1,85	1,79
	0,025	5,79	4,38	3,78	3,44	3,22	3,05	2,93	2,84	2,76	2,70	2,50	2,39	2,32	2,27	2,21	2,14	2,09	2,01
	0,01	7,95	5,72	4,82	4,31	3,99	3,76	3,59	3,45	3,35	3,26	2,98	2,83	2,73	2,67	2,58	2,50	2,42	2,32
23	0,10	2,94	2,55	2,34	2,21	2,11	2,05	1,99	1,95	1,92	1,89	1,80	1,74	1,71	1,69	1,66	1,62	1,59	1,55
	0,05	4,28	3,42	3,03	2,80	2,64	2,53	2,44	2,37	2,32	2,27	2,13	2,05	2,00	1,96	1,91	1,86	1,82	1,76
	0,025	5,75	4,35	3,75	3,41	3,18	3,02	2,90	2,81	2,73	2,67	2,47	2,36	2,29	2,24	2,18	2,11	2,06	1,98
	0,01	7,88	5,66	4,76	4,26	3,94	3,71	3,54	3,41	3,30	3,21	2,93	2,78	2,69	2,62	2,54	2,45	2,37	2,27
24	0,10	2,93	2,54	2,33	2,19	2,10	2,04	1,98	1,94	1,91	1,88	1,78	1,73	1,70	1,67	1,64	1,61	1,58	1,54
	0,05	4,26	3,40	3,01	2,78	2,62	2,51	2,42	2,36	2,30	2,25	2,11	2,03	1,97	1,94	1,89	1,84	1,80	1,74
	0,025	5,72	4,32	3,72	3,38	3,15	2,99	2,87	2,78	2,70	2,64	2,44	2,33	2,26	2,21	2,15	2,08	2,02	1,94
	0,01	7,82	5,61	4,72	4,22	3,90	3,67	3,50	3,36	3,26	3,17	2,89	2,74	2,64	2,58	2,49	2,40	2,33	2,22

Degrés de liberté au dénominateur	Aire dans la queue supérieure	Degrés de liberté au numérateur																	
		1	2	3	4	5	6	7	8	9	10	15	20	25	30	40	60	100	1 000
25	0,10	2,92	2,53	2,32	2,18	2,09	2,02	1,97	1,93	1,89	1,87	1,77	1,72	1,68	1,66	1,63	1,59	1,56	1,52
	0,05	4,24	3,39	2,99	2,76	2,60	2,49	2,40	2,34	2,28	2,24	2,09	2,01	1,96	1,92	1,87	1,82	1,78	1,72
	0,025	5,69	4,29	3,69	3,35	3,13	2,97	2,85	2,75	2,68	2,61	2,41	2,30	2,23	2,18	2,12	2,05	2,00	1,91
	0,01	7,77	5,57	4,68	4,18	3,85	3,63	3,46	3,32	3,22	3,13	2,85	2,70	2,60	2,54	2,45	2,36	2,29	2,18
26	0,10	2,91	2,52	2,31	2,17	2,08	2,01	1,96	1,92	1,88	1,86	1,76	1,71	1,67	1,65	1,61	1,58	1,55	1,51
	0,05	4,23	3,37	2,98	2,74	2,59	2,47	2,39	2,32	2,27	2,22	2,07	1,99	1,94	1,90	1,85	1,80	1,76	1,70
	0,025	5,66	4,27	3,67	3,33	3,10	2,94	2,82	2,73	2,65	2,59	2,39	2,28	2,21	2,16	2,09	2,03	1,97	1,89
	0,01	7,72	5,53	4,64	4,14	3,82	3,59	3,42	3,29	3,18	3,09	2,81	2,66	2,57	2,50	2,42	2,33	2,25	2,14
27	0,10	2,90	2,51	2,30	2,17	2,07	2,00	1,95	1,91	1,87	1,85	1,75	1,70	1,66	1,64	1,60	1,57	1,54	1,50
	0,05	4,21	3,35	2,96	2,73	2,57	2,46	2,37	2,31	2,25	2,20	2,06	1,97	1,92	1,88	1,84	1,79	1,74	1,68
	0,025	5,63	4,24	3,65	3,31	3,08	2,92	2,80	2,71	2,63	2,57	2,36	2,25	2,18	2,13	2,07	2,00	1,94	1,86
	0,01	7,68	5,49	4,60	4,11	3,78	3,56	3,39	3,26	3,15	3,06	2,78	2,63	2,54	2,47	2,38	2,29	2,22	2,11
28	0,10	2,89	2,50	2,29	2,16	2,06	2,00	1,94	1,90	1,87	1,84	1,74	1,69	1,65	1,63	1,59	1,56	1,53	1,48
	0,05	4,20	3,34	2,95	2,71	2,56	2,45	2,36	2,29	2,24	2,19	2,04	1,96	1,91	1,87	1,82	1,77	1,73	1,66
	0,025	5,61	4,22	3,63	3,29	3,06	2,90	2,78	2,69	2,61	2,55	2,34	2,23	2,16	2,11	2,05	1,98	1,92	1,84
	0,01	7,64	5,45	4,57	4,07	3,75	3,53	3,36	3,23	3,12	3,03	2,75	2,60	2,51	2,44	2,35	2,26	2,19	2,08
29	0,10	2,89	2,50	2,28	2,15	2,06	1,99	1,93	1,89	1,86	1,83	1,73	1,68	1,64	1,62	1,58	1,55	1,52	1,47
	0,05	4,18	3,33	2,93	2,70	2,55	2,43	2,35	2,28	2,22	2,18	2,03	1,94	1,89	1,85	1,81	1,75	1,71	1,65
	0,025	5,59	4,20	3,61	3,27	3,04	2,88	2,76	2,67	2,59	2,53	2,32	2,21	2,14	2,09	2,03	1,96	1,90	1,82
	0,01	7,60	5,42	4,54	4,04	3,73	3,50	3,33	3,20	3,09	3,00	2,73	2,57	2,48	2,41	2,33	2,23	2,16	2,05
30	0,10	2,88	2,49	2,28	2,14	2,05	1,98	1,93	1,88	1,85	1,82	1,72	1,67	1,63	1,61	1,57	1,54	1,51	1,46
	0,05	4,17	3,32	2,92	2,69	2,53	2,42	2,33	2,27	2,21	2,16	2,01	1,93	1,88	1,84	1,79	1,74	1,70	1,63
	0,025	5,57	4,18	3,59	3,25	3,03	2,87	2,75	2,65	2,57	2,51	2,31	2,20	2,12	2,07	2,01	1,94	1,88	1,80
	0,01	7,56	5,39	4,51	4,02	3,70	3,47	3,30	3,17	3,07	2,98	2,70	2,55	2,45	2,39	2,30	2,21	2,13	2,02
40	0,10	2,84	2,44	2,23	2,09	2,00	1,93	1,87	1,83	1,79	1,76	1,66	1,61	1,57	1,54	1,51	1,47	1,43	1,38
	0,05	4,08	3,23	2,84	2,61	2,45	2,34	2,25	2,18	2,12	2,08	1,92	1,84	1,78	1,74	1,69	1,64	1,59	1,52
	0,025	5,42	4,05	3,46	3,13	2,90	2,74	2,62	2,53	2,45	2,39	2,18	2,07	1,99	1,94	1,88	1,80	1,74	1,65
	0,01	7,31	5,18	4,31	3,83	3,51	3,29	3,12	2,99	2,89	2,80	2,52	2,37	2,27	2,20	2,11	2,02	1,94	1,82
60	0,10	2,79	2,39	2,18	2,04	1,95	1,87	1,82	1,77	1,74	1,71	1,60	1,54	1,50	1,48	1,44	1,40	1,36	1,30
	0,05	4,00	3,15	2,76	2,53	2,37	2,25	2,17	2,10	2,04	1,99	1,84	1,75	1,69	1,65	1,59	1,53	1,48	1,40
	0,025	5,29	3,93	3,34	3,01	2,79	2,63	2,51	2,41	2,33	2,27	2,06	1,94	1,87	1,82	1,74	1,67	1,60	1,49
	0,01	7,08	4,98	4,13	3,65	3,34	3,12	2,95	2,82	2,72	2,63	2,35	2,20	2,10	2,03	1,94	1,84	1,75	1,62
100	0,10	2,76	2,36	2,14	2,00	1,91	1,83	1,78	1,73	1,69	1,66	1,56	1,49	1,45	1,42	1,38	1,34	1,29	1,22
	0,05	3,94	3,09	2,70	2,46	2,31	2,19	2,10	2,03	1,97	1,93	1,77	1,68	1,62	1,57	1,52	1,45	1,39	1,30
	0,025	5,18	3,83	3,25	2,92	2,70	2,54	2,42	2,32	2,24	2,18	1,97	1,85	1,77	1,71	1,64	1,56	1,48	1,36
	0,01	6,90	4,82	3,98	3,51	3,21	2,99	2,82	2,69	2,59	2,50	2,22	2,07	1,97	1,89	1,80	1,69	1,60	1,45
1 000	0,10	2,71	2,31	2,09	1,95	1,85	1,78	1,72	1,68	1,64	1,61	1,49	1,43	1,38	1,35	1,30	1,25	1,20	1,08
	0,05	3,85	3,00	2,61	2,38	2,22	2,11	2,02	1,95	1,89	1,84	1,68	1,58	1,52	1,47	1,41	1,33	1,26	1,11
	0,025	5,04	3,70	3,13	2,80	2,58	2,42	2,30	2,20	2,13	2,06	1,85	1,72	1,64	1,58	1,50	1,41	1,32	1,13
	0,01	6,66	4,63	3,80	3,34	3,04	2,82	2,66	2,53	2,43	2,34	2,06	1,90	1,79	1,72	1,61	1,50	1,38	1,16

Table 5 ***Probabilités binomiales***

Les chiffres de la table correspondent à la probabilité d'obtenir *x* succès en n tirages, lors d'une expérience binomiale, où *p* correspond à la probabilité de succès. Par exemple, avec six tirages et $p = 0{,}05$ la probabilité de deux succès est égale à 0,0305.

		p								
n	*x*	**0,01**	**0,02**	**0,03**	**0,04**	**0,05**	**0,06**	**0,07**	**0,08**	**0,09**
2	0	0,9801	0,9604	0,9409	0,9216	0,9025	0,8836	0,8649	0,8464	0,8281
	1	0,0198	0,0392	0,0582	0,0768	0,0950	0,1128	0,1302	0,1472	0,1638
	2	0,0001	0,0004	0,0009	0,0016	0,0025	0,0036	0,0049	0,0064	0,0081
3	0	0,9703	0,9412	0,9127	0,8847	0,8574	0,8306	0,8044	0,7787	0,7536
	1	0,0294	0,0576	0,0847	0,1106	0,1354	0,1590	0,1816	0,2031	0,2236
	2	0,0003	0,0012	0,0026	0,0046	0,0071	0,0102	0,0137	0,0177	0,0221
	3	0,0000	0,0000	0,0000	0,0001	0,0001	0,0002	0,0003	0,0005	0,0007
4	0	0,9606	0,9224	0,8853	0,8493	0,8145	0,7807	0,7481	0,7164	0,6857
	1	0,0388	0,0753	0,1095	0,1416	0,1715	0,1993	0,2252	0,2492	0,2713
	2	0,0006	0,0023	0,0051	0,0088	0,0135	0,0191	0,0254	0,0325	0,0402
	3	0,0000	0,0000	0,0001	0,0002	0,0005	0,0008	0,0013	0,0019	0,0027
	4	0,0000	0,0000	0,0000	0,0000	0,0000	0,0000	0,0000	0,0000	0,0001
5	0	0,9510	0,9039	0,8587	0,8154	0,7738	0,7339	0,6957	0,6591	0,6240
	1	0,0480	0,0922	0,1328	0,1699	0,2036	0,2342	0,2618	0,2866	0,3086
	2	0,0010	0,0038	0,0082	0,0142	0,0214	0,0299	0,0394	0,0498	0,0610
	3	0,0000	0,0001	0,0003	0,0006	0,0011	0,0019	0,0030	0,0043	0,0060
	4	0,0000	0,0000	0,0000	0,0000	0,0000	0,0001	0,0001	0,0002	0,0003
	5	0,0000	0,0000	0,0000	0,0000	0,0000	0,0000	0,0000	0,0000	0,0000
6	0	0,9415	0,8858	0,8330	0,7828	0,7351	0,6899	0,6470	0,6064	0,5679
	1	0,0571	0,1085	0,1546	0,1957	0,2321	0,2642	0,2922	0,3164	0,3370
	2	0,0014	0,0055	0,0120	0,0204	0,0305	0,0422	0,0550	0,0688	0,0833
	3	0,0000	0,0002	0,0005	0,0011	0,0021	0,0036	0,0055	0,0080	0,0110
	4	0,0000	0,0000	0,0000	0,0000	0,0001	0,0002	0,0003	0,0005	0,0008
	5	0,0000	0,0000	0,0000	0,0000	0,0000	0,0000	0,0000	0,0000	0,0000
	6	0,0000	0,0000	0,0000	0,0000	0,0000	0,0000	0,0000	0,0000	0,0000
7	0	0,9321	0,8681	0,8080	0,7514	0,6983	0,6485	0,6017	0,5578	0,5168
	1	0,0659	0,1240	0,1749	0,2192	0,2573	0,2897	0,3170	0,3396	0,3578
	2	0,0020	0,0076	0,0162	0,0274	0,0406	0,0555	0,0716	0,0886	0,1061
	3	0,0000	0,0003	0,0008	0,0019	0,0036	0,0059	0,0090	0,0128	0,0175
	4	0,0000	0,0000	0,0000	0,0001	0,0002	0,0004	0,0007	0,0011	0,0017
	5	0,0000	0,0000	0,0000	0,0000	0,0000	0,0000	0,0000	0,0001	0,0001
	6	0,0000	0,0000	0,0000	0,0000	0,0000	0,0000	0,0000	0,0000	0,0000
	7	0,0000	0,0000	0,0000	0,0000	0,0000	0,0000	0,0000	0,0000	0,0000
8	0	0,9227	0,8508	0,7837	0,7214	0,6634	0,6096	0,5596	0,5132	0,4703
	1	0,0746	0,1389	0,1939	0,2405	0,2793	0,3113	0,3370	0,3570	0,3721
	2	0,0026	0,0099	0,0210	0,0351	0,0515	0,0695	0,0888	0,1087	0,1288
	3	0,0001	0,0004	0,0013	0,0029	0,0054	0,0089	0,0134	0,0189	0,0255
	4	0,0000	0,0000	0,0001	0,0002	0,0004	0,0007	0,0013	0,0021	0,0031
	5	0,0000	0,0000	0,0000	0,0000	0,0000	0,0000	0,0001	0,0001	0,0002
	6	0,0000	0,0000	0,0000	0,0000	0,0000	0,0000	0,0000	0,0000	0,0000
	7	0,0000	0,0000	0,0000	0,0000	0,0000	0,0000	0,0000	0,0000	0,0000
	8	0,0000	0,0000	0,0000	0,0000	0,0000	0,0000	0,0000	0,0000	0,0000

Table 5 ***Probabilités binomiales (suite)***

		p								
n	*x*	0,01	0,02	0,03	0,04	0,05	0,06	0,07	0,08	0,09
9	0	0,9135	0,8337	0,7602	0,6925	0,6302	0,5730	0,5204	0,4722	0,4279
	1	0,0830	0,1531	0,2116	0,2597	0,2985	0,3292	0,3525	0,3695	0,3809
	2	0,0034	0,0125	0,0262	0,0433	0,0629	0,0840	0,1061	0,1285	0,1507
	3	0,0001	0,0006	0,0019	0,0042	0,0077	0,0125	0,0186	0,0261	0,0348
	4	0,0000	0,0000	0,0001	0,0003	0,0006	0,0012	0,0021	0,0034	0,0052
	5	0,0000	0,0000	0,0000	0,0000	0,0000	0,0001	0,0002	0,0003	0,0005
	6	0,0000	0,0000	0,0000	0,0000	0,0000	0,0000	0,0000	0,0000	0,0000
	7	0,0000	0,0000	0,0000	0,0000	0,0000	0,0000	0,0000	0,0000	0,0000
	8	0,0000	0,0000	0,0000	0,0000	0,0000	0,0000	0,0000	0,0000	0,0000
	9	0,0000	0,0000	0,0000	0,0000	0,0000	0,0000	0,0000	0,0000	0,0000
10	0	0,9044	0,8171	0,7374	0,6648	0,5987	0,5386	0,4840	0,4344	0,3894
	1	0,0914	0,1667	0,2281	0,2770	0,3151	0,3438	0,3643	0,3777	0,3851
	2	0,0042	0,0153	0,0317	0,0519	0,0746	0,0988	0,1234	0,1478	0,1714
	3	0,0001	0,0008	0,0026	0,0058	0,0105	0,0168	0,0248	0,0343	0,0452
	4	0,0000	0,0000	0,0001	0,0004	0,0010	0,0019	0,0033	0,0052	0,0078
	5	0,0000	0,0000	0,0000	0,0000	0,0001	0,0001	0,0003	0,0005	0,0009
	6	0,0000	0,0000	0,0000	0,0000	0,0000	0,0000	0,0000	0,0000	0,0001
	7	0,0000	0,0000	0,0000	0,0000	0,0000	0,0000	0,0000	0,0000	0,0000
	8	0,0000	0,0000	0,0000	0,0000	0,0000	0,0000	0,0000	0,0000	0,0000
	9	0,0000	0,0000	0,0000	0,0000	0,0000	0,0000	0,0000	0,0000	0,0000
	10	0,0000	0,0000	0,0000	0,0000	0,0000	0,0000	0,0000	0,0000	0,0000
12	0	0,8864	0,7847	0,6938	0,6127	0,5404	0,4759	0,4186	0,3677	0,3225
	1	0,1074	0,1922	0,2575	0,3064	0,3413	0,3645	0,3781	0,3837	0,3827
	2	0,0060	0,0216	0,0438	0,0702	0,0988	0,1280	0,1565	0,1835	0,2082
	3	0,0002	0,0015	0,0045	0,0098	0,0173	0,0272	0,0393	0,0532	0,0686
	4	0,0000	0,0001	0,0003	0,0009	0,0021	0,0039	0,0067	0,0104	0,0153
	5	0,0000	0,0000	0,0000	0,0001	0,0002	0,0004	0,0008	0,0014	0,0024
	6	0,0000	0,0000	0,0000	0,0000	0,0000	0,0000	0,0001	0,0001	0,0003
	7	0,0000	0,0000	0,0000	0,0000	0,0000	0,0000	0,0000	0,0000	0,0000
	8	0,0000	0,0000	0,0000	0,0000	0,0000	0,0000	0,0000	0,0000	0,0000
	9	0,0000	0,0000	0,0000	0,0000	0,0000	0,0000	0,0000	0,0000	0,0000
	10	0,0000	0,0000	0,0000	0,0000	0,0000	0,0000	0,0000	0,0000	0,0000
	11	0,0000	0,0000	0,0000	0,0000	0,0000	0,0000	0,0000	0,0000	0,0000
	12	0,0000	0,0000	0,0000	0,0000	0,0000	0,0000	0,0000	0,0000	0,0000
15	0	0,8601	0,7386	0,6333	0,5421	0,4633	0,3953	0,3367	0,2863	0,2430
	1	0,1303	0,2261	0,2938	0,3388	0,3658	0,3785	0,3801	0,3734	0,3605
	2	0,0092	0,0323	0,0636	0,0988	0,1348	0,1691	0,2003	0,2273	0,2496
	3	0,0004	0,0029	0,0085	0,0178	0,0307	0,0468	0,0653	0,0857	0,1070
	4	0,0000	0,0002	0,0008	0,0022	0,0049	0,0090	0,0148	0,0223	0,0317
	5	0,0000	0,0000	0,0001	0,0002	0,0006	0,0013	0,0024	0,0043	0,0069
	6	0,0000	0,0000	0,0000	0,0000	0,0000	0,0001	0,0003	0,0006	0,0011
	7	0,0000	0,0000	0,0000	0,0000	0,0000	0,0000	0,0000	0,0001	0,0001
	8	0,0000	0,0000	0,0000	0,0000	0,0000	0,0000	0,0000	0,0000	0,0000
	9	0,0000	0,0000	0,0000	0,0000	0,0000	0,0000	0,0000	0,0000	0,0000
	10	0,0000	0,0000	0,0000	0,0000	0,0000	0,0000	0,0000	0,0000	0,0000
	11	0,0000	0,0000	0,0000	0,0000	0,0000	0,0000	0,0000	0,0000	0,0000
	12	0,0000	0,0000	0,0000	0,0000	0,0000	0,0000	0,0000	0,0000	0,0000
	13	0,0000	0,0000	0,0000	0,0000	0,0000	0,0000	0,0000	0,0000	0,0000
	14	0,0000	0,0000	0,0000	0,0000	0,0000	0,0000	0,0000	0,0000	0,0000
	15	0,0000	0,0000	0,0000	0,0000	0,0000	0,0000	0,0000	0,0000	0,0000

Table 5 ***Probabilités binomiales (suite)***

		p								
n	*x*	**0,01**	**0,02**	**0,03**	**0,04**	**0,05**	**0,06**	**0,07**	**0,08**	**0,09**
18	0	0,8345	0,6951	0,5780	0,4796	0,3972	0,3283	0,2708	0,2229	0,1831
	1	0,1517	0,2554	0,3217	0,3597	0,3763	0,3772	0,3669	0,3489	0,3260
	2	0,0130	0,0443	0,0846	0,1274	0,1683	0,2047	0,2348	0,2579	0,2741
	3	0,0007	0,0048	0,0140	0,0283	0,0473	0,0697	0,0942	0,1196	0,1446
	4	0,0000	0,0004	0,0016	0,0044	0,0093	0,0167	0,0266	0,0390	0,0536
	5	0,0000	0,0000	0,0001	0,0005	0,0014	0,0030	0,0056	0,0095	0,0148
	6	0,0000	0,0000	0,0000	0,0000	0,0002	0,0004	0,0009	0,0018	0,0032
	7	0,0000	0,0000	0,0000	0,0000	0,0000	0,0000	0,0001	0,0003	0,0005
	8	0,0000	0,0000	0,0000	0,0000	0,0000	0,0000	0,0000	0,0000	0,0001
	9	0,0000	0,0000	0,0000	0,0000	0,0000	0,0000	0,0000	0,0000	0,0000
	10	0,0000	0,0000	0,0000	0,0000	0,0000	0,0000	0,0000	0,0000	0,0000
	11	0,0000	0,0000	0,0000	0,0000	0,0000	0,0000	0,0000	0,0000	0,0000
	12	0,0000	0,0000	0,0000	0,0000	0,0000	0,0000	0,0000	0,0000	0,0000
	13	0,0000	0,0000	0,0000	0,0000	0,0000	0,0000	0,0000	0,0000	0,0000
	14	0,0000	0,0000	0,0000	0,0000	0,0000	0,0000	0,0000	0,0000	0,0000
	15	0,0000	0,0000	0,0000	0,0000	0,0000	0,0000	0,0000	0,0000	0,0000
	16	0,0000	0,0000	0,0000	0,0000	0,0000	0,0000	0,0000	0,0000	0,0000
	17	0,0000	0,0000	0,0000	0,0000	0,0000	0,0000	0,0000	0,0000	0,0000
	18	0,0000	0,0000	0,0000	0,0000	0,0000	0,0000	0,0000	0,0000	0,0000
20	0	0,8179	0,6676	0,5438	0,4420	0,3585	0,2901	0,2342	0,1887	0,1516
	1	0,1652	0,2725	0,3364	0,3683	0,3774	0,3703	0,3526	0,3282	0,3000
	2	0,0159	0,0528	0,0988	0,1458	0,1887	0,2246	0,2521	0,2711	0,2818
	3	0,0010	0,0065	0,0183	0,0364	0,0596	0,0860	0,1139	0,1414	0,1672
	4	0,0000	0,0006	0,0024	0,0065	0,0133	0,0233	0,0364	0,0523	0,0703
	5	0,0000	0,0000	0,0002	0,0009	0,0022	0,0048	0,0088	0,0145	0,0222
	6	0,0000	0,0000	0,0000	0,0001	0,0003	0,0008	0,0017	0,0032	0,0055
	7	0,0000	0,0000	0,0000	0,0000	0,0000	0,0001	0,0002	0,0005	0,0011
	8	0,0000	0,0000	0,0000	0,0000	0,0000	0,0000	0,0000	0,0001	0,0002
	9	0,0000	0,0000	0,0000	0,0000	0,0000	0,0000	0,0000	0,0000	0,0000
	10	0,0000	0,0000	0,0000	0,0000	0,0000	0,0000	0,0000	0,0000	0,0000
	11	0,0000	0,0000	0,0000	0,0000	0,0000	0,0000	0,0000	0,0000	0,0000
	12	0,0000	0,0000	0,0000	0,0000	0,0000	0,0000	0,0000	0,0000	0,0000
	13	0,0000	0,0000	0,0000	0,0000	0,0000	0,0000	0,0000	0,0000	0,0000
	14	0,0000	0,0000	0,0000	0,0000	0,0000	0,0000	0,0000	0,0000	0,0000
	15	0,0000	0,0000	0,0000	0,0000	0,0000	0,0000	0,0000	0,0000	0,0000
	16	0,0000	0,0000	0,0000	0,0000	0,0000	0,0000	0,0000	0,0000	0,0000
	17	0,0000	0,0000	0,0000	0,0000	0,0000	0,0000	0,0000	0,0000	0,0000
	18	0,0000	0,0000	0,0000	0,0000	0,0000	0,0000	0,0000	0,0000	0,0000
	19	0,0000	0,0000	0,0000	0,0000	0,0000	0,0000	0,0000	0,0000	0,0000
	20	0,0000	0,0000	0,0000	0,0000	0,0000	0,0000	0,0000	0,0000	0,0000

Table 5 *Probabilités binomiales (suite)*

		p								
n	*x*	**0,10**	**0,15**	**0,20**	**0,25**	**0,30**	**0,35**	**0,40**	**0,45**	**0,50**
2	0	0,8100	0,7225	0,6400	0,5625	0,4900	0,4225	0,3600	0,3025	0,2500
	1	0,1800	0,2550	0,3200	0,3750	0,4200	0,4550	0,4800	0,4950	0,5000
	2	0,0100	0,0225	0,0400	0,0625	0,0900	0,1225	0,1600	0,2025	0,2500
3	0	0,7290	0,6141	0,5120	0,4219	0,3430	0,2746	0,2160	0,1664	0,1250
	1	0,2430	0,3251	0,3840	0,4219	0,4410	0,4436	0,4320	0,4084	0,3750
	2	0,0270	0,0574	0,0960	0,1406	0,1890	0,2389	0,2880	0,3341	0,3750
	3	0,0010	0,0034	0,0080	0,0156	0,0270	0,0429	0,0640	0,0911	0,1250
4	0	0,6561	0,5220	0,4096	0,3164	0,2401	0,1785	0,1296	0,0915	0,0625
	1	0,2916	0,3685	0,4096	0,4219	0,4116	0,3845	0,3456	0,2995	0,2500
	2	0,0486	0,0975	0,1536	0,2109	0,2646	0,3105	0,3456	0,3675	0,3750
	3	0,0036	0,0115	0,0256	0,0469	0,0756	0,1115	0,1536	0,2005	0,2500
	4	0,0001	0,0005	0,0016	0,0039	0,0081	0,0150	0,0256	0,0410	0,0625
5	0	0,5905	0,4437	0,3277	0,2373	0,1681	0,1160	0,0778	0,0503	0,0312
	1	0,3280	0,3915	0,4096	0,3955	0,3602	0,3124	0,2592	0,2059	0,1562
	2	0,0729	0,1382	0,2048	0,2637	0,3087	0,3364	0,3456	0,3369	0,3125
	3	0,0081	0,0244	0,0512	0,0879	0,1323	0,1811	0,2304	0,2757	0,3125
	4	0,0004	0,0022	0,0064	0,0146	0,0284	0,0488	0,0768	0,1128	0,1562
	5	0,0000	0,0001	0,0003	0,0010	0,0024	0,0053	0,0102	0,0185	0,0312
6	0	0,5314	0,3771	0,2621	0,1780	0,1176	0,0754	0,0467	0,0277	0,0156
	1	0,3543	0,3993	0,3932	0,3560	0,3025	0,2437	0,1866	0,1359	0,0938
	2	0,0984	0,1762	0,2458	0,2966	0,3241	0,3280	0,3110	0,2780	0,2344
	3	0,0146	0,0415	0,0819	0,1318	0,1852	0,2355	0,2765	0,3032	0,3125
	4	0,0012	0,0055	0,0154	0,0330	0,0595	0,0951	0,1382	0,1861	0,2344
	5	0,0001	0,0004	0,0015	0,0044	0,0102	0,0205	0,0369	0,0609	0,0938
	6	0,0000	0,0000	0,0001	0,0002	0,0007	0,0018	0,0041	0,0083	0,0156
7	0	0,4783	0,3206	0,2097	0,1335	0,0824	0,0490	0,0280	0,0152	0,0078
	1	0,3720	0,3960	0,3670	0,3115	0,2471	0,1848	0,1306	0,0872	0,0547
	2	0,1240	0,2097	0,2753	0,3115	0,3177	0,2985	0,2613	0,2140	0,1641
	3	0,0230	0,0617	0,1147	0,1730	0,2269	0,2679	0,2903	0,2918	0,2734
	4	0,0026	0,0109	0,0287	0,0577	0,0972	0,1442	0,1935	0,2388	0,2734
	5	0,0002	0,0012	0,0043	0,0115	0,0250	0,0466	0,0774	0,1172	0,1641
	6	0,0000	0,0001	0,0004	0,0013	0,0036	0,0084	0,0172	0,0320	0,0547
	7	0,0000	0,0000	0,0000	0,0001	0,0002	0,0006	0,0016	0,0037	0,0078
8	0	0,4305	0,2725	0,1678	0,1001	0,0576	0,0319	0,0168	0,0084	0,0039
	1	0,3826	0,3847	0,3355	0,2670	0,1977	0,1373	0,0896	0,0548	0,0312
	2	0,1488	0,2376	0,2936	0,3115	0,2965	0,2587	0,2090	0,1569	0,1094
	3	0,0331	0,0839	0,1468	0,2076	0,2541	0,2786	0,2787	0,2568	0,2188
	4	0,0046	0,0185	0,0459	0,0865	0,1361	0,1875	0,2322	0,2627	0,2734
	5	0,0004	0,0026	0,0092	0,0231	0,0467	0,0808	0,1239	0,1719	0,2188
	6	0,0000	0,0002	0,0011	0,0038	0,0100	0,0217	0,0413	0,0703	0,1094
	7	0,0000	0,0000	0,0001	0,0004	0,0012	0,0033	0,0079	0,0164	0,0313
	8	0,0000	0,0000	0,0000	0,0000	0,0001	0,0002	0,0007	0,0017	0,0039

Table 5 ***Probabilités binomiales (suite)***

		p								
n	*x*	0,10	0,15	0,20	0,25	0,30	0,35	0,40	0,45	0,50
9	0	0,3874	0,2316	0,1342	0,0751	0,0404	0,0207	0,0101	0,0046	0,0020
	1	0,3874	0,3679	0,3020	0,2253	0,1556	0,1004	0,0605	0,0339	0,0176
	2	0,1722	0,2597	0,3020	0,3003	0,2668	0,2162	0,1612	0,1110	0,0703
	3	0,0446	0,1069	0,1762	0,2336	0,2668	0,2716	0,2508	0,2119	0,1641
	4	0,0074	0,0283	0,0661	0,1168	0,1715	0,2194	0,2508	0,2600	0,2461
	5	0,0008	0,0050	0,0165	0,0389	0,0735	0,1181	0,1672	0,2128	0,2461
	6	0,0001	0,0006	0,0028	0,0087	0,0210	0,0424	0,0743	0,1160	0,1641
	7	0,0000	0,0000	0,0003	0,0012	0,0039	0,0098	0,0212	0,0407	0,0703
	8	0,0000	0,0000	0,0000	0,0001	0,0004	0,0013	0,0035	0,0083	0,0176
	9	0,0000	0,0000	0,0000	0,0000	0,0000	0,0001	0,0003	0,0008	0,0020
10	0	0,3487	0,1969	0,1074	0,0563	0,0282	0,0135	0,0060	0,0025	0,0010
	1	0,3874	0,3474	0,2684	0,1877	0,1211	0,0725	0,0403	0,0207	0,0098
	2	0,1937	0,2759	0,3020	0,2816	0,2335	0,1757	0,1209	0,0763	0,0439
	3	0,0574	0,1298	0,2013	0,2503	0,2668	0,2522	0,2150	0,1665	0,1172
	4	0,0112	0,0401	0,0881	0,1460	0,2001	0,2377	0,2508	0,2384	0,2051
	5	0,0015	0,0085	0,0264	0,0584	0,1029	0,1536	0,2007	0,2340	0,2461
	6	0,0001	0,0012	0,0055	0,0162	0,0368	0,0689	0,1115	0,1596	0,2051
	7	0,0000	0,0001	0,0008	0,0031	0,0090	0,0212	0,0425	0,0746	0,1172
	8	0,0000	0,0000	0,0001	0,0004	0,0014	0,0043	0,0106	0,0229	0,0439
	9	0,0000	0,0000	0,0000	0,0000	0,0001	0,0005	0,0016	0,0042	0,0098
	10	0,0000	0,0000	0,0000	0,0000	0,0000	0,0000	0,0001	0,0003	0,0010
12	0	0,2824	0,1422	0,0687	0,0317	0,0138	0,0057	0,0022	0,0008	0,0002
	1	0,3766	0,3012	0,2062	0,1267	0,0712	0,0368	0,0174	0,0075	0,0029
	2	0,2301	0,2924	0,2835	0,2323	0,1678	0,1088	0,0639	0,0339	0,0161
	3	0,0853	0,1720	0,2362	0,2581	0,2397	0,1954	0,1419	0,0923	0,0537
	4	0,0213	0,0683	0,1329	0,1936	0,2311	0,2367	0,2128	0,1700	0,1208
	5	0,0038	0,0193	0,0532	0,1032	0,1585	0,2039	0,2270	0,2225	0,1934
	6	0,0005	0,0040	0,0155	0,0401	0,0792	0,1281	0,1766	0,2124	0,2256
	7	0,0000	0,0006	0,0033	0,0115	0,0291	0,0591	0,1009	0,1489	0,1934
	8	0,0000	0,0001	0,0005	0,0024	0,0078	0,0199	0,0420	0,0762	0,1208
	9	0,0000	0,0000	0,0001	0,0004	0,0015	0,0048	0,0125	0,0277	0,0537
	10	0,0000	0,0000	0,0000	0,0000	0,0002	0,0008	0,0025	0,0068	0,0161
	11	0,0000	0,0000	0,0000	0,0000	0,0000	0,0001	0,0003	0,0010	0,0029
	12	0,0000	0,0000	0,0000	0,0000	0,0000	0,0000	0,0000	0,0001	0,0002
15	0	0,2059	0,0874	0,0352	0,0134	0,0047	0,0016	0,0005	0,0001	0,0000
	1	0,3432	0,2312	0,1319	0,0668	0,0305	0,0126	0,0047	0,0016	0,0005
	2	0,2669	0,2856	0,2309	0,1559	0,0916	0,0476	0,0219	0,0090	0,0032
	3	0,1285	0,2184	0,2501	0,2252	0,1700	0,1110	0,0634	0,0318	0,0139
	4	0,0428	0,1156	0,1876	0,2252	0,2186	0,1792	0,1268	0,0780	0,0417
	5	0,0105	0,0449	0,1032	0,1651	0,2061	0,2123	0,1859	0,1404	0,0916
	6	0,0019	0,0132	0,0430	0,0917	0,1472	0,1906	0,2066	0,1914	0,1527
	7	0,0003	0,0030	0,0138	0,0393	0,0811	0,1319	0,1771	0,2013	0,1964
	8	0,0000	0,0005	0,0035	0,0131	0,0348	0,0710	0,1181	0,1647	0,1964
	9	0,0000	0,0001	0,0007	0,0034	0,0016	0,0298	0,0612	0,1048	0,1527
	10	0,0000	0,0000	0,0001	0,0007	0,0030	0,0096	0,0245	0,0515	0,0916
	11	0,0000	0,0000	0,0000	0,0001	0,0006	0,0024	0,0074	0,0191	0,0417
	12	0,0000	0,0000	0,0000	0,0000	0,0001	0,0004	0,0016	0,0052	0,0139
	13	0,0000	0,0000	0,0000	0,0000	0,0000	0,0001	0,0003	0,0010	0,0032
	14	0,0000	0,0000	0,0000	0,0000	0,0000	0,0000	0,0000	0,0001	0,0005
	15	0,0000	0,0000	0,0000	0,0000	0,0000	0,0000	0,0000	0,0000	0,0000

Table 5 ***Probabilités binomiales (suite)***

		p								
n	*x*	0,10	0,15	0,20	0,25	0,30	0,35	0,40	0,45	0,50
18	0	0,1501	0,0536	0,0180	0,0056	0,0016	0,0004	0,0001	0,0000	0,0000
	1	0,3002	0,1704	0,0811	0,0338	0,0126	0,0042	0,0012	0,0003	0,0001
	2	0,2835	0,2556	0,1723	0,0958	0,0458	0,0190	0,0069	0,0022	0,0006
	3	0,1680	0,2406	0,2297	0,1704	0,1046	0,0547	0,0246	0,0095	0,0031
	4	0,0700	0,1592	0,2153	0,2130	0,1681	0,1104	0,0614	0,0291	0,0117
	5	0,0218	0,0787	0,1507	0,1988	0,2017	0,1664	0,1146	0,0666	0,0327
	6	0,0052	0,0301	0,0816	0,1436	0,1873	0,1941	0,1655	0,1181	0,0708
	7	0,0010	0,0091	0,0350	0,0820	0,1376	0,1792	0,1892	0,1657	0,1214
	8	0,0002	0,0022	0,0120	0,0376	0,0811	0,1327	0,1734	0,1864	0,1669
	9	0,0000	0,0004	0,0033	0,0139	0,0386	0,0794	0,1284	0,1694	0,1855
	10	0,0000	0,0001	0,0008	0,0042	0,0149	0,0385	0,0771	0,1248	0,1669
	11	0,0000	0,0000	0,0001	0,0010	0,0046	0,0151	0,0374	0,0742	0,1214
	12	0,0000	0,0000	0,0000	0,0002	0,0012	0,0047	0,0145	0,0354	0,0708
	13	0,0000	0,0000	0,0000	0,0000	0,0002	0,0012	0,0045	0,0134	0,0327
	14	0,0000	0,0000	0,0000	0,0000	0,0000	0,0002	0,0011	0,0039	0,0117
	15	0,0000	0,0000	0,0000	0,0000	0,0000	0,0000	0,0002	0,0009	0,0031
	16	0,0000	0,0000	0,0000	0,0000	0,0000	0,0000	0,0000	0,0001	0,0006
	17	0,0000	0,0000	0,0000	0,0000	0,0000	0,0000	0,0000	0,0000	0,0001
	18	0,0000	0,0000	0,0000	0,0000	0,0000	0,0000	0,0000	0,0000	0,0000
20	0	0,1216	0,0388	0,0115	0,0032	0,0008	0,0002	0,0000	0,0000	0,0000
	1	0,2702	0,1368	0,0576	0,0211	0,0068	0,0020	0,0005	0,0001	0,0000
	2	0,2852	0,2293	0,1369	0,0669	0,0278	0,0100	0,0031	0,0008	0,0002
	3	0,1901	0,2428	0,2054	0,1339	0,0716	0,0323	0,0123	0,0040	0,0011
	4	0,0898	0,1821	0,2182	0,1897	0,1304	0,0738	0,0350	0,0139	0,0046
	5	0,0319	0,1028	0,1746	0,2023	0,1789	0,1272	0,0746	0,0365	0,0148
	6	0,0089	0,0454	0,1091	0,1686	0,1916	0,1712	0,1244	0,0746	0,0370
	7	0,0020	0,0160	0,0545	0,1124	0,1643	0,1844	0,1659	0,1221	0,0739
	8	0,0004	0,0046	0,0222	0,0609	0,1144	0,1614	0,1797	0,1623	0,1201
	9	0,0001	0,0011	0,0074	0,0271	0,0654	0,1158	0,1597	0,1771	0,1602
	10	0,0000	0,0002	0,0020	0,0099	0,0308	0,0686	0,1171	0,1593	0,1762
	11	0,0000	0,0000	0,0005	0,0030	0,0120	0,0336	0,0710	0,1185	0,1602
	12	0,0000	0,0000	0,0001	0,0008	0,0039	0,0136	0,0355	0,0727	0,1201
	13	0,0000	0,0000	0,0000	0,0002	0,0010	0,0045	0,0146	0,0366	0,0739
	14	0,0000	0,0000	0,0000	0,0000	0,0002	0,0012	0,0049	0,0150	0,0370
	15	0,0000	0,0000	0,0000	0,0000	0,0000	0,0003	0,0013	0,0049	0,0148
	16	0,0000	0,0000	0,0000	0,0000	0,0000	0,0000	0,0003	0,0013	0,0046
	17	0,0000	0,0000	0,0000	0,0000	0,0000	0,0000	0,0000	0,0002	0,0011
	18	0,0000	0,0000	0,0000	0,0000	0,0000	0,0000	0,0000	0,0000	0,0002
	19	0,0000	0,0000	0,0000	0,0000	0,0000	0,0000	0,0000	0,0000	0,0000
	20	0,0000	0,0000	0,0000	0,0000	0,0000	0,0000	0,0000	0,0000	0,0000

Table 5 ***Probabilités binomiales (suite)***

		p								
n	*x*	**0,55**	**0,60**	**0,65**	**0,70**	**0,75**	**0,80**	**0,85**	**0,90**	**0,95**
2	0	0,2025	0,1600	0,1225	0,0900	0,0625	0,0400	0,0225	0,0100	0,0025
	1	0,4950	0,4800	0,4550	0,4200	0,3750	0,3200	0,2550	0,1800	0,0950
	2	0,3025	0,3600	0,4225	0,4900	0,5625	0,6400	0,7225	0,8100	0,9025
3	0	0,0911	0,0640	0,0429	0,0270	0,0156	0,0080	0,0034	0,0010	0,0001
	1	0,3341	0,2880	0,2389	0,1890	0,1406	0,0960	0,0574	0,0270	0,0071
	2	0,4084	0,4320	0,4436	0,4410	0,4219	0,3840	0,3251	0,2430	0,1354
	3	0,1664	0,2160	0,2746	0,3430	0,4219	0,5120	0,6141	0,7290	0,8574
4	0	0,0410	0,0256	0,0150	0,0081	0,0039	0,0016	0,0005	0,0001	0,0000
	1	0,2005	0,1536	0,1115	0,0756	0,0469	0,0256	0,0115	0,0036	0,0005
	2	0,3675	0,3456	0,3105	0,2646	0,2109	0,1536	0,0975	0,0486	0,0135
	3	0,2995	0,3456	0,3845	0,4116	0,4219	0,4096	0,3685	0,2916	0,1715
	4	0,0915	0,1296	0,1785	0,2401	0,3164	0,4096	0,5220	0,6561	0,8145
5	0	0,0185	0,0102	0,0053	0,0024	0,0010	0,0003	0,0001	0,0000	0,0000
	1	0,1128	0,0768	0,0488	0,0284	0,0146	0,0064	0,0022	0,0005	0,0000
	2	0,2757	0,2304	0,1811	0,1323	0,0879	0,0512	0,0244	0,0081	0,0011
	3	0,3369	0,3456	0,3364	0,3087	0,2637	0,2048	0,1382	0,0729	0,0214
	4	0,2059	0,2592	0,3124	0,3601	0,3955	0,4096	0,3915	0,3281	0,2036
	5	0,0503	0,0778	0,1160	0,1681	0,2373	0,3277	0,4437	0,5905	0,7738
6	0	0,0083	0,0041	0,0018	0,0007	0,0002	0,0001	0,0000	0,0000	0,0000
	1	0,0609	0,0369	0,0205	0,0102	0,0044	0,0015	0,0004	0,0001	0,0000
	2	0,1861	0,1382	0,0951	0,0595	0,0330	0,0154	0,0055	0,0012	0,0001
	3	0,3032	0,2765	0,2355	0,1852	0,1318	0,0819	0,0415	0,0146	0,0021
	4	0,2780	0,3110	0,3280	0,3241	0,2966	0,2458	0,1762	0,0984	0,0305
	5	0,1359	0,1866	0,2437	0,3025	0,3560	0,3932	0,3993	0,3543	0,2321
	6	0,0277	0,0467	0,0754	0,1176	0,1780	0,2621	0,3771	0,5314	0,7351
7	0	0,0037	0,0016	0,0006	0,0002	0,0001	0,0000	0,0000	0,0000	0,0000
	1	0,0320	0,0172	0,0084	0,0036	0,0013	0,0004	0,0001	0,0000	0,0000
	2	0,1172	0,0774	0,0466	0,0250	0,0115	0,0043	0,0012	0,0002	0,0000
	3	0,2388	0,1935	0,1442	0,0972	0,0577	0,0287	0,0109	0,0026	0,0002
	4	0,2918	0,2903	0,2679	0,2269	0,1730	0,1147	0,0617	0,0230	0,0036
	5	0,2140	0,2613	0,2985	0,3177	0,3115	0,2753	0,2097	0,1240	0,0406
	6	0,0872	0,1306	0,1848	0,2471	0,3115	0,3670	0,3960	0,3720	0,2573
	7	0,0152	0,0280	0,0490	0,0824	0,1335	0,2097	0,3206	0,4783	0,6983
8	0	0,0017	0,0007	0,0002	0,0001	0,0000	0,0000	0,0000	0,0000	0,0000
	1	0,0164	0,0079	0,0033	0,0012	0,0004	0,0001	0,0000	0,0000	0,0000
	2	0,0703	0,0413	0,0217	0,0100	0,0038	0,0011	0,0002	0,0000	0,0000
	3	0,1719	0,1239	0,0808	0,0467	0,0231	0,0092	0,0026	0,0004	0,0000
	4	0,2627	0,2322	0,1875	0,1361	0,0865	0,0459	0,0185	0,0046	0,0004
	5	0,2568	0,2787	0,2786	0,2541	0,2076	0,1468	0,0839	0,0331	0,0054
	6	0,1569	0,2090	0,2587	0,2965	0,3115	0,2936	0,2376	0,1488	0,0515
	7	0,0548	0,0896	0,1373	0,1977	0,2670	0,3355	0,3847	0,3826	0,2793
	8	0,0084	0,0168	0,0319	0,0576	0,1001	0,1678	0,2725	0,4305	0,6634

Table 5 ***Probabilités binomiales (suite)***

		p								
n	*x*	**0,55**	**0,60**	**0,65**	**0,70**	**0,75**	**0,80**	**0,85**	**0,90**	**0,95**
9	0	0,0008	0,0003	0,0001	0,0000	0,0000	0,0000	0,0000	0,0000	0,0000
	1	0,0083	0,0035	0,0013	0,0004	0,0001	0,0000	0,0000	0,0000	0,0000
	2	0,0407	0,0212	0,0098	0,0039	0,0012	0,0003	0,0000	0,0000	0,0000
	3	0,1160	0,0743	0,0424	0,0210	0,0087	0,0028	0,0006	0,0001	0,0000
	4	0,2128	0,1672	0,1181	0,0735	0,0389	0,0165	0,0050	0,0008	0,0000
	5	0,2600	0,2508	0,2194	0,1715	0,1168	0,0661	0,0283	0,0074	0,0006
	6	0,2119	0,2508	0,2716	0,2668	0,2336	0,1762	0,1069	0,0446	0,0077
	7	0,1110	0,1612	0,2162	0,2668	0,3003	0,3020	0,2597	0,1722	0,0629
	g	0,0339	0,0605	0,1004	0,1556	0,2253	0,3020	0,3679	0,3874	0,2985
	9	0,0046	0,0101	0,0207	0,0404	0,0751	0,1342	0,2316	0,3874	0,6302
10	0	0,0003	0,0001	0,0000	0,0000	0,0000	0,0000	0,0000	0,0000	0,0000
	1	0,0042	0,0016	0,0005	0,0001	0,0000	0,0000	0,0000	0,0000	0,0000
	2	0,0229	0,0106	0,0043	0,0014	0,0004	0,0001	0,0000	0,0000	0,0000
	3	0,0746	0,0425	0,0212	0,0090	0,0031	0,000g	0,0001	0,0000	0,0000
	4	0,1596	0,1115	0,0689	0,0368	0,0162	0,0055	0,0012	0,0001	0,0000
	5	0,2340	0,2007	0,1536	0,1029	0,0584	0,0264	0,0085	0,0015	0,0001
	6	0,2384	0,2508	0,2377	0,2001	0,1460	0,0881	0,0401	0,0112	0,0010
	7	0,1665	0,2150	0,2522	0,2668	0,2503	0,2013	0,1298	0,0574	0,0105
	8	0,0763	0,1209	0,1757	0,2335	0,2816	0,3020	0,2759	0,1937	0,0746
	9	0,0207	0,0403	0,0725	0,1211	0,1877	0,2684	0,3474	0,3874	0,3151
	10	0,0025	0,0060	0,0135	0,0282	0,0563	0,1074	0,1969	0,3487	0,5987
12	0	0,0001	0,0000	0,0000	0,0000	0,0000	0,0000	0,0000	0,0000	0,0000
	1	0,0010	0,0003	0,0001	0,0000	0,0000	0,0000	0,0000	0,0000	0,0000
	2	0,0068	0,0025	0,0008	0,0002	0,0000	0,0000	0,0000	0,0000	0,0000
	3	0,0277	0,0125	0,0048	0,0015	0,0004	0,0001	0,0000	0,0000	0,0000
	4	0,0762	0,0420	0,0199	0,0078	0,0024	0,0005	0,0001	0,0000	0,0000
	5	0,1489	0,1009	0,0591	0,0291	0,0115	0,0033	0,0006	0,0000	0,0000
	6	0,2124	0,1766	0,1281	0,0792	0,0401	0,0155	0,0040	0,0005	0,0000
	7	0,2225	0,2270	0,2039	0,1585	0,1032	0,0532	0,0193	0,0038	0,0002
	g	0,1700	0,2128	0,2367	0,2311	0,1936	0,1329	0,0683	0,0213	0,0021
	9	0,0923	0,1419	0,1954	0,2397	0,2581	0,2362	0,1720	0,0852	0,0173
	10	0,0339	0,0639	0,1088	0,1678	0,2323	0,2835	0,2924	0,2301	0,0988
	11	0,0075	0,0174	0,0368	0,0712	0,1267	0,2062	0,3012	0,3766	0,3413
	12	0,0008	0,0022	0,0057	0,0138	0,0317	0,0687	0,1422	0,2824	0,5404
15	0	0,0000	0,0000	0,0000	0,0000	0,0000	0,0000	0,0000	0,0000	0,0000
	1	0,0001	0,0000	0,0000	0,0000	0,0000	0,0000	0,0000	0,0000	0,0000
	2	0,0010	0,0003	0,0001	0,0000	0,0000	0,0000	0,0000	0,0000	0,0000
	3	0,0052	0,0016	0,0004	0,0001	0,0000	0,0000	0,0000	0,0000	0,0000
	4	0,0191	0,0074	0,0024	0,0006	0,0001	0,0000	0,0000	0,0000	0,0000
	5	0,0515	0,0245	0,0096	0,0030	0,0007	0,0001	0,0000	0,0000	0,0000
	6	0,1048	0,0612	0,0298	0,0116	0,0034	0,0007	0,0001	0,0000	0,0000
	7	0,1647	0,1181	0,0710	0,0348	0,0131	0,0035	0,0005	0,0000	0,0000
	8	0,2013	0,1771	0,1319	0,0811	0,0393	0,0138	0,0030	0,0003	0,0000
	9	0,1914	0,2066	0,1906	0,1472	0,0917	0,0430	0,0132	0,0019	0,0000
	10	0,1404	0,1859	0,2123	0,2061	0,1651	0,1032	0,0449	0,0105	0,0006
	11	0,0780	0,1268	0,1792	0,2186	0,2252	0,1876	0,1156	0,0428	0,0049
	12	0,0318	0,0634	0,1110	0,1700	0,2252	0,2501	0,2184	0,1285	0,0307
	13	0,0090	0,0219	0,0476	0,0916	0,1559	0,2309	0,2856	0,2669	0,1348
	14	0,0016	0,0047	0,0126	0,0305	0,0668	0,1319	0,2312	0,3432	0,3658
	15	0,0001	0,0005	0,0016	0,0047	0,0134	0,0352	0,0874	0,2059	0,4633

Table 5 ***Probabilités binomiales (suite)***

		p								
n	*x*	**0,55**	**0,60**	**0,65**	**0,70**	**0,75**	**0,80**	**0,85**	**0,90**	**0,95**
18	0	0,0000	0,0000	0,0000	0,0000	0,0000	0,0000	0,0000	0,0000	0,0000
	1	0,0000	0,0000	0,0000	0,0000	0,0000	0,0000	0,0000	0,0000	0,0000
	2	0,0001	0,0000	0,0000	0,0000	0,0000	0,0000	0,0000	0,0000	0,0000
	3	0,0009	0,0002	0,0000	0,0000	0,0000	0,0000	0,0000	0,0000	0,0000
	4	0,0039	0,0011	0,0002	0,0000	0,0000	0,0000	0,0000	0,0000	0,0000
	5	0,0134	0,0045	0,0012	0,0002	0,0000	0,0000	0,0000	0,0000	0,0000
	6	0,0354	0,0145	0,0047	0,0012	0,0002	0,0000	0,0000	0,0000	0,0000
	7	0,0742	0,0374	0,0151	0,0046	0,0010	0,0001	0,0000	0,0000	0,0000
	8	0,1248	0,0771	0,0385	0,0149	0,0042	0,0008	0,0001	0,0000	0,0000
	9	0,1694	0,1284	0,0794	0,0386	0,0139	0,0033	0,0004	0,0000	0,0000
	10	0,1864	0,1734	0,1327	0,0811	0,0376	0,0120	0,0022	0,0002	0,0000
	11	0,1657	0,1892	0,1792	0,1376	0,0820	0,0350	0,0091	0,0010	0,0000
	12	0,1181	0,1655	0,1941	0,1873	0,1436	0,0816	0,0301	0,0052	0,0002
	13	0,0666	0,1146	0,1664	0,2017	0,1988	0,1507	0,0787	0,0218	0,0014
	14	0,0291	0,0614	0,1104	0,1681	0,2130	0,2153	0,1592	0,0700	0,0093
	15	0,0095	0,0246	0,0547	0,1046	0,1704	0,2297	0,2406	0,1680	0,0473
	16	0,0022	0,0069	0,0190	0,0458	0,0958	0,1723	0,2556	0,2835	0,1683
	17	0,0003	0,0012	0,0042	0,0126	0,0338	0,0811	0,1704	0,3002	0,3763
	18	0,0000	0,0001	0,0004	0,0016	0,0056	0,0180	0,0536	0,1501	0,3972
20	0	0,0000	0,0000	0,0000	0,0000	0,0000	0,0000	0,0000	0,0000	0,0000
	1	0,0000	0,0000	0,0000	0,0000	0,0000	0,0000	0,0000	0,0000	0,0000
	2	0,0000	0,0000	0,0000	0,0000	0,0000	0,0000	0,0000	0,0000	0,0000
	3	0,0002	0,0000	0,0000	0,0000	0,0000	0,0000	0,0000	0,0000	0,0000
	4	0,0013	0,0003	0,0000	0,0000	0,0000	0,0000	0,0000	0,0000	0,0000
	5	0,0049	0,0013	0,0003	0,0000	0,0000	0,0000	0,0000	0,0000	0,0000
	6	0,0150	0,0049	0,0012	0,0002	0,0000	0,0000	0,0000	0,0000	0,0000
	7	0,0366	0,0146	0,0045	0,0010	0,0002	0,0000	0,0000	0,0000	0,0000
	8	0,0727	0,0355	0,0136	0,0039	0,0008	0,0001	0,0000	0,0000	0,0000
	9	0,1185	0,0710	0,0336	0,0120	0,0030	0,0005	0,0000	0,0000	0,0000
	10	0,1593	0,1171	0,0686	0,0308	0,0099	0,0020	0,0002	0,0000	0,0000
	11	0,1771	0,1597	0,1158	0,0654	0,0271	0,0074	0,0011	0,0001	0,0000
	12	0,1623	0,1797	0,1614	0,1144	0,0609	0,0222	0,0046	0,0004	0,0000
	13	0,1221	0,1659	0,1844	0,1643	0,1124	0,0545	0,0160	0,0020	0,0000
	14	0,0746	0,1244	0,1712	0,1916	0,1686	0,1091	0,0454	0,0089	0,0003
	15	0,0365	0,0746	0,1272	0,1789	0,2023	0,1746	0,1028	0,0319	0,0022
	16	0,0139	0,0350	0,0738	0,1304	0,1897	0,2182	0,1821	0,0898	0,0133
	17	0,0040	0,0123	0,0323	0,0716	0,1339	0,2054	0,2428	0,1901	0,0596
	18	0,0008	0,0031	0,0100	0,0278	0,0669	0,1369	0,2293	0,2852	0,1887
	19	0,0001	0,0005	0,0020	0,0068	0,0211	0,0576	0,1368	0,2702	0,3774
	20	0,0000	0,0000	0,0002	0,0008	0,0032	0,0115	0,0388	0,1216	0,3585

Table 6 *Valeurs de $e^{-\mu}$*

μ	$e^{-\mu}$	μ	$e^{-\mu}$	μ	$e^{-\mu}$
0,00	1,0000	2,00	0,1353	4,00	0,0183
0,05	0,9512	2,05	0,1287	4,05	0,0174
0,10	0,9048	2,10	0,1225	4,10	0,0166
0,15	0,8607	2,15	0,1165	4,15	0,0158
0,20	0,8187	2,20	0,1108	4,20	0,0150
0,25	0,7788	2,25	0,1054	4,25	0,0143
0,30	0,7408	2,30	0,1003	4,30	0,0136
0,35	0,7047	2,35	0,0954	4,35	0,0129
0,40	0,6703	2,40	0,0907	4,40	0,0123
0,45	0,6376	2,45	0,0863	4,45	0,0117
0,50	0,6065	2,50	0,0821	4,50	0,0111
0,55	0,5769	2,55	0,0781	4,55	0,0106
0,60	0,5488	2,60	0,0743	4,60	0,0101
0,65	0,5220	2,65	0,0707	4,65	0,0096
0,70	0,4966	2,70	0,0672	4,70	0,0091
0,75	0,4724	2,75	0,0639	4,75	0,0087
0,80	0,4493	2,80	0,0608	4,80	0,0082
0,85	0,4274	2,85	0,0578	4,85	0,0078
0,90	0,4066	2,90	0,0550	4,90	0,0074
0,95	0,3867	2,95	0,0523	4,95	0,0071
1,00	0,3679	3,00	0,0498	5,00	0,0067
1,05	0,3499	3,05	0,0474	6,00	0,0025
1,10	0,3329	3,10	0,0450	7,00	0,0009
1,15	0,3166	3,15	0,0429	8,00	0,000335
1,20	0,3012	3,20	0,0408	9,00	0,000123
				10,00	0,000045
1,25	0,2865	3,25	0,0388		
1,30	0,2725	3,30	0,0369		
1,35	0,2592	3,35	0,0351		
1,40	0,2466	3,40	0,0334		
1,45	0,2346	3,45	0,0317		
1,50	0,2231	3,50	0,0302		
1,55	0,2122	3,55	0,0287		
1,60	0,2019	3,60	0,0273		
1,65	0,1920	3,65	0,0260		
1,70	0,1827	3,70	0,0247		
1,75	0,1738	3,75	0,0235		
1,80	0,1653	3,80	0,0224		
1,85	0,1572	3,85	0,0213		
1,90	0,1496	3,90	0,0202		
1,95	0,1423	3,95	0,0193		

Table 7 ***Probabilités de Poisson***

Les chiffres de la table correspondent à la probabilité d'avoir x occurrences d'un processus de Poisson de moyenne μ. Par exemple, lorsque $\mu = 2{,}5$ la probabilité d'avoir quatre occurrences est égale à 0,1336.

	μ									
x	**0,1**	**0,2**	**0,3**	**0,4**	**0,5**	**0,6**	**0,7**	**0,8**	**0,9**	**1,0**
0	0,9048	0,8187	0,7408	0,6703	0,6065	0,5488	0,4966	0,4493	0,4066	0,3679
1	0,0905	0,1637	0,2222	0,2681	0,3033	0,3293	0,3476	0,3595	0,3659	0,3679
2	0,0045	0,0164	0,0333	0,0536	0,0758	0,0988	0,1217	0,1438	0,1647	0,1839
3	0,0002	0,0011	0,0033	0,0072	0,0126	0,0198	0,0284	0,0383	0,0494	0,0613
4	0,0000	0,0001	0,0002	0,0007	0,0016	0,0030	0,0050	0,0077	0,0111	0,0153
5	0,0000	0,0000	0,0000	0,0001	0,0002	0,0004	0,0007	0,0012	0,0020	0,0031
6	0,0000	0,0000	0,0000	0,0000	0,0000	0,0000	0,0001	0,0002	0,0003	0,0005
7	0,0000	0,0000	0,0000	0,0000	0,0000	0,0000	0,0000	0,0000	0,0000	0,0001

	μ									
x	**1,1**	**1,2**	**1,3**	**1,4**	**1,5**	**1,6**	**1,7**	**1,8**	**1,9**	**2,0**
0	0,3329	0,3012	0,2725	0,2466	0,2231	0,2019	0,1827	0,1653	0,1496	0,1353
1	0,3662	0,3614	0,3543	0,3452	0,3347	0,3230	0,3106	0,2975	0,2842	0,2707
2	0,2014	0,2169	0,2303	0,2417	0,2510	0,2584	0,2640	0,2678	0,2700	0,2707
3	0,0738	0,0867	0,0998	0,1128	0,1255	0,1378	0,1496	0,1607	0,1710	0,1804
4	0,0203	0,0260	0,0324	0,0395	0,0471	0,0551	0,0636	0,0723	0,0812	0,0902
5	0,0045	0,0062	0,0084	0,0111	0,0141	0,0176	0,0216	0,0260	0,0309	0,0361
6	0,0008	0,0012	0,0018	0,0026	0,0035	0,0047	0,0061	0,0078	0,0098	0,0120
7	0,0001	0,0002	0,0003	0,0005	0,0008	0,0011	0,0015	0,0020	0,0027	0,0034
8	0,0000	0,0000	0,0001	0,0001	0,0001	0,0002	0,0003	0,0005	0,0006	0,0009
9	0,0000	0,0000	0,0000	0,0000	0,0000	0,0000	0,0001	0,0001	0,0001	0,0002

	μ									
x	**2,1**	**2,2**	**2,3**	**2,4**	**2,5**	**2,6**	**2,7**	**2,8**	**2,9**	**3,0**
0	0,1225	0,1108	0,1003	0,0907	0,0821	0,0743	0,0672	0,0608	0,0550	0,0498
1	0,2572	0,2438	0,2306	0,2177	0,2052	0,1931	0,1815	0,1703	0,1596	0,1494
2	0,2700	0,2681	0,2652	0,2613	0,2565	0,2510	0,2450	0,2384	0,2314	0,2240
3	0,1890	0,1966	0,2033	0,2090	0,2138	0,2176	0,2205	0,2225	0,2237	0,2240
4	0,0992	0,1082	0,1169	0,1254	0,1336	0,1414	0,1488	0,1557	0,1622	0,1680
5	0,0417	0,0476	0,0538	0,0602	0,0668	0,0735	0,0804	0,0872	0,0940	0,1008
6	0,0146	0,0174	0,0206	0,0241	0,0278	0,0319	0,0362	0,0407	0,0455	0,0504
7	0,0044	0,0055	0,0068	0,0083	0,0099	0,0118	0,0139	0,0163	0,0188	0,0216
8	0,0011	0,0015	0,0019	0,0025	0,0031	0,0038	0,0047	0,0057	0,0068	0,0081
9	0,0003	0,0004	0,0005	0,0007	0,0009	0,0011	0,0014	0,0018	0,0022	0,0027
10	0,0001	0,0001	0,0001	0,0002	0,0002	0,0003	0,0004	0,0005	0,0006	0,0008
11	0,0000	0,0000	0,0000	0,0000	0,0000	0,0001	0,0001	0,0001	0,0002	0,0002
12	0,0000	0,0000	0,0000	0,0000	0,0000	0,0000	0,0000	0,0000	0,0000	0,0001

Table 7 ***Probabilités de Poisson (suite)***

	μ									
x	**3,1**	**3,2**	**3,3**	**3,4**	**3,5**	**3,6**	**3,7**	**3,8**	**3,9**	**4,0**
0	0,0450	0,0408	0,0369	0,0344	0,0302	0,0273	0,0247	0,0224	0,0202	0,0183
1	0,1397	0,1304	0,1217	0,1135	0,1057	0,0984	0,0915	0,0850	0,0789	0,0733
2	0,2165	0,2087	0,2008	0,1929	0,1850	0,1771	0,1692	0,1615	0,1539	0,1465
3	0,2237	0,2226	0,2209	0,2186	0,2158	0,2125	0,2087	0,2046	0,2001	0,1954
4	0,1734	0,1781	0,1823	0,1858	0,1888	0,1912	0,1931	0,1944	0,1951	0,1954
5	0,1075	0,1140	0,1203	0,1264	0,1322	0,1377	0,1429	0,1477	0,1522	0,1563
6	0,0555	0,0608	0,0662	0,0716	0,0771	0,0826	0,0881	0,0936	0,0989	0,1042
7	0,0246	0,0278	0,0312	0,0348	0,0385	0,0425	0,0466	0,0508	0,0551	0,0595
8	0,0095	0,0111	0,0129	0,0148	0,0169	0,0191	0,0215	0,0241	0,0269	0,0298
9	0,0033	0,0040	0,0047	0,0056	0,0066	0,0076	0,0089	0,0102	0,0116	0,0132
10	0,0010	0,0013	0,0016	0,0019	0,0023	0,0028	0,0033	0,0039	0,0045	0,0053
11	0,0003	0,0004	0,0005	0,0006	0,0007	0,0009	0,0011	0,0013	0,0016	0,0019
12	0,0001	0,0001	0,0001	0,0002	0,0002	0,0003	0,0003	0,0004	0,0005	0,0006
13	0,0000	0,0000	0,0000	0,0000	0,0001	0,0001	0,0001	0,0001	0,0002	0,0002
14	0,0000	0,0000	0,0000	0,0000	0,0000	0,0000	0,0000	0,0000	0,0000	0,0001

	μ									
x	**4,1**	**4,2**	**4,3**	**4,4**	**4,5**	**4,6**	**4,7**	**4,8**	**4,9**	**5,0**
0	0,0166	0,0150	0,0136	0,0123	0,0111	0,0101	0,0091	0,0082	0,0074	0,0067
1	0,0679	0,0630	0,0583	0,0540	0,0500	0,0462	0,0427	0,0395	0,0365	0,0337
2	0,1393	0,1323	0,1254	0,1188	0,1125	0,1063	0,1005	0,0948	0,0894	0,0842
3	0,1904	0,1852	0,1798	0,1743	0,1687	0,1631	0,1574	0,1517	0,1460	0,1404
4	0,1951	0,1944	0,1933	0,1917	0,1898	0,1875	0,1849	0,1820	0,1789	0,1755
5	0,1600	0,1633	0,1662	0,1687	0,1708	0,1725	0,1738	0,1747	0,1753	0,1755
6	0,1093	0,1143	0,1191	0,1237	0,1281	0,1323	0,1362	0,1398	0,1432	0,1462
7	0,0640	0,0686	0,0732	0,0778	0,0824	0,0869	0,0914	0,0959	0,1002	0,1044
8	0,0328	0,0360	0,0393	0,0428	0,0463	0,0500	0,0537	0,0575	0,0614	0,0653
9	0,0150	0,0168	0,0188	0,0209	0,0232	0,0255	0,0280	0,0307	0,0334	0,0363
10	0,0061	0,0071	0,0081	0,0092	0,0104	0,0118	0,0132	0,0147	0,0164	0,0181
11	0,0023	0,0027	0,0032	0,0037	0,0043	0,0049	0,0056	0,0064	0,0073	0,0082
12	0,0008	0,0009	0,0011	0,0014	0,0016	0,0019	0,0022	0,0026	0,0030	0,0034
13	0,0002	0,0003	0,0004	0,0005	0,0006	0,0007	0,0008	0,0009	0,0011	0,0013
14	0,0001	0,0001	0,0001	0,0001	0,0002	0,0002	0,0003	0,0003	0,0004	0,0005
15	0,0000	0,0000	0,0000	0,0000	0,0001	0,0001	0,0001	0,0001	0,0001	0,0002

	μ									
x	**5,1**	**5,2**	**5,3**	**5,4**	**5,5**	**5,6**	**5,7**	**5,8**	**5,9**	**6,0**
0	0,0061	0,0055	0,0050	0,0045	0,0041	0,0037	0,0033	0,0030	0,0027	0,0025
1	0,0311	0,0287	0,0265	0,0244	0,0225	0,0207	0,0191	0,0176	0,0162	0,0149
2	0,0793	0,0746	0,0701	0,0659	0,0618	0,0580	0,0544	0,0509	0,0477	0,0446
3	0,1348	0,1293	0,1239	0,1185	0,1133	0,1082	0,1033	0,0985	0,0938	0,0892
4	0,1719	0,1681	0,1641	0,1600	0,1558	0,1515	0,1472	0,1428	0,1383	0,1339

Table 7 ***Probabilités de Poisson (suite)***

	μ									
x	**5,1**	**5,2**	**5,3**	**5,4**	**5,5**	**5,6**	**5,7**	**5,8**	**5,9**	**6,0**
5	0,1753	0,1748	0,1740	0,1728	0,1714	0,1697	0,1678	0,1656	0,1632	0,1606
6	0,1490	0,1515	0,1537	0,1555	0,1571	0,1587	0,1594	0,1601	0,1605	0,1606
7	0,1086	0,1125	0,1163	0,1200	0,1234	0,1267	0,1298	0,1326	0,1353	0,1377
8	0,0692	0,0731	0,0771	0,0810	0,0849	0,0887	0,0925	0,0962	0,0998	0,1033
9	0,0392	0,0423	0,0454	0,0486	0,0519	0,0552	0,0586	0,0620	0,0654	0,0688
10	0,0200	0,0220	0,0241	0,0262	0,0285	0,0309	0,0334	0,0359	0,0386	0,0413
11	0,0093	0,0104	0,0116	0,0129	0,0143	0,0157	0,0173	0,0190	0,0207	0,0225
12	0,0039	0,0045	0,0051	0,0058	0,0065	0,0073	0,0082	0,0092	0,0102	0,0113
13	0,0015	0,0018	0,0021	0,0024	0,0028	0,0032	0,0036	0,0041	0,0046	0,0052
14	0,0006	0,0007	0,0008	0,0009	0,0011	0,0013	0,0015	0,0017	0,0019	0,0022
15	0,0002	0,0002	0,0003	0,0003	0,0004	0,0005	0,0006	0,0007	0,0008	0,0009
16	0,0001	0,0001	0,0001	0,0001	0,0001	0,0002	0,0002	0,0002	0,0003	0,0003
17	0,0000	0,0000	0,0000	0,0000	0,0000	0,0001	0,0001	0,0001	0,0001	0,0001
	μ									
x	**6,1**	**6,2**	**6,3**	**6,4**	**6,5**	**6,6**	**6,7**	**6,8**	**6,9**	**7,0**
0	0,0022	0,0020	0,0018	0,0017	0,0015	0,0014	0,0012	0,0011	0,0010	0,0009
1	0,0137	0,0126	0,0116	0,0106	0,0098	0,0090	0,0082	0,0076	0,0070	0,0064
2	0,0417	0,0390	0,0364	0,0340	0,0318	0,0296	0,0276	0,0258	0,0240	0,0223
3	0,0848	0,0806	0,0765	0,0726	0,0688	0,0652	0,0617	0,0584	0,0552	0,0521
4	0,1294	0,1249	0,1205	0,1162	0,1118	0,1076	0,1034	0,0992	0,0952	0,0912
5	0,1579	0,1549	0,1519	0,1487	0,1454	0,1420	0,1385	0,1349	0,1314	0,1277
6	0,1605	0,1601	0,1595	0,1586	0,1575	0,1562	0,1546	0,1529	0,1511	0,1490
7	0,1399	0,1418	0,1435	0,1450	0,1462	0,1472	0,1480	0,1486	0,1489	0,1490
8	0,1066	0,1099	0,1130	0,1160	0,1188	0,1215	0,1240	0,1263	0,1284	0,1304
9	0,0723	0,0757	0,0791	0,0825	0,0858	0,0891	0,0923	0,0954	0,0985	0,1014
10	0,0441	0,0469	0,0498	0,0528	0,0558	0,0588	0,0618	0,0649	0,0679	0,0710
11	0,0245	0,0265	0,0285	0,0307	0,0330	0,0353	0,0377	0,0401	0,0426	0,0452
12	0,0124	0,0137	0,0150	0,0164	0,0179	0,0194	0,0210	0,0227	0,0245	0,0264
13	0,0058	0,0065	0,0073	0,0081	0,0089	0,0098	0,0108	0,0119	0,0130	0,0142
14	0,0025	0,0029	0,0033	0,0037	0,0041	0,0046	0,0052	0,0058	0,0064	0,0071
15	0,0010	0,0012	0,0014	0,0016	0,0018	0,0020	0,0023	0,0026	0,0029	0,0033
16	0,0004	0,0005	0,0005	0,0006	0,0007	0,0008	0,0010	0,0011	0,0013	0,0014
17	0,0001	0,0002	0,0002	0,0002	0,0003	0,0003	0,0004	0,0004	0,0005	0,0006
18	0,0000	0,0001	0,0001	0,0001	0,0001	0,0001	0,0001	0,0002	0,0002	0,0002
19	0,0000	0,0000	0,0000	0,0000	0,0000	0,0000	0,0000	0,0001	0,0001	0,0001
	μ									
x	**7,1**	**7,2**	**7,3**	**7,4**	**7,5**	**7,6**	**7,7**	**7,8**	**7,9**	**8,0**
0	0,0008	0,0007	0,0007	0,0006	0,0006	0,0005	0,0005	0,0004	0,0004	0,0003
1	0,0059	0,0054	0,0049	0,0045	0,0041	0,0038	0,0035	0,0032	0,0029	0,0027
2	0,0208	0,0194	0,0180	0,0167	0,0156	0,0145	0,0134	0,0125	0,0116	0,0107
3	0,0492	0,0464	0,0438	0,0413	0,0389	0,0366	0,0345	0,0324	0,0305	0,0286
4	0,0874	0,0836	0,0799	0,0764	0,0729	0,0696	0,0663	0,0632	0,0602	0,0573

Table 7 ***Probabilités de Poisson (suite)***

	μ									
x	**7,1**	**7,2**	**7,3**	**7,4**	**7,5**	**7,6**	**7,7**	**7,8**	**7,9**	**8,0**
5	0,1241	0,1204	0,1167	0,1130	0,1094	0,1057	0,1021	0,0986	0,0951	0,0916
6	0,1468	0,1445	0,1420	0,1394	0,1367	0,1339	0,1311	0,1282	0,1252	0,1221
7	0,1489	0,1486	0,1481	0,1474	0,1465	0,1454	0,1442	0,1428	0,1413	0,1396
8	0,1321	0,1337	0,1351	0,1363	0,1373	0,1382	0,1388	0,1392	0,1395	0,1396
9	0,1042	0,1070	0,1096	0,1121	0,1144	0,1167	0,1187	0,1207	0,1224	0,1241
10	0,0740	0,0770	0,0800	0,0829	0,0858	0,0887	0,0914	0,0941	0,0967	0,0993
11	0,0478	0,0504	0,0531	0,0558	0,0585	0,0613	0,0640	0,0667	0,0695	0,0722
12	0,0283	0,0303	0,0323	0,0344	0,0366	0,0388	0,0411	0,0434	0,0457	0,0481
13	0,0154	0,0168	0,0181	0,0196	0,0211	0,0227	0,0243	0,0260	0,0278	0,0296
14	0,0078	0,0086	0,0095	0,0104	0,0113	0,0123	0,0134	0,0145	0,0157	0,0169
15	0,0037	0,0041	0,0046	0,0051	0,0057	0,0062	0,0069	0,0075	0,0083	0,0090
16	0,0016	0,0019	0,0021	0,0024	0,0026	0,0030	0,0033	0,0037	0,0041	0,0045
17	0,0007	0,0008	0,0009	0,0010	0,0012	0,0013	0,0015	0,0017	0,0019	0,0021
18	0,0003	0,0003	0,0004	0,0004	0,0005	0,0006	0,0006	0,0007	0,0008	0,0009
19	0,0001	0,0001	0,0001	0,0002	0,0002	0,0002	0,0003	0,0003	0,0003	0,0004
20	0,0000	0,0000	0,0001	0,0001	0,0001	0,0001	0,0001	0,0001	0,0001	0,0002
21	0,0000	0,0000	0,0000	0,0000	0,0000	0,0000	0,0000	0,0000	0,0001	0,0001

	μ									
x	**8,1**	**8,2**	**8,3**	**8,4**	**8,5**	**8,6**	**8,7**	**8,8**	**8,9**	**9,0**
0	0,0003	0,0003	0,0002	0,0002	0,0002	0,0002	0,0002	0,0002	0,0001	0,0001
1	0,0025	0,0023	0,0021	0,0019	0,0017	0,0016	0,0014	0,0013	0,0012	0,0011
2	0,0100	0,0092	0,0086	0,0079	0,0074	0,0068	0,0063	0,0058	0,0054	0,0050
3	0,0269	0,0252	0,0237	0,0222	0,0208	0,0195	0,0183	0,0171	0,0160	0,0150
4	0,0544	0,0517	0,0491	0,0466	0,0443	0,0420	0,0398	0,0377	0,0357	0,0337
5	0,0882	0,0849	0,0816	0,0784	0,0752	0,0722	0,0692	0,0663	0,0635	0,0607
6	0,1191	0,1160	0,1128	0,1097	0,1066	0,1034	0,1003	0,0972	0,0941	0,0911
7	0,1378	0,1358	0,1338	0,1317	0,1294	0,1271	0,1247	0,1222	0,1197	0,1171
8	0,1395	0,1392	0,1388	0,1382	0,1375	0,1366	0,1356	0,1344	0,1332	0,1318
9	0,1256	0,1269	0,1280	0,1290	0,1299	0,1306	0,1311	0,1315	0,1317	0,1318
10	0,1017	0,1040	0,1063	0,1084	0,1104	0,1123	0,1140	0,1157	0,1172	0,1186
11	0,0749	0,0776	0,0802	0,0828	0,0853	0,0878	0,0902	0,0925	0,0948	0,0970
12	0,0505	0,0530	0,0555	0,0579	0,0604	0,0629	0,0654	0,0679	0,0703	0,0728
13	0,0315	0,0334	0,0354	0,0374	0,0395	0,0416	0,0438	0,0459	0,0481	0,0504
14	0,0182	0,0196	0,0210	0,0225	0,0240	0,0256	0,0272	0,0289	0,0306	0,0324
15	0,0098	0,0107	0,0116	0,0126	0,0136	0,0147	0,0158	0,0169	0,0182	0,1094
16	0,0050	0,0055	0,0060	0,0066	0,0072	0,0079	0,0086	0,0093	0,0101	0,0109
17	0,0024	0,0026	0,0029	0,0033	0,0036	0,0040	0,0044	0,0048	0,0053	0,0058
18	0,0011	0,0012	0,0014	0,0015	0,0017	0,0019	0,0021	0,0024	0,0026	0,0029
19	0,0005	0,0005	0,0006	0,0007	0,0008	0,0009	0,0010	0,0011	0,0012	0,0014
20	0,0002	0,0002	0,0002	0,0003	0,0003	0,0004	0,0004	0,0005	0,0005	0,0006
21	0,0001	0,0001	0,0001	0,0001	0,0001	0,0002	0,0002	0,0002	0,0002	0,0003
22	0,0000	0,0000	0,0000	0,0000	0,0001	0,0001	0,0001	0,0001	0,0001	0,0001

Table 7 ***Probabilités de Poisson (suite)***

	μ									
x	**9,1**	**9,2**	**9,3**	**9,4**	**9,5**	**9,6**	**9,7**	**9,8**	**9,9**	**10**
0	0,0001	0,0001	0,0001	0,0001	0,0001	0,0001	0,0001	0,0001	0,0001	0,0000
1	0,0010	0,0009	0,0009	0,0008	0,0007	0,0007	0,0006	0,0005	0,0005	0,0005
2	0,0046	0,0043	0,0040	0,0037	0,0034	0,0031	0,0029	0,0027	0,0025	0,0023
3	0,0140	0,0131	0,0123	0,0115	0,0107	0,0100	0,0093	0,0087	0,0081	0,0076
4	0,0319	0,0302	0,0285	0,0269	0,0254	0,0240	0,0226	0,0213	0,0201	0,0189
5	0,0581	0,0555	0,0530	0,0506	0,0483	0,0460	0,0439	0,0418	0,0398	0,0378
6	0,0881	0,0851	0,0822	0,0793	0,0764	0,0736	0,0709	0,0682	0,0656	0,0631
7	0,1145	0,1118	0,1091	0,1064	0,1037	0,1010	0,0982	0,0955	0,0928	0,0901
8	0,1302	0,1286	0,1269	0,1251	0,1232	0,1212	0,1191	0,1170	0,1148	0,1126
9	0,1317	0,1315	0,1311	0,1306	0,1300	0,1293	0,1284	0,1274	0,1263	0,1251
10	0,1198	0,1210	0,1219	0,1228	0,1235	0,1241	0,1245	0,1249	0,1250	0,1251
11	0,0991	0,1012	0,1031	0,1049	0,1067	0,1083	0,1098	0,1112	0,1125	0,1137
12	0,0752	0,0776	0,0799	0,0822	0,0844	0,0866	0,0888	0,0908	0,0928	0,0948
13	0,0526	0,0549	0,0572	0,0594	0,0617	0,0640	0,0662	0,0685	0,0707	0,0729
14	0,0342	0,0361	0,0380	0,0399	0,0419	0,0439	0,0459	0,0479	0,0500	0,0521
15	0,0208	0,0221	0,0235	0,0250	0,0265	0,0281	0,0297	0,0313	0,0330	0,0347
16	0,0118	0,0127	0,0137	0,0147	0,0157	0,0168	0,0180	0,0192	0,0204	0,0217
17	0,0063	0,0069	0,0075	0,0081	0,0088	0,0095	0,0103	0,0111	0,0119	0,0128
18	0,0032	0,0035	0,0039	0,0042	0,0046	0,0051	0,0055	0,0060	0,0065	0,0071
19	0,0015	0,0017	0,0019	0,0021	0,0023	0,0026	0,0028	0,0031	0,0034	0,0037
20	0,0007	0,0008	0,0009	0,0010	0,0011	0,0012	0,0014	0,0015	0,0017	0,0019
21	0,0003	0,0003	0,0004	0,0004	0,0005	0,0006	0,0006	0,0007	0,0008	0,0009
22	0,0001	0,0001	0,0002	0,0002	0,0002	0,0002	0,0003	0,0003	0,0004	0,0004
23	0,0000	0,0001	0,0001	0,0001	0,0001	0,0001	0,0001	0,0001	0,0002	0,0002
24	0,0000	0,0000	0,0000	0,0000	0,0000	0,0000	0,0000	0,0001	0,0001	0,0001

	μ									
x	**11**	**12**	**13**	**14**	**15**	**16**	**17**	**18**	**19**	**20**
0	0,0000	0,0000	0,0000	0,0000	0,0000	0,0000	0,0000	0,0000	0,0000	0,0000
1	0,0002	0,0001	0,0000	0,0000	0,0000	0,0000	0,0000	0,0000	0,0000	0,0000
2	0,0010	0,0004	0,0002	0,0001	0,0000	0,0000	0,0000	0,0000	0,0000	0,0000
3	0,0037	0,0018	0,0008	0,0004	0,0002	0,0001	0,0000	0,0000	0,0000	0,0000
4	0,0102	0,0053	0,0027	0,0013	0,0006	0,0003	0,0001	0,0001	0,0000	0,0000
5	0,0224	0,0127	0,0070	0,0037	0,0019	0,0010	0,0005	0,0002	0,0001	0,0001
6	0,0411	0,0255	0,0152	0,0087	0,0048	0,0026	0,0014	0,0007	0,0004	0,0002
7	0,0646	0,0437	0,0281	0,0174	0,0104	0,0060	0,0034	0,0018	0,0010	0,0005
8	0,0888	0,0655	0,0457	0,0304	0,0194	0,0120	0,0072	0,0042	0,0024	0,0013
9	0,1085	0,0874	0,0661	0,0473	0,0324	0,0213	0,0135	0,0083	0,0050	0,0029
10	0,1194	0,1048	0,0859	0,0663	0,0486	0,0341	0,0230	0,0150	0,0095	0,0058
11	0,1194	0,1144	0,1015	0,0844	0,0663	0,0496	0,0355	0,0245	0,0164	0,0106
12	0,1094	0,1144	0,1099	0,0984	0,0829	0,0661	0,0504	0,0368	0,0259	0,0176
13	0,0926	0,1056	0,1099	0,1060	0,0956	0,0814	0,0658	0,0509	0,0378	0,0271
14	0,0728	0,0905	0,1021	0,1060	0,1024	0,0930	0,0800	0,0655	0,0514	0,0387

Table 7 ***Probabilités de Poisson (suite)***

	μ									
x	11	12	13	14	15	16	17	18	19	20
15	0,0534	0,0724	0,0885	0,0989	0,1024	0,0992	0,0906	0,0786	0,0650	0,0516
16	0,0367	0,0543	0,0719	0,0866	0,0960	0,0992	0,0963	0,0884	0,0772	0,0646
17	0,0237	0,0383	0,0550	0,0713	0,0847	0,0934	0,0963	0,0936	0,0863	0,0760
18	0,0145	0,0256	0,0397	0,0554	0,0706	0,0830	0,0909	0,0936	0,0911	0,0844
19	0,0084	0,0161	0,0272	0,0409	0,0557	0,0699	0,0814	0,0887	0,0911	0,0888
20	0,0046	0,0097	0,0177	0,0286	0,0418	0,0559	0,0692	0,0798	0,0866	0,0888
21	0,0024	0,0055	0,0109	0,0191	0,0299	0,0426	0,0560	0,0684	0,0783	0,0846
22	0,0012	0,0030	0,0065	0,0121	0,0204	0,0310	0,0433	0,0560	0,0676	0,0769
23	0,0006	0,0016	0,0037	0,0074	0,0133	0,0216	0,0320	0,0438	0,0559	0,0669
24	0,0003	0,0008	0,0020	0,0043	0,0083	0,0144	0,0226	0,0328	0,0442	0,0557
25	0,0001	0,0004	0,0010	0,0024	0,0050	0,0092	0,0154	0,0237	0,0336	0,0446
26	0,0000	0,0002	0,0005	0,0013	0,0029	0,0057	0,0101	0,0164	0,0246	0,0343
27	0,0000	0,0001	0,0002	0,0007	0,0016	0,0034	0,0063	0,0109	0,0173	0,0254
28	0,0000	0,0000	0,0001	0,0003	0,0009	0,0019	0,0038	0,0070	0,0117	0,0181
29	0,0000	0,0000	0,0001	0,0002	0,0004	0,0011	0,0023	0,0044	0,0077	0,0125
30	0,0000	0,0000	0,0000	0,0001	0,0002	0,0006	0,0013	0,0026	0,0049	0,0083
31	0,0000	0,0000	0,0000	0,0000	0,0001	0,0003	0,0007	0,0015	0,0030	0,0054
32	0,0000	0,0000	0,0000	0,0000	0,0001	0,0001	0,0004	0,0009	0,0018	0,0034
33	0,0000	0,0000	0,0000	0,0000	0,0000	0,0001	0,0002	0,0005	0,0010	0,0020
34	0,0000	0,0000	0,0000	0,0000	0,0000	0,0000	0,0001	0,0002	0,0006	0,0012
35	0,0000	0,0000	0,0000	0,0000	0,0000	0,0000	0,0000	0,0001	0,0003	0,0007
36	0,0000	0,0000	0,0000	0,0000	0,0000	0,0000	0,0000	0,0001	0,0002	0,0004
37	0,0000	0,0000	0,0000	0,0000	0,0000	0,0000	0,0000	0,0000	0,0001	0,0002
38	0,0000	0,0000	0,0000	0,0000	0,0000	0,0000	0,0000	0,0000	0,0000	0,0001
39	0,0000	0,0000	0,0000	0,0000	0,0000	0,0000	0,0000	0,0000	0,0000	0,0001

ANNEXE C
NOTATION DES SOMMES

Sommes

Définition

$$\sum_{i=1}^{n} x_i = x_1 + x_2 + \ldots + x_n \tag{C.1}$$

Exemple pour $x_1 = 5, \quad x_2 = 8, \quad x_3 = 14$:

$$\sum_{i=1}^{3} x_i = x_1 + x_2 + x_3$$
$$= 5 + 8 + 14 = 27$$

Résultat 1
Pour une constante c :

$$\sum_{i=1}^{n} c = \underbrace{(c + c + \ldots + c)}_{n \text{ fois}} = nc \tag{C.2}$$

Exemple pour $c = 5, \quad n = 10$:

$$\sum_{i=1}^{10} 5 = 10(5) = 50$$

Exemple pour $c = \overline{x}$:

$$\sum_{i=1}^{n} \overline{x} = n\overline{x}$$

Résultat 2

$$\sum_{i=1}^{n} cx_i = cx_1 + cx_2 + \ldots + cx_n \tag{C.3}$$
$$= c(x_1 + x_2 + \ldots + x_n) = c\sum_{i=1}^{n} x_i$$

Exemple pour $x_1 = 5, \quad x_2 = 8, \quad x_3 = 14, \quad c = 2$:

$$\sum_{i=1}^{3} 2x_i = 2\sum_{i=1}^{3} x_i = 2(27) = 54$$

Résultat 3

$$\sum_{i=1}^{n} (ax_i + by_i) = a\sum_{i=1}^{n} x_i + b\sum_{i=1}^{n} y_i \tag{C.4}$$

Exemple pour $x_1 = 5,\ x_2 = 8,\ x_3 = 14,\ a = 2,\ y_1 = 7,\ y_2 = 3,\ y_3 = 8,\ b = 4$:

$$\begin{aligned}\sum_{i=1}^{3}(2x_i + 4y_i) &= 2\sum_{i=1}^{3}x_i + 4\sum_{i=1}^{3}y_i \\ &= 2(27) + 4(18) \\ &= 54 + 72 = 126\end{aligned}$$

Sommes doubles

Considérez les données suivantes concernant la variable x_{ij}, où i correspond à l'indice indiquant la ligne et j correspond à l'indice indiquant la colonne :

		Colonne		
		1	2	3
Ligne	1	$x_{11} = 10$	$x_{12} = 8$	$x_{13} = 6$
	2	$x_{21} = 7$	$x_{22} = 4$	$x_{23} = 12$

Définition

$$\sum_{i=1}^{n}\sum_{j=1}^{m}x_{ij} = (x_{11} + x_{12} + \ldots + x_{1m}) + (x_{21} + x_{22} + \ldots + x_{2m}) + \ldots + (x_{n1} + x_{n2} + \ldots + x_{nm}) \qquad \text{(C.5)}$$

Exemple :

$$\begin{aligned}\sum_{i=1}^{2}\sum_{j=1}^{3}x_{ij} &= x_{11} + x_{12} + x_{13} + x_{21} + x_{22} + x_{23} \\ &= 10 + 8 + 6 + 7 + 4 + 12 = 47\end{aligned}$$

Définition

$$\sum_{i=1}^{n}x_{ij} = x_{1j} + x_{2j} + \ldots + x_{nj} \qquad \text{(C.6)}$$

Exemple :

$$\begin{aligned}\sum_{i=1}^{2}x_{i2} &= x_{12} + x_{22} \\ &= 8 + 4 = 12\end{aligned}$$

Notation abrégée

Parfois, lorsque des données sont sommées sur l'ensemble des valeurs de l'indice, nous utilisons les notations abrégées suivantes :

$$\sum_{i=1}^{n}x_i = \sum x_i \qquad \text{(C.7)}$$

$$\sum_{i=1}^{n}\sum_{j=1}^{m}x_{ij} = \sum\sum x_{ij} \qquad \text{(C.8)}$$

$$\sum_{i=1}^{n}x_{ij} = \sum_{i}x_{ij} \qquad \text{(C.9)}$$

ANNEXE D
SOLUTIONS DES EXERCICES D'AUTO-ÉVALUATION ET DES EXERCICES NUMÉROTÉS PAR UN CHIFFRE PAIR

Chapitre 1

2. a. 10
b. 5
c. Variables qualitatives : taille et carburant. Variables quantitatives : chevaux, consommation urbaine, consommation sur autoroute.
d. Taille : ordinale ; chevaux : rapport ; consommation urbaine : rapport ; consommation sur autoroute : rapport ; carburant : nominale.

3. a. Consommation moyenne en ville = 182/10 = 18,2 miles par gallon.
b. Consommation moyenne sur autoroute = 261/10 = 26,1 miles par gallon. En moyenne, 7,9 miles supplémentaires sont effectués avec un gallon de carburant sur autoroute comparativement à la consommation urbaine.
c. 3 sur 10 ou 30 % ont des moteurs à 4 chevaux.
d. 6 sur 10 ou 60 % utilisent du carburant ordinaire

4. a. 7
b. 5
c. Variables qualitatives : État, implantation du campus et division NCAA
d. Variables quantitatives : budget et pourcentage de candidats admis

6. Les questions a et d fournissent des données quantitatives
Les questions b, c et e fournissent des données qualitatives

8. a. 1015
b. Qualitatives
c. Pourcentage
d. $0{,}10(1015) = 101{,}5$; 101 ou 102 individus

10. a. Quantitative ; rapport
b. Qualitative ; nominale
c. Qualitative ; ordinale
d. Quantitative ; rapport
e. Qualitative ; nominale

12. a. Les visiteurs de l'île d'Hawaii
b. Oui
c. Les questions 1 et 4 fournissent des données quantitatives ; les questions 2 et 3 des données qualitatives.

13. a. Les dépenses fédérales (milliards de dollars)
b. Quantitative
c. Série temporelle
d. Les dépenses fédérales ont augmenté.

14. a. Graphique avec une courbe de série temporelle pour chaque fabricant.
b. Toyota dépasse General Motors en 2006 et devient le premier fabricant de véhicules.
c. Le diagramme en barres est construit à partir de données en coupe transversale ; la hauteur des barres s'élève à 8,8 pour General Motors, 7,9 pour Ford, 4,6 pour Daimler Chrysler et 9,6 pour Toyota.

18. a. 36 %
b. 189
c. Qualitative

20. a. 43 % des investisseurs considéraient la tendance sur le marché boursier comme étant haussière ou très haussière ; 21 %

des investisseurs considéraient le secteur médical comme celui qui tirerait le marché au cours des douze mois suivants.

b. Le rendement moyen des actions au cours des douze mois suivants est estimé à 11,2 % par la population de tous les investisseurs.

c. La durée moyenne qu'il faudra aux titres technologiques et de télécommunications pour retrouver une croissance soutenable, est estimée à 2,5 ans.

22. a. Tous les magasins de Charlotte

b. Parmi les façons dont la chaîne de magasin pourrait collecter des données, on peut citer une enquête auprès des clients entrant ou sortant du magasin, un questionnaire envoyé aux clients détenteurs d'une carte du magasin, un questionnaire donné aux clients lorsqu'ils passent en caisse, un bon de réduction offert aux clients leur demandant de remplir un bref questionnaire en ligne (s'ils répondent au questionnaire ils bénéficient alors d'une remise de 5 % lors de leur prochain passage en caisse).

24. a. Correcte
b. Incorrecte
c. Correcte
d. Incorrecte
e. Incorrecte

Chapitre 2

2. a. 0,20
b. 40
c/d.

Classe	Fréquence	Fréquence en pourcentage
A	44	22
B	36	18
C	80	40
D	40	20
Total	200	100

3. a. $360° \times 58/120 = 174°$
b. $360° \times 42/120 = 126°$

c. Oui 48,3 % ; Non 35 % ; Sans opinion 16,7 %

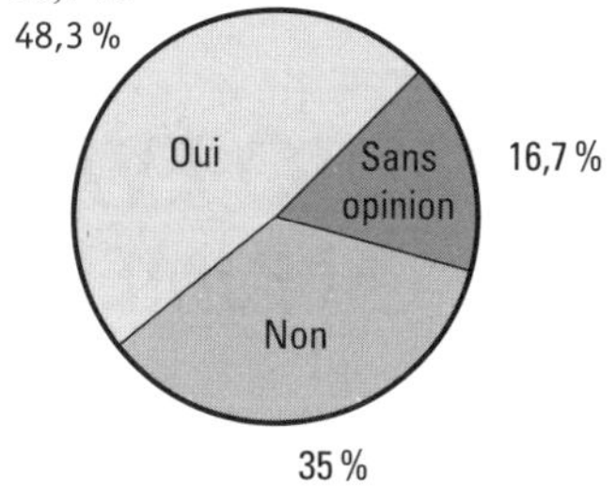

d.

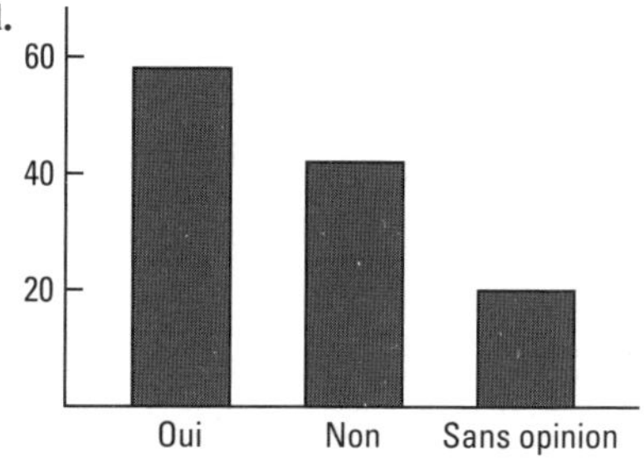

4. a. Qualitatives
b.

Série TV	Fréquence	Fréquence en pourcentage
Law & Order	10	20 %
CSI	18	36 %
Without a Trace	9	18 %
Desperate Housewives	13	26 %
Total	50	100 %

d. CSI, Desperate Housewives est second

6. a.

Chaîne	Fréquence	Fréquence en pourcentage
ABC	15	30 %
CBS	17	34 %
FOX	1	2 %
NBC	17	34 %

b. CBS et NBC sont premiers ex-æquo ; ABC est proche avec 15

7.

Évaluation	Fréquence	Fréquence relative
Excellent	20	40
Très bon	23	46
Bon	4	8
Moyen	1	2
Mauvais	2	4
	50	100

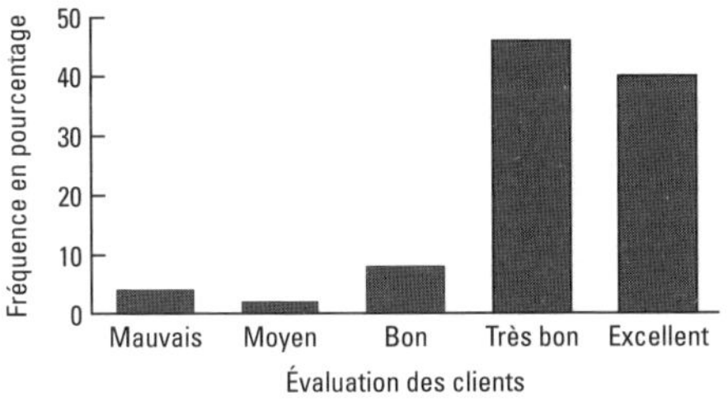

La direction peut se réjouir des résultats : 86 % des évaluations sont très bonnes ou excellentes.

b. Permet d'identifier les raisons des mauvaises évaluations.

8. a.

Position	Fréquence	Fréquence relative
R	17	0,309
L	4	0,073
1	5	0,091
2	4	0,073
3	2	0,036
B	5	0,091
G	6	0,109
M	5	0,091
D	7	0,127
Total	55	1,000

b. Receveur

c. 3e base

d. Champ droit

e. 16 joueurs dans le champ et 18 joueurs hors champ

10. a/b.

Note	Fréquence	Fréquence en pourcentage
Excellente	20	2
Bonne	101	10
Convenable	528	52
Mauvaise	244	24
Terrible	122	12
Total	1 015	100

c.

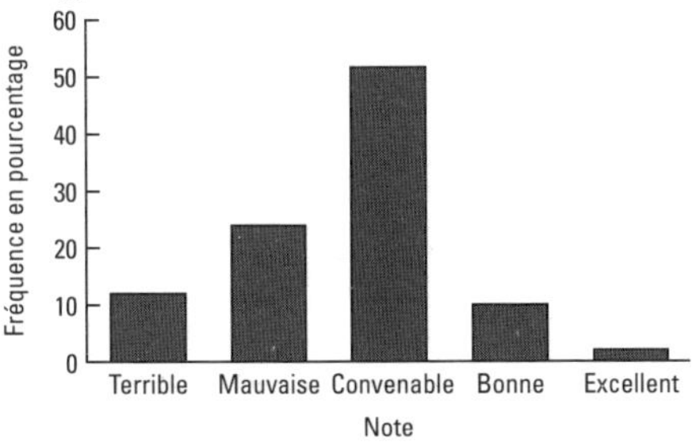

d. Pour 36 %, a fait un mauvais ou un terrible travail
Pour 12 %, a fait un bon ou un excellent travail

e. Pour 36 %, a fait un mauvais ou un terrible travail
Pour 12 %, a fait un bon ou un excellent travail
Plus pessimistes en Espagne

12.

Classe	Fréquence cumulée	Fréquence cumulée relative
≤19	10	0,20
≤29	24	0,48
≤39	41	0,82
≤49	48	0,96
≤59	50	1,00

14. b/c.

Classe	Fréquence	Fréquence en pourcentage
6,0-7,9	4	20
8,0-9,9	2	10
10,0-11,9	8	40
12,0-13,9	3	15
14,0-15,9	3	15
Total	20	100

15. a/b.

Temps d'attente	Fréquence	Fréquence relative
0-4	4	0,20
5-9	8	0,40
10-14	5	0,25
15-19	2	0,10
20-24	1	0,05
Total	20	1,00

c/d.

Temps d'attente	Fréquence cumulée	Fréquence cumulée relative
≤4	4	0,20
≤9	12	0,60
≤14	17	0,85
≤19	19	0,95
≤24	20	1,00

e. $12/20 = 0,60$

16. a.

Salaire	Fréquence
150-159	1
160-169	3
170-179	7
180-189	5
190-199	1
200-209	2
210-219	1
Total	20

b.

Salaire	Fréquence en pourcentage
150-159	5
160-169	15
170-179	35
180-189	25
190-199	5
200-209	10
210-219	5
Total	100

c.

Salaire	Fréquence en pourcentage cumulée
Inférieur ou égal à 159	5
Inférieur ou égal à 169	20
Inférieur ou égal à 179	55
Inférieur ou égal à 189	80
Inférieur ou égal à 199	85
Inférieur ou égal à 209	95
Inférieur ou égal à 219	100
Total	100

e. Il y a une asymétrie à droite

f. 15 %

18. a. Le plus faible : 180 dollars ; Le plus élevé : 2 050 dollars

b.

Dépenses ($)	Fréquence	Fréquence en pourcentage
0-249	3	12
250-499	6	24
500-749	5	20
750-999	5	20
1 000-1 249	3	12
1 250-1 499	1	4
1 500-1 749	0	0
1 750-1 999	1	4
2 000-2 249	1	4
Total	25	100

c. La distribution présente une asymétrie positive

d. La majorité (64 %) des consommateurs dépense entre 250 $ et 1 000 $; la valeur moyenne est environ 750 $; deux gros consommateurs dépensent plus de 1 750 $

20. a.

Revenus annuels hors compétition	Fréquence	Fréquence en pourcentage
0-4 999	30	60
5 000-9 999	9	18
10 000-14 999	4	8
15 000-19 999	0	0
20 000-24 999	3	6
25 000-29 999	2	4
30 000-34 999	0	0
35 000-39 999	0	0
40 000-44 999	1	2
45 000-49 999	0	0
50 000 et plus	1	2
Total	50	100

c. Les revenus annuels hors compétition sont asymétriques à droite ; seul Tiger Woods gagne plus de 50 millions de dollars.

d. La majorité (60 %) gagne moins de 5 millions de dollars ; 78 % gagne moins de 10 millions de dollars ; cinq golfeurs (10 %) gagnent entre 20 et 30 millions de dollars ; seuls Tiger Woods et Phil Mickelson gagnent plus de 40 millions de dollars.

22.

5	7 8
6	4 5 8
7	0 2 2 5 5 6 8
8	0 2 3 5

23. Unité de la feuille = 0,1

6	3
7	5 5 7
8	1 3 4 8
9	3 6
10	0 4 5
11	3

24. Unité de la feuille = 10

11	6		
12	0	2	
13	0	6	7
14	2	2	7
15	5		
16	0	2	8
17	0	2	3

25.

9	8	9				
10	2	4	6	6		
11	4	5	7	8	8	9
12	2	4	5	7		
13	1	2				
14	4					
15	1					

26. a.

6	6	7	7				
7	2	4	6	7	7	8	9
8	0	0	1	3	7		
9	9						
10	0	6					
11	0						
12	1						

b.

10	0	6	9	
11	1	6	9	
12	2	5	6	
13	0	5	8	8
14	0	6		
15	2	5	7	
16				
17				
18				
19				
20				
21	4			

28. a.

2	14
2	67
3	011123
3	5677
4	003333344
4	6679
5	00022
5	5679
6	14
6	6
7	2

b. 40-44 avec 9

c. 43 avec 5

d. 10 % ; participation relativement faible à la course

29. a.

		y		
		1	2	Total
x	A	5	0	5
	B	11	2	13
	C	2	10	12
	Total	18	12	30

b.

		y		
		1	2	Total
x	A	100,0	0,0	100,0
	B	84,6	15,4	100,0
	C	16,7	83,3	100,0

c.

		y	
		1	2
x	A	27,8	0,0
	B	61,1	16,7
	C	11,1	83,3
	Total	100,0	100,0

d. Les valeurs A correspondent toujours à $y = 1$

Les valeurs B correspondent le plus souvent à $y = 1$

Les valeurs C correspondent le plus souvent à $y = 2$

30. a.

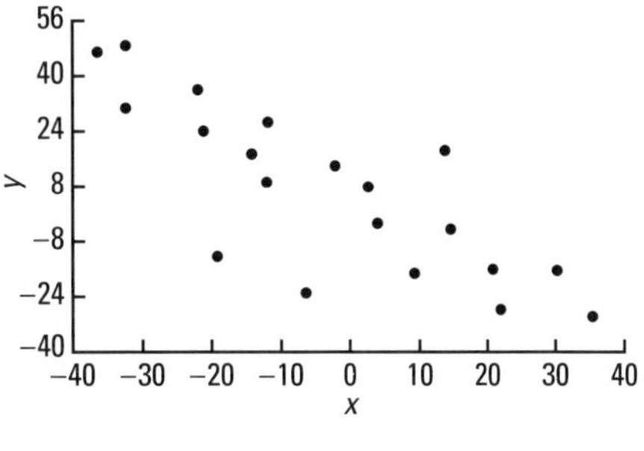

b. Relation négative entre x et y ; y décroît lorsque x augmente.

32. a.

	Revenu du ménage (en milliers de dollars)					
Niveau d'études	Inférieur à 25	Entre 25,0 et 49,9	Entre 50,0 et 74,9	Entre 75,0 et 99,9	100 et plus	Total
Secondaire sans diplôme	32,70	14,82	8,27	5,02	2,53	15,86
Secondaire avec diplôme	35,74	35,56	31,48	25,39	14,47	30,78
Universitaire sans diplôme	21,17	29,77	30,25	29,82	22,26	26,37
Diplôme de fin de 1er cycle universitaire	7,53	14,43	20,56	25,03	33,88	17,52
Diplôme de 2e cycle et au-delà	2,86	5,42	9,44	14,74	26,86	9,48
Total	100,00	100,00	100,00	100,00	100,00	100,00

13,51 % des chefs de famille ne sont pas diplômés du secondaire.

b. 25,11 %, 53,54 %

c. Relation positive entre le revenu et le niveau d'études

34. a.

Type de fonds	Rendement annuel sur 5 ans						
	0-9,99	10-19,99	20-29,99	30-39,99	40-49,99	50-59,99	Total
D	1	25	1	0	0	0	27
F	9	1	0	0	0	0	10
I	0	2	3	2	0	1	8
Total	10	28	4	2	0	1	45

b.

Rendement annuel sur 5 ans	Fréquence
0-9,99	10
10-19,99	28
20-29,99	4
30-39,99	2
40-49,99	0
50-59,99	1
Total	45

c.

Type de fonds	Fréquence
D	27
F	10
I	8
Total	45

d. Les marges du tableau fournissent ces distributions de fréquence

e. Les fonds internationaux ont les rendements les plus élevés ; les fonds à revenus fixes les plus faibles.

36. b. Les rendements sur 5 ans les plus élevés sont associés aux valeurs nettes les plus élevées.

38. a.

	Consommation sur autoroute					
Motorisation	15-19	20-24	25-29	30-34	35-39	Total
1,0-2,9	0	6	72	46	4	128
3,0-4,9	3	56	86	0	0	145
5,0-6,9	23	14	1	0	0	38
Total	26	76	159	46	4	311

b. Une moindre consommation sur autoroute est associée à une motorisation moins puissante. Une consommation plus importante est associée à une motorisation plus puissante.

d. Une moindre consommation est associée à une motorisation plus puissante.

e. Nuage de points.

40. a.

Marque	Fréquence	Fréquence en pourcentage
Buick	10	5
Cadillac	10	5
Chevrolet	122	61
GMC	24	12
Hummer	2	1
Pontiac	18	9
Saab	2	1
Saturn	12	6
Total	100	100

b. Chevrolet, 61 %

c. Hummer et Saab, les deux seulement 1 %.

d. Conserver Chevrolet et GMC.

42. a.

Note	Fréquence
800-999	1
1 000-1 1999	3
1 200-1 399	6
1 400-1 599	10
1 600-1 799	7
1 800-1 999	2
2 000-2 199	1
Total	30

b. Presque symétrique

c. 33 % des notes sont comprises entre 1 400 et 1 599. Des notes inférieures à 800 et supérieures à 2 200 sont inhabituelles. La moyenne est proche ou légèrement supérieure à 1 500.

44. a.

Population	Fréquence	Fréquence en pourcentage
0,0-2,4	17	34
2,5-4,9	12	24
5,0-7,4	9	18
7,5-9,9	4	8
10,0-12,4	3	6
12,5-14,9	1	2
15,0-17,4	1	2
17,5-19,9	1	2
20,0-22,4	0	0
22,5-24,9	1	2
25,0-27,4	0	0
27,5-29,9	0	0
30,0-32,4	0	0
32,5-34,9	0	0
35,0-37,4	1	2
Total	50	100

c. Asymétrie fortement positive

d. 17 (34 %) avec une population inférieure à 2,5 millions
29 (58 %) avec une population inférieure à 5 millions
8 (16 %) avec une population supérieure à 10 millions
Le plus important 35,9 millions (Californie)
Le plus petit 0,5 million (Wyoming)

46. a. Maximales

```
1 |
2 |
3 | 0
4 | 1  2  2  5
5 | 2  4  5
6 | 0  0  0  1  2  2  5  6  8
7 | 0  7
8 | 4
```

b. Minimales

```
1 | 1
2 | 1  2  6  7  9
3 | 1  5  6  8  9
4 | 0  3  3  6  7
5 | 0  0  4
6 | 5
7 |
8 |
```

c. Les maximales les plus fréquentes sont comprises entre 60 et 69 (9 sur 20) avec une seule minimale au-dessus de 54
L'étendue des maximales principalement entre 41 et 68 ; des minimales entre 21 et 47
La plus basse : 11 ; la plus élevée : 84

d.

Température	Fréquence	
	Maximale	Minimale
10-19	0	1
20-29	0	5
30-39	1	5
40-49	4	5
50-59	3	3
60-69	9	1
70-79	2	0
80-89	1	0
Total	20	20

48. a.

Degré de soutien	Fréquence en pourcentage
Très favorable	30,10
Plutôt favorable	34,83
Plutôt opposé	21,13
Très opposé	13,94
Total	100,00

Globalement favorable à une taxe plus élevée = 30,10 % + 34,83 % = 64,93 %

b. 20,2 ; 19,5 ; 20,6 ; 20,7 ; 19,0. Environ 20 % par pays.

c. Le tableau de tabulation croisée avec les pourcentages en colonne

	Pays				
Degré de soutien	Grande Bretagne	Italie	Espagne	Allemagne	États-Unis
Très favorable	31,00	31,96	45,99	19,98	20,98
Plutôt favorable	34,04	39,04	32,01	36,99	32,06
Plutôt opposé	23,00	17,99	13,98	24,03	26,96
Très opposé	11,96	11,01	8,03	18,99	20,00
Total	100,00	100,00	100,00	100,00	100,00

Pourcentage de personnes qui sont favorables à une taxe plus élevée (qui ont répondu « Très favorable » ou « Plutôt favorable ») : 65,04 %, 71,00 %, 78,00 %, 56,97 % et 53,04 % pour les cinq pays. Dans tous les pays, plus de 50 % des personnes sont favorables à une augmentation de la taxe mais le taux de soutien est plus important dans les pays européens qu'aux États-Unis. L'Italie et l'Espagne ont les taux de soutien les plus élevés.

50. a. Total des lignes : 247 ; 54 ; 82 ; 121
Total des colonnes : 149 ; 317 ; 17 ; 7 ; 14

b.

Année	Fréquence	Combustible	Fréquence
1973 ou avant	247	Électricité	149
1974-79	54	Gaz naturel	317
1980-86	82	Pétrole	17
1987-91	121	Propane	7
Total	504	Autres	14
		Total	504

c. Pourcentage en colonne de la tabulation croisée

	Type de combustible				
Année de construction	**Électricité**	**Gaz naturel**	**Pétrole**	**Propane**	**Autre**
1973 ou avant	26,9	57,7	70,5	71,4	50,0
1974-1979	16,1	8,2	11,8	28,6	0,0
1980-1986	24,8	12,0	5,9	0,0	42,9
1987-1991	32,2	22,1	11,8	0,0	7,1
Total	100,0	100,0	100,0	100,0	100,0

d. Pourcentage en ligne de la tabulation croisée

	Type de combustible					
Année de construction	**Électricité**	**Gaz naturel**	**Pétrole**	**Propane**	**Autre**	**Total**
1973 ou avant	16,2	74,1	4,9	2,0	2,8	100,0
1974-1979	44,5	48,1	3,7	3,7	0,0	100,0
1980-1986	45,1	46,4	1,2	0,0	7,3	100,0
1987-1991	39,7	57,8	1,7	0,0	0,8	100,0

52. a. Tabulation croisée de la valeur de marché et du profit

	Profit (milliers de dollars)				
Valeur de marché (milliers de dollars)	**0-300**	**300-600**	**600-900**	**900-1200**	**Total**
0-8 000	23	4			27
8 000-16 000	4	4	2	2	12
16 000-24 000		2	1	1	4
24 000-32 000		1	2	1	4
32 000-40 000		2	1		3
Total	27	13	6	4	50

b. Pourcentage en ligne de la tabulation croisée

	Profit (milliers de dollars)				
Valeur de marché (milliers de dollars)	**0-300**	**300-600**	**600-900**	**900-1200**	**Total**
0-8 000	85,19	14,81	0,00	0,00	100
8 000-16 000	33,33	33,33	16,67	16,67	100
16 000-24 000	0,00	50,00	25,00	25,00	100
24 000-32 000	0,00	25,00	50,00	25,00	100
32 000-40 000	0,00	66,67	33,33	0,00	100

c. Une relation positive existe entre le profit et la valeur de marché. Lorsque le profit augmente, la valeur de marché augmente.

54. b. Une relation positive apparaît entre la valeur de marché et les parts des actionnaires.

Chapitre 3

2. 16 ; 16,5

3. Ranger les données dans l'ordre : 15, 20, 25, 25, 27, 28, 30, 34

$i = \frac{20}{100}(8) = 1,6$; proche de 2 ; 20e percentile = 20

$i = \frac{25}{100}(8) = 2$; utiliser les positions 2 et 3 ;
25e percentile = $\frac{20+25}{2} = 22,5$

$i = \frac{65}{100}(8) = 5,2$; arrondir à la position 6 ;
65e percentile = 28

$i = \frac{75}{100}(8) = 6$; utiliser les positions 6 et 7 ;
75e percentile = $\frac{28+30}{2} = 29$

4. 59,73 ; 57 ; 53

6. **a.** 18,42
b. 6,32
c. 34,3 %
d. Diminution de seulement 0,65 tir et 0,09 % de tirs réussis par jeu. Oui, d'accord mais pas de façon drastique.

8. **a.** $\bar{x} = 160$
Ordonner les données de 100 à 360
Médiane : $i = \frac{50}{100}(20) = 10$; utiliser les positions 10 et 11
Médiane $= \frac{130 + 140}{2} = 135$
Mode = 120 (apparaît 3 fois)
b. $i = \frac{25}{100}(20) = 5$; utiliser les positions 5 et 6 : $Q_1 = \frac{115 + 115}{2} = 115$
$i = \frac{75}{100}(20) = 15$; utiliser les positions 15 et 16 : $Q_3 = \frac{118 + 195}{2} = 187{,}5$
c. $i = \frac{90}{100}(20) = 18$; utiliser les positions 18 et 19 : 90e percentile = $\frac{235 + 255}{2} = 245$
90 % des déclarations coûtent moins de 245 dollars

10. **a.** 0,4 % ; 3,5 %
b. 2,3 % ; 2,5 % ; 2,7 %
c. 2,0 % ; 2,8 %
d. Optimiste

12. Disney : 3321 ; 255,5 ; 253 ; 169 ; 325
Pixar : 3231 ; 538,5 ; 505 ; 363 ; 631
Les films Pixar génèrent environ deux fois plus de revenus au box-office par film

14. 16 ; 4

15. Étendue $= 34 - 15 = 19$
Ordonnancement des données : 15, 20, 25, 25, 27, 28, 30, 34
$i = \frac{25}{100}(8) = 2$; $Q_1 = \frac{20 + 25}{2} = 22{,}5$
$i = \frac{75}{100}(8) = 6$; $Q_3 = \frac{28 + 30}{2} = 29$
EIQ $= Q_3 - Q_1 = 6{,}5$
$\bar{x} = 25{,}5$
$s^2 = 34{,}57$
$s = 5{,}88$

16. **a.** Étendue $= 190 - 168 = 22$
b. $\bar{x} = 178$; $s^2 = 75{,}2$
c. $s = 8{,}67$
d. $\frac{s}{\bar{x}}(100\%) = 4{,}87\%$

18. **a.** 38 ; 97 ; 9,85
b. Les tarifs des villes de l'Est sont plus variables

20. *Dawson* : étendue = 2 ; $s = 0{,}67$
Clark : étendue = 8 ; $s = 2{,}58$

22. **a.** 1285 ; 433
Les nouveaux dépensent plus
b. 1720 ; 352
c. 404 ; 131,5
d. 367,04 ; 96,96
e. Les nouveaux élèves

24. Un quart de mile : $s = 0{,}0564$, coefficient de variation = 5,8 %
Un mile : $s = 0{,}1295$, coefficient de variation = 2,9 %

26. 0,20 ; 1,50 ; 0 ; –0,50 ; –2,20

27. Théorème de Chebyshev : au moins $(1 - 1/z^2)$
a. $z = \frac{40 - 30}{5} = 2$; $1 - \frac{1}{(2)^2} = 0{,}75$
b. $z = \frac{45 - 30}{5} = 3$; $1 - \frac{1}{(3)^2} = 0{,}89$
c. $z = \frac{38 - 30}{5} = 1{,}6$; $1 - \frac{1}{(1{,}6)^2} = 0{,}61$
d. $z = \frac{42 - 30}{5} = 2{,}4$; $1 - \frac{1}{(2{,}4)^2} = 0{,}83$
e. $z = \frac{48 - 30}{5} = 3{,}6$; $1 - \frac{1}{(3{,}6)^2} = 0{,}92$

28. **a.** 95 %
b. Presque toutes
c. 68 %

29. **a.** $z = 2$ écarts type
$1 - \frac{1}{z^2} = 1 - \frac{1}{2^2} = \frac{3}{4}$; au moins 75 %
b. $z = 2{,}5$ écarts type

$1-\frac{1}{z^2}=1-\frac{1}{2,5^2}=0,84$; au moins 84 %

c. $z = 2$ écarts type
Règle empirique : 95 %

30. a. 68 %
b. 81,5 %
c. 2,5 %

32. a. –0,67
b. 1,50
c. Pas de valeurs aberrantes
d. Oui ; $z = 8,25$

34. a. 76,5 ; 7
b. 16 % ; 2,5 %
c. 12,2 ; 7,89 ; Non

36. 15 ; 22,5 ; 26 ; 29 ; 34

38. Ranger les données dans l'ordre : 5, 6, 8, 10, 10, 12, 15, 16, 18

$i=\frac{25}{100}(9)=2,25$; arrondir à la 3e position : $Q_1=8$

Médiane (5e position) = 10

$i=\frac{75}{100}(9)=6,75$; arrondir à la 7e position : $Q_3=15$

Résumé en cinq chiffres : 5 ; 8 ; 10 ; 15 ; 18

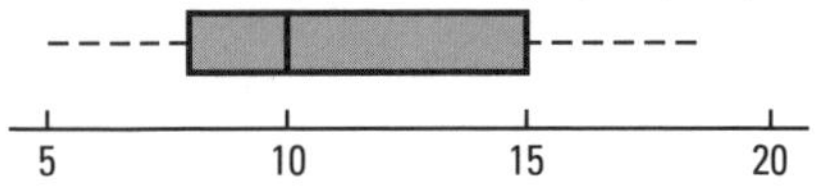

40. a. Subway avec 29 612 restaurants
b. Ordonner les données de la plus petite à la plus grande. Médiane = 5 889
c. La plus petite = 1 397 ; la plus grande = 29 612

$i=\frac{25}{100}(13)=3,25$; arrondir à la 4e position $Q_1=4516$

$i=\frac{75}{100}(13)=9,75$; arrondir à la 10e position $Q_3=10238$

Résumé en cinq chiffres : 1 397 ; 4 516 ; 5 889 ; 10 238 ; 29 612

d. $EIQ=Q_3-Q_1=10238-4516=5722$

$Q_1-1,5EIQ=4516-1,5(5722)=-4067$

$Q_3+1,5EIQ=10238+1,5(5722)=18821$

Subway et McDonald's sont des valeurs aberrantes

e.

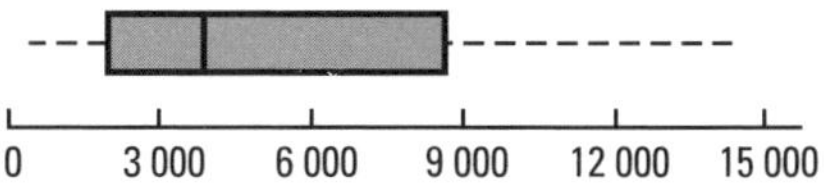

42. a. 73,5
b. 68 ; 71,5 ; 73,5 ; 74,5 ; 77
c. Limites = 67 et 79 ; pas de valeur aberrante
d. 66 ; 68 ; 71 ; 73 ; 75 ; 60,5 et 80,5
63 ; 65 ; 66 ; 67,6 ; 69 ; 61,25 et 71,25
75 ; 77 ; 78,5 ; 79,5 ; 81 ; 73,25 et 83,25
Pas de valeur aberrante
e. Verizon est considéré le meilleur ; Sprint le moins bon

44. a. 18,2 ; 15,35
b. 11,7 ; 23,5
c. 3,4 ; 11,7 ; 15,35 ; 23,5 ; 41,3
d. Oui, Alger Small Cap 41,3

45. b. Il semble exister une relation négative entre x et y
c. $\bar{x}=8$; $\bar{y}=46$; $s_{xy}=-60$
La covariance d'échantillon révèle l'existence d'une relation négative entre x et y.
d. $r_{xy}=-0,969$
Le coefficient de corrélation de l'échantillon indique une forte relation linéaire négative.

46. b. Il apparaît une relation linéaire positive entre x et y
c. $s_{xy}=26,5$
d. $r_{xy}=0,693$

48. –0,91 ; relation négative

50. b. 0,91
c. Forte relation linéaire positive ; non

52. a. 3,69
b. 3,175

53. a.

f_i	M_i	f_iM_i
4	5	20
7	10	70
9	15	135
5	20	100
25		325

$$\bar{x}=\frac{\sum f_iM_i}{n}=13$$

b.

f_i	M_i	$(M_i-\bar{x})$	$(M_i-\bar{x})^2$	$f_i(M_i-\bar{x})^2$
4	5	−8	64	256
7	10	−3	9	63
9	15	2	4	36
5	200	7	49	245
25				600

$$s^2=\frac{\sum f_i\left(M_i-\bar{x}\right)^2}{n-1}=25$$

$s=5$

54. a.

Note x_i	Pondération w_i
4 (A)	9
3 (B)	15
2 (C)	330
1 (D)	30
0 (F)	0
	60 heures de travaux dirigés
$\bar{x}=2{,}5$	

b. Oui

56. 3,8 ; 3,7

58. a. 1 800 ; 1 351
b. 387 ; 1 710
c. 7 280 ; 1 323
d. 3 675 303 ; 1 917
e. Asymétrie fortement positive
f. En utilisant une boîte à patte : 4 135 et 7 450 sont des valeurs aberrantes

60. a. 2,3 ; 1,85
b. 1,90 ; 1,38
c. Altria Group 5 %
d. –0,51, en dessous de la moyenne
e. 1,02, au-dessus de la moyenne
f. Non

62. a. 670 $
b. 456 $
c. $z=3$; oui
d. Économiser du temps et prévenir une amende

64. a. 215,9
b. 55 %
c. 175,0 ; 628,3
d. 48,8 ; 175,0 ; 215,9 ; 628,3 ; 2325,0
e. Oui, tout prix supérieur à 1 308,25
f. 482,1 ; préférez la médiane

66. a. 364 chambres
b. 457 dollars
c. –0,293 ; légère corrélation négative. Un coût par nuit plus élevé semble être associé à des hôtels plus petits.

68. a. 0,268 ; faible corrélation positive
b. Très faible prédicteur ; l'entraînement de printemps est un entraînement et ne compte pas pour le championnat.

70. a. 60,68
b. $s^2=31{,}23$; $s=5{,}59$

Chapitre 4

2. 20 façons

4. b. (F,F,F) (F,F,P) (F,P,F) (F,P,P) (P,F,F) (P,F,P) (P,P,F) (P,P,P)
c. 1/8

6. 0,40 ; 0,26 ; 0,34 ; méthode de la fréquence relative

8. a. 4 : avis positif de la commission – accord du conseil municipal, avis positif de la commission – désaccord du conseil municipal, avis négatif de la commission – accord du conseil municipal, avis négatif de la commission – désaccord du conseil municipal ;

9. 230 300

10. a. Probabilité d'être endetté = 0,94
b. Probabilité d'avoir plus de 60 % des étudiants endettés = 5/8 = 0,625
c. Probabilité d'avoir une dette moyenne de plus de 30 000 dollars = 2/8 = 0,25
d. Probabilité de ne pas être endetté = 1 – Probabilité d'être endetté = 1 – 0,72 = 0,28
e. Moyenne pondérée entre 72 % ayant une dette moyenne de 32 980 dollars et 28 % n'ayant pas de dette : dette moyenne par étudiant

$$=\frac{0{,}72(32980)+0{,}28(0)}{0{,}72+0{,}28}$$

$$=23746\frac{0{,}72(32980)+0{,}28(0)}{0{,}72+0{,}28}$$

$$=23746$$

12. **a.** 3 478 761
b. 1/3 478 761
c. 1/146 107 962

14. **a.** ¼
b. ½
c. ¾

15. **a.** S = (as de carreau, as de trèfle, as de pique, as de cœur)
b. S = (deux de trèfle, trois de trèfle, ..., dix de trèfle, valet de trèfle, dame de trèfle, roi de trèfle, as de trèfle)
c. 12 : valet, dame ou roi pour chacune des quatre couleurs
d. Pour (a) :0,08
Pour (b) : 0,25
Pour (c) : 0,23

16. **a.** 36
c. 1/6
d. 5/18
e. Non ; P(pair) = P(impair) = ½
f. Classique

17. **a.** (4, 6), (4, 7), (4, 8)
b. 0,05 + 0,10 + 0,15 = 0,30
c. (2, 8), (3, 8), (4, 8)
d. 0,05 + 0,05 + 0,15 = 0,25
e. 0,15

18. **a.** 0,222
b. 0,8226
c. 0,1048

20. **a.** 0,108
b. 0,096
c. 0,434

22. **a.** 0,40 ; 0,40 ; 0,60
b. 0,80, oui
c. $A^c = \{E_3, E_4, E_5\}$; $C^c = \{E_1, E_4\}$;
$P(A^c) = 0,60$; $P(C^c) = 0,40$
d. $\{E_1, E_2, E_5\}$; 0,60
e. 0,80

23. **a.** $P(A) = P(E_1) + P(E_4) + P(E_6) = 0,40$
$P(B) = P(E_2) + P(E_4) + P(E_7) = 0,50$
$P(C) = P(E_2) + P(E_3) + P(E_5) + P(E_7)$
$= 0,60$
b. $A \cup B = \{E_1, E_2, E_4, E_6, E_7\}$;
$P(A \cup B) = 0,65$
c. $A \cap B = \{E_4\}$; $P(A \cap B) = 0,25$
d. Oui, ils sont mutuellement exclusifs
e. $B^C = \{E_1, E_3, E_5, E_6\}$; $P(B^C) = 0,50$

24. **a.** 0,05
b. 0,70

26. **a.** 0,64
b. 0,48
c. 0,36
d. 0,76

28. **a.** 0,698
b. 0,302

30. **a.** 0,6667
b. 0,80
c. Non

32. **a.**

	Voiture	Camion léger	Total
Américain	0,1330	0,2939	0,4269
Non américain	0,3478	0,2253	0,5731
Total	0,4808	0,5192	1,0000

b. 0,4269 ; 0,5731 ; Non-américain plus élevé
0,4808 ; 0,5192 ; Camion léger légèrement supérieur
c. 0,3115 ; 0,6885 ; Camion léger plus élevé
d. 0,6909 ; 0,3931 ; Voiture plus élevé
e. 0,5661 ; plus élevé pour les camions légers

33. **a.**

	Raisons de la candidature			
	Qualité	Coût/Commodité	Autre	Total
Temps plein	0,218	0,204	0,039	0,461
Temps partiel	0,208	0,307	0,024	0,539
Total	0,426	0,511	0,063	1,000

b. Il y a plus de chances qu'un étudiant évoque le coût ou la commodité comme la raison principale de son choix (probabilité = 0,511) ; la qualité de l'enseignement arrive en second (probabilité = 0,426)
c. $P(qualité|temps\ complet) = 0,473$
d. $P(qualité|temps\ partiel) = 0,386$
e. Les événements ne sont pas indépendants

34. **a.**

	À l'heure	En retard	Total
Southwest	0,3336	0,0664	0,40
US Airways	0,2629	0,0871	0,35
JetBlue	0,1753	0,0747	0,25
Total	0,7718	0,2282	1,00

b. 0,40
c. 0,7718
d. Le plus probable est US Airways ; le moins probable Southwest

36. a. 0,7921
b. 0,9879
c. 0,0121
d. 0,3364 ; 0,8236 ; 0,1764
Ne pas énerver Jerry Stackhouse.

38. a.

	Ont atteint le niveau attendu ?		Total
Niveau	**Oui**	**Non**	
3	0,11196	0,05663	0,16858
4	0,08271	0,08205	0,16476
5	0,08517	0,07922	0,16439
6	0,08588	0,07777	0,16365
7	0,09671	0,07031	0,16702
8	0,09618	0,07542	0,17159
Total	0,55861	0,44139	1,00000

b. Les probabilités marginales en colonne sont 0,55861 et 0,441369. Les probabilités marginales en ligne sont 0,16858 ; 0,16476 ; 0,16439 ; 0,16365 ; 0,16702 et 0,17159.
c. 0,6641 ; 0,5020
d. 0,2004 ; 0,1481

39. a. Oui
b. $P(A_1 \cap B) = 0,08$; $P(A_2 \cap B) = 0,03$
c. $P(B) = 0,11$
d. $P(A_1 | B) = 0,7273$; $P(A_2 | B) = 0,2727$

40. a. 0,10 ; 0,20 ; 0,09
b. 0,51
c. 0,26 ; 0,51 ; 0,23

42. a. 0,21
b. Oui

44. a. 0,47 ; 0,53 ; 0,50 ; 0,45
b. 0,4963
c. 0,4463
d. 47 % ; 53 %

46. a. 0,60
b. 0,26
c. 0,40
d. 0,74

48. a. 0,2675
b. 0,3376
c. Non
d. 0,5159
e. 0,0255 ; oui

50. a. 0,76
b. 0,24

52. b. 0,2022
c. 0,4618
d. 0,4005

54. a. 0,49
b. 0,44
c. 0,54
d. Non
e. Oui

56. a. 0,25
b. 0,125
c. 0,0125
d. 0,10
e. Non

58. a.

	Jeunes adultes	Adultes	Total
Blogeur	0,0432	0,0368	0,08
Pas blogeur	0,2208	0,6992	0,92
Total	0,2640	0,7360	1,00

b. 0,2640
c. 0,0432
d. 0,1636

60. a. 0,40
b. 0,67

Chapitre 5

1. a. Face, Face (F, F)
Face, Pile (F,P)
Pile, Face (P, F)
Pile, Pile (P, P)
b. x = nombre de face apparaissant au cours de deux lancers
c.

Résultat de l'expérience	Valeur de x
(F, F)	2
(F, P)	1
(P, F)	1
(P, P)	0

d. Variable discrète pouvant prendre trois valeurs : 0, 1 et 2

2. a. x = temps en minute pour assembler le produit

b. Toute valeur positive : $x > 0$

c. Continue

3. Soit O = offre d'emploi

R = rejet d'emploi

a. $S = \{(O,O,O),(O,O,R),(O,R,O),(R,O,O),$
$(O,R,R),(R,O,R)(R,R,O),(R,R,R)\}$

b. Soit N le nombre d'offres faites ; N est une variable aléatoire discrète

c.

Résultat de l'expérience	(O,O, O)	(O,O, R)	(O,R, O)	(R,O, O)	(R,R, O)	(R,O, R)	(O,R, R)	(R,R, R)
Valeur de N	3	2	2	2	1	1	1	0

4. $x = 0, 1, 2, \ldots, 9$

6. a. 0, 1, 2, …, 20 ; discrète

b. 0, 1, 2, … ; discrète

c. 0, 1, 2, …, 50 ; discrète

d. $0 \leq x \leq 8$; continue

e. $x > 0$; continue

7. a. $f(x) \geq 0$ pour toutes valeurs de x ; $\sum f(x) = 1$; il s'agit donc d'une vraie distribution de probabilité

b. 0,25

c. 0,35

d. 0,40

8. a.

x	1	2	3	4
f(x)	0,15	0,25	0,40	0,20

b.

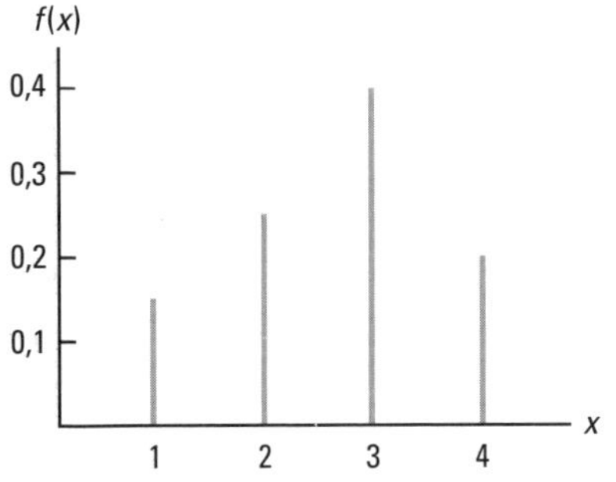

c. $f(x) \geq 0, \ \sum f(x) = 1$

10. a.

x	1	2	3	4	5
f(x)	0,05	0,09	0,03	0,42	0,41

b.

x	1	2	3	4	5
f(x)	0,04	0,10	0,12	0,46	0,28

c. 0,83

d. 0,28

e. Les cadres supérieurs sont plus satisfaits

12. a. Oui

b. 0,15

c. 0,10

14. a. 0,05

b. 0,70

c. 0,40

16. a. 5,20

b. 4,56 ; 2,14

18. a/b. $E(x) = 1,84$; $Var(x) = 0,79$

c/d. $E(x) = 2,93$; $Var(x) = 0,59$

e. Le nombre de chambres dans des logements occupés par leurs propriétaires est supérieur à celui observé dans des logements loués ; le nombre espéré de chambres est supérieur de $1,09 = 2,93 - 1,84$ et la variabilité du nombre de chambres est inférieure pour les logements occupés par leurs propriétaires.

20. a. 430

b. –90 ; l'objectif est de se protéger contre le coût d'un grave accident

22. a. 445

b. 1 250 dollars de pertes

24. a. Moyenne échelle : 145 ; Grande échelle : 140

b. Moyenne échelle : 2 725 ; Grande échelle : 12 400

25. a.

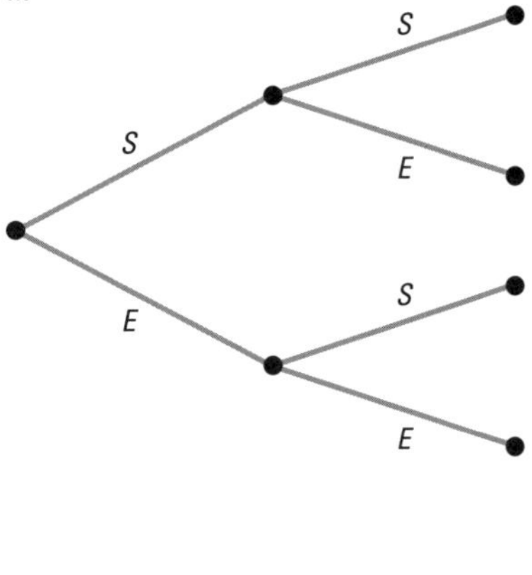

b. $f(1) = 0,48$
c. $f(0) = 0,36$
d. $f(2) = 0,16$
e. $P(x \geq 1) = f(1) + f(2) = 0,64$
f. $E(x) = 0,8$; $Var(x) = 0,48$; $\sigma = 0,6928$

26. a. $f(0) = 0,3487$
b. $f(2) = 0,1937$
c. 0,9298
d. 0,6513
e. 1
f. $\sigma^2 = 0,90$; $\sigma = 0,9487$

28. a. 0,2789
b. 0,4181
c. 0,0733

30. a. La probabilité de trouver une pièce défectueuse doit être égale à 0,03 à chaque tirage ; les tirages doivent être indépendants.
b. Soit D = défectueuse, B = non défectueuse

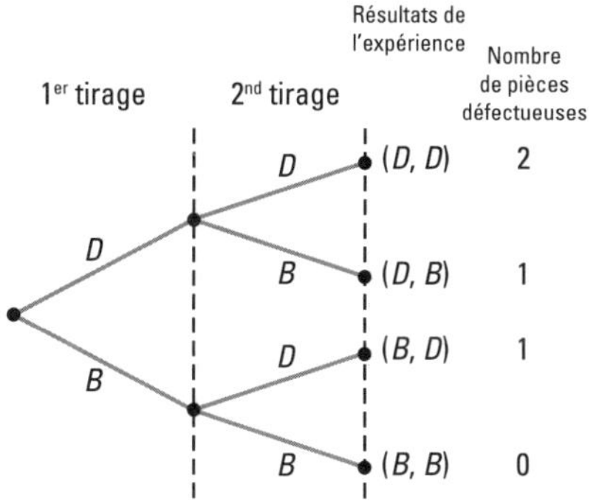

c. 2
d.

Nombre de pièces défectueuses	0	1	2
Probabilité	0,9409	0,0582	0,0009

32. a. 0,90
b. 0,99
c. 0,999
d. Oui

34. a. 0,2262
b. 0,8355

36. a. 0,1897
b. 0,9757
c. $f(12) = 0,0008$; Oui
d. 5

38. a. $f(x) = \dfrac{3^x e^{-3}}{x!}$
b. 0,2241
c. 0,1494
d. 0,8008

39. a. $f(x) = \dfrac{2^x e^{-2}}{x!}$
b. $\mu = 6$ pour trois périodes de temps
c. $f(x) = \dfrac{6^x e^{-6}}{x!}$
d. $f(2) = 0,2706$
e. $f(6) = 0,1606$
f. $f(5) = 0,1563$

40. a. 0,1952
b. 0,1048
c. 0,0183
d. 0,0907

42. a. 0,0009
b. 0,9927
c. 0,9698
d. 0,8271

44. a. $\mu = 1,25$
b. 0,2865
c. 0,3581
d. 0,3554

46. a. 0,50
b. 0,067
c. 0,4667
d. 0,30
e. $x = 4$ est plus grand que $r = 3$; ainsi $f(4) = 0$

48. a. 0,5250
b. 0,8167

50. a. 0,0112
b. 0,0725
c. 0,9163
d. 0,0725

52. a. 0,2917
b. 0,0083
c. 0,5250 ; 0,1750 ; une banque
d. 0,7083
e. 0,90 ; 0,49 ; 0,70

54 a.

x	1	2	3	4	5
f(x)	0,24	0,21	0,10	0,21	0,24

b. 3,00 ; 2,34

c. Obligations : $E(x) = 1,36$; $Var(x) = 0,23$
Actions : $E(x) = 4$; $Var(x) = 1$

56. a. 0,0596
b. 0,3585
c. 100
d. 95 ; 9,75

58. a. 0,9510
b. 0,0480
c. 0,0490

60. a. 240
b. 12,96
c. 12,96

62. 0,1912

64. a. 0,2240
b. 0,5767

66. a. 0,4667
b. 0,4667
c. 0,0667

Chapitre 6

1. a.

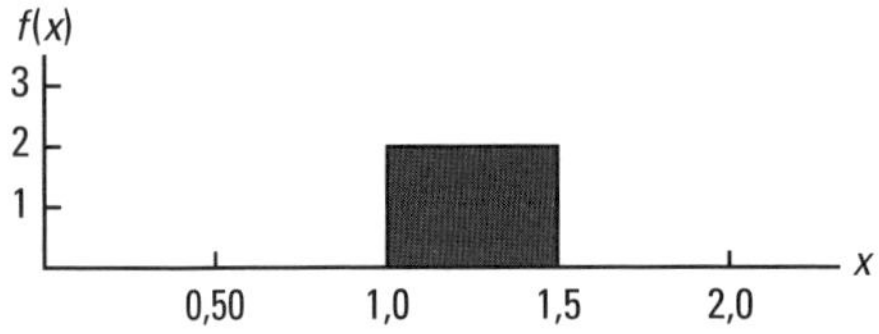

b. $P(x = 1,25) = 0$
c. $P(1,0 \le x \le 1,25) = 0,50$
d. $P(1,20 < x < 1,5) = 0,60$

2. b. 0,50
c. 0,60
d. 15
e. 8,33

4. a.

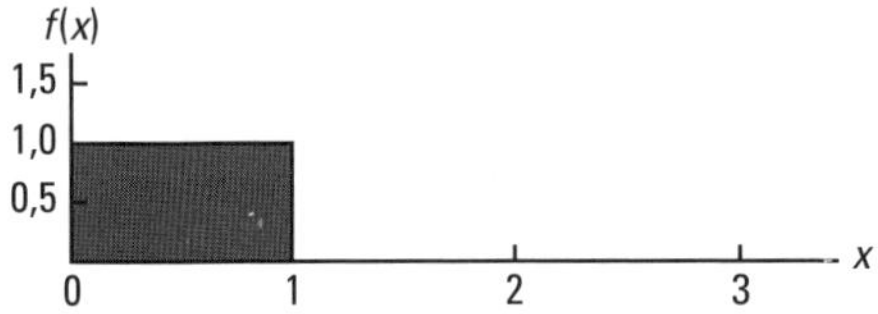

b. 0,50
c. 0,30
d. 0,40

6. a. 0,125
b. 0,50
c. 0,25

10. a. 0,9332
b. 0,8413
c. 0,0919
d. 0,4938

12. a. 0,2967
b. 0,4418
c. 0,3300
d. 0,5910
e. 0,8849
f. 0,2389

13. a. $0,6879 - 0,0239 = 0,6640$
b. $0,8888 - 0,6985 = 0,1903$
c. $0,1492 - 0,0401 = 0,1091$

14. a. $z = 1,96$
b. $z = 1,96$
c. $z = 0,61$
d. $z = 1,12$
e. $z = 0,44$
f. $z = 0,44$

15. a. $z = -0,80$
b. $z = 1,66$
c. $z = 0,26$
d. $z = 2,56$
e. $z = -0,50$

16. a. $z = 2,33$
b. $z = 1,96$
c. $z = 1,645$
d. $z = 1,28$

18. a. 0,1112
b. 0,1112
c. 40,50 dollars ou plus

20. a. 0,0885
b. 12,51 %
c. 93,8 heures ou plus

22. a. 0,6553
b. 13,05 heures
c. 0,9838

24. a. 200 ; 26,04
b. 0,2206
c. 0,1261
d. 242,84 millions

26. a. $\mu = 20$, $\sigma = 4$
b. Oui
c. 0,0602

d. 0,4714
e. 0,1292

28. a. $\mu = 50$
b. 0,0485
c. 0,1904
d. 0,0010

30. a. 220
b. 0,0392
c. 0,8962

32. a. 0,5276
b. 0,3935
c. 0,4724
d. 0,1341

33. a. $P(x \le x_0) = 1 - e^{-x_0/3}$
b. $P(x \le 2) = 0,4866$
c. $P(x \ge 3) = 0,3679$
d. $P(x \le 5) = 0,8111$
e. $P(2 \le x \le 5) = 0,3245$

34. a. 0,5624
b. 0,1915
c. 0,2461
d. 0,2259

35. a.

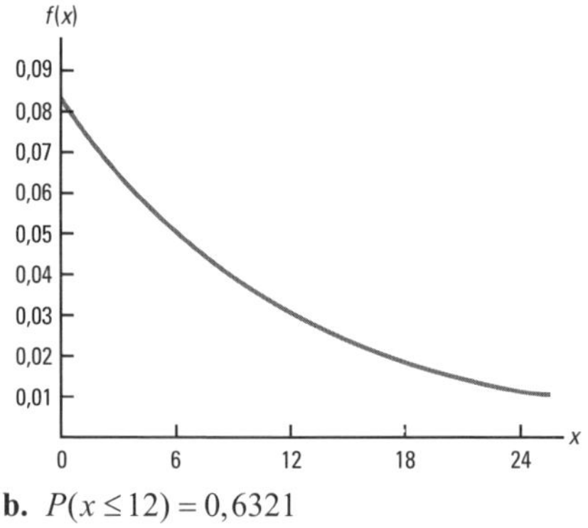

b. $P(x \le 12) = 0,6321$
c. $P(x \le 6) = 0,3935$
d. $P(x \ge 30) = 0,0821$

36. a. 0,3936
b. 0,2386
c. 0,1353

38. a. $f(x) = 5,5e^{-5,5x}$
b. 0,2528
c. 0,6002

40. a. 3 780 dollars ou moins
b. 19,22 %
c. 8 167,50 dollars

42. a. 3 229
b. 0,2244
c. 12 383 dollars ou plus

44. a. 0,0228
b. 50 dollars

46. a. 38,3 %
b. 3,59 % ont une meilleure note ; 96,41 % une plus mauvaise note
c. 38,21 %

48. $\mu = 19,23$ onces

50. a. 240 dollars
b. 0,1788
c. 0,3557
d. 0,0594

52. a. 1/7 minute
b. $7e^{-7x}$
c. 0,0009
d. 0,2466

54. a. 2 minutes
b. 0,2212
c. 0,3935
d. 0,0821

Chapitre 7

1. a. AB, AC, AD, AE, BC, BD, BE, CD, CE, DE
b. 1/10
c. E et C

2. 22 ; 147 ; 229 ; 289

3. 459 ; 147 ; 385 ; 113 ; 340 ; 401 ; 215 ; 2 ; 33 ; 348

4. a. Bell South, LSI Logic, General Electric
b. 120

6. 2 782 ; 493 ; 825 ; 1 807 ; 289

8. ExxonMobil, Chevron, Travelers, Microsoft, Pfizer et Intel

10. a. Finie
b. Infinie
c. Infinie
d. Finie
e. Infinie

11. a. $\bar{x} = 9$
b. $s = 3,1$

12. a. 0,50
b. 0,3667

13. a. $\bar{x} = 93$
b.

	x_i	$(x_i - \bar{x})$	$(x_i - \bar{x})^2$
	94	+1	1
	100	+7	49
	85	−8	64
	94	+1	1
	92	−1	1
Total	465	0	116
	$s = 5{,}39$		

14. a. 0,45
b. 0,15
c. 0,45

16. a. 0,10
b. 20
c. 0,72

18. a. 200
b. 5
c. Normale avec $E(\bar{x}) = 200$ et $\sigma_{\bar{x}} = 5$
d. La distribution d'échantillonnage de $\bar{x}$

19. a. 0,6826
b. 0,9544

20. 3,54 ; 2,50 ; 2,04 ; 1,77 ; $\sigma_{\bar{x}}$ décroît lorsque n augmente

22. a. Normale avec $E(\bar{x}) = 51800$ et $\sigma_{\bar{x}} = 516{,}40$
b. $\sigma_{\bar{x}}$ tombe à 365,15
c. $\sigma_{\bar{x}}$ décroît lorsque n augmente

23. a. 0,6680

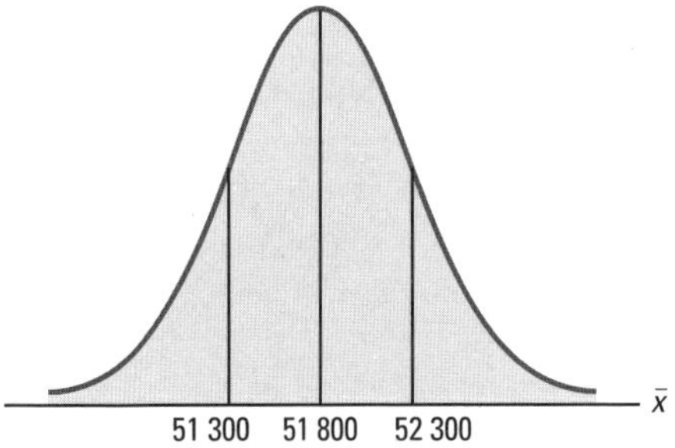

b. 0,8294

24. a. Normale avec $E(\bar{x}) = 17{,}5$ et $\sigma_{\bar{x}} = 0{,}57$
b. 0,9198
c. 0,6212

26. a. 0,4246 ; 0,5284 ; 0,6922 ; 0,9586
b. Probabilité plus élevée que la moyenne d'échantillon soit proche de la moyenne de la population

28. a. Normale avec $E(\bar{x}) = 95$ et $\sigma_{\bar{x}} = 2{,}56$
b. 0,7580
c. 0,8502
d. Augmenter la taille d'échantillon

30. a. $n/N = 0{,}01$; non
b. 1,29 ; 1,30 ; légère différence
c. 0,8764

32. a. 0,6156
b. 0,8502

34. a. 0,6156
b. 0,7814
c. 0,9488
d. 0,9942
e. La probabilité est plus élevée avec un échantillon de taille plus importante

35. a. La distribution normale est appropriée ($\bar{p} = 0{,}30$ et $\sigma_{\bar{p}} = 0{,}0458$)

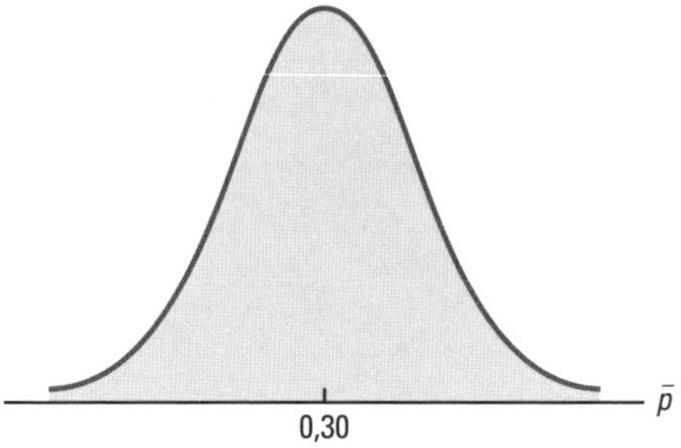

b. 0,9708
c. 0,7242

36. a. Normale avec $E(\bar{p}) = 0{,}66$ et $\sigma_{\bar{p}} = 0{,}023$
b. 0,8584
c. 0,9606
d. Oui, l'erreur type est plus petite à la question (c)
e. 0,9616 ; la probabilité est plus élevée car une taille d'échantillon supérieure réduit l'erreur type.

38. a. Normale avec $E(\bar{p}) = 0{,}56$ et $\sigma_{\bar{p}} = 0{,}0248$
b. 0,5820
c. 0,8926

40. a. Normale avec $E(\bar{p}) = 0,76$ et $\sigma_{\bar{p}} = 0,0214$
b. 0,8384
c. 0,9452

42. 122 ; 99 ; 25 ; 55 ; 115 ; 102 ; 61

44. a. Normale avec $E(\bar{x}) = 115,50$ et $\sigma_{\bar{p}} = 5,53$
b. 0,9298
c. $z = -2,80$; 0,0026

46. a. 955
b. 0,50
c. 0,7062
d. 0,8230

48. a. 625
b. 0,7888

50. a. Normale avec $E(\bar{p}) = 0,28$ et $\sigma_{\bar{p}} = 0,0290$
b. 0,8324
c. 0,5098

52. a. 0,8882
b. 0,0233

54. a. 48
b. Normale avec $E(\bar{p}) = 0,25$ et $\sigma_{\bar{p}} = 0,0625$
c. 0,2119

Chapitre 8

2. a. [30,60 ; 33,40]
b. [30,34 ; 33,66]
c. [29,81 ; 34,19]

4. 54

5. a. 1,40
b. $[23,40 ; 26,20]$

6. [8,1 ; 8,9]

8. a. La population est au moins approximativement normale
b. 3,1
c. 4,1

10. a. 113 638 \$ à124 672 \$
b. 112 581 \$ à 125 729 \$
c. 110 515 \$ à 127 795 \$
d. La largeur de l'intervalle augmente avec le seuil de confiance

12. a. 2,179
b. –1,676
c. 2,457
d. –1,708 et 1,708
e. –2,014 et 2,014

13. a. $\bar{x} = 10$
b. $s = 3,464$
c. $t_{0,025}\left(\frac{s}{\sqrt{n}}\right) = 2,9$
d. $10 \pm 2,9$ (7,1 à 12,9)

14. a. 21,5 à 23,5
b. 21,3 à 23,7
c. 20,9 à 24,1
d. Une marge d'erreur plus importante et un intervalle plus large

15. $19,5 \pm 1,29$ (18,21 à 20,79)

16. a. 1,69
b. 47,31 à 50,69
c. Moins d'heures et un coût supérieur pour United

18. a. 22 semaines
b. 3,8020
c. 18,20 à 25,80
d. Un échantillon plus grand la prochaine fois

20. $\bar{x} = 22$; 21,48 à 22,52

22. a. 9 269 dollars à 12 541 dollars
b. 1 523
c. 4 748 714 ; 34 millions de dollars

24. a. 9
b. $n = 34,57$; utiliser $n = 35$
c. $n = 77,79$; utiliser $n = 78$

25. a. $n = 79,88$; utiliser $n = 80$
b. $n = 31,65$; utiliser $n = 32$

26. a. 18
b. 35
c. 97

28. a. 328
b. 465
c. 803
d. n augmente ; ne pas utiliser un seuil de confiance de 99 %

30. 81

31. a. $\bar{p} = 0,25$
b. $\sqrt{\frac{\bar{p}(1-\bar{p})}{n}} = 0,0217$
c. $0,25 \pm 0,0424$ (0,2076 à 0,2924)

32. a. 0,6733 à 0,7267
b. 0,6682 à 0,7318

34. 1 068

35. a. $\bar{p} = 0,88$
b. $z_{0,05}\sqrt{\dfrac{\bar{p}(1-\bar{p})}{n}} = 0,0120$
c. $0,88 \pm 0,0120$ (0,8658 à 0,8942)

36. a. 0,23
b. 0,1716 à 0,2884

38. a. 0,1790
b. 0,0738 : 0,5682 à 0,7158
c. 354

39. a. $n = 562$
b. $n = 970,77$; utiliser $n = 971$

40. 0,0346 (0,4854 à 0,5546)

42. a. 0,0442
b. 601 ; 1068 ; 2401 ; 9604

44. a. 4,00
b. 29,77 $ à 37,77 $

46. a. 122
b. 1 751 $ à 1 995 $
c. 172 dollars ; 316 millions de dollars
d. Inférieur à 1 873 dollars

48. a. 14 minutes
b. 13,38 à 14,62
c. 32 par jour
d. Réduction d'effectif

50. 37

52. 176

54. a. 0,5420
b. 0,0508
c. 0,4912 à 0,5928

56. a. 0,8273
b. 0,7957 à 0,8589

58. a. 1 267
b. 1 509

60. a. 0,3101
b. 0,2898 à 0,3304
c. 8 219 ; Non, cette taille d'échantillon est inutilement grande.

Chapitre 9

2. a. $H_0 : \mu \leq 14$
$H_a : \mu > 14$
b. Pas de preuve que le nouveau système de bonus accroisse les ventes
c. L'hypothèse de recherche $H_a : \mu > 14$ est soutenue ; le nouveau système de bonus augmente les ventes

4. a. $H_0 : \mu \geq 220$
$H_a : \mu < 220$

5. a. Rejeter $H_0 : \mu \leq 56,2$ alors qu'elle est vraie
b. Accepter $H_0 : \mu \leq 56,2$ alors qu'elle est fausse

6. a. $H_0 : \mu \leq 1$
$H_a : \mu > 1$
b. Affirmer que $\mu > 1$ lorsque ce n'est pas vrai
c. Affirmer que $\mu \leq 1$ lorsque ce n'est pas vrai

8. a. $H_0 : \mu \geq 220$
$H_a : \mu < 220$
b. Affirmer que $\mu < 220$ lorsque ce n'est pas vrai
c. Affirmer que $\mu \geq 220$ lorsque ce n'est pas vrai

10. a. $z = 1,48$
b. 0,0694
c. Ne pas rejeter H_0
d. Rejeter H_0 si $z \geq 2,33$; Ne pas rejeter H_0

11. a. $z = -2,00$
b. 0,0456
c. Rejeter H_0
d. Rejeter H_0 si $z \leq -1,96$ ou si $z \geq 1,96$; Rejeter H_0

12. a. 0,1056 ; ne pas rejeter H_0
b. 0,0062 ; rejeter H_0
c. ≈ 0 ; rejeter H_0
d. 0,7967 ; ne pas rejeter H_0

14. a. 0,3844 ; ne pas rejeter H_0
b. 0,0074 ; rejeter H_0
c. 0,0836 ; ne pas rejeter H_0

15. a. $H_0 : \mu \geq 1056$
$H_a : \mu < 1056$
b. $z = -1,83$; valeur $p = 0,0336$
c. Rejeter H_0
d. Rejeter H_0 si $z \leq -1,645$; Rejeter H_0

16. a. $H_0 : \mu \leq 3173$
$H_a : \mu > 3173$

b. 0,0207
c. Rejeter H_0

18. a. $H_0: \mu = 4,1$
$H_a: \mu \neq 4,1$
b. –2,21 ; 0,0272
c. Rejeter H_0

20. a. $H_0: \mu \geq 32,79$
$H_a: \mu < 32,79$
b. –2,73
c. 0,0032
d. Rejeter H_0

22. a. $H_0: \mu = 8$
$H_a: \mu \neq 8$
b. 0,1706
c. Ne pas rejeter H_0
d. 7,83 à 8,97 ; Oui

24. a. $t = -1,54$
b. 47 degrés de liberté. Aire dans la queue inférieure comprise entre 0,05 et 0,10. Valeur p (bilatérale) comprise entre 0,10 et 0,20 ; Valeur p exacte = 0,1303.
c. Ne pas rejeter H_0
d. Rejeter H_0 si $t \leq -2,012$ ou si $t \geq 2,012$; Ne pas rejeter H_0

26. a. Entre 0,02 et 0,05 ; rejeter H_0
b. Entre 0,01 et 0,02 ; rejeter H_0
c. Entre 0,10 et 0,20 ; ne pas rejeter H_0

27. a. $H_0: \mu \geq 238$
$H_a: \mu < 238$
b. $t = -0,88$; 99 degrés de liberté ; valeur p comprise entre 0,10 et 0,20 ; Valeur p exacte = 0,1905.
c. Ne pas rejeter H_0
d. Rejeter H_0 si $t \leq -1,66$; Ne pas rejeter H_0

28. a. $H_0: \mu \geq 9$
$H_a: \mu < 9$
b. Entre 0,005 et 0,01 ;
Valeur p exacte = 0,0072
c. Rejeter H_0

30. a. $H_0: \mu = 600$
$H_a: \mu \neq 600$
b. Entre 0,20 et 0,40 ;
Valeur p exacte = 0,2491
c. Ne pas rejeter H_0
d. Un échantillon plus grand

32. a. $H_0: \mu = 10192$
$H_a: \mu \neq 10192$
b. Entre 0,02 et 0,05 ;
Valeur p exacte = 0,0304
c. Rejeter H_0

34. a. $H_0: \mu = 2$
$H_a: \mu \neq 2$
b. 2,2
c. 0,52
d. Entre 0,20 et 0,40 ;
Valeur p exacte = 0,2535
e. Ne pas rejeter H_0

36. a. $z = -2,80$; valeur p = 0,0026 ; rejeter H_0
b. $z = -1,20$; valeur p = 0,1151 ; ne pas rejeter H_0
c. $z = -2,00$; valeur p = 0,0228 ; rejeter H_0
d. $z = 0,80$; valeur p = 0,7881 ; ne pas rejeter H_0

38. a. $H_0: p = 0,64$
$H_a: p \neq 0,64$
b. $\bar{p} = 0,52$; $z = -2,50$; valeur p = 0,0124
c. Rejeter H_0
d. Oui

40. a. 21
b. 0,0436
c. Conclure que le nombre d'employeurs offrant des cadeaux a augmenté ; 0,0436

42. a. $\bar{p} = 0,15$
b. 0,0718 à 0,2218
c. Le taux de rendement pour le magasin de Houston est différent de la moyenne nationale.

44. a. $H_0: p \leq 0,51$
$H_a: p > 0,51$
b. $\bar{p} = 0,58$; valeur p = 0,0026
c. Rejeter H_0

46. a. $H_0: \mu = 16$
$H_a: \mu \neq 16$
b. 0,0286 ; Rejeter H_0 ; Réajuster le processus de production
c. 0,2186 ; Ne pas rejeter H_0 ; Poursuivre la production
d. $z = 2,19$; rejeter H_0
$z = -1,23$; ne pas rejeter H_0
Oui, même conclusion

48. a. $H_0: \mu \leq 119155$
$H_a: \mu > 119155$
b. 0,0047
c. Rejeter H_0

50. $t = -1,05$; valeur p comprise entre 0,20 et 0,40 ; Valeur p exacte = 0,2999 ; ne pas rejeter H_0

52. $t = 2,26$; valeur p comprise entre 0,01 et 0,025 ; Valeur p exacte = 0,0155 ; rejeter H_0

54. a. Oui
b. Ne pas conclure que plus de 75 % des voyageurs approuvent ; l'utilisation obligatoire n'est pas recommandée

56. a. $H_0 : p \leq 0,80$
$H_a : p > 0,80$
b. 0,84
c. 0,0418
d. Rejeter H_0

58. $H_0 : p \geq 0,90$
$H_a : p < 0,90$
Valeur p = 0,0808
Ne pas rejeter H_0

Chapitre 10

1. a. $\bar{x}_1 - \bar{x}_2 = 2$
b. $2 \pm 0,98$ (1,02 à 2,98)
c. $2 \pm 1,17$ (0,83 à 3,17)

2. a. $z = 2,03$
b. valeur p = 0,0212
c. Rejeter H_0

4. a. $\bar{x}_1 - \bar{x}_2 = 3,96$
b. $z_{0,025}\sqrt{\frac{\sigma_1^2}{n_1} + \frac{\sigma_2^2}{n_2}} = 1,88$
c. $3,96 \pm 1,88$ (2,08 à 5,84)

6. Valeur p = 0,0351 ; Rejeter H_0 ; Le prix moyen à Atlanta est inférieur au prix moyen à Houston.

8. a. Rejeter H_0 ; le service client de Rite Aid s'est amélioré
b. Ne pas rejeter H_0 ; la différence n'est pas statistiquement significative
c. valeur p = 0,0336 ; Rejeter H_0 ; le service client d'Expédia s'est amélioré
d. 1,80
e. L'augmentation pour J.C. Penney n'est pas statistiquement significative

9. a. $\bar{x}_1 - \bar{x}_2 = 2,4$
b. 45,8 degrés de liberté
c. $t_{0,025}\sqrt{\frac{s_1^2}{n_1} + \frac{s_2^2}{n_2}} = 2,1$
d. $2,4 \pm 2,1$ (0,3 à 4,5)

10. a. $t = 2,18$
b. 65,7 degrés de liberté
c. Avec 65 degrés de liberté, l'aire dans la queue de la distribution est comprise entre 0,01 et 0,025. La valeur p bilatérale est comprise entre 0,02 et 0,05 ;
Valeur p exacte = 0,0329.
d. Rejeter H_0

12. a. $\bar{x}_1 - \bar{x}_2 = 3,9$
b. 87,1 degrés de liberté – Utiliser 87 degrés de liberté
$3,9 \pm 3,3$ (0,6 à 7,2)

14. a. $H_0 : \mu_1 - \mu_2 \geq 0$
$H_a : \mu_1 - \mu_2 < 0$
b. –2,41
c. Entre 0,005 et 0,01
(valeur p exacte = 0,009)
d. Rejeter H_0 ; les salaires des nourrices sont inférieurs à Tampa

16. a. $H_0 : \mu_1 - \mu_2 \leq 0$
$H_a : \mu_1 - \mu_2 > 0$
b. 38
c. $t = 1,80$; 25 degrés de liberté ; valeur p comprise entre 0,025 et 0,05
(valeur p exacte = 0,0420)
d. Rejeter H_0

18. a. $H_0 : \mu_1 - \mu_2 \geq 120$
$H_a : \mu_1 - \mu_2 < 120$
b. –2,10 ; Entre 0,01 et 0,025
(valeur p exacte = 0,0195)
c. 32 à 118
d. Une taille d'échantillon plus grande

19. a. 1, 2, 0, 0, 2
b. $\bar{d} = 1$
c. $s_d = 1$
d. $t = 2,24$; 4 degrés de liberté, une valeur p comprise entre 0,025 et 0,05
(valeur p exacte = 0,0443) ; Rejet de H_0

20. a. 3, –1, 3, 5, 3, 0, 1
b. 2
c. 2,08
d. 2
e. 0,07 à 3,93

21. $H_0 : \mu_d \leq 0$
$H_a : \mu_d > 0$
$\bar{d} = 0,625$; $s_d = 1,30$; $t = 1,36$; 7 degrés de liberté ; une valeur p comprise entre 0,10 et 0,20 (valeur p exacte = 0,1080); Ne pas rejeter H_0

22. 0,10 $ à 0,32 $

24. $t = 1,32$; valeur p supérieure à 0,10 (valeur p exacte = 0,1142)
Ne pas rejeter H_0

26. a. $t = -1,42$; valeur p comprise entre 0,10 et 0,20 (valeur p exacte = 0,1718) ; Ne pas rejeter H_0
b. –1,05
c. 1,28 ; oui

27. a. $\bar{\bar{x}} = 144$
SCT = 1 488
b. CMT = 744
c. SCE = 2 030
d. CME = 135,3
e.

Source de variation	Somme des carrés	Degrés de liberté	Carré moyen	*F*	Valeur *p*
Traitements	1 488	2	744	5,50	0,0162
Erreur	2 030	15	135,3		
Total	3 518	17			

f. $F = 5,50$
D'après la table de Fisher (2 degrés de liberté au numérateur et 15 degrés de liberté au dénominateur), la valeur p est comprise entre 0,01 et 0,025 (valeur exacte égale à 0,0162). Nous rejetons l'hypothèse nulle d'égalité des moyennes des trois populations.

28.

Source de variation	Somme des carrés	Degrés de liberté	Carré moyen	*F*	Valeur *p*
Traitements	300	4	75	14,07	0,0000
Erreur	160	30	5,33		
Total	460	34			

30.

Source de variation	Somme des carrés	Degrés de liberté	Carré moyen	*F*	Valeur *p*
Traitements	150	2	75	4,80	0,0233
Erreur	250	16	15,63		
Total	400	18			

Rejet de H_0 puisque la valeur p est inférieure à 0,05

32. Puisque la valeur p égale à 0,0082 est inférieure à $\alpha = 0,05$, nous rejetons l'hypothèse nulle d'égalité des moyennes des trois traitements.

34. $\bar{\bar{x}} = 73$
SCT = 516
CMT = 258
SCE = 430
CME = 28,67
$F = 9,00$

Source de variation	Somme des carrés	Degrés de liberté	Carré moyen	*F*	Valeur *p*
Traitements	516	2	258	9,00	0,003
Erreur	430	15	28,67		
Total	946	17			

D'après la table de Fisher (2 degrés de liberté au numérateur et 15 degrés de liberté au dénominateur), la valeur p est inférieure à 0,01 (valeur exacte égale à 0,003). Nous rejetons l'hypothèse nulle d'égalité des moyennes.

36. Valeur p = 0,0000
Puisque la valeur p est inférieure à 0,05, nous rejetons l'hypothèse nulle d'égalité des moyennes des trois groupes.

38. Valeur p = 0,0038
Puisque la valeur p est inférieure à 0,05, nous rejetons l'hypothèse nulle d'égalité des moyennes des trois groupes.

40. a. $H_0 : \mu_1 - \mu_2 = 0$
$H_a : \mu_1 - \mu_2 \neq 0$
$z = 2,79$; valeur p = 0,0052 ;
rejeter H_0.

42. a. $H_0 : \mu_1 - \mu_2 \leq 0$
$H_a : \mu_1 - \mu_2 > 0$

b. $t = 0{,}60$; 57 degrés de liberté
Valeur p supérieure à 0,20 (égale à 0,2754)
Ne pas rejeter H_0

44. a. Une baisse de 2,45 dollars
b. $2{,}45 \pm 2{,}15$ (0,30 à 4,60)
c. 8 % de baisse
d. 23,93 dollars

46. Significative ; valeur $p = 0{,}046$

48. Non significative ; valeur $p = 0{,}2455$

Chapitre 11

1. a. $\bar{p}_1 - \bar{p}_2 = 0{,}12$
b. 0,0586 à 0,1814
c. 0,0469 à 0,1931

2. a. 0,2333
b. 0,1498
c. Ne pas rejeter H_0

3. a. $\bar{p} = 0{,}1840$; $z = 1{,}70$; valeur $p = 0{,}0446$
b. Rejeter H_0 ; Conclure que p_1 est plus grand que p_2

4. a. 0,64 ; 0,58 ; professionnels
b. 0,06 ; les professionnels ont un pourcentage de réussite 6 % plus élevé
c. 0,02 à 0,10 ; de 2 % à 10 % de plus

6. a. 0,64
b. 0,45
c. $0{,}19 \pm 0{,}0813$ (0,1087 à 0,2713)

8. a. $H_0 : p_1 - p_2 = 0$
$H_a : p_1 - p_2 \neq 0$
b. 0,28
c. 0,26
d. 0,3078 ; Ne pas rejeter H_0

10. a. $H_0 : p_1 - p_2 = 0$
$H_a : p_1 - p_2 \neq 0$
b. 0,13
c. Valeur $p = 0{,}0404$
d. Rejeter H_0 ; il y a une différence significative entre les groupes d'âge

11. a. Fréquences attendues : $e_1 = 80$; $e_2 = 80$; $e_3 = 40$
Fréquences observées : $f_1 = 60$; $f_2 = 120$; $f_3 = 20$
$\chi^2 = 35$; 2 degrés de liberté ; Valeur $p \leq 0{,}01$; Rejet de H_0
b. Rejet de H_0 si $\chi^2 \geq 9{,}210$; $\chi^2 = 35$ donc on rejette H_0

12. $\chi^2 = 15{,}33$; valeur p inférieure à 0,005 ; rejeter H_0

13. $H_0 : p_{ABC} = 0{,}29$, $p_{CBS} = 0{,}28$, $p_{NBC} = 0{,}25$, $p_{IND} = 0{,}18$
H_a : les proportions ne sont pas $p_{ABC} = 0{,}29$, $p_{CBS} = 0{,}28$, $p_{NBC} = 0{,}25$, $p_{IND} = 0{,}18$
Fréquences attendues : $e_1 = 87$, $e_2 = 84$, $e_3 = 75$, $e_4 = 54$
Fréquences observées : $f_1 = 95$, $f_2 = 75$, $f_3 = 89$, $f_4 = 46$
$\chi^2 = 6{,}87$; 3 degrés de liberté ; valeur p comprise entre 0,05 et 0,10
Ne pas rejeter H_0

14. $\chi^2 = 29{,}51$; 5 degrés de liberté ; valeur $p \leq 0{,}005$; rejeter H_0

16. a. $\chi^2 = 12{,}21$; 3 degrés de liberté
Valeur p comprise entre 0,005 et 0,01
On conclut à l'existence d'une différence pour 2003
b. 21 %, 30 %, 15 %, 34 %
L'utilisation de la carte de paiement s'est généralisée
c. 51 %

18. $\chi^2 = 16{,}31$; 3 degrés de liberté ; valeur p inférieure à 0,005 ; rejeter H_0

19. H_0 : La variable colonne est indépendante de la variable ligne
H_a : La variable colonne n'est pas indépendante de la variable ligne
Fréquences attendues :

	A	B	C
P	28,5	39,9	45,6
Q	21,5	30,1	34,4

$\chi^2 = 7{,}86$
2 degrés de liberté
Valeur p comprise entre 0,01 et 0,025
Rejeter H_0

20. $\chi^2 = 19{,}77$; 4 degrés de liberté ; valeur p inférieure à 0,005 ; rejeter H_0

21. H_0 : Le type de ticket acheté est indépendant du type de vol

H_a : Le type de ticket acheté n'est pas indépendant du type de vol
Fréquences attendues :
$e_{11} = 35,59, e_{21} = 150,73, e_{31} = 455,68$
$e_{12} = 15,41, e_{22} = 65,27, e_{32} = 197,32$
$\chi^2 = 100,43$; 2 degrés de liberté ; valeur p inférieure à 0,005 ; rejeter H_0

22. a. $\chi^2 = 7,95$; 3 degrés de liberté ; valeur p comprise entre 0,025 et 0,05 ; rejeter H_0
b. 18 à 24

24. a. $\chi^2 = 8,47$; valeur p comprise entre 0,025 et 0,05 ; rejeter H_0 ; l'intention de rachat n'est pas indépendante du véhicule.
b. Accord 77 ; Camry 71 ; Taurus 62 ; Impala 57
c. Impala et Taurus en dessous ; Accord et Camry au-desus ; Accord et Camry suscitent une plus grande satisfaction de la part de leurs propriétaires, ce qui peut avoir un impact positif sur les parts de marché futures.

26. a. 6 446
b. $\chi^2 = 425,4$; valeur $p = 0$; Rejeter H_0 ; l'attitude vis-à-vis de l'énergie nucléaire n'est pas indépendante du pays.
c. Ialie (58 %), Espagne (32 %)

28. $\chi^2 = 3,01$; 2 degrés de liberté
Valeur p supérieure à 0,10 ;
Ne pas rejeter H_0 ; 63,3 %

30. a. Valeur $p \approx 0$; Rejet de H_0
b. 0,0468 à 0,1332

32. a. 0,35 et 0,47
b. $0,12 \pm 0,1037$ (0,0163 à 0,2237)
c. Oui, on peut s'attendre à ce que les taux d'occupation soient supérieurs

34. $\chi^2 = 8,04$; 3 degrés de liberté
Valeur p comprise entre 0,025 et 0,05
Rejeter H_0

36. $\chi^2 = 4,64$; 2 degrés de liberté
Valeur p comprise entre 0,05 et 0,10
Ne pas rejeter H_0

38. $\chi^2 = 42,53$; 4 degrés de liberté
Valeur p inférieure à 0,005
Rejeter H_0

40. $\chi^2 = 23,37$; 3 degrés de liberté
Valeur p inférieure à 0,005
Rejeter H_0

42. a. 71 %, 22 %, plus lent préféré
b. $\chi^2 = 2,99$; 2 degrés de liberté ; valeur p supérieure à 0,10 ; Ne pas rejeter H_0 ;

44. $\chi^2 = 7,75$; 3 degrés de liberté
Valeur p comprise entre 0,05 et 0,10 ;
Ne pas rejeter H_0

Chapitre 12

1. a.

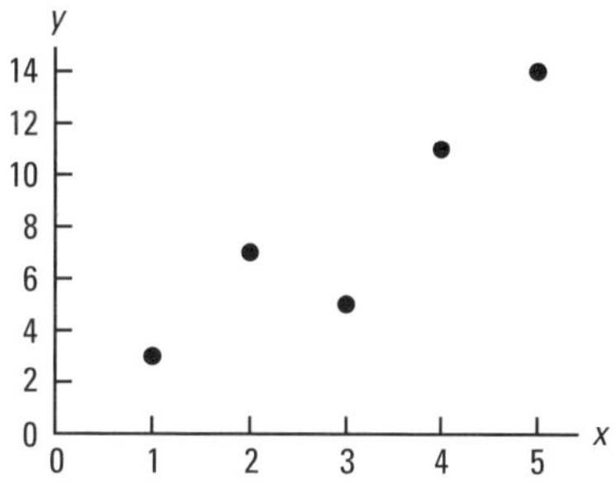

b. Il apparaît une relation linéaire entre x et y
c. Beaucoup de lignes droites différentes peuvent être tracées pour fournir une approximation linéaire de la relation entre x et y ; à la question (d), nous déterminerons l'équation de la ligne droite qui représente le mieux la relation selon le critère des moindres carrés.
d. $\hat{y} = 0,2 - 2,6x$
e. $\hat{y} = 10,6$

2. b. Il semble y avoir une relation linéaire négative entre x et y
d. $\hat{y} = 68 - 3x$
e. 38

4. a.

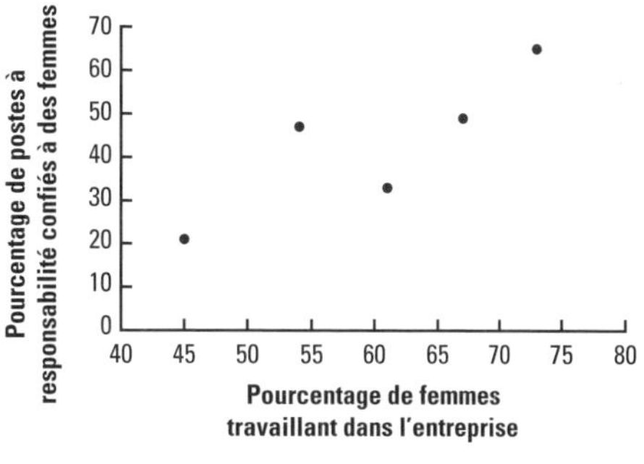

b. Il semble y avoir une relation linéaire positive entre le pourcentage de femmes travaillant dans les cinq sociétés (x) et le pourcentage de postes à responsabilité confiés à des femmes dans chacune des sociétés (y).

c. Beaucoup de lignes droites différentes peuvent être tracées pour fournir une approximation linéaire de la relation entre x et y ; à la question (d), nous déterminerons l'équation de la ligne droite qui représente le mieux la relation selon le critère des moindres carrés.

d. $\hat{y} = -35 + 1,3x$

e. 43 %

6. c. $\hat{y} = 8,9412 - 0,02633x$

e. 6,3 ou approximativement 6 300 dollars

8. c. $\hat{y} = 359,2668 - 5,2772x$

d. 4 003 ou 4 003 000 dollars

10. c. $\hat{y} = -6745,44 + 149,29x$

d. 4 003 ou 4 003 000 dollars

12. c. $\hat{y} = -8129,4439 + 22,4443x$

d. 8 704 dollars

14. c. $\hat{y} = 37,1217 + 0,51758x$

d. 73

15. a. $\hat{y}_i = 0,2 + 2,6x_i$; $\bar{y} = 8$

$SCres = 12,40$; $SCT = 80$:

$SCreg = 67,6$

b. $r^2 = 0,845$

La droite de régression des moindres carrés est bien adaptée aux données ; 84,5 % de la variabilité de y est expliquée par cette équation.

c. $r_{xy} = +0,9192$

16. a. $SCres = 230$; $SCT = 1850$:

$SCreg = 1620$

b. $r^2 = 0,876$

c. $r_{xy} = -0,936$

18. a. $\hat{y} = 1790,5 + 581,1x$ et $\bar{y} = 3650$

$SCT = 335000,$ $SCreg = 249864,86,$

$SCres = 85135,14$

b. $r^2 = 0,746$

c. $r_{xy} = +0,8637$

20. a. $\hat{y} = 12,0169 + 0,0127x$

b. $r^2 = 0,4503$

c. 53

22. a. 0,77

b. Oui

c. $r_{xy} = +0,88$; fort

23. a. $s^2 = 4,133$

b. $s = 2,033$

c. $s_{b_1} = 0,643$

d. $t = 4,044$

D'après la table de Student (3 degrés de liberté), l'aire dans la queue est comprise entre 0,01 et 0,025. La valeur p est donc comprise entre 0,02 et 0,05 (la valeur p exacte est égale à 0,0272). Puisque la valeur $p \leq \alpha$, on rejette l'hypothèse nulle.

e. $F = 16,36$

D'après la table de Fisher (1 degré de liberté au numérateur et 3 au dénominateur), la valeur p est comprise entre 0,025 et 0,05 (valeur p exacte égale à 0,0272). Puisque la valeur $p \leq \alpha$, on rejette l'hypothèse nulle.

Source de variation	Somme des carrés	Degrés de liberté	Carré moyen	F	Valeur p
Traitements	67,6	1	67,6	16,36	0,0272
Erreur	12,4	3	4,133		
Total	80	4			

24. a. 76,6667

b. 8,7560

c. 0,6526

d. Significatif ; valeur $p = 0,0193$

e. Significatif ; valeur $p = 0,0193$

26. a. $s^2 = 21283,79$; $s = 145,89$;

$s_{b_1} = 169,59$; $t = 3,43$

D'après la table de Student (4 degrés de liberté), l'aire dans la queue est comprise entre 0,01 et 0,025. La valeur p est donc comprise entre 0,02 et 0,05 (la valeur p exacte est égale à 0,0266). Puisque la valeur $p \leq \alpha$, on rejette l'hypothèse nulle.

b. $F = 11,74$

D'après la table de Fisher (1 degré de liberté au numérateur et 4 au dénominateur), la valeur p est comprise entre 0,025 et 0,05 (valeur p exacte égale à 0,0266). Puisque la valeur $p \leq \alpha$, on rejette l'hypothèse nulle.

c.

Source de variation	Somme des carrés	Degrés de liberté	Carré moyen	*F*	Valeur *p*
Traitements	29 864,86	1	29 864,86	11,74	0,0266
Erreur	85 135,14	4	21 283,79		
Total	335 000	5			

28. Les variables sont liées ; valeur $p = 0{,}000$

30. Relation significative ; valeur $p = 0{,}002$

32. **a.** $s_{\hat{y}_p} = 1{,}11$

b. $10{,}6 \pm 3{,}53$ (7,07 à 14,13)

c. $s_{ind} = 2{,}32$

d. $10{,}6 \pm 7{,}38$ (3,22 à 17,98)

34. Intervalle de confiance : 8,65 à 21,15
Intervalle de prévision : –4,50 à 41,30

35. **a.** $3533{,}8 \pm 190{,}27$
(3 343,53 $ à 3 724,07 $)

b. $3533{,}8 \pm 447{,}46$
(3 086,34 $ à 3 981,26 $)

36. **a.** 201 dollars

b. 167,25 à 234,65

c. 108,75 à 293,15

38. **a.** 5 046,67 dollars

b. 3 815,10 $ à 6 278,24 $

c. Non

40. **a.** 9

b. $\hat{y} = 20{,}0 + 7{,}21x$

c. 1,3626

d. $F = 28{,}0$

D'après la table de Fisher (1 degré de liberté au numérateur et 7 au dénominateur), la valeur *p* est inférieure à 0,01 (valeur *p* exacte égale à 0,0011). Puisque la valeur $p \leq \alpha$, on rejette l'hypothèse nulle.

e. 380,5 soit 380 500 dollars

42. **a.** $\hat{y} = 80{,}0 + 50{,}0x$

b. 30

c. Relation significative ; valeur $p = 0{,}000$

d. 680 000 dollars

44. **b.** Oui

c. $\hat{y} = 2044{,}38 - 28{,}35x$

d. Relation significative ; valeur $p = 0{,}000$

e. 0,774 ; bonne adéquation

45. **a.** $\hat{y} = -7{,}02 + 1{,}59x$

b.

x_i	y_i	$\hat{y}_i$	$y_i - \hat{y}_i$
6	6	2,52	3,48
11	8	10,47	−2,47
15	12	16,83	−4,83
18	20	21,60	−1,60
20	30	24,78	5,22

c.

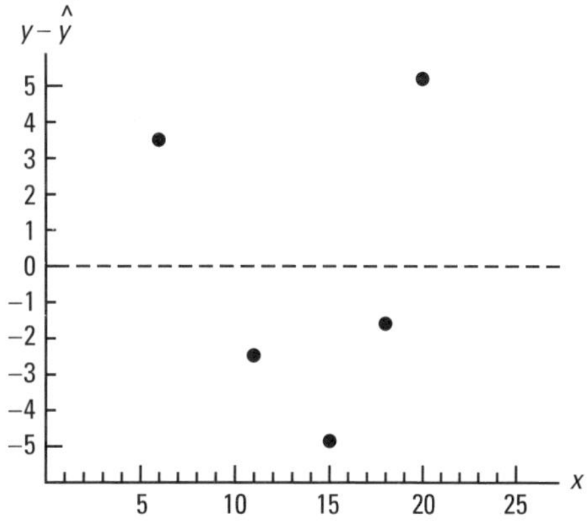

Avec seulement cinq observations, il est difficile de déterminer si les hypothèses sont satisfaites. Toutefois, le graphique suggère une courbe des résidus en forme de U, ce qui tendrait à prouver que les hypothèses ne sont pas satisfaites et que la relation entre *x* et *y* pourrait être curviligne.

d. $s^2 = 23{,}78$; $h_i = \dfrac{1}{5} + \dfrac{(x_i - 14)^2}{126}$

x_i	h_i	$s_{y_i - \hat{y}_i}$	$y_i - \hat{y}_i$	Résidus standardisés
6	0,7079	2,64	3,48	1,32
11	0,2714	4,16	−2,47	−0,59
15	0,2079	14,34	−4,83	−1,11
18	0,3270	4,00	−1,60	−0,40
20	0,4857	3,50	5,22	1,49

e. Le graphique des résidus par rapport à $\hat{y}$ a la même forme que le graphique des résidus original ; comme énoncé à la question (c), la courbure observée indique que les hypothèses relatives au terme d'erreur peuvent ne pas être satisfaites.

46. a. $\hat{y} = 2{,}32 + 0{,}64x$

c. Non, la variance semble augmenter pour les valeurs les plus importantes de x

47. a. $\hat{y} = 29{,}4 + 1{,}55x$

b. $F = 11{,}15$

D'après la table de Fisher (1 degré de liberté au numérateur et 5 au dénominateur), la valeur p est comprise entre 0,01 et 0,025 (valeur p exacte égale à 0,0206). Puisque la valeur $p \leq \alpha$, on conclut que les deux variables sont liées.

c.

x_i	y_i	$\hat{y}_i$	$y_i - \hat{y}_i$
1	19	30,95	−11,95
2	32	32,50	−0,50
4	44	35,60	8,40
6	40	38,70	1,30
10	52	44,90	7,10
14	53	51,10	1,90
20	54	60,40	−6,40

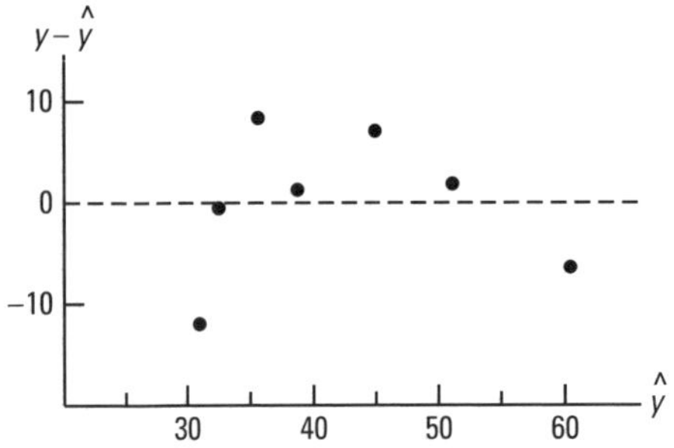

d. Le graphique des résidus nous amène à remettre en question l'hypothèse d'une relation linéaire entre x et y. Bien qu'elle soit significative au seuil de 5 %, il serait très dangereux d'extrapoler au-delà de l'intervalle des données.

48. b. Oui

50. a. $\hat{y} = 9{,}26 + 0{,}711x$

b. Relation significative; la valeur p est égale à 0,001

c. $r^2 = 0{,}774$; bonne adéquation

d. 13,53 dollars

52. b. $\hat{y} = 25{,}4 + 0{,}285x$

c. Relation significative ; la valeur p est égale à 0,000

d. Non ; $r^2 = 0{,}449$

e. Oui

f. Oui

54. a. $\hat{y} = 22{,}2 - 0{,}148x$

b. Relation significative ; la valeur p est égale à 0,028

c. Ajustement correct ; $r^2 = 0{,}739$

d. 12,294 à 17,271

56. a. $\hat{y} = 220 + 132x$

b. Relation significative ; la valeur p est égale à 0,000

c. $r^2 = 0{,}873$; Bonne adéquation

d. 559,50 $ à 933,90 $

58. a. Valeur bêta = 0,95

b. Relation significative ; la valeur p est égale à 0,029

c. $r^2 = 0{,}470$; pas une bonne adéquation

d. Xerox a un risque supérieur

60. b. Il semble exister une relation linéaire positive entre les deux variables

c. $\hat{y} = 9{,}37 + 1{,}2875\,Indice$

d. Relation significative ; valeur $p = 0{,}000$

e. $r^2 = 0{,}741$; bonne adéquation

f. $r_{xy} = +0{,}86$

Chapitre 13

2. a. $\hat{y} = 45{,}06 + 1{,}94x_1$

132,36

b. $\hat{y} = 85{,}22 + 4{,}32x_2$

150,02

c. $\hat{y} = -18{,}37 + 2{,}01x_1 + 4{,}74x_2$

143,18

4. a. 255 000 dollars

5. a. L'output Minitab est présenté à la figure D13.5a.

b. L'output Minitab est présenté à la figure D13.5b.

c. Il est égal à 1,60 à la question (a) et à 2,29 à la question (b). À la question (a), le coefficient correspond à une estimation de la variation du revenu générée par une variation d'une unité des dépenses publicitaires télévisées. À la question (b), il représente une estimation de la variation du revenu générée par une variation

```
The regression equation is
Revenue = 88.6 + 1.60 TVAdv

Predictor          Coef    SE Coef       T        p
Constant         88.638      1.582   56.02    0.000
TVAdv            1.6039     0.4778    3.36    0.015

S = 1.215     R-sq = 65.3%    R-sq(adj) = 59.5%

Analysis of Variance

SOURCE            DF        SS        MS        F        p
Regression         1    16.640    16.640    11.27    0.015
Residual Error     6     8.860     1.477
Total              7    25.500
```

Figure D13.5a

d'une unité des dépenses publicitaires télévisées, sachant que le montant des dépenses publicitaires dans les journaux est maintenu constant.

d. 93 560 dollars

6. a. $\hat{y} = -20,0 + 33,7x_1$

b. $\hat{y} = 0,9 + 14,6x_1 + 1,37x_2$

c. Non

d. 119,56 ou approximativement 120 000 dollars

8. a. $\hat{y} = 31054 + 1328,7x_1$

b. $\hat{y} = 21313 - 1446,3x_1 + 136,69x_2$

c. 26 643 dollars

10. a. $\hat{y} = -1,22 + 3,96x_1$

```
The regression equation is
Revenue = 83.2 + 2.29 TVAdv + 1.30 NewsAdv

Predictor          Coef    SE Coef       T        p
Constant         83.230      1.574   52.88    0.000
TVAdv            2.3010     0.3041    7.53    0.001
NewsAdv          1.3010     0.3207    4.06    0.010

S = 0.6426     R-sq = 91.9%    R-sq(adj) = 88.7%

Analysis of Variance

SOURCE            DF        SS        MS        F        p
Regression         2    23.435    11.718    23.38    0.002
Residual Error     5     2.065     0.413
Total              7    25.500
```

Figure D13.5b

b. Une augmentation de 0,01 du pourcentage de paniers marqués entraîne une augmentation d'environ 0,04 du pourcentage de parties gagnées.
c. $\hat{y} = -1,23 + 4,82x_1 - 2,59x_2 + 0,0344x_3$
d. Augmenter x_1 ; diminuer x_2 ; augmenter x_3
e. 0,638

12. a. $R^2 = 0,926$
b. $R_a^2 = 0,905$
c. Oui ; en tenant compte du nombre de variables indépendantes, 90,5 % de la variabilité de y est expliquée par ce modèle.

14. a. 0,75
b. 0,68

15. a. $R^2 = 0,919$; $R_a^2 = 0,887$
b. Une régression multiple est préférable puisque à la fois R^2 et R_a^2 indiquent une augmentation de la part de la variabilité de y expliquée par le modèle à deux variables indépendantes.

16. a. $R^2 = 0,613$; ajustement pas trop mauvais
b. Une meilleure adéquation avec une régression multiple ; $R^2 = 0,793$ et $R_a^2 = 0,768$

18. a. $R^2 = 0,564$; $R_a^2 = 0,511$
b. L'adéquation n'est pas très bonne

19. a. MCreg = 3108,188 ; MCres = 72,536
b. $F = 42,85$
D'après la table de Fisher (2 degrés de liberté au numérateur et 7 au dénominateur), la valeur p est inférieure à 0,01. Puisque la valeur $p \leq \alpha$, le modèle est globalement significatif.
c. $t = 7,26$; la valeur p est égale à 0,002. Puisque la valeur $p \leq \alpha$, β_1 est significatif.
d. $t = 8,78$; la valeur p est inférieure à 0,0001. Puisque la valeur $p \leq \alpha$, β_2 est significatif.

20. a. Significatif ; la valeur p est égale à 0,000
b. Significatif ; la valeur p est égale à 0,000
c. Significatif ; la valeur p est égale à 0,002

22. a. SCres = 4000 ; MCres = 571,43 ; Creg = 6000
b. Significatif ; la valeur p est égale à 0,008

23. a. $F = 28,38$; la valeur p est égale à 0,002. Puisque la valeur $p \leq \alpha$, la relation est significative.
b. $t = 7,53$; la valeur p est égale à 0,001. Puisque la valeur $p \leq \alpha$, β_1 est significatif et x_1 ne doit pas retirée du modèle.
c. $t = 4,06$; la valeur p est égale à 0,010. Puisque la valeur $p \leq \alpha$, β_2 est significatif et x_2 ne doit pas retirée du modèle.

24. a. $\hat{y} = -0,682 + 0,0498x_1 + 0,0147x_2$
b. Relation significative ; valeur p est égale à 0,001
c. Les deux sont significatives

26. a. Relation significative ; la valeur p est égale à 0,000
b. Toutes les variables indépendantes sont significatives

28. a. En utilisant Minitab, l'intervalle de confiance à 95 % est 132,16 à 154,15
b. En utilisant Minitab, l'intervalle de prévision à 95 % est 111,13 à 175,18

29. a. Cf. la figure D13.5b.
93,588 soit 93 588 dollars
b. 92,840 à 94,335, soit 92 840 $ à 94 335 $
c. 91,774 à 95,401, soit 91 774 $ à 95 401 $

30. a. 46,758 à 50,646
b. 44,815 à 52,589

32. a. $E(y) = \beta_0 + \beta_1 x_1 + \beta_2 x_2$ où

$$x_2 = \begin{cases} 0 \text{ si niveau } 1 \\ 1 \text{ si niveau } 2 \end{cases}$$

b. $E(y) = \beta_0 + \beta_1 x_1$
c. $E(y) = \beta_0 + \beta_1 x_1 + \beta_2$
d. $\beta_2 = E(y|\text{niveau } 2) - E(y|\text{niveau } 1)$
β_1 correspond à l'estimation d'un changement de $E(y)$ dû à une variation d'une unité de x_1 sachant que x_2 est maintenu constant.

34. a. 15 300 dollars
b. 56,1, soit 56 100 dollars
c. 41,6, soit 41 600 dollars

36. a. $\hat{y} = 1,86 + 0,291x_1 + 1,10x_2 - 0,609x_3$
b. Relation significative ; la valeur p est égale à 0,02
c. Le réparateur n'est pas significatif ; la valeur p est égale à 0,167

38. a. $\hat{y} = -91,8 + 1,08x_1 + 0,252x_2 + 8,74x_3$

b. Facteur significatif ; la valeur p est égale à 0,01

c. Intervalle de prévision à 95 % : 21,35 à 47,18 ; arrêter de fumer et commencer un traitement pour diminuer sa pression artérielle.

40. b. 67,39

42. a. $\hat{y} = -1,41 + 0,0235x_1 + 0,00486x_2$

b. Relation significative ; valeur $p = 0,0001$

c. Les deux paramètres sont significatifs

d. $R^2 = 0,937$; $R_a^2 = 9,19$; bonne adéquation

44. a. $\hat{y} = -7,522 + 1,8151x_1$

b. Oui

c. $\hat{y} = -5,388 + 0,6899x_1 + 0,9113x_2$

d. Relation significative ; valeur $p = 0,001$

46. a. $\hat{y} = 4,9090 + 10,4658x_1 + 21,6823x_2$

b. $R^2 = 0,6144$; adéquation raisonnable

c. $\hat{y} = 1,1899 + 6,8969x_1 + 17,6800x_2 + 0,0265x_3 + 6,4564x_4$

La variable x_3 (la valeur nette de l'actif) n'est pas significative et peut être supprimée

d. $\hat{y} = -4,6074 + 8,1713x_1 + 19,5194x_2 + 5,5197x_4 + 5,9237x_5 + 8,2367x_6 + 6,6241x_7$

e. 15,28 %

ANNEXE E
MICROSOFT EXCEL 2010 ET LES OUTILS D'ANALYSE STATISTIQUES

Microsoft Excel 2010, qui fait partie du pack Microsoft Office 2010, est un programme qui peut être utilisé pour organiser et analyser des données, effectuer des calculs complexes et créer une grande variété de graphiques. Nous supposons que les lecteurs sont familiers avec les opérations de base d'Excel, telles que la sélection de cellules, l'entrée de formule dans les cellules, les fonctions copier-coller, etc. Mais nous ne supposons pas que les lecteurs sont familiers avec Excel 2010 ou avec l'utilisation d'Excel pour l'analyse statistique.

L'objectif de cette annexe est double. Premièrement, nous fournissons une vue d'ensemble d'Excel 2010 et discutons des opérations de base nécessaires pour travailler avec Excel 2010. Deuxièmement, nous fournissons une vue d'ensemble des outils qui sont disponibles pour effectuer une analyse statistique avec Excel. Ceux-ci incluent les fonctions et les formules Excel qui permettent à l'utilisateur de mener ses propres analyses et aux compléments qui fournissent des outils d'analyse plus performants.

Le logiciel complémentaire Analyse de données d'Excel, inclus dans le système Excel de base, est un outil utile pour mener des analyses statistiques. Dans la dernière section de cette annexe, nous fournissons quelques instructions pour installer le complément Analyse de données. D'autres logiciels complémentaires ont été développés par des informaticiens extérieurs pour améliorer les capacités statistiques de base d'Excel. Dans la dernière section, nous discuterons aussi de StatTools, un complément développé par la société Palisade.

Une vue d'ensemble de Microsoft Excel 2010

Lorsqu'on utilise Excel pour l'analyse statistique, les données sont enregistrées dans des fichiers qui contiennent une série de feuilles de calcul qui généralement incluent les données originelles et les résultats de l'analyse, y compris des graphiques. La figure E.1 illustre la disposition d'un fichier créé à chaque fois que Excel est ouvert. Le fichier est nommé Classeur 1 et est composé de trois feuilles de calcul nommées Feuil1, Feuil2 et Feuil3. Excel souligne la feuille active (Feuil1) en affichant le nom de cette feuille en gras. Pour sélectionner une feuille différente, il suffit de cliquer sur l'onglet correspondant. Notez que la cellule A1 est initialement sélectionnée.

Un classeur est un fichier qui contient une ou plusieurs feuilles de calcul.

La large barre située en haut du classeur est appelée barre des tâches. Les onglets, situés en haut de la barre des tâches, offrent un accès rapide aux groupes de commandes correspondant. Il y a neuf onglets dans le classeur de la figure E.1 : fichier, accueil,

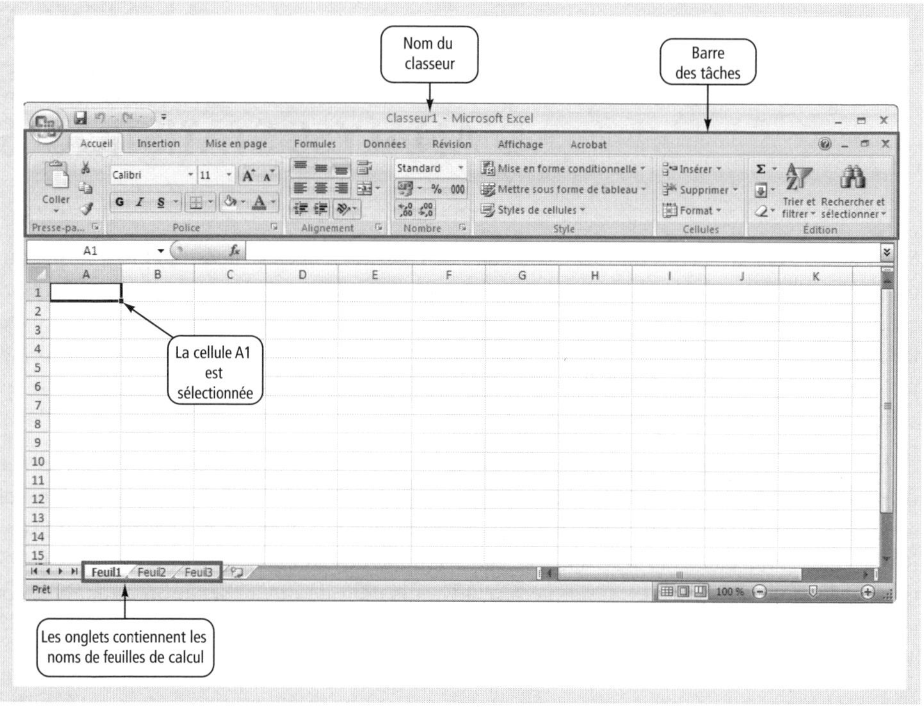

Figure E.1 ***Classeur créé lorsque Excel est ouvert***

insertion, mise en page, formules, données, révision, affichage et logiciels complémentaires. Chaque onglet contient une série de commandes liées au thème de l'onglet. Notez que l'onglet Accueil est actif à l'ouverture d'Excel. La figure E.2 affiche les groupes disponibles lorsque l'ongle Accueil est sélectionné. Sous l'onglet Accueil, il y a sept groupes : Presse-papiers, Police, Alignement, Nombre, Style, Cellules et Édition. Les commandes sont organisées à l'intérieur de chaque groupe. Par exemple, pour mettre en gras un texte sélectionné, cliquer sur l'onglet Accueii puis le bouton Gras dans le groupe Police.

La figure E.3 montre où sont situées la barre d'accès rapide et la barre des formules. La barre d'accès rapide vous permet d'accéder rapidement aux options du classeur. Pour ajouter ou supprimer des items dans la barre d'accès rapide, cliquer sur le bouton de personnalisation de la barre d'accès rapide.

La barre des formules (cf. figure E.3) contient une « Zone nom », un bouton d'insertion de fonction f_x et la barre de formule. Sur la figure E.3, « A1 » apparaît dans la « zone nom » parce que la cellule A1 est active. Vous pouvez sélectionner n'importe quelle autre cellule dans la feuille en utilisant la souris pour déplacer le curseur vers une autre cellule et cliquer dessus ou en tapant le nom de la nouvelle cellule dans la zone nom. La barre de formule est utilisée pour écrire la formule dans la cellule sélectionnée. Par exemple, si vous avez entré = A1 + A2 dans la cellule A3, lorsque vous sélectionnez la

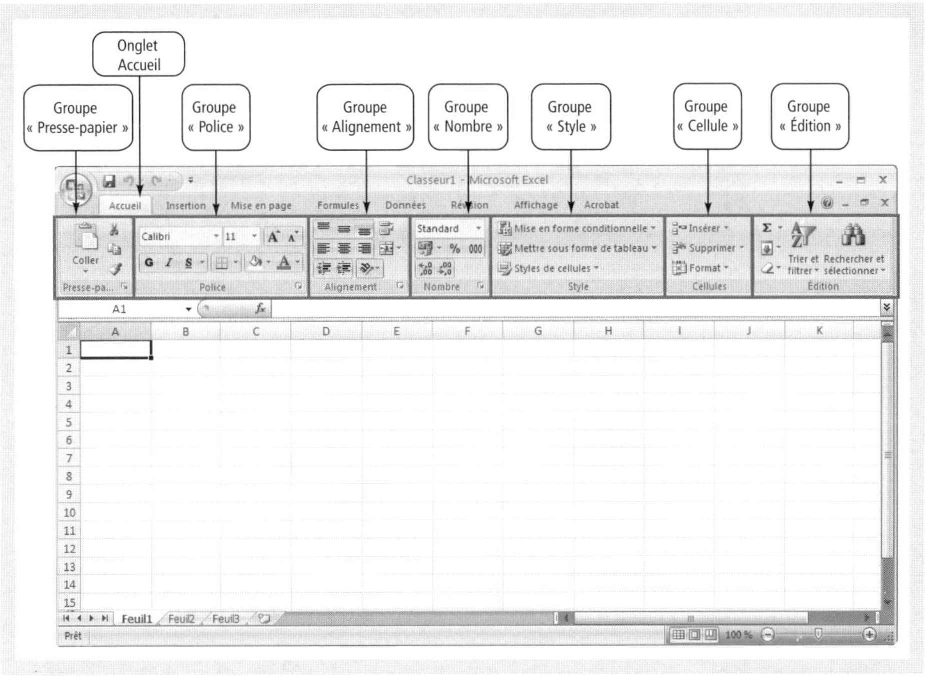

Figure E.2 ***Une partie de l'onglet Accueil***

cellule A3, la formule = A1 + A2 apparaîtra dans la barre de formule. Cela rend très facile l'inscription d'une formule dans une cellule particulière. Le bouton Insérer une fonction vous permet d'accéder rapidement à toutes les fonctions disponibles d'Excel. Dans la section E.3 nous montrerons comment trouver et utiliser une fonction particulière.

Les opérations de base dans un classeur

La figure E.4 illustre les options d'une feuille de calcul qui peuvent être exécutées en cliquant-droit sur un onglet de la feuille de calcul. Par exemple, pour changer le nom de la feuille de calcul de « Feuil1 » en « Données », cliquer-droit sur l'onglet de la feuille de calcul nommée « Feuil1 » puis sélectionner l'option « Renommer ». Le nom actuel de la feuille de calcul (Feuil1) sera surligné. Ensuite, taper simplement le nouveau nom (Données) et presser Entrée pour renommer la feuille de calcul.

Supposez que vous vouliez copier la « Feuil1 ». Après avoir cliqué-droit sur l'onglet intitulé « Feuil1 », sélectionner l'option Déplacer ou copier. Lorsque la boîte de dialogue Déplacer ou copier apparaît, sélectionner Créer une copie et cliquer sur OK. Le nom de la feuille de calcul copiée apparaîtra sous « Feuil1(2) ». Vous pouvez la renommer si vous le souhaitez.

Pour ajouter une feuille de calcul au classeur, cliquer-droit sur l'onglet d'une feuille de calcul et sélectionner l'option Insérer ; lorsque la boîte de dialogue Insérer

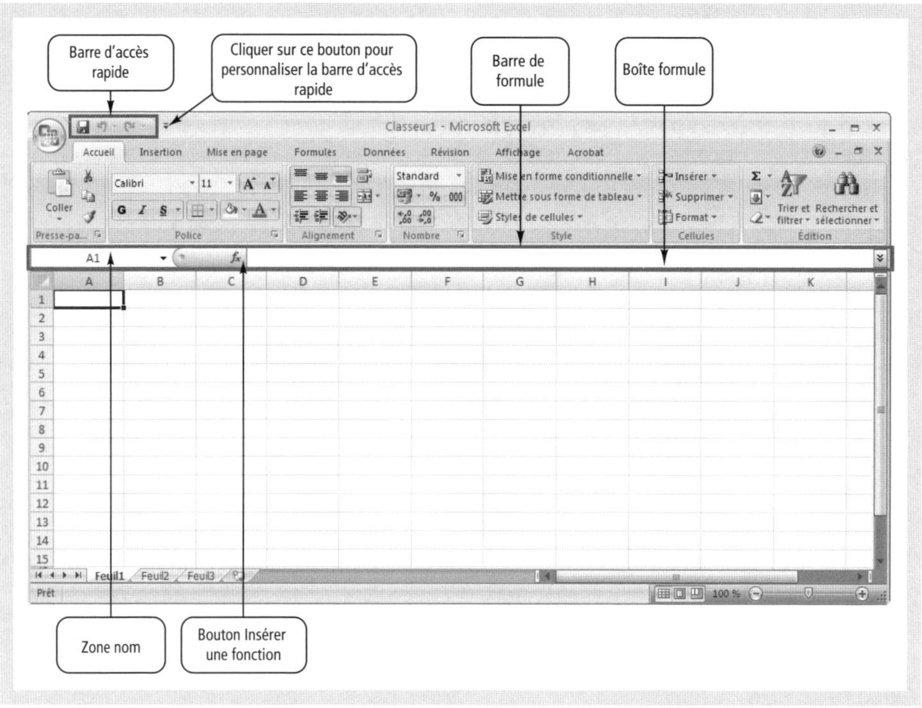

Figure E.3 ***Barre d'accès rapide et barre de formule d'Excel 2010***

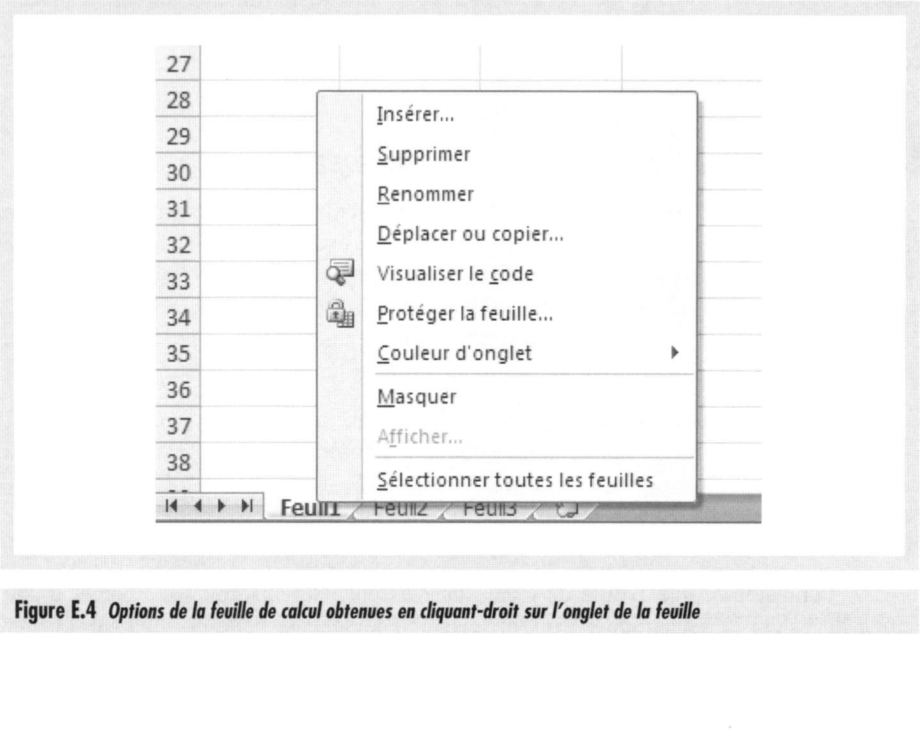

Figure E.4 ***Options de la feuille de calcul obtenues en cliquant-droit sur l'onglet de la feuille***

apparaît, sélectionner Feuille et cliquer sur OK. Une feuille supplémentaire intitulée « Feuil4 » apparaît dans le classeur. Vous pouvez également insérer une nouvelle feuille en cliquant sur le bouton Insérer une feuille qui apparaît à droite de l'onglet de la dernière feuille. Des feuilles peuvent être supprimées en cliquant-droit sur l'onglet de la feuille et en choisissant Supprimer. Après avoir cliqué sur Supprimer une fenêtre apparaîtra pour vous avertir que toutes les données de la feuille seront perdues. Cliquer sur Supprimer pour confirmer que vous souhaitez bien supprimer la feuille. Les feuilles peuvent également être déplacées vers d'autres classeurs ou à une place différente dans le classeur en utilisant l'option Déplacer ou copier.

Créer, enregistrer et ouvrir des fichiers

Des données peuvent être entrées dans une feuille Excel manuellement ou en ouvrant un autre classeur qui contient déjà les données. Pour illustrer l'entrée manuelle de données, l'enregistrement et l'ouverture d'un fichier, nous utiliserons l'exemple du chapitre 2 impliquant un échantillon de 50 achats de boisson non alcoolisée. Les données originelles sont regroupées dans le tableau E.1.

Supposez que vous veniez juste d'ouvrir Excel et souhaitez travailler avec ces données. Un classeur vierge contenant trois feuilles de calcul s'ouvre. Les données sur les boissons non alcoolisées peuvent être maintenant entrées en les tapant simplement dans

Tableau E.1 ***Données issues d'un échantillon de 50 achats de boisson non-alcoolisée***

Coca-Cola	Coca Light	Pepsi
Coca Light	Coca-Cola	Dr. Pepper
Pepsi	Coca Light	Coca Light
Coca Light	Coca-Cola	Coca Light
Coca-Cola	Sprite	Pepsi
Coca-Cola	Pepsi	Pepsi
Dr. Pepper	Coca-Cola	Pepsi
Coca Light	Coca-Cola	Pepsi
Pepsi	Coca-Cola	Coca-Cola
Pepsi	Pepsi	Dr. Pepper
Coca-Cola	Coca-Cola	Pepsi
Dr. Pepper	Sprite	Sprite
Sprite	Dr. Pepper	
Coca-Cola	Pepsi	
Coca Light	Coca Light	
Coca-Cola	Pepsi	
Coca-Cola	Coca-Cola	
Sprite	Coca-Cola	
Coca-Cola	Coca-Cola	

une des feuilles. Si Excel est actuellement utilisé et qu'aucun classeur vierge ne s'ouvre, vous pouvez créer un classeur vierge en suivant les étapes suivantes :

Étape 1. Cliquer sur l'onglet **Fichier**
Étape 2. Cliquer sur **Nouveau** dans la liste d'options
Étape 3. Lorsque la boîte de dialogue Modèles disponibles apparaît :
Double-cliquer sur **Nouveau classeur**

Un nouveau classeur contenant trois feuilles nommées Feuil1, Feuil2 et Feuil3 apparaîtra.

Supposez que nous voulions entrer les données d'un échantillon de 50 achats de boisson non alcoolisée dans la Feuil1 du nouveau classeur. Premièrement, nous entrons le nom « Marque achetée » dans la cellule A1 ; ensuite, nous entrons les données pour les 50 achats de boisson non alcoolisée dans les cellules A2:A51. Pour se rappeler que cette feuille contient les données, nous changeons le nom de la feuille de « Feuil1 » en

	A	B	C	D	E
1	**Marque achetée**				
2	Coca-Cola				
3	Coca light				
4	Pepsi				
5	Coca light				
6	Coca-Cola				
7	Coca-Cola				
8	Dr Pepper				
9	Coca light				
10	Pepsi				
11	Pepsi				
12	Coca-Cola				
13	Dr Pepper				
14	Sprite				
15	Coca-Cola				
16	Coca light				
17	Coca-Cola				
18	Coca-Cola				
19	Sprite				
20	Coca-Cola				
50	Pepsi				
51	Sprite				
52					
53					

Figure E.5 ***Feuille de calcul Excel avec les données sur les boissons non alcoolisées***

Remarque : Les lignes 21 à 49 ont été masquées.

« Données » en utilisant la procédure décrite précédemment. La figure E.5 représente la feuille de données que vous venons de créer.
Avant d'analyser ces données, nous vous recommandons d'enregistrer le fichier. Cela vous évitera de devoir entrer à nouveau les données au cas où Excel fermerait subitement. Pour enregistrer le fichier sous format Excel 2010 en utilisant le nom de fichier Boisson non alcoolisée, nous suivons les étapes suivantes :

Étape 1. Cliquer sur l'onglet **Fichier**
Étape 2. Cliquer sur **Enregistrer** dans la liste d'options
Étape 3. Lorsque la boîte de dialogue Enregistrer sous apparaît :
Sélectionner l'endroit où vous souhaitez enregistrer le fichier
Taper le nom du fichier dans la boîte **Nom du fichier**
Cliquer sur **Enregistrer**

La commande Enregistrer d'Excel est conçue pour enregistrer le fichier sous le format Excel 2010. Lorsque vous travaillez sur des fichiers servant de base à des analyses statistiques, vous devez prendre l'habitude d'enregistrer régulièrement vos fichiers afin de ne pas perdre d'informations. Cliquer simplement sur l'onglet Fichier et sélectionner Enregistrer dans la liste d'options.

Raccourci clavier : Pour enregistrer le fichier, presser CTRL+S.

Parfois, vous pouvez désirer copier un fichier existant. Par exemple, supposez que vous souhaitez enregistrer les données sur les boissons et l'analyse statistique qui en résulte dans un nouveau fichier intitulé « Analyse des boissons non alcoolisées ». Les étapes suivantes montrent comment copier le classeur Boisson non alcoolisée et l'analyse dans un nouveau fichier intitulé « Analyse des boissons non alcoolisées ».

Étape 1. Cliquer sur l'onglet **Fichier**
Étape 2. Cliquer sur **Enregistrer sous**
Étape 3. Lorsque la boîte de dialogue Enregistrer sous apparaît :
Sélectionner l'endroit où vous souhaitez enregistrer le fichier
Taper le nom du fichier **Analyse des boissons non alcoolisées** dans la boîte **Nom du fichier**
Cliquer sur **Enregistrer**

Une fois le classeur enregistré, vous pouvez continuer à travailler avec les données pour effectuer tout type d'analyse statistique. Lorsque vous avez fini de travailler avec le fichier, cliquer simplement sur le bouton de fermeture de la fenêtre ☒ situé en haut à droit de la barre des tâches. Pour accéder au fichier Analyse des boissons non alcoolisées à un autre moment, vous pouvez ouvrir le fichier en suivant les étapes suivantes :

Étape 1. Cliquer sur l'onglet **Fichier**
Étape 2. Cliquer sur **Ouvrir**
Étape 3. Lorsque la boîte de dialogue Ouvrir apparaît :
Sélectionner l'endroit où vous avez préalablement enregistré le fichier
Entrer le nom **Boisson non alcoolisée** dans la boîte **Nom du fichier**
Cliquer sur **Ouvrir**

Les procédures que nous avons décrites pour enregistrer ou ouvrir un classeur, commencent par cliquer sur l'onglet Fichier pour accéder aux commandes Enregistrer et Ouvrir. Une fois que vous serez familiarisé avec Excel, vous trouverez certainement plus simple d'accéder à ces commandes depuis la barre d'accès rapide.

UTILISER LES FONCTIONS EXCEL

Excel 2010 fournit une quantité de fonctions pour l'analyse statistique des données. Si vous connaissez la fonction qu'il vous faut et si vous savez comment l'utiliser, vous pouvez l'entrer directement dans la cellule de la feuille. Cependant, si vous n'êtes pas sûr de la fonction à utiliser ou si vous ne savez pas comment la mettre en œuvre, Excel peut vous aider. De nombreuses nouvelles fonctions d'analyse statistiques ont été ajoutées à Excel 2010.

Trouver la bonne fonction Excel

Pour identifier les fonctions Excel disponibles, cliquer sur le bouton **Formules** dans la barre des tâches. Dans le groupe **Bibliothèque de fonctions**, cliquer sur **Insérer une fonction**. De façon alternative, cliquer sur le bouton f_x dans la barre des formules. Chacune de ces approches fait apparaître la boîte de dialogue **Insérer une fonction**, comme illustré à la figure E.6.

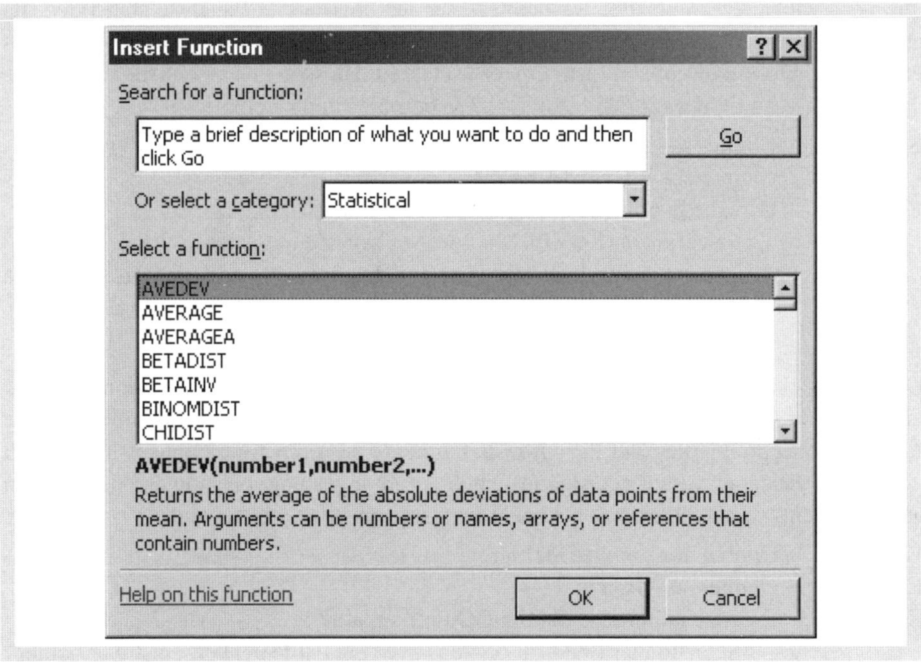

Figure E.6 ***La boîte de dialogue Insérer une fonction***

La boîte **Recherchez une fonction** en haut de la boîte de dialogue Insérer une fonction nous offre la possibilité de taper une rapide description de ce que nous voulons faire. Après avoir cliqué sur **OK**, Excel recherche et recense dans la boîte **Sélectionnez une fonction**, les fonctions qui peuvent permettre d'effectuer la requête. Dans de nombreuses situations, cependant, nous souhaitons parcourir l'ensemble des fonctions disponibles. Pour cela, la boîte **Ou sélectionner une catégorie** est utile. Elle contient une liste de plusieurs catégories de fonctions fournies par Excel. La figure E.6 illustre ce que nous obtenons en choisissant la catégorie **Statistiques**. Les fonctions statistiques d'Excel apparaissent par ordre alphabétique dans la boîte Sélectionnez une fonction. La fonction AVEDEV apparaît en premier, suivie de la fonction AVERAGE, etc.

La fonction AVEDEV est surlignée dans la figure E.6, indiquant qu'il s'agit de la fonction présentement sélectionnée. La syntaxe exacte de la fonction et une brève description apparaissent sous la boîte Sélectionnez une fonction. Nous pouvons parcourir la liste des fonctions pour faire apparaître la syntaxe et une brève description pour chacune d'entre elles. Par exemple, sélectionnons la fonction COUNTIF[1], illustrée à la figure E.7. Notez que COUNTIF est maintenant surlignée et que sous la boîte Sélectionnez une fonction, nous voyons **COUNTIF(range,criteria)**, qui indique que la fonction COUNTIF a deux arguments, intervalle et critère. De plus, nous voyons que la description de la fonction

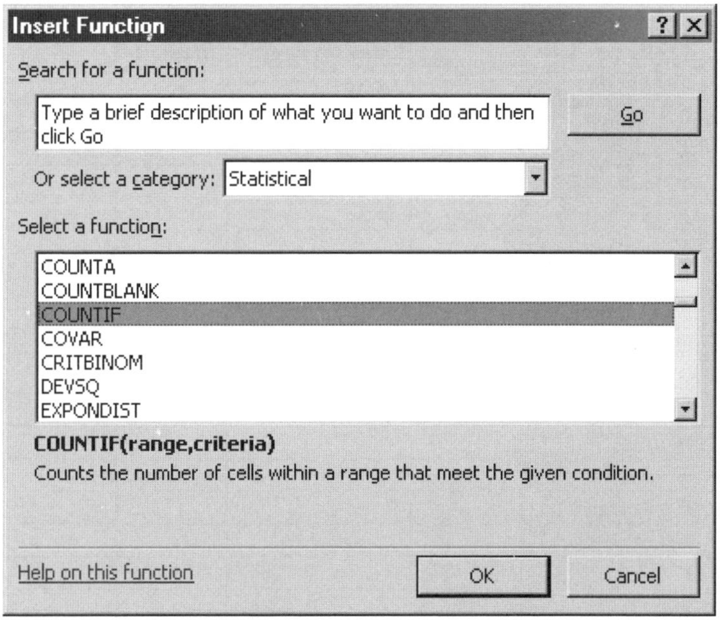

Figure E.7 ***Description de la fonction COUNTIF dans la boîte de dialogue Insérer une fonction***

[1] NdT : La fonction équivalente dans la version française est NB.SI.

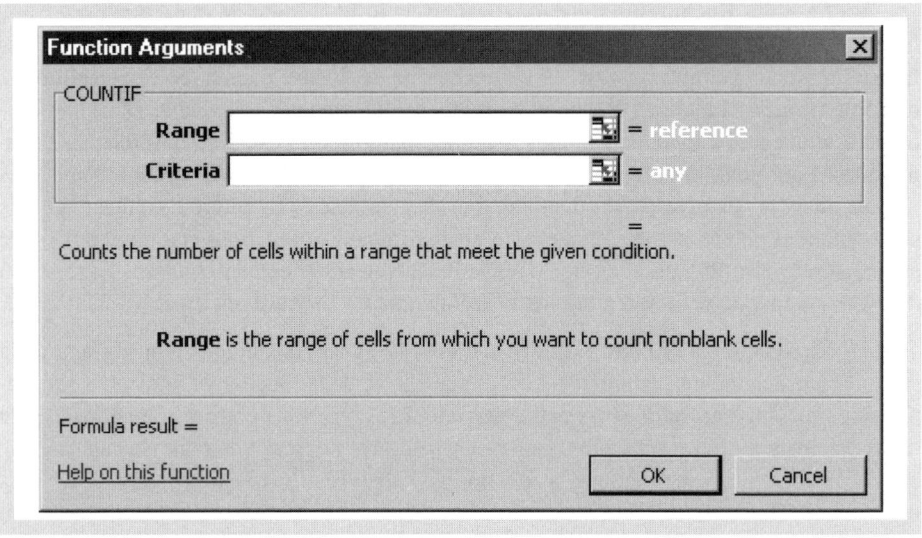

Figure E.8 ***Boîte de dialogue Arguments de la fonction pour la fonction COUNTIF***

	A	B	C	D	E
1	**Marque achetée**		**Boisson non alcoolisée**	**Fréquence**	
2	Coca-Cola		Coca-Cola		
3	Coca light		Coca light		
4	Pepsi		Dr Pepper		
5	Coca light		Pepsi		
6	Coca-Cola		Sprite		
7	Coca-Cola				
8	Dr Pepper				
9	Coca light				
10	Pepsi				
45	Pepsi				
46	Pepsi				
47	Pepsi				
48	Coca-Cola				
49	Dr Pepper				
50	Pepsi				
51	Sprite				
52					

Figure E.9 ***Feuille de calcul Excel avec les données sur les boissons non alcoolisées et les classes de la distribution de fréquence que nous souhaitons construire***

Remarque : Les lignes 11 à 44 ont été masquées.

COUNTIF est « Compte le nombre de cellules dans un intervalle donné satisfaisant une condition particulière ».

Si la fonction sélectionnée (surlignée) est celle que nous souhaitons utiliser, nous cliquons sur **OK** ; la boîte de dialogue **Arguments de la fonction** apparaît alors. La boîte de dialogue Arguments de la fonction pour la fonction COUNTIF est représentée à la figure E.8. Cette boîte de dialogue vous assiste dans la création des arguments appropriés de la fonction sélectionnée. Lorsque les arguments sont entrés, nous cliquons sur **OK** ; Excel insère alors la fonction dans une cellule de la feuille de calcul.

Insérer une fonction dans une cellule d'une feuille de calcul

Nous montrons maintenant comment utiliser les boîtes de dialogue Insérer une fonction et Arguments de la fonction pour choisir une fonction, développer ses arguments et insérer la fonction dans une cellule d'une feuille de calcul.

Supposez que nous voulions construire une distribution de fréquence pour les données sur les achats de boisson non alcoolisée du tableau E.1. La figure E.9 représente une feuille de calcul Excel contenant les données sur les boissons non alcoolisées et les classes de la distribution de fréquence que nous souhaitons construire. Nous voyons que la fréquence des achats de Coca-Cola sera inscrite dans la cellule D2, la fréquence des achats de Coca-Light dans la cellule D3, etc. Supposez que nous voulions utiliser la fonction COUNTIF pour calculer les fréquences de ces cellules en nous faisant assister par Excel.

Étape 1. Sélectionner la cellule D2
Étape 2. Cliquer sur *fx* dans la barre des formules
Étape 3. Lorsque la boîte de dialogue **Insérer une fonction** apparaît :
  Sélectionner **Statistiques** dans la boîte **Ou sélectionnez une catégorie**
  Sélectionner **COUNTIF** dans la boîte **Sélectionnez une fonction**
  Cliquer sur **OK**
Étape 4. Lorsque la boîte **Arguments de la fonction** apparaît (cf. figure E.10) :
  Entrer $A$2:$A$51 dans la boîte **Plage**
  Entrer C2 dans la boîte **Critère** (la valeur de la fonction apparaîtra dans la ligne suivante de la boîte de dialogue ; elle est égale à 19)
  Cliquer sur **OK**
Étape 5. Copier la cellule D2 dans les cellules D3:D6

La feuille de calcul apparaît telle que sur la figure E.11. La feuille en arrière plan contient les formules ; la feuille contenant les valeurs apparaît au premier plan. La feuille contenant les formules montre que la fonction COUNTIF a été insérée dans les cellules D2:D6. La feuille des résultats montre les fréquences telles que calculées.

Nous avons illustré les capacités d'assistance d'Excel au travers de la fonction COUNTIF. La procédure est similaire pour toutes les fonctions Excel. Cette possibilité d'assistance est particulièrement utile si vous ne savez pas quelle fonction utiliser ou si vous avez oublié le nom de la fonction ou sa syntaxe.

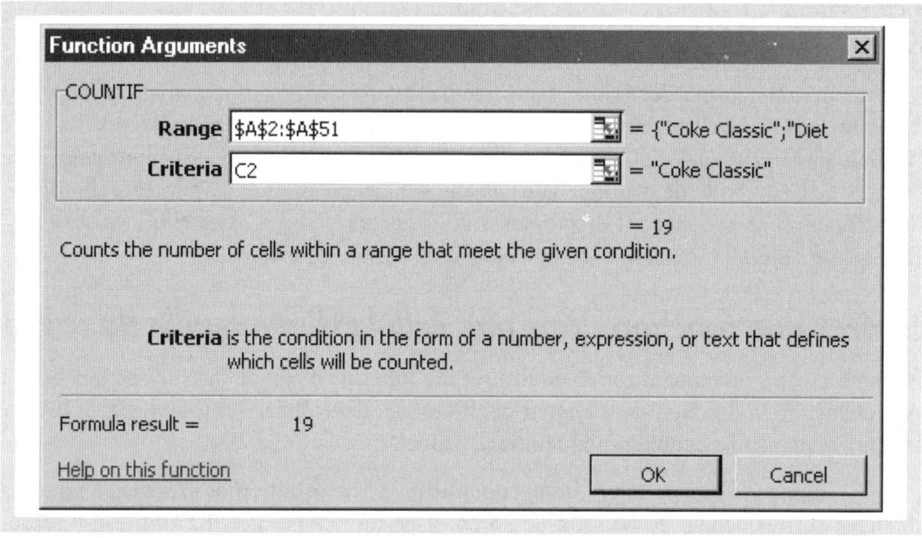

Figure E.10 ***Boîte de dialogue Arguments de la fonction associée à la fonction COUNTIF complétée***

UTILISER LES LOGICIELS COMPLÉMENTAIRES D'EXCEL

Le complément Analyse des données d'Excel

Le complément Analyse des données d'Excel, inclus dans le pack Excel de base, est un outil utile pour mener des analyses statistiques. Avant de pouvoir utiliser le complément Analyse des données, il doit être installé. Pour vérifier si ce complément a déjà été installé, cliquer sur l'onglet Données. Dans le groupe Analyse, vous devez voir la commande Analyse des données. Si elle n'apparaît pas, vous devez l'installer en suivant les étapes suivantes :

Étape 1. Cliquer sur l'onglet Fichier

Étape 2. Cliquer sur Options

Étape 3. Lorsque la boîte de dialogue Excel Options apparaît :
- Sélectionner **Compléments** dans la liste des options
- Dans la boîte **Gérer**, sélectionner **Compléments Excel**
- Cliquer sur **OK**

Étape 4. Lorsque la boîte de dialogue Complément apparaît :
- Sélectionner **Analysis Toolpak**
- Cliquer sur **OK**

Compléments de vendeurs externes

L'une des sociétés leaders dans le développement de compléments pour l'analyse statistiques avec Excel est la société Palisade. Dans cet ouvrage, nous utilisons StatTools, un complément à Excel développé par Palisade. StatTools fournit une boîte à outils

	A	B	C	D	E
1	**Marque achetée**		**Boisson non alcoolisée**	**Fréquence**	
2	Coca-Cola		Coca-Cola	=COUNTIF($A$2:$A$51,C2)	
3	Coca light		Coca light	=COUNTIF($A$2:$A$51,C3)	
4	Pepsi		Dr Pepper	=COUNTIF($A$2:$A$51,C4)	
5	Coca light		Pepsi	=COUNTIF($A$2:$A$51,C5)	
6	Coca-Cola		Sprite	=COUNTIF($A$2:$A$51,C6)	
7	Coca-Cola				
8	Dr Pepper				
9	Coca light				
10	Pepsi				
45	Pepsi				
46	Pepsi				
47	Pepsi				
48	Coca-Cola				
49	Dr Pepper				
50	Pepsi				
51	Sprite				
52					

	A	B	C	D	E
1	**Marque achetée**		**Boisson non alcoolisée**	**Fréquence**	
2	Coca-Cola		Coca-Cola	19	
3	Coca light		Coca light	8	
4	Pepsi		Dr Pepper	5	
5	Coca light		Pepsi	13	
6	Coca-Cola		Sprite	5	
7	Coca-Cola				
8	Dr Pepper				
9	Coca light				
10	Pepsi				
45	Pepsi				
46	Pepsi				
47	Pepsi				
48	Coca-Cola				
49	Dr Pepper				
50	Pepsi				
51	Sprite				
52					

Figure E.11 ***Feuille de calcul Excel illustrant l'utilisation de la fonction COUNTIF pour construire une distribution de fréquence***

Remarque : Les lignes 11 à 44 ont été masquées.

statistiques performante qui permet d'effectuer des analyses statistiques dans l'environnement familier de Microsoft Office.

Dans l'annexe du chapitre 1, nous avons décrit comment télécharger et installer le complément StatTools et introduit brièvement le logiciel. Dans plusieurs annexes à travers l'ouvrage nous avons montré comment utiliser StatTools lorsqu'aucune procédure Excel n'est disponible ou lorsque StatTools offre des possibilités supplémentaires.

Les compléments offerts avec les ouvrages sont généralement conçus en priorité pour un usage pédagogique. StatTools, cependant, a été développé dans un objectif d'applications commerciales. En conséquence, les étudiants qui apprennent à utiliser StatTools seront capables de continuer à se servir de StatTools durant leur carrière professionnelle.

ANNEXE F
CALCULER LES VALEURS *p* EN UTILISANT MINITAB ET EXCEL

Ici nous décrivons comment utiliser Minitab et Excel pour calculer les valeurs *p* associées aux statistiques de test z, t, χ^2 et F, utilisées dans les tests d'hypothèses. Comme nous l'avons vu dans l'ouvrage, seules des valeurs *p* approximatives peuvent être obtenues à partir des tables. Cette annexe est utile aux personnes qui auraient calculé la statistique de test à la main, ou par d'autres moyens, et qui souhaiteraient utiliser un logiciel informatique pour calculer la valeur *p* exacte.

Utiliser Minitab

Minitab peut être utilisé pour obtenir la probabilité cumulée associée aux statistiques de test z, t, χ^2 et F. La valeur *p* située dans la queue inférieure de la distribution est donc obtenue directement. La valeur *p* située dans la queue supérieure est calculée en soustrayant la valeur *p* de la queue inférieure à 1. La valeur *p* associée à un test bilatéral est obtenue en multipliant par deux la valeur *p* unilatérale la plus petite (celle située dans la queue inférieure ou celle située dans la queue supérieure de la distribution).

La statistique de test *z* – Nous utilisons le test d'hypothèses unilatéral inférieur des cafés Hilltop présenté dans la section 9.3 comme illustration. La valeur de la statistique de test est $z = -2,67$. Les étapes Minitab nécessaires au calcul de la probabilité cumulée correspondant à $z = -2,67$ sont détaillées ci-dessous.

Étape 1. Sélectionner le menu **Calc**
Étape 2. Choisir **Probability Distributions**
Étape 3. Choisir **Normal**
Étape 4. Lorsque la boîte de dialogue Normal Distribution apparaît :
- Sélectionner Cumulative probability
- Entrer 0 dans la boîte Mean
- Entrer 1 dans la boîte Standard deviation
- Sélectionner Input Constant
- Entrer -2,67 dans la boîte Input Constant
- Cliquer sur OK

Minitab fournit la probabilité cumulée de 0,0038. Cette probabilité cumulée est la valeur *p* située dans la queue inférieure de la distribution, utilisée dans le cadre du test d'hypothèses des cafés Hilltop.

Dans le cadre d'un test unilatéral supérieur, la valeur *p* est obtenue à partir de la probabilité cumulée fournie par Minitab de la façon suivante :

Valeur $p = 1 -$ Probabilité cumulée

Par exemple, la valeur p située dans la queue supérieure de la distribution, correspondant à une statistique de test $z = -2,67$ est égale à $1 - 0,0038 = 0,9962$. La valeur p bilatérale associée à une statistique de test $z = -2,67$ est égale à deux fois la valeur p unilatérale minimale ; c'est-à-dire dans notre cas, $2(0,0038) = 0,0076$.

La statistique de test t – Nous utilisons l'exemple de l'aéroport d'Heathrow de la section 9.4 comme illustration. La valeur de la statistique de test est $t = 1,84$ avec 59 degrés de liberté. Les étapes Minitab nécessaires au calcul de la probabilité cumulée associée à $t = 1,84$ sont les suivantes.

Étape 1. Sélectionner le menu **Calc**
Étape 2. Choisir **Probability Distributions**
Étape 3. Choisir **t**
Étape 4. Lorsque la boîte de dialogue t Distribution apparaît :
Sélectionner **Cumulative probability**
Entrer 59 dans la boîte **Degrees of freedom**
Sélectionner **Input Constant**
Entrer 1,84 dans la boîte **Input Constant**
Cliquer sur **OK**

Minitab fournit la probabilité cumulée de 0,9646. Par conséquent, la valeur p située dans la queue inférieure de la distribution est égale à 0,9646. L'exemple de l'aéroport d'Heathrow est un test unilatéral supérieur ; la valeur p située dans la queue supérieure de la distribution est donc égale à $1 - 0,9646 = 0,0354$. Dans le cas d'un test bilatéral, nous utiliserions le minimum entre 0,9646 et 0,0354 pour calculer la valeur p, égale dans ce cas à $2(0,0354) = 0,0708$.

La statistique de test χ^2 – Supposez que nous effectuions un test unilatéral supérieur et que la valeur de la statistique de test soit $\chi^2 = 28,18$ avec 23 degrés de liberté. Les étapes Minitab nécessaires au calcul de la probabilité cumulée associée à $\chi^2 = 28,18$ sont les suivantes.

Étape 1. Sélectionner le menu **Calc**
Étape 2. Choisir **Probability Distributions**
Étape 3. Choisir **Chi-Square**
Étape 4. Lorsque la boîte de dialogue Chi-Square Distribution apparaît :
Sélectionner **Cumulative probability**
Entrer 23 dans la boîte **Degrees of freedom**
Sélectionner **Input Constant**
Entrer 28,18 dans la boîte **Input Constant**
Cliquer sur **OK**

Minitab fournit une probabilité cumulée de 0,7909 qui correspond à la valeur p située dans la queue inférieure de la distribution. La valeur p située dans la queue supérieure est égale à 1 – Probabilité cumulée, soit $1 - 0,7909 = 0,2091$. La valeur p bilatérale est égale à deux fois la valeur p unilatérale minimale, soit $2(0,2091) = 0,4192$. Nous effectuons un test unilatéral supérieur, nous utilisons donc la valeur p égale à 0,2091.

La statistique de test F – Supposez que nous effectuions un test bilatéral et que la valeur de la statistique de test soit $F = 2,40$ avec 25 degrés de liberté au numérateur et 15 degrés de liberté au dénominateur. Les étapes Minitab nécessaires au calcul de la probabilité cumulée associée à $F = 2,40$ sont les suivantes.

Étape 1. Sélectionner le menu **Calc**
Étape 2. Choisir **Probability Distributions**
Étape 3. Choisir **F**
Étape 4. Lorsque la boîte de dialogue F Distribution apparaît :
Sélectionner **Cumulative probability**
Entrer 25 dans la boîte **Numerator degrees of freedom**
Entrer 15 dans la boîte **Denominator degrees of freedom**
Sélectionner **Input Constant**
Entrer 2,40 dans la boîte **Input Constant**
Cliquer sur **OK**

Minitab fournit une probabilité cumulée de 0,9594 qui correspond à la valeur *p* située dans la queue inférieure de la distribution. La valeur *p* située dans la queue supérieure est égale à 1 – Probabilité cumulée, soit $1 - 0,9594 = 0,0406$. La valeur *p* bilatérale est égale à deux fois la valeur *p* unilatérale minimale, soit $2(0,0406) = 0,0812$.

Utiliser Excel

Les fonctions et les formules Excel peuvent être utilisées pour calculer les valeurs *p* associées aux statistiques de test z, t, χ^2 et F. Nous fournissons un cadre pour calculer les valeurs *p* dans le fichier en ligne intitulé Valeur *p*. Dans le fichier-cadre, il est simplement nécessaire d'entrer la valeur de la statistique de test et si besoin, le nombre de degrés de liberté approprié. Référez-vous à la figure F.1 pour comprendre comment utiliser le fichier-cadre. Les utilisateurs intéressés par les fonctions et les formules Excel qui se cachent derrière, n'ont qu'à cliquer sur la cellule appropriée.

La statistique de test z – Nous utilisons le test d'hypothèses unilatéral inférieur des cafés Hilltop présenté dans la section 9.3 comme illustration. La valeur de la statistique de test est $z = -2,67$. Pour utiliser le fichier Valeur *p* pour effectuer ce test d'hypothèses, entrer simplement -2,67 dans la cellule B6 (cf. figure F.1). Les valeurs *p* associées aux trois types de test d'hypothèses apparaissent ensuite. Dans le cadre de l'exemple des cafés Hilltop, nous utiliserons la valeur *p* unilatérale inférieure égale à 0,0038 apparaissant dans la cellule B9. Pour un test unilatéral supérieur, nous aurions utilisé la valeur *p* de la cellule B10 et pour un test bilatéral, la valeur *p* de la cellule B11.

La statistique de test t – Nous utilisons l'exemple de l'aéroport d'Heathrow de la section 9.4 comme illustration. La valeur de la statistique de test est $t = 1,84$ avec 59 degrés de liberté. Pour utiliser le fichier Valeur *p* pour effectuer ce test d'hypothèses, entrer simplement 1,84 dans la cellule E6 et 59 dans la cellule E7 (cf. figure F.1). Les valeurs *p* associées aux trois types de test d'hypothèses apparaissent ensuite. L'exemple de l'aéroport d'Heathrow implique un test unilatéral supérieur, nous utilisons donc la valeur *p* unilatérale supérieure égale à 0,0354 apparaissant dans la cellule E10.

La statistique de test χ^2 – Supposez que nous effectuions un test unilatéral supérieur et que la valeur de la statistique de test soit $\chi^2 = 28{,}18$ avec 23 degrés de liberté. Pour utiliser le fichier Valeur *p* pour effectuer ce test d'hypothèses, entrer simplement 28,18 dans la cellule B18 et 23 dans la cellule B19 (cf. figure F.1). Les valeurs *p* associées aux trois types de test d'hypothèses apparaissent ensuite. Nous effectuons un test unilatéral supérieur ; nous utilisons donc la valeur *p* unilatérale supérieure égale à 0,2091 apparaissant dans la cellule B23.

La statistique de test *F* – Supposez que nous effectuions un test bilatéral et que la valeur de la statistique de test soit $F = 2{,}40$ avec 25 degrés de liberté au numérateur et 15 degrés de liberté au dénominateur. Pour utiliser le fichier Valeur *p* pour effectuer ce test d'hypothèses, entrer simplement 2,40 dans la cellule E18, 25 dans la cellule E19 et 15 dans la cellule E20 (cf. figure F.1). Les valeurs *p* associées aux trois types de test d'hypothèses apparaissent ensuite. Nous effectuons un test bilatéral ; nous utilisons donc la valeur *p* bilatérale égale à 0,0812 apparaissant dans la cellule E24.

	A	B	C	D	E
1	**Calculer les valeurs *p***				
2					
3					
4	Utiliser la statistique de test *z*			Utiliser la statistique de test *t*	
5					
6	Entrer *z*	–2,67		Entrer *t*	1,84
7				Degrés de liberté	59
8					
9	Valeur *p* (unilatérale inférieure)	0,0038		Valeur *p* (unilatérale inférieure)	0,9646
10	Valeur *p* (unilatérale supérieure)	0,9962		Valeur *p* (unilatérale supérieure)	0,0354
11	Valeur *p* (bilatérale)	0,0076		Valeur *p* (bilatérale)	0,0708
12					
13					
14					
15					
16	Utiliser la statistique de test du Chi-deux			Utiliser la statistique de test *F*	
17					
18	Entrer Chi-deux	28,18		Entrer *F*	1,84
19	Degrés de liberté	23		Degrés de liberté au numérateur	25
20				Degrés de liberté au dénominateur	15
21					
22	Valeur *p* (unilatérale inférieure)	0,7909		Valeur *p* (unilatérale inférieure)	0,9594
23	Valeur *p* (unilatérale supérieure)	0,2091		Valeur *p* (unilatérale supérieure)	0,0406
24	Valeur *p* (bilatérale)	0,4181		Valeur *p* (bilatérale)	0,0812

Figure F.1 ***Feuille de calcul Excel pour calculer les valeurs p***

INDEX DES NOTIONS

E

J

K

L

M

N

O

P

U

V

TABLE DES MATIÈRES

CHAPITRE 2

CHAPITRE 9

Test d'hypothèses

CHAPITRE 10

Comparaisons de moyennes, procédure expérimentale et analyse de la variance